JN117855

改訂 **第7版**

日本国勢図会 長期統計版

数字でみる
日本の100年

公益財団法人 **矢野恒太記念会** 編集・発行

まえがき

本書は，日本国勢図会（1927年，矢野恒太*発刊）の長期統計版として1981年に初版を発行しました。以来，1986年第２版，1991年第３版，2000年第４版，2006年第５版，2013年第６版と版を積み重ねてまいりました。今回，読者の方々からの度重なるご要望もあって，掲載内容の見直しとデータの更新を行い，７年ぶりの改訂に至りました。

昭和の時代は，敗戦から復興し，経済大国へと成長を遂げた時代でした。続く平成は，バブル経済崩壊，長引くデフレから停滞の30年といわれましたが，戦争のなかった時代でもありました。新しく幕を開けた令和は，少子・高齢化と人口の減少，膨れ上がる財政赤字といった構造的課題を引き継ぐことになりました。また，経済のグローバル化とIT（情報技術）の飛躍的発展により，目まぐるしく変化する国際社会への対応も迫られています。

本書は，明治以降のわが国の歩みを経済·産業統計を使って振り返るとともに，混迷を深める未来への展望にも役立てようとするものです。令和がこれからどんな歴史を築き上げていくのか，過去の統計を眺めながら考察することはきわめて有意義なことと存じます。わが国の100年間を，本書一冊で表現し尽くすことは困難ですが，今後も，時代の変遷を追いながら，内容の検討を続けて，次回の版に引き継ぎたいと考えています。

読者の方々からのご意見，ご要望，ご叱責をお待ち致しております。

2020年２月

公益財団法人　矢野恒太記念会
編集長　米永　浩

*矢野恒太（やのつねた）　慶応1.12.2～昭和26.9.23（1866.1.18～1951.9.23）
第一生命保険の創立者。保険のみならず統計，公衆衛生，社会教育など各方面に功績があった。

総 目 次

解説欄目次

凡　例

●統計表の中の年次は原則として，西暦と年号を併記したが，図の中では年号を省略し，文章中では必ずしも併記していない。年号については便宜上，月日にかかわらず1868年は明治１（元）年，1912年は大正１（元）年，1926年は昭和１（元）年，1989年は平成１（元）年，2019年は令和１（元）年としてある。
●単位はメートル法によっており，重量単位ｔ（トン）はメトリック・トン（metric ton）である。
●ドルはアメリカ合衆国のドル（米ドル）である。
●単位未満四捨五入のために，計の数と内訳の合計が一致しないことがあるが，その他がある場合を除いて，調整しなかった。金融統計の一部では，単位未満を切り捨ててあるので，内訳の合計が計とかなり相違する場合がある。
●沖縄県については，特にことわらない場合は，1945年（昭和20年）から1971年（昭和46年）までは含まれていない。
●生産統計では調査開始年からの最大値をゴシック（太字）で示した。
●表中の経年データが実線あるいは破線で区切られているものは，調査範囲や定義の変更などでデータが接続しないことや数字の桁が異なることを示す。
●脚注の資料名で旧省庁のものは，旧を付けずにそのまま記載した。

統計表の記号等について

—　は皆無なこと，またはあてはまる数字のないこと
0または0.0　は単位に満たないこと
…　は不詳なこと　を示します。

正誤表について　本書の内容の訂正は，当財団ホームページでお知らせしています。

第1章　国土・人口

〔国土・国土開発〕　領土は，国際法上，排他的に支配できる空間のことで，広義には土地およびその一定周辺海域と上空を含む空間，狭義には土地部分のみを指す。狭義の場合，一般に領海，領空部分における他国の船舶，航空機の無害通航権が認められている。

領土権は，領土を統治，貸与，割譲するなどの権利で，わが国でも，第二次世界大戦までは，他国の領土獲得と返還をたびたび行い，第二次大戦後は，台湾，樺太，朝鮮などを放棄した。また，統治権が他国に移された例として，第二次大戦後に沖縄などの施政権が米国に委譲されたことが挙げられる。

領海の範囲は，国土の沿岸の低潮線（通常基線）を主とする基線からの距離で決定される。この距離は，18世紀以降，当時の大砲の射程距離を目安とした3海里（5556メートル）が主流であったが，第二次界大戦後に海洋権益重視の傾向が強まり，1973～82年に行われた第3次国連海洋法会議で，領海12海里，排他的経済水域200海里とする国連海洋法条約が成立した。これにより，自国の沿岸200海里内では，漁業資源から石油などの海底資源に至るまで排他的な利用が可能となり，島嶼さえも経済上重要な意味をもつ新しい海洋秩序の時代に入った。1980年代末，わが国最南端の沖ノ鳥島が水没に瀕したため，島を囲う補強工事を施し南方の排他的経済水域を保持している。

わが国の領土が国際的に確定したのは明治初期である。1872（明治5）年に琉球王国を琉球藩とし，1879年には沖縄県を設置して，琉球が日本領であることを明確にした。1875年に樺太をロシアに譲るかわりに千島全島を譲り受け，1876年に小笠原諸島の領有を宣言し，南北の領土を画定した。

19世紀末から，列強を中心として武力による他国への侵略，領土獲得が行われ，植民地主義的行為が第二次大戦終了まで続いた。わが国においても，明治初期から領土拡張の意欲がみられ，1894（明治27）年，朝鮮をめぐり対立していた清に日清戦争で圧勝して，翌年には台湾を領有した。さらに，満州に進出したロシアに対しては，1904年の日露戦争で勝利し，わが国は韓国，清国，樺太，カムチャッカにおいて大きな利権を得た。その後もわが国は，1907年の第一次日露協約で南満州の権益を独占して，1910年に韓国を併合し植民地とした。1914～18年の第一次世界大戦中には中国における権益を拡大し，次第に軍国主義が台頭した。中国で1920年代末から民族運動が高まると，軍部（関東軍）は満州権益を保持するために武力を用い（満州事変），1932（昭和7）年に満州国建国を宣言した。しかし，国際連盟が満州での中国の主権を認め，日本軍の撤兵を勧告すると，日本は国際連盟を脱退して国際的に孤立した。その後，軍部が中国侵略を強行し，日中戦争から太平洋戦争へと戦域は拡大した。

第二次大戦終結後，連合国の領土処理は武力による領土不拡大の方針で進められ，国際連合の成立で国際協力の機運が再び高まり，侵略行為を否定する国際世論が形成された。北方四島および竹島は，歴史的経緯から武力による獲得領土ではなく，わが国固有の領土である。しかし，北方領土は日本の敗戦直後からソ連によって占拠され，竹島は1952年に韓国が領有権を主張して占拠している。また，尖閣諸島は1960年代末，東シナ海に石油と天然ガスが存在することがわかると中国が領有権を主張し，尖閣諸島周辺で一方的に油田・ガス田開発を進めている。また中国は，沖ノ鳥島を岩として領土と認めず，周辺での海洋調査を続けている。こうした領土問題は，両国間の歴史認識のずれや海洋資源の利権が加わり，その解決を困難なものとしている。

領土問題は現在も緊迫したままである。2010年以降続くロシア首脳の北方領土訪問や，2012年には韓国大統領が竹島に初上陸して，両国の実効支配を国内外に強調した。さらに，中国が領土拡張の意図を明確にし，尖閣諸島の獲得に向け攻勢を強める中，わが国は2012年に尖閣諸島を国有化した。これ以降，中国公船による領海侵入が常態化するなど，日中関係は緊張状態が続いている。

年　表	
1868（明1）	当時の日本領土は，北海道，本州，四国，九州とその属島，樺太1)，択捉島以南の千島1)および琉球諸島2)から成る。
1875	5月―樺太・千島交換条約で，樺太をロシアへ譲渡し，かわりに千島全島を領有する。
1876	10月―小笠原諸島回収を米英仏独など12か国に通告。
1895	4月―遼東半島，台湾全島，澎湖列島の割譲を受けた3)が，独露仏の三国干渉により遼東半島返還を決定。
	6月―台湾，澎湖列島を接受4)。
	11月―遼東半島を中国に返還5)。
1905	2月―竹島を日本領土と公式に宣言。
	9月―樺太の北緯50度以南を領有6)。
	9月―関東州を租借。
1910	8月―韓国併合（朝鮮と改称）7)。
1920（大9）	6月―南洋群島8)を委任統治9)。
1922	3月―ヤップ島を委任統治10)。
1932（昭7）	3月―満州国建国を宣言。
1945	8月―第二次世界大戦終結。日本領土は，北海道，本州，四国，九州および連合国の決定する諸小島に限定される11)。
1951	9月―サンフランシスコ平和条約調印。日本領土確定。
1953	12月―奄美大島返還。
1968	6月―小笠原諸島返還。
1972	5月―沖縄返還。

日本銀行「明治以降　本邦主要経済統計」その他による。1）1854（安政元）年「日露和親条約」で日本に帰属。2）1609（慶長14）年薩摩藩が琉球王国を服属。1872（明治5）年琉球藩，1879年沖縄県となる。3）下関条約。4）日清講和条約。5）遼東半島還付条約。6）日露講和条約。7）日韓条約。8）小笠原の南，赤道以北に存在するグアムを除くマリアナ，パラオ，カロリン，マーシャルの諸島群。9）ベルサイユ条約（1919年締結，1920年発効）。10）ヤップ島に対する日米条約。11）ポツダム宣言（1945年7月）ほか。

表1-1 戦前の領土面積（単位 km²）

	1880 (明13)	1895 (明28)	1905 (明38)	1910 (明43)	1920 (大9)	1940 (昭15)
北海道········	78 561	78 561	78 561	78 561	78 561	78 561
本州··········	230 448	230 448	230 448	230 448	230 448	230 448
四国··········	18 771	18 771	18 771	18 771	18 771	18 771
九州··········	42 078	42 078	42 078	42 078	42 078	42 078
小笠原諸島···1)	103	103	103	103	103	103
琉球諸島······	2 386	2 386	2 386	2 386	2 386	2 386
千島列島······	10 214	10 214	10 214	10 214	10 214	10 214
南樺太········	—	—	36 090	36 090	36 090	36 090
朝鮮··········	—	—	—	220 792	220 792	220 792
台湾本島······	—	35 834	35 834	35 834	35 834	35 834
澎湖島········	—	127	127	127	127	127
(関東州)······	—	—	(3 462)	(3 462)	(3 462)	(3 462)
(南洋群島)····	—	—	—	—	(2 149)	(2 149)
総面積······	**382 562**	**418 524**	**454 614**	**675 406**	**675 406**	**675 406**

日本銀行「明治以降　本邦主要経済統計」により作成。各地域の面積は，参謀本部陸地測量部５万分の１地形図における1940年１月26日の調査による。本表各年の数値は調査方法の相違等で計数が一致しないため，日本銀行資料では便宜上1940年の調査数値をもって明治各年の面積としており，1920年はそれに倣って編者が掲載したもの。1）南鳥島を除く数値で，南鳥島を含むと106.14km²。現在の２万5000分の１地形図による数値は104.41km²。

表1-2 国勢調査による国土面積（単位 km²）

	1920 (大9)	1925 (大14)	1930 (昭5)	1935 (昭10)	1940 (昭15)	1945 (昭20)	1947 (昭22)
国土総面積··	**381 808**	**381 810**	**382 265**	**382 545**	**382 545**	**377 298**	**377 298**
北方領土····					4 996	4 996	4 996
竹島········					0.23	0.23	0.23
小笠原諸島··					103	106	106
奄美群島····					1 271	1 237	1 237
沖縄········					2 386	2 388	2 388

＊国勢調査には1920～35年の各諸島のデータ記載なし

	1950 (昭25)	1955 (昭30)	1960 (昭35)	1965 (昭40)	1970 (昭45)	1975 (昭50)	1980 (昭55)
国土総面積··	**377 099**	**377 151**	**377 151**	**377 267**	**377 309**	**377 535**	**377 708**
うち施政権下	368 372	369 661	369 661	369 777	370 073	372 539	372 712
北方領土····	4 996	4 996	4 996	4 996	4 996	4 996	4 996
竹島········	0.23	0.23	0.23	0.23	0.23	0.23	0.23
小笠原諸島··	106	106	106	106			
奄美群島····	1)…						
沖縄········	1)3 625	2 388	2 388	2 388	2 239	2 246	2 250

	1985 (昭60)	1990 (平2)	1995 (平7)	2000 (平12)	2005 (平17)	2010 (平22)	2015 (平27)
国土総面積··	**377 801**	**377 737**	**377 829**	**377 873**	**377 915**	**377 950**	**377 971**
うち施政権下	372 805	372 741	372 793	372 837	372 878	372 914	372 968
北方領土····	4 996	4 996	5 036	5 036	5 036	5 036	5 003
竹島········	0.23	0.23	0.23	0.23	0.23	0.21	0.2

総務省統計局「2015年国勢調査　基本集計結果」，各回基本集計結果および総務省資料により作成。施政権下の面積は，当時の該当地域。日本の施政権下になかった地域は，1945年が琉球諸島（沖縄諸島・宮古諸島・八重山諸島・大東諸島・硫黄鳥島），鹿児島県奄美群島，小笠原諸島，北方四島，竹島。1953年に奄美群島が，1968年に小笠原諸島が日本主権下に復帰し，1972年に沖縄が返還された。それ以後，施政権が及ばない地域として北方四島と竹島が残されている。1）奄美群島を沖縄に含んで調査。

表1-3 都道府県別面積（単位 km²）

	1920（大9）	1940（昭15）	1950（昭25）	1970（昭45）	1990（平2）	2000（平12）	2010（平22）	2015（平27）
北海道[1]	88 454	88 775	83 482 (78 486)	83 509 (78 513)	83 408 (78 413)	83 453 (78 417)	83 457 (78 421)	83 424 (78 421)
青森	9 631	9 631	9 624	9 613	9 606	9 606	9 645	9 646
岩手	15 235	15 235	15 230	15 275	15 274	15 278	15 279	15 275
宮城	7 287	7 274	7 266	7 288	7 284	7 285	7 286	7 282
秋田	11 724	11 664	11 615	11 609	11 613	11 612	11 636	11 638
山形	9 306	9 326	9 332	9 325	9 323	9 323	9 323	9 323
福島	13 782	13 782	13 773	13 781	13 781	13 782	13 783	13 784
茨城	6 100	6 091	6 092	6 087	6 093	6 096	6 096	6 097
栃木	6 448	6 437	6 439	6 414	6 408	6 408	6 408	6 408
群馬	6 315	6 336	6 334	6 356	6 363	6 363	6 362	6 362
埼玉	3 804	3 803	3 808	3 799	3 797	3 797	3 798	3 798
千葉	5 079	5 062	5 032	5 079	5 156	5 156	5 157	5 158
東京	2 142	2 145	2 137	2 141	2 183	2 187	2 188	2 191
神奈川	2 352	2 353	2 361	2 385	2 412	2 415	2 416	2 416
新潟	12 579	12 578	12 570	12 577	12 582	12 582	12 584	12 584
富山	4 257	4 257	4 257	4 252	4 246	4 247	4 248	4 248
石川	4 198	4 192	4 196	4 195	4 185	4 185	4 186	4 186
福井	4 018	4 264	4 254	4 188	4 188	4 189	4 190	4 190
山梨	4 455	4 466	4 464	4 463	4 465	4 465	4 465	4 465
長野	13 557	13 626	13 631	13 584	13 585	13 585	13 562	13 562
岐阜	10 462	10 495	10 492	10 596	10 598	10 598	10 621	10 621
静岡	7 770	7 770	7 771	7 770	7 779	7 779	7 780	7 777
愛知	5 055	5 081	5 049	5 084	5 147	5 156	5 165	5 172
三重	5 702	5 765	5 762	5 772	5 774	5 776	5 777	5 774
滋賀	4 051	4 051	4 025	4 016	4 017	4 017	4 017	4 017
京都	4 559	4 621	4 632	4 612	4 612	4 613	4 613	4 612
大阪	1 814	1 814	1 815	1 854	1 884	1 893	1 898	1 905
兵庫	8 427	8 323	8 332	8 351	8 382	8 392	8 396	8 401
奈良	3 730	3 689	3 688	3 692	3 690	3 691	3 691	3 691
和歌山	4 733	4 723	4 732	4 719	4 722	4 726	4 726	4 725
鳥取	3 489	3 489	3 489	3 492	3 498	3 507	3 507	3 507
島根	6 618	6 625	6 626	6 626	6 626	6 707	6 708	6 708
岡山	7 019	7 046	7 059	7 078	7 111	7 112	7 113	7 115
広島	8 437	8 437	8 422	8 447	8 473	8 477	8 480	8 479
山口	6 082	6 082	6 098	6 085	6 109	6 110	6 114	6 112
徳島	4 135	4 143	4 142	4 144	4 143	4 145	4 147	4 147
香川	1 845	1 859	1 862	1 870	1 875	1 876	1 877	1 877
愛媛	5 699	5 667	5 663	5 658	5 674	5 676	5 678	5 676
高知	7 088	7 104	7 105	7 106	7 104	7 105	7 105	7 104
福岡	4 940	4 940	4 906	4 922	4 966	4 971	4 977	4 986
佐賀	2 444	2 449	2 404	2 411	2 439	2 439	2 440	2 441
長崎	4 116	4 076	4 070	4 096	4 089	4 092	4 105	4 132
熊本	7 438	7 438	7 385	7 384	7 401	7 404	7 405	7 409
大分	6 225	6 334	6 329	6 325	6 336	6 338	6 340	6 341
宮崎	7 738	7 739	7 744	7 734	7 733	7 734	7 736	7 735
鹿児島	9 081	9 104	[3] 7 913	9 145	9 183	9 187	9 189	9 187
沖縄	2 387	2 386	[3] 3 625	2 239	2 264	2 271	2 276	2 281
全国[2]	**381 808**	**382 545**	**377 099** (368 372)	**377 309** (370 073)	**377 737** (372 741)	**377 873** (372 837)	**377 950** (372 914)	**377 971** (372 968)

総務省統計局「2015年国勢調査　基本集計結果」および各国勢調査報告により作成。1950～2000年は，都道府県にまたがる所属未定の湖沼等の面積は全国計に含み，各都道府県には含まない。また，北海道と全国計では，わが国の施政権が及ぶ範囲を算出してカッコ内に示した。1）カッコ内は北方領土を除く数値。2）カッコ内で除いた地域は表1-2の脚注参照。3）奄美群島は沖縄に含まれて調査。

表1-4 国土利用の変化（単位は上段が実数で万ha，下段のイタリック体が構成比で％）

	1965*（昭40）全国	三大[4]都市圏	1975（昭50）全国	三大[4]都市圏	1985（昭60）全国	三大[4]都市圏	1995（平7）全国	三大[4]都市圏
農用地	643	89	576	81	548	73	513	66
農地	602	88	557	80	538	72	504	66
採草放牧地	41	1	19	1	10	0	9	0
森林	2 516	212	2 529	324	2 530	323	2 514	318
原野	64	1	43	1	31	1	26	0
内水面[1]	111	13	128	18	130	18	132	19
道路[2]	82	14	89	19	107	23	121	25
宅地	85	27	124	43	150	51	170	57
住宅地	69	21	79	26	92	31	102	34
工業用地	9	4	14	6	15	6	17	6
事務所店舗等	7	2	31	11	44	15	51	17
合計×[3]	**3 771**	**389**	**3 775**	**534**	**3 778**	**536**	**3 778**	**537**
農用地	*17.0*	*22.9*	*15.3*	*15.2*	*14.5*	*13.6*	*13.6*	*12.3*
農地	*16.0*	*22.6*	*14.8*	*15.0*	*14.2*	*13.4*	*13.3*	*12.2*
採草放牧地	*1.0*	*0.3*	*0.5*	*0.2*	*0.3*	*0.0*	*0.2*	*0.0*
森林	*66.7*	*54.5*	*67.0*	*60.7*	*67.0*	*60.3*	*66.5*	*59.3*
原野	*1.7*	*0.3*	*1.1*	*0.2*	*0.8*	*0.2*	*0.7*	*0.0*
内水面[1]	*2.9*	*3.3*	*3.4*	*3.4*	*3.4*	*3.4*	*3.5*	*3.6*
道路[2]	*2.2*	*3.6*	*2.4*	*3.6*	*2.8*	*4.3*	*3.2*	*4.7*
宅地	*2.3*	*6.9*	*3.3*	*8.1*	*4.0*	*9.5*	*4.5*	*10.6*
住宅地	*1.8*	*5.4*	*2.1*	*4.9*	*2.4*	*5.8*	*2.7*	*6.4*
工業用地	*0.3*	*1.0*	*0.4*	*1.1*	*0.4*	*1.1*	*0.5*	*1.1*
事務所店舗等	*0.2*	*0.5*	*0.8*	*2.1*	*1.2*	*2.8*	*1.4*	*3.1*
合計×[3]	*100.0*	*100.0*	*100.0*	*100.0*	*100.0*	*100.0*	*100.0*	*100.0*

	2000（平12）全国	三大[4]都市圏	2005（平17）全国	三大[4]都市圏	2010（平22）全国	三大[4]都市圏	2015（平27）全国	三大[4]都市圏
農用地	491	63	478	61	467	58	—	—
農地	483	62	470	61	459	58	450	56
採草放牧地	7	0	8	0	8	0	—	—
森林	2 511	317	2 510	316	2 507	315	2 505	324
原野	27	1	28	1	28	0	[5] 35	[5] 1
内水面[1]	135	19	134	19	133	19	134	19
道路[2]	127	26	132	27	136	28	139	28
宅地	179	59	185	61	190	62	193	63
住宅地	107	36	112	37	115	39	118	40
工業用地	17	6	16	5	16	5	15	5
事務所店舗等	55	17	57	18	59	18	60	18
合計×[3]	**3 779**	**537**	**3 779**	**537**	**3 779**	**537**	**3 780**	**537**
農用地	*13.0*	*11.7*	*12.6*	*11.4*	*12.4*	*10.8*	—	—
農地	*12.8*	*11.5*	*12.4*	*11.4*	*12.1*	*10.8*	*11.9*	*10.5*
採草放牧地	*0.2*	*0.0*	*0.2*	*0.0*	*0.2*	*0.0*	—	—
森林	*66.4*	*59.0*	*66.4*	*58.8*	*66.3*	*58.7*	*66.3*	*60.4*
原野	*0.7*	*0.2*	*0.7*	*0.2*	*0.7*	*0.1*	[5] *0.9*	[5] *0.2*
内水面[1]	*3.6*	*3.5*	*3.5*	*3.5*	*3.5*	*3.5*	*3.6*	*3.6*
道路[2]	*3.4*	*4.8*	*3.5*	*5.0*	*3.6*	*5.2*	*3.7*	*5.2*
宅地	*4.7*	*11.0*	*4.9*	*11.4*	*5.0*	*11.5*	*5.1*	*11.8*
住宅地	*2.8*	*6.7*	*3.0*	*6.9*	*3.0*	*7.3*	*3.1*	*7.4*
工業用地	*0.4*	*1.1*	*0.4*	*0.9*	*0.4*	*1.0*	*0.4*	*1.0*
事務所店舗等	*1.5*	*3.2*	*1.5*	*3.4*	*1.6*	*3.4*	*1.6*	*3.4*
合計×[3]	*100.0*	*100.0*	*100.0*	*100.0*	*100.0*	*100.0*	*100.0*	*100.0*

国土交通省「土地白書」(1996～2017年版）などにより作成。*遡及訂正前の数値で接続しない。1) 水面・河川・水路。2) 一般道路，農道，林道。3) 北方領土と竹島を含む。4) 埼玉，千葉，東京，神奈川，岐阜，愛知，三重，京都，大阪，兵庫，奈良。5) 採草放牧地を含む。×その他とも。

〔人口の動き〕 1871（明治4）年に戸籍法が成立し，翌72年1月には戸籍（壬申戸籍）をもとに，明治維新後最初の人口調査が行われた。当時の人口は3481万人で，以後，人口は緩やかに増えていき，40年後の1912（大正1）年には5000万人を超える。1918年ごろからは産児制限運動がおこるが，31年の満州事変以降，産児制限運動は圧迫され，人口増殖論が大勢を占めるようになっていった。

日本で最初の国勢調査が行われたのは，1920年のことである。当時の総人口は5596万人であった。その後，国勢調査は5年ごとに行われ，戦前最後の1940年の調査では，総人口は7193万人となり，20年間で1.3倍に増えた。

戦後，1945年の人口調査では，戦争末期の死亡数の増大と出兵による大幅な社会減少（出国者数が入国者数を上回ること）から，1872年の調査以来初めて人口が前年を下回った。しかし，戦後の出生奨励策や終戦に伴う海外からの引揚者の急増などにより，1946年以降は，人口が急速に増えていく。1947～49年における出生数の大幅な増加を第1次ベビーブーム，この年齢層を「団塊の世代」と呼んでいる。

高度成長期にかけても人口は急速に増えていき，1967年には1億人を突破，1971～74年には団塊の世代が親になった第2次ベビーブームが到来した。経済成長により，人々の生活が豊かになっていくのに従い，合計特殊出生率（1人の女性が15～49歳の間に産む子どもの平均数）は急速に低下していく。1951年までは合計特殊出生率は3以上であったが，74年以降は，人口を同じ水準に保つのに必要とされる2.1を下回り続け，少子化が進行した。

1990年に前年89年の合計特殊出生率が1.57と判明し，丙午（ひのえうま）という特殊な要因によってそれまで最低だった66年の出生率1.58を下回った。これを1.57ショックと呼ぶ。1.57ショックを契機に，政府は出生率の低下と子ども数の減少をようやく問題として認識し始める。1994年には，保育所の整備など子育て支援のための対策であるエンゼルプランが，99年には新エンゼルプランが策定された。2001年には当時の小泉内閣が「待機児童ゼロ作戦」を掲げて保育所の拡充を進めるなど，次々と少子化対策が打ち出されていった。しかし，待機児童ゼロは一向に達成されず，そのほかの子育て環境整備も十分に進まないまま，少子化は進行していく。総人口は2008年の1億2808万人をピークにして翌年からは減少局面に突入，18年には1億2644万人となってピーク時よりも164万人減少した。総人口は今後も減少していくとみられている。

現在，様々な分野で人手不足が問題となっており，経済成長の足かせとなっている。このため，2019年4月には改正入管法が施行された。これにより，一定の能力が認められた外国人労働者には新たな在留資格が付与されるなど，今後，政府は外国人労働者の受け入れを拡大していく方針である。また，子育て世代の支援策としては，消費税率が10％に引き上げられた2019年10月より，３歳から５歳児の幼稚園や保育所の利用料を無料にするなど，幼児教育・保育の無償化が始まっている。

1920年の国勢調査では，年少人口（0～14歳）の割合は全人口の36.5％を占めており，一方で，老年人口（65歳以上）の割合は5.3％であった。老年人口割合が高齢化の目安とされる７％を超えたのは，1970年のことである。その後，少子高齢化は急速に進行していく。1997年には老年人口割合が15.7％となり，初めて年少人口割合（15.3％）を上回った。2012年からは団塊の世代が65歳に達し始め，老年人口数は3000万人を突破，15年以降は，団塊の世代が全員65歳を超えた。2018年の人口割合は老年人口が28.1％，年少人口が12.2％となっている。また，生産年齢人口（15～64歳）は59.7％となって，60％を下回った。

世帯数は，1920年の調査では1122万で，１世帯あたりの人数は4.99人であった。１世帯あたりの人数は1935年の5.13人が最も多く，55年の調査までは５人前後を維持していた。しかし，その後は減少していき，1970年には４人を，95年には３人を割り込んだ。直近の2015年の調査では，世帯数は5195万で，１世帯あたり人員は2.38人となっている。高度成長期に都市部を中心に核家族化が進み，近年は一人暮らしの増加が目立っている。

年表	
1871	「戸籍法」成立。
1872（明５）	「戸籍法」による全国戸口調査を実施（１月）。
1912	人口が5000万人を超える。
1920（大９）	第１回国勢調査実施（10月）。
1927	人口食糧問題調査会設置。
1938～39	日中事変の動員による出生減。
1945	終戦前後における出生減。
1947～49	第１次ベビーブーム（団塊の世代）。
1948	「優生保護法」成立。
1952	トカラ列島本土復帰（２月）。
1953	奄美群島本土復帰（12月）。
1966（昭41）	丙午（ひのえうま）年の出生減，合計特殊出生率は1.58に。
1967	人口が１億人を超える。
1968	小笠原諸島本土復帰（６月）。
1970	老年人口（65歳以上）の割合が全人口の７％を超える。
1971～74	第２次ベビーブーム。
1972	沖縄県本土復帰（５月）。
1989	1.57ショック。合計特殊出生率が1966年の1.58を下回る。
1994（平６）	エンゼルプラン策定。 老年人口の割合が全人口の14％を超える。
1995	阪神・淡路大震災発生。
1997	老年人口割合が年少人口（0～14歳）割合を超える。
1999	新エンゼルプラン策定。
2001	待機児童ゼロ作戦。
2003	次世代育成支援対策推進法，少子化社会対策基本法制定。
2007	老年人口割合が全人口の21％を超え，超高齢社会となる。
2008	総人口がピークに。
2011	東日本大震災発生。
2015	団塊の世代が全員65歳以上に。 75歳以上の人口割合が年少人口割合を超える。
2019（令１）	改正入管法施行。 幼児教育・保育の無償化開始。

図1-1　人口の推移

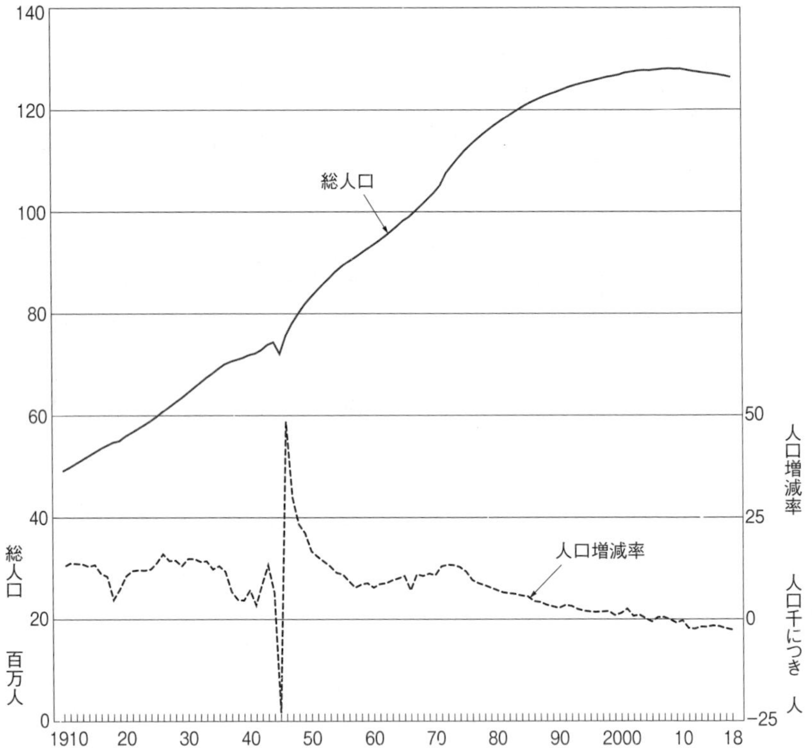

表1-5，6により作成。

国勢調査　1920年以来5年ごとに行われ，1947年までは内閣統計局，1950～80年は総理府統計局，1985年からは総務省（庁）統計局が集計。対象は各年10月1日現在の常住人口（調査時に当該世帯に3か月以上居住または予定の人）。ただし，1947年以前は現在人口（調査時に当該世帯に現在する人）。戦前の総人口（外国人を含む）は内地人人口。

推計人口　推計人口の1872～98年は，1872年1月29日（太陰暦）現在本籍人口に，各年の出生，死亡，棄児，就籍，除籍を加減した各年初本籍人口より，各年末内地外在留内地人人口を除いた推計。1899～1920年は，1920年の国勢調査の内地人人口を基に，同年9月以前の出生，死亡，棄児，就籍，除籍，内地人の内地外への出入などを加除した推計。1920年以降は，国勢調査人口を基に各年の出生，死亡，入国，出国などを加減して延長し，得られた推計値と次の基準人口との開きを補間補正したもの。

人口動態　人口の変動のこと。人口の増減は自然増減に社会増減を加えたものである。自然増減は出生数から死亡数を除いたもので，社会増減は入国者数から出国者数を差し引いたもの。社会増減の1945，46年の急激な変化は，復員軍人の帰還や外地からの引揚者などによるものである。人口動態統計は戸籍法などにより届け出られた日本における日本人の出生・死亡・婚姻・離婚・死産について厚生労働省が集計したもの。

表 1-5　人口の推移（Ⅰ）

	人口総数（千人）			人口増減（千人）	女100に対する男	人口密度（$1\ km^2$あたり人）
		男	女			
1872（明5）	34 806	17 666	17 140	179	103.1	91.2
1873（〃6）	34 985	17 755	17 230	169	103.0	91.6
1874（〃7）	35 154	17 835	17 319	162	103.0	92.1
1875（〃8）	35 316	17 913	17 403	239	102.9	92.5
1876（〃9）	35 555	18 030	17 525	315	102.9	93.1
1877（〃10）	35 870	18 187	17 683	296	102.9	93.9
1878（〃11）	36 166	18 327	17 839	298	102.7	94.7
1879（〃12）	36 464	18 472	17 992	185	102.7	95.5
1880（〃13）	36 649	18 559	18 090	316	102.6	96.0
1881（〃14）	36 965	18 712	18 253	294	102.5	96.8
1882（〃15）	37 259	18 854	18 405	310	102.4	97.6
1883（〃16）	37 569	19 006	18 563	393	102.4	98.4
1884（〃17）	37 962	19 199	18 763	351	102.3	99.4
1885（〃18）	38 313	19 368	18 945	228	102.2	100.3
1886（〃19）	38 541	19 480	19 061	162	102.2	100.9
1887（〃20）	38 703	19 554	19 149	326	102.1	101.4
1888（〃21）	39 029	19 716	19 313	444	102.1	102.2
1889（〃22）	39 473	19 940	19 533	429	102.1	103.4
1890（〃23）	39 902	20 153	19 749	349	102.0	104.5
1891（〃24）	40 251	20 322	19 929	257	102.0	105.4
1892（〃25）	40 508	20 443	20 065	352	101.9	106.1
1893（〃26）	40 860	20 616	20 244	282	101.8	107.0
1894（〃27）	41 142	20 755	20 387	415	101.8	107.8
1895（〃28）	41 557	20 960	20 597	435	101.8	108.8
1896（〃29）	41 992	21 164	20 828	408	101.6	110.0
1897（〃30）	42 400	21 356	21 044	486	101.5	111.1
1898（〃31）	42 886	21 590	21 296	518	101.4	112.3
1899（〃32）	43 404	21 836	21 568	443	101.2	113.7
1900（〃33）	43 847	22 051	21 796	512	101.2	114.8
1901（〃34）	44 359	22 298	22 061	605	101.1	116.2
1902（〃35）	44 964	22 606	22 358	582	101.1	117.8
1903（〃36）	45 546	22 901	22 645	589	101.1	119.3
1904（〃37）	46 135	23 195	22 940	485	101.1	120.8
1905（〃38）	46 620	23 421	23 199	418	101.0	122.1
1906（〃39）	47 038	23 599	23 439	378	100.7	123.2
1907（〃40）	47 416	23 786	23 630	549	100.7	124.2
1908（〃41）	47 965	24 041	23 924	589	100.5	125.6
1909（〃42）	48 554	24 326	24 228	630	100.4	127.2
1910（〃43）	49 184	24 650	24 534	668	100.5	128.8
1911（〃44）	49 852	24 993	24 859	725	100.5	130.6
1912（大1）	50 577	25 365	25 212	728	100.6	132.5
1913（〃2）	51 305	25 737	25 568	734	100.7	134.4
1914（〃3）	52 039	26 105	25 934	713	100.7	136.3
1915（〃4）	52 752	26 465	26 287	744	100.7	138.2
1916（〃5）	53 496	26 841	26 655	638	100.7	140.1
1917（〃6）	54 134	27 158	26 976	605	100.7	141.8
1918（〃7）	54 739	27 453	27 286	294	100.6	143.4
1919（〃8）	55 033	27 602	27 431	440	100.6	144.1
1920（〃9）	55 473	27 812	27 661	628	100.5	145.3

国立社会保障・人口問題研究所「人口の動向」，総務省統計局「国勢調査」，同「人口推計年報」などにより作成。各年1月1日（1872年は太陰暦1月29日）現在の推計人口による内地人人口で，沖縄県を含み，外地人・外国人を含まず。ただし，内地外に出征・駐在している軍人・軍属等は内地に現在するものとしこれを含む。人口増減は，各年1月から12月までの増減数，ただし，1872年は太陰暦1月29日から12月2日までの増減数。

人口の推移（Ⅱ）

	人口総数（千人）	男	女	人口増減（千人）	女100に対する男	人口密度（1km²あたり人）
1920(大9)[1]	55 963	28 044	27 919	…	100.4	146.6
1921(〃10)	56 666	28 412	28 254	703	100.6	148.4
1922(〃11)	57 390	28 800	28 590	724	100.7	150.3
1923(〃12)	58 119	29 177	28 942	729	100.8	152.2
1924(〃13)	58 876	29 569	29 307	756	100.9	154.2
1925(〃14)[1]	59 737	30 013	29 724	861	101.0	156.5
1926(昭1)	60 741	30 521	30 220	1 004	101.0	159.1
1927(〃2)	61 659	30 982	30 678	918	101.0	161.5
1928(〃3)	62 595	31 449	31 146	936	101.0	163.9
1929(〃4)	63 461	31 891	31 570	865	101.0	166.2
1930(〃5)[1]	64 450	32 390	32 060	989	101.0	168.6
1931(〃6)	65 457	32 899	32 559	1 007	101.0	171.2
1932(〃7)	66 434	33 355	33 079	976	100.8	173.8
1933(〃8)	67 432	33 845	33 587	998	100.8	176.4
1934(〃9)	68 309	34 294	34 015	877	100.8	178.7
1935(〃10)[1]	69 254	34 734	34 520	945	100.6	181.0
1936(〃11)	70 114	35 103	35 011	859	100.3	183.3
1937(〃12)	70 630	35 128	35 503	517	98.9	184.6
1938(〃13)	71 013	35 125	35 888	382	97.9	185.6
1939(〃14)	71 380	35 226	36 154	367	97.4	186.6
1940(〃15)[1)2]	71 933	35 387	36 546	553	96.8	188.0
1941(〃16)[3]	72 218	(34 706)	(36 974)	285	(93.9)	188.8
1942(〃17)[3]	72 880	(34 873)	(37 511)	662	(93.0)	190.5
1943(〃18)[3]	73 903	(34 767)	(38 116)	1 023	(91.2)	193.2
1944(〃19)[3]	74 433	(34 625)	(38 439)	530	(90.1)	194.6
1945(〃20)[3]	[4] 72 147	(33 894)	(38 104)	[5] −1 692	(89.0)	195.8
1946(〃21)[3]	75 750	(34 905)	(38 210)	3 603	(91.4)	205.6
1947(〃22)[6]	78 101	38 129	39 972	2 352	95.4	212.0
1948(〃23)	80 002	39 130	40 873	1 901	95.7	217.1
1949(〃24)	81 773	40 063	41 710	1 770	96.1	221.9
1950(〃25)[1]	83 200	40 812	42 388	1 427	96.3	225.9
1951(〃26)	84 541	41 489	43 052	1 342	96.4	229.6
1952(〃27)[7]	85 808	42 128	43 680	[8] 1 264	96.4	232.9
1953(〃28)	86 981	42 721	44 260	1 173	96.5	236.1
1954(〃29)[9]	88 239	43 344	44 895	[10] 1 056	96.5	238.8
1955(〃30)[1]	89 276	43 861	45 415	1 036	96.6	241.5
1956(〃31)	90 172	44 301	45 871	896	96.6	243.9
1957(〃32)	90 928	44 671	46 258	757	96.6	246.0
1958(〃33)	91 767	45 078	46 689	839	96.5	248.2
1959(〃34)	92 641	45 504	47 137	874	96.5	250.6
1960(〃35)[1]	93 419	45 878	47 541	777	96.5	252.7
1961(〃36)	94 287	46 300	47 987	868	96.5	255.1
1962(〃37)	95 181	46 733	48 447	894	96.5	257.5
1963(〃38)	96 156	47 208	48 947	975	96.4	260.1
1964(〃39)	97 182	47 710	49 471	1 026	96.4	262.9
1965(〃40)[1]	98 275	48 244	50 031	1 093	96.4	265.8
1966(〃41)	99 036	48 611	50 425	761	96.4	267.8
1967(〃42)	100 196	49 180	51 016	1 160	96.4	271.0
1968(〃43)[11]	101 331	49 739	51 592	[12] 1 135	96.4	274.0
1969(〃44)	102 536	50 334	52 202	1 205	96.4	277.3
1970(〃45)[1]	103 720	50 918	52 802	1 184	96.4	280.3
1971(〃46)	105 145	51 607	53 538	1 425	96.4	284.1
1972(〃47)	107 595	52 822	54 773	[13] 1 495	96.4	288.9
1973(〃48)	109 104	53 606	55 498	1 508	96.6	292.9
1974(〃49)	110 573	54 376	56 197	1 469	96.8	296.8
1975(〃50)[1]	111 940	55 091	56 849	1 367	96.9	300.5

人口の推移（Ⅲ）

	人口総数（千人）	男	女	人口増減（千人）	女100に対する男	人口密度（1 km²あたり 人）
1976（昭51）	113 094	55 658	57 436	1 155	96.9	303.6
1977（〃52）	114 165	56 184	57 981	1 071	96.9	306.4
1978（〃53）	115 190	56 682	58 508	1 025	96.9	309.1
1979（〃54）	116 155	57 151	59 004	965	96.9	311.6
1980（〃55）1)	117 060	57 594	59 467	906	96.9	314.1
1981（〃56）	117 902	58 001	59 901	842	96.8	316.3
1982（〃57）	118 728	58 400	60 329	826	96.8	318.5
1983（〃58）	119 536	58 786	60 750	808	96.8	320.7
1984（〃59）	120 305	59 150	61 155	769	96.7	322.7
1985（〃60）1)	121 049	59 497	61 552	744	96.7	324.7
1986（〃61）	121 660	59 788	61 871	611	96.6	326.3
1987（〃62）	122 239	60 058	62 181	579	96.6	327.9
1988（〃63）	122 745	60 302	62 443	507	96.6	329.3
1989（平1）	123 205	60 515	62 690	459	96.5	330.5
1990（〃2）1)	123 611	60 697	62 914	406	96.5	331.6
1991（〃3）	124 101	60 934	63 167	490	96.5	332.9
1992（〃4）	124 567	61 155	63 413	466	96.4	334.2
1993（〃5）	124 938	61 317	63 621	370	96.4	335.2
1994（〃6）	125 265	61 446	63 819	327	96.3	336.0
1995（〃7）1)	125 570	61 574	63 996	305	96.2	336.8
1996（〃8）	125 859	61 698	64 161	289	96.2	337.6
1997（〃9）	126 157	61 827	64 329	297	96.1	338.4
1998（〃10）	126 472	61 952	64 520	315	96.0	339.2
1999（〃11）	126 667	62 017	64 650	195	95.9	339.7
2000（〃12）1)	126 926	62 111	64 815	259	95.8	340.4
2001（〃13）	127 316	62 265	65 051	390	95.7	341.5
2002（〃14）	127 486	62 295	65 190	170	95.6	341.9
2003（〃15）	127 694	62 368	65 326	208	95.5	342.5
2004（〃16）	127 787	62 380	65 407	93	95.4	342.7
2005（〃17）1)	127 768	62 349	65 419	−19	95.3	342.7
2006（〃18）	127 901	62 387	65 514	133	95.2	343.0
2007（〃19）	128 033	62 424	65 608	132	95.1	343.3
2008（〃20）	128 084	62 422	65 662	51	95.1	343.5
2009（〃21）	128 032	62 358	65 674	−52	95.0	343.3
2010（〃22）1)	128 057	62 328	65 730	26	94.8	343.4
2011（〃23）	127 834	62 207	65 627	−223	94.8	342.8
2012（〃24）	127 593	62 080	65 513	−242	94.8	342.1
2013（〃25）	127 414	61 985	65 429	−179	94.7	341.7
2014（〃26）	127 237	61 901	65 336	−177	94.7	341.1
2015（〃27）1)	127 095	61 842	65 253	−142	94.8	340.8
2016（〃28）*	126 933	61 766	65 167	−162	94.8	340.3
2017（〃29）*	126 706	61 655	65 051	−227	94.8	339.7
2018（〃30）*	126 443	61 532	64 911	−263	94.8	339.0

表1-5（Ⅰ）の資料により作成。各年10月1日現在の国勢調査人口または推計人口による総人口で，1945〜71年は沖縄県を除く。人口増減は，前年10月から当年9月までの増減数。1）国勢調査。2）国勢調査人口73114千人から内地外の軍人・軍属等を差し引いた補正人口。3）1941〜46年の男女別人口は補正前人口のため総数に一致しない。4）11月1日現在の調査人口に軍人，外国人を加えた補正人口。5）沖縄県を除く1944年人口73839千人により算出。6）臨時国勢調査人口に水害地の調査もれ推計数を加えた補正人口。7）鹿児島県大島郡十島村の人口2968人を追加。8）十島村の人口を除いて算出。9）奄美群島の人口201千人を追加。10）奄美群島の人口を除いて算出。11）小笠原諸島の人口173人を追加。12）小笠原諸島の人口を除いて算出。13）沖縄県を含む1971年人口106100千人により算出。*推計値，今後，補正される。

表1-6　人口動態（Ⅰ）

	人口増減総数（千人）	自然増減（千人）	社会増減（千人）	人口増減率（人口千あたり）	出生率（人口千あたり）	死亡率（人口千あたり）
1872(明5)	1) 179	182	…	1) 5.1	2) 16.3	2) 11.6
1873(〃6)	169	174	…	4.8	23.1	18.9
1874(〃7)	162	167	…	4.6	23.8	19.8
1875(〃8)	239	245	…	6.8	24.6	18.5
1876(〃9)	315	323	…	8.9	25.4	17.2
1877(〃10)	296	304	…	8.3	24.8	17.3
1878(〃11)	298	307	…	8.2	24.2	16.7
1879(〃12)	185	196	…	5.1	24.0	19.8
1880(〃13)	316	326	…	8.6	24.1	16.5
1881(〃14)	294	304	…	8.0	25.5	18.6
1882(〃15)	310	320	…	8.3	24.8	17.9
1883(〃16)	393	409	…	10.5	26.8	18.0
1884(〃17)	351	360	…	9.2	25.7	18.6
1885(〃18)	228	241	…	6.0	26.7	23.1
1886(〃19)	162	174	…	4.2	27.3	24.3
1887(〃20)	326	340	…	8.4	27.3	19.5
1888(〃21)	444	457	…	11.4	30.0	19.3
1889(〃22)	429	440	…	10.9	30.7	20.5
1890(〃23)	349	361	…	8.7	28.7	20.6
1891(〃24)	257	273	…	6.4	27.0	21.2
1892(〃25)	352	368	…	8.7	29.8	21.9
1893(〃26)	282	292	…	6.9	28.8	22.9
1894(〃27)	415	424	…	10.1	29.4	20.4
1895(〃28)	435	448	…	10.5	30.0	20.5
1896(〃29)	408	427	…	9.7	30.5	21.7
1897(〃30)	486	515	…	11.5	31.5	20.7
1898(〃31)	518	550	…	12.1	31.9	20.9
1899(〃32)	443	487	−35	10.2	32.0	21.5
1900(〃33)	512	554	−32	11.7	32.4	20.8
1901(〃34)	605	626	−13	13.6	33.9	20.9
1902(〃35)	582	604	−13	12.9	33.6	21.3
1903(〃36)	589	615	−17	12.9	32.7	20.4
1904(〃37)	485	495	−1	10.5	31.2	20.7
1905(〃38)	418	469	−42	9.0	31.2	21.6
1906(〃39)	378	499	−112	8.0	29.6	20.3
1907(〃40)	549	660	−102	11.6	34.0	21.4
1908(〃41)	589	697	−97	12.3	34.7	21.5
1909(〃42)	630	668	−28	13.0	34.9	22.5
1910(〃43)	668	711	−34	13.6	34.8	21.6
1911(〃44)	725	771	−36	14.5	35.1	20.9
1912(大1)	728	773	−35	14.4	34.4	20.5
1913(〃2)	734	800	−56	14.3	34.3	20.0
1914(〃3)	713	773	−50	13.7	34.8	21.2
1915(〃4)	744	771	−18	14.1	34.1	20.7
1916(〃5)	638	678	−29	11.9	33.7	22.2
1917(〃6)	605	675	−57	11.2	33.5	22.2
1918(〃7)	294	354	−43	5.4	32.7	27.3
1919(〃8)	440	559	−102	8.0	32.3	23.3
1920(〃9)	628	673	−23	11.3	36.2	25.4
1921(〃10)	703	755	−13	12.6	35.1	22.7
1922(〃11)	724	740	25	12.8	34.3	22.4
1923(〃12)	729	751	19	12.7	35.2	22.9
1924(〃13)	756	776	20	13.0	33.9	21.3
1925(〃14)	861	913	−1	14.6	34.9	20.3

人口動態（Ⅱ）

	人口増減総数（千人）	自然増減（千人）	社会増減（千人）	人口増減率（人口千あたり）	出生率（人口千あたり）	死亡率（人口千あたり）
1926（昭1）	1 004	1 011	6	16.8	34.6	19.1
1927（〃2）	918	934	-4	15.1	33.4	19.7
1928（〃3）	936	950	-2	15.2	34.1	19.8
1929（〃4）	865	881	-4	13.8	32.7	19.9
1930（〃5）	989	950	53	15.6	32.4	18.2
1931（〃6）	1 007	967	13	15.6	32.1	19.0
1932（〃7）	976	1 006	-55	14.9	32.9	17.7
1933（〃8）	998	1 019	-47	15.0	31.5	17.7
1934（〃9）	877	910	-56	13.0	29.9	18.1
1935（〃10）	945	1 012	-92	13.8	31.6	16.8
1936（〃11）	859	1 008	-23	12.4	30.0	17.5
1937（〃12）	517	980	-442	7.4	30.9	17.1
1938（〃13）	382	817	-423	5.4	27.2	17.7
1939（〃14）	367	628	-223	5.2	26.6	17.8
1940（〃15）	553	886	-273	7.8	29.4	16.5
1941（〃16）	285	1 108	-817	4.0	31.8	16.0
1942（〃17）	662	1 147	-479	9.2	30.9	16.1
1943（〃18）	1 023	1 012	17	14.0	30.9	16.7
1944（〃19）	530	1 016	-492	7.2	…	…
1945（〃20）	3) -1 692	-245	-1 462	3) -22.9	…	…
1946（〃21）	3 603	207	3 471	49.9	…	…
1947（〃22）	2 352	1 460	1 001	31.0	34.3	14.6
1948（〃23）	1 901	1 720	323	24.3	33.5	11.9
1949（〃24）	1 770	1 756	150	22.1	33.0	11.6
1950（〃25）	1 427	1 510	31	17.5	28.1	10.9
1951（〃26）	1 342	1 366	1	16.1	25.3	9.9
1952（〃27）	4) 1 264	1 284	3	4) 14.9	23.4	8.9
1953（〃28）	1 173	1 159	36	13.7	21.5	8.9
1954（〃29）	5) 1 056	1 067	9	5) 12.1	20.0	8.2
1955（〃30）	1 036	1 061	-5	11.7	19.4	7.8
1956（〃31）	896	1 001	-8	10.0	18.4	8.0
1957（〃32）	757	849	-10	8.4	17.2	8.3
1958（〃33）	839	936	-7	9.2	18.0	7.4
1959（〃34）	874	979	-11	9.5	17.5	7.4
1960（〃35）	777	911	-50	8.4	17.2	7.6
1961（〃36）	868	909	-32	9.3	16.9	7.4
1962（〃37）	894	910	-8	9.5	17.0	7.5
1963（〃38）	975	991	-6	10.2	17.3	7.0
1964（〃39）	1 026	1 034	1	10.7	17.7	6.9
1965（〃40）	1 093	1 099	4	11.3	18.6	7.1
1966（〃41）	761	791	-7	7.7	13.7	6.8
1967（〃42）	1 160	1 199	-4	11.7	19.4	6.8
1968（〃43）	6) 1 135	1 171	-1	6) 11.3	18.6	6.8
1969（〃44）	1 205	1 230	13	11.9	18.5	6.8
1970（〃45）	1 184	1 211	10	11.5	18.8	6.9
1971（〃46）	1 425	1 308	-18	13.7	19.2	6.6
1972（〃47）	7) 1 495	1 374	-8	7) 14.1	19.3	6.5
1973（〃48）	1 508	1 402	-22	14.0	19.4	6.6
1974（〃49）	1 469	1 345	-4	13.5	18.6	6.5
1975（〃50）	1 367	1 242	-3	12.4	17.1	6.3
1976（〃51）	1 155	1 160	-9	10.3	16.3	6.3
1977（〃52）	1 071	1 081	-14	9.5	15.5	6.1
1978（〃53）	1 025	1 034	-13	9.0	14.9	6.1
1979（〃54）	965	974	-14	8.4	14.2	6.0

人口動態（Ⅲ）

	人口増減総数（千人）	自然増減（千人）	社会増減（千人）	人口増減率（人口千あたり）	出生率（人口千あたり）	死亡率（人口千あたり）
1980(昭55)	906	894	8	7.8	13.6	6.2
1981(〃 56)	842	823	2	7.2	13.0	6.1
1982(〃 57)	826	808	1	7.0	12.8	6.0
1983(〃 58)	808	789	2	6.8	12.7	6.2
1984(〃 59)	769	758	-6	6.4	12.5	6.2
1985(〃 60)	744	714	13	6.2	11.9	6.3
1986(〃 61)	611	630	-7	5.0	11.4	6.2
1987(〃 62)	579	620	-28	4.8	11.1	6.2
1988(〃 63)	507	537	-17	4.1	10.8	6.5
1989(平 1)	459	476	-4	3.7	10.2	6.4
1990(〃 2)	406	417	2	3.3	10.0	6.7
1991(〃 3)	490	394	38	4.0	9.9	6.7
1992(〃 4)	466	374	34	3.8	9.8	6.9
1993(〃 5)	370	322	-10	3.0	9.6	7.1
1994(〃 6)	327	351	-82	2.6	10.0	7.1
1995(〃 7)	305	297	-50	2.4	9.6	7.4
1996(〃 8)	289	307	-13	2.3	9.7	7.2
1997(〃 9)	297	288	14	2.4	9.5	7.3
1998(〃 10)	315	282	38	2.5	9.6	7.5
1999(〃 11)	195	212	-12	1.5	9.4	7.8
2000(〃 12)	259	226	38	2.0	9.5	7.7
2001(〃 13)	390	219	146	3.1	9.3	7.7
2002(〃 14)	170	195	-51	1.3	9.2	7.8
2003(〃 15)	208	115	68	1.6	8.9	8.0
2004(〃 16)	93	103	-35	0.7	8.8	8.2
2005(〃 17)	-19	9	-53	-0.1	8.4	8.6
2006(〃 18)	133	1	1	1.0	8.7	8.6
2007(〃 19)	132	-2	4	1.0	8.6	8.8
2008(〃 20)	51	-35	-45	0.4	8.7	9.1
2009(〃 21)	-52	-59	-124	-0.4	8.5	9.1
2010(〃 22)	26	-105	0	0.2	8.5	9.5
2011(〃 23)	-223	-183	-79	-1.7	8.3	9.9
2012(〃 24)	-242	-201	-79	-1.9	8.2	10.0
2013(〃 25)	-179	-232	14	-1.4	8.2	10.1
2014(〃 26)	-177	-252	36	-1.4	8.0	10.1
2015(〃 27)	-142	-275	94	-1.1	8.0	10.3
2016(〃 28)	-162	-296	134	-1.3	7.8	10.5
2017(〃 29)	-227	-377	151	-1.8	7.6	10.8
2018(〃 30)	-263	-424	161	-2.1	7.4	11.0

総務省統計局「国勢調査」，国立社会保障・人口問題研究所「人口の動向」，厚生労働省「人口動態統計」により作成。1945～71年（出生率と死亡率は1972年まで）は沖縄県を除く。人口・自然・社会増減と人口増減率の1872～1920年は各年１月１日～12月31日の１年間に関するもの。このうち1872～98年は本籍地調べで内地（沖縄を含む）外における計数を含み，1899～1920年は現在地調べで内地（沖縄を含む）のみの計数。1921～2011年は前年10月１日～当年９月30日の１年間に関するもの。人口増減総数の1921～2018年には各国勢調査間の補正数が含まれるが，自然増減数と社会増減数は補正前の数字であるため，自然増減と社会増減の合計は人口増減に一致しない。なお，1920年10月～1980年９月の自然増減は，日本人については届け出遅れの出生・死亡数もその発生月に繰り入れて計算してある。出生・死亡率は，日本における日本人の出生児・死亡者数について年間の該当数を各年10月１日現在の日本人人口で割ったもの。1）太陰暦１月29日から12月２日まで（1872年12月３日は改暦により太陽暦の1873年１月１日となる）。2）２月１日から12月２日まで。3）沖縄県を除く1944年人口73839千人により算出。4）鹿児島県大島郡十島村の人口を除いて算出。5）奄美群島の人口を除いて算出。6）小笠原諸島の人口を除いて算出。7）沖縄県を含む1971年人口106100千人により算出。

図1-2 人口ピラミッド（5歳階級別人口構成）

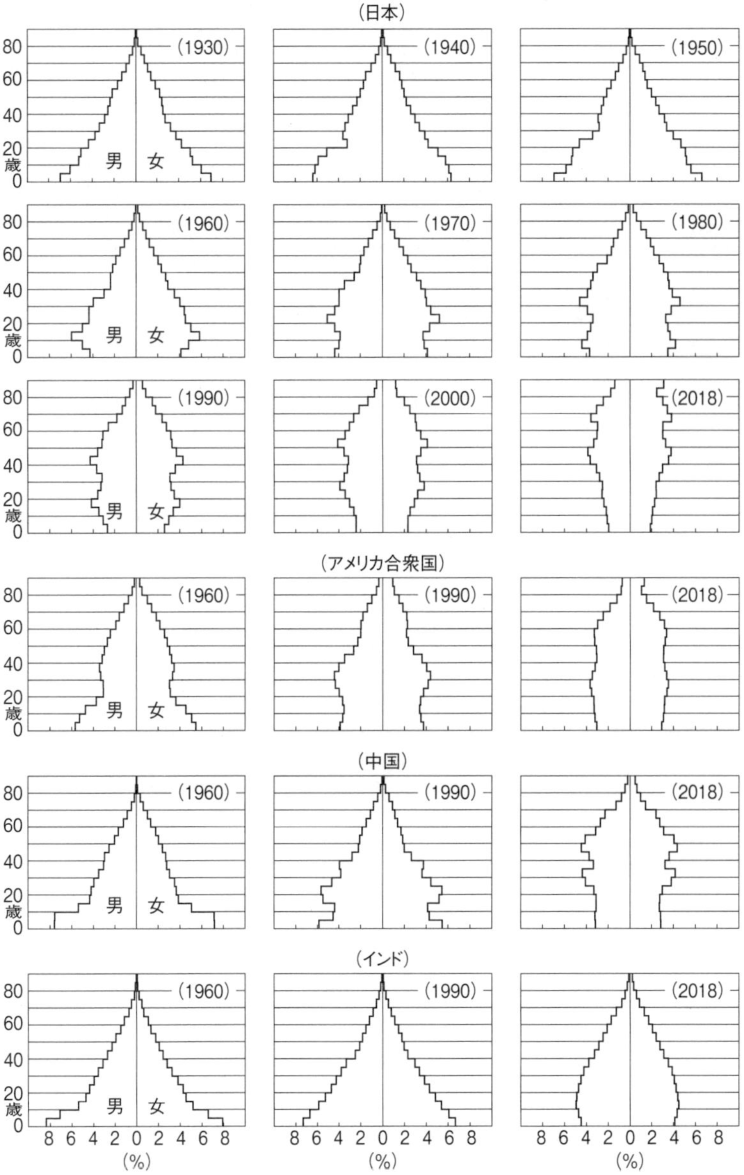

日本は総務省統計局の国勢調査および推計人口により作成，各年10月1日現在の人口。その他は国連「World Population Prospects; The 2019 Revision」による各年7月1日現在の推計人口。人口構成図の85～90歳は85歳以上人口。人口ピラミッドの型には，年少人口の割合が多い富士山型や，出生率，死亡率がともに低いつりがね型などがある。国が発展していくに従って，富士山型からつりがね型へ，出生率がさらに低下すると，つぼ型へ移行していくと考えられている。

表1-7　世帯数と世帯人員（各年10月１日現在）

	総世帯数（千）	一般（普通）世帯1)	核家族世帯	単独世帯	世帯人員（千人）	一般（普通）世帯1)	１世帯あたり人員（人）
1920(大９)	11 221	11 122	—	—	55 963	54 336	4.99
1930(昭５)	12 705	12 600	—	—	64 450	62 761	5.07
1940(〃15)	14 342	14 214	—	—	73 114	70 961	5.10
1950(〃25)2)	16 580	16 425	—	—	83 200	81 629	5.02
1960(〃35)	22 567	22 539	3) 11 788	3) 3 579	94 302	93 419	4.18
1970(〃45)	30 374	30 297	17 186	6 137	104 665	103 351	3.45
1975(〃50)	33 729	33 596	19 980	6 561	111 940	110 338	3.32
1980(〃55)	36 015	35 824	21 594	7 105	117 060	115 451	3.25
1985(〃60)	38 133	37 980	22 804	7 895	121 049	119 334	3.17
1990(平２)	41 036	40 670	24 218	9 390	123 611	121 545	3.01
1995(〃７)	44 108	43 900	25 760	11 239	125 570	123 646	2.85
2000(〃12)	47 063	46 782	27 332	12 911	126 926	124 725	2.70
2005(〃17)	49 566	49 063	28 394	14 457	127 768	124 973	2.58
2010(〃22)	51 951	51 842	29 207	16 785	128 057	125 546	2.46
2015(〃27)	53 449	53 332	29 754	18 418	127 095	124 296	2.38

総務省統計局「国勢調査」，同「日本の人口」などにより作成。各年10月1日現在。1935年以前は内地に現在する世帯数と世帯人員，40年の世帯人員は内地外の軍人・軍属を含む人口。1975～2005年は，世帯の種類「不詳」を含む。世帯の定義は各国勢調査により異なるが，特に1980・85年の調査で大きく変更された。1975年の調査までは，会社や官公庁等の独身寮に住んでいる人については棟ごとにまとめて一つの世帯としていたが，80年の調査からは一人一人をそれぞれ一つの世帯として調査している。なお，本表では，1985年の定義に基づいて組み替えた1960～80年の数値を用いた。1)1950年までは普通世帯で，1960年以降は一般世帯。2) 沖縄県を除く。3) １％抽出集計結果による。沖縄県を除く。

普通世帯と一般世帯　普通世帯とは，住居と生計をともにしている人々の集まり，および１戸を構えている単身者をいう。住居をともにする単身の住込みの雇人はすべて雇主の世帯に含まれる。また，間借り・下宿などの単身者および会社の独身寮に住む単身者は，普通世帯に含まれない。一方，一般世帯には普通世帯の範囲に加え，間借り・下宿などの単身者および会社の独身寮に住む単身者を含む。一般世帯の調査は1985年から始まった。なお，本表の1960，70，75，80年は，一般世帯に組み替えた数値。

表1-8　年齢別人口の割合（％）

	0～14歳	15～64歳	65歳以上		0～14歳	15～64歳	65歳以上
1884(明17)	*31.6*	*62.7*	*5.7*	1960(昭35)	*30.2*	*64.1*	*5.7*
1888(〃21)	*33.7*	*60.8*	*5.5*	1965(〃40)	*25.7*	*68.0*	*6.3*
1898(〃31)	*32.8*	*61.7*	*5.5*	1970(〃45)	*24.0*	*68.9*	*7.1*
1908(〃41)	*34.2*	*60.5*	*5.3*	1975(〃50)	*24.3*	*67.7*	*7.9*
1913(大２)	*34.9*	*59.5*	*5.5*	1980(〃55)	*23.5*	*67.4*	*9.1*
1920(〃９)	*36.5*	*58.3*	*5.3*	1985(〃60)	*21.5*	*68.2*	*10.3*
1925(〃14)	*36.7*	*58.2*	*5.1*	1990(平２)	*18.2*	*69.7*	*12.1*
1930(昭５)	*36.6*	*58.7*	*4.8*	1995(〃７)	*16.0*	*69.5*	*14.6*
1935(〃10)	*36.9*	*58.5*	*4.7*	2000(〃12)	*14.6*	*68.1*	*17.4*
1940*(〃15)	*36.7*	*58.5*	*4.8*	2005(〃17)	*13.8*	*66.1*	*20.2*
1947(〃22)	*35.3*	*59.9*	*4.8*	2010(〃22)	*13.2*	*63.8*	*23.0*
1950(〃25)	*35.4*	*59.6*	*4.9*	2015(〃27)	*12.6*	*60.7*	*26.6*
1955(〃30)	*33.4*	*61.2*	*5.3*	2018(〃30)	*12.2*	*59.7*	*28.1*

総務省統計局「国勢調査」などにより作成。1884年は１月１日現在，1888～1913年は12月31日現在の本籍人口，1920～2015年は10月１日現在の国勢調査人口，2018年は推計人口。年齢不詳人口を除いて割合を算出。四捨五入の関係で内訳の合計が100％にならない場合がある。*国勢調査人口から内地外にいた軍人・軍属等の年齢別推計数を差し引いた補正人口による。

表1-9　女子人口の再生産力

	合計特殊出生率	人口置換水準1)		合計特殊出生率	人口置換水準1)
1925(大14)	5.11	3.10	1986(昭61)	1.72	2.08
1930(昭 5)	4.72	3.09	1987(〃 62)	1.69	2.08
1937(〃 12)	4.37	2.90	1988(〃 63)	1.66	2.08
1940(〃 15)	4.11	2.87	1989(平 1)	1.57	2.08
1947(〃 22)	4.54	2.71	1990(〃 2)	1.54	2.08
1950(〃 25)	3.65	2.43	1991(〃 3)	1.53	2.08
1955(〃 30)	2.37	2.24	1992(〃 4)	1.50	2.08
1960(〃 35)	2.00	2.18	1993(〃 5)	1.46	2.08
1961(〃 36)	1.96	2.17	1994(〃 6)	1.50	2.08
1962(〃 37)	1.98	2.16	1995(〃 7)	1.42	2.07
1963(〃 38)	2.00	2.14	1996(〃 8)	1.43	2.08
1964(〃 39)	2.05	2.14	1997(〃 9)	1.39	2.07
1965(〃 40)	2.14	2.12	1998(〃 10)	1.38	2.08
1966(〃 41)	1.58	2.15	1999(〃 11)	1.34	2.08
1967(〃 42)	2.23	2.12	2000(〃 12)	1.36	2.08
1968(〃 43)	2.13	2.13	2001(〃 13)	1.33	2.07
1969(〃 44)	2.13	2.13	2002(〃 14)	1.32	2.07
1970(〃 45)	2.13	2.13	2003(〃 15)	1.29	2.07
1971(〃 46)	2.16	2.12	2004(〃 16)	1.29	2.07
1972(〃 47)	2.14	2.11	2005(〃 17)	1.26	2.07
1973(〃 48)	2.14	2.11	2006(〃 18)	1.32	2.07
1974(〃 49)	2.05	2.11	2007(〃 19)	1.34	2.07
1975(〃 50)	1.91	2.10	2008(〃 20)	1.37	2.07
1976(〃 51)	1.85	2.10	2009(〃 21)	1.37	2.07
1977(昭52)	1.80	2.10	2010(〃 22)	1.39	2.07
1978(〃 53)	1.79	2.10	2011(〃 23)	1.39	2.07
1979(〃 54)	1.77	2.10	2012(〃 24)	1.41	2.07
1980(〃 55)	1.75	2.09	2013(〃 25)	1.43	2.07
1981(〃 56)	1.74	2.09	2014(〃 26)	1.42	2.07
1982(〃 57)	1.77	2.08	2015(〃 27)	1.45	2.07
1983(〃 58)	1.80	2.08	2016(〃 28)	1.44	2.07
1984(〃 59)	1.81	2.08	2017(〃 29)	1.43	2.06
1985(〃 60)	1.76	2.08	2018(〃 30)	1.42	…

国立社会保障・人口問題研究所「人口の動向」，厚生労働省「人口動態統計」により作成。合計特殊出生率は1人の女子が15～49歳の間に産む子供数の平均。1947～72年は沖縄県を除く。1926～29，31～36，41～46年はデータがない。1）人口を同じ水準に保つために必要な合計特殊出生率。

外国人の増加　1947年以降，外国人登録令（後に外国人登録法）により，戦前まで日本人（外地人）とされた朝鮮，台湾等の出身者も，外国人として登録を義務づけられることになった。1947年の登録外国人数は64万人で，このうち94％が朝鮮出身者であった。その後，外国人は1982年に80万人を超え，80年代後半からは中国やブラジルを中心に急増，90年には100万人を，2005年には200万人を超えた。国籍別では，戦後一貫して韓国・朝鮮が最も多かったが，2007年に中国（台湾を含む）に抜かれた。2008年のリーマンショックによる世界的な不況の影響から，翌09年の外国人数が1961年以来48年ぶりに前年を下回る。さらに，2011年の東日本大震災の影響により外国人数は大きく減って，2009年から11年までの3年間で14万人減少した。2012年に外国人登録法が廃止され，同年からは新たに在留外国人としての統計が始まる。2012年に203万人だった外国人数は，その後毎年増えていき，18年には273万人となって過去最多を更新した。

表1-10　婚姻と離婚（単位　件）

	婚姻					離婚	
	総数	婚姻率（対千人あたり）	夫婦とも初婚[1)]			総数	離婚率（対千人あたり）
			対総数（%）	婚姻年齢（夫，歳）	婚姻年齢（妻，歳）		
1915（大4）	445 210	8.4	…	27.4	23.2	59 943	1.14
1920（〃9）	546 207	9.8	…	27.4	23.2	55 511	0.99
1925（〃14）	521 438	8.7	…	27.1	23.1	51 687	0.87
1930（昭5）	506 674	7.9	…	27.3	23.2	51 259	0.80
1935（〃10）	556 730	8.0	…	27.8	23.8	48 528	0.70
1940（〃15）	666 575	9.3	…	29.0	24.6	48 556	0.68
1947（〃22）	934 170	12.0	…	26.1	22.9	79 551	1.02
1950（〃25）	715 081	8.6	…	25.9	23.0	83 689	1.01
1955（〃30）	714 861	8.0	*84.2*	26.6	23.8	75 267	0.84
1960（〃35）	866 115	9.3	*87.6*	27.2	24.4	69 410	0.74
1965（〃40）	954 852	9.7	*88.8*	27.2	24.5	77 195	0.79
1970（〃45）	1 029 405	10.0	*88.9*	26.9	24.2	95 937	0.93
1975（〃50）	941 628	8.5	*87.3*	27.0	24.7	119 135	1.07
1980（〃55）	774 702	6.7	*84.9*	27.8	25.2	141 689	1.22
1985（〃60）	735 850	6.1	*83.4*	28.2	25.5	166 640	1.39
1986（〃61）	710 962	5.9	*82.7*	28.3	25.6	166 054	1.37
1987（〃62）	696 173	5.7	*82.2*	28.4	25.7	158 227	1.30
1988（〃63）	707 716	5.8	*81.8*	28.4	25.8	153 600	1.26
1989（平1）	708 316	5.8	*81.4*	28.5	25.8	157 811	1.29
1990（〃2）	722 138	5.9	*81.7*	28.4	25.9	157 608	1.28
1991（〃3）	742 264	6.0	*82.2*	28.4	25.9	168 969	1.37
1992（〃4）	754 441	6.1	*82.4*	28.4	26.0	179 191	1.45
1993（〃5）	792 658	6.4	*82.6*	28.4	26.1	188 297	1.52
1994（〃6）	782 738	6.3	*82.1*	28.5	26.2	195 106	1.57
1995（〃7）	791 888	6.4	*81.6*	28.5	26.3	199 016	1.60
1996（〃8）	795 080	6.4	*81.4*	28.5	26.4	206 955	1.66
1997（〃9）	775 651	6.2	*80.9*	28.5	26.6	222 635	1.78
1998（〃10）	784 595	6.3	*80.5*	28.6	26.7	243 183	1.94
1999（〃11）	762 028	6.1	*79.8*	28.7	26.8	250 529	2.00
2000（〃12）	798 138	6.4	*79.0*	28.8	27.0	264 246	2.10
2001（〃13）	799 999	6.4	*77.9*	29.0	27.2	285 911	2.27
2002（〃14）	757 331	6.0	*77.0*	29.1	27.4	289 836	2.30
2003（〃15）	740 191	5.9	*76.1*	29.4	27.6	283 854	2.25
2004（〃16）	720 418	5.7	*75.2*	29.6	27.8	270 804	2.15
2005（〃17）	714 265	5.7	*74.7*	29.8	28.0	261 917	2.08
2006（〃18）	730 973	5.8	*74.1*	30.0	28.2	257 475	2.04
2007（〃19）	719 822	5.7	*73.9*	30.1	28.3	254 832	2.02
2008（〃20）	726 106	5.8	*74.1*	30.2	28.5	251 136	1.99
2009（〃21）	707 740	5.6	*74.1*	30.4	28.6	253 354	2.01
2010（〃22）	700 222	5.5	*74.4*	30.5	28.8	251 379	1.99
2011（〃23）	661 898	5.2	*74.1*	30.7	29.0	235 720	1.87
2012（〃24）	668 870	5.3	*74.0*	30.8	29.2	235 407	1.87
2013（〃25）	660 622	5.3	*73.7*	30.9	29.3	231 385	1.84
2014（〃26）	643 783	5.1	*73.6*	31.1	29.4	222 115	1.77
2015（〃27）	635 225	5.1	*73.2*	31.1	29.4	226 238	1.81
2016（〃28）	620 707	5.0	*73.3*	31.1	29.4	216 856	1.73
2017（〃29）	606 952	4.9	*73.4*	31.1	29.4	212 296	1.70
2018（〃30）	586 481	4.7	*73.3*	31.1	29.4	208 333	1.68

厚生労働省「人口動態統計」により作成。1）婚姻年齢は夫婦とも初婚の組み合わせに限らず，初婚の夫の平均婚姻年齢および初婚の妻の平均婚姻年齢を示す。

表1-11 外国人数の推移（単位　人）

	中国1)	韓国・朝鮮	ベトナム	フィリピン	ブラジル	アメリカ合衆国	計×
1947	32 889	598 507	3	240	83	2 249	639 368
1950	40 481	544 903	25	367	169	4 962	598 696
1955	43 865	577 682	48	435	361	8 566	641 482
1960	45 535	581 257	57	390	240	11 594	650 566
1965	49 418	583 537	169	539	366	15 915	665 989
1970	51 481	614 202	557	932	891	19 045	708 458
1975	48 728	647 156	1 041	3 035	1 418	21 976	751 842
1980	52 896	664 536	2 742	5 547	1 492	22 401	782 910
1981	55 616	667 325	2 842	6 729	1 652	23 266	792 946
1982	59 122	669 854	3 132	6 563	1 643	24 825	802 477
1983	63 164	674 581	3 472	7 516	1 796	26 434	817 129
1984	67 895	687 135	3 911	9 618	1 953	27 882	840 885
1985	74 924	683 313	4 126	12 261	1 955	29 044	850 612
1986	84 397	677 959	4 388	18 897	2 135	30 695	867 237
1987	95 477	673 787	4 381	25 017	2 250	30 836	884 025
1988	129 269	677 140	4 763	32 185	4 159	32 766	941 005
1989	137 499	681 838	6 316	38 925	14 528	34 900	984 455
1990	150 339	687 940	6 233	49 092	56 429	38 364	1 075 317
1991	171 071	693 050	6 410	61 837	119 333	42 498	1 218 891
1992	195 334	688 144	6 883	62 218	147 803	42 482	1 281 644
1993	210 138	682 276	7 609	73 057	154 650	42 639	1 320 748
1994	218 585	676 793	8 229	85 968	159 619	43 320	1 354 011
1995	222 991	666 376	9 099	74 297	176 440	43 198	1 362 371
1996	234 264	657 159	10 228	84 509	201 795	44 168	1 415 136
1997	252 164	645 373	11 897	93 265	233 254	43 690	1 482 707
1998	272 230	638 828	13 505	105 308	222 217	42 774	1 512 116
1999	294 201	636 548	14 898	115 685	224 299	42 802	1 556 113
2000	335 575	635 269	16 908	144 871	254 394	44 856	1 686 444
2001	381 225	632 405	19 140	156 667	265 962	46 244	1 778 462
2002	424 282	625 422	21 050	169 359	268 332	47 970	1 851 758
2003	462 396	613 791	23 853	185 237	274 700	47 836	1 915 030
2004	487 570	607 419	26 018	199 394	286 557	48 844	1 973 747
2005	519 561	598 687	28 932	187 261	302 080	49 390	2 011 555
2006	560 741	598 219	32 485	193 488	312 979	51 321	2 084 919
2007	606 889	593 489	36 860	202 592	316 967	51 851	2 152 973
2008	655 377	589 239	41 136	210 617	312 582	52 683	2 217 426
2009	680 518	578 495	41 000	211 716	267 456	52 149	2 186 121
2010	687 156	565 989	41 781	210 181	230 552	50 667	2 134 151
2011	674 879	545 401	44 690	209 376	210 032	49 815	2 078 508
	中国2)	韓国	ベトナム	フィリピン	ブラジル	アメリカ合衆国	計×
2012	652 595	489 431	52 367	202 985	190 609	48 361	2 033 656
2013	649 078	481 249	72 256	209 183	181 317	49 981	2 066 445
2014	654 777	465 477	99 865	217 585	175 410	51 256	2 121 831
2015	665 847	457 772	146 956	229 595	173 437	52 271	2 232 189
2016	695 522	453 096	199 990	243 662	180 923	53 705	2 382 822
2017	730 890	450 663	262 405	260 553	191 362	55 713	2 561 848
2018	764 720	449 634	330 835	271 289	201 865	57 500	2 731 093

総務省統計局「日本の長期統計系列」，法務省「在留外国人統計」により作成。各年末現在。2011年までは「外国人登録令」，「外国人登録法」に基づき登録された外国人数で，12年以降は在留外国人数。1）台湾，香港およびマカオを含む。2）香港，マカオを含み，台湾を含まない。×その他とも。

図 1-3　おもな国の年齢別人口構成

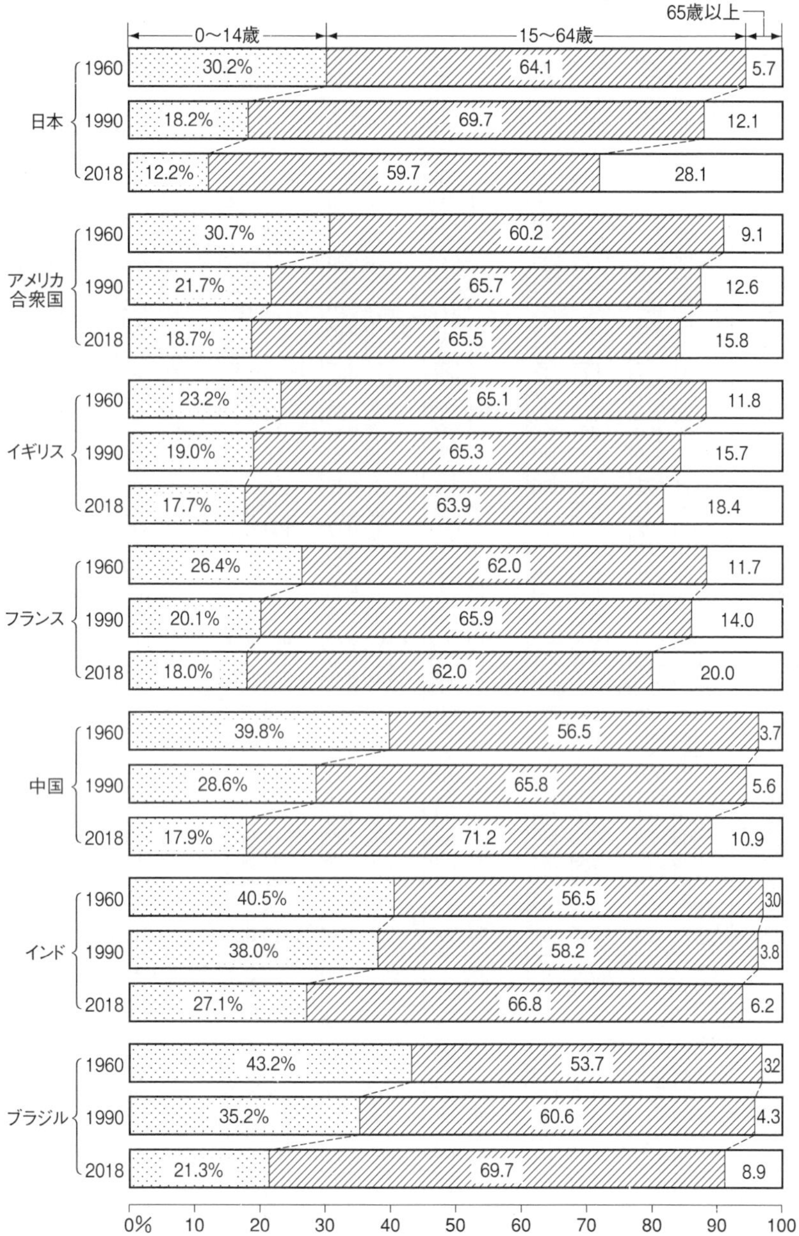

図1-2の資料により作成。日本は各年10月１日現在，その他は各年７月１日現在。四捨五入のため，内訳の合計が100%にならない場合がある。

表1-12 各国の人口の推移（単位 千人）

	中国	インド	アメリカ合衆国	インドネシア	パキスタン	ブラジル
1950(昭25)	554 419	376 325	158 804	69 543	37 542	53 975
1960(〃 35)	660 408	450 548	186 721	87 751	44 989	72 179
1970(〃 45)	827 601	555 190	209 513	114 793	58 142	95 113
1975(〃 50)	926 241	623 103	219 081	130 681	66 817	107 216
1980(〃 55)	1 000 089	698 953	229 476	147 448	78 054	120 694
1985(〃 60)	1 075 589	784 360	240 500	164 982	92 192	135 274
1990(平 2)	1 176 884	873 278	252 120	181 413	107 648	149 003
1995(〃 7)	1 240 921	963 923	265 164	196 934	123 777	162 020
2000(〃 12)	1 290 551	1 056 576	281 711	211 514	142 344	174 790
2005(〃 17)	1 330 776	1 147 610	294 994	226 289	160 304	186 127
2010(〃 22)	1 368 811	1 234 281	309 011	241 834	179 425	195 714
2015(〃 27)	1 406 848	1 310 152	320 878	258 383	199 427	204 472
2019(令 1)	1 433 784	1 366 418	329 065	270 626	216 565	211 050

	ナイジェリア	バングラデシュ	ロシア	メキシコ	日本	エチオピア
1950(昭25)	37 860	37 895	102 799	27 945	82 802	18 128
1960(〃 35)	45 138	48 014	119 872	37 772	93 674	22 151
1970(〃 45)	55 982	64 232	130 149	51 494	104 929	28 415
1975(〃 50)	63 374	70 066	133 805	59 608	112 413	32 567
1980(〃 55)	73 424	79 639	138 053	67 761	117 817	35 142
1985(〃 60)	83 563	90 764	142 957	75 983	121 883	40 652
1990(平 2)	95 212	103 172	147 532	83 943	124 505	47 888
1995(〃 7)	107 948	115 170	148 227	91 663	126 365	57 048
2000(〃 12)	122 284	127 658	146 405	98 900	127 524	66 225
2005(〃 17)	138 865	139 036	143 672	106 005	128 326	76 346
2010(〃 22)	158 503	147 575	143 479	114 093	128 542	87 640
2015(〃 27)	181 137	156 256	144 985	121 858	127 985	100 835
2019(令 1)	200 964	163 046	145 872	127 576	126 860	112 079

	フィリピン	エジプト	ベトナム	コンゴ民主共和国	ドイツ	世界計×
1950(昭25)	18 580	20 452	24 810	12 184	69 966	2 536 431
1960(〃 35)	26 270	26 633	32 670	15 248	73 414	3 034 950
1970(〃 45)	35 804	34 514	43 405	20 011	78 578	3 700 437
1975(〃 50)	41 286	38 549	48 718	22 904	78 856	4 079 481
1980(〃 55)	47 358	43 309	54 282	26 359	78 283	4 458 004
1985(〃 60)	54 276	49 259	60 897	29 881	77 692	4 870 922
1990(平 2)	61 895	56 134	67 989	34 612	79 054	5 327 231
1995(〃 7)	69 784	62 334	74 910	41 576	81 139	5 744 213
2000(〃 12)	77 992	68 832	79 910	47 106	81 401	6 143 494
2005(〃 17)	86 326	75 524	83 833	54 786	81 603	6 541 907
2010(〃 22)	93 967	82 761	87 968	64 564	80 827	6 956 824
2015(〃 27)	102 113	92 443	92 677	76 245	81 787	7 379 797
2019(令 1)	108 117	100 388	96 462	86 791	83 517	7 713 468

国連「World Population Prospects; The 2019 Revision」(2019年6月閲覧) により作成。各年7月1日現在の推計人口。現在人口。日本の数値も国連の推計による。そのため，総務省の数値とは一致しない。2019年の人口が多い順に国を掲載。×その他の国を含む。

〔**府県と都市**〕　明治維新後の1871（明治4）年7月，新政府は廃藩置県を行った。また，同年10月には，府県に知事を置く府県官制を制定して幕藩体制にかわる新たな行政制度を整備し，11月末には3府72県が組織された。その後，府県制度は法的に整備されていくが，中央政府が強い統制力を持ち続ける。本格的な地方自治制度の成立は，1947（昭和22）年の地方自治法施行によってである。

明治期の日本は，農業を産業の主体としていた。そのため，石川や新潟など米どころの県の人口が多いものの，現在のような地域的な人口の偏りは少なかった。しかし，明治時代後半に軽工業が発達し始め，重化学工業へと産業の発展が移っていくに従って工業地帯ができ，地方から東京，大阪，名古屋を中心とした大都市へと多くの労働者が集まって大都市圏が形成されていった。

1950年代半ば以降，高度経済成長を遂げる過程で，地方から大都市への人口移動は激しくなっていく。人口の流入は大都市だけでなく，その郊外にも及び，大都市地域を広域的にとらえる必要が出てきた。そのため，1960年以降の国勢調査では，中心市および中心市に社会・経済的に結合している周辺市町村によって構成される圏域を「大都市圏」と設定した。さらに，1975年以降は，大都市圏よりも規模の小さな「都市圏」を設定している。

1970年代半ば以降，人口集中による住宅不足や地価の高騰などから大都市への人口移動は勢いを弱めていく。東京圏では，人口の集中は都市の中心部から外郭部へと移り，ドーナツ化現象がみられるようになった。しかし，バブル経済崩壊以降は，地価の下落やマンション建設の増加などから，中心部の人口が再び増えていく。近年は，大阪圏や名古屋圏で人口の流出超過が続く一方，仕事や住みやすさを求め，東京圏では流入超過が続き，人口の一極集中が進んでいる。

1888(明治21)年，日本には7万1314の町村があったが，翌89年の市制町村制の施行に伴い，39の市と1万5820町村が設置された。これを，明治の大合併と呼ぶ。その後，市町村数は昭和の大合併（1953-61年）により9868から3472となり，近年は，財政状況の悪化や地方分権の推進から平成の大合併（1999-2010年）が行われ，3232から1727まで減少した。2019年3月末現在，市町村数は1718となっている。

日本の大都市は，人口の規模や社会・経済的な重要度から，政令指定都市，中核市，施行時特例市，その他の市に分けられている。このうち政令指定都市とは，政令で指定する人口50万以上の市をいう。1956年に横浜，名古屋，京都，大阪，神戸が指定されて以来，2019年4月までに20市が指定された。政令指定都市は，ほぼ都道府県なみの行財政権を持つ。なお，東京都特別区（23区）は，政令指定都市の区とは異なり，市に準ずる扱いを受ける。

【都道府県の変遷】

1871(明4)年6月	3府 45県 261藩	廃藩置県直前。
7月	3府 302県	廃藩置県。
12月	3府 72県	府県の全国的廃置。
1872(〃5)年12月	3府 69県 1藩	琉球藩を置く。
1873年12月～74年12月	3府 60県 1藩	
1875(〃8)年12月	3府 59県 1藩	
1876年12月～78年12月	3府 35県 1藩	
1879(〃12)年12月	3府 36県	琉球藩を廃し，沖縄県を置く（1879年4月）。
1880(〃13)年12月	3府 37県	徳島県を置く（1880年3月）。
1881(〃14)年12月	3府 38県	堺県を廃す（1881年2月）。福井県を置く(1881年2月)。鳥取県を置く(1881年9月)。
1882(〃15)年12月	3府 41県	開拓使を廃し，函館，札幌，根室県を置く（1882年2月）。
1883年12月～85年12月	3府 44県	富山，佐賀，宮崎県を置く（1883年5月）。
1886(〃19)年12月	3府 41県	函館，札幌，根室県を廃し，北海道庁を置く（1886年1月）。
1887(〃20)年12月	3府 42県	奈良県を置く（1887年11月）。
1888(〃21)年12月	3府 43県	香川県を置く（1888年12月）。
1943(昭18)年12月	1都 2府 43県	東京府の都制施行（1943年7月）。
1946(〃21)年12月以降	1都 1道 2府42県	府県制改正（道府県制）に従い，北海道を置き，沖縄県を除く。
1972(〃47)年5月	1都 1道 2府43県	沖縄県復帰。

【市町村の変遷】

1888(明21)		71314町村		
1889(〃22)	39市	15820町村		市制町村制施行。
1922(大11)	91市	1242町	10982村	
1947(昭22)年8月	210市	1784町	8511村	地方自治法施行（1947年5月）。
1953(〃28)年10月	286市	1966町	7616村	町村合併促進法施行。
1954(〃29)年10月	444市	1796町	5878村	
1956(〃31)年4月	495市	1870町	2303村	新市町村建設促進法施行（1956年6月）。
9月	498市	1903町	1574村	横浜，名古屋，京都，大阪，神戸が政令指定都市に指定される（2012年4月現在20市）。
1960(〃35)年4月	555市	1922町	1049村	
1961(〃36)年6月	556市	1935町	981村	
1970(〃45)年4月	564市	2027町	689村	
1980(〃55)年4月	646市	1991町	618村	
1990(平2)年4月	655市	2003町	587村	
1995(〃7)年4月	663市	1994町	577村	市町村の合併の特例に関する法律の一部を改正する法律施行（1995年3月）。
1999(〃11)年4月	671市	1990町	568村	
2000(〃12)年4月	671市	1990町	568村	地方分権一括法施行。
2006(〃18)年4月	779市	844町	197村	
2010(〃22)年4月	786市	757町	184村	
2019(〃31)年4月	792市	743町	183村	

総務省自治行政局市町村課「全国市町村要覧」(2018年版) および総務省資料により作成。1945年以降は北方領土の6村を含まず。一般的に市は人口5万人以上で，中心市街地区域内の戸数が全戸数の6割以上を占めるなどの要件を満たすものである。市町村合併のうち，1888年から1889年にかけてを「明治の大合併」，1953年から1961年にかけてを「昭和の大合併」，1999年から2010年にかけてを「平成の大合併」と呼ぶ。

表 1-13　府県別人口（国勢調査/各年10月1日現在）（I）

	1920（大9）			1925（大14）			
	人口（千人）	人口増減（1913～18）1)（千人）	人口密度（1km²あたり 人）	人口（千人）	人口増減（1920～25）（千人）	人口密度（1km²あたり 人）	人口（千人）
北海道	2 359	398.5	27	2 499	139.5	28	2 812
青　森	756	39.2	79	813	56.5	84	880
岩　手	846	19.8	55	901	55.4	59	976
宮　城	962	21.9	132	1 044	82.3	143	1 143
秋　田	899	32.0	77	936	37.9	80	988
山　形	969	20.6	104	1 027	58.4	110	1 080
福　島	1 363	79.3	99	1 438	74.8	104	1 508
茨　城	1 350	70.5	221	1 409	58.7	231	1 487
栃　木	1 046	59.1	162	1 090	43.9	169	1 142
群　馬	1 053	60.4	167	1 119	66.2	177	1 186
埼　玉	1 320	44.0	347	1 394	74.9	367	1 459
千　葉	1 336	-5.2	263	1 399	63.1	276	1 470
東　京	3 699	530.5	1 727	4 485	785.7	2 094	5 409
神奈川	1 323	101.6	563	1 417	93.4	602	1 620
新　潟	1 776	-10.0	141	1 850	73.3	147	1 933
富　山	724	-0.6	170	749	25.0	176	779
石　川	747	-9.5	178	751	3.5	179	757
福　井	599	-14.3	149	598	-1.3	149	618
山　梨	583	21.4	131	601	17.2	135	631
長　野	1 563	77.5	115	1 629	66.5	120	1 717
岐　阜	1 070	24.4	102	1 133	62.2	108	1 178
静　岡	1 550	91.7	200	1 671	120.8	215	1 798
愛　知	2 090	94.8	413	2 319	229.7	459	2 567
三　重	1 069	9.0	188	1 108	38.4	194	1 157
滋　賀	651	3.9	161	662	11.4	164	692
京　都	1 287	94.3	282	1 406	119.2	309	1 553
大　阪	2 588	384.9	1 427	3 060	471.7	1 687	3 540
兵　庫	2 302	131.6	273	2 455	152.9	291	2 646
奈　良	565	1.9	151	584	19.2	157	596
和歌山	750	20.4	159	788	37.1	166	831
鳥　取	455	-2.0	130	472	17.6	135	489
島　根	715	-37.1	108	722	7.7	109	740
岡　山	1 218	19.2	173	1 238	20.7	176	1 284
広　島	1 542	4.0	183	1 618	75.8	192	1 692
山　口	1 041	7.1	171	1 095	53.5	180	1 136
徳　島	670	6.7	162	690	19.6	167	717
香　川	678	-42.4	367	700	22.5	379	733
愛　媛	1 047	9.6	184	1 096	49.6	192	1 142
高　知	671	5.2	95	687	16.6	97	718
福　岡	2 188	182.7	443	2 302	113.4	466	2 527
佐　賀	674	-22.0	276	685	10.9	280	692
長　崎	1 136	82.1	276	1 164	27.8	283	1 233
熊　本	1 233	-1.5	166	1 296	62.9	174	1 354
大　分	860	-3.5	138	915	54.9	147	946
宮　崎	651	50.4	84	691	40.0	89	760
鹿児島	1 416	57.5	156	1 472	56.6	162	1 557
沖　縄	572	41.5	239	558	-14.0	234	578
全国	**55 963**	**2 751.1**	147	**59 737**	**3 773.8**	156	**64 450**

総務省統計局「国勢調査」により作成。1945年以降の密度計算に用いた面積には北方領土と竹島を含まず。1945年は11月1日現在の人口調査。1950～60年の沖縄県の人口は12月1日現在。1）内閣統計局↗

1930（昭5）		1935（昭10）			1940（昭15）		
人口増減（1925～30）（千人）	人口密度（1km²あたり人）	人口（千人）	人口増減（1930～35）（千人）	人口密度（1km²あたり人）	人口（千人）	人口増減（1935～40）（千人）	人口密度（1km²あたり人）
313.7	32	3 068	255.9	35	3 273	204.4	37
66.9	91	967	87.2	100	1 001	33.4	104
74.8	64	1 046	70.3	69	1 096	49.7	72
98.7	157	1 235	92.0	170	1 271	36.4	175
51.3	85	1 038	50.0	89	1 052	14.5	90
52.7	116	1 117	36.8	120	1 119	2.5	120
70.6	109	1 582	73.4	115	1 626	44.0	118
78.0	244	1 549	61.9	254	1 620	71.0	266
51.3	177	1 195	53.3	186	1 207	11.6	187
67.2	187	1 242	56.4	196	1 299	56.6	205
64.7	384	1 529	69.7	402	1 608	79.2	423
70.9	289	1 546	76.3	305	1 588	42.0	314
923.5	2 522	6 370	961.2	2 970	7 355	985.1	3 429
202.8	688	1 840	220.4	782	2 189	349.0	930
83.5	154	1 996	62.5	159	2 064	68.6	164
29.7	183	799	19.9	188	823	23.7	193
6.0	180	768	11.6	183	758	−10.7	181
20.2	154	647	28.5	152	644	−2.8	151
30.4	141	647	15.7	145	663	16.3	148
87.9	126	1 714	−3.1	126	1 711	−3.3	126
45.8	112	1 226	47.4	117	1 265	39.2	121
126.6	231	1 940	142.1	250	2 018	78.0	260
247.9	505	2 863	295.3	563	3 167	303.9	623
49.7	201	1 175	17.2	204	1 199	24.2	208
29.2	171	711	19.8	176	704	−7.8	174
146.5	336	1 703	149.7	368	1 730	27.5	374
480.5	1 953	4 297	757.2	2 369	4 793	495.8	2 643
191.6	318	2 923	276.9	351	3 221	298.0	387
12.4	162	620	24.2	168	621	0.0	168
43.2	176	864	33.3	183	865	1.0	183
17.0	140	490	1.2	141	484	−6.1	139
17.1	112	747	7.6	113	741	−6.2	112
45.5	182	1 333	48.7	189	1 329	−3.3	189
74.5	201	1 805	112.8	214	1 870	64.6	222
41.1	187	1 191	54.9	196	1 294	103.7	213
26.7	173	729	12.2	176	719	−10.0	173
32.5	394	749	15.8	403	730	−18.3	393
45.8	202	1 165	22.8	206	1 179	13.8	208
30.7	101	715	−3.2	101	709	−5.7	100
225.5	512	2 756	228.7	558	3 094	338.3	626
6.7	283	686	−5.4	280	702	15.4	286
69.4	303	1 297	63.5	318	1 370	73.2	336
57.9	182	1 387	33.1	186	1 368	−18.9	184
30.6	149	980	34.7	155	973	−7.5	154
69.4	98	824	64.0	107	840	15.9	109
84.5	171	1 591	34.8	175	1 589	−2.0	175
19.9	242	592	15.0	248	575	−17.9	241
4 713.2	169	**69 254**	**4 804.1**	181	**73 114**	**3 860.2**	191

↘の推計。

府県別人口（国勢調査/各年10月1日現在）（Ⅱ）

	1945（昭20）（人口調査）			1947（昭22）（臨時国勢調査）			
	人口（千人）	人口増減（1940～45）（千人）	人口密度（1km²あたり 人）	人口（千人）	人口増減（1945～47）（千人）	人口密度（1km²あたり 人）	人口（千人）
北海道	3 518	245.7	45	3 853	334.4	49	4 296
青森	1 083	82.7	112	1 180	97.0	123	1 283
岩手	1 228	132.0	81	1 263	35.0	83	1 347
宮城	1 462	191.0	201	1 567	104.6	215	1 663
秋田	1 212	159.6	104	1 257	45.5	108	1 309
山形	1 326	207.0	142	1 336	9.3	143	1 357
福島	1 957	331.8	142	1 992	35.1	145	2 062
茨城	1 944	324.3	319	2 014	69.4	331	2 039
栃木	1 546	339.7	240	1 534	-12.0	238	1 550
群馬	1 546	247.1	244	1 573	26.7	248	1 601
埼玉	2 047	439.2	538	2 100	53.2	552	2 146
千葉	1 967	378.4	389	2 113	146.1	417	2 139
東京	3 488	-3 866.7	1 708	5 001	1 512.5	2 449	6 278
神奈川	1 866	-323.3	793	2 218	352.5	943	2 488
新潟	2 390	325.3	190	2 418	28.6	192	2 461
富山	954	131.3	224	979	25.4	230	1 009
石川	888	129.8	212	928	40.2	221	957
福井	725	81.0	170	726	1.4	170	752
山梨	839	176.0	188	807	-31.8	181	811
長野	2 121	410.3	156	2 060	-61.0	151	2 061
岐阜	1 519	253.6	145	1 494	-25.0	142	1 545
静岡	2 220	202.5	286	2 353	132.6	303	2 471
愛知	2 858	-308.7	562	3 123	265.1	615	3 391
三重	1 394	195.5	242	1 416	22.2	246	1 461
滋賀	861	157.2	213	858	-2.5	212	861
京都	1 604	-126.2	347	1 739	135.3	376	1 833
大阪	2 801	-1 992.0	1 544	3 335	533.7	1 839	3 857
兵庫	2 822	-399.3	339	3 057	235.6	367	3 310
奈良	780	159.2	211	780	0.3	211	764
和歌山	936	70.9	198	960	24.0	203	982
鳥取	563	78.8	161	588	24.4	168	600
島根	860	119.3	130	894	34.0	135	913
岡山	1 565	235.3	222	1 620	55.0	230	1 661
広島	1 885	16.0	223	2 011	126.0	238	2 082
山口	1 356	62.2	223	1 479	122.8	243	1 541
徳島	836	117.0	202	855	19.0	206	879
香川	864	133.3	465	918	54.0	494	946
愛媛	1 361	182.8	240	1 454	92.4	257	1 522
高知	776	66.3	109	848	72.8	119	874
福岡	2 747	-347.3	556	3 178	431.3	643	3 530
佐賀	830	128.9	339	918	87.4	375	945
長崎	1 319	-51.5	324	1 532	213.1	376	1 645
熊本	1 556	188.3	209	1 766	209.2	237	1 828
大分	1 125	151.5	178	1 234	109.1	195	1 253
宮崎	914	73.3	118	1 026	112.0	133	1 091
鹿児島	2) 1 538	3) 134.1	197	2) 1 746	207.8	223	1 804
沖縄	—	—	—	—	—	—	5) 915
全国	4) **71 998**	4) **-541.6**	4) 195	4) **78 101**	4) **6 103.4**	4) 212	**84 115**

資料名や調査時点などについては前表（Ⅰ）の脚注参照。2）大島郡の人口が含まれていない。3）1940年の鹿児島県の人口から大島郡の人口185千人を除いて算出。4）沖縄県を除いた数値より算出。↗

1950（昭25）		1955（昭30）			1960（昭35）7)		
人口増減（1947〜50）（千人）	人口密度（1 km²あたり 人）	人口（千人）	人口増減（1950〜55）（千人）	人口密度（1 km²あたり 人）	人口（千人）	人口増減（1955〜60）（千人）	人口密度（1 km²あたり 人）
442.7	55	4 773	477.5	61	5 039	266.1	64
102.6	133	1 383	99.7	144	1 427	44.1	148
84.0	88	1 427	80.4	93	1 449	21.4	95
96.6	229	1 727	63.6	237	1 743	16.1	239
51.6	113	1 349	39.8	116	1 336	-13.3	115
21.7	145	1 354	-3.7	145	1 321	-33.0	142
69.9	150	2 095	32.8	152	2 051	-44.1	149
25.7	335	2 064	24.6	339	2 047	-17.0	336
16.2	241	1 548	-2.9	240	1 514	-34.0	236
28.6	253	1 614	12.2	255	1 578	-35.1	249
46.0	564	2 263	116.2	595	2 431	168.2	640
26.1	425	2 205	66.0	438	2 306	101.0	458
1 276.7	3 091	8 037	1 759.6	3 973	9 684	1 646.7	4 778
269.5	1 054	2 919	431.8	1 236	3 443	523.7	1 458
42.7	196	2 473	12.5	197	2 442	-31.5	194
29.6	237	1 021	12.3	240	1 033	11.5	243
29.5	228	966	8.9	230	973	7.2	232
26.1	177	754	1.7	177	753	-1.4	180
4.1	182	807	-4.3	181	782	-25.0	175
0.8	151	2 021	-39.5	148	1 981	-39.9	146
50.9	147	1 584	39.1	151	1 638	54.8	156
118.5	318	2 650	179.0	341	2 756	105.8	355
267.7	672	3 769	378.6	745	4 206	437.1	832
44.7	254	1 486	24.4	258	1 485	-0.5	258
2.8	214	854	-7.4	213	843	-11.0	210
93.9	396	1 935	102.2	418	1 993	58.2	432
522.4	2 126	4 618	761.3	2 552	5 505	886.4	3 006
252.5	397	3 621	311.0	435	3 906	285.5	469
-16.1	207	777	13.0	210	781	4.2	212
22.1	208	1 007	24.7	214	1 002	-4.6	213
12.6	172	614	14.1	176	599	-15.1	172
18.3	138	929	16.5	140	889	-40.2	134
41.5	235	1 690	28.7	239	1 670	-19.3	237
70.5	247	2 149	67.1	255	2 184	35.0	259
61.6	253	1 610	69.0	265	1 602	-7.6	264
23.7	212	878	-0.4	212	847	-30.8	205
28.3	508	944	-2.2	508	919	-25.0	494
68.0	269	1 541	18.8	273	1 501	-39.9	266
25.5	123	883	8.8	124	855	-28.1	120
352.0	720	3 860	329.6	788	4 007	146.9	818
27.3	393	974	28.7	405	943	-30.9	392
113.8	404	1 748	102.1	428	1 760	12.8	431
61.9	247	1 896	68.1	257	1 856	-39.5	252
19.3	198	1 277	24.2	202	1 240	-37.5	196
65.7	141	1 139	48.0	147	1 135	-4.8	147
57.8	231	2 044	6) 23.9	224	1 963	-81.0	215
—	252	801	6) 102.2	335	883	82.1	370
4) **5 098.2**	226	**90 077**	**5 962.0**	242	**94 302**	**4 225.0**	253

↘5) 奄美群島の人口216千人を含む。6) 1950年の奄美群島の人口は鹿児島県に含めて算出。7) 長野県西筑摩郡山口村と岐阜県中津川市の境界紛争地域人口（73人）は全国に含まれるが，各県には含まれず。

府県別人口（国勢調査/各年10月1日現在）（Ⅲ）

	1965（昭40）			1970（昭45）			
	人口（千人）	人口増減（1960～65）（千人）	人口密度（1 km^2あたり 人）	人口（千人）	人口増減（1965～70）（千人）	人口密度（1 km^2あたり 人）	人口（千人）
北海道	5 172	132.6	66	5 184	12.5	66	5 338
青　森	1 417	-10.0	147	1 428	10.9	148	1 469
岩　手	1 411	-37.4	92	1 371	-39.7	90	1 386
宮　城	1 753	9.9	241	1 819	66.1	250	1 955
秋　田	1 280	-55.7	110	1 241	-38.5	107	1 232
山　形	1 263	-57.6	135	1 226	-37.5	131	1 220
福　島	1 984	-67.4	144	1 946	-37.7	141	1 971
茨　城	2 056	9.1	338	2 144	87.4	352	2 342
栃　木	1 522	8.0	237	1 580	58.4	246	1 698
群　馬	1 606	27.1	253	1 659	53.3	261	1 756
埼　玉	3 015	584.1	793	3 866	851.5	1 018	4 821
千　葉	2 702	395.8	535	3 367	664.9	663	4 149
東　京	10 869	1 185.4	5 357	11 408	538.8	5 328	11 674
神奈川	4 431	987.6	1 866	5 472	1 041.5	2 295	6 398
新　潟	2 399	-43.1	191	2 361	-37.9	188	2 392
富　山	1 025	-7.1	241	1 030	4.2	242	1 071
石　川	980	7.1	234	1 002	21.9	239	1 070
福　井	751	-2.1	179	744	-6.3	178	774
山　梨	763	-18.9	171	762	-1.2	171	783
長　野	1 958	-23.4	144	1 957	-1.1	144	2 018
岐　阜	1 700	62.0	160	1 759	58.6	166	1 868
静　岡	2 913	156.3	375	3 090	177.4	398	3 309
愛　知	4 799	592.3	948	5 386	587.5	1 059	5 924
三　重	1 514	29.4	263	1 543	28.6	267	1 626
滋　賀	853	10.7	212	890	36.4	222	986
京　都	2 103	109.4	456	2 250	147.3	488	2 425
大　阪	6 657	1 152.4	3 618	7 620	963.3	4 110	8 279
兵　庫	4 310	403.5	517	4 668	358.0	559	4 992
奈　良	826	44.9	224	930	104.2	252	1 077
和歌山	1 027	24.8	218	1 043	15.8	221	1 072
鳥　取	580	-19.3	166	569	-11.1	163	581
島　根	822	-67.3	124	774	-48.0	117	769
岡　山	1 645	-25.3	233	1 707	61.9	241	1 814
広　島	2 281	97.1	270	2 436	155.0	288	2 646
山　口	1 544	-58.6	254	1 511	-32.1	248	1 555
徳　島	815	-32.2	197	791	-24.0	191	805
香　川	901	-18.0	484	908	7.1	485	961
愛　媛	1 446	-54.3	256	1 418	-28.3	251	1 465
高　知	813	-41.9	114	787	-25.8	111	808
福　岡	3 965	-42.1	807	4 027	62.8	818	4 293
佐　賀	872	-71.0	362	838	-33.4	348	838
長　崎	1 641	-119.2	401	1 570	-71.0	383	1 572
熊　本	1 771	-85.5	240	1 700	-70.5	230	1 715
大　分	1 187	-52.2	188	1 156	-31.9	183	1 190
宮　崎	1 081	-53.9	140	1 051	-29.6	136	1 085
鹿児島	1 854	-109.6	203	1 729	-124.4	189	1 724
沖　縄	934	51.1	391	945	10.9	422	1 043
全国	**99 209**	**4 907.5**	267	**104 665**	**5 456.0**	281	**111 940**

表1-13（Ⅰ）の脚注参照。

1975（昭50）		1980（昭55）			1985（昭60）		
人口増減（1970～75）（千人）	人口密度（1 km^2あたり 人）	人口（千人）	人口増減（1975～80）（千人）	人口密度（1 km^2あたり 人）	人口（千人）	人口増減（1980～85）（千人）	人口密度（1 km^2あたり 人）
153.9	68	5 576	237.8	71	5 679	103.5	72
41.1	153	1 524	55.3	158	1 524	0.5	159
14.2	91	1 422	36.4	93	1 434	11.7	94
136.0	268	2 082	127.1	286	2 176	94.0	298
−8.9	106	1 257	24.3	108	1 254	−2.7	108
−5.3	131	1 252	31.6	134	1 262	9.7	135
24.5	143	2 035	64.7	148	2 080	45.0	151
198.6	385	2 558	215.8	420	2 725	167.0	447
118.0	265	1 792	94.2	279	1 866	73.9	291
97.6	276	1 849	92.1	291	1 921	72.7	302
954.9	1 269	5 420	599.1	1 427	5 864	443.2	1 543
782.5	811	4 735	586.3	921	5 148	412.7	1 000
265.5	5 441	11 618	−55.3	5 388	11 829	211.1	5 471
925.5	2 676	6 924	526.6	2 889	7 432	507.6	3 094
31.0	190	2 451	59.4	195	2 478	27.1	197
41.1	252	1 103	32.7	260	1 118	14.9	263
67.5	255	1 119	49.4	267	1 152	33.0	275
29.4	185	794	20.8	190	818	23.3	195
21.0	175	804	21.2	180	833	28.6	187
60.6	149	2 084	66.4	153	2 137	53.0	157
109.0	176	1 960	92.1	185	2 029	68.4	191
218.9	426	3 447	138.0	443	3 575	127.9	460
537.4	1 158	6 222	298.1	1 213	6 455	233.5	1 256
82.9	282	1 687	60.9	292	1 747	60.4	302
95.9	245	1 080	94.3	269	1 156	75.9	288
174.8	526	2 527	102.5	548	2 587	59.2	561
658.4	4 455	8 473	194.5	4 545	8 668	194.6	4 641
324.2	597	5 145	152.8	614	5 278	133.2	630
147.3	292	1 209	131.9	328	1 305	95.5	353
29.4	227	1 087	14.9	230	1 087	0.2	230
12.5	166	604	22.9	173	616	11.8	176
−4.7	116	785	15.9	118	795	9.8	120
107.3	256	1 871	56.7	264	1 917	45.9	270
210.2	313	2 739	92.8	324	2 819	80.0	333
43.8	255	1 587	31.9	260	1 602	14.5	262
14.1	194	825	20.1	199	835	9.6	201
53.4	512	1 000	38.6	532	1 023	22.7	543
47.1	259	1 507	41.4	266	1 530	23.3	270
21.5	114	831	22.9	117	840	8.5	118
265.5	868	4 553	260.5	919	4 719	165.8	952
−0.8	346	866	27.9	356	880	14.4	362
1.7	383	1 591	18.7	387	1 594	3.4	388
15.0	232	1 790	75.1	242	1 838	47.4	248
34.7	188	1 229	38.6	194	1 250	21.3	197
34.0	140	1 152	66.5	149	1 176	24.0	152
−5.2	188	1 785	60.7	195	1 819	34.6	199
97.5	464	1 107	64.0	492	1 179	72.5	523
7 274.5	300	117 060	5 120.8	314	121 049	3 988.5	325

府県別人口（国勢調査/各年10月1日現在）（Ⅳ）

	1990（平2）			1995（平7）			
	人口（千人）	人口増減（1985～90）（千人）	人口密度（1km²あたり 人）	人口（千人）	人口増減（1990～95）（千人）	人口密度（1km²あたり 人）	人口（千人）
北海道	5 644	-35.8	72	5 692	48.7	73	5 683
青　森	1 483	-41.6	154	1 482	-1.2	154	1 476
岩　手	1 417	-16.7	93	1 420	2.6	93	1 416
宮　城	2 249	72.3	309	2 329	80.2	320	2 365
秋　田	1 227	-26.6	106	1 214	-13.8	105	1 189
山　形	1 258	-3.3	135	1 257	-1.4	135	1 244
福　島	2 104	23.8	153	2 134	29.5	155	2 127
茨　城	2 845	120.4	467	2 956	110.1	485	2 986
栃　木	1 935	69.1	302	1 984	49.2	310	2 005
群　馬	1 966	45.0	309	2 004	37.3	315	2 025
埼　玉	6 405	541.6	1 687	6 759	354.0	1 780	6 938
千　葉	5 555	407.3	1 078	5 798	242.4	1 124	5 926
東　京	11 856	26.2	5 430	11 774	-82.0	5 384	12 064
神奈川	7 980	548.4	3 308	8 246	265.5	3 416	8 490
新　潟	2 475	-3.9	197	2 488	13.8	198	2 476
富　山	1 120	1.8	264	1 123	3.0	264	1 121
石　川	1 165	12.3	278	1 180	15.4	282	1 181
福　井	824	6.0	197	827	3.4	197	829
山　梨	853	20.1	191	882	29.0	198	888
長　野	2 157	19.7	159	2 194	37.4	161	2 215
岐　阜	2 067	38.0	195	2 100	33.7	198	2 108
静　岡	3 671	96.1	472	3 738	66.8	480	3 767
愛　知	6 691	235.4	1 300	6 868	177.7	1 334	7 043
三　重	1 793	45.2	310	1 841	48.8	319	1 857
滋　賀	1 222	66.6	304	1 287	64.6	320	1 343
京　都	2 602	15.9	564	2 630	27.1	570	2 644
大　阪	8 735	66.4	4 637	8 797	62.8	4 650	8 805
兵　庫	5 405	127.0	645	5 402	-3.2	644	5 551
奈　良	1 375	70.6	373	1 431	55.4	388	1 443
和歌山	1 074	-12.9	227	1 080	6.1	229	1 070
鳥　取	616	-0.3	176	615	-0.8	175	613
島　根	781	-13.6	118	771	-9.6	115	762
岡　山	1 926	9.0	271	1 951	24.9	274	1 951
広　島	2 850	30.6	336	2 882	31.9	340	2 879
山　口	1 573	-29.0	257	1 556	-17.1	255	1 528
徳　島	832	-3.3	201	832	0.8	201	824
香　川	1 023	0.8	546	1 027	3.6	548	1 023
愛　媛	1 515	-15.0	267	1 507	-8.3	265	1 493
高　知	825	-14.8	116	817	-8.3	115	814
福　岡	4 811	91.8	969	4 933	122.3	993	5 016
佐　賀	878	-2.2	360	884	6.5	363	877
長　崎	1 563	-31.0	382	1 545	-18.0	378	1 517
熊　本	1 840	2.6	249	1 860	19.5	251	1 859
大　分	1 237	-13.3	195	1 231	-5.6	194	1 221
宮　崎	1 169	-6.6	151	1 176	6.9	152	1 170
鹿児島	1 798	-21.4	196	1 794	-3.6	195	1 786
沖　縄	1 222	43.3	540	1 273	51.0	562	1 318
全国	**123 611**	**2 562.2**	332	**125 570**	**1 959.1**	337	**126 926**

表1-13（Ⅰ）の脚注参照。

2000（平12）		2005（平17）			2010（平22）		
人口増減 (1995～2000) (千人)	人口密度 (1 km²あたり 人)	人口 (千人)	人口増減 (2000～05) (千人)	人口密度 (1 km²あたり 人)	人口 (千人)	人口増減 (2005～10) (千人)	人口密度 (1 km²あたり 人)
-9.3	72	5 628	-55.3	72	5 506	-121.3	70
-5.9	154	1 437	-39.1	150	1 373	-63.3	142
-3.3	93	1 385	-31.1	91	1 330	-54.9	87
36.6	325	2 360	-5.1	324	2 348	-12.1	322
-24.4	102	1 146	-43.8	99	1 086	-59.5	93
-12.8	133	1 216	-28.0	130	1 169	-47.3	125
-6.7	154	2 091	-35.6	152	2 029	-62.3	147
30.1	490	2 975	-10.5	488	2 970	-5.4	487
20.4	313	2 017	11.8	315	2 008	-8.9	313
21.3	318	2 024	-0.7	318	2 008	-16.1	316
178.7	1 827	7 054	116.2	1 858	7 195	140.3	1 894
128.5	1 149	6 056	130.2	1 175	6 216	159.8	1 206
290.5	5 517	12 577	512.5	5 751	13 159	582.8	6 016
244.1	3 515	8 792	301.6	3 639	9 048	256.7	3 745
-12.6	197	2 431	-44.3	193	2 374	-57.0	189
-2.3	264	1 112	-9.1	262	1 093	-18.5	257
0.9	282	1 174	-7.0	281	1 170	-4.2	280
1.9	198	822	-7.4	196	806	-15.3	192
6.2	199	885	-3.7	198	863	-21.4	193
21.2	163	2 196	-19.1	162	2 152	-43.7	159
7.4	199	2 107	-0.5	198	2 081	-26.5	196
29.7	484	3 792	25.0	488	3 765	-27.4	484
175.0	1 366	7 255	211.4	1 405	7 411	156.0	1 435
16.0	322	1 867	9.6	323	1 855	-12.2	321
55.8	334	1 380	37.5	344	1 411	30.4	351
14.8	573	2 648	3.3	574	2 636	-11.6	571
7.8	4 652	8 817	12.1	4 655	8 865	48.1	4 670
148.7	661	5 591	40.0	666	5 588	-2.5	666
11.9	391	1 421	-21.5	385	1 401	-20.6	380
-10.5	226	1 036	-33.9	219	1 002	-33.8	212
-1.6	175	607	-6.3	173	589	-18.3	168
-9.9	114	742	-19.3	111	717	-24.8	107
0.1	274	1 957	6.4	275	1 945	-12.0	274
-2.8	340	2 877	-2.3	339	2 861	-15.9	337
-27.6	250	1 493	-35.4	244	1 451	-41.3	237
-8.3	199	810	-14.2	195	785	-24.5	189
-4.1	545	1 012	-10.5	540	996	-16.6	531
-13.6	263	1 468	-25.3	259	1 431	-36.3	252
-2.8	115	796	-17.7	112	764	-31.8	108
82.3	1 009	5 050	34.2	1 015	5 072	22.1	1 019
-7.7	359	866	-10.3	355	850	-16.6	348
-28.4	371	1 479	-37.9	361	1 427	-51.9	348
-0.4	251	1 842	-17.1	249	1 817	-24.8	245
-10.2	193	1 210	-11.6	191	1 197	-13.0	189
-5.8	151	1 153	-17.0	149	1 135	-17.8	147
-8.0	194	1 753	-33.0	191	1 706	-46.9	186
44.8	580	1 362	43.4	599	1 393	31.2	612
1 355.6	340	**127 768**	**842.2**	343	**128 057**	**289.4**	343

府県別人口（国勢調査/各年10月1日現在）（V）

	2015（平27）			2018（平30）（推計人口）		
	人口（千人）	人口増減（2010～15）（千人）	人口密度（1km²あたり人）	人口（千人）	人口増減（2015～18）（千人）	人口密度（1km²あたり人）
北海道	5 382	-124.7	69	5 286	-96.0	67
青森	1 308	-65.1	136	1 263	-45.4	131
岩手	1 280	-50.6	84	1 241	-38.9	81
宮城	2 334	-14.3	321	2 316	-18.3	318
秋田	1 023	-62.9	88	981	-42.1	84
山形	1 124	-45.0	121	1 090	-33.6	117
福島	1 914	-115.0	139	1 864	-50.3	135
茨城	2 917	-52.8	478	2 877	-39.8	472
栃木	1 974	-33.4	308	1 946	-28.3	304
群馬	1 973	-35.0	310	1 952	-21.0	307
埼玉	7 267	72.0	1 913	7 330	63.3	1 930
千葉	6 223	6.4	1 207	6 255	31.9	1 213
東京	13 515	355.9	6 169	13 822	306.9	6 300
神奈川	9 126	77.9	3 778	9 177	50.4	3 798
新潟	2 304	-70.2	183	2 246	-58.6	178
富山	1 066	-26.9	251	1 050	-15.8	247
石川	1 154	-15.8	276	1 143	-10.6	273
福井	787	-19.6	188	774	-12.8	185
山梨	835	-28.1	187	817	-17.5	183
長野	2 099	-53.6	155	2 063	-35.5	152
岐阜	2 032	-48.9	191	1 997	-35.2	188
静岡	3 700	-64.7	476	3 659	-41.1	470
愛知	7 483	72.4	1 447	7 537	53.6	1 457
三重	1 816	-38.9	315	1 791	-24.5	310
滋賀	1 413	2.1	352	1 412	-0.5	352
京都	2 610	-25.7	566	2 591	-19.5	562
大阪	8 839	-25.8	4 640	8 813	-26.5	4 626
兵庫	5 535	-53.3	659	5 484	-50.4	653
奈良	1 364	-36.4	370	1 339	-25.3	363
和歌山	964	-38.6	204	935	-28.9	198
鳥取	573	-15.2	164	560	-13.0	160
島根	694	-23.0	104	680	-14.3	101
岡山	1 922	-23.8	270	1 898	-23.3	267
広島	2 844	-16.8	335	2 817	-26.8	332
山口	1 405	-46.6	230	1 370	-34.3	224
徳島	756	-29.8	182	736	-19.8	177
香川	976	-19.6	520	962	-14.2	513
愛媛	1 385	-46.2	244	1 352	-33.5	238
高知	728	-36.2	103	706	-22.2	99
福岡	5 102	29.6	1 023	5 107	5.7	1 024
佐賀	833	-17.0	341	819	-13.6	336
長崎	1 377	-49.6	333	1 341	-36.6	325
熊本	1 786	-31.3	241	1 757	-29.3	237
大分	1 166	-30.2	184	1 144	-22.8	180
宮崎	1 104	-31.2	143	1 081	-23.3	140
鹿児島	1 648	-58.1	179	1 614	-33.9	176
沖縄	1 434	40.7	628	1 448	14.0	635
全国	**127 095**	**-962.6**	341	**126 443**	**-651.6**	339

表1-13（Ⅰ）の脚注参照。2018年は同年10月1日現在の推計人口により作成。

表 1-14 府県別の男女別人口と人口性比（国勢調査/各年10月1日現在）（Ⅰ）

	1920（大9）		1950（昭25）		1960（昭35）2)		
	男（千人）	女（千人）	男（千人）	女（千人）	男（千人）	女（千人）	人口性比
北海道	1 244	1 115	2 169	2 126	2 545	2 494	102.0
青森	381	375	636	647	694	733	94.7
岩手	421	424	664	683	703	746	94.2
宮城	485	476	829	835	849	895	94.9
秋田	454	445	646	663	645	691	93.3
山形	478	491	661	697	631	690	91.5
福島	674	689	1 007	1 056	987	1 064	92.7
茨城	662	688	994	1 046	1 000	1 047	95.5
栃木	514	532	752	798	730	784	93.1
群馬	514	539	779	822	760	819	92.8
埼玉	641	678	1 050	1 097	1 201	1 230	97.6
千葉	657	679	1 037	1 102	1 129	1 177	95.9
東京	1 953	1 746	3 169	3 108	4 997	4 687	106.6
神奈川	690	634	1 248	1 240	1 747	1 696	103.0
新潟	872	905	1 195	1 266	1 178	1 264	93.2
富山	355	370	489	520	501	532	94.1
石川	364	383	461	496	465	509	91.4
福井	293	306	364	388	360	392	91.8
山梨	291	293	394	418	379	403	94.1
長野	759	804	1 001	1 060	955	1 027	93.0
岐阜	536	534	762	782	797	842	94.7
静岡	774	776	1 207	1 265	1 353	1 403	96.4
愛知	1 034	1 056	1 649	1 741	2 065	2 142	96.4
三重	526	543	705	756	717	768	93.3
滋賀	314	337	413	448	403	439	91.8
京都	651	636	892	941	973	1 020	95.4
大阪	1 345	1 243	1 900	1 957	2 766	2 739	101.0
兵庫	1 175	1 126	1 623	1 687	1 918	1 989	96.4
奈良	280	284	369	395	382	399	96.0
和歌山	372	378	475	507	485	517	93.8
鳥取	223	232	290	310	287	312	91.8
島根	355	360	444	468	432	456	94.8
岡山	605	612	804	857	798	873	91.4
広島	775	767	1 016	1 066	1 059	1 125	94.1
山口	521	520	760	781	780	822	95.0
徳島	332	338	428	451	408	439	93.0
香川	336	342	458	488	439	480	91.5
愛媛	515	531	742	780	721	779	92.5
高知	332	339	426	448	411	443	92.7
福岡	1 117	1 071	1 746	1 785	1 955	2 052	95.3
佐賀	330	344	456	489	449	494	90.8
長崎	584	552	812	833	861	900	95.6
熊本	602	631	882	945	887	969	91.5
大分	423	438	605	648	591	649	91.1
宮崎	327	324	535	556	552	582	94.8
鹿児島	682	733	869	935	935	1 028	91.0
沖縄	275	297	1) 429	1) 486	423	460	91.9
全国	**28 044**	**27 919**	**41 241**	**42 873**	**46 300**	**48 001**	96.5

国勢調査。人口性比は女100人に対する男の数。1950～60年の沖縄県の人口は12月1日現在。1）奄美群島の人口を含む。2）長野県と岐阜県の境界紛争地域の人口は全国には含まれるが各県には含まず。

府県別の男女別人口と人口性比（国勢調査/各年10月1日現在）（Ⅱ）

	1970（昭45）			1980（昭55）			
	男（千人）	女（千人）	人口性比	男（千人）	女（千人）	人口性比	男（千人）
北海道	2 553	2 631	97.0	2 737	2 839	96.4	2 723
青森	685	742	92.4	735	788	93.3	705
岩手	658	713	92.4	688	733	93.9	680
宮城	889	930	95.6	1 026	1 056	97.1	1 105
秋田	593	648	91.5	603	653	92.4	585
山形	588	638	92.1	605	647	93.6	607
福島	936	1 010	92.7	991	1 045	94.8	1 024
茨城	1 054	1 090	96.7	1 273	1 285	99.0	1 419
栃木	770	810	94.9	886	907	97.7	963
群馬	808	851	95.0	909	940	96.7	972
埼玉	1 951	1 915	101.9	2 739	2 681	102.2	3 246
千葉	1 695	1 672	101.4	2 383	2 352	101.3	2 803
東京	5 801	5 607	103.5	5 856	5 762	101.6	5 970
神奈川	2 822	2 650	106.5	3 536	3 388	104.4	4 098
新潟	1 140	1 221	93.4	1 194	1 258	94.9	1 200
富山	492	537	91.7	533	571	93.3	539
石川	480	522	92.0	543	577	94.1	563
福井	357	388	92.0	384	410	93.7	400
山梨	367	395	92.9	392	413	94.9	419
長野	936	1 021	91.7	1 009	1 075	93.8	1 048
岐阜	849	910	93.3	954	1 006	94.8	1 004
静岡	1 517	1 573	96.4	1 696	1 751	96.8	1 809
愛知	2 695	2 691	100.1	3 112	3 109	100.1	3 355
三重	742	801	92.7	818	869	94.0	870
滋賀	430	460	93.5	529	551	96.1	601
京都	1 102	1 148	96.0	1 238	1 289	96.1	1 268
大阪	3 824	3 797	100.7	4 204	4 270	98.5	4 308
兵庫	2 300	2 368	97.1	2 512	2 633	95.4	2 620
奈良	451	479	94.0	587	622	94.3	664
和歌山	503	540	93.3	523	564	92.9	511
鳥取	269	299	90.0	290	314	92.3	295
島根	368	406	90.6	377	407	92.7	374
岡山	819	888	92.3	905	966	93.8	927
広島	1 188	1 248	95.2	1 337	1 402	95.3	1 385
山口	719	792	90.8	759	828	91.7	745
徳島	377	414	90.9	396	429	92.2	396
香川	431	477	90.3	481	519	92.7	492
愛媛	671	747	89.8	719	788	91.2	717
高知	372	415	89.7	396	435	91.2	389
福岡	1 932	2 095	92.2	2 200	2 353	93.5	2 303
佐賀	394	445	88.5	411	455	90.4	415
長崎	748	822	91.0	758	832	91.1	737
熊本	798	902	88.5	851	939	90.6	869
大分	541	615	87.9	583	646	90.3	585
宮崎	498	553	90.1	550	601	91.5	552
鹿児島	804	925	86.9	839	945	88.8	842
沖縄	451	494	91.4	544	563	96.6	599
全国	**51 369**	**53 296**	96.4	**57 594**	**59 467**	96.9	**60 697**

総務省統計局「国勢調査」により作成。前表（Ⅰ）も同じ。（Ⅰ）の脚注参照。

1990（平2）		2000（平12）			2010（平22）		
女（千人）	人口性比	男（千人）	女（千人）	人口性比	男（千人）	女（千人）	人口性比
2 921	93.2	2 719	2 964	91.8	2 603	2 903	89.7
778	90.6	703	773	90.9	646	727	88.9
737	92.3	681	735	92.7	635	695	91.3
1 143	96.6	1 159	1 207	96.0	1 140	1 209	94.3
643	91.0	565	625	90.4	510	576	88.5
651	93.2	601	643	93.6	561	608	92.2
1 080	94.9	1 038	1 089	95.3	985	1 044	94.3
1 426	99.5	1 488	1 497	99.4	1 480	1 490	99.3
973	99.0	996	1 009	98.7	997	1 011	98.6
995	97.7	999	1 026	97.4	988	1 020	96.9
3 159	102.7	3 500	3 438	101.8	3 609	3 586	100.6
2 753	101.8	2 977	2 949	100.9	3 098	3 118	99.4
5 886	101.4	6 029	6 036	99.9	6 512	6 647	98.0
3 882	105.6	4 309	4 181	103.1	4 545	4 504	100.9
1 274	94.2	1 202	1 274	94.4	1 148	1 226	93.6
582	92.6	540	581	93.0	527	567	92.9
602	93.5	572	609	94.0	565	605	93.4
423	94.6	402	427	94.3	390	417	93.5
434	96.4	437	451	96.8	423	441	95.9
1 109	94.6	1 081	1 134	95.3	1 046	1 106	94.6
1 063	94.5	1 022	1 086	94.2	1 006	1 075	93.6
1 862	97.2	1 857	1 910	97.2	1 854	1 911	97.0
3 336	100.6	3 526	3 518	100.2	3 704	3 706	99.9
923	94.2	901	956	94.3	903	951	95.0
621	96.7	663	679	97.6	697	714	97.6
1 335	95.0	1 278	1 366	93.6	1 265	1 371	92.3
4 426	97.3	4 304	4 501	95.6	4 286	4 580	93.6
2 785	94.1	2 675	2 876	93.0	2 673	2 915	91.7
712	93.2	691	752	91.9	663	737	90.0
564	90.6	507	563	90.0	471	531	88.8
321	91.9	293	320	91.7	281	308	91.1
407	91.7	364	398	91.6	343	374	91.6
999	92.8	936	1 015	92.2	933	1 012	92.2
1 465	94.6	1 392	1 486	93.7	1 381	1 480	93.3
828	90.0	723	805	89.7	684	767	89.2
436	90.9	392	432	90.6	373	413	90.3
532	92.4	492	531	92.6	480	516	93.0
798	89.8	704	789	89.3	673	758	88.8
436	89.2	384	430	89.3	359	405	88.6
2 508	91.9	2 389	2 627	90.9	2 394	2 678	89.4
463	89.5	414	462	89.6	400	450	89.0
826	89.2	712	804	88.6	666	761	87.5
971	89.6	878	981	89.5	854	964	88.5
652	89.6	576	645	89.3	565	632	89.4
617	89.3	552	618	89.4	533	602	88.5
955	88.2	838	948	88.4	797	909	87.6
624	96.0	648	670	96.6	683	709	96.3
62 914	96.5	62 111	64 815	95.8	62 328	65 730	94.8

府県別の男女別人口と人口性比（国勢調査/各年10月１日現在）（Ⅲ）

	2015（平27）			2018（平30）（推計人口）		
	男（千人）	女（千人）	人口性比	男（千人）	女（千人）	人口性比
北海道	2 537	2 845	89.2	2 489	2 797	89.0
青　森	615	694	88.6	593	670	88.6
岩　手	616	664	92.7	598	643	93.0
宮　城	1 140	1 194	95.5	1 132	1 184	95.6
秋　田	480	543	88.5	461	520	88.6
山　形	540	584	92.6	526	565	93.1
福　島	946	968	97.7	923	941	98.1
茨　城	1 454	1 463	99.3	1 435	1 442	99.5
栃　木	982	993	98.9	969	977	99.2
群　馬	973	1 000	97.3	965	987	97.8
埼　玉	3 628	3 638	99.7	3 658	3 672	99.6
千　葉	3 096	3 127	99.0	3 105	3 150	98.6
東　京	6 667	6 849	97.3	6 802	7 020	96.9
神奈川	4 559	4 567	99.8	4 576	4 601	99.4
新　潟	1 115	1 189	93.8	1 088	1 157	94.1
富　山	515	551	93.5	510	541	94.2
石　川	559	595	93.8	555	589	94.3
福　井	381	405	94.1	376	398	94.5
山　梨	408	427	95.7	400	417	95.9
長　野	1 022	1 077	94.9	1 006	1 057	95.2
岐　阜	984	1 048	93.9	968	1 029	94.1
静　岡	1 821	1 879	96.9	1 803	1 856	97.1
愛　知	3 741	3 742	100.0	3 770	3 767	100.1
三　重	884	932	94.8	874	917	95.3
滋　賀	697	716	97.3	697	715	97.5
京　都	1 249	1 361	91.7	1 238	1 353	91.5
大　阪	4 256	4 583	92.9	4 232	4 581	92.4
兵　庫	2 642	2 893	91.3	2 614	2 870	91.1
奈　良	644	720	89.4	631	708	89.1
和歌山	453	510	88.8	440	495	88.8
鳥　取	274	300	91.3	268	293	91.6
島　根	333	361	92.2	328	352	93.1
岡　山	922	999	92.3	912	986	92.5
広　島	1 376	1 468	93.8	1 367	1 450	94.3
山　口	665	740	89.9	650	720	90.3
徳　島	360	396	90.9	351	385	91.2
香　川	472	504	93.7	466	496	94.0
愛　媛	654	731	89.5	639	713	89.7
高　知	343	386	88.9	333	373	89.2
福　岡	2 410	2 691	89.6	2 416	2 691	89.8
佐　賀	393	440	89.4	388	432	89.8
長　崎	646	731	88.3	631	710	88.8
熊　本	841	945	89.0	829	928	89.4
大　分	552	614	89.8	542	602	90.0
宮　崎	519	585	88.8	509	572	88.9
鹿児島	773	875	88.3	758	856	88.6
沖　縄	705	729	96.7	712	736	96.8
全国	**61 842**	**65 253**	94.8	**61 532**	**64 911**	94.8

表1-14（Ⅰ），（Ⅱ）の脚注参照。2018年は同年10月１日現在の推計人口により作成。

表 1-15　府県別の人口の増減（国勢調査）（Ⅰ）（%）

	人口増減率								
	1950～55	1960～65	1970～75	1980～85	1990～95	1995～2000	2000～05	2005～10	2010～15
北海道	11.1	2.6	3.0	1.9	0.9	-0.2	-1.0	-2.2	-2.3
青森	7.8	-0.7	2.9	0.0	-0.1	-0.4	-2.6	-4.4	-4.7
岩手	6.0	-2.6	1.0	0.8	0.2	-0.2	-2.2	-4.0	-3.8
宮城	3.8	0.6	7.5	4.5	3.6	1.6	-0.2	-0.5	-0.6
秋田	3.0	-4.2	-0.7	-0.2	-1.1	-2.0	-3.7	-5.2	-5.8
山形	-0.3	-4.4	-0.4	0.8	-0.1	-1.0	-2.2	-3.9	-3.9
福島	1.6	-3.3	1.3	2.2	1.4	-0.3	-1.7	-3.0	-5.7
茨城	1.2	0.4	9.3	6.5	3.9	1.0	-0.4	-0.2	-1.8
栃木	-0.2	0.5	7.5	4.1	2.5	1.0	0.6	-0.4	-1.7
群馬	0.8	1.7	5.9	3.9	1.9	1.1	-0.0	-0.8	-1.7
埼玉	5.4	24.0	24.7	8.2	5.5	2.6	1.7	2.0	1.0
千葉	3.1	17.2	23.2	8.7	4.4	2.2	2.2	2.6	0.1
東京	28.0	12.2	2.3	1.8	-0.7	2.5	4.2	4.6	2.7
神奈川	17.4	28.7	16.9	7.3	3.3	3.0	3.6	2.9	0.9
新潟	0.5	-1.8	1.3	1.1	0.6	-0.5	-1.8	-2.3	-3.0
富山	1.2	-0.7	4.0	1.4	0.3	-0.2	-0.8	-1.7	-2.5
石川	0.9	0.7	6.7	3.0	1.3	0.1	-0.6	-0.4	-1.3
福井	0.2	-0.3	3.9	2.9	0.4	0.2	-0.9	-1.9	-2.4
山梨	-0.5	-2.4	2.8	3.6	3.4	0.7	-0.4	-2.4	-3.3
長野	-1.9	-1.2	3.1	2.5	1.7	1.0	-0.9	-2.0	-2.5
岐阜	2.5	3.8	6.2	3.5	1.6	0.4	-0.0	-1.3	-2.3
静岡	7.2	5.7	7.1	3.7	1.8	0.8	0.7	-0.7	-1.7
愛知	11.2	14.1	10.0	3.8	2.7	2.5	3.0	2.2	1.0
三重	1.7	2.0	5.4	3.6	2.7	0.9	0.5	-0.7	-2.1
滋賀	-0.9	1.3	10.8	7.0	5.3	4.3	2.8	2.2	0.2
京都	5.6	5.5	7.8	2.3	1.0	0.6	0.1	-0.4	-1.0
大阪	19.7	20.9	8.6	2.3	0.7	0.1	0.1	0.5	-0.3
兵庫	9.4	10.3	6.9	2.6	-0.1	2.8	0.7	-0.0	-1.0
奈良	1.7	5.7	15.8	7.9	4.0	0.8	-1.5	-1.4	-2.6
和歌山	2.5	2.5	2.8	0.0	0.6	-1.0	-3.2	-3.3	-3.9
鳥取	2.3	-3.2	2.2	2.0	-0.1	-0.3	-1.0	-3.0	-2.6
島根	1.8	-7.6	-0.6	1.3	-1.2	-1.3	-2.5	-3.3	-3.2
岡山	1.7	-1.5	6.3	2.5	1.3	0.0	0.3	-0.6	-1.2
広島	3.2	4.4	8.6	2.9	1.1	-0.1	-0.1	-0.6	-0.6
山口	4.5	-3.7	2.9	0.9	-1.1	-1.8	-2.3	-2.8	-3.2
徳島	-0.0	-3.8	1.8	1.2	0.1	-1.0	-1.7	-3.0	-3.8
香川	-0.2	-2.0	5.9	2.3	0.4	-0.4	-1.0	-1.6	-2.0
愛媛	1.2	-3.6	3.3	1.5	-0.5	-0.9	-1.7	-2.5	-3.2
高知	1.0	-4.9	2.7	1.0	-1.0	-0.3	-2.2	-4.0	-4.7
福岡	9.3	-1.0	6.6	3.6	2.5	1.7	0.7	0.4	0.6
佐賀	3.0	-7.5	-0.1	1.7	0.7	-0.9	-1.2	-1.9	-2.0
長崎	6.2	-6.8	0.1	0.2	-1.2	-1.8	-2.5	-3.5	-3.5
熊本	3.7	-4.6	0.9	2.6	1.1	-0.0	-0.9	-1.3	-1.7
大分	1.9	-4.2	3.0	1.7	-0.5	-0.8	-0.9	-1.1	-2.5
宮崎	4.4	-4.8	3.2	2.1	0.6	-0.5	-1.4	-1.5	-2.7
鹿児島	1) 1.2	-5.6	-0.3	1.9	-0.2	-0.4	-1.8	-2.7	-3.4
沖縄	1) 14.6	5.8	10.3	6.6	4.2	3.5	3.3	2.3	2.9
全国	7.1	5.2	7.0	3.4	1.6	1.1	0.7	0.2	-0.8

総務省統計局「国勢調査」により作成。各年10月1日現在。ただし，1950～60年の沖縄県は各年12月1日現在。表1-13も参照のこと。1）1950年の奄美群島の人口21万6110人は鹿児島県に含めて算出。

府県別の人口の増減（Ⅱ）（%）

	自然増減率								
	1950～55	1960～65	1970～75	1980～85	1990～95	1995～2000	2000～05	2005～10	2010～15
北海道	*10.1*	*6.2*	*6.0*	*3.4*	*1.2*	*0.5*	*-0.1*	*-1.0*	*-1.9*
青森	*10.2*	*6.4*	*5.6*	*3.3*	*0.9*	*0.2*	*-0.7*	*-1.8*	*-2.9*
岩手	*9.3*	*5.1*	*4.4*	*3.0*	*0.8*	*0.0*	*-0.7*	*-1.8*	*-3.1*
宮城	*8.9*	*4.9*	*5.6*	*4.1*	*1.7*	*1.2*	*0.6*	*-0.2*	*-1.4*
秋田	*8.3*	*4.1*	*3.4*	*2.3*	*-0.1*	*-0.9*	*-1.8*	*-2.8*	*-3.9*
山形	*6.9*	*3.5*	*3.2*	*2.4*	*0.4*	*-0.2*	*-0.9*	*-1.9*	*-2.9*
福島	*8.7*	*4.5*	*4.3*	*3.3*	*1.3*	*0.6*	*-0.1*	*-1.1*	*-2.4*
茨城	*7.2*	*4.2*	*5.7*	*3.6*	*1.6*	*1.1*	*0.5*	*-0.4*	*-1.3*
栃木	*7.4*	*4.1*	*5.8*	*3.5*	*1.4*	*0.9*	*0.5*	*-0.3*	*-1.2*
群馬	*6.8*	*4.2*	*5.7*	*3.1*	*1.4*	*1.0*	*0.4*	*-0.5*	*-1.5*
埼玉	*6.9*	*6.8*	*10.2*	*4.3*	*2.6*	*2.1*	*1.4*	*0.7*	*-0.1*
千葉	*6.2*	*5.7*	*8.8*	*4.3*	*2.1*	*1.7*	*1.1*	*0.4*	*-0.4*
東京	*6.9*	*7.4*	*7.3*	*3.2*	*1.2*	*0.8*	*0.5*	*0.3*	*0.1*
神奈川	*7.4*	*8.1*	*9.5*	*4.2*	*2.4*	*2.1*	*1.6*	*0.9*	*0.1*
新潟	*7.1*	*3.9*	*4.3*	*2.6*	*0.7*	*0.2*	*-0.6*	*-1.4*	*-2.3*
富山	*5.5*	*3.5*	*5.1*	*2.1*	*0.4*	*0.2*	*-0.2*	*-1.2*	*-2.2*
石川	*5.3*	*3.9*	*5.9*	*3.0*	*1.1*	*0.9*	*0.4*	*-0.4*	*-1.2*
福井	*6.0*	*4.0*	*4.7*	*2.8*	*1.2*	*0.8*	*0.2*	*-0.6*	*-1.4*
山梨	*6.8*	*4.0*	*4.1*	*2.3*	*1.3*	*0.8*	*0.1*	*-0.9*	*-1.9*
長野	*5.2*	*3.4*	*4.3*	*2.3*	*0.9*	*0.6*	*0.0*	*-0.9*	*-1.8*
岐阜	*6.3*	*5.1*	*5.9*	*3.0*	*1.3*	*1.0*	*0.5*	*-0.4*	*-1.2*
静岡	*7.8*	*5.6*	*6.7*	*3.6*	*1.6*	*1.2*	*0.7*	*-0.1*	*-1.0*
愛知	*6.4*	*6.9*	*8.5*	*4.1*	*2.4*	*2.2*	*1.7*	*1.1*	*0.4*
三重	*5.5*	*4.3*	*5.0*	*2.5*	*1.0*	*0.8*	*0.3*	*-0.5*	*-1.3*
滋賀	*5.1*	*3.6*	*5.8*	*3.8*	*2.0*	*1.9*	*1.6*	*0.9*	*0.3*
京都	*4.8*	*4.5*	*6.3*	*2.8*	*0.9*	*0.8*	*0.3*	*-0.3*	*-1.0*
大阪	*6.7*	*8.0*	*8.6*	*3.6*	*1.8*	*1.7*	*1.0*	*0.2*	*-0.5*
兵庫	*6.4*	*5.8*	*7.0*	*3.2*	*1.2*	*1.2*	*0.6*	*-0.0*	*-0.7*
奈良	*5.4*	*4.0*	*6.5*	*3.2*	*1.4*	*1.1*	*0.4*	*-0.4*	*-1.3*
和歌山	*5.3*	*4.0*	*4.6*	*1.9*	*0.1*	*-0.1*	*-0.9*	*-1.8*	*-2.7*
鳥取	*6.5*	*3.1*	*3.5*	*2.5*	*0.4*	*-0.1*	*-0.5*	*-1.4*	*-2.0*
島根	*5.9*	*2.4*	*2.5*	*1.7*	*-0.1*	*-0.7*	*-1.2*	*-2.0*	*-2.7*
岡山	*5.2*	*3.1*	*5.1*	*2.6*	*0.8*	*0.6*	*0.2*	*-0.5*	*-1.3*
広島	*5.6*	*4.1*	*6.4*	*3.1*	*1.2*	*0.8*	*0.4*	*-0.2*	*-0.8*
山口	*6.3*	*3.5*	*4.4*	*2.1*	*-0.1*	*-0.5*	*-1.0*	*-1.8*	*-2.6*
徳島	*6.4*	*2.8*	*3.2*	*2.1*	*0.1*	*-0.3*	*-1.0*	*-1.7*	*-2.6*
香川	*5.4*	*2.9*	*4.6*	*2.4*	*0.3*	*0.2*	*-0.2*	*-1.0*	*-1.7*
愛媛	*7.1*	*3.8*	*4.3*	*2.4*	*0.4*	*-0.1*	*-0.7*	*-1.4*	*-2.3*
高知	*5.3*	*2.4*	*2.9*	*1.5*	*-0.4*	*-0.8*	*-1.3*	*-2.3*	*-3.2*
福岡	*8.3*	*4.7*	*5.7*	*3.6*	*1.3*	*1.0*	*0.5*	*0.1*	*-0.3*
佐賀	*8.3*	*4.0*	*3.9*	*3.0*	*0.9*	*0.5*	*0.0*	*-0.7*	*-1.3*
長崎	*9.8*	*5.2*	*4.6*	*3.1*	*1.0*	*0.4*	*-0.3*	*-1.1*	*-1.9*
熊本	*8.0*	*4.0*	*3.4*	*2.9*	*1.0*	*0.5*	*-0.1*	*-0.6*	*-1.2*
大分	*6.6*	*3.3*	*3.8*	*2.3*	*0.4*	*0.0*	*-0.5*	*-1.0*	*-1.8*
宮崎	*9.0*	*4.8*	*4.6*	*3.4*	*1.2*	*0.7*	*-0.0*	*-0.6*	*-1.5*
鹿児島	1) *8.6*	*4.1*	*2.7*	*2.5*	*0.4*	*-0.2*	*-0.7*	*-1.3*	*-1.9*
沖縄	1) *13.5*	*9.7*	*9.1*	*6.7*	*4.3*	*3.6*	*3.1*	*2.6*	*2.2*
全国	*7.2*	*5.3*	*6.4*	*3.3*	*1.4*	*1.0*	*0.5*	*-0.2*	*-0.9*

資料は（Ⅰ）に同じ。自然増減率は，自然増減数を期首人口で割って算出。1）奄美群島は鹿児島県に含めて算出。

府県別の人口の増減（Ⅲ）（%）

	社会増減率								
	1950 ～55	1960 ～65	1970 ～75	1980 ～85	1990 ～95	1995 ～2000	2000 ～05	2005 ～10	2010 ～15
北海道	1.0	-3.5	-3.1	-1.6	-0.3	-0.7	-0.9	-1.2	-0.4
青森	-2.5	-7.1	-2.7	-3.3	-1.0	-0.6	-2.0	-2.6	-1.9
岩手	-3.3	-7.7	-3.4	-2.1	-0.6	-0.3	-1.5	-2.2	-0.7
宮城	-5.1	-4.3	1.8	0.4	1.9	0.4	-0.8	-0.3	0.7
秋田	-5.3	-8.3	-4.1	-2.5	-1.1	-1.1	-1.9	-2.4	-1.9
山形	-7.2	-7.8	-3.7	-1.6	-0.5	-0.8	-1.4	-2.0	-1.0
福島	-7.1	-7.8	-3.1	-1.1	0.1	-0.9	-1.5	-1.9	-3.3
茨城	-6.0	-3.7	3.5	3.0	2.3	-0.1	-0.8	0.2	-0.5
栃木	-7.6	-3.6	1.7	0.6	1.2	0.1	0.1	-0.1	-0.5
群馬	-6.0	-2.4	0.1	0.8	0.5	0.0	-0.5	-0.3	-0.2
埼玉	-1.5	17.3	14.5	3.9	2.9	0.5	0.2	1.3	1.1
千葉	-3.1	11.5	14.5	4.4	2.3	0.6	1.1	2.2	0.5
東京	21.1	4.8	-5.0	-1.3	-1.9	1.7	3.7	4.3	2.6
神奈川	10.0	20.6	7.4	3.1	0.9	0.9	2.0	2.0	0.7
新潟	-6.6	-5.6	-3.0	-1.5	-0.1	-0.7	-1.2	-1.0	-0.7
富山	-4.3	-4.2	-1.1	-0.8	-0.1	-0.4	-0.6	-0.5	-0.3
石川	-4.4	-3.1	0.8	-0.0	0.2	-0.8	-1.0	-0.0	-0.2
福井	-5.7	-4.3	-0.8	0.1	-0.8	-0.6	-1.1	-1.3	-1.0
山梨	-7.3	-6.4	-1.3	1.2	2.1	-0.1	-0.5	-1.5	-1.4
長野	-7.1	-4.5	-1.2	0.2	0.9	0.4	-0.9	-1.1	-0.7
岐阜	-3.6	-1.3	0.3	0.5	0.3	-0.7	-0.5	-0.9	-1.1
静岡	-0.5	0.1	0.4	0.1	0.2	-0.4	-0.0	-0.7	-0.7
愛知	4.7	7.1	1.5	-0.4	0.3	0.3	1.3	1.0	0.5
三重	-3.9	-2.3	0.4	1.1	1.7	0.1	0.2	-0.2	-0.8
滋賀	-6.0	-2.3	5.0	3.2	3.3	2.4	1.2	1.3	-0.2
京都	0.8	1.0	1.5	-0.5	0.1	-0.2	-0.2	-0.1	0.0
大阪	13.0	12.9	-0.0	-1.3	-1.1	-1.6	-0.9	0.3	0.2
兵庫	3.0	4.5	-0.0	-0.6	-1.3	1.6	0.1	-0.0	-0.2
奈良	-3.7	1.8	9.3	4.7	2.6	-0.3	-1.9	-1.1	-1.3
和歌山	-2.8	-1.5	-1.7	-1.9	0.4	-0.9	-2.3	-1.4	-1.2
鳥取	-4.2	-6.3	-1.3	-0.6	-0.5	-0.2	-0.5	-1.7	-0.6
島根	-4.0	-10.0	-3.1	-0.5	-1.1	-0.6	-1.3	-1.3	-0.5
岡山	-3.4	-4.5	1.2	-0.1	0.5	-0.6	0.2	-0.1	0.0
広島	-2.4	0.4	2.2	-0.2	-0.1	-0.9	-0.5	-0.4	0.2
山口	-1.9	-7.2	-1.5	-1.2	-1.0	-1.3	-1.3	-1.0	-0.6
徳島	-6.5	-6.6	-1.5	-0.9	-0.0	-0.7	-0.8	-1.3	-1.2
香川	-5.6	-4.8	1.3	-0.1	0.0	-0.6	-0.9	-0.7	-0.3
愛媛	-5.9	-7.4	-1.0	-0.8	-1.0	-0.8	-1.0	-1.1	-1.0
高知	-4.3	-7.3	-0.1	-0.4	-0.6	0.5	-0.8	-1.7	-1.6
福岡	1.1	-5.7	0.9	0.1	1.2	0.7	0.2	0.3	0.9
佐賀	-5.3	-11.5	-4.0	-1.3	-0.2	-1.4	-1.2	-1.2	-0.6
長崎	-3.6	-12.0	-4.5	-2.8	-2.1	-2.2	-2.2	-2.4	-1.6
熊本	-4.2	-8.6	-2.6	-0.3	0.1	-0.5	-0.8	-0.7	-0.5
大分	-4.7	-7.5	-0.8	-0.5	-0.9	-0.8	-0.5	-0.1	-0.7
宮崎	-4.6	-9.5	-1.4	-1.4	-0.6	-1.2	-1.4	-0.9	-1.3
鹿児島	1) -7.6	-9.7	-3.0	-0.6	-0.6	-0.3	-1.2	-1.4	-1.5
沖縄	1.1	-4.0	1.3	-0.2	-0.1	-0.1	0.2	-0.3	0.8
全国	—	—	—	—	—	—	—	—	—

資料は（Ⅰ）に同じ。社会増減率は，5年間の人口増減数から自然増減数を差し引いて期首人口で割って算出。1）1950年の奄美群島の人口21万6110人と十島村の人口2938人は鹿児島県に含めて算出。

表 1 - 16　府県別の世帯数（国勢調査/各年10月１日現在）（Ｉ）

	1960（昭35）		1970（昭45）		1980（昭55）		1990（平２）	
	世帯数（千）	一般世帯1世帯あたり人員（人）	世帯数（千）	一般世帯1世帯あたり人員（人）	世帯数1)（千）	一般世帯1世帯あたり人員（人）	世帯数1)（千）	一般世帯1世帯あたり人員（人）
北海道	1 194	4.16	1 528	3.34	1 843	2.99	2 032	2.73
青森	285	4.96	357	3.94	429	3.51	455	3.20
岩手	294	4.90	344	3.95	398	3.54	427	3.27
宮城	355	4.87	470	3.83	600	3.44	700	3.20
秋田	267	4.97	308	4.00	343	3.62	359	3.37
山形	264	4.97	293	4.14	324	3.83	342	3.65
福島	416	4.91	477	4.05	550	3.67	607	3.44
茨城	425	4.79	538	3.95	693	3.66	834	3.39
栃木	315	4.78	399	3.93	490	3.63	574	3.35
群馬	334	4.69	424	3.89	516	3.56	603	3.24
埼玉	525	4.60	1 081	3.55	1 585	3.41	2 044	3.12
千葉	506	4.52	960	3.47	1 419	3.32	1 814	3.05
東京	2 778	3.45	3 962	2.85	4 320	2.67	4 785	2.47
神奈川	894	3.81	1 774	3.06	2 259	3.05	2 848	2.80
新潟	506	4.81	583	4.02	658	3.70	708	3.47
富山	234	4.40	261	3.92	291	3.77	315	3.53
石川	230	4.20	271	3.66	322	3.44	361	3.18
福井	177	4.22	193	3.83	213	3.70	234	3.48
山梨	173	4.49	198	3.82	228	3.49	264	3.20
長野	458	4.31	524	3.70	591	3.50	657	3.25
岐阜	396	4.11	477	3.66	540	3.60	603	3.40
静岡	619	4.42	823	3.72	970	3.53	1 118	3.25
愛知	1 114	3.75	1 616	3.31	1 878	3.29	2 174	3.06
三重	358	4.13	422	3.62	478	3.49	546	3.25
滋賀	202	4.14	238	3.71	295	3.65	352	3.45
京都	504	3.91	684	3.25	828	3.02	902	2.86
大阪	1 515	3.61	2 471	3.07	2 775	3.04	3 092	2.83
兵庫	1 006	3.85	1 404	3.29	1 592	3.21	1 792	3.00
奈良	185	4.19	249	3.68	340	3.51	413	3.29
和歌山	248	4.02	301	3.43	327	3.29	345	3.08
鳥取	130	4.57	148	3.79	169	3.54	180	3.38
島根	201	4.39	210	3.64	227	3.42	236	3.26
岡山	404	4.11	495	3.41	561	3.29	610	3.11
広島	554	3.91	748	3.21	877	3.09	981	2.87
山口	391	4.06	440	3.39	499	3.14	537	2.88
徳島	190	4.43	212	3.67	240	3.37	260	3.14
香川	212	4.31	250	3.59	294	3.36	323	3.12
愛媛	356	4.19	409	3.43	471	3.16	513	2.91
高知	217	3.91	243	3.19	276	2.96	292	2.77
福岡	934	4.25	1 149	3.46	1 432	3.13	1 639	2.89
佐賀	194	4.82	205	4.05	233	3.66	251	3.43
長崎	394	4.42	418	3.70	471	3.32	504	3.03
熊本	396	4.64	451	3.71	526	3.35	579	3.12
大分	276	4.46	322	3.54	379	3.19	412	2.96
宮崎	263	4.28	299	3.47	359	3.16	393	2.93
鹿児島	479	4.07	523	3.26	607	2.88	660	2.67
沖縄	201	4.38	225	4.18	299	3.68	368	3.28
全国	22 567	4.14	30 374	3.41	36 015	3.22	41 036	2.99

総務省統計局「国勢調査」により作成。一般世帯については表1-7を参照のこと。1）世帯の種類「不詳」を含む。

府県別の世帯数（国勢調査/各年10月1日現在）（Ⅱ）

	2000（平12）		2005（平17）		2010（平22）		2015（平27）	
	世帯数[1)]（千）	一般世帯1世帯あたり人員（人）	世帯数[1)]（千）	一般世帯1世帯あたり人員（人）	世帯数（千）	一般世帯1世帯あたり人員（人）	世帯数（千）	一般世帯1世帯あたり人員（人）
北海道	2 306	2.42	2 380	2.31	2 424	2.21	2 445	2.13
青森	507	2.86	511	2.75	513	2.61	511	2.48
岩手	476	2.92	484	2.82	484	2.69	493	2.54
宮城	833	2.80	865	2.70	902	2.56	945	2.43
秋田	389	3.00	393	2.85	390	2.71	389	2.55
山形	377	3.25	387	3.09	389	2.94	393	2.78
福島	688	3.05	710	2.91	721	2.76	738	2.56
茨城	986	2.99	1 032	2.84	1 088	2.68	1 124	2.55
栃木	667	2.97	709	2.81	746	2.65	763	2.54
群馬	695	2.88	726	2.75	756	2.61	774	2.50
埼玉	2 482	2.78	2 650	2.64	2 842	2.50	2 972	2.41
千葉	2 173	2.70	2 325	2.58	2 516	2.44	2 609	2.35
東京	5 424	2.21	5 891	2.13	6 394	2.03	6 701	1.99
神奈川	3 341	2.53	3 592	2.43	3 845	2.33	3 979	2.26
新潟	796	3.07	820	2.93	839	2.77	848	2.65
富山	358	3.09	372	2.93	383	2.79	391	2.66
石川	411	2.83	425	2.70	441	2.58	453	2.48
福井	260	3.14	270	3.00	276	2.86	280	2.75
山梨	309	2.84	321	2.71	328	2.58	331	2.47
長野	758	2.89	780	2.77	794	2.66	807	2.55
岐阜	680	3.07	713	2.92	737	2.78	753	2.65
静岡	1 281	2.91	1 354	2.77	1 399	2.65	1 430	2.54
愛知	2 548	2.75	2 759	2.62	2 934	2.49	3 064	2.41
三重	637	2.88	675	2.73	705	2.59	720	2.47
滋賀	440	3.02	479	2.85	518	2.69	538	2.59
京都	1 027	2.55	1 079	2.43	1 122	2.31	1 153	2.22
大阪	3 486	2.51	3 654	2.40	3 832	2.28	3 924	2.22
兵庫	2 041	2.69	2 146	2.58	2 255	2.44	2 315	2.35
奈良	487	2.93	503	2.78	524	2.63	530	2.52
和歌山	381	2.77	385	2.65	394	2.50	392	2.40
鳥取	201	3.00	210	2.83	212	2.71	217	2.57
島根	258	2.90	261	2.78	262	2.66	265	2.53
岡山	692	2.77	732	2.63	755	2.52	773	2.43
広島	1 100	2.57	1 146	2.47	1 185	2.36	1 211	2.29
山口	584	2.56	591	2.46	597	2.36	599	2.27
徳島	289	2.78	298	2.64	302	2.52	306	2.39
香川	365	2.75	378	2.63	390	2.49	399	2.39
愛媛	566	2.59	583	2.47	591	2.37	592	2.28
高知	321	2.47	324	2.38	322	2.30	319	2.20
福岡	1 918	2.57	2 010	2.47	2 110	2.35	2 201	2.26
佐賀	278	3.08	287	2.94	295	2.80	302	2.67
長崎	545	2.71	554	2.59	559	2.47	561	2.37
熊本	647	2.81	668	2.69	688	2.57	705	2.46
大分	454	2.64	469	2.52	482	2.41	487	2.32
宮崎	439	2.61	451	2.50	461	2.40	463	2.31
鹿児島	717	2.43	725	2.35	729	2.27	725	2.20
沖縄	446	2.91	488	2.74	520	2.63	560	2.50
全国	**47 063**	2.67	**49 566**	2.55	**51 951**	2.42	**53 449**	2.33

資料・脚注は（Ⅰ）に同じ。1）世帯の種類「不詳」を含む。

表1-17　府県別の年齢別人口の割合（国勢調査/各年10月1日現在）（Ⅰ）（%）

	1950（昭25）			1960（昭35）			1970（昭45）		
	0～14歳	15～64歳	65歳以上	0～14歳	15～64歳	65歳以上	0～14歳	15～64歳	65歳以上
北海道	38.6	57.6	3.7	33.4	62.4	4.2	25.3	69.0	5.8
青　森	38.9	57.5	3.7	36.0	59.5	4.5	27.8	65.9	6.3
岩　手	37.8	57.8	4.4	34.6	60.1	5.3	26.4	66.3	7.3
宮　城	37.3	58.7	4.1	33.5	61.0	5.4	24.7	68.4	6.9
秋　田	38.3	58.4	3.3	34.3	61.1	4.6	24.4	68.3	7.3
山　形	36.4	59.4	4.3	32.0	62.2	5.8	23.5	68.0	8.5
福　島	37.9	57.6	4.6	35.1	58.9	5.9	26.1	65.9	8.0
茨　城	36.6	57.8	5.5	32.8	60.6	6.6	24.9	67.2	7.9
栃　木	37.7	57.3	4.9	33.7	60.1	6.2	24.6	67.7	7.7
群　馬	36.8	58.3	4.8	31.7	62.2	6.1	23.9	68.2	7.9
埼　玉	36.4	58.6	5.0	30.9	63.6	5.5	25.9	68.9	5.1
千　葉	35.4	58.9	5.7	30.4	63.3	6.4	25.1	68.6	6.3
東　京	31.7	65.2	3.2	23.2	73.0	3.8	21.0	73.8	5.2
神奈川	34.2	61.9	3.9	27.3	68.3	4.4	23.8	71.5	4.7
新　潟	37.0	57.8	5.2	32.7	61.0	6.3	24.3	67.7	8.1
富　山	35.8	58.9	5.3	29.8	64.1	6.1	22.3	69.6	8.1
石　川	35.1	58.9	6.0	30.2	63.1	6.7	23.5	68.4	8.2
福　井	34.4	59.4	6.3	30.7	62.1	7.2	23.9	67.1	9.0
山　梨	36.8	57.8	5.4	31.5	61.5	6.9	24.7	66.3	9.0
長　野	34.8	59.6	5.6	28.9	63.9	7.2	23.0	67.6	9.4
岐　阜	35.6	58.6	5.8	29.8	63.6	6.6	24.3	67.9	7.9
静　岡	36.3	58.7	5.0	30.9	63.2	5.9	24.8	68.2	7.1
愛　知	35.2	59.9	5.0	27.3	67.5	5.2	24.3	70.0	5.7
三　重	34.4	59.5	6.1	28.8	64.0	7.2	23.4	67.7	9.0
滋　賀	33.2	60.5	6.3	28.8	63.7	7.6	23.1	68.0	8.9
京　都	32.4	62.5	5.1	25.6	68.0	6.3	21.5	70.6	7.9
大　阪	32.2	64.1	3.7	25.6	70.2	4.3	23.9	70.9	5.2
兵　庫	33.3	61.8	4.9	27.9	66.4	5.7	23.5	69.6	6.9
奈　良	32.2	62.0	5.7	27.3	66.0	6.7	22.9	69.1	8.0
和歌山	33.3	60.5	6.2	28.4	64.4	7.3	23.4	67.4	9.2
鳥　取	34.4	59.2	6.3	31.1	61.2	7.7	23.2	66.9	9.9
島　根	35.5	57.4	7.1	31.8	59.8	8.4	23.1	65.7	11.2
岡　山	33.8	59.6	6.6	28.7	63.7	7.5	22.6	67.7	9.7
広　島	34.2	59.7	6.1	28.9	64.0	7.1	22.9	68.8	8.2
山　口	34.8	59.4	5.7	30.6	62.6	6.8	23.0	67.9	9.1
徳　島	36.3	57.1	6.6	32.5	60.0	7.5	23.2	67.1	9.6
香　川	35.2	58.6	6.3	30.2	62.3	7.5	22.1	68.3	9.5
愛　媛	36.6	57.2	6.1	32.7	60.1	7.2	24.2	66.4	9.4
高　知	33.2	60.2	6.6	29.6	61.9	8.5	21.9	66.7	11.4
福　岡	35.4	60.2	4.3	31.4	63.4	5.2	23.4	69.3	7.3
佐　賀	36.4	58.4	5.2	34.4	59.2	6.3	25.6	65.1	9.3
長　崎	36.7	58.3	5.0	36.3	57.9	5.8	28.0	63.8	8.2
熊　本	36.3	58.0	5.8	33.9	59.2	6.8	25.3	65.3	9.4
大　分	36.0	58.0	6.0	32.7	60.2	7.1	24.2	66.3	9.5
宮　崎	37.9	57.2	4.9	35.8	58.3	6.0	26.5	65.1	8.4
鹿児島	37.7	56.8	5.5	36.6	56.2	7.2	27.1	62.8	10.1
沖　縄	39.2	55.8	5.0	41.6	52.9	5.5	34.8	58.6	6.6
全国	35.4	59.6	4.9	30.2	64.1	5.7	24.0	68.9	7.1

総務省統計局「国勢調査」により作成。年齢別人口割合は年齢不詳を除いて算出。沖縄の1950・1960年は各年とも12月1日現在の調査。

府県別の年齢別人口の割合（国勢調査/各年10月1日現在）（Ⅱ）（%）

	1980（昭55）			1990（平2）			2000（平12）		
	0～14歳	15～64歳	65歳以上	0～14歳	15～64歳	65歳以上	0～14歳	15～64歳	65歳以上
北海道	23.3	68.6	8.1	18.4	69.7	12.0	14.0	67.8	18.2
青森	24.0	67.1	8.8	19.5	67.5	12.9	15.1	65.4	19.5
岩手	22.9	67.0	10.1	19.0	66.4	14.5	15.0	63.5	21.5
宮城	23.1	68.2	8.7	19.6	68.5	11.9	15.0	67.7	17.3
秋田	21.0	68.5	10.5	17.9	66.5	15.6	13.7	62.8	23.5
山形	21.0	67.3	11.7	18.6	65.1	16.3	15.0	62.1	23.0
福島	22.9	66.6	10.5	20.1	65.6	14.3	16.0	63.7	20.3
茨城	24.6	66.2	9.2	19.7	68.4	11.9	15.4	68.0	16.6
栃木	24.2	66.5	9.3	19.7	68.0	12.3	15.3	67.5	17.2
群馬	23.9	66.2	10.0	18.7	68.2	13.0	15.2	66.6	18.2
埼玉	26.9	66.9	6.2	18.7	73.0	8.3	14.8	72.4	12.8
千葉	25.9	67.1	7.0	18.7	72.1	9.2	14.2	71.6	14.1
東京	20.6	71.6	7.7	14.7	74.7	10.6	11.8	72.3	15.9
神奈川	24.6	69.0	6.4	17.3	73.8	8.9	14.0	72.2	13.8
新潟	22.5	66.3	11.2	18.7	66.0	15.3	14.8	63.9	21.3
富山	22.7	66.2	11.2	17.5	67.4	15.1	14.0	65.2	20.8
石川	23.8	65.7	10.5	18.5	67.7	13.8	14.9	66.4	18.7
福井	22.9	65.6	11.5	18.9	66.2	14.8	15.7	63.8	20.5
山梨	22.7	65.7	11.6	18.3	66.9	14.9	15.5	65.0	19.5
長野	22.5	65.4	12.1	18.2	65.7	16.1	15.1	63.4	21.5
岐阜	24.0	66.3	9.7	18.8	68.5	12.7	15.3	66.5	18.2
静岡	24.2	66.8	9.1	18.9	68.9	12.1	15.1	67.2	17.7
愛知	25.0	67.6	7.4	18.5	71.7	9.8	15.4	70.1	14.5
三重	22.9	66.0	11.1	18.4	68.0	13.6	15.2	65.9	18.9
滋賀	24.6	65.4	10.0	20.4	67.5	12.1	16.4	67.5	16.1
京都	22.8	67.0	10.2	17.3	70.1	12.6	13.7	68.8	17.5
大阪	24.4	68.3	7.2	17.3	73.0	9.7	14.2	70.8	15.0
兵庫	23.9	66.9	9.2	18.4	69.7	11.9	15.0	68.1	16.9
奈良	24.1	66.6	9.3	18.6	69.8	11.6	14.8	68.5	16.6
和歌山	22.5	65.8	11.8	18.0	66.7	15.3	14.9	63.9	21.2
鳥取	21.6	66.0	12.3	19.2	64.6	16.2	15.3	62.7	22.0
島根	21.3	65.0	13.7	18.4	63.3	18.2	14.7	60.5	24.8
岡山	22.7	65.4	11.9	18.3	66.8	14.8	14.9	64.9	20.2
広島	23.6	66.2	10.2	18.5	68.1	13.4	14.9	66.6	18.5
山口	22.3	66.1	11.6	17.7	66.4	15.9	14.0	63.8	22.2
徳島	21.2	66.8	12.0	18.0	66.4	15.6	14.2	63.8	21.9
香川	22.2	65.9	11.9	18.1	66.6	15.4	14.5	64.5	21.0
愛媛	22.7	65.7	11.6	18.6	66.1	15.4	14.7	63.9	21.4
高知	20.9	66.0	13.1	17.6	65.2	17.2	13.8	62.7	23.6
福岡	23.1	67.5	9.4	19.0	68.6	12.5	14.8	67.8	17.4
佐賀	23.2	65.0	11.8	20.2	64.6	15.2	16.4	63.1	20.4
長崎	24.2	65.1	10.7	20.3	65.1	14.7	16.0	63.1	20.8
熊本	22.1	66.2	11.7	19.3	65.2	15.5	15.5	63.2	21.3
大分	22.5	65.8	11.7	18.7	65.8	15.5	14.7	63.5	21.8
宮崎	23.8	65.7	10.5	20.5	65.2	14.3	16.0	63.3	20.7
鹿児島	22.4	64.9	12.7	19.9	63.5	16.6	15.7	61.7	22.6
沖縄	29.4	62.8	7.8	24.7	65.3	10.0	20.2	65.9	13.9
全国	23.5	67.4	9.1	18.2	69.7	12.1	14.6	68.1	17.4

表1-17（Ⅰ）の資料により作成。年齢別人口割合は年齢不詳を除いて算出。

府県別の年齢別人口の割合（国勢調査/各年10月1日現在）（Ⅲ）（%）

	2010（平22）			2015（平27）			2018（平30）		
	0〜14歳	15〜64歳	65歳以上	0〜14歳	15〜64歳	65歳以上	0〜14歳	15〜64歳	65歳以上
北海道	12.0	63.3	24.7	11.4	59.6	29.1	10.9	57.7	31.3
青森	12.6	61.7	25.8	11.4	58.4	30.1	10.8	56.6	32.6
岩手	12.7	60.1	27.2	11.9	57.8	30.4	11.3	56.2	32.5
宮城	13.2	64.4	22.3	12.5	61.7	25.7	11.9	60.3	27.8
秋田	11.4	59.0	29.6	10.5	55.7	33.8	10.0	53.6	36.4
山形	12.8	59.6	27.6	12.1	57.1	30.8	11.6	55.5	32.9
福島	13.7	61.3	25.0	12.1	59.2	28.7	11.6	57.5	30.9
茨城	13.5	64.0	22.5	12.6	60.6	26.8	12.1	58.9	28.9
栃木	13.6	64.4	22.0	12.9	61.3	25.9	12.3	59.6	28.0
群馬	13.8	62.7	23.6	12.8	59.6	27.6	12.1	58.5	29.4
埼玉	13.3	66.3	20.4	12.6	62.5	24.8	12.2	61.5	26.4
千葉	13.0	65.4	21.5	12.4	61.7	25.9	12.0	60.5	27.5
東京	11.4	68.2	20.4	11.5	65.9	22.7	11.2	65.7	23.1
神奈川	13.2	66.6	20.2	12.6	63.5	23.9	12.1	62.8	25.1
新潟	12.8	61.0	26.3	12.0	58.1	29.9	11.6	56.5	31.9
富山	13.0	60.8	26.2	12.2	57.3	30.5	11.6	56.4	32.0
石川	13.7	62.6	23.7	13.0	59.1	27.9	12.5	58.3	29.2
福井	14.0	60.8	25.2	13.3	58.1	28.6	12.8	57.0	30.2
山梨	13.4	61.9	24.6	12.4	59.2	28.4	11.9	57.8	30.3
長野	13.8	59.7	26.5	13.0	57.0	30.1	12.4	56.1	31.5
岐阜	14.0	61.9	24.1	13.2	58.7	28.1	12.7	57.5	29.8
静岡	13.7	62.5	23.8	13.0	59.2	27.8	12.5	58.0	29.5
愛知	14.5	65.2	20.3	13.8	62.4	23.8	13.3	61.8	24.9
三重	13.7	62.0	24.3	13.0	59.1	27.9	12.4	58.2	29.4
滋賀	15.1	64.2	20.7	14.5	61.3	24.2	14.0	60.3	25.7
京都	12.9	63.8	23.4	12.3	60.2	27.5	11.7	59.4	28.9
大阪	13.3	64.4	22.4	12.5	61.3	26.1	12.0	60.6	27.5
兵庫	13.7	63.3	23.1	12.9	60.0	27.1	12.5	58.8	28.8
奈良	13.2	62.8	24.0	12.5	58.8	28.7	12.0	57.2	30.9
和歌山	12.9	59.9	27.3	12.1	57.0	30.9	11.7	55.6	32.7
鳥取	13.4	60.3	26.3	12.9	57.3	29.7	12.6	55.8	31.6
島根	12.9	58.0	29.1	12.6	55.0	32.5	12.3	53.7	34.0
岡山	13.7	61.1	25.1	13.1	58.2	28.7	12.6	57.3	30.1
広島	13.7	62.4	23.9	13.4	59.1	27.5	12.9	58.1	29.0
山口	12.7	59.3	28.0	12.2	55.7	32.1	11.8	54.3	33.9
徳島	12.4	60.6	27.0	11.7	57.4	31.0	11.3	55.7	33.1
香川	13.4	60.7	25.8	12.8	57.3	29.9	12.3	56.1	31.5
愛媛	13.0	60.4	26.6	12.4	57.0	30.6	12.0	55.4	32.6
高知	12.2	59.0	28.8	11.6	55.5	32.8	11.2	54.1	34.8
福岡	13.6	64.1	22.3	13.4	60.7	25.9	13.2	59.2	27.6
佐賀	14.6	60.8	24.6	14.0	58.3	27.7	13.6	56.6	29.7
長崎	13.6	60.4	26.0	13.0	57.4	29.6	12.7	55.3	32.0
熊本	13.8	60.5	25.6	13.6	57.6	28.8	13.4	56.0	30.6
大分	13.1	60.3	26.6	12.7	56.9	30.4	12.3	55.2	32.4
宮崎	14.0	60.2	25.8	13.7	56.8	29.5	13.4	54.9	31.7
鹿児島	13.7	59.8	26.5	13.5	57.0	29.4	13.3	55.3	31.4
沖縄	17.8	64.8	17.4	17.4	62.9	19.6	17.0	61.4	21.6
全国	13.2	63.8	23.0	12.6	60.7	26.6	12.2	59.7	28.1

表1-17（Ⅰ）の資料により作成。ただし，2018年は同年10月1日現在の推計人口による。年齢別人口割合は年齢不詳を除いて算出。

表 1-18 府県別の人口集中地区人口（国勢調査/各年10月１日現在）（Ｉ）

	1960（昭35）			1980（昭55）			
	人口（千人）	全域に占める人口集中地区の割合（%） 人口	面積	人口（千人）	人口増減率（1975～80）（%）	全域に占める人口集中地区の割合（%） 人口	面積
北海道	2 120	42.1	0.28	3 662	13.0	65.7	0.81
青　森	400	28.1	0.43	638	13.5	41.9	1.37
岩　手	302	20.8	0.24	395	10.7	27.8	0.48
宮　城	554	31.8	0.82	1 015	11.3	48.7	2.26
秋　田	273	20.5	0.30	366	7.4	29.1	0.61
山　形	304	23.0	0.38	467	7.1	37.3	1.00
福　島	457	22.3	0.38	649	16.3	31.9	0.92
茨　城	393	19.2	0.85	671	22.3	26.2	2.19
栃　木	372	24.6	0.67	615	15.0	34.3	1.98
群　馬	433	27.4	0.74	691	14.9	37.4	2.28
埼　玉	896	36.9	2.66	3 781	21.5	69.8	13.53
千　葉	663	28.7	1.53	2 952	23.3	62.3	8.26
東　京	8 908	92.0	26.90	11 294	0.1	97.2	45.42
神奈川	2 411	70.0	10.74	6 109	13.1	88.2	33.34
新　潟	702	28.7	0.59	1 029	8.0	42.0	1.46
富　山	328	31.7	0.92	427	6.0	38.7	2.02
石　川	326	33.5	0.65	511	25.7	45.6	1.99
福　井	238	31.6	0.64	293	2.0	36.9	1.27
山　梨	167	21.4	0.35	252	4.7	31.4	0.96
長　野	416	21.0	0.37	640	10.2	30.7	0.98
岐　阜	464	28.3	0.42	719	6.1	36.7	1.19
静　岡	1 030	37.4	1.43	1 773	9.9	51.4	4.06
愛　知	2 263	53.8	4.46	4 146	14.1	66.6	13.34
三　重	410	27.6	0.91	638	8.5	37.8	2.33
滋　賀	166	19.7	0.45	308	25.4	28.5	1.39
京　都	1 305	65.5	2.22	1 994	9.0	78.9	4.86
大　阪	4 479	81.4	18.15	7 957	3.6	93.9	43.18
兵　庫	2 234	57.2	2.40	3 686	6.7	71.6	5.50
奈　良	177	22.7	0.55	597	27.0	49.4	2.59
和歌山	339	33.9	0.86	457	1.9	42.0	1.73
鳥　取	131	21.9	0.44	157	3.6	26.0	0.88
島　根	136	15.3	0.23	186	10.6	23.7	0.62
岡　山	342	20.5	0.50	631	12.5	33.7	1.94
広　島	913	41.8	1.27	1 552	5.0	56.6	2.90
山　口	528	33.0	1.35	698	8.1	44.0	2.98
徳　島	171	20.2	0.47	221	10.6	26.8	1.05
香　川	228	24.8	1.41	326	9.6	32.6	3.56
愛　媛	446	29.7	0.96	621	10.7	41.2	2.11
高　知	196	23.0	0.29	317	10.0	38.2	0.68
福　岡	2 062	51.5	4.59	2 858	13.5	62.8	9.32
佐　賀	196	20.8	1.04	231	12.5	26.6	1.75
長　崎	552	31.4	1.31	659	9.0	41.4	2.42
熊　本	452	24.3	0.69	623	13.6	34.8	1.46
大　分	302	24.4	0.64	466	12.9	37.9	1.44
宮　崎	260	22.9	0.47	424	26.8	36.8	1.07
鹿児島	384	19.5	0.41	620	17.4	34.7	1.19
沖　縄	—	—	—	612	15.8	55.3	3.37
全国	1) 40 830	1) 43.7	1) 1.03	69 935	9.6	59.7	2.65

人口集中地区は1960年の国勢調査から設定された。人口増減は前回国勢調査との比較。1）沖縄を除く。

府県別の人口集中地区人口（国勢調査/各年10月1日現在）（II）

	2000（平12）				2015（平27）			
	人口（千人）	人口増減率（1995～2000）（%）	全域に占める人口集中地区の割合（%）		人口（千人）	人口増減率（2010～15）（%）	全域に占める人口集中地区の割合（%）	
			人口	面積			人口	面積
北海道	4 129	0.5	72.7	0.96	4 047	-0.7	75.2	1.01
青森	665	0.9	45.1	1.62	610	-3.5	46.6	1.66
岩手	417	-0.3	29.5	0.56	408	3.6	31.9	0.57
宮城	1 354	3.6	57.2	3.18	1 495	6.2	64.1	3.53
秋田	398	-1.2	33.5	0.75	358	-3.7	35.0	0.74
山形	515	-0.9	41.4	1.21	491	-0.9	43.7	1.25
福島	800	1.0	37.6	1.27	816	0.6	42.6	1.34
茨城	1 068	3.1	35.8	3.80	1 113	0.5	38.2	4.03
栃木	825	2.9	41.2	2.78	892	0.5	45.2	3.00
群馬	802	-1.4	39.6	3.06	788	-1.8	39.9	3.13
埼玉	5 426	3.3	78.2	17.63	5 828	1.7	80.2	18.23
千葉	4 197	2.9	70.8	11.95	4 622	2.0	74.3	12.47
東京	11 821	2.6	98.0	48.79	13 295	2.9	98.4	49.39
神奈川	7 949	3.4	93.6	38.77	8 616	1.1	94.4	39.19
新潟	1 148	0.9	46.4	1.79	1 121	-1.8	48.7	1.85
富山	429	-4.0	38.3	2.49	403	-0.6	37.8	2.45
石川	578	-0.9	48.9	2.46	594	1.4	51.5	2.61
福井	337	-0.2	40.6	1.74	346	2.6	44.0	1.99
山梨	309	-0.8	34.7	1.41	261	-7.3	31.2	1.28
長野	763	1.5	34.4	1.28	719	-4.0	34.2	1.24
岐阜	845	-2.1	40.1	1.69	776	-4.0	38.2	1.65
静岡	2 187	2.4	58.1	5.27	2 216	-1.2	59.9	5.46
愛知	5 269	3.9	74.8	17.18	5 802	1.9	77.5	18.02
三重	751	1.0	40.4	3.06	789	0.9	43.5	3.28
滋賀	567	17.1	42.2	2.42	702	6.5	49.7	2.83
京都	2 155	0.2	81.5	5.53	2 181	-0.3	83.6	5.71
大阪	8 424	0.0	95.7	47.44	8 456	-0.4	95.7	47.58
兵庫	4 122	4.0	74.3	6.65	4 299	0.4	77.7	6.95
奈良	908	1.9	62.9	3.71	884	-2.6	64.8	3.80
和歌山	426	-6.9	39.8	1.91	359	-9.3	37.2	1.82
鳥取	197	6.7	32.1	1.28	212	2.1	37.0	1.41
島根	189	-0.9	24.8	0.66	168	-6.1	24.2	0.58
岡山	825	3.4	42.3	2.77	897	1.2	46.7	2.84
広島	1 807	0.5	62.8	3.59	1 834	0.8	64.5	3.57
山口	725	-3.0	47.5	3.39	691	-1.1	49.2	3.44
徳島	260	-0.8	31.6	1.34	247	-0.7	32.7	1.33
香川	335	-3.6	32.8	4.15	318	-2.6	32.6	4.09
愛媛	744	1.9	49.8	2.65	733	-2.2	52.9	2.69
高知	343	0.2	42.1	0.81	317	-3.2	43.5	0.76
福岡	3 469	2.8	69.2	11.21	3 693	2.6	72.4	11.36
佐賀	245	-7.5	27.9	2.13	262	3.5	31.4	2.33
長崎	709	-1.0	46.8	2.93	661	-1.5	48.0	2.93
熊本	787	2.8	42.3	1.94	854	0.7	47.8	2.11
大分	537	-2.6	44.0	1.79	551	1.8	47.2	1.86
宮崎	511	1.5	43.7	1.44	509	-2.3	46.1	1.43
鹿児島	689	-1.2	38.6	1.40	663	-2.7	40.2	1.35
沖縄	853	3.6	64.7	5.34	972	4.4	67.8	5.88
全国	82 810	1.9	65.2	3.30	86 868	0.9	68.3	3.43

総務省統計局「国勢調査」により作成。前表（I）も同じ。（I）の脚注参照。

表 1-19　大都市圏の昼間人口および昼夜間人口比率（国勢調査/各年10月1日現在）

	1960（昭35）		1970（昭45）		1980（昭55）		1990（平2）	
	昼間人口（千人）	昼夜間[1]人口比率	昼間人口（千人）	昼夜間[1]人口比率	昼間人口（千人）	昼夜間[1]人口比率	昼間人口（千人）	昼夜間[1]人口比率
茨城	2 025	98.9	2 101	98.0	2 500	97.8	2 760	97.1
栃木	1 506	99.5	1 570	99.3	1 787	99.7	1 931	99.9
群馬	1 567	99.3	1 648	99.3	1 840	99.5	1 961	99.8
埼玉	2 250	92.6	3 404	88.0	4 750	87.7	5 425	84.9
千葉	2 176	94.3	3 050	90.6	4 191	88.6	4 762	86.0
東京	10 216	105.5	12 669	111.1	13 494	116.4	14 483	123.1
神奈川	3 293	95.6	5 072	92.7	6 326	91.4	7 110	89.4
岐阜	1 617	98.7	1 717	97.6	1 900	96.9	1 989	96.3
静岡	2 752	99.9	3 083	99.8	3 441	99.8	3 668	100.0
愛知	4 242	100.8	5 454	101.3	6 314	101.5	6 794	101.7
三重	1 470	99.0	1 510	97.9	1 643	97.4	1 740	97.1
滋賀	820	97.3	854	95.9	1 027	95.1	1 161	95.1
京都	1 981	99.4	2 267	100.8	2 554	101.1	2 625	101.2
大阪	5 737	104.2	7 964	104.5	8 881	104.9	9 225	106.1
兵庫	3 786	96.9	4 460	95.6	4 916	95.7	5 110	94.9
奈良	738	94.4	840	90.3	1 063	88.0	1 182	86.0
和歌山	992	99.0	1 031	98.9	1 073	98.7	1 051	97.9

	2000（平12）		2005（平17）		2010（平22）		2015（平27）	
	昼間人口（千人）	昼夜間[1]人口比率	昼間人口（千人）	昼夜間[1]人口比率	昼間人口（千人）	昼夜間[1]人口比率	昼間人口（千人）	昼夜間[1]人口比率
茨城	2 892	96.9	2 886	97.0	2 887	97.2	2 843	97.5
栃木	1 993	99.4	1 998	99.3	1 990	99.1	1 955	99.0
群馬	2 018	99.9	2 021	99.9	2 005	99.9	1 970	99.8
埼玉	5 985	86.4	6 159	87.5	6 373	88.6	6 456	88.9
千葉	5 182	87.6	5 340	88.5	5 560	89.5	5 582	89.7
東京	14 667	122.0	14 978	120.6	15 576	118.4	15 920	117.8
神奈川	7 634	90.1	7 905	90.3	8 254	91.2	8 323	91.2
岐阜	2 026	96.1	2 019	95.9	1 998	96.0	1 953	96.1
静岡	3 763	99.9	3 783	99.9	3 760	99.9	3 692	99.8
愛知	7 131	101.6	7 341	101.7	7 521	101.5	7 586	101.4
三重	1 811	97.6	1 824	97.8	1 820	98.1	1 785	98.3
滋賀	1 290	96.1	1 327	96.2	1 363	96.6	1 364	96.5
京都	2 643	100.5	2 651	100.8	2 668	101.2	2 656	101.8
大阪	9 308	105.9	9 241	105.5	9 281	104.7	9 224	104.4
兵庫	5 276	95.1	5 299	95.1	5 348	95.7	5 294	95.7
奈良	1 262	87.6	1 259	88.7	1 260	89.9	1 228	90.0
和歌山	1 046	97.8	1 012	97.8	983	98.1	946	98.2

国勢調査により作成。2010，15年は年齢不詳を含む。1）常住人口100人あたりの昼間人口の割合。

昼間人口　昼間人口とは，常住地からの通勤・通学という定常的な移動人口を加減して算出した「従業地・通学地による人口」のことで，旅行や買物のためなど非定常的な移動については考慮されていない。また，昼間人口，常住人口ともに年齢不詳の人口を含んでいない（ただし，2010年は年齢不詳人口を含む）。常住人口100人あたりの昼間人口の割合を昼夜間人口比率というが，昼夜間人口比率は東京，大阪，愛知など，三大都市圏の中心部で高く，埼玉，千葉，奈良など，三大都市圏周辺部を構成する県で低くなっている。従業地・通学地による人口の調査は1960（昭和35）年の国勢調査から始まった。

図1-4　人口移動数の推移

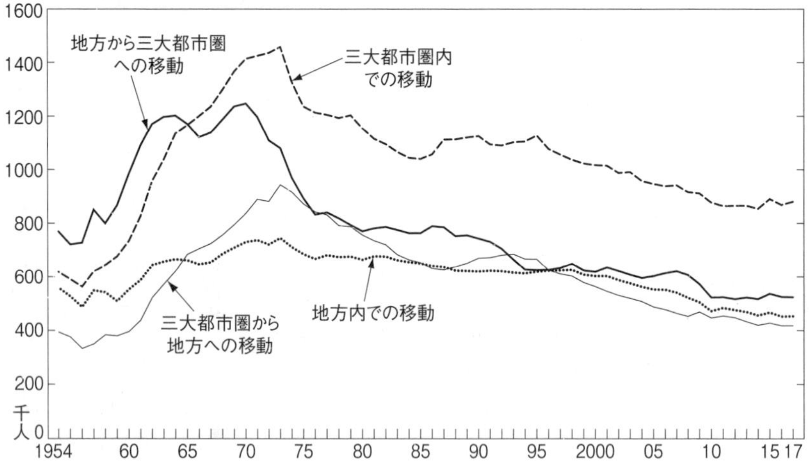

国立社会保障・人口問題研究所「人口の動向」(2019年）により作成。日本人についてのみ。三大都市圏は，東京圏（埼玉県，千葉県，東京都，神奈川県)，名古屋圏（岐阜県，愛知県，三重県)，大阪圏（京都府，大阪府，兵庫県，奈良県）で，地方はそれ以外。1972年までは沖縄県の移動者数を含まず。

表1-20　人口移動率（%）

	総数	都道府県間	都道府県内		総数	都道府県間	都道府県内
1955（昭30）	5.80	2.51	3.29	1997（平9）	5.14	2.35	2.79
1960（〃35）	6.09	2.89	3.20	1998（〃10）	5.01	2.34	2.68
1965（〃40）	7.56	3.78	3.78	1999（〃11）	4.93	2.27	2.66
1970（〃45）	8.02	4.11	3.92	2000（〃12）	4.89	2.24	2.65
1975（〃50）	6.78	3.32	3.46	2001（〃13）	4.85	2.23	2.62
1980（〃55）	6.07	2.88	3.19	2002（〃14）	4.72	2.17	2.55
1981（〃56）	5.89	2.83	3.06	2003（〃15）	4.72	2.14	2.58
1982（〃57）	5.80	2.79	3.02	2004（〃16）	4.57	2.09	2.48
1983（〃58）	5.62	2.69	2.93	2005（〃17）	4.44	2.06	2.38
1984（〃59）	5.48	2.62	2.86	2006（〃18）	4.41	2.05	2.35
1985（〃60）	5.39	2.59	2.80	2007（〃19）	4.35	2.04	2.31
1986（〃61）	5.35	2.59	2.76	2008（〃20）	4.24	1.99	2.25
1987（〃62）	5.38	2.61	2.77	2009（〃21）	4.19	1.95	2.24
1988（〃63）	5.30	2.57	2.73	2010（〃22）	4.02	1.85	2.18
1989（平1）	5.33	2.58	2.75	2011（〃23）	4.00	1.85	2.14
1990（〃2）	5.31	2.58	2.73	2012（〃24）	3.98	1.84	2.14
1991（〃3）	5.20	2.54	2.66	2013（〃25）	3.99	1.83	2.16
1992（〃4）	5.17	2.52	2.66	2014（〃26）	3.91	1.80	2.11
1993（〃5）	5.25	2.49	2.76	2015（〃27）	4.02	1.86	2.16
1994（〃6）	5.28	2.43	2.85	2016（〃28）	3.90	1.82	2.08
1995（〃7）	5.33	2.45	2.88	2017（〃29）	3.93	1.84	2.09
1996（〃8）	5.22	2.37	2.85	2018（〃30）	3.94	1.85	2.09

総務省統計局「住民基本台帳人口移動報告年報」(2019年）により作成。日本人についてのみ。1972年までは沖縄県の移動者数を含まず。移動率は，各年10月1日現在の日本人人口に対する移動者数の割合。

表 1-21 人口階級別の市町村数と人口（現住人口）（内地）

	1898（明31）	1903（明36）	1908（明41）	1913（大2）	1918（大7）
市町村数					
1千人未満	1 384	973	588	469	407
1～5千人未満	11 329	10 732	9 842	9 566	9 386
5千～1万人未満	1 081	1 343	1 654	1 852	1 912
1～2万人未満	152	185	268	335	378
2～3万人未満	33	25	35	55	80
3～5万人未満	28	40	41	42	52
5～10万人未満	12	16	19	26	32
10万人以上	8	9	10	11	14
計	**14 027**	**13 323**	**12 457**	**12 356**	**12 261**
人口（千人）					
1千人未満	722	506	336	281	254
1～5千人未満	29 771	29 386	27 772	27 521	26 817
5千～1万人未満	6 867	8 601	10 736	12 105	12 475
1～2万人未満	2 004	2 461	3 586	4 497	5 063
2～3万人未満	792	603	842	1 302	1 896
3～5万人未満	977	1 438	1 581	1 632	2 008
5～10万人未満	772	1 077	1 353	1 856	2 282
10万人以上	3 498	4 470	5 537	5 938	7 292
計	**45 403**	**48 543**	**51 742**	**55 131**	**58 087**

内閣統計局「第55回日本帝国統計年鑑」（1936年）により作成。各年末の現住人口。

表 1-22 市町村数と人口（国勢調査人口）

	全国		市部		郡部		
	市町村数	人口（千人）	市の数	人口（千人）	町村の数	うち村	人口（千人）
1920（大9）	12 244	55 963	83	10 097	12 161	10 796	45 866
1925（〃14）	12 018	59 737	101	12 897	11 917	10 385	46 840
1930（昭5）	11 864	64 450	109	15 444	11 755	10 051	49 006
1935（〃10）	11 545	69 254	127	22 666	11 418	9 710	46 588
1940（〃15）	11 190	73 114	168	27 578	11 022	9 260	45 537
1945（〃20）1)	10 536	71 998	206	20 022	10 330	8 527	51 976
1950（〃25）	10 500	84 115	254	31 366	10 246	8 357	52 749
1955（〃30）	4 877	90 077	496	50 532	4 381	2 508	39 544
1960（〃35）	3 574	2) 94 302	561	59 678	3 013	1 080	34 622
1965（〃40）	3 435	99 209	567	67 356	2 868	860	31 853
1970（〃45）	3 331	104 665	588	75 429	2 743	723	29 237
1975（〃50）	3 257	111 940	644	84 967	2 613	637	26 972
1980（〃55）	3 256	117 060	647	89 187	2 609	616	27 873
1985（〃60）	3 254	121 049	652	92 889	2 602	601	28 160
1990（平2）	3 246	123 611	656	95 644	2 590	587	27 968
1995（〃7）	3 233	125 570	665	98 009	2 568	576	27 561
2000（〃12）	3 230	126 926	672	99 865	2 558	567	27 061
2005（〃17）	2 217	127 768	751	110 264	1 466	288	17 504
2010（〃22）	1 728	128 057	787	116 157	941	184	11 901
2015（〃27）	1 719	127 095	791	116 137	928	183	10 958

総務省統計局「国勢調査」により作成。各年10月1日現在。ただし，1945年は11月1日現在の人口調査。1945年以降は北方領土の6村を含まず。東京都特別区は1市として計算。1）沖縄県は調査されなかったため，含まれていない。2）地域別不詳を含む。

表1-23　人口階級別の市町村数

	市町村数	市					
		100万人以上	50～100万人未満	30～50万人未満	20～30万人未満	10～20万人未満	5～10万人未満
1920（大9）	12 244	2	2	2	—	10	25
1925（〃14）	12 018	2	3	1	—	15	34
1930（昭5）	11 864	2	4	—	3	19	46
1935（〃10）	11 545	4	2	1	7	20	53
1940（〃15）	11 190	4	2	3	8	28	54
1945（〃20）1)	10 536	2	3	1	5	25	74
1950（〃25）	10 500	4	2	4	14	40	86
1955（〃30）	4 877	5	2	7	21	64	141
1960（〃35）	3 574	6	3	12	22	71	156
1965（〃40）	3 435	7	5	15	28	77	168
1970（〃45）	3 331	8	7	21	42	73	176
1975（〃50）	3 257	10	7	32	39	87	204
1980（〃55）	3 256	10	9	36	42	96	207
1985（〃60）	3 254	11	10	39	39	105	216
1990（平2）	3 246	11	10	44	38	106	219
1995（〃7）	3 233	11	11	43	41	115	220
2000（〃12）	3 230	12	11	43	41	122	217
2005（〃17）	2 217	12	14	45	40	141	249
2010（〃22）	1 728	12	17	43	39	157	266
2015（〃27）	1 719	12	17	43	38	151	258

	市（つづき）		町村				
	3～5万人未満	3万人未満	3万人以上	2～3万人未満	1～2万人未満	0.5～1万人未満	0.5万人未満
1920（大9）	34	8	32	68	374	1 639	10 048
1925（〃14）	43	3	41	75	392	1 734	9 675
1930（昭5）	31	4	57	89	426	1 878	9 305
1935（〃10）	37	3	24	84	465	1 953	8 892
1940（〃15）	57	12	32	78	470	1 911	8 531
1945（〃20）1)	89	7	28	99	682	2 713	6 808
1950（〃25）	99	5	35	123	748	2 658	6 682
1955（〃30）	251	5	56	270	1 142	1 461	1 452
1960（〃35）	274	17	35	282	1 209	1 144	343
1965（〃40）	239	28	47	251	1 016	1 166	388
1970（〃45）	216	45	52	216	894	1 120	461
1975（〃50）	218	47	37	220	824	1 013	519
1980（〃55）	198	49	59	229	809	964	548
1985（〃60）	179	53	83	238	771	940	570
1990（平2）	165	63	103	223	738	897	629
1995（〃7）	156	68	113	218	701	859	677
2000（〃12）	152	74	117	199	686	833	723
2005（〃17）	182	68	90	160	430	425	361
2010（〃22）	178	75	72	105	283	244	237
2015（〃27）	181	91	65	90	264	242	267

総務省統計局「国勢調査」により作成。各年10月1日現在。ただし，1945年は11月1日現在の人口調査。東京都特別区は1市として計算。1955年の数字は町村合併促進法による町村の合併と新市の成立によって，それ以前の数字と大きく異なっている。1）沖縄県は調査されなかったため，含まれていない。1947年施行の地方自治法では，市になるための人口要件を5万人以上としている。この要件は当初3万人以上であったものが1954年に改められ，その後も期限つきで3万人以上，4万人以上とするいくつかの特例が設けられた。市制施行後に人口が初めの基準を下回っても差し支えないものとされている。

表 1 - 24　都市の人口の変遷（単位　千人）

	1920（大9）	1950（昭25）	1960（昭35）	1970（昭45）	1980（昭55）	1990（平2）	2000（平12）	2010（平22）	2015（平27）
東京23区1)	2 173	5 385	8 310	8 841	8 352	8 164	8 135	8 946	9 273
横浜	423	951	1 376	2 238	2 774	3 220	3 427	3 689	3 725
大阪	1 253	1 956	3 012	2 980	2 648	2 624	2 599	2 665	2 691
名古屋	430	1 031	1 592	2 036	2 088	2 155	2 172	2 264	2 296
札幌	—	314	524	1 010	1 402	1 672	1 822	1 914	1 952
福岡	95	393	647	853	1 089	1 237	1 341	1 464	1 539
神戸	609	765	1 114	1 289	1 367	1 477	1 493	1 544	1 537
川崎	—	319	633	973	1 041	1 174	1 250	1 426	1 475
京都	591	1 102	1 285	1 419	1 473	1 461	1 468	1 474	1 475
さいたま	—	—	—	—	—	—	—	1 222	1 264
広島	161	286	431	542	899	1 086	1 126	1 174	1 194
仙台	119	342	425	545	665	918	1 008	1 046	1 082
千葉	—	134	242	482	746	829	887	962	972
北九州	—	—	—	1 042	1 065	1 026	1 011	977	961
堺	85	214	340	594	810	808	792	842	839
新潟	92	221	315	384	458	486	501	812	810
浜松	65	152	333	432	491	535	582	801	798
熊本	70	268	374	440	526	579	662	734	741
相模原	—	—	102	278	439	532	606	718	721
岡山	95	163	261	375	546	594	627	710	719
静岡	74	239	329	416	458	472	470	716	705
船橋	—	83	135	325	479	533	550	609	623
鹿児島	103	229	296	403	505	537	552	606	600
川口	—	125	170	306	379	439	460	501	578
八王子	39	83	158	254	387	466	536	580	578
姫路	46	212	329	408	446	454	478	536	536
宇都宮	64	107	239	301	378	427	444	512	519
松山	51	164	239	323	402	443	473	517	515
東大阪	—	—	—	500	522	518	515	510	503
西宮	—	127	263	377	410	427	438	483	488
松戸	—	53	86	254	401	456	465	484	483
市川	—	103	157	261	364	437	449	474	482
大分	43	94	125	261	360	409	436	474	478
倉敷	—	53	125	340	404	415	430	476	477
金沢	129	252	299	361	418	443	456	462	466
福山	30	67	141	255	346	366	379	461	465
尼崎	38	279	406	554	524	499	466	454	453
町田	—	—	71	203	295	349	377	427	432
長崎	177	242	344	421	447	445	423	444	430
藤沢	—	85	125	229	300	350	379	410	424
豊田	—	—	47	197	282	332	351	421	423
高松	47	125	228	274	317	330	333	419	421
富山	62	154	207	269	305	321	326	422	419
柏	—	—	64	151	239	305	328	404	414
岐阜	63	212	304	386	410	410	403	413	407
横須賀	90	251	287	348	421	433	429	418	407
枚方	—	44	80	217	353	391	403	408	404
宮崎	—	103	158	203	265	287	306	401	401
豊中	—	86	199	368	403	410	392	389	395
岡崎	39	96	166	211	262	307	337	372	381
一宮	—	71	183	219	253	262	274	379	381
長野	37	101	161	285	324	347	360	382	378

総務省統計局「国勢調査」により作成。各年10月1日現在。各国勢調査当時の市域における人口。市町村合併により，市によっては，調査年によって市域が異なることがあることに留意する。1）1920年は東京市で，1947年に現在の23区になる。

第2章　労　　働

良質で過不足のない労働力は経済・産業の発展に不可欠である。「労働力人口」とは，働ける状態で，かつ働く意志のある人びとを指すが，そのなかで職に就けない「完全失業者」が増えると，国民の生活は不安定になり，経済・産業活動にも悪影響をおよぼす。「非労働力人口」は，学生や高齢者など収入になる仕事をしなかった人を指し，非労働力人口の割合が増えると，国内経済を支えるだけの労働力が不足する事態となる。

日本の労働力の変化を産業別にみると，1920年国勢調査では農業従事者が就業者全体の51.2％を占めて，当時の産業構造が農業中心であったことがわかる。昭和初期には繊維工業を主体とした軽工業が発達するが，産業規模はまだ小さく，労働力の移動はさほどみられない。第二次世界大戦後，高度経済成長期を迎えると，製造業が急速に拡大し，多くの労働力を必要とした。製造業従事者は，1965年国勢調査で初めて農業従事者を上回り，続く70年調査では就業者全体の26.1％を占めるまでになった。その後は，サービス産業の比重が高まり，1995年調査からは卸売・小売業およびサービス業に従事する人が，製造業で働く人を上回る。

労働環境をみると，1911年に制定された「工場法」など戦前の労働立法は，強大な資本を背景に，それほど効力のあるものではなかった。明治の産業革命期における長時間労働や深夜労働など過酷な労働条件は徐々に改善されていったが，労働環境が本格的に改善するのは戦後になってからである。労働力を提供して賃金を得る雇用者の増加とともに，労働者側の権利を守る法の整備が求められるようになった。

戦後，1945年の「労働組合法」に続いて，翌46年に公布された日本国憲法では，労働者の団結権・団体交渉権・団体行動権が保障された。1947年には，労働条件の最低基準を定めた「労働基準法」が制定される。法整備が進むなか，労働運動も活発化し，労働時間の短縮や賃上げ，労働災害に対する補償など，労働条件は改善していった。

1950年代後半からの高度経済成長期には，産業規模の拡大によって労働力は不足気味となり，経営側が労働者の要求を呑む形で労働条件の改善が進んだ。この頃から大企業は，低賃金労働力として新規学卒者を積極的に採用するようになり，長く勤めるにつれて賃金が上がる年功賃金制を基本とする長期雇用が定着する。

1973年のオイルショック以降，企業は過剰設備・過剰人員を見直し，操業時間の短縮や定期採用の抑制を実施した。急騰する物価に賃金が押上げられるなかで，従来の年功を重視する長期雇用政策から能力主義への転換も検討されたが，深く根付いた終身雇用制を覆すには至らなかった。

その後，1980年代後半に訪れたバブル景気の時期には，労働力は再び不足気味となり，企業は即戦力と成り得る中途採用者や契約社員などを積極的に雇用するようになった。売り手市場の雇用状況下で，労働者側も，専門職・技術職を中心により条件の良い企業への転職を積極的に行うなど，終身雇用制度に対する意識の変化が生じている。一方で長時間労働が問題となり，過労やストレスが引き金となって業務上の死亡が問題となった。1982年には「過労死」と呼ばれるようになる。

バブル崩壊後，企業は雇用を抑えることで業績の回復を図ろうとした。多くの人が解雇され，1990年後半からは失業率が過去最悪の水準となる。長期失業者や非正規労働者が増え，新規学卒者の中には就職せずにパートやアルバイトを続けるフリーターが増加した。また，働かず，学校にも行かない若者層ニートも出現した。その後，円高や2008年のリーマンショック，2011年の東日本大震災などによって労働環境はさらに厳しくなり，多くの人が不安定な就労状況に置かれた。

震災後は，復興が進み，円安基調に伴って経済状況は改善し始めた。人口減少や少子高齢化を背景に労働力不足が問題となり，女性や若年層の就業促進とともに，高年齢者の定年の引上げや継続雇用制度の導入，外国人労働者の受け入れ拡大が始まっている。

年	表
1911 （明44）	「工場法」制定（初の労働者保護立法，施行は1916年）。
1920	初のメーデー開催。
1926 （昭1）	「労働争議調停法」制定（1946年に「労働関係調整法」が制定されて廃止）。
1946 （昭21）	日本国憲法が，勤労権と団結権・団体交渉権・団体行動権（争議権）保障（1947年施行）。
1947	「労働基準法」制定（全部改正）。 「労働者災害補償保険法」制定。 労働省（現厚生労働省）発足。
1949	「労働組合法」制定。
1955	春闘体制が始まる。
1959	「最低賃金法」制定。
1972	「労働安全衛生法」制定。
1974	「雇用保険法」制定。
1985 （昭60）	「男女雇用機会均等法」制定。 「労働者派遣事業法」制定（1999年改正で自由化が進む，2004年改正で製造業に拡大）。
1987	「改正労働基準法」により労働時間短縮が加速。
1989 （平1）	日本労働組合総連合会（連合）が発足。
1991	「育児休業法」制定。
1993	「パートタイム労働法」制定。
1995	「育児・介護休業法」制定（1999年からすべての事業所対象）。
1999	「改正男女雇用機会均等法」施行。 「改正職業安定法」施行（民間の職業紹介の原則自由化）。
2004	「改正労働基準法」施行（多様な働き方に応じた適正な労働条件の確保を目的とする）。
2006	「改正高年齢者雇用安定法」施行（65歳までの継続雇用）。 「改正労働安全衛生法」施行。
2008	「労働契約法」施行。
2010	「改正雇用保険法」施行（非正規雇用者適用範囲の拡大）。
2019 （令1）	「改正労働基準法」施行（「働き方改革」に関する見直し）。 「改正出入国管理法」施行（外国人受け入れ資格拡大）。

第2章 労働

表2-1　国勢調査による労働力状態（15歳以上人口）（単位　千人）

		総数1)	労働力人口			非労働力人口	労働力人口比率（%）
			計	就業者	完全失業者		
男女計	1920（大 9）	35 547	2) 25 866	…	…	3) 9 681	*72.8*
	1930（昭 5）	40 871	2) 28 548	…	…	3) 12 323	*69.8*
	1940（〃15）	45 914	2) 32 661	…	…	3) 13 253	*71.1*
	1950（〃25）	56 158	36 748	36 025	723	19 407	*65.4*
	1955（〃30）	59 969	40 360	39 590	770	19 609	*67.3*
	1960（〃35）	65 867	44 384	44 042	342	21 472	*67.4*
	1965（〃40）	73 680	48 627	47 960	666	25 031	*66.0*
	1970（〃45）	79 512	53 321	52 593	728	26 188	*67.1*
	1975（〃50）	84 673	54 390	53 141	1 249	1) 30 283	*64.2*
	1980（〃55）	89 482	57 231	55 811	1 420	32 099	*64.1*
	1985（〃60）	94 974	60 391	58 357	2 033	34 407	*63.7*
	1990（平 2）	100 799	63 595	61 682	1 914	36 786	*63.4*
	1995（〃 7）	105 426	67 018	64 142	2 876	37 881	*63.9*
	2000（〃12）	108 225	66 098	62 978	3 120	40 386	*62.1*
	2005（〃17）	109 764	65 400	61 506	3 894	41 008	*61.5*
	2010（〃22）	110 277	63 699	59 611	4 088	40 372	*61.2*
	2015（〃27）	109 754	61 523	58 919	2 604	41 022	*60.0*
男	1950（昭25）	27 041	22 579	22 083	495	4 461	*83.5*
	1955（〃30）	28 904	24 617	24 072	544	4 287	*85.2*
	1960（〃35）	31 778	27 018	26 787	231	4 756	*85.0*
	1965（〃40）	35 693	29 693	29 235	458	5 993	*83.2*
	1970（〃45）	38 512	32 467	31 983	483	6 042	*84.3*
	1975（〃50）	41 112	34 306	33 415	891	1) 6 806	*83.4*
	1980（〃55）	43 442	35 647	34 647	999	7 744	*82.2*
	1985（〃60）	46 131	37 072	35 679	1 393	8 964	*80.5*
	1990（平 2）	48 956	38 523	37 245	1 277	10 183	*79.1*
	1995（〃 7）	51 239	40 397	38 529	1 868	10 490	*79.4*
	2000（〃12）	52 503	39 250	37 249	2 001	12 080	*76.5*
	2005（〃17）	53 086	38 290	35 735	2 555	12 568	*75.3*
	2010（〃22）	53 155	36 825	34 090	2 735	13 086	*73.8*
	2015（〃27）	52 880	34 772	33 078	1 694	14 284	*70.9*
女	1950（昭25）	29 117	14 169	13 942	227	14 947	*48.7*
	1955（〃30）	31 065	15 744	15 518	226	15 322	*50.7*
	1960（〃35）	34 089	17 367	17 255	112	16 716	*51.0*
	1965（〃40）	37 987	18 933	18 725	208	19 038	*49.9*
	1970（〃45）	41 001	20 854	20 609	245	20 146	*50.9*
	1975（〃50）	43 561	20 084	19 726	358	1) 23 477	*46.1*
	1980（〃55）	46 040	21 584	21 164	421	24 355	*47.0*
	1985（〃60）	48 843	23 319	22 678	641	25 443	*47.8*
	1990（平 2）	51 842	25 073	24 436	636	26 603	*48.5*
	1995（〃 7）	54 186	26 621	25 613	1 009	27 391	*49.3*
	2000（〃12）	55 721	26 848	25 729	1 118	28 307	*48.7*
	2005（〃17）	56 679	27 110	25 771	1 339	28 440	*48.8*
	2010（〃22）	57 123	26 874	25 522	1 353	27 287	*49.6*
	2015（〃27）	56 874	26 751	25 841	910	26 739	*50.0*

総務省統計局「国勢調査」（時系列データ）により作成（1920～40年は2015年国勢調査　最終報告書「日本の人口・世帯」統計表による）。1950～70年の沖縄県は，琉球政府などによる調査結果が組み入れられている（前版の「日本の100年」は日本の行政権の及ぶ地域の数値である）。労働力人口は61ページの解説を参照。労働力人口比率は15歳以上人口に占める労働力人口の割合で，労働力状態不詳を除いた総数を分母にして算出したもの。1940年までは，平常の職業の有無によって有業者と無業者とに区別する「有業者方式」。1940年は全人口のうち日本人。1950年は14歳以上人口。1）労働力状態不詳を含む。2）有業者。3）無業者。

図2-1 労働力状態の推移（労働力調査による）

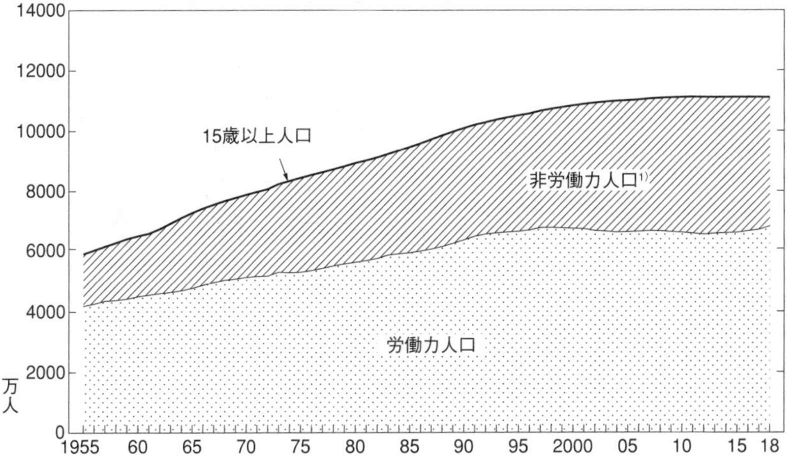

資料・注記は表2-2を参照。1）就業状態「不詳」を含む。

図2-2 労働力人口比率の推移（労働力調査による）

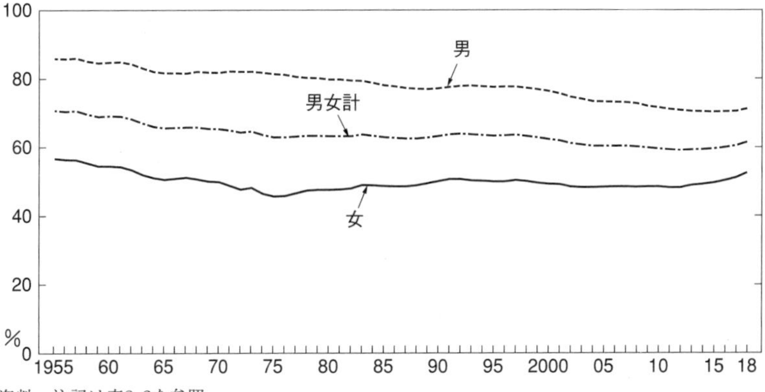

資料・注記は表2-2を参照。

労働力人口の定義 「労働力人口」の定義は，15歳以上人口のうち「就業者」と「完全失業者」を合わせたもので，「就業者」は仕事を持ちながら病気や休暇などで調査週間中に仕事をしなかった「休業者」を含む。無給の家族従業者は「就業者」に含まれる。

【国勢調査】 5年に一度の全数調査。調査年の9月24日から30日までの1週間に収入（現物収入を含む）を伴う仕事を少しでもした人を「就業者」とし，「完全失業者」は収入を伴う仕事を少しもしなかった人のうち仕事に就くことが可能であって，かつハローワーク（公共職業安定所）に申し込むなどして積極的に仕事を探していた人のこと。

【労働力調査】 毎月実施される標本調査。「就業者」のうち，調査週間中に収入を伴う仕事を1時間以上した人は「従業者」とされる。「完全失業者」は仕事がなく，仕事があればすぐ就くことができる人や仕事を探す活動や事業を始める準備をしていた人。

表2-2 労働力調査による労働力状態（Ⅰ）（男女計）（15歳以上人口）（単位 万人）

	総数1)	労働力人口			非労働力人口	労働力人口比率（%）	完全失業率（%）
		計	就業者	完全失業者			
1950（昭25）	5 524	3 616	3 572	44	1 908	*65.5*	*1.2*
1955（〃30）	5 925	4 194	4 090	105	1 723	*70.8*	*2.5*
1960（〃35）	6 520	4 511	4 436	75	1 998	*69.2*	*1.7*
1965（〃40）	7 287	4 787	4 730	57	2 497	*65.7*	*1.2*
1970（〃45）	7 885	5 153	5 094	59	2 723	*65.4*	*1.1*
1975（〃50）	8 443	5 323	5 223	100	3 095	*63.0*	*1.9*
1980（〃55）	8 932	5 650	5 536	114	3 249	*63.3*	*2.0*
1981（〃56）	9 017	5 707	5 581	126	3 279	*63.3*	*2.2*
1982（〃57）	9 116	5 774	5 638	136	3 309	*63.3*	*2.4*
1983（〃58）	9 232	5 889	5 733	156	3 305	*63.8*	*2.6*
1984（〃59）	9 347	5 927	5 766	161	3 373	*63.4*	*2.7*
1985（〃60）	9 465	5 963	5 807	156	3 450	*63.0*	*2.6*
1986（〃61）	9 587	6 020	5 853	167	3 513	*62.8*	*2.8*
1987（〃62）	9 720	6 084	5 911	173	3 584	*62.6*	*2.8*
1988（〃63）	9 849	6 166	6 011	155	3 635	*62.6*	*2.5*
1989（平1）	9 974	6 270	6 128	142	3 655	*62.9*	*2.3*
1990（〃2）	10 089	6 384	6 249	134	3 657	*63.3*	*2.1*
1991（〃3）	10 199	6 505	6 369	136	3 649	*63.8*	*2.1*
1992（〃4）	10 283	6 578	6 436	142	3 679	*64.0*	*2.2*
1993（〃5）	10 370	6 615	6 450	166	3 740	*63.8*	*2.5*
1994（〃6）	10 444	6 645	6 453	192	3 791	*63.6*	*2.9*
1995（〃7）	10 510	6 666	6 457	210	3 836	*63.4*	*3.2*
1996（〃8）	10 571	6 711	6 486	225	3 852	*63.5*	*3.4*
1997（〃9）	10 661	6 787	6 557	230	3 863	*63.7*	*3.4*
1998（〃10）	10 728	6 793	6 514	279	3 924	*63.3*	*4.1*
1999（〃11）	10 783	6 779	6 462	317	3 989	*62.9*	*4.7*
2000（〃12）	10 836	6 766	6 446	320	4 057	*62.4*	*4.7*
2001（〃13）	10 886	6 752	6 412	340	4 125	*62.0*	*5.0*
2002（〃14）	10 927	6 689	6 330	359	4 229	*61.2*	*5.4*
2003（〃15）	10 962	6 666	6 316	350	4 285	*60.8*	*5.3*
2004（〃16）	10 990	6 642	6 329	313	4 336	*60.4*	*4.7*
2005（〃17）	11 008	6 651	6 356	294	4 346	*60.4*	*4.4*
2006（〃18）	11 030	6 664	6 389	275	4 358	*60.4*	*4.1*
2007（〃19）	11 066	6 684	6 427	257	4 375	*60.4*	*3.9*
2008（〃20）	11 086	6 674	6 409	265	4 407	*60.2*	*4.0*
2009（〃21）	11 099	6 650	6 314	336	4 446	*59.9*	*5.1*
2010（〃22）	11 111	6 632	6 298	334	4 473	*59.6*	*5.1*
2011（〃23）	11 117	6 596	6 293	302	4 518	*59.3*	*4.6*
2012（〃24）	11 110	6 565	6 280	285	4 543	*59.1*	*4.3*
2013（〃25）	11 107	6 593	6 326	265	4 510	*59.3*	*4.0*
2014（〃26）	11 109	6 609	6 371	236	4 494	*59.4*	*3.6*
2015（〃27）	11 110	6 625	6 401	222	4 479	*59.6*	*3.4*
2016（〃28）	11 111	6 673	6 465	208	4 432	*60.0*	*3.1*
2017（〃29）	11 108	6 720	6 530	190	4 382	*60.5*	*2.8*
2018（〃30）	11 101	6 830	6 664	166	4 263	*61.5*	*2.4*

総務省統計局「労働力調査」（長期時系列データ）により作成。年平均。各項目については，表2-1の注記および61ページの解説を参照のこと。1972年以前は沖縄を含まず。算出人口改正などに伴う接続補正済みの数値であるため（比率は除く），各年結果の公表数値と異なることがある。2011年は，東日本大震災で被災した岩手，宮城，福島の3県を補完した推計値（算出基準人口は2015年国勢調査結果）。1）就業状態「不詳」を含む。

労働力調査による労働力状態（Ⅱ）（男）（15歳以上人口）（単位　万人）

	総数[1]	労働力人口			非労働力人口	労働力人口比率（%）	完全失業率（%）
		計	就業者	完全失業者			
1950(昭25)	2 637	2 193	2 164	29	444	*83.2*	*1.3*
1955(〃30)	2 857	2 455	2 390	65	398	*85.9*	*2.6*
1960(〃35)	3 151	2 673	2 629	44	472	*84.8*	*1.6*
1965(〃40)	3 529	2 884	2 852	32	644	*81.7*	*1.1*
1970(〃45)	3 825	3 129	3 091	38	691	*81.8*	*1.2*
1975(〃50)	4 099	3 336	3 270	66	754	*81.4*	*2.0*
1980(〃55)	4 341	3 465	3 394	71	859	*79.8*	*2.0*
1981(〃56)	4 384	3 498	3 419	79	868	*79.8*	*2.3*
1982(〃57)	4 430	3 522	3 438	84	889	*79.5*	*2.4*
1983(〃58)	4 486	3 564	3 469	95	901	*79.4*	*2.7*
1984(〃59)	4 544	3 580	3 485	96	937	*78.8*	*2.7*
1985(〃60)	4 602	3 596	3 503	93	978	*78.1*	*2.6*
1986(〃61)	4 662	3 626	3 526	99	1 007	*77.8*	*2.7*
1987(〃62)	4 726	3 655	3 551	104	1 043	*77.3*	*2.8*
1988(〃63)	4 790	3 693	3 602	91	1 071	*77.1*	*2.5*
1989(平1)	4 854	3 737	3 654	83	1 091	*77.0*	*2.2*
1990(〃2)	4 911	3 791	3 713	77	1 095	*77.2*	*2.0*
1991(〃3)	4 965	3 854	3 776	78	1 088	*77.6*	*2.0*
1992(〃4)	5 002	3 899	3 817	82	1 090	*77.9*	*2.1*
1993(〃5)	5 044	3 935	3 840	95	1 101	*78.0*	*2.4*
1994(〃6)	5 078	3 951	3 839	112	1 122	*77.8*	*2.8*
1995(〃7)	5 108	3 966	3 843	123	1 139	*77.6*	*3.1*
1996(〃8)	5 136	3 992	3 858	134	1 140	*77.7*	*3.4*
1997(〃9)	5 180	4 027	3 892	135	1 147	*77.7*	*3.4*
1998(〃10)	5 209	4 026	3 858	168	1 177	*77.3*	*4.2*
1999(〃11)	5 232	4 024	3 831	194	1 199	*76.9*	*4.8*
2000(〃12)	5 253	4 014	3 817	196	1 233	*76.4*	*4.9*
2001(〃13)	5 273	3 992	3 783	209	1 277	*75.7*	*5.2*
2002(〃14)	5 294	3 956	3 736	219	1 333	*74.7*	*5.5*
2003(〃15)	5 308	3 934	3 719	215	1 369	*74.1*	*5.5*
2004(〃16)	5 318	3 905	3 713	192	1 406	*73.4*	*4.9*
2005(〃17)	5 323	3 901	3 723	178	1 416	*73.3*	*4.6*
2006(〃18)	5 331	3 903	3 735	168	1 425	*73.2*	*4.3*
2007(〃19)	5 352	3 917	3 763	154	1 433	*73.1*	*3.9*
2008(〃20)	5 360	3 904	3 745	159	1 454	*72.8*	*4.1*
2009(〃21)	5 364	3 869	3 666	203	1 494	*72.0*	*5.3*
2010(〃22)	5 365	3 850	3 643	207	1 513	*71.6*	*5.4*
2011(〃23)	5 367	3 825	3 639	187	1 538	*71.1*	*4.9*
2012(〃24)	5 363	3 796	3 622	174	1 566	*70.8*	*4.6*
2013(〃25)	5 362	3 783	3 620	163	1 576	*70.5*	*4.3*
2014(〃26)	5 363	3 776	3 635	142	1 583	*70.4*	*3.7*
2015(〃27)	5 365	3 773	3 639	135	1 588	*70.3*	*3.6*
2016(〃28)	5 366	3 781	3 655	126	1 582	*70.4*	*3.3*
2017(〃29)	5 365	3 784	3 672	112	1 578	*70.5*	*3.0*
2018(〃30)	5 362	3 817	3 717	99	1 542	*71.2*	*2.6*

資料・注記は（Ⅰ）に同じ。1972年以前は沖縄を含まず。1）就業状態「不詳」を含む。

労働力調査による労働力状態（Ⅲ）（女）（15歳以上人口）（単位　万人）

	総数1)	労働力人口			非労働力人口	労働力人口比率（%）	完全失業率（%）
		計	就業者	完全失業者			
1950(昭25)	2 887	1 423	1 408	15	1 468	*49.3*	*1.1*
1955(〃30)	3 068	1 740	1 700	40	1 325	*56.7*	*2.3*
1960(〃35)	3 370	1 838	1 807	31	1 526	*54.5*	*1.7*
1965(〃40)	3 758	1 903	1 878	25	1 853	*50.6*	*1.3*
1970(〃45)	4 060	2 024	2 003	21	2 032	*49.9*	*1.0*
1975(〃50)	4 344	1 987	1 953	34	2 342	*45.7*	*1.7*
1980(〃55)	4 591	2 185	2 142	43	2 391	*47.6*	*2.0*
1981(〃56)	4 634	2 209	2 162	47	2 411	*47.7*	*2.1*
1982(〃57)	4 687	2 252	2 200	52	2 420	*48.0*	*2.3*
1983(〃58)	4 746	2 324	2 263	61	2 404	*49.0*	*2.6*
1984(〃59)	4 804	2 347	2 282	65	2 436	*48.9*	*2.8*
1985(〃60)	4 863	2 367	2 304	63	2 472	*48.7*	*2.7*
1986(〃61)	4 925	2 395	2 327	67	2 506	*48.6*	*2.8*
1987(〃62)	4 995	2 429	2 360	69	2 542	*48.6*	*2.8*
1988(〃63)	5 059	2 473	2 408	64	2 563	*48.9*	*2.6*
1989(平1)	5 120	2 533	2 474	59	2 564	*49.5*	*2.3*
1990(〃2)	5 178	2 593	2 536	57	2 562	*50.1*	*2.2*
1991(〃3)	5 233	2 651	2 592	59	2 561	*50.7*	*2.2*
1992(〃4)	5 281	2 679	2 619	60	2 590	*50.7*	*2.2*
1993(〃5)	5 326	2 681	2 610	71	2 639	*50.3*	*2.6*
1994(〃6)	5 366	2 694	2 614	80	2 669	*50.2*	*3.0*
1995(〃7)	5 402	2 701	2 614	87	2 698	*50.0*	*3.2*
1996(〃8)	5 435	2 719	2 627	91	2 712	*50.0*	*3.3*
1997(〃9)	5 481	2 760	2 665	95	2 716	*50.4*	*3.4*
1998(〃10)	5 519	2 767	2 656	111	2 747	*50.1*	*4.0*
1999(〃11)	5 552	2 755	2 632	123	2 790	*49.6*	*4.5*
2000(〃12)	5 583	2 753	2 629	123	2 824	*49.3*	*4.5*
2001(〃13)	5 613	2 760	2 629	131	2 848	*49.2*	*4.7*
2002(〃14)	5 632	2 733	2 594	140	2 895	*48.5*	*5.1*
2003(〃15)	5 654	2 732	2 597	135	2 916	*48.3*	*4.9*
2004(〃16)	5 672	2 737	2 616	121	2 930	*48.3*	*4.4*
2005(〃17)	5 685	2 750	2 633	116	2 930	*48.4*	*4.2*
2006(〃18)	5 698	2 761	2 654	107	2 933	*48.5*	*3.9*
2007(〃19)	5 714	2 768	2 665	104	2 942	*48.5*	*3.7*
2008(〃20)	5 726	2 771	2 664	107	2 953	*48.4*	*3.8*
2009(〃21)	5 736	2 782	2 649	133	2 952	*48.5*	*4.8*
2010(〃22)	5 746	2 783	2 656	128	2 960	*48.5*	*4.6*
2011(〃23)	5 750	2 770	2 654	115	2 980	*48.2*	*4.2*
2012(〃24)	5 747	2 769	2 658	112	2 977	*48.2*	*4.0*
2013(〃25)	5 746	2 809	2 707	103	2 934	*48.9*	*3.7*
2014(〃26)	5 746	2 832	2 737	96	2 911	*49.2*	*3.4*
2015(〃27)	5 746	2 852	2 764	89	2 891	*49.6*	*3.1*
2016(〃28)	5 745	2 892	2 810	82	2 850	*50.3*	*2.8*
2017(〃29)	5 743	2 937	2 859	78	2 803	*51.1*	*2.7*
2018(〃30)	5 739	3 014	2 946	67	2 721	*52.5*	*2.2*

資料・注記は（Ⅰ）に同じ。1972年以前は沖縄を含まず。1）就業状態「不詳」を含む。

表2-3　産業（旧大分類）別による就業者数（国勢調査）（2002年3月改定前）（単位　千人）

	第1次産業	農業	林業	漁業	第2次産業	鉱業	建設業
1920[1]（大9）	14 672	13 949	190	534	5 598	424	712
1930[1]（昭5）	14 711	13 955	187	568	6 002	315	979
1940[2]（〃15）	14 392	13 557	292	543	8 443	598	981
1950[3]（〃25）	17 478	16 362	426	690	7 838	591	1 543
1960（〃35）	14 389	4) 13 269	5) 439	681	12 804	538	2 693
1965（〃40）	11 857	10 987	262	608	15 115	332	3 058
1970（〃45）	10 146	9 400	206	539	17 897	216	3 964
1975（〃50）	7 347	6 692	179	475	18 106	132	4 729
1980（〃55）	6 102	5 475	165	461	18 737	108	5 383
1985（〃60）	5 412	4 851	140	421	19 334	95	5 266
1990（平2）	4 391	3 919	108	365	20 548	63	5 842
1995（〃7）	3 820	3 426	86	308	20 247	61	6 631
2000（〃12）	3 173	2 852	67	253	18 571	54	6 290

	（つづき）製造業	第3次産業	電気・ガス・水道業[6]	運輸・通信業	卸売・小売業	金融・保険業	不動産業
1920[1]（大9）	4 461	6 464	92	1 047	2 663	131	—
1930[1]（昭5）	4 708	8 836	122	1 169	4 131	194	—
1940[2]（〃15）	6 864	9 429	143	1 373	4 098	274	24
1950[3]（〃25）	5 703	10 671	5) 224	7) 1 585	3 989	8) 349	5) 14
1960（〃35）	9 572	16 841	235	2 220	6 979	704	83
1965（〃40）	11 725	20 969	265	2 868	8 552	961	205
1970（〃45）	13 717	24 511	290	3 236	10 136	1 129	274
1975（〃50）	13 245	27 521	321	3 365	11 372	1 383	372
1980（〃55）	13 246	30 911	349	3 504	12 731	1 577	427
1985（〃60）	13 973	33 444	337	3 510	13 382	1 729	480
1990（平2）	14 643	36 421	334	3 676	13 802	1 969	692
1995（〃7）	13 556	39 642	364	3 890	14 618	1 975	707
2000（〃12）	12 228	40 485	351	3 902	14 319	1 758	747

	（つづき）サービス業	公務	分類不能	就業者総数	産業別割合[10]（%）第1次	第2次	第3次
1920[1]（大9）	9) 1 949	582	527	27 261	*54.9*	*20.9*	*24.2*
1930[1]（昭5）	9) 2 484	736	71	29 620	*49.8*	*20.3*	*29.9*
1940[2]（〃15）	2 896	621	218	32 483	*44.6*	*26.2*	*29.2*
1950[3]（〃25）	3 332	1 179	37	36 025	*48.6*	*21.8*	*29.7*
1960（〃35）	5 280	1 340	8	44 042	*32.7*	*29.1*	*38.2*
1965（〃40）	6 644	1 475	19	47 960	*24.7*	*31.5*	*43.7*
1970（〃45）	7 703	1 742	40	52 593	*19.3*	*34.1*	*46.6*
1975（〃50）	8 749	1 959	167	53 141	*13.9*	*34.2*	*52.0*
1980（〃55）	10 298	2 026	62	55 811	*10.9*	*33.6*	*55.4*
1985（〃60）	11 949	2 056	167	58 357	*9.3*	*33.2*	*57.5*
1990（平2）	13 887	2 063	321	61 682	*7.2*	*33.5*	*59.4*
1995（〃7）	15 932	2 155	432	64 142	*6.0*	*31.8*	*62.2*
2000（〃12）	17 264	2 143	750	62 978	*5.1*	*29.8*	*65.1*

総務省統計局「国勢調査」（時系列データ）により作成。各年10月1日現在。2000年産業分類に組替えた15歳以上就業者。1950年から70年までは沖縄を含む。1）全年齢の有業者数。2）韓国・朝鮮，台湾，樺太及び南洋群島以外の国籍の外国人を除く全年齢の「銃後人口（軍人・軍属等を除く人口）」有業者数。3）14歳以上就業者数。沖縄県の本土籍の日本人および外国人を除く。4）沖縄県の林業・狩猟業を含む。5）沖縄県を除く。6）熱供給業を含む。7）沖縄県の電気・ガス・熱供給・水道業を含む。8）沖縄県の不動産業を含む。9）不動産業を含む。10）分類不能を除く就業者総数に対する割合。

図2-3　国勢調査による産業別就業者の推移

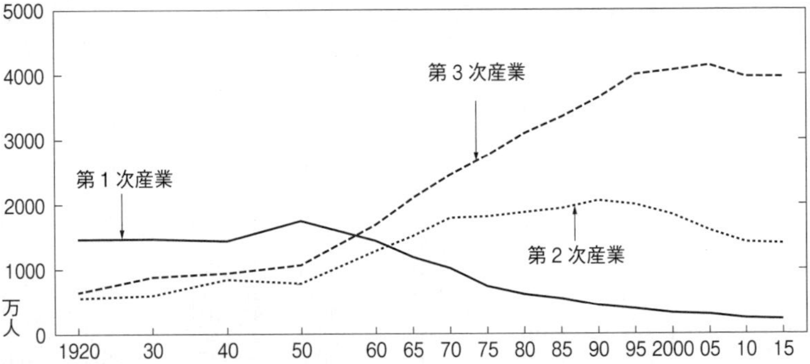

総務省統計局「国勢調査」(時系列データ）により作成。1990年までのデータは表2-3，1995年からは表2-4による。注記はそれぞれの表を参照。

表2-4　産業（大分類）別による就業者数（国勢調査）（単位　千人）

	第1次産業	農業，林業	漁業	第2次産業	鉱業，採石業，砂利採取業	建設業	製造業	第3次産業
1995	3 848	3 543	305	19 936	59	6 711	13 166	40 004
2000	3 208	2 955	253	18 392	46	6 346	11 999	40 671
2005	2 981	2 767	214	15 957	31	5 441	10 486	41 425
2010	2 381	2 205	177	14 123	22	4 475	9 626	39 646
2015	2 222	2 068	154	13 921	22	4 341	9 557	39 615

	第3次産業（つづき）							
	電気・ガス・熱供給・水道業	情報通信業	運輸業，郵便業	卸売業，小売業	金融業，保険業	不動産業，物品賃貸業	学術研究，専門・技術サービス業	宿泊業，飲食サービス業
1995	354	1 307	3 250	11 918	1 974	1 043	1 963	3 778
2000	338	1 555	3 218	11 394	1 751	1 065	1 974	3 803
2005	295	1 613	3 171	10 760	1 514	1 118	1 910	3 664
2010	284	1 627	3 219	9 804	1 513	1 114	1 902	3 423
2015	283	1 680	3 045	9 001	1 429	1 198	1 919	3 249

	第3次産業（つづき）						分類不能の産業	総数
	生活関連サービス業，娯楽業	教育，学習支援業	医療，福祉	複合サービス事業	サービス業1)	公務1)		
1995	2 424	2 630	3 591	698	2 919	2 152	395	64 182
2000	2 404	2 606	4 274	695	3 452	2 142	761	63 032
2005	2 330	2 675	5 332	668	4 289	2 085	1 168	61 530
2010	2 199	2 635	6 128	377	3 405	2 016	3 460	59 611
2015	2 072	2 662	7 024	483	3 544	2 026	3 162	58 919

総務省統計局「国勢調査」(時系列データ）により作成。各年10月1日現在。1995年～2005年の数値は，新産業分類に合せて比較ができるように抽出詳細集計に基づいて推計されたものであるため，表2-3とは異なる。派遣労働者はサービス業に含まれていたが，2010年より派遣先の産業に分類されるようになり，時系列比較には注意を要する。1）他に分類されないもの。

図**2-4**　国勢調査による産業別就業者の割合

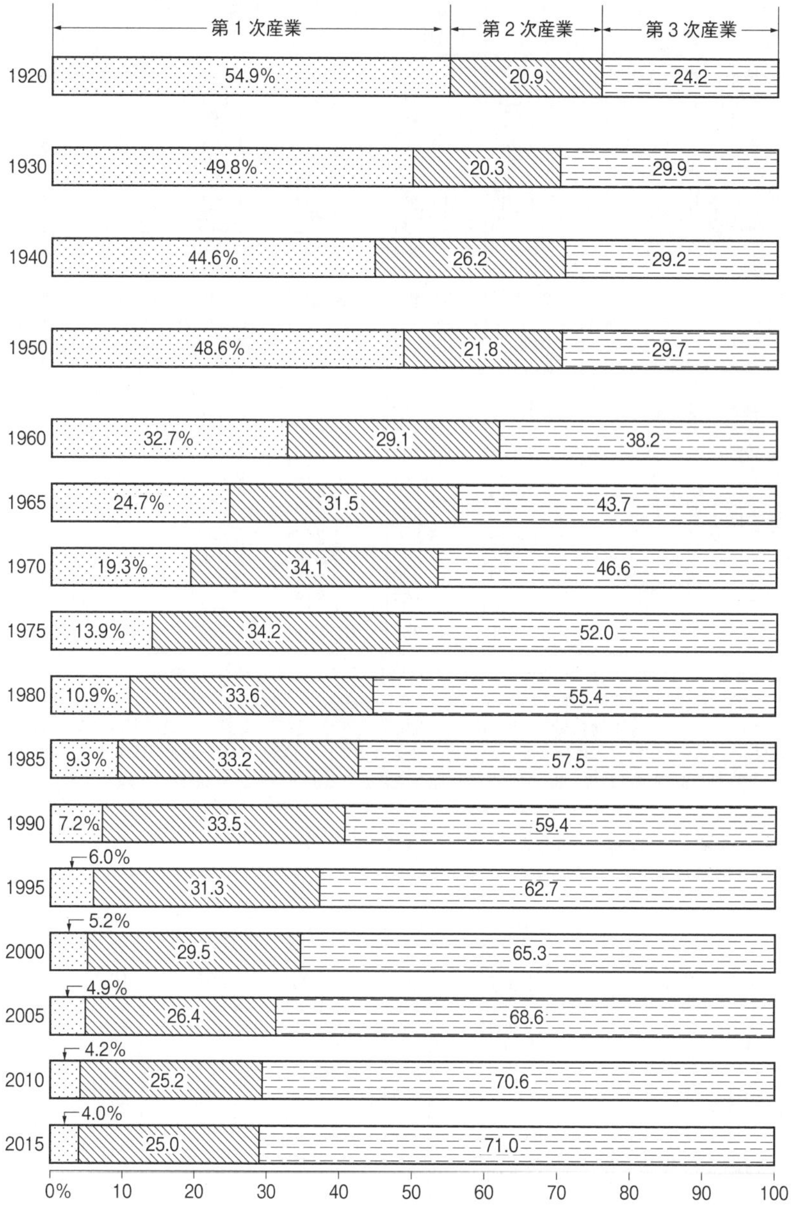

総務省統計局「国勢調査」(時系列データ)により作成。1990年までのデータは表2-3, 1995年から表2-4による。注記はそれぞれの表を参照。分類不能を除く就業者総数に対する割合。

表2-5　職業（旧大分類）別就業者数（国勢調査）（単位　千人）

	1930（昭5）	1940（昭15）	1950[1)]（昭25）	1960（昭35）	1970[2)]（昭45）	1975[2)]（昭50）
専門的・技術的職業従事者	963	1 387	1 564	2 196	3 469	4 046
管理的職業従事者	228	190	644	971	2 062	2 279
事務従事者	958	2 045	2 872	4 496	7 321	8 841
販売従事者	3 392	3 119	3 010	4 741	6 299	7 042
サービス職業従事者	1 937	2 072	3) 1 179	2 308	3 202	3 441
保安職業従事者	31	58	4) 332	499	652	736
農林漁業作業者	14 669	14 364	17 292	14 321	10 085	7 290
運輸・通信従事者	755	724	761	1 513	2 347	2 398
生産工程・労務作業者	6 443	8 524	8 341	12 990	17 012	16 882
分類不能	…	…	29	7	19	60
総数	**29 620**	**32 483**	**36 025**	**44 042**	**52 468**	**53 015**

	1980（昭55）	1985（昭60）	1990（平2）	1995（平7）	2000（平12）	2005（平17）
専門的・技術的職業従事者	4 837	6 189	7 164	8 007	8 490	8 462
管理的職業従事者	2 606	2 307	2 499	2 654	1 798	1 472
事務従事者	9 178	10 330	11 535	12 120	12 064	11 894
販売従事者	8 131	8 475	9 042	9 729	9 492	8 936
サービス職業従事者	3 849	4 143	4 437	5 027	5 562	6 146
保安職業従事者	759	802	852	937	996	1 051
農林漁業作業者	6 049	5 360	4 342	3 807	3 149	2 940
運輸・通信従事者	2 421	2 320	2 316	2 386	2 258	2 077
生産工程・労務作業者	17 919	18 266	19 177	19 084	18 433	17 420
分類不能	63	165	318	391	737	1 108
総数	**55 811**	**58 357**	**61 682**	**64 142**	**62 978**	**61 506**

総務省統計局「国勢調査」（時系列データ）により作成。各年10月1日現在。1930年と1940年データは総務省統計局「日本長期統計総覧」による。1950年以降は2009年12月改定前のデータ。沖縄県を含む。1930年および1940年は全年齢有業者，1950年は14歳以上就業者，1955年以降は15歳以上就業者。1985～2000年は，2005年改定の日本標準職業分類の組み替え数値。1）沖縄県の本土籍の日本人および外国人を除く。2）抽出詳細集計結果。3）沖縄県の「保安職業従事者」を含む。4）沖縄県を除く。

表2-6　職業（大分類）別就業者数（国勢調査）（単位　千人）

	2000（平12）	2005（平17）	2010（平22）	2015（平27）		
				総数	男	女
管理的職業従事者	1 857	1 497	1 420	1 395	1 166	229
専門的・技術的職業従事者	8 299	8 272	8 634	9 380	4 870	4 510
事務従事者	11 654	11 614	10 981	11 206	4 476	6 730
販売従事者	9 662	9 118	8 004	7 411	4 164	3 247
サービス職業従事者	6 306	6 810	6 845	6 857	2 177	4 679
保安職業従事者	1 014	1 064	1 065	1 086	1 018	68
農林漁業従事者	3 199	2 963	2 328	2 145	1 346	799
生産工程従事者	10 462	9 609	8 471	7 960	5 633	2 327
輸送・機械運転従事者	2 576	2 334	2 088	2 009	1 941	68
建設・採掘従事者	3 543	3 223	2 676	2 591	2 529	62
運搬・清掃・包装等従事者	3 719	3 893	3 706	3 897	2 043	1 854
分類不能	742	1 133	3 392	2 981	1 713	1 268
総数	**63 032**	**61 530**	**59 611**	**58 919**	**33 078**	**25 841**

総務省統計局「国勢調査」（時系列データ）により作成。各年10月1日現在。2005年改定の職業分類。2000年と2005年は抽出結果に基づく推計であるため，表2-5とは総数データが異なる。

表2-7　従業上の地位別就業者数（国勢調査）（単位　千人）

		就業者（千人）				割合（%）		
		総数1)	雇用者2)	自営業主	家族従業者	雇用者2)	自営業主	家族従業者
男女計	1940(昭15)	32 483	13 547	8 564	10 372	41.7	26.4	31.9
	1950(〃25)	36 025	14 159	9 446	12 395	39.3	26.2	34.4
	1955(〃30)	39 590	18 083	9 517	11 990	45.7	24.0	30.3
	1960(〃35)	44 042	23 730	9 748	10 560	53.9	22.1	24.0
	1965(〃40)	47 960	29 101	9 437	9 351	60.8	19.7	19.5
	1970(〃45)	52 593	33 764	10 248	8 577	64.2	19.5	16.3
	1975(〃50)	53 141	36 718	9 414	6 945	69.2	17.7	13.1
	1980(〃55)	55 811	39 764	9 543	6 495	71.3	17.1	11.6
	1985(〃60)	58 357	43 990	8 970	5 393	75.4	15.4	9.2
	1990(平2)	61 682	48 607	8 305	4 764	78.8	13.5	7.7
	1995(〃7)	64 142	52 076	7 815	4 243	81.2	12.2	6.6
	2000(〃12)	62 978	52 281	7 186	3 507	83.0	11.4	5.6
	2005(〃17)	61 506	51 673	6 745	3 080	84.0	11.0	5.0
	2010(〃22)	59 611	49 467	5 578	2 322	86.2	9.7	4.0
	2015(〃27)	58 919	49 489	5 196	1 947	87.4	9.2	3.4
男	1940(昭15)	19 730	9 674	7 283	2 772	49.0	36.9	14.1
	1950(〃25)	22 083	10 498	7 709	3 862	47.6	34.9	17.5
	1955(〃30)	24 072	12 946	7 670	3 457	53.8	31.9	14.4
	1960(〃35)	26 787	16 520	7 405	2 860	61.7	27.6	10.7
	1965(〃40)	29 235	19 902	7 162	2 132	68.2	24.5	7.3
	1970(〃45)	31 983	22 802	7 366	1 813	71.3	23.0	5.7
	1975(〃50)	33 415	24 942	7 048	1 409	74.7	21.1	4.2
	1980(〃55)	34 647	26 257	7 104	1 284	75.8	20.5	3.7
	1985(〃60)	35 679	28 059	6 647	972	78.6	18.6	2.7
	1990(平2)	37 245	30 189	6 180	874	81.1	16.6	2.3
	1995(〃7)	38 529	31 728	6 012	786	82.4	15.6	2.0
	2000(〃12)	37 249	31 090	5 484	673	83.5	14.7	1.8
	2005(〃17)	35 735	29 906	5 214	612	83.7	14.6	1.7
	2010(〃22)	34 090	27 959	4 291	489	85.4	13.1	1.5
	2015(〃27)	33 078	27 341	3 947	413	86.2	12.4	1.3
女	1940(昭15)	12 753	3 873	1 280	7 600	30.4	10.0	59.6
	1950(〃25)	13 942	3 661	1 738	8 533	26.3	12.5	61.2
	1955(〃30)	15 518	5 138	1 847	8 533	33.1	11.9	55.0
	1960(〃35)	17 255	7 210	2 342	7 700	41.8	13.6	44.6
	1965(〃40)	18 725	9 199	2 275	7 219	49.2	12.2	38.6
	1970(〃45)	20 609	10 962	2 882	6 763	53.2	14.0	32.8
	1975(〃50)	19 726	11 776	2 366	5 536	59.8	12.0	28.1
	1980(〃55)	21 164	13 507	2 439	5 211	63.8	11.5	24.6
	1985(〃60)	22 678	15 931	2 324	4 421	70.3	10.2	19.5
	1990(平2)	24 436	18 418	2 125	3 890	75.4	8.7	15.9
	1995(〃7)	25 613	20 348	1 803	3 457	79.5	7.0	13.5
	2000(〃12)	25 729	21 190	1 702	2 834	82.4	6.6	11.0
	2005(〃17)	25 771	21 767	1 531	2 467	84.5	5.9	9.6
	2010(〃22)	25 522	21 508	1 287	1 833	87.3	5.2	7.4
	2015(〃27)	25 841	22 148	1 250	1 534	88.8	5.0	6.2

総務省統計局「国勢調査」（平成27年国勢調査　最終報告書「日本の人口・世帯」統計表）により作成。1940年は総務省統計局「日本長期統計総覧」による。各年10月1日現在。1940年は日本人および外地人有業者（軍人・軍属等を除く銃後人口）で，14歳以下を含む。1950年は14歳以上就業者で，沖縄県の本土籍の日本人および外国人を除く。1955年以降は15歳以上人口。1955年の沖縄県は5％抽出集計結果による14歳以上就業者数。割合は，従業上の地位不詳人口を除いた就業者数を分母として算出されている。1）従業上の地位「不詳」を含む。2）役員を含む。

図2-5　職業別，従業上の地位別就業者割合の推移（国勢調査）

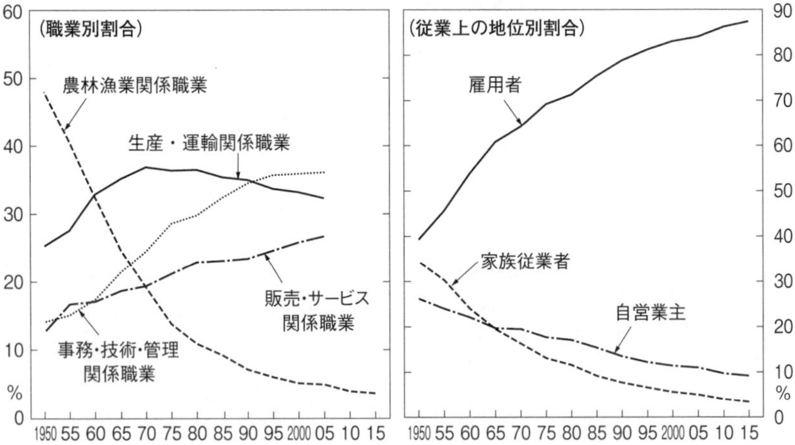

表2-5～表2-7より作成。注記も参照。2010年以降の職業別割合は接続可能と思われる農林漁業関係職業のみ使用。不詳を除く就業者数を分母として算出。

図2-6　男女別の従業上の地位別就業者割合（国勢調査）

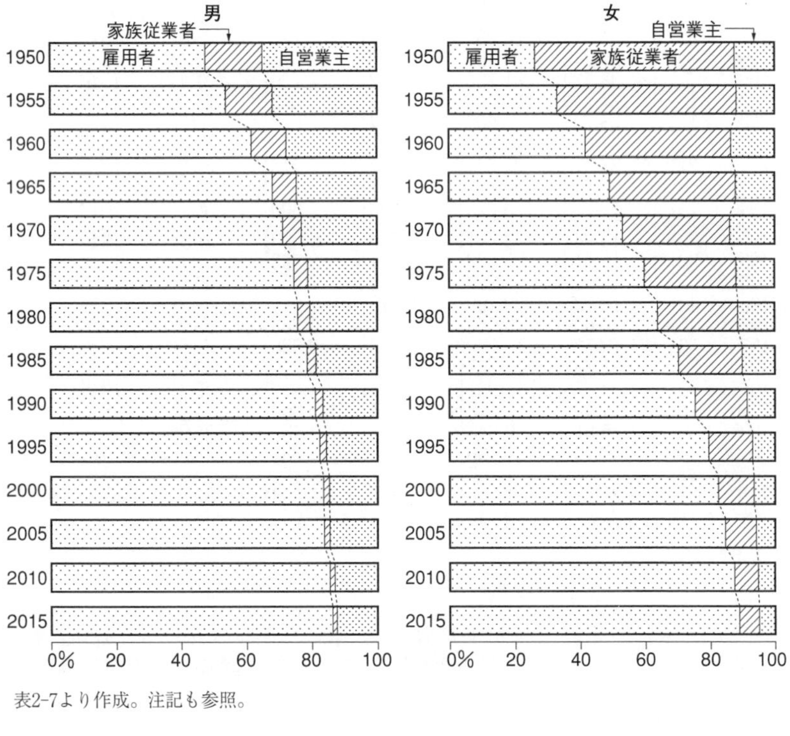

表2-7より作成。注記も参照。

表 2-8 雇用形態別雇用者数の推移（労働力調査）（単位　万人）

	雇用者計	役員を除く雇用者				
		計	正規の職員・従業員	割合（%）	非正規の職員・従業員	割合（%）
（男女計）						
1985（昭60）	4 259	3 999	3 343	*83.6*	655	*16.4*
1990（平2）	4 690	4 369	3 488	*79.8*	881	*20.2*
1995（〃7）	5 169	4 780	3 779	*79.1*	1 001	*20.9*
2000（〃12）	5 267	4 903	3 630	*74.0*	1 273	*26.0*
2005（〃17）	5 408	5 008	3 375	*67.4*	1 634	*32.6*
2010（〃22）	5 508	5 138	3 374	*65.6*	1 763	*34.4*
2011（〃23）	5 535	5 167	3 355	*64.9*	1 812	*35.1*
2012（〃24）	5 530	5 161	3 345	*64.8*	1 816	*35.2*
2013（〃25）	5 558	5 213	3 302	*63.3*	1 910	*36.7*
2014（〃26）	5 603	5 256	3 288	*62.6*	1 967	*37.4*
2015（〃27）	5 653	5 303	3 317	*62.5*	1 986	*37.5*
2016（〃28）	5 741	5 391	3 367	*62.5*	2 023	*37.5*
2017（〃29）	5 810	5 460	3 423	*62.7*	2 036	*37.3*
2018（〃30）	5 927	5 596	3 476	*62.1*	2 120	*37.9*
（男）						
1985（昭60）	2 749	2 536	2 349	*92.6*	187	*7.4*
1990（平2）	2 925	2 674	2 438	*91.2*	235	*8.8*
1995（〃7）	3 176	2 876	2 620	*91.1*	256	*8.9*
2000（〃12）	3 180	2 892	2 553	*88.3*	338	*11.7*
2005（〃17）	3 165	2 864	2 357	*82.3*	507	*17.7*
2010（〃22）	3 148	2 865	2 324	*81.1*	540	*18.9*
2011（〃23）	3 165	2 887	2 315	*80.1*	571	*19.9*
2012（〃24）	3 152	2 870	2 304	*80.3*	566	*19.7*
2013（〃25）	3 147	2 885	2 273	*78.8*	611	*21.2*
2014（〃26）	3 161	2 898	2 267	*78.2*	631	*21.8*
2015（〃27）	3 172	2 908	2 272	*78.1*	636	*21.9*
2016（〃28）	3 202	2 938	2 287	*77.9*	651	*22.1*
2017（〃29）	3 221	2 957	2 310	*78.1*	647	*21.9*
2018（〃30）	3 256	3 008	2 339	*77.8*	669	*22.2*
（女）						
1985（昭60）	1 509	1 463	994	*67.9*	470	*32.1*
1990（平2）	1 765	1 695	1 050	*61.9*	646	*38.1*
1995（〃7）	1 994	1 904	1 159	*60.9*	745	*39.1*
2000（〃12）	2 087	2 011	1 077	*53.6*	934	*46.4*
2005（〃17）	2 243	2 144	1 018	*47.5*	1 126	*52.5*
2010（〃22）	2 361	2 273	1 051	*46.2*	1 223	*53.8*
2011（〃23）	2 371	2 280	1 040	*45.6*	1 241	*54.4*
2012（〃24）	2 378	2 291	1 042	*45.5*	1 249	*54.5*
2013（〃25）	2 410	2 327	1 029	*44.2*	1 298	*55.8*
2014（〃26）	2 442	2 357	1 022	*43.3*	1 335	*56.7*
2015（〃27）	2 482	2 395	1 045	*43.7*	1 350	*56.3*
2016（〃28）	2 539	2 453	1 080	*44.1*	1 373	*55.9*
2017（〃29）	2 589	2 503	1 114	*44.5*	1 389	*55.5*
2018（〃30）	2 670	2 588	1 137	*43.9*	1 451	*56.1*

2001年までは総務省統計局「労働力調査特別調査」による２月時点のデータ，2002年からは同「労働力調査詳細集計」による年平均。調査時点および調査方法が異なることから，厳密に時系列比較をすることはできない。非正規の職員・従業員には，パート，アルバイト，労働者派遣事業所の派遣社員，契約社員，嘱託などが含まれる。正規・非正規の割合は，役員を除く雇用者に対するもの。2011年の東日本大震災の影響で，2011年のデータは岩手，宮城，福島の3県を補完的に推計した値（2015年基準）。

図2-7　非正規雇用者割合の推移（労働力調査）

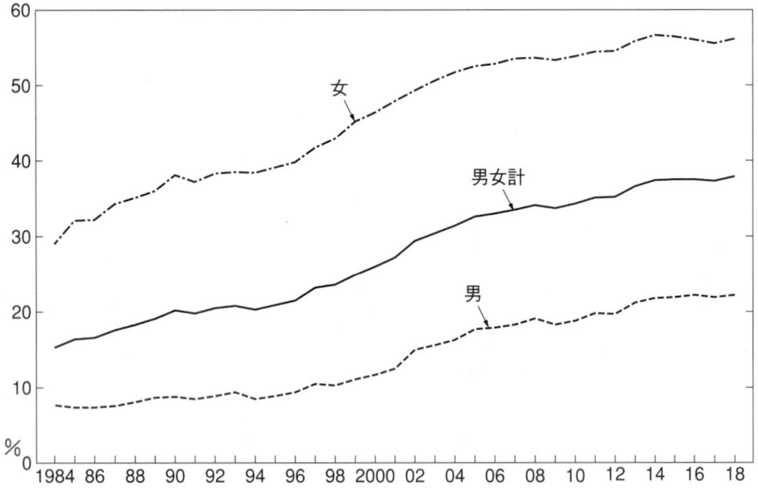

2001年までは総務省統計局「労働力調査特別調査」による2月現在のデータ，2002年からは同「労働力調査詳細集計」による年平均。計，男女別とも，役員を除く雇用者計を分母にした非正規の職員・従業員の割合。注記は表2-8参照。

図2-8　年間労働時間の推移（事業所規模30人以上）

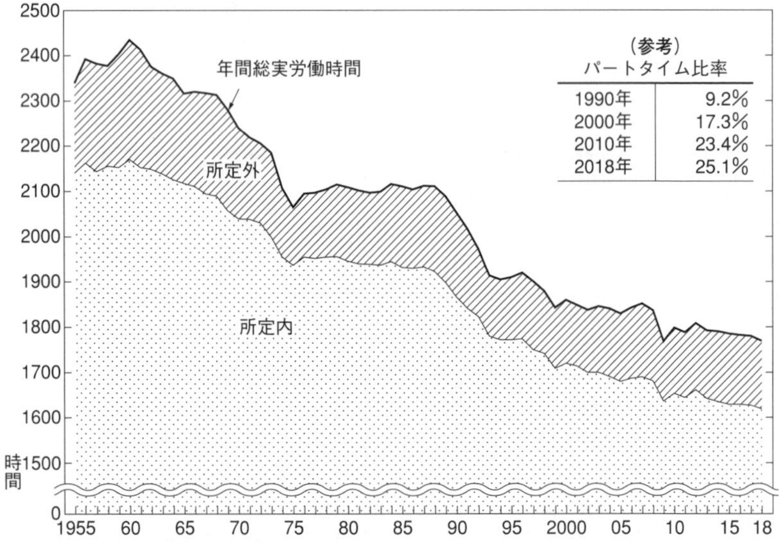

厚生労働省「毎月勤労統計調査」および「労働統計要覧」により作成。年間のデータは，月間の実労働時間を12倍して，小数点第1位を四捨五入して算出されている。パートタイム労働者を含む常用労働者の計。参考表はパートタイム労働者の割合。調査産業計。注記は表2-9参照。

表2-9 月間実労働時間数（単位 時間）

	全産業1)				製造業		
	総実労働時間	所定内	所定外	出勤日数（日）	総実労働時間	所定内	所定外
(30人以上)							
1955（昭30）	194.8	178.3	16.5	23.8	198.0	179.9	18.3
1960（〃35）	202.7	180.8	21.9	24.2	207.0	182.0	25.0
1965（〃40）	192.9	176.4	16.5	23.6	191.8	175.1	16.7
1970（〃45）	186.6	169.9	16.7	22.9	187.4	168.4	19.0
1975（〃50）	172.0	161.4	10.6	21.7	167.8	158.7	9.1
1980（〃55）	175.7	162.2	13.5	21.9	178.2	161.8	16.4
1985（〃60）	175.8	161.0	14.8	21.8	179.7	161.3	18.4
1990（平2）	171.0	155.5	15.5	21.0	176.6	156.9	19.7
1995（〃7）	159.1	147.7	11.4	20.0	163.9	150.6	13.3
2000（〃12）	154.9	143.3	11.6	19.7	164.7	149.3	15.4
2005（〃17）	152.4	140.0	12.4	19.4	166.8	149.1	17.7
2006（〃18）	153.5	140.6	12.9	19.4	167.9	149.6	18.3
2007（〃19）	154.2	140.8	13.4	19.4	167.6	149.1	18.5
2008（〃20）	153.0	140.1	12.9	19.3	165.6	148.3	17.3
2009（〃21）	147.3	136.4	10.9	18.8	155.9	144.2	11.7
2010（〃22）	149.8	137.8	12.0	19.0	163.3	147.9	15.4
2011（〃23）	149.0	137.1	11.9	19.0	162.2	146.8	15.4
2012（〃24）	150.7	138.5	12.2	19.1	164.6	148.8	15.8
2013（〃25）	149.3	136.9	12.4	18.9	163.7	147.3	16.4
2014（〃26）	149.1	136.3	12.8	18.9	164.5	147.0	17.5
2015（〃27）	148.7	135.8	12.9	18.8	164.6	147.0	17.6
2016（〃28）	148.5	135.8	12.7	18.8	164.5	147.0	17.5
2017（〃29）	148.4	135.7	12.7	18.7	165.1	147.2	17.9
2018（〃30）	147.4	134.9	12.5	18.6	165.1	147.1	18.0
(5人以上)							
1990（平2）	172.0	159.0	13.0	21.4	176.7	159.4	17.3
1995（〃7）	159.2	149.6	9.6	20.3	164.3	152.3	12.0
2000（〃12）	154.4	144.6	9.8	20.0	163.9	150.1	13.8
2005（〃17）	150.2	139.8	10.4	19.5	165.4	149.6	15.8
2006（〃18）	150.9	140.2	10.7	19.5	166.7	150.2	16.5
2007（〃19）	150.7	139.7	11.0	19.4	166.2	149.6	16.6
2008（〃20）	149.3	138.6	10.7	19.3	163.6	148.4	15.2
2009（〃21）	144.4	135.2	9.2	18.9	154.1	143.6	10.5
2010（〃22）	146.2	136.2	10.0	19.0	161.5	147.6	13.9
2011（〃23）	145.6	135.6	10.0	19.0	161.0	147.0	14.0
2012（〃24）	147.1	136.7	10.4	19.1	163.5	148.9	14.6
2013（〃25）	145.5	134.9	10.6	18.9	162.3	147.3	15.0
2014（〃26）	145.1	134.1	11.0	18.8	163.2	147.3	15.9
2015（〃27）	144.5	133.5	11.0	18.7	163.1	147.1	16.0
2016（〃28）	143.7	132.9	10.8	18.6	162.7	147.0	15.7
2017（〃29）	143.3	132.4	10.9	18.5	163.5	147.3	16.2
2018（〃30）	142.2	131.4	10.8	18.4	163.4	147.0	16.4

厚生労働省「毎月勤労統計調査」および「労働統計要覧」により作成。所定内労働時間は，事業所の就業規則で定められた正規の始業時刻と終業時刻との間の実労働時間のこと。所定外は残業や休日出勤の労働時間。総実労働時間は所定内と所定外の計。上部のデータは事業所規模30人以上。下部の事業所規模５人以上の調査は，1990年から始まった。毎月勤労統計調査は，2004年から2017年調査の不正が判明し，2012年以降においては再集計値を発表。本表では，再集計値を使用し，2004～2011年調査の値は従来の公表値のままである。1）事業所規模30人以上の1969年以前はサービス業が含まれない。

表2-10　事業所規模別の月間実労働時間数（製造業）（単位　時間）

	総実労働時間				うち所定外			
	500人以上	100〜499人	30〜99人	5〜29人	500人以上	100〜499人	30〜99人	5〜29人
1955	190.9	199.6	207.2	—	18.7	17.6	18.6	—
1960	200.3	207.9	215.3	—	26.5	23.0	25.1	—
1965	186.4	193.4	197.7	—	18.4	16.1	15.2	—
1970	185.0	187.0	191.5	—	22.4	17.7	15.8	—
1975	163.3	166.8	175.6	—	9.7	8.6	9.0	—
1980	176.0	176.3	182.9	—	20.0	15.5	13.3	—
1981	175.6	175.4	182.0	—	19.5	15.1	13.1	—
1982	174.1	176.0	181.6	—	18.2	15.0	12.9	—
1983	174.9	177.4	182.5	—	18.7	15.9	13.6	—
1984	178.2	179.2	184.7	—	21.4	17.6	14.9	—
1985	177.3	179.0	183.5	—	21.9	17.8	14.9	—
1986	174.6	178.3	182.5	—	19.4	16.8	14.2	—
1987	175.1	178.9	184.7	—	19.4	17.2	15.5	—
1988	178.6	179.8	185.1	—	23.1	19.2	17.0	—
1989	178.3	177.6	182.2	—	24.0	19.2	16.7	—
1990	177.0	174.8	178.2	177.1	24.3	19.1	15.5	11.3
1991	173.1	172.2	174.7	172.2	22.2	18.0	14.9	10.2
1992	167.0	167.4	170.2	167.3	16.7	14.2	12.2	8.5
1993	161.9	162.7	165.4	164.2	13.4	11.9	10.4	7.7
1994	161.4	162.4	165.5	165.1	13.4	12.1	10.7	8.3
1995	162.4	163.4	166.0	165.1	14.9	13.2	11.7	8.6
1996	163.2	165.1	169.2	166.1	16.4	14.6	13.4	9.2
1997	164.1	164.8	167.6	163.5	17.9	15.7	14.2	9.7
1998	162.1	162.0	163.9	160.4	15.6	13.2	11.7	8.3
1999	161.2	161.3	163.0	160.5	15.2	13.5	11.9	8.7
2000	163.9	164.5	165.8	161.6	17.2	15.4	13.7	9.4
2001	161.8	162.8	164.0	160.2	15.9	14.2	12.3	8.7
2002	162.7	162.0	166.5	159.7	17.2	14.7	14.0	8.9
2003	164.8	163.9	168.4	160.6	19.0	16.4	15.7	9.7
2004	167.4	166.6	169.1	161.8	20.5	17.3	15.9	10.5
2005	166.6	165.9	167.9	161.6	20.4	17.5	15.7	10.6
2006	168.1	167.3	168.8	163.6	21.0	18.5	16.0	11.7
2007	167.5	167.4	167.8	162.3	21.1	18.6	16.3	11.2
2008	165.0	165.2	166.4	158.3	19.3	17.1	15.7	9.4
2009	155.2	157.2	155.0	148.1	12.2	12.2	10.6	6.4
2010	163.3	163.6	162.9	155.5	17.1	15.5	13.8	8.8
2011	161.5	162.6	162.2	157.1	16.8	15.6	13.7	9.6
2012	163.7	165.4	164.5	160.0	17.4	16.3	13.6	10.8
2013	163.2	164.2	163.6	158.0	18.2	16.6	14.2	10.6
2014	164.1	165.0	164.3	159.2	19.3	17.7	15.2	11.2
2015	164.6	163.8	165.5	158.9	19.7	17.3	15.6	11.3
2016	164.6	163.9	165.2	157.7	19.4	17.3	15.6	10.6
2017	165.0	164.4	166.1	158.8	19.6	17.5	16.5	11.2
2018	164.7	165.1	165.7	158.3	19.8	17.6	16.8	11.5

厚生労働省「毎月勤労統計調査」および「労働統計要覧」により作成。製造業。総実労働時間は，調査期間中に労働者が実際に労働した時間数。所定外労働時間は，残業や休日出勤等による労働時間。パートタイム労働者を含む常用労働者（期間を定めずに雇われている者，または1か月以上の期間を定めて雇われている者）。毎月勤労統計調査の2004年〜2017年調査の不正により，2012年以降は復元された再集計値（そのほかは従来の公表値）。

表2-11　1人あたり月間現金給与額（調査産業計）（単位　千円）

	30人以上の事業所					5人以上の事務所	
	総額	きまって支給する給与	所定内	所定外	特別給与	総額	所定内
1960(昭35)	24.4	19.6	—	—	4.8	—	—
1965(〃40)	39.4	30.9	—	—	8.4	—	—
1970(〃45)	75.7	56.3	—	—	19.4	—	—
1975(〃50)	177.2	130.0	—	—	47.2	—	—
1980(〃55)	263.4	193.9	176.7	—	69.5	—	—
1981(〃56)	279.1	205.3	187.3	—	73.8	—	—
1982(〃57)	288.7	213.8	195.4	—	75.0	—	—
1983(〃58)	297.3	221.4	202.1	—	75.9	—	—
1984(〃59)	310.5	230.6	209.4	—	79.9	—	—
1985(〃60)	317.1	236.6	214.3	—	80.5	—	—
1986(〃61)	327.0	244.2	221.9	22.3	82.8	—	—
1987(〃62)	335.9	251.3	228.3	23.0	84.6	—	—
1988(〃63)	341.2	254.9	229.9	24.9	86.3	—	—
1989(平1)	357.1	264.4	238.2	26.2	92.7	—	—
1990(〃2)	370.2	271.5	244.4	27.1	98.7	329.4	228.9
1991(〃3)	384.8	281.9	255.3	26.7	102.8	345.4	240.4
1992(〃4)	392.6	288.8	265.0	23.9	103.8	352.3	249.3
1993(〃5)	393.2	293.4	271.2	22.3	99.8	352.7	254.1
1994(〃6)	401.1	301.0	278.5	22.5	100.1	358.5	259.8
1995(〃7)	408.9	308.0	284.0	24.0	100.8	362.5	263.6
1996(〃8)	413.1	312.0	286.9	25.2	101.1	365.8	266.1
1997(〃9)	421.4	316.6	290.5	26.2	104.8	371.7	269.1
1998(〃10)	415.7	315.8	291.6	24.2	99.8	366.5	269.7
1999(〃11)	396.3	306.2	282.7	23.5	90.1	353.7	263.3
2000(〃12)	398.1	308.9	284.3	24.7	89.1	355.5	265.1
2001(〃13)	397.4	309.3	285.3	23.9	88.1	351.3	263.9
2002(〃14)	387.6	305.7	281.6	24.1	81.9	343.5	261.0
2003(〃15)	389.7	307.5	282.2	25.3	82.2	341.9	260.2
2004(〃16)	377.0	299.4	274.0	25.4	77.6	332.8	253.1
2005(〃17)	380.4	300.9	275.2	25.7	79.5	334.9	253.5
2006(〃18)	384.4	302.7	276.4	26.3	81.7	335.8	252.8
2007(〃19)	377.7	299.8	273.6	26.2	77.9	330.3	249.8
2008(〃20)	379.5	300.7	275.2	25.5	78.8	331.3	251.1
2009(〃21)	355.2	288.5	267.0	21.5	66.7	315.3	245.7
2010(〃22)	360.3	291.2	267.3	23.9	69.1	317.3	245.0
2011(〃23)	362.3	291.8	267.8	24.0	70.5	316.8	244.0
2012(〃24)	358.7	291.4	267.3	24.1	67.3	315.3	243.7
2013(〃25)	361.4	291.6	266.9	24.7	69.8	316.0	242.5
2014(〃26)	367.9	294.7	268.9	25.8	73.3	319.2	243.0
2015(〃27)	361.7	290.9	265.5	25.4	70.7	315.9	240.8
2016(〃28)	365.8	292.6	267.2	25.4	73.2	317.9	241.5
2017(〃29)	368.0	294.0	268.7	25.3	73.9	319.4	242.6
2018(〃30)	372.2	295.9	270.7	25.3	76.2	323.5	244.7

厚生労働省「毎月勤労統計調査」および「労働統計要覧」により作成。常用労働者（パートタイム労働者および一般労働者）。5人以上の事業所の調査は1990年開始。給与総額は，「きまって支給する給与」と「特別に支払われた給与」の合計で，所得税，貯金，組合費などを差し引く以前の総額。「きまって支給する給与」は，労働契約あるいは給与規則などによってあらかじめ定められた支給条件，算定方法により支給される給与で，「所定外給与」を含む。「所定外給与」は，所定の労働時間を超える労働に対して支給される給与や，休日労働，深夜労働に対して支給される給与のこと。毎月勤労統計調査の2004年～2017年調査の不正により，2012年以降は復元された再集計値（そのほかは従来の公表値）。

表2-12　事業所規模別・就業形態別の1人あたり月間現金給与額（製造業）（単位　千円）

	事業所規模別総額（常用労働者）				就業形態別総額（30人以上事業所）		
	500人以上	100～499人	30～99人	5～29人	常用労働者	一般労働者	パートタイム労働者
1960(昭35)	28.7	20.3	16.9	—	22.6	—	—
1965(〃 40)	42.2	34.1	29.9	—	36.1	—	—
1970(〃 45)	83.6	68.1	58.2	—	71.4	—	—
1975(〃 50)	191.4	158.6	131.4	—	163.7	—	—
1980(〃 55)	296.1	238.3	193.5	—	244.6	—	—
1981(〃 56)	314.7	251.6	205.4	—	259.7	—	—
1982(〃 57)	329.0	259.6	210.9	—	269.6	—	—
1983(〃 58)	340.9	269.4	218.1	—	279.1	—	—
1984(〃 59)	357.3	284.1	225.3	—	292.3	—	—
1985(〃 60)	369.8	285.0	232.7	—	299.5	—	—
1986(〃 61)	371.7	288.8	240.0	—	305.4	—	—
1987(〃 62)	378.9	297.3	248.9	—	313.2	—	—
1988(〃 63)	401.3	307.7	248.0	—	318.7	—	—
1989(平 1)	423.1	324.8	260.8	—	336.6	—	—
1990(〃 2)	444.1	342.1	268.0	245.1	352.0	—	—
1991(〃 3)	455.2	355.9	290.2	255.8	368.0	—	—
1992(〃 4)	457.9	359.9	296.8	261.6	372.6	—	—
1993(〃 5)	459.4	360.3	290.6	259.6	371.4	395.0	105.6
1994(〃 6)	466.8	371.2	294.8	265.3	378.6	402.7	108.1
1995(〃 7)	484.2	385.8	299.8	270.2	390.6	414.9	108.8
1996(〃 8)	496.6	388.8	316.8	276.1	401.1	425.1	114.9
1997(〃 9)	515.0	400.4	323.0	281.2	412.8	439.3	115.5
1998(〃 10)	510.2	396.1	317.4	279.3	407.8	434.8	115.4
1999(〃 11)	509.1	389.7	305.8	276.3	399.1	431.1	110.2
2000(〃 12)	521.8	397.0	309.7	275.8	406.7	441.3	113.9
2001(〃 13)	524.6	394.8	308.4	270.5	406.1	440.7	113.9
2002(〃 14)	515.2	398.5	299.8	266.3	401.5	436.4	116.5
2003(〃 15)	529.2	406.5	309.8	264.8	410.8	445.5	119.5
2004(〃 16)	538.8	412.7	328.5	269.1	419.8	451.8	122.6
2005(〃 17)	538.0	415.4	326.7	273.6	419.7	452.9	124.3
2006(〃 18)	541.5	422.8	329.6	277.6	425.1	459.2	127.4
2007(〃 19)	539.9	393.8	322.1	272.9	411.4	448.0	120.9
2008(〃 20)	534.9	394.5	322.6	270.2	411.5	447.1	121.6
2009(〃 21)	476.1	376.7	291.1	256.1	378.3	410.0	122.3
2010(〃 22)	496.9	390.8	298.2	263.4	393.0	426.9	127.6
2011(〃 23)	505.5	397.4	301.6	268.7	399.9	434.1	128.0
2012(〃 24)	501.1	392.8	316.3	275.9	403.7	434.7	127.7
2013(〃 25)	504.9	396.2	317.8	267.9	407.6	439.8	127.3
2014(〃 26)	522.9	405.5	326.0	273.9	420.0	453.9	127.5
2015(〃 27)	522.2	385.2	317.9	279.8	409.8	446.7	125.9
2016(〃 28)	520.5	389.5	321.3	281.9	412.8	449.3	126.6
2017(〃 29)	525.5	391.1	328.2	290.6	418.0	452.9	129.5
2018(〃 30)	538.8	407.5	331.7	293.2	424.3	457.4	131.9

厚生労働省「毎月勤労統計調査」により作成。製造業。常用労働者は，期間を定めずに雇われている者，または1か月以上の期間を定めて雇われている者で，パートタイム労働者を含んでいる。一般労働者は常用労働者のうちパートタイム労働者以外の者。現金給与総額は，表2-11の注記参照。毎月勤労統計調査の2004年～2017年調査の不正により，2012年以降は復元された再集計値（そのほかは従来の公表値）。

表 **2 - 13** 男女別賃金と対前年増減率（調査産業計，企業規模計，学歴計）（単位　千円）

	男女計		男		女		(参考)1) 大学卒初任給	
	賃金	対前年増減率（%）	賃金	対前年増減率（%）	賃金	対前年増減率（%）	男	女
1976	131.8	—	151.5	—	89.1	—	94.3	87.6
1977	144.5	*9.6*	166.0	*9.6*	97.9	*9.9*	101.0	95.3
1978	153.9	*6.5*	176.7	*6.4*	104.2	*6.4*	105.5	99.9
1979	162.4	*5.5*	186.3	*5.4*	109.9	*5.5*	109.5	103.7
1980	173.1	*6.6*	198.6	*6.6*	116.9	*6.4*	114.5	108.7
1981	184.1	*6.4*	211.4	*6.4*	124.6	*6.6*	120.8	115.0
1982	193.3	*5.0*	222.0	*5.0*	130.1	*4.4*	127.2	119.1
1983	199.4	*3.2*	229.3	*3.3*	134.7	*3.5*	132.2	124.1
1984	206.5	*3.6*	237.5	*3.6*	139.2	*3.3*	135.8	128.7
1985	213.8	*3.5*	244.6	*3.0*	145.8	*4.7*	140.0	133.5
1986	220.6	*3.2*	252.4	*3.2*	150.7	*3.4*	144.5	138.4
1987	226.2	*2.5*	257.7	*2.1*	155.9	*3.5*	148.2	142.7
1988	231.9	*2.5*	264.4	*2.6*	160.0	*2.6*	153.1	149.0
1989	241.8	*4.3*	276.1	*4.4*	166.3	*3.9*	160.9	155.6
1990	254.7	*5.3*	290.5	*5.2*	175.0	*5.2*	169.9	162.9
1991	266.3	*4.6*	303.8	*4.6*	184.4	*5.4*	179.4	172.3
1992	275.2	*3.3*	313.5	*3.2*	192.8	*4.6*	186.9	180.1
1993	281.1	*2.1*	319.9	*2.0*	197.0	*2.2*	190.3	181.9
1994	288.4	*2.6*	327.4	*2.3*	203.0	*3.0*	192.4	184.5
1995	291.3	*1.0*	330.0	*0.8*	206.2	*1.6*	194.2	184.0
1996	295.6	*1.5*	334.0	*1.2*	209.6	*1.6*	193.2	183.6
1997	298.9	*1.1*	337.0	*0.9*	212.7	*1.5*	193.9	186.2
1998	299.1	*0.1*	336.4	*−0.2*	214.9	*1.0*	195.5	186.3
1999	300.6	*0.5*	336.7	*0.1*	217.5	*1.2*	196.6	188.7
2000	302.2	*0.5*	336.8	*0.0*	220.6	*1.4*	196.9	187.4
2001	305.8	*1.2*	340.7	*1.2*	222.4	*0.8*	198.3	188.6
2002	302.6	*−1.0*	336.2	*−1.3*	223.6	*0.5*	198.5	188.8
2003	302.1	*−0.2*	335.5	*−0.2*	224.2	*0.3*	201.3	192.5
2004	301.6	*−0.2*	333.9	*−0.5*	225.6	*0.6*	198.3	189.5
2005	302.0	*0.1*	337.8	*1.2*	222.5	*−1.4*	196.7	189.3
2006	301.8	*−0.1*	337.7	*0.0*	222.6	*0.0*	199.8	190.8
2007	301.1	*−0.2*	336.7	*−0.3*	225.2	*1.2*	198.8	191.4
2008	299.1	*−0.7*	333.7	*−0.9*	226.1	*0.4*	201.3	194.6
2009	294.5	*−1.5*	326.8	*−2.1*	228.0	*0.8*	201.4	194.9
2010	296.2	*0.6*	328.3	*0.5*	227.6	*−0.2*	200.3	193.5
2011	296.8	*0.2*	328.3	*0.0*	231.9	*1.9*	205.0	197.9
2012	297.7	*0.3*	329.0	*0.2*	233.1	*0.5*	201.8	196.5
2013	295.7	*−0.7*	326.0	*−0.9*	232.6	*−0.2*	200.2	195.1
2014	299.6	*1.3*	329.6	*1.1*	238.0	*2.3*	202.9	197.2
2015	304.0	*1.5*	335.1	*1.7*	242.0	*1.7*	204.5	198.8
2016	304.0	*0.0*	335.2	*0.0*	244.6	*1.1*	205.9	200.0
2017	304.3	*0.1*	335.5	*0.1*	246.1	*0.6*	207.8	204.1
2018	306.2	*0.6*	337.6	*0.6*	247.5	*0.6*	210.1	202.6

厚生労働省「賃金構造基本統計調査」により作成。10人以上の常用労働者を雇用する民営事業所に関する集計。ここでいう賃金は，6月分の所定内給与額。1）新規大学卒の初任給。初任給は，該年次における確定した額であり，所定内給与額から通勤手当を除いたもの。

図2-9　求人倍率と完全失業率の推移（年平均）

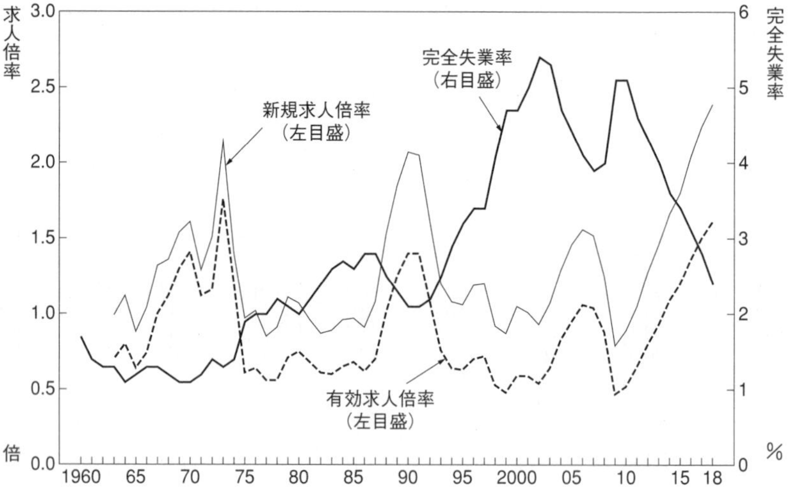

求人倍率は厚生労働省「一般職業紹介状況」，完全失業率は総務省統計局「労働力調査」により作成。1972年以前は沖縄を含まない。求人倍率は，全国の公共職業安定所（ハローワーク：職業紹介，職業指導などを行う行政機関で，1947年に設立）で受け付けた求職者数に対する求人数の比率で，新規学卒者は含まれない。民間の求人情報サービスの範囲は含まない。新規求人倍率は新規の求人数と新規の求職者数より算出され，有効求人倍率は前月から繰り越された求人数を加えた有効求人数と，前月から繰り越された求職者数を加えた有効求職者数から算出される。

図2-10　有効求人倍率の推移（年平均）

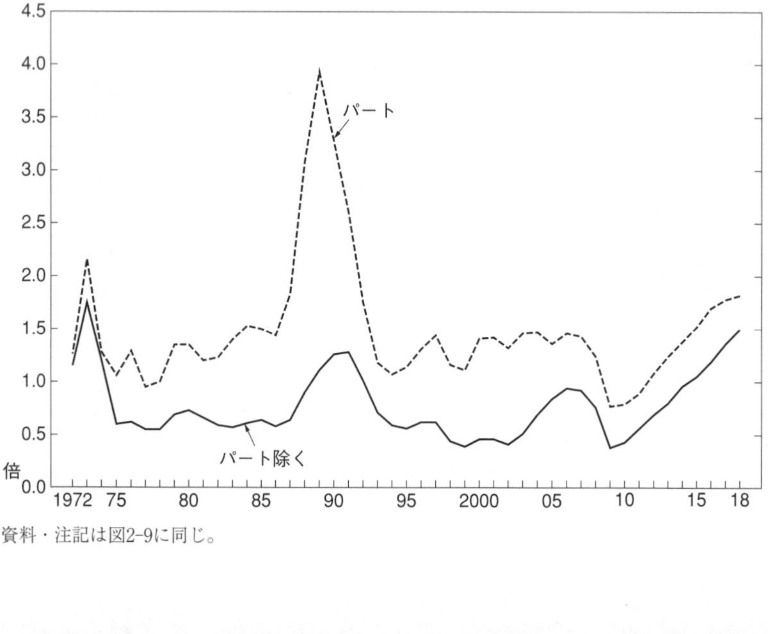

資料・注記は図2-9に同じ。

表 2-14　労働組合と争議行為

	労働組合（6月末現在）			労働争議1)（年計）		
	組合数	組合員数（千人）	推定2) 組織率（%）	総争議3) 件数（件）	総争議4) 総参加人員（千人）	労働5) 損失日数（千日）
1950(昭25)	29 144	6) 5 774	*46.2*	1 487	2 348	5 486
1955(〃30)	32 012	6 286	*35.6*	1 345	3 748	3 467
1960(〃35)	41 561	7 662	*32.2*	2 222	6 953	4 912
1965(〃40)	52 879	10 147	*34.8*	3 051	8 975	5 669
1970(〃45)	60 954	11 605	*35.4*	4 551	9 137	3 915
1975(〃50)	69 333	12 590	*34.4*	8 435	10 261	8 016
1980(〃55)	72 693	12 369	*30.8*	4 376	5 456	1 001
1985(〃60)	74 499	12 418	*28.9*	4 826	3 249	264
1986(〃61)	74 183	12 343	*28.2*	2 002	1 498	253
1987(〃62)	73 138	12 272	*27.6*	1 839	1 085	256
1988(〃63)	72 792	12 227	*26.8*	1 879	1 240	174
1989(平1)	72 605	12 227	*25.9*	1 868	1 402	220
1990(〃2)	72 202	12 265	*25.2*	2 071	2 026	145
1991(〃3)	71 685	12 397	*24.5*	1 292	1 289	96
1992(〃4)	71 881	12 541	*24.4*	1 138	1 656	231
1993(〃5)	71 501	12 663	*24.2*	1 084	1 330	116
1994(〃6)	71 674	12 699	*24.1*	1 136	1 321	85
1995(〃7)	70 839	12 614	*23.8*	1 200	1 207	77
1996(〃8)	70 699	12 451	*23.2*	1 240	1 183	43
1997(〃9)	70 821	12 285	*22.6*	1 334	1 296	110
1998(〃10)	70 084	12 093	*22.4*	1 164	1 186	102
1999(〃11)	69 387	11 825	*22.2*	1 102	1 134	87
2000(〃12)	68 737	11 539	*21.5*	958	1 117	35
2001(〃13)	67 706	11 212	*20.7*	884	1 072	29
2002(〃14)	65 642	10 801	*20.2*	1 002	1 005	12
2003(〃15)	63 955	10 531	*19.6*	872	1 153	7
2004(〃16)	62 805	10 309	*19.2*	737	710	10
2005(〃17)	61 178	10 138	*18.7*	708	646	6
2006(〃18)	59 019	10 041	*18.2*	662	627	8
2007(〃19)	58 265	10 080	*18.1*	636	613	33
2008(〃20)	57 197	10 065	*18.1*	657	177	11
2009(〃21)	56 347	10 078	*18.5*	780	115	7
2010(〃22)	55 910	10 054	*18.5*	682	111	23
2011(〃23)	55 148	9 961	*18.1*	612	58	4
2012(〃24)	54 773	9 892	*17.9*	596	126	4
2013(〃25)	54 182	9 875	*17.7*	507	128	7
2014(〃26)	53 528	9 849	*17.5*	495	122	20
2015(〃27)	52 768	9 882	*17.4*	425	174	15
2016(〃28)	51 967	9 940	*17.3*	391	70	3
2017(〃29)	51 325	9 981	*17.1*	358	132	15
2018(〃30)	50 740	10 070	*17.0*	320	103	1

厚生労働省「労働争議統計調査」,「労働組合基礎調査」により作成。労働組合数は単位労働組合，労働組合員数は単一労働組合。単位労働組合とは，単位組織組合（下部組織を持たない組合）と単一組織組合（下部組織を持つ組合）の最下部組織である単位扱い組合をそれぞれ1組合として集計したもの。単一労働組合とは，単位組織組合と単一組織組合の本部をそれぞれ1組合として集計したもの。1）前年からの繰越分を含む。2）組合員数を雇用者数（各年6月分）で除したもの。3）争議行為を伴わない争議を含む。4）争議団体の総構成員数。5）同盟罷業参加労働者と作業所閉鎖対象労働者の延べ人数に対応する所定労働日数。6）単位労働組合の組合員数。

第3章　国民経済計算

明治政府は欧米列強に対抗するべく富国強兵，殖産興業に力をそそぎ近代国家建設を進めていった。1880年代後半には生産に機械を用いる産業革命がおこり，日清戦争後には繊維産業を中心として資本主義を成立させた。その後，鉄鋼の国産化を実現し，造船・化学など重工業を発展させ，日露戦争，第一次大戦を経て，わが国経済は欧米列強と肩を並べるまでになった。

第二次大戦で日本の国土は荒廃し，経済も壊滅的な状況に陥った。戦後の日本はアメリカ主導のもと非軍事化と経済の民主化が実行される。軍国主義の基盤とされた財閥の解体，1947（昭和22）年には独占禁止法とそれを補完する過度経済力集中排除法の制定などが実施された。激しいインフレとモノ不足に悩まされていたこのころの日本経済について，占領軍経済顧問のジョゼフ・ドッジは，アメリカからの援助（ガリオア・エロア資金）と国内の補助金の二本足でどうにか立つことのできる「竹馬経済」であると評したほどである。米ソ冷戦が激化するとアメリカは対日占領政策を転換させた。わが国経済の安定と自立がアメリカの国益にかなうと考えられるようになったからである。ドッジ・ラインに基づいて超均衡予算が組まれ，価格調整補給金の抑制，復興金融公庫の融資停止措置がとられた。また，シャウプ税制改革や国際経済復帰のために1ドル＝360円の単一為替レートが設定されるなど，経済政策の枠組みが構築された。

1950（昭和25）年から52年にかけては，朝鮮戦争による特需景気により，経済復興を確実なものとした。1956年の経済白書はこの時期の経済を「もはや戦後ではない」と述べ，以後，日本は高度成長へと突き進んでいく。高度経済成長をささえたのは，設備投資と個人消費，それに輸出であった。鉄鋼，化学，機械工業などでは技術革新が進展するたびに新しく設備を更新した。1971年の経済白書はこれを「投資が投資をよぶ」と表現した。個人消費では，三種の神器などの耐久消費財が急速に普及するようになった。

高度経済成長にストップをかけたのは1971（昭和46）年のニクソンショック，それに1973年の第一次石油危機であった。狂乱物価，経常収支の赤字を招き，1974年度の経済成長率は戦後初めてマイナス成長を記録した。厳しい総需要抑制策と基礎物資の価格抑制策などにより，1970年代後半からようやく石油危機を脱し，その後の経済は安定成長路線へと移行するようになった。1973年に外国為替相場が変動相場制になると，輸出主導型の日本経済はたびたび円高に悩まされるようになる。とりわけ，1985年のプラザ合意以後の急激な円高の進展は，輸出産業を中心とした企業収益を悪化させ，円高不況の様相を呈した。1980年代後半には，地価，株価などの資産価格が急騰，バブル景気が到来する。だが，実体経済価値とかい離した経済は地価，株価の急落で一気に崩壊した。1990年代には度重なる大型経済対策，金融機関への公的資本注入などがなされたが，景気回復につながらなかった。

2000年代にはいり，企業の厳しいリストラによる収益改善と企業回復の家計部門への波及，対米，対アジアを中心とした輸出拡大を背景に「雇用・設備・債務」の三つの過剰が解消され(2006年版経済財政白書)，わが国経済はようやく立ち直った。この時は，物価が持続的に下落するというデフレ状態のなかで景気回復が長期化する特殊な局面を示した。2008（平成20）年にはリーマンショック，世界同時不況により経済が大失速，諸外国は大型景気対策で何とか立ち直りはじめたものの，日本は2011年の東日本大震災により生産活動の停止，輸出の停滞に追い込まれた。2012年12月に発足した安倍政権では，アベノミクスの三本の矢「大胆な金融政策」「機動的な財産運営」「民間投資を喚起する成長戦略」を打ち出し，デフレからの脱却を最優先課題とした。企業業績・雇用環境の改善，円高の是正がみられるようになり，政府は2019年１月，2012年12月から続く景気の拡大が戦後最長になった可能性が高いと報告したが，国民の実感を伴った景気拡大とは言い難い。

年表	
1914（大３）	第一次世界大戦（～18）。
1920	戦後恐慌。
1927（昭２）	金融恐慌。
1930	昭和恐慌。
1941	太平洋戦争（～45）。
1945	五大改革指令（経済の民主化・労働組合の結成等）。財閥解体。
1946	経済安定本部設置。 傾斜生産方式決定。
1947	独占禁止法制定。 過度経済力集中排除法制定。
1948	経済安定九原則。
1949	ドッジ・ライン。
1950	朝鮮戦争による特需景気。
1953	初の国民所得統計公表。
1954	神武景気（1954年12月～57年６月，31か月）。
1956	経済白書「もはや戦後ではない」
1957	なべ底不況（1957年７月～58年６月，12か月）。
1958	岩戸景気（1958年７月～61年12月，42か月）。
1960	池田内閣，所得倍増計画決定。
1962	オリンピック景気（1962年11月～64年10月，24か月）。
1964	四十年不況（1964年11月～65年10月，12か月）。
1965	いざなぎ景気（1965年11月～70年７月，57か月）。
1973	第一次石油危機。円変動相場制。
1980	第二次石油危機後の不況（1980年３月～83年２月，36か月）。
1985	プラザ合意。
1986	平成景気（1986年12月～91年２月，51か月）。
2008（平20）	いざなみ景気（2002年２月～08年２月　73か月）。 リーマンショック。
2011	東日本大震災発生。
2012	アベノミクス構想打ち上げ。
2019（令元）	2012年12月からの景気拡大期間がいざなみ景気を超えた可能性（2019年１月時点，政府発表）。

表3-1　国民総生産と総支出（名目）（会計年度）

	国民所得	資本減耗引当	間接税	（控除）経常補助金	統計上の不突合	国民総生産（国民総支出）
	百万円	百万円	百万円	百万円	百万円	百万円
1930(昭5)	11 740	726	1 235	2	151	13 850
1931(〃6)	10 520	688	1 225	0	87	12 520
1932(〃7)	11 332	877	1 147	4	-309	13 043
1933(〃8)	12 417	1 170	1 213	5	-461	14 334
1934(〃9)	13 131	1 147	1 309	4	89	15 672
1935(〃10)	14 440	1 233	1 362	0	-301	16 734
1936(〃11)	15 546	1 351	1 491	2	-586	17 800
1937(〃12)	18 620	1 562	1 651	2	1 595	23 426
1938(〃13)	20 008	1 813	1 819	6	3 159	26 793
1939(〃14)	25 354	2 408	2 025	17	3 313	33 083
1940(〃15)	31 043	2 782	2 710	77	2 938	39 396
1941(〃16)	35 834	3 157	3 173	150	2 882	44 896
1942(〃17)	42 144	3 666	4 242	545	4 877	54 384
1943(〃18)	48 448	4 272	6 094	775	5 785	63 824
1944(〃19)	56 937	5 257	6 002	1 833	8 140	74 503
	億円	億円	億円	億円	億円	億円
1946(昭21)	3 609	244	243	264	908	4 740
1947(〃22)	9 680	566	1 290	367	1 918	13 087
1948(〃23)	19 616	1 077	3 527	1 098	3 539	26 661
1949(〃24)	27 373	1 578	4 899	2 111	2 013	33 752
1950(〃25)	33 815	2 070	4 076	680	186	39 467
1951(〃26)	44 346	3 716	5 107	376	2 022	54 815
1952(〃27)	52 159	4 479	6 177	649	1 564	63 730
1953(〃28)	60 015	5 923	7 081	763	3 007	75 264
1954(〃29)	65 917	7 259	7 454	331	-2 053	78 246
1955(〃30)	72 985	8 102	7 604	246	201	88 646
1956(〃31)	81 734	9 832	8 687	218	-525	99 509
1957(〃32)	93 547	10 592	9 906	458	-1 098	112 489
1958(〃33)	96 161	11 497	10 483	162	-130	117 850
1959(〃34)	110 233	13 614	11 818	220	644	136 089
1960(〃35)	132 691	16 769	14 305	526	-1 169	162 070
1961(〃36)	157 551	21 659	17 300	909	2 927	198 528
1962(〃37)	177 298	24 656	18 143	1 015	-2 487	216 595
1963(〃38)	206 271	30 008	20 553	1 246	334	255 921
1964(〃39)	233 904	36 671	23 236	1 650	4 459	296 619
1965(〃40)	261 169	41 959	24 955	2 098	2 152	328 137
1966(〃41)	305 035	49 599	28 254	3 278	4 575	384 186
1967(〃42)	362 092	58 443	33 561	4 153	3 025	452 967
1968(〃43)	428 487	69 525	40 151	4 672	-608	532 882
1969(〃44)	498 160	83 893	47 144	6 333	-265	622 599
1970(〃45)	594 206	98 719	54 796	8 226	-9 000	730 495
1971(〃46)	658 088	110 712	59 249	8 790	-3 302	815 956
1972(〃47)	760 143	127 798	69 339	9 742	114	947 653
1973(〃48)	919 862	155 919	85 495	14 444	9 921	1 156 752
1974(〃49)	1 137 757	174 901	96 313	18 659	-26 088	1 364 224
1975(〃50)	1 283 846	185 246	99 120	20 270	-51 625	1 496 316

内閣府「国民所得白書」(1960年度) および同「国民所得統計年報」(1978年版) により作成。1930～44年までは暦年。1950年度までと1951年度からの数値は連続しない。国民所得は要素費用表示の国民純生産。国民総支出の項目は個人消費支出から (控除) 輸入と海外への所得まで。国民総生産および国民↗

個人消費支出	政府の財貨サービス経常購入	国内総固定資本形成	在庫品増加	輸出と海外からの所得	(控除)輸入と海外への所得	
百万円	百万円	百万円	百万円	百万円	百万円	
10 572	1 624	1 455	—	2 701	2 502	1930(昭5)
9 103	1 939	1 294	—	2 344	2 160	1931(〃6)
9 504	2 217	1 363	—	2 441	2 482	1932(〃7)
10 186	2 464	1 804	—	3 006	3 126	1933(〃8)
10 610	2 421	2 828	—	3 478	3 665	1934(〃9)
10 833	2 637	3 109	—	4 247	4 092	1935(〃10)
11 443	2 723	3 590	—	4 471	4 427	1936(〃11)
12 809	4 714	5 794	—	6 110	6 001	1937(〃12)
13 886	6 699	6 352	—	5 775	5 919	1938(〃13)
16 475	7 126	8 934	—	6 621	6 073	1939(〃14)
19 155	9 646	10 546	—	7 275	7 226	1940(〃15)
20 701	13 495	11 722	—	6 117	7 139	1941(〃16)
23 734	17 118	14 603	—	5 031	6 102	1942(〃17)
26 001	22 855	15 874	—	4 889	5 795	1943(〃18)
26 554	27 672	20 655	—	3 950	4 328	1944(〃19)
億円	億円	億円	億円	億円	億円	
3 331	548	1 054	—	48	241	1946(昭21)
9 151	1 022	3 452	—	277	815	1947(〃22)
17 411	2 823	7 522	—	811	1 906	1948(〃23)
22 611	3 938	8 306	—	2 165	3 268	1949(〃24)
23 973	4 373	10 073	—	4 691	3 643	1950(〃25)
33 001	5 552	11 012	3 989	8 118	6 857	1951(〃26)
40 526	6 995	13 077	3 148	7 539	7 554	1952(〃27)
48 247	8 015	16 924	3 299	8 091	9 312	1953(〃28)
52 416	8 707	16 696	128	8 741	8 442	1954(〃29)
56 451	9 006	17 784	4 509	10 335	9 439	1955(〃30)
61 209	9 440	24 537	5 573	12 349	13 599	1956(〃31)
67 110	10 297	30 090	5 904	13 485	14 396	1957(〃32)
72 002	11 247	30 064	2 871	13 265	11 599	1958(〃33)
79 944	12 350	37 658	5 201	15 927	14 991	1959(〃34)
90 652	14 211	50 478	6 615	18 012	17 899	1960(〃35)
105 183	16 666	66 878	13 366	19 048	22 614	1961(〃36)
121 364	19 425	72 666	3 071	21 743	21 674	1962(〃37)
143 035	22 741	82 908	10 893	24 396	28 052	1963(〃38)
165 638	26 569	96 118	7 895	30 878	30 480	1964(〃39)
186 311	30 378	99 155	8 176	36 824	32 706	1965(〃40)
212 798	34 135	119 971	13 127	42 466	38 311	1966(〃41)
244 132	38 623	148 607	22 100	46 199	46 694	1967(〃42)
281 039	43 943	179 391	22 594	58 124	52 209	1968(〃43)
325 114	50 804	221 412	17 231	71 737	63 699	1969(〃44)
375 247	60 286	255 461	30 220	86 570	77 289	1970(〃45)
424 775	71 298	280 219	17 267	100 005	77 609	1971(〃46)
491 179	84 402	332 456	20 168	107 276	87 828	1972(〃47)
594 312	104 110	428 887	39 806	131 784	142 147	1973(〃48)
735 845	141 866	451 091	41 019	205 479	211 076	1974(〃49)
851 192	165 961	457 107	20 611	207 887	206 442	1975(〃50)

↘総支出は市場価格表示。原資料中，1945年については計数表示も年次表示もなされていない。なお，1979年版の「国民所得統計年報」より，表形式が「国民総生産と総支出」から「国内総生産と総支出」へ変更となった。

表 3-2　国内総生産と国民総所得，国民所得の推移（Ⅰ）（単位　億円）

	国内総生産			国民総所得			国民所得（要素費用表示）
	名目	実質	対前年度比（%）	名目	実質	対前年度比（%）	
1955（昭30）	85 979	479 393	…	86 278	481 073	…	69 733
1956（〃31）	96 477	511 948	*6.8*	96 705	513 153	*6.7*	78 962
1957（〃32）	110 641	553 647	*8.1*	110 768	554 279	*8.0*	88 681
1958（〃33）	118 451	590 101	*6.6*	118 503	590 351	*6.5*	93 829
1959（〃34）	138 970	656 282	*11.2*	138 929	656 073	*11.1*	110 421
1960（〃35）	166 806	735 041	*12.0*	166 620	734 228	*11.9*	134 967
1961（〃36）	201 708	821 249	*11.7*	201 398	819 985	*11.7*	160 819
1962（〃37）	223 288	883 183	*7.5*	222 827	881 352	*7.5*	178 933
1963（〃38）	262 286	975 025	*10.4*	261 634	972 578	*10.4*	210 993
1964（〃39）	303 997	1 067 537	*9.5*	303 019	1 064 085	*9.4*	240 514
1965（〃40）	337 653	1 133 619	*6.2*	336 730	1 130 501	*6.2*	268 270
1966（〃41）	396 989	1 258 822	*11.0*	396 004	1 255 682	*11.1*	316 448
1967（〃42）	464 454	1 397 799	*11.0*	463 330	1 394 402	*11.0*	375 477
1968（〃43）	549 470	1 570 589	*12.4*	547 926	1 566 163	*12.3*	437 209
1969（〃44）	650 614	1 759 401	*12.0*	648 907	1 754 764	*12.0*	521 178
1970（〃45）	752 985	1 904 480	*8.2*	751 520	1 900 762	*8.3*	610 297
1971（〃46）	828 993	2 000 519	*5.0*	828 063	1 998 264	*5.1*	659 105
1972（〃47）	964 863	2 182 145	*9.1*	965 391	2 183 314	*9.3*	779 369
1973（〃48）	1 167 150	2 293 262	*5.1*	1 166 792	2 292 600	*5.0*	958 396
1974（〃49）	1 384 511	2 282 425	*−0.5*	1 381 558	2 277 556	*−0.7*	1 124 716
1975（〃50）	1 523 616	2 373 295	*4.0*	1 522 094	2 370 898	*4.1*	1 239 907
1976（〃51）	1 712 934	2 462 621	*3.8*	1 711 525	2 460 560	*3.8*	1 403 972
1977（〃52）	1 900 945	2 574 118	*4.5*	1 900 348	2 573 280	*4.6*	1 557 032
1978（〃53）	2 086 022	2 713 493	*5.4*	2 087 809	2 715 805	*5.5*	1 717 785
1979（〃54）	2 252 372	2 853 205	*5.1*	2 254 018	2 855 288	*5.1*	1 822 066
1980（〃55）	2 483 759	2 873 664	*2.6*	2 482 180	2 842 900	*2.4*	2 038 787
1981（〃56）	2 646 417	2 986 871	*3.9*	2 642 838	2 952 964	*3.9*	2 116 151
1982（〃57）	2 761 628	3 080 570	*3.1*	2 763 411	3 045 977	*3.1*	2 201 314
1983（〃58）	2 887 727	3 189 217	*3.5*	2 892 059	3 159 746	*3.7*	2 312 900
1984（〃59）	3 082 384	3 341 107	*4.8*	3 089 618	3 314 133	*4.9*	2 431 172
1985（〃60）	3 303 968	3 550 962	*6.3*	3 316 416	3 535 897	*6.7*	2 605 599
1986（〃61）	3 422 664	3 618 071	*1.9*	3 435 524	3 667 695	*3.7*	2 679 415
1987（〃62）	3 622 967	3 838 730	*6.1*	3 644 849	3 887 474	*6.0*	2 810 998
1988（〃63）	3 876 856	4 084 455	*6.4*	3 899 169	4 143 354	*6.6*	3 027 101
1989（平 1）	4 158 852	4 271 152	*4.6*	4 192 542	4 333 911	*4.6*	3 208 020
1990（〃 2）	4 516 830	4 536 039	*6.2*	4 543 104	4 574 990	*5.6*	3 468 929
1991（〃 3）	4 736 076	4 642 101	*2.3*	4 766 266	4 698 716	*2.7*	3 689 316
1992（〃 4）	4 832 556	4 675 186	*0.7*	4 876 360	4 745 594	*1.0*	3 660 072
1993（〃 5）	4 826 076	4 652 771	*−0.5*	4 865 097	4 728 600	*−0.4*	3 653 760
1994（〃 6）	5 027 512	4 268 891	*1.5*	5 069 573	4 498 436	*1.5*	3 683 506
1995（〃 7）	5 162 017	4 409 742	*3.3*	5 210 797	4 665 877	*3.7*	3 784 796
1996（〃 8）	5 288 425	4 536 531	*2.9*	5 353 829	4 791 281	*2.7*	3 913 605
1997（〃 9）	5 333 934	4 537 946	*0.0*	5 402 719	4 795 948	*0.1*	3 884 837
1998（〃10）	5 260 040	4 497 864	*−0.9*	5 319 301	4 754 305	*−0.9*	3 782 396
1999（〃11）	5 219 238	4 528 846	*0.7*	5 285 577	4 790 773	*0.8*	3 770 032
2000（〃12）	5 284 466	4 641 826	*2.5*	5 364 431	4 916 063	*2.6*	3 859 685

内閣府「国民経済計算確報」（1998・2009年度）および同「国民経済計算年次推計」（2017年度，2019年10月1日閲覧）により作成。会計年度。国内総生産と国民総所得の1979年度までは（1990年基準・68SNA），1980～93年度までは（2000年基準・93SNA），1994～2000年度までは（2011年基準・2008SNA）による国民経済計算。なお，国内総生産および国民総所得の実質値，国民所得については（Ⅱ）の脚注を参照。

国内総生産と国民総所得，国民所得の推移（II）（単位　億円）

	国内総生産			国民総所得			国民所得（要素費用表示）
	名目	実質	対前年度比（%）	名目	実質	対前年度比（%）	
2001（平13）	5 191 891	4 617 472	*-0.5*	5 271 088	4 883 846	*-0.7*	3 743 078
2002（〃14）	5 148 545	4 658 461	*0.9*	5 220 582	4 923 536	*0.8*	3 726 487
2003（〃15）	5 177 195	4 749 305	*2.0*	5 262 690	5 026 956	*2.1*	3 778 505
2004（〃16）	5 213 485	4 829 620	*1.7*	5 314 798	5 111 951	*1.7*	3 826 715
2005（〃17）	5 256 427	4 925 261	*2.0*	5 380 617	5 187 951	*1.5*	3 873 699
2006（〃18）	5 290 335	4 994 334	*1.4*	5 436 141	5 249 658	*1.2*	3 923 519
2007（〃19）	5 309 229	5 054 291	*1.2*	5 469 470	5 281 310	*0.6*	3 922 831
2008（〃20）	5 094 820	4 880 747	*-3.4*	5 216 127	5 029 224	*-4.8*	3 640 510
2009（〃21）	4 919 570	4 774 316	*-2.2*	5 042 820	4 973 234	*-1.1*	3 534 135
2010（〃22）	4 994 289	4 930 297	*3.3*	5 126 825	5 109 863	*2.7*	3 618 953
2011（〃23）	4 940 425	4 952 801	*0.5*	5 076 493	5 079 710	*-0.6*	3 584 147
2012（〃24）	4 943 698	4 993 239	*0.8*	5 080 800	5 122 668	*0.8*	3 597 799
2013（〃25）	5 072 552	5 125 347	*2.6*	5 247 049	5 279 383	*3.1*	3 742 271
2014（〃26）	5 182 352	5 107 040	*-0.4*	5 374 235	5 292 113	*0.2*	3 794 509
2015（〃27）	5 329 830	5 174 263	*1.3*	5 533 956	5 443 044	*2.9*	3 900 253
2016（〃28）	5 367 950	5 219 789	*0.9*	5 549 879	5 487 019	*0.8*	3 911 856
2017（〃29）	5 474 085	5 316 781	*1.9*	5 672 504	5 573 047	*1.6*	4 041 977

内閣府「国民経済計算年次推計（2011年基準・2008SNA）」（2017年度，2019年10月1日閲覧）により作成。会計年度。国内総生産および国民総所得の実質値は，1979年度までは1990暦年基準，1980～93年度までは2000暦年連鎖価格，1994～2017年度までは2011暦年連鎖価格である。国民所得は，1979年度までは（1990年基準・68SNA），1980～93年度までは（2000年基準・93SNA），1994～2017年度までは（2011年基準・2008SNA）による国民経済計算である。

SNA（System of National Accounts：国民経済計算）　SNA（国民経済計算）は，GDP（国内総生産）をはじめ，一国の経済動向について，国際比較ができるよう設計された統計であり，国際連合で採択される「国際基準」に準拠して作成されている。

SNAの体系がはじめて国連によって示されたのは1953年（53 SNA）で，以後，68SNA，93SNA，2008SNAと改訂を重ねてきた。2000年10月にわが国が「93SNA」へと移行した際は，①IT（情報技術）投資などの動向をより的確に捉えるために，コンピュータのソフトウェア開発を，新たに民間設備投資，公共投資に計上する。②道路・ダムなどの社会資本にも耐用年数があるものとみなして，その減価償却費を政府最終消費支出に計上する。③医療費の公費負担分を，家計最終消費支出から政府最終消費支出へと差し替えるなどの見直しがなされた。このほか，推計項目として金融派生商品の採用など，新しい概念・定義の導入や，「雇用者所得」が「雇用者報酬」に，「間接税」が「生産・輸入品に課される税」になるなどの名称変更が行われた。注目されたのは，これまで経済成長をはかるモノサシとして親しまれてきた「GNP（国民総生産）」から，「GNI（国民総所得）」へ名称変更がなされたことである。GNIは名目値ではGNPと等しいが，物価変動を取り除く実質化の方法がこれまでとは異なる。「2008SNA」は2016年12月公表のGDP統計から移行した。主な変更点として，①研究開発費，防衛装備品を総固定資本形成として計上する。②特許使用料，不動産仲介手数料をGDPに加算することなどがあげられる。

表 3-3　国内総生産と総支出（その 1）（名目）（68SNA）（会計年度）（単位　億円）

	雇用者所得	営業余剰	固定資本減耗	間接税	（控除）補助金	国内[1]総生産（国内総支出）
1955(昭30)	34 977	34 457	9 481	7 467	408	85 979
1956(〃31)	40 331	38 404	11 421	8 625	360	96 477
1957(〃32)	45 263	43 290	12 073	9 865	623	110 641
1958(〃33)	50 031	43 746	13 078	10 457	385	118 451
1959(〃34)	57 304	53 158	15 176	11 846	458	138 970
1960(〃35)	66 695	68 458	18 409	14 131	815	166 806
1961(〃36)	79 581	81 548	23 373	17 100	1 196	201 708
1962(〃37)	93 945	85 449	26 631	18 041	1 293	223 288
1963(〃38)	109 973	101 673	32 108	20 428	1 635	262 286
1964(〃39)	129 329	112 163	40 806	23 364	2 152	303 997
1965(〃40)	149 500	119 693	45 304	24 594	2 554	337 653
1966(〃41)	171 773	145 659	51 802	27 859	3 830	396 989
1967(〃42)	199 292	177 308	61 161	33 069	4 602	464 454
1968(〃43)	231 186	207 567	72 263	39 415	5 117	549 470
1969(〃44)	274 390	248 495	86 402	46 390	6 916	650 614
1970(〃45)	332 434	279 329	101 081	53 850	8 813	752 985
1971(〃46)	388 539	271 496	113 891	57 972	9 303	828 993
1972(〃47)	456 514	322 328	132 899	67 893	10 526	964 863
1973(〃48)	573 415	385 339	159 735	83 819	15 332	1 167 150
1974(〃49)	736 671	390 998	183 475	94 634	20 209	1 384 511
1975(〃50)	837 650	403 779	192 612	98 463	21 105	1 523 616
1976(〃51)	942 252	463 130	213 646	115 667	23 147	1 712 934
1977(〃52)	1 048 915	508 713	233 246	130 164	25 624	1 900 945
1978(〃53)	1 127 025	588 973	256 052	148 679	28 640	2 086 022
1979(〃54)	1 221 091	599 330	283 992	166 929	31 698	2 252 372
1980(〃55)	1 328 386	669 382	318 299	181 105	36 540	2 455 466
1981(〃56)	1 433 811	668 348	348 049	196 347	38 111	2 608 013
1982(〃57)	1 517 295	675 232	367 152	205 071	39 497	2 733 224
1983(〃58)	1 590 086	713 932	391 230	216 565	39 962	2 855 934
1984(〃59)	1 679 198	751 080	413 143	231 834	38 535	3 051 441
1985(〃60)	1 761 280	829 389	443 811	243 806	36 971	3 242 896
1986(〃61)	1 824 803	873 168	469 381	260 558	34 704	3 393 633
1987(〃62)	1 896 653	919 556	497 144	287 262	34 806	3 555 218
1988(〃63)	2 006 590	983 795	534 408	316 394	33 925	3 796 568
1989(平 1)	2 159 861	1 026 650	600 394	331 588	47 794	4 064 768
1990(〃 2)	2 337 974	1 091 685	640 548	350 446	34 008	4 388 158
1991(〃 3)	2 510 760	1 088 209	699 836	369 989	32 869	4 631 744
1992(〃 4)	2 581 046	1 062 980	736 852	372 415	33 167	4 718 820
1993(〃 5)	2 647 655	1 036 131	745 719	375 284	34 155	4 767 461
1994(〃 6)	2 712 329	987 093	758 578	383 855	34 815	4 788 414
1995(〃 7)	2 751 240	1 013 323	775 802	396 457	37 571	4 897 497
1996(〃 8)	2 810 177	1 049 277	809 879	413 680	37 302	5 043 914
1997(〃 9)	2 864 084	993 721	822 750	429 208	36 012	5 076 320
1998(〃10)	2 820 323	904 003	831 661	444 307	33 718	4 972 558

内閣府「国民経済計算確報」（1998年度）により作成。68SNAでは1998年度が最新年次として公表。国内総支出の構成項目は民間最終消費支出から（控除）財貨・サービスの輸入までである。国内総生産↗

民間最終消費支出	政府最終消費支出	国内総固定資本形成	在庫品増加	財貨・サービスの輸出	（控除）財貨・サービスの輸入	
56 130	8 528	16 902	3 821	9 750	9 154	1955（昭30）
61 944	8 757	23 047	4 207	11 732	13 211	1956（〃31）
69 114	9 640	28 705	4 220	12 894	13 932	1957（〃32）
74 590	10 376	29 374	2 497	12 786	11 171	1958（〃33）
84 334	11 404	36 982	5 273	15 397	14 420	1959（〃34）
97 082	13 171	49 635	6 620	17 361	17 062	1960（〃35）
114 718	15 407	65 007	9 832	18 353	21 608	1961（〃36）
130 343	18 302	71 846	2 266	20 979	20 449	1962（〃37）
152 983	21 367	83 172	7 769	23 512	26 516	1963（〃38）
175 562	24 324	95 791	6 940	29 961	28 581	1964（〃39）
198 702	27 639	99 396	6 871	35 642	30 598	1965（〃40）
228 674	31 314	121 962	9 891	41 066	35 919	1966（〃41）
261 510	35 125	152 179	15 003	44 553	43 915	1967（〃42）
299 286	40 570	182 310	19 847	56 166	48 709	1968（〃43）
345 106	47 242	228 590	19 934	68 888	59 145	1969（〃44）
394 566	56 469	266 837	24 367	82 873	72 126	1970（〃45）
444 882	66 390	283 556	10 843	95 252	71 930	1971（〃46）
520 556	77 946	333 767	13 662	100 628	81 696	1972（〃47）
628 067	96 800	428 310	23 973	122 589	132 589	1973（〃48）
763 896	131 444	469 866	21 947	193 083	195 724	1974（〃49）
869 946	152 615	494 472	3 610	195 511	192 539	1975（〃50）
987 844	168 358	527 530	13 088	233 255	217 142	1976（〃51）
1 094 576	186 453	572 280	10 656	244 102	207 122	1977（〃52）
1 207 796	201 519	640 014	12 500	222 290	198 097	1978（〃53）
1 329 356	219 371	716 640	18 048	278 921	309 964	1979（〃54）
1 436 133	241 224	770 969	17 754	335 694	346 308	1980（〃55）
1 524 538	260 022	788 867	12 648	391 038	369 101	1981（〃56）
1 633 360	269 613	797 930	7 095	389 410	364 184	1982（〃57）
1 719 218	283 042	793 244	3 641	403 715	346 926	1983（〃58）
1 807 957	298 082	843 565	13 725	462 020	373 908	1984（〃59）
1 907 633	310 380	891 595	20 684	444 975	332 371	1985（〃60）
1 989 642	325 593	925 497	11 932	373 940	232 971	1986（〃61）
2 084 841	332 406	1 027 428	11 085	360 700	261 244	1987（〃62）
2 212 525	345 648	1 134 948	22 035	387 089	305 677	1988（〃63）
2 365 503	367 336	1 252 912	31 820	437 142	389 945	1989（平1）
2 525 812	395 201	1 400 858	28 642	461 736	424 090	1990（〃2）
2 654 171	417 948	1 439 241	34 393	470 412	384 420	1991（〃3）
2 734 159	436 907	1 431 413	7 601	472 963	364 223	1992（〃4）
2 811 362	450 393	1 392 317	6 023	436 004	328 638	1993（〃5）
2 866 656	461 968	1 364 281	3 118	444 163	351 772	1994（〃6）
2 939 950	476 735	1 408 832	11 296	463 961	403 276	1995（〃7）
3 030 651	485 879	1 482 521	21 911	512 126	489 175	1996（〃8）
3 042 734	500 287	1 434 032	24 824	566 711	492 268	1997（〃9）
3 054 035	509 109	1 316 266	−5 075	537 459	439 235	1998（〃10）

↘と国内総支出は一致するので重複して掲載していない。国内総生産に海外からの要素所得を加え，海外への要素所得を控除したものが国民総生産となる。1）統計上の不突合を含む。

国内総生産と国内総支出（その 2）（名目）（93SNA, 2008SNA）（単位　億円）

	雇用者報酬	営業余剰・混合所得	固定資本減耗	生産・輸入品に課される税	(控除)補助金	国内[1)]総生産
1980(昭55)	1 318 692	721 673	348 441	178 226	35 092	2 483 759
1981(〃56)	1 421 091	698 639	381 632	193 001	36 927	2 646 417
1982(〃57)	1 502 677	696 854	404 526	201 713	39 355	2 761 628
1983(〃58)	1 573 304	735 264	431 206	213 134	39 672	2 887 727
1984(〃59)	1 660 393	763 545	457 573	228 089	38 764	3 082 384
1985(〃60)	1 740 013	853 138	491 946	239 629	38 369	3 303 968
1986(〃61)	1 802 208	864 347	522 825	256 596	36 019	3 422 664
1987(〃62)	1 871 415	917 701	555 759	283 248	35 104	3 622 967
1988(〃63)	1 985 379	1 019 409	600 295	311 421	32 982	3 876 856
1989(平 1)	2 133 862	1 040 469	676 033	326 115	37 151	4 158 852
1990(〃 2)	2 313 638	1 129 017	729 996	349 006	35 272	4 516 830
1991(〃 3)	2 484 187	1 174 939	804 516	363 334	36 855	4 736 076
1992(〃 4)	2 549 432	1 066 837	856 620	365 307	37 729	4 832 556
1993(〃 5)	2 607 864	1 006 875	875 959	368 020	39 281	4 826 076
1994(〃 6)	2 622 578	1 018 867	1 100 076	332 004	38 526	5 027 512
1995(〃 7)	2 665 212	1 070 804	1 102 837	343 682	41 180	5 162 017
1996(〃 8)	2 723 326	1 124 876	1 127 669	352 113	41 663	5 288 425
1997(〃 9)	2 784 193	1 031 859	1 165 240	370 034	40 206	5 333 934
1998(〃10)	2 727 559	995 577	1 177 755	390 425	40 210	5 260 040
1999(〃11)	2 686 035	1 017 657	1 175 473	394 711	43 228	5 219 238
2000(〃12)	2 702 098	1 077 622	1 177 966	384 790	40 242	5 284 466
2001(〃13)	2 641 380	1 022 502	1 171 082	380 781	39 874	5 191 891
2002(〃14)	2 562 961	1 091 489	1 163 228	377 563	38 716	5 148 545
2003(〃15)	2 531 765	1 161 244	1 154 761	371 469	38 730	5 177 195
2004(〃16)	2 545 870	1 179 531	1 157 972	375 085	33 135	5 213 485
2005(〃17)	2 586 055	1 163 454	1 172 938	381 261	30 220	5 256 427
2006(〃18)	2 614 461	1 163 252	1 198 016	377 512	29 922	5 290 335
2007(〃19)	2 635 929	1 126 661	1 221 749	374 576	27 487	5 309 229
2008(〃20)	2 632 840	886 363	1 237 430	362 377	27 279	5 094 820
2009(〃21)	2 516 887	893 998	1 210 064	354 112	35 201	4 919 570
2010(〃22)	2 528 466	957 952	1 184 030	360 572	35 520	4 994 289
2011(〃23)	2 546 114	901 964	1 161 926	363 259	34 406	4 940 425
2012(〃24)	2 537 725	922 971	1 152 773	360 277	34 570	4 943 698
2013(〃25)	2 559 300	1 008 473	1 165 834	369 106	33 489	5 072 552
2014(〃26)	2 607 435	995 190	1 188 942	422 937	32 717	5 182 352
2015(〃27)	2 647 141	1 048 985	1 200 139	455 757	33 099	5 329 830
2016(〃28)	2 711 077	1 018 849	1 201 862	451 892	30 377	5 367 950
2017(〃29)	2 761 673	1 081 884	1 213 207	455 449	29 778	5 474 085

内閣府「国民経済計算確報」(2009年度）および同「国民経済計算年次推計」(2017年度，2019年10月 1 日閲覧）により作成。1980～93年度までは2000年基準・93SNA，1994～2017年度までは2011年基準・2008SNAによる国民経済計算。2006年度の国民経済計算から，国内総支出の用語がなくなり，国内↗

民間最終消費支出	政府最終消費支出	総固定資本形成	在庫品変動	財貨・サービスの輸出	(控除)財貨・サービスの輸入	
1 345 063	349 366	782 571	18 054	335 013	346 308	1980(昭55)
1 429 873	376 035	802 189	18 142	389 280	369 101	1981(〃56)
1 531 332	396 225	810 055	424	387 778	364 185	1982(〃57)
1 608 930	419 804	797 240	6 631	402 048	346 926	1983(〃58)
1 692 890	438 366	851 760	12 504	460 272	373 408	1984(〃59)
1 789 097	459 612	913 235	26 074	443 963	328 013	1985(〃60)
1 854 787	479 376	952 279	−2 241	373 611	235 149	1986(〃61)
1 953 447	500 490	1 053 368	20 957	360 366	265 661	1987(〃62)
2 067 900	522 988	1 189 752	15 180	386 489	305 453	1988(〃63)
2 205 700	558 242	1 309 413	28 182	436 435	379 120	1989(平1)
2 385 178	601 563	1 463 878	20 628	461 266	415 684	1990(〃2)
2 499 230	637 978	1 479 891	33 526	469 872	384 422	1991(〃3)
2 572 736	674 820	1 475 557	1 292	472 370	364 219	1992(〃4)
2 631 921	699 452	1 394 762	−6 192	434 776	328 642	1993(〃5)
2 699 761	763 531	1 478 798	−1 642	451 528	364 466	1994(〃6)
2 753 889	792 491	1 544 617	16 506	468 696	414 181	1995(〃7)
2 828 934	819 174	1 604 477	16 950	513 157	494 267	1996(〃8)
2 840 915	835 626	1 548 331	37 904	567 086	495 928	1997(〃9)
2 838 312	847 018	1 478 075	−1 228	540 433	442 570	1998(〃10)
2 858 178	863 711	1 448 168	−31 107	527 623	447 336	1999(〃11)
2 871 349	895 159	1 449 222	4 147	564 005	499 416	2000(〃12)
2 886 306	925 940	1 349 385	−10 814	531 984	490 909	2001(〃13)
2 883 092	929 867	1 278 052	−11 647	577 974	508 792	2002(〃14)
2 874 747	938 410	1 258 870	5 517	614 849	515 198	2003(〃15)
2 895 053	944 594	1 260 836	14 485	683 850	585 332	2004(〃16)
2 929 152	949 504	1 297 047	4 958	766 073	690 308	2005(〃17)
2 945 982	945 017	1 307 523	8 971	857 955	775 114	2006(〃18)
2 968 422	958 814	1 269 866	18 298	943 585	849 756	2007(〃19)
2 914 173	953 388	1 214 854	16 367	804 320	808 283	2008(〃20)
2 869 263	965 557	1 076 326	−46 358	661 632	606 851	2009(〃21)
2 877 406	981 532	1 066 482	9 726	759 136	699 992	2010(〃22)
2 886 419	997 423	1 088 949	13 914	730 992	777 272	2011(〃23)
2 908 350	1 003 583	1 111 723	7 609	725 293	812 861	2012(〃24)
2 998 181	1 018 471	1 209 870	−15 590	827 918	966 299	2013(〃25)
2 984 625	1 042 533	1 237 752	4 586	923 350	1 010 494	2014(〃26)
3 003 911	1 059 487	1 256 890	13 467	917 521	921 447	2015(〃27)
2 991 133	1 064 056	1 257 451	1 554	889 240	835 484	2016(〃28)
3 032 047	1 075 649	1 309 566	7 655	982 363	933 194	2017(〃29)

↘総生産が生産側と支出側とに分かれた。生産側の構成項目は雇用者報酬から（控除）補助金まで，支出側の構成項目は民間最終消費支出から（控除）財貨・サービスの輸入までである。1）国内総生産には統計上の不突合を含む。国内総生産と国内総支出は一致するので重複して掲載していない。

表 3-4　国内総生産（支出側）（名目）（会計年度）（単位　十億円）

	民間最終消費支出		政府最終消費支出	総資本形成			
				総固定資本形成			
				民間		公的	
	家計最終消費支出	対家計民間非営利団体最終消費支出		住宅	企業設備	住宅	企業設備
1955(昭30)	5 510	103	853	268	851	22	231
1960(〃35)	9 524	184	1 317	662	3 126	44	474
1965(〃40)	19 438	432	2 764	1 897	5 088	141	1 273
1970(〃45)	38 938	519	5 647	4 844	15 669	384	2 325
1975(〃50)	86 174	820	15 262	11 100	24 374	840	5 030
1980(〃55)	132 564	1 942	34 937	15 148	39 681	885	7 940
1981(〃56)	140 917	2 070	37 604	14 821	41 346	902	7 974
1982(〃57)	151 029	2 104	39 623	15 226	42 001	871	7 619
1983(〃58)	158 561	2 332	41 980	13 930	42 326	913	7 590
1984(〃59)	166 770	2 519	43 837	14 190	47 714	864	7 715
1985(〃60)	176 212	2 698	45 961	14 731	54 556	844	6 185
1986(〃61)	182 555	2 923	47 938	16 018	56 346	816	6 145
1987(〃62)	192 345	3 000	50 049	20 403	60 094	794	5 976
1988(〃63)	203 615	3 175	52 299	21 843	71 810	802	6 041
1989(平 1)	217 133	3 437	55 824	23 074	80 704	864	6 328
1990(〃 2)	234 814	3 704	60 156	25 067	92 097	960	6 634
1991(〃 3)	245 781	4 142	63 798	23 371	92 932	1 092	7 069
1992(〃 4)	252 748	4 526	67 482	22 911	87 345	1 248	8 432
1993(〃 5)	258 463	4 729	69 945	24 035	75 163	1 431	8 428
1994(〃 6)	265 286	4 690	76 353	26 939	76 061	1 399	11 326
1995(〃 7)	270 457	4 932	79 249	25 225	81 446	1 554	12 241
1996(〃 8)	277 833	5 061	81 917	28 761	84 671	1 578	12 098
1997(〃 9)	279 036	5 056	83 563	23 811	86 772	1 540	11 400
1998(〃10)	278 039	5 793	84 702	20 942	82 552	1 354	10 798
1999(〃11)	279 669	6 149	86 371	21 470	79 916	1 247	10 627
2000(〃12)	281 680	5 455	89 516	21 316	83 529	1 076	9 657
2001(〃13)	282 876	5 755	92 594	19 656	77 994	1 012	8 627
2002(〃14)	282 886	5 424	92 987	19 096	73 653	920	7 887
2003(〃15)	281 687	5 788	93 841	19 058	74 433	800	7 984
2004(〃16)	283 781	5 725	94 459	19 425	76 741	766	7 507
2005(〃17)	286 995	5 920	94 950	19 470	82 339	658	6 250
2006(〃18)	288 574	6 024	94 502	19 898	84 419	594	6 151
2007(〃19)	290 926	5 916	95 881	17 406	83 883	541	6 547
2008(〃20)	285 588	5 830	95 339	17 530	78 841	522	6 421
2009(〃21)	281 036	5 890	96 556	13 546	67 516	548	6 533
2010(〃22)	281 566	6 175	98 153	13 864	68 121	500	6 096
2011(〃23)	281 892	6 750	99 742	14 290	70 411	445	5 860
2012(〃24)	283 653	7 182	100 358	14 915	71 859	453	6 246
2013(〃25)	292 548	7 270	101 847	16 627	77 464	652	6 133
2014(〃26)	291 565	6 898	104 253	15 518	81 113	778	6 230
2015(〃27)	292 754	7 638	105 949	16 066	82 775	809	6 508
2016(〃28)	291 197	7 916	106 406	17 037	81 744	785	6 508
2017(〃29)	295 271	7 934	107 565	17 221	86 157	626	6 750

内閣府「国民経済計算確報」(1998年度，2009年度）および同「国民経済計算年次推計」(2017年度，2019年10月 1 日閲覧）により作成。1955～75年度までは1990年基準・68SNA，1980～93年度までは2000年基準・93SNA，1994～2017年度までは2011年基準・2008SNAによる国民経済計算。民間需要＝民↗

	在庫変動		財貨・サービスの純輸出	国内総生産	(参考)国内需要		
一般政府	民間企業	公的			民間需要	公的需要	
318	260	122	60	8 598	6 992	1 547	1955(昭30)
658	626	36	30	16 681	14 122	2 529	1960(〃35)
1 540	595	93	504	33 765	27 450	5 811	1965(〃40)
3 462	2 525	−88	1 075	75 299	62 493	11 731	1970(〃45)
8 103	131	231	297	152 362	122 599	29 465	1975(〃50)
14 603	2 011	−206	−1 130	248 376	191 346	58 159	1980(〃55)
15 176	2 040	−226	2 018	264 642	201 194	61 429	1981(〃56)
15 289	414	−372	2 359	276 163	210 774	63 029	1982(〃57)
14 965	951	−288	5 512	288 773	218 101	65 160	1983(〃58)
14 693	1 023	228	8 686	308 238	232 216	67 336	1984(〃59)
15 008	2 320	287	11 595	330 397	250 517	68 285	1985(〃60)
15 903	−640	416	13 846	342 266	257 203	71 218	1986(〃61)
18 071	2 122	−26	9 471	362 297	277 963	74 863	1987(〃62)
18 479	1 857	−339	8 104	387 686	302 300	77 282	1988(〃63)
19 973	2 874	−56	5 732	415 885	327 221	82 933	1989(平1)
21 631	1 951	112	4 558	451 683	357 633	89 492	1990(〃2)
23 525	3 388	−35	8 545	473 608	369 614	95 448	1991(〃3)
27 620	23	106	10 815	483 256	367 552	104 888	1992(〃4)
30 419	−456	−164	10 613	482 608	361 935	110 060	1993(〃5)
32 155	−589	425	8 706	502 751	372 388	121 657	1994(〃6)
33 995	1 376	274	5 451	516 202	383 436	127 314	1995(〃7)
33 341	1 523	172	1 889	528 843	397 848	129 106	1996(〃8)
31 310	3 588	202	7 116	533 393	398 263	128 015	1997(〃9)
32 162	19	−142	9 786	526 004	387 344	128 874	1998(〃10)
31 557	−3 059	−51	8 029	521 924	384 144	129 751	1999(〃11)
29 344	432	−18	6 459	528 447	392 412	129 576	2000(〃12)
27 651	−944	−137	4 108	519 189	385 335	129 746	2001(〃13)
26 250	−1 082	−83	6 918	514 855	379 976	127 960	2002(〃14)
23 612	745	−194	9 965	517 720	381 711	126 043	2003(〃15)
21 645	1 410	38	9 852	521 349	387 081	124 416	2004(〃16)
20 988	473	23	7 577	525 643	395 197	122 870	2005(〃17)
19 690	933	−35	8 284	529 034	399 848	120 901	2006(〃18)
18 609	1 738	92	9 383	530 923	399 869	121 671	2007(〃19)
18 172	1 663	−26	−396	509 482	389 451	120 427	2008(〃20)
19 490	−4 676	40	5 478	491 957	363 312	123 167	2009(〃21)
18 068	1 033	−61	5 914	499 429	370 759	122 756	2010(〃22)
17 889	1 365	27	−4 628	494 043	374 708	123 963	2011(〃23)
17 699	742	19	−8 757	494 370	378 351	124 776	2012(〃24)
20 112	−1 598	39	−13 838	507 255	392 311	128 782	2013(〃25)
20 136	370	89	−8 714	518 235	395 463	131 487	2014(〃26)
19 532	1 316	31	−393	532 983	400 548	132 828	2015(〃27)
19 672	188	−33	5 376	536 795	398 082	133 337	2016(〃28)
20 202	680	85	4 917	547 409	407 263	135 229	2017(〃29)

↘間最終消費支出＋民間住宅＋民間企業設備＋民間企業在庫変動。公的需要＝政府最終消費支出＋公的総固定資本形成＋公的在庫変動。民間需要＋公的需要＋財貨・サービスの純輸出＝国内総生産。

表 3-5　実質国民総支出（Ⅰ）（会計年度）（単位　億円）

	個人消費支出	国内民間総資本形成			政府の財貨サービス購入	経常海外余剰	実質国民総支出
			総固定資本形成	在庫品増加			
(1934〜36年平均価格)							
1930(昭 5)	109	10	7	3	22	−6	135
1931(〃 6)	108	12	6	6	27	−8	139
1932(〃 7)	108	10	11	−0	31	−8	141
1933(〃 8)	108	14	14	−0	30	−6	147
1934(〃 9)	111	24	18	6	31	−3	162
1935(〃 10)	107	26	19	7	31	2	166
1936(〃 11)	110	29	19	9	31	1	172
1937(〃 12)	115	40	26	14	48	9	212
1938(〃 13)	114	41	34	7	62	3	219
1939(〃 14)	108	52	44	9	55	6	221
1940(〃 15)	97	51	39	12	57	2	208
1941(〃 16)	94	53	39	14	70	−6	211
1942(〃 17)	90	57	34	23	73	−6	214
1943(〃 18)	85	49	41	8	84	−4	214
1944(〃 19)	70	54	40	14	84	−1	206
1945(〃 20)	…	…	…	…	…	…	…
1946(〃 21)	68	31	16	14	21	−4	116
1947(〃 22)	74	29	16	13	28	−5	126
1948(〃 23)	84	33	17	15	31	−5	142
1949(〃 24)	93	26	16	10	31	−4	145
1950(〃 25)	101	31	18	14	26	3	161
1951(〃 26)	110	35	19	16	32	4	182
1952(〃 27)	129	35	23	11	38	1	202
1953(〃 28)	141	37	26	11	43	−4	217
1954(〃 29)	147	33	25	8	43	2	225
1955(〃 30)	159	40	27	13	49	2	250
1956(〃 31)	169	60	41	19	46	−9	266
1957(〃 32)	179	61	48	13	51	−7	284
1958(〃 33)	189	50	49	1	57	−1	295
1959(〃 34)	203	86	62	24	64	−9	344
1960(〃 35)	221	109	85	24	73	−15	388
1961(〃 36)	240	145	108	37	86	−28	443
1962(〃 37)	260	121	104	17	104	−16	468
1963(〃 38)	282	153	116	37	117	−31	521
1964(〃 39)	305	162	135	28	133	−21	579
(1960年価格)							
1955(昭30)	54 987	15 404	10 805	4 599	17 807	2 371	90 569
1956(〃 31)	58 362	23 086	16 395	6 691	16 758	244	98 450
1957(〃 32)	61 987	23 691	19 009	4 682	18 449	1 230	105 357
1958(〃 33)	65 449	19 837	19 658	179	20 711	2 903	108 900
1959(〃 34)	70 305	33 226	24 783	8 438	23 172	1 239	127 942
1960(〃 35)	76 335	42 604	34 013	8 591	26 664	317	145 920
1961(〃 36)	83 077	56 250	43 114	13 136	31 428	−2 500	168 255
1962(〃 37)	89 858	47 582	41 761	5 821	38 245	998	176 683
1963(〃 38)	97 626	59 408	46 281	13 127	42 880	−2 126	197 788
1964(〃 39)	105 551	63 698	53 906	9 792	48 767	1 632	219 648

日本銀行「明治以降　本邦主要経済統計」により作成。1930〜45年までは暦年。

実質国民総支出（Ⅱ）（1970暦年価格）（会計年度）（単位　億円）

	個人消費支出	政府の財貨サービス経常購入	国内総資本形成			経常海外余剰	実質国民総支出
				総固定資本形成	在庫品増加		
1951（昭26）	73 256	27 601	22 421	18 880	3 540	2 849	126 126
1952（〃27）	85 312	27 409	26 000	22 139	3 861	2 108	140 829
1953（〃28）	94 048	27 997	29 382	26 521	2 861	209	151 636
1954（〃29）	98 541	28 645	26 979	26 677	302	1 677	155 841
1955（〃30）	107 357	28 292	34 554	28 125	6 429	2 476	172 680
1956（〃31）	114 495	28 190	39 824	34 061	5 763	790	183 299
1957（〃32）	122 180	28 138	46 143	40 318	5 825	1 133	197 594
1958（〃33）	131 034	29 757	45 439	41 941	3 498	3 136	209 366
1959（〃34）	142 645	31 274	56 993	51 120	5 873	1 817	232 728
1960（〃35）	155 469	32 655	72 902	65 329	7 573	805	261 832
1961（〃36）	169 241	34 826	95 593	81 295	14 298	−2 545	297 115
1962（〃37）	185 235	37 888	91 801	89 032	2 769	1 227	316 151
1963（〃38）	204 298	41 132	112 608	100 789	11 819	−2 293	355 746
1964（〃39）	225 640	43 456	122 693	114 434	8 259	1 706	393 495
1965（〃40）	238 125	46 076	126 058	117 359	8 699	5 654	415 913
1966（〃41）	259 387	48 197	149 054	134 663	14 391	5 540	462 177
1967（〃42）	286 175	50 784	185 295	162 534	22 761	313	522 568
1968（〃43）	313 166	53 399	215 631	192 356	23 275	6 846	589 042
1969（〃44）	342 736	55 531	246 131	227 933	18 198	9 270	653 668
1970（〃45）	369 543	58 856	284 158	254 380	29 778	8 828	721 386
1971（〃46）	396 524	63 469	293 420	277 664	15 756	20 713	774 126
1972（〃47）	434 856	67 974	328 106	310 107	17 998	19 143	850 079
1973（〃48）	460 926	72 556	367 338	334 135	33 203	3 950	904 770
1974（〃49）	475 475	76 512	325 570	299 313	26 257	25 207	902 764
1975（〃50）	502 498	81 778	311 844	298 758	13 086	37 768	933 888

内閣府「国民所得統計年報」（1978年版）により作成。

実質国民総支出（Ⅲ）（1980暦年価格）（会計年度）（単位　億円）

	民間最終消費支出	政府最終消費支出	国内総資本形成		経常海外余剰	実質国民総支出
				民間企業設備		
1970（昭45）	888 474	149 458	593 161	289 092	−91 939	1 539 154
1971（〃46）	941 964	157 553	595 063	277 150	−77 698	1 616 881
1972（〃47）	1 038 480	165 857	662 199	294 094	−100 258	1 766 279
1973（〃48）	1 102 898	174 313	721 909	333 962	−153 427	1 845 693
1974（〃49）	1 116 938	181 439	647 520	303 456	−107 920	1 837 978
1975（〃50）	1 157 650	193 046	639 695	292 881	−81 644	1 908 747
1976（〃51）	1 203 655	201 460	657 462	294 783	−66 277	1 996 301
1977（〃52）	1 253 944	210 764	687 146	297 226	−49 511	2 102 344
1978（〃53）	1 331 542	222 240	747 366	323 935	−88 718	2 212 430
1979（〃54）	1 401 841	230 089	781 205	355 691	−84 352	2 328 783
1980（〃55）	1 413 978	237 556	783 841	382 934	−14 066	2 421 309
1981（〃56）	1 442 567	248 263	794 851	399 170	15 907	2 501 588
1982（〃57）	1 503 596	251 717	798 238	406 979	28 858	2 582 409
1983（〃58）	1 549 103	260 518	799 343	427 116	68 033	2 676 997
1984（〃59）	1 589 099	267 324	855 945	476 311	101 620	2 813 989
1985（〃60）	1 633 948	271 592	911 443	538 995	122 835	2 939 818

内閣府「国民経済計算年報」（1990年版）により作成。

表 3-6　実質国内総生産（支出側）（会計年度）（単位　億円）

	民間最終消費支出	政府最終消費支出	総資本形成	民間企業設備	財貨・サービスの純輸出	実質国内総生産（支出側）
1955(昭30)	313 499	101 543	67 516	22 860	−3 165	479 393
1960(〃35)	472 175	119 365	155 663	71 215	−12 162	735 041
1965(〃40)	713 952	154 653	278 919	107 293	−13 906	1 133 619
1970(〃45)	1 107 443	191 582	637 540	299 275	−32 086	1 904 480
1975(〃50)	1 434 004	249 584	706 092	302 922	−16 385	2 373 295
1980(〃55)	1 677 537	437 198	783 036	354 162	22 514	2 873 664
1981(〃56)	1 717 548	462 647	799 248	367 571	41 158	2 986 871
1982(〃57)	1 797 129	482 237	784 427	372 710	49 576	3 080 570
1983(〃58)	1 851 745	509 345	784 806	379 648	66 527	3 189 217
1984(〃59)	1 907 222	522 261	836 202	426 424	85 762	3 341 107
1985(〃60)	1 991 145	531 618	916 953	490 840	101 671	3 550 962
1986(〃61)	2 062 097	552 051	940 853	515 138	75 335	3 618 071
1987(〃62)	2 160 249	573 851	1 066 782	557 191	52 737	3 838 730
1988(〃63)	2 275 385	594 691	1 194 181	667 980	33 533	4 084 455
1989(平 1)	2 367 700	611 306	1 285 508	739 235	18 317	4 271 152
1990(〃 2)	2 495 008	634 706	1 390 344	824 478	23 659	4 536 039
1991(〃 3)	2 551 129	657 312	1 393 551	820 870	44 440	4 642 101
1992(〃 4)	2 585 252	675 593	1 354 351	770 510	65 142	4 675 186
1993(〃 5)	2 620 704	697 989	1 284 079	671 143	61 637	4 652 771
1994(〃 6)	2 456 837	723 096	1 281 398	607 882	−106 063	4 268 891
1995(〃 7)	2 519 701	747 805	1 371 543	661 795	−156 750	4 409 742
1996(〃 8)	2 581 517	763 624	1 432 086	698 477	−177 572	4 536 531
1997(〃 9)	2 557 816	771 747	1 399 213	718 707	−131 209	4 537 946
1998(〃10)	2 566 577	786 554	1 324 867	693 476	−111 084	4 497 864
1999(〃11)	2 604 357	815 240	1 290 352	683 498	−120 562	4 528 846
2000(〃12)	2 639 718	844 879	1 339 460	726 522	−134 823	4 641 826
2001(〃13)	2 688 811	876 386	1 258 840	696 143	−151 235	4 617 472
2002(〃14)	2 719 533	894 255	1 215 061	673 553	−126 562	4 658 461
2003(〃15)	2 738 501	912 142	1 230 693	697 046	−92 823	4 749 305
2004(〃16)	2 770 970	920 340	1 248 223	727 422	−85 135	4 829 620
2005(〃17)	2 814 270	924 013	1 273 348	783 391	−70 554	4 925 261
2006(〃18)	2 834 936	927 327	1 279 749	803 068	−39 765	4 994 334
2007(〃19)	2 858 505	939 399	1 245 587	798 257	9 087	5 054 291
2008(〃20)	2 800 547	934 211	1 187 144	750 612	−36 817	4 880 747
2009(〃21)	2 824 885	959 943	1 017 059	662 365	−21 318	4 774 316
2010(〃22)	2 866 470	980 528	1 071 775	675 522	13 142	4 930 297
2011(〃23)	2 887 966	997 624	1 103 785	704 583	−36 758	4 952 801
2012(〃24)	2 933 966	1 010 711	1 126 087	721 675	−77 681	4 993 239
2013(〃25)	3 015 142	1 028 309	1 185 700	772 141	−102 839	5 125 347
2014(〃26)	2 936 812	1 032 391	1 210 760	798 437	−73 146	5 107 040
2015(〃27)	2 957 616	1 051 759	1 233 873	811 543	−70 212	5 174 263
2016(〃28)	2 957 831	1 059 514	1 231 178	807 450	−32 224	5 219 789
2017(〃29)	2 988 679	1 064 234	1 271 816	844 442	−13 568	5 316 781

内閣府「国民経済計算確報」（1998・2009年度）および同「国民経済計算年次推計」（2017年度，2019年10月 1 日閲覧）により作成。1975年度までは1990暦年基準価格，1980～93年度までは2000暦年連鎖価格，1994～2017年度までは2011暦年連鎖価格。1980年度以降は固定基準年方式と異なり各項目を足しても実質値とならない。原資料ではこの差をうめるため開差の項目が設けられている。

表3-7 国民所得の分配（名目）（会計年度）

	雇用者所得	個人業主所得	個人財産所得	法人所得	官公事業剰余等	(控除)負債利子
	百万円	百万円	百万円	百万円	百万円	百万円
1930(昭5)	4 967	3 396	2 767	470	165	…
1931(〃6)	4 492	3 420	2 110	340	181	…
1932(〃7)	4 568	3 786	2 261	524	231	…
1933(〃8)	4 820	4 329	2 202	838	281	…
1934(〃9)	5 284	4 089	2 281	1 105	399	…
1935(〃10)	5 496	4 484	2 806	1 250	419	…
1936(〃11)	5 978	4 930	2 768	1 408	438	…
1937(〃12)	6 815	5 451	3 101	1 986	1 259	…
1938(〃13)	7 832	6 079	3 315	2 292	450	…
1939(〃14)	9 601	8 637	3 927	2 740	432	…
1940(〃15)	11 369	10 452	4 745	3 943	464	…
1941(〃16)	13 845	11 394	5 486	4 720	130	…
1942(〃17)	16 190	13 341	6 264	5 751	231	…
1943(〃18)	20 790	12 687	7 622	6 806	195	…
1944(〃19)	26 648	13 352	8 811	8 569	-608	…
	億円	億円	億円	億円	億円	億円
1946(昭21)	1 110	2 356	127	38	-22	…
1947(〃22)	3 153	6 400	186	100	-154	…
1948(〃23)	8 276	10 915	335	509	-413	…
1949(〃24)	11 440	13 355	483	1 461	639	…
1950(〃25)	14 149	15 408	712	3 335	233	…
1951(〃26)	20 801	18 881	1 816	2 816	178	146
1952(〃27)	25 068	20 131	2 468	4 486	443	437
1953(〃28)	30 088	21 852	3 282	4 875	471	551
1954(〃29)	32 896	23 454	3 888	5 626	651	598
1955(〃30)	36 134	27 094	5 110	4 796	535	685
1956(〃31)	41 405	27 553	5 982	6 787	752	745
1957(〃32)	46 827	28 168	7 200	10 527	1 641	816
1958(〃33)	50 845	28 360	8 473	7 763	1 604	883
1959(〃34)	56 858	30 552	10 612	11 445	1 678	912
1960(〃35)	66 392	34 863	13 088	17 179	2 131	961
1961(〃36)	79 570	39 789	16 068	20 228	2 998	1 102
1962(〃37)	94 048	43 332	18 905	19 189	3 006	1 181
1963(〃38)	110 177	50 218	22 268	21 577	3 454	1 422
1964(〃39)	127 799	55 633	26 483	23 065	2 566	1 643
1965(〃40)	147 033	60 768	30 919	22 424	1 994	1 970
1966(〃41)	169 243	68 272	35 958	31 286	2 965	2 689
1967(〃42)	195 221	82 993	41 882	41 976	3 624	3 603
1968(〃43)	226 670	96 394	49 049	57 243	3 970	4 839
1969(〃44)	266 933	106 665	57 943	66 292	6 148	5 820
1970(〃45)	322 611	118 672	69 194	83 163	7 495	6 929
1971(〃46)	376 871	118 298	80 470	83 017	7 618	8 187
1972(〃47)	439 988	143 404	94 263	83 964	9 479	10 955
1973(〃48)	558 136	181 390	119 405	62 881	12 346	14 298
1974(〃49)	707 675	203 493	152 428	84 622	7 949	18 410
1975(〃50)	811 087	208 810	181 455	99 616	7 024	24 147

内閣府「国民所得白書」(1960年度) および同「国民所得統計年報」(1978年版) により作成。1930～44年までは暦年。1950年度までと1951年度からの数値は連続しない。表3-1の国民所得の内訳（ただし1950年度までの国民所得には上記のほか海外からの純所得が含まれる)。官公事業剰余等とは，政府の事業所得および財産所得の合計。

表3-8　国民所得および国民可処分所得の分配（名目）（会計年度）（単位　億円）

	雇用者報酬	財産[1)]所得	企業[2)]所得	国民[3)]所得	生産・輸入品に課される税（控除）補助金	国民所得（市場価格表示）
1955(昭30)	35 489	2 517	31 727	69 733	7 059	76 792
1960(〃 35)	67 020	8 880	59 067	134 967	13 316	148 283
1965(〃 40)	149 806	21 067	97 397	268 270	22 040	290 310
1970(〃 45)	332 939	50 703	226 655	610 297	45 037	655 334
1975(〃 50)	838 518	133 778	267 611	1 239 907	77 358	1 317 265
1976(〃 51)	943 286	145 532	315 154	1 403 972	92 520	1 496 492
1977(〃 52)	1 049 978	146 288	360 766	1 557 032	104 540	1 661 573
1978(〃 53)	1 128 006	138 691	451 088	1 717 785	120 039	1 837 823
1979(〃 54)	1 221 262	159 296	441 508	1 822 066	135 231	1 957 297
1980(〃 55)	1 318 504	162 763	557 519	2 038 787	143 134	2 181 921
1981(〃 56)	1 420 977	195 049	500 125	2 116 151	156 074	2 272 225
1982(〃 57)	1 502 329	208 429	490 557	2 201 314	162 358	2 363 673
1983(〃 58)	1 573 013	221 887	518 000	2 312 900	173 462	2 486 361
1984(〃 59)	1 660 173	240 096	530 903	2 431 172	189 325	2 620 497
1985(〃 60)	1 739 770	245 637	620 192	2 605 599	201 260	2 806 859
1986(〃 61)	1 801 894	245 840	631 681	2 679 415	220 577	2 899 992
1987(〃 62)	1 870 989	259 276	680 733	2 810 998	248 145	3 059 143
1988(〃 63)	1 984 865	294 979	747 257	3 027 101	278 439	3 305 540
1989(平 1)	2 133 091	383 245	691 684	3 208 020	288 964	3 496 984
1990(〃 2)	2 312 615	492 320	663 994	3 468 929	313 734	3 782 664
1991(〃 3)	2 483 109	517 779	688 427	3 689 316	326 479	4 015 795
1992(〃 4)	2 548 444	445 820	665 808	3 660 072	327 578	3 987 650
1993(〃 5)	2 607 044	396 340	650 376	3 653 760	328 739	3 982 499
1994(〃 6)	2 622 962	412 347	648 198	3 683 506	293 478	3 976 984
1995(〃 7)	2 665 997	373 165	745 633	3 784 796	302 502	4 087 298
1996(〃 8)	2 724 604	338 635	850 367	3 913 605	310 450	4 224 055
1997(〃 9)	2 785 486	326 175	773 176	3 884 837	329 828	4 214 665
1998(〃 10)	2 728 889	297 207	756 300	3 782 396	350 215	4 132 611
1999(〃 11)	2 687 388	267 225	815 418	3 770 032	351 483	4 121 514
2000(〃 12)	2 703 364	257 220	899 100	3 859 685	344 548	4 204 232
2001(〃 13)	2 642 626	217 430	883 022	3 743 078	340 907	4 083 985
2002(〃 14)	2 564 078	204 763	957 647	3 726 487	338 848	4 065 335
2003(〃 15)	2 532 872	199 003	1 046 629	3 778 505	332 739	4 111 244
2004(〃 16)	2 547 141	200 291	1 079 282	3 826 715	341 951	4 168 665
2005(〃 17)	2 587 296	234 882	1 051 520	3 873 699	351 041	4 224 740
2006(〃 18)	2 615 802	270 926	1 036 791	3 923 519	347 590	4 271 109
2007(〃 19)	2 637 296	268 030	1 017 506	3 922 831	347 089	4 269 920
2008(〃 20)	2 634 209	231 125	775 176	3 640 510	335 098	3 975 608
2009(〃 21)	2 518 247	213 309	802 579	3 534 135	318 910	3 853 045
2010(〃 22)	2 529 806	200 574	888 574	3 618 953	325 052	3 944 006
2011(〃 23)	2 547 407	200 418	836 322	3 584 147	328 852	3 912 999
2012(〃 24)	2 538 959	207 896	850 943	3 597 799	325 708	3 923 506
2013(〃 25)	2 560 577	214 660	967 033	3 742 271	335 617	4 077 887
2014(〃 26)	2 608 538	245 210	940 760	3 794 509	390 221	4 184 730
2015(〃 27)	2 648 255	253 513	998 485	3 900 253	422 659	4 322 911
2016(〃 28)	2 712 142	237 003	962 710	3 911 856	421 515	4 333 371
2017(〃 29)	2 762 797	257 979	1 021 201	4 041 977	425 671	4 467 648

内閣府「国民経済計算確報」（1998・2009年度）および同「国民経済計算年次推計」（2017年度，2019年10月1日閲覧）により作成。1979年度までは1990年基準・68SNA，1980～93年度までは2000年基準・93SNA，1994年度以降は2011年基準・2008SNAによる国民経済計算。1）非企業部門。2）法人企業の↗

その他の経常移転（純）	国民[4] 可処分所得	非金融法人企業・金融機関	一般政府	家計[5]	対家計[6] 民間非営利団体	
137	76 929	955	11 216	63 418	1 340	1955(昭30)
187	148 470	10 789	23 716	111 689	2 277	1960(〃 35)
−28	290 282	11 798	45 509	228 422	4 554	1965(〃 40)
−462	654 872	64 159	108 234	477 494	4 985	1970(〃 45)
−567	1 316 698	−1 962	186 036	1 120 004	12 620	1975(〃 50)
−684	1 495 808	18 554	204 184	1 260 281	12 789	1976(〃 51)
−811	1 660 761	35 559	226 911	1 382 167	16 124	1977(〃 52)
−1 325	1 836 499	67 449	261 301	1 486 643	21 106	1978(〃 53)
−2 043	1 955 255	63 565	278 832	1 590 775	22 082	1979(〃 54)
−2 770	2 179 151	168 610	388 426	1 594 240	27 875	1980(〃 55)
−2 632	2 269 593	111 604	416 888	1 711 261	29 840	1981(〃 56)
−1 769	2 361 904	102 225	430 691	1 798 449	30 539	1982(〃 57)
−2 069	2 484 292	117 746	452 640	1 882 328	31 578	1983(〃 58)
−2 927	2 617 570	114 608	490 150	1 980 588	32 223	1984(〃 59)
−2 667	2 804 192	156 361	538 431	2 073 919	35 481	1985(〃 60)
−2 354	2 897 638	170 310	572 191	2 119 395	35 742	1986(〃 61)
−3 335	3 055 808	181 392	638 232	2 197 945	38 240	1987(〃 62)
−3 074	3 302 466	200 870	721 492	2 331 708	48 396	1988(〃 63)
−2 616	3 494 368	154 653	796 403	2 485 818	57 494	1989(平 1)
−16 077	3 766 587	155 804	894 545	2 649 517	66 721	1990(〃 2)
−2 643	4 013 152	146 808	943 851	2 855 246	67 247	1991(〃 3)
−1 626	3 986 024	113 998	869 963	2 933 276	68 787	1992(〃 4)
−2 939	3 979 560	125 335	833 424	2 949 629	71 172	1993(〃 5)
−4 840	3 972 144	80 990	807 219	3 015 579	68 356	1994(〃 6)
−6 608	4 080 690	163 010	820 863	3 022 749	74 068	1995(〃 7)
−10 582	4 213 473	228 025	841 328	3 065 894	78 227	1996(〃 8)
−8 310	4 206 355	144 443	851 318	3 135 107	75 487	1997(〃 9)
−13 629	4 118 982	162 888	771 823	3 113 875	70 396	1998(〃 10)
−10 575	4 110 939	203 196	723 354	3 114 158	70 232	1999(〃 11)
−8 750	4 195 482	292 488	771 999	3 072 432	58 563	2000(〃 12)
−6 271	4 077 714	279 237	767 203	2 971 834	59 440	2001(〃 13)
−9 770	4 055 565	352 440	682 502	2 961 669	58 954	2002(〃 14)
−6 842	4 104 402	431 320	664 112	2 945 447	63 522	2003(〃 15)
−7 485	4 161 180	437 298	709 185	2 951 819	62 879	2004(〃 16)
−5 826	4 218 914	416 280	784 459	2 957 944	60 231	2005(〃 17)
−9 782	4 261 327	387 374	831 830	2 975 353	66 770	2006(〃 18)
−10 696	4 259 224	374 018	843 494	2 978 127	63 585	2007(〃 19)
−10 458	3 965 150	212 354	732 320	2 962 506	57 970	2008(〃 20)
−10 478	3 842 567	301 997	531 116	2 954 529	54 926	2009(〃 21)
−9 056	3 934 950	347 932	581 552	2 939 501	65 965	2010(〃 22)
−7 870	3 905 129	295 909	605 337	2 937 695	66 189	2011(〃 23)
−7 039	3 916 467	278 669	639 768	2 920 581	77 449	2012(〃 24)
−12 185	4 065 702	359 239	713 635	2 917 302	75 526	2013(〃 25)
−17 711	4 167 019	327 892	817 263	2 939 922	81 943	2014(〃 26)
−17 482	4 305 430	363 770	872 112	2 980 713	88 835	2015(〃 27)
−19 137	4 314 234	341 338	874 918	3 002 873	95 105	2016(〃 28)
−19 520	4 448 128	374 511	944 788	3 034 522	94 308	2017(〃 29)

↘分配所得受払後。個人企業を含む。3）要素費用表示。4）市場価格表示の国民所得にその他の経常移転（純）を加えたもの。5）個人企業を含む。6）ある特定の目的を達成するために集まった個人の自発的な団体で，労働組合，政党，宗教団体，私立学校などがこれにあたる。

図 3-1　産業別生産構造の推移

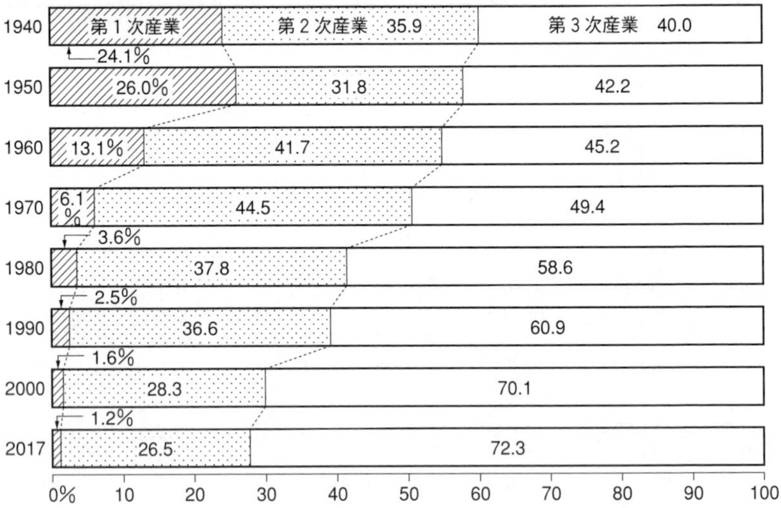

表3-9, -10（ただし2017年は表3-12）により作成。1940・50年は国内国民所得の，1960～2017年は国内総生産の産業別割合。第 3 次産業は全産業から第 1・第 2 次産業を除いたもの。

表 3-9　産業別国民所得（名目）（暦年）

	第 1 次産業	第 2 次産業	第 3 次産業	国内国民所得	海外からの純所得	国民所得
	百万円	百万円	百万円	百万円	百万円	百万円
1930(昭 5)	1 983	3 198	6 584	11 765	−25	11 740
1931(〃 6)	1 832	2 803	5 908	10 543	−23	10 520
1932(〃 7)	2 193	3 052	6 125	11 370	−38	11 332
1933(〃 8)	2 669	3 522	6 279	12 470	−53	12 417
1934(〃 9)	2 443	3 977	6 738	13 158	−27	13 131
1935(〃 10)	2 858	4 477	7 120	14 455	−15	14 440
1936(〃 11)	3 262	4 823	7 437	15 522	24	15 546
1937(〃 12)	3 722	5 627	9 263	18 612	8	18 620
1938(〃 13)	4 047	6 883	9 038	19 968	40	20 008
1939(〃 14)	6 116	8 729	10 492	25 337	17	25 354
1940(〃 15)	7 465	11 128	12 380	30 973	70	31 043
1941(〃 16)	7 092	14 002	14 481	35 575	259	35 834
1942(〃 17)	8 233	16 844	16 700	41 777	367	42 144
1943(〃 18)	8 315	19 964	19 821	48 100	348	48 448
1944(〃 19)	10 104	22 983	23 685	56 772	165	56 937
	億円	億円	億円	億円	億円	億円
1946(昭21)	1 401	951	1 257	3 609	—	3 609
1947(〃 22)	3 434	2 768	3 483	9 685	−5	9 680
1948(〃 23)	6 248	6 043	7 331	19 622	−6	19 616
1949(〃 24)	7 512	8 796	11 070	27 378	−5	27 373
1950(〃 25)	8 794	10 748	14 295	33 837	−22	33 815
1951(〃 26)	11 284	14 647	19 346	45 277	−25	45 252
1952(〃 27)	12 177	16 189	22 593	50 959	−110	50 849
1953(〃 28)	12 666	18 395	26 526	57 587	−111	57 477
1954(〃 29)	13 242	18 725	28 542	60 509	−285	60 224

内閣府「国民所得白書」（1960年度）により作成。第 1 次産業は農林水産業，第 2 次産業は鉱業，製造業，建設業で，第 1 次産業，第 2 次産業以外の産業が第 3 次産業。1946～54年は会計年度。

表 3-10 産業別国内総生産（名目）（暦年）（単位 十億円）

	産業			政府サービス生産者	対家計民間非営利サービス生産者	国内総生産 1)
	第1次産業	第2次産業	第3次産業			
1955(昭30)	1 666	2 923	3 352	642	82	8 370
1960(〃35)	2 101	6 675	6 441	1 018	139	16 010
1965(〃40)	3 229	13 576	14 384	2 288	354	32 866
1970(〃45)	4 488	32 673	33 227	4 642	730	73 345
1975(〃50)	8 141	59 900	70 667	13 128	2 363	148 327
1976(〃51)	8 870	67 119	80 203	14 573	2 747	166 573
1977(〃52)	9 402	72 364	91 098	16 166	3 141	185 622
1978(〃53)	9 441	80 200	100 877	17 528	3 547	204 404
1979(〃54)	9 623	87 047	110 582	18 927	3 947	221 547
1980(〃55)	8 778	91 684	128 301	20 935	3 305	242 839
1981(〃56)	9 030	98 088	137 267	22 474	3 562	261 068
1982(〃57)	9 203	101 383	146 527	23 537	3 848	274 087
1983(〃58)	9 493	102 374	155 894	24 414	4 161	285 058
1984(〃59)	9 942	109 809	164 811	25 659	4 470	302 975
1985(〃60)	10 201	117 270	176 717	26 872	4 773	325 402
1986(〃61)	10 047	120 443	187 012	28 123	5 169	340 560
1987(〃62)	9 907	125 600	198 667	28 933	5 484	354 170
1988(〃63)	9 969	136 627	212 556	30 130	5 806	380 743
1989(平1)	10 408	148 246	226 909	32 092	6 222	410 122
1990(〃2)	10 916	161 875	243 480	34 324	6 647	442 781
1991(〃3)	10 839	170 571	261 969	36 344	7 125	469 422
1992(〃4)	10 613	169 275	274 284	37 933	7 719	480 783
1993(〃5)	9 779	163 377	282 664	39 133	8 099	483 712
1994(〃6)	9 722	152 242	279 400	40 987	8 506	495 743
1995(〃7)	8 670	150 718	284 831	42 317	8 806	501 707
1996(〃8)	8 945	153 244	291 573	43 556	8 925	511 935
1997(〃9)	8 430	155 420	299 654	44 879	9 061	523 198
1998(〃10)	8 725	148 150	297 024	45 531	9 577	512 439
1999(〃11)	8 466	144 074	296 497	45 689	9 476	504 903
2000(〃12)	8 076	144 457	300 480	46 059	8 907	509 860
2001(〃13)	7 280	134 072	303 813	46 283	8 939	505 543
2002(〃14)	7 262	128 775	303 483	46 595	9 091	499 147
2003(〃15)	6 888	128 732	303 821	46 014	9 065	498 855
2004(〃16)	6 616	130 100	307 600	45 719	9 217	503 725
2005(〃17)	6 108	129 116	310 438	45 500	9 445	503 903
2006(〃18)	5 957	130 212	311 505	45 651	9 965	506 687
2007(〃19)	5 854	133 342	314 498	45 872	9 993	512 975
2008(〃20)	5 700	127 110	308 137	45 881	9 878	501 209
2009(〃21)	5 440	110 583	296 591	45 054	9 667	471 139
2010(〃22)	5 656	120 832	298 354	43 924	10 009	482 677
2011(〃23)	5 426	114 049	294 750	44 042	10 699	471 579
2012(〃24)	5 740	115 035	297 278	43 501	11 193	475 332
2013(〃25)	5 689	117 024	298 454	43 041	11 148	479 084
2014(〃26)	5 666	120 055	302 060	44 023	11 047	486 939

内閣府「国民経済計算年報」（2000年版），同「国民経済計算確報」（1998·2009·2014年度）により作成。1979年度までは1990年基準・68SNA，1980～93年度までは2000年基準・93SNA，1994年度以降は2005年基準·93SNAによる。第1次産業は農林水産業，第2次産業は鉱業，製造業，建設業で，第1次産業，第2次産業以外の産業を第3次産業とし，編者計算（対して，前表の表3-9は原資料中に産業三分類ごとの計数が掲載されており，同表はその計数を移記したものである）。1）輸入税，帰属利子（控除），統計上の不突合などを含む。

表3-11　経済活動別国民所得（名目）（暦年）

	1930（昭和5）		1935（昭和10）		1940（昭和15）	
	百万円	%	百万円	%	百万円	%
農業	1 638	*13.9*	2 414	*16.7*	5 918	*19.1*
林業	155	*1.3*	229	*1.6*	990	*3.2*
水産業	190	*1.6*	215	*1.5*	557	*1.8*
鉱業	222	*1.9*	336	*2.3*	887	*2.9*
建設業	456	*3.9*	458	*3.2*	964	*3.1*
製造業	2 520	*21.4*	3 683	*25.5*	9 277	*30.0*
卸売・小売業	1 775	*15.1*	1 958	*13.5*	3 732	*12.0*
金融・不動産業	1 314	*11.2*	1 527	*10.6*	2 117	*6.8*
運輸・通信 1)	1 586	*13.5*	1 518	*10.5*	2 715	*8.8*
サービス業	1 392	*11.8*	1 483	*10.3*	2 611	*8.4*
その他分類不能	138	*1.2*	174	*1.1*	358	*1.2*
公務	379	*3.2*	460	*3.2*	847	*2.7*
国民所得 2)	**11 765**	*100.0*	**14 455**	*100.0*	**30 973**	*100.0*

	1946（昭和21）		1950（昭和25）		1951（昭和26）	
	億円	%	億円	%	億円	%
農業	1 123	*31.1*	7 173	*21.2*	8 983	*19.8*
林業	180	*5.0*	660	*2.0*	1 111	*2.5*
水産業	98	*2.7*	961	*2.8*	1 190	*2.6*
鉱業	109	*3.0*	987	*2.9*	1 676	*3.7*
建設業	249	*6.9*	1 366	*4.0*	1 715	*3.8*
製造業	593	*16.4*	8 395	*24.8*	11 256	*24.9*
卸売・小売業	385	*10.7*	5 595	*16.5*	7 920	*17.5*
金融・不動産業	91	*2.5*	1 090	*3.2*	1 459	*3.2*
運輸・通信 1)	158	*4.4*	2 501	*7.4*	3 307	*7.3*
サービス業	} 560	*15.6*	}		}	
その他分類不能	}		} 5 109	*15.2*	} 6 660	*14.7*
公務	63	*1.7*	}		}	
国民所得 2)	**3 609**	*100.0*	**33 837**	*100.0*	**45 277**	*100.0*

	1952（昭和27）		1953（昭和28）		1954（昭和29）	
	億円	%	億円	%	億円	%
農業	9 585	*18.8*	9 415	*16.3*	10 080	*16.7*
林業	1 231	*2.4*	1 601	*2.8*	1 543	*2.6*
水産業	1 361	*2.7*	1 650	*2.9*	1 619	*2.7*
鉱業	2 018	*4.0*	1 706	*3.0*	1 508	*2.5*
建設業	2 175	*4.3*	2 730	*4.7*	2 940	*4.9*
製造業	11 996	*23.5*	13 959	*24.2*	14 277	*23.6*
卸売・小売業	8 320	*16.3*	9 123	*15.8*	9 626	*15.9*
金融・不動産業	2 175	*4.3*	3 005	*5.2*	3 107	*5.1*
運輸・通信 1)	4 131	*8.1*	4 943	*8.6*	5 465	*9.0*
サービス業	}		}		}	
その他分類不能	} 7 967	*15.6*	} 9 455	*16.5*	} 10 344	*17.0*
公務	}		}		}	
国民所得 2)	**50 959**	*100.0*	**57 587**	*100.0*	**60 509**	*100.0*

内閣府「国民所得白書」（1960年度）により作成。1946年以降は会計年度。構成比（%）は編者算出。1）運輸・通信・その他公益事業。2）国内国民所得で，海外からの純所得を含んでいない。

表 3-12　経済活動別国内総生産（その1）（名目）（暦年）

	1955（昭和30）		1960（昭和35）		1965（昭和40）	
	億円	%	億円	%	億円	%
農林水産業	16 655	*19.9*	21 010	*13.1*	32 294	*9.8*
鉱業	1 647	*2.0*	2 463	*1.5*	3 310	*1.0*
製造業	23 810	*28.4*	55 354	*34.6*	110 856	*33.7*
建設業	3 777	*4.5*	8 931	*5.6*	21 592	*6.6*
電気・ガス・水道業	1 983	*2.4*	4 068	*2.5*	8 874	*2.7*
卸売・小売業	8 937	*10.7*	18 601	*11.6*	41 732	*12.7*
金融・保険業	3 400	*4.1*	5 653	*3.5*	14 747	*4.5*
不動産業	4 645	*5.5*	12 153	*7.6*	28 170	*8.6*
運輸・通信業	6 108	*7.3*	11 878	*7.4*	24 619	*7.5*
サービス業	8 449	*10.1*	12 054	*7.5*	25 703	*7.8*
産業計	79 411	*94.9*	152 165	*95.0*	311 896	*94.9*
政府サービス生産者	6 424	*7.7*	10 175	*6.4*	22 882	*7.0*
電気・ガス・水道	101	*0.1*	162	*0.1*	431	*0.1*
サービス	2 990	*3.6*	4 694	*2.9*	10 053	*3.1*
公務	3 333	*4.0*	5 319	*3.3*	12 398	*3.8*
対家計民間非営利サービス生産者	817	*1.0*	1 386	*0.9*	3 536	*1.1*
輸入税	283	*0.3*	1 113	*0.7*	2 373	*0.7*
（控除）帰属利子	3 223	*3.9*	5 419	*3.4*	13 810	*4.2*
統計上の不突合	−18	*−0.0*	676	*0.4*	1 785	*0.5*
国内総生産	**83 695**	*100.0*	**160 097**	*100.0*	**328 660**	*100.0*

	1967（昭和42）		1968（昭和43）		1969（昭和44）	
	億円	%	億円	%	億円	%
農林水産業	41 342	*9.2*	43 005	*8.1*	44 524	*7.2*
鉱業	4 214	*0.9*	4 715	*0.9*	5 499	*0.9*
製造業	153 840	*34.4*	184 153	*34.8*	219 752	*35.3*
建設業	27 222	*6.1*	33 628	*6.3*	42 751	*6.9*
電気・ガス・水道業	10 890	*2.4*	12 598	*2.4*	14 425	*2.3*
卸売・小売業	60 132	*13.4*	74 745	*14.1*	86 363	*13.9*
金融・保険業	19 592	*4.4*	23 298	*4.4*	26 733	*4.3*
不動産業	38 460	*8.6*	42 371	*8.0*	49 979	*8.0*
運輸・通信業	33 270	*7.4*	37 658	*7.1*	43 660	*7.0*
サービス業	38 621	*8.6*	49 099	*9.3*	60 841	*9.8*
産業計	427 584	*95.6*	505 270	*95.4*	594 529	*95.5*
政府サービス生産者	29 389	*6.6*	33 710	*6.4*	38 918	*6.3*
電気・ガス・水道	609	*0.1*	722	*0.1*	892	*0.1*
サービス	12 863	*2.9*	14 653	*2.8*	16 820	*2.7*
公務	15 917	*3.6*	18 336	*3.5*	21 206	*3.4*
対家計民間非営利サービス生産者	4 750	*1.1*	5 488	*1.0*	6 458	*1.0*
輸入税	3 284	*0.7*	3 571	*0.7*	4 181	*0.7*
（控除）帰属利子	17 568	*3.9*	20 580	*3.9*	24 367	*3.9*
統計上の不突合	−134	*−0.0*	2 291	*0.4*	2 570	*0.4*
国内総生産	**447 305**	*100.0*	**529 749**	*100.0*	**622 289**	*100.0*

内閣府「長期遡及主要系列国民経済計算報告（1955～89年）」により作成。構成比（%）は原資料掲載のものをそのまま引用し，各項目の内訳の調整を行っていない。

経済活動別国内総生産（その2）（I）（名目）（暦年）

	1970（昭和45）		1975（昭和50）		1980（昭和55）	
	億円	%	億円	%	億円	%
農林水産業	44 880	*6.1*	81 411	*5.5*	87 777	*3.6*
農業	32 150	*4.4*	61 978	*4.2*	63 774	*2.6*
林業	5 900	*0.8*	7 159	*0.5*	8 260	*0.3*
水産業	6 830	*0.9*	12 274	*0.8*	15 743	*0.6*
鉱業	6 203	*0.8*	7 762	*0.5*	13 631	*0.6*
製造業	264 023	*36.0*	448 009	*30.2*	680 926	*28.0*
うち食料品	27 900	*3.8*	50 274	*3.4*	77 083	*3.2*
繊維	14 426	*2.0*	21 482	*1.4*	18 844	*0.8*
パルプ・紙	6 950	*0.9*	14 057	*0.9*	20 051	*0.8*
化学	22 247	*3.0*	33 989	*2.3*	52 810	*2.2*
石油・石炭製品	12 422	*1.7*	16 261	*1.1*	25 613	*1.1*
窯業・土石製品	11 106	*1.5*	19 178	*1.3*	27 293	*1.1*
鉄鋼	23 903	*3.3*	38 385	*2.6*	67 212	*2.8*
非鉄金属	5 973	*0.8*	10 691	*0.7*	22 518	*0.9*
金属製品	15 802	*2.2*	25 028	*1.7*	32 083	*1.3*
一般機械	28 267	*3.9*	44 430	*3.0*	61 265	*2.5*
電気機械	28 658	*3.9*	41 153	*2.8*	73 065	*3.0*
輸送用機械	28 536	*3.9*	57 837	*3.9*	72 432	*3.0*
精密機械	4 378	*0.6*	7 571	*0.5*	13 941	*0.6*
衣服・身回品	4 174	*0.6*	10 789	*0.7*	22 016	*0.9*
印刷・出版	8 461	*1.2*	17 015	*1.1*	27 564	*1.1*
建設業	56 502	*7.7*	143 224	*9.7*	222 278	*9.2*
電気・ガス・水道業	15 577	*2.1*	30 017	*2.0*	65 761	*2.7*
電力	11 337	*1.5*	20 467	*1.4*	44 136	*1.8*
ガス・水道・熱供給	4 240	*0.6*	9 550	*0.6*	21 625	*0.9*
卸売・小売業	105 313	*14.4*	219 341	*14.8*	367 796	*15.1*
卸売	67 534	*9.2*	126 460	*8.5*	210 096	*8.7*
小売	37 779	*5.2*	92 882	*6.3*	157 700	*6.5*
金融・保険業	31 205	*4.3*	77 958	*5.3*	130 041	*5.4*
不動産業	58 990	*8.0*	121 380	*8.2*	218 179	*9.0*
うち住宅賃貸業	45 600	*6.2*	95 186	*6.4*	165 017	*6.8*
運輸・通信業	50 443	*6.9*	95 460	*6.4*	155 222	*6.4*
運輸	39 785	*5.4*	74 810	*5.0*	116 540	*4.8*
通信	10 658	*1.5*	20 649	*1.4*	38 683	*1.6*
サービス業	70 743	*9.6*	162 514	*11.0*	346 015	*14.2*
公共サービス	11 802	*1.6*	34 748	*2.3*	86 271	*3.6*
対事業所サービス	12 306	*1.7*	29 870	*2.0*	115 143	*4.7*
対個人サービス	46 635	*6.4*	97 897	*6.6*	144 601	*6.0*
産業計	703 878	*96.0*	1 387 077	*93.5*	2 287 627	*94.2*
政府サービス生産者	46 422	*6.3*	131 284	*8.9*	209 352	*8.6*
対家計民間非営利サービス生産者	7 298	*1.0*	23 626	*1.6*	33 051	*1.4*
小計	757 598	*103.3*	1 541 987	*104.0*	2 530 030	*104.2*
輸入税	4 981	*0.7*	5 470	*0.4*	13 125	*0.5*
（控除）その他 1)	0	*0.0*	0	*0.0*	0	*0.0*
（控除）帰属利子	28 220	*3.8*	70 081	*4.7*	95 768	*3.9*
国内総生産×	**733 449**	*100.0*	**1 483 271**	*100.0*	**2 428 387**	*100.0*

内閣府「国民経済計算確報」（1998・2009年度）による。1970・75年は1990年基準・68SNA，1980年は2000年基準・93SNAによる国民経済計算。構成比（%）は原資料の計数をそのまま引用し，内訳等の調整を行っていない。1）1980年は（控除）総資本形成に係る消費税。×統計上の不突合を含む。

経済活動別国内総生産（その2）（Ⅱ）（名目）（暦年）

	1985（昭和60）		1990（平成2）		1995（平成7）	
	億円	%	億円	%	億円	%
農林水産業	102 013	*3.1*	109 161	*2.5*	93 455	*1.9*
農業	78 928	*2.4*	83 788	*1.9*	71 868	*1.5*
林業	6 420	*0.2*	6 612	*0.1*	6 958	*0.1*
水産業	16 665	*0.5*	18 761	*0.4*	14 629	*0.3*
鉱業	9 580	*0.3*	11 212	*0.3*	8 607	*0.2*
製造業	913 040	*28.1*	1 173 155	*26.5*	1 146 687	*23.2*
うち食料品	110 685	*3.4*	117 500	*2.7*	129 024	*2.6*
繊維	17 639	*0.5*	19 225	*0.4*	15 538	*0.3*
パルプ・紙	23 891	*0.7*	33 647	*0.8*	33 991	*0.7*
化学	70 504	*2.2*	93 807	*2.1*	97 790	*2.0*
石油・石炭製品	39 235	*1.2*	41 406	*0.9*	53 858	*1.1*
窯業・土石製品	34 458	*1.1*	43 797	*1.0*	44 200	*0.9*
鉄鋼	60 060	*1.8*	70 792	*1.6*	60 413	*1.2*
非鉄金属	18 505	*0.6*	23 833	*0.5*	21 394	*0.4*
金属製品	46 427	*1.4*	71 548	*1.6*	67 259	*1.4*
一般機械	91 175	*2.8*	131 135	*3.0*	113 540	*2.3*
電気機械	132 460	*4.1*	194 166	*4.4*	194 584	*3.9*
輸送用機械	102 141	*3.1*	113 587	*2.6*	109 181	*2.2*
精密機械	18 132	*0.6*	20 881	*0.5*	16 419	*0.3*
衣服・身回品	24 256	*0.7*	32 680	*0.7*	28 044	*0.6*
出版・印刷	38 478	*1.2*	55 935	*1.3*	59 856	*1.2*
建設業	250 082	*7.7*	434 386	*9.8*	408 500	*8.2*
電気・ガス・水道業	102 982	*3.2*	112 324	*2.5*	133 293	*2.7*
電気	72 391	*2.2*	75 431	*1.7*	90 762	*1.8*
ガス・水道・熱供給	30 591	*0.9*	36 893	*0.8*	42 531	*0.9*
卸売・小売業	428 164	*13.2*	583 243	*13.2*	757 883	*15.3*
卸売	227 548	*7.0*	342 847	*7.7*	466 467	*9.4*
小売	200 617	*6.2*	240 395	*5.4*	291 415	*5.9*
金融・保険業	175 923	*5.4*	308 270	*7.0*	319 638	*6.5*
不動産業	307 279	*9.4*	430 511	*9.7*	537 571	*10.9*
うち住宅賃貸業	231 886	*7.1*	333 269	*7.5*	443 877	*9.0*
運輸・通信業	215 537	*6.6*	290 904	*6.6*	352 642	*7.1*
運輸	162 262	*5.0*	222 232	*5.0*	264 554	*5.3*
通信	53 275	*1.6*	68 672	*1.6*	88 087	*1.8*
サービス業	537 288	*16.5*	709 551	*16.0*	881 288	*17.8*
公共サービス	133 247	*4.1*	135 768	*3.1*	187 035	*3.8*
対事業所サービス	170 282	*5.2*	245 727	*5.5*	332 702	*6.7*
対個人サービス	233 759	*7.2*	328 056	*7.4*	361 551	*7.3*
産業計	3 041 889	*93.5*	4 162 716	*94.0*	4 639 563	*93.7*
政府サービス生産者	268 720	*8.3*	343 239	*7.8*	418 814	*8.5*
対家計民間非営利サービス生産者	47 730	*1.5*	66 466	*1.5*	88 883	*1.8*
小計	3 358 339	*103.2*	4 572 421	*103.3*	5 147 260	*104.0*
輸入品に課される税・関税	13 532	*0.4*	27 647	*0.6*	28 894	*0.6*
（控除）総資本形成に係る消費税	0	*0.0*	22 824	*0.5*	19 057	*0.4*
（控除）帰属利子	130 141	*4.0*	182 590	*4.1*	250 417	*5.1*
国内総生産×	**3 254 019**	*100.0*	**4 427 810**	*100.0*	**4 951 655**	*100.0*

内閣府「国民経済計算確報」(2009年度）により作成。2000年基準・93SNAによる国民経済計算。%は原資料の計数をそのまま引用し，内訳等の調整を行わず。×統計上の不突合を含む。

経済活動別国内総生産（その3）（Ⅰ）（名目）（暦年）

	2000（平成12）		2005（平成17）		2010（平成22）	
	億円	%	億円	%	億円	%
農林水産業	80 902	*1.5*	58 984	*1.1*	55 152	*1.1*
農業	68 367	*1.3*	49 354	*0.9*	46 284	*0.9*
林業	1 723	*0.0*	1 343	*0.0*	1 902	*0.0*
水産業	10 811	*0.2*	8 288	*0.2*	6 965	*0.1*
鉱業	6 109	*0.1*	4 142	*0.1*	3 037	*0.1*
製造業	1 188 154	*22.6*	1 134 478	*21.6*	1 042 388	*20.8*
うち食料品	140 928	*2.7*	128 642	*2.5*	125 376	*2.5*
繊維製品	30 934	*0.6*	18 035	*0.3*	13 703	*0.3*
パルプ・紙・紙加工品	32 233	*0.6*	27 886	*0.5*	22 349	*0.4*
化学	106 132	*2.0*	102 306	*2.0*	102 820	*2.1*
石油・石炭製品	54 901	*1.0*	51 274	*1.0*	52 344	*1.0*
窯業・土石製品	39 305	*0.7*	34 114	*0.7*	28 987	*0.6*
一次金属	74 785	*1.4*	83 662	*1.6*	97 968	*2.0*
金属製品	60 371	*1.1*	55 728	*1.1*	41 970	*0.8*
はん・生産・業務用機械	143 698	*2.7*	146 513	*2.8*	132 056	*2.6*
電子部品・デバイス	79 199	*1.5*	69 123	*1.3*	56 842	*1.1*
電気機械	84 601	*1.6*	73 153	*1.4*	64 918	*1.3*
情報・通信機器	80 020	*1.5*	59 485	*1.1*	52 705	*1.1*
輸送用機械	126 516	*2.4*	162 807	*3.1*	147 999	*3.0*
印刷業	39 326	*0.7*	34 852	*0.7*	27 421	*0.5*
電気・ガス・水道業	168 981	*3.2*	152 365	*2.9*	137 973	*2.8*
電気	93 122	*1.8*	75 924	*1.4*	60 921	*1.2*
ガス・水道・廃棄物	75 859	*1.4*	76 442	*1.5*	77 052	*1.5*
建設業	362 153	*6.9*	291 864	*5.6*	239 839	*4.8*
卸売・小売業	688 303	*13.1*	753 128	*14.4*	690 882	*13.8*
卸売	434 723	*8.3*	497 086	*9.5*	410 444	*8.2*
小売	253 580	*4.8*	256 042	*4.9*	280 439	*5.6*
運輸・郵便業	256 426	*4.9*	265 726	*5.1*	252 312	*5.0*
宿泊・飲食サービス業	165 797	*3.1*	143 499	*2.7*	128 470	*2.6*
情報通信業	242 357	*4.6*	259 105	*4.9*	255 142	*5.1*
通信・放送	112 666	*2.1*	105 170	*2.0*	116 355	*2.3*
情報サービス・映像音声文字情報制作	129 690	*2.5*	153 936	*2.9*	138 787	*2.8*
金融・保険業	256 365	*4.9*	311 922	*6.0*	241 152	*4.8*
不動産業	541 381	*10.3*	545 705	*10.4*	595 305	*11.9*
うち住宅賃貸	470 179	*8.9*	484 519	*9.2*	517 323	*10.3*
専門・科学技術，業務支援サービス業	302 908	*5.8*	333 942	*6.4*	349 397	*7.0*
公務	273 138	*5.2*	269 295	*5.1*	263 057	*5.3*
教育	190 029	*3.6*	186 199	*3.6*	182 466	*3.6*
保健衛生・社会事業	278 740	*5.3*	289 158	*5.5*	320 249	*6.4*
その他のサービス	273 525	*5.2*	256 997	*4.9*	234 540	*4.7*
小計	5 275 268	*100.2*	5 256 509	*100.3*	4 991 362	*99.8*
輸入品に課される税・関税	38 694	*0.7*	47 697	*0.9*	48 465	*1.0*
（控除）総資本形成に係る消費税	35 254	*0.7*	33 081	*0.6*	28 978	*0.6*
国内総生産×	**5 267 060**	*100.0*	**5 241 328**	*100.0*	**5 003 539**	*100.0*

内閣府「国民経済計算年次推計」（2017年度，2019年10月1日閲覧）により作成。2011年基準・2008SNAによる国民経済計算。%は原資料から引用し，内訳等の調整を行わず。×統計上の不突合を含む。

経済活動別国内総生産（その3）（II）（名目）（暦年）

	2015（平成27）億円	%	2016（平成28）億円	%	2017（平成29）億円	%
農林水産業	59 184	1.1	64 912	1.2	64 829	1.2
農業	49 089	0.9	54 741	1.0	54 363	1.0
林業	2 055	0.0	2 105	0.0	2 171	0.0
水産業	8 041	0.2	8 066	0.2	8 294	0.2
鉱業	3 154	0.1	2 860	0.1	3 012	0.1
製造業	1 105 853	20.8	1 108 166	20.7	1 129 884	20.7
うち食料品	133 009	2.5	137 170	2.6	133 225	2.4
繊維製品	15 080	0.3	13 430	0.3	13 177	0.2
パルプ・紙・紙加工品	20 647	0.4	21 893	0.4	22 316	0.4
化学	115 323	2.2	122 450	2.3	118 559	2.2
石油・石炭製品	38 766	0.7	47 147	0.9	51 805	1.0
窯業・土石製品	28 941	0.5	28 312	0.5	28 779	0.5
一次金属	95 679	1.8	97 549	1.8	99 274	1.8
金属製品	47 762	0.9	48 782	0.9	48 005	0.9
はん・生産・業務用機械	162 465	3.1	160 582	3.0	172 284	3.2
電子部品・デバイス	51 872	1.0	52 937	1.0	56 268	1.0
電気機械	72 619	1.4	71 961	1.3	72 075	1.3
情報・通信機器	40 080	0.8	34 937	0.7	33 627	0.6
輸送用機械	177 821	3.3	170 015	3.2	177 632	3.3
印刷業	23 102	0.4	21 890	0.4	21 302	0.4
電気・ガス・水道業	139 243	2.6	139 382	2.6	142 525	2.6
電気	61 893	1.2	63 905	1.2	65 712	1.2
ガス・水道・廃棄物	77 350	1.5	75 478	1.4	76 813	1.4
建設業	293 620	5.5	298 872	5.6	313 288	5.7
卸売・小売業	742 699	14.0	740 115	13.8	759 187	13.9
卸売	445 271	8.4	443 125	8.3	462 358	8.5
小売	297 428	5.6	296 990	5.5	296 829	5.4
運輸・郵便業	271 531	5.1	269 930	5.0	276 952	5.1
宿泊・飲食サービス業	124 048	2.3	136 561	2.5	137 911	2.5
情報通信業	267 234	5.0	268 559	5.0	266 842	4.9
通信・放送	122 403	2.3	123 245	2.3	120 036	2.2
情報サービス・映像音声文字情報制作	144 831	2.7	145 313	2.7	146 805	2.7
金融・保険業	232 082	4.4	223 226	4.2	225 157	4.1
不動産業	606 159	11.4	611 543	11.4	617 893	11.3
うち住宅賃貸	525 575	9.9	526 778	9.8	530 076	9.7
専門・科学技術，業務支援サービス業	383 867	7.2	398 680	7.4	404 830	7.4
公務	265 718	5.0	266 966	5.0	268 826	4.9
教育	192 054	3.6	193 966	3.6	195 981	3.6
保健衛生・社会事業	362 671	6.8	377 401	7.0	381 021	7.0
その他のサービス	233 768	4.4	229 028	4.3	233 021	4.3
小計	5 282 885	99.4	5 330 167	99.4	5 421 157	99.4
輸入品に課される税・関税	87 547	1.6	76 761	1.4	85 709	1.6
（控除）総資本形成に係る消費税	57 421	1.1	56 826	1.1	59 398	1.1
国内総生産×	**5 313 198**	100.0	**5 359 864**	100.0	**5 451 219**	100.0

内閣府「国民経済計算年次推計」（2017年度，2019年10月1日閲覧）により作成。2011年基準・2008SNAによる国民経済計算。%は原資料から引用し，内訳等の調整を行わず。×統計上の不突合を含む。

表 3-13　戦前の国富統計（単位　百万円）

	1905（明38）	1910（明43）	1913（大2）	1917（大6）	1919（大8）	私有
土地	8 397	9 802	13 795	13 863	33 086	32 625
鉱山	1 169	2 064	1 468	4 425	6 413	6 413
海湖川・港湾・運河	1 065	1 585	2 767	3 083	4 597	—
橋梁	51	56	95	222	234	—
樹木	3 994	4 660	1 760	5 421	4 534	1 705
家畜・野禽	115	161	154	229	503	494
建物	2 331	3 535	3 632	5 317	8 560	8 084
製造工業機械	208	342	399	553	1 102	1 102
鉄道・軌道	687	970	299	2 092	1 111	825
諸車	11	15	47	56	182	182
船舶	143	157	471	1 051	1 182	1 182
電気・ガス供給設備	—	—	—	—	—	—
電信・電話設備	—	—	—	—	—	—
水道設備	45	56	77	128	149	—
家具家財	873	1 266	1 566	1 993	4 424	4 424
政府財産	—	—	1 116	—	1 548	—
皇室財産	—	—	346	—	727	—
棚卸資産	873	1 109	2 080	2 458	7 218	7 188
その他	2 316	3 004	3 082	4 866	7 793	6 582
貨幣用地金	310	647	747	998	2 360	1 309
対外債権債務差額	—	—	-1 860	-1 059	356	1 447
総額	**22 590**	**29 430**	**32 043**	**45 696**	**86 077**	**73 560**

	1924（大13）		1930（昭5）		1935（昭10）	
	(A)	(B)		私有		私有
土地	33 247	46 641	41 091	36 554	37 087	32 639
鉱山	3 523	9 642	6 500	6 495	10 011	9 949
海湖川・港湾・運河	5 159	352	343	1	454	3
橋梁	374	589	483	—	786	—
樹木	1 748	9 531	6 707	4 045	7 086	4 267
家畜・野禽	526	558	346	323	431	400
建物	16 326	27 807	22 843	20 732	26 211	23 669
製造工業機械	1 987	1 956	1 809	1 664	2 921	2 749
鉄道・軌道	3 544	3 241	3 598	754	3 747	960
諸車	429	779	660	296	846	319
船舶	320	1 896	2 060	1 002	3 035	925
電気・ガス供給設備	—	1 563	1 905	1 699	3 088	2 787
電信・電話設備	—	162	199	3	526	11
水道設備	283	418	353	6	584	4
家具家財	9 683	15 228	12 473	11 609	13 524	12 467
政府財産	6 484	—	—	—	—	—
皇室財産	—	—	—	—	—	—
棚卸資産	6 338	7 843	5 457	5 168	8 090	7 752
その他	10 258	2 522	2 251	181	3 547	558
貨幣用地金	1 824	1 414	917	917	1 433	1 433
対外債権債務差額	288	659	192	633	935	1 501
総額	**102 341**	**132 802**	**110 188**	**92 083**	**124 344**	**102 393**

日本銀行「明治以降　本邦主要経済統計」(1966年刊）により作成。推計者は日本銀行，国務院，内閣統計局。1924年の(B)は1930年調査と比較できるように後に組み替えられたもの。

表 3-14　国民資産・負債残高（その1）（各年末現在）（単位　十億円）

	1955 (昭和30)	1960 (昭和35)	1965 (昭和40)	1970 (昭和45)	1975 (昭和50)
有形資産	32 505	59 719	118 720	294 785	737 424
在庫	3 020	5 965	11 160	22 824	44 987
製品在庫	529	1 302	2 773	5 420	10 570
仕掛品在庫	382	835	1 635	3 899	7 983
原材料在庫	781	1 686	2 799	4 779	9 280
流通在庫	1 328	2 142	3 954	8 726	17 155
純固定資産	13 738	19 552	40 159	98 084	287 474
住宅	2 419	3 331	7 454	20 678	68 801
住宅以外の建物	3 488	5 167	10 628	23 631	65 345
その他の構築物	4 366	6 669	12 669	28 378	88 250
輸送機械	844	820	1 823	4 774	12 947
機械器具等	2 622	3 566	7 587	20 622	52 131
再生産不可能有形資産	15 747	34 201	67 400	173 877	404 963
土地	11 814	29 105	60 452	162 975	376 674
うち宅地	4 920	18 333	44 803	127 065	289 417
森林	3 420	4 646	6 562	10 120	27 424
地下資源	453	378	254	380	316
漁場	60	72	132	402	549
金融資産	18 917	48 121	122 851	295 789	701 376
現金通貨	619	1 078	2 198	4 967	11 182
通貨性預金	1 755	3 551	9 254	19 291	46 452
その他の預金	3 164	8 584	22 150	51 817	128 596
短期債券	432	680	1 138	2 360	4 578
長期債券	1 100	3 194	8 652	21 112	57 665
株式	1 076	3 275	7 248	27 439	61 101
日銀貸出金	46	500	1 628	2 353	1 777
コール・買入手形	93	384	1 125	2 217	7 246
コマーシャル・ペーパー	—	—	—	0	0
市中貸出金	4 423	11 901	31 029	70 237	165 548
政府貸出金	1 603	3 152	7 188	16 135	44 962
生命保険	417	1 398	3 392	8 122	19 153
一般政府繰入金	410	495	528	860	1 213
売上債権	2 591	7 386	21 395	51 669	105 896
その他の金融資産	1 189	2 544	5 924	17 212	46 009
総資産	**51 422**	**107 840**	**241 571**	**590 573**	**1 438 800**
負債（株式を除く）	17 680	44 962	116 720	266 071	636 910
現金通貨	619	1 078	2 198	4 967	11 182
通貨性預金	1 755	3 551	9 254	19 291	46 452
その他の預金	3 164	8 584	22 452	52 167	131 306
短期債券	432	681	1 147	2 374	4 657
長期債券	1 192	3 272	8 914	21 528	59 320
日銀借入金	46	500	1 628	2 353	1 777
コール・売渡手形	93	384	1 125	2 217	7 246
コマーシャル・ペーパー	—	—	—	0	0
市中借入金	4 423	11 901	31 029	70 237	165 548
政府借入金	1 603	3 152	7 188	16 135	44 962
生命保険	417	1 398	3 392	8 122	19 153
一般政府繰入金	410	495	528	860	1 213
買入債務	2 591	7 386	21 395	51 669	105 896
その他の負債	935	2 580	6 468	14 153	38 199
株式・正味資産	33 742	62 878	124 851	324 502	801 891
株式	1 037	3 058	6 823	28 035	62 305
正味資産	32 705	59 820	118 028	296 467	739 586
総負債および正味資産	**51 422**	**107 840**	**241 571**	**590 573**	**1 438 800**

内閣府「長期遡及主要系列国民経済計算報告」(1991年）および同「国民経済確報」(1998年度）により作成。1990年基準・68SNAによる国民経済計算。

国民資産・負債残高（その２）（各年末現在）（単位　十億円）

	1980 (昭和55)	1985 (昭和60)	1990 (平成２)	1995 (平成７)	2000 (平成12)
非金融資産	1 354 753	1 784 908	3 480 953	2 995 691	2 750 332
生産資産	607 920	723 341	1 002 111	1 156 353	1 206 873
在庫	99 764	92 688	101 313	94 447	88 925
製品在庫	15 202	16 733	16 187	15 986	15 099
仕掛品在庫	44 432	36 312	42 542	39 732	34 503
原材料在庫	14 012	12 355	11 590	7 880	7 244
流通在庫	26 118	27 289	31 143	31 162	32 702
（控除）総資本形成に係る消費税	0	0	150	311	623
有形固定資産	507 217	627 773	891 860	1 051 534	1 102 774
住宅	135 631	152 264	208 332	236 511	246 530
住宅以外の建物	114 734	147 893	211 727	239 525	236 721
その他の構築物	166 583	211 543	300 158	389 844	441 595
輸送用機械	17 663	19 718	26 790	28 889	28 492
その他の機械・設備	71 767	95 256	147 009	168 470	174 747
育成資産	840	1 099	1 514	1 681	1 706
（控除）総資本形成に係る消費税	0	0	3 670	13 385	27 017
無形固定資産	939	2 881	8 939	10 372	15 174
うちコンピュータ・ソフトウェア	939	2 881	9 033	10 586	15 700
（控除）総資本形成に係る消費税	0	0	94	214	526
有形非生産資産	746 833	1 061 567	2 478 842	1 839 337	1 543 460
土地	745 250	1 059 977	2 477 351	1 837 705	1 542 159
宅地	586 157	857 220	2 114 791	1 538 769	1 285 808
耕地	99 048	121 493	195 983	128 559	99 963
その他（林地を含む）	60 045	81 264	166 577	170 378	156 388
地下資源	535	888	760	654	554
漁場	1 048	703	731	978	747
金融資産	1 509 524	2 592 584	4 455 594	5 135 218	5 636 298
貨幣用金・ＳＤＲ	0	0	0	0	0
現金・預金	450 473	716 745	1 130 336	1 419 379	1 629 715
貸出	479 214	784 557	1 379 953	1 586 990	1 621 782
株式以外の証券	178 061	366 361	540 518	695 016	844 042
株式・出資金	123 192	290 879	593 523	513 693	499 531
うち株式	105 684	265 110	556 005	455 603	420 730
金融派生商品	—	—	—	—	21 271
保険・年金準備金	48 253	98 622	206 677	312 627	375 492
その他の金融資産	230 330	335 421	604 587	607 514	644 465
総資産	**2 864 277**	**4 377 492**	**7 936 547**	**8 130 908**	**8 386 630**
負債	1 501 268	2 566 472	4 405 080	5 051 146	5 503 251
貨幣用金・ＳＤＲ	0	0	0	0	0
現金・預金	451 166	718 074	1 149 403	1 419 004	1 620 933
借入	473 551	778 409	1 397 233	1 588 682	1 623 738
株式以外の証券	189 482	383 096	582 827	727 283	879 552
株式・出資金	128 364	307 624	618 322	556 700	575 118
うち株式	110 856	281 855	580 804	498 610	496 317
金融派生商品	—	—	—	—	23 909
保険・年金準備金	48 253	98 622	206 677	312 627	375 492
その他の負債	210 452	280 647	450 618	446 850	404 508
正味資産	1 363 008	1 811 020	3 531 467	3 079 763	2 883 379
総負債・正味資産	**2 864 277**	**4 377 492**	**7 936 547**	**8 130 908**	**8 386 630**

内閣府「国民経済計算確報」（2009年度）により作成。2000年基準・93SNAによる国民経済計算。

国民資産・負債残高（その3）（各年末現在）（単位　十億円）

	2005 (平成17)	2010 (平成22)	2015 (平成27)	2016 (平成28)	2017 (平成29)
非金融資産	2 970 325	2 940 621	2 957 757	2 995 905	3 055 274
生産資産	1 712 710	1 734 352	1 800 397	1 810 127	1 849 720
固定資産	1 647 412	1 668 756	1 737 003	1 744 253	1 779 267
住宅	365 304	363 086	368 567	367 740	373 131
その他の建物・構築物	933 252	956 298	1 004 130	1 011 321	1 034 388
機械・設備	213 914	208 094	215 066	213 040	215 996
うち輸送用機械	30 366	31 571	35 973	35 881	36 584
情報通信機器	26 853	22 486	22 489	21 351	21 467
防衛装備品	8 162	8 529	8 920	9 660	10 388
育成生物資源	726	742	834	871	859
知的財産生産物	126 054	132 008	139 486	141 622	144 507
うち研究・開発	97 125	102 803	108 654	110 039	112 666
コンピュータソフトウェア	28 895	29 147	30 735	31 478	31 727
在庫	65 298	65 597	63 394	65 874	70 452
原材料	9 544	9 716	9 311	9 242	9 340
仕掛品	10 457	10 208	11 751	11 930	12 341
製品	13 712	13 684	13 968	13 706	14 328
流通品	34 169	34 573	32 168	34 983	38 682
(控除) 総資本形成に係る消費税	2 584	2 584	3 804	3 987	4 237
非生産資産	1 257 615	1 206 269	1 157 360	1 185 778	1 205 554
土地	1 251 206	1 200 107	1 151 386	1 179 388	1 199 097
うち宅地	1 039 132	1 006 475	972 759	1 000 720	1 020 638
耕地	72 003	56 223	45 756	44 461	44 035
鉱物・エネルギー資源	909	1 226	1 442	1 414	1 392
非育成生物資源	5 501	4 935	4 532	4 976	5 065
漁場	695	274	460	572	578
非育成森林資源	4 806	4 661	4 072	4 404	4 487
金融資産	6 275 235	5 770 187	7 198 646	7 437 357	7 837 691
貨幣用金・SDR等	2 125	4 885	6 469	6 864	6 947
現金・預金	1 247 397	1 285 544	1 734 936	1 886 750	1 970 530
貸出	1 478 456	1 279 736	1 349 053	1 388 713	1 422 836
債務証券	1 031 676	1 115 739	1 222 313	1 266 549	1 276 608
持分・投資信託受益証券	957 971	606 022	1 025 432	1 024 010	1 233 955
うち株式	749 190	382 331	723 804	708 993	891 021
保険・年金・定型保証	525 751	515 347	551 534	551 411	549 612
金融派生商品 1)	20 219	56 907	76 873	82 656	57 992
その他の金融資産	1 011 642	906 009	1 232 036	1 230 404	1 319 212
総資産	**9 245 560**	**8 710 808**	**10 156 402**	**10 433 262**	**10 892 965**
負債	6 094 536	5 514 281	6 859 429	7 101 051	7 509 244
貨幣用金・SDR等	150	1 542	2 050	1 934	1 971
現金・預金	1 247 808	1 280 687	1 723 924	1 874 831	1 958 650
借入	1 496 390	1 292 531	1 379 801	1 431 108	1 453 448
債務証券	1 076 400	1 187 336	1 355 938	1 410 231	1 434 454
持分・投資信託受益証券	1 123 526	712 064	1 273 717	1 255 744	1 529 925
うち株式	913 655	486 935	967 544	935 884	1 182 197
保険・年金・定型保証	525 751	515 347	551 534	551 411	549 612
金融派生商品 1)	23 963	62 670	83 491	87 119	63 783
その他の負債	600 548	462 104	488 974	488 674	517 401
正味資産	3 151 024	3 196 527	3 296 974	3 332 211	3 383 721
負債・正味資産	**9 245 560**	**8 710 808**	**10 156 402**	**10 433 262**	**10 892 965**

内閣府「国民経済計算年次推計」（2017年度，2019年10月１日閲覧）による。2011年基準・2008SNAによる国民経済計算。1）金融派生商品・雇用者ストックオプション。

第4章　資源・エネルギー

〔鉱業〕　わが国は多様な鉱種が存在することから,古代より金属鉱業が営まれていた。16世紀に灰吹法が導入され,世界的な銀の生産国となった。江戸時代になると,採掘容易な金銀の鉱脈が枯渇し,江戸時代中期以降は生産量が減少した。代わりに,幕府は銅鉱山の開発を重点的に進めていった。

明治維新後,政府主導の鉱業近代化により整備された官営鉱山は,1884（明治17）年の小坂鉱山を皮切りに順次民間に払い下げられた。鉱山事業は多額の資本と資金回収の時間が必要なことから,経営は次第に大資本に集中していった。第一次世界大戦後,三井,三菱,住友,古河,藤田,久原などの財閥に多くの鉱山が集中し,採掘・製錬事業で多額の利益を得ていった。

第二次世界大戦で鉱山業は荒廃したが,1950年からの朝鮮特需により,鉱山業は活気を取り戻す。さらに,1959年に秋田県の小坂鉱山・内の岱で黒鉱の大鉱床が発見され,その後,松峰,釈迦内,相内,花輪などで黒鉱鉱床の発見が続いた。これにより,銅鉱,鉛・亜鉛鉱の生産は増大し,1970年代前半までに生産のピークを迎えた。しかし,この頃,資源の枯渇,安価な輸入鉱石との競合があり,加えて,1985年からの急激な円高で金属鉱業衰退の流れは決定的となった。

図4-1　鉱業産出額の推移

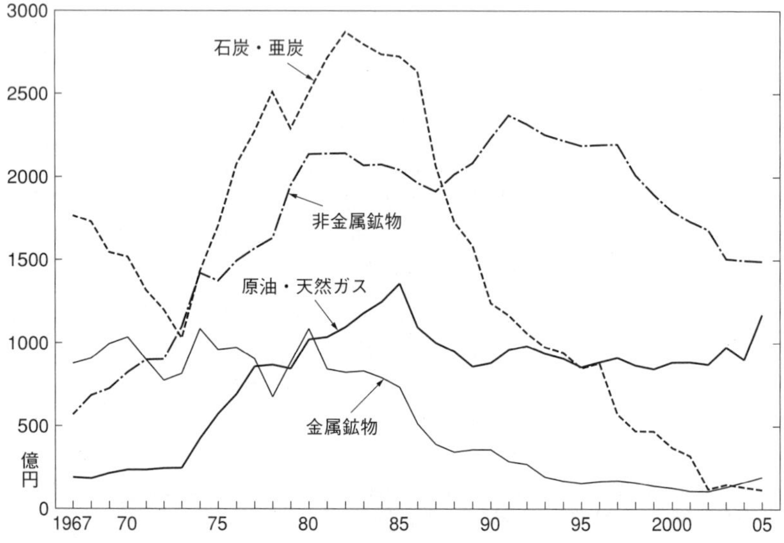

経済産業省「本邦鉱業の趨勢」(2005年で統計廃止）により作成。

1970年の金属鉱山の数は212であったが，1980年には59，1990年には22，2005年には９にまで減少した。現在操業中の大規模鉱山は，世界のなかでも高品位の鉱石が産出することで知られる，鹿児島県の菱刈金鉱山のみである。

金属鉱業と同様に，石炭鉱業も明治維新後の官営化を経て，三井や三菱などの財閥に払い下げられた。石炭の生産統計は，1874（明治７）年の21万トンで始まり，1903年に１千万トン，1919年に３千万トンを突破した。1931年の満州事変以降，日本は軍備増強に走るなかで石炭の増産が図られ，1940年の生産量は5631万トンに達した（これが最高記録となる）。

第２次世界大戦後，政府は傾斜生産方式を疲弊した石炭産業に適用し，資材や資金を優先投入して増産を促した。1950～60年代の生産は４千万～５千万トンで推移したが，この頃，エネルギー革命の進展と，良質で廉価な海外炭の流入により，石炭産業は衰退産業となる。政府は1963年度から実施の第一次石炭政策を皮切りに，９度の政策で石炭産業のテコ入れを図るも，流れを変えることはできなかった。そして，1985年以降の円高により，国内炭と輸入炭の価格差が拡大し，炭鉱の存続は絶望的となった。そしてついに，2002年１月に北海道の太平洋炭鉱が閉山し，国内の主要炭鉱は消滅した。なお石炭の生産は，北海道の小規模露天掘り炭鉱と釧路市沖の海底炭鉱（太平洋炭鉱の規模を縮小して存続）で現在も続けられている。

年表	
668	越後国（新潟県）から石油・瀝青が朝廷に献上される。
674	対馬国（長崎県）から銀が朝廷に献上される。
708	武蔵国（埼玉県）から自然銅が朝廷に献上される。
8世紀中	各地で砂金の採取が本格化。
9世紀初	生野銀山が発見される。
14世紀前	石見銀山・大森銀山が発見される。
1469	筑後国（福岡県）で石炭が発見される。
16世紀	戦国大名が鉱山開発を本格化。
1533	朝鮮半島から灰吹法が石見銀山に伝わり，銀の生産量急増。
1610	足尾銅山が発見される。
1645	越後国（新潟県）で天然ガスが発見される。
1690	別子銅山が発見される。
1857	釜石鉱山で鉄鉱石の採掘本格化。
1868（明１）	国内の全鉱山を官営化し，西洋の技術を導入。
1884	主要鉱山の民間への払い下げが始まる。
1885	足尾鉱毒事件が表面化。
19世紀末	新潟県と秋田県で油田の開発が本格化する。
1900	小坂鉱山で黒鉱の酸化製錬（生吹法）に成功し，銅と亜鉛の生産量増加。
1954（昭29）	石油資源総合開発５か年計画が策定され，国内での新たな油田・ガス田の探査と開発が始まる。
1959	石炭不況による人員整理に反対する三池争議が発生。
1963	第一次石炭政策実施。以後段階的に石炭産業の整理・縮小が進められる。
1981	菱刈鉱山（金）が発見される。
1989	佐渡相川鉱山（金・銀）閉山。
1993	釜石鉱山（鉄鉱石）閉山。
1997	三井三池炭鉱閉山。
2001	神岡鉱山（鉛・亜鉛）採掘中止。
2002（平14）	北海道の太平洋炭鉱が閉山し，国内の主要炭鉱がすべて閉山。

表 4-1　わが国の鉱山業（各年末現在）

	金属鉱業		非金属鉱業		石炭・亜炭鉱業		原油・天然ガス鉱業	
	事業所数	従業者数(人)	事業所数	従業者数(人)	事業所数	従業者数(人)	事業所数	従業者数(人)
1905	…	68 861	…	6 609	…	79 505	…	…
1910	…	74 736	…	3 109	…	137 467	…	6 883
1915	…	86 359	…	6 096	…	193 142	…	4 680
1920	…	78 842	…	8 750	…	342 873	…	8 694
1925	…	44 861	…	5 347	…	252 898	…	7 320
1930	…	50 728	…	4 388	…	225 479	…	5 548
1935	…	77 731	…	9 427	…	193 904	…	4 627
1940	…	176 627	…	18 344	…	368 443	…	6 161
1945	…	97 163	…	7 580	…	269 686	…	9 097
1950	621	67 807	849	34 127	…	407 629	…	7 983
1955	635	72 028	968	38 865	…	288 351	…	5 199
1960	629	70 479	1 206	47 612	956	319 777	264	9 213
1965	371	49 378	1 365	38 560	363	154 623	278	6 255
1970	236	34 105	1 046	30 648	114	68 932	87	4 102
1973	126	17 405	872	22 908	67	38 243	67	2 425
1974	109	20 526	833	27 397	53	35 628	59	2 824
1975	99	15 483	773	23 805	53	36 350	56	2 656
1976	93	14 122	777	19 361	52	33 644	57	3 344
1977	88	12 806	763	19 111	46	32 978	64	2 884
1978	75	10 432	759	17 364	40	31 571	67	2 713
1979	66	8 325	822	18 291	37	29 724	62	2 862
1980	59	8 295	791	17 885	37	28 894	57	2 691
1981	58	8 044	775	17 466	33	28 190	54	2 692
1982	57	7 599	778	16 868	31	25 967	52	2 576
1983	54	7 251	748	15 575	32	24 755	53	2 648
1984	54	6 790	750	14 981	30	24 185	62	2 947
1985	51	6 424	741	14 290	30	23 218	61	3 045
1986	37	3 971	729	13 774	30	20 561	55	2 676
1987	27	2 458	674	12 793	30	16 278	56	2 479
1988	27	2 211	660	12 203	29	12 255	64	2 551
1989	25	1 974	629	11 752	28	9 396	61	2 329
1990	22	1 942	649	12 032	29	7 895	59	2 158
1991	22	1 759	637	11 811	26	7 394	54	2 026
1992	18	1 543	633	11 673	20	6 574	57	1 916
1993	17	1 290	621	11 475	18	6 120	52	1 879
1994	12	939	599	11 083	19	5 493	53	1 872
1995	11	882	603	11 095	18	4 603	51	1 756
1996	10	871	606	10 815	18	4 340	50	1 701
1997	10	832	596	10 756	18	2 891	47	1 583
1998	10	822	580	10 315	17	2 859	47	1 565
1999	10	726	565	9 775	16	2 874	46	1 543
2000	10	513	520	9 351	15	2 723	44	1 512
2001	10	461	503	8 777	16	1 649	46	1 535
2002	9	432	487	8 298	14	777	44	1 479
2003	9	453	460	7 607	15	793	44	1 365
2004	8	461	454	7 350	12	785	42	1 452
2005	9	454	434	7 038	9	752	41	1 433
2012 1)	14	296	…	…	14	519	41	1 750
2016 2)	6	213	…	…	17	581	25	784

資料は表4-2に同じ。従業者数は常用従業者（生産部門+管理部門）と臨時および請負従業者の合計。1940年までは 6 月末現在で，石炭・亜炭鉱業の1965～70年は年度末現在。1）2 月 1 日現在。2）6 月 1 日現在。

表 **4 - 2** 鉱業の産出額と付加価値額（単位　億円）

	金属鉱業		非金属鉱業		石炭・亜炭鉱業		原油・天然ガス鉱業	
	産出額	付加価値額	産出額	付加価値額	産出額	付加価値額	産出額	付加価値額
1955	485	329	176	122	1 671	1 152	44	26
1960	608	407	293	199	2 080	1 359	110	55
1962	644	424	372	232	2 088	1 304	135	75
1963	632	422	384	249	1 813	1 153	176	104
1964	706	470	444	282	1 838	1 171	195	108
1965	807	563	458	314	1 879	1 238	167	82
1966	868	613	519	344	1 944	1 271	183	103
1967	876	589	567	377	1 767	1 131	191	123
1968	907	621	684	455	1 729	1 135	185	123
1969	995	687	725	479	1 545	1 013	216	149
1970	1 035	694	823	492	1 518	878	237	143
1971	899	561	899	494	1 317	792	237	136
1972	774	459	902	512	1 200	680	246	151
1973	815	477	1 098	521	1 029	485	248	157
1974	1 086	574	1 421	650	1 433	704	424	296
1975	960	450	1 374	583	1 704	894	573	433
1976	973	466	1 494	660	2 075	1 071	691	476
1977	904	367	1 568	669	2 273	1 187	858	543
1978	675	242	1 631	715	2 510	1 353	868	564
1979	884	475	1 950	823	2 291	1 198	845	563
1980	1 087	594	2 137	865	2 505	1 252	1 022	721
1981	843	378	2 140	833	2 716	1 350	1 036	735
1982	823	366	2 142	888	2 873	1 491	1 096	764
1983	831	386	2 070	829	2 800	1 421	1 180	820
1984	791	373	2 075	819	2 739	1 433	1 248	772
1985	733	314	2 043	790	2 726	1 394	1 358	794
1986	514	193	1 965	767	2 637	1 423	1 095	548
1987	391	171	1 913	763	2 068	1 068	1 002	525
1988	344	165	2 015	833	1 728	837	949	435
1989	358	180	2 083	867	1 585	792	858	404
1990	358	199	2 233	918	1 240	575	880	439
1991	287	128	2 370	975	1 167	506	959	485
1992	271	123	2 318	943	1 060	482	982	544
1993	194	67	2 253	914	975	435	937	556
1994	170	87	2 219	912	941	464	907	504
1995	157	82	2 188	897	848	397	855	464
1996	168	95	2 193	887	879	451	885	424
1997	172	103	2 196	849	572	231	912	469
1998	161	91	2 012	755	471	188	866	451
1999	140	72	1 896	705	469	221	844	447
2000	127	62	1 792	690	370	128	884	445
2001	109	47	1 732	687	322	106	886	460
2002	108	45	1 682	700	121	51	872	462
2003	133	72	1 507	611	148	59	975	529
2004	164	101	1 498	580	132	53	901	431
2005	194	132	1 492	595	116	47	1 173	655
2011 1)	280	197	…	…	122	56	1 416	808
2015 1)	357	307	…	…	x	x	1 217	369

総務省統計局「日本長期統計総覧」，経済産業省「本邦鉱業の趨勢」，および総務省・経済産業省「経済センサス－活動調査」により作成。産出額は生産金額とその他収入額（営業を営むうちに間接的に得られた収入）の合計。付加価値額は産出額から原料使用額，資材使用額，燃料・電力費，減価償却費などを差し引いた額である。1）産出額は生産金額のみ。

表4-3　主な鉱産物の生産量（Ⅰ）（金属鉱は金属含有量）

	金鉱 (kg)	銀鉱 (kg)	銅鉱 (t)	鉛鉱 (t)	亜鉛鉱 (t)	石灰石 (千t)
1935(昭10)	13 992	209 655	69 618	7 706	33 051	5 867
1940(〃15)	24 627	354 531	67 884	14 479	70 709	13 113
1945(〃20)	1 908	65 365	28 966	6 511	31 096	4 604
1950(〃25)	4 205	123 317	39 429	10 890	52 147	10 864
1955(〃30)	7 488	185 041	72 998	26 183	108 669	21 122
1960(〃35)	8 133	215 006	89 183	39 532	156 734	38 519
1965(〃40)	8 238	279 583	107 067	54 930	221 020	61 363
1970(〃45)	7 937	343 077	119 513	64 407	279 679	116 230
1973(〃48)	6 008	263 907	91 258	52 889	263 958	164 374
1974(〃49)	4 346	227 502	82 135	44 248	240 788	160 789
1975(〃50)	4 463	271 640	84 980	50 566	254 423	143 857
1976(〃51)	4 281	289 217	81 606	51 666	259 953	147 530
1977(〃52)	4 635	298 689	81 305	54 764	275 731	154 121
1978(〃53)	4 517	300 573	71 951	56 489	274 629	172 543
1979(〃54)	3 970	269 984	59 100	46 929	243 354	182 781
1980(〃55)	3 183	267 592	52 553	44 746	238 108	184 780
1981(〃56)	3 087	280 228	51 513	46 922	242 042	176 702
1982(〃57)	3 239	306 167	50 658	45 873	251 356	168 259
1983(〃58)	3 139	307 216	46 045	46 888	255 712	169 780
1984(〃59)	3 220	323 575	43 309	48 735	252 700	169 825
1985(〃60)	5 309	339 485	43 208	49 951	253 021	164 156
1986(〃61)	10 280	351 270	34 924	40 327	222 071	162 358
1987(〃62)	8 590	281 020	23 817	27 870	165 675	165 957
1988(〃63)	7 308	251 971	16 666	22 899	147 217	182 468
1989(平1)	6 097	155 792	14 650	18 595	131 794	190 854
1990(〃2)	7 303	149 920	12 927	18 727	127 273	198 224
1991(〃3)	8 299	170 676	12 413	18 329	133 004	206 839
1992(〃4)	8 893	178 330	12 074	18 839	134 510	203 854
1993(〃5)	9 352	136 886	10 277	16 470	118 599	200 455
1994(〃6)	9 551	133 713	6 043	9 946	100 653	202 481
1995(〃7)	9 185	100 078	2 376	9 659	95 274	201 096
1996(〃8)	8 627	85 115	1 145	7 753	79 709	202 894
1997(〃9)	8 384	87 180	932	5 227	71 569	201 399
1998(〃10)	8 601	94 472	1 057	6 198	67 670	183 955
1999(〃11)	9 405	94 004	1 038	6 074	64 263	180 193
2000(〃12)	8 400	103 781	1 211	8 835	63 601	185 569
2001(〃13)	7 815	80 397	744	4 997	44 519	182 255
2002(〃14)	8 615	81 416	—	5 723	42 851	170 166
2003(〃15)	8 143	78 862	—	5 660	44 574	163 565
2004(〃16)	8 021	75 689	—	5 512	47 781	161 858
2005(〃17)	8 319	54 098	—	3 437	41 452	165 240
2006(〃18)	8 904	11 463	—	777	7 169	166 621
2007(〃19)	8 870	4 059	—	—	2 198	165 982
2008(〃20)	6 868	3 726	—	—	2 149	156 813
2009(〃21)	7 709	4 469	—	—	—	132 350
2010(〃22)	8 223	4 981	—	—	—	133 974
2011(〃23)	8 692	4 486	—	—	—	134 176
2012(〃24)	7 232	3 536	—	—	—	140 038
2013(〃25)	7 411	3 644	—	—	—	148 066
2014(〃26)	7 114	3 541	—	—	—	148 088
2015(〃27)	7 699	4 616	—	—	—	142 916
2016(〃28)	6 455	5 076	—	—	—	139 332
2017(〃29)	6 369	3 408	—	—	—	141 634
2018(〃30)	6 453	3 596	—	—	—	142 212

経済産業省「資源統計年報」,「資源・エネルギー統計年報」および「生産動態統計年報」により作成。

主な鉱産物の生産量（II）（精鉱量）

	すず鉱[1]（t）	鉄鉱[2]（t）	マンガン鉱（t）	クロム鉄鉱（t）	タングステン鉱（t）	硫化鉱（t）
1935(昭10)	241	515 865	71 659	35 969	89	1 338 891
1940(〃15)	…	1 122 838	142 766	71 184	1 221	1 859 262
1945(〃20)	103	1 634 922	154 981	43 976	175	407 182
1950(〃25)	331	828 025	139 004	32 959	22	1 928 750
1951(〃26)	440	913 931	185 013	40 945	212	2 344 827
1952(〃27)	649	1 072 943	207 376	47 201	590	2 628 357
1953(〃28)	749	1 141 428	194 397	37 574	1 036	2 343 260
1954(〃29)	726	1 138 265	163 434	32 784	1 129	2 677 847
1955(〃30)	910	987 350	201 713	26 552	792	2 736 143
1956(〃31)	941	1 087 234	285 015	39 868	1 012	3 097 497
1957(〃32)	964	1 154 672	288 936	46 462	900	3 377 737
1958(〃33)	1 126	1 176 057	295 987	41 871	683	3 358 590
1959(〃34)	1 014	1 191 126	348 086	57 677	921	3 389 805
1960(〃35)	856	1 289 712	323 984	67 489	835	3 692 247
1961(〃36)	867	1 158 724	304 121	70 171	825	3 931 100
1962(〃37)	873	1 144 269	308 590	58 082	920	4 015 841
1963(〃38)	871	1 130 020	276 717	43 731	650	3 894 320
1964(〃39)	808	1 132 045	284 698	43 955	715	4 146 174
1965(〃40)	851	1 118 576	302 995	41 834	594	4 323 444
1966(〃41)	986	1 110 305	320 902	32 833	586	4 733 550
1967(〃42)	1 185	1 087 248	338 990	45 232	690	4 528 028
1968(〃43)	945	1 059 007	312 296	27 891	674	4 471 736
1969(〃44)	742	954 916	300 811	29 782	768	4 469 309
1970(〃45)	793	862 053	270 431	32 980	1 211	4 463 338
1971(〃46)	789	829 770	285 005	31 642	1 283	3 791 961
1972(〃47)	874	798 574	260 747	24 819	1 554	2 590 214
1973(〃48)	811	729 141	188 667	23 174	1 510	2 067 961
1974(〃49)	548	542 001	166 578	25 858	1 398	1 959 206
1975(〃50)	659	549 096	157 931	23 149	1 330	1 698 119
1976(〃51)	643	563 391	141 742	22 150	1 372	1 473 925
1977(〃52)	605	558 941	126 156	17 881	1 314	1 283 585
1978(〃53)	603	528 157	104 147	8 696	2 192	1 117 479
1979(〃54)	660	457 671	87 929	11 905	2 253	963 087
1980(〃55)	549	476 658	79 579	13 610	1 894	823 143
1981(〃56)	561	441 844	86 696	10 959	1 839	777 519
1982(〃57)	529	361 813	78 045	11 129	1 762	734 226
1983(〃58)	600	297 817	75 199	8 396	1 651	725 017
1984(〃59)	485	324 419	61 635	7 420	1 610	697 843
1985(〃60)	510	388 343	21 140	11 920	1 922	684 253
1986(〃61)	500	290 573	5 905	10 642	1 938	505 753
1987(〃62)	86	266 054	—	11 815	420	341 313
1988(〃63)	—	97 461	80	9 508	438	331 814
1989(平1)	—	41 425	—	11 674	468	301 063
1990(〃2)	—	34 092	—	8 075	422	280 645
1991(〃3)	—	31 444	—	—	465	243 843
1992(〃4)	—	39 791	—	—	578	243 754
1993(〃5)	—	10 621	—	—	109	219 255
1994(〃6)	—	3 058	—	—	—	180 608
1995(〃7)	—	2 959	—	—	—	170 506
1996(〃8)	—	3 563	—	—	—	120 457
1997(〃9)	—	3 595	—	—	—	39 834
1998(〃10)	—	1 720	—	—	—	40 158
1999(〃11)	—	[1] 589	—	—	—	—
2000(〃12)	—	[1] 523	—	—	—	—

資料は前表に同じ。1）金属含有量。2）2001年の生産量は258トン。同年をもって統計の対象から除外。

表4-4　世界の鉄鉱石の生産（金属含有量）（単位　千 t）

	オーストラリア	ブラジル	中国	インド	ロシア1)	南アフリカ共和国	世界計
1980	59 483	73 398	33 500	25 837	130 787	16 574	505 575
1985	62 042	87 210	40 000	26 633	136 000	15 076	504 730
1990	69 800	99 900	50 500	34 400	132 000	19 700	540 000
1995	88 700	113 000	75 000	41 700	45 200	19 800	552 000
1997	97 900	122 000	88 400	44 400	40 900	20 600	585 000
1998	99 400	124 000	81 200	48 000	41 700	20 400	573 000
1999	95 200	128 000	78 200	44 900	46 900	18 400	560 000
2000	104 000	141 000	73 500	48 600	50 000	21 600	604 000
2001	113 000	134 000	72 600	50 700	48 000	22 200	584 000
2002	116 000	142 000	76 200	55 300	49 000	23 400	617 000
2003	132 000	153 000	86 000	63 400	53 000	24 000	675 000
2004	145 000	174 000	105 000	77 200	56 200	24 800	752 000
2005	163 000	187 000	138 000	97 500	56 100	25 000	843 000
2006	171 000	211 000	198 000	113 000	59 100	26 000	964 000
2007	194 000	236 000	233 000	126 000	60 800	26 500	1 070 000
2008	209 000	234 000	270 000	138 000	57 800	30 800	1 130 000
2009	228 000	199 000	280 000	144 000	53 200	34 800	1 090 000
2010	271 000	248 000	332 000	147 000	58 500	38 000	1 290 000
2011	277 000	248 000	412 000	154 000	60 000	38 500	1 390 000
2012	336 000	258 000	*261 000	84 000	62 900	42 900	1 280 000
2013	413 000	246 000	*259 000	94 000	61 800	45 700	1 370 000
2014	468 000	250 000	*254 000	80 000	61 700	51 500	1 410 000
2015	486 000	257 000	*232 000	96 000	61 100	46 400	1 400 000

USGS（アメリカ地質調査所）"Minerals Yearbook" により作成。1990～2011年は2015年版データで遡及訂正。*2012年以降中国の値は粗鉱石を除く利用可能な鉄鉱石のみ。1）1990年までは旧ソ連の数値。

表4-5　世界の銅鉱の生産（金属含有量）（単位　千 t）

	チリ	中国	ペルー	アメリカ合衆国	コンゴ民主共和国	オーストラリア	世界計
1980	1 067.9	165.0	366.8	1 181.1	539.5	243.5	7 405
1985	1 359.8	185.0	420.2	1 102.6	557.9	259.8	7 988
1990	1 590.0	285.0	339.0	1 580.0	356.0	327.0	8 950
1995	2 490.0	445.0	410.0	1 850.0	29.4	398.0	10 000
1997	3 390.0	511.0	506.0	1 940.0	39.7	558.0	11 500
1998	3 690.0	504.0	483.0	1 860.0	35.0	607.0	12 100
1999	4 390.0	533.0	536.0	1 600.0	32.0	740.0	12 800
2000	4 600.0	613.0	554.0	1 440.0	21.0	829.0	13 300
2001	4 740.0	605.0	722.0	1 340.0	37.8	871.0	13 700
2002	4 580.0	593.0	845.0	1 140.0	34.0	868.0	13 600
2003	4 900.0	620.0	863.0	1 120.0	59.8	840.0	13 800
2004	5 410.0	752.0	1 040.0	1 160.0	73.3	854.0	14 700
2005	5 320.0	777.0	1 010.0	1 140.0	97.5	916.0	15 000
2006	5 360.0	889.0	1 050.0	1 200.0	144.0	859.0	15 100
2007	5 560.0	946.0	1 190.0	1 170.0	149.0	870.0	15 500
2008	5 330.0	1 090.0	1 270.0	1 310.0	230.0	886.0	15 600
2009	5 390.0	1 070.0	1 280.0	1 180.0	345.0	854.0	16 000
2010	5 420.0	1 200.0	1 250.0	1 110.0	430.0	870.0	16 100
2011	5 260.0	1 310.0	1 240.0	1 110.0	520.0	958.0	16 100
2012	5 433.9	1 590.0	1 298.7	1 170.0	660.0	914.0	16 900
2013	5 776.0	1 720.0	1 375.6	1 250.0	970.0	1 000.0	18 300
2014	5 749.6	1 780.0	1 379.6	1 360.0	1 030.0	970.0	18 400
2015	5 764.0	1 710.0	1 700.8	1 380.0	1 020.0	971.0	19 100

資料は前表に同じ。

〔**エネルギー**〕 わが国で本格的なエネルギーの利用・開発が始まったのは明治維新からである。1868年(明治元年)に，佐賀藩が高島炭鉱（長崎県）において初めて蒸気機関を導入して，石炭を採掘したことが始まりとされている。その後，石炭の生産は工業や交通機関の発展とともに急速に拡大し，1940年には5631万トン（これが国内の最高出炭記録となる）に達した。しかし，第二次世界大戦で国土は荒廃し，十分なエネルギー供給も困難になった。そこで政府は，資金と資材を鉄鋼業と石炭業へ優先して供給する「傾斜生産方式」を1946年から実施した。この政策により石炭生産は回復し，諸産業の生産再開が本格化した。1950年代までは，石炭がエネルギー源の中心で，1955年度の一次エネルギー総供給に占める各エネルギー源の割合をみると，石炭が47.2%，水力が27.2%，石油はこの時点で17.6%にすぎなかった。

しかし，1960年代に入ると，「エネルギー革命」がおこり，エネルギー源の主役は石炭から石油に交代する。中東地域で巨大油田の相次ぐ発見により，安価な原油が大量に供給されるようになると，原油の輸入が急拡大した。1961年度には一次エネルギー供給で，初めて石油が石炭を上回り，これ以降，石油がエネルギー源の中心となる。一方，国内の石炭産業は価格競争力を失うなかで，生産量は1961年度に戦後のピーク（5541万トン）を記録した後，減少の一途をたどる。1963年には，生産体制の合理化や離職者対策などを盛り込んだ「第一次石炭政策」が発表され，これ以降炭鉱の閉山が本格化した。1960年度に43.4%であったエネルギーの輸入依存度は，1969年度に80%を突破し，わが国のエネルギー供給は極めてぜい弱なものになっていった。

そのぜい弱な供給体制を露呈させたのが，1970年代におこった２度の石油危機である。石油危機は石油の供給不安をもたらし，原油価格が高騰することによる物価の急上昇が発生した。そのため，政府のエネルギー政策は大転換を迫られ，原油の輸入先の多角化（脱中東化）や自主開発油田の獲得，産業部門の省エネ化，石油備蓄の増強などを推進した。1980年には「石油代替エネルギーの開発及び導入の促進に関する法律」が制定され，石油に代わるエネルギーの開発・導入が打ち出された。

２度の石油危機以降，官民あげて脱石油政策に取り組んだ結果，一次エネルギー総供給に占める石油の割合は，1970年度の71.9%から，2010年度の43.5%へと着実に低下していった。この間，原子力，LNG（液化天然ガス）および石炭が石油に代わるエネルギーとして大きな役割を果たし，これらのエネルギー供給量は拡大していった。一方，原油輸入先の脱中東化では有効な対策が見つかっていない。石油危機前の1970年に84.7%であった中東依存度は，輸入先の分散化に努めたことで1987年に67.5%まで下がった。しかし，インドネシアや中国などの非中東地域において国内需要増による輸出量の減少で再び高まった。新たな代替先として2010年以降，ロシア産原油の輸入が増加するも，2016年以降は輸入が急減したことで，中東依存度が80％台後半となっている。原油埋蔵量が中東に偏っていることに加え，他地域で自主開発油田を確保することが難しく，中東依存度の低減は困難な状況にある。

ところで，わが国のエネルギー政策は，東日本大震災によって石油危機以来の大転換を迫られている。2016年に発効した「パリ協定」により，脱炭素化が世界的趨勢になるなかで，2018年7月に政府は「第5次エネルギー基本計画」を策定した。2050年の長期目標として「温室効果ガスの80％削減」を掲げ，あらゆる選択肢を追求していくとある。そして具体的目標として2030年までに，国内の電力を高効率火力で56％，再生可能エネルギーで22～24％，原子力20～22％というエネルギーミックスを作り上げる計画である。また，徹底した省エネ（実質エネルギー効率35％減）の推進も示されている。しかし，化石燃料（特に石炭）への依存を続けることに対する海外からの厳しい視線や，電力の2割を原子力で賄うには，計算上原発30基の稼働が必要とされるも，原発再稼働が進まない現状（2019年11月現在の稼働数9基）がある。再生可能エネルギーを拡大するにも発電量の変動が大きいことから，国内の電力網の整備が必要とされ，計画の実現は難しいとみられている。

年	表
1868（明1）	佐賀藩が高島炭鉱で初めて機械を導入した石炭生産を始める。
1903	石炭生産が1000万トンを超える。
1940（昭15）	石炭生産5631万トン（わが国の最高出炭記録）。
1946	石炭産業に，増産を後押しする傾斜生産方式を導入。
1960	アラビア石油がクウェート沖でカフジ油田を発見（自主開発油田の獲得）。 石油輸出国機構（OPEC）設立。
1961	一次エネルギー供給で，初めて石油が石炭を上回る（エネルギー革命）。
1963	第一次石炭政策。
1966	わが国初の原子力発電所，東海1号機が営業運転開始。
1967	石油開発公団発足。
1969	LNGの輸入開始。
1973	資源エネルギー庁発足。 第一次石油危機おこる。
1975	石油備蓄法の制定。
1978	石油の国家備蓄開始。
1979	第二次石油危機おこる。
1980	「石油代替エネルギーの開発及び導入の促進に関する法律」の制定。
1990	湾岸戦争勃発。
1992	最後の石炭政策。
1995（平7）	高速増殖炉「もんじゅ」でナトリウム漏洩事故。
1997	三井三池炭鉱閉山。
2002	北海道の太平洋炭鉱が閉山し，主要炭鉱がすべて閉山。
2003	カフジ油田の原油採掘権が失効。
2005	先進国に温室効果ガスの排出削減を課す「京都議定書」が発効。
2009	ロシア連邦サハリン州から初のLNGの輸入。
2011	福島第一原発事故発生。
2016	2020年以降の温室効果ガスの排出削減を世界各国に義務付ける「パリ協定」が発効。
2018	アメリカ合衆国からシェールガス由来のLNGの輸入開始。

表4-6　旧分類の一次エネルギー総供給（会計年度）（換算単位　PJ）

	石炭	石油	天然ガス	水力	原子力	新エネルギー等1)	地熱	計
1953	1 229	395	5	746	—	202	—	2 578
1954	1 179	415	6	737	—	201	—	2 538
1955	1 268	472	10	731	—	204	—	2 684
1956	*1 430	593	12	737	—	205	—	2 976
1957	*1 573	736	18	759	—	211	—	3 298
1958	1 365	750	22	763	—	193	—	3 094
1959	1 516	1 149	29	710	—	190	—	3 594
1960	1 738	1 588	39	661	—	194	—	4 220
1961	*1 882	1 969	57	753	—	192	—	4 853
1962	*1 750	2 389	74	665	—	186	—	5 065
1963	*1 809	3 005	86	694	—	122	—	5 717
1964	*1 861	3 565	85	678	—	116	—	6 305
1965	*1 911	4 214	85	751	0	109	—	7 071
1966	*1 991	4 789	88	768	6	109	0	7 751
1967	*2 232	5 779	94	668	6	111	1	8 891
1968	*2 402	6 828	101	716	10	121	2	10 180
1969	*2 576	8 052	119	728	10	130	2	11 617
1970	*2 661	9 623	166	749	44	136	3	13 383
1971	*2 338	10 067	168	805	75	141	2	13 596
1972	2 339	10 968	169	815	89	144	3	14 527
1973	*2 494	12 484	248	660	91	153	3	16 133
1974	*2 666	11 985	322	794	186	147	3	16 103
1975	*2 511	11 245	386	805	237	141	4	15 330
1976	*2 455	12 027	438	817	321	153	4	16 214
1977	*2 338	12 126	580	710	298	153	5	16 211
1978	2 151	11 863	754	689	559	153	8	16 177
1979	2 373	12 306	899	790	663	167	12	17 210
1980	2 818	10 986	1 012	857	778	164	12	16 627
1981	2 947	10 191	1 015	841	827	164	12	15 998
1982	2 827	9 431	1 056	782	965	175	13	15 250
1983	2 885	9 869	1 211	812	1 076	186	15	16 055
1984	3 172	9 986	1 547	687	1 265	200	16	16 873
1985	3 299	9 546	1 600	799	1 503	204	17	16 967
1986	3 068	9 525	1 657	776	1 585	210	16	16 837
1987	3 187	10 060	1 710	718	1 768	222	16	17 681
1988	3 371	10 691	1 783	867	1 683	233	15	18 643
1989	3 335	11 195	1 932	883	1 722	245	15	19 328

資源エネルギー庁「総合エネルギー統計」により作成。1PJ（ペタジュール）＝2390億キロカロリー。ジュールは仕事・エネルギーの単位。*輸入コークスを含む。1）太陽熱やゴミ発電など。

表4-6〜8の項目の説明　総合エネルギー統計は電力自由化に伴う電力調査統計の改訂や国際機関の指摘などに対応するために大幅に改訂された。それにより1990年度以降の統計が遡及訂正されているので注意が必要。**石油**は原油と石油製品（輸入）の合計。**天然ガス**は輸入LNGと国産天然ガス。1990年度以降の国内供給は都市ガスの在庫の増減を加味している。**水力**は1989年度までは最大出力1000kW以上の事業用水力発電のみで，1990年度以降は事業用発電と自家用発電の合計。**再生可能エネルギー**は燃料の消費を伴わないエネルギー源の供給形態で，水力をのぞいたもの。内訳は，太陽光発電，太陽熱利用，バイオマス，風力発電など。ただし，太陽光発電と風力発電は，1989年までは1発電所で1000kW未満の自家用発電は含まない。**未活用エネルギー**は，廃棄物発電，黒液，廃材などの「廃棄物エネルギー回収」，廃棄物ガス，再生油の「廃棄物燃料製品」，廃熱利用熱供給，産業蒸気回収などの「廃棄エネルギー直接利用」が含まれる。

表4-7　一次エネルギー総供給（会計年度）（換算単位　PJ）

	国内産出	輸入	総供給	化石燃料	石油	石炭
1990(平2)	3 592	16 626	20 218	16 932	11 505	3 371
1995(〃7)	4 352	18 376	22 728	18 655	12 430	3 747
1999(〃11)	4 439	18 451	22 890	18 662	11 802	3 921
2000(〃12)	4 484	19 158	23 642	19 355	12 014	4 282
2001(〃13)	4 393	18 490	22 882	18 681	11 242	4 367
2002(〃14)	4 186	18 906	23 092	19 075	11 428	4 531
2003(〃15)	3 845	19 326	23 171	19 502	11 518	4 672
2004(〃16)	4 228	19 570	23 798	19 749	11 380	5 081
2005(〃17)	4 332	19 582	23 914	19 772	11 634	4 847
2006(〃18)	4 457	19 455	23 912	19 661	11 176	4 886
2007(〃19)	4 043	19 953	23 996	20 178	11 196	5 094
2008(〃20)	3 968	19 418	23 387	19 641	10 766	4 996
2009(〃21)	4 077	17 814	21 892	18 027	9 831	4 421
2010(〃22)	4 336	18 934	23 270	19 125	10 118	5 013
2011(〃23)	2 753	19 322	22 075	19 515	10 129	4 705
2012(〃24)	1 951	19 913	21 864	20 096	10 298	4 924
2013(〃25)	2 007	20 146	22 153	20 303	10 066	5 339
2014(〃26)	2 001	19 393	21 394	19 537	9 460	5 114
2015(〃27)	2 202	19 095	21 297	19 227	9 387	5 177
2016(〃28)	2 340	18 776	21 116	18 900	9 097	5 073
2017(〃29)	2 638	18 682	21 320	18 801	9 036	5 077

	天然ガス	非化石燃料	原子力	水力（揚水除く）	再生可能エネルギー（水力除く）	未活用エネルギー
1990(平2)	2 057	3 285	1 884	819	265	318
1995(〃7)	2 477	4 073	2 693	729	271	380
1999(〃11)	2 939	4 229	2 822	742	266	400
2000(〃12)	3 059	4 287	2 858	746	274	410
2001(〃13)	3 072	4 201	2 822	716	257	406
2002(〃14)	3 116	4 018	2 576	706	297	438
2003(〃15)	3 312	3 669	2 093	826	308	442
2004(〃16)	3 288	4 049	2 469	817	330	434
2005(〃17)	3 292	4 141	2 660	671	381	428
2006(〃18)	3 599	4 251	2 645	772	394	440
2007(〃19)	3 889	3 818	2 305	645	428	440
2008(〃20)	3 879	3 746	2 236	668	404	438
2009(〃21)	3 775	3 865	2 396	673	391	405
2010(〃22)	3 994	4 145	2 462	716	437	530
2011(〃23)	4 681	2 561	873	729	445	514
2012(〃24)	4 873	1 768	137	657	456	519
2013(〃25)	4 898	1 849	80	679	537	553
2014(〃26)	4 963	1 857	—	702	616	540
2015(〃27)	4 662	2 070	79	726	729	537
2016(〃28)	4 729	2 215	154	676	813	573
2017(〃29)	4 688	2 518	281	714	939	584

資源エネルギー庁「総合エネルギー統計」により作成。1PJ（ペタジュール）＝2390億キロカロリー。ジュールは仕事・エネルギーの単位。総供給は，国内産出と輸入を合計したもの。各項目の説明は119ページ参照。

表4-8　一次エネルギー国内供給（会計年度）（換算単位　PJ）

	総供給	輸出	国内供給	化石燃料	石油	石炭
1990(平2)	20 218	350	19 667	16 382	11 008	3 318
1995(〃7)	22 728	821	21 993	17 920	11 809	3 633
1999(〃11)	22 890	726	22 382	18 154	11 365	3 849
2000(〃12)	23 642	696	22 709	18 422	11 164	4 199
2001(〃13)	22 882	665	22 409	18 207	10 853	4 282
2002(〃14)	23 092	665	22 578	18 561	10 988	4 458
2003(〃15)	23 171	667	22 486	18 817	10 913	4 592
2004(〃16)	23 798	706	23 093	19 043	10 736	5 020
2005(〃17)	23 914	930	22 906	18 764	10 691	4 782
2006(〃18)	23 912	994	22 871	18 621	10 180	4 844
2007(〃19)	23 996	1 190	22 969	19 151	10 215	5 056
2008(〃20)	23 387	1 366	21 899	18 153	9 337	4 940
2009(〃21)	21 892	1 216	20 853	16 989	8 812	4 401
2010(〃22)	23 270	1 208	21 995	17 851	8 858	4 997
2011(〃23)	22 075	1 029	21 011	18 451	9 097	4 672
2012(〃24)	21 864	1 025	20 741	18 973	9 220	4 883
2013(〃25)	22 153	1 210	21 053	19 204	9 003	5 303
2014(〃26)	21 394	1 136	20 266	18 409	8 351	5 097
2015(〃27)	21 297	1 289	20 019	17 949	8 138	5 154
2016(〃28)	21 116	1 312	19 864	17 649	7 878	5 041
2017(〃29)	21 320	1 265	20 099	17 581	7 842	5 043

	天然ガス・都市ガス	非化石燃料	原子力	水力（揚水除く）	再生可能エネルギー（水力除く）	未活用エネルギー
1990(平2)	2 056	3 285	1 884	819	265	318
1995(〃7)	2 477	4 073	2 693	729	271	380
1999(〃11)	2 939	4 229	2 822	742	266	400
2000(〃12)	3 059	4 287	2 858	746	274	410
2001(〃13)	3 073	4 201	2 822	716	257	406
2002(〃14)	3 116	4 017	2 576	706	297	438
2003(〃15)	3 312	3 669	2 093	826	308	442
2004(〃16)	3 288	4 049	2 469	817	330	434
2005(〃17)	3 291	4 141	2 660	671	381	428
2006(〃18)	3 596	4 251	2 645	772	394	440
2007(〃19)	3 880	3 817	2 305	645	427	440
2008(〃20)	3 876	3 746	2 236	668	404	438
2009(〃21)	3 776	3 865	2 396	673	391	405
2010(〃22)	3 995	4 145	2 462	716	437	530
2011(〃23)	4 681	2 561	873	729	445	514
2012(〃24)	4 871	1 768	137	657	456	519
2013(〃25)	4 898	1 849	80	679	537	553
2014(〃26)	4 961	1 857	—	702	616	540
2015(〃27)	4 657	2 070	79	726	728	537
2016(〃28)	4 729	2 215	154	676	813	573
2017(〃29)	4 696	2 518	281	714	939	584

資源エネルギー庁「総合エネルギー統計」により作成。1PJ（ペタジュール）＝2390億キロカロリー。ジュールは仕事・エネルギーの単位。国内供給は，総供給から輸出と在庫調整を控除したもの。各項目の説明は119ページ参照。

図 4-2　一次エネルギー供給構造の変遷（会計年度）

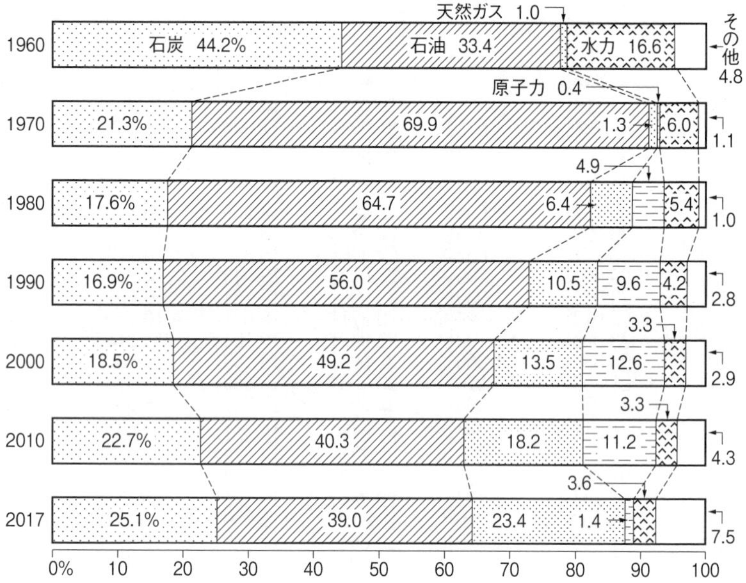

資源エネルギー庁「総合エネルギー統計」により作成。国内供給ベース。

表 4-9　石油依存度および化石エネルギー依存度（会計年度）（%）

	石油依存度	化石エネルギー依存度		石油依存度	化石エネルギー依存度		石油依存度	化石エネルギー依存度
1953	15.3	62.8	1978	72.9	91.0	1998	50.8	79.9
1955	16.7	65.3	1979	70.1	89.9	1999	50.8	81.1
1960	33.4	78.5	1980	64.7	88.6	2000	49.2	81.1
1961	36.4	79.0	1981	62.6	88.0	2001	48.4	81.3
1962	43.7	81.8	1982	61.8	87.2	2002	48.7	82.2
1963	47.9	84.5	1983	61.1	86.7	2003	48.5	83.7
1964	53.2	86.4	1984	57.9	86.6	2004	46.5	82.5
1965	55.9	86.5	1985	55.4	84.7	2005	46.7	81.9
1966	58.8	87.4	1986	56.1	84.2	2006	44.5	81.4
1967	61.7	90.5	1987	56.2	84.1	2007	44.5	83.4
1968	63.8	90.9	1988	56.4	84.5	2008	42.6	82.9
1969	66.8	91.9	1989	56.8	84.7	2009	42.3	81.5
1970	69.9	92.5	1990	56.0	83.3	2010	40.3	81.2
1971	72.3	91.9	1991	55.2	82.8	2011	43.3	87.8
1972	74.1	92.3	1992	56.0	83.2	2012	44.5	91.5
1973	75.5	94.0	1993	54.3	81.6	2013	42.8	91.2
1974	72.2	92.4	1994	55.0	82.7	2014	41.2	90.8
1975	71.6	91.7	1995	53.7	81.5	2015	40.6	89.7
1976	72.5	91.5	1996	52.8	81.4	2016	39.7	88.8
1977	73.6	92.4	1997	51.3	80.6	2017	39.0	87.5

資源エネルギー庁「総合エネルギー統計」により作成。石油依存度＝石油国内供給÷一次エネルギー国内供給。化石エネルギー依存度＝化石エネルギー国内供給÷一次エネルギー国内供給。

表 4-10 部門別の最終エネルギー消費（会計年度）（換算単位 PJ）

	企業・事業所他1)	製造業	業務他（第三次産業）	家庭用2)	運輸部門3)	非エネルギー利用	計
1955(昭30)	1 066	892	110	319	309	26	1 721
1960(〃35)	1 828	1 553	161	368	482	54	2 732
1965(〃40)	3 175	2 626	335	448	798	123	4 543
1970(〃45)	6 387	5 268	684	767	1 435	253	8 842
1973(〃48)	7 958	6 431	1 023	988	1 818	340	11 103
1974(〃49)	7 639	6 170	1 001	1 020	1 841	288	10 788
1975(〃50)	7 239	5 780	1 004	1 071	1 938	263	10 510
1976(〃51)	7 676	6 113	1 081	1 176	2 035	261	11 148
1977(〃52)	7 506	5 921	1 085	1 194	2 114	288	11 103
1978(〃53)	7 611	5 938	1 120	1 273	2 245	312	11 441
1979(〃54)	7 723	6 051	1 112	1 336	2 331	313	11 703
1980(〃55)	7 206	5 567	1 090	1 276	2 302	290	11 074
1981(〃56)	6 872	5 280	1 064	1 331	2 274	283	10 759
1982(〃57)	6 527	4 952	1 081	1 325	2 287	278	10 416
1983(〃58)	6 717	4 999	1 175	1 491	2 395	295	10 897
1984(〃59)	6 984	5 241	1 165	1 492	2 406	312	11 194
1985(〃60)	6 993	5 235	1 194	1 562	2 465	306	11 325
1986(〃61)	6 913	5 097	1 212	1 573	2 551	331	11 368
1987(〃62)	7 242	5 350	1 257	1 674	2 655	340	11 911
1988(〃63)	7 717	5 683	1 365	1 724	2 791	348	12 580
1989(平1)	7 931	5 841	1 398	1 760	2 980	352	13 022
1990(〃2)	8 833	6 352	1 712	1 657	3 061	—	13 552
1991(〃3)	8 884	6 364	1 762	1 699	3 236	—	13 819
1992(〃4)	8 844	6 284	1 793	1 771	3 331	—	13 946
1993(〃5)	8 886	6 221	1 909	1 843	3 385	—	14 114
1994(〃6)	9 207	6 454	2 020	1 877	3 526	—	14 610
1995(〃7)	9 486	6 625	2 141	1 968	3 663	—	15 117
1996(〃8)	9 543	6 705	2 111	2 018	3 765	—	15 326
1997(〃9)	9 646	6 733	2 208	1 980	3 794	—	15 420
1998(〃10)	9 463	6 414	2 369	1 998	3 767	—	15 229
1999(〃11)	9 757	6 630	2 476	2 046	3 828	—	15 631
2000(〃12)	9 908	6 725	2 546	2 122	3 824	—	15 854
2001(〃13)	9 708	6 516	2 555	2 073	3 887	—	15 667
2002(〃14)	9 883	6 674	2 602	2 145	3 836	—	15 863
2003(〃15)	9 865	6 687	2 593	2 090	3 777	—	15 732
2004(〃16)	10 089	6 771	2 738	2 111	3 691	—	15 891
2005(〃17)	10 104	6 763	2 794	2 186	3 611	—	15 901
2006(〃18)	10 129	6 788	2 814	2 106	3 571	—	15 806
2007(〃19)	10 051	6 780	2 759	2 115	3 532	—	15 698
2008(〃20)	9 227	6 140	2 657	2 053	3 420	—	14 700
2009(〃21)	8 842	5 989	2 377	2 033	3 372	—	14 247
2010(〃22)	9 156	6 294	2 411	2 169	3 387	—	14 712
2011(〃23)	8 904	6 106	2 339	2 086	3 315	—	14 305
2012(〃24)	8 719	6 065	2 201	2 106	3 329	—	14 154
2013(〃25)	8 795	6 133	2 266	2 044	3 236	—	14 075
2014(〃26)	8 552	5 939	2 228	1 962	3 164	—	13 678
2015(〃27)	8 456	5 877	2 171	1 907	3 148	—	13 511
2016(〃28)	8 302	5 774	2 132	1 910	3 123	—	13 335
2017(〃29)	8 383	5 852	2 152	1 989	3 101		13 474

資料は表4-9に同じ。1PJ（ペタジュール）＝2390億キロカロリー。ジュールは仕事量・エネルギーの単位。統計方法の変更により1989年度と90年度は接続しない。1990年度以降は，産業部門と運輸部門に非エネルギー利用を含む。1）農林水産鉱建設業，製造業および業務他の合計（1989年度以前は産業部門と民生部門の業務他の合計）。2）1989年度以前は民生部門の家庭用のみ。3）旅客と貨物の合計。

表 4-11　主要国の一次エネルギー生産（石油換算）（単位　万 t）

	日本	中国	韓国	インド	ドイツ	イギリス	フランス1)
1970(昭45)	3 934	…	…	…	17 469	10 134	5 009
1975(〃50)	2 992	49 717	841	15 940	17 217	11 477	4 357
1980(〃55)	4 329	61 551	927	18 111	18 563	19 786	5 260
1985(〃60)	6 704	74 352	1 460	23 142	20 932	23 818	9 331
1990(平 2)	7 450	88 088	2 262	28 049	18 616	20 801	11 189
1995(〃 7)	9 742	106 449	2 115	32 277	14 491	25 755	12 785
2000(〃12)	10 486	112 365	3 444	35 079	13 522	27 250	13 064
2003(〃15)	8 528	137 512	3 799	38 127	13 492	24 747	13 573
2004(〃16)	9 667	153 421	3 831	39 294	13 711	22 558	13 692
2005(〃17)	10 217	167 138	4 298	40 071	13 710	20 534	13 717
2006(〃18)	10 333	179 267	4 377	40 581	13 903	18 690	13 626
2007(〃19)	9 283	191 662	4 260	42 479	13 672	17 620	13 443
2008(〃20)	9 127	196 702	4 474	44 533	13 312	16 709	13 644
2009(〃21)	9 704	205 158	4 433	48 367	12 680	15 796	12 875
2010(〃22)	10 153	223 542	4 495	50 381	12 893	14 851	13 565
2011(〃23)	5 359	238 483	4 701	52 162	12 286	12 988	13 603
2012(〃24)	3 054	240 018	4 624	52 437	12 292	11 669	13 492
2013(〃25)	2 988	246 593	4 360	52 235	12 078	10 954	13 672
2014(〃26)	2 817	250 531	4 913	53 318	12 006	10 793	13 811
2015(〃27)	3 203	251 371	5 140	53 821	11 993	11 808	13 876
2016(〃28)	3 493	236 042	5 143	55 108	11 592	12 007	13 146
2017(〃29)	4 126	244 947	4 909	55 444	11 495	12 015	12 980

	イタリア2)	ロシア3)	アメリカ合衆国4)	カナダ	メキシコ	ブラジル	オーストラリア
1970(昭45)	1 987	…	145 098	14 477	…	…	4 770
1975(〃50)	2 098	111 767	140 776	18 757	6 302	5 393	7 496
1980(〃55)	1 990	135 873	155 339	20 717	14 704	6 437	8 541
1985(〃60)	2 277	151 385	156 945	24 125	19 285	10 247	12 807
1990(平 2)	2 532	129 322	165 261	27 646	19 554	10 424	15 753
1995(〃 7)	2 942	96 768	165 931	35 196	20 399	11 218	18 690
2000(〃12)	2 817	97 811	166 739	37 490	22 931	14 781	23 356
2003(〃15)	2 990	111 959	163 433	38 817	25 822	17 855	25 242
2004(〃16)	2 914	117 245	164 564	40 039	26 411	18 272	25 420
2005(〃17)	3 021	120 337	163 113	40 196	26 350	19 497	26 517
2006(〃18)	3 007	122 714	165 445	41 862	26 185	20 659	26 985
2007(〃19)	3 114	123 927	166 905	42 105	25 087	21 669	28 614
2008(〃20)	3 291	125 407	170 193	40 869	23 664	22 851	28 680
2009(〃21)	3 167	119 075	168 599	39 260	22 442	23 088	29 531
2010(〃22)	3 300	127 951	172 448	39 839	22 254	24 697	32 336
2011(〃23)	3 194	129 955	178 259	41 307	22 372	24 920	31 279
2012(〃24)	3 496	131 615	181 627	42 680	21 852	25 049	32 094
2013(〃25)	3 677	133 105	187 292	44 711	21 617	25 186	34 587
2014(〃26)	3 669	131 946	201 023	46 925	20 831	26 582	36 699
2015(〃27)	3 610	133 444	202 255	47 211	18 958	27 716	38 250
2016(〃28)	3 352	137 368	191 569	47 974	18 048	28 388	38 885
2017(〃29)	3 402	142 925	199 257	50 965	16 488	29 270	40 515

IEA（国際エネルギー機関）Data, "World Energy Statistics and Balances"（2019年11月 1 日閲覧）により作成。この統計での一次エネルギーは，石炭，原油，天然ガス，原子力，水力，地熱，その他（太陽光，風力など），バイオ燃料と廃棄物（固形バイオ燃料，液体バイオ燃料，バイオガス，産業廃棄物，都市廃棄物）である。1）モナコを含む。2）サンマリノを含む。3）1985年までは旧ソ連の数値。4）プエルトリコ，グアムなどを含む。

表 4-12 主要国の一次エネルギー供給（石油換算）（単位 万 t）

	日本	中国	韓国	インド	ドイツ	イギリス	フランス1)
1970(昭45)	25 652	…	…	…	30 180	20 512	15 336
1975(〃50)	30 505	48 342	2 446	17 194	31 352	19 937	16 497
1980(〃55)	34 452	59 806	4 126	20 004	35 719	19 844	19 177
1985(〃60)	36 290	69 137	5 313	24 702	35 719	20 081	20 382
1990(平2)	43 866	87 364	9 291	30 574	35 123	20 594	22 384
1995(〃7)	49 317	104 445	14 475	37 123	33 650	21 639	23 688
2000(〃12)	51 817	112 987	18 816	44 093	33 660	22 299	25 174
2003(〃15)	50 768	141 964	20 275	47 400	33 707	22 452	26 760
2004(〃16)	52 420	161 466	20 833	49 914	33 953	22 181	27 148
2005(〃17)	52 225	178 142	21 029	51 478	33 759	22 285	27 266
2006(〃18)	52 191	194 877	21 374	53 303	34 687	21 911	26 825
2007(〃19)	51 663	209 755	22 224	56 816	32 857	21 117	26 531
2008(〃20)	49 836	215 396	22 711	60 096	33 151	20 883	26 649
2009(〃21)	47 542	229 688	22 927	66 622	31 040	19 636	25 497
2010(〃22)	50 137	253 620	25 003	70 078	32 636	20 367	26 286
2011(〃23)	46 389	272 211	26 050	73 382	30 987	18 883	25 706
2012(〃24)	45 400	281 989	26 348	76 646	31 121	19 386	25 708
2013(〃25)	45 465	291 075	26 384	77 912	31 798	19 104	25 810
2014(〃26)	43 982	296 466	26 843	82 249	30 606	17 997	24 805
2015(〃27)	43 206	299 143	27 268	83 543	30 817	18 167	25 180
2016(〃28)	42 712	297 112	28 241	85 281	31 012	17 917	24 733
2017(〃29)	43 203	306 343	28 225	88 194	31 125	17 588	24 709

	イタリア2)	ロシア3)	アメリカ合衆国4)	カナダ	メキシコ	ブラジル	オーストラリア
1970(昭45)	10 906	…	155 220	13 811	…	…	5 082
1975(〃50)	11 677	93 995	165 367	16 596	5 915	9 110	6 038
1980(〃55)	13 084	110 959	180 481	19 196	9 512	11 388	6 961
1985(〃60)	12 931	124 806	177 422	19 301	10 862	12 942	7 288
1990(平2)	14 657	87 933	191 502	21 128	12 369	14 030	8 614
1995(〃7)	15 914	63 676	206 731	23 386	13 179	16 121	9 251
2000(〃12)	17 154	61 937	227 378	25 357	15 082	18 767	10 811
2003(〃15)	18 162	64 540	226 130	26 390	16 816	19 934	11 080
2004(〃16)	18 288	64 751	230 791	27 050	17 122	21 049	11 268
2005(〃17)	18 637	65 175	231 892	27 348	18 059	21 581	11 348
2006(〃18)	18 467	67 078	229 693	27 790	18 356	22 331	11 818
2007(〃19)	18 408	67 268	233 747	27 713	18 278	23 596	12 223
2008(〃20)	18 165	68 836	227 724	27 068	18 384	24 918	12 675
2009(〃21)	16 962	64 670	216 484	25 966	17 990	24 094	12 714
2010(〃22)	17 374	68 900	221 689	26 005	17 854	26 653	12 730
2011(〃23)	16 797	71 139	218 679	26 578	18 693	27 028	12 820
2012(〃24)	16 134	72 840	214 761	26 862	19 173	28 063	12 667
2013(〃25)	15 539	70 651	218 464	27 306	19 192	29 307	12 738
2014(〃26)	14 677	70 702	221 070	28 022	18 818	30 225	12 617
2015(〃27)	15 256	69 263	218 739	28 130	18 489	29 619	12 661
2016(〃28)	15 098	71 440	216 347	28 121	18 493	28 535	12 811
2017(〃29)	15 345	73 216	215 523	28 906	18 010	29 024	12 703

IEA（国際エネルギー機関）Data, "World Energy Statistics and Balances"（2019年11月1日閲覧）により作成。この統計での一次エネルギーは，石炭，原油，石油製品（輸入したもの），天然ガス，原子力，水力，地熱，その他（太陽光，風力など），バイオ燃料と廃棄物（固形バイオ燃料，液体バイオ燃料，バイオガス，産業廃棄物，都市廃棄物）である。1）モナコを含む。2）サンマリノを含む。3）1985年までは旧ソ連の数値。4）プエルトリコ，グアムなどを含む。

表4-13　わが国の石炭業の概況（会計年度）

	年度間稼働炭鉱数	生産量（千t）	年度末従業者（人）				出炭能率（t／人）1)
			常用従業者	職員	請負従業者	臨時従業者	
1950(昭25)	781	39 330	…	…	…	…	…
1955(〃30)	807	42 515	278 404	37 433	13 665	10 934	12.9
1956(〃31)	841	48 281	287 889	37 847	19 957	11 987	14.3
1957(〃32)	864	52 255	298 190	38 673	25 740	11 021	14.6
1958(〃33)	824	48 489	283 231	37 231	23 761	8 821	13.9
1959(〃34)	754	47 886	256 350	34 002	24 869	7 027	15.0
1960(〃35)	682	52 607	231 294	30 974	27 358	6 162	18.0
1961(〃36)	662	55 413	198 164	28 516	29 181	6 073	21.7
1962(〃37)	608	53 587	159 485	23 516	26 148	4 683	24.9
1963(〃38)	436	51 099	122 827	19 329	23 609	4 913	31.3
1964(〃39)	322	50 774	112 779	17 576	21 378	4 993	36.4
1965(〃40)	287	50 113	107 096	16 610	18 994	4 941	38.1
1966(〃41)	239	50 554	100 251	15 717	17 856	4 543	40.3
1967(〃42)	205	47 057	86 238	13 697	14 354	4 235	42.7
1968(〃43)	168	46 282	76 558	12 488	12 838	4 202	47.9
1969(〃44)	159	43 580	57 332	9 576	11 174	3 615	55.8
1970(〃45)	102	38 329	47 929	7 828	9 000	3 475	61.0
1971(〃46)	93	31 728	37 585	6 556	8 121	2 694	63.4
1972(〃47)	77	26 979	29 323	5 482	6 129	1 714	66.0
1973(〃48)	57	20 933	23 515	4 577	5 065	1 680	68.2
1974(〃49)	39	20 292	23 313	4 530	5 780	1 818	71.8
1975(〃50)	39	18 597	22 493	4 474	6 473	1 685	67.8
1976(〃51)	37	18 325	21 366	4 281	6 262	1 562	69.5
1977(〃52)	33	18 571	20 995	4 189	6 723	1 490	73.3
1978(〃53)	30	18 549	20 117	4 114	6 008	1 257	74.6
1979(〃54)	27	17 760	18 816	3 933	5 565	1 185	76.8
1980(〃55)	29	18 095	18 285	3 809	5 944	1 089	81.8
1981(〃56)	31	17 472	17 781	3 763	5 957	921	80.3
1982(〃57)	31	17 408	16 162	3 534	5 798	919	85.7
1983(〃58)	32	16 694	15 396	3 368	5 722	831	87.9
1984(〃59)	33	16 831	14 910	3 220	5 787	644	92.2
1985(〃60)	31	16 454	14 298	3 153	5 538	569	94.0
1986(〃61)	28	15 200	12 568	2 889	4 359	379	93.4
1987(〃62)	29	12 575	8 938	2 192	3 154	174	104.8
1988(〃63)	26	11 102	7 535	1 928	2 623	154	116.4
1989(平1)	27	9 635	5 017	1 523	1 932	20	127.1
1990(〃2)	25	7 980	4 651	1 442	1 755	14	138.8
1991(〃3)	24	7 931	4 349	1 374	1 633	16	146.1
1992(〃4)	18	7 602	3 826	1 236	1 514	5	154.5
1993(〃5)	17	7 206	3 374	1 074	1 350	31	162.0
1994(〃6)	17	6 742	3 132	1 021	1 228	40	172.4
1995(〃7)	16	6 317	2 631	849	1 108	3	193.0
1996(〃8)	16	6 166	2 395	835	1 055	3	203.5
1997(〃9)	13	3 970	1 506	494	887	3	214.6
1998(〃10)	13	3 698	1 965		864	調査廃止	調査廃止
1999(〃11)	13	3 690	1 922		761		
2000(〃12)	13	3 126	1 847		890		
2001(〃13)	13	3 208	1 159		402		

旧通商産業省（経済産業省）「エネルギー生産・需給統計年報」により作成。2000年以降は暦年。上記の石炭に関する統計は，2001年をもって廃止となった。1）1か月あたり出炭量で，年度間12か月平均常用労働者だけを対象としている。

表 **4-14** 石炭の地区別生産（Ⅰ）（会計年度）（単位　千 t）

	全国	北海道	本州東部	常磐	本州西部	山口	九州
1880(明13)	889	1	4	2	44	38	839
1885(〃 18)	1 253	33	21	14	53	44	1 146
1890(〃 23)	2 619	188	77	37	182	137	2 172
1895(〃 28)	4 773	457	89	60	250	204	3 977
1900(〃 33)	7 429	655	515	489	174	125	6 086
1905(〃 38)	11 542	1 178	951	927	281	236	9 133
1910(〃 43)	15 681	1 592	1 505	1 469	508	465	12 077
1915(大 4)	20 491	2 612	2 360	2 324	670	640	14 848
1920(〃 9)	29 245	4 510	3 437	3 380	1 512	1 484	19 787
1925(〃 14)	31 459	5 639	2 900	2 860	1 761	1 747	21 159
1930(昭 5)	31 376	6 727	2 548	2 519	1 811	1 800	20 291
1935(〃 10)	37 762	8 318	2 659	2 621	2 610	2 598	24 175
1940(〃 15)	*56 313	15 106	3 921	3 708	4 813	4 753	32 473
1945(〃 20)	22 335	6 972	1 845	1 702	1 557	1 516	11 961
1950(〃 25)	39 330	11 569	3 385	3 140	2 569	2 542	21 807
1951(〃 26)	46 490	13 681	4 557	4 239	3 427	3 372	24 826
1952(〃 27)	43 747	12 821	4 437	4 095	3 047	2 983	23 442
1953(〃 28)	43 538	12 844	4 101	3 747	3 184	3 131	23 410
1954(〃 29)	42 912	13 002	3 691	3 387	3 025	2 987	23 194
1955(〃 30)	42 515	12 711	3 754	3 457	2 985	2 944	23 066
1956(〃 31)	48 281	14 849	4 257	3 960	3 287	3 246	25 888
1957(〃 32)	52 255	16 188	4 581	4 303	3 754	3 530	27 912
1958(〃 33)	48 489	15 097	4 140	3 878	3 335	3 301	25 918
1959(〃 34)	47 886	16 296	3 861	3 661	3 296	3 261	24 433
1960(〃 35)	52 607	19 043	4 241	4 089	3 177	3 140	26 146
1961(〃 36)	55 413	20 692	4 347	4 236	3 180	3 144	27 194
1962(〃 37)	53 587	19 865	3 924	3 837	3 034	3 001	26 764
1963(〃 38)	51 099	21 142	3 942	3 868	2 394	2 376	23 620
1964(〃 39)	50 774	21 881	3 908	3 835	2 206	2 204	22 779
1965(〃 40)	50 113	22 133	3 969	3 907	2 131	2 129	21 880
1966(〃 41)	50 554	22 959	3 971	3 916	2 157	2 155	21 466
1967(〃 42)	47 057	21 703	3 571	3 528	1 630	1 628	20 153
1968(〃 43)	46 282	21 271	3 570	3 534	1 354	1 352	20 086
1969(〃 44)	43 580	21 158	3 853	3 838	1 091	1 090	17 478
1970(〃 45)	38 329	19 039	3 888	3 882	652	652	14 750
1971(〃 46)	31 728	17 586	1 789	1 782	148	148	12 205
1972(〃 47)	26 979	15 024	1 295	1 286	90	90	10 570
1973(〃 48)	20 933	12 539	553	544	45	45	7 796
1974(〃 49)	20 292	12 361	489	478	48	48	7 394
1975(〃 50)	18 597	11 000	381	369	47	47	7 169
1976(〃 51)	18 325	11 043	251	239	33	33	6 998
1977(〃 52)	18 571	11 350	114	102	—	—	7 707
1978(〃 53)	18 549	11 151	116	104	1	1	7 281
1979(〃 54)	17 760	10 809	66	59	4	4	6 881
1980(〃 55)	18 095	10 736	68	67	18	18	7 274
1981(〃 56)	17 472	10 359	69	69	33	33	7 011
1982(〃 57)	17 408	10 241	68	68	31	31	7 069
1983(〃 58)	16 694	10 237	70	70	14	14	6 373
1984(〃 59)	16 831	10 222	101	101	24	24	6 484
1985(〃 60)	16 454	9 791	—	—	26	26	6 638

石炭の地区別生産（Ⅱ）（会計年度）（単位　千 t）

	全国	北海道	本州西部（山口）	九州
1986(昭61)	15 200	9 234	9	5 908
1987(〃62)	12 575	7 679	11	4 884
1988(〃63)	11 102	6 770	9	4 323
1989(平 1)	9 635	5 933	8	3 693
1990(〃 2)	7 980	4 632	5	3 342
1991(〃 3)	7 931	4 477	…	3 454
1992(〃 4)	7 602	4 051	…	3 550
1993(〃 5)	7 206	3 752	…	3 454
1994(〃 6)	6 742	3 288	…	3 454
1995(〃 7)	6 317	2 843	…	3 474
1996(〃 8)	6 166	2 771	…	3 394
1997(〃 9)	3 970	2 787	…	1 183
1998(〃10)	3 698	2 697	…	1 002
1999(〃11)	3 690	2 717	…	973
2000(〃12)	3 126	…	…	…
2001(〃13)	3 208	…	…	…
2002(〃14)	1 368	…	…	…

	全国
2003(〃15)	1 338
2004(〃16)	1 339
2005(〃17)	1 114
2006(〃18)	1 360
2007(〃19)	1 423
2008(〃20)	1 228
2009(〃21)	1 281
2010(〃22)	917
2011(〃23)	1 272
2012(〃24)	1 321
2013(〃25)	1 204
2014(〃26)	1 308
2015(〃27)	1 171
2016(〃28)	1 326
2017(〃29)	1 389
2018(〃30)	1 041

総務省統計局「日本長期統計総覧」，旧通商産業省「エネルギー生産・需給統計年報」，石炭エネルギーセンター資料により作成。1940年まで，および2000年以降は暦年。1985年で本州東部（常磐地区）の炭鉱は全て閉山。1991年度以降の九州の数値には，本州西部（山口）の分を含む。なお，エネルギー生産統計は2001年で統計廃止になったため，2002年以降の生産は，石炭エネルギーセンター資料によった（地区別生産は不明）。2005年以降，操業を続けている国内の炭鉱は，北海道にあるもののみとなっている。2019年4月時点で操業中の採鉱は，坑内掘りが1か所，露天掘りが6か所の合計7炭鉱である。＊ゴシックは最大値。

図 **4 - 3**　石炭の生産と輸入の推移（会計年度）

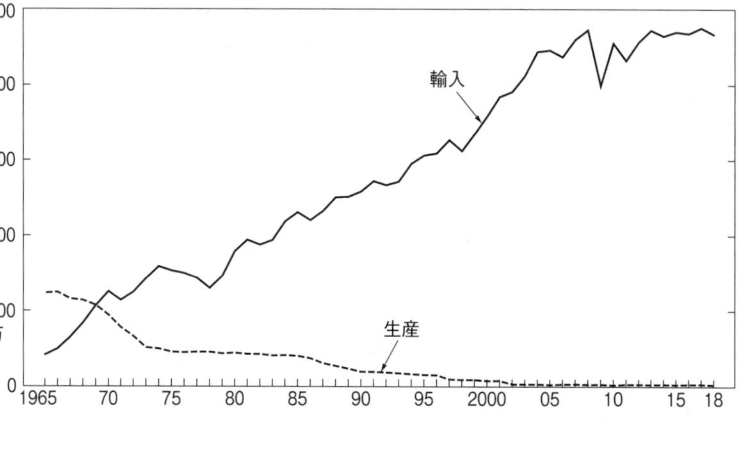

表 4 -14，-15より作成。2000年以降は暦年。

表4-15 わが国の石炭の輸入先（単位 千t）

	オーストラリア	インドネシア	ロシア1)（旧ソ連）	アメリカ合衆国	カナダ	中国	計×
1950(昭25)	—	—	59	244	—	482	996
1955(〃30)	10	—	67	2 621	—	227	3 151
1960(〃35)	1 513	—	633	5 047	611	5	8 595
1965(〃40)	6 828	—	1 253	6 618	890	610	16 936
1970(〃45)	15 768	—	2 690	25 437	4 686	235	50 950
1972(〃47)	21 708	—	2 596	15 679	8 903	279	50 661
1973(〃48)	24 000	—	2 901	18 344	10 548	282	58 049
1974(〃49)	23 247	—	3 229	25 588	9 353	432	64 576
1975(〃50)	23 435	—	3 209	21 471	11 528	456	62 339
1976(〃51)	26 474	—	3 241	16 910	10 359	304	60 937
1977(〃52)	26 589	3	3 097	13 153	10 673	477	58 289
1978(〃53)	24 818	—	2 393	9 956	10 999	932	52 858
1979(〃54)	28 300	4	2 079	13 994	9 839	1 470	59 385
1980(〃55)	30 575	9	2 275	21 522	11 769	2 236	72 711
1981(〃56)	32 823	80	1 233	25 793	10 436	2 855	78 893
1982(〃57)	34 093	75	1 417	21 095	10 554	3 272	76 250
1983(〃58)	37 034	175	2 164	16 189	11 915	3 892	78 741
1984(〃59)	41 714	342	2 268	14 660	17 253	3 788	88 692
1985(〃60)	44 395	333	4 418	13 888	17 519	3 676	93 691
1986(〃61)	42 662	366	5 372	10 777	17 358	3 687	89 463
1987(〃62)	47 245	338	6 372	10 333	17 716	3 751	94 346
1988(〃63)	49 362	353	7 607	12 886	20 179	4 267	101 711
1989(平1)	53 587	576	7 912	11 644	18 393	4 111	101 987
1990(〃2)	55 334	1 033	8 054	11 576	18 320	4 589	104 835
1991(〃3)	58 777	3 251	5 492	11 758	18 285	5 860	110 401
1992(〃4)	60 046	5 488	3 854	11 531	14 664	6 054	108 253
1993(〃5)	60 360	6 028	4 579	10 127	15 949	6 393	110 169
1994(〃6)	64 841	8 175	4 545	9 372	17 277	8 370	119 766
1995(〃7)	64 101	9 298	4 889	10 553	17 477	9 920	124 170
1996(〃8)	64 702	9 386	4 577	9 040	17 606	11 586	125 322
1997(〃9)	71 862	11 665	4 308	7 416	18 102	12 011	132 473
1998(〃10)	68 939	12 488	3 678	6 317	16 656	12 279	126 584
1999(〃11)	79 728	13 392	…	4 873	14 235	13 109	135 719
2000(〃12)	86 541	14 045	5 464	4 196	13 383	17 037	145 278
2001(〃13)	91 354	16 164	5 660	2 321	11 541	25 155	155 784
2002(〃14)	90 574	18 628	6 438	1 230	9 264	28 770	158 534
2003(〃15)	94 883	21 567	7 589	2	9 156	30 723	167 018
2004(〃16)	102 547	24 982	9 298	3 982	6 258	28 956	179 984
2005(〃17)	103 728	29 410	10 695	2 063	7 375	23 965	180 808
2006(〃18)	103 223	31 551	9 204	417	8 766	20 683	177 209
2007(〃19)	113 355	32 652	11 486	2	10 568	15 167	186 486
2008(〃20)	117 737	35 545	9 956	1 625	10 473	13 294	191 671
2009(〃21)	102 911	31 320	8 907	844	9 232	6 230	161 811
2010(〃22)	117 496	33 835	10 689	3 065	10 542	6 301	184 560
2011(〃23)	104 832	35 389	11 375	6 273	9 644	5 035	175 239
2012(〃24)	114 765	36 148	12 472	6 277	9 871	3 452	185 152
2013(〃25)	121 781	36 680	12 346	6 645	9 867	2 142	191 544
2014(〃26)	119 140	35 826	15 097	5 534	9 611	1 842	188 409
2015(〃27)	124 005	32 632	16 821	6 087	8 062	1 597	190 645
2016(〃28)	121 493	32 403	17 964	4 828	8 305	2 445	189 732
2017(〃29)	119 128	32 076	18 189	8 162	8 467	2 507	192 839
2018(〃30)	116 068	28 868	18 737	11 534	8 703	1 813	189 320

1999年までは旧通商産業省「エネルギー生産・需給統計年報」，2000年以降は財務省「貿易統計」により作成。1999年までは会計年度で，2000年以降は暦年。コロンビアの輸入量は2016年561，2017年2172，2018年1823（千トン）。1）1990年度までは旧ソ連。×その他とも。

表4-16　石炭の主な産出国（単位　百万t）

	中国	インド	オーストラリア	ロシア[1]（旧ソ連）	アメリカ合衆国[2]	南アフリカ共和国	世界計×
1950(昭25)	42.9	32.8	16.8	185.2	505.3	26.5	1 434.7
1955(〃30)	98.3	38.8	19.4	276.6	442.4	32.1	1 598.2
1960(〃35)	420.0	52.6	21.9	355.9	391.5	38.2	1 966.3
1965(〃40)	299.0	67.2	30.1	397.6	475.3	48.5	2 014.7
1970(〃45)	360.0	73.7	45.2	432.7	550.4	54.8	2 138.6
1971(〃46)	390.0	71.8	43.9	441.4	503.1	58.8	2 143.2
1972(〃47)	400.0	75.7	54.6	451.1	536.6	58.6	2 162.7
1973(〃48)	430.0	77.9	55.5	461.2	530.2	62.5	2 207.4
1974(〃49)	450.0	84.1	58.0	473.4	539.4	66.2	2 243.3
1975(〃50)	470.0	95.9	60.7	484.7	575.9	69.6	2 361.0
1976(〃51)	480.0	100.9	67.8	494.4	598.2	76.8	2 420.6
1977(〃52)	550.0	100.1	72.0	499.8	607.2	85.8	2 525.1
1978(〃53)	618.0	101.3	72.7	501.5	566.6	90.8	2 571.5
1979(〃54)	635.0	103.4	74.8	495.0	665.7	95.4	2 698.2
1980(〃55)	595.8	109.1	72.5	492.9	710.4	116.6	2 728.5
1981(〃56)	598.3	122.5	85.9	481.3	700.8	133.3	2 727.6
1982(〃57)	641.4	128.5	89.5	488.0	712.8	137.5	2 828.3
1983(〃58)	687.6	134.8	97.8	486.8	656.6	143.7	2 831.5
1984(〃59)	759.1	144.9	104.2	483.3	750.3	163.5	2 968.0
1985(〃60)	872.3	149.7	117.5	494.4	735.9	173.7	3 161.4
1986(〃61)	894.0	163.4	133.4	512.9	738.9	175.7	3 248.9
1987(〃62)	928.0	177.0	147.7	519.1	762.3	177.3	3 335.4
1988(〃63)	946.5	189.0	134.8	599.0	784.9	178.8	3 454.0
1989(平1)	1 040.0	198.7	147.8	502.8	810.0	174.7	3 474.2
1990(〃2)	1 079.9	201.8	141.8	473.9	632.0	174.8	3 233.0
1991(〃3)	1 087.4	226.9	152.9	414.0	593.4	178.2	3 174.3
1992(〃4)	1 116.4	233.9	159.6	193.4	594.5	174.4	3 218.7
1993(〃5)	1 149.7	246.0	160.4	176.9	527.0	188.2	3 136.3
1994(〃6)	1 239.9	254.7	156.3	162.2	585.0	195.8	3 234.5
1995(〃7)	1 360.7	265.6	171.1	162.4	561.1	206.2	3 356.0
1996(〃8)	1 397.0	285.5	172.4	152.9	576.5	206.4	3 398.2
1997(〃9)	1 372.8	296.3	185.1	146.7	597.4	220.1	3 407.4
1998(〃10)	1 250.0	297.9	199.4	140.5	585.7	223.0	3 252.1
1999(〃11)	1 280.0	304.1	200.7	152.4	547.9	223.5	3 249.0
2000(〃12)	1 299.0	313.7	216.2	152.5	522.8	224.2	3 279.9
2001(〃13)	1 381.0	327.8	232.4	164.8	554.7	223.6	3 447.0
2002(〃14)	1 550.4	341.3	239.1	163.5	519.3	220.2	3 587.1
2003(〃15)	1 834.9	361.2	232.2	177.4	491.4	238.8	3 919.1
2004(〃16)	2 122.6	382.6	238.9	189.8	510.0	242.8	4 300.2
2005(〃17)	2 365.1	407.0	255.3	209.2	519.1	245.0	4 652.0
2006(〃18)	2 569.7	430.8	256.8	210.4	510.2	244.8	4 941.6
2007(〃19)	2 592.8	457.1	274.1	217.9	492.8	247.7	5 024.6
2008(〃20)	2 903.4	492.8	276.2	222.4	504.0	250.0	5 411.4
2009(〃21)	2 891.1	532.1	287.3	207.0	456.6	249.5	5 364.8
2010(〃22)	3 428.4	532.7	338.1	222.6	444.0	254.5	6 051.0
2011(〃23)	3 764.4	540.0	320.8	219.3	477.7	252.8	6 467.9
2012(〃24)	3 945.1	556.4	339.6	252.1	441.3	258.6	6 728.8
2013(〃25)	3 974.3	565.8	373.6	252.3	427.6	256.3	6 858.1
2014(〃26)	3 873.9	609.2	407.0	264.0	435.7	260.5	6 802.1
2015(〃27)	3 746.5	639.2	424.3	278.0	366.9	255.4	6 614.3
2016(〃28)	3 410.6	662.8	413.2	295.0	294.1	255.3	6 260.7

国連 "World Energy Supplies 1950～1974", 同 "Energy Statistics Yearbook" により作成。1990年以降は国連により遡及訂正された数値。無煙炭と瀝青炭のみ。中国は亜炭・褐炭を含む。インドネシアの産出量は2014年435.7, 2015年427.3, 2016年456.0（百万トン）。1）1991年までは旧ソ連の数値。2）1989年以前は無煙炭と瀝青炭以外が含まれていたと考えられる。×その他とも。

表4-17 原油の産出・輸入および石油製品の生産（単位 千kL）

	原油産出	原油輸入	石油製品生産1)
1910	290	…	177
1915	471	…	298
1918	387	…	231
1919	354	…	…
1920	352	…	…
1921	354	…	…
1922	325	…	…
1923	284	…	…
1924	285	…	…
1925	295	…	…
1926	270	…	…
1927	262	…	…
1928	292	…	…
1929	311	…	…
1930	317	570	549
1931	306	616	627
1932	253	853	749
1933	226	1 218	797
1934	284	1 200	935
1935	351	1 332	1 199
1936	391	1 676	1 382
1937	393	1 922	1 722
1938	391	2 575	1 594
1939	357	1 745	1 474
1940	331	2 292	1 328
1941	287	694	1 440
1942	263	560	1 055
1943	271	980	1 308
1944	267	209	785
1945	243	—	194
1946	213	—	147
1947	203	—	104
1948	179	—	114
1949	218	24	119
1950	328	1 541	1 402
1951	372	2 844	2 583
1952	339	4 432	4 254
1953	334	5 748	5 458
1954	338	7 440	6 758
1955	354	8 553	7 872
1956	350	11 438	10 816
1957	361	14 833	13 317
1958	410	16 311	14 634
1959	454	21 621	19 632
1960	593	31 116	27 660
1961	738	37 647	33 545
1962	860	44 581	41 401
1963	898	59 246	53 548
1964	766	72 142	64 746
1965	751	83 280	75 820
1966	869	98 728	90 334
1967	876	120 815	109 968
1968	869	140 539	126 641
1969	875	166 875	152 173
1970	899	195 825	176 313
1971	879	221 043	195 783
1972	833	238 334	205 192
1973	817	*286 670	*243 257
1974	785	280 480	236 783
1975	705	262 806	224 099
1976	674	268 588	230 514
1977	689	277 893	235 038
1978	630	270 184	232 784
1979	561	280 486	236 003
1980	503	256 833	217 563
1981	456	230 239	198 245
1982	467	214 685	182 473
1983	492	207 794	174 447
1984	476	214 602	179 858
1985	625	198 330	165 942
1986	736	194 515	159 814
1987	707	185 380	152 925
1988	692	193 851	158 535
1989	641	209 692	167 097
1990	632	228 760	184 395
1991	878	242 697	198 381
1992	*1 002	251 234	209 957
1993	911	255 096	216 283
1994	870	270 848	226 485
1995	861	266 921	227 398
1996	837	263 445	225 342
1997	842	271 701	232 061
1998	792	254 828	229 383
1999	730	250 426	225 255
2000	740	250 578	224 034
2001	760	247 089	222 018
2002	723	235 649	217 463
2003	820	248 496	223 552
2004	834	243 395	218 518
2005	918	245 186	223 154
2006	897	243 139	217 612
2007	961	238 822	215 758
2008	986	243 207	213 075
2009	921	211 863	197 413
2010	873	215 381	196 247
2011	832	206 979	186 199
2012	794	212 538	186 620
2013	687	210 583	187 663
2014	644	199 697	179 631
2015	596	195 873	178 850
2016	549	192 724	180 232
2017	562	187 639	175 134
2018	499	177 477	166 232

経済産業省「資源・エネルギー統計年報」，同「エネルギー生産・需給統計年報」，同「エネルギー統計年報」，同「石油統計年報」および石油連盟「戦後石油統計」により作成。*ゴシックは最大値を示す。石油製品生産の内訳は表4-19を参照。1）燃料油のみで潤滑油，アスファルトなどを含まない。

表4-18　原油の輸入先（Ⅰ）（単位　千kL）

1960（昭35）	千kL	%	1965（昭40）	千kL	%
クウェート	11 807	37.9	クウェート	20 993	25.1
サウジアラビア	5 609	18.0	イラン	17 197	20.6
イラク	4 388	14.1	サウジアラビア	15 682	18.8
インドネシア	3 638	11.7	中立地帯 1)	13 153	15.7
中立地帯 1)	1 859	6.0	インドネシア	6 128	7.3
ブルネイ	1 292	4.1	イラク	5 692	6.8
旧ソ連	1 239	4.0	旧ソ連	2 571	3.1
イラン	1 127	3.6	カタール	520	0.6
アメリカ合衆国	137	0.4	ルーマニア	506	0.6
カタール	86	0.3	アラブ首長国連邦	480	0.6
計	**31 183**	100.0	計×	**83 601**	100.0
中東	24 876	79.8	中東	73 802	88.3

1970（昭45）	千kL	%	1975（昭50）	千kL	%
イラン	85 296	43.6	サウジアラビア	67 082	25.5
サウジアラビア	28 409	14.5	イラン	65 119	24.8
インドネシア	25 789	13.2	インドネシア	30 032	11.4
中立地帯 1)	20 255	10.3	アラブ首長国連邦	24 261	9.2
クウェート	16 645	8.5	クウェート	22 594	8.6
アラブ首長国連邦	9 456	4.8	中立地帯 1)	13 449	5.1
オマーン	5 624	2.9	中国	9 207	3.5
エジプト	1 479	0.8	ブルネイ	8 655	3.3
アンゴラ	733	0.4	オマーン	7 478	2.8
ベネズエラ	653	0.3	イラク	5 437	2.1
旧ソ連	577	0.3	リビア	3 589	1.4
リビア	385	0.2	ナイジェリア	3 041	1.2
計×	**195 825**	100.0	計×	**262 806**	100.0
中東	165 888	84.7	中東	205 603	78.2

1980（昭55）	千kL	%	1985（昭60）	千kL	%
サウジアラビア	81 096	31.6	アラブ首長国連邦	42 212	21.3
インドネシア	36 828	14.3	サウジアラビア	34 452	17.4
アラブ首長国連邦	35 063	13.7	インドネシア	22 587	11.4
イラク	19 123	7.4	オマーン	17 516	8.8
イラン	15 547	6.1	イラン	14 295	7.2
中立地帯 1)	13 641	5.3	中立地帯 1)	12 852	6.5
中国	9 169	3.6	中国	12 811	6.5
ブルネイ	8 102	3.2	カタール	11 544	5.8
オマーン	8 004	3.1	メキシコ	8 225	4.1
クウェート	7 954	3.1	マレーシア	6 580	3.3
カタール	7 556	2.9	イラク	4 153	2.1
マレーシア	6 049	2.4	ブルネイ	3 163	1.6
計×	**256 833**	100.0	計×	**198 330**	100.0
中東	187 984	73.2	中東	139 603	70.4

1960～70年は石油連盟「戦後石油統計」，1975～85年は旧通商産業省「エネルギー統計年報」により作成。
1）サウジアラビアとクウェート間の非武装地帯。×その他とも。

原油の輸入先（Ⅱ）（単位　千kL）

1990（平2）	千kL	%	1995（平7）	千kL	%
アラブ首長国連邦	47 784	*21.2*	アラブ首長国連邦	71 521	*27.1*
サウジアラビア	45 993	*20.4*	サウジアラビア	61 801	*23.4*
インドネシア	27 711	*12.3*	イラン	23 200	*8.8*
イラン	22 614	*10.0*	インドネシア	20 767	*7.9*
中国	15 922	*7.1*	カタール	16 853	*6.4*
オマーン	13 718	*6.1*	オマーン	16 480	*6.2*
カタール	13 125	*5.8*	クウェート	15 198	*5.8*
メキシコ	8 902	*4.0*	中国	13 686	*5.2*
イラク	8 361	*3.7*	マレーシア	5 323	*2.0*
クウェート	7 876	*3.5*	ベトナム	5 022	*1.9*
マレーシア	4 821	*2.1*	メキシコ	4 409	*1.7*
ベトナム	2 544	*1.1*	オーストラリア	2 666	*1.0*
計×	**225 251**	*100.0*	計×	**263 889**	*100.0*
中東	159 766	*70.9*	中東	207 332	*78.6*

2000（平12）	千kL	%	2005（平17）	千kL	%
アラブ首長国連邦	62 876	*25.2*	サウジアラビア	75 926	*30.5*
サウジアラビア	62 863	*25.2*	アラブ首長国連邦	61 959	*24.9*
イラン	29 556	*11.8*	イラン	33 321	*13.4*
カタール	22 928	*9.2*	カタール	23 465	*9.4*
クウェート	21 036	*8.4*	クウェート	19 534	*7.9*
インドネシア	12 365	*4.9*	オマーン	7 334	*2.9*
オマーン	11 403	*4.6*	インドネシア	6 754	*2.7*
中国	5 927	*2.4*	旧スーダン	5 310	*2.1*
オーストラリア	3 797	*1.5*	ナイジェリア	2 885	*1.2*
イラク	3 642	*1.5*	オーストラリア	2 073	*0.8*
ベトナム	2 872	*1.1*	ロシア	1 779	*0.7*
メキシコ	2 392	*1.0*	ベトナム	1 731	*0.7*
計×	**249 814**	*100.0*	計×	**248 822**	*100.0*
中東	214 540	*85.9*	中東	224 288	*90.1*

2010（平22）	千kL	%	2018（平30）	千kL	%
サウジアラビア	65 033	*30.3*	サウジアラビア	67 935	*38.6*
アラブ首長国連邦	44 249	*20.6*	アラブ首長国連邦	44 604	*25.4*
カタール	25 260	*11.8*	カタール	13 809	*7.9*
イラン	20 989	*9.8*	クウェート	13 472	*7.7*
クウェート	16 114	*7.5*	ロシア	8 389	*4.8*
ロシア	14 526	*6.8*	イラン	7 592	*4.3*
イラク	7 026	*3.3*	イラク	3 095	*1.8*
オマーン	6 857	*3.2*	オマーン	2 989	*1.7*
インドネシア	4 903	*2.3*	アメリカ合衆国	2 958	*1.7*
旧スーダン	2 389	*1.1*	メキシコ	1 995	*1.1*
オーストラリア	2 040	*1.0*	カザフスタン	1 889	*1.1*
マレーシア	1 012	*0.5*	エクアドル	1 759	*1.0*
計×	**214 618**	*100.0*	計×	**175 897**	*100.0*
中東	186 384	*86.8*	中東	154 804	*88.0*

財務省「貿易統計」により作成。表（Ⅰ）に出てくる中立地帯は，財務省の貿易統計では，サウジアラビアとクウェートに振り分けられている。×その他とも。

表 4 - 19　石油製品の生産量（単位　千kL）

	ガソリン	ナフサ	ジェット燃料油	灯油	軽油	重油	石油製品計
1960(昭35)	6 119	—	360	2 117	2 341	16 723	27 660
1965(〃40)	10 908	7 302	1 289	5 552	6 094	44 676	75 820
1969(〃44)	18 480	17 148	3 348	12 912	10 440	89 844	152 173
1970(〃45)	20 888	21 860	2 397	17 496	12 097	101 575	176 313
1971(〃46)	22 676	24 965	2 688	17 567	13 250	114 638	195 783
1972(〃47)	24 712	26 919	3 391	16 979	14 489	118 702	205 192
1973(〃48)	27 432	***31 255**	4 141	22 985	18 028	***139 416**	***243 257**
1974(〃49)	27 224	30 424	3 220	22 119	17 031	136 764	236 783
1975(〃50)	28 914	26 347	3 331	20 624	16 102	128 782	224 099
1976(〃51)	30 164	28 831	3 514	24 097	17 409	126 499	230 514
1977(〃52)	31 328	28 487	3 828	25 331	18 263	127 802	235 038
1978(〃53)	33 493	25 689	4 147	25 613	19 571	124 270	232 784
1979(〃54)	34 517	25 083	4 239	26 546	21 571	124 047	236 003
1980(〃55)	34 230	22 308	4 592	23 839	21 571	111 023	217 563
1981(〃56)	35 102	18 259	4 496	23 254	21 387	95 746	198 245
1982(〃57)	35 606	13 817	4 310	22 694	21 870	84 175	182 473
1983(〃58)	35 713	11 527	4 441	22 431	23 047	77 287	174 447
1984(〃59)	36 383	11 670	3 740	26 841	24 782	76 441	179 858
1985(〃60)	36 435	10 348	4 327	24 248	25 468	65 117	165 942
1986(〃61)	34 322	9 672	4 020	24 089	26 123	61 589	159 814
1987(〃62)	34 520	8 733	4 038	20 054	25 236	60 344	152 925
1988(〃63)	35 586	8 754	3 857	21 039	25 554	63 746	158 535
1989(平1)	38 482	8 949	4 193	20 439	27 773	67 262	167 097
1990(〃2)	42 272	10 860	4 441	23 119	31 980	71 722	184 395
1991(〃3)	44 449	14 092	5 202	24 469	37 653	72 514	198 381
1992(〃4)	46 264	16 002	6 009	26 004	39 862	75 817	209 957
1993(〃5)	47 991	17 358	6 450	26 960	41 260	76 264	216 283
1994(〃6)	49 857	17 460	7 181	27 198	43 943	80 846	226 485
1995(〃7)	50 857	17 824	7 873	27 294	45 709	77 841	227 398
1996(〃8)	52 271	16 595	7 497	28 233	47 121	73 625	225 342
1997(〃9)	53 534	19 234	9 224	27 620	***48 153**	74 297	232 061
1998(〃10)	55 316	18 003	10 526	27 685	46 071	71 782	229 383
1999(〃11)	56 316	17 978	10 451	26 669	44 536	69 305	225 255
2000(〃12)	56 726	17 955	10 625	27 886	42 612	68 230	224 034
2001(〃13)	57 985	18 462	10 703	28 086	41 631	65 150	222 018
2002(〃14)	57 897	18 967	10 376	26 944	39 895	63 384	217 463
2003(〃15)	58 458	19 453	9 541	***28 294**	38 524	69 281	223 552
2004(〃16)	58 295	19 914	10 310	26 606	38 702	64 692	218 518
2005(〃17)	58 524	21 589	11 120	28 155	40 022	63 744	223 154
2006(〃18)	57 883	21 645	12 145	26 675	39 955	59 310	217 612
2007(〃19)	58 381	22 630	14 719	23 024	43 058	53 946	215 758
2008(〃20)	56 787	21 749	***16 563**	20 589	46 415	50 972	213 075
2009(〃21)	56 951	20 740	13 529	20 287	43 418	42 488	197 413
2010(〃22)	***58 827**	20 850	14 048	19 675	42 866	39 980	196 247
2011(〃23)	54 860	18 963	12 909	19 402	40 335	39 732	186 199
2012(〃24)	53 671	18 970	13 220	18 779	38 592	43 389	186 620
2013(〃25)	54 329	20 463	14 709	18 053	42 396	37 713	187 663
2014(〃26)	53 540	18 300	15 278	16 831	40 977	34 704	179 631
2015(〃27)	54 351	19 206	15 946	15 531	42 068	31 748	178 850
2016(〃28)	54 109	20 002	15 864	15 898	41 075	33 284	180 232
2017(〃29)	53 738	18 791	15 144	15 900	41 878	29 682	175 134
2018(〃30)	51 329	16 445	14 825	14 038	40 223	29 371	166 232

経済産業省「資源・エネルギー統計年報」，同「エネルギー生産・需給統計年報」により作成。石油製品は燃料油のみで，潤滑油やアスファルトなどを含まない。*ゴシック体は過去最高を示す。

図 **4-4**　石油製品の販売量推移（表4-21より作成）

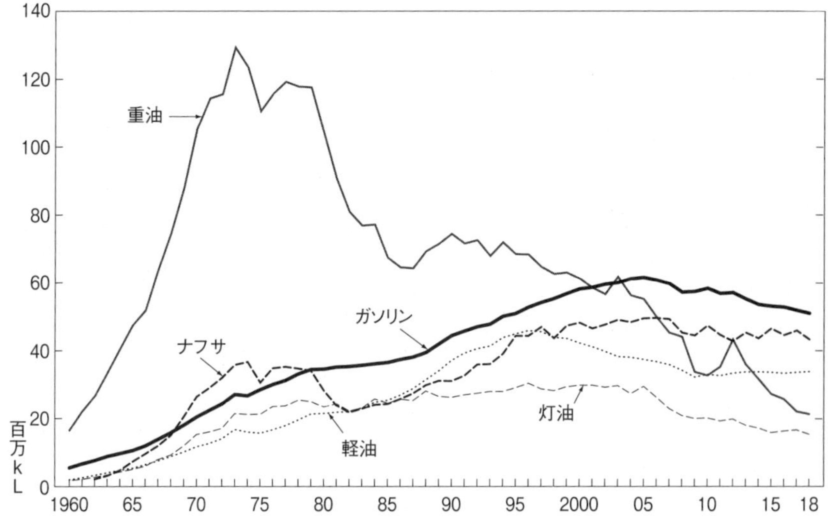

表 **4-20**　石油製品の輸入量（単位　千kL）

	燃料油計×	重油	ガソリン	ナフサ		燃料油計×	重油	ガソリン	ナフサ
1960	3 105	3 079	26	—	1992	32 872	6 945	1 114	20 678
1965	12 616	12 004	52	560	1993	28 451	5 094	593	19 285
1968	14 951	11 892	8	3 051	1994	31 903	4 584	1 326	22 249
1969	15 897	11 395	10	4 492	1995	35 574	3 487	1 464	27 386
1970	23 354	*16 832	2	6 460	1996	40 520	4 431	1 264	28 554
1971	21 692	16 493	2	5 042	1997	35 584	3 180	1 451	28 233
1972	21 624	15 296	1	6 315	1998	30 464	2 063	893	26 017
1973	19 428	13 451	13	5 951	1999	39 163	2 653	1 383	29 973
1974	21 812	13 647	0	7 886	2000	39 527	2 300	1 607	*31 074
1975	11 990	6 938	13	5 039	2001	35 366	1 776	1 153	28 147
1976	17 867	9 869	—	7 998	2002	37 044	1 648	1 687	29 919
1977	17 485	9 193	—	8 256	2003	38 489	3 042	1 700	29 789
1978	17 876	7 706	—	10 144	2004	37 036	2 667	2 717	29 330
1979	20 151	9 491	—	10 365	2005	36 674	3 863	2 452	28 565
1980	15 047	7 431	0	7 363	2006	36 361	3 938	2 305	28 360
1981	16 116	7 404	0	7 241	2007	32 983	3 811	975	27 453
1982	16 645	6 893	—	8 998	2008	30 993	5 485	573	24 436
1983	20 382	7 285	—	13 096	2009	27 702	2 464	888	23 755
1984	21 247	7 342	—	13 414	2010	32 548	3 056	1 101	27 173
1985	22 389	7 493	0	14 896	2011	36 612	5 604	2 559	26 220
1986	31 051	6 924	3 293	17 294	2012	38 665	9 528	2 807	24 490
1987	42 293	8 010	*4 190	20 043	2013	36 299	7 314	1 913	25 304
1988	48 421	7 993	3 902	22 634	2014	35 600	5 413	1 590	26 920
1989	*50 924	8 056	3 934	23 676	2015	36 035	4 227	1 263	28 580
1990	44 494	8 959	2 537	21 573	2016	30 550	2 523	864	25 534
					2017	33 510	2 194	984	28 277
1991	33 928	7 272	1 366	19 959	2018	36 211	2 570	2 093	28 329

経済産業省「資源・エネルギー統計年報」，同「エネルギー生産・需給統計年報」により作成。燃料油のみで，潤滑油，アスファルトなどを含まない。*ゴシック体は過去最高を示す。×その他とも。

表 4-21　石油製品の販売量（単位　千kL）

	ガソリン	ナフサ	ジェット燃料油	灯油	軽油	重油	石油製品計
1960(昭35)	5 516	—	186	1 791	1 994	16 495	25 983
1965(〃 40)	10 577	7 316	529	5 064	5 396	47 504	76 385
1969(〃 44)	18 051	20 532	911	11 975	10 155	87 870	149 494
1970(〃 45)	20 440	26 483	1 119	15 311	11 703	105 387	180 442
1971(〃 46)	22 380	29 068	1 225	16 052	12 647	114 402	195 773
1972(〃 47)	24 282	32 022	1 459	17 075	14 028	115 623	204 489
1973(〃 48)	27 153	35 837	1 662	21 472	16 762	***129 357**	232 242
1974(〃 49)	26 763	36 719	1 809	21 222	16 008	123 523	226 044
1975(〃 50)	28 555	30 647	2 049	21 256	15 680	110 638	208 824
1976(〃 51)	30 084	34 877	2 081	23 528	16 709	115 883	223 162
1977(〃 52)	31 265	35 284	2 294	23 711	17 889	119 310	229 752
1978(〃 53)	33 178	34 789	2 539	25 513	19 575	117 876	233 469
1979(〃 54)	34 497	34 142	2 817	25 076	21 346	117 665	235 542
1980(〃 55)	34 615	28 364	2 988	23 451	21 502	104 164	215 083
1981(〃 56)	35 218	23 893	2 854	24 430	21 860	90 714	198 969
1982(〃 57)	35 376	21 822	2 792	22 213	22 031	80 987	185 221
1983(〃 58)	35 739	22 894	2 717	23 101	23 129	76 916	184 497
1984(〃 59)	36 175	24 134	2 850	25 868	24 860	77 209	191 095
1985(〃 60)	36 545	24 354	2 979	24 583	25 453	67 490	181 404
1986(〃 61)	37 446	25 819	3 131	25 794	26 970	64 622	183 782
1987(〃 62)	38 141	27 467	3 196	25 363	28 902	64 377	187 445
1988(〃 63)	39 471	29 897	3 309	28 186	31 508	69 348	201 720
1989(平 1)	41 987	31 173	3 466	26 600	34 111	71 540	208 877
1990(〃 2)	44 446	31 110	3 637	26 324	37 178	74 475	217 171
1991(〃 3)	45 801	32 698	3 787	27 074	39 321	71 659	220 342
1992(〃 4)	47 061	35 957	3 942	27 525	40 616	72 609	227 709
1993(〃 5)	47 816	36 093	4 181	28 038	41 386	67 986	225 501
1994(〃 6)	50 130	39 069	4 315	28 035	43 881	71 987	237 416
1995(〃 7)	50 955	44 377	4 874	29 152	44 982	68 530	242 870
1996(〃 8)	52 818	44 390	4 815	***30 466**	***45 934**	68 388	***246 812**
1997(〃 9)	54 220	47 007	4 845	28 804	45 613	64 775	245 265
1998(〃 10)	55 362	43 689	4 927	28 290	43 948	62 689	238 905
1999(〃 11)	56 841	47 386	4 500	29 434	43 611	63 067	244 838
2000(〃 12)	58 201	48 238	4 576	29 876	42 275	61 283	244 450
2001(〃 13)	58 681	46 552	4 977	29 867	41 174	58 583	239 835
2002(〃 14)	59 605	47 691	4 693	29 287	39 800	56 639	237 714
2003(〃 15)	60 078	49 092	4 527	29 752	38 295	61 825	243 569
2004(〃 16)	61 220	48 414	4 838	27 411	38 079	56 308	236 269
2005(〃 17)	***61 616**	49 541	4 905	29 539	37 449	55 231	238 280
2006(〃 18)	60 840	***49 647**	5 432	26 323	36 779	49 918	228 939
2007(〃 19)	59 805	49 310	***5 829**	23 006	35 938	45 322	219 210
2008(〃 20)	57 247	45 330	5 761	20 972	34 246	44 115	207 670
2009(〃 21)	57 447	44 485	5 337	20 104	32 247	33 776	193 396
2010(〃 22)	58 379	47 394	5 432	20 248	33 064	32 731	197 249
2011(〃 23)	56 864	44 646	4 306	19 376	32 658	35 257	193 107
2012(〃 24)	57 094	42 822	3 965	19 939	33 402	43 311	200 534
2013(〃 25)	55 234	45 336	4 874	18 010	33 753	35 988	193 196
2014(〃 26)	53 608	43 666	5 215	17 214	33 789	31 732	185 224
2015(〃 27)	53 113	46 560	5 488	15 878	33 665	27 309	182 014
2016(〃 28)	52 849	44 614	5 327	16 343	33 372	25 794	178 299
2017(〃 29)	51 904	45 948	5 243	16 666	33 664	22 174	175 599
2018(〃 30)	50 999	43 330	4 848	15 358	33 852	21 393	169 779

経済産業省「資源・エネルギー統計年報」，同「エネルギー生産・需給統計年報」により作成。石油製品は燃料油のみで，潤滑油やアスファルトなどを含まない。*ゴシック体は過去最高を示す。

表4-22 世界の原油生産（Ⅰ）（単位 万kL）

	ロシア1)	アメリカ合衆国	サウジアラビア	イラク	カナダ	中国	イラン
1960(昭35)	17 178	40 941	7 258	5 638	3 050	204	6 213
1965(〃40)	28 074	45 291	11 751	7 633	4 651	914	10 943
1969(〃44)	37 986	53 613	18 665	8 777	6 255	…	19 586
1970(〃45)	38 048	55 138	19 938	8 803	7 410	1 218	21 769
1971(〃46)	42 946	54 913	27 676	8 869	7 676	2 960	26 346
1972(〃47)	46 046	54 999	35 010	8 528	8 962	3 055	29 405
1973(〃48)	49 195	53 438	42 567	11 752	9 948	4 179	34 014
1974(〃49)	52 696	52 511	47 645	10 736	9 489	6 616	34 947
1975(〃50)	56 840	48 575	40 625	13 928	8 415	9 048	32 500
1976(〃51)	60 324	47 323	48 557	13 271	7 303	9 718	34 225
1977(〃52)	63 374	47 467	52 330	13 145	7 091	10 487	32 866
1978(〃53)	66 410	50 258	45 267	14 509	7 545	12 180	30 468
1979(〃54)	67 860	50 200	53 682	19 558	8 589	12 528	16 830
1980(〃55)	69 873	50 332	55 976	15 129	8 554	12 283	7 448
1981(〃56)	70 644	49 835	55 951	5 176	7 468	11 600	7 979
1982(〃57)	70 795	50 224	37 626	5 304	7 155	11 722	11 002
1983(〃58)	71 860	50 305	28 272	5 252	8 101	12 209	15 122
1984(〃59)	71 163	50 914	26 446	7 087	8 321	13 092	12 603
1985(〃60)	69 083	51 756	19 122	8 105	8 432	14 356	13 225
1986(〃61)	71 375	51 007	27 388	10 374	8 561	15 029	10 482
1987(〃62)	72 457	48 029	23 526	12 162	8 752	15 360	13 589
1988(〃63)	72 594	47 510	27 394	15 588	9 333	15 652	12 842
1989(平1)	70 505	44 540	28 641	16 422	9 215	16 074	17 027
1990(〃2)	66 733	41 944	36 316	11 671	7 680	16 059	18 571
1991(〃3)	59 508	42 754	47 315	1 624	8 835	16 240	19 384
1992(〃4)	52 078	41 731	47 352	2 473	9 333	16 498	20 106
1993(〃5)	45 537	40 020	46 319	2 529	9 774	16 803	21 125
1994(〃6)	40 569	38 535	45 371	3 018	10 117	17 120	20 733
1995(〃7)	40 334	37 984	45 656	3 482	10 435	17 347	21 206
1996(〃8)	40 878	37 592	45 505	3 482	10 561	18 149	21 330
1997(〃9)	34 322	37 444	46 909	6 657	11 086	18 507	21 082
1998(〃10)	34 351	36 283	46 554	12 245	11 706	18 571	20 936
1999(〃11)	34 415	34 133	43 650	14 654	11 031	18 713	20 337
2000(〃12)	36 707	33 788	46 399	14 896	11 810	18 788	21 367
2001(〃13)	39 352	33 667	44 658	13 667	11 911	19 132	21 449
2002(〃14)	42 973	33 347	39 754	11 689	12 843	19 765	19 906
2003(〃15)	47 821	32 973	49 214	7 709	13 449	19 865	21 962
2004(〃16)	51 574	31 447	50 781	11 622	14 032	20 226	22 818
2005(〃17)	53 334	30 053	52 580	10 504	13 747	21 050	22 580
2006(〃18)	55 123	29 608	51 825	11 027	14 609	21 382	22 580
2007(〃19)	57 048	29 392	47 589	12 129	15 194	21 702	23 098
2008(〃20)	56 584	28 727	51 651	14 068	15 072	22 111	22 692
2009(〃21)	57 553	31 107	47 490	13 923	14 990	21 868	21 670
2010(〃22)	59 196	31 774	48 291	13 766	15 948	23 672	21 479
2011(〃23)	59 950	32 825	54 216	15 420	16 848	23 655	20 771
2012(〃24)	60 679	37 477	57 106	16 981	18 197	23 988	17 458
2013(〃25)	60 490	43 323	56 137	17 869	19 360	24 241	15 565
2014(〃26)	58 656	50 102	56 427	19 146	20 806	24 351	16 250
2015(〃27)	58 708	54 524	58 958	23 086	21 450	24 909	16 581
2016(〃28)	63 571	51 670	60 644	25 605	21 474	23 365	20 665
2017(〃29)	63 717	54 147	58 151	25 930	23 057	22 338	22 059
2018(〃30)	64 738	63 560	59 927	26 418	24 340	21 920	20 718

石油公団・石油鉱業連盟「石油開発資料」，石油連盟「内外石油資料」，オイル・アンド・ガス・ジャーナル誌により作成。1バレル=0.159kLで換算。1）1996年以前は旧ソ連。

世界の原油生産（Ⅱ）（単位　万kL）

	アラブ首長国連邦1)	クウェート	ブラジル	メキシコ	ナイジェリア	ベネズエラ	世界計×
1960(昭35)	…	9 449	471	1 575	…	16 563	121 845
1965(〃40)	1 636	12 591	546	1 875	1 580	20 155	175 068
1969(〃44)	3 549	14 947	907	2 669	3 143	20 858	243 534
1970(〃45)	4 169	15 914	914	2 479	5 800	21 402	257 908
1971(〃46)	6 152	16 978	990	2 478	8 842	20 597	280 788
1972(〃47)	6 992	17 454	971	2 565	10 578	18 738	296 346
1973(〃48)	8 944	15 976	988	2 622	11 888	19 535	321 487
1974(〃49)	9 592	13 206	1 030	3 336	13 091	17 271	322 964
1975(〃50)	10 446	11 317	1 016	4 120	10 736	13 928	312 546
1976(〃51)	10 917	11 131	970	4 660	12 053	13 352	333 784
1977(〃52)	11 328	10 357	933	5 692	12 068	12 987	345 374
1978(〃53)	10 643	11 027	929	7 370	10 446	12 478	348 923
1979(〃54)	10 591	12 826	958	8 647	13 754	13 522	363 716
1980(〃55)	10 125	8 146	1 106	11 405	12 219	12 510	347 143
1981(〃56)	8 774	5 316	1 248	13 869	7 944	12 145	324 276
1982(〃57)	7 237	3 917	1 462	15 865	7 683	10 596	307 563
1983(〃58)	6 494	5 292	1 828	15 679	7 149	10 393	309 054
1984(〃59)	6 610	5 382	2 543	15 961	8 228	10 032	314 737
1985(〃60)	6 495	4 777	3 136	16 231	8 388	9 685	310 358
1986(〃61)	7 915	6 975	3 354	14 321	8 495	9 661	324 263
1987(〃62)	8 225	6 359	3 266	14 727	7 187	9 238	323 333
1988(〃63)	8 331	7 297	3 229	14 704	7 901	9 648	335 759
1989(平 1)	10 646	8 951	3 465	15 192	9 315	10 048	344 579
1990(〃 2)	12 513	6 233	3 784	15 328	10 621	12 386	354 856
1991(〃 3)	13 946	733	3 688	16 107	10 772	13 580	347 533
1992(〃 4)	13 291	5 121	3 641	15 524	11 068	13 466	349 182
1993(〃 5)	12 699	9 820	3 664	15 457	11 002	13 532	345 996
1994(〃 6)	12 942	10 707	3 907	15 577	11 201	14 296	350 599
1995(〃 7)	12 791	10 446	4 039	15 606	10 951	14 886	356 595
1996(〃 8)	12 865	10 548	4 527	16 562	11 685	17 151	367 797
1997(〃 9)	13 081	10 657	4 884	17 539	13 243	18 466	379 785
1998(〃10)	13 329	10 446	5 549	17 823	12 374	18 117	383 981
1999(〃11)	11 865	9 595	6 302	16 867	11 399	16 173	375 545
2000(〃12)	12 945	10 243	6 546	17 480	11 781	17 573	390 192
2001(〃13)	12 498	9 953	7 559	18 148	12 090	15 582	387 364
2002(〃14)	10 873	9 286	8 676	18 438	11 288	13 261	379 702
2003(〃15)	13 274	10 853	8 912	19 560	12 449	11 646	397 580
2004(〃16)	13 660	11 897	8 585	19 635	13 595	12 816	413 461
2005(〃17)	14 236	12 361	9 483	19 350	13 967	15 703	419 951
2006(〃18)	15 122	12 826	9 995	18 898	12 879	14 867	421 607
2007(〃19)	14 687	12 536	10 143	17 890	12 361	13 870	418 781
2008(〃20)	15 030	13 406	10 519	16 243	11 317	13 638	422 622
2009(〃21)	13 180	13 203	11 317	15 101	10 591	12 553	411 880
2010(〃22)	13 412	13 336	11 920	14 950	12 071	12 924	419 454
2011(〃23)	14 538	14 509	12 216	14 799	12 634	14 323	423 447
2012(〃24)	15 439	16 027	11 994	14 816	12 174	14 426	436 478
2013(〃25)	15 739	16 267	11 746	14 642	11 334	14 428	433 609
2014(〃26)	16 000	16 250	13 029	14 097	11 032	14 300	441 258
2015(〃27)	16 714	16 128	14 097	13 162	10 533	13 946	450 294
2016(〃28)	17 383	16 574	14 572	12 535	8 910	12 878	458 057
2017(〃29)	16 987	15 977	15 159	11 497	8 868	11 334	457 484
2018(〃30)	17 399	16 128	15 014	10 812	9 315	7 887	465 870

資料は（Ⅰ）に同じ。1バレル=0.159kLで換算。カザフスタンの生産量は2017年10 313，2018年11 131（万kL）。1）アブダビ，ドバイ，シャルジャ，ラス・アル・カイマの合計。×その他とも。

表 4 - 23　液化石油ガス（LPG）の需給（単位　千t）

	生産	輸入	国内向販売		生産	輸入	国内向販売
1970	6 666	2 610	7 583	1998	4 777	13 932	18 803
1975	7 925	5 680	11 650	1999	4 871	14 323	18 840
1979	9 090	9 491	15 250	2000	4 935	14 682	18 878
1980	7 996	9 725	14 932	2001	5 167	14 269	18 420
1981	7 780	10 097	15 465	2002	4 620	13 792	17 785
1982	7 653	11 861	16 536	2003	4 578	14 085	17 259
1983	7 933	10 860	16 374	2004	4 386	13 917	16 324
1984	8 138	11 320	18 156	2005	4 858	13 414	16 301
1985	8 354	11 540	17 876	2006	4 801	14 189	16 759
1986	7 833	11 942	18 227	2007	4 753	13 439	16 308
1987	8 214	12 612	18 797	2008	4 626	13 850	16 245
1988	4 168	12 960	16 992	2009	4 608	11 842	15 081
1989	4 346	14 039	18 191	2010	4 506	12 148	14 644
1990	4 459	14 723	18 746	2011	4 211	12 447	15 008
1991	4 576	14 572	19 373	2012	4 164	13 543	16 111
1992	4 724	15 286	19 752	2013	4 537	11 843	15 243
1993	4 601	15 234	19 956	2014	4 370	11 750	14 685
1994	4 584	15 182	19 426	2015	4 375	10 782	13 003
1995	4 921	14 757	19 783	2016	4 203	10 650	12 458
1996	4 879	15 135	20 214	2017	4 521	10 664	12 596
1997	5 094	15 352	19 788	2018	4 050	10 920	11 961

経済産業省「資源・エネルギー統計年報」，同「エネルギー生産・需給統計年報」により作成。1988年以降石油化学工場が調査対象事業所から除外されたため，生産と販売量の数値は接続しない。

表 4 - 24　液化石油ガスの輸入先（単位　千 t）

	アメリカ合衆国	アラブ首長国連邦	カタール	サウジアラビア	クウェート	オーストラリア	イラン	計 ×
1970	29	—	—	932	1 025	139	222	2 610
1975	—	—	104	2 490	771	1 129	678	5 680
1980	—	783	49	5 252	1 743	1 160	68	9 725
1985	—	2 427	466	5 413	816	1 422	7	11 540
1990	—	3 395	458	6 613	951	801	—	14 723
1995	22	3 016	760	6 489	1 323	490	98	14 757
2000	—	3 743	600	5 983	1 483	885	256	14 682
2003	117	3 809	915	4 629	1 347	1 064	706	14 085
2004	77	3 134	1 094	5 508	1 522	1 029	585	13 917
2005	33	3 230	1 134	5 067	1 463	1 070	349	13 414
2006	—	3 649	1 885	5 229	1 551	957	579	14 189
2007	30	3 190	1 974	4 868	1 479	893	643	13 439
2008	21	2 966	2 729	4 298	1 602	755	612	13 850
2009	152	2 458	2 670	2 916	1 471	829	394	11 842
2010	202	2 912	3 380	1 946	1 353	740	872	12 148
2011	42	2 970	3 892	1 920	1 510	989	663	12 447
2012	406	3 360	3 907	2 119	1 905	837	45	13 543
2013	859	2 920	3 419	1 497	1 390	687	—	11 843
2014	1 413	2 631	3 378	1 362	1 379	546	—	11 750
2015	1 868	2 260	2 552	1 056	1 155	573	—	10 782
2016	3 114	1 862	2 010	1 130	1 283	550	—	10 650
2017	6 067	1 227	1 230	623	1 017	270	—	10 664
2018	7 023	989	867	828	637	365	—	10 920

資料は上表に同じ。×その他とも。

表4-25 天然ガスの需給（単位 百万m³）

	生産量	出荷量1)×	原油・天然ガス鉱業2)	化学工業3)	その他の製造業	電気業	ガス業
1960(昭35)	731	706	41	494	85	5	76
1965(〃40)	1 780	1 727	49	1 114	170	50	340
1970(〃45)	2 359	2 320	59	1 282	181	275	502
1973(〃48)	2 595	3 271	807	1 215	433	224	590
1974(〃49)	2 572	3 228	784	1 127	456	265	595
1975(〃50)	2 436	3 119	759	1 106	377	260	617
1976(〃51)	2 493	3 224	799	1 087	353	331	653
1977(〃52)	2 804	3 585	859	1 030	314	708	673
1978(〃53)	2 641	3 299	738	994	218	687	645
1979(〃54)	2 414	2 988	625	907	160	666	610
1980(〃55)	2 197	2 705	566	780	86	635	617
1981(〃56)	2 102	2 616	588	695	71	569	672
1982(〃57)	2 047	2 593	599	649	76	564	687
1983(〃58)	2 085	2 646	595	658	78	558	737
1984(〃59)	2 133	2 826	578	686	82	678	783
1985(〃60)	2 225	2 980	613	664	80	789	816
1986(〃61)	2 105	2 754	545	589	66	666	865
1987(〃62)	2 168	2 848	497	578	52	832	867
1988(〃63)	2 097	2 755	461	576	46	705	886
1989(平1)	2 009	2 537	381	517	44	653	851
1990(〃2)	2 044	2 537	348	520	49	621	908
1991(〃3)	2 135	2 618	345	513	56	642	973
1992(〃4)	2 159	2 646	351	441	46	688	1 034
1993(〃5)	2 204	2 674	366	458	45	686	1 051
1994(〃6)	2 274	2 691	357	436	42	720	1 072
1995(〃7)	2 209	2 714	399	427	43	674	1 113
1996(〃8)	2 230	2 707	382	345	46	693	1 183
1997(〃9)	2 279	2 773	407	354	58	674	1 227
1998(〃10)	2 301	2 784	410	306	66	689	1 293
1999(〃11)	2 280	2 762	399	311	89	585	1 364
2000(〃12)	2 453	2 944	437	358	116	575	1 443
2001(〃13)	2 521	3 042	441	368	140	568	1 511
2002(〃14)	2 571	3 084	423	381	165	549	1 551
2003(〃15)	2 844	3 499	488	423	187	670	1 716
2004(〃16)	2 883	3 551	530	446	194	541	1 820
2005(〃17)	3 120	3 805	567	469	194	577	1 982
2006(〃18)	3 302	4 026	559	487	253	493	2 216
2007(〃19)	3 708	4 436	521	502	282	370	2 745
2008(〃20)	3 735	4 545	497	527	323	306	2 877
2009(〃21)	3 539	4 367	479	471	334	311	2 756
2010(〃22)	3 396	4 586	460	612	357	337	2 807
2011(〃23)	3 298	4 712	460	640	482	370	2 740
2012(〃24)	3 276	4 582	470	607	420	349	2 715
2013(〃25)	2 995	4 345	474	616	388	367	2 481
2014(〃26)	2 822	4 329	465	619	435	359	2 433
2015(〃27)	2 734	4 171	441	581	450	350	2 332
2016(〃28)	2 754	4 181	418	551	466	411	2 317
2017(〃29)	3 008	4 403	398	592	519	432	2 449
2018(〃30)	2 707	4 382	368	615	519	480	2 387

経済産業省「資源・エネルギー統計年報」，同「エネルギー生産・需給統計年報」，同「エネルギー統計年報」により作成。本表は国産天然ガスの需給に関する統計である。出荷量で，1971，73年は調査対象等の変更がありそれ以前と接続しない。1）生産のほか購入分も含む。2）1973年以降は自家消費や同業者間の転売を含む。3）1970年以前は原料用のみ。1965年以前は燃料用等の用途を含む。×その他とも。

表 4 - 26　液化天然ガス（LNG）の輸入先（単位　千 t）

	オーストラリア	マレーシア	カタール	ロシア	インドネシア	アラブ首長国連邦	ブルネイ	計×
1975 1)	—	—	—	—	—	—	1 550	4 560
1980	—	—	—	—	8 073	1 876	5 516	16 324
1985	—	4 386	—	—	14 768	2 303	5 082	27 556
1990	2 907	6 609	—	—	17 459	2 209	5 350	35 627
1995	6 712	7 904	—	—	17 327	3 969	5 557	42 758
2000	7 270	10 895	5 893	—	17 920	4 664	5 712	53 581
2001	7 438	11 372	6 319	—	17 869	5 164	6 038	55 523
2002	7 194	10 631	6 248	—	14 566	4 335	5 914	50 825
2003	7 548	10 709	6 558	—	14 983	5 066	6 486	53 512
2004	7 826	8 990	6 764	—	12 775	5 239	5 973	50 169
2005	9 232	10 700	6 230	—	11 197	4 882	6 269	50 907
2006	12 159	12 018	7 483	—	13 988	5 315	6 502	62 189
2007	12 074	13 274	8 172	—	13 592	5 572	6 439	66 816
2008	11 983	13 134	8 203	—	14 130	5 574	6 177	69 263
2009	11 933	12 622	7 734	2 772	12 973	5 138	6 098	64 552
2010	13 278	13 950	7 632	6 031	12 785	5 166	5 849	70 008
2011	13 978	14 961	11 863	7 125	9 343	5 513	6 326	78 532
2012	15 915	14 609	15 659	8 306	6 164	5 537	5 906	87 314
2013	17 919	14 943	16 061	8 566	6 262	5 407	5 097	87 491
2014	18 412	14 938	16 136	8 449	5 747	5 697	4 343	***88 506**
2015	18 617	15 571	14 644	7 571	5 847	5 436	4 231	85 044
2016	22 417	15 493	12 118	7 315	6 697	4 987	4 217	83 340
2017	25 675	14 806	10 134	7 262	6 515	4 683	3 733	83 632
2018	28 702	11 266	9 923	6 673	5 133	4 977	4 182	82 852

2005年までは経済産業省「資源・エネルギー統計年報」，同「エネルギー生産・需給統計年報」により，2006年以降は財務省「貿易統計」により作成。1）アメリカ合衆国からの輸入量3010千トン。×その他とも。*ゴシック体は過去最高。

表 4 - 27　主な国の天然ガス生産量（単位　億m^3）

	1971	1975	1980	1985	1990	1995	2000
アメリカ合衆国	6 117	5 445	5 535	4 673	5 066	5 283	5 443
ロシア 1)	2 169	2 949	4 439	6 419	6 289	5 848	5 728
イラン	80	130	43	85	226	421	589
カナダ	629	745	781	861	1 091	1 592	1 817
カタール	9	20	32	54	62	83	245
中国	37	89	143	129	153	179	272
ノルウェー	—	2	260	267	276	314	533
世界計×	**11 067**	**12 538**	**15 265**	**17 389**	**20 585**	**22 033**	**25 037**

	2005	2010	2014	2015	2016	2017	2018
アメリカ合衆国	5 115	6 039	7 334	7 665	7 553	7 733	8 619
ロシア	6 277	6 573	6 465	6 380	6 442	6 951	7 152
イラン	987	1 439	1 746	1 841	1 998	2 208	2 305
カナダ	1 880	1 563	1 641	1 650	1 770	1 829	1 900
カタール	448	1 206	1 600	1 668	1 689	1 683	1 709
中国	493	958	1 302	1 346	1 369	1 480	1 603
ノルウェー	869	1 104	1 129	1 213	1 206	1 282	1 255
世界計×	**28 691**	**32 836**	**35 520**	**36 045**	**36 462**	**37 937**	**39 372**

IEA（国際エネルギー機関）Data, “Natural Gas Information Statistics”（2019年11月1日閲覧）により作成。1）1985年までは旧ソ連の数値。×その他とも。

〔電力・ガス〕 1872年，横浜で国内初のガス事業が開始され，街にガス灯が点灯した。1886年には初の電気事業者が開業し，翌年には火力発電所が誕生している。1890年には，国内で初めて電力を動力として用いるようになった（電動式エレベーター）。電力の普及とともに電力需要が増加し，各地で多くの事業者が開業した。高圧電流による長距離送電が実用化されると，水力による大規模発電が盛んになった。

1920年代には第一次大戦による好景気の反動で不況になり，電力供給が過剰になった。激しい価格競争の一方，設備投資に多額の費用がかかるため，事業者間の淘汰が進んで5大電力会社が支配的地位を確立した。しかし，各事業者が独自に電線をひいたことで，送電設備が重複するなど二重投資が相次いだほか，原価を無視した値下げ競争で経営基盤が弱体化した。

政府は競争を制限し，電力料金の認可制や5社による電力連盟の結成を進めた。さらに，1939年には戦時経済への移行で日本発送電が設立されて，民間設備は接収された。発電は日本発送電が行い送電は地域ごとの配電会社が担ったが，燃料不足等に加えて採算性に乏しい発電計画や，あいまいな供給責任から慢性的な電力不足に陥った。

戦後，日本発送電は解体され，地域ごとの電力会社が電気事業を独占することになった。過当競争や非効率な統制の反省から，電力会社に安定供給を義務化する代わりに独占経営を許して過当競争を防ぐ一方，会社組織による自主的で効率的な経営が期待された。

戦後の復興に伴い，電力需要が急増すると，電力不足による使用制限が相次いで経済に悪影響をおよぼした。供給責任のある電力会社は大規模な水力発電所の建設を急いだほか，中東からの安価な原油を用いた石油火力を拡大させた。発電設備容量で火力が水力を上回り，高度経済成長や家電製品の普及で電力需要が拡大する中で，石油火力が発電の中心になった。

1970年代の2度の石油危機で石油依存は見直しを迫られ，石炭火力への回帰や原子力発電の拡大，新エネルギー開発が進んだ。企業のOA化などで電力需要が拡大する中，原子力発電は国民の安全性への不安を抑えながら1998年まで発電量が大きく伸びた。しかし，1999年以降は事故やトラブル隠しなどが相次いだほか，2011年には東日本大震災で東京電力福島第一原発が大量の放射性物質をまき散らす最悪レベルの事故を引き起こした。その後，一部の原子炉は廃炉になったほか，より厳しい安全性基準に適合したものから再稼働が進んでいるが，依然として多くの原子炉が運転を停止している。

近年，太陽光や風力などの利用が進んでいる。2003年に電気事業者が新エネルギーによる電力を一定量以上利用することが定められたほか，2009年に家庭用太陽光の余剰電力買い取りの義務化，さらに2012年には再生可能エネルギーによる電力を固定価格で買い取ることが定められた。特に太陽光は発電設備や発電量が増えたが，買い取り価格が高く設定されたために，消費者の負担が大きくなっている。

電気事業は自由化が進んだ。電気事業の発電，送配電，小売のうち，発電は1995年に工場などの自家発電力を電力会社に売る卸売が認められた。小売は2000年に大口需要で新規参入が認められると，その後自由化の範囲が拡大して，2016年には一般家庭まで全面自由化された。2020年には電力会社の送配電部門が分離され，電力会社の発電部門や小売部門は新規事業者と公平な条件で競争を行うことになる（電力供給の最終責任は送配電会社が担う）。

ガス事業は，当初は電灯用が中心であったが，電気事業の発展でその後は主に熱源として用いられた。日中戦争以降は工業用燃料として需要が急増したが，第二次大戦中は軍需工場が優先されて一般には消費制限が課せられていた。戦後は戦争の被害も大きく，原料の石炭不足もあって1949年までは使用制限があった。当時は都市ガス需要家が少なかったが，その後の都市ガス事業計画によって需要家は20年間で10倍以上に増えている。この間，都市ガス原料は石炭系から石油系，天然ガスへと転換し，特に液化天然ガス（LNG）は供給安定性，クリーン性，高カロリー性によって都市ガスに革命的な変化をもたらした。ガス事業は1995年に大口小売で自由化が始まり，2017年に一般家庭まで全面自由化されている。

年　表	
1872	ガス事業開業（ガス灯点灯）。
1878	工部大学校で電灯を点灯。
1886 （明19）	東京電燈株式会社開業（国内初の電気事業）。
1887	国内初の営業用火力発電所誕生。
1890	国内初の動力用電力を供給。
1892	国内初の営業用水力発電所誕生。
1896	電気事業取締規則制定(保安取締)。
1899	長距離送電開始（約22.5キロ）。
1911	電気事業法制定（産業保護）。
1931	電気事業法改正(料金認可制等)。
1932	電力連盟結成（電力カルテル）。
1933	電力料金決定が総括原価方式に。
1938	電力管理法等３法公布。
1939	日本発送電株式会社設立。
1941	配電統制令(翌年９配電会社発足)。
1951 （昭26）	電気事業再編成令により９電力会社設立。
1952	電源開発株式会社設立。
1953	都市ガス施設拡充５か年計画。
1957	国内初の実験原子炉完成。
1963	国内初の原子力発電に成功。
1964	電気事業法公布。
1966	国内発の原子力営業運転開始。
1969	東京ガスがLNGを初調達。
1972	沖縄電力設立。
1974	石油危機による電力使用制限。
1995 （平７）	ガス小売部分自由化(以降自由化の範囲拡大)。電力卸売の自由化。
1999	核燃料加工施設で臨界事故発生。
2000 （平12）	大口電力の小売自由化（以降自由化の範囲が拡大）。
2003 （平15）	電気事業者による新エネルギー等による電力の利用義務化。
2005	日本卸電力取引所で電力取引開始。
2009	太陽光の余剰電力買取制度開始。
2011 （平23）	東日本大震災により東電福島第一原発事故発生。
2012 （平24）	再生可能エネルギーの固定価格買取制度開始。
2015	電力広域的運営推進機関発足。
2016	電力小売の全面自由化。
2017	ガス小売の全面自由化。
2018 （平30）	北海道で国内初のエリア全域での大規模停電(ブラックアウト)。

表 4-28　発電設備の推移（最大出力）（会計年度末現在）（単位　千kW）

	水力	火力	原子力	太陽光	風力	地熱	計×
1903(明36)	13	31	—	—	—	—	44
1905(〃38)	18	56	—	—	—	—	74
1910(〃43)	113	145	—	—	—	—	258
1915(大 4)	449	323	—	—	—	—	772
1920(〃 9)	825	553	—	—	—	—	1 378
1925(〃14)	1 814	954	—	—	—	—	2 768
1930(昭 5)	2 948	1 552	—	—	—	—	4 500
1935(〃10)	3 382	2 375	—	—	—	—	5 757
1940(〃15)	5 127	3 946	—	—	—	—	9 073
1945(〃20)	6 435	3 950	—	—	—	—	10 385
1950(〃25)	6 763	4 008	—	—	—	—	10 771
1955(〃30)	8 909	5 603	—	—	—	—	14 512
1960(〃35)	12 678	10 978	—	—	—	—	23 657
1965(〃40)	16 275	24 717	13	—	—	—	41 005
1970(〃45)	19 994	46 931	1 336	—	—	1) 11	68 262
1975(〃50)	24 853	80 765	6 615	—	—	52	112 285
1980(〃55)	29 776	98 072	15 689	—	—	162	143 698
1985(〃60)	34 337	110 161	24 686	—	—	214	169 399
1989(平 1)	37 483	119 089	29 445	1	—	215	186 231
1990(〃 2)	37 831	124 984	31 645	1	—	269	194 730
1991(〃 3)	39 117	127 183	33 404	1	—	270	199 985
1992(〃 4)	39 523	130 745	34 584	—	—	270	205 133
1993(〃 5)	39 965	134 101	38 541	—	1	299	212 914
1994(〃 6)	41 932	138 049	40 531	—	1	379	220 898
1995(〃 7)	43 455	141 665	41 356	1	1	504	226 994
1996(〃 8)	44 407	146 074	42 712	1	1	530	233 737
1997(〃 9)	44 462	152 202	45 248	1	1	530	242 447
1998(〃10)	45 382	159 054	45 248	—	6	533	250 290
1999(〃11)	45 860	161 869	45 248	—	34	533	253 544
2000(〃12)	46 325	166 648	45 248	—	84	533	258 838
2001(〃13)	46 387	168 729	45 907	—	175	533	261 730
2002(〃14)	46 545	172 889	45 907	—	277	510	266 129
2003(〃15)	46 781	174 721	45 742	0	508	535	268 287
2004(〃16)	46 803	177 472	47 122	0	769	535	272 701
2005(〃17)	47 357	175 779	***49 580**	2	930	535	274 183
2006(〃18)	47 375	176 350	49 467	9	1 252	532	274 988
2007(〃19)	47 637	176 412	49 467	10	1 527	532	275 588
2008(〃20)	47 949	179 324	47 935	13	1 756	532	277 511
2009(〃21)	47 966	181 736	48 847	16	1 997	535	281 099
2010(〃22)	48 111	182 381	48 960	32	2 294	***537**	282 315
2011(〃23)	48 419	185 309	48 960	85	2 419	***537**	285 729
2012(〃24)	48 934	188 904	46 148	267	2 562	512	287 327
2013(〃25)	48 932	191 258	44 264	1 559	2 646	512	289 171
2014(〃26)	49 597	193 356	44 264	4 085	2 750	508	294 560
2015(〃27)	50 035	190 805	42 048	5 624	2 808	517	291 836
2016(〃28)	***50 058**	***193 963**	41 482	9 110	3 205	526	298 407
2017(〃29)	50 014	193 462	39 132	12 592	3 483	471	299 209
2018(〃30)	50 037	193 026	38 042	***14 974**	***3 498**	473	***300 093**

資源エネルギー庁「電力調査統計」，電気事業連合会「電気事業便覧」（2017年版以降は資源エネルギー庁編），同「電気事業60年の統計」，総務省「新版　日本長期統計総覧」および東洋経済新報社「完結昭和国勢総覧」により作成。1940年以前は暦年末現在。1945～71年度は沖縄県を含まず。電気事業用と自家用（工場等）の合計。自家用は大規模設備に限られ，1964年度までは水力は 1 社 1 系統認可最大出力500kW以上，火力が 1 発電所認可最大出力500kW以上。1965～95年度は 1 発電所最大出力500kW以上，1996年以降は 1 発電所最大出力1000kW以上。ただし，2016年度以降は自家用のうち発電事業者の要件を満たした事業所は電気事業用に計上。*は最大値を示す。1）1971年度。×その他とも。

表4-29 発電電力量の推移（会計年度）（単位 百万kWh）

	水力[1)]	火力[1)]	原子力	太陽光	風力	地熱	計×
1914(大3)	1 258	199	—	—	—	—	…
1915(〃4)	1 600	211	—	—	—	—	…
1920(〃9)	3 166	649	—	—	—	—	2) 5 113
1925(〃14)	6 742	993	—	—	—	—	9 093
1930(昭5)	13 431	2 342	—	—	—	—	15 773
1935(〃10)	18 903	5 795	—	—	—	—	24 698
1940(〃15)	24 233	10 333	—	—	—	—	34 566
1945(〃20)	20 752	1 149	—	—	—	—	21 900
1950(〃25)	37 784	8 482	—	—	—	—	46 266
1955(〃30)	48 502	16 739	—	—	—	—	65 240
1960(〃35)	58 481	57 017	—	—	—	—	115 497
1965(〃40)	75 201	115 024	25	—	—	—	190 250
1970(〃45)	80 090	274 868	4 581	—	—	…	359 539
1975(〃50)	85 906	364 763	25 125	—	—	(147)	475 794
1980(〃55)	92 092	402 838	82 591	—	—	(871)	577 521
1981(〃56)	90 562	404 862	87 820	—	—	…	583 245
1982(〃57)	84 008	394 695	102 431	—	—	…	581 133
1983(〃58)	87 982	415 828	114 290	—	—	…	618 100
1984(〃59)	76 711	437 597	134 264	—	—	…	648 572
1985(〃60)	87 948	424 426	159 578	—	—	(1 262)	671 952
1986(〃61)	86 067	421 980	168 305	—	—	…	676 352
1987(〃62)	80 846	450 463	187 758	—	—	…	719 068
1988(〃63)	95 885	479 184	178 659	—	—	…	753 728
1989(平1)	97 826	518 061	182 869	—	—	…	798 756
1990(〃2)	95 835	559 164	202 272	(1)	—	(1 741)	857 272
1991(〃3)	*105 595	567 258	213 460	1	—	1 773	888 088
1992(〃4)	89 616	580 656	223 259	1	—	1 787	895 336
1993(〃5)	105 470	550 180	249 256	—	1	1 778	906 705
1994(〃6)	75 659	617 465	269 127	—	1	2 064	964 330
1995(〃7)	91 216	604 206	291 254	0	1	3 173	989 880
1996(〃8)	89 433	614 014	302 201	1	2	3 673	1 009 349
1997(〃9)	100 414	614 576	319 177	2	1	*3 756	1 037 938
1998(〃10)	102 587	607 815	*332 343	—	6	3 531	1 046 288
1999(〃11)	95 577	650 448	316 616	—	37	3 450	1 066 130
2000(〃12)	96 817	669 177	322 050	—	109	3 348	1 091 500
2001(〃13)	93 872	658 475	319 859	—	252	3 431	1 075 890
2002(〃14)	91 801	710 575	295 095	0	413	3 374	1 101 260
2003(〃15)	104 138	745 488	240 013	0	832	3 484	1 093 956
2004(〃16)	103 147	747 069	282 442	0	1 307	3 374	1 137 341
2005(〃17)	86 350	761 841	304 755	1	1 751	3 226	1 157 926
2006(〃18)	97 340	755 084	303 426	6	2 168	3 081	1 161 110
2007(〃19)	84 234	841 289	263 832	8	2 614	3 044	*1 195 032
2008(〃20)	83 504	798 930	258 128	11	2 942	2 750	1 146 269
2009(〃21)	83 832	742 522	279 750	15	3 613	2 887	1 112 622
2010(〃22)	90 681	771 306	288 230	22	4 016	2 632	1 156 888
2011(〃23)	91 709	906 946	101 761	60	4 676	2 676	1 107 829
2012(〃24)	83 645	986 758	15 939	160	4 838	2 609	1 093 950
2013(〃25)	84 885	*987 345	9 303	1 152	5 201	2 596	1 090 482
2014(〃26)	86 942	955 352	—	3 808	5 038	2 577	1 053 717
2015(〃27)	91 380	908 789	9 437	6 837	5 161	2 582	1 024 185
2016(〃28)	84 569	877 017	17 300	11 086	5 459	2 212	997 911
2017(〃29)	90 128	861 435	31 278	15 939	6 140	2 145	1 007 341
2018(〃30)	87 398	831 615	62 109	*18 476	*6 493	2 113	1 008 433

資料や調査範囲は表4-28に同じ。一般家庭の太陽光発電などは含まれないことに留意。1990年度以前の太陽光は水力に，地熱は火力に含まれる。1941年以前は暦年。1945～71年度は沖縄県を含まず。*は最大値を示す。1）1925年以前は電気事業用のみ。2）1921年。×その他とも。

第4章 資源・エネルギー

図4-5　発電設備容量・発電電力量の推移（会計年度）（表4-28，29より作成）

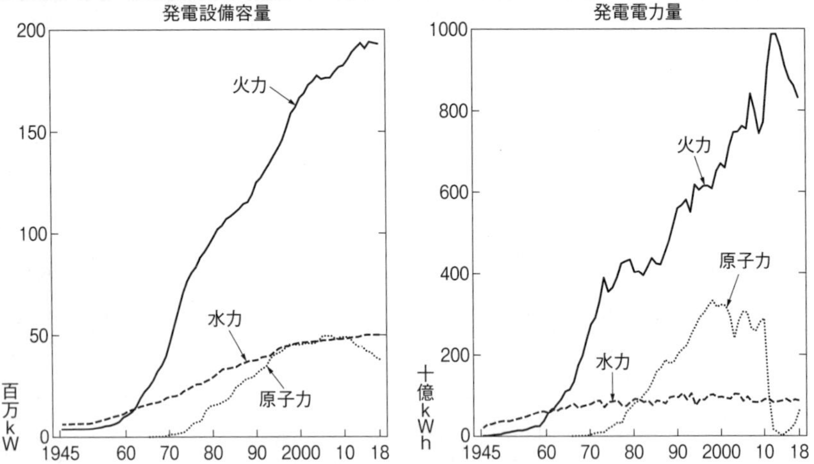

表4-30　太陽光，風力における電気事業者の買い取り実績

	発電設備容量[1]（千kW）（会計年度末現在）				買い取り電力量[2]（百万kWh）（会計年度）			
	太陽光	住宅[3]	非住宅[4]	風力	太陽光	住宅[3]	非住宅[4]	風力
RPS法による								
2003	528	5) 509	…	673	196	…	…	990
2004	741	…	…	921	347	…	…	1 440
2005	988	…	…	1 075	458	…	…	1 910
2006	1 232	…	…	1 553	542	…	…	2 144
2007	1 432	…	…	1 816	661	…	…	2 744
2008	1 619	…	…	2 043	763	…	…	3 058
2009	1 937	1 919	18	2 314	946	265	…	3 734
2010	2 778	2 728	50	2 452	1 354	1 337	17	4 143
2011	3 913	3 809	104	2 559	2 159	2 103	56	4 631
2012	…	…	…	…	6) 1 358	7) 1 253	6) 105	6) 2 021
FIT法による								
2012	1 673	969	704	63	8) 2 510	8) 2 321	8) 190	8) 2 742
2013	8 716	2 276	6 439	110	9 112	4 857	4 255	4 896
2014	23 058	7 786	15 272	2 860	18 957	5 780	13 177	4 921
2015	32 232	8 655	23 578	3 008	31 077	6 486	24 591	5 233
2016	38 471	9 454	29 016	3 313	41 666	7 117	34 550	5 862
2017	43 911	10 122	33 789	3 488	50 442	7 827	42 615	6 167
2018	49 549	10 861	38 688	3 653	57 641	8 365	49 276	7 081

資源エネルギー庁資料により作成。**RPS法**は，電気事業者に対して新エネルギー等による電力を一定量以上購入することを義務づけたもの。RPS法は2012年７月のFIT法施行により廃止（効力は当分の間残った）。**FIT法**は固定価格買取制度で，FIT法認定施設が発電した電力を一定期間固定価格で電力会社が買い取ることを義務づけるもの。1）2011年度以前はRPS法認定容量。2012，13年度はFIT法認定容量のうち運転を開始したもの。2014年度以降はFIT法の下で買い取りを開始したもの。2）RPS法では電気事業者への電力供給量。3）主に住宅等の小規模発電設備。RPS法とは別に，2009年度より一定期間余剰電力の買い取りが義務化され，FIT法に移行した。FIT法では10kW未満の発電設備で集計。4）メガソーラなど。FIT法では10kW以上の設備。5）住宅用太陽光のみ。6）FIT法施行により，2012年９月以降にFIT法認定施設に逐次移行したため，供給期間が１年間でないものが多数ある。7）2012年４～６月の３か月間のみ。8）FIT法が施行された2012年７月から同年度末まで。

表 4 - 31　火力発電用燃料消費量（会計年度）（電気事業用）

	石炭[1)]（千 t）	重油[2)]（千kL）	原油（千kL）	ナフサ（千kL）	NGL（千kL）	LNG（千 t）	LPG（千 t）
1912（大 1）	607	…	—	—	—	—	—
1915（〃 4）	323	…	—	—	—	—	—
1920（〃 9）	1 152	…	—	—	—	—	—
1925（〃 14）	985	…	—	—	—	—	—
1930（昭 5）	1 385	3.0	—	—	—	—	—
1935（〃 10）	2 722	4.6	—	—	—	—	—
1940（〃 15）	5 413	3) 8.7	—	—	—	—	—
1945（〃 20）	729	311	—	—	—	—	—
1950（〃 25）	5 007	1 760	—	—	—	—	—
1955（〃 30）	7 211	307	—	—	—	—	—
1960（〃 35）	16 600	4 986	—	—	—	—	—
1965（〃 40）	20 073	11 786	719	—	—	—	0
1970（〃 45）	18 821	34 646	7 239	—	—	717	0
1975（〃 50）	7 179	35 999	22 666	2 439	981	3 326	0
1980（〃 55）	9 776	35 689	13 432	1 376	2 985	12 987	736
1985（〃 60）	22 627	21 079	12 830	363	332	21 634	610
1989（平 1）	25 440	22 966	18 771	174	417	25 197	949
1990（〃 2）	27 238	23 806	21 859	152	572	27 624	892
1991（〃 3）	29 264	22 678	20 329	176	318	29 431	933
1992（〃 4）	31 539	23 655	20 462	167	351	29 134	899
1993（〃 5）	34 511	18 983	15 841	93	259	29 178	596
1994（〃 6）	37 902	22 303	21 004	190	427	31 089	393
1995（〃 7）	41 474	18 676	16 740	154	240	31 593	539
1996（〃 8）	43 344	16 218	16 429	83	219	33 140	525
1997（〃 9）	46 332	14 481	11 969	134	82	34 346	374
1998（〃 10）	46 072	13 101	9 469	111	27	35 359	351
1999（〃 11）	51 803	13 098	9 184	123	62	37 662	304
2000（〃 12）	57 785	11 750	7 510	113	47	38 663	389
2001（〃 13）	62 325	8 488	4 559	23	13	38 175	373
2002（〃 14）	67 759	11 110	6 579	18	56	37 914	410
2003（〃 15）	73 460	12 601	5 810	5	46	39 063	400
2004（〃 16）	77 876	10 147	6 051	6	16	37 170	359
2005（〃 17）	82 460	11 673	7 799	—	34	34 639	376
2006（〃 18）	79 523	8 978	6 120	—	19	38 178	446
2007（〃 19）	84 205	14 239	11 301	—	20	42 105	445
2008（〃 20）	80 992	12 566	7 978	—	—	41 034	583
2009（〃 21）	76 805	7 212	3 643	—	39	40 671	247
2010（〃 22）	72 153	6 318	4 759	—	13	41 743	328
2011（〃 23）	69 934	11 846	11 567	—	3	52 870	952
2012（〃 24）	71 084	16 090	13 477	—	0	55 709	*1 510
2013（〃 25）	80 884	12 697	11 576	—	0	56 092	644
2014（〃 26）	80 230	9 434	6 758	—	0	*56 610	334
2015（〃 27）	80 284	7 068	5 700	—	0	52 306	157
2016（〃 28）	110 859	8 236	2 789	…	…	55 688	415
2017（〃 29）	*114 997	6 339	1 587	…	…	52 922	199
2018（〃 30）	110 560	4 245	587	…	…	49 666	189

資料は表4-28に同じ。2016年度の電力小売自由化に伴い，電気事業者の範囲が拡大した。2015年度以前は旧一般電気事業者（地域ごとの10電力会社）と卸電気事業者で，1995～2009年度は公営や共同火力等の卸供給事業者を含む。1945～72年度は沖縄県を含まず。2015年度以前は汽力発電での燃料消費のみ。汽力発電とは火力発電の主流を占める方式で，ボイラー等で高温高圧の蒸気流を作り，蒸気タービンを回して発電する。1941年以前は暦年。*は最大値を示す。重油と原油は1973年度で，それぞれ42825千kLと23601千kL。ナフサは1977年度の3785千kL，NGLは1978年度の3316千kL。1）1946年度以前は乾炭で，47年度以降は湿炭。1947年度以前は卸電気事業者を含まず。2）1956年度以前は卸電気事業者を含まず。1941年以前は単位が千ｔ。1938年以前は軽油，石油を含む。3）1941年。

表 4 - 32　使用電力量の推移（会計年度）（単位　百万kWh）

	電気事業用1)					自家発自家消費電力量6)	総計	うち電力会社分7)
	電灯2)	電力3)	特定規模需要4)	高圧・特別高圧	計5)			
1930	2 780	8 098	—	…	10 878	1 740	12 618	…
1935	2 800	14 589	—	…	17 389	2 004	19 393	…
1940	2 900	21 714	—	…	24 614	3 962	28 576	…
1945	2 608	11 612	—	…	14 220	2 199	16 419	…
1950	5 664	22 325	—	…	27 989	5 909	33 898	…
1955	7 758	36 478	—	…	44 237	8 908	53 144	43 884
1960	13 379	74 367	—	…	87 746	11 666	99 411	86 888
1965	28 324	119 495	—	…	147 819	21 002	168 821	144 047
1970	51 706	221 254	—	…	272 960	46 741	319 701	259 874
1975	82 421	291 850	—	…	374 271	54 064	428 335	348 953
1980	105 271	358 982	—	…	464 253	55 998	520 251	436 404
1985	133 303	408 091	—	…	541 394	57 912	599 306	521 895
1988	153 085	444 330	—	…	597 415	74 902	672 317	578 584
1989	163 419	468 893	—	…	632 313	81 605	713 918	613 297
1990	177 419	500 712	—	…	678 131	87 471	765 602	658 933
1991	185 326	513 267	—	…	698 594	91 295	789 888	679 237
1992	192 136	512 660	—	…	704 796	92 956	797 752	685 710
1993	197 695	511 507	—	…	709 202	95 494	804 695	690 578
1994	215 515	543 498	—	…	759 013	99 804	858 817	740 097
1995	224 650	551 861	—	…	776 511	105 048	881 559	756 975
1996	228 231	566 087	—	…	794 318	109 153	903 471	774 602
1997	232 371	578 891	—	…	811 261	115 444	926 705	791 451
1998	240 938	577 397	—	…	818 334	116 327	934 661	798 971
1999	248 234	588 509	—	…	836 743	120 627	957 370	816 920
2000	254 592	363 594	239 891	…	858 078	123 988	982 066	837 923
2001	254 469	358 303	231 505	…	844 277	123 378	967 655	824 100
2002	263 439	362 405	237 088	…	862 932	126 760	989 692	841 474
2003	259 658	359 725	238 838	…	858 221	126 547	984 768	834 305
2004	272 552	250 781	368 770	…	892 103	*131 046	1 023 149	865 428
2005	281 294	52 827	559 654	…	918 265	125 535	1 043 800	882 559
2006	278 316	49 427	575 451	…	927 141	121 167	1 048 308	889 423
2007	289 728	49 743	595 564	…	*959 661	117 831	*1 077 492	*919 544
2008	285 288	46 757	571 691	…	925 503	110 029	1 035 532	888 935
2009	284 969	45 173	543 977	…	896 668	106 154	1 002 822	858 516
2010	*304 234	47 453	574 937	…	931 059	125 382	1 056 441	906 418
2011	288 950	44 931	545 567	…	883 787	118 658	1 002 445	859 809
2012	286 224	43 694	540 997	…	875 276	116 336	991 612	851 590
2013	284 345	42 783	544 364	…	876 032	116 595	992 627	848 541
2014	273 107	40 473	537 824	…	855 353	114 078	969 430	822 999
2015	266 855	39 150	531 514	…	841 542	113 803	955 345	797 057
2016	271 809	37 647	—	538 837	899 799	63 502	963 301	783 821
2017	279 307	38 127	—	543 441	914 374	63 046	977 420	760 806
2018	270 312	36 808	—	543 137	896 199	79 189	975 388	729 611

資料は表4-28に同じ。1945～71年度は沖縄県を含まず。1940年以前は暦年。表4-29との差はほとんどが送電ロス（損失）。*は最大値を示す。1）1946年度以降は一般電気事業者と卸電気事業者。1995～2009年度は公営・共火等卸供給事業者を含む。1998年度以降は特定電気事業者を，2000年度以降は特定規模電気事業者を含む。2）一般家庭，小規模事業所，公衆街路灯などの消費量。3）業務用電力，小口電力，大口電力，その他電力の使用量。2000年度より特定規模需要を除く。4）大口電力の小売り自由化に伴い2000年度に新設。2003年度以前は使用最大電力量が原則2000kW（沖縄電力は2万kW）以上の需要。2004年度は同500kW（沖縄電力は2000kW）以上で2005年度より同50kW（沖縄電力は2000kW）以上。電力小売の完全自由化により2016年度から廃止。5）電気事業者自家消費や特定供給，離島供給，最終保障供給を含む。6）1995年度までは自家発電設備500kW以上，1996年度以降は同1000kW以上の事業場。7）2016年度以降はみなし小売電気事業者（旧一般電気事業者）。東京電力や関西電力など。

表 4-33 夏季の最大電力需給対比と年負担率（会計年度）（単位 千kW）

	発電設備容量1)	供給能力	最大需要電力	供給予備力	供給予備率（%）	年負荷率（%）2)
1951(昭26)	9 049	6 467	7 235	-768	*-10.6*	*66.6*
1955(〃30)	12 185	9 168	9 331	-163	*-1.7*	*66.4*
1960(〃35)	20 649	16 892	16 892	0	*0.0*	*67.0*
1965(〃40)	36 499	31 098	26 864	4 234	*15.8*	*68.6*
1970(〃45)	58 955	50 607	48 964	1 643	*3.4*	*68.3*
1975(〃50)	99 740	84 765	74 096	10 669	*14.4*	*61.3*
1980(〃55)	129 358	111 253	89 095	22 158	*24.9*	*63.0*
1982(〃57)	139 843	111 102	93 187	17 915	*19.2*	*61.3*
1983(〃58)	144 257	114 036	101 992	12 044	*11.8*	*59.3*
1984(〃59)	148 336	118 174	106 958	11 216	*10.5*	*59.3*
1985(〃60)	154 329	122 113	109 810	12 303	*11.2*	*59.7*
1986(〃61)	158 339	125 274	110 544	14 730	*13.3*	*59.0*
1987(〃62)	163 013	128 017	114 488	13 529	*11.8*	*60.3*
1988(〃63)	164 822	134 550	121 453	13 097	*10.8*	*59.5*
1989(平1)	167 976	141 781	127 434	14 347	*11.3*	*60.0*
1990(〃2)	175 072	148 641	142 867	5 774	*4.0*	*57.4*
1991(〃3)	179 598	158 206	146 976	11 230	*7.6*	*57.4*
1992(〃4)	183 832	162 436	150 860	11 576	*7.7*	*56.6*
1993(〃5)	190 427	171 459	143 772	27 687	*19.3*	*59.7*
1994(〃6)	197 687	171 512	165 081	6 431	*3.9*	*55.6*
1995(〃7)	204 212	178 899	167 664	11 235	*6.7*	*55.8*
1996(〃8)	210 744	183 306	167 494	15 812	*9.4*	*57.2*
1997(〃9)	218 211	188 829	166 573	22 256	*13.4*	*58.9*
1998(〃10)	224 097	194 066	168 186	25 880	*15.4*	*58.8*
1999(〃11)	226 960	195 870	168 032	27 838	*16.6*	*59.9*
2000(〃12)	232 024	194 035	172 339	21 696	*12.6*	*60.0*
2001(〃13)	233 510	193 972	177 525	16 447	*9.3*	*57.2*
2002(〃14)	237 032	196 453	176 676	19 777	*11.2*	*59.0*
2003(〃15)	238 938	192 598	167 311	25 287	*15.1*	*61.6*
2004(〃16)	242 432	198 330	175 822	22 508	*12.8*	*61.2*
2005(〃17)	243 554	198 722	174 885	23 837	*13.6*	*62.8*
2006(〃18)	243 300	198 641	175 473	23 168	*13.2*	*63.2*
2007(〃19)	243 184	194 540	181 336	13 204	*7.3*	*63.1*
2008(〃20)	244 360	199 489	181 001	18 488	*10.2*	*61.3*
2009(〃21)	247 620	201 503	160 777	40 726	*25.3*	*66.9*
2010(〃22)	247 827	198 998	178 919	20 079	*11.2*	*62.2*
2011(〃23)	249 232	175 947	156 438	19 509	*12.5*	*67.4*
2012(〃24)	250 720	176 936	157 196	19 739	*12.6*	*66.4*
2013(〃25)	251 110	179 463	161 592	17 871	*11.1*	*64.8*
2014(〃26)	255 848	179 831	154 281	25 550	*16.6*	*66.5*
2015(〃27)	…	183 460	164 540	18 920	*11.5*	*62.6*
2016(〃28)	…	177 640	155 890	21 760	*14.0*	*65.8*
2017(〃29)3)	…	177 160	155 500	21 650	*13.9*	*66.0*
2018(〃30)	…	187 490	164 820	22 670	*13.8*	*62.1*

2014年度以前は，日本電力調査委員会「日本電力調査報告書」により作成した，地域ごとの電力会社各社における夏季のピーク需要（最大需要日から上位3日の平均）実績の合計。2015年度以降は，電力広域的運営推進機関資料により作成した，全国単位での夏季の最大需要日の実績（原資料で万kW単位のデータ）。本データは，石油危機や東日本大震災などに伴う供給力不足の際に，大口需要家や広く国民に対し電力消費の抑制を要請して，協力を得た上でのものであることに留意。供給能力は送電端電力量で，最大電力から発電所の所内消費電力を差し引いたもの。供給予備力は供給能力と最大需要電力の差で，供給予備率は最大需要電力に対する供給予備力の比率。1）電気事業用。会計年度末現在。1995年度以降は自家発受電分を含む。2）最大需要電力に対する平均需要電力の比。2015年度以降は年間電力量÷（年間最大電力×暦時間数）で算出している。3）2017年度は冬季の方が最大需要電力が大きく，155770千kWであった。その時点での供給能力は169150千kW，供給予備力13390千kW，予備率は8.6%。

表 4 - 34　都市ガスの生産と販売（単位　兆ジュール）

	生産量1)	販売量	家庭用	工業用	商業用	需要戸数2)（千戸）	供給区域内普及率3)（%）
1936(昭11)	…	14 068	…	…	…	2 121	…
1940(〃15)	…	20 062	…	…	…	2 425	…
1945(〃20)	…	3 870	…	…	…	932	…
1950(〃25)	…	14 513	…	…	…	1 488	…
1955(〃30)	36 343	34 313	20 076	5 613	5 973	2 435	*37.2*
1960(〃35)	68 593	62 216	33 342	10 612	14 002	4 359	*47.2*
1965(〃40)	126 493	107 493	63 554	14 032	23 139	6 856	*49.0*
1970(〃45)	213 067	186 135	119 302	20 135	35 873	10 189	*62.5*
1975(〃50)	323 381	292 425	187 457	36 362	52 171	13 800	*71.6*
1980(〃55)	414 934	382 657	234 451	58 677	66 710	16 646	*77.5*
1983(〃58)	464 247	430 676	254 292	72 243	75 787	17 836	*78.7*
1984(〃59)	510 030	476 522	276 552	83 838	83 695	18 245	*79.1*
1985(〃60)	521 227	487 005	275 052	95 446	84 069	18 674	*80.1*
1986(〃61)	546 995	517 430	293 554	99 876	89 427	19 117	*80.1*
1987(〃62)	556 598	527 974	292 181	108 813	91 881	19 617	*80.6*
1988(〃63)	601 546	572 922	316 289	120 806	97 680	20 211	*81.4*
1989(平 1)	619 613	596 103	319 556	138 881	99 248	20 792	*82.2*
1990(〃 2)	647 051	628 449	320 019	160 693	105 733	21 334	*82.6*
1991(〃 3)	710 551	687 979	337 974	193 007	112 337	21 844	*83.0*
1992(〃 4)	753 793	730 093	354 056	215 322	115 091	22 280	*81.0*
1993(〃 5)	802 196	777 795	368 628	240 910	120 363	22 703	*81.1*
1994(〃 6)	825 932	806 258	354 767	263 523	132 399	23 190	*81.7*
1995(〃 7)	870 416	847 117	367 578	284 354	136 916	23 580	*82.0*
1996(〃 8)	923 311	904 173	386 229	308 048	145 719	24 087	*82.1*
1997(〃 9)	943 184	923 915	376 404	332 611	148 756	24 625	*82.6*
1998(〃10)	963 123	947 002	376 933	341 572	156 120	25 070	*82.7*
1999(〃11)	1 001 823	983 575	384 035	361 420	159 650	25 456	*82.1*
2000(〃12)	1 050 861	1 035 052	392 581	388 304	167 505	25 858	*82.6*
2001(〃13)	1 084 427	1 064 111	396 554	402 022	173 555	26 227	*82.6*
2002(〃14)	1 127 433	1 109 961	395 504	442 075	176 593	26 566	*82.4*
2003(〃15)	1 205 617	1 189 360	409 095	492 937	185 233	26 960	*82.3*
2004(〃16)	1 260 478	1 240 842	391 909	543 864	194 947	27 298	*82.3*
2005(〃17)	1 282 043	1 368 903	408 152	642 074	201 929	27 619	*82.1*
2006(〃18)	1 438 180	1 510 597	***421 443**	764 880	***204 702**	27 936	*81.8*
2007(〃19)	1 535 768	1 564 227	402 348	839 956	203 266	28 237	*81.4*
2008(〃20)	1 587 650	1 615 120	410 212	880 349	202 742	28 500	*80.9*
2009(〃21)	1 472 345	1 498 843	401 477	783 994	193 741	28 701	*80.4*
2010(〃22)	1 576 967	1 632 901	405 906	898 393	198 811	28 839	*79.8*
2011(〃23)	1 598 752	1 649 818	404 522	936 347	186 252	28 967	*79.2*
2012(〃24)	1 674 747	1 713 010	414 871	980 605	190 336	29 144	*78.7*
2013(〃25)	1 609 581	1 655 483	398 533	922 852	187 564	29 353	*78.4*
2014(〃26)	1 640 171	1 687 730	402 366	956 887	182 397	29 620	*78.2*
2015(〃27)	1 622 973	1 675 186	395 502	955 223	180 179	29 862	*77.2*
2016(〃28)	1 683 586	1 715 025	388 175	998 152	179 551	30 137	*75.8*
2017(〃29)	***1 735 701**	***1 766 488**	407 465	1 024 076	181 259	30 398	*75.7*
2018(〃30)	1 704 128	1 756 982	394 195	***1 027 802**	180 682	***30 658**	…

資源エネルギー庁「ガス事業生産動態統計調査」，日本ガス協会「ガス事業便覧」および総務省「新版日本長期統計総覧」により作成。*は最大値を示す。単位のジュール（J）はエネルギーの量で，1兆ジュールは熱量では2.39億キロカロリー。1950年以前は会計年度。2004年以前は一般ガス事業者のみに関する統計。都市ガス事業は段階的に小売自由化の範囲が拡大して，1995年3月に大規模工場等，1999年11月に大規模商業施設等，2004年4月に中規模工場等，2007年4月に小規模工場等，2017年4月より一般家庭を含めて全面自由化された。1）2004年以前は一般ガス事業者以外からの購入量を含む。2）年末現在のガスメーター取り付け数。3）供給区域内世帯数に対するメーター取り付け数の割合。年末現在で，2005年以降会計年度末現在。2016年度まで旧一般ガス事業者，2017年度よりガス事業者計。

第5章　農林水産業

〔**農業**〕 明治初期のわが国は，有業者の8割近くを農業人口が，政府収入の8割以上を地租が占める農業国であった。明治政府は近代国家形成のため，土地制度と税制の改革を実施し，1872年に田畑永代売買の禁令を解いて地価を定め，地券を発行して農地の所有権を認めた。1873年の地租改正では，課税の標準を収穫高から地価に変え，貨幣による納入とし，土地所有者の負担と定めた。しかし，地租の率は従来の貢租と変わらず，地主と小作人の関係は残されたため，農民の負担は従来と変わらなかった。さらに，徴兵や新しい学制も重い負担となり，1876年に農民一揆が各地で起こった。

第一次世界大戦後は空前の好景気となったが，一方で，物価上昇が農民の生活をおびやかし，小作争議が増加した。特に，米価は軍用米の需要が増え，米商人の買い占めなどで値が上がった。1918年，富山県の漁港の主婦たちが，米価の引き下げを要求して暴動を起こし（米騒動），たちまち全国各地に広がり，政府は軍隊を出動させてこれをおさめた。1922年には小作争議が増加して農民運動がおこり，全国的組織の日本農民組合が結成された。

昭和に入り，1929年に発生した世界大恐慌は，特に農村に与えた打撃が大きく，豊作によって米価をはじめ農産物の価格が著しく下落し，かえって農家の経済が圧迫される「豊作貧乏」が生じ，農村はますます不況になった。

1942年には，第二次世界大戦による食糧不足によって食糧管理法が制定され，米穀のほか主要食糧の生産・流通・消費に政府が介入することとなった。

第二次世界大戦後，わが国の農業構造は大きく変化した。1947～50年に農地改革が実施され，政府が1ヘクタール（北海道は4ヘクタール）以上の貸付農地を地主から買い上げて小作農に売り渡すことで自作農をつくり，地主・小作制度が消滅した。しかし，戦後のわが国の産業構造は高度経済成長を経て，急激に二次，三次産業へ比重を移し，農業者の所得水準は相対的に低下し，農村部から大量の労働力が流出して農業人口が大きく減少した。就業人口に占める農業人口の割合は，1950年の45.4％から，2015年には3.4％に低下した。さらに，若年層の流失による高齢化は著しく，2019年の農業就業人口に占める65歳以上の割合は70％に達した。また，農業で生計をたてる主業農家が販売農家に占める割合は，2019年には21％まで低下している。

わが国の農業は，小規模経営を特徴とし，保護政策によって産業構造の改善が遅れたため，輸入農産物に対して価格競争力が劣っている。そのために経営規模の拡大が必要とされ，近年，耕地の貸借や農作業の受委託といった形などで農地の集積が進み，徐々に経営規模が拡大しているが，2019年の販売農家１戸あたりの経営耕地面積は，全国平均で2.5ヘクタールにすぎない（北海道は25.4ヘクタール）。一方，農家の高齢化などを背景に，耕作放棄地が急速に増えており，2015年には42万ヘクタールとなり，その半数が非農家の所有地である（表5－9参照）。

1990年代からわが国の農政は大きく転換した。1993年，ガット・ウルグアイ・ラウンド合意でコメの市場開放に踏み切り，国際的な貿易自由化の要求を受け入れた。1995年には新たに食糧法を施行して食管制度から食糧制度に移行し，コメの政府管理を改めて市場原理を導入した。1999年に農業基本法を改正し，2005年には農業基本計画を定めて農業の担い手の育成，農地の集積，農業の法人化，農業への参入及び農地の借り入れを容易にし，農業基盤の強化を図った。2011年には農業者の経済的環境を整えるために，農業者戸別所得補償制度を本格的に実施した。

また，同年には農林漁業生産者が加工，販売も同時に行うことによって利益の向上を図る，通称「６次産業化法」が施行され，販売額は順調に伸びている。

2018年にアメリカを除く11か国による「環太平洋連携協定の新協定（TPP11）」が，2019年にはEU諸国と「日EU経済連携協定（日EU・EPA）」が発効した。日本の農業はこれらによる関税の引き下げや撤廃に対して，さらなる国際競争力の強化が求められる。

年	表
1643 （寛永20）	田畑永代売買禁止令（江戸幕府が農民の土地売買を禁止）。
1868 （明１）	明治新政府，米価統制令発す。
1872	田畑永代売買の禁止が解除。
1873	地租改正（米納廃止，金納制）。
1876	農民一揆発生。
1918 （大７）	米騒動広がる。
1920頃	小作料引下げ求め小作争議頻発。
1921	米穀法，食糧局設置。
1922	日本農民組合（全国組織）結成。
1924	小作調停法制定。
1930	農業恐慌。
1932 （昭７）	公共土木事業による農民救済を始める（農山漁村経済更生運動へ発展）。
1933	米穀統制法。
1942	食糧管理法。
1946	第一次農地改革指令。
1947	自作農創設特別措置法による第二次農地改革開始。 農業協同組合（農協）法公布。
1949	食糧庁設置。米価審議会設置。
1952	農地法制定。
1953	農産物価格安定法。
1955	愛知用水事業開始。
1961	農業基本法制定。
1980	農用地利用増進法等農地関係３法成立（借地農主義へ転換）。
1981	食糧管理法大改正。
1993 （平５）	ガット・ウルグアイ・ラウンド合意。
1995	新食糧法施行（食管制度から食糧制度に移行）。
1999	新農業基本法「食料・農業・農村基本法」制定。
2002	米政策改革大綱決定。
2004	新食糧法の改正。
2005	食料・農業・農村基本計画策定。
2011	東日本大震災。福島原発事故。 農業者戸別所得補償制度実施。 通称「６次産業化法」施行。
2018	環太平洋連携協定の新協定発効。
2019	日EU経済連携協定発効。

図5-1　農家数の推移

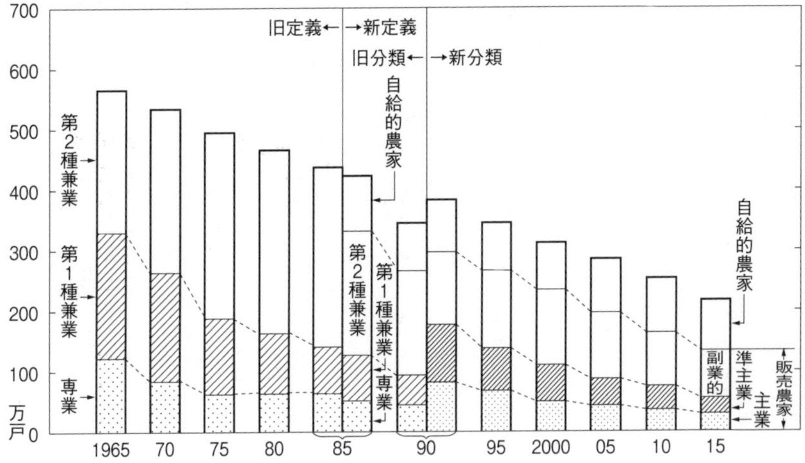

表5-1により作成。各年2月1日現在。

表5-1　種類別農家数（Ⅰ）（単位　千戸）

	総農家	専業農家[1]	兼業農家[2]			専業農家の割合（%）
				第1種（農業が主）	第2種（農業が従）	
1903（明36）	5 158	3 586	1 573	…	…	*69.5*
1905（〃38）	5 380	3 759	1 621	…	…	*69.9*
1910（〃43）	5 417	3 695	1 722	…	…	*68.2*
1915（大4）	5 451	3 748	1 703	…	…	*68.8*
1920（〃9）	5 485	3 823	1 662	…	…	*69.7*
1925（〃14）	5 549	3 880	1 668	…	…	*69.9*
1930（昭5）	5 600	4 042	1 558	…	…	*72.2*
1935（〃10）	5 611	4 164	1 447	…	…	*74.2*
1940（〃15）	5 480	3 771	1 709	…	…	*68.8*
1947（〃22）*	5 909	3 275	2 635	1 684	951	*55.4*
1950（〃25）*	6 176	3 086	3 090	1 753	1 337	*50.0*
1955（〃30）*	6 043	2 105	3 938	2 275	1 663	*34.8*
1960（〃35）*	6 057	2 078	3 979	2 036	1 942	*34.3*
1965（〃40）*	5 665	1 219	4 446	2 081	2 365	*21.5*
1970（〃45）*	5 402	845	4 557	1 814	2 743	*15.6*
1975（〃50）*	4 953	616	4 337	1 259	3 078	*12.4*
1980（〃55）*	4 661	623	4 038	1 002	3 036	*13.4*
1985（〃60）*	4 376	626	3 750	775	2 975	*14.3*
1989（平1）	4 194	603	3 590	574	3 016	*14.4*

	総農家（新定義）[3]	販売農家[4]	専業	兼業			自給的農家[5]
					第1種（農業が主）	第2種（農業が従）	
1985（昭60）*	4 229	3 315	498	2 817	759	2 058	6) 914
1990（平2）*	3 835	2 971	473	2 497	521	1 977	864
1995（〃7）*	3 444	2 651	428	2 224	498	1 725	792
2000（〃12）*	3 120	2 337	426	1 911	350	1 561	783
2003（〃15）	2 981	2 205	443	1 763	289	1 474	776
2004（〃16）	2 934	2 161	441	1 721	282	1 439	773

種類別農家数（Ⅱ）（単位　千戸）

	総農家（新定義）3)	販売農家4)					自給的農家5)
			専業	兼業	第1種（農業が主）	第2種（農業が従）	
2005（平17）*	2 848	1 963	443	1 520	308	1 212	885
2006（〃18）	…	1 881	441	1 440	263	1 176	…
2007（〃19）	…	1 813	431	1 382	253	1 129	…
2008（〃20）	2 521	1 750	410	1 340	250	1 090	770
2009（〃21）	…	1 699	403	1 296	237	1 059	…
2010（〃22）*	2 528	1 631	451	1 180	225	955	897
2011（〃23）	…	1 561	439	1 122	217	905	…
2012（〃24）	…	1 504	423	1 081	222	859	…
2013（〃25）	…	1 455	415	1 040	205	834	…
2014（〃26）	…	1 412	406	1 006	196	810	…
2015（〃27）*	2 155	1 330	443	887	165	722	825
2016（〃28）	…	1 263	395	867	185	682	…
2017（〃29）	…	1 200	381	819	182	638	…
2018（〃30）	…	1 164	375	789	182	608	…
2019（令1）6)	…	1 130	…	…	…	…	…

	総農家（新定義）3)	販売農家4)	主業農家7)	準主業農家7)	副業的農家8)	自給的農家5)	（参考）土地持ち非農家
1990（平2）*	3 835	2 971	820	954	1 196	864	775
1995（〃7）*	3 444	2 651	678	695	1 279	792	906
1999（〃11）	3 239	2 475	546	624	1 305	764	…
2000（〃12）*	3 120	2 337	500	599	1 237	783	1 097
2001（〃13）	3 072	2 291	482	584	1 225	781	…
2002（〃14）	3 028	2 249	463	555	1 231	779	…
2003（〃15）	2 981	2 205	448	528	1 229	776	…
2004（〃16）	2 934	2 161	434	512	1 216	773	…
2005（〃17）*	2 848	1 963	429	443	1 091	885	1 201
2006（〃18）	…	1 881	405	447	1 029	…	…
2007（〃19）	…	1 813	387	411	1 014	…	…
2008（〃20）	2 521	1 750	365	397	988	770	6) 1 221
2009（〃21）	…	1 699	345	389	965	…	…
2010（〃22）*	2 528	1 631	360	389	883	897	1 374
2011（〃23）	…	1 561	356	363	843	…	…
2012（〃24）	…	1 504	344	344	817	…	…
2013（〃25）	…	1 455	325	333	798	…	…
2014（〃26）	…	1 412	304	310	798	…	…
2015（〃27）*	2 155	1 330	294	257	779	825	1 414
2016（〃28）	…	1 263	285	237	741	…	…
2017（〃29）	…	1 200	268	206	727	…	…
2018（〃30）	…	1 164	252	188	725	…	…
2019（令1）6)	…	1 130	236	166	729	…	…

農林水産省サイト統計データ，農林水産省統計表，日本統計協会「改訂日本農業基礎統計」，同「日本長期統計総覧」及び各報告書により作成。調査は*印がセンサスで1947年は臨時農業センサス，1950，60，70，80，90，2000，2010は世界農（林）業センサス，他は農（林）業センサス。センサス以外の年は農業（構造動態）調査等。1920年以前及び1946～72年は沖縄を除く。1）兼業する世帯員のいない農家。2）年間30日以上他に雇われた世帯員のいる農家。3）1990年世界農林業センサスで，農家の定義が経営耕地面積10アール以上に改められた。4）経営耕地面積30アール以上または農産物販売額が50万円以上の農家。5）自給の目的で農産物を生産する農家（経営耕地面積30アール未満または農産物販売額50万円未満）。6）概数。7）1995年農業センサスで導入された新分類。いずれも農業従事日数60日以上の65歳未満の者がいる農家で，農家所得の50％以上を農業所得から得る主業農家，農業以外の所得が主の準主業農家。8）農業従事日数60日以上の65歳未満の者がいない農家。

表 5-2　経営耕地規模別農家数（単位　千戸）

	総農家	0.5ha未満	0.5～1.0ha	1.0～2.0ha	2.0～3.0ha	3.0～5.0ha	5.0ha以上
1908(明41)*	5 408	2 016	1 764	1 055	348	163	62
1910(〃43)*	5 417	2 032	1 789	1 048	322	156	71
1915(大 4)*	5 451	1 989	1 822	1 092	330	149	68
1920(〃 9)*	5 485	1 935	1 829	1 133	341	154	92
1925(〃14)*	5 549	1 951	1 877	1 185	323	137	75
1930(昭 5)*	5 600	1 939	1 916	1 227	317	129	71
1935(〃10)*	5 611	1 909	1 919	1 255	323	128	78
1940(〃15)	5 489	3 644		1 334	313	122	76
1946(〃21)	1) 5 698	2 236	1 786	1 337	211	77	51
1950(〃25)*	1) 6 176	2 531	1 973	1 340	208	77	48
1955(〃30)*	6 043	2 327	1 973	1 381	207	77	78
1960(〃35)*	6 057	2 320	1 923	1 430	233	91	60
1965(〃40)*	5 665	2 130	1 775	1 371	238	87	63
1970(〃45)*	5 402	2 056	1 629	1 295	259	92	72
1975(〃50)*	4 953	2 014	1 444	1 087	247	93	68
1980(〃55)*	4 661	1 938	1 311	990	249	102	72
1985(〃60)*	4 376	1 870	1 187	891	242	109	76
1989(平 1)	4 194	2 855		888	246	122	83

	販売農家（全国）	1 ha未満	1.0～3.0ha	3.0～5.0ha	5.0～10.0ha	10.0～15.0ha	15.0ha以上
1985(昭60)	3 315	1 996	1 133	109	76		
1990(平 2)*	2 971	1 762	1 017	112	45	12	23
1995(〃 7)*	2 651	1 564	892	110	47	13	24
2000(〃12)*	2 337	1 364	781	106	49	13	25
2005(〃17)*	1 963	1 114	663	99	49	13	26
2010(〃22)	1 631	900	551	89	50	14	27
2013(〃25)	1 455	1 269		142		45	
2014(〃26)	1 412	1 225		142		45	
2015(〃27)*	1 330	713	446	80	49	42	
2016(〃28)	1 263	676	497		48	43	
2017(〃29)	1 200	635	476		46	43	
2018(〃30)	1 164	611	462		49	42	
2019(令 1)2)	1 130	590	451		46	43	

	販売農家（都府県）				販売農家（北海道）			
	1ha未満	1～3ha	3～5ha	5ha以上	3ha未満	3～10ha	10～20ha	20ha以上
1985	1 985	1 118	93	19	27	43	16	15
1990	1 753	1 005	100	26	20	34	16	16
1995	1 557	883	101	36	16	26	15	17
2000	1 358	773	99	43	13	20	13	17
2005	1 109	658	94	50	10	14	11	17
2010	897	547	86	58	8	10	9	17
2013	784	478	86	67	7	9	8	17
2014	754	465	87	67	7	9	8	16
2015	710	442	77	62	6	8	8	16
2016	673	490		62	14		8	16
2017	632	470		62	13		7	16
2018	608	456		64	14		7	16
2019 2)	587	445		63	13		7	15

農林水産省サイト統計データ，農林水産省統計表，改訂日本農業基礎統計，農林水産省「数字でみる日本の農林水産業50年」及び日本統計協会「日本長期統計総覧」により作成。調査期日は表 5 - 1 参照。1920年以前及び1946～72年は沖縄を除く。1）養蚕など土地を耕作しない農家を含む。2）概数。*センサス遡及データ。

図5-2　農業労働力の低下

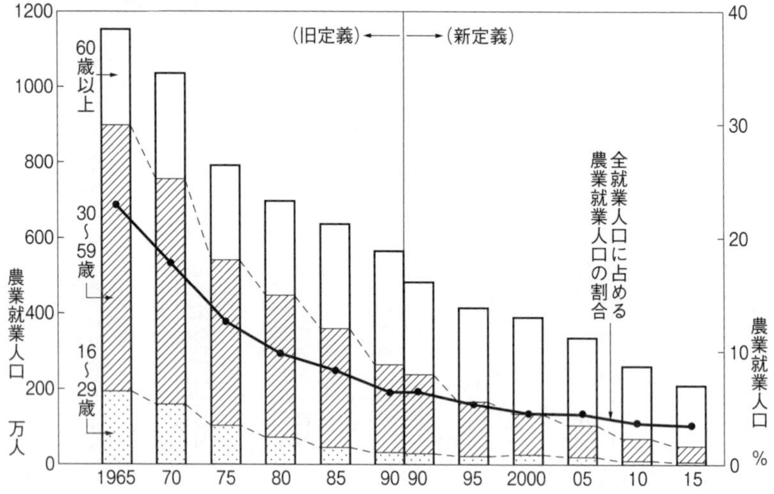

農業就業人口は農(林)業センサス，就業人口は国勢調査（表5-4）により作成。

表5-3　明治初期の農業人口（単位　千人）

	職業別現住人口	男	女	農業人口	男	女	農業人口の占める割合(%)
1872(明 5)	1) 19 179	7 273	5 785	1) 14 787	5 461	4 711	*77.1*
1873(〃 6)	19 649	10 920	8 728	15 320	8 140	7 180	*78.0*
1874(〃 7)	19 612	10 891	8 721	15 263	8 083	7 180	*77.8*
1875(〃 8)	19 593	10 877	8 717	15 122	7 983	7 139	*77.2*
1876(〃 9)	20 283	11 221	9 062	15 657	8 254	7 403	*77.2*

農林統計協会「改訂　日本農業基礎統計」による。1872年は1月29日調べで，ほかは1月1日調べ。3府72県1使（北海道），1藩（沖縄）の人口。1）男女別不詳を含む。

表5-4　国勢調査による農業就業人口（単位　千人）

	全就業者	男	女	農業就業者	男	女	農業就業者の占める割合(%)
1920(大 9)	27 261	16 987	10 274	13 949	7 603	6 346	*51.2*
1930(昭 5)	29 620	19 030	10 589	13 955	7 590	6 365	*47.1*
1940(〃15)	32 483	19 730	12 753	13 557	6 373	7 184	*41.7*
1950(〃25)	36 025	22 083	13 942	16 362	7 925	8 437	*45.4*
1960(〃35)	44 042	26 787	17 255	13 269	6 081	7 188	*30.1*
1970(〃45)	52 593	31 983	20 609	9 400	4 184	5 216	*17.9*
1980(〃55)	55 811	34 647	21 164	5 475	2 700	2 774	*9.8*
1985(〃60)	58 357	35 679	22 678	4 851	2 482	2 369	*8.3*
1990(平 2)	61 682	37 245	24 436	3 919	2 040	1 879	*6.4*
1995(〃 7)	64 142	38 529	25 613	3 426	1 842	1 585	*5.3*
2000(〃12)	62 978	37 249	25 729	2 852	1 538	1 314	*4.5*
2005(〃17)	61 506	35 735	25 771	2 703	1 514	1 189	*4.4*
2010(〃22)	59 611	34 090	25 522	2 136	1 251	885	*3.6*
2015(〃27)	58 919	33 078	25 841	2 004	1 186	818	*3.4*

1920〜40年は全年齢，50年は14歳以上，60年以降は15歳以上。沖縄を含む。

表5-5 農家人口と農業就業人口（単位 千人）

	農家人口	農業就業人口1)	男	女	65歳以上（男女計）	1農家あたり世帯員数（人）	1農家あたり農業就業人口（人）
総農家							
1946(昭21)	34 137	16 321	7 403	8 918	…	5.99	2.86
1950(〃25)*	37 670	…	…	…	…	6.10	…
1955(〃30)*	36 347	19 321	…	…	…	6.01	…
1960(〃35)*	34 411	14 542	5 995	8 546	2) 2 538	5.68	2.40
1965(〃40)*	30 083	11 514	4 565	6 949	2) 2 532	5.31	2.03
1970(〃45)*	26 595	10 352	4 015	6 337	2) 2 797	4.92	1.92
1975(〃50)*	23 197	7 907	2 975	4 932	1 660	4.68	1.60
1980(〃55)*	21 366	6 973	2 674	4 300	1 711	4.58	1.50
1983(〃58)	20 808	6 462	2 500	3 962	1 693	4.60	1.43
1984(〃59)	20 495	6 400	2 492	3 907	1 749	4.58	1.43
1985(〃60)*	19 839	6 363	2 478	3 885	1 855	4.53	1.45
1986(〃61)	19 775	6 274	2 487	3 787	1 818	4.57	1.45
1987(〃62)	19 481	6 177	2 456	3 721	1 895	4.55	1.44
1988(〃63)	19 238	6 086	2 419	3 667	1 975	4.54	1.44
1989(平1)	18 975	5 968	2 371	3 596	2 057	4.52	1.42
総農家（新定義による）							
1985(昭60)*	19 298	6 242	…	…	1 793	4.56	1.48
1990(平2)*	17 296	5 653	2 249	3 404	2 021	4.51	1.47
1995(〃7)*	15 084	4 902	2 041	2 861	2 270	4.38	1.42
2000(〃12)*	13 458	…	…	…	…	4.31	…
2005(〃17)*	11 339	…	…	…	…	3.98	…
販売農家							
1985(昭60)*	15 633	5 428	2 202	3 227	1 443	4.72	1.64
1990(平2)*	13 878	4 819	1 978	2 841	1 597	4.67	1.62
1995(〃7)*	12 037	4 140	1 767	2 372	1 800	4.54	1.56
2000(〃12)*	10 467	3 891	1 721	2 171	2 058	4.48	1.67
2001(〃13)	10 169	3 820	1 694	2 126	2 066	4.44	1.67
2002(〃14)	9 898	3 751	1 667	2 083	2 078	4.40	1.67
2003(〃15)	9 647	3 684	1 645	2 039	2 067	4.37	1.67
2004(〃16)	9 400	3 622	1 621	2 000	2 064	4.35	1.68
2005(〃17)*	8 370	3 353	1 564	1 788	1 951	4.26	1.71
2006(〃18)	7 931	3 205	1 487	1 718	1 854	4.22	1.70
2007(〃19)	7 640	3 119	1 451	1 668	1 850	4.21	1.72
2008(〃20)	7 295	2 986	1 389	1 597	1 803	4.17	1.71
2009(〃21)	6 979	2 895	1 349	1 546	1 778	4.11	1.70
2010(〃22)*	6 503	2 606	1 306	1 300	1 605	3.99	1.60
2011(〃23)	6 163	2 601	1 256	1 345	1 577	3.95	1.67
2012(〃24)	5 865	2 514	1 229	1 284	1 516	3.90	1.67
2013(〃25)	5 624	2 390	1 179	1 211	1 478	3.87	1.64
2014(〃26)	5 388	2 266	1 125	1 141	1 443	3.82	1.60
2015(〃27)*	4 880	2 097	1 088	1 009	1 331	3.67	1.58
2016(〃28)	4 653	1 922	1 022	900	1 254	3.69	1.52
2017(〃29)	4 375	1 816	967	849	1 207	3.64	1.51
2018(〃30)	4 186	1 753	945	808	1 200	3.60	1.51
2019(令1)3)	…	1 681	917	764	1 180	…	1.49

資料，調査期日，定義・分類の変更は表5－1（Ⅱ）の脚注参照。本表は，センサスと農業構造調査の年次を便宜上連続させて掲載した。農家人口（世帯員）とは，住居と家計を共にしている世帯員のことで，出稼ぎなどで調査日に不在であっても生計を共にしている者も含む。農業就業人口は，農業従事者のうち「自営農業のみに従事した者（農業専従）」と「自営農業が主」の合計。1972年以前は沖縄を除く。1）1994年以前は16歳以上，95年以降は15歳以上。2）60歳以上。3）概数。*センサスによる確定値。

表5-6　農業従事者の推移（単位　千人）

	自営農業従事者総数1)	男	女	65歳以上（男女計）	基幹的農業従事者2)	65歳以上（男女計）	農業専従者3)
総農家							
1946(昭21)	18 486	8 936	9 550	…	…	…	…
1955(〃30)*	19 321	…	…	…	…	…	…
1960(〃35)*	17 656	8 508	9 148	4) 2 734	11 750	4) 1 621	…
1965(〃40)*	15 443	7 490	7 954	4) 2 814	8 941	4) 1 691	…
1970(〃45)*	15 618	7 669	7 949	4) 3 204	7 109	4) 1 431	5 693
1975(〃50)*	13 732	6 877	6 855	1 893	4 889	4) 1 187	3 855
1980(〃55)*	12 539	6 422	6 117	1 941	4 128	688	3 183
1985(〃60)*	11 629	6 031	5 597	2 072	3 696	795	2 866
1989(平1)	11 059	5 782	5 278	2 293	3 243	736	2 515
総農家（新定義による）							
1985(昭60)*	11 369	5 906	5 463	1 997	3 676	783	2 859
1990(平2)*	10 366	5 409	4 957	…	3 127	901	2 431
1995(〃7)*	9 076	4 860	4 215	2 578	2 778	1 176	2 052
2000(〃12)*	8 577	4 537	4 041	2 966	…	…	…
販売農家							
1985(昭60)*	9 428	4 910	4 517	1 573	3 465	677	2 766
1990(平2)*	8 493	4 441	4 502	1 753	2 927	783	2 345
1995(〃7)*	7 398	3 960	3 438	2 006	2 560	1 018	1 963
2000(〃12)*	6 856	3 638	3 219	2 269	2 400	1 228	1 847
2003(〃15)	6 360	3 365	2 995	2 282	2 256	1 216	1 696
2004(〃16)	6 229	3 296	2 934	2 271	2 197	1 193	1 668
2005(〃17)*	5 562	2 976	2 586	2 100	2 241	1 286	1 684
2006(〃18)	5 258	2 821	2 437	1 987	2 105	1 205	1 522
2007(〃19)	5 104	2 739	2 365	1 986	2 024	1 178	1 497
2008(〃20)	4 902	2 631	2 271	1 946	1 970	1 172	1 454
2009(〃21)	4 736	2 541	2 195	1 923	1 914	1 157	1 405
2010(〃22)*	4 536	2 434	2 102	1 808	2 051	1 253	1 505
2011(〃23)	4 207	2 272	1 935	1 677	1 862	1 101	1 399
2012(〃24)	3 995	2 159	1 836	1 626	1 778	1 060	1 334
2013(〃25)	3 849	2 078	1 711	1 617	1 742	1 067	1 302
2014(〃26)	3 692	1 995	1 697	1 608	1 679	1 056	1 257
2015(〃27)*	3 399	1 870	1 529	1 496	1 754	1 132	1 245
2016(〃28)	3 170	1 749	1 421	1 483	1 586	1 031	1 177
2017(〃29)	2 998	1 656	1 342	1 473	1 507	1 001	…
2018(〃30)	2 875	1 595	1 280	1 480	1 451	987	…
2019(令1)5)	2 765	1 536	1 229	1 478	1 404	979	…

農林水産省サイト統計データ，農林水産省統計表及び農業構造動態報告書などにより作成。表5-1（II）脚注参照。1994年以前は16歳以上，95年以降は15歳以上。1）年間少しでも自営農業（自家農業＋農作業受託）に従事した者で，1989年以前は自家農業。2）普段仕事を主とし，主に自営農業に従事した者。3）自営農業従事日数が150日以上の者。4）60歳以上。5）概数。*はセンサス。

農業センサスと農業構造動態調査　センサスは，10年ごとの世界農林業センサスとその間5年ごとの農（林）業センサスがある。1990年世界農林業センサスで農家の定義を変更して販売農家の概念を導入，95年農業センサスで販売農家を主業・準主業・副業的農家に分類，2005年農林業センサスで農林業経営体の調査を追加した。一方，1960年からセンサスのない年に各年の農業調査が始まり，92年に農業動態調査，93年に農業構造動態調査と改称された。全数調査のセンサスと標本調査の農業調査では，厳密には数値が接続しない。

表5-7 耕地面積（単位 千ha）

	田	畑	合計		田	畑	合計
1905（明38）	2 809	2 467	5 277	1935（昭10）	3 193	2 816	6 008
1910（〃43）	2 878	2 728	5 606	1940（〃15）	3 180	2 847	6 027
1915（大4）	2 941	2 870	5 811	1945（〃20）	2 962	2 339	5 301
1920（〃9）	3 009	3 025	6 034	1950（〃25）	2 852	2 196	5 048
1925（〃14）	3 076	2 940	6 017	1955（〃30）	2 847	2 293	5 140
1930（昭5）	3 178	2 689	5 867	1960（〃35）	3 381	2 690	6 071

	田	畑				合計	拡張	かい廃
			普通畑	樹園地	牧草地			
1961（昭36）	3 388	2 697	2 165	451	81	6 086	27	36
1965（〃40）	3 391	2 614	1 948	526	140	6 004	34	70
1970（〃45）	3 415	2 381	1 495	600	286	5 796	50	103
1975（〃50）	3 171	2 402	1 289	628	485	5 572	46	89
1980（〃55）	3 055	2 406	1 239	587	580	5 461	32	45
1983（〃58）	2 989	2 422	1 249	568	605	5 411	23	37
1984（〃59）	2 971	2 425	1 250	560	616	5 396	21	36
1985（〃60）	2 952	2 427	1 257	549	621	5 379	19	36
1986（〃61）	2 931	2 427	1 263	538	626	5 358	18	39
1987（〃62）	2 910	2 430	1 273	526	632	5 340	19	37
1988（〃63）	2 889	2 428	1 280	511	636	5 317	18	41
1989（平1）	2 868	2 410	1 282	487	642	5 279	14	53
1990（〃2）	2 846	2 397	1 275	475	647	5 243	12	47
1991（〃3）	2 825	2 380	1 266	464	649	5 204	8	47
1992（〃4）	2 802	2 362	1 254	451	657	5 165	8	48
1993（〃5）	2 782	2 343	1 243	439	661	5 124	7	47
1994（〃6）	2 764	2 318	1 234	423	661	5 083	7	49
1995（〃7）	2 745	2 293	1 225	408	661	5 038	6	50
1996（〃8）	2 724	2 269	1 219	392	658	4 994	3	48
1997（〃9）	2 701	2 248	1 214	380	654	4 949	3	48
1998（〃10）	2 679	2 226	1 206	370	650	4 905	3	46
1999（〃11）	2 659	2 207	1 197	363	648	4 866	4	43
2000（〃12）	2 641	2 189	1 188	356	645	4 830	4	40
2001（〃13）	2 624	2 170	1 179	349	641	4 794	2	39
2002（〃14）	2 607	2 156	1 172	344	640	4 762	2	33
2003（〃15）	2 592	2 144	1 168	339	637	4 736	2	28
2004（〃16）	2 575	2 139	1 169	335	635	4 714	5	27
2005（〃17）	2 556	2 136	1 173	332	631	4 692	5	28
2006（〃18）	2 543	2 128	1 173	328	627	4 671	4	24
2007（〃19）	2 530	2 120	1 172	324	624	4 650	2	24
2008（〃20）	2 516	2 112	1 171	320	621	4 628	2	24
2009（〃21）	2 506	2 103	1 169	315	619	4 609	2	21
2010（〃22）	2 496	2 097	1 169	311	617	4 593	2	18
2011（〃23）	2 474	2 087	1 165	307	615	4 561	2	33
2012（〃24）	2 469	2 080	1 164	303	613	4 549	6	17
2013（〃25）	2 465	2 072	1 161	300	611	4 537	7	20
2014（〃26）	2 458	2 060	1 157	296	608	4 518	7	26
2015（〃27）	2 446	2 050	1 152	291	607	4 496	4	26
2016（〃28）	2 432	2 039	1 149	287	603	4 471	5	30
2017（〃29）	2 418	2 026	1 142	283	601	4 444	6	33
2018（〃30）	2 405	2 014	1 138	278	599	4 420	9	34
2019（令1）1)	2 393	2 004	1 134	273	597	4 397	9	32

農林水産省サイト統計データ，農林水産省「耕地及び作付面積統計」及び「数字でみる日本の農林水産業50年」により作成。1905～25年は農事統計，30・35・40年は農林省統計報告規則に基づき市町村が調査，45年は拡張・かい廃調査の増減面積を用いて算出されたもの，50年は世界農業センサス，55年は臨時農業基本調査，60年以降は標本実測調査。1920年以前及び1945～73年は沖縄を含まず。1）概数。

表5-8　耕地の借り入れ

	借入耕地のある農家（千戸）	割合（%）	借入耕地面積（千ha）	割合（%）1)	1戸あたり借入耕地面積（ha）	北海道	都府県
総農家							
1965(昭40)*	1 523	*26.9*	274	*5.3*	0.18	0.85	0.17
1970(〃45)*	1 460	*27.0*	297	*5.8*	0.20	1.15	0.19
1975(〃50)*	1 010	*20.4*	245	*5.1*	0.24	2.01	0.21
1980(〃55)*	786	*16.9*	263	*5.6*	0.33	2.80	0.28
1985(〃60)*	790	*18.1*	321	*7.0*	0.41	3.33	0.33
1989(平1)	1 131	*27.0*	493	*10.6*	0.44	3.57	0.36
総農家(新定義による)							
1985(昭60)*	780	*18.4*	320	*7.0*	0.41	3.33	0.33
1990(平2)*	786	*20.5*	411	*9.4*	0.52	4.05	0.43
1995(〃7)*	759	*22.1*	511	*12.4*	0.67	5.24	0.53
2000(〃12)*	793	*25.4*	628	*16.2*	0.79	6.59	0.61
2005(〃17)*	689	*24.2*	698	*19.3*	1.01	7.93	0.78
2010(〃22)*	630	*25.0*	767	*22.9*	1.22	8.93	0.95
2015(〃27)*	544	*25.4*	790	*25.8*	1.45	9.93	1.16
販売農家							
1985(昭60)*	691	*20.9*	312	*7.1*	0.45	3.46	0.37
1990(平2)*	704	*23.7*	404	*9.6*	0.57	4.14	0.47
1995(〃7)*	683	*25.8*	504	*12.7*	0.74	5.33	0.58
2000(〃12)*	709	*30.3*	620	*16.6*	0.87	6.71	0.67
2005(〃17)*	621	*31.7*	691	*20.0*	1.11	8.06	0.86
2010(〃22)*	562	*34.4*	760	*23.8*	1.35	9.08	1.06
2013(〃25)	526	*36.1*	824	*26.8*	1.57	9.97	1.26
2014(〃26)	514	*36.4*	840	*27.5*	1.63	10.24	1.31
2015(〃27)*	483	*36.3*	783	*26.9*	1.62	10.07	1.30
2016(〃28)	468	*37.1*	850	*28.7*	1.81	9.60	1.50
2017(〃29)	458	*38.2*	857	*29.7*	1.87	10.00	1.55
2018(〃30)	453	*38.9*	865	*30.3*	1.91	10.61	1.58

農林水産省サイト統計データ，農林水産省統計情報部「農業構造動態調査報告書」，「農林水産省統計表」及び「農業調査累年統計書」により作成。全数調査のセンサスと標本調査の農業構造動態調査は厳密には接続しない。表5-1（Ⅱ）脚注参照。1）経営耕地面積に対する割合。*はセンサス。

表5-9　耕作放棄地（センサス結果）

	総農家			うち販売農家			土地持ち非農家	
	（千戸）	耕作放棄地面積（千ha）	耕作放棄地率（%）1)	（千戸）	耕作放棄地面積（千ha）	耕作放棄地率（%）1)	（千戸）	耕作放棄地面積（千ha）
1975	446	99	*2.0*	…	…	…	147	32
1980	428	92	*1.9*	…	…	…	149	31
1985	423	97	*2.1*	…	…	…	178	38
（新定義による）								
1985	398	93	*2.0*	294	73	*1.6*	…	42
1990	689	151	*3.3*	498	113	*2.6*	287	66
1995	633	162	*3.8*	449	120	*2.9*	328	83
2000	845	210	*5.1*	589	154	*4.0*	518	133
2005	829	223	*5.8*	517	144	*4.0*	554	162
2010	753	214	*6.0*	415	124	*3.7*	606	182
2015	728	218	*6.6*	403	127	*4.2*	653	205

農林水産省サイト統計データによる。耕作放棄地は，以前の耕作地で調査日前1年以上作物栽培がなく，数年内に耕作再開の意思がないもの。1）耕作放棄地面積÷（経営耕地面積+耕作放棄地面積）。

表5-10　経営耕地面積と１戸あたり経営耕地

	経営耕地面積(千ha)	１戸あたり面積(ha) 全国	１戸あたり面積(ha) 北海道
総農家			
1950(昭25)*	5 091	0.82	3.00
1955(〃30)*	5 183	0.86	3.36
1960(〃35)*	5 324	0.88	3.54
1965(〃40)*	5 134	0.91	4.09
1970(〃45)*	5 156	0.95	5.36
1975(〃50)*	4 783	0.97	6.76
1980(〃55)*	4 706	1.01	8.10
1985(〃60)*	4 577	1.05	9.28
総農家(新定義による)			
1985(昭60)*	4 567	1.08	9.28
1990(平２)*	4 361	1.14	10.81
1995(〃７)*	4 120	1.20	12.64
2000(〃12)*	3 884	1.24	14.27
2005(〃17)*	3 608	1.27	16.37
2010(〃22)*	3 354	1.33	18.40
2015(〃27)*	3 062	1.42	20.29
販売農家			
1985(昭60)*	4 398	1.33	10.11
販売農家			
1990(平２)*	4 199	1.41	11.88
1995(〃７)*	3 970	1.50	13.89
2000(〃12)*	3 734	1.60	15.90
2004(〃16)	3 650	1.69	17.46
2005(〃17)*	3 447	1.76	18.59
2006(〃18)	3 362	1.79	18.78
2007(〃19)	3 322	1.83	19.34
2008(〃20)	3 274	1.87	20.10
2009(〃21)	3 251	1.91	20.50
2010(〃22)*	3 191	1.96	21.37
2011(〃23)	3 153	2.02	22.01
2012(〃24)	3 104	2.07	22.34
2013(〃25)	3 077	2.12	23.18
2014(〃26)	3 049	2.17	23.35
2015(〃27)*	2 915	2.19	23.65
2016(〃28)	2 957	2.35	24.32
2017(〃29)	2 886	2.41	24.69
2018(〃30)	2 853	2.46	24.92
2019(令１)1)	2 818	2.50	25.36

農林水産省サイト統計データ，農林水産省統計情報部「農業構造動態調査報告書」及び同「農林水産省統計表」により作成。１戸あたり経営耕地面積の算出には，センサスが総農家数あるいは販売農家数を分母とし，他は経営耕地を有する実農家数を用いた。*はセンサス。表5-1（Ⅱ）脚注参照。1）概数。

表5-11　農業経営体（単位　千経営体）

	農業経営体	家族経営	うち法人化している経営体	農事組合法人	株式会社	非法人	１経営体あたり経営耕地面積(ha)	１経営体あたり借入耕地面積(ha)
2005(平17)*	2 009	1 981	19	3	1	1 990	1.84	1) 1.31
2010(〃22)*	1 679	1 648	22	4	13	1 657	2.16	1) 1.84
2014(〃26)	1 471	1 439	…	…	…	…	2.45	1) 2.27
2015(〃27)*	1 377	1 344	27	6	16	1 350	2.51	1) 2.32
2016(〃28)	1 318	1 284	…	…	…	…	2.74	1) 2.55
2017(〃29)	1 258	1 223	…	…	…	…	2.87	1) 2.76
2018(〃30)	1 221	1 185	…	…	…	…	2.98	1) 2.81
2019(令１)2)	1 189	1 153	…	…	…	…	2.99	…

農林水産省サイト統計データにより作成。*はセンサスで，他は農業構造動態調査。農業経営体（2005年センサスより調査開始）は，経営耕地面積30アール以上あるいは基準以上の生産規模を有する者。家族経営体は農家と１戸１法人の経営体。1）実際に借入した経営体数で除したもの。2）概数。

農家の分類　農家は，1900年代から農業以外の収入を得る者の有無によって，専業，兼業別に分類されてきた。この分類法では，農家の収入に占める農業以外の収入の割合が低くても，農家に一人でも農業以外の職業に就く者がいれば兼業農家とされ，定年退職後に農業を再開した高齢者農家でも専業農家扱いとなる。さらに農業収入の割合が大きく低下してくると，専兼別分類が農家の実態に合わなくなり，1995年農業センサスより収入と働き手の両面から農家を定義する新分類が導入された。農業従事日数60日以上の65歳未満の者がいる農家を，農業所得が50％以上を占める主業農家と農外所得が主となる準主業農家に分け，農業従事日数と年齢基準を満たす者がいない農家を副業的農家とした。

表5-12　農業総産出額（単位　億円）

	合計1)	耕種1)	米	麦類	雑穀・豆類	いも類	野菜	果実
1955	16 617	14 062	8 634	1 155	624	639	1 191	662
1960	19 148	15 415	9 074	1 060	600	577	1 741	1 154
1965	31 769	24 161	13 691	940	577	793	3 744	2 100
1969	46 587	34 870	19 614	752	562	666	6 504	3 563
1970	46 643	34 206	17 662	483	578	781	7 400	3 966
1971	45 745	32 167	15 655	496	525	678	7 233	4 018
1972	50 794	35 975	17 856	337	606	764	8 228	4 143
1973	61 120	43 550	21 205	268	752	1 014	10 858	4 774
1974	76 438	54 853	28 171	456	842	1 396	12 733	5 827
1975	90 514	65 012	34 658	566	771	1 277	14 673	6 462
1976	92 946	66 719	33 545	572	961	1 416	15 360	7 293
1977	101 140	72 524	39 075	668	920	1 678	15 264	7 339
1978	103 476	74 417	38 510	1 107	976	1 551	15 979	8 238
1979	105 390	74 876	36 082	1 551	1 043	1 701	18 767	7 499
1980	102 625	69 660	30 781	1 661	995	2 088	19 037	6 916
1981	107 154	73 984	32 994	1 663	1 187	2 269	19 549	7 612
1982	106 725	73 460	33 059	1 953	1 260	1 983	18 752	7 523
1983	110 027	76 753	34 134	1 814	1 121	2 260	20 792	7 365
1984	117 171	83 522	39 300	2 010	1 255	2 339	19 718	9 428
1985	116 295	82 996	38 299	2 152	1 082	2 031	21 104	9 383
1986	114 232	81 203	37 566	2 024	1 195	2 222	20 833	8 389
1987	105 814	75 937	32 697	1 846	1 200	2 224	21 181	8 141
1988	105 165	75 289	30 347	2 003	1 194	2 075	23 038	8 153
1989	110 526	79 234	32 266	1 795	1 225	2 095	23 218	9 435
1990	114 927	82 952	31 959	1 698	993	2 388	25 880	10 451
1991	114 869	82 858	29 219	1 193	977	2 786	28 005	11 025
1992	112 418	82 998	33 889	1 260	1 007	2 639	24 607	9 565
1993	104 472	77 005	28 359	1 103	821	2 467	26 545	8 031
1994	113 103	86 771	38 249	1 027	734	2 453	25 088	9 561
1995	104 498	78 513	31 861	843	772	2 431	23 978	9 140
1996	103 166	76 423	30 540	963	822	2 418	22 986	9 263
1997	99 113	72 492	27 792	1 046	782	2 208	23 090	8 057
1998	99 264	73 891	25 148	959	782	2 727	25 953	9 037
1999	93 638	68 209	23 761	1 128	987	2 567	22 395	7 972
2000	91 295	66 026	23 210	1 306	1 085	2 298	21 139	8 107
2001	88 813	64 077	22 284	1 293	1 023	1 978	21 188	7 521
2002	89 297	63 908	21 720	1 513	1 060	1 928	21 514	7 489
2003	88 565	64 602	23 416	1 506	1 096	2 051	20 970	7 141
2004	87 136	61 832	19 910	1 488	1 004	1 981	21 427	7 627
2005	85 119	59 396	19 469	1 537	861	2 016	20 327	7 274
2006	83 322	58 179	18 147	1 454	828	2 027	20 508	7 727
2007	82 585	57 196	17 903	732	731	1 919	20 893	7 557
2008	84 662	58 204	19 014	754	853	2 031	21 105	7 410
2009	81 902	55 899	17 950	649	754	2 070	20 850	6 984
2010	81 214	55 127	15 517	469	718	2 071	22 485	7 497
2011	82 463	56 394	18 497	370	640	2 045	21 343	7 430
2012	85 251	58 790	20 286	440	723	1 842	21 896	7 471
2013	84 668	57 031	17 807	410	689	1 985	22 533	7 588
2014	83 639	53 632	14 343	384	809	2 075	22 421	7 628
2015	87 979	56 245	14 994	432	771	2 261	23 916	7 838
2016	92 025	59 801	16 549	312	634	2 372	25 567	8 333
2017	92 742	59 605	17 357	420	780	2 102	24 508	8 450

農林水産省サイト統計データ及び農林水産省統計情報部「生産農業所得統計」により作成。農業総産出額は，最終生産物の品目別生産量(再び農業へ投入される種子・飼料などを控除)に農家庭先価格を乗↗

花き	工芸農作物	畜産1)	肉用牛	乳用牛	豚	鶏	養蚕	
79	850	2 322	314	333	247	855	466	1955
87	819	3 477	375	635	559	1 205	564	1960
192	1 534	7 355	754	1 461	1 412	2 759	727	1965
357	2 016	11 396	883	2 727	2 502	3 857	1 078	1969
425	2 040	12 096	974	2 834	2 538	4 142	1 261	1970
497	2 116	13 171	1 030	3 105	3 131	4 551	1 040	1971
558	2 443	14 417	1 360	3 289	3 361	4 869	1 199	1972
629	2 848	17 059	1 617	3 929	3 429	5 826	1 899	1973
783	3 126	20 990	1 506	4 835	4 971	7 895	1 364	1974
792	3 891	24 867	2 467	5 655	7 333	7 471	1 463	1975
1 046	4 651	25 638	2 326	6 414	6 773	8 005	1 619	1976
1 131	5 015	27 907	2 906	7 010	7 774	8 116	1 534	1977
1 211	5 460	28 330	3 166	7 727	7 736	7 477	1 660	1978
1 623	5 159	29 754	3 698	8 158	7 415	8 062	1 758	1979
1 719	4 946	32 187	3 705	8 086	8 334	9 752	1 510	1980
1 787	5 110	32 358	3 829	8 030	8 375	10 071	1 301	1981
1 889	5 390	32 475	3 720	8 295	9 111	9 211	1 380	1982
1 994	5 509	32 460	3 624	8 627	8 872	9 325	1 221	1983
2 070	5 646	32 897	4 176	8 678	8 820	9 433	971	1984
2 302	5 064	32 531	4 727	8 876	7 910	9 342	845	1985
2 337	5 110	32 205	4 772	8 751	7 340	9 829	736	1986
2 616	4 586	29 097	4 987	8 216	6 829	7 769	489	1987
2 892	4 215	29 156	5 272	8 521	6 589	7 479	603	1988
3 187	4 489	30 549	5 737	9 129	6 411	7 843	666	1989
3 845	4 303	31 303	5 981	9 055	6 314	8 622	466	1990
4 171	4 119	31 320	5 834	8 949	6 432	8 862	398	1991
4 241	4 322	28 611	5 494	8 623	6 293	7 183	261	1992
4 293	3 937	26 696	4 931	8 367	5 676	6 883	162	1993
4 269	3 938	25 596	4 710	7 896	5 360	6 866	122	1994
4 360	3 895	25 204	4 494	7 917	5 059	7 011	79	1995
4 437	3 803	25 882	4 310	8 016	5 418	7 527	49	1996
4 586	3 767	25 823	4 533	7 942	5 249	7 443	39	1997
4 734	3 434	24 684	4 464	7 850	4 929	6 728	30	1998
4 612	3 732	24 670	4 400	7 707	4 802	7 050	23	1999
4 466	3 391	24 596	4 564	7 675	4 616	7 023	20	2000
4 460	3 364	24 125	4 369	7 721	5 007	6 349	17	2001
4 471	3 277	24 783	4 662	7 779	5 168	6 532	16	2002
4 256	3 260	23 289	4 001	7 978	4 671	6 015	…	2003
4 156	3 378	24 580	4 455	7 958	5 186	6 354	…	2004
4 043	3 027	25 057	4 730	7 834	4 987	6 889	…	2005
3 991	2 673	24 525	4 781	7 483	4 980	6 583	…	2006
4 051	2 614	24 787	4 847	7 311	5 233	6 755	…	2007
3 656	2 649	25 852	4 591	7 480	5 786	7 444	…	2008
3 506	2 434	25 466	4 819	7 906	5 120	7 086	…	2009
3 512	2 143	25 525	4 639	7 725	5 291	7 352	…	2010
3 377	1 983	25 509	4 625	7 506	5 359	7 530	…	2011
3 451	1 962	25 880	5 033	7 746	5 367	7 239	…	2012
3 485	1 849	27 092	5 189	7 780	5 746	7 842	…	2013
3 437	1 889	29 448	5 940	8 051	6 331	8 530	…	2014
3 529	1 862	31 179	6 886	8 397	6 214	9 049	…	2015
3 529	1 871	31 626	7 391	8 703	6 122	8 754	…	2016
3 438	1 930	32 522	7 312	8 955	6 494	9 031	…	2017

↘じた額を合計したもの。1975年以前は沖縄を除く。1) その他を含む。

表5-13　農家経済の主要分析指標（１戸あたり）

農業依存度（北海道を除く）（%）[1]							
1921（大10）	*87.8*	1930（昭５）	*72.8*	1940（昭15）	*82.6*	1950（昭25）	*67.5*
1925（〃14）	*83.6*	1935（〃10）	*80.4*	1945（〃20）	*86.2*	1955（〃30）	*70.7*

	農業純生産（千円）[2]	農業依存度（%）[1]	集約度 10aあたり農業労働時間（時）	集約度 10aあたり農業固定資本額（千円）	生産性（農業純生産） 農業労働1時間あたり（円）	生産性（農業純生産） 経営耕地10aあたり（千円）	生産性（農業純生産） 農業固定資本1000円あたり（円）
総農家							
1950（昭25）	152	*72.0*	[3] 495	…	[3] 39.4	13	…
1955（〃30）	264	*71.4*	434	…	51.7	22	…
1960（〃35）	233	*55.0*	401	33	58.8	24	712
1965（〃40）	377	*48.0*	289	58	126	37	629
1970（〃45）	527	*36.5*	245	108	198	49	449
1975（〃50）	1 179	*33.6*	198	134	525	104	780
1980（〃55）	995	*21.1*	165	206	510	84	411
1985（〃60）	1 128	*19.4*	153	234	586	90	383
1990（平２）	1 234	*17.6*	134	244	694	93	381
1991（〃３）	1 240	*16.4*	131	248	707	92	372
販売農家							
1991（平３）	1 572	*20.8*	131	250	745	97	390
1995（〃７）	1 606	*20.9*	114	239	827	94	395
1998（〃10）	1 409	*19.0*	103	245	775	80	326
1999（〃11）	1 300	*18.2*	102	242	716	73	303
2000（〃12）	1 241	*17.9*	100	241	691	69	288
2001（〃13）	1 193	*17.9*	99	242	666	66	273
2002（〃14）	1 179	*18.4*	99	237	651	65	272
2003（〃15）	1 269	*20.3*	97	235	709	69	292

	付加価値額（千円）	農業依存度（%）[1]	集約度 10aあたり農業労働時間（時）	集約度 10aあたり農業固定資産額（千円）[4]	生産性（農業純生産） 農業労働1時間あたり（円）	生産性（農業純生産） 経営耕地10aあたり（千円）	生産性（農業純生産） 農業固定資産1000円あたり（円）
販売農家							
2003（平15）	1 463	*3.66*	97	222	818	79	356
2004（〃16）	1 440	*36.0*	94	205	793	75	364
2005（〃17）	1 422	*36.0*	92	205	777	72	351
2006（〃18）	1 427	*37.2*	89	200	782	70	348
2007（〃19）	1 402	*38.1*	88	193	755	66	342
農業経営体							
2008（平20）	1 283	*36.7*	84	194	701	59	305
2009（〃21）	1 254	*38.1*	82	181	689	56	311
2010（〃22）	1 440	*43.1*	80	170	785	63	368
2011（〃23）	1 425	*42.6*	78	158	777	60	384
2012（〃24）	1 590	*46.3*	79	155	836	66	425
2013（〃25）	1 571	*46.2*	77	147	823	64	431
2014（〃26）	1 457	*44.7*	76	140	756	57	410
2015（〃27）	1 826	*50.7*	73	139	960	70	507
2016（〃28）	2 180	*56.8*	71	135	1 120	80	591
2017（〃29）	2 248	*57.2*	70	140	1 143	80	574

農林水産省サイト統計データ，農林水産省統計情報部「農業経営統計調査報告」，同「農家経済調査」及び農林統計研究会「農業経済累年統計　第１巻　農家経済調査」により作成。1972年以前は沖縄を除く。本調査は2004年調査から新体系へ移行したため上段の2003年以前とは数値が接続しない。1）農業所得÷農家所得。2）農業粗収益から物財費（雇用労賃，支払い小作料及び農業経営に関わる負債利子を含まない農業経営費）を差し引いたもの＝付加価値額。3）1951年。4）土地を除く。

〔農作物〕　わが国では，江戸時代は多くの経済価値を石高制という米で表示するシステムであった。その影響もあり，明治から戦前までは稲作中心の農作物生産を行い，食生活では米を中心に麦や雑穀，イモ類などを主食とすることで日本の食料自給は確保されていた。戦後，経済の繁栄で所得が向上し，食生活の洋風化と多様化が進み，人口の増加とともに一人あたりのカロリー摂取量も増えて食料の需要が増大した。米をはじめ野菜・果実など主要な食用作物は生産量を伸ばしたものの，1990年頃より農業就業人口の減少と高齢化，農地の縮小などで，農業産出額は減少を続けている。特に，小麦や大豆などは安価な輸入作物によって生産を縮小したため，日本の総合食料自給率に低下をもたらし，1960年度の79％から，2018年度は37％（概算，以下も同じ）と約半世紀で半減した（カロリーベース）。同年度の品目別の自給率をみると，飼料用とうもろこしが０％，大豆が６％，小麦が12％と低い一方で，米は97％，野菜も77％と比較的高く，果実は38％である（重量ベース）。農林水産省の「食料・農業・農村基本計画」によれば，2025年度の食料自給率目標（カロリーベース）を45％に定め，食料の安定供給に取り組んでいる。

1960年代後半から日本人の米離れが始まり，作物によって需要が大きく変化した。農業総産出額に占める割合は，1955（昭和30）年の米52％，野菜７％から，2017年には野菜26％，米19％と，米と野菜の地位が逆転している。ただし，１人１日あたりの熱量供給量は，2018年度（概算）では米が最も高い528キロカロリー（全体の22％）で，日本人の主食の地位は維持されている。

米作は，1942年制定の食糧管理制度により，米の価格が保証されたため最も安定した農業部門となり，その後の肥料・農薬の進歩や機械化などにより，生産性を大幅に向上させた。米の生産は，1955年以降1997年まで，冷害の年を除いて1000万トン以上の水準を維持し，最盛期の1967～69年には1400万トン台を記録したが，この頃から日本人の米離れが始まり，米は生産過剰気味となった。1970，1979年度と二度にわたって古米在庫が適正量を大幅に上回ると，減反による生産調整が始められた。さらに，1978年度から水田利用再編対策の実施により，麦や大豆など他作物への転作が奨励され，米の作付面積は徐々に減少を続け，1996年には200万ヘクタールを下回った。しかし，農業生産技術の向上が水稲の単位あたり収量の高い水準を保ち，減反の効果は容易に得られず，1997年以降ようやく生産量が消費量を下回る水準となった。その減反政策も海外の安い米に対抗するため2018年産から廃止された。

小麦の国内生産は1960年代までほぼ年間100万トンを超えていたが，価格や品質において輸入小麦に対抗できず，1973年には20万トンまで低下した。しかし，1980年代からは米の減反政策で麦への転作を奨励したこともあり，生産量は次第に増えて一時102万トン（1988年）まで回復した。しかし，雨量の多い日本では，品質と収量が天候に左右されやすく，依然として外国小麦に押されて生産量は伸びていない。

野菜は1980年代まで最も生産量を伸ばした作物である。1961年の農業基本法が米中心の農業から地域に適した作物を選ぶ選択的拡大の方針を打ち出し，畜産，野菜，果実などの中から主産地が形成された。野菜の生産量拡大は，こうした大規模産地の形成や，施設栽培技術の発達，洋菜類の普及などによるところが大きい。しかし，1980年代には消費が伸び悩み，90年以降は生産量が減少傾向にあるが，鮮度を保つ近郊農業や季節による産地リレーなどで，比較的安定した供給をしている。

果実の生産量は，1960年代からみかんが主要な品目となった。1961年の果樹農業振興特別措置法の制定により，みかんの新規植栽が急ピッチで行われ，生産量が急激に増加し，一時は果実生産の50％以上を占める時期もあった。しかし，次第に生産量過剰になり，1972年には豊作とグレープフルーツの輸入自由化が重なって価格が大暴落し，当時「みかん危機」ともいわれた。1975年以降，みかんの生産調整事業（廃園，転換）が行われて生産量は減少し，2018年には果実生産の27％となった。果実全体でも，1994年に輸入が生産を上回り，生産量は最も多かった1979年の685万トンから，2018年には283万トンと減少を続けている。

年　表	
1868（明１）	明治新政府，米価統制令発す。
1899	機械精米始まる。
1918（大７）	米騒動広がる。
1934（昭９）	東北大凶作。
1940	米の供出制始まる。
1941	６大都市で米穀通帳による米の配給開始。
1942	食糧管理法。
1953	大凶作。農産物価格安定法（米，麦に次ぐ重要農産物が対象）。
1955	大豊作。
1962	特選米制度実施。
1969	ここまで３年連続で大豊作。米の生産調整開始。自主流通制度。
1970	政府過剰米720万トンに達する。米の生産調整（減反）本格化。
1974	第一次石油ショックで狂乱物価。生産者，消費者米価32％引上げ。
1975	みかんの生産調整事業が開始。
1979	第二次過剰米650万トン。
1980	冷害。大凶作。
1981	第二期水田利用再編対策実施。
1983	ここまで４年連続で不作。
1984	他用途利用米の導入。
1990（平２）	自主流通米入札取引開始。
1991	生鮮オレンジの輸入自由化。
1992	オレンジ果汁の輸入自由化。
1993	米の緊急輸入（戦後最悪の凶作）。
1995	米の輸入を部分開放（ミニマムアクセスの導入）。
1999	米の輸入関税化。農産物輸入数量制限対象品目がなくなる。
2002	中国産輸入野菜に残留農薬問題発生，輸入自粛。
2003	米，10年ぶりに凶作。
2005	食料・農業・農村基本計画策定。
2011	福島原発放射能汚染で野菜など出荷停止及び風評被害。
2015	飼料米栽培への補助金を充実。
2018	種子法廃止（1952年制定）。減反政策廃止。

表 **5-14**　水陸稲の作付面積と収穫量（Ⅰ）

	水陸稲計		水稲			陸稲		
	作付面積（千ha）	収穫量（千t）	作付面積（千ha）	10aあたり（kg）	収穫量（千t）	作付面積（千ha）	10aあたり（kg）	収穫量（千t）
1878(明11)	…	3 792	…	…	…	…	…	…
1880(〃13)	2 549	4 715	…	…	…	…	…	…
1885(〃18)	2 590	5 106	2 552	198	5 063	38	114	43
1890(〃23)	2 729	6 463	2 694	238	6 422	35	117	41
1895(〃28)	2 762	5 994	2 708	219	5 933	54	114	61
1900(〃33)	2 805	6 220	2 731	224	6 122	74	132	98
1905(〃38)	2 858	5 726	2 783	203	5 637	75	120	89
1910(〃43)	2 925	6 995	2 834	242	6 855	91	153	140
1915(大4)	3 031	8 389	2 907	282	8 189	124	161	200
1920(〃9)	3 101	9 481	2 960	311	9 205	140	197	276
1925(〃14)	3 128	8 956	2 992	291	8 717	135	177	239
1929(昭4)	3 184	8 934	3 049	289	8 802	135	98	132
1930(〃5)	3 212	10 031	3 079	318	9 790	133	181	242
1931(〃6) 1)	3 222	8 282	3 089	262	8 098	133	138	184
1932(〃7)	3 230	9 059	3 097	286	8 852	133	155	206
1933(〃8)	3 147	10 624	3 022	345	10 439	125	148	185
1934(〃9) 1)	3 146	7 776	3 022	253	7 634	125	114	142
1935(〃10)	3 178	8 619	3 044	276	8 414	134	153	205
1936(〃11)	3 180	10 101	3 042	323	9 836	139	191	265
1937(〃12)	3 190	9 948	3 044	321	9 766	146	125	182
1938(〃13)	3 194	9 880	3 048	316	9 628	146	172	252
1939(〃14)	3 166	10 345	3 016	333	10 052	151	194	292
1940(〃15)	3 152	9 131	3 004	298	8 955	148	119	176
1941(〃16) 1)	3 156	8 263	3 011	269	8 111	145	105	152
1942(〃17)	3 138	10 016	3 001	329	9 859	137	115	157
1943(〃18)	3 084	9 433	2 967	313	9 273	117	136	160
1944(〃19)	2 955	8 784	2 852	304	8 666	103	115	118
1945(〃20) 1)	2 869	5 872	2 798	208	5 823	71	69	49
1946(〃21)	2 781	9 208	2 719	336	9 124	61	136	84
1947(〃22)	2 883	8 798	2 811	311	8 746	73	72	52
1948(〃23)	2 957	9 966	2 866	342	9 792	91	191	174
1949(〃24)	2 987	9 383	2 875	322	9 243	112	125	141
1950(〃25)	3 011	9 651	2 877	327	9 412	134	178	238
1951(〃26) 2)	3 016	9 042	2 877	309	8 888	139	110	154
1952(〃27)	3 009	9 923	2 872	337	9 676	138	180	247
1953(〃28) 1)	3 014	8 239	2 866	280	8 038	148	135	201
1954(〃29) 2)	3 051	9 113	2 888	308	8 895	163	133	218
1955(〃30)	3 222	12 385	3 045	396	12 073	177	175	312
1956(〃31)	3 243	10 899	3 059	348	10 647	183	138	252
1957(〃32)	3 239	11 464	3 075	364	11 188	164	168	276
1958(〃33)	3 253	11 993	3 080	379	11 689	174	175	304
1959(〃34)	3 288	12 501	3 105	391	12 158	183	188	*343
1960(〃35)	*3 308	12 858	3 124	401	12 539	*184	173	320
1961(〃36)	3 301	12 419	3 134	387	12 138	167	168	281
1962(〃37)	3 285	13 009	3 134	407	12 762	150	164	247
1963(〃38)	3 272	12 812	3 133	400	12 529	139	203	283
1964(〃39)	3 260	12 584	3 126	396	12 362	135	165	222
1965(〃40)	3 255	12 409	3 123	390	12 181	132	172	228
1966(〃41)	3 254	12 745	3 129	400	12 526	125	175	219
1967(〃42)	3 263	*14 453	3 149	453	*14 257	114	172	196
1968(〃43)	3 280	14 449	3 171	449	14 223	109	207	226
1969(〃44)	3 274	14 003	*3 173	435	13 797	101	203	206
1970(〃45)	2 923	12 689	2 836	442	12 528	87	184	161

水陸稲の作付面積と収穫量（II）

	水陸稲計		水稲			陸稲		
	作付面積（千ha）	収穫量（千t）	作付面積（千ha）	10aあたり（kg）	収穫量（千t）	作付面積（千ha）	10aあたり（kg）	収穫量（千t）
1971(昭46) 2)	2 695	10 887	2 626	411	10 782	69	153	105
1972(〃47)	2 640	11 889	2 581	456	11 766	59	210	123
1973(〃48)	2 620	12 144	2 568	470	12 068	52	145	76
1974(〃49)	2 724	12 292	2 675	455	12 182	49	225	110
1975(〃50)	2 764	13 165	2 719	481	13 085	45	179	80
1976(〃51) 2)	2 779	11 772	2 741	427	11 699	38	194	73
1977(〃52)	2 757	13 095	2 723	478	13 022	34	218	73
1978(〃53)	2 548	12 589	2 516	499	12 546	32	135	43
1979(〃54)	2 497	11 958	2 468	482	11 898	29	207	60
1980(〃55) 1)	2 377	9 751	2 350	412	9 692	27	215	59
1981(〃56)	2 278	10 259	2 251	453	10 204	27	202	55
1982(〃57)	2 257	10 270	2 230	458	10 212	27	212	58
1983(〃58)	2 273	10 366	2 246	459	10 308	27	216	58
1984(〃59)	2 315	11 878	2 290	517	11 832	25	181	46
1985(〃60)	2 342	11 662	2 318	501	11 613	24	206	49
1986(〃61)	2 303	11 647	2 280	508	11 592	23	244	55
1987(〃62)	2 146	10 627	2 123	498	10 571	23	243	56
1988(〃63)	2 110	9 935	2 087	474	9 888	23	205	47
1989(平1)	2 097	10 347	2 076	496	10 297	22	229	50
1990(〃2)	2 074	10 499	2 055	509	10 463	19	189	36
1991(〃3)	2 049	9 604	2 033	470	9 565	16	243	39
1992(〃4)	2 106	10 573	2 092	504	10 546	14	196	27
1993(〃5) 1)	2 139	7 834	2 127	367	7 811	12	183	23
1994(〃6)	2 212	11 981	2 200	544	11 961	12	160	20
1995(〃7)	2 118	10 748	2 106	509	10 724	12	209	24
1996(〃8)	1 977	10 344	1 967	525	10 328	9	166	16
1997(〃9)	1 953	10 025	1 944	515	10 004	9	243	21
1998(〃10)	1 801	8 960	1 793	499	8 939	8	256	21
1999(〃11)	1 788	9 175	1 780	515	9 159	7	214	16
2000(〃12)	1 770	9 490	1 763	537	9 472	7	256	18
2001(〃13)	1 706	9 057	1 700	532	9 048	6	144	9
2002(〃14)	1 688	8 889	1 683	527	8 876	6	225	13
2003(〃15) 1)	1 665	7 792	1 660	469	7 779	5	250	13
2004(〃16)	1 701	8 730	1 697	514	8 721	5	200	9
2005(〃17)	1 706	9 074	1 702	532	9 062	4	266	12
2006(〃18)	1 688	8 556	1 684	507	8 546	4	246	10
2007(〃19)	1 673	8 714	1 669	522	8 705	4	257	9
2008(〃20)	1 627	8 823	1 624	543	8 815	3	265	8
2009(〃21)	1 624	8 474	1 621	522	8 466	3	*276	8
2010(〃22)	1 628	8 483	1 625	522	8 478	3	189	5
2011(〃23)	1 576	8 402	1 574	533	8 397	2	220	5
2012(〃24)	1 581	8 523	1 579	540	8 519	2	172	4
2013(〃25)	1 599	8 607	1 597	539	8 603	2	249	4
2014(〃26)	1 575	8 439	1 573	536	8 435	1	257	4
2015(〃27)	1 506	7 989	1 505	531	7 986	1	233	3
2016(〃28)	1 479	8 044	1 478	*544	8 042	1	218	2
2017(〃29)	1 466	7 824	1 465	534	7 822	1	236	2
2018(〃30) 3)	1 470	7 782	1 470	529	7 780	1	232	2

農林水産省「作物統計」により作成。1954年産以前は1 ha＝1.0083町歩，玄米1 t＝6.667石で換算。1878，80年産は北海道と沖縄を除く。1885年産と1944～73年産は沖縄を除く。*ゴシック体は最高値。年次の注は水稲の作況指数で，1）90以下の著しい不良，2）91～94の不良で，明治・大正期は不明。3）陸稲は2018年産より主産県調査に変更したため，水陸稲計と陸稲は推計値。

表 5 - 15　都道府県別の米の収穫量（単位　千 t）

	1940（昭15）	1950（昭25）	1960（昭35）	1970（昭45）	1980（昭55）	1990（平 2 ）	2000（平12）	2010（平22）	2018[1]（平30）
北海道	293	470	790	***914**	594	***790**	***729**	602	515
青　森	179	252	374	449	196	409	339	286	263
岩　手	154	204	340	463	237	403	349	313	273
宮　城	308	310	517	588	418	556	459	400	371
秋　田	293	374	541	658	625	600	550	489	491
山　形	333	356	493	580	512	493	450	407	374
福　島	316	324	466	520	356	488	448	446	364
茨　城	304	306	452	496	450	449	441	406	360
栃　木	246	249	371	412	365	396	381	343	322
群　馬	141	154	184	149	105	108	92	73	79
埼　玉	208	249	336	258	199	202	185	152	155
千　葉	290	340	445	420	347	346	349	333	301
東　京	26	34	34	9	2.9	1.7	1.1	0.7	0.6
神奈川	71	80	90	37	21	19	16	15	15
新　潟	***633**	***589**	***827**	838	***752**	735	659	***618**	***628**
富　山	264	217	302	303	257	262	230	214	206
石　川	190	149	230	216	166	172	142	138	130
福　井	164	129	203	202	172	170	152	139	133
山　梨	68	68	78	56	34	37	30	28	27
長　野	247	266	374	357	262	279	232	212	199
岐　阜	209	190	236	199	169	155	135	118	108
静　岡	178	201	236	172	111	103	101	90	80
愛　知	318	301	321	253	207	184	163	154	138
三　重	215	203	250	234	192	189	178	155	137
滋　賀	229	206	248	268	217	203	196	171	162
京　都	134	119	142	129	92	97	89	80	73
大　阪	126	112	120	62	40	36	33	28	25
兵　庫	316	304	372	296	231	230	214	189	182
奈　良	98	97	122	91	65	59	53	47	44
和歌山	83	67	98	72	52	45	41	37	32
鳥　取	111	106	125	117	76	87	80	72	64
島　根	153	150	183	171	128	139	114	94	92
岡　山	270	271	300	258	205	186	195	172	156
広　島	197	212	254	236	170	174	151	135	123
山　口	190	194	215	218	155	162	133	116	103
徳　島	80	73	100	86	67	71	71	64	54
香　川	134	118	144	125	96	85	82	77	60
愛　媛	130	123	167	134	99	88	87	78	69
高　知	73	76	127	90	74	73	65	59	51
福　岡	293	345	380	352	272	258	219	192	183
佐　賀	169	213	238	224	173	182	166	137	129
長　崎	58	96	104	104	84	86	73	63	57
熊　本	221	286	317	309	269	261	228	202	176
大　分	148	164	200	188	139	151	142	121	104
宮　崎	104	118	174	164	128	122	112	100	79
鹿児島	145	184	241	212	169	154	133	119	92
沖　縄	23	…	…	…	2.8	2.5	3.6	2.7	2.2
全国	**9 131**	**9 651**	**12 858**	**12 689**	**9 751**	**10 499**	**9 490**	**8 483**	**7 782**

農林水産省「作物統計」及び同農林水産省統計表により作成。1940，50年は1石＝0.15 t で換算した。＊ゴシック体は収穫量の全国１位を表す。1）水稲に陸稲の主産県数値を加算。全国値は推計。

図5-3　主要作物の生産量の推移

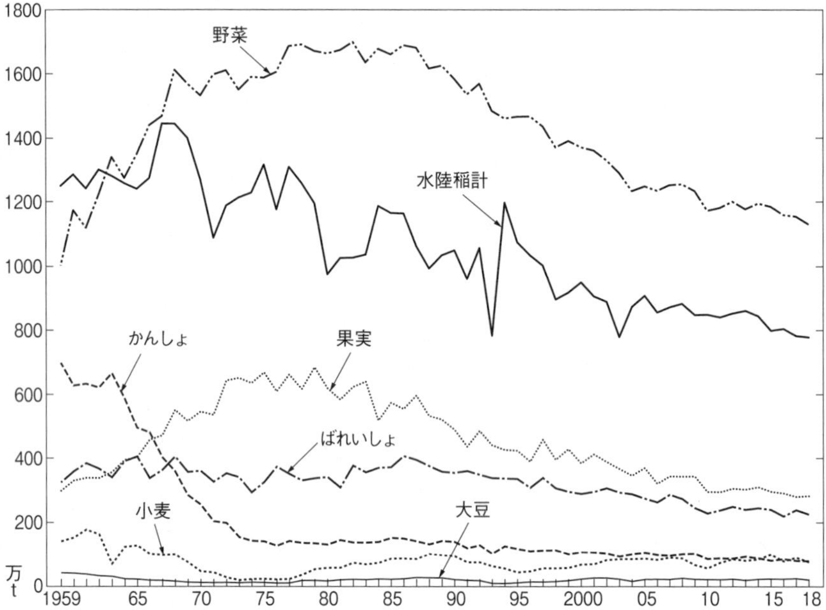

表5-16　麦類の作付面積と収穫量（I）

	4麦計		小麦		大麦		裸麦	
	作付面積（千ha）	収穫量（千t）	作付面積（千ha）	収穫量（千t）	作付面積（千ha）	収穫量（千t）	作付面積（千ha）	収穫量（千t）
1878(明11)	1 354	1 163	344	245	…	…	421	422
1880(〃13)	1 417	1 517	357	311	…	…	462	572
1885(〃18)	1 523	1 492	395	330	604	593	524	569
1890(〃23)	1 690	1 321	455	337	645	590	590	394
1895(〃28)	1 759	2 447	444	545	649	929	667	974
1900(〃33)	1 782	2 556	465	583	639	943	678	1 031
1905(〃38)	1 802	2 337	450	493	664	929	689	915
1910(〃43)	1 757	2 572	472	630	615	1 010	670	932
1915(大4)	1 797	2 982	497	716	591	1 115	709	1 151
1920(〃9)	1 738	2 859	530	806	537	902	672	1 151
1925(〃14)	1 463	2 877	465	838	453	960	545	1 079
1930(昭5)	1 343	2 454	487	838	377	771	479	845
1935(〃10)	1 434	3 032	658	1 322	339	793	436	918
1940(〃15)	1 574	3 479	834	*1 792	338	818	402	870
1945(〃20)	1 602	2 199	724	943	401	535	477	720
1950(〃25)	1 784	3 298	764	1 338	429	897	591	1 063
1955(〃30)	1 659	3 875	663	1 468	434	1 148	562	1 260
1960(〃35)	1 440	3 831	602	1 531	402	1 206	436	1 095
1964(〃39)	987	2 446	508	1 244	273	812	206	390
1965(〃40)	898	2 521	476	1 287	245	721	177	513
1966(〃41)	809	2 129	421	1 024	225	711	163	394
1967(〃42)	719	2 029	367	997	207	673	145	359
1968(〃43)	638	2 033	322	1 012	189	640	127	381
1969(〃44)	570	1 570	287	758	174	538	109	274
1970(〃45)	455	1 046	229	474	146	418	80	155

麦類の作付面積と収穫量（Ⅱ）

	4麦計		小麦		大麦		裸麦	
	作付面積（千ha）	収穫量（千t）	作付面積（千ha）	収穫量（千t）	作付面積（千ha）	収穫量（千t）	作付面積（千ha）	収穫量（千t）
1971（昭46）	330	943	166	440	113	364	51	139
1972（〃47）	235	609	114	284	89	250	32	74
1973（〃48）	155	419	75	202	62	171	18	45
1974（〃49）	160	465	83	232	60	182	18	51
1975（〃50）	168	462	90	241	61	174	17	47
1976（〃51）	169	433	89	222	64	170	17	40
1977（〃52）	164	442	86	236	63	167	15	39
1978（〃53）	208	693	112	367	81	276	15	50
1979（〃54）	265	948	149	541	99	348	17	59
1980（〃55）	313	968	191	583	104	332	18	53
1981（〃56）	347	970	224	587	106	330	16	53
1982（〃57）	351	1 132	228	742	108	342	15	48
1983（〃58）	353	1 075	229	695	110	340	14	39
1984（〃59）	349	1 136	232	741	106	353	11	43
1985（〃60）	347	1 252	234	874	103	340	10	38
1986（〃61）	353	1 220	246	876	98	314	10	30
1987（〃62）	383	1 217	271	864	103	326	8	27
1988（〃63）	396	1 420	282	1 021	105	370	9	29
1989（平1）	397	1 356	284	985	104	346	9	25
1990（〃2）	366	1 297	260	952	99	323	8	23
1991（〃3）	334	1 042	239	759	89	269	6	14
1992（〃4）	299	1 045	215	759	80	274	4	12
1993（〃5）	261	921	184	638	74	271	3	12
1994（〃6）	214	790	152	565	59	213	3	12
1995（〃7）	210	662	151	444	55	205	4	14
1996（〃8）	216	711	159	478	53	216	4	18
1997（〃9）	215	766	158	573	52	177	5	17
1998（〃10）	217	713	162	570	49	133	5	11
1999（〃11）	221	788	169	583	47	185	5	20
2000（〃12）	237	903	183	688	48	192	5	22
2001（〃13）	257	906	197	700	55	187	6	20
2002（〃14）	272	1 047	207	829	58	197	6	20
2003（〃15）	276	1 054	212	856	58	180	6	18
2004（〃16）	272	1 059	213	860	55	183	5	16
2005（〃17）	268	1 058	214	875	50	171	5	12
2006（〃18）	272	1 012	218	837	49	161	4	13
2007（〃19）	264	1 105	210	910	50	180	4	14
2008（〃20）	265	1 098	209	881	52	201	4	16
2009（〃21）	266	853	208	674	54	168	4	11
2010（〃22）	266	732	207	571	54	149	5	12
2011（〃23）	272	918	212	746	55	158	5	14
2012（〃24）	270	1 030	209	858	55	160	5	12
2013（〃25）	270	995	210	812	54	168	5	15
2014（〃26）	273	1 022	213	852	55	155	5	15
2015（〃27）	274	1 181	213	1 004	56	166	5	11
2016（〃28）	276	961	214	791	56	160	5	10
2017（〃29）	274	1 092	212	907	56	172	5	13
2018（〃30）	273	940	212	765	56	161	5	14

農林水産省「作物統計」により作成。4麦計は，小麦，大麦（二条大麦と六条大麦），裸麦の合計。1885年産以前及び1945～73年産は沖縄を除く。*ゴシック体は最高値。作付面積の最高値は，4麦計が1913年1813千ha，小麦1942年856千ha，大麦1906年664.3千ha（1905年664.1千ha），裸麦1914年721千ha。収穫量の高値はいずれも1954年で，4麦計4098千t，大麦1261千t，はだか麦1322千t。

表 5-17　豆類・雑穀・いも類の収穫量（単位　千 t）

	大豆	小豆	いんげん豆	落花生	とうもろこし	そば	かんしょ	ばれいしょ
1878(明11)	212	…	…	…	…	64	829	…
1880(〃13)	301	…	…	…	…	79	983	…
1884(〃17)	303	46	…	…	…	74	1 391	45
1887(〃20)	420	…	…	…	…	126	2 105	106
1892(〃25)	401	…	…	…	…	130	2 131	152
1895(〃28)	408	89	…	…	…	134	2 669	166
1900(〃33)	460	125	…	…	…	145	2 839	269
1905(〃38)	421	116	…	11	78	126	2 444	442
1910(〃43)	438	139	…	11	95	148	3 123	673
1915(大4)	491	139	…	17	103	141	3 959	955
1920(〃9)	*551	154	1) 74	17	101	136	4 437	1 081
1925(〃14)	466	153	78	14	91	116	3 733	974
1930(昭5)	391	129	127	11	73	105	3 402	1 037
1935(〃10)	292	77	51	12	58	68	3 583	1 250
1940(〃15)	320	89	84	19	80	73	3 534	1 645
1945(〃20)	170	33	15	…	27	34	3 897	1 772
1950(〃25)	447	80	48	26	63	52	6 290	2 442
1955(〃30)	507	150	141	47	100	39	*7 180	2 908
1960(〃35)	418	170	142	126	113	52	6 277	3 594
1965(〃40)	230	108	134	137	75	30	4 955	4 056
1970(〃45)	126	109	124	124	33	17	2 564	3 611
1975(〃50)	126	88	67	71	…	…	1 418	3 261
1980(〃55)	174	56	33	55	4	16	1 317	3 421
1985(〃60)	228	97	44	51	…	…	1 527	3 727
1990(平2)	220	118	32	40	…	…	1 402	3 552
1992(〃4)	188	69	34	31	…	22	1 295	3 494
1993(〃5)	101	46	26	24	…	…	1 033	3 390
1994(〃6)	99	90	19	35	…	…	1 264	3 377
1995(〃7)	119	94	44	26	…	21	1 181	3 365
1996(〃8)	148	78	33	30	…	…	1 109	3 087
1997(〃9)	145	72	33	30	…	…	1 130	3 395
1998(〃10)	158	78	25	25	…	18	1 139	3 073
1999(〃11)	187	81	21	26	…	…	1 008	2 963
2000(〃12)	235	88	15	27	…	…	1 073	2 898
2001(〃13)	271	71	24	23	…	2) 26	1 063	2 959
2002(〃14)	270	66	34	24	…	2) 25	1 030	3 074
2003(〃15)	232	59	23	22	…	2) 27	941	2 939
2004(〃16)	163	91	27	21	…	2) 20	1 009	2 888
2005(〃17)	225	79	26	21	…	2) 31	1 053	2 752
2006(〃18)	229	64	19	20	…	2) 33	989	2 635
2007(〃19)	227	66	22	19	…	2) 26	968	2 873
2008(〃20)	262	69	25	19	…	2) 23	1 011	2 743
2009(〃21)	230	53	16	20	…	2) 15	1 026	2 459
2010(〃22)	223	55	22	16	…	30	864	2 290
2011(〃23)	219	60	10	20	…	32	886	2 387
2012(〃24)	236	68	18	17	…	45	876	2 500
2013(〃25)	200	68	15	16	…	33	942	2 408
2014(〃26)	232	77	21	16	…	31	887	2 456
2015(〃27)	243	64	26	12	…	35	814	2 406
2016(〃28)	238	30	6	16	…	29	861	2 199
2017(〃29)	253	53	17	15	…	34	807	2 395
2018(〃30)	211	42	10	16	…	29	797	2 259

農林水産省「作物統計」，同「野菜生産出荷統計年報」及び日本統計協会「日本長期統計総覧」により作成。豆類は乾燥子実。1895年産以前及び1945～70年産は沖縄を含まない。*ゴシック体は最高値（小豆1961年185千 t，いんげん豆1958年の149千 t，落花生1963年144千 t，とうもろこし1961年116千 t，そば1914年の154千t，ばれいしょ1986年の4073千t）。1）1922年。2）主産県計。

表 **5-18** 果実・野菜の収穫量（Ⅰ）（単位 千t）

	みかん	りんご	ぶどう	日本なし	もも	うめ	かき	キウイフルーツ	きゅうり
1905	87	23	7	57	20	65	162	…	…
1910	138	48	13	72	34	66	174	…	174
1915	157	27	17	81	45	57	180	…	…
1920	209	29	25	101	49	56	171	…	205
1925	274	58	36	125	45	57	161	…	210
1930	315	101	55	141	53	46	235	…	247
1935	442	159	69	164	49	48	231	…	272
1940	430	225	63	167	49	61	279	…	278
1945	278	65	36	64	30	36	146	…	231
1950	360	439	37	71	32	40	198	…	312
1955	461	390	72	121	79	53	284	…	402
1960	894	876	155	240	170	46	337	…	462
1965	1 331	1 132	225	346	229	37	346	…	779
1970	2 552	1 021	234	445	279	68	343	…	965
1975	*3 665	898	284	461	271	63	275	…	1 023
1980	2 892	960	323	485	245	64	265	…	1 018
1981	2 819	846	310	479	239	53	261	…	1 072
1982	2 864	925	338	482	228	66	334	…	1 071
1983	2 859	1 048	324	493	237	67	310	…	1 048
1984	2 005	812	310	470	216	78	297	…	1 070
1985	2 491	910	311	461	205	80	290	…	1 033
1986	2 168	986	302	481	219	89	291	28	1 040
1987	2 518	998	308	468	212	67	290	35	1 026
1988	1 998	1 042	296	447	203	68	288	47	975
1989	2 015	1 045	275	439	180	66	266	44	975
1990	1 653	1 053	276	432	190	97	286	*69	931
1991	1 579	760	271	425	186	95	249	46	889
1992	1 683	1 039	276	418	188	82	308	54	899
1993	1 490	1 011	260	382	173	97	242	52	836
1994	1 247	989	245	417	174	113	302	53	866
1995	1 378	963	250	383	163	121	254	49	827
1996	1 153	899	244	378	169	102	241	44	823
1997	1 555	993	251	405	175	*136	302	39	798
1998	1 194	879	233	382	170	96	260	37	746
1999	1 447	928	242	390	158	119	286	41	766
2000	1 143	800	238	393	175	121	279	44	767
2001	1 282	931	225	368	176	124	282	42	736
2002	1 131	926	232	376	175	113	269	40	729
2003	1 146	842	221	332	157	88	265	37	684
2004	1 060	754	206	328	152	114	232	29	673
2005	1 132	819	220	362	174	123	286	36	675
2006	842	832	211	291	146	120	233	33	629
2007	1 066	840	209	297	150	121	245	33	641
2008	906	911	201	328	157	121	267	38	627
2009	1 003	846	202	318	151	115	258	35	620
2010	786	787	185	259	137	92	189	27	588
2011	928	655	173	286	140	107	208	26	585
2012	846	794	198	275	135	90	254	30	587
2013	896	742	190	267	125	124	215	30	574
2014	875	816	189	271	137	111	241	32	549
2015	778	812	181	247	122	98	242	28	550
2016	805	765	179	247	127	93	233	26	550
2017	741	735	176	245	125	87	225	30	560
2018	774	756	175	232	113	112	208	25	550

農林水産省「果樹生産出荷統計」，同「野菜生産出荷統計」，同「作物統計」及び総務省統計局長期統計により作成。1945～75年産は沖縄を含まない。*ゴシック体は最高値（りんご1963年1155千t，ぶどう1979年352千t，日本なし1977年519千t，もも1968年296千t，かき1967年504千t，きゅうり1979年1089千t）。

果実・野菜の収穫量（Ⅱ）（単位　千ｔ）

	かぼちゃ	すいか	なす	トマト	いちご	キャベツ	はくさい	ほうれんそう	ねぎ
1905	…	…	…	…	…	…	…	…	…
1910	213	74	302	1	…	43	…	…	104
1915	…	…	…	…	…	…	…	…	…
1920	320	119	385	3	…	98	…	…	178
1925	281	253	398	9	…	103	…	…	189
1930	260	391	447	42	…	153	…	…	228
1935	269	488	435	140	…	195	…	…	244
1940	309	400	426	150	…	226	…	…	265
1945	604	21	310	94	…	191	230	68	188
1950	528	204	379	166	…	314	423	82	289
1955	422	438	441	192	…	443	587	156	307
1960	434	741	449	242	1) 60	686	998	231	410
1965	351	756	623	536	76	1 175	1 542	334	570
1970	306	1 004	722	793	134	1 433	1 744	363	614
1975	248	1 167	668	1 024	165	1 423	1 607	346	555
1980	252	976	619	1 014	193	1 545	1 616	352	539
1981	270	963	650	945	193	1 624	1 637	369	568
1982	279	933	608	891	199	1 625	1 638	380	521
1983	253	866	629	791	197	1 568	1 507	381	549
1984	297	876	637	804	198	1 614	1 549	366	563
1985	273	820	599	802	196	1 589	1 478	383	553
1986	278	840	594	816	201	*1 667	1 513	386	573
1987	277	863	607	837	210	1 631	1 432	*400	564
1988	283	790	564	776	*219	1 573	1 302	396	522
1989	297	764	567	773	216	1 623	1 334	378	542
1990	286	753	554	767	217	1 544	1 220	384	558
1991	269	687	514	746	213	1 569	1 154	374	517
1992	278	737	519	772	208	1 614	1 205	365	565
1993	257	632	449	738	207	1 513	1 185	378	506
1994	265	655	510	758	198	1 511	1 118	367	525
1995	242	617	478	753	201	1 544	1 163	360	534
1996	234	633	481	796	208	1 539	1 162	359	547
1997	247	614	475	780	200	1 502	1 135	331	549
1998	258	603	459	764	181	1 407	990	322	509
1999	266	595	473	769	203	1 476	1 079	329	532
2000	254	581	477	806	205	1 449	1 036	316	537
2001	228	573	448	798	209	1 435	1 038	319	527
2002	220	527	432	785	211	1 392	1 005	312	519
2003	234	487	396	760	203	1 376	965	312	515
2004	226	454	390	755	198	1 279	888	289	486
2005	234	450	396	759	196	1 364	924	298	494
2006	220	419	372	728	191	1 372	942	299	492
2007	228	422	372	749	191	1 359	918	298	495
2008	243	402	366	733	191	1 389	921	293	510
2009	214	390	349	718	185	1 385	924	286	508
2010	221	369	330	691	178	1 360	889	269	478
2011	209	363	322	703	177	1 375	897	264	485
2012	227	370	327	722	163	1 443	921	264	481
2013	212	355	321	748	166	1 440	906	250	478
2014	200	358	323	740	164	1 480	914	257	484
2015	202	340	309	727	159	1 469	895	251	475
2016	185	345	306	743	159	1 446	889	247	465
2017	201	331	308	737	164	1 428	881	228	459
2018	159	321	300	724	162	1 467	890	228	453

農林水産省「野菜生産出荷統計」，同「作物統計」及び総務省統計局長期統計により作成。1945～75年産は沖縄を含まない。*ゴシック体は最高値（かぼちゃ1946年656千t，すいか1968年1215千t，なす1971年757千t，トマト1979年1038千t，はくさい1969年1874千t，ねぎ1968年638千t)。1）1963年。

果実・野菜の収穫量（Ⅲ）（単位　千 t ）

	たまねぎ	だいこん	にんじん	ごぼう	さといも	やまいも	スイートコーン1)	メロン2)	レタス
1905	…	2 485	95	124	…	…	…	…	…
1910	19	2 466	108	164	563	…	…	…	…
1915	26	…	…	…	…	…	…	…	…
1920	39	2 612	120	181	641	…	…	…	…
1925	75	2 357	107	186	597	…	…	…	…
1930	135	2 467	119	193	617	…	…	…	…
1935	188	2 523	137	199	637	…	…	…	…
1940	270	2 566	151	209	594	…	3) 85	…	…
1945	189	1 335	147	152	337	…	121	…	…
1950	323	2 174	222	208	440	…	191	…	…
1955	424	2 337	239	249	496	…	216	…	…
1960	601	2 859	281	279	496	…	257	…	4) 29
1965	859	3 092	400	306	477	69	261	110	50
1970	973	2 778	497	293	542	104	303	190	165
1975	1 032	2 545	495	261	370	124	303	242	258
1980	1 152	2 690	600	249	459	134	312	299	381
1981	1 042	2 687	606	274	386	134	333	304	412
1982	1 257	2 709	627	246	400	140	373	351	435
1983	1 170	2 548	629	247	393	132	342	351	434
1984	1 099	2 631	643	272	347	160	387	370	478
1985	1 326	2 544	663	263	375	168	360	366	459
1986	1 252	2 655	671	269	385	152	387	379	501
1987	1 307	2 534	669	269	392	166	404	411	497
1988	1 251	2 457	679	253	397	147	384	403	495
1989	1 269	2 449	685	274	364	166	387	415	521
1990	1 317	2 336	655	270	315	201	***409**	***421**	518
1991	1 307	2 317	660	236	353	185	394	380	520
1992	***1 397**	2 346	690	269	305	165	376	397	536
1993	1 367	2 224	709	237	299	137	343	369	493
1994	1 109	2 154	658	244	238	181	369	397	528
1995	1 278	2 148	725	232	254	172	320	366	537
1996	1 262	2 132	***736**	248	254	170	286	366	548
1997	1 257	2 020	716	227	270	183	302	359	533
1998	1 355	1 902	648	188	258	177	286	336	506
1999	1 205	1 948	677	204	248	193	294	317	541
2000	1 247	1 876	682	190	231	201	289	318	537
2001	1 259	1 868	691	178	218	182	273	307	554
2002	1 274	1 780	644	167	209	182	278	287	562
2003	1 172	1 752	659	171	209	177	268	269	549
2004	1 128	1 620	616	172	185	198	266	249	509
2005	1 087	1 627	615	162	185	***204**	251	242	552
2006	1 161	1 650	624	159	175	192	231	217	545
2007	1 265	1 626	666	163	173	190	257	221	544
2008	1 271	1 603	657	167	180	181	266	209	544
2009	1 161	1 593	650	173	182	167	236	199	550
2010	1 042	1 496	596	161	168	173	235	188	538
2011	1 070	1 493	617	162	171	166	240	180	542
2012	1 098	1 469	613	168	173	166	255	176	566
2013	1 068	1 457	604	158	162	160	237	169	579
2014	1 169	1 452	633	155	166	165	250	168	578
2015	1 265	1 434	633	153	153	163	240	158	568
2016	1 243	1 362	567	138	155	146	196	158	***586**
2017	1 228	1 325	597	142	149	159	232	155	583
2018	1 155	1 328	575	135	145	157	218	153	586

農林水産省「野菜生産出荷統計」，同「作物統計」及び総務省統計局長期統計により作成。1945～75年産は沖縄を含まない。*ゴシック体は最高値（だいこん1963年3446千t，ごぼう1963年337千t，さといも1932年660千t）。1）未成熟とうもろこし。2）露地メロン＋温室メロン。3）1941年。4）1963年。

表 5-19　工芸農作物の収穫量（単位　千t）

	なたね	茶1)	葉たばこ	こんにゃくいも	いぐさ	てんさい2)	さとうきび
1883(明16)	123	21	15	…	10	…	100
1887(〃20)	137	26	22	…	…	…	417
1892(〃25)	123	29	29	…	…	…	496
1900(〃33)	143	29	41	…	…	…	…
1905(〃38)	122	25	41	36	38	…	772
1910(〃43)	126	31	43	36	33	…	825
1915(大4)	105	34	49	41	33	…	990
1920(〃9)	108	36	62	36	34	…	878
1925(〃14)	70	38	65	54	49	4) 145	836
1930(昭5)	78	39	68	53	52	190	860
1935(〃10)	121	46	65	56	72	229	1 123
1940(〃15)	109	58	96	65	80	191	783
1945(〃20)	20	24	36	22	8	87	…
1950(〃25)	119	42	98	14	36	175	105
1955(〃30)	270	73	151	53	60	375	235
1960(〃35)	264	78	121	92	79	1 074	373
1965(〃40)	126	77	192	103	99	1 813	790
1970(〃45)	30	91	150	114	99	2 332	681
1975(〃50)	7	*105	166	105	91	1 759	1 973
1980(〃55)	4	102	141	92	94	3 550	2 095
1985(〃60)	3	96	116	98	81	3 921	2 638
1988(〃63)	2	90	86	95	84	3 849	2 261
1989(平1)	2	91	74	86	96	3 664	*2 684
1990(〃2)	2	90	81	89	90	3 994	1 983
1991(〃3)	2	88	70	123	65	4 115	1 894
1992(〃4)	2	92	79	104	79	3 581	1 779
1993(〃5)	1	92	67	87	67	3 388	1 640
1994(〃6)	3) 1	3) 82	80	91	66	3 853	1 602
1995(〃7)	3) 1	3) 80	70	3) 69	3) 65	3 813	1 622
1996(〃8)	1	89	66	3) 82	3) 58	3 295	1 284
1997(〃9)	3) 1	3) 87	69	99	3) 58	3 685	1 445
1998(〃10)	3) 1	3) 79	64	3) 86	3) 47	4 164	1 666
1999(〃11)	1	89	65	3) 57	3) 36	3 787	1 571
2000(〃12)	3) 1	3) 85	61	73	3) 29	3 673	1 395
2001(〃13)	3) 1	3) 85	61	3) 70	3) 21	3 796	1 499
2002(〃14)	…	84	58	3) 65	3) 21	4 098	1 328
2003(〃15)	…	92	51	63	3) 21	4 161	1 389
2004(〃16)	…	101	53	3) 67	3) 21	*4 656	1 187
2005(〃17)	…	100	47	3) 67	3) 22	4 201	1 214
2006(〃18)	…	92	38	69	3) 15	3 923	1 310
2007(〃19)	…	94	38	3) 61	3) 15	4 297	1 500
2008(〃20)	…	96	38	3) 56	3) 14	4 248	1 598
2009(〃21)	…	86	37	67	3) 14	3 649	1 515
2010(〃22)	2	85	29	3) 65	3) 12	3 090	1 469
2011(〃23)	2	3) 82	24	3) 58	3) 10	3 547	1 000
2012(〃24)	2	3) 86	20	67	3) 11	3 758	1 108
2013(〃25)	2	85	20	3) 62	3) 12	3 435	1 191
2014(〃26)	2	84	20	3) 56	3) 10	3 567	1 159
2015(〃27)	3	80	19	61	3) 8	3 925	1 260
2016(〃28)	4	80	18	3) 71	3) 8	3 189	1 574
2017(〃29)	4	82	19	65	3) 9	3 901	1 297
2018(〃30)	3	86	17	56	3) 8	3 611	1 196

農林水産省「作物統計」，同農林水産統計及び総務省統計局の長期統計，及び全国たばこ耕作組合中央会サイトにより作成。1892年産以前と1945～70年は沖縄を含まず。*ゴシック体は最高値（なたね1956年320千t，葉たばこ1964年212千t，こんにゃくいも1967年131千t，いぐさ1964年141千t）。1）荒茶生産量。2）北海道産。3）主産県計。4）1926年。

図5-4　食生活の変化（1人1日あたり供給純食料）（会計年度）

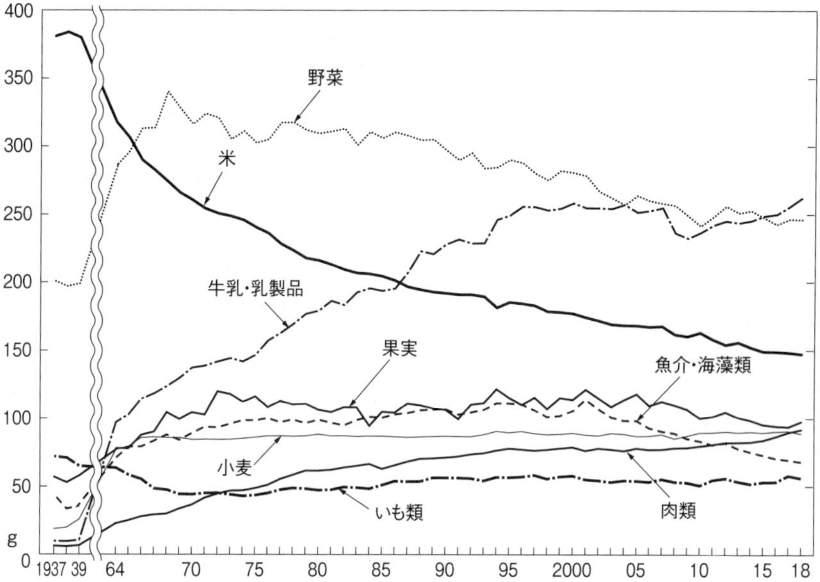

上図の解説　農林水産省食料需給統計（表5-20脚注参照）により作成。上図の消費量（1人1日あたり供給純食料）は，国内消費量のうち食用の分と廃棄する分を除いた歩留まりを乗じて算出した純食料供給量のこと。**日本人の食生活**は，戦前は米を主食として野菜を多めに取り，そのほかでは芋類，果実，魚介類などを並べる比較的簡素な食事の姿がうかがえる。1940年代は戦中から終戦直後にかけて食料事情が悪化した時期であり，米が充分に食べられず，それを芋や小麦で補っていた様子がわかる。日本人の食生活が急激に変化していったのは，戦後の高度経済成長期の頃である。食生活の洋風化が強まり，次第に多様化していくにつれ，1960年代以降，日本人の米離れがはっきりと表れた。米の1人1日あたりの消費量は，1966年度に野菜に抜かれ，1987年度には牛乳・乳製品を下回り，以後も減り続けて，2010年代半ばには戦前の4割程度になった。米の消費量を上回った野菜は1968年度にピークを迎えた後は，長期的な低落傾向になっている。戦後，消費を伸ばしたのが牛乳・乳製品と肉類である。特に牛乳・乳製品の消費量は大きく増え，2015年度に野菜を抜き，2018年度では最も多く消費される品目となっている。肉類は近年微増気味であったが，魚介類が2000年代に減り続けた結果，2011年度に逆転しその差は開きつつある。

食生活の変化と食料自給率　2018年度の食料自給率は，カロリーベースで37%と主要先進国の中では最も低い水準にある。1960年度には79%であったが，長期的な低下傾向にあり，2000年代に入ってからはおおむね横ばい状態で推移している。その原因のひとつに食生活の変化があり，1960年度以降，食料自給率の高い米の消費が減る一方で，畜産物や油脂類などの消費が増大している（上図参照）。畜産物はとうもろこしなどその飼料の多くを輸入に頼っており（2018年度の飼料自給率25%），国産でも輸入した飼料を使って生産された分は国産には算入されない。同じように，油脂類も原材料のほとんどを輸入に頼っており，2018年度の自給率（重量ベース）は13%と低い状態が続いている。

表 5-20　米の需給（会計年度）（単位　千t）

	国内生産	輸入	輸出	国内消費仕向量4)	うち粗食料	うち純食料5)	1人1日あたり供給量(g)6)
1911～15 1)	7 376	526	66	7 836	7 734	6 708	358.0
1921～25 2)	8 535	1 212	135	9 612	9 487	8 228	391.1
1930(昭5)	8 704	1 259	82	10 073	8 992	8 273	364
1939(〃14)	9 863	1 471	115	11 884	10 693	9 838	380
1946(〃21)	7 440	16	—	8 079	7 498	7 048	254
1950(〃25)	9 380	720	13	10 419	9 848	9 159	301.6
1955(〃30)	12 385	1 290	—	11 275	10 584	9 882	302.4
1960(〃35)	12 858	219	0	12 618	11 786	10 738	314.9
1965(〃40)	12 409	1 052	0	12 993	12 037	10 982	306.2
1970(〃45)	12 689	15	785	11 948	10 894	9 860	260.4
1975(〃50)	13 165	29	2	11 964	10 878	9 856	240.6
1980(〃55)	9 751	27	754	11 209	10 198	9 239	216.2
1985(〃60)	11 662	30	0	10 849	9 962	9 026	204.3
1990(平2)	10 499	50	0	10 484	9 554	8 656	191.9
1995(〃7)	10 748	495	581	10 290	9 398	8 515	185.3
2000(〃12)	9 490	879	462	9 790	9 049	8 198	177.0
2005(〃17)	8 998	978	179	9 222	8 659	7 845	168.2
2010(〃22)	8 554	831	201	9 018	8 411	7 620	163.0
2014(〃26)	8 628	856	96	8 839	7 792	7 060	152.2
2015(〃27)	8 429	834	116	8 600	7 658	6 938	149.2
2016(〃28)	8 550	911	94	8 644	7 618	6 902	149.0
2017(〃29)	8 324	888	95	8 616	7 573	6 861	148.4
2018(〃30)3)	8 208	787	115	8 446	7 507	6 801	147.4

農林水産省「食料需給表」により作成（1955年度以前は「食料需要に関する基礎統計」）。1）明44～大4年平均。2）大10～14年平均。3）概算値。4）在庫の増減を加味。5）通常廃棄する分を除く。6）純食料。

表 5-21　小麦の需給（会計年度）（単位　千t）

	国内生産	輸入	輸出	国内消費仕向量4)	うち粗食料	うち純食料5)	1人1日あたり供給量(g)6)
1911～15 1)	663	103	23	743	693	503	26.8
1921～25 2)	743	519	69	1 193	1 111	847	40.3
1930(昭5)	838	693	289	1 247	803	602	26
1939(〃14)	1 657	171	472	1 283	887	664	26
1946(〃21)	615	755	—	1 372	1 273	1 120	40
1950(〃25)	1 338	1 673	33	3 088	2 822	2 201	73
1955(〃30)	1 468	2 238	6	3 618	2 954	2 245	68.7
1960(〃35)	1 531	2 660	47	3 965	3 125	2 406	70.6
1965(〃40)	1 287	3 532	88	4 631	3 700	2 849	79.4
1970(〃45)	474	4 621	47	5 207	4 092	3 192	84.3
1975(〃50)	241	5 715	34	5 578	4 522	3 527	86.1
1980(〃55)	583	5 564	5	6 054	4 839	3 774	88.3
1985(〃60)	874	5 194	0	6 101	4 920	3 838	86.9
1990(平2)	952	5 307	0	6 270	5 028	3 922	86.9
1995(〃7)	444	5 750	0	6 355	5 278	4 117	89.6
2000(〃12)	688	5 688	0	6 311	5 299	4 133	89.2
2005(〃17)	875	5 292	0	6 213	5 198	4 054	86.9
2010(〃22)	571	5 473	0	6 384	5 366	4 185	89.5
2014(〃26)	852	6 016	0	6 579	5 355	4 177	90.1
2015(〃27)	1 004	5 660	0	6 583	5 340	4 165	89.5
2016(〃28)	791	5 624	0	6 621	5 362	4 182	90.3
2017(〃29)	907	5 939	0	6 577	5 376	4 193	90.7
2018(〃30)3)	765	5 638	0	6 510	5 255	4 099	88.8

資料，脚注とも前表に同じ。

表 5-22　大豆の需給（会計年度）（単位　千 t）

	国内生産	輸入	輸出	国内消費仕向量[4]	うち加工用	うち純食料[6]	1人1日あたり供給量（g）[7]
1911～15 [1]	437	312	3	746	[5] 141	526	28.1
1921～25 [2]	483	553	7	1 029	[5] 173	745	35.4
1930（昭5）	340	612	3	949	730	143	6.1
1939（〃14）	343	779	4	1 118	807	228	8.8
1946（〃21）	176	2	—	211	168	11	0.4
1950（〃25）	223	209	0	474	381	48	1.6
1955（〃30）	507	767	—	1 235	802	402	12.3
1960（〃35）	418	1 081	0	1 517	974	519	15.2
1965（〃40）	230	1 847	0	2 030	1 551	462	12.9
1970（〃45）	126	3 244	0	3 295	2 692	578	15.3
1975（〃50）	126	3 334	0	3 502	2 810	646	15.8
1980（〃55）	174	4 401	30	4 386	3 661	617	14.4
1985（〃60）	228	4 910	0	5 025	4 112	737	16.7
1990（平2）	220	4 681	0	4 821	3 826	798	17.7
1995（〃7）	119	4 813	0	4 919	3 901	785	17.1
2000（〃12）	235	4 829	0	4 962	3 917	814	17.6
2005（〃17）	225	4 181	0	4 348	3 261	871	18.7
2010（〃22）	223	3 456	0	3 642	2 639	810	17.3
2014（〃26）	232	2 828	0	3 095	2 158	776	16.7
2015（〃27）	243	3 243	0	3 380	2 413	794	17.1
2016（〃28）	238	3 131	0	3 424	2 439	809	17.5
2017（〃29）	253	3 218	0	3 573	2 599	821	17.8
2018（〃30）[3]	211	3 236	0	3 561	2 558	847	18.4

資料は表5-20に同じ。1）明治44～大正4年平均。2）大正10～14年平均。3）概算値。4）在庫の増減を加味。5）種子用を含む。6）通常廃棄する分を除く。7）純食料。

表 5-23　野菜の需給（会計年度）（単位　千 t）

	国内生産	輸入	輸出	国内消費仕向量[4]	うち粗食料	うち純食料[5]	1人1日あたり供給量（g）[6]
1911～15 [1]	5 315	—	12	5 303	5 205	4 480	239.2
1921～25 [2]	5 455	—	13	5 442	5 339	4 542	216.1
1930（昭5）	5 684	2	34	5 652	4 782	4 782	205
1939（〃14）	6 181	6	102	6 085	5 148	5 148	199
1946（〃21）	4 977	0	0	4 977	4 191	4 191	151
1950（〃25）	6 280	0	9	6 271	5 280	5 280	174
1955（〃30）	9 234	10	11	9 233	8 452	7 353	225.7
1960（〃35）	11 742	16	19	11 739	10 681	9 311	273.1
1965（〃40）	13 483	42	16	13 509	12 224	10 627	296.1
1970（〃45）	15 328	98	12	15 414	13 874	11 973	316.2
1975（〃50）	15 880	230	8	16 102	14 450	12 395	302.5
1980（〃55）	16 634	495	1	17 128	15 370	13 219	309.4
1985（〃60）	16 607	866	1	17 472	15 683	13 520	306.0
1990（平2）	15 845	1 551	2	17 394	15 615	13 399	297.0
1995（〃7）	14 671	2 628	0	17 299	15 514	13 327	290.0
2000（〃12）	13 704	3 124	2	16 826	15 122	12 998	280.6
2005（〃17）	12 492	3 367	10	15 849	14 240	12 302	263.8
2010（〃22）	11 730	2 783	5	14 508	13 023	11 286	241.5
2014（〃26）	11 956	3 097	9	15 044	13 482	11 722	252.7
2015（〃27）	11 856	2 942	21	14 777	13 244	11 522	247.7
2016（〃28）	11 598	2 901	31	14 468	12 963	11 245	242.7
2017（〃29）	11 549	3 126	21	14 654	13 126	11 399	246.5
2018（〃30）[3]	11 306	3 310	11	14 605	13 075	11 366	246.3

資料，脚注とも表5-20に同じ。

図５-５　農作物の輸入量

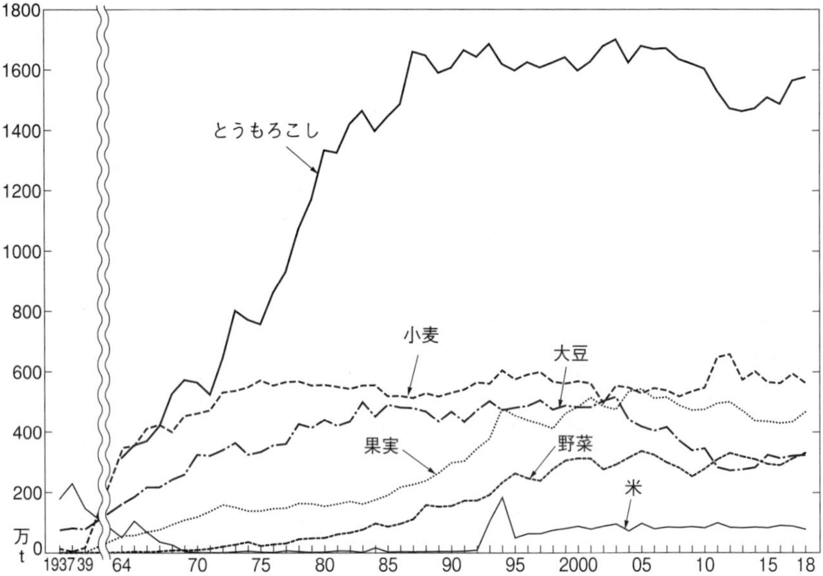

農林水産省「食料需給表」及び同「食料需要に関する基礎統計」により作成。会計年度。

表５-24　果実の需給（会計年度）（単位　千ｔ）

	国内生産	輸入	輸出	国内消費仕向量4)	うち粗食料	うち純食料5)	1人1日あたり供給量（g）6)
1911～15　1)	651	0	21	630	630	459	24.6
1921～25　2)	772	3	20	755	755	555	21.6
1930（昭５）	1 487	4	33	1 458	1 283	1 283	55
1939（〃14）	1 845	19	177	1 687	1 485	1 485	58
1946（〃21）	596	0	0	596	524	524	19
1950（〃25）	1 481	0	16	1 465	1 289	1 289	42
1955（〃30）	1 815	17	81	1 751	1 447	1 099	33.8
1960（〃35）	3 307	118	129	3 296	2 762	2 088	61.2
1965（〃40）	4 034	573	141	4 466	3 751	2 799	78.0
1970（〃45）	5 467	1 186	136	6 517	5 455	3 947	104.3
1975（〃50）	6 686	1 387	80	7 993	6 698	4 762	116.2
1980（〃55）	6 196	1 539	97	7 635	6 389	4 544	106.3
1985（〃60）	5 747	1 904	90	7 485	6 236	4 630	104.8
1990（平２）	4 895	2 978	29	7 763	6 471	4 797	106.3
1995（〃７）	4 242	4 547	16	8 656	7 206	5 296	115.2
2000（〃12）	3 847	4 843	68	8 691	7 196	5 271	113.8
2005（〃17）	3 703	5 437	64	9 036	7 517	5 503	118.0
2010（〃22）	2 960	4 756	42	7 719	6 410	4 682	100.2
2014（〃26）	3 108	4 368	43	7 414	6 181	4 574	98.6
2015（〃27）	2 969	4 351	65	7 263	6 030	4 438	95.4
2016（〃28）	2 918	4 292	60	7 150	5 932	4 369	94.3
2017（〃29）	2 809	4 339	56	7 092	5 883	4 337	93.8
2018（〃30）3)	2 833	4 661	64	7 430	6 160	4 504	97.6

農林水産省「食料需給表」により作成（1955年度以前は「食料需要に関する基礎統計」）。1）明44～大4年平均。2）大10～14年平均。3）概算値。4）在庫の増減を加味。5）通常廃棄する分を除く。6）純食料。

表 5-25 食料の自給率（会計年度）（%）

	総合食料自給率	米	小麦	大豆	野菜	果実	肉類3)	牛乳・乳製品	魚介類
1911～15 1)	…	94	89	59	100	103	100	85	4) 144
1921～25 2)	…	89	62	47	100	102	88	81	4) 110
1930(昭 5)	…	86	67	36	101	102	88	91	100
1935(〃10)	…	73	96	30	101	104	93	107	101
1939(〃14)	…	83	129	31	102	109	100	112	106
1946(〃21)	…	92	45	83	100	100	138	96	100
1950(〃25)	…	90	43	47	100	101	93	72	101
1955(〃30)	…	110	41	41	100	104	100	90	107
1960(〃35)	79	102	39	28	100	100	93	89	108
1965(〃40)	73	95	28	11	100	90	93	86	100
1970(〃45)	60	106	9	4	99	84	89	89	102
1975(〃50)	54	110	4	4	99	84	77	81	99
1980(〃55)	53	100	10	4	97	81	81	82	97
1985(〃60)	53	107	14	5	95	77	81	85	93
1990(平 2)	48	100	15	5	91	63	70	78	79
1995(〃 7)	43	104	7	2	85	49	57	72	57
2000(〃12)	40	95	11	5	81	44	52	68	53
2002(〃14)	40	96	13	5	83	44	53	69	47
2003(〃15)	40	95	14	4	82	44	54	69	50
2004(〃16)	40	95	14	3	80	40	55	67	49
2005(〃17)	40	95	14	5	79	41	54	68	51
2006(〃18)	39	94	13	5	79	38	56	67	52
2007(〃19)	40	94	14	5	81	40	56	66	53
2008(〃20)	41	95	14	6	82	41	56	70	53
2009(〃21)	40	95	11	6	83	42	57	71	53
2010(〃22)	39	97	9	6	81	38	56	67	55
2011(〃23)	39	96	11	7	79	38	54	65	52
2012(〃24)	39	96	12	8	78	38	55	65	52
2013(〃25)	39	96	12	7	79	40	55	64	55
2014(〃26)	39	97	13	7	79	42	55	63	55
2015(〃27)	39	98	15	7	80	41	54	62	55
2016(〃28)	38	97	12	7	80	41	53	62	53
2017(〃29)	38	96	14	7	79	40	52	60	52
2018(〃30)5)	37	97	12	6	77	38	51	59	55

農林水産省「食料需給表」により作成（1955年度以前は「食料需要に関する基礎統計」）。自給率は，総合が総合が熱量ベースで品目別は重量ベース。1）明44～大4年平均。2）大10～14年平均。3）1970年度以降鯨肉を除く。4）鯨，海藻類を含む。5）概算。

表 5-26 食料自給率の国際比較（%）

	日本	アメリカ合衆国	カナダ	ドイツ	イギリス	フランス	イタリア	オーストラリア
1961(昭36)	78	119	102	67	42	99	90	204
1970(〃45)	60	112	109	68	46	104	79	206
1975(〃50)	54	146	143	73	48	117	83	230
1980(〃55)	53	151	156	76	65	131	80	212
1985(〃60)	53	142	176	85	72	135	77	242
1990(平 2)	48	129	187	93	75	142	72	233
1995(〃 7)	43	129	163	88	76	131	77	261
2000(〃12)	40	125	161	96	74	132	73	280
2005(〃17)	40	123	173	85	69	129	70	245
2010(〃22)	39	135	225	93	69	130	62	182
2013(〃25)	39	130	264	95	63	127	60	223

農林水産省が，「食料需給表」及びFAO “Food Balance Sheets” から試算した供給熱量総合食料自給率。ドイツは旧東西ドイツを合わせて遡及したもの。

〔畜産業〕　日本で食肉の習慣が広がっていったのは，明治期以降のことである。食用肉の生産は，まず牛肉で，次いで豚肉で増えていった。

食肉同様に明治期以降に広がった酪農業では，搾乳業者は初め，都市近郊において牛乳の生産から販売まで行っていた。しかし，殺菌技術の進歩などにより牛乳の長距離輸送が可能になると，牧場は郊外へと広がっていった。

畜産物の供給量が急激に伸び，一般家庭に普及していったのは，1950年代半ばからの高度経済成長期にかけてである。この時期に急速に増えた人口を支えた動物性たんぱく質の主役は，鯨肉である。肉類の一人あたり供給量は，1947～50年度と1957～63年にかけて，鯨肉が最も多かった。しかし，大型鯨の資源数の減少や捕鯨禁止の国際世論の高まりなどから，鯨肉の供給量は減っていく。かわりに牛肉や豚肉，1960年代以降に肉用若鶏（ブロイラー）が普及した鶏肉などの供給量が増えていった。

高度経済成長期に畜産業の経営規模は拡大したが，食肉の内外価格差は依然として大きかった。1971年の豚肉輸入自由化の際には，輸入価格と国内基準価格との差を関税額で調整する差額関税制度が設けられる。その後，1991年に牛肉の輸入が完全に自由化されると，安価な輸入牛肉が大量に流通し，国産牛肉の価格は低迷した。

2018年末，TPP11が参加国のうち6か国で発効し，翌19年には日欧EPAが発効するなど，畜産物の関税引き下げが行われている。安価な外国産の畜産物に対抗するため，但馬牛や神戸ビーフなどといった畜産物のブランド化が進められている。2015年には地域ブランドを守るための新制度，「地理的表示保護制度」が始まった。

1991年の輸入自由化以降，牛肉の消費量は増えていったが，2001年にBSE（牛海綿状脳症）感染牛が国内で初めて確認されると消費量は減っていき，かわりに豚肉や鶏肉の消費量が増えていった。このほか，近年は鳥インフルエンザやCSF（豚コレラ）など，家畜の感染症が頻繁に発生し，また，飼料価格の高騰や後継者不足など，畜産業は厳しい経営環境が続いている。

年　表	
1863	日本初の牛乳搾乳所開設。
1900	牛乳営業取締法制定。
1946	農地改革開始(牧野開放)。
1952	飼料需給安定法制定。
1954	酪農振興法制定。
1961 (昭36)	農業基本法，畜産物の価格安定等に関する法律(乳価安定制度等)制定。
1971	豚肉の輸入自由化(差額関税制度)。
1986	ウルグアイ・ラウンド交渉開始。
1990	日本初の受精卵クローン牛誕生。
1991	牛肉の輸入完全自由化。
1998	日本で世界初の体細胞クローン牛誕生。
2001 (平13)	BSE(牛海綿状脳症)感染牛が国内で初めて見つかる。
2003	牛肉トレーサビリティ法施行。 アメリカでBSE感染牛発見。米国・カナダ産の牛肉輸入禁止。
2015	地理的表示保護制度開始。
2018	TPP11が6か国で発効。
2019	日欧EPA発効。

表 5 - 27　家畜飼養戸数と飼養頭数（Ⅰ）

	乳用牛[1]			肉用牛			豚		
	戸数[1]（千戸）	頭数[2]（千頭）	一戸あたり（頭）	戸数（千戸）	頭数（千頭）	一戸あたり（頭）	戸数（千戸）	頭数（千頭）	一戸あたり（頭）
1877	…	…	…	…	1 076	…	…	…	…
1880	…	3) 2	…	…	1 126	…	…	…	…
1885	…	4	…	…	1 060	…	…	4) 42	…
1890	…	10	…	…	1 045	…	…	5) 67	…
1895	…	16	…	…	1 136	…	…	…	…
1900	…	24	…	…	1 261	…	…	181	…
1905	4	33	8.7	…	6) 1 168	…	…	228	…
1910	6	52	9.4	…	6) 1 384	…	…	279	…
1915	6	54	9.7	…	1 388	…	…	333	…
1920	5	50	10.1	7) 1 135	1 376	…	7) 280	528	…
1925	17	65	3.8	1 163	1 460	1.3	371	673	1.8
1930	21	75	3.7	1 215	1 498	1.2	405	742	1.8
1935	30	100	3.3	1 324	1 684	1.3	573	1 063	1.9
1940	40	127	3.1	1 616	2 064	1.3	453	798	1.8
1945	…	239	…	…	2 079	…	132	206	1.6
1950	133	198	1.5	1 986	2 252	1.1	459	608	1.3
1955	254	421	1.7	2 280	2 636	1.2	528	825	1.6
1960	410	824	2.0	2 031	2 340	1.2	799	1 918	2.4
1965	382	1 289	3.4	1 435	1 886	1.3	702	3 976	5.7
1970	308	1 804	5.9	902	1 789	2.0	445	6 335	14.3
1975	160	1 787	11.2	474	1 857	3.9	223	7 684	34.4
1980	115	2 091	18.1	364	2 157	5.9	141	9 998	70.8
1985	82	* 2 111	25.6	298	2 587	8.7	83	10 718	129.0
1990	63	2 058	32.5	232	2 702	11.6	43	11 817	272.3
1995	44	1 951	44.0	170	2 965	17.5	19	10 250	545.2
1996	42	1 927	46.3	155	2 901	18.7	16	9 900	618.8
1997	39	1 899	48.2	143	2 851	20.0	14	9 823	682.2
1998	37	1 860	49.7	133	2 848	21.3	13	9 904	739.1
1999	35	1 816	51.3	125	2 842	22.8	13	9 879	790.3
2000	34	1 764	52.5	117	2 823	24.2	12	9 806	838.1
2001	32	1 725	53.6	110	2 806	25.5	11	9 788	906.3
2002	31	1 726	55.7	104	2 838	27.2	10	9 612	961.2
2003	30	1 719	57.7	98	2 805	28.6	9	9 725	1 031.3
2004	29	1 690	58.7	94	2 788	29.7	9	9 724	1 095.0
2005	28	1 655	59.7	90	2 747	30.7	…	…	…
2006	27	1 636	61.5	86	2 755	32.2	8	9 620	1 233.3
2007	25	1 592	62.7	82	2 806	34.1	8	9 759	1 292.6
2008	24	1 533	62.8	80	2 890	35.9	7	9 745	1 347.9
2009	23	1 500	64.9	77	2 923	37.8	7	9 899	1 436.7
2010	22	1 484	67.8	74	2 892	38.9	…	…	…
2011	21	1 467	69.9	70	2 763	39.7	6	9 768	1 625.3
2012	20	1 449	72.1	65	2 723	41.8	6	9 735	1 667.0
2013	19	1 423	73.4	61	2 642	43.1	6	9 685	1 738.8
2014	19	1 395	75.0	58	2 567	44.6	5	9 537	1 809.7
2015	18	1 371	77.5	54	2 489	45.8	…	…	…
2016	17	1 345	79.1	52	2 479	47.8	5	9 313	1 928.2
2017	16	1 323	80.7	50	2 499	49.9	5	9 346	2 001.3
2018	16	1 328	84.6	48	2 514	52.0	4	9 189	2 055.7
2019	15	1 332	88.8	46	2 503	54.1	4	9 156	2 119.4

農林水産省「畜産統計」，農林省「農林省統計表」，総務省統計局「日本の長期統計系列」により作成。1940年までは各年末現在の数値で，45年以降は各年2月1日現在の数値。1895年以前および1945～70年は沖縄県を含まず。1945～60年は奄美大島を含まず。*は最大値。なお，肉用牛頭数の最大は1994年の2971千頭，豚頭数の最大は1989年の11866千頭。1）1920年までは搾乳業者のみ。2）1940年までは搾乳頭数のみ。3）1883年。4）1887年。5）1892年。6）肉用牛と乳用牛の合計頭数。7）1922年。

家畜飼養戸数と飼養頭数（Ⅱ）

	鶏の総数（千羽）	採卵鶏1) 戸数9)（千戸）	採卵鶏1) 羽数2)（千羽）	採卵鶏1) 一戸あたり（羽）3)	肉用若鶏8) 戸数（千戸）	肉用若鶏8) 羽数（千羽）	肉用若鶏8) 一戸あたり（羽）
1906(明39)	16 248	2 730	…	…	…	…	…
1910(〃43)	20 412	2 971	…	…	…	…	…
1915(大４)	20 246	2 800	…	…	…	…	…
1920(〃９)	24 994	3 051	4)5) 13 639	…	…	…	…
1925(〃14)	37 170	3 503	4) 16 581	5	…	…	…
1930(昭５)	46 716	3 364	4) 23 267	7	…	…	…
1935(〃10)	51 698	3 009	4) 27 849	9	…	…	…
1940(〃15)	45 235	2 552	4) 26 418	10	…	…	…
1945(〃20)	6) 15 369	6) 3 022	7) 17 730	…	…	…	…
1950(〃25)	16 545	3 754	7) 13 611	…	…	…	…
1955(〃30)	45 715	4 508	4) 39 588	9	…	…	…
1960(〃35)	54 627	3 839	52 153	12	…	…	…
1965(〃40)	138 476	3 227	114 222	27	20	18 279	0.9
1970(〃45)	223 531	1 696	160 760	70	18	53 742	3.0
1975(〃50)	242 163	507	145 743	229	12	87 659	7.6
1979(〃54)	291 845	247	156 865	501	10	125 623	12.7
1985(〃60)	327 692	123	166 710	1 037	7	150 215	21.4
1990(平２)	337 857	87	176 980	1 583	6	150 445	27.2
1991(〃３)	331 526	10	178 452	13 792	5	142 740	28.1
1992(〃４)	334 658	9	187 411	15 855	5	137 019	29.0
1993(〃５)	333 664	8	188 704	17 523	4	135 221	30.4
1994(〃６)	323 660	8	186 617	18 785	4	127 289	30.8
1995(〃７)	313 536	7	184 364	20 059	4	119 682	31.1
1996(〃８)	308 757	7	181 221	21 402	4	118 123	32.8
1997(〃９)	307 351	7	183 765	22 382	4	114 314	32.5
1998(〃10)	303 022	5	182 644	26 957	3	111 659	33.2
1999(〃11)	296 250	5	179 781	28 234	3	107 358	33.6
2000(〃12)	295 792	5	178 466	28 704	3	108 410	35.2
2001(〃13)	292 513	5	177 396	29 502	3	106 311	35.6
2002(〃14)	287 404	5	177 447	30 401	3	105 658	36.4
2003(〃15)	283 942	4	176 049	31 636	3	103 729	36.5
2004(〃16)	283 705	4	174 550	33 549	3	104 950	37.8
2005(〃17)	…	…	…	…	3	102 277	38.6
2006(〃18)	284 384	4	176 955	38 026	3	103 687	40.0
2007(〃19)	291 870	3	183 244	41 262	3	105 287	40.8
2008(〃20)	287 760	3	181 664	43 189	2	102 987	41.9
2009(〃21)	288 135	3	178 208	44 987	2	107 141	44.8
2011(〃23)	…	3	175 917	46 878	…	…	…
2012(〃24)	…	3	174 949	48 212	…	…	…
2013(〃25)	306 408	3	172 238	50 221	2	131 624	54.4
2014(〃26)	310 553	3	172 349	52 151	2	135 747	57.0
2016(〃28)	310 128	2	173 349	55 151	2	134 395	56.9
2017(〃29)	313 823	2	176 366	57 915	2	134 923	58.4
2018(〃30)	323 126	2	181 950	63 198	2	138 776	61.4
2019(令１)	323 145	2	182 368	66 883	2	138 228	61.4

資料は前表に同じ。1940年までは各年６月末現在，1945，46年は各年８月１日現在，1950年以降は各年２月１日現在の数値。1895年以前および1945～72年は沖縄県を含まず。1945～61年は奄美大島を含まず。1980，2010，15年は採卵鶏，肉用若鶏とも調査が行われなかった。1）1963年以前はブロイラーを含む。1991年より成鶏めす羽数300羽未満の飼養者を除く。1998年より成鶏めす羽数1000羽未満の飼養者を除く。2）成鶏（６か月以上）めすとひなの合計。種鶏を除く。3）一戸あたりの成鶏めす羽数。4）成鶏めすのみ。5）1922年。6）1946年。7）種鶏を含み,ひなを除く。8）ブロイラー。2013年以降は年間出荷羽数3000羽未満の飼養者を含まない。9）1965年以降は種鶏のみの飼養者を除く。

図5-6 肉類の1人1日あたり供給量の推移

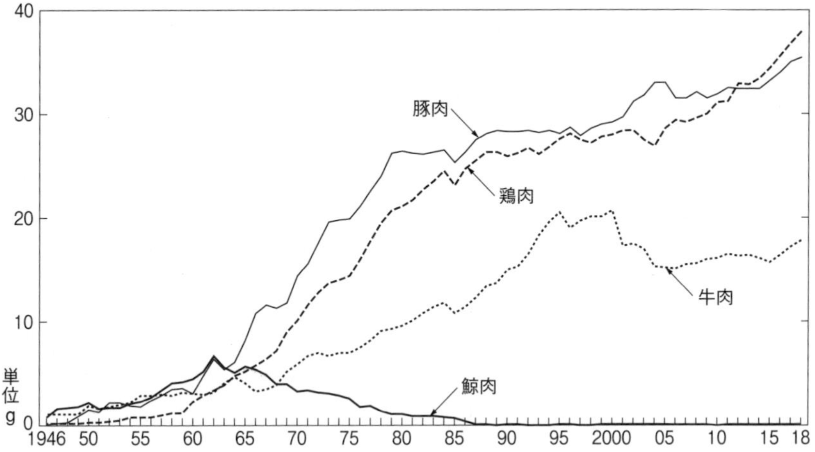

資料は表5-29に同じ。脚注も参照のこと。人間の消費に直接利用可能な食料の実際量である純食料。会計年度。ただし，鯨肉の1955年度以降は暦年。2018年は概算値。

家畜飼養戸数と飼養頭数（Ⅲ）

	馬			やぎ			めん羊		
	戸数（千戸）	頭数（千頭）	一戸あたり（頭）	戸数（千戸）	頭数（千頭）	一戸あたり（頭）	戸数（千戸）	頭数（千頭）	一戸あたり（頭）
1880	…	1 609	…	…	…	…	…	…	…
1885	…	1 548	…	…	…	…	…	…	…
1890	…	1 546	…	…	1) 4	…	…	…	…
1895	…	1 531	…	…	…	…	…	…	…
1900	…	1 542	…	…	60	…	…	2	…
1905	…	1 368	…	…	72	…	…	4	…
1910	…	1 565	…	…	92	…	…	3	…
1915	…	1 580	…	…	97	…	…	3	…
1920	2) 1 178	1 468	…	2) 58	133	…	2) 1	8	…
1925	1 162	1 553	1.3	68	168	2.5	3	17	6.1
1930	1 115	1 490	1.3	88	217	2.5	6	24	4.0
1935	1 094	1 448	1.3	133	278	2.1	16	47	2.9
1940	907	1 190	1.3	184	301	1.6	60	196	3.3
1945	856	1 121	1.3	196	250	1.3	113	180	1.6
1950	905	1 071	1.2	353	413	1.2	253	359	1.4
1955	778	927	1.2	480	533	1.1	535	784	1.5
1960	563	673	1.2	517	561	1.1	569	788	1.4
1965	260	322	1.2	294	325	1.1	156	207	1.3
1970	109	3) 137	…	145	165	1.1	16	22	1.4
1975	36	43	1.2	67	111	1.6	3	12	3.7
1981	13	24	1.8	29	62	2.1	2	16	7.4
1985	9	23	2.5	19	51	2.6	3	24	8.1
1990	6	23	3.7	11	35	3.1	3	31	10.8
1994	5	28	5.8	7	31	4.4	2	25	16.1
1997	4	27	6.9	5	29	5.4	1	16	16.1

資料は（Ⅰ）に同じ。1940年までは各年末現在の数値で，1945年以降は各年2月1日現在の数値。1895年以前および1945～70年は沖縄県を含まず。1945～60年は奄美大島を含まず。1997年で調査終了。1）1892年。めん羊を含む。2）1922年。3）競走馬を含む。

表 5 - 28　畜産物の生産（単位　千 t）

	牛肉1)	豚肉	肉用若鶏6)	馬肉	めん羊肉	やぎ肉	生乳2)	鶏卵3)
1895	24.2	1.7	…	3.5	…	0.08	…	…
1900	30.1	2.3	…	4.7	…	0.08	…	…
1905	28.2	5.0	…	4.9	0.04	0.01	4) 32.5	4) 35.6
1910	38.4	7.9	…	6.1	0.03	0.02	47.9	48.2
1920	43.7	20.7	…	7.5	0.01	0.05	66.1	68.1
1930	44.4	33.8	…	9.4	0.02	0.06	181.9	159.3
1935	54.0	50.0	…	12.5	0.03	0.09	276.6	216.5
1940	80.3	59.4	…	7.7	0.06	0.11	383.5	212.1
1945	20.0	2.2	…	…	0.00	0.01	187.5	9.3
1950	78.8	57.4	…	12.6	0.05	0.03	367.3	5) 155.5
1955	138.6	82.3	…	20.9	0.43	0.47	1 000.0	404.6
1960	142.5	147.3	…	23.7	* **2.71**	1.37	1 887.0	573.6
1965	216.3	407.2	112.7	19.9	0.70	1.32	3 220.5	1 117.5
1970	278.0	734.3	500.9	10.7	0.15	0.81	4 761.5	1 733.7
1975	352.9	1 039.6	856.4	5.3	0.03	0.22	4 961.0	1 787.8
1980	418.1	1 475.0	1 419.0	3.7	0.04	0.08	6 504.5	2 001.6
1985	555.3	1 531.9	1 750.0	5.4	0.14	0.12	7 380.4	2 152.4
1989	548.0	* **1 593.9**	1 852.3	4.6	0.22	0.14	8 058.9	2 421.4
1990	549.5	1 555.2	1 811.7	4.7	0.25	0.15	8 189.3	2 419.1
1991	575.2	1 482.8	1 770.0	4.9	0.24	0.16	8 259.1	2 498.3
1992	591.7	1 434.1	1 782.1	5.3	0.24	0.22	8 576.4	2 571.4
1993	594.4	1 439.6	1 738.9	6.3	0.24	0.25	8 625.7	* **2 597.7**
1994	* **602.3**	1 390.3	1 632.6	7.6	0.24	0.22	8 388.9	2 569.4
1995	600.9	1 322.1	1 631.1	8.4	0.21	0.15	8 382.2	2 550.6
1996	554.5	1 266.4	1 610.1	7.4	0.18	0.12	* **8 656.9**	2 567.2
1997	530.3	1 283.3	1 601.6	8.0	0.16	0.12	8 645.5	2 566.1
1998	529.3	1 285.9	1 553.2	7.8	0.16	0.12	8 572.4	2 542.5
1999	540.4	1 277.1	1 560.7	7.3	0.13	0.14	8 459.7	2 535.7
2000	530.3	1 270.7	1 551.1	7.2	0.11	0.16	8 497.3	2 540.1
2001	458.6	1 241.7	1 554.6	6.1	0.12	0.14	8 300.5	2 526.8
2002	536.6	1 235.8	1 615.5	7.0	0.11	0.10	8 385.3	2 528.9
2003	496.0	1 260.0	1 645.1	7.5	0.10	0.07	8 400.1	2 529.1
2004	513.6	1 272.3	1 656.6	7.2	0.12	0.07	8 329.0	2 490.7
2005	499.5	1 245.0	1 702.0	7.1	0.13	0.07	8 285.2	2 481.0
2006	497.0	1 246.5	1 750.3	6.5	0.09	0.05	8 137.5	2 487.7
2007	503.9	1 250.5	1 754.4	6.1	0.11	0.05	8 007.4	2 583.3
2008	519.9	1 248.8	1 787.3	6.1	0.13	0.05	7 982.0	2 553.6
2009	517.0	1 309.9	1 826.5	5.7	0.14	0.04	7 910.4	2 507.5
2010	515.0	1 292.5	1 835.1	5.9	…	…	7 720.5	2 515.3
2011	500.4	1 267.3	1 783.4	4.9	…	…	7 474.3	2 482.6
2012	518.7	1 297.0	1 889.2	4.9	…	…	7 630.4	2 506.8
2013	508.0	1 309.4	1 905.3	5.5	…	…	7 508.3	2 522.0
2014	502.1	1 263.6	1 946.4	5.4	…	…	7 334.3	2 501.9
2015	481.0	1 254.3	1 973.5	5.1	…	…	7 379.2	2 520.9
2016	464.4	1 278.6	2 009.3	3.7	…	…	7 393.7	2 562.2
2017	469.1	1 272.3	2 052.1	3.9	…	…	7 276.5	2 601.2
2018	475.3	1 284.2	* **2 082.9**	3.9	…	…	7 289.2	2 627.8

農林水産省「畜産物流通統計」，同「牛乳乳製品統計」，総務省統計局「日本の長期統計系列」により作成。牛肉，豚肉，馬肉は枝肉生産量。肉用若鶏は処理重量。1945～70年は沖縄県を含まず。*は最大値を示す。ただし馬肉は1962年の24.9千 t，やぎ肉は1967年の1.49千 t 。1）1895年以前は成牛のみ。2）1940年以前も沖縄県を含まず。1920年以前は搾乳業者のみの生産量。3）1940年までは前年7月から当年6月までの分。1906～40年と1951～70年は個数を1000個=0.06 t で換算。1945・50年は1貫=0.00375 t で換算。4）1906年。5）1951年。当年5～12月までの分。6）ブロイラー。2015年以降は年間処理羽数30万羽を超える食鳥処理場が対象。

表 5 - 29　肉類の需給（会計年度）（単位　千 t ）

肉類	国内生産	輸入	輸出	国内消費仕向量[3]	うち粗食料	うち純食料[4]	1人1日あたり供給量（g）[5]
1911～15[1]	75	—	—	75	75	67	3.6
1921～25[2]	117	16	0	133	133	121	5.7
1930（昭 5 ）	106	19	0	125	96	96	4.1
1935（〃10）	140	12	0	152	118	119	4.7
1939（〃14）	171	7	—	178	139	139	5.6
1946（〃21）	61	—	—	61	47	47	1.8
1950（〃25）	162	—	—	162	126	126	4.1
1955（〃30）	275	1	—	276	270	195	6.0
1960（〃35）	422	41	0	463	454	330	9.7
1965（〃40）	887	102	0	989	969	701	19.5
1970（〃45）	1 570	205	1	1 774	1 739	1 262	33.3
1975（〃50）	2 123	702	3	2 770	2 714	1 894	46.2
1980（〃55）	2 985	713	4	3 695	3 621	2 585	60.5
1985（〃60）	3 475	835	3	4 283	4 199	2 745	62.1
1990（平 2 ）	3 476	1 484	8	5 001	4 901	3 209	71.1
1995（〃 7 ）	3 149	2 413	3	5 568	5 456	3 572	77.7
2000（〃12）	2 979	2 755	3	5 680	5 567	3 648	78.7
2005（〃17）	3 039	2 703	2	5 643	5 531	3 630	77.9
2010（〃22）	3 211	2 596	13	5 774	5 659	3 725	79.7
2015（〃27）	3 265	2 768	13	6 030	5 909	3 899	83.8
2016（〃28）	3 288	2 926	15	6 200	6 076	4 010	86.6
2017（〃29）	3 322	3 126	17	6 409	6 281	4 144	89.6
2018（〃30）[6]	3 363	3 196	18	6 542	6 411	4 232	91.7

うち牛肉	国内生産	輸入	輸出	国内消費仕向量[3]	うち粗食料	うち純食料[4]	1人1日あたり供給量（g）[5]
1911～15[1]	42	—	—	42	42	38	2.0
1921～25[2]	52	16	—	68	68	62	2.9
1930（昭 5 ）	44	19	—	63	47	47	2.0
1935（〃10）	54	12	0	66	49	49	2.0
1939（〃14）	74	7	—	81	61	61	2.4
1946（〃21）	42	—	—	42	31	31	1.1
1950（〃25）	79	—	—	79	59	59	1.9
1955（〃30）	134	1	—	135	132	95	2.9
1960（〃35）	141	6	0	147	144	104	3.1
1965（〃40）	196	11	0	207	203	146	4.1
1970（〃45）	282	33	0	315	309	222	5.9
1975（〃50）	335	91	0	415	407	285	7.0
1980（〃55）	431	172	0	597	585	410	9.6
1985（〃60）	556	225	0	774	759	478	10.8
1990（平 2 ）	555	549	0	1 095	1 073	676	15.0
1995（〃 7 ）	590	941	0	1 526	1 495	942	20.5
2000（〃12）	521	1 055	0	1 554	1 523	959	20.7
2005（〃17）	497	654	0	1 151	1 128	711	15.2
2010（〃22）	512	731	1	1 218	1 194	752	16.1
2015（〃27）	475	696	2	1 185	1 161	731	15.7
2016（〃28）	463	752	3	1 231	1 206	760	16.4
2017（〃29）	471	817	4	1 291	1 265	797	17.2
2018（〃30）[6]	476	886	5	1 331	1 304	822	17.8

農林水産省「食料需給表」，同「食料需給に関する基礎統計」により作成。肉類は鯨肉を除く。1970年度以前は沖縄を除く。1）明治44年～大正４年の平均。2）大正10年～14年の平均。3）在庫の増減を加味したもの。4）通常の食生活で廃棄する分を除いたもの。5）純食料供給量。6）概算値。

図5-7　1人1日あたりたんぱく質供給量の推移

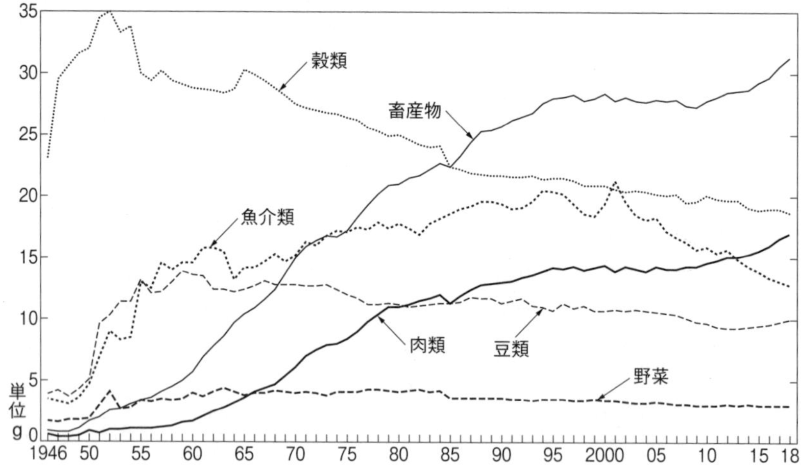

資料は表5-29に同じ。脚注も参照のこと。1人1日あたりの供給数量に，当該品目の単位あたりたんぱく質量を乗じたもの。肉類は鯨肉を含まず。畜産物は肉類，鶏卵，牛乳および乳製品の合計。豆類にはみそ，しょうゆを含む。会計年度。ただし，魚介類の1955年度以降，豆類のうち，みそ，しょうゆの1955～98年度と大豆の1964年度以降は暦年。2018年度は概算値。

表5-30　牛乳および乳製品の需給（会計年度）（単位　千t）

	国内生産	輸入	輸出	国内消費仕向量3)	うち粗食料	うち純食料4)	1人1日あたり供給量（g）5)
1911～15[1]	52	9	0	61	61	55	2.9
1921～25[2]	110	28	2	136	136	123	5.8
1930（昭5）	180	24	7	197	169	169	7.3
1935（〃10）	274	4	23	255	217	217	8.7
1939（〃14）	357	6	43	320	272	272	10.5
1946（〃21）	134	5	—	139	119	119	4.3
1950（〃25）	367	150	7	510	443	443	14.6
1955（〃30）	1 031	116	—	1 147	1 081	1 081	33.0
1960（〃35）	1 939	237	0	2 176	2 078	2 078	60.9
1965（〃40）	3 271	506	0	3 815	3 686	3 686	102.8
1970（〃45）	4 789	561	0	5 355	5 195	5 195	137.2
1975（〃50）	5 008	1 016	0	6 160	6 001	6 001	146.5
1980（〃55）	6 498	1 411	8	7 943	7 648	7 648	179.0
1985（〃60）	7 436	1 579	0	8 785	8 552	8 552	193.6
1990（平2）	8 203	2 237	3	10 583	10 286	10 286	228.0
1995（〃7）	8 467	3 286	4	11 800	11 454	11 454	249.2
2000（〃12）	8 414	3 952	13	12 309	11 960	11 960	258.2
2005（〃17）	8 293	3 836	8	12 144	11 728	11 728	251.5
2010（〃22）	7 631	3 528	24	11 366	11 064	11 064	236.7
2015（〃27）	7 407	4 634	25	11 891	11 577	11 577	248.9
2016（〃28）	7 342	4 554	27	11 900	11 589	11 589	250.1
2017（〃29）	7 291	5 000	31	12 166	11 846	11 846	256.1
2018（〃30）[6]	7 282	5 164	32	12 425	12 104	12 104	262.3

資料・脚注ともに表5-29に同じ。1970年度以前は沖縄を除く。

〔林業〕 日本の林業は，戦前は薪炭材向けの伐採供給が多かった。しかし，戦後はエネルギー源の石油への転換や住宅需要の伸びにより，伐採の大半は製材や合板などの用材向けとなった。

1940年から70年までの30年間は，第二次大戦中の軍需用や戦後の復興需要，高度経済成長期の大量需要と，木材伐採が最も多く行われた時期である。伐採する木が足りず，生育不十分な木も伐採したため，森林資源荒廃の要因となった。一方，造林が本格化したのは，戦後の1948年頃からである。人工林の育成にはおよそ50年を要する。そのため，木材需要が高まった時期には大半が伐採不適の若木であり，需要を満たすためには木材の輸入が必要となった。1950年代後半からは段階的に木材輸入の自由化が始まり，64年には完全に自由化された。これにより，安価な外材が大量に国内に流入して木材自給率は落ち込んでいく。1960年に80%だった自給率は，70年には47%となり，2000年には20%を下回った。

輸入木材の流入により国産材の価格は低迷し，採算性の低さから林業に従事する人は減っている。森林を維持するためには間伐や林道の整備などが必要だが，それらは十分に行われていない。戦後の大規模な造林から50年以上が経過し，利用可能な人工林は増えているが，森林の整備が不十分なことが利用を妨げている。これに対し，政府は2009年に森林・林業再生プランを策定するなど様々な林業活性化策を打ち出しており，近年は国産材の生産量が増えてきた。木材の自給率は，2018年に37%まで回復している。

年	表
1881 (明14)	農商務省設置（国有林設置）。
1897	森林法，砂防法制定。
1899	国有林野法制定。国有林特別経営事業開始。
1920 (大9)	公有林野官行造林法制定。
1939 (昭14)	価格等統制令。用材生産統制規則。
1941	木材統制法制定。
1942	供木，献木運動起こる。
1947	林政統一（国有林野事業特別会計法制定）。
1949	林野庁設置。
1950	造林臨時措置法制定（積極的な造林の推進）。
1954	洞爺丸台風。クリスマスツリーおよび門松の自粛運動。
1956	森林開発公団設立。
1957	国有林生産力増強計画策定。北海道根釧原野カラマツ植林計画（パイロットフォレスト）開始。
1958	分収造林特別措置法制定（分収方式による造林事業の推進）。
1959	国有林売り惜しみ批判高まる。
1960	治山治水緊急措置法制定。
1962	全国森林計画新設。
1964	木材輸入の自由化。 林業基本法制定。
1965	スーパー林道開設計画。
1966	木材輸入が石油に次ぐ第2位に。
1975	全国自然保護大会，南アルプススーパー林道反対を決議。
1982	林野庁，森林浴構想を発表。
2000 (平12)	林政審議会が林政の抜本的改革に向けて林政改革大綱公表。
2001	森林・林業基本法制定。
2005	京都議定書発効。
2009	森林・林業再生プラン策定。
2011	森林法改正。東日本大震災。
2016	クリーンウッド法制定。

表 5-31　林家と林業活動

	林家数[1]（千戸）	林業就業者数[2]（千人）	林業産出額[3]（億円）				人工造林面積[5]（千ha）		
				木材生産[4]	薪炭生産	栽培きのこ類生産	計	国有林[6]	民有林
1950	…	426	…	…	…	…	306	39	267
1955	…	519	…	…	…	…	401	59	342
1960	1 133	439	…	…	…	…	404	88	316
1965	…	262	…	…	…	…	376	92	284
1970	1 144	206	…	…	…	…	360	91	269
1975	…	179	9 020	7 861	86	1 015	230	60	170
1980	1 113	165	11 588	9 680	65	1 762	166	50	116
1981	…	…	9 725	7 926	66	1 677	157	47	110
1982	…	…	9 373	7 503	63	1 718	149	40	109
1983	…	…	9 509	7 309	59	2 033	138	35	103
1984	…	…	9 555	7 305	61	2 133	124	33	90
1985	…	140	9 180	7 093	63	1 913	110	29	81
1986	…	…	8 491	6 411	71	1 943	96	24	72
1987	…	…	8 854	6 757	68	1 932	87	19	68
1988	…	…	9 388	7 119	69	2 103	83	16	66
1989	…	…	9 821	7 435	78	2 200	77	14	63
1990	1 056	108	9 775	7 285	83	2 294	71	12	59
1991	…	…	9 557	6 967	88	2 396	62	10	52
1992	…	…	8 871	6 358	93	2 332	57	8	49
1993	…	…	8 734	6 227	83	2 286	59	8	51
1994	…	…	8 250	5 873	78	2 249	53	9	44
1995	…	86	7 607	5 267	79	2 183	56	7	49
1996	…	…	7 839	5 328	76	2 331	46	5	41
1997	…	…	7 181	4 678	70	2 360	43	5	38
1998	…	…	6 169	3 737	67	2 307	45	6	39
1999	…	…	5 827	3 626	73	2 078	38	5	33
2000	1 019	67	5 312	3 222	62	1 969	36	5	31
2001	…	…	4 885	2 739	87	2 026	32	4	28
2002	…	…	4 573	2 338	76	2 131	30	3	27
2003	…	…	4 485	2 315	76	2 067	29	4	25
2004	…	…	4 347	2 206	65	2 036	28	4	25
2005	920	47	4 171	2 105	61	1 985	29	3	26
2006	…	…	4 323	2 172	56	2 071	29	5	24
2007	…	…	4 417	2 258	55	2 083	34	8	26
2008	…	…	4 454	2 139	51	2 240	32	9	23
2009	…	…	4 126	1 865	49	2 200	30	7	23
2010	907	7) 69	4 257	1 953	51	2 189	24	5	19
2011	…	…	4 223	2 083	51	2 047	24	4	20
2012	…	…	3 981	1 966	44	1 932	25	5	20
2013	…	…	4 331	2 197	55	2 037	27	5	22
2014	…	…	4 641	2 459	57	2 085	25	4	21
2015	829	64	4 549	2 341	53	2 110	25	6	19
2016	…	…	4 709	2 370	55	2 221	27	6	21
2017	…	…	4 859	2 550	54	2 208	…	…	…

農林水産省サイト統計データ，林野庁「林業統計要覧」，同「森林・林業統計要覧」，農林水産省統計表および林野庁業務資料により作成。林家（農家林家，非農家林家の合計）は農林水産省「農林業センサス」，林業就業者は総務省統計局「国勢調査」，林業産出額は農林水産省「林業産出額」，人口造林面積は林野庁業務統計による。1）保有山林面積1 ha以上のもので，それ以下の林家を含まず。2）1955・60年の数値は沖縄県を含まず。3）1975年の数値には沖縄県を含まず。林野副産物採取（松茸，天然わさび，くり，くるみなど）を含む。4）燃料用チップ素材を含む。5）治山事業等を含めた面積で，1965年以降は樹下植栽等の面積が含まれている（公団は1996年以降）。官行造林（国が地方公共団体と分収契約を結んで造林するもの）面積を含まず。6）林野庁所管の国有林。7）日本標準産業分類の改定に伴い範疇が広げられたため2005年と接続しない。

図 **5-8** 木材の生産・輸入・消費（表5-35，36により作成）

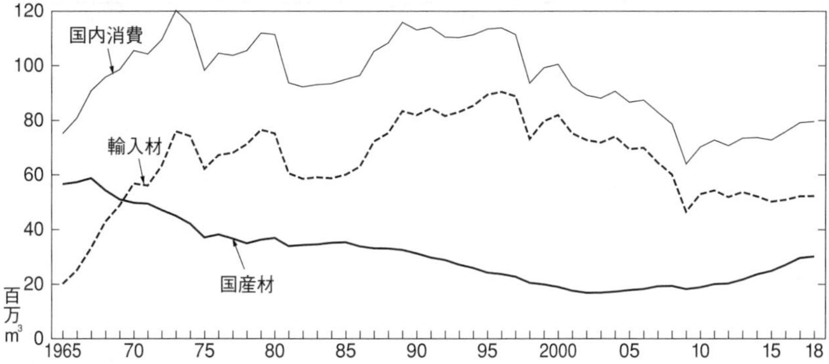

表 **5-32** 林野面積（単位　千ha）

	林野面積	森林面積 1)	国有林	民有林2)	公有林	私有林3)	森林以外の草生地	天然林の対森林面積比（%）
1891（明24）	16 689	14 774	7 529	7 244	7 244		1 916	…
1895（〃28）	16 635	14 835	7 595	7 240	7 240		1 800	…
1900（〃33）	25 168	22 511	15 087	7 424	7 424		2 657	…
1905（〃38）	23 006	21 312	13 758	7 554	7 554		1 694	…
1910（〃43）	23 051	21 119	12 852	8 268	2 429	5 839	1 931	…
1915（大4）	22 096	18 487	8 574	9 913	2 838	7 075	3 609	…
1918（〃7）	22 109	18 628	8 520	10 108	2 871	7 237	3 480	…
1921（〃10）	21 860	18 452	8 189	10 263	2 818	7 445	3 408	…
1924（〃13）	23 023	19 392	8 503	10 888	3 034	7 855	3 632	…
1927（昭2）	22 709	19 514	8 599	10 916	3 092	7 824	3 195	…
1930（〃5）	23 011	19 879	8 526	11 353	3 184	8 169	3 132	…
1933（〃8）	23 646	20 576	8 661	11 915	3 308	8 606	3 070	…
1936（〃11）	23 987	20 862	8 534	12 328	3 448	8 880	3 124	…
1939（〃14）	23 881	20 909	8 537	12 372	3 473	8 900	2 972	…
1943（〃18）	21 962	20 138	7 398	12 740	2 903	9 837	1 824	*71.7*
1946（〃21）	19 535	18 025	6 854	11 171	2 545	8 626	1 510	*69.9*
1949（〃24）	19 454	18 195	6 581	11 613	2 622	8 991	1 260	*70.3*
1951（〃26）	24 746	22 545	7 404	15 141	2 988	12 153	2 200	*73.0*
1954（〃29）	24 552	22 961	7 282	15 679	2 902	12 777	1 591	*72.3*
1957（〃32）	24 792	23 396	7 283	16 113	2 702	13 411	1 396	*71.5*
1960（〃35）	25 609	24 403	7 484	16 919	2 769	14 151	1 206	*70.3*
1965（〃40）	25 558	24 486	7 458	17 028	2 656	14 372	1 071	*67.0*
1970（〃45）	25 285	24 483	7 438	17 045	2 637	14 191	802	*64.0*
1975（〃50）	25 011	24 500	7 411	17 089	2 689	14 113	511	*59.0*
1980（〃55）	25 198	24 728	7 385	17 343	2 890	14 100	469	*57.4*
1985（〃60）	25 105	24 718	7 340	17 377	3 024	13 964	388	*55.8*
1990（平2）	25 026	24 621	7 301	17 320	3 087	13 794	405	*55.0*
2000（〃12）	24 918	24 490	7 240	17 251	3 252	13 482	428	*54.5*
2005（〃17）	24 861	24 473	7 211	17 262	3 285	13 434	388	*53.5*
2010（〃22）	24 845	24 462	7 081	17 380	3 348	13 385	384	…
2015（〃27）	24 802	24 433	7 052	17 381	3 318	13 373	370	…

農林水産省サイト統計データ，農林水産省統計表，農林省累年統計表および総務省統計局「日本長期統計総覧」により作成。1960，70，80，90，2000，10年は世界農林業センサス，2005，15年は農林業センサス，他は林野面積調査による。調査期日は，統計調査および年次により異なる。1946～70年は沖縄を除く。1）1939年以前は原資料の立木地で，1943年以前は皇室所有の御料林を含む。2）1965年以前は公有林に，70年以降は民有林に森林開発公団などを含む。3）社寺有林を含む。

表 5-33　森林蓄積量（単位　百万m³）

	蓄積量	林種別1)		樹種別		所有形態別	
		天然林	人工林	針葉樹	広葉樹	国有林	民有林
1952(昭27)	1 723	…	…	819	904	905	818
1956(〃31)	1 845	…	…	861	984	882	963
1961(〃36)2)	2 028	1 439	557	1 019	972	1 046	982
1965(〃40)	1 892	1 339	547	962	930	924	968
1970(〃45)	1 906	1 317	581	990	915	865	3) 1 041
1976(〃51)	2 186	1 386	798	1 215	971	805	1 381
1981(〃56)	2 484	1 428	1 054	1 482	1 001	804	1 680
1984(〃59)	2 717	1 481	1 234	1 666	1 051	822	1 895
1986(〃61)	2 862	1 500	1 361	1 786	1 076	830	2 032
1990(平2)	3 138	1 538	1 598	2 024	1 114	858	2 280
1995(〃7)	3 483	1 590	1 892	2 311	1 173	912	2 571
2002(〃14)	4 040	1 701	2 338	2 756	1 284	1 011	3 029
2007(〃19)	4 432	1 779	2 651	3 079	1 353	1 078	3 353
2012(〃24)	4 901	1 858	3 042	3 467	1 433	1 152	3 749
2017(〃29)	5 242	1 932	3 308	3 724	1 518	1 226	4 016

林野庁「森林・林業統計要覧」により作成。1952年は3月1日現在，56，65，70年は4月1日現在，61年は11月現在，76年以降は3月末現在。1970年以前は沖縄を除く。1）このほか無立木地（伐採跡地，未立木地）などがある。2）合計に被害木が計上されている。3）1969年4月1日。

表 5-34　立木伐採材積（単位　千m³）

	総数（用途別）	用材	薪炭材
1946(昭21)	60 056	30 265	29 791
1950(〃25)	65 631	34 410	31 221
1955(〃30)	71 938	50 338	21 600
1960(〃35)	75 467	58 089	17 378
1965(〃40)	72 222	62 664	9 558
1970(〃45)	65 996	63 285	2 711

	総数（所有形態別）	国有林	民有林
1946(昭21)	60 056	15 632	44 424
1950(〃25)	65 631	11 840	53 791
1955(〃30)	71 938	16 048	55 890
1960(〃35)	75 467	20 086	55 381
1965(〃40)	72 222	24 681	47 541
1970(〃45)	65 996	21 440	44 556
1975(〃50)	43 768	15 660	28 108
1980(〃55)	42 932	14 181	28 751
1985(〃60)	42 067	13 003	29 064
1990(平2)	37 613	9 545	28 068
1992(〃4)	34 445	9 505	24 940
1993(〃5)	32 638	8 285	24 353
1994(〃6)	31 349	7 415	23 934

	総数（所有形態別）	国有林	民有林
1995(平7)	29 285	6 644	22 641
1996(〃8)	28 725	6 476	22 249
1997(〃9)	27 503	5 949	21 554
1998(〃10)	25 610	4 918	20 692
1999(〃11)	24 744	4 124	20 620
2000(〃12)	24 650	3 802	20 848
2001(〃13)	21 138	3 567	17 571
2002(〃14)	20 116	3 392	16 724
2003(〃15)	20 387	3 364	17 023
2004(〃16)	20 770	3 777	16 993
2005(〃17)	34 659	6 026	28 633
2006(〃18)	35 784	6 259	29 525
2007(〃19)	39 690	7 675	32 015
2008(〃20)	41 194	7 452	33 742
2009(〃21)	43 484	8 270	35 214
2010(〃22)	44 152	8 152	36 000
2011(〃23)	45 931	8 317	37 614
2012(〃24)	39 455	8 099	31 356
2013(〃25)	40 209	8 482	31 727
2014(〃26)	41 881	8 606	33 275
2015(〃27)	43 806	8 826	34 980
2016(〃28)	45 816	8 718	37 098

林野庁「森林・林業統計要覧」および総務省統計局「日本長期統計総覧」により作成。主伐および間伐の合計材積。用途別は1973年以降公表されていない。2005年以降は推計方法が異なるため，2004年以前の数値とは接続しない。

表 5 - 35　木材供給量（単位　千m³）

	総数	国産材		外材（輸入）				木材自給率（%）
			丸太		用材	丸太	木材パルプ・チップ	
1955（昭30）	65 206	62 687	42 794	2 519	2 484	1 969	403	*96.1*
1960（〃35）	71 467	63 762	48 515	7 705	7 541	6 674	656	*89.2*
1965（〃40）	76 798	56 616	49 534	20 182	20 155	16 721	2 306	*73.7*
1970（〃45）	106 601	49 780	45 351	56 821	56 438	43 281	8 540	*46.7*
1975（〃50）	99 303	37 113	34 155	62 190	61 792	42 681	15 028	*37.4*
1980（〃55）	112 211	36 961	34 051	75 250	74 407	42 395	23 606	*32.9*
1985（〃60）	95 447	35 374	32 944	60 073	59 827	31 391	19 704	*37.1*
1990（平2）	113 242	31 297	29 302	81 945	81 793	33 861	29 973	*27.6*
1995（〃7）	113 698	24 303	22 898	89 395	89 006	25 865	38 401	*21.4*
2000（〃12）	101 006	19 058	17 990	81 948	81 241	18 018	36 981	*18.9*
2005（〃17）	87 423	17 899	17 033	69 523	68 681	12 119	32 907	*20.5*
2010（〃22）	71 884	18 923	17 960	52 961	52 018	6 044	27 535	*26.3*
2012（〃24）	72 189	20 318	19 284	51 870	50 947	5 634	25 685	*28.1*
2013（〃25）	75 459	21 735	20 818	53 724	52 750	5 970	25 171	*28.8*
2014（〃26）	75 799	23 647	21 261	52 152	51 054	5 342	26 382	*31.2*
2015（〃27）	75 160	24 918	21 580	50 242	49 086	4 824	26 578	*33.2*
2016（〃28）	78 077	27 141	22 175	50 936	49 586	5 019	26 348	*34.8*
2017（〃29）	81 854	29 660	23 047	52 194	50 430	4 666	27 103	*36.2*
2018（〃30）	82 478	30 201	23 450	52 277	49 505	4 541	26 919	*36.6*

林野庁林政部企画課「木材需給表」により作成。製材工場，パルプ工場，その他の各需要部門に入荷した年間の数量。丸太以外の用材，薪炭材などを丸太材積に換算したもの。2014年からは木質バイオマス発電施設等においてエネルギー利用された燃料用チップを新たに計上している。

表 5 - 36　木材需要量（単位　千m³）

	国内消費	用材				しいたけ原木	燃料材（薪炭材）	輸出
			製材用	パルプ・チップ用	合板用			
1955（昭30）	64 033	44 105	29 629	8 285	1 842	…	19 928	1 173
1960（〃35）	69 686	54 778	36 886	10 096	2 487	…	14 908	1 781
1965（〃40）	75 210	68 943	46 338	14 307	4 436	…	6 267	1 588
1970（〃45）	105 498	101 577	61 617	24 843	12 429	1 574	2 347	1 103
1975（〃50）	98 278	95 344	55 161	26 718	10 946	1 802	1 132	1 025
1980（〃55）	111 392	108 146	56 545	35 491	12 593	2 047	1 199	819
1985（〃60）	95 014	92 469	44 478	32 838	10 969	1 974	571	433
1990（平2）	113 070	110 991	53 849	41 282	14 502	1 563	517	172
1995（〃7）	113 411	111 637	50 367	44 685	14 288	1 055	720	286
2000（〃12）	100 518	98 777	40 934	41 741	13 801	803	938	489
2005（〃17）	86 662	85 104	32 868	36 967	12 553	565	993	761
2010（〃22）	70 330	68 708	25 284	30 999	9 535	532	1 091	1 554
2012（〃24）	70 769	69 226	25 960	29 851	10 262	437	1 106	1 420
2013（〃25）	73 544	71 966	28 497	28 860	11 191	388	1 191	1 914
2014（〃26）	73 770	70 536	26 032	30 123	11 087	313	2 921	2 029
2015（〃27）	72 871	68 602	25 262	30 421	9 799	315	3 955	2 288
2016（〃28）	75 960	69 830	26 012	30 480	10 085	328	5 802	2 117
2017（〃29）	79 235	71 128	26 165	31 085	10 471	311	7 795	2 619
2018（〃30）	79 643	70 353	25 477	30 777	10 791	274	9 016	2 836

林野庁林政部企画課「木材需給表」により作成。製材工場，パルプ工場，その他の各需要部門に入荷した年間の数量。丸太以外の用材，薪炭材などを丸太材積に換算したもの。需要量総数は上表総数に同じ。2014年から木質バイオマス発電施設等においてエネルギー利用された燃料用チップを「薪炭材」に新たに計上し，項目名が「薪炭材」から「燃料材」に変更された。

表5-37 素材（丸太）樹種別生産量（単位　千m³）

	総数	針葉樹	あかまつ・くろまつ	すぎ	ひのき	からまつ	えぞまつ・とどまつ1)	広葉樹
1950(昭25)	20 338	17 994	5 183	7 671	1 948	…	2 111	2 345
1955(〃 30)	42 794	36 603	14 212	13 162	3 533	…	4 196	6 191
1960(〃 35)	48 515	37 070	11 136	13 797	4 515	…	5 386	11 445
1965(〃 40)	49 534	34 954	8 313	12 984	5 373	…	5 647	14 580
1970(〃 45)	45 351	26 791	5 676	9 860	4 539	…	4 433	18 560
1975(〃 50)	34 155	20 858	3 895	8 043	3 548	…	3 964	13 297
1980(〃 55)	34 051	21 427	4 210	8 446	3 567	1 187	2 917	12 624
1985(〃 60)	32 944	20 558	3 841	7 812	3 256	1 805	2 777	12 386
1990(平2)	29 300	19 549	2 772	8 594	3 182	1 636	2 598	9 751
1995(〃 7)	22 897	18 067	2 036	8 948	2 924	1 503	2 072	4 830
2000(〃 12)	17 987	14 520	1 332	7 776	2 313	1 581	1 190	3 467
2005(〃 17)	16 166	13 695	783	7 756	2 014	1 910	1 000	2 471
2010(〃 22)	17 193	14 789	689	9 049	2 029	1 985	836	2 404
2011(〃 23)	18 290	15 986	580	9 649	2 169	2 420	953	2 304
2012(〃 24)	18 479	16 062	661	9 956	2 165	2 245	853	2 417
2013(〃 25)	19 646	17 246	624	10 902	2 300	2 263	1 012	2 400
2014(〃 26)	19 916	17 743	674	11 194	2 395	2 369	958	2 173
2015(〃 27)	20 049	17 815	779	11 226	2 364	2 299	969	2 236
2016(〃 28)	20 660	18 470	678	11 848	2 460	2 312	1 013	2 188
2017(〃 29)	21 408	19 258	641	12 276	2 762	2 290	1 090	2 153
2018(〃 30)*	21 640	19 462	628	12 532	2 771	2 252	1 114	2 178

農林水産省「木材需給報告書」，同「木材統計」により作成。2005年以降，パルプ用とその他用を除き，17年以降はLVL（単板積層材）を含む。下表参照。1）1978年以前は，からまつを含む。*速報値。

表5-38 素材（丸太）需給（単位　千m³）

	需要量1)	製材用	合板等用2)	木材チップ用	パルプ用	国産材供給量	外材供給量	国産材の割合（%）
1960(昭35)	55 189	37 578	3 178	…	9 047	48 515	6 674	*87.9*
1965(〃 40)	66 255	45 969	5 185	3 532	7 879	49 534	16 721	*74.8*
1970(〃 45)	88 632	58 052	12 511	8 332	7 125	45 351	43 281	*51.2*
1975(〃 50)	76 836	52 377	10 838	8 597	3 251	34 155	42 681	*44.5*
1980(〃 55)	77 943	52 074	12 641	9 344	2 412	34 051	43 892	*43.7*
1985(〃 60)	65 582	40 792	10 604	11 224	1 857	32 944	32 638	*50.2*
1990(平2)	65 398	43 526	9 839	9 470	1 834	29 300	36 098	*44.8*
1995(〃 7)	51 030	36 670	7 321	5 093	1 410	22 897	28 133	*44.9*
2000(〃 12)	37 498	26 526	5 401	4 336	836	17 987	19 511	*48.0*
2005(〃 17)	29 041	20 540	4 636	3 865	…	16 166	12 875	*55.7*
2010(〃 22)	23 724	15 762	3 811	4 151	…	17 193	6 531	*72.5*
2011(〃 23)	24 570	16 426	3 858	4 286	…	18 290	6 280	*74.4*
2012(〃 24)	24 656	16 247	3 837	4 572	…	18 479	6 177	*74.9*
2013(〃 25)	26 029	17 271	4 181	4 577	…	19 646	6 383	*75.5*
2014(〃 26)	25 585	16 661	4 405	4 519	…	19 916	5 669	*77.8*
2015(〃 27)	25 092	16 182	4 218	4 692	…	20 049	5 045	*79.9*
2016(〃 28)	26 029	16 590	4 638	4 801	…	20 660	5 370	*79.4*
2017(〃 29)	26 466	16 802	5 004	4 660	…	21 408	5 059	*80.8*
2018(〃 30)*	26 545	16 672	5 287	4 586	…	21 640	4 905	*81.5*

表5-37の資料により作成。2005年以降，パルプ用およびその他用を含まず。1）その他用を含む。2）2017年以降はLVL（単板積層材）を含む。*速報値。

〔水産業〕 四方を海に囲まれ，近海に豊かな魚場を有する日本では，古くから漁業が盛んに行われてきた。明治期末に漁船の動力化が始まり，その後，ディーゼル機関が登場すると，1920年代から30年代にかけて動力化は急速に進んでいく。それとともに船体の大型化も進み，沿岸漁業が中心だった日本の漁業は操業領域を沖合や遠洋へと広げていった。

戦後，日本の漁業は最盛期を迎える。沖合漁業の漁獲量は，現行の漁獲量統計が始まった1956年にはすでに沿岸漁業を上回っていた。当時の沖合漁業は，家族単位の小規模経営で営まれる沿岸漁業の延長線上にあった。一方，遠洋漁業では，水産会社などにより大型船を母船とする船団を組んだ大規模な漁業が行われるようになり，漁獲量は1960年代後半から急速に増えていった。1969年に沖合漁業を追い抜いた遠洋漁業の急成長は，資源の豊富な北洋漁場の開拓と深海層での漁獲技術の向上などに支えられていた。しかし，日本をはじめとする漁業国による乱獲で海洋資源が激減すると，沿岸国が資源確保と自国漁業の振興を図るようになり，沿岸から200カイリ（約370キロメートル）水域内での漁業規制が広まっていった。1973年の第一次石油ショックで燃料油が高騰すると，翌74年から遠洋漁業の漁獲量は減少し始める。1976年から77年にかけては，北米やヨーロッパ諸国，インドなど多くの国で200カイリ漁業水域の設定が行われた。遠洋漁業の漁獲量は1973年に399万トンで最大となった後，74年から79年にかけて大きく落ち込んだ。

漁獲量が急減した遠洋漁業に代わって日本の漁業を牽引したのは，1970年代から80年代前半にかけて再び漁獲量を伸ばした沖合漁業である。しかし，1980年代後半には沖合漁業においても漁獲量が伸び悩み，89年からは下降していった。

漁業全体としての漁獲量は，1984年に1282万トンでピークとなった。それ以降は急速に減少していき，東日本大震災のあった2011年以降は500万トンを割り込んで推移している。漁獲量の減少は，沿岸国の200カイリ漁業水域の設定が進み，操業可能な公海漁場が縮小したことや中国など周辺国の漁獲量が増大したこと，乱獲により水産資源が減少していることなどが影響している。その結果，漁業の担い手は減り，また，高齢化が進んでいる。

1996年，日本は国連海洋法条約を批准，97年にはＴＡＣ制度（魚種別に年間の漁獲可能量を設定する漁業管理制度）を導入し，国際的な漁業資源管理体制の中に組み込まれた。これにより日本の漁獲量は落ち込み，不足分は輸入で補っている。その結果，1990年代以降，水産物の輸入量は急速に増えていった。しかし，近年は，以前よりも国民が魚介類を食べなくなっていることから輸入量は減少傾向にある。

遠洋，沖合，沿岸漁業のいずれの漁獲量も落ち込むなかで，海面養殖業の収獲量は，1980年代以降，100万トン前後の水準を維持している。そのため，海面養殖業の漁業全体の漁獲量に占める割合が高まっている。海面養殖業が盛んな要因は，水産物の消費形態の多様化や高級志向にある。

近年，日本の周辺水域では，これまで大量にとれた水産資源が減少する傾向にある。その原因としては，沿岸開発による漁場環境の悪化や魚群探知機など漁業機械の高性能化による漁獲能力の向上，それに伴う乱獲などが挙げられる。また，潮流の変化による魚の移動で，各漁港の水揚げ量が大きく変動している。このため，漁業大国には水産資源の維持および再生産が求められている。日本は栽培漁業や養殖業の先進国であり，それらの先端技術の開発，技術供与を通して漁業資源の回復に努めている。

戦後の食糧難のなか，鯨は日本人の重要な動物性たんぱく質の供給源であった。日本の捕鯨業は，戦後の高度成長期に最盛期を迎える。しかし，大資本による南氷洋での乱獲で，大型鯨が絶滅の危機に瀕し，捕鯨禁止の国際世論が高まっていった。1986年には商業捕鯨が禁止され，87年以降，日本はミンク鯨の資源調査捕鯨を続けた。鯨の資源回復は見られるものの，資源管理を行う国際捕鯨委員会（IWC）では反捕鯨国が多数を占め，商業捕鯨の再開はめどがたたない。そのため，日本は2019年6月にIWCを脱退，7月からは商業捕鯨を再開した。

年　表	
1897 （明30）	遠洋漁業奨励法制定。
1901	旧漁業法公布。
1921 （大10）	静岡県清水市に日本で最初の漁業無線局設置。
1934	日本，南氷洋での商業捕鯨に参入。
1948	水産庁設置。
1949 （昭24）	新漁業法制定。 漁業協同組合設立。
1951	国際捕鯨委員会（IWC）加盟。 水産資源保護法公布。
1952	李承晩ライン宣言（日本漁船のだ捕が続出する）。 日・米・加3国漁業条約調印。
1955	日中民間漁業協定調印。
1959	捕鯨頭数2万頭を超える。
1960	日ソ漁業条約調印。
1963	沿岸漁業等振興法制定。 瀬戸内海でマダイの栽培漁業（日本の栽培漁業が本格化）。
1965	日韓漁業協定調印。
1973	遠洋漁業の漁獲量ピーク。
1977	12カイリ領海法，200カイリ漁業水域法制定。 米国，ソ連が200カイリ漁業専管水域を実施。
1978	農林水産省発足。
1982	IWC総会で商業捕鯨モラトリアム採択。
1987	日本，南氷洋での商業捕鯨を中止，調査捕鯨を開始する。
1992 （平4）	北洋でのサケ・マス漁全面停止（日ロ200カイリ内操業）。
1996	日本，国連海洋法条約批准。
1997	TAC（漁獲可能量）制度始まる。 新日中漁業協定調印。
1998	新日韓漁業協定調印。
2001	水産基本法制定。
2002	近畿大学が世界で初めてクロマグロの完全養殖に成功。
2011	東日本大震災。
2018	TAC指定魚種に太平洋クロマグロ追加。
2019 （令1）	IWC脱退。商業捕鯨再開。

図 5 - 9　漁業種類別漁獲量の推移

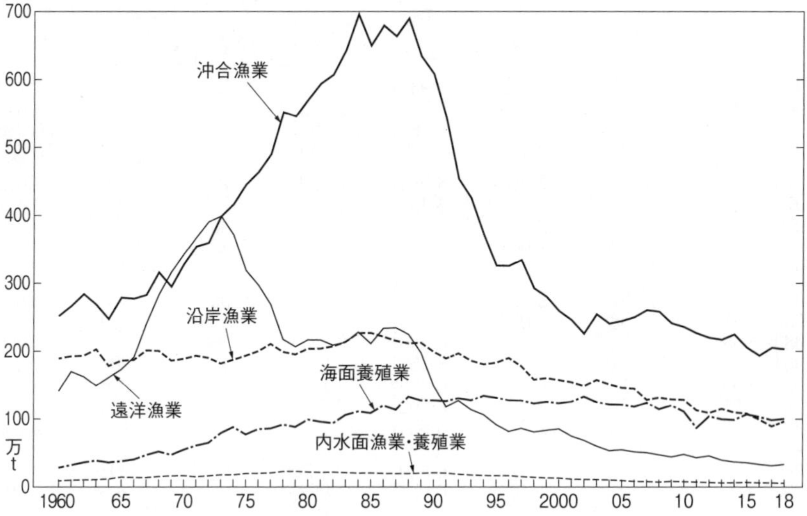

農林水産省「漁業養殖業生産統計年報」により作成。養殖業は収獲量。2018年は概数。表 5 -39（Ⅱ）の脚注参照。

表 5 - 39　漁業種類別漁獲量（Ⅰ）

	漁獲量（千 t）	海面1) 漁業	海面 養殖業	内水面 漁業	内水面 養殖業	捕鯨業（頭）
1900（明33）	460	446	13	…	1	…
1905（〃 38）	491	456	33	…	2	…
1910（〃 43）	897	874	19	…	4	…
1915（大 4）	2 032	1 999	28	…	4	2 100
1920（〃 9）	2 482	2 433	42	…	5	1 279
1925（〃 14）	2 843	2 794	39	…	8	1 588
1930（昭 5）	3 187	3 136	38	…	13	1 717
1935（〃 10）	3 977	3 864	93	…	20	1 984
1940（〃 15）	3 526	3 428	78	…	19	9 628
1941（〃 16）	3 835	3 703	111	…	21	12 884
1942（〃 17）	3 606	3 481	98	…	26	1 148
1943（〃 18）	3 356	3 237	88	…	32	1 491
1944（〃 19）	2 459	2 377	61	…	21	2 169
1945（〃 20）	1 825	1 751	61	…	13	531
1946（〃 21）	2 107	2 075	25	…	7	1 863
1947（〃 22）	2 286	2 257	24	…	4	3 157
1948（〃 23）	2 518	2 477	37	…	5	4 327
1949（〃 24）	2 761	2 666	54	38	4	4 595
1950（〃 25）	3 377	3 256	52	63	6	5 332
1951（〃 26）	4 291	4 133	90	61	6	6 335
1952（〃 27）	4 626	4 450	114	53	9	7 816
1953（〃 28）	4 524	4 313	145	57	9	6 631
1954（〃 29）	4 542	4 304	146	82	9	9 591
1955（〃 30）	4 908	4 659	154	83	12	11 866

資料・注記は図5-9，表5-39（Ⅱ）に同じ。1）1948年以前は内水面漁業を含む。

漁業種類別漁獲量（Ⅱ）

	漁獲量(千t)	海面漁業			海面養殖業	内水面漁業2)・養殖業3)	捕鯨業(頭)
		遠洋漁業	沖合漁業	沿岸漁業			
1956(昭31)	4 773	808	1 931	1 749	180	104	14 124
1960(〃35)	6 193	1 410	2 515	1 893	285	90	19 649
1965(〃40)	6 908	1 733	2 788	1 861	380	146	*26 986
1970(〃45)	9 315	3 429	3 279	1 889	549	168	16 887
1973(〃48)	10 763	*3 988	3 984	1 820	791	179	14 012
1975(〃50)	10 545	3 187	4 451	1 935	773	199	13 427
1977(〃52)	10 757	2 683	4 898	2 107	861	208	9 299
1979(〃54)	10 590	2 066	5 458	1 953	883	*231	4 918
1980(〃55)	11 122	2 167	5 705	2 037	992	221	5 191
1981(〃56)	11 319	2 165	5 939	2 038	960	216	4 887
1982(〃57)	11 388	2 089	6 070	2 072	938	219	4 967
1983(〃58)	11 967	2 132	6 428	2 137	1 060	211	4 606
1984(〃59)	*12 816	2 280	*6 956	2 266	1 111	204	4 473
1985(〃60)	12 171	2 111	6 498	*2 268	1 088	206	3 087
1986(〃61)	12 739	2 336	6 792	2 213	1 198	200	2 840
1987(〃62)	12 465	2 344	6 634	2 151	1 137	198	2 790
1988(〃63)	12 785	2 247	6 897	2 115	1 327	198	192
1989(平1)	11 913	1 976	6 340	2 123	1 272	202	126
1990(〃2)	11 052	1 496	6 081	1 992	1 273	209	91
1991(〃3)	9 978	1 179	5 438	1 894	1 262	205	210
1992(〃4)	9 266	1 270	4 534	1 968	1 306	188	164
1993(〃5)	8 707	1 139	4 256	1 861	1 274	177	175
1994(〃6)	8 103	1 063	3 720	1 807	*1 344	169	129
1995(〃7)	7 489	917	3 260	1 831	1 315	167	174
1996(〃8)	7 417	817	3 256	1 901	1 276	167	174
1997(〃9)	7 411	863	3 343	1 779	1 273	153	151
1998(〃10)	6 684	809	2 924	1 582	1 227	143	158
1999(〃11)	6 626	834	2 800	1 605	1 253	134	178
2000(〃12)	6 384	855	2 591	1 576	1 231	132	188
2001(〃13)	6 126	749	2 459	1 545	1 256	117	166
2002(〃14)	5 880	686	2 258	1 489	1 333	113	157
2003(〃15)	6 083	602	2 543	1 577	1 251	110	150
2004(〃16)	5 775	535	2 406	1 514	1 215	105	111
2005(〃17)	5 765	548	2 444	1 465	1 212	96	121
2006(〃18)	5 735	518	2 500	1 451	1 183	83	87
2007(〃19)	5 720	506	2 604	1 287	1 242	81	103
2008(〃20)	5 592	474	2 581	1 319	1 146	73	84
2009(〃21)	5 432	443	2 411	1 293	1 202	83	89
2010(〃22)	5 313	480	2 356	1 286	1 111	79	77
2011(〃23)4)	4 766	431	2 264	1 129	869	73	61
2012(〃24)	4 853	458	2 198	1 090	1 040	67	87
2013(〃25)	4 774	396	2 169	1 151	997	61	73
2014(〃26)	4 765	369	2 246	1 098	988	64	76
2015(〃27)	4 631	358	2 053	1 081	1 069	69	77
2016(〃28)	4 359	334	1 936	994	1 033	63	66
2017(〃29)	4 306	314	2 051	893	986	62	30
2018(〃30)5)	4 389	333	2 032	964	1 003	57	…

資料・注記は図5-9に同じ。数値は過去にさかのぼって改訂されている。*最大値。2) 2000年までは全河川・湖沼の調査，それ以降は主要河川・湖沼の調査。3) 2001年以降は主要4魚種（ます類，あゆ，こい，うなぎ）のみの調査。ただし，琵琶湖，霞ヶ浦，北浦の3湖沼については，その他の魚類および淡水真珠の調査を行っており，このうちその他の魚類については，2007年より内水面養殖業の総計に含めている。4) 東日本大震災の被災地においてデータを消失した調査対象は含まず，福島第一原発事故の影響により出荷制限・自粛の措置がとられたものも含まず。5) 概数。

表 5 - 40　漁種別漁獲量（海面漁業）（単位　千t）

	1900 (明33)	1920 (大9)	1940 (昭15)	1960 (昭35)	1970 (昭45)	1980 (昭55)	1985 (昭60)
魚類	380	2 025	2 465	4 462	7 245	8 412	9 483
いわし類	182	458	866	498	442	2 442	4 198
さんま	1	14	27	287	93	187	246
たら類	4	101	170	447	2 463	1 649	1 650
あじ類	9	13	49	596	269	145	225
まぐろ類	15	21	86	390	291	378	391
さば類	28	50	122	351	1 302	1 301	773
ぶり類	20	34	34	41	55	42	33
さけ・ます	3	151	175	147	118	123	203
ひらめ・かれい類	11	43	76	509	295	289	214
たい類	21	43	24	45	38	28	26
かつお類	41	88	116	94	232	377	339
貝類	23	181	283	296	321	338	355
あさり	…	31	81	102	142	127	133
ほたてがい	…	…	…	14	16	83	118
その他の動物	51	127	255	772	818	975	853
えび類	16	20	17	62	56	51	53
いか類	28	71	134	542	519	687	531
たこ類	5	12	25	58	96	46	40
かに類	…	7.2	34	64	90	78	100
海藻類	6	150	523	286	212	183	184
こんぶ	1	91	357	140	111	125	133
わかめ	…	…	35	63	46	16	7.2
計	**460**	**2 482**	**3 526**	**5 818**	**8 598**	**9 909**	**10 877**

	1990 (平2)	1995 (平7)	2000 (平12)	2005 (平17)	2010 (平22)	2015 (平27)	2018[1] (平30)
魚類	8 057	4 570	3 573	3 432	3 165	2 810	2 716
いわし類	4 108	1 016	629	474	542	642	739
さんま	308	274	216	234	207	116	129
たら類	930	395	351	243	306	230	177
あじ類	331	385	282	214	185	167	135
まぐろ類	293	332	286	239	208	190	159
さば類	273	470	346	620	492	530	537
ぶり類	52	62	77	55	107	123	100
さけ・ます	223	282	179	246	180	140	96
ひらめ・かれい類	77	83	79	60	57	49	48
たい類	25	27	24	25	25	25	25
かつお類	325	336	369	399	331	264	252
貝類	418	412	405	380	407	292	350
あさり	71	49	36	34	27	14	7
ほたてがい	230	275	304	287	327	234	305
その他の動物	886	874	923	538	451	296	188
えび類	43	36	29	24	19	16	15
いか類	565	547	624	330	267	167	81
たこ類	55	52	47	55	42	33	36
かに類	61	57	42	34	32	29	24
海藻類	208	151	119	105	97	94	76
こんぶ	132	121	94	79	74	72	56
わかめ	3.8	3.1	3.4	3.6	…	…	…
計	**9 570**	**6 007**	**5 022**	**4 457**	**4 122**	**3 492**	**3 330**

資料は前表に同じ。脚注も参照のこと。1940年までは養殖業と内水面漁業を含む。1960～70年は沖縄県を除く。海産ほ乳類は，「その他の動物」には含まず，計には含む。1）概数。

表 5-41　養殖業の漁種別収獲量（単位　千t）

	1956	1960	1965	1970	1975	1980	1985
海面養殖業							
ぶり類	…	…	15	43	92	149	151
たい類	…	…	…	1	4	15	29
ほたてがい	…	…	…	6	70	40	109
かき類 1)	…	183	211	191	201	261	251
こんぶ類	…	…	…	0.3	16	39	54
わかめ類	…	…	13	76	102	114	112
のり類 2)	…	100	141	231	278	358	352
真珠 3)	…	48	99	85	30	42	62
内水面養殖業							
ます類	2	3	6	11	17	20	19
あゆ	…	…	…	3	5	8	11
こい	…	5	8	16	28	25	19
うなぎ	5	6	16	17	21	37	40

	1990	1995	2000	2005	2010	2015	2018 4)
海面養殖業							
ぶり類	161	170	137	160	139	140	139
まだい	52	72	82	76	68	64	60
ほたてがい	192	228	211	203	220	248	174
かき類 1)	249	227	221	219	200	164	176
こんぶ類	54	55	54	44	43	39	33
わかめ類	113	100	67	63	52	49	50
のり類 2)	387	407	392	387	329	297	284
真珠 3)	70	63	30	29	21	20	21
内水面養殖業							
ます類	20	18	15	12	9	8	7
あゆ	13	11	9	7	6	5	4
こい	16	13	11	4	4	3	3
うなぎ	39	29	24	19	21	20	15

資料は表5-39に同じ。脚注も参照のこと。1）から付き。2）生産量。3）単位はt 。4）概数。

表 5-42　漁業経営体数，漁業世帯数および漁業就業者数（海面漁業）

	漁業経営体 1)				漁業世帯数 3)（戸）	漁業就業者数 3)（人）
	個人経営	共同経営	会社	計 2)		
1949(昭24)*	260 944	7 226	773	269 122	…	…
1954(〃29)*	236 015	13 869	960	251 747	…	790 028
1958(〃33)	223 991	10 628	1 036	236 649	…	…
1963(〃38)*	262 570	2 628	1 292	267 211	411 890	625 935
1968(〃43)*	248 323	3 246	1 798	254 118	397 015	593 829
1973(〃48)*	224 968	4 710	2 018	232 302	351 745	510 727
1978(〃53)*	210 123	4 533	2 472	217 734	337 505	478 148
1983(〃58)*	199 162	4 845	2 796	207 439	312 331	446 536
1988(〃63)*	182 164	4 596	2 884	190 271	277 595	392 392
1993(平5)*	163 923	3 916	3 081	171 524	233 661	324 886
1998(〃10)*	143 194	3 760	3 063	150 586	203 899	277 042
2003(〃15)*	125 931	3 143	2 837	132 417	175 820	238 371
2008(〃20)*	109 451	2 678	2 715	115 196	…	221 908
2013(〃25)*	89 470	2 147	2 534	94 507	…	180 985
2018(〃30)*	74 596	1 711	2 545	79 142	…	152 082

農林水産省統計表などにより作成。海面養殖業を含む。2018年は概数。*漁業センサス。1)調査期日は，1949年が3月1日，54·58年は1月1日，他は11月1日現在。1973年以降は漁船非使用経営体を含む。2)その他を含む。3）調査期日は11月1日現在，ただし，1954年は1月1日現在。

表5-43　魚介類の需給動向（単位　千t）

	国内生産	輸入	輸出	国内消費仕向量[1]	粗食料	飼料用	1人1日あたり供給量(g)[6]
1911～15[2)3)]	1 566	132	608	1 090	340	750	10.2
1921～25[2)4)]	2 236	287	495	2 028	990	1 038	22.2
1934～38[5)]	3 509	182	502	3 189	1 390	1 644	26.4
1946(昭21)	2 095	0	0	2 095	708	105	25.5
1950(〃25)	3 725	2	24	3 703	1 171	156	40.4
1955(〃30)	4 577	4	287	4 294	3 978	316	72.0
1960(〃35)	5 803	100	520	5 383	4 400	983	76.1
1965(〃40)	6 502	655	680	6 477	5 048	1 429	77.0
1970(〃45)	8 794	745	908	8 631	6 356	2 275	86.5
1975(〃50)	9 918	1 088	990	10 016	7 549	2 467	95.4
1978(〃53)	10 186	1 479	1 046	10 695	7 742	2 953	95.9
1979(〃54)	9 948	1 707	1 015	10 736	7 546	3 190	93.0
1980(〃55)	10 425	1 689	1 023	10 734	7 666	3 068	95.3
1981(〃56)	10 671	1 597	1 019	11 121	7 677	3 444	93.3
1982(〃57)	10 753	1 527	1 264	11 264	7 643	3 621	91.5
1983(〃58)	11 256	1 944	954	11 658	8 023	3 635	95.2
1984(〃59)	12 055	1 955	1 304	12 035	8 214	3 821	97.3
1985(〃60)	11 464	2 257	1 357	12 263	8 416	3 847	96.8
1986(〃61)	11 959	2 928	1 398	12 617	8 513	4 104	98.9
1987(〃62)	11 800	3 299	1 583	13 068	8 765	4 303	100.3
1988(〃63)	11 985	3 699	1 640	13 475	8 898	4 577	101.9
1989(平1)	11 120	3 310	1 647	13 341	8 905	4 436	102.4
1990(〃2)	10 278	3 823	1 140	13 028	8 798	4 230	102.8
1991(〃3)	9 268	4 320	980	12 202	8 277	3 925	99.1
1992(〃4)	8 477	4 718	614	11 777	8 265	3 512	100.5
1993(〃5)	8 013	4 788	572	12 030	8 464	3 566	102.6
1994(〃6)	7 325	5 635	325	12 323	8 874	3 449	107.1
1995(〃7)	6 768	6 755	283	11 906	8 921	2 985	107.3
1996(〃8)	6 743	5 921	342	11 662	8 768	2 894	106.7
1997(〃9)	6 727	5 998	415	11 363	8 375	2 988	102.2
1998(〃10)	6 044	5 254	322	10 689	8 139	2 550	97.2
1999(〃11)	5 949	5 731	244	10 659	8 311	2 348	97.7
2000(〃12)	5 736	5 883	264	10 812	8 529	2 283	101.8
2001(〃13)	5 492	6 727	357	11 387	8 806	2 581	110.1
2002(〃14)	5 194	6 748	440	11 147	8 592	2 555	103.1
2003(〃15)	5 494	5 747	533	10 900	8 202	2 698	97.6
2004(〃16)	5 178	6 055	631	10 519	7 997	2 522	94.9
2005(〃17)	5 152	5 782	647	10 201	7 861	2 340	94.9
2006(〃18)	5 131	5 711	788	9 892	7 415	2 477	89.7
2007(〃19)	5 102	5 162	815	9 550	7 268	2 282	87.2
2008(〃20)	5 031	4 851	645	9 418	7 154	2 264	86.0
2009(〃21)	4 872	4 500	674	9 154	6 922	2 232	82.1
2010(〃22)	4 782	4 841	706	8 701	6 765	1 936	80.6
2011(〃23)	4 328	4 482	530	8 248	6 563	1 685	77.9
2012(〃24)	4 325	4 586	540	8 297	6 606	1 691	79.0
2013(〃25)	4 289	4 081	680	7 868	6 280	1 588	75.1
2014(〃26)	4 303	4 322	567	7 891	6 279	1 612	72.7
2015(〃27)	4 194	4 263	627	7 663	6 082	1 581	70.3
2016(〃28)	3 887	3 852	596	7 365	5 848	1 517	68.0
2017(〃29)	3 828	4 086	656	7 382	5 818	1 564	66.9
2018(〃30)[7)]	3 923	4 049	808	7 157	5 692	1 465	65.5

農林水産省「食料需給表」により作成。海藻類は含まない。1）1980年以降は在庫の増減を含む。2）鯨・海藻類を含む。3）明治44～大正４年の平均。4）大正10～14年の平均。5）昭和９～13年の平均。6）純食料供給量。7）概算値。

表5-44　漁港別水揚げ量（単位　千t）

1970（昭45）		1980（昭55）		1985（昭60）		1990（平2）		1995（平7）	
釧路	578	釧路	672	釧路	1 115	釧路	926	境	294
八戸	444	八戸	655	銚子	784	境	558	八戸	259
稚内	391	銚子	385	八戸	638	八戸	450	焼津	224
東京	256	石巻	309	境	405	銚子	306	釧路	213
石巻	246	稚内	249	焼津	261	焼津	244	銚子	184
長崎	225	境	247	石巻	247	石巻	225	稚内	147
福岡	195	焼津	241	厚岸	212	厚岸	209	気仙沼	122
焼津	165	長崎	180	稚内	194	女川	200	松浦	116
銚子	148	福岡	168	長崎	168	浜田	197	長崎	98
塩釜	141	小名浜	161	女川	167	長崎	171	石巻	97
下関	124	気仙沼	137	福岡	156	稚内	142	女川	86
境	112	東京	136	小名浜	149	羅臼	141	枕崎	85
紋別	108	女川	132	紋別	148	気仙沼	133	新潟	84
唐津	103	紋別	128	根室	137	清水	107	浜田	75
気仙沼	96	根室	126	気仙沼	124	根室	106	小樽	75
花咲 1)	89	清水	115	清水	122	松浦	103	波崎	74
網走	83	唐津	110	広尾 1)	114	久慈 3)	95	清水	73
小樽	83	下関	96	唐津	102	広尾 1)	93	根室	68
三崎 2)	77	塩釜	92	羅臼	102	福岡	91	紋別	67
女川	72	浜田	86	浜田	94	小名浜	85	網走	65
清水	71	網走	81	久慈 3)	90	唐津	79	羅臼	64
小名浜	69	広尾 1)	72	大津 4)	88	枕崎	79	唐津	63
浜田	67	枕崎	68	網走	86	宮古	73	福岡	55
枕崎	60	函館	64	松浦	82	函館	72	大船渡	53

2000（平12）		2005（平17）		2010（平22）		2015（平27）		2017（平29）	
焼津	248	焼津	229	焼津	218	銚子	219	銚子	281
八戸	241	銚子	215	銚子	214	焼津	165	焼津	149
銚子	201	石巻	158	石巻	129	釧路	115	釧路	141
釧路	182	八戸	149	八戸	119	境	114	境	118
境	141	釧路	120	境	118	八戸	111	石巻	108
石巻	129	気仙沼	117	釧路	118	石巻	101	八戸	99
気仙沼	129	松浦	94	気仙沼	102	松浦	100	枕崎	85
根室	89	境	93	松浦	89	枕崎	82	松浦	75
稚内	89	波崎	90	根室	77	気仙沼	76	気仙沼	73
松浦	79	枕崎	83	紋別	70	長崎	65	長崎	73
羅臼	68	根室	74	枕崎	69	根室	57	紋別	49
枕崎	62	稚内	72	長崎	67	平内 5)	50	奈屋浦	45
小樽	60	長崎	69	網走	62	紋別	49	根室	43
紋別	60	女川	63	女川	56	網走	44	平内 5)	39
長崎	57	紋別	61	羅臼	52	山川 6)	43	山川 6)	38
女川	54	小樽	58	稚内	51	北浦 7)	43	波崎	38
網走	48	大船渡	50	大船渡	50	大船渡	42	広尾 1)	36
宮古	47	羅臼	48	宮古	50	女川	39	大船渡	34
佐世保	44	網走	48	枝幸	48	奈屋浦	39	佐世保	32
枝幸	42	宮古	48	奈屋浦	46	唐津	37	網走	32
波崎	42	佐世保	39	常呂 1)	42	波崎	30	女川	31
大船渡	40	唐津	35	平内 5)	39	宮古	30	北浦 7)	30
平内 5)	39	枝幸	34	唐津	34	佐世保	30	豊浜 8)	29
森 1)	39	沼津	33	森 1)	33	森 1)	28	下関	29

農林水産省「水産物流通統計年報」および水産庁の資料により作成。水揚げ量には貝類・藻類を含む。なお，東京港は産地というよりも消費地としての性格が強いために1983年以降の調査から除かれている。「境」は漁港名で，「境港」は市の名称。1）北海道。2）神奈川県。3）岩手県。4）茨城県。5）青森県。6）鹿児島県。7）宮崎県。8）愛知県。

表 5 - 45 動力漁船（海水漁船と淡水漁船の合計）（単位 隻）

	10総トン未満	10～49総トン	50～99総トン	100～199総トン	200総トン以上	計
1920(大9)	…	…	…	…	…	5 785
1930(昭5)	35 746			321		36 067
1940(〃15)	74 288			909		75 197
1947(〃22)	75 766	9 909	1 524	275	117	87 591
1950(〃25)	111 331	15 021	2 059	375	133	128 919
1955(〃30)	127 735	13 289	2 627	474	296	144 421
1960(〃35)	152 616	11 610	3 174	474	596	168 470
1965(〃40)	203 863	12 183	3 510	742	1 077	221 375
1970(〃45)	253 872	11 085	3 444	1 212	1 576	271 189
1975(〃50)	343 584	10 656	4 022	1 279	1 944	361 485
1980(〃55)	396 479	13 190	3 943	1 450	2 004	417 066
1985(〃60)	393 723	12 837	3 016	1 381	1 891	412 848
1990(平2)	378 202	12 208	1 802	1 441	1 828	395 481
1995(〃7)	357 085	11 688	1 011	1 037	1 269	372 090
2000(〃12)	333 410	11 164	763	801	1 004	347 142
2005(〃17)	304 603	10 810	514	582	823	317 332
2010(〃22)	272 291	10 170	396	477	591	283 925
2015(〃27)	232 738	9 535	309	398	508	243 488
2016(〃28)	227 343	9 434	292	386	498	237 953

農林水産省統計表により作成。1947年以降は各年末の登録隻数で実際に使用されている漁船はこれより少ない。淡水漁船は10総トン未満に含む。ただし，1947年は淡水漁船を含まず。

表 5 - 46 各国の漁獲量の推移（単位 千t）

	1960（昭35）	1970（昭45）	1980（昭55）	1990（平2）	2000（平12）	2010（平22）	2017（平29）
中国	2 215	2 490	3 147	6 715	14 824	15 054	15 577
インドネシア	681	1 148	1 653	2 644	4 159	5 390	6 736
インド	1 117	1 637	2 080	2 863	3 726	4 716	5 450
アメリカ合衆国	2 715	2 794	3 703	5 620	4 789	4 317	5 040
ロシア	3 066	7 349	9 502	7 399	4 027	4 076	4 879
ペルー	3 503	12 484	2 709	6 869	10 659	4 306	4 185
ベトナム	436	553	461	779	1 630	2 250	3 278
日本	5 926	8 747	10 062	9 772	5 192	4 188	3 274
ノルウェー	1 386	2 983	2 528	1 800	2 892	2 838	2 533
チリ	347	1 230	2 891	5 354	4 548	3 048	2 334
ミャンマー	360	432	577	737	1 093	1 961	2 150
フィリピン	438	1 003	1 385	1 855	1 920	2 504	1 890
バングラデシュ	351	625	556	654	1 004	1 727	1 801
メキシコ	196	385	1 276	1 425	1 350	1 528	1 637
タイ	200	1 357	1 704	2 498	2 997	1 811	1 479
マレーシア	148	309	615	957	1 293	1 437	1 474
モロッコ	168	258	335	575	915	1 144	1 384
韓国	339	753	1 863	2 497	1 838	1 735	1 366
アイスランド	630	749	1 525	1 521	2 000	1 082	1 185
スペイン	907	1 426	1 170	1 131	1 063	975	957
世界計×	**34 790**	**63 887**	**68 256**	**86 023**	**94 791**	**88 217**	**93 634**

FAO "Global Capture Production 1950-2017" (online query,2019年7月閲覧）により作成。海面と内水面の合計。貝類，海藻類を含み，水生ほ乳類（鯨類，アシカなど），ワニ類を除く。養殖業は含まず。ロシアの1980年までは旧ソ連の数値。×その他とも。

第６章　工業・建設業

〔工業〕 明治維新以降，産業を興し日本を近代化する殖産興業は国の中心的課題であった。政府は鉱山や富岡製糸場など官営模範工場を次々と設立し，1880年の工場払下概則などで民間に払い下げたほか，大阪紡績会社をはじめ民間資本の工場が登場して，工業生産が本格化していく。これらは繊維工業を中心に軽工業が主体であったが，1901年には官営八幡製鉄所が操業を開始するなど，20世紀初頭から重化学工業も登場している。しかし，外貨獲得の中心になったのは生糸であり，安価な女子労働力の過酷な長時間労働がこれを支えた。1911年に工場法が公布されて（1916年施行）労働者保護が図られたが，特に生糸や紡績業では労働条件があまり改善されなかった。

1914年の第一次大戦でヨーロッパからの工業製品の輸入が滞り，国内製品への代替が進んで工業が発展する要因となった。一方，1929年の世界大恐慌は工業生産に大きな影響を与えた。特に，生糸価格が暴落したことの打撃は大きく，日本国内も深刻な不況に陥った。生糸に代わってイギリス植民地等への綿織物輸出が増えたが，世界経済のブロック化の中で国際的な摩擦を引き起こした。その後，軍国主義が台頭して統制経済へ移行すると，工業は軍需が中心となり，造船や光学機器などの技術力が向上した。

第二次大戦によって工業は人的資源や工場設備の多くを失った。さらに膨大な軍需も失った一方で財閥解体が行われて，戦前の日本の工業を支えた土台が揺らいだ。しかし，工業生産の基礎となる石炭や鉄鋼に資材や資金を集中投入して，産業全体の拡大を図る「傾斜生産方式」の導入や，朝鮮戦争特需で日本の工業は急成長する。高度経済成長期には，所得の増えた国民が家電製品や自動車などを購入する消費ブームが起こり，機械工業が民間需要の拡大を背景に成長した。中東からの安価な原油が大量に輸入されて石油化学工業が発展したほか，エネルギー価格の低迷を背景にエネルギー多消費型の鉄鋼業やアルミ製錬などが成長するなど，戦後の工業は重化学工業が中心となった。一方，工業の拡大に伴い公害が社会問題となった。大都市では過密が問題となり，工業地帯の近郊に新たな工業地域が形成されていった。

1970年代の２度の石油危機によって日本の高度経済成長は終焉を迎えたが，特に石油化学など素材型産業やエネルギー多消費型産業は大きな打撃を受けた。一方，機械工業では半導体技術の革新もあって機械製品に電子技術を組み込むメカトロニクス化を世界に先駆けて導入し，製品の高性能化を達成して世界市場での存在感を高めた。

日本の工業は自動車や家電製品など

機械工業を中心に輸出主導型となったが，貿易黒字が拡大して欧米諸国との貿易摩擦が深刻化した。これに伴い，自動車では輸出規制とともに現地生産が進んだ。家電製品などでは1985年のプラザ合意に伴う円高をきっかけに，安価な労働力を求めて東南アジアや1990年代には中国への進出も相次いだが，このことは中国などの工業水準が上昇する大きな要因となった。

中国は世界の工場として発展し，日本などから部品や素材を供給して，中国からアメリカなどに製品を輸出するサプライチェーンが形成されていった。その後，中国は鉄鋼など素材生産が拡大したほか，消費市場が拡大して自動車など国内向け消費材の生産が増えて，世界最大の工業国に成長した。

日本は海外生産が増えたが，国内生産は1990年代以降伸び悩んでいる。また，世界の製造業が成長する中で，日本の存在感の低下が指摘されている。近年は第４次産業革命とよばれるIoTやAIなどによる製造業の高度化に各国が取り組んでいるが，アメリカや中国での進展が目立つ。一方，中国の技術力が高まるにつれて，安全保障につながる中国製品が増えている。2019年に，アメリカ政府は安全保障上の理由から中国メーカーの通信機器を使用禁止にしたほか，半導体などの供給を禁止した。日本も安全保障を理由に韓国への半導体用材料の輸出管理を厳格化するなど，経済合理性より安全保障を重視する事例が増えている。

年	表
1880	工場払下概則制定。
1883	大阪紡績会社開業。
1896	造船奨励法制定。
1901	官営八幡製鉄所操業開始。
1909	生糸生産量世界一に。
1911	工場法公布（労働者保護等）。
1929	世界大恐慌。
1938	国家総動員法制定。
1946（昭21）	傾斜生産方式閣議決定（鉄鋼，石炭を増産，化学肥料，電力に資材を重点的に配給）。
1947（昭22）	過度経済力集中排除法公布（財閥解体へ）。
1950	朝鮮戦争による特需。
1956（昭31）	造船竣工量世界一に。機械工業振興臨時措置法制定。
1957	電子工業振興臨時措置法制定。
1958	初の石油化学コンビナート誕生。
1967	公害対策基本法制定。
1971（昭46）	特定電子工業及び特定機械工業振興臨時措置法施行。
1972	日米繊維協定調印。
1973	第１次石油危機。
1976	超LSI技術研究組合発足。
1977	カラーテレビ対米輸出自主規制。
1978（昭53）	特定不況産業安定臨時措置法（電炉，アルミ，合成繊維，造船など），特定機械情報産業振興臨時措置法施行。
1980	自動車生産台数世界一に。
1981	自動車対米輸出自主規制。
1983（昭58）	特定産業構造改善臨時措置法（電炉，アルミ，化学繊維，化学肥料，石油化学，洋紙など）施行。
1985（昭60）	プラザ合意による円高（生産拠点の海外移転が進む）。
1986	日米半導体協定締結。
2009（平21）	世界金融危機により鉱工業生産指数の対前年比が戦後最大の下落。
2014（平26）	産業競争力強化法施行。事業再編やベンチャー支援等を促す。
2017（平29）	政府が「Connected Industries」を提唱。第４次産業革命を目指す。
2019（令１）	安全保障上の問題により，半導体等材料の韓国への輸出を規制。

図6-1　主要国の工業付加価値額（名目値）

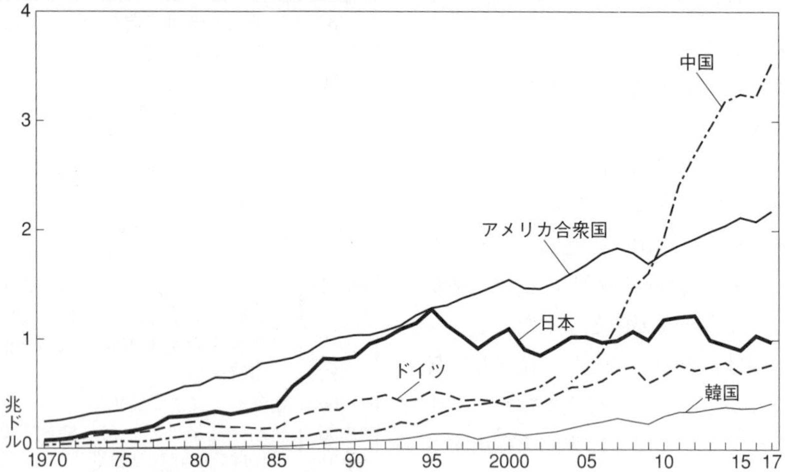

国連"National Accounts Main Aggregates Database"（2018年12月更新データ）により作成。中国の2003年以前は鉱業や電力・ガス等を含む。

表6-1　鉱工業生産指数の推移（付加価値額ウエイト）（2015年＝100）

	生産指数	対前年比（%）
1953	5.5	…
1954	6.0	*8.4*
1955	6.5	*7.6*
1956	7.8	*22.4*
1957	9.3	*18.1*
1958	9.2	*0.2*
1959	11.0	*20.1*
1960	13.6	*24.8*
1961	16.4	*19.4*
1962	17.7	*8.3*
1963	19.7	*10.1*
1964	22.8	*15.7*
1965	23.7	*3.7*
1966	26.9	*13.2*
1967	32.1	*19.4*
1968	37.0	*17.7*
1969	42.9	*16.0*
1970	48.9	*13.8*
1971	50.1	*2.6*
1972	53.7	*7.3*
1973	61.7	*17.5*
1974	59.2	*−4.0*
1975	52.7	*−11.0*
1976	58.7	*11.1*
1977	61.1	*4.1*
1978	64.9	*6.2*
1979	69.7	*7.3*
1980	73.0	*4.7*
1981	73.7	*1.0*
1982	74.0	*0.3*
1983	76.1	*3.6*
1984	83.4	*9.4*
1985	86.4	*3.7*
1986	86.2	*−0.2*
1987	89.2	*3.4*
1988	97.8	*9.5*
1989	103.5	*5.8*
1990	107.7	*4.1*
1991	109.5	*1.7*
1992	102.8	*−6.1*
1993	98.8	*−4.5*
1994	99.9	*0.9*
1995	103.0	*3.2*
1996	105.4	*2.3*
1997	109.2	*3.6*
1998	101.7	*−7.2*
1999	101.9	*0.2*
2000	107.8	*5.7*
2001	100.5	*−6.8*
2002	99.3	*−1.3*
2003	102.2	*3.3*
2004	107.1	*4.9*
2005	108.6	*1.3*
2006	113.4	*4.5*
2007	116.7	*2.8*
2008	112.7	*−3.4*
2009	88.1	*−21.9*
2010	101.8	*15.6*
2011	98.9	*−2.8*
2012	99.6	*0.6*
2013	99.2	*−1.3*
2014	101.2	*2.0*
2015	100.0	*−1.2*
2016	100.0	*0.0*
2017	103.1	*3.1*
2018	104.2	*1.1*

経済産業省「鉱工業指数」により作成。鉱工業生産指数は生産量の推移をみる指数で，製品の価格の動きは反映されていない（基準年からの生産量の変化を，各品目の基準年における付加価値額でウエイトをかけて集計）。鉱工業指数で適用しているラスパイレス算式数量指数は，比較時が基準時から遠ざかるにつれて，品目間の相対価格の変化や採用品目の代表性の問題などから経済実態からかい離していく。このため，西暦末尾が０，５の年に基準改定を行っている。2015年基準では2013年から指数値が公表されており，それ以前のものは過去の基準年の指数を係数でつなぎ遡及して数値を作成している。

表6-2　産業別鉱工業生産指数（接続指数）（2015年＝100）

	食料品・たばこ	繊維	木材・木製品	家具	パルプ・紙	印刷業	化学工業	石油・石炭製品
1980	101.4	451.9	383.9	221.0	67.9	…	47.9	112.5
1985	103.1	441.0	302.2	204.4	75.8	…	58.2	94.8
1990	110.2	405.0	316.1	252.4	100.0	…	79.5	100.3
1995	112.3	311.5	257.0	207.3	104.7	…	90.0	116.6
2000	110.6	232.9	185.8	159.1	110.4	…	95.0	119.5
2005	107.5	150.7	143.8	132.3	109.2	100.5	99.1	120.4
2010	102.6	103.2	103.5	94.7	99.4	109.2	99.8	108.9
2011	98.0	106.0	104.1	96.5	97.2	104.0	98.4	102.8
2012	100.2	103.6	103.3	97.1	95.6	105.1	96.2	102.4
2013	100.0	101.9	108.5	101.1	98.1	102.1	99.8	104.0
2014	100.4	101.3	105.0	102.0	99.4	99.5	98.3	100.3
2015	100.0	100.0	100.0	100.0	100.0	100.0	100.0	100.0
2016	101.0	97.2	105.4	101.9	100.6	95.7	102.1	100.3
2017	100.2	96.5	105.8	100.5	102.2	92.4	106.2	98.3
2018	99.4	95.0	104.8	97.8	100.3	89.9	107.2	93.5

	プラスチック製品	ゴム製品	窯業・土石製品	鉄鋼業	非鉄金属	金属製品	はん用機械	生産用機械
1980	90.4	86.1	149.4	109.0	78.1	149.9	…	…
1985	104.4	94.7	143.7	110.0	78.6	145.8	…	…
1990	128.8	111.5	167.4	120.4	101.3	177.1	…	…
1995	121.9	105.1	153.4	109.7	105.2	168.4	…	…
2000	119.3	106.8	133.6	107.9	111.2	152.7	…	…
2005	112.4	117.6	116.5	115.3	113.6	126.9	109.1	107.0
2010	101.6	106.5	102.7	106.2	101.2	105.5	98.0	80.2
2011	98.8	105.3	99.3	103.3	97.2	103.7	106.3	92.6
2012	99.9	105.3	99.9	103.6	99.3	105.3	98.7	88.0
2013	101.3	105.5	103.0	105.5	98.3	104.1	99.1	86.5
2014	101.6	105.9	103.9	106.6	101.3	103.5	105.4	98.7
2015	100.0	100.0	100.0	100.0	100.0	100.0	100.0	100.0
2016	101.4	96.9	99.8	99.8	101.2	97.6	99.6	98.2
2017	104.3	98.6	101.9	101.8	103.2	99.1	102.3	110.7
2018	105.7	100.6	102.2	102.0	105.1	99.6	109.2	116.3

	業務用機械	電子部品・デバイス	うち集積回路	電気機械	情報通信機械	うち民生用電子機械	輸送機械	うち乗用車
1980	…	…	…	…	…	76.0	70.6	59.3
1985	…	…	25.5	…	…	184.8	76.8	65.7
1990	…	…	39.5	…	…	206.8	93.9	91.5
1995	…	…	51.2	…	…	155.0	82.4	81.4
2000	…	67.5	68.2	103.2	240.3	135.5	86.6	94.0
2005	111.6	79.7	85.5	103.2	197.6	196.5	102.5	105.9
2010	97.6	98.7	98.9	94.6	176.5	256.2	98.2	103.0
2011	107.3	89.5	84.9	94.5	144.4	188.0	89.5	88.8
2012	104.4	86.0	82.9	92.9	136.4	142.3	99.9	103.5
2013	93.3	88.2	85.2	96.7	120.6	108.0	100.1	102.1
2014	98.6	93.9	97.6	101.2	111.4	100.7	101.8	102.5
2015	100.0	100.0	100.0	100.0	100.0	100.0	100.0	100.0
2016	101.4	97.8	101.8	101.3	94.2	102.1	100.6	103.0
2017	99.0	104.1	109.8	106.2	89.9	93.9	105.2	107.7
2018	104.1	106.8	121.9	107.6	89.0	95.7	105.6	108.5

経済産業省「鉱工業指数」により作成。2012年以前の数値は，月別で小数点１位の単位で公表されている原指数を平均したもので，四捨五入による誤差が生じているものがある。

表6-3　戦前の工業統計

	食料品	紡績	製材・木製品	印刷・製本	化学工業	窯業・土石工業	金属工業	機械工業	計×
工場数									
1909	6 110	15 574	1 724	962	1 374	1 902	1 044	1 526	32 032
1914	5 680	14 081	2 023	1 214	1 404	1 679	1 362	1 812	31 458
1919	6 801	18 800	2 986	1 240	2 554	2 728	2 542	3 490	43 723
1920	7 770	19 009	3 114	1 441	2 639	2 770	2 721	3 640	45 576
1925	10 105	18 448	3 629	2 106	2 595	2 517	3 048	4 043	48 850
1926	10 330	19 491	3 967	2 262	2 729	2 643	3 341	4 371	51 513
1927	10 344	20 444	4 124	2 339	2 859	2 726	3 565	4 439	53 266
1928	10 476	21 200	4 252	2 515	2 915	2 870	4 159	4 464	55 503
1929	11 894	21 532	4 926	2 586	3 238	3 528	3 829	5 233	59 430
1930	12 309	22 352	5 167	2 759	3 384	3 530	4 023	5 540	61 768
1931	12 567	23 306	5 404	2 948	3 468	3 495	4 161	5 784	63 938
1932	12 728	23 728	5 641	2 988	3 771	3 625	4 692	6 658	66 810
1933	12 868	24 915	6 182	3 049	4 072	3 762	5 575	7 764	71 384
1934	13 500	27 988	6 968	3 234	4 332	4 202	6 633	9 089	79 759
1935	13 684	29 378	7 518	3 358	4 629	4 400	7 351	10 250	84 625
1936	14 021	30 506	8 038	3 450	4 965	4 715	8 275	11 650	90 032
1937	16 518	33 192	10 191	3 857	5 747	5 542	10 091	14 497	105 349
1938	16 944	33 773	10 933	3 932	6 104	5 371	11 199	17 412	111 663
1939	*90 534	*174 847	*105 886	*17 196	*37 070	*32 863	*49 451	*72 434	*706 581
1940	*93 224	*164 814	*103 778	*16 329	*37 408	*32 474	*47 767	*74 433	*691 281
1941	*90 981	*162 418	*104 795	*16 052	*36 149	*32 651	*46 028	*75 639	*686 118
1942	*79 128	*148 137	*95 881	*15 595	*32 904	*29 742	*44 639	*75 496	*638 222
1945	8 326	9 236	9 507	916	5 109	3 511	5 638	13 262	57 980
1946	*73 396	*54 353	*59 970	*3 773	*21 857	*16 405	*40 100	*42 689	*360 290
1947	13 300	16 492	23 271	2 145	8 338	5 970	9 760	24 211	*623 774
生産額	百万円	百万円	百万円	百万円	百万円	百万円	百万円	百万円	百万円
1909	147	403	21	16	80	26	33	43	796
1914	221	660	36	29	164	38	74	111	1 372
1919	743	3 514	202	81	723	223	561	713	6 889
1920	791	2 626	213	106	704	217	450	689	5 912
1925	1 102	3 479	186	165	772	184	477	458	6 925
1926	1 201	3 153	197	173	835	215	540	516	6 936
1927	1 084	2 946	200	217	867	197	561	568	6 746
1928	1 146	3 122	208	192	960	207	658	594	7 205
1929	1 163	3 323	216	193	1 044	230	739	711	7 739
1930	954	2 257	165	192	909	174	568	629	5 937
1931	838	2 003	150	177	822	155	479	456	5 160
1932	893	2 306	161	178	946	177	639	554	5 969
1933	1 017	3 026	192	182	1 293	238	950	821	7 857
1934	1 046	3 301	232	204	1 483	276	1 581	1 081	9 371
1935	1 168	3 498	252	223	1 815	313	1 991	1 359	10 816
1936	1 260	3 822	284	235	2 112	357	2 331	1 600	12 236
1937	1 474	4 460	384	273	2 901	444	3 727	2 336	16 328
1938	1 786	4 266	463	281	3 440	481	4 940	3 573	19 620
1939	* 2 767	* 5 283	* 1 012	* 396	* 4 339	* 715	* 5 955	* 5 490	* 26 667
1940	* 3 015	* 5 377	* 1 356	* 397	* 4 779	* 851	* 6 017	* 6 618	* 29 238
1941	* 3 080	* 5 412	* 1 599	* 449	* 5 035	* 964	* 6 451	* 8 993	* 32 944
1942	* 2 986	* 4 488	* 1 530	* 468	* 5 028	* 934	* 7 410	*10 558	* 34 381
1945	2 334	2 577	2 186	442	4 057	1 065	8 285	22 570	43 966
1946	*10 942	* 8 629	* 9 521	* 1 981	*15 737	* 3 729	*13 419	*24 206	* 90 620
1947	*36 631	* 38 339	* 33 600	* 6 513	*54 871	*15 449	*44 081	*80 327	*320 823

経済産業省「工業統計50年史」により作成。工業統計調査。官公営工場を除く。職工５人以上（1922年以前は平均で５人以上，23年以降は常時）の工場。*は全工場。×その他とも。電気，ガス等を含む。

表6-4 戦後の工業統計総括表（全事業所）

	事業所[1)]数	従業者[1)]数（千人）	製造品出荷額等（億円）
1948	100 286	3 677	8 251
1949	108 731	3 395	14 423
1950	156 173	3 860	22 941
1951	166 347	4 237	40 280
1952	397 829	4 800	47 588
1953	405 196	5 170	58 763
1954	429 877	5 281	62 466
1955	432 694	5 511	67 695
1956	433 373	6 048	86 919
1957	463 727	6 605	104 577
1958	455 372	6 664	101 123
1959	452 481	7 294	121 286
1960	487 050	8 169	155 786
1961	491 750	8 751	190 242
1962	492 202	8 998	208 615
1963	563 206	9 727	238 218
1964	554 375	9 901	276 828
1965	558 106	9 921	294 889
1966	594 832	10 292	342 019
1967	598 958	10 554	411 622
1968	602 388	10 863	482 785
1969	646 926	11 412	581 068
1970	652 931	11 680	690 348
1971	642 952	11 464	728 951
1972	702 586	11 783	809 619
1973	708 447	11 961	1 033 623
1974	696 795	11 487	1 273 080
1975	735 970	11 296	1 274 329
1976	727 427	11 174	1 453 591
1977	714 177	10 875	1 569 179
1978	744 337	10 890	1 648 104
1979	739 304	10 860	1 842 574
1980	734 623	10 932	2 146 998
1981	743 327	11 218	2 274 614
1982	727 367	11 116	2 327 115
1983	780 280	11 347	2 386 879
1984	739 581	11 382	2 560 099
1985	749 366	11 543	2 684 763
1986	746 734	11 549	2 578 574
1987	719 908	11 371	2 565 919
1988	745 108	11 554	2 778 352
1989	717 226	11 588	3 022 963
1990	728 853	11 788	3 270 931
1991	723 247	11 970	3 446 889
1992	698 336	11 756	3 331 654
1993	696 090	11 477	3 147 873
1994	652 653	11 064	3 042 694
1995	654 436	10 880	3 094 369
1996	626 950	10 648	3 164 361
1997	612 830	10 473	3 265 157
1998	643 468	10 399	3 093 056
1999	596 863	9 904	2 945 015
2000	589 713	9 700	3 035 824
2001	550 199	9 349	2 892 771
2002	536 591	8 784	2 716 415
2003	504 529	8 657	2 759 052
2004	491 019	8 564	2 858 358
2005	468 840	8 549	2 976 706
2006	479 957	8 675	3 168 941
2007	483 084	8 976	3 388 810
2008	442 562	8 726	3 378 640
2009	448 147	8 164	2 670 769
2010	434 672	8 087	2 908 029
2011	393 391	7 796	2 873 152
2012	424 884	7 840	2 906 961
2013	410 802	7 805	2 939 371
2014	397 735	7 790	3 070 083
2015	356 752	7 773	3 155 906
2016	367 999	7 921	3 051 488
2017	357 754	8 030	3 220 703

経済産業省「工業統計表」および同「戦後の工業統計表」により作成。2011，15年は，総務省・経済産業省「経済センサス－活動調査」による（ただし，工業統計と経済センサスは調査事業所の範囲等が異なり，本表では工業統計の定義に合わせて再集計された数値を掲載）。1948年は職工５人以上，49年は常用従業者５人以上，50，51年は従業者４人以上の事業所。52年以降は全事業所であるが，1981～2009年のうち西暦末尾が０，３，５，８年以外の年と，2010年以降で経済センサス以外の年は，従業者３人以下の事業所が推計値。また，1994年の阪神・淡路大震災や，2004年の中越地震で調査票が回収できなったものも推計値による。2011年以降は，東日本大震災やそれに伴う原子力発電所事故による調査困難地域は調査対象から除外されている。一方，調査年によっては工業生産を行う事業所を網羅できているかを調べる再捕そくが行われ，調査事業所が接続しない場合もある。**製造品出荷額等**は，製造品出荷額のほか加工賃収入額やくず廃物の出荷額などを加えたもの。2007年より範囲が拡大し，転売収入や売電などを含んでいる。2015年の製造品出荷額等は従業者３人以下の個人経営事業所を除く。1948，49年は生産額。1）各年末現在。ただし2011年は2012年２月１日現在，2015年以降は翌年の６月１日現在。

生産額と製造品出荷額　工業統計で生産額は仕掛品の価額を評価して年末と年初の差額を増減させるなど集計が煩雑で，小規模事業所（2017年では従業者29人以下の事業所）は調査から除外されている。製造品出荷額は，１年間に出荷した金額を集計するため調査が容易で，小規模事業者を含め広く調査が行われている。ただし，製造品出荷額は1950年に第１回世界鉱工業センサスに工業統計が参加したときからのもので，本表でも1948，49年は生産額（加工賃収入などを含む）が調査されている。

表6-5　産業別製造品出荷額等（Ⅰ）（全事業所）（単位　億円）

	食料品	飲料・1) たばこ	繊維工業	衣服・繊維製品	木材・木製品	家具・装備品	パルプ・紙
1948	1 014	…	1 002	151	448	86	360
1949	2 050	…	2 386	261	581	103	558
1950	3 167	…	4 917	392	851	152	913
1951	4 884	…	8 535	608	1 404	242	1 893
1952	7 610	…	8 921	717	1 827	381	1 983
1953	9 538	…	10 583	880	2 412	502	2 522
1954	11 760	…	10 266	888	2 712	566	2 572
1955	12 841	…	10 964	853	2 743	655	2 851
1956	13 763	…	13 508	1 045	3 271	792	3 484
1957	15 580	…	14 666	1 242	3 873	988	4 121
1958	16 303	…	13 227	1 208	3 875	1 058	4 035
1959	17 474	…	14 888	1 418	4 471	1 212	5 049
1960	20 356	…	17 414	1 813	5 492	1 618	6 006
1961	23 897	…	19 382	2 245	6 860	2 111	7 140
1962	26 883	…	20 757	2 746	7 751	2 594	7 805
1963	31 455	…	23 415	3 851	8 817	3 157	9 371
1964	35 079	…	25 181	4 062	9 803	3 700	10 808
1965	38 844	…	26 023	4 409	10 528	4 064	11 178
1966	44 474	…	28 849	5 223	12 429	4 951	12 809
1967	50 001	…	32 173	5 991	14 688	5 960	14 406
1968	55 148	…	34 706	6 883	17 126	7 102	16 241
1969	62 236	…	38 660	8 347	19 551	8 473	18 889
1970	71 506	…	43 899	9 567	22 319	10 091	22 696
1971	78 914	…	46 230	10 542	22 576	10 956	23 928
1972	89 126	…	50 585	12 900	26 316	12 895	26 221
1973	105 891	…	65 541	17 078	37 766	16 594	34 864
1974	131 733	…	64 400	19 069	39 868	19 090	47 721
1975	151 305	…	64 573	21 802	36 181	19 741	42 102
1976	168 278	…	73 339	25 039	40 669	21 486	46 348
1977	185 970	…	71 809	25 731	42 067	22 890	50 514
1978	196 810	…	72 364	27 973	42 722	24 654	50 416
1979	205 817	…	77 762	28 974	50 515	27 971	56 155
1980	225 126	…	81 053	30 268	54 543	30 365	67 993
1981	244 580	…	83 591	33 331	46 101	30 153	68 767
1982	255 150	…	85 081	33 821	44 700	31 122	69 498
1983	266 332	…	84 278	34 766	43 302	30 899	71 185
1984	275 750	…	85 328	35 468	41 480	30 050	74 262
1985	207 960	87 087	84 425	38 183	41 663	30 621	74 439
1986	210 320	90 439	79 994	39 951	40 082	31 637	72 722
1987	209 495	90 727	78 099	40 740	41 695	33 258	74 417
1988	214 913	94 565	79 229	43 023	43 880	37 045	78 598
1989	221 923	100 494	80 546	44 728	45 105	39 888	85 161
1990	229 851	104 380	81 825	47 256	47 823	43 340	88 732
1991	243 481	106 314	82 881	51 078	47 739	45 102	90 262
1992	250 087	109 018	79 042	50 039	45 972	42 274	88 262
1993	248 452	107 171	69 417	45 656	46 967	39 972	85 586
1994	246 470	108 415	47 532	57 098	45 022	38 708	82 544
1995	243 319	107 205	44 459	53 770	43 445	38 537	85 570
1996	244 564	106 541	42 620	50 811	44 193	39 120	86 911
1997	244 444	109 990	42 007	48 836	43 026	38 321	87 002
1998	248 146	111 174	37 434	46 609	36 114	33 579	82 642
1999	245 323	108 179	33 998	41 036	34 290	30 182	79 173
2000	240 802	110 344	31 620	36 743	33 116	29 198	79 858
2001	236 048	109 955	28 682	31 566	30 027	27 218	76 274

産業別製造品出荷額等（Ⅱ）（全事業所）（単位　億円）

	出版・印刷	化学工業	石油・石炭製品	プラスチック製品	ゴム製品	革製品・毛皮	窯業・土石製品
1948	190	1 111	81	…	130	41	357
1949	425	1 962	111	…	265	74	574
1950	661	2 741	327	…	558	166	798
1951	1 020	4 400	687	…	768	271	1 426
1952	1 352	4 485	939	…	722	273	1 721
1953	1 761	5 462	1 071	…	822	358	2 090
1954	2 013	5 923	1 161	…	858	344	2 295
1955	2 234	6 745	1 285	…	971	381	2 312
1956	2 545	8 174	1 673	…	1 206	495	2 889
1957	2 857	9 028	2 266	…	1 492	549	3 483
1958	3 076	8 990	2 435	…	1 414	536	3 419
1959	3 308	11 156	3 026	…	1 829	643	4 043
1960	3 946	13 544	3 716	…	2 343	772	5 302
1961	4 789	15 929	4 114	…	2 747	941	6 427
1962	5 646	17 479	4 881	…	3 002	1 169	7 292
1963	7 462	20 375	5 906	…	3 447	1 496	8 536
1964	8 591	23 956	6 753	…	3 766	1 589	9 771
1965	9 154	26 139	8 183	…	3 767	1 752	10 327
1966	10 894	29 533	9 366	…	4 327	2 012	12 222
1967	12 758	34 947	10 939	…	5 148	2 194	14 927
1968	14 703	40 420	12 726	…	5 835	2 371	17 818
1969	17 429	48 053	14 925	…	6 782	2 972	21 064
1970	19 996	55 402	17 911	…	7 669	3 428	24 697
1971	22 145	59 042	22 121	…	8 499	3 586	27 096
1972	25 616	61 363	23 817	…	9 200	4 375	31 252
1973	29 906	74 782	29 911	…	11 508	5 172	40 115
1974	36 217	100 323	65 047	…	14 453	5 756	48 814
1975	41 626	104 381	75 721	…	14 273	6 474	48 015
1976	46 240	117 963	86 847	…	16 374	7 797	53 027
1977	49 637	125 351	89 605	…	17 451	8 234	57 873
1978	56 192	128 689	79 366	…	19 002	8 882	65 273
1979	62 086	149 734	97 092	…	20 806	9 951	72 564
1980	69 790	179 787	151 977	…	24 881	10 159	83 945
1981	75 377	180 926	160 323	…	26 026	10 742	87 279
1982	79 808	185 076	159 139	…	25 742	10 334	86 630
1983	84 274	192 679	143 347	…	27 562	10 333	87 313
1984	86 966	201 870	135 980	…	28 728	10 524	89 087
1985	91 629	205 793	129 872	81 530	30 407	10 947	88 831
1986	97 484	192 350	85 280	82 374	29 978	11 310	88 487
1987	100 699	194 296	69 187	83 810	30 259	11 144	89 916
1988	109 555	205 594	65 926	90 920	32 266	11 545	97 231
1989	118 533	221 743	70 307	99 247	33 479	12 179	102 457
1990	128 969	235 510	83 183	105 909	36 925	13 315	108 577
1991	136 087	243 040	89 280	117 261	38 415	13 710	112 202
1992	134 182	242 026	85 596	113 528	37 750	13 132	109 430
1993	132 434	233 066	80 085	109 093	34 801	11 790	103 987
1994	128 777	226 380	78 499	105 469	32 634	11 011	104 801
1995	133 458	234 167	76 546	106 538	33 071	10 074	102 869
1996	137 458	235 437	84 031	106 675	33 509	9 900	103 741
1997	139 821	246 349	90 256	109 518	34 244	9 160	103 411
1998	139 320	232 602	82 560	105 355	32 502	8 706	95 375
1999	131 555	231 142	80 807	103 643	31 480	7 830	89 388
2000	130 521	237 994	94 568	106 063	31 382	7 270	89 787
2001	127 588	232 596	96 327	100 919	29 231	6 644	85 015

産業別製造品出荷額等（Ⅲ）（全事業所）（単位　億円）

	鉄鋼業	非鉄金属	金属製品	一般機械	電気機械	輸送用機械	精密機械
1948	651	389	289	593	426	698	84
1949	1 359	564	394	819	533	1 060	128
1950	2 208	963	654	956	608	1 359	190
1951	4 824	2 011	1 159	1 835	1 151	2 369	270
1952	5 195	2 141	1 393	2 091	1 631	3 122	348
1953	6 092	2 435	1 974	2 747	2 207	3 809	470
1954	5 505	2 505	1 949	2 903	2 479	3 941	567
1955	6 499	2 804	2 204	2 909	2 508	3 918	563
1956	9 850	4 135	2 815	4 607	3 929	6 135	753
1957	12 209	4 347	3 646	6 601	5 433	8 967	1 095
1958	9 013	3 597	3 581	6 054	6 543	9 207	1 164
1959	12 205	4 977	4 604	7 479	9 052	10 072	1 410
1960	16 477	6 704	6 142	11 683	12 941	13 752	1 727
1961	21 163	7 874	8 203	15 877	16 643	16 883	2 177
1962	19 080	7 807	9 437	17 839	19 246	18 935	2 586
1963	21 195	8 479	10 848	18 905	19 848	21 177	3 139
1964	26 423	10 615	12 945	21 763	23 382	26 304	3 447
1965	26 835	11 652	13 806	21 961	23 009	29 492	3 827
1966	30 436	15 151	16 048	25 315	27 183	34 231	4 429
1967	39 379	17 304	19 485	32 741	35 881	43 232	5 249
1968	42 611	20 374	23 482	42 424	46 066	53 509	6 270
1969	52 762	25 720	30 667	54 126	59 712	62 111	7 608
1970	65 648	30 547	37 277	68 028	73 305	72 758	8 917
1971	62 468	27 975	39 246	69 935	75 174	81 472	10 166
1972	66 915	30 974	44 731	70 964	85 609	93 801	11 076
1973	92 203	42 943	59 738	93 479	104 950	114 405	14 200
1974	121 945	50 600	71 824	116 057	117 770	133 825	18 208
1975	113 063	39 087	65 731	106 112	108 213	147 935	17 291
1976	125 118	50 291	72 992	116 515	137 634	167 935	19 980
1977	132 703	52 740	78 926	127 035	150 761	190 791	23 919
1978	134 706	53 107	88 308	136 284	163 113	202 913	27 157
1979	157 587	63 183	96 510	155 698	184 711	216 718	29 521
1980	178 956	81 186	106 465	175 998	222 346	249 536	34 577
1981	172 634	73 258	113 076	196 649	257 811	281 112	38 425
1982	174 863	67 849	116 794	202 687	277 350	287 233	36 436
1983	161 134	69 632	116 191	205 823	316 751	296 443	38 162
1984	173 388	71 740	122 087	226 201	391 424	323 247	40 273
1985	177 904	64 129	135 061	245 377	409 487	362 473	44 276
1986	148 191	55 511	135 250	236 805	413 353	350 990	42 697
1987	138 343	55 674	139 145	226 179	420 477	353 931	40 992
1988	156 559	64 461	156 044	263 738	469 076	374 460	43 485
1989	173 044	72 560	171 611	299 081	509 968	421 862	47 271
1990	183 131	78 526	191 197	337 110	546 668	469 497	51 843
1991	186 734	77 255	207 971	363 730	587 763	490 542	55 632
1992	166 309	68 909	203 324	336 688	547 020	495 133	50 990
1993	149 739	61 687	192 298	296 167	522 380	471 547	45 335
1994	136 749	59 937	180 948	282 035	521 578	448 045	42 670
1995	141 113	65 239	181 250	303 440	549 635	443 018	41 523
1996	139 284	67 380	184 034	318 839	578 797	452 314	41 360
1997	146 032	72 157	186 101	330 454	605 165	475 369	45 510
1998	129 880	64 704	172 150	312 609	564 385	453 311	46 407
1999	113 576	58 154	156 469	283 745	550 311	439 660	42 155
2000	119 630	62 189	155 868	304 132	595 817	444 474	41 189
2001	112 333	58 741	149 176	285 925	525 795	452 208	40 423

ご購入ありがとうございました。
お答えいただける項目をご記入下さい。

日本の100年　改訂第７版

職　業　①学生（小学校／中学校／高等学校／大学／大学院／予備校／専門学校）　②会社員　③会社役員　④教員（小学校／中学校／高等学校／大学／学習塾（　　　科担当）⑤公務員　⑥主婦　⑦自営業　⑧無職　⑨その他（　　　　）

購読新聞　①朝日新聞　②読売新聞　③毎日新聞　④日本経済新聞　⑤その他（　　　　新聞）

お買い上げ書店名　　都道府県　　市区町村　　書店
インターネット　　書店

購入頻度　①第（　　）版を購入　②今回初めて購入

初めてご購入された方（この本をお知りになったのは）
①書店の店頭　②インターネット　③人にすすめられて
④書評・紹介記事（掲載元　　　　）
⑤広告（掲載元　　　　）⑥その他

ご購入の目的　①授業教材　②受験勉強　③レポート作成
④講演会資料　⑤教養書として　⑥読みものとして
⑦市場調査　⑧その他（　　　　）

希望する統計データ（具体的にお書き下さい）

そのほか本書についてのご意見・ご感想をお聞かせ下さい。

100
年
7

郵便はがき

料金受取人払郵便

銀座局承認

6133

差出有効期間
2022年1月
26日まで
切手をはらずに
出して下さい。

1008784

319

(受取人)

東京都千代田区
有楽町1－13－1
第一生命本館

公益財団法人 矢野恒太記念会 行

(郵便番号)

住所

(ふりがな)
氏名

男・女 歳 電話

＊ご記入の個人情報は、本作りの参考にさせていただきます。それ以外の目的には使用致しません。新刊・バックナンバー案内は、当財団ホームページをご覧下さい。

産業別製造品出荷額等（Ⅳ）（全事業所）（単位　億円）

	食料品	飲料・[1] たばこ	繊維工業	衣服・ 繊維製品	木材・ 木製品	家具・ 装備品	パルプ ・紙	印刷
2002	231 190	106 986	25 897	27 792	27 326	24 189	71 921	76 068
2003	229 181	103 949	25 074	25 755	27 079	24 248	71 351	74 252
2004	229 415	107 259	24 223	23 631	26 817	23 294	72 460	72 127
2005	228 226	97 547	23 294	22 242	25 820	23 239	71 296	71 202
2006	227 987	96 699	22 655	21 055	25 729	22 963	72 374	70 108
2007	243 245	103 167	22 961	21 749	27 812	24 046	76 981	71 417
2008	250 905	99 898	48 780		26 474	21 875	78 326	69 037
2009	245 787	100 586	40 222		21 679	17 589	71 030	63 205
2010	242 399	96 772	39 296		21 974	16 779	71 430	61 761
2011	243 367	93 286	41 435		22 871	17 953	68 977	57 087
2012	244 458	96 600	40 767		22 934	18 335	68 501	56 170
2013	250 875	95 449	39 059		25 033	19 173	67 741	55 450
2014	260 690	96 433	39 588		25 852	20 121	70 067	55 365
2015	283 993	102 984	41 442		27 863	20 140	73 349	54 849
2016	286 720	98 503	40 184		27 618	21 413	73 347	52 753
2017	293 041	95 937	39 610		28 224	21 282	74 432	52 378

	化学工業	石油・[2] 石炭製品	プラスチ ック製品	ゴム製品	革製品 ・毛皮	窯業・ 土石製品	鉄鋼業	非鉄[2] 金属
2002	227 745	95 958	97 147	29 119	5 846	77 720	109 881	56 912
2003	233 691	99 351	101 790	29 259	5 510	75 145	119 355	56 535
2004	241 841	104 928	107 319	30 081	5 321	75 368	141 740	62 151
2005	250 615	134 460	109 959	31 213	5 089	75 745	169 303	67 353
2006	262 295	156 988	114 933	33 154	4 937	78 396	185 044	90 399
2007	283 261	137 213	124 845	35 546	5 286	85 749	212 295	107 984
2008	281 723	140 263	121 714	35 086	4 958	82 684	243 728	105 086
2009	243 112	105 065	101 344	26 675	4 138	68 485	160 194	69 579
2010	262 478	150 087	109 766	30 471	3 802	71 779	181 776	89 294
2011	264 352	166 046	110 936	30 893	3 933	73 595	187 192	90 586
2012	260 961	171 252	112 121	31 956	3 688	69 208	180 564	89 458
2013	274 683	177 269	113 348	31 308	3 680	71 438	179 490	88 281
2014	281 869	187 119	116 283	32 250	3 657	74 197	192 475	94 483
2015	287 330	145 967	118 939	35 243	3 780	75 858	178 954	97 029
2016	273 140	116 074	118 909	31 419	3 788	72 698	157 381	89 201
2017	287 918	133 141	125 697	31 961	3 848	76 655	177 607	97 940

	金属製品	一般機械		精密機械	電子部品・ デバイス	電気機械	情報通信 機械	輸送用 機械
2002	140 750	258 058		35 841	159 037	178 562	123 749	480 597
2003	136 088	264 306		36 280	171 094	179 653	127 190	499 550
2004	138 047	294 311		40 140	181 872	182 005	126 282	507 601
2005	143 656	315 765		38 216	182 842	188 841	115 408	540 653
2006	147 666	336 660		41 065	190 204	197 274	125 014	598 943
2007	155 135	366 156		43 099	209 542	211 357	133 313	639 753

	金属製品	はん用 機械	生産用 機械	業務用 機械	電子部品・ デバイス・ 電子回路	電気機械	情報通信 機械	輸送用 機械
2008	155 018	126 254	193 938	86 124	205 794	169 165	144 903	638 351
2009	127 009	99 082	121 916	70 980	149 021	137 721	114 638	472 380
2010	125 392	101 563	138 214	69 053	166 467	151 736	125 903	542 608
2011	124 186	101 225	157 823	67 035	156 702	147 444	100 778	506 662
2012	131 348	106 919	157 470	69 691	133 566	150 445	86 286	565 477
2013	133 187	102 929	153 472	67 421	129 586	155 144	84 335	582 624
2014	142 010	101 692	167 908	70 742	138 336	170 896	86 334	601 229
2015	146 212	108 862	180 537	73 807	148 219	174 487	86 589	647 514
2016	148 387	112 267	184 165	72 115	145 818	165 062	67 621	652 465
2017	156 396	118 757	208 318	70 004	159 613	173 574	67 136	683 716

表6-5の注記　本表は表6-4の内訳で，資料，注記は同表を参照。1948年は職工5人以上，49年は常用者5人以上の事業所（48，49年のみ生産額）。50，51年は従業者4人以上の事業所。52年以降は全事業所。2004年は新潟県中越地震の影響で一部の事業所を除く。2011年以降は，東日本大震災とそれに伴う原子力発電所事故の影響で，工業統計調査の実施が困難な地域を除く。産業分類には本表に掲載分以外に「その他の製造業」がある。プラスチック製品は家具など，ほかの項目に分類されるものを除く。1）飼料を含む。2）2010年に数値が増大したが，一部企業の製販合併に伴う増大要因を包含している。

本表の産業分類は日本標準産業分類の改定に合わせて変更されており，数値が接続しない場合がある。主な変更点は，2008年の改定では一般機械がはん用機械，生産用機械，業務用機械に分割されたほか，時計，めがねを除く精密機械や武器が業務用機械に含められた。電気機械のうち磁気ディスク等が電子部品・デバイス・電子回路へ，ビデオ機器，デジタルカメラが情報通信機械に移動した。化学工業に分類されていた化学繊維や，窯業に分類されていた炭素繊維が繊維工業に移動した。2002年の改定では，出版・印刷業のうち新聞業，出版業が情報通信業に移動したほか，もやし製造業が農業に分類されるようになって，それぞれ工業統計から外れている。また，電気機械が電子部品・デバイス，情報通信機械，電気機械に分割された。1994年の改定では，繊維工業と衣服・繊維製品の間で相互に分類の移動がある。1985年の改定では，たばこ事業が民営化に伴い工業統計に含まれるようになったほか，食料品工業から飲料・飼料・たばこが分割された。産業分類の改定は1972年やそれ以前にもあるが，本表では1975年以前の統計については経済産業省が同年基準で遡及して組み替えた数値を掲載している。

表6-6　重化学工業と軽工業

	事業所数1)		従業者数1)（千人）		製造品出荷額等2)（億円）		製造品出荷額等2)3)（%）	
	重化学工業	軽工業	重化学工業	軽工業	重化学工業	軽工業	重化学工業	軽工業
1950 4)	39 430	116 743	1 592	2 268	10 005	12 936	*43.6*	*56.4*
1955	79 610	353 084	2 046	3 465	29 531	38 163	*43.6*	*56.4*
1960	101 550	385 500	3 574	4 595	86 703	69 083	*55.7*	*44.3*
1965	133 200	424 906	4 443	5 478	164 935	129 954	*55.9*	*44.1*
1970	185 491	467 440	5 790	5 890	429 829	260 519	*62.3*	*37.7*
1975	230 538	505 432	5 581	5 715	777 633	496 696	*61.0*	*39.0*
1980	242 521	492 102	5 524	5 408	1 381 002	765 996	*64.3*	*35.7*
1985	262 055	487 311	6 144	5 398	1 774 720	910 042	*66.1*	*33.9*
1990	265 960	462 893	6 316	5 472	2 180 807	1 090 124	*66.7*	*33.3*
1995	246 350	408 086	5 844	5 037	2 039 943	1 054 426	*65.9*	*34.1*
2000	229 846	359 867	5 312	4 388	2 060 131	975 693	*67.9*	*32.1*
2001	214 792	335 407	5 081	4 268	1 956 006	936 765	*67.6*	*32.4*
2002	212 724	323 867	4 843	3 941	1 871 678	844 737	*68.9*	*31.1*
2003	201 313	303 216	4 788	3 869	1 924 199	834 853	*69.7*	*30.3*
2004	197 360	293 659	4 799	3 765	2 024 503	833 855	*70.8*	*29.2*
2005	191 450	277 390	4 852	3 697	2 151 108	825 597	*72.3*	*27.7*
2006	196 775	283 182	5 000	3 675	2 335 353	833 589	*73.7*	*26.3*
2007	199 462	283 622	5 217	3 759	2 502 042	886 769	*73.8*	*26.2*
2008	184 900	257 662	5 071	3 655	2 490 347	888 293	*73.7*	*26.3*
2009	184 666	263 481	4 663	3 502	1 870 698	800 072	*70.0*	*30.0*
2010	179 459	255 213	4 647	3 440	2 104 573	803 456	*72.4*	*27.6*
2011	167 232	226 159	4 535	3 261	2 070 031	803 121	*72.0*	*28.0*
2012	177 737	247 147	4 501	3 339	2 103 438	803 523	*72.4*	*27.6*
2013	172 342	238 460	4 489	3 316	2 128 420	810 951	*72.4*	*27.6*
2014	167 765	229 970	4 505	3 286	2 235 093	834 990	*72.8*	*27.2*
2015	152 431	204 321	4 523	3 250	2 275 505	880 401	*72.1*	*27.9*
2016	156 766	211 233	4 634	3 287	2 183 696	867 792	*71.6*	*28.4*
2017	153 512	204 242	4 734	3 296	2 334 122	886 581	*72.5*	*27.5*

表6-4の内数。重化学工業は金属工業（表6-13），機械工業（表6-19），化学工業（石油・石炭製品を含む，表6-38）。軽工業はそれ以外で，1985年以降たばこを含み，2002年以降は出版，新聞，もやし製造を含まず。1）各年末現在。2011年は2012年2月1日，2015年以降は翌年の6月1日現在。2）2015年は従業者3人以下の個人経営事業所を除く。3）全工業に占める割合。4）従業者4人以上の事業所のみ。

表6-7　従業者（職工）規模別工業事業所数（各年末現在，2015年以降は翌年6月1日現在）

職工数別	4人以下	5～9人	10～29人	30～99人	100～199人	200～499人	500～999人	1000人以上
1909	…	16 779	10 760	3 446	909		81	57
1914	…	14 554	11 452	4 102	1 141		124	85
1919	…	20 034	15 556	5 902	1 869		202	160
1921	37 840	23 924	17 037	6 029	1 790		223	149
1925	…	23 769	16 586	6 015	1 963		284	233
1930	…	35 614	17 008	6 567	1 369	797	270	143
1935	…	46 483	25 518	9 355	1 747	942	355	225
1940	554 139	76 433	43 233	12 977	2 267	1 332	506	394
1942	512 542	68 369	40 905	12 157	2 055	1 317	452	425
1946	275 897	1) 76 019		2) 6 956		1 206		212
従業者数別	**3人以下**	**4～9人**	**10～29人**	**30～99人**	**100～299人**	**300～499人**	**500～999人**	**1000人以上**
1950 3)	196 225	86 177	50 628	14 788	3 872		419	339
1955	245 593	85 608	74 344	21 086	4 333	816	538	376
1960	248 730	96 943	97 408	33 553	7 588	1 329	881	618
1965	212 986	191 985	100 682	39 304	9 566	1 703	1 150	730
1970	247 416	231 960	115 095	42 673	11 457	1 987	1 449	894
1975	305 479	255 209	118 942	41 964	10 528	1 819	1 257	772
1980	305 287	253 169	122 299	39 843	10 514	1 714	1 150	647
1985	310 848	253 595	127 297	42 308	11 554	1 868	1 217	679
1989	295 469	231 364	130 797	43 663	12 138	1 892	1 241	662
1990	292 856	244 004	131 607	44 139	12 407	1 890	1 247	703
1991	292 833	234 814	133 931	45 113	12 619	1 929	1 291	717
1992	283 224	224 197	129 941	44 567	12 473	1 925	1 301	708
1993	282 420	229 281	125 180	43 183	12 171	1 884	1 275	696
1994 4)	265 116	206 621	119 040	41 558	11 852	1 851	1 229	674
1995	266 710	213 308	117 669	41 219	11 823	1 856	1 206	645
1996	257 338	198 411	115 095	40 719	11 721	1 842	1 204	620
1997	254 584	190 640	112 220	40 064	11 703	1 836	1 178	605
1998	269 755	206 808	112 387	39 537	11 422	1 820	1 152	587
1999	251 406	186 111	106 877	37 965	11 066	1 779	1 097	562
2000	248 292	186 698	103 289	36 997	11 049	1 778	1 081	529
2001	233 932	161 085	105 818	35 181	10 807	1 779	1 075	522
2002	245 743	144 216	99 586	33 484	10 348	1 762	986	466
2003	210 619	150 551	97 076	32 750	10 376	1 712	1 003	442
2004 5)	219 932	129 952	94 983	32 303	10 498	1 732	978	459
2005	192 125	143 094	87 592	32 159	10 630	1 780	996	464
2006	221 414	121 626	90 551	32 220	10 775	1 824	1 067	480
2007	224 852	117 259	93 291	33 012	11 113	1 896	1 130	531
2008	179 501	126 964	89 642	32 100	10 872	1 857	1 086	540
2009	212 330	108 813	82 998	30 697	10 061	1 738	1 016	494
2010	210 269	99 883	80 892	30 221	10 093	1 774	1 044	496
2011 6)	160 205	112 463	76 015	31 954	9 631	1 671	962	490
2012	208 622	94 320	78 186	30 733	9 917	1 658	985	463
2013	202 773	87 496	77 074	30 413	9 869	1 706	1 014	457
2014	195 325	82 926	76 023	30 300	9 951	1 726	1 031	453
2015	139 151	99 285	72 970	32 296	9 839	1 734	1 016	461
2016	176 660	72 009	74 735	30 899	10 294	1 857	1 058	487
2017	169 505	68 892	73 927	31 395	10 539	1 895	1 090	511

経済産業省「工業統計表」，同「戦後の工業統計表」，同「工業統計50年史」，総務省・経済産業省「経済センサス－活動調査」により作成。工業統計の注記は表6-4参照。1946年以前は工場数で，50年以降は事業所数。2011年以降，東電福島第一原発事故による調査困難地域を除く。1）5～49人。2）50～199人。3）産業分類の組み替えを行っていない。4）兵庫県内の4712事業所を除く。5）新潟県内の82事業所を除く。6）2012年2月1日現在。

表6-8　従業者（職工）規模別製造品出荷額等（単位　億円）

職工数別（生産額）	4人以下	5～9人	10～29人	30～99人	100～199人	200～499人	500～999人	1000人以上
1930	…	5.3	8.0	11.8	7.0	9.7	7.7	9.8
1935	…	6.7	13.1	18.5	11.5	15.6	13.6	29.2
1940	21.5	21.6	36.2	45.0	23.4	33.9	27.3	83.5
1942	23.4	22.6	42.8	49.5	24.4	37.1	31.3	112.7
1946	63.5	1) 335.7		2) 212.0		161.5		133.4
従業者数別	**3人以下**	**4～9人**	**10～29人**	**30～99人**	**100～299人**	**300～499人**	**500～999人**	**1000人以上**
1950 3)	779	1 507	3 128	3 812	14 496			
1955	2 076	3 304	9 652	11 498	11 417	6 355	7 468	15 925
1960	2 849	5 002	17 428	25 084	25 757	12 713	19 354	47 600
1965	3 017	13 941	31 225	48 567	50 509	26 014	37 907	83 708
1970	6 585	33 282	73 110	107 627	116 715	57 193	88 417	207 421
1975	15 919	71 082	146 530	206 763	212 991	115 255	167 372	338 416
1980	25 755	114 239	257 074	346 210	373 208	210 506	287 736	532 270
1982	27 775	121 313	279 889	377 305	403 794	218 035	303 554	595 451
1983	31 611	129 115	285 952	386 598	418 127	233 830	300 113	601 534
1984	29 800	127 679	300 549	411 704	447 114	249 575	320 803	672 876
1985	31 557	134 572	306 559	429 219	469 959	275 156	328 377	709 363
1986	31 688	134 862	308 603	424 411	456 260	251 503	306 699	664 548
1987	30 766	130 890	309 273	421 533	471 678	242 255	310 497	649 027
1988	34 345	142 825	329 188	450 197	517 056	261 208	340 288	703 245
1989	34 032	146 499	356 931	486 694	557 507	288 654	369 730	782 916
1990	37 205	160 650	382 492	521 795	609 165	309 653	389 848	860 122
1991	38 543	167 175	406 177	554 594	638 379	328 082	418 230	895 709
1992	36 447	156 749	387 867	538 521	626 666	316 586	408 293	860 525
1993	35 879	148 059	360 295	506 978	593 030	308 728	380 902	814 003
1994 4)	34 179	135 454	337 987	484 597	576 976	307 360	373 389	774 510
1995	34 073	137 499	339 186	499 301	595 406	321 676	384 673	782 555
1996	33 677	134 909	341 075	511 634	607 609	334 234	399 534	801 689
1997	34 439	133 996	343 876	523 204	639 170	345 227	423 124	822 121
1998	34 656	137 224	333 353	503 875	604 933	335 382	389 166	754 468
1999	30 519	121 940	307 064	479 253	597 242	323 044	364 158	721 795
2000	31 048	121 978	302 795	483 768	627 699	347 449	385 241	735 847
2001	26 097	102 505	296 518	463 477	605 685	332 533	370 155	695 802
2002	22 797	91 031	270 259	434 929	581 544	321 819	340 018	654 019
2003	24 957	90 554	264 688	436 806	590 691	335 974	357 146	658 236
2004 5)	23 062	84 465	270 089	450 257	637 874	348 352	363 519	680 200
2005	23 250	92 825	264 104	460 101	646 298	384 801	383 997	721 330
2006	20 595	83 606	272 889	469 594	681 200	408 730	436 659	795 669
2007	21 244	87 497	297 446	500 757	702 780	441 781	431 078	906 227
2008	22 852	88 524	295 245	502 928	704 504	433 458	430 428	900 701
2009	18 179	71 045	242 943	426 490	581 738	338 137	338 792	653 445
2010	16 952	66 836	237 782	430 679	615 581	384 354	393 458	762 386
2011	23 465	84 019	240 177	455 394	619 027	356 074	373 485	721 512
2012	19 684	71 293	243 170	449 083	638 534	363 604	380 051	741 541
2013	18 450	68 180	244 480	450 353	636 383	397 882	372 861	750 783
2014	18 683	68 522	253 835	470 939	666 228	397 525	423 987	770 364
2015 6)	16 546	78 678	257 077	508 561	660 194	404 222	413 979	808 576
2016	29 635	61 260	253 552	474 261	655 358	383 457	379 167	814 797
2017	29 036	60 271	259 338	491 861	687 288	418 603	397 800	876 506

資料は表6-7に同じ。2011年以降，東電福島第一原発事故による調査困難地域を除く。1）5～49人。2）50～199人。3）産業分類の組み替えを行っていない。4）兵庫県内の4712事業所を除く。5）新潟県内の182事業所を除く。6）個人経営事業所をすべて除く。従業者3人以下の個人経営事業所のみを除く表6-4，表6-5，表6-6と異なる。

表6-9　都道府県別の工業事業所数（各年末現在）

	1950[1)]	1960	1970	1980	1990	2000	2010	2017[2)]
北海道	10 256	12 225	13 481	14 028	13 211	12 116	9 255	8 359
青　森	2 462	3 147	3 875	4 081	4 052	3 636	2 882	2 444
岩　手	2 721	3 622	3 900	4 375	5 265	4 648	3 676	3 211
宮　城	3 946	5 236	6 424	6 933	7 508	6 684	5 046	4 167
秋　田	2 965	3 601	4 264	4 921	5 712	4 881	3 656	3 077
山　形	4 330	5 114	6 517	7 478	8 200	6 857	5 045	4 362
福　島	5 257	6 973	9 128	10 827	11 373	9 678	7 359	6 168
茨　城	5 817	6 606	9 802	12 842	14 849	12 720	10 198	8 697
栃　木	7 258	9 647	12 922	14 642	15 274	12 641	9 336	7 748
群　馬	7 259	11 977	15 768	17 172	17 846	14 726	11 018	9 008
埼　玉	9 719	13 802	23 737	33 405	40 495	33 086	25 640	21 099
千　葉	6 396	7 380	9 608	12 918	14 381	12 708	9 764	8 013
東　京	35 563	54 014	90 347	97 093	80 009	62 127	39 338	27 984
神奈川	6 119	9 603	17 977	23 333	25 935	22 163	16 215	13 492
新　潟	10 979	14 557	19 753	21 568	20 089	16 089	11 852	10 056
富　山	3 148	3 890	5 617	6 515	7 026	6 359	5 032	4 459
石　川	6 851	7 986	14 171	14 953	13 484	10 274	7 442	6 303
福　井	5 302	7 247	9 646	9 922	9 096	7 292	5 316	4 500
山　梨	6 415	8 745	10 934	10 401	8 474	6 193	4 652	3 745
長　野	7 765	9 724	13 224	15 548	16 618	14 435	10 872	9 213
岐　阜	10 486	14 270	22 465	26 732	26 287	20 306	13 890	11 665
静　岡	15 178	22 279	25 717	30 422	31 470	25 717	19 313	16 039
愛　知	29 483	42 149	53 814	60 230	61 293	48 914	34 994	28 427
三　重	7 578	8 207	10 826	10 882	11 406	9 702	7 329	6 167
滋　賀	3 375	4 504	6 838	8 152	7 862	6 675	5 252	4 529
京　都	14 506	21 749	31 655	31 755	26 885	18 153	13 418	10 716
大　阪	23 877	40 793	56 954	71 914	73 641	56 862	40 839	32 011
兵　庫	12 458	17 554	26 966	30 262	29 778	22 761	17 291	14 314
奈　良	3 661	5 153	6 974	7 816	7 735	6 585	4 763	3 943
和歌山	6 422	7 461	7 506	7 082	6 758	5 249	3 884	3 460
鳥　取	1 516	2 133	2 279	2 506	2 719	2 161	1 576	1 234
島　根	2 762	3 649	3 342	3 455	3 664	3 084	2 343	1 951
岡　山	6 949	10 910	13 469	12 015	11 453	8 641	6 437	5 554
広　島	8 867	14 575	14 405	14 393	14 203	11 993	9 298	8 025
山　口	4 614	4 783	5 773	5 476	5 182	4 164	3 269	2 737
徳　島	3 477	3 539	4 248	4 501	4 831	3 741	2 678	2 152
香　川	4 487	5 307	6 382	6 945	6 858	5 212	4 060	3 451
愛　媛	5 588	7 070	6 418	7 169	7 398	6 009	4 325	3 779
高　知	3 437	3 498	3 567	3 417	3 495	2 891	2 208	1 958
福　岡	10 276	13 562	14 120	15 263	15 056	13 303	10 650	9 038
佐　賀	2 958	3 295	3 369	3 388	3 531	3 301	2 716	2 391
長　崎	4 415	6 423	5 495	5 212	5 142	4 687	3 764	3 192
熊　本	4 718	5 474	5 289	5 628	5 497	4 543	3 695	3 343
大　分	3 570	4 169	4 073	4 014	3 724	3 456	2 726	2 439
宮　崎	2 697	2 980	3 241	3 523	3 787	3 323	2 749	2 495
鹿児島	4 565	6 468	6 651	6 970	7 250	6 200	4 697	4 062
沖　縄	…	…	…	2 546	3 051	2 767	2 914	2 577
全国	**352 448**	**487 050**	**652 931**	**734 623**	**728 853**	**589 713**	**434 672**	**357 754**
工業地帯の割合（%）								
京　浜	*11.8*	*13.1*	*16.6*	*16.4*	*14.5*	*14.3*	*12.8*	*11.6*
中　京	*10.5*	*10.3*	*9.9*	*9.7*	*10.0*	*9.9*	*9.7*	*9.7*
阪　神	*10.3*	*12.0*	*12.9*	*13.9*	*14.2*	*13.5*	*13.4*	*12.9*
北九州	*2.9*	*2.8*	*2.2*	*2.1*	*2.1*	*2.3*	*2.5*	*2.5*

資料は表6-4に同じ。京浜は東京，神奈川，中京は愛知，三重，阪神は大阪，兵庫，北九州は福岡の数値を合算したもの。1）産業分類の組み替えを行っていない。2）2018年6月1日現在。

表 6 - 10　都道府県別の工業従業者数（各年末現在）（単位　千人）

	1950 1)	1960	1970	1980	1990	2000	2010	2017 2)
北海道	128.4	199.0	269.1	246.0	247.4	225.1	180.7	173.9
青　森	20.0	33.6	57.8	63.2	85.8	77.2	60.5	58.6
岩　手	31.6	48.5	75.9	93.2	125.8	114.9	90.3	88.7
宮　城	31.9	63.4	119.5	137.9	170.3	148.2	120.3	120.0
秋　田	27.6	46.2	66.0	86.2	119.5	96.1	70.9	65.4
山　形	40.0	65.1	107.0	124.3	160.4	134.3	108.0	104.6
福　島	56.3	88.4	173.6	203.1	249.6	208.5	171.5	163.6
茨　城	48.4	109.2	230.2	271.4	329.9	295.7	276.1	278.2
栃　木	60.4	109.2	207.5	233.7	268.8	227.2	207.8	213.0
群　馬	74.5	142.2	230.8	232.4	282.8	252.0	207.3	220.3
埼　玉	101.8	231.3	489.6	517.0	627.8	507.3	418.8	416.4
千　葉	51.2	104.6	271.5	283.5	314.2	263.5	214.9	213.8
東　京	481.3	1 257.4	1 392.7	1 031.0	865.4	622.1	359.0	286.0
神奈川	183.6	443.3	788.3	688.4	719.7	523.5	394.1	370.6
新　潟	106.5	176.2	254.1	263.2	291.9	242.0	195.4	196.2
富　山	67.9	101.9	150.9	143.8	157.3	138.9	121.1	128.2
石　川	66.4	107.8	144.5	128.7	139.1	117.0	102.3	110.9
福　井	59.4	85.2	118.5	107.6	110.4	94.1	75.3	77.9
山　梨	32.6	50.2	73.7	80.5	100.9	89.3	78.6	76.8
長　野	88.1	155.2	267.8	264.4	298.1	251.3	201.5	210.8
岐　阜	96.0	179.1	271.4	262.7	287.7	233.2	207.3	213.0
静　岡	147.6	315.0	456.1	484.3	549.4	482.1	426.4	418.7
愛　知	347.3	746.6	980.9	899.4	1 013.6	866.4	824.3	871.9
三　重	86.7	134.8	214.6	200.2	236.5	203.8	196.9	205.8
滋　賀	47.6	71.4	133.1	141.9	170.3	160.5	153.5	161.7
京　都	114.2	223.3	296.0	254.5	252.3	195.9	156.4	157.0
大　阪	424.8	934.1	1 126.3	931.2	924.8	688.0	521.4	478.6
兵　庫	272.1	472.3	631.2	521.7	524.1	419.6	375.1	374.9
奈　良	29.2	43.8	75.5	79.1	97.9	86.6	69.2	65.7
和歌山	49.4	79.3	99.3	84.3	80.7	64.3	52.8	56.5
鳥　取	12.9	24.9	50.1	51.1	58.9	48.5	35.5	34.7
島　根	23.0	37.5	58.1	63.4	70.4	54.8	44.7	43.1
岡　山	89.6	147.4	227.5	207.7	212.8	171.8	149.9	150.4
広　島	118.6	221.2	329.4	292.0	288.1	234.7	214.7	223.2
山　口	72.1	99.8	143.8	132.4	133.9	109.3	97.3	95.0
徳　島	31.3	49.1	73.4	71.3	75.5	61.1	50.7	49.4
香　川	43.5	63.9	101.6	100.0	100.6	80.8	71.6	72.7
愛　媛	72.6	100.3	127.2	124.9	131.1	105.1	80.2	80.5
高　知	23.2	33.1	43.3	42.3	42.4	35.6	26.5	27.6
福　岡	187.8	270.6	336.4	297.9	302.3	262.2	227.0	227.1
佐　賀	21.4	34.5	65.0	66.7	73.4	66.0	62.2	63.3
長　崎	50.9	68.1	84.4	81.0	85.3	73.3	62.0	60.5
熊　本	43.2	57.1	81.4	100.6	120.8	104.5	95.1	95.5
大　分	31.4	43.7	60.2	70.0	81.4	74.5	69.4	68.5
宮　崎	35.8	44.4	58.2	63.5	79.0	66.9	58.6	58.2
鹿児島	31.0	56.2	66.2	84.4	101.8	94.7	76.6	74.3
沖　縄	…	…	…	24.5	28.0	27.7	27.6	28.5
全国	**4 261.0**	**8 169.5**	**11 679.7**	**10 932.0**	**11 788.0**	**9 700.0**	**8 086.9**	**8 030.1**
工業地帯の割合（%）								
京　浜	*15.6*	*20.8*	*18.7*	*15.7*	*13.4*	*11.8*	*9.3*	*8.2*
中　京	*10.2*	*10.8*	*10.2*	*10.1*	*10.6*	*11.0*	*12.6*	*13.4*
阪　神	*16.4*	*17.2*	*15.0*	*13.3*	*12.3*	*11.4*	*11.1*	*10.6*
北九州	*4.4*	*3.3*	*2.9*	*2.7*	*2.6*	*2.7*	*2.8*	*2.8*

資料は表6-4に同じ。1）産業分類の組み替えを行っていない。2）2018年 6 月 1 日現在。

表6-11　都道府県別の製造品出荷額等（単位　億円）

	1950[1]	1960	1970	1980	1990	2000	2010	2017
北海道	839	4 051	15 111	51 294	59 993	59 771	60 038	62 126
青森	87	414	2 312	8 604	12 858	13 890	15 188	19 361
岩手	185	743	2 852	10 748	20 179	24 689	21 100	25 432
宮城	152	852	4 506	22 466	37 600	38 896	35 847	44 953
秋田	163	778	2 564	9 382	15 190	17 226	13 271	13 898
山形	126	630	3 093	12 536	25 145	29 907	27 708	29 215
福島	239	1 202	6 024	24 549	48 486	57 432	51 169	51 571
茨城	199	1 901	13 639	63 483	108 424	107 844	108 777	123 377
栃木	248	1 630	10 900	46 379	82 093	77 206	84 900	92 793
群馬	267	1 633	10 828	38 658	81 967	80 974	75 651	90 985
埼玉	468	3 546	28 551	95 491	172 263	146 634	129 628	137 066
千葉	246	2 099	23 321	98 987	122 615	115 188	124 137	121 895
東京	3 057	24 448	81 270	172 953	233 913	183 877	84 488	79 116
神奈川	1 432	14 056	71 355	203 180	281 995	218 653	173 221	180 845
新潟	416	2 418	10 394	33 972	49 089	47 390	43 639	49 200
富山	387	1 772	7 511	25 978	37 726	34 844	32 380	38 912
石川	255	1 177	5 273	13 998	25 518	25 545	24 028	30 649
福井	242	786	3 873	11 748	20 063	20 135	18 271	21 394
山梨	113	458	2 271	9 711	24 285	26 632	23 371	25 564
長野	291	1 713	9 691	33 714	66 226	70 944	56 803	62 316
岐阜	410	2 297	10 790	32 970	57 562	51 833	48 734	57 062
静岡	899	6 183	27 450	95 247	164 646	167 811	158 848	169 119
愛知	1 707	14 129	63 623	205 983	369 592	346 041	383 532	472 303
三重	520	2 706	12 927	45 037	75 441	81 431	97 909	105 552
滋賀	241	1 094	6 729	29 390	60 336	64 245	65 939	78 229
京都	536	3 318	14 305	39 025	64 156	59 716	48 776	58 219
大阪	2 875	20 958	78 343	190 520	250 098	183 690	158 932	173 490
兵庫	1 901	11 562	43 935	112 106	155 627	141 828	142 454	157 988
奈良	149	580	4 212	14 000	25 373	24 557	19 360	21 181
和歌山	304	2 006	9 334	26 198	25 304	22 892	26 902	26 913
鳥取	33	283	1 671	5 557	10 202	12 075	8 474	8 102
島根	100	471	1 720	6 274	9 797	12 382	9 924	11 841
岡山	466	2 321	14 659	57 567	69 221	64 045	77 211	76 409
広島	535	3 870	20 293	60 055	89 942	72 781	87 665	102 356
山口	522	3 502	12 602	43 526	49 824	48 600	63 585	61 307
徳島	136	546	2 747	9 183	14 728	15 208	16 844	17 935
香川	218	829	4 856	19 565	24 561	21 707	26 277	26 106
愛媛	484	1 961	8 415	27 321	33 327	34 895	38 045	42 008
高知	78	379	1 604	5 133	5 906	6 547	4 750	5 919
福岡	1 334	6 465	18 575	58 336	77 793	74 264	82 491	98 040
佐賀	91	369	2 146	8 736	14 151	16 238	16 751	18 790
長崎	164	893	3 418	8 373	13 591	15 539	17 510	18 478
熊本	186	811	2 741	13 020	22 914	28 340	25 316	28 574
大分	166	825	3 693	21 054	25 987	30 999	40 866	41 094
宮崎	159	611	2 104	8 496	12 933	13 343	13 204	17 102
鹿児島	96	510	2 115	10 538	16 794	20 581	18 385	20 990
沖縄	…	…	…	5 956	5 497	6 559	5 726	4 929
全国	23 723	155 786	690 348	2 146 998	3 270 931	3 035 824	2 908 029	3 220 703
工業地帯の割合（%）								
京浜	*18.9*	*24.7*	*22.1*	*17.5*	*15.8*	*13.3*	*8.9*	*8.1*
中京	*9.4*	*10.8*	*11.1*	*11.7*	*13.6*	*14.1*	*16.6*	*17.9*
阪神	*20.1*	*20.9*	*17.7*	*14.1*	*12.4*	*10.7*	*10.4*	*10.3*
北九州	*5.6*	*4.2*	*2.7*	*2.7*	*2.4*	*2.4*	*2.8*	*3.0*

資料は表6-4に同じ。1）産業分類の組み替えを行っていない。

表6-12　海外生産比率（売上高ベース）（会計年度）（%）

	製造業計	食料品	繊維	木材・紙パ	化学	石油・石炭	窯業・土石	鉄鋼	非鉄金属
1985	2.9	0.9	2.6	1.2	2.0	0.0	…	5.0	2.6
1990	6.0	1.2	3.0	2.1	4.9	0.2	…	5.3	4.9
1995	8.3	2.6	3.4	2.2	7.7	3.6	…	8.4	6.3
1997	11.0	2.7	7.4	3.7	11.0	1.7	…	11.6	9.8
1998	11.6	2.8	8.2	3.4	10.6	2.3	7.1	9.8	8.5
1999	11.4	2.8	8.2	3.4	10.3	1.2	7.5	8.9	9.8
2000	11.8	2.7	8.0	3.8	11.8	1.4	8.1	14.0	9.4
2001	14.3	4.5	6.7	3.8	12.6	1.5	5.2	16.2	10.2
2002	14.6	4.6	6.6	4.3	13.4	2.0	5.8	8.9	10.1
2003	15.6	4.9	8.4	3.8	13.6	1.6	5.3	9.4	7.9
2004	16.2	4.4	7.3	4.2	15.3	1.8	6.3	10.6	9.4
2005	16.7	4.2	6.3	3.0	14.8	2.6	6.6	9.6	10.2
2006	18.1	4.2	9.0	4.7	17.9	4.4	12.0	10.6	10.3
2007	19.1	4.9	11.1	4.2	16.6	2.5	10.7	11.7	12.1
2008	17.0	3.8	9.5	4.2	17.4	1.3	11.8	10.3	11.0
2009	17.0	4.7	6.2	3.7	15.1	1.6	11.6	10.7	11.8
2010	18.1	5.0	6.2	4.5	17.4	2.4	13.6	11.2	14.7
2011	18.0	4.9	8.3	4.3	18.5	5.2	10.7	10.2	14.8
2012	20.3	5.7	11.9	4.7	19.5	9.8	15.2	11.5	15.3
2013	22.9	8.3	12.3	5.7	20.5	12.5	16.2	13.6	17.5
2014	24.3	11.4	12.4	7.8	22.4	10.1	14.1	14.5	19.1
2015	25.3	12.2	12.9	9.7	19.4	9.6	17.4	14.0	18.8
2016	23.8	10.6	11.1	8.2	18.0	6.3	16.3	17.6	19.0
2017	25.4	11.4	14.0	9.8	20.1	12.8	19.0	19.3	20.7

	金属製品	はん用機械	生産用機械	業務用機械	一般機械	電気機械	情報通信機械	輸送機械	精密機械
1985	…	…	…	…	3.3	6.9		5.3	3.3
1990	…	…	…	…	9.6	10.2		11.2	4.5
1995	…	…	…	…	7.5	14.4		17.1	6.2
1997	…	…	…	…	10.3	17.8		22.0	8.4
1998	1.5	…	…	…	12.5	17.2		23.5	9.3
1999	1.3	…	…	…	11.0	17.6		23.4	11.0
2000	1.6	…	…	…	10.8	18.0		23.7	11.2
2001	1.8	…	…	…	10.2	21.6		30.6	12.0
2002	1.9	…	…	…	10.1	21.0		32.2	12.9
2003	1.6	…	…	…	10.7	23.4		32.6	12.8
2004	1.7	…	…	…	11.7	9.5	33.1	36.0	12.4
2005	2.2	…	…	…	13.1	11.0	34.9	37.0	13.8
2006	2.6	…	…	…	14.3	11.8	34.0	37.8	8.9
2007	3.4	…	…	…	14.4	11.5	32.2	42.0	9.4
2008	2.5	…	…	…	12.8	13.0	28.1	39.2	7.9
2009	2.8	21.2	8.0	12.9	…	13.0	26.1	39.3	…
2010	3.9	28.3	11.1	13.8	…	11.8	28.4	39.2	…
2011	3.7	24.8	11.5	15.0	…	12.8	26.7	38.6	…
2012	5.3	26.6	11.8	18.4	…	14.3	28.3	40.2	…
2013	6.2	27.6	13.6	18.4	…	17.7	30.4	43.7	…
2014	8.1	34.2	14.6	19.6	…	17.2	30.7	46.9	…
2015	6.4	33.8	15.7	18.5	…	17.3	29.4	48.8	…
2016	5.7	32.9	13.9	16.2	…	14.5	27.3	46.1	…
2017	7.9	31.9	15.9	17.0	…	16.3	29.3	47.2	…

経済産業省「海外事業活動基本調査」により作成。海外生産比率は現地法人（日本側が10%以上出資する外国法人等）に対する国内全法人（海外生産を行っていない法人を含む）と現地法人の売上高の合計の割合。近年，電子機器では台湾資本などのEMSとよばれる製造受託専業メーカーへの製造委託が進んでいるが，日本メーカーと資本関係にないために本表の海外生産には反映されない。

〔金属工業〕 幕末，大砲製造のために銑鉄を溶かす反射炉が建設されたが，日本の銑鉄（和銑）では破裂する大砲が続出した。銑鉄を高炉で作ることが模索され，1858年（新暦）に鉄鉱石が豊富な釜石で初めて成功した。明治維新後，政府は釜石に官営製鉄所を設けたが失敗し，民営の釜石鉱山田中製鉄所が事業を軌道に乗せる。釜石周辺には炭田がなく，木炭を用いていたが，1894年に北海道夕張炭を原料にしたコークスでの生産にも成功した。

銑鉄はもろく，含まれている炭素を減らすと粘りのある鋼になる。陸海軍を中心に製鋼への取り組みが進み，炭田がある北九州に銑鋼一貫生産を行う官営八幡製鉄所が建設されて，国内製鋼の中心となる（当初はトラブルが相次ぎ，銑鋼一貫生産の安定操業は釜石鉱山田中製鉄所の方が早い）。鋼材需要の拡大に伴い，民間からの参入も続いたが，高炉メーカーは室蘭など一部で，多くは銑鉄や鉄くずから製鋼を行う平炉メーカーであり，銅の製錬から製鋼に事業展開するものもあった。

銅は，鉱山の開発が進んだほか，欧米の最新技術を積極的に導入して，生産量が伸びた。当初は国内での銅の需要が少なく，輸出産業として成長した。しかし，アメリカで画期的な技術が確立してコスト競争力で劣るようになり，1919年に輸入国に転落，第一次大戦後の世界的な需要減退もあって生産量は1917年の10.8万トンから22年には5.4万トンに半減した。鉄も，安価なインド銑などの流入に苦しんだ。世界大恐慌を機に鉄鋼の官民合同論が巻き起こり，1934年に官営八幡製鉄所のほか民間高炉などが参加して日本製鉄が設立された（国産銑鉄の96%，鋼材の44%を占める）。戦時下には電気炉による生産も本格化するが，軍事用に高品質な鉄鋼を求められたことや，アメリカからの鉄くず輸入の途絶，輸入鉄鉱石の品位の低下などで，鉄鋼を大きく増産できなかった。

戦後は旧植民地からの原料輸入が途絶えたこともあり，1946年の粗鋼生産は戦争時ピークの7%と低迷した。しかし，鉄鋼と石炭に資金や資源を集中投資する傾斜生産方式が導入されたほか，1950年から朝鮮戦争特需もあって生産量が拡大する。日本製鉄は解体されたものの，平炉メーカーが高炉を持つ銑鋼一貫メーカーに転換して，各地に大規模な高炉を建設した。さらに，平炉に比べて生産性の高いLD転炉の導入を世界に先がけて進めるなど，新技術を積極的に導入して，欧米を上回るコスト競争力を獲得した。生産量が拡大するとともに，鉄鉱石に加えて石炭の輸入が増えた。銅など非鉄金属も，海外資源への依存が高まっていく。

良質で安価な鉄鋼は日本の高度経済成長を支え，地震国日本での高層ビル建設や新幹線などを可能にした。しかし，1970年代の2度の石油危機によって，エネルギー多消費型の金属工業は大きな打撃を受けた。鉄鋼業ではエネルギーコストを大きく下げる連続鋳造技術を世界に先がけて導入，合理化を推進したが，電炉メーカーを中心に経営が悪化した。さらにアルミ製錬は国際競争力を失い，ほとんどのメーカーが新地金生産から撤退してアルミ加工にシフトしていった（228ページ）。

粗鋼生産は1973年をピークに減少する。1985年のプラザ合意による円高や，1990年代のバブル崩壊によって鉄鋼業は低迷するが，粗鋼生産は横ばい傾向が続いた。2000年代には自動車向け鋼材などの需要が拡大したことや，中国など新興国向け輸出が増えたことで生産量が拡大，2007年にピークを迎えた。また，大型合併により事業再編が進んだことで，過当競争が減って経営体力が強化された。

一方，中国では日本などから技術導入した製鉄所の生産量が高まり，1996年に日本を抜いて粗鋼生産量世界一となった。その後も生産量が急速に増大し，国内需要を上回った。中国で生産できない高品質の鉄鋼製品は日本などからの輸入に頼っていたが，2006年には中国の粗鋼輸出量が輸入量を上回っている。2008年秋の世界金融危機に伴う景気対策で，過剰な設備投資を行って生産設備がさらに拡大，中国は余剰の鉄鋼を安く輸出するようになる。世界的に鉄が余る状況になり，日本など各国メーカーの経営状態が悪化した。中国は生産能力の削減などを行って，粗鋼生産は2015年には減少したものの，米中貿易戦争に対する景気刺激策などにより再び増産傾向にある。

年表	
1850	佐賀藩，実用反射炉を製作。
1858	木炭高炉での銑鉄の生産に成功。
1870	大阪造幣局で伸銅品のロール圧延。
1882	最初の洋式製鋼（るつぼ鋼）。
1887	釜石鉱山田中製鉄所設立。
1894 （明27）	コークス高炉で銑鉄の生産に成功。 高炉銑がたたらの和銑を上回る。
1901 （明34）	官営八幡製鉄所が操業開始。 銑鋼一貫生産を行う。
1909	国内初の電気炉製鋼に成功。
1919	安価な米国銅の流入で銅輸入国に。
1926	銑鉄共同組合設立。海外銑を防ぐ。
1934 （昭9）	官民合同の日本製鉄設立。国産 アルミ地金生産開始。
1940	アメリカが鉄くず対日輸出を禁止。
1941	鉄鋼統制会設立。
1946 （昭21）	傾斜生産方式閣議決定。鉄鋼と 石炭への集中投資。
1950	日本製鉄が分割。朝鮮戦争特需。
1951 （昭26）	鉄鋼第1次合理化計画（圧延設 備の近代化などが中心）。
1953 （昭28）	戦後初の民営大型銑鋼一貫製鉄所 稼働。各地で大型高炉建設へ。
1956 （昭31）	鉄鋼第2次合理化計画（製銑， 製鋼の合理化などが中心）。
1957	LD転炉（純酸素転炉）の導入。
1961 （昭36）	第3次鉄鋼合理化計画（大規模 高炉の建設進む）。
1969	初の鉄鋼対米輸出自主規制。
1970	合併により新日本製鉄発足。
1973	第1次石油危機。
1978 （昭53）	特定不況産業安定臨時措置法。 （電炉，アルミ製錬）。
1983 （昭58）	特定産業構造改善臨時措置法。 レアメタル備蓄制度創設。
1992	日本が粗鋼生産世界一に。
1996	中国が日本を抜き粗鋼生産世界一。
2002	日本鋼管と川崎製鉄が経営統合。
2006	中国の鉄鋼輸出が輸入を上回る。
2009	世界金融危機に伴う生産減。
2010 （平22）	中国が対日レアアース輸出を停滞， 事実上禁輸に（約2か月で解消）。
2012	新日本製鉄と住友金属が合併。
2016 （平28）	世界的な鉄鋼過剰生産能力をめ ぐる国際会合。

表6-13 金属工業総括表（全事業所）

	事業所数1)	従業者数1)（千人）	製造品出荷額等2)（億円）			
			鉄鋼業	非鉄金属製造業3)	金属製品製造業	計
1950(昭25)4)	13 038	459	2 208	963	654	3 825
1955(〃30)	33 587	644	6 499	2 804	2 204	11 506
1960(〃35)	42 488	1 052	16 477	6 704	6 142	29 322
1965(〃40)	58 689	1 309	26 835	11 652	13 806	52 294
1970(〃45)	81 331	1 613	65 648	30 547	37 277	133 472
1973(〃48)	95 524	1 666	92 203	42 943	59 738	194 884
1974(〃49)	95 813	1 621	121 945	50 600	71 824	244 370
1975(〃50)	102 081	1 571	113 063	39 087	65 731	217 881
1976(〃51)	101 230	1 521	125 118	50 291	72 992	248 401
1977(〃52)	100 816	1 480	132 703	52 740	78 926	264 369
1978(〃53)	104 507	1 469	134 706	53 107	88 308	276 121
1979(〃54)	104 461	1 459	157 587	63 183	96 510	317 281
1980(〃55)	103 227	1 449	178 956	81 186	106 465	366 607
1981(〃56)	102 295	1 462	172 634	73 258	113 076	358 968
1982(〃57)	97 763	1 437	174 863	67 849	116 794	359 506
1983(〃58)	109 350	1 450	161 134	69 632	116 191	346 958
1984(〃59)	98 506	1 416	173 388	71 740	122 087	367 215
1985(〃60)	104 890	1 430	177 904	64 129	135 061	377 094
1986(〃61)	102 101	1 402	148 191	55 511	135 250	338 953
1987(〃62)	98 321	1 373	138 343	55 674	139 145	333 162
1988(〃63)	104 863	1 407	156 559	64 461	156 044	377 064
1989(平1)	100 247	1 407	173 044	72 560	171 611	417 214
1990(〃2)	103 742	1 441	183 131	78 526	191 197	452 854
1991(〃3)	102 658	1 466	186 734	77 255	207 971	471 960
1992(〃4)	99 074	1 435	166 309	68 909	203 324	438 541
1993(〃5)	100 553	1 428	149 739	61 687	192 298	403 723
1994(〃6)	93 755	1 370	136 749	59 937	180 948	377 634
1995(〃7)	96 146	1 356	141 113	65 239	181 250	387 601
1996(〃8)	91 628	1 319	139 284	67 380	184 034	390 698
1997(〃9)	90 243	1 298	146 032	72 157	186 101	404 291
1998(〃10)	95 279	1 264	129 880	64 704	172 150	366 734
1999(〃11)	87 876	1 187	113 576	58 154	156 469	328 199
2000(〃12)	88 821	1 178	119 630	62 189	155 868	337 687
2001(〃13)	82 966	1 129	112 333	58 741	149 176	320 250
2002(〃14)	82 962	1 083	109 881	56 912	140 750	307 544
2003(〃15)	77 866	1 062	119 355	56 535	136 088	311 978
2004(〃16)	76 022	1 053	141 740	62 151	138 047	341 938
2005(〃17)	73 616	1 064	169 303	67 353	143 656	380 312
2006(〃18)	75 932	1 087	185 044	90 399	147 666	423 109
2007(〃19)	76 624	1 120	212 295	107 984	155 135	475 414
2008(〃20)	71 435	1 102	243 728	105 086	155 018	503 832
2009(〃21)	72 306	1 017	160 194	69 579	127 009	356 783
2010(〃22)	70 258	1 010	181 776	89 294	125 392	396 463
2011(〃23)	63 987	981	187 192	90 586	124 186	401 964
2012(〃24)	70 057	1 002	180 564	89 458	131 348	401 370
2013(〃25)	68 021	994	179 490	88 281	133 187	400 958
2014(〃26)	66 310	995	192 475	94 483	142 010	428 968
2015(〃27)	58 694	970	178 827	96 954	145 089	420 870
2016(〃28)	61 850	1 004	157 381	89 201	148 387	394 970
2017(〃29)	60 421	1 023	177 607	97 940	156 396	431 944

資料，注記は表6-5に同じ。戦前の統計は表6-3に掲載。2011年以降は東日本大震災とそれに伴う原発事故による調査困難地域を除外。1）各年末現在。2011年は2012年2月1日，2015年以降は翌年6月1日現在。2）2015年は個人経営事業所をすべて含まない。従業者4人以上の個人経営事業所を含む表6-5と異なる。3）2010年は一部企業の製販合併による増大要因を包含している。4）従業者4人以上の事業所のみ。

表6-14　鉄鋼の生産と輸出入（Ⅰ）（単位　千t）

	銑鉄			粗鋼				
	生産	輸出	輸入	生産	輸出	輸入	見掛消費	1人あたり（kg）
1870	…	…	0	…	[2] 0	[2] 4	…	…
1875	2	…	4	1	[2] 0	[2] 11	…	…
1880	6	…	5	2	[2] 0	[2] 29	…	…
1885	2	0	6	1	[2] 0	[2] 31	…	…
1890	19	[1] 0	10	2	[2] 0	[2] 66	…	…
1895	23	0	35	2	[2] 0	[2] 97	…	…
1900	21	[1] 0	23	1	[2] 2	[2] 224	…	…
1905	125	[1] 0	148	107	[2] 3	[2] 316	…	…
1910	188	1	106	252	[2] 9	[2] 292	…	…
1915	318	0	167	514	26	303	792	15
1920	521	1	389	811	100	1 316	2 026	36
1925	685	2	400	1 300	126	674	1 848	31
1929	1 087	1	792	2 294	229	1 167	3 232	51
1930	1 162	1	515	2 289	226	626	2 689	42
1931	917	[1] 6	495	1 883	250	396	2 029	31
1932	1 011	[1] 5	650	2 398	311	327	2 414	36
1933	1 437	[1] 3	801	3 198	426	648	3 420	51
1934	1 728	[1] 8	779	3 844	680	653	3 816	56
1935	1 907	[1] 18	1 093	4 704	984	768	4 489	65
1936	2 008	[1] 14	1 095	5 223	1 120	710	4 813	69
1937	2 308	[1] 24	1 130	5 801	848	1 459	6 412	91
1938	2 563	[1] 6	1 073	6 472	908	758	6 322	89
1939	3 179	[1] 7	929	6 696	1 069	506	6 134	86
1940	3 512	[1] 7	858	6 856	889	724	6 690	93
1941	4 173	[1] 6	785	6 844	735	360	6 469	90
1942	4 256	[1] 5	886	7 044	461	263	6 846	94
1943	4 032	—	315	7 650	125	159	7 684	104
1944	3 157	—	377	6 729	71	70	6 728	90
1945	977	—	101	1 963	21	15	1 957	27
1946	204	—	—	557	1	—	557	7
1947	347	—	—	952	1	—	951	12
1948	808	—	—	1 715	42	2	1 674	21
1949	1 549	—	134	3 111	288	7	2 831	35
1950	2 233	—	1	4 839	727	3	4 114	49
1951	3 127	—	43	6 502	1 269	33	5 266	62
1952	3 474	26	7	6 988	1 988	31	5 031	59
1953	4 518	2	4	7 662	1 035	124	6 751	78
1954	4 608	25	3	7 750	1 465	106	6 391	72
1955	5 217	84	0	9 408	2 305	83	7 185	80
1956	5 987	0	314	11 106	1 650	295	9 751	108
1957	6 815	0	950	12 570	1 260	1 590	12 900	142
1958	7 394	11	3	12 118	2 216	204	10 106	110
1959	9 446	0	279	16 629	2 207	405	14 827	160
1960	11 896	0	1 001	22 138	3 144	308	19 302	205
1961	15 821	0	2 066	28 268	3 192	412	25 488	270
1962	17 972	2	1 454	27 546	5 269	249	22 526	237
1963	19 936	1	1 563	31 501	7 195	69	24 375	253
1964	23 778	2	3 397	39 799	8 940	49	30 908	318
1965	27 502	6	2 631	41 161	12 705	32	28 488	287
1966	32 018	24	2 876	47 784	12 789	38	35 032	354
1967	40 095	10	*6 486	62 154	11 918	463	50 699	506
1968	46 397	5	4 498	66 893	17 227	139	49 805	492
1969	58 147	7	3 623	82 166	19 875	168	62 459	609
1970	68 048	6	2 896	93 322	22 323	126	71 125	680
1971	72 745	439	1 198	88 557	28 302	58	60 313	568

鉄鋼の生産と輸出入（II）（単位　千t）

	銑鉄			粗鋼				
	生産	輸出	輸入	生産	輸出	輸入	見掛消費	1人あたり（kg）
1972	74 055	390	1 017	96 900	26 008	116	71 008	660
1973	90 007	115	1 562	119 322	30 247	244	89 319	*819
1974	*90 437	81	1 353	117 131	38 409	254	78 976	714
1975	86 877	415	408	102 313	34 353	120	68 080	608
1976	86 576	156	593	107 399	42 355	176	65 220	577
1977	85 886	575	550	102 405	39 449	249	63 205	554
1978	78 589	43	646	102 105	35 863	410	66 652	579
1979	83 825	61	564	111 748	35 197	1 612	78 163	673
1980	87 041	15	781	111 395	33 661	1 273	79 007	675
1981	80 048	12	1 086	101 676	32 186	1 646	71 136	603
1982	77 658	61	1 381	99 548	32 179	2 135	69 504	586
1983	72 936	345	1 001	97 179	34 479	2 914	65 614	549
1984	80 403	292	823	105 586	35 461	4 242	74 367	619
1985	80 569	1 085	748	105 279	34 967	3 066	73 377	606
1986	74 651	1 074	968	98 275	31 831	3 497	69 941	575
1987	73 418	51	1 443	98 513	28 030	5 268	75 751	620
1988	79 295	43	2 917	105 681	26 112	7 302	86 871	708
1989	80 197	25	2 288	107 908	22 330	7 699	93 277	757
1990	80 229	25	3 283	110 339	18 862	7 555	99 032	801
1991	79 985	22	3 375	109 649	20 024	*9 526	*99 151	799
1992	73 144	284	1 477	98 132	20 667	6 575	84 040	675
1993	73 738	303	1 636	99 623	25 527	6 497	80 593	645
1994	73 776	1 222	1 811	98 295	25 046	6 084	79 333	633
1995	74 905	526	2 776	101 640	24 839	7 534	84 339	672
1996	74 597	979	955	98 801	21 639	6 450	83 612	664
1997	78 519	275	1 285	104 545	25 475	6 932	86 002	682
1998	74 981	*2 337	304	93 548	27 623	5 261	71 187	563
1999	74 520	1 734	190	94 192	28 721	5 158	70 629	558
2000	81 071	224	860	106 444	31 447	5 564	80 561	635
2001	78 836	532	277	102 866	32 367	4 499	74 998	589
2002	80 979	679	228	107 745	38 553	3 585	72 777	571
2003	82 091	110	562	110 511	37 142	3 691	77 060	603
2004	82 974	36	602	112 718	38 323	4 726	79 120	619
2005	83 058	34	1 063	112 471	35 200	5 823	83 095	650
2006	84 270	39	1 425	116 226	37 986	5 036	83 275	651
2007	86 771	47	1 474	*120 203	39 303	5 380	86 279	674
2008	86 171	42	956	118 739	40 751	5 079	83 067	649
2009	66 943	591	293	87 534	35 884	3 519	55 169	431
2010	82 283	34	580	109 599	*46 581	5 099	68 117	532
2011	81 028	53	564	107 601	44 232	6 352	69 722	545
2012	81 405	403	197	107 232	44 974	6 559	68 818	539
2013	83 849	284	198	110 595	46 049	6 294	70 840	556
2014	83 872	48	291	110 666	44 961	7 736	73 441	577
2015	81 011	55	128	105 134	44 416	6 832	67 550	531
2016	80 186	18	122	104 775	44 333	6 951	67 393	531
2017	78 330	26	103	104 661	41 477	7 174	70 358	555
2018	77 328	28	100	104 319	39 731	6 956	71 544	566

日本鉄鋼連盟「鉄鋼統計要覧」および「日本の鉄鋼統計」により作成。**銑鉄**は主に溶鉱炉で鉄鉱石を還元して取り出した鉄。そのまま鋳物等にも用いられるが，多くが転炉や電気炉などの製鋼炉で製錬し，含まれる炭素量を減らして鋼になる。**粗鋼**は1958年に採用された統計用語で，すべての鋼を指す。貿易では鋼材や半製品も取引されるが，これらは粗鋼換算係数を乗じて粗鋼換算している。1955年以前は粗鋼換算の計算に入れる鋼材の分類が異なるほか，1969年以降は輸出入の粗鋼換算係数の扱いが変更されたため，数値が接続しない。1人あたりで1968年以前は編者算出。＊は最大値を示す。1）フェロアロイや，鋼塊・半製品の輸出を含む。2）鋼材の貿易量（輸入は粗鋼との単純合計）で粗鋼換算していない。

表6-15　粗鋼の製法別・品種別生産（単位　千ｔ）

	粗鋼生産高	製法別			品種別		連続鋳造化率1)（％）
		平炉	転炉	電気炉	普通鋼	特殊鋼	
1926(昭１)	1 506	1 401	85	18	2) 1 180	2) 10	…
1930(〃５)	2 289	2 225	0	62	2) 1 837	2) 18	…
1935(〃10)	4 704	4 462	—	242	2) 3 737	2) 69	…
1940(〃15)	6 856	5 537	234	1 084	2) 4 522	2) 212	…
1945(〃20)	1 963	1 233	39	691	1 333	629	…
1950(〃25)	4 839	3 891	195	752	4 673	165	…
1955(〃30)	9 408	7 814	407	1 187	8 852	555	…
1960(〃35)	22 138	15 045	2 629	4 464	19 935	2 204	…
1965(〃40)	41 161	10 164	22 629	8 368	37 374	3 787	…
1970(〃45)	93 322	3 855	73 847	15 620	82 071	11 251	5.6
1975(〃50)	102 313	1 103	84 428	16 782	91 229	11 084	31.1
1979(〃54)	111 748	—	85 370	26 377	95 456	16 291	52.0
1980(〃55)	111 395	—	84 150	27 245	94 452	16 943	59.5
1981(〃56)	101 676	—	76 479	25 197	84 667	17 010	70.7
1982(〃57)	99 548	—	73 061	26 487	82 386	17 162	78.7
1983(〃58)	97 179	—	69 550	27 629	80 802	16 377	86.3
1984(〃59)	105 586	—	76 358	29 228	86 222	19 364	89.1
1985(〃60)	105 279	—	74 776	30 503	85 031	20 247	91.1
1986(〃61)	98 275	—	69 117	29 158	80 539	17 736	92.7
1987(〃62)	98 513	—	69 145	29 368	80 635	17 878	93.3
1988(〃63)	105 681	—	74 248	31 433	85 872	19 809	93.1
1989(平１)	107 908	—	74 874	33 034	88 567	19 340	93.5
1990(〃２)	110 339	—	75 640	*34 698	90 511	19 828	93.9
1991(〃３)	109 649	—	75 217	34 432	89 564	20 085	94.4
1992(〃４)	98 132	—	67 144	30 988	80 498	17 633	95.4
1993(〃５)	99 623	—	68 494	31 130	82 108	17 516	95.7
1994(〃６)	98 295	—	67 224	31 070	80 236	18 059	95.8
1995(〃７)	101 640	—	68 842	32 798	82 387	19 253	95.8
1996(〃８)	98 801	—	65 853	32 948	80 558	18 243	96.4
1997(〃９)	104 545	—	70 295	34 249	84 724	19 821	96.6
1998(〃10)	93 548	—	63 716	29 832	76 008	17 540	96.9
1999(〃11)	94 192	—	65 452	28 740	77 061	17 132	97.2
2000(〃12)	106 444	—	75 784	30 660	87 575	18 870	97.3
2001(〃13)	102 866	—	74 442	28 424	83 956	18 910	97.5
2002(〃14)	107 745	—	78 533	29 212	87 347	20 398	97.8
2003(〃15)	110 511	—	81 355	29 156	88 328	22 183	97.7
2004(〃16)	112 718	—	82 956	29 762	89 135	23 583	97.8
2005(〃17)	112 471	—	83 627	28 844	87 936	24 535	97.7
2006(〃18)	116 226	—	85 965	30 261	90 700	25 526	97.9
2007(〃19)	*120 203	—	89 242	30 961	94 079	26 124	98.0
2008(〃20)	118 739	—	89 238	29 501	92 572	*26 167	97.9
2009(〃21)	87 534	—	68 337	19 197	71 407	16 127	98.4
2010(〃22)	109 599	—	85 756	23 843	84 929	24 670	98.2
2011(〃23)	107 601	—	82 743	24 858	83 217	24 385	98.1
2012(〃24)	107 232	—	82 307	24 925	83 241	23 992	98.3
2013(〃25)	110 595	—	85 680	24 915	86 102	24 493	98.5
2014(〃26)	110 666	—	84 987	25 679	85 403	25 263	98.5
2015(〃27)	105 134	—	81 081	24 053	81 683	23 451	98.5
2016(〃28)	104 775	—	81 513	23 262	80 742	24 034	98.5
2017(〃29)	104 661	—	79 343	25 318	79 564	25 097	98.5
2018(〃30)	104 319	—	78 230	26 088	78 725	25 594	98.5

日本鉄鋼連盟「鉄鋼統計要覧」により作成。*は最大値を示す。平炉は1961年の16971千ｔ，転炉は1973年の96057千ｔ，普通鋼は1973年の105935千ｔ。1）粗鋼生産に占める連続鋳造鋼片の比。連続鋳造は，省エネルギーや介在物除去による品質向上に重要。2）圧延鋼材の生産量で，他の鋼材を含まず。

表**6-16** 主要国の粗鋼生産（単位　千t）

	中国	インド	日本	アメリカ合衆国	韓国	ロシア1)	ドイツ2)	世界計×
1871	…	…	…	74	…	7	251	…
1875	…	…	1	396	…	13	371	1 900
1880	…	…	2	1 267	…	308	624	4 400
1885	…	…	1	1 739	…	193	1 204	6 300
1890	…	…	2	4 346	…	378	2 162	12 400
1895	…	…	2	6 213	…	880	3 914	16 900
1900	…	…	1	10 352	…	2 211	6 646	28 500
1905	…	…	107	20 345	…	2 544	10 067	45 200
1910	…	…	252	26 514	…	3 444	13 699	60 500
1915	…	…	514	32 667	…	4 116	13 258	66 200
1920	…	…	811	42 809	…	162	8 538	72 500
1925	…	…	1 300	46 122	…	1 873	12 195	91 200
1930	…	…	2 289	41 353	…	5 761	11 511	95 000
1935	…	3) 880	4 704	34 640	…	12 520	16 419	99 400
1940	…	4) 952	6 856	60 766	…	19 000	19 141	142 000
1945	…	…	1 963	72 304	…	18 500	300	118 300
1950	680	1 461	4 839	87 848	…	27 300	12 121	189 600
1955	2 853	1 732	9 408	106 173	11	45 271	21 336	273 000
1960	11 000	3 339	22 138	90 067	…	65 292	34 100	341 200
1965	13 500	6 470	41 161	119 262	185	91 000	36 821	458 900
1970	18 000	6 276	93 322	119 307	481	115 886	45 041	595 430
1975	23 903	7 991	102 313	105 816	1 994	141 325	40 412	643 408
1980	37 121	9 514	111 395	101 455	8 558	147 941	43 838	716 401
1985	46 794	11 936	105 279	80 067	13 539	154 668	40 497	718 903
1990	66 350	14 963	110 339	89 726	23 125	154 436	38 434	770 429
1991	71 000	17 100	109 649	79 738	26 001	132 839	42 169	733 592
1992	80 940	18 117	98 132	84 322	28 055	67 029	39 711	719 797
1993	89 560	18 155	99 623	88 793	33 026	58 346	37 625	727 569
1994	92 610	19 282	98 295	91 244	33 745	48 812	40 837	725 106
1995	95 360	22 003	101 640	95 191	36 772	51 589	42 051	753 187
1996	101 237	23 753	98 801	95 535	38 903	49 253	39 793	750 990
1997	108 911	24 415	104 545	98 485	42 554	48 502	45 007	799 854
1998	114 588	23 480	93 548	98 658	39 896	43 822	44 046	778 513
1999	123 954	24 296	94 192	97 427	41 042	51 510	42 062	790 210
2000	128 500	26 924	106 444	101 824	43 107	59 136	46 376	850 020
2001	151 634	27 291	102 866	90 102	43 852	58 970	44 803	852 033
2002	182 249	28 814	107 746	91 587	45 390	59 777	45 015	905 155
2003	222 336	31 779	110 511	93 677	46 310	61 450	44 809	970 913
2004	272 798	32 626	112 718	99 681	47 521	65 583	46 374	1 062 618
2005	355 790	45 780	112 471	94 897	47 820	66 146	44 524	1 147 976
2006	421 024	49 450	116 226	98 188	48 455	70 830	47 224	1 250 132
2007	489 712	53 468	120 203	98 101	51 517	72 387	48 550	1 348 183
2008	512 339	57 791	118 739	91 895	53 625	68 510	45 833	1 343 429
2009	577 070	63 527	87 534	59 384	48 572	60 011	32 670	1 238 749
2010	638 743	68 976	109 599	80 495	58 914	66 942	43 830	1 433 432
2011	701 968	73 471	107 601	86 398	68 519	68 852	44 284	1 538 021
2012	731 040	77 264	107 232	88 695	69 073	70 209	42 661	1 560 444
2013	822 000	81 299	110 595	86 878	66 061	69 008	42 645	1 650 423
2014	822 306	87 292	110 666	88 174	71 543	71 461	42 943	1 671 128
2015	803 825	89 026	105 134	78 845	69 670	70 898	42 676	1 621 537
2016	807 609	95 477	104 775	78 475	68 576	70 453	42 080	1 629 096
2017	870 855	101 455	104 661	81 612	71 030	71 491	43 297	1 732 171
2018	928 264	109 272	104 319	86 607	72 464	72 042	42 435	1 816 611

1970年以降はWSA（世界鉄鋼協会）ウェブサイト，同 "Steel Statistical Yearbook"，それ以前は日本鉄鋼連盟「鉄鋼統計要覧」および同「日本の鉄鋼統計」により作成。1）1920〜91年は旧ソ連。2）1950〜90年は旧西ドイツ。3）1936年。4）1938年。×その他とも。

表6-17　アルミ新地金と圧延製品の生産（単位　千t）

	アルミ新地金	アルミ圧延品	アルミはく
1935(昭10)	3	19	…
1940(〃15)	26	40	…
1945(〃20)	16	50	…
1950(〃25)	25	30	1
1955(〃30)	57	50	3
1960(〃35)	131	114	9
1965(〃40)	292	222	18
1970(〃45)	728	690	43
1975(〃50)	1 013	957	53
1976(〃51)	919	1 308	69
1977(〃52)	*1 188	1 223	74
1978(〃53)	1 058	1 415	81
1979(〃54)	1 010	1 553	91
1980(〃55)	1 091	1 429	87
1981(〃56)	771	1 335	92
1982(〃57)	351	1 480	90
1983(〃58)	256	1 624	98
1984(〃59)	287	1 651	109
1985(〃60)	227	1 700	111
1986(〃61)	140	1 720	111
1987(〃62)	41	1 903	123
1988(〃63)	35	2 048	124
1989(平1)	35	2 076	128
1990(〃2)	34	2 258	134
1991(〃3)	32	2 340	140
1992(〃4)	19	2 228	131
1993(〃5)	18	2 156	132
1994(〃6)	17	2 355	136
1995(〃7)	18	2 412	141
1996(〃8)	17	2 495	137
1997(〃9)	17	*2 545	146
1998(〃10)	16	2 325	139
1999(〃11)	11	2 370	142
2000(〃12)	7	2 452	*153
2001(〃13)	7	2 309	134
2002(〃14)	6	2 300	142
2003(〃15)	6	2 384	142
2004(〃16)	6	2 458	146
2005(〃17)	6	2 369	139
2006(〃18)	7	2 372	139
2007(〃19)	7	2 334	138
2008(〃20)	7	2 240	129
2009(〃21)	5	1 736	98
2010(〃22)	5	2 057	122
2011(〃23)	5	1 989	118
2012(〃24)	4	1 979	95
2013(〃25)	3	1 958	101
2014(〃26)	1	2 044	113
2015(〃27)	—	2 021	109
2016(〃28)	—	2 022	112
2017(〃29)	—	2 074	115
2018(〃30)	—	2 004	120

日本アルミニウム協会「アルミニウム統計年報」，同「軽金属工業統計年報」，経済産業省「生産動態統計」および同「資源統計年報」により作成。*は最大値を示す。

日本のアルミニウム生産　日本にアルミニウムが伝えられたのは，1867年のパリ万博に派遣された渋沢栄一ら幕府使節団による。1886年にフランスとアメリカでアルミニウム電解法が発明され，1887年には少量の地金が貴金属として輸入されている。アルミ加工品の国内生産は，1894年に軍隊用備品で，1898年には民間工場でも始まって，一般に広がった。

一方，アルミ地金製錬の国産化は遅れ，1934年に開始された。当初は国内原料での生産が模索されたが，熱帯雨林地帯などに多い岩石のボーキサイトが原料として優れていたことから，輸入ボーキサイトによる生産が拡大した。アルミ生産には大量の電力を必要とするが，軍需が増大する中で，鴨緑江の水豊発電所など外地での生産も活発化した。

戦後は1948年より製錬が再開されると，朝鮮戦争特需で生産量が増大する。さらに，高度経済成長とともに建材や輸送用機械，食品向けなどに広く使われるようになった。生産量は急速に増えたものの，需要の増加に追い付かず，輸入量も増えていった。

1970年代の2度の石油危機は，日本のアルミ製錬に多大な試練を与えた。当時はアメリカや旧ソ連に次ぐ生産量があり，高い生産技術を持っていたが，エネルギーコストの上昇で国際競争力を失った。次々と製錬工場が閉鎖し，生産量はピークの1977年から1987年までの10年間で97%減少した。同年には自家水力を保有する1工場のみとなるが，その工場も2014年に生産を終了し，新地金の国内生産は1934年から80年間でその幕を閉じた。現在，アルミ新地金はエネルギーコストの低い国々で生産が盛んであるが，アルミは新地金生産の3%ほどのエネルギーで再生可能であり，国内では再生地金の生産が盛んである。

表6-18 主な非鉄金属の生産（単位 t）

	金	銀	銅	鉛	亜鉛	すず	ニッケル
1874	0.1	2.7	2 110	61	…	13	…
1875	0.2	7.0	2 399	230	…	—	…
1880	0.3	10.3	4 669	270	…	17	…
1885	0.3	23.8	10 541	90	…	41	…
1890	0.7	52.8	18 115	775	…	47	…
1895	0.9	72.3	19 114	1 945	…	48	…
1900	2.1	58.8	25 309	1 878	…	12	…
1905	3.0	82.9	35 495	2 272	…	26	…
1910	4.4	141.6	49 324	3 907	…	23	…
1915	8.3	159.3	75 416	4 764	21 131	342	…
1920	7.7	152.2	67 792	4 167	15 745	205	…
1925	8.5	126.2	66 487	3 337	16 950	391	…
1930	12.1	175.1	79 033	3 581	24 669	931	…
1935	18.8	256.0	70 914	7 442	34 191	2 069	—
1940	27.0	356.0	99 841	16 808	61 078	1 781	496
1945	2.6	106.8	40 205	15 288	25 701	124	331
1950	4.8	139.6	84 749	16 589	49 009	395	5
1955	9.0	227.4	113 316	37 111	112 559	1 034	3 500
1960	10.5	324.1	248 108	74 193	180 458	1 280	5 553
1965	16.1	518.6	365 682	108 542	367 803	1 636	6 301
1970	22.1	920.1	705 253	209 000	676 250	1 378	13 393
1975	32.5	994.8	818 861	194 217	698 275	1 212	13 019
1980	37.8	1 176.6	1 014 292	220 934	735 187	1 319	24 798
1985	43.0	1 642.8	935 977	***285 372**	739 624	1 391	24 155
1990	108.2	2 089.0	1 007 976	261 016	687 461	816	22 275
1991	103.0	2 148.7	1 076 283	272 592	730 829	716	23 659
1992	108.0	2 181.1	1 160 859	270 296	729 454	821	22 038
1993	108.8	2 159.5	1 188 776	258 128	695 687	804	23 108
1994	102.8	2 020.2	1 119 168	234 253	665 502	706	25 311
1995	113.1	2 056.7	1 187 959	226 564	663 562	630	26 824
1996	127.5	2 032.1	1 251 373	224 729	599 053	524	26 564
1997	136.1	2 094.1	1 278 699	227 953	603 112	507	26 891
1998	129.9	2 203.7	1 277 352	227 571	607 899	500	29 397
1999	147.7	2 257.9	1 341 549	227 122	633 383	568	30 481
2000	146.1	2 384.7	1 437 351	239 384	654 384	593	36 230
2001	155.8	2 293.0	1 425 691	236 042	644 358	668	32 535
2002	144.7	2 259.6	1 401 079	213 138	639 925	659	32 303
2003	***161.4**	***2 453.2**	1 430 365	226 426	651 246	662	34 981
2004	136.6	2 208.3	1 380 144	221 311	634 637	707	32 769
2005	146.2	2 202.8	1 395 284	219 730	638 352	754	29 795
2006	144.2	2 253.2	1 532 055	219 640	614 331	854	29 455
2007	155.9	2 258.0	1 576 818	219 423	597 650	874	30 604
2008	124.8	2 042.6	1 539 957	224 905	615 533	960	35 306
2009	133.3	1 865.9	1 439 843	192 196	540 604	756	30 158
2010	135.8	1 898.2	1 548 688	215 828	574 008	840	40 239
2011	131.9	1 724.2	1 328 288	215 064	544 674	1 116	41 728
2012	104.3	1 764.5	1 516 354	208 994	571 312	1 133	41 947
2013	93.8	1 731.5	1 468 123	208 115	587 291	1 786	46 418
2014	101.5	1 791.8	1 554 224	202 673	583 021	1 746	56 138
2015	113.7	1 882.8	1 483 131	194 391	566 619	1 688	***64 131**
2016	116.4	2 075.5	1 553 133	199 090	533 689	1 620	63 441
2017	110.2	1 940.7	1 488 080	199 418	523 919	1 624	61 755
2018	124.4	1 860.9	***1 594 517**	196 561	521 110	1 650	57 870

経済産業省「生産動態統計」,「資源統計年報」, 金属鉱山会「鉱山」および同資料, 総務省「日本長期統計総覧」により作成。*は最大値を示す。ただし亜鉛は1974年の849897 t, すずは1942年の5663 t 。

〔**機械工業**〕 明治以降，機械工業のうちまず成長したのが造船業である。政府の造船所払い下げや，1896年の造船奨励法，日清，日露，第一次大戦を契機に大型船の建造能力を高めた。その後の不況などで多角化が進み，原動機や航空機などを兼営するようになる。一般機械は，素材を提供する鉄鋼業が発達していなかったことや，造船への集中のため成長が遅れ，1890年代末頃から自動織機や工作機械，時計などの生産が始まった。電気機械は，一般機械や造船，鉱山の付属工場を母体とし，発電機など重電機器を中心に発展した。このほか，ラジオ部品の組立から成長した企業などによって家電生産は始まった。その後，家電製品は国内需要の伸びとともに多様化し，メーカーは総合化していった。自動車産業は，1936年に米国車が排除されたほか，1938年に軍用に不向きな乗用車が生産禁止になったことで，トラックを中心に発展する。このように，戦前の機械工業の多くは軍需と強い結びつきがあり，財閥を中心に発展した。

戦後，機械工業は施設の損害や軍需の喪失で深刻な状態にあった。しかし，1950年からの朝鮮戦争特需で急速に発展する。特に造船業は，世界的な海上輸送量の増加や安い労働コスト，早く軍艦を建造するために導入されたブロック工法などによって伸びて，1956年には世界一の造船国となった。自動車は乗用車生産に乗り出し，米国車と競合しない小型車を中心に成長した。

1955年頃からの高度経済成長では，民間設備投資が活発化したほか，人々の所得が向上して三種の神器（白黒テレビ，電気冷蔵庫，電気洗濯機）など耐久消費財への需要を生み，機械工業が大きく成長した。1960年代には３Ｃ（カラーテレビ，クーラー，カー）への需要が高まり，機械工業は民需に支えられた基幹産業へと発展した。

1970年代の２度の石油危機で，造船業が構造不況に陥るなど，多くのメーカーの業績が悪化した。一方，電子技術を一般機械に導入するメカトロニクス化を世界に先がけて進めたことで，製品の性能が向上した。工作機械では数値制御（NC）化が進み，1970年代後半には輸出にけん引されて生産が増え，1982年度に世界一の生産国となった。また，NC工作機械は国内の中小工場にも広く普及し，国内産業の生産水準をさらに底上げすることにもつながった。半導体産業では，1970年代後半の官民合同での研究開発で高度な集積技術を確立して，1990年代前半までDRAMを中心に世界市場を独走した。

1970年代は公害が深刻化するが，自動車メーカーは排気ガス規制を技術開発で乗り越えた。低燃費で環境汚染の少ない小型車は海外でも人気になり，1980年には自動車生産台数で世界一になる。機械工業は内需から輸出主導型になるが，欧米との貿易摩擦が深刻になり，自動車やカラーテレビ，半導体などが輸出規制されるようになる。

自動車は，1980年代半ばよりアメリ

カなどでの現地生産が活発化する。家電産業は1985年のプラザ合意による円高以降，安価な労働力を求めたメーカーが東南アジアに生産拠点を拡大したほか，1990年代以降は中国にも進出して，これらの地域で技術力が高まる要因となった。2000年代にはEMSとよばれる電子機器の製造受託専業企業への委託が進み，国内生産がさらに減少した。半導体では，DRAMなどで韓国メーカーとの競争に陥ったが，韓国勢が大型投資と技術開発で巨大メーカーに成長する一方，日本メーカーは世界シェアを低下させていった。

2010年代には電子機器の国内生産はさらに落ち込んだ。スマートフォンは当初から世界市場で乗り遅れた上に，国内市場もアメリカメーカーが優位にある。家電部門は中国メーカーなどへの売却が相次いだほか，2016年には総合家電メーカーのシャープが台湾資本のEMS鴻海精密工業に買収されている。電子機器，家電製品では世界市場で日本メーカーの存在感が希薄になっているが，部品メーカーは日本勢が依然として大きな役割を担っている。

日本の自動車メーカーは世界市場で高い存在感を維持しているほか，ハイブリッド車などで国内生産を確保している。しかし，自動運転や電気自動車への対応など課題が山積みである。自動運転や配車サービスなどではIT企業の参入が進んで，自動車メーカーとの主導権争いが活発化しており，今後の産業構造の変化も予想されている。

年	表
1854	西洋型船建造（鉄船は1871年）。
1880	工場払下概則制定。
1889	国産初の動力旋盤。
1894	国産初の電気扇（扇風機）。
1896 （明29）	造船奨励法制定。豊田佐吉，国産初の動力織機を完成。
1908	船舶生産高が輸入高を超える。
1930	国産初の電気洗濯機・冷蔵庫。
1937	戦時統制経済の諸法令公布。
1949	日本工業規格（JIS）制定。
1950 （昭25）	朝鮮戦争による特需。財閥解体に伴い三菱重工業が３分割。
1953	国産白黒テレビ量産化。
1955	国産トランジスタラジオ発売。
1956 （昭31）	造船世界一に。初の大型タンカー建造。初の本格的電算機。
1958	軽四輪車スバル360発売。
1960 （昭35）	国産カラーテレビ発売。二輪車生産台数世界一。
1964	世界初の家庭用VTR発売。
1965	完成自動車の輸入自由化。
1966	自動車排出ガス規制開始。
1969	世界初のクオーツ腕時計発売。
1976	超LSI技術研究組合発足。
1977	カラーテレビ対米輸出自主規制。
1979 （昭54）	ヘッドフォンステレオ登場。パソコンPC-8001登場。
1980	自動車生産台数世界一に。
1981	自動車対米輸出自主規制。
1982 （昭57）	CDプレーヤー登場。日本車（乗用車）のアメリカ現地生産開始。
1985 （昭60）	プラザ合意による円高が始まる。家電製品輸出額のピーク。
1986	日米半導体協定締結。
1987 （昭62）	NAND型フラッシュメモリー発表。工作機械対米輸出自主規制。
1988	デジタルスチルカメラ登場。
1990	自動車国内生産のピーク。
1996	家庭用DVDプレーヤー発売。
2005 （平17）	液晶テレビの国内出荷がブラウン管テレビを超える。
2009	金融危機に伴う生産減。
2010	民生用電子機器貿易額が入超に。
2016 （平28）	台湾の鴻海精密工業が日本の総合家電メーカーシャープを買収。

表 6-19　機械工業総括表（全事業所）

	事業所数[1]	従業者[1]数(千人)	製造品出荷額等(億円)
1950[2]	20 698	796	3 112
1955	38 126	1 026	9 996
1960	52 140	2 069	40 120
1965	67 449	2 612	78 319
1970	97 290	3 642	223 044
1975	121 718	3 502	379 650
1976	122 396	3 546	442 186
1977	121 112	3 462	492 736
1978	129 675	3 446	529 585
1979	129 842	3 472	586 791
1980	132 599	3 620	682 631
1981	137 221	3 822	774 329
1982	135 069	3 820	804 066
1983	149 274	3 986	857 419
1984	142 785	4 168	981 453
1985	149 912	4 279	1 061 961
1986	149 462	4 266	1 045 073
1987	143 310	4 167	1 043 009
1988	153 399	4 257	1 151 556
1989	147 644	4 320	1 281 143
1990	154 935	4 438	1 409 261
1991	155 269	4 562	1 502 173
1992	148 829	4 447	1 435 196
1993	151 107	4 278	1 340 810
1994	140 072	4 121	1 298 461
1995	143 140	4 060	1 341 629
1996	137 729	3 998	1 395 871
1997	135 428	3 976	1 460 977
1998	143 461	3 950	1 381 302
1999	133 202	3 783	1 318 759
2000	133 770	3 739	1 389 882
2001	124 753	3 560	1 306 833
2002	122 771	3 379	1 240 431
2003	116 642	3 354	1 279 178
2004	114 614	3 379	1 335 796
2005	111 231	3 420	1 385 721
2006	114 235	3 543	1 492 960
2007	115 957	3 714	1 606 154
2008	106 743	3 593	1 564 529
2009	105 736	3 271	1 165 738
2010	102 665	3 265	1 295 546
2011	95 880	3 190	1 237 670
2012	100 836	3 133	1 269 854
2013	97 535	3 129	1 275 511
2014	94 748	3 139	1 337 137
2015[3]	86 725	3 178	1 418 777
2016	88 419	3 244	1 399 512
2017	86 628	3 317	1 481 119

資料，注記は表6-5に同じ。表6-5のうち機械工業を集計。戦前の統計は表6-3に掲載。2011年以降は，東日本大震災とそれに伴う原発事故による調査困難地域を除外。1）各年末現在。2011年は2012年２月１日，2015年以降は翌年６月１日現在。2）従業者４人以上の事業所のみ。3）製造品出荷額等は個人経営事業所をすべて含まない。従業者４人以上の個人経営事業所を含む表6-5と異なる。

表 6-20　機械類の貿易額（単位　億円）

	輸出額	一般機械	電気機械	輸送用機械	輸入額	一般機械	電気機械	輸送用機械
1970	32 265	7 222	10 389	12 393	8 295	4 545	1 743	1 462
1975	91 665	20 533	21 227	44 333	13 122	6 281	3 209	2 344
1980	184 302	40 909	51 537	77 717	22 462	8 606	6 413	5 131
1985	301 412	70 395	93 271	117 320	29 777	11 334	9 383	6 237
1990	310 933	91 757	95 496	103 667	59 357	20 237	18 834	15 957
1995	310 370	100 097	106 580	84 277	80 308	26 001	33 105	14 601
2000	383 769	110 964	136 798	108 282	129 648	45 006	58 657	14 553
2005	456 894	133 524	145 597	151 973	168 837	56 607	74 709	20 625
2010	433 410	133 166	126 611	152 581	161 284	48 257	81 591	16 814
2011	416 525	138 033	116 104	140 334	162 662	49 697	80 789	17 376
2012	414 421	128 428	114 153	149 946	174 391	50 039	85 432	23 118
2013	440 797	133 590	120 619	163 321	209 398	59 689	104 324	27 882
2014	463 375	142 184	126 609	169 070	233 823	67 610	116 661	30 563
2015	483 591	144 239	133 006	181 407	244 090	70 685	121 491	31 263
2016	454 314	136 135	123 329	173 380	222 548	63 574	109 158	30 940
2017	501 446	156 848	137 073	182 319	246 179	72 139	121 761	31 701
2018	519 584	165 077	141 565	188 767	260 813	79 500	124 676	34 904

財務省「外国貿易概況」により作成。本表は財務省概況品分類を基にしており，電線・ケーブル類を含むなど，機械工業の範囲が上表と若干異なる。各品目ごとの分類も異なり，電気機械には半導体や民生用電子機器などを含む。1975年以前は公表がドルベースで，表8-72の掲載レートで編者が円換算した。

表 6 - 21　機械工業の主要品目別製造品出荷額等（Ⅰ）（全事業所）（単位　億円）

	金属加工機械1)	金属工作機械2)	半導体3)製造装置	ロボット	事務用機械4)	半導体素子	集積回路	民生用5)電気機械
1950	6) 72	6) 9	…	…	6) 3	…	…	6) 16
1955	242	47	…	…	35	3	…	211
1960	1 670	683	…	…	60	188	…	1 525
1970	10 811	4 617	…	…	2 695	1 907	112	6 943
1971	9 271	4 223	…	…	2 640	1 579	171	7 169
1972	8 756	3 422	…	…	2 602	1 665	388	9 530
1973	12 085	4 659	…	…	4 336	3 841	621	11 491
1974	14 703	5 504	…	…	5 181	3 932	816	15 459
1975	10 585	3 868	…	…	5 486	3 016	774	13 846
1976	12 367	3 778	…	…	6 982	5 003	1 516	16 499
1977	14 488	5 021	…	104	7 649	5 066	1 646	18 714
1978	15 275	5 298	…	41	7 985	4 849	2 819	20 881
1979	19 713	7 826	…	52	8 907	2 645	6 324	23 809
1980	23 702	10 099	…	104	10 793	4 285	9 623	25 255
1981	28 015	12 354	…	276	13 167	5 493	12 887	24 709
1982	27 793	12 382	…	746	14 039	5 562	16 725	27 060
1983	28 255	11 396	…	1 199	16 657	6 272	21 839	30 909
1984	32 319	12 958	…	1 694	22 014	9 312	35 311	32 392
1985	37 894	15 745	…	1 973	24 019	7 203	33 479	39 567
1986	37 232	13 330	…	1 796	21 382	7 666	33 214	38 854
1987	29 980	10 418	…	1 914	20 079	7 924	33 896	38 979
1988	37 135	12 623	…	2 353	22 008	9 380	47 450	38 789
1989	47 250	17 414	…	2 966	25 146	10 874	55 041	39 897
1990	51 509	19 881	…	3 635	29 457	8 508	51 524	41 041
1991	54 567	20 528	…	4 374	33 517	9 493	60 262	45 325
1992	42 753	15 231	…	4 081	32 814	9 644	55 903	45 452
1993	33 719	10 590	…	3 459	25 632	12 364	54 639	41 638
1994	29 992	9 125	5 548	3 494	24 055	11 392	62 905	41 541
1995	35 048	10 549	9 092	4 320	25 049	15 148	70 299	43 097
1996	39 714	12 581	13 195	4 561	24 131	16 016	69 392	43 579
1997	43 316	15 574	12 667	5 118	27 666	13 717	72 803	41 478
1998	40 521	15 559	11 256	4 900	28 248	13 759	69 077	37 998
1999	36 663	12 706	10 857	5 288	27 371	14 385	71 565	34 690
2000	35 282	12 056	20 286	6 979	25 085	17 718	78 526	35 105
2001	34 205	12 414	18 003	4 815	23 427	14 711	63 363	33 234
2002	28 005	9 925	13 604	4 324	25 056	14 413	54 061	29 555
2003	30 237	10 864	15 628	5 456	22 045	17 421	55 061	28 129
2004	7) 34 887	8) 13 408	24 262	8) 6 510	22 875	17 783	55 837	27 033
2005	41 385	16 896	23 392	5 883	23 172	16 252	6) 54 491	27 901
2006	45 291	18 222	29 242	6 293	19 728	14 633	6) 54 332	30 052
2007	50 616	20 980	31 758	6 863	21 584	13 698	6) 58 555	29 568
2008	50 472	19 990	26 212	6 432	20 423	18 778	48 916	29 609
2009	29 203	10 630	15 181	2 671	14 494	6) 15 145	6) 37 587	27 296
2010	30 838	12 262	21 580	4 371	14 556	6) 16 023	6) 43 267	30 136
2011	34 969	14 165	26 034	4 632	12 042	9) 12 815	41 304	24 837
2012	40 233	16 946	20 016	4 058	12 173	6) 12 336	6) 35 263	26 000
2013	37 199	15 038	19 496	4 096	12 172	6) 13 139	6) 35 009	27 099
2014	43 356	19 251	20 255	5 013	12 899	6) 15 452	6) 37 032	29 005
2015	45 678	19 399	26 662	5 111	12 553	14 533	39 657	29 915
2016	44 351	17 547	26 340	8 548	12 727	12 012	6) 37 305	29 521
2017	48 611	19 505	34 360	10 234	12 027	12 160	6) 36 538	30 188

資料，注記は表6-19に同じ。表6-19の内数。1）1984年以前は鋳造装置を含む。2）部品，附属品を除く。3）フラットパネル製造装置を含む。4）コピー機など。5）いわゆる白物家電。6）従業者４人以上の事業所。7）新潟県内の５事業所を除く。8）新潟県内の１事業所を除く。9）電子管製造業を含む。

機械工業の主要品目別製造品出荷額等（Ⅱ）（全事業所）（単位　億円）

	無線通信機械[10]	ラジオ・テレビ	電気音響機器	ビデオ・[11] デジタルカメラ	電子[11] 計算機・同附属品	自動車・同附属品[12]	自動車[13]	船舶・船用機関
1950	…	…	…	…	…	[6] 371	[6] 208	[6] 661
1955	[14] 72	[14] 401	117	…	…	1 913	1 258	1 453
1960	121	2 587	316	…	…	8 601	5 453	3 665
1970	1 481	10 195	8 463	…	3 440	54 674	29 552	13 703
1971	1 838	10 339	9 116	…	3 883	60 281	34 298	16 282
1972	2 115	11 073	11 361	…	4 911	67 671	37 487	20 341
1973	2 663	10 781	13 676	…	5 432	81 728	43 928	24 315
1974	2 803	10 400	14 820	…	7 441	94 669	48 717	28 847
1975	3 279	9 613	14 813	…	7 139	105 241	54 949	33 777
1976	4 235	12 555	22 801	…	7 616	124 243	62 135	34 223
1977	4 270	12 954	23 854	…	9 112	144 512	77 214	35 820
1978	4 236	11 885	23 614	…	11 015	163 840	86 584	27 688
1979	3 808	13 290	24 902	…	13 541	184 028	94 930	21 073
1980	4 997	15 657	31 955	…	15 878	213 146	109 030	22 735
1981	5 896	17 685	36 836	…	17 311	238 322	122 988	28 953
1982	6 616	14 241	39 951	…	21 417	241 793	128 529	31 048
1983	7 535	12 788	38 721	…	30 672	254 921	136 426	27 007
1984	8 013	14 904	43 454	…	38 201	277 326	145 308	29 895
1985	8 300	10 808	42 831	41 973	46 931	315 210	163 592	28 841
1986	9 347	11 836	42 110	38 552	51 536	313 734	159 459	20 398
1987	9 153	8 016	36 282	36 742	60 112	317 385	164 175	19 148
1988	9 752	9 245	34 876	38 442	66 014	341 235	178 418	14 395
1989	11 441	11 125	36 282	35 134	76 361	382 301	200 025	18 004
1990	13 650	12 345	37 937	37 223	83 592	423 707	216 095	22 508
1991	15 769	11 982	40 494	40 621	87 663	442 546	221 958	24 168
1992	15 453	10 731	39 833	30 892	83 061	443 524	222 701	25 953
1993	14 780	9 758	33 753	25 321	83 012	418 264	209 241	29 844
1994	16 061	11 533	23 790	20 656	82 350	397 558	194 261	28 440
1995	19 518	7 865	25 195	18 206	83 625	396 194	195 717	25 722
1996	25 302	7 071	22 230	16 360	97 357	406 582	205 356	23 813
1997	24 488	9 155	23 317	15 614	100 672	425 418	212 989	27 002
1998	24 150	6 730	23 117	16 641	89 403	403 116	210 537	28 049
1999	26 858	4 103	22 359	18 486	82 247	390 639	200 159	24 197
2000	36 411	7 665	21 636	20 366	85 761	400 428	199 922	22 473
2001	37 526	6 622	15 908	19 566	79 866	404 653	203 209	22 835
2002	29 907	7 385	17 206	22 708	54 787	432 034	215 421	24 117
2003	36 554	[6] 9 041	16 994	28 166	49 980	450 945	[6] 221 062	23 564
2004	36 470	[6] 11 108	17 078	[15] 27 204	49 251	[16] 458 516	[6] 223 912	24 562
2005	33 615	10 470	13 199	24 413	44 581	489 981	240 247	25 764
2006	35 690	16 993	13 204	21 001	45 469	541 473	272 212	28 967
2007	39 191	11 511	13 663	22 913	55 196	572 283	228 932	35 583
2008	30 859	13 982	8 894	26 423	50 525	566 498	235 304	39 474
2009	23 531	13 974	6 444	19 766	39 157	405 228	166 038	39 954
2010	26 110	19 395	6 327	20 771	40 253	473 251	185 160	41 258
2011	[17] …	8 141	5 412	17 007	36 176	440 070	161 561	39 587
2012	21 809	4 362	3 637	12 779	30 109	502 993	196 099	32 594
2013	20 217	7 708	3 481	9 840	30 762	520 054	203 394	30 325
2014	25 327	2 299	3 921	13 548	27 523	533 458	220 293	31 171
2015	23 137	2 115	5 340	13 674	29 915	570 967	[18] 234 847	35 135
2016	19 428	2 152	2 689	6 038	24 423	578 254	238 970	32 635
2017	18 692	1 528	2 475	6 139	25 313	607 661	249 548	33 154

資料，注記は（Ⅰ）に同じ。10）携帯電話を含む。11）1993年以前は情報記録物製造業の一部を含む。12）自動車部品などを含む。13）完成自動車。14）1956年。15）新潟県内の6事業所を除く。16）新潟県内の2事業所を除く。17）一部の数値が秘匿。18）自動車車体・附随車を含む。

表 6-22 鋼船の竣工実績（単位　千総トン）

	総計	隻数(隻)	国内船	貨物船	油送船	輸出船	貨物船	油送船
1890	6	59	…	…	…	…	…	…
1895	8	87	…	…	…	…	…	…
1900	13	77	…	…	…	…	…	…
1905	33	122	…	…	…	…	…	…
1910	24	77	…	…	…	…	…	…
1915	51	63	…	…	…	…	…	…
1920	448	145	…	…	…	…	…	…
1925	55	33	…	…	…	…	…	…
1930	148	49	…	…	…	…	…	…
1935	142	88	142	92	18	—	—	—
1940	307	125	307	202	14	—	—	—
1945	608	230	608	456	99	—	—	—
1950	361	139	…	220	131	…	…	…
1955	735	316	…	343	329	…	…	…
1960	1 760	1 148	…	944	693	…	…	…
1965	5 527	1 758	2 535	1 117	1 279	2 991	1 290	1 632
1970	10 172	2 303	3 947	2 203	1 500	6 225	1 378	4 833
1975	15 227	1 527	2 610	582	1 881	12 617	2 804	9 717
1980	6 189	1 592	2 778	983	1 648	3 411	1 859	1 485
1985	8 906	1 218	2 746	1 983	688	6 160	5 300	840
1990	6 476	1 051	1 353	550	526	5 123	2 688	2 413
1991	7 008	906	1 290	648	417	5 718	1 943	3 770
1992	7 057	867	1 156	261	755	5 901	1 946	3 938
1993	8 902	909	1 447	462	851	7 455	2 375	5 067
1994	8 259	884	831	476	235	7 428	4 874	2 535
1995	8 683	875	815	635	74	7 868	5 589	2 277
1996	9 275	802	596	218	230	8 679	5 970	2 708
1997	9 338	743	824	268	438	8 514	6 878	1 632
1998	9 387	677	410	112	162	8 977	6 627	2 238
1999	10 618	554	1 116	284	751	9 502	5 899	3 593
2000	11 646	548	426	77	310	11 220	6 843	4 330
2001	11 729	602	337	86	195	11 392	8 483	2 907
2002	11 702	511	387	246	104	11 315	6 738	4 563
2003	12 294	473	418	174	192	11 876	5 862	5 952
2004	13 931	526	453	22	347	13 478	7 915	5 319
2005	16 031	573	372	68	206	15 660	11 130	4 523
2006	17 263	579	237	149	30	17 025	11 521	5 433
2007	17 240	628	420	334	57	16 820	11 580	5 228
2008	18 306	635	598	403	165	17 708	11 470	6 227
2009	18 355	662	1 296	464	809	17 059	11 092	5 945
2010	***19 626**	641	805	751	38	***18 821**	13 347	5 455
2011	19 071	605	907	562	332	18 164	***13 737**	4 370
2012	16 769	612	1 165	864	209	15 604	13 671	1 828
2013	14 423	588	825	451	341	13 597	12 459	1 070
2014	13 294	584	1 026	609	355	12 268	10 882	1 341
2015	12 623	572	862	707	63	11 760	10 933	765
2016	12 990	565	630	323	221	12 359	9 988	2 216
2017	12 740	542	816	673	35	11 924	8 945	2 813
2018	14 233	514	2 323	1 613	621	11 910	7 240	4 513

国土交通省「造船造機統計月報」，同「海事統計年報」，同「海運統計年報」および内閣統計局「日本帝国統計年鑑」により作成。1950～69年は会計年度。1949年以前は100総トン以上の鋼船。1933年以前は汽船で，1920年からは同100トン以上。*は最大値を示す。なお，隻数は1969年の2390隻。国内船は1972年の5804千総トン，国内船のうち貨物船は1972年の2314千総トン，国内船のうち油送船は1973年の3415千総トン，輸出船のうち油送船は1974年の10719千総トン。船舶の建造は受注から数年を費やすことが少なくなく，受注量が減少しても竣工量に影響が及ぶのは数年先になる。×その他とも。

表 6-23　自動車の生産と貿易（単位　千台）

	四輪車生産			輸出3)	輸入車販売4)	海外生産5)	三輪車生産	二輪車生産6)
	計	乗用車1)	トラック・バス1)2)					
1930	0	—	0	…	…	…	0	2
1935	5	—	5	…	…	…	10	2
1940	46	2	44	…	…	…	8	3
1945	8	—	8	…	…	…	0	0
1950	32	2	30	6	…	…	35	7
1955	69	20	49	1	7	…	88	259
1959	263	79	184	21	7	…	158	881
1960	482	165	316	50	4	…	*278	1 473
1961	814	250	564	59	6	…	225	1 804
1962	991	269	722	71	12	…	144	1 675
1963	1 284	408	876	100	12	…	117	1 928
1964	1 702	580	1 123	152	13	…	80	2 110
1965	1 876	696	1 179	196	13	…	43	2 213
1966	2 286	878	1 409	258	13	…	33	2 447
1967	3 146	1 376	1 771	367	15	…	26	2 242
1968	4 086	2 056	2 030	621	16	…	22	2 251
1969	4 675	2 611	2 063	865	17	…	17	2 577
1970	5 289	3 179	2 110	1 094	17	…	14	2 948
1971	5 811	3 718	2 093	1 786	19	…	12	3 401
1972	6 294	4 022	2 272	1 967	24	…	3	3 565
1973	7 083	4 471	2 612	2 071	32	…	3	3 763
1974	6 552	3 932	2 620	2 619	39	…	1	4 509
1975	6 942	4 568	2 374	2 678	43	…	—	3 803
1976	7 841	5 028	2 814	3 710	41	…	—	4 235
1977	8 515	5 431	3 083	4 353	42	…	—	5 577
1978	9 269	5 976	3 293	4 601	50	…	—	6 000
1979	9 636	6 176	3 460	4 563	60	…	—	4 476
1980	11 043	7 038	4 005	5 967	45	…	—	6 435
1981	11 180	6 974	4 206	6 048	38	…	—	*7 413
1982	10 732	6 882	3 850	5 591	36	…	—	7 063
1983	11 112	7 152	3 960	5 670	35	…	—	4 807
1984	11 465	7 073	4 392	6 109	42	…	—	4 026
1985	12 271	7 647	*4 624	*6 730	50	891	—	4 536
1986	12 260	7 810	4 450	6 605	68	1 123	—	3 397
1987	12 249	7 891	4 358	6 305	98	1 433	—	2 631
1988	12 700	8 198	4 501	6 104	135	1 735	—	2 946
1989	13 026	9 052	3 973	5 884	182	2 339	—	2 794
1990	*13 487	*9 948	3 539	5 831	224	3 265	—	2 807
1991	13 245	9 753	3 492	5 753	200	3 482	—	3 029
1992	12 499	9 379	3 121	5 668	185	3 804	—	3 197
1993	11 228	8 494	2 734	5 018	201	4 340	—	3 023
1994	10 554	7 802	2 752	4 460	301	4 896	—	2 725
1995	10 196	7 611	2 585	3 791	388	5 559	—	2 753
1996	10 347	7 865	2 482	3 712	*428	5 784	—	2 584
1997	10 975	8 491	2 484	4 553	365	5 991	—	2 676
1998	10 042	8 048	1 994	4 529	276	5 371	—	2 636
1999	9 892	8 097	1 795	4 409	278	5 780	—	2 252
2000	10 141	8 359	1 781	4 455	275	6 288	—	2 415
2001	9 777	8 118	1 660	4 166	276	6 680	—	2 328
2002	10 257	8 618	1 639	4 699	281	7 652	—	2 115
2003	10 286	8 478	1 808	4 756	281	8 608	—	1 831
2004	10 512	8 720	1 791	4 958	274	9 798	—	1 740
2005	10 800	9 017	1 783	5 053	269	10 606	—	1 792
2006	11 484	9 755	1 729	5 967	262	10 972	—	1 771

自動車の生産と貿易（続き）（単位　千台）

	四輪車生産			輸出3)	輸入車販売4)	海外生産5)	三輪車生産	二輪車生産6)
	計	乗用車1)	トラック・バス1)2)					
2007	11 596	9 945	1 652	6 550	265	11 860	—	1 676
2008	11 576	9 928	1 648	6 727	219	11 652	—	1 227
2009	7 934	6 862	1 072	3 616	179	10 118	—	645
2010	9 629	8 310	1 319	4 841	225	13 182	—	664
2011	8 399	7 159	1 240	4 464	276	13 384	—	639
2012	9 943	8 555	1 389	4 804	316	15 823	—	595
2013	9 630	8 189	1 441	4 675	346	16 757	—	563
2014	9 775	8 277	1 498	4 466	336	17 476	—	597
2015	9 278	7 831	1 448	4 578	329	18 095	—	522
2016	9 205	7 874	1 331	4 634	344	18 979	—	561
2017	9 691	8 348	1 343	4 706	351	19 742	—	647
2018	9 730	8 359	1 370	4 817	366	*19 966	—	652

日本自動車工業会ウェブサイト，同「自動車統計年報」および日本自動車輸入組合ウェブサイトにより作成。*は最大値を示す。1978年まではノックダウンセットを含む。1945年は4～12月の数値。1940年以前は会計年度。1）1944年以前は小型四輪車をトラック・バスに含み乗用車に含まず。2）バスは1964年まで普通車のみ。3）1974年以前は三輪車の輸出を含む。4）国産メーカーの逆輸入車を含む。1965年以前は通関実績による。1966年以降は輸入車登録台数で87年まで乗用車のみ。2001～06年は軽自動車を含む。5）2007年より基本的に海外現地工場での生産台数。2006年以前は日本からの海外生産用部品の輸出台数。2017年11月より一部メーカーを除く。6）1975年以降は三輪の原付自転車を含む。

表 6 - 24　主要国の自動車生産（単位　千台）

	中国	アメリカ合衆国	日本	インド	ドイツ1)	メキシコ	韓国	世界計×
1930	…	3 356	…	…	71	…	…	4 135
1940	…	4 513	38	…	72	…	…	4 942
1950	…	8 006	32	…	306	…	…	10 577
1955	0	9 204	69	…	909	…	…	13 628
1960	23	7 905	482	…	2 055	…	…	16 488
1965	40	11 120	1 876	…	2 976	…	0	24 271
1970	86	8 284	5 289	73	3 842	190	29	29 419
1975	138	8 987	6 942	74	3 186	357	37	33 106
1980	217	8 010	11 043	113	3 879	490	123	38 565
1985	393	11 653	12 271	231	4 446	459	378	44 909
1990	470	9 785	13 487	364	4 977	821	1 322	48 554
1995	1 398	12 011	10 196	636	4 667	935	2 526	49 983
2000	2 069	12 803	10 141	888	5 527	1 936	3 115	58 946
2005	5 708	11 977	10 800	1 642	5 758	1 684	3 699	65 909
2010	18 265	7 744	9 629	3 554	5 906	2 342	4 272	76 505
2011	18 419	8 662	8 399	3 940	6 147	2 681	4 657	78 712
2012	19 272	10 336	9 943	4 153	5 649	3 002	4 562	83 527
2013	22 117	11 066	9 630	3 901	5 718	3 055	4 521	87 024
2014	23 732	11 661	9 775	3 840	5 908	3 368	4 525	89 022
2015	24 567	12 106	9 278	4 126	6 033	3 565	4 556	90 162
2016	28 119	12 180	9 205	4 489	5 747	3 600	4 229	94 046
2017	29 015	11 190	9 691	4 792	5 646	4 095	4 115	96 747
2018	27 809	11 315	9 730	5 175	5 120	4 101	4 029	95 706

日本自動車工業会「世界自動車統計年報」，同「主要国自動車統計」およびOICA（国際自動車工業連合会）ウェブサイトにより作成。本表の元データは多くが各国の自動車工業会の公表値で，ノックダウンで輸出され現地で組み立てた自動車でダブルカウントがある場合や，統計分類が異なる場合がある。また，分類変更に伴い数値が接続していない場合もある。1）1950年から90年までは旧西ドイツの数値。2011年以降は重トラック・バスを除き，2016年以降は乗用車のみ。×その他とも。

表 6-25　金属工作機械の生産と貿易

	生産台数（台）	うちNC1)	生産額（億円）	うちNC1)	輸出額（億円）	輸入額（億円）	内需（億円）
1930（昭5）	2 250	…	0.04	…	0.00	0.05	0.09
1935（〃10）	10 054	…	0.19	…	0.00	0.10	0.29
1940（〃15）	58 088	…	3.13	…	0.13	0.79	3.78
1945（〃20）	7 316	…	1.09	…	0.01	—	1.08
1950（〃25）	4 039	…	5.37	…	2.14	1.33	4.56
1955（〃30）	18 147	…	36.80	…	7.15	40.42	70.07
1960（〃35）	80 143	…	451.69	…	16.24	197.01	632.46
1965（〃40）	90 356	…	703.49	…	89.43	139.63	753.69
1970（〃45）	*256 694	1 451	3 123	243	241	442	3 324
1975（〃50）	88 108	2 188	2 307	399	616	216	1 907
1980（〃55）	178 890	22 052	6 821	3 394	2 696	382	4 507
1985（〃60）	175 238	44 969	10 511	7 038	3 950	352	6 913
1990（平2）	196 131	61 965	*13 034	9 864	4 558	686	*9 163
1995（〃7）	100 293	41 805	6 993	5 757	4 781	410	2 623
2000（〃12）	90 916	53 755	8 146	7 208	6 201	856	2 802
2005（〃17）	92 385	71 468	11 103	9 794	8 151	1 075	4 026
2010（〃22）	67 607	55 132	8 130	6 733	6 086	306	2 350
2011（〃23）	85 483	72 834	11 494	9 653	8 552	434	3 376
2012（〃24）	93 649	82 175	11 520	10 365	9 456	511	2 575
2013（〃25）	56 780	47 487	8 864	7 914	7 665	630	1 829
2014（〃26）	99 407	88 573	11 863	10 722	*9 619	781	3 025
2015（〃27）	102 101	*89 359	12 581	11 415	9 321	916	4 175
2016（〃28）	67 991	56 278	10 128	9 117	6 665	782	4 245
2017（〃29）	88 644	76 930	11 298	10 289	7 862	723	4 159
2018（〃30）	84 803	72 729	12 368	11 191	8 817	906	4 457

経済産業省「生産動態統計」，財務省「貿易統計」および日本工作機械工業会「工作機械統計要覧」により作成。内需＝生産＋輸入－輸出。*は最大値を示す。NC工作機械生産額は2007年の11726億円，輸入額は2006年の1356億円。1）数値制御工作機械。1978年以前は数値制御放電加工機を含まず。

表 6-26　産業用ロボットの生産と輸出

	台数ベース（台）				金額ベース（億円）		
	国内生産	国内出荷	輸出	（参考）海外生産	国内生産	国内出荷	輸出
1968（昭43）	200	…	…	…	4	…	…
1970（〃45）	1 700	…	…	…	49	…	…
1975（〃50）	4 400	…	…	…	111	…	…
1980（〃55）	19 873	18 239	1 170	…	784	750	20
1985（〃60）	48 222	39 024	8 528	…	3 001	2 424	599
1990（平2）	79 096	*67 514	12 587	…	5 443	4 461	1 078
1995（〃7）	69 895	42 006	27 087	…	4 768	2 474	2 320
2000（〃12）	89 399	49 810	40 758	…	6 475	3 177	3 226
2005（〃17）	107 910	52 451	57 201	…	6 565	3 080	3 686
2010（〃22）	93 587	24 959	67 453	…	5 564	1 487	4 076
2011（〃23）	119 529	31 882	87 387	…	6 039	1 675	4 309
2012（〃24）	110 639	33 601	81 016	…	5 278	1 783	3 627
2013（〃25）	108 725	27 275	83 614	7 999	4 927	1 522	3 515
2014（〃26）	136 917	32 119	105 215	13 191	5 940	1 667	4 233
2015（〃27）	153 785	37 703	117 818	15 992	6 806	2 010	4 824
2016（〃28）	174 606	42 596	133 012	19 768	7 034	2 206	4 954
2017（〃29）	233 981	49 171	*184 215	35 087	8 777	2 462	6 494
2018（〃30）	*240 339	59 068	183 059	*40 902	*9 116	2 733	*6 590

日本ロボット工業会資料により作成。本表はマニピュレータ（2軸以下で直線や平面的な動きをするもの）を含む。*は最大値を示す。国内出荷金額は1991年の4711億円。

表 6-27　半導体製造装置・FPD製造装置の生産額（単位　億円）

	半導体製造装置	FPD製造装置	計
1997(平9)	9 412	1 331	10 743
2000(〃12)	12 753	2 259	15 012
2005(〃17)	11 126	5 036	16 162
2007(〃19)	15 042	3 599	18 641
2008(〃20)	8 561	4 752	13 313
2009(〃21)	4 377	3 238	7 615
2010(〃22)	9 704	3 568	13 272
2011(〃23)	9 846	3 495	13 342
2012(〃24)	8 197	1 975	10 172
2013(〃25)	7 901	2 285	10 186
2014(〃26)	9 342	2 057	11 399
2015(〃27)	10 018	2 981	12 999
2016(〃28)	11 715	4 073	15 788
2017(〃29)	14 254	4 645	18 899
2018(〃30)	*16 042	4 701	*20 743

経済産業省「生産動態統計」により作成。1997年からの統計。FPDはフラットパネルディスプレイ。*は最大値を示す。FPD製造装置は2006年の5795億円。

表 6-28　半導体素子の生産額（単位　億円）

	整流素子1)	トランジスター	電界効果型	IGBT	発光ダイオード	レーザーダイオード	太陽電池セル	計×
1957	…	32	…	…	…	…	…	…
1960	29	194	…	…	…	…	…	257
1965	106	332	…	…	…	…	…	504
1970	328	1 059	…	…	…	…	…	1 797
1975	262	906	20	…	43	…	…	1 588
1980	527	1 138	56	…	340	…	…	2 938
1985	758	2 062	139	…	946	…	…	5 679
1990	829	2 716	278	…	954	…	…	7 100
1991	861	2 939	392	…	948	…	…	7 616
1992	777	2 522	310	…	860	…	…	6 686
1993	825	2 605	366	…	799	…	…	6 711
1994	926	2 824	512	…	807	…	…	7 410
1995	1 033	3 578	761	…	908	…	…	8 784
1996	1 038	3 462	987	…	792	…	…	8 495
1997	1 074	3 623	1 133	…	682	711	…	9 183
1998	982	3 327	1 145	…	663	1 105	…	8 895
1999	1 033	3 390	1 263	277	731	1 374	…	9 506
2000	*1 109	*3 957	*1 551	362	944	*2 020	…	*11 958
2001	781	2 846	1 107	402	727	1 455	…	8 834
2002	764	2 844	1 167	381	900	1 343	…	8 853
2003	735	3 038	1 314	431	1 163	1 394	…	9 618
2004	795	3 054	1 231	532	1 761	1 326	…	10 725
2005	776	2 950	1 200	574	1 469	1 091	…	10 591
2006	834	3 226	1 235	668	1 451	1 004	…	11 274
2007	901	3 310	1 184	841	1 545	924	1 684	11 250
2008	863	3 173	1 107	881	1 520	715	2 220	11 165
2009	629	2 018	716	603	1 408	404	2 288	8 526
2010	658	2 821	1 146	1 010	1 784	478	2 961	11 137
2011	520	2 798	1 115	1 192	1 800	301	*3 109	10 750
2012	522	2 135	730	984	2 047	245	2 303	9 168
2013	479	2 003	593	1 043	2 055	226	2 660	9 405
2014	428	2 565	631	*1 568	1 949	239	2 914	9 963
2015	418	2 445	567	1 549	1 960	341	1 423	8 505
2016	395	1 991	593	1 097	2 003	396	1 023	7 864
2017	405	2 144	686	1 154	2 087	357	765	8 040
2018	445	2 313	727	1 296	*2 167	374	351	8 000

経済産業省「生産動態統計」および日本電子機械工業会「電子工業50年史」により作成。*は最大値を示す。IGBTは，大電力のインバーター（直交変換）に用いられる素子で，IH調理器やハイブリッドカーなどに用いられる。1）100mA以上のもの。×その他とも。

表 6 - 29　集積回路の生産額（単位　億円）

	MPU	MCU	ロジック	メモリー	DRAM	フラッシュメモリー	CCD	計×
1970	…	…	…	…	…	…	…	533
1975	…	…	…	…	…	…	…	1 176
1980	…	…	…	…	…	…	…	5 702
1985	…	…	…	5 889	…	…	…	18 418
1989	…	…	6 387	10 877	…	…	…	29 416
1990	…	…	6 928	9 173	…	…	…	29 134
1991	…	…	7 556	9 578	…	…	…	31 252
1992	…	…	6 559	8 927	…	…	…	27 506
1993	…	…	6 945	9 543	…	…	…	28 786
1994	329	3 880	8 001	11 102	7 327	…	…	32 190
1995	298	4 695	9 230	*14 279	*10 223	…	…	38 339
1996	429	5 137	10 233	13 027	9 099	…	…	38 462
1997	550	5 933	10 682	9 990	7 141	…	…	37 701
1998	391	5 852	9 649	7 825	4 959	…	…	33 729
1999	393	5 799	10 922	8 219	4 830	…	…	35 846
2000	693	*7 070	*13 661	10 686	4 736	…	…	*44 281
2001	*755	5 622	10 970	6 232	2 289	…	…	32 591
2002	622	5 936	10 606	5 134	1 570	2 820	1 261	31 788
2003	441	6 134	11 276	6 028	513	4 796	2 159	34 376
2004	412	6 387	12 260	6 054	396	4 871	2 822	36 191
2005	553	5 831	11 302	5 287	166	4 635	2 566	32 843
2006	405	6 621	12 344	6 610	268	5 900	2 761	36 099
2007	258	6 802	13 403	6 128	402	5 189	3 780	37 676
2008	165	6 023	11 861	4 383	356	3 557	3 476	32 620
2009	142	4 100	7 830	4 593	238	4 090	2 306	23 509
2010	168	3 765	8 752	6 456	263	5 713	3 470	28 642
2011	237	3 109	6 214	5 335	94	4 939	2 718	22 853
2012	337	1 764	4 497	5 056	105	4 840	2 941	18 435
2013	435	1 236	3 202	7 925	94	1) 7 831	2 844	21 282
2014	102	1 214	2 639	8 257	99	1) 8 158	3 035	22 132
2015	85	1 249	2 278	8 352	114	1) 8 238	3 227	22 988
2016	60	1 288	1 896	7 736	108	1) 7 628	3 869	22 366
2017	30	1 276	1 509	11 229	97	1) 11 132	*4 877	26 795
2018	19	1 027	1 389	13 335	72	1) 13 263	4 419	27 364

経済産業省「生産動態統計」により作成。*は最大値を示す。1）SRAMなど，DRAM以外のその他のメモリーを含む。×その他とも。

表 6 - 30　世界の半導体メーカーの地域別出荷（単位　百万ドル）

	南北アメリカ	ヨーロッパ	日本	アジア太平洋	うち中国	世界計
1985（昭60）	8 091	4 541	7 598	1 250	…	21 479
1990（平 2）	14 445	9 599	19 563	6 912	…	50 519
1995（〃 7）	46 998	28 199	39 667	29 540	…	144 404
2000（〃 12）	64 071	42 309	46 749	51 264	…	204 394
2005（〃 17）	40 736	39 275	44 082	103 391	…	227 484
2010（〃 22）	53 675	38 054	46 561	160 025	…	298 315
2015（〃 27）	68 738	34 258	31 102	201 070	98 574	335 168
2016（〃 28）	65 537	32 707	32 292	208 395	107 649	338 931
2017（〃 29）	88 494	38 311	36 595	248 821	131 509	412 221
2018（〃 30）	102 997	42 957	39 961	282 863	158 444	468 778

世界半導体市場統計（WSTS）資料により作成。WSTS加盟メーカーの地域別出荷の合計。WSTSは世界の主要メーカーの大多数が加盟している。

表 6-31 民生用電子機器の生産（I）（単位 千台）

	白黒1) テレビ	カラーテレビ1)2)	液晶テレビ	VTR3)	DVD-ビデオ	ビデオ3) カメラ	デジタルカメラ	カーナビゲーション
1953	13	…	…	…	…	…	…	…
1955	137	…	…	…	…	…	…	…
1960	3 578	…	…	…	…	…	…	…
1965	4 060	98	…	…	…	…	…	…
1970	6 089	6 399	…	…	…	…	…	…
1971	5 378	6 872	…	…	…	…	…	…
1972	4 650	8 388	…	…	…	…	…	…
1973	3 681	8 758	…	…	…	…	…	…
1974	3 751	7 323	…	…	…	…	…	…
1975	4 432	8 021	…	…	…	…	…	…
1976	5 397	11 148	…	288	…	…	…	…
1977	5 336	9 874	…	762	…	…	…	…
1978	5 051	8 876	…	1 470	…	…	…	…
1979	4 408	9 828	…	2 199	…	…	…	…
1980	4 666	11 661	…	4 441	…	…	…	…
1981	3 317	12 643	…	9 498	…	…	…	…
1982	1 733	12 166	…	13 134	…	885	…	…
1983	1 117	12 842	…	18 217	…	1 202	…	…
1984	1 036	14 961	…	28 611	…	1 571	…	…
1985	847	*17 897	…	30 581	…	2 574	…	…
1986	904	13 809	1 853	*33 879	…	3 258	…	…
1987	491	14 286	1 319	30 563	…	4 609	…	…
1988	80	13 219	1 261	31 660	…	6 682	…	…
1989	…	12 578	1 405	32 015	…	6 935	…	…
1990	…	13 243	1 889	31 640	…	8 803	…	…
1991	…	13 438	2 202	30 699	…	11 774	…	…
1992	…	12 024	2 229	23 367	…	8 383	…	…
1993	…	10 717	2 112	19 986	…	7 699	…	…
1994	…	9 445	1 747	19 202	…	7 997	…	…
1995	…	7 854	1 168	16 115	…	8 658	…	…
1996	…	6 486	1 082	12 725	…	8 830	…	1 025
1997	…	6 672	887	12 615	…	8 898	…	1 398
1998	…	5 569	998	12 051	…	9 684	…	1 544
1999	…	3 444	942	7 843	4 524	10 459	…	1 841
2000	…	2 383	1 000	5 513	4 517	11 902	9 657	2 439
2001	…	1 659	1 203	2 300	2 832	9 097	12 785	2 574
2002	…	1 480	1 650	1 563	2 338	10 015	16 909	3 027
2003	…	1 217	1 833	4) 334	3 284	11 877	25 084	3 811
2004	…	808	2 665	…	3 072	11 957	29 200	4 707
2005	…	817	4 345	…	2 232	*13 076	28 876	5 365
2006	…	1 097	5 968	…	2 046	12 524	*37 150	5 333
2007	…	1 287	7 308	…	1 486	10 228	31 991	5 747
2008	…	1 234	8 440	…	2 366	7 928	36 273	5 666
2009	…	1 299	9 420	…	2 115	4 155	24 696	5 047
2010	…	1 438	*12 111	…	1 843	3 856	24 253	6 121
2011	…	5) 7 679		…	1 135	1 905	19 545	5 554
2012	…	5) 1 101		…	315	1 200	17 994	6 153
2013	…	5) 521		…	…	470	9 716	5 025
2014	…	5) 547		…	…	205	5 460	5 342
2015	…	5) 652		…	…	121	4 792	5 412
2016	…	5) 767		…	…	118	3 633	5 924
2017	…	5) 417		…	…	111	3 902	6 239
2018	…	5) 398		…	…	81	3 291	*6 527

経済産業省「生産動態統計」および日本電子機械工業会「電子工業50年史」により作成。*は最大値を示す。白黒テレビは1969年の7284千台。1）液晶テレビを除く。2）プラズマテレビを含む。2005～08年はプラズマテレビのみ。3）放送用を除く。4）VTRセットのみ。5）薄型テレビ。

民生用電子機器の生産（Ⅱ）（単位　千台）

	ホーム1) オーディオ	ポータブル2) オーディオ	CD/MD3) プレーヤー	テープ4) レコーダー	レコード プレーヤー	一般 ラジオ	カーオー ディオ5)	カー ラジオ
1945	…	…	…	…	…	88	…	…
1950	6) 11	…	…	7) 17	7) 90	287	…	…
1955	34	…	…	11	68	1 789	…	…
1960	492	…	…	477	1 044	12 730	…	121
1965	1 773	…	…	4 954	202	22 366	…	1 548
1970	5 164	…	…	17 503	712	28 430	3 888	6 210
1975	2 535	…	…	20 095	2 661	10 261	5 983	6 103
1977	3 417	…	…	29 739	5 480	11 719	10 576	8 214
1978	3 130	…	…	28 524	6 596	10 430	11 218	8 351
1979	2 922	…	…	30 802	6 147	6 696	11 007	*8 725
1980	2 795	…	…	41 650	7 560	7 951	12 588	8 671
1981	3 078	…	…	46 766	8 758	7 910	13 774	8 282
1982	2 116	…	…	39 681	6 942	7 166	12 817	7 790
1983	2 075	…	…	46 589	*9 352	6 717	14 401	6 783
1984	2 351	…	769	*56 680	8 610	7 321	16 209	6 268
1985	2 705	12 376	4 135	51 195	7 167	6 837	16 383	6 158
1986	2 803	*21 563	7 357	45 731	5 565	8 100	14 581	5 104
1987	2 221	12 238	7 109	29 319	4 678	5 528	16 155	4 968
1988	2 347	12 207	9 210	29 288	4 373	5 323	16 865	5 646
1989	2 825	11 604	8 053	27 576	3 262	5 542	16 537	5 148
1990	3 356	10 596	9 139	25 565	2 022	6 286	18 105	4 669
1991	4 178	13 739	11 379	29 656	1 475	6 706	*18 576	4 507
1992	3 336	9 350	11 409	21 314	898	6 070	17 535	3 348
1993	2 795	8 577	10 998	19 301	538	5 674	17 561	2 643
1994	2 616	5 159	12 359	14 342	459	5 223	17 707	2 076
1995	2 137	4 979	13 184	12 984	456	5 416	17 530	1 733
1996	1 394	5 599	12 775	10 620	235	1 702	14 016	1 775
1997	1 597	5 035	16 116	10 886	213	1 371	14 106	1 426
1998	2 402	2 606	17 756	8 742	237	1 368	13 100	897
1999	2 467	2 201	18 617	6 708	238	1 473	11 202	693
2000	2 380	1 100	*18 637	4 801	243	1 593	9 798	736
2001	1 708	567	16 752	3 333	242	1 212	6 556	641
2002	1 335	333	13 945	2 857	205	1 273	5 708	529
2003	1 328	8 362	…	…	…	1 175	7 513	…
2004	621	5 317	…	…	…	…	6 413	…
2005	574	1 790	…	…	…	…	5 613	…
2006	334	312	…	…	…	…	5 291	…
2007	217	…	…	…	…	…	4 505	…
2008	72	…	…	…	…	…	3 705	…
2009	45	…	…	…	…	…	1 738	…
2010	23	…	…	…	…	…	2 339	…
2011	24		…	…	…	…	2 070	…
2012	18		…	…	…	…	2 112	…
2013	…		…	…	…	…	1 874	…
2014	…		…	…	…	…	1 889	…
2015	…		…	…	…	…	1 846	…
2016	…		…	…	…	…	1 732	…
2017	…		…	…	…	…	2 796	…
2018	…		…	…	…	…	2 903	…

資料は（Ⅰ）に同じ。*は最大値を示す。ホームオーディオは1972年の6258千台（ただしステレオセットのみ）。一般ラジオは1969年の30790千台。1）2004年以前はステレオセットのみで05年以降ラジカセやCDプレーヤー等を含む。2）2002年以前はヘッドフォンステレオ型のテープレコーダーのみで，テープレコーダーの内数。3）単体のもののみ。4）自動車用を除き，CD/MDプレーヤー付き，デジタルオーディオテープレコーダー，カラオケ，ヘッドホンステレオを含む。5）2002年以前はカーステレオのみ。2003年以降はカー用CD/MDプレーヤーを含む。6）1951年。7）1953年。

表 6-32　民生用電気機器の生産（単位　千台）

	エアコン1)	電子レンジ	電気がま	電気冷蔵庫	扇風機2)	換気扇	電気洗濯機	電気掃除機
1950	…	…	…	5	119		2	…
1955	3) 2	…	3)4) 948	31	515		461	5) 51
1960	54	…	2 300	904	1 866	365	1 529	847
1965	102	…	1 810	2 313	2 782	1 023	2 235	1 435
1970	729	414	3 043	2 631	6 718	4 397	4 349	3 526
1971	1 222	299	3 020	3 003	6 335	4 501	4 149	3 522
1972	1 847	631	3 281	3 455	6 381	5 292	4 201	3 972
1973	2 308	1 161	4 112	3 929	5 186	6 926	4 298	4 724
1974	2 572	1 849	3 753	4 313	6 034	5 671	4 105	4 038
1975	2 082	1 516	2 807	3 474	4 309	3 866	3 173	3 661
1976	2 425	1 760	4 142	3 926	4 514	5 100	3 919	4 535
1977	2 772	1 697	4 291	4 025	5 323	5 874	3 999	4 526
1978	3 548	1 899	5 022	4 561	6 303	6 184	4 266	4 446
1979	4 534	1 865	6 007	4 773	6 993	8 101	4 360	5 220
1980	3 702	1 876	6 021	4 282	*7 199	7 089	4 879	5 265
1981	2 480	2 416	5 930	4 207	6 492	6 154	4 759	5 066
1982	3 575	2 314	5 808	4 385	5 708	7 397	4 787	5 322
1983	3 200	3 785	5 351	4 541	3 630	7 504	4 981	5 769
1984	4 434	6 226	5 621	4 936	4 513	8 047	5 277	6 156
1985	5 426	7 909	6 459	5 354	5 227	8 655	5 092	5 995
1986	5 315	*8 441	6 902	4 497	4 920	8 590	4 661	5 852
1987	5 548	7 953	6 777	5 008	3 788	9 065	4 772	6 653
1988	6 851	6 110	7 124	5 177	3 432	9 894	5 118	7 071
1989	7 018	4 790	7 190	5 018	2 544	9 992	5 141	*7 138
1990	7 813	4 673	*7 690	5 048	3 259	10 325	5 576	6 851
1991	*10 043	4 282	7 151	5 212	4 377	*10 547	*5 587	6 981
1992	8 714	3 794	6 661	4 425	3 583	9 829	5 225	6 465
1993	6 316	3 459	6 983	4 351	1 865	10 308	5 163	6 331
1994	7 992	3 167	7 505	4 952	1 697	10 495	5 042	6 355
1995	9 519	3 174	6 962	5 013	2 986	10 474	4 876	6 595
1996	9 653	3 407	6 483	5 163	3 269	10 442	5 006	6 708
1997	8 237	3 624	6 547	*5 369	2 819	10 504	4 818	6 860
1998	6 899	2 959	5 650	4 851	1 619	8 285	4 468	5 871
1999	7 266	2 844	5 718	4 543	1 858	8 096	4 287	5 686
2000	7 318	2 868	5 277	4 224	1 745	8 142	4 179	5 771
2001	7 188	2 675	5 164	3 875	1 980	7 675	4 059	5 446
2002	6 021	2 121	5 137	3 317	1 596	7 684	3 524	5 200
2003	5 527	1 717	4 308	2 859	1 384	6 875	3 133	4 810
2004	5 586	1 248	4 424	3 020	555	6 982	2 848	4 655
2005	5 618	760	4 355	2 821	…	7 377	2 622	4 183
2006	5 949	628	4 285	2 783	…	7 117	2 558	3 159
2007	5 588	575	4 492	2 433	…	6 482	2 397	2 949
2008	5 389	437	4 297	1 924	…	5 685	2 294	2 575
2009	4 472	353	4 162	1 904	…	4 958	2 048	2 177
2010	4 920	338	4 892	2 196	…	5 403	2 203	1 997
2011	5 312	206	4 527	2 007	…	5 627	2 292	2 050
2012	4 182	219	4 016	2 066	…	6 279	1 054	2 106
2013	4 656	197	4 083	2 068	…	6 614	919	2 013
2014	4 903	…	4 439	1 976	…	6 500	849	1 817
2015	4 907	…	4 697	1 788	…	6 397	783	1 807
2016	5 084	…	4 455	1 861	…	6 487	961	1 881
2017	5 140	…	4 209	1 820	…	6 093	967	1 921
2018	5 422	…	3 812	1 746	…	5 910	942	1 393

経済産業省「生産動態統計」および日本電機工業会資料により作成。*は最大値を示す。1）エアコンディショナ。セパレート型は室外ユニットの台数。1964年以前と2011年以降はウィンド・ウォール型を含まない。2）1961年以前は冷風扇を含む。3）1957年。4）なべやフライパンを含む。5）1956年。

表6-33　主な家電製品の輸出入（単位　千台）

	カラーテレビ（薄型などを含む）		録画再生機[1]（VTRとDVD等）		電気冷蔵庫		電気洗濯機	
	輸出	輸入	輸出	輸入	輸出	輸入	輸出	輸入
1975	2 756	12	…	0	…	…	…	…
1980	4 652	5	3 444	5	696	60	1 182	8
1985	*13 425	36	25 475	47	*1 905	8	*2 069	4
1990	6 946	1 063	26 455	264	445	356	853	56
1995	3 467	7 456	11 958	3 161	261	717	470	393
1999	3 544	8 625	9 710	5 104	214	973	251	649
2000	4 086	9 755	7 557	5 775	208	1 463	209	799
2001	3 463	9 755	3 662	8 295	75	1 769	136	1 379
2002	2 676	8 569	2 064	8 373	64	1 923	115	1 507
2003	3 155	7 926	1 539	8 397	68	1 827	111	1 923
2004	3 412	7 836	1 404	10 546	69	2 008	99	2 630
2005	3 419	7 229	645	10 563	72	2 141	106	3 072
2006	3 115	6 187	507	9 191	103	2 135	102	3 134
2007	2 976	3 538	998	11 274	219	2 519	70	3 131
2008	2 783	3 122	837	12 273	207	2 902	88	3 151
2009	2 611	5 510	296	11 356	136	2 663	45	3 288
2010	2 838	14 945	237	*13 171	138	2 910	57	3 732
2011	3 119	*16 762	310	12 308	137	3 004	35	4 206
2012	1 674	6 265	234	7 855	141	2 938	9	4 305
2013	1 095	6 420	304	7 412	159	2 960	8	4 190
2014	755	6 566	279	7 517	150	2 874	14	*4 586
2015	710	5 986	260	6 054	183	2 814	33	3 916
2016	686	5 607	216	6 150	169	2 681	20	4 181
2017	663	5 844	198	5 888	178	3 003	18	4 312
2018	635	6 159	140	5 355	163	*3 052	21	4 250

財務省「貿易統計」，日本電子機械工業会「電子工業50年史」および日本電機工業会資料により作成。通関実績であり，貿易には中古品を含むことに留意。特に近年の液晶テレビなどの輸出台数は，中古品の占める割合が高い。*は最大値を示す。録画再生機の輸出は1986年の27689千台。1）BDを含む。

表6-34　コンピュータの生産額（本体のみ）

	生産額（億円）	うちパソコン	パソコン生産台数（千台）
1965(昭40)	175	…	…
1970(〃45)	1 254	…	…
1975(〃50)	2 591	…	…
1980(〃55)	4 889	…	…
1985(〃60)	13 668	3 386	1 924
1990(平2)	26 626	9 039	3 004
1991(〃3)	29 177	9 036	2 927
1992(〃4)	25 598	9 690	2 900
1993(〃5)	22 845	9 826	2 886
1994(〃6)	23 403	11 169	3 488
1995(〃7)	24 547	13 044	5 270
1996(〃8)	29 739	17 627	7 154
1997(〃9)	*32 474	20 795	8 055
1998(〃10)	27 332	16 971	7 586
1999(〃11)	27 547	19 427	9 169
2000(〃12)	28 672	*21 287	*12 040
2001(〃13)	23 960	17 129	11 465
2002(〃14)	17 775	12 770	9 448
2003(〃15)	15 936	11 657	8 787
2004(〃16)	15 401	12 073	9 059
2005(〃17)	14 407	11 333	8 982
2006(〃18)	13 976	11 020	8 534
2007(〃19)	12 907	10 375	8 328
2008(〃20)	11 600	9 081	7 608
2009(〃21)	8 486	6 789	6 627
2010(〃22)	9 112	7 463	7 511
2011(〃23)	7 181	5 782	6 156
2012(〃24)	7 139	5 742	6 655
2013(〃25)	7 350	6 116	7 217
2014(〃26)	7 260	6 020	6 495
2015(〃27)	5 965	5 401	4 502
2016(〃28)	5 868	5 518	4 949
2017(〃29)	6 214	5 765	4 980
2018(〃30)	7 219	6 810	5 691

経済産業省「生産動態統計」により作成。*は最大値を示す。

表 6-35 通信機器の生産（単位 千台）

	電話機	ファクシミリ	自動車電話	携帯電話	PHS[1]	無線呼び出し
1945(昭20)	44	…	…	…	…	…
1950(〃25)	393	[2] 1	…	…	…	…
1955(〃30)	510	0	…	…	…	…
1960(〃35)	1 311	1	…	…	…	…
1965(〃40)	2 149	3	…	…	…	…
1970(〃45)	3 682	8	…	…	…	…
1975(〃50)	3 630	22	…	…	…	…
1980(〃55)	3 973	100	…	…	…	…
1985(〃60)	8 326	866	…	…	…	…
1990(平2)	15 719	4 350	1 158	…	…	3 338
1991(〃3)	18 164	4 547	*1 685	…	…	3 953
1992(〃4)	*19 786	4 961	405	1 303	…	5 882
1993(〃5)	18 398	5 109	316	2 339	…	8 307
1994(〃6)	17 641	5 288	264	5 016	…	9 356
1995(〃7)	12 779	5 747	224	8 197	…	*10 702
1996(〃8)	11 290	5 634	142	18 414	…	7 085
1997(〃9)	12 625	*6 541	159	26 488	7 571	5 667
1998(〃10)	11 920	6 056	160	34 262	4 303	2 444
1999(〃11)	10 904	4 233	74	43 350	5 010	487
2000(〃12)	13 046	3 212	85	55 272	4 918	532
2001(〃13)	2 606	1 915	30	53 652	3 613	12
2002(〃14)	2 627	1 429	46	46 072	1 712	…
2003(〃15)	2 119	1 103	39	*59 460	1 931	…
2004(〃16)	2 245	402	…	49 488	1 035	…
2005(〃17)	1 892	339	…	47 087	1 658	…
2006(〃18)	1 752	249	…	48 034	1 889	…
2007(〃19)	1 515	130	…	45 891	2 486	…
2008(〃20)	1 208	115	…	35 326	2 019	…
2009(〃21)	1 103	83	…	24 045	900	…
2010(〃22)	1 074	96	…	23 907	1 204	…
2011(〃23)	1 167	83	…	19 794	1 798	…
2012(〃24)	872	58	…	17 235	1 225	…
2013(〃25)	628	34	…	8 762	1 302	…
2014(〃26)	430	28	…	7 838	815	…
2015(〃27)	340	27	…	8 160	525	…
2016(〃28)	320	17	…	7 173	331	…
2017(〃29)	232	18	…	6 306	248	…
2018(〃30)	194	21	…	6 885	216	…

資料は表6-31に同じ。*は最大値を示す。1）公衆用PHS端末。2）1952年。

表 6-36 移動電話の輸出入（単位 千台）

	輸出	輸入
1996（平8）	1 725	627
2000（〃12）	7 960	413
2001（〃13）	6 817	82
2002（〃14）	6 941	89
2003（〃15）	6 449	764
2004（〃16）	7 582	1 706
2005（〃17）	4 237	1 975
2006（〃18）	2 818	4 643
2007（〃19）	1 720	7 520
2008（〃20）	1 096	7 953
2009（〃21）	660	11 608
2010（〃22）	162	16 371
2011（〃23）	135	24 642
2012（〃24）	125	29 332
2013（〃25）	342	34 575
2014（〃26）	240	33 702
2015（〃27）	171	32 855
2016（〃28）	467	31 617
2017（〃29）	1 483	32 964
2018（〃30）	1 955	32 719

財務省「貿易統計」により作成。中古品を含む。1996年以降の移動電話の分類による集計。

表 6 - 37　電子機器の世界生産（単位　千台）

	カラーテレビ（薄型テレビを含む）1)				録画再生機2)			
	日本国内生産	日系企業海外生産	世界の総生産	うち中国	日本国内生産	日系企業海外生産	世界の総生産	うち中国
1995	7 060	40 846	119 838	19 800	10 020	29 400	60 318	6 370
1996	6 170	45 207	127 747	22 540	7 720	31 840	60 450	7 170
1997	6 130	43 495	123 885	24 080	7 380	36 270	62 780	9 750
1998	5 690	47 070	122 070	30 500	9 820	36 010	64 510	12 020
1999	3 370	53 210	129 680	32 650	10 500	37 525	69 065	13 385
2000	2 150	54 340	132 210	31 990	6 530	44 750	74 670	18 250
2001	2 116	54 335	124 755	28 928	4 177	38 794	77 553	23 660
2002	2 454	57 356	131 188	32 741	3 207	46 950	87 528	34 219
2003	4 289	56 165	140 544	51 020	2 325	49 660	97 631	57 600
2004	4 421	57 430	148 811	54 440	2 498	50 597	107 665	69 720
2005	6 044	53 565	162 811	65 910	1 740	40 680	104 470	82 670
2006	7 220	51 036	173 858	77 104	1 450	37 020	105 970	88 300
2007	8 335	44 600	187 885	81 060	1 360	34 180	107 770	83 090
2008	9 010	50 722	200 626	84 944	3 420	36 792	101 142	67 560
2009	10 729	50 605	206 535	83 936	2 530	38 397	101 422	60 061
2010	13 500	57 850	248 280	99 990	2 460	34 780	99 120	57 300
2011	7 086	54 884	246 826	100 601	1 971	31 422	92 677	51 437
2012	4 156	47 509	230 848	95 320	1 140	27 349	82 187	46 290
2013	600	42 520	229 200	104 613	825	23 738	70 853	38 733
2014	1 194	38 860	231 729	109 524	417	20 476	62 104	33 546
2015	1 140	36 666	227 222	105 129	…	…	…	…
2016	1 088	25 666	229 530	109 704	…	…	…	…

	パソコン				携帯電話			
	日本国内生産	日系企業海外生産	世界の総生産	うち中国	日本国内生産	日系企業海外生産	世界の総生産	うち中国
1995	6 050	1 620	54 405	1 230	10 340	5 570	52 820	3 200
1996	8 251	1 600	64 876	1 960	20 290	9 460	81 280	5 590
1997	7 720	2 110	72 930	3 675	27 390	13 850	128 160	6 300
1998	7 976	2 577	89 100	5 772	34 080	17 365	176 375	10 260
1999	8 950	4 070	112 190	8 350	43 370	21 150	280 120	26 350
2000	9 888	3 810	128 207	24 669	55 350	30 800	423 150	41 000
2001	6 330	4 089	124 339	30 586	47 930	21 080	378 260	82 980
2002	5 766	4 210	132 151	59 026	44 100	33 190	418 640	110 040
2003	4 360	4 170	145 170	99 130	55 500	45 450	525 450	162 550
2004	4 560	3 822	164 179	131 389	50 440	46 000	640 590	184 650
2005	4 012	3 882	194 333	163 245	47 100	26 270	791 700	314 370
2006	5 646	2 260	216 666	196 150	48 120	23 300	985 340	460 220
2007	5 411	2 197	259 209	242 505	48 900	24 430	1 141 630	547 140
2008	5 655	1 840	285 086	277 185	34 990	18 440	1 210 140	637 610
2009	5 202	1 640	285 664	278 732	27 110	14 580	1 124 030	580 490
2010	5 350	1 440	324 970	318 420	24 600	15 400	1 276 100	656 600
2011	4 838	1 364	325 179	318 541	20 600	47 500	1 427 394	861 894
2012	4 524	1 478	318 118	311 869	13 914	47 849	1 497 461	1 000 843
2013	4 462	1 357	294 543	288 392	10 002	54 609	1 614 170	1 156 597
2014	4 247	1 189	294 721	288 996	7 036	44 322	1 744 687	1 338 747
2015	3 714	1 364	275 444	270 389	6 850	38 080	1 774 870	1 395 690
2016	3 310	1 212	263 533	259 077	5 550	31 360	1 768 040	1 430 550

電子情報技術産業協会「主要電子機器の世界生産状況」により作成。個々の数値はそれぞれの調査時点でのもの。調査地域はアジア，北アメリカ（メキシコを含む），南アメリカ，ヨーロッパ（東欧を含む）。電子部品メーカーへのアンケート調査から推定した実績値。2016年は見込み。日系企業海外生産は日系企業生産から国内生産を除いたもの。1）2015年以降は薄型テレビ（10インチ以上の液晶テレビとELテレビ）のみ。2）2004年以前はVTRとDVD，05～07年がDVDのみで08年以降BDを含む。2014年は見込み。

〔化学工業〕 日本の近代的化学工業は，貨幣鋳造用の硫酸生産に始まる。その後，硫酸の用途としてりん酸肥料が登場し，化学肥料工業が成立した。また，民間からは石けんやマッチなどの生産も始まった。

1900年代に入ると，水力発電所の余剰電力による電気化学工業が始まる。第一次大戦中にはヨーロッパからの輸入が止まって，硫安やソーダ，染料，医薬品などの国内生産が増えた。特に医薬品は，ドイツ人の特許権を消滅させたことで，新薬の国産化が進んだ。しかし，第一次大戦後に化学製品が急激に値下がりして，多くのメーカーが倒産した。各業界はカルテルを結成して市場の統制を目指すとともに，政府に保護関税や輸入許可制などによる市場の安定化を求めた。他方，電気化学コンビナートや鉱山会社による石炭化学コンビナートが登場して，多様な製品の生産が始まった。軍需を背景に有機合成化学が発達し，発酵工業によるメタノールの工業化も進んだ。

第二次大戦で化学工業は大きな被害を受けたが，食糧増産を目的とした傾斜生産方式政策によって，多くのメーカーが設備を化学肥料生産に切り替えて復活する。1950年には化学肥料の多くが戦前の生産量ピークを上回るが，国内市場の飽和や朝鮮戦争，外資法による外国技術の導入を契機に，塩ビ樹脂や合成繊維など多角化を進めた。肥料工業はその後，1954年の肥料２法により合理化が進み輸出産業化するが，1970年代には多くの国で肥料が増産されて構造不況に陥った。

1955年以降の高度成長期には電解ソーダ工業などが成長した。さらに，1950年代末に石油化学コンビナートが各地で操業を開始し，多様な石油化学製品を生産した。合成樹脂などの需要が高まり設備が急速に拡大されたが，主原料であるナフサが不足して，1965年よりナフサの輸入も始まっている。

1970年代の２度の石油危機は，石油化学工業に深刻な影響をもたらした。原油価格の高騰や製品需要の低迷に加えて，プラント建設ラッシュによる設備過剰の加速化や，公害防止技術の導入による負担増で，各社の業績が悪化した。一方，アメリカの石油化学は国内天然ガスや国内原油を主原料とするため影響が少なく，日本の石油化学工業の国際競争力は相対的に低下した。さらに，日本の石油化学コンビナートは川上と川下で資本が異なるなど複雑な関係にあり，過剰設備廃棄が進まずに赤字が拡大，1983年に政府主導で全メーカーが設備を一斉廃棄した。欧米では各社独自の判断で設備廃棄が進み，競争力に優れたメーカーに生産が集中する業界再編成が達成されたが，これにより日本メーカーと欧米勢との事業規模の格差がさらに拡大した。

その後，石油化学は1980年代後半からのバブル景気で内需が拡大したほか，バブル崩壊以降は中国などへの輸出が増加して設備が増強された。しかし，2008年秋の世界金融危機を契機に内需が低迷し，生産量が落ち込んだ。2014年に政府はアベノミクス第3の矢となる産業競争力強化法に基づく調査を行い，石油化学の内需が今後さらに減少するほか，北米の安価なシェールガス由来の製品のアジアへの流入，中国の石炭化学の増産などで設備が過剰になることを示し，設備の集約化を促した。その結果，業界再編が進み国内エチレン生産設備は2014年初頭の15基から2016年には12基に減少している。

一方，1970年代の公害問題や石油危機を契機に，従来の素材型製品から医薬品など高付加価値品への事業展開が進んだ。機械工業などからの求めに応じて優れた製品を開発し，特に半導体用材料や液晶ディスプレイ材料などは高い技術力を有している。

医薬品産業は，景気に左右されにくい安定した需要のもと，継続的な薬価引き下げを受けつつ成長した。2000年代以降は，特許が切れて後発メーカーが安価で製造販売するジェネリック医薬品の利用が促進され，2018年度の数量シェアは74.0%（ジェネリック医薬品がある分野のみ）に達している。近年は，バイオやゲノム研究の進展で画期的な医薬品が登場するものの，研究開発費が高騰しており，規模の大きな欧米の製薬会社に比べて研究費の少ない日本勢は不利な状況にある。また，アメリカではベンチャーによる創薬も盛んである。最近は高価なバイオ医薬品の輸入が増えており，医薬品の輸入額が拡大している。

年　表	
1872	大阪造幣局で硫酸の生産開始。
1873	国産石けんの販売開始。
1875	国産マッチの工業生産開始。
1881	ソーダ工業開始。
1887	人造肥料(過りん酸石灰)生産開始。
1894	タカヂアスターゼの発見。
1902	カーバイド製造成功。
1908	国産セルロイド会社設立。
1915	染料医薬品製造奨励法公布。
1928	写真用ロールフィルム製造開始。
1946 (昭21)	傾斜生産方式による化学肥料確保の緊急対策。抗生物質（ペニシリン）製造開始。
1950 (昭25)	外資法制定(外国からの技術導入進む)。
1954 (昭29)	肥料2法制定（朝鮮戦争後の輸出価格下落などに対処)。
1955	石油化学工業の育成対策発表。
1957	ポリスチレン国産化。
1958 (昭33)	初の石油化学コンビナート誕生。エチレン・ポリエチレン生産開始。
1959	合成ゴム国産開始。
1962	ポリプロピレン国産化。
1964	肥料価格安定等臨時措置法公布。
1965	ナフサ輸入始まる。
1968	医薬品等の技術導入自由化。
1973	石油危機による石化原料の高騰。
1975 (昭50)	イオン交換膜法の食塩電解によるか性ソーダ生産開始。
1978 (昭53)	特定不況産業安定臨時措置法施行（合成繊維などが対象)。
1983 (昭58)	特定産業構造改善臨時措置法施行（石油化学，化学繊維，化学肥料などが対象)。
1986	国内初の遺伝子組換え医薬品発売。
1999	化学物質排出把握管理促進法成立。
2008	原油，ナフサ価格が史上最高値に。
2011 (平23)	東日本大震災発生。サプライチェーンが寸断される。
2014 (平26)	産業競争力強化法施行。エチレンプラント設備縮小へ。がん治療薬の免疫チェックポイント阻害薬が承認。その後輸入額が急増。
2019 (令1)	安全保障上の問題により，半導体等材料の韓国への輸出を規制。

表6-38 化学工業総括表（全事業所）

	事業所数[1]	従業者数[1]（千人）	製造品出荷額等[2]（億円）					
			化学肥料	無機化学	有機化学	医薬品	石油・[3]石炭製品	計×
1950[4]	5 694	338	457	408	366	324	327	3 068
1955	7 897	377	1 387	770	1 031	801	1 285	8 030
1960	6 922	454	1 836	1 851	2 955	1 547	3 716	17 261
1965	7 062	522	1 920	2 778	7 590	3 821	8 183	34 322
1970	6 870	535	2 063	5 118	19 576	9 330	17 911	73 313
1975	6 739	508	5 575	9 222	39 922	16 431	75 721	180 102
1976	6 663	490	3 765	10 002	49 188	18 506	86 847	204 810
1977	6 552	475	3 993	10 993	51 432	20 374	89 605	214 955
1978	6 773	460	3 860	10 079	50 881	22 983	79 366	208 055
1979	6 723	455	4 313	10 675	63 894	24 774	97 092	246 826
1980	6 695	455	5 037	13 463	79 778	28 938	151 977	331 763
1981	6 981	454	5 350	13 253	76 222	31 312	160 323	341 249
1982	7 013	450	5 207	13 474	75 921	34 055	159 139	344 215
1983	7 358	446	4 361	15 249	75 730	36 448	143 347	336 026
1984	7 174	436	4 568	16 748	81 937	36 643	135 980	337 850
1985	7 253	436	4 430	15 030	83 166	38 314	129 872	335 665
1986	7 414	435	4 147	12 666	71 750	39 805	85 280	277 631
1987	7 298	428	3 808	12 224	69 982	43 505	69 187	263 483
1988	7 322	426	3 407	13 681	74 841	46 471	65 926	271 520
1989	7 168	428	3 415	13 028	82 891	50 191	70 307	292 051
1990	7 283	436	3 245	13 973	89 094	51 547	83 183	318 693
1991	7 333	441	3 536	14 224	91 973	53 268	89 280	332 319
1992	7 268	451	3 376	15 461	85 999	55 098	85 596	327 622
1993	7 237	449	3 337	13 449	79 697	56 380	80 085	313 151
1994	7 032	436	3 223	14 220	74 969	56 978	78 499	304 879
1995	7 064	427	3 210	15 095	79 772	59 990	76 546	310 712
1996	7 045	423	3 182	14 731	80 100	60 744	84 031	319 469
1997	6 995	417	3 196	14 663	88 415	61 648	90 256	336 605
1998	7 524	417	3 038	15 209	81 332	58 508	82 560	315 162
1999	7 254	401	2 930	14 513	78 387	63 694	80 807	311 949
2000	7 255	395	2 848	14 444	83 348	64 258	94 568	332 562
2001	7 073	392	2 836	14 225	78 182	67 819	96 327	328 923
2002	6 991	381	2 270	14 727	75 257	68 151	95 958	323 703
2003	6 805	372	2 703	14 072	80 019	70 439	99 351	333 042
2004	6 724	367	2 828	15 623	83 461	72 167	[5] 104 928	[5] 346 769
2005	6 603	368	2 699	16 134	94 407	70 024	134 460	385 076
2006	6 608	370	2 338	18 230	105 871	68 768	156 988	419 284
2007	6 881	383	2 780	19 752	116 712	70 839	137 213	420 474
2008	6 722	376	3 526	21 989	118 468	70 668	140 263	421 986
2009	6 624	374	3 293	17 576	88 843	73 991	105 065	348 177
2010	6 536	372	3 056	18 209	104 211	73 563	150 087	412 565
2011	7 365	364	2 883	20 525	100 683	78 939	166 046	430 397
2012	6 844	366	3 127	19 271	101 663	77 259	171 252	432 214
2013	6 786	367	3 291	19 337	115 101	76 269	177 269	451 951
2014	6 707	371	3 186	19 082	119 434	75 999	187 119	468 988
2015	7 012	375	3 124	19 769	113 236	83 658	145 966	433 261
2016	6 497	386	2 840	20 212	93 222	84 699	116 074	389 214
2017	6 463	394	2 836	21 252	103 778	84 977	133 141	421 060

資料，注記は表6-5に同じ。戦前の統計は表6-3に掲載。本表にはガソリンや灯油など石油・石炭製品製造業を含む。2008年以降，化学繊維を含まず。2011年以降は，東日本大震災とそれに伴う原発事故による調査困難地域を除外。1）各年末現在。2011年は2012年２月１日，2015年以降は翌年６月１日現在。2）2015年は個人経営事業所をすべて含まず，従業者４人以上の個人経営事業所を含む表6-5と異なる。3）2010年は一部企業の製販合併に伴う増大要因を包含している。4）従業者４人以上の事業所。5）新潟県内の１事業所を含まず。×その他とも。

表6-39　主要無機化学製品の生産（単位　千t）

	アンモニア1)	硝酸2)	か性ソーダ3)	ソーダ灰4)	硫酸1)	塩酸5)	カルシウムカーバイド
1926(昭1)	5	—	19	…	561	1	134
1930(〃5)	46	7	39	62	701	8	283
1935(〃10)	171	34	245	217	1 380	80	280
1940(〃15)	334	93	407	231	2 278	128	357
1945(〃20)	91	45	57	47	424	17	150
1950(〃25)	433	38	1) 195	165	2 030	132	467
1955(〃30)	751	86	517	330	3 290	223	674
1960(〃35)	1 288	133	869	519	4 452	419	1 210
1965(〃40)	2 163	251	1 344	766	5 655	657	1 622
1970(〃45)	3 261	483	2 685	1 237	6 925	1 137	1 249
1975(〃50)	3 636	565	2 948	1 124	5 997	1 377	568
1978(〃53)	2 879	655	2 776	1 162	6 437	1 301	555
1979(〃54)	2 831	677	3 021	1 354	6 582	1 399	570
1980(〃55)	2 565	577	3 157	1 355	6 777	1 510	550
1981(〃56)	2 228	518	2 872	1 178	6 572	1 509	495
1982(〃57)	2 010	531	2 792	1 162	6 531	1 567	483
1983(〃58)	1 880	551	2 863	1 103	6 662	1 600	476
1984(〃59)	2 029	581	3 085	1 036	6 458	1 695	478
1985(〃60)	1 980	578	3 074	1 057	6 580	1 785	445
1986(〃61)	1 795	563	3 076	1 021	6 562	1 855	399
1987(〃62)	1 784	585	3 227	1 098	6 541	1 971	354
1988(〃63)	1 816	631	3 508	1 083	6 767	2 099	343
1989(平1)	1 831	672	3 674	1 105	6 885	2 178	344
1990(〃2)	1 831	697	3 917	1 135	6 887	2 283	294
1991(〃3)	1 855	*712	3 905	1 103	7 057	2 352	303
1992(〃4)	1 788	705	3 866	1 057	7 100	2 342	270
1993(〃5)	1 708	692	3 777	1 056	6 937	2 355	245
1994(〃6)	1 713	688	3 785	1 050	6 594	2 370	246
1995(〃7)	1 831	712	4 004	1 049	6 888	2 469	273
1996(〃8)	1 811	674	4 062	926	6 851	2 416	263
1997(〃9)	1 836	681	4 391	801	6 828	*2 539	256
1998(〃10)	1 689	644	4 252	722	6 739	2 409	…
1999(〃11)	1 685	633	4 345	722	6 943	2 448	…
2000(〃12)	1 715	654	4 471	669	7 059	2 494	…
2001(〃13)	1 604	617	4 291	461	6 727	2 342	…
2002(〃14)	1 450	625	4 271	429	6 763	2 317	…
2003(〃15)	1 291	637	4 369	426	6 534	2 363	…
2004(〃16)	1 340	630	4 493	437	6 444	2 324	…
2005(〃17)	1 318	600	*4 552	438	6 546	2 308	…
2006(〃18)	1 328	621	4 453	441	6 843	2 326	…
2007(〃19)	1 355	598	4 482	423	7 098	2 343	…
2008(〃20)	1 244	575	4 373	437	*7 227	2 387	…
2009(〃21)	1 021	415	3 895	347	6 396	2 069	…
2010(〃22)	1 178	500	4 217	338	7 037	2 272	…
2011(〃23)	1 211	453	3 960	350	6 416	2 180	…
2012(〃24)	1 055	434	3 566	333	6 711	2 250	…
2013(〃25)	1 007	430	3 636	309	6 429	2 271	…
2014(〃26)	958	434	3 643	330	6 536	2 022	…
2015(〃27)	938	414	3 798	…	6 278	1 657	…
2016(〃28)	882	363	3 861	…	6 461	1 626	…
2017(〃29)	874	385	3 991	…	6 169	1 689	…
2018(〃30)	819	340	4 022	…	6 539	1 702	…

経済産業省「生産動態統計」および日本ソーダ工業会資料により作成。*は最大値を示す。アンモニアは1973年の3990千ｔ，ソーダ灰は1973年の1363千ｔ，カルシウムカーバイドは1967年の1772千ｔ。1）100%換算。2）98%換算。3）液状（97%換算）と固形（実数値）。4）1950年以前は焼上量。5）35%換算。1955年以降副生塩酸を含む。

表6-40 石炭・石油化学製品の生産（単位 千t）

	エチレン	プロピレン	ブタン・ブチレン	ブタジエン	ベンゼン	トルエン	キシレン
1926(昭1)	—	—	—	—	3	0	0
1930(〃5)	—	—	—	—	6	1	0
1935(〃10)	—	—	—	—	10	2	0
1940(〃15)	—	—	—	—	28	6	0
1945(〃20)	—	—	—	—	5	1	0
1950(〃25)	—	—	—	—	18	4	1
1955(〃30)	1) 14	—	—	3) 1	41	8	1
1960(〃35)	78	2) 186	…	16	134	61	32
1965(〃40)	777	629	…	109	381	187	101
1970(〃45)	3 097	2 146	1 324	496	1 585	775	760
1975(〃50)	3 399	2 314	1 444	529	1 608	657	895
1976(〃51)	3 803	2 635	1 639	601	1 879	878	1 169
1977(〃52)	3 979	2 716	1 637	610	1 951	892	1 213
1978(〃53)	4 387	2 964	1 769	658	2 015	884	1 249
1979(〃54)	4 784	3 112	1 745	670	2 179	962	1 318
1980(〃55)	4 175	2 637	1 512	574	2 060	908	1 195
1981(〃56)	3 655	2 538	1 476	518	1 899	843	1 202
1982(〃57)	3 590	2 565	1 466	522	1 815	834	1 229
1983(〃58)	3 688	2 658	1 434	556	1 938	856	1 270
1984(〃59)	4 386	2 981	1 526	627	2 218	811	1 407
1985(〃60)	4 227	3 057	1 547	644	2 279	829	4) 1 523
1986(〃61)	4 291	3 167	1 560	656	2 261	830	4) 1 570
1987(〃62)	4 585	3 368	1 728	707	2 418	1 036	4) 1 767
1988(〃63)	5 057	3 682	1 998	780	2 603	1 050	4) 1 988
1989(平1)	5 603	4 036	2 163	827	2 903	1 110	4) 2 488
1990(〃2)	5 810	4 214	2 243	827	3 012	1 111	4) 2 652
1991(〃3)	6 142	4 431	2 354	847	3 285	1 151	4) 2 918
1992(〃4)	6 103	4 536	2 429	851	3 527	1 181	4) 3 209
1993(〃5)	5 773	4 272	2 303	809	3 502	1 220	4) 3 462
1994(〃6)	6 125	4 435	2 454	856	4) 3 620	4) 1 219	4) 3 627
1995(〃7)	6 944	4 956	2 794	991	4) 4 013	4) 1 374	4) 4 154
1996(〃8)	7 138	5 143	2 844	1 024	4 177	1 370	4) 3 991
1997(〃9)	7 416	5 409	2 927	1 052	4 502	1 419	4 634
1998(〃10)	7 076	5 101	2 757	977	4 203	1 349	4 340
1999(〃11)	7 687	5 520	2 989	1 035	4 459	1 488	4 641
2000(〃12)	7 614	5 453	2 977	1 044	4 425	1 489	4 681
2001(〃13)	7 361	5 342	2 827	976	4 261	1 423	4 798
2002(〃14)	7 152	5 309	2 864	993	4 313	1 548	4 900
2003(〃15)	7 367	5 610	2 993	*1 062	4 551	1 584	5 213
2004(〃16)	7 570	5 767	3 099	1 041	4 758	1 634	5 395
2005(〃17)	7 618	6 030	3 173	1 040	4 980	1 676	5 570
2006(〃18)	7 522	6 090	3 127	1 002	4 874	1 633	5 727
2007(〃19)	*7 739	*6 286	*3 242	1 024	*5 245	1 637	6 006
2008(〃20)	6 882	5 674	2 935	953	4 581	1 437	5 698
2009(〃21)	6 913	5 590	2 864	871	4 259	1 415	5 628
2010(〃22)	7 018	5 986	3 035	977	4 764	1 393	5 935
2011(〃23)	6 689	5 625	2 925	934	4 413	1 340	5 754
2012(〃24)	6 145	5 239	2 709	905	4 214	1 391	5 975
2013(〃25)	6 696	5 647	2 878	963	4 694	1 683	6 662
2014(〃26)	6 647	5 674	2 846	927	4 269	1 806	5 921
2015(〃27)	6 883	5 723	2 893	935	4 061	2 024	6 413
2016(〃28)	6 279	5 223	2 704	873	4 073	1 985	6 703
2017(〃29)	6 530	5 459	2 796	916	4 379	*2 129	*6 779
2018(〃30)	6 157	5 170	2 614	858	4 012	2 069	6 771

経済産業省「生産動態統計」により作成。1945年以前は会計年度。1957年以前は石油化学工業による生産はない。*は最大値を示す。1）1958年。2）1962年。3）1959年。4）石油化学工業による生産のみ。

表6-41　プラスチックの生産（単位　千t）

	フェノール樹脂1)	ユリア樹脂1)	4大汎用プラスチック				PET2)	計×
			ポリエチレン	ポリプロピレン	塩化ビニール樹脂	ポリスチレン		
1930	0	3) 0	—	—	—	—	—	5
1935	2	0	—	—	—	—	—	16
1940	7	0	—	—	6) 0	—	—	26
1945	4	1	—	—	0	—	—	10
1950	5	6	—	—	1	—	—	25
1955	11	40	4) 10	—	32	7) 5	—	124
1960	43	128	41	5) 2	258	22	…	599
1965	76	249	396	58	483	125	…	1 685
1970	219	536	1 305	581	1 161	668	…	5 149
1975	196	486	1 295	594	1 125	690	…	5 167
1979	300	599	2 165	1 023	1 592	1 227	…	8 209
1980	304	572	1 860	927	1 429	1 129	…	7 518
1981	294	504	1 671	959	1 129	1 183	…	7 038
1982	281	487	1 674	941	1 218	1 190	…	7 109
1983	303	511	1 773	1 062	1 420	1 311	…	7 812
1984	334	488	2 251	1 271	1 504	1 503	…	8 914
1985	327	470	2 027	1 304	1 550	1 599	314	9 232
1986	314	463	2 066	1 333	1 540	1 598	351	9 374
1987	332	484	2 181	1 405	1 663	1 735	380	10 032
1988	357	497	2 381	1 559	1 838	1 891	414	11 016
1989	375	481	2 712	1 719	1 973	1 997	433	11 912
1990	*385	484	2 888	1 942	2 049	2 092	455	12 630
1991	383	469	2 982	1 955	2 055	2 121	464	12 796
1992	356	423	2 981	2 038	1 983	2 005	466	12 580
1993	328	395	2 762	2 031	1 980	1 966	499	12 248
1994	330	389	2 944	2 225	2 111	2 099	529	13 034
1995	327	363	3 193	2 502	2 274	2 149	615	14 027
1996	294	372	3 313	2 730	2 511	2 178	621	14 661
1997	303	337	3 366	2 854	*2 626	*2 201	679	15 224
1998	259	250	3 143	2 520	2 457	1 975	642	13 909
1999	250	235	*3 369	2 626	2 460	2 038	666	14 567
2000	262	210	3 342	2 721	2 410	2 024	699	14 736
2001	232	146	3 294	2 696	2 195	1 810	662	13 638
2002	242	138	3 176	2 641	2 225	1 837	697	13 609
2003	261	131	3 165	2 751	2 164	1 801	603	13 624
2004	287	115	3 238	2 908	2 153	1 824	*720	14 084
2005	280	124	3 240	3 063	2 151	1 734	684	14 145
2006	284	116	3 166	3 049	2 146	1 745	686	14 050
2007	295	110	3 232	*3 087	2 162	1 749	698	14 199
2008	288	94	3 089	2 869	1 797	1 594	685	13 041
2009	227	73	2 805	2 411	1 668	1 245	501	10 915
2010	284	68	2 964	2 709	1 749	1 385	631	12 320
2011	276	71	2 834	2 448	1 529	1 275	565	11 283
2012	275	70	2 605	2 390	1 332	1 168	472	10 520
2013	288	70	2 631	2 248	1 487	1 189	526	10 579
2014	284	65	2 639	2 349	1 477	1 163	463	10 608
2015	278	64	2 609	2 501	1 646	1 210	431	10 838
2016	289	67	2 569	2 466	1 651	1 183	418	10 753
2017	302	65	2 655	2 506	1 706	1 241	424	11 020
2018	302	60	2 467	2 358	1 690	1 237	393	10 673

経済産業省「生産動態統計」により作成。計は個々のプラスチックの数値を合計したもので，統計廃止や秘匿により数値が接続しない場合がある。本表は繊維用樹脂を除くが，計には一部含む場合がある。1940，45年は会計年度。*は最大値を示す。ユリア樹脂は1973年の615千t。1）熱硬化性樹脂。2）ポリエチレンテレフタレート。3）1933年。4）1958年。5）1962年。6）1941年。7）1957年。×その他とも。

表6-42 医薬品の生産と輸出入（単位 億円）

	生産額1)	医療用	一般用	配置薬	輸出額2)	輸入額2)	(参考)海外売上3)
1950(昭25)	…	…	…	…	5	6	…
1955(〃30)	895	…	…	…	30	35	…
1960(〃35)	1 760	…	…	…	61	61	…
1965(〃40)	4 576	…	…	…	119	215	…
1970(〃45)	10 253	7 705	2 450	99	237	779	…
1975(〃50)	17 924	14 640	3 068	215	368	1 306	…
1979(〃54)	30 423	25 620	4 493	310	577	2 016	…
1980(〃55)	34 822	29 784	4 711	327	667	2 436	…
1981(〃56)	36 791	31 357	5 093	342	726	2 537	…
1982(〃57)	39 802	34 065	5 373	364	756	3 097	…
1983(〃58)	40 321	34 386	5 547	388	827	2 886	…
1984(〃59)	40 270	34 295	5 568	407	842	2 983	…
1985(〃60)	40 018	33 837	5 728	453	931	3 099	…
1986(〃61)	42 807	36 498	5 827	482	869	2 916	…
1987(〃62)	48 254	41 418	6 327	509	855	3 072	…
1988(〃63)	50 595	43 098	6 954	543	918	3 407	…
1989(平1)	55 023	46 765	7 688	570	1 055	3 738	…
1990(〃2)	55 954	47 203	8 176	575	1 267	4 106	…
1991(〃3)	56 972	48 122	8 258	592	1 467	4 191	…
1992(〃4)	55 742	46 802	8 335	606	1 731	4 652	…
1993(〃5)	56 951	48 193	8 158	600	1 640	4 379	…
1994(〃6)	57 503	48 812	8 087	605	1 585	4 316	…
1995(〃7)	61 681	52 436	8 582	663	1 729	4 615	…
1996(〃8)	58 456	49 082	8 716	658	2 057	4 898	…
1997(〃9)	59 113	49 556	8 872	685	2 362	5 129	…
1998(〃10)	56 100	47 132	8 304	664	2 499	4 899	…
1999(〃11)	60 411	51 981	7 842	588	2 741	5 226	5 811
2000(〃12)	59 273	51 278	7 454	541	2 944	5 149	9 228
2001(〃13)	61 954	54 259	7 155	540	3 316	6 134	11 200
2002(〃14)	61 448	53 913	7 018	517	3 518	6 787	13 393
2003(〃15)	61 734	54 589	6 669	476	3 688	7 165	15 020
2004(〃16)	61 212	54 402	6 368	442	3 830	7 692	15 360
2005(〃17)	63 907	57 413	6 115	380	3 677	9 060	17 069
2006(〃18)	64 381	58 036	5 993	352	3 721	9 912	20 184
2007(〃19)	64 522	58 281	5 930	311	3 744	10 784	21 640
2008(〃20)	66 201	59 928	5 984	289	3 799	11 424	23 306
2009(〃21)	68 196	61 742	6 166	288	3 844	13 286	24 477
2010(〃22)	67 791	61 489	6 022	280	3 787	15 226	22 167
2011(〃23)	69 874	63 445	6 172	256	3 590	17 250	26 913
2012(〃24)	69 767	62 630	6 890	247	3 204	19 407	28 736
2013(〃25)	68 940	61 940	6 774	226	3 596	21 382	35 491
2014(〃26)	65 898	58 689	7 004	205	3 530	22 140	29 647
2015(〃27)	67 481	59 969	7 323	190	4 623	29 241	33 787
2016(〃28)	66 239	58 714	7 352	173	4 901	27 802	32 621
2017(〃29)	67 213	60 074	6 996	143	5 593	26 449	32 085
2018(〃30)	69 077	61 726	7 209	142	6 487	29 622	…

厚生労働省「薬事工業生産動態統計年報」により作成。1）輸入された医薬品（原末，原液，バルク製品および原料を含む）から製造された医薬品を含む。ただし，1996年より製剤で輸入されて国内で小分け製造される医薬品を生産から除外。2）財務省「貿易統計」による。貿易概況品分類による医薬品で，ガーゼなど医療用品が含まれる。本書ではこれまで貿易額は薬事工業生産動態統計による製造（輸入販売）業者等からの報告によるデータを掲載していたが，今回より変更。なお，貿易額で日本は大幅な赤字であるが，国内製薬会社による海外生産の逆輸入分や，海外市場向けを海外生産でも対応していることに留意。3）日本製薬工業協会「DATA BOOK 2019」による。製薬協活動概況調査による同協会会員企業（国内資本比率50％以上）による調査で，会計年度。有効回答会社数は年次によって異なる。

表6-43　その他の主な化学工業製品の生産（単位　千t）

	化学肥料				石けん	合成洗剤	塗料4)	印刷インキ
	硫安1)	過りん酸石灰1)	化成肥料2)	配合肥料2)3)				
1912	7	443	—	237	…	…	…	…
1915	32	363	—	177	…	…	…	…
1920	80	509	—	239	…	…	…	…
1925	131	674	—	481	…	…	5) 32	…
1930	266	957	82	627	…	…	41	…
1935	612	1 332	398	816	…	…	72	…
1940	1 111	1 639	171	682	…	…	97	…
1945	243	13	45	—	…	…	10	…
1950	1 501	1 390	43	75	…	…	77	…
1955	2 129	1 789	1 108	488	279	…	145	26
1960	2 422	*2 132	2 399	485	347	86	329	51
1965	2 489	1 550	3 691	570	171	334	583	95
1970	2 210	841	4 455	650	151	626	1 052	173
1975	1 920	494	4 247	634	122	592	1 142	170
1980	1 640	537	4 488	1 044	198	775	1 542	230
1984	1 637	502	3 767	1 330	197	915	1 803	288
1985	1 638	458	3 762	1 467	184	968	1 849	296
1986	1 592	446	3 616	1 633	182	983	1 823	303
1987	1 627	419	3 473	1 662	186	1 028	1 894	320
1988	1 669	386	3 197	1 720	184	903	2 032	341
1989	1 556	373	3 027	1 800	180	934	2 127	364
1990	1 646	366	2 934	1 855	183	994	*2 201	386
1991	1 636	352	2 860	1 832	194	1 014	2 116	387
1992	1 692	316	2 805	1 858	187	1 056	2 063	379
1993	1 551	302	2 790	1 867	168	1 054	1 956	383
1994	1 627	316	2 688	1 927	170	1 095	2 007	399
1995	1 737	278	2 565	1 896	169	1 020	1 993	410
1996	1 724	257	2 475	1 834	165	922	2 068	426
1997	1 755	253	2 401	1 848	168	929	2 082	444
1998	1 605	237	2 286	1 892	149	861	1 891	435
1999	1 705	220	2 205	1 840	156	909	1 868	444
2000	1 745	206	2 133	1 897	140	837	1 910	446
2001	1 576	…	1 999	1 844	134	878	1 812	441
2002	1 536	…	1 959	1 860	123	991	1 784	433
2003	1 561	…	1 967	1 824	123	1 005	1 784	440
2004	1 507	…	1 862	1 945	115	1 009	1 834	448
2005	1 459	…	1 815	1 917	109	1 026	1 902	446
2006	1 440	…	1 789	1 804	105	1 018	1 951	*455
2007	1 464	…	1 737	1 854	114	1 036	1 940	448
2008	1 412	…	1 726	*2 175	110	1 041	1 839	433
2009	1 203	…	1 256	1 403	132	1 047	1 475	388
2010	1 346	…	1 338	1 601	118	1 073	1 600	390
2011	1 299	…	1 289	1 686	118	1 083	1 564	373
2012	1 245	…	1 279	1 615	110	1 061	1 611	366
2013	1 225	…	1 277	1 646	115	1 081	1 605	364
2014	1 160	…	1 197	1 585	114	1 034	1 619	357
2015	1 070	…	1 164	1 542	111	1 031	1 645	348
2016	898	…	1 089	1 524	122	*1 108	1 650	347
2017	…	…	…	…	126	1 105	1 675	342
2018	…	…	…	…	123	1 108	1 650	333

農林水産省「ポケット肥料統計」および経済産業省「生産動態統計」により作成。*は最大値を示す。硫安は1966年の2655千t，化成肥料は1974年の5257千t，石けんは1959年の380千t。1）肥料一次生産業者の生産（複合肥料は二次生産とみなす）で，窒素肥料は工業用を含み，りん酸肥料は飼料用を含まない。2）複合肥料。3）指定配合肥料を含む。4）1945年以前は会計年度。5）1926年度。

〔**食料品工業**〕　明治維新以降の日本では，食の洋風化が徐々に広がった。旧士族などが畜産加工業に参入するようになり，ハムやベーコン，牛乳や乳製品などの生産が始まる。牛乳は，当初は都心で酪農から牛乳の処理，販売を一貫して行っていた。しかし，衛生面の規制強化が進んで牧場が郊外に移ったほか，牛乳処理の設備投資が大きくなると，酪農と牛乳処理や販売が分業化して牛乳会社が成立した。

水産加工品は，古来よりかまぼこやするめなどが生産されていた。江戸時代には，長崎貿易で陶磁器とともに俵物（水産乾燥物）が輸出されている。地場の水産加工業は，地域の味として明治維新以降も成長する一方，遠洋漁業の開始や缶詰生産，欧米向け販路の開拓などで大企業が登場し，第一次大戦後の水産加工業をリードした。

農産加工品では，しょうゆや清酒などが古来より生産されており，明治以降も発展した。ビールなど新たな味を提供する大企業も現れたほか，製粉や製油など素材を大量に生産する産業では，企業合併による大企業化が進んだ。20世紀に入ると，ビスケットやキャラメルなど製菓業も盛んになっていく。

第二次大戦後の復興期は，復員などで人口が増えた一方，国内穀物の大減産や外地産物の途絶によって全国的に食料不足に陥った。政府やGHQは物資の大量放出などを行ったが，こうした動きは食料品工業の新規参入を容易にした。交通機関の復旧の遅れや統制経済で市場が小さな地域ごとに点在したことや，大企業の再建が遅れたことで，中小企業が各地に乱立する。しかし，統制撤廃後はメーカー間で激しい競争がおこった。冷蔵・冷凍輸送技術の発達による市場の拡大もあって，多くの業種で大企業への生産集中が進んだ。

高度経済成長とともに，日本人の食生活は向上していく。牛乳が学校給食に取り入れられて一般家庭に浸透したことや，所得の向上などで食の洋風化が進んだ。畜産加工品や，パン・洋菓子類は生産が伸びた半面，業種によっては伸び悩む産業があり，成長に格差が生じた。当時斜陽産業とよばれたちくわ・かまぼこでは，魚肉ハム・ソーセージを販売するなど，消費者の好みの変化に合わせた新製品を発売したが，このように食料品工業は消費者のニーズに合わせたヒット商品の開発に力を注ぐようになった。

1958年に発売されたインスタントラーメンや，1968年に発売されたレトルトカレーは，簡単に調理できておいしく食べられることから人気となった。さらに，家庭用冷蔵庫の普及に伴って，冷凍食品が広く一般家庭で利用されるようになる。1971年には食品・調理器具・食器の要素をすべて満たしたカップめんが登場し，簡便性や斬新な味で若者を中心に支持を集めた。食品の簡便化は，女性の社会進出や単身世帯の増加でさらに強まっていった。

1970年代後半には，食料品があふれる「飽食の時代」とよばれるようになり，食品に対する要求が一層強まった。人々の健康志向に合わせて，1977年に牛乳の脂肪分を減らした低脂肪乳が発売されたほか，減塩やダイエット食品も発売された。1991年には，政府が認めた健康食品を特定保健用食品に指定し，医薬品にのみ認められていた健康効果を表示することが可能になった。2015年には，科学的に健康効果の根拠がある食品は，政府の許可なくその機能を表示できるようになった。医療費が増加する中で，食料品工業には国民の健康増進に一定の役割を果たすことが期待されるようになっている。

生活水準の向上に伴う食の飽和や，人口の伸びの鈍化に合わせて，食料品工業は成熟化した。製造コスト削減のため，中国などに製造拠点を設けて日本に輸入することも盛んに行われているが，2008年の中国製冷凍食品の毒物混入事件や，相次ぐ産地偽装により，消費者の食品の安全性に対する懸念が広まっている。各メーカーは安全対策を急いだほか，原産地表示等を行って，消費者が安心して食品を購入できる環境づくりを進めている。

食料品工業は，世界的には人口増加や新興国市場の拡大などにより，将来的な成長を見込める産業である。近年は，海外市場に進出するメーカーも少なくなく，和食への関心の高まりもあって海外での収益を高めている。また，酒造メーカーやたばこメーカーなどは海外メーカーの大規模な買収を行って，世界シェアの確保を目指している。

年	表
1865	初の国産ラムネ製造。
1869 （明2）	アイスクリーム製造開始。国内初のビール醸造所開設。
1873 （明6）	バター製造開始。官営札幌製粉所開設。
1877	缶詰工場による初の缶詰生産。
1898	葉煙草専売法施行。
1900	牛乳営業取締規則公布。
1909	うまみ調味料の発売開始。
1910 （明43）	鈴木梅太郎が世界で始めてビタミン（オリザニン）を発表。
1929	国産ウイスキー発売。
1931	初の冷凍食品（冷凍イチゴ）発売。
1947	食品衛生法制定（48年施行）。
1949	日本専売公社発足。
1950	コーヒーの輸入再開。
1955	国内初の缶入り飲料発売。
1957	コーラ飲料発売（61年自由化）。
1958	インスタントラーメン誕生。
1960	インスタントコーヒー国内生産。
1963	粗糖の輸入自由化。
1968	レトルトカレー発売。
1969	缶入りコーヒー飲料発売。
1971 （昭46）	カップめん誕生。ウイスキー等輸入自由化。
1981	茶系飲料（ウーロン茶）発売。
1982	清涼飲料のペットボトル使用認可。
1985	たばこ専売制度廃止。ＪＴ発足。
1987	輸入紙巻たばこの関税無税化。
1991	特定保健用食品制度開始。
1994	ビールに近い発泡酒が本格登場。
1996	HACCP認証開始（食品衛生管理）。
1997	塩専売制度廃止。
2002	健康増進法施行（受動喫煙対策）。
2004	第3のビール（新ジャンル）発売。
2005	WHOたばこ規制枠組条約発効。
2008 （平20）	中国製冷凍食品に毒物混入発覚。安全性への懸念広がる。
2015 （平27）	機能性表示食品制度開始。加熱式たばこが本格登場。
2017 （平29）	全加工食品の原料原産地表示義務化（2021年度末までに完了）。
2019	EUとのEPAで欧州ワイン関税撤廃。
2020 （令2）	改正健康増進法全面施行（屋内喫煙の原則禁止）予定。

表 6-44　食料品工業総括表（全事業所）

	事業所数1)	従業者数1)（千人）	製造品出荷額等2)（億円）					
			畜産食料品	水産食料品	パン・菓子	清涼飲料	酒類	計×
1950 3)	27 163	363	104	319	332	27	1 143	3 167
1955	96 810	703	495	988	1 767	145	2 936	12 841
1960	100 796	919	1 352	2 099	2 885	297	4 639	20 356
1965	95 914	1 113	3 940	4 014	5 985	901	7 424	38 844
1970	90 942	1 140	9 374	8 158	10 001	2 624	13 096	71 506
1973	87 838	1 153	14 964	13 694	13 853	4 312	16 884	105 891
1974	85 753	1 149	18 895	15 884	18 418	4 839	18 680	131 733
1975	88 210	1 172	22 626	18 626	21 428	5 529	21 577	151 305
1976	85 744	1 156	25 606	22 308	23 510	6 202	22 871	168 278
1977	84 120	1 148	28 331	25 250	25 695	6 751	25 274	185 970
1978	85 285	1 165	31 790	26 145	27 115	7 844	27 725	196 810
1979	83 755	1 160	33 183	27 161	27 786	8 184	28 676	205 817
1980	82 612	1 156	35 432	28 935	30 654	8 326	30 776	225 126
1981	82 411	1 180	38 878	31 654	33 208	8 487	34 244	244 580
1982	80 802	1 181	41 343	33 202	34 226	8 972	36 226	255 150
1983	83 406	1 203	42 651	34 370	34 998	9 660	37 758	266 332
1984	80 599	1 194	44 522	34 990	35 655	10 326	37 965	275 750
1985	80 267	1 218	45 084	36 039	36 340	10 908	39 041	295 047
1986	81 807	1 252	45 967	37 347	37 580	11 188	40 002	300 759
1987	80 645	1 260	46 183	37 289	37 804	12 395	41 279	300 222
1988	78 624	1 272	47 265	38 222	39 129	13 703	43 664	309 477
1989	79 316	1 276	48 581	38 591	40 405	15 532	42 512	322 418
1990	75 594	1 277	49 215	40 148	41 295	18 447	43 340	334 230
1991	78 364	1 295	50 757	44 189	44 214	18 861	44 278	349 794
1992	77 426	1 306	51 685	45 222	44 883	20 571	44 215	359 106
1993	72 141	1 316	50 546	43 197	44 796	20 093	43 682	355 622
1994	67 398	1 298	49 742	42 592	43 741	21 022	45 406	354 885
1995	68 957	1 307	49 035	41 699	43 099	21 359	44 503	350 524
1996	66 442	1 295	49 197	41 086	43 378	21 487	43 926	351 105
1997	64 941	1 279	49 185	40 969	42 826	22 751	44 085	354 434
1998	68 862	1 324	49 782	41 251	42 300	23 352	43 317	359 320
1999	65 212	1 294	49 041	40 096	41 483	23 285	42 214	353 503
2000	64 771	1 284	48 417	38 686	41 027	21 712	41 865	351 146
2001	61 415	1 308	46 845	36 851	41 320	22 505	41 801	346 003
2002	61 283	1 288	47 272	35 444	40 462	20 369	41 236	338 176
2003	58 623	1 274	46 303	33 341	40 557	21 484	38 335	333 130
2004	57 159	1 254	4) 47 312	32 390	40 707	22 251	4) 38 463	4) 336 674
2005	55 508	1 243	47 543	32 387	41 069	19 478	37 618	325 773
2006	55 839	1 237	47 356	31 522	41 849	18 882	36 355	324 686
2007	56 640	1 283	50 544	34 286	44 512	19 937	36 940	346 412
2008	53 723	1 280	52 774	34 259	45 812	20 000	36 009	350 803
2009	54 069	1 270	52 387	32 464	45 840	22 168	36 592	346 373
2010	53 217	1 265	52 532	31 451	46 118	22 667	35 225	339 171
2011	48 175	1 171	51 580	31 971	44 783	20 799	33 875	336 654
2012	51 852	1 234	51 231	30 337	45 910	22 830	32 943	341 058
2013	50 670	1 246	54 941	30 490	46 561	22 650	32 688	346 324
2014	49 467	1 251	57 799	31 236	48 891	23 158	33 024	357 123
2015	45 922	1 240	66 872	35 277	51 559	23 288	34 958	385 147
2016	46 678	1 269	65 484	34 553	51 837	21 525	35 234	385 223
2017	45 743	1 277	67 637	34 395	52 823	22 311	34 090	388 978

資料，注記は表6-5に同じ。戦前の統計は表6-3に掲載。2011年以降は，東日本大震災とそれ伴う原発事故による調査困難地域を除外。1）各年末現在。2011年は2012年２月１日，2015年以降は翌年６月１日現在。2）2015年は個人経営事業所をすべて除く。従業者４人以上の個人経営事業所を含む表6-5と異なる。3）従業者４人以上の事業所のみ。4）新潟県内の１事業所を除く。×その他とも。

表6-45 おもな加工食品の生産（I）（単位 千t）

	粉乳[1]	脱脂粉乳	練乳[1]	バター	チーズ	ねり製品	ちくわ・かまぼこ	魚肉ハム・ソーセージ
1920	…	…	7.7	0.5	…	…	…	…
1925	2) 0.5	…	9.4	0.9	2) 0.0	…	…	…
1930	0.8	…	15.4	2.1	0.0	…	…	…
1935	1.0	…	20.3	2.7	0.1	…	…	…
1940	1.9	…	15.1	2.3	0.3	…	…	…
1945	3) 2.8	…	3) 2.5	3) 2.2	3) 0.1	4) 54.9	4) 54.9	…
1950	12.3	…	17.9	2.4	0.3	151.5	151.5	…
1955	17.0	4.3	51.3	7.2	1.2	306.8	297.3	9.4
1960	39.8	10.6	73.7	11.8	5.2	509.4	408.0	101.4
1965	100.4	24.8	66.1	23.9	15.5	797.2	609.1	188.1
1970	168.7	71.8	75.8	43.1	39.9	1 081.3	897.8	183.5
1975	168.7	76.1	49.8	40.2	53.7	1 155.0	1 034.3	120.7
1980	223.5	126.8	77.0	64.1	65.9	913.2	823.7	89.5
1985	273.2	181.5	65.5	88.9	68.4	983.8	891.5	92.3
1990	269.8	178.6	62.3	76.3	82.2	914.8	829.1	85.7
1995	262.2	190.4	58.9	80.3	105.4	800.9	734.7	66.2
2000	245.7	193.8	41.4	87.6	126.2	706.6	646.3	60.3
2005	233.2	186.8	42.3	84.1	122.6	655.2	587.0	68.3
2010	201.8	155.6	41.7	73.6	125.0	533.6	468.8	64.8
2015	166.8	128.6	39.1	64.8	142.3	530.1	470.6	59.6
2016	166.8	127.6	39.4	66.2	144.1	514.4	454.8	59.6
2017	157.2	121.1	38.6	59.8	149.0	505.1	444.1	61.0
2018	157.6	120.0	34.9	59.6	149.4	5) 510.1	5) 449.9	5) 60.2

	素干し品	するめ	塩干品	煮干し品	塩蔵品	節製品	塩辛類	水産物つくだ煮
1920	…	18.0	…	…	…	6) 9.8	…	7) 1.5
1925	2) 104.4	43.7	2) 38.7	2) 45.5	2) 42.9	15.7	…	2.3
1930	109.8	13.4	47.0	60.2	54.5	19.3	…	4.6
1935	101.2	6.7	57.7	75.0	73.0	21.8	2.8	8.8
1940	151.6	24.1	66.5	80.6	60.0	…	6.1	…
1945	64.1	13.9	13.0	27.0	14.9	…	0.9	…
1950	70.4	47.5	46.6	84.4	63.8	17.5	4.1	46.1
1955	69.7	51.1	89.3	113.8	93.7	58.9	4.8	89.8
1960	51.8	37.8	107.7	117.5	89.9	76.2	4.1	121.8
1965	40.7	27.4	122.1	100.8	116.2	79.9	…	…
1970	41.9	11.1	144.5	83.3	180.2	98.4	13.9	108.6
1975	47.7	12.2	242.7	79.9	214.6	120.3	16.6	105.8
1980	32.7	11.5	275.5	97.9	231.1	124.6	20.1	98.0
1985	36.6	10.2	277.9	109.9	330.4	121.3	27.0	123.2
1990	43.8	17.2	269.6	91.8	361.1	131.2	41.4	129.6
1995	39.6	16.4	233.3	90.3	309.4	126.7	47.6	117.7
2000	37.0	13.2	237.1	87.1	248.5	125.3	37.5	109.2
2005	32.3	12.7	230.1	71.1	208.6	111.5	31.9	109.8
2010	15.9	6.3	213.0	67.9	193.8	98.5	25.4	89.0
2015	13.6	8.0	164.6	63.3	184.7	83.8	19.5	77.0
2016	11.5	5.6	156.3	56.2	171.2	81.5	16.2	75.1
2017	8.6	2.4	148.1	50.2	166.3	81.1	14.6	72.6
2018	5) 7.1	5) 2.2	5) 139.6	5) 59.2	5) 181.6	5) 79.6	5)8) 12.1	…

農林水産省「食品産業動態統計」，同「水産物流通統計」および同資料，農林省「農林省統計表」，食品産業センター「食品産業統計年報」，総務省「日本統計年鑑」，東洋経済新報社「完結 昭和国勢総覧」，経済産業省「工業統計50年史」により作成。1）1952年以前は脱脂粉乳，脱脂れん乳を含まず。2）1926年。3）会計年度。4）1948年。5）概数。6）かつおぶしのみ。7）1922年。8）いかの塩辛のみ。

おもな加工食品の生産（II）（単位　千t，*印は千kl）

	小麦粉1)	パン3)	食パン	菓子パン	生めん・乾めん3)4)	即席めん3)	マカロニ3)6)	マーガリン4)
1920	336	…	…	…	21	—	…	0
1925	652	…	…	…	23	—	…	0
1930	690	…	…	…	27	—	…	1
1935	1 010	…	…	…	33	—	…	1
1940	974	…	…	…	131	—	…	8
1945	89	…	…	…	22	—	…	1
1950	2) 13	…	…	…	…	—	…	15
1955	2 015	…	…	…	…	—	…	45
1960	2 223	628	…	…	5) 629	5) 13	20	43
1965	3 061	865	354	307	5) 818	5) 185	59	60
1970	3 426	970	469	269	5) 841	5) 267	93	108
1975	4 368	1 062	588	251	5) 830	5) 335	96	157
1980	5 255	1 189	687	285	5) 885	5) 325	124	222
1985	5 978	1 178	653	291	956	316	125	241
1990	5 591	1 193	661	321	961	316	130	176
1995	5 503	1 220	623	368	997	314	145	176
2000	5 179	1 279	619	382	922	343	156	176
2005	5 154	1 232	602	372	851	356	161	166
2010	5 017	1 196	576	375	757	332	161	154
2015	5 031	1 234	605	403	819	414	163	151
2016	4 880	1 238	604	403	838	419	152	151
2017	4 809	1 254	602	409	877	416	152	151
2018	…	1 221	585	401	900	420	153	147

	植物油脂	なたね・からし油	みそ	しょうゆ*	食酢*7)	うまみ調味料8)	ソース類*9)	トマトケチャップ10)
1930	…	…	589	683	60	12) 2	42	1
1935	…	…	601	891	106	3	56	2
1940	…	…	563	892	99	3	60	3
1945	…	…	291	426	35	0	6	1
1950	…	2) 18	249	656	47	1	43	3
1955	…	45	523	974	98	9	85	8
1960	11) 493	85	505	1 047	123	22	98	17
1965	640	87	493	1 029	168	61	123	27
1970	1 021	177	552	1 126	196	91	122	36
1975	1 027	274	561	1 127	257	73	125	76
1980	1 356	407	579	1 190	296	92	174	98
1985	1 648	590	573	1 186	351	83	204	104
1990	1 720	754	555	1 176	382	86	358	108
1995	1 755	788	541	1 122	403	85	447	104
2000	1 885	913	533	1 065	427	78	283	98
2005	1 722	932	497	939	433	58	304	95
2010	1 657	993	462	849	412	1)13) 34	1)14) 141	95
2015	1 695	1 065	462	780	415	1)13) 21	1)14) 123	93
2016	1 677	1 037	476	776	436	1)13) 12	1)14) 129	90
2017	1 736	1 058	482	769	435	1)13) 8	1)14) 133	89
2018	1 699	…	478	757	…	…	…	88

資料は（I）に同じ。1）工業統計による数値で1950年以降は出荷量。1981年以降は従業者４人以上の事業所。1950～80年は全数調査で，1945年以前は職工５人以上の工場。2）1951年。3）1960年以降は原料小麦粉千ｔ。4）1945年以前は工業統計による職工５人以上の工場。5）会計年度。6）スパゲティを含む。7）1960年以降は会計年度。8）2005年度以前は会計年度。9）1960～2005年度は会計年度。10）1974年以降はJAS格付数量。11）1961年。12）1933年。13）グルタミン酸ソーダのみ。14）ウスター・中濃・濃厚ソースのみ。

おもな加工食品の生産（Ⅲ）（単位　千t，*印は千kl）

	ハム，プレス類	ベーコン類	ソーセージ類	牛乳*	加工乳*	乳飲料*	発酵乳・乳酸菌飲料*	アイスクリーム*4)
1960	1) 54	1) 2	1) 39	711	2) 398	170	…	156
1965	67	3	49	903	823	366	…	219
1970	114	6	85	1 460	1 307	408	3) 729	184
1975	139	17	144	2 260	976	451	753	68
1980	184	37	181	3 199	754	629	767	99
1985	184	54	228	3 648	628	720	890	135
1990	179	70	274	4 261	692	810	980	144
1995	167	77	310	4 250	790	921	1 133	151
2000	150	78	293	3 895	677	1 216	1 373	108
2005	139	76	279	3 823	467	1 203	1 416	115
2010	130	81	293	3 069	678	1 211	1 436	131
2015	137	89	307	3 005	451	1 305	1 761	134
2016	137	92	310	3 049	441	1 236	1 816	142
2017	139	95	319	3 089	440	1 177	1 828	151
2018	138	97	322	3 142	414	1 121	1 817	149

	野菜果実漬物	ドレッシング類	マヨネーズ	粉末コーヒー類	缶詰5)6)	びん詰5)	レトルト食品5)	冷凍食品
1960	…	15	14	2) 1	601	…	…	5
1965	415	51	49	2	622	7) 39	8) 1	26
1970	559	118	113	10	844	50	16	141
1975	856	146	135	21	1 400	87	49	355
1980	962	208	183	25	2 513	80	65	562
1985	1 044	253	204	33	2 900	79	91	778
1990	1 180	298	217	34	4 397	90	146	1 025
1995	1 097	355	227	32	5 379	97	205	1 365
2000	1 176	381	240	34	4 727	80	265	1 499
2005	973	408	226	35	3 724	80	304	1 539
2010	873	390	204	38	3 282	69	327	1 400
2015	723	410	215	…	3 031	66	363	1 520
2016	714	414	222	…	3 024	62	364	1 554
2017	692	416	223	…	2 891	62	375	1 600
2018	705	410	221	…	2 657	50	380	1 587

	菓子	あめ菓子	チョコレート	ビスケット	米菓	和生菓子	洋生菓子	スナック菓子
1960	1 007	176	24	200	153	175	49	…
1965	1 253	178	99	253	143	179	84	…
1970	1 633	178	110	245	191	300	183	…
1975	1 716	138	126	289	235	300	175	76
1980	1 809	118	127	266	227	302	197	184
1985	1 880	107	156	247	208	318	217	215
1990	2 043	165	180	245	226	367	229	244
1995	2 042	156	187	225	205	381	241	245
2000	1 972	150	217	223	212	342	217	230
2005	1 931	165	222	213	212	323	211	219
2010	1 925	175	205	241	223	312	208	223
2015	1 968	169	231	259	220	305	189	238
2016	1 979	175	239	258	218	305	195	235
2017	1 990	176	253	252	223	305	195	235
2018	2 000	176	255	259	221	302	194	241

農林水産省「食品産業動態統計」，食品産業センター「食品産業統計年報」，日本缶詰びん詰レトルト食品協会資料および全日本菓子協会資料により作成。1）1963年。2）1961年。3）1973年。4）乳脂肪分8％以上，乳固形分15％以上。1970年以前は乳脂肪分3％以上のもの。5）内容物容量。6）一般用の丸缶。7）1967年。8）1968年。

表 6 - 46　酒類の生産（会計年度）（単位　千kL）

	清酒1)	焼酎	ビール	果実酒類3)	ウイスキー類4)	リキュール類5)	発泡酒	計×
1885	472.3	7.8	…	…	…	…	…	483.4
1890	558.5	8.1	…	…	…	…	…	572.0
1895	716.1	10.8	…	…	…	…	…	739.4
1900	719.6	21.8	2) 2.3	…	…	…	…	756.2
1905	684.0	23.1	24.0	…	…	…	…	745.4
1910	696.3	35.5	28.1	…	…	…	…	774.6
1915	700.5	48.3	44.9	…	…	…	…	810.3
1920	767.7	75.8	99.2	…	…	…	…	963.1
1925	928.6	94.3	154.8	…	…	…	…	1 200.3
1930	646.2	82.3	144.0	…	…	…	…	893.8
1935	682.6	96.4	236.8	…	…	…	…	1 062.2
1940	476.6	92.0	271.7	…	…	…	…	938.0
1945	151.2	32.6	97.9	…	…	…	…	320.6
1950	188.0	185.0	255.0	…	…	…	…	725.0
1955	467.0	280.0	442.0	…	…	…	…	1 358.0
1960	684.8	274.6	1 161.9	…	…	…	…	2 350.8
1965	1 088.9	216.4	2 006.1	42.0	68.8	10.9	0.1	3 511.6
1970	1 257.1	219.0	3 036.7	37.2	144.1	24.8	—	4 793.4
1975	1 350.0	199.2	3 896.6	27.5	247.8	21.9	—	5 813.2
1980	1 193.3	257.3	4 558.9	45.6	363.9	25.0	0.0	6 537.8
1985	927.6	667.5	4 852.2	51.4	273.2	76.2	4.5	6 982.1
1989	1 119.4	461.0	6 286.9	55.4	208.8	99.3	0.0	8 414.3
1990	1 059.7	592.1	6 563.6	58.3	201.9	112.2	—	8 764.7
1991	1 058.1	484.0	6 915.7	56.9	186.0	114.7	10.3	9 013.9
1992	1 037.0	584.0	7 010.6	50.3	172.6	138.0	2.1	9 170.3
1993	1 026.3	649.0	6 964.2	51.0	170.6	128.7	1.4	9 151.8
1994	962.9	641.2	* **7 100.7**	52.0	168.5	215.7	29.9	9 339.1
1995	979.9	675.0	6 797.1	65.2	134.1	223.5	209.6	9 246.8
1996	937.1	711.7	6 908.2	67.5	122.4	232.6	327.2	9 467.4
1997	872.1	731.2	6 637.0	93.4	154.6	251.3	487.2	9 399.3
1998	781.4	673.9	6 175.9	* **115.9**	124.4	253.4	1 061.0	9 351.6
1999	735.4	727.3	5 890.1	100.2	142.2	332.0	1 433.1	* **9 595.1**
2000	720.2	756.8	5 463.8	97.4	136.3	327.2	1 715.4	9 424.3
2001	679.5	804.4	4 813.1	89.6	112.3	419.3	2 374.1	9 518.1
2002	633.4	827.1	4 300.0	88.9	88.8	557.7	* **2 623.9**	9 314.5
2003	601.0	923.3	3 958.9	80.3	80.3	594.9	2 502.8	8 974.0
2004	523.8	* **1 042.9**	3 844.5	69.7	71.8	713.8	2 282.1	9 046.7
2005	499.0	1 041.6	3 649.7	93.9	69.4	741.8	1 694.2	9 028.8
2006	513.4	1 019.6	3 536.1	74.9	67.4	755.4	1 593.6	8 891.5
2007	505.5	999.5	3 470.0	72.8	62.6	1 024.8	1 527.8	8 823.0
2008	487.9	969.6	3 212.9	74.3	65.5	1 285.3	1 382.9	8 693.3
2009	468.6	968.0	3 036.1	75.3	73.3	1 561.8	1 102.9	8 455.9
2010	447.1	912.4	2 953.8	77.8	85.4	1 714.5	947.7	8 277.5
2011	440.5	881.1	2 895.2	84.3	84.8	1 837.7	773.5	8 137.1
2012	438.6	896.3	2 802.6	90.5	88.5	1 891.0	626.4	7 948.7
2013	444.2	912.0	2 861.8	98.1	93.4	1 996.5	527.3	8 030.2
2014	447.5	880.2	2 732.6	101.8	105.3	1 870.8	559.5	7 805.0
2015	444.7	847.8	2 793.9	112.5	116.1	1 919.6	536.0	7 939.4
2016	426.5	832.5	2 752.8	100.6	118.7	1 979.4	502.4	7 889.4
2017	411.3	820.4	2 683.5	106.1	131.7	* **2 065.2**	501.9	7 922.4

国税庁「国税庁統計年報書」および同資料，総務省「日本統計年鑑」により作成。1960年以前は酒造年度（当該年10月から翌年９月まで）。本表のデータは製成数量（アルコールの混和などを差し引いた数値）で，1925年以前は課税数量。＊は最大値を示す。ただし清酒は1973年の1421.2千kL，ウイスキー類は1983年の411.6千kL。1）合成清酒を含まず。2）1901年。3）甘味果実酒を含む。4）ブランデーを含む。5）ビール類のうち新ジャンルが多く含まれる。×その他とも。

表 6-47　砂糖類の生産と輸入（単位　千 t）

	甘シャ糖生産量		テン菜糖生産量	異性化糖需要量	輸入糖	加糖調製品輸入量	甘シャ生産量	テン菜生産量
	分みつ糖	含みつ糖						
1955	11	67	50	—	993	…	729	392
1960	58	55	138	—	1 179	…	1 032	1 052
1965	284	19	263	—	1 363	…	2 638	1 683
1970	280	17	344	—	2 275	…	2 650	2 324
1975	213	12	224	—	2 351	…	1 971	1 758
1980	223	7	535	432	1 548	…	2 094	3 550
1985	285	11	574	617	1 779	…	2 637	3 921
1990	212	9	644	725	1 693	…	1 979	3 994
1995	183	8	650	733	1 606	329	1 621	3 813
2000	153	9	569	741	1 483	362	1 394	3 673
2005	132	8	699	790	1 326	436	1 213	4 201
2010	156	9	490	806	1 431	469	1 468	3 090
2015	129	8	676	818	1 235	509	1 259	3 925
2016	173	10	505	* **832**	1 214	* **536**	1 574	3 189
2017	128	10	656	* **832**	1 111	526	1 297	3 901
2018	120	11	614	822	1 145	…	1 196	3 611

農林水産省資料および精糖工業会館「ポケット砂糖統計」により作成。砂糖年度（当該年の10月～翌年9月）。2018年度は見込み。輸入の1971年以前は暦年。沖縄復帰以前も生産量には沖縄を含み，沖縄からの移入は輸入量に含まない。甘シャ糖のうち分みつ糖は精糖換算。輸入量のうち粗糖は精糖換算，含みつ糖や精糖はそのまま加えたもの。異性化糖はデンプンをブドウ糖に分解，異性化させた果糖との混合液で，生産量を標準異性化糖の固形ベースで換算。加糖調製品は砂糖にソルビトール等を混合したもの。*は最大値。なお，甘シャ糖の分みつ糖と甘シャは1964年度で，それぞれ345千 t と3257千 t 。テン菜糖とテン菜は2004年度で，それぞれ784千 t と4656千 t 。輸入糖は1974年度の2644千 t 。

表 6-48　葉たばこ生産量と紙巻きたばこ販売本数（会計年度）

	葉たばこ生産量（t）	国産紙巻きたばこ販売本数（億本）
1883	14 894	…
1887	22 453	…
1892	28 662	…
1895	33 277	…
1900	40 674	…
1905	40 791	…
1910	42 542	…
1915	49 176	…
1920	62 230	210
1925	65 057	273
1930	67 767	302
1935	64 529	379
1940	96 460	481
1945	36 178	147
1950	98 126	653
1955	150 650	976
1960	121 032	1 228
1965	192 418	1 714

	葉たばこ生産量（t）	紙巻きたばこ販売本数（億本）	国産紙巻きたばこ	輸入紙巻きたばこ
1970	150 415	…	2 217	…
1975	165 705	…	2 897	…
1980	141 394	3 077	3 040	37
1985	116 209	3 108	3 032	75
1990	80 544	3 220	2 709	511
1995	70 391	3 347	2 637	710
2000	60 803	3 245	2 431	814
2005	46 828	2 852	1 895	957
2010	29 297	2 102	1 346	755
2011	23 605	1 975	1 084	891
2012	19 673	1 951	1 162	789
2013	19 844	1 969	1 201	769
2014	19 980	1 793	1 074	719
2015	18 687	1 833	1 104	728
2016	17 945	1 680	1 014	667
2017	19 023	1 455	894	561
2018	16 998	1 300	804	496

財務省「財政金融統計月報」，同資料，日本たばこ協会資料，全国たばこ耕作組合中央会資料，農林水産省資料，厚生労働省資料，総務省「日本長期統計総覧」により作成。葉たばこは暦年。たばこは近年「加熱式」が増えており，2017年度の販売数量は253億本（１箱を紙巻きたばこ20本で換算，財務省）。2018年度は数量が未公表だが，2018年４～12月の販売シェア（紙巻き＋加熱式）で加熱式が約21％を占める。葉たばこ生産の最大は1964年の21万2168 t ，紙巻きたばこ販売の最大は1996年度の3483億本。

〔繊維工業〕 明治初頭の日本の繊維品貿易は大幅に赤字で，1880年では輸出額1450万円（全輸出額の24％）に対し輸入額は6640万円(全輸入額の44％)であった。繊維工業の発展は外貨流出防止の観点からも重要で，殖産興業のもと生糸や綿織物を中心に成長した。

製糸業は農村の養蚕業を基盤として発展した。1872年には近代的な器械製糸を行う官営富岡製糸場が開業して，以降は長野県などを中心に工場が次々と設立された。労働者の中心は女性で，労働環境が充実していた当初の富岡製糸場と異なり，多くの製糸工場では過酷な長時間労働が強いられた。こうした安価な労働力を背景に，製糸業は国際競争力を高めていく。20世紀に入ると，アメリカの絹織物業が成長して，日本から大量に生糸を輸入するようになった。1920年代後半にはアメリカの生糸輸入量の80％以上を日本製が占め，日本の製糸業はアメリカ市場への依存度を高めた。しかし，1929年の世界大恐慌による生糸価格の暴落や，需要の減退の影響を大きく受けて，製糸業は低迷した。一方，1910年代後半から木材繊維を再生したレーヨンが絹の代用品として生産されるようになり，1937年には生産量で世界一になった。

綿花は，江戸時代までは国内の多くの地域で生産されてきた。しかし，明治以降は良質な輸入綿花に押され，1896年の輸入綿花海関税免除を機に衰退した。近代的な綿糸生産は，1883年に開業した大阪紡績会社で始まり，大規模な設備や昼夜兼行操業で高い生産性を誇った。以降，続々と紡績会社が登場し，製糸業と同様に安価な女子労働力による過酷な長時間労働で国際競争力を高めた。しかし，1890年には過剰生産による不況に陥り，カルテルが設けられた。日露戦争後には合併による寡占化が進み，紡績から力織機による綿織物生産へと事業を展開した。綿製品が貿易額で黒字になるのは，綿糸が1897年，綿布が1909年で，綿布輸出は1933年にはイギリスを抜いて世界一になった。これは，1931年の金輸出再禁止による円安に加えて，世界大恐慌に伴う生糸価格暴落によって，綿織物で外貨を稼ぐ必要が生じたことも大きい。恐慌により列強がブロック経済化を進めるなかで，日本がイギリス植民地等に綿布を大量に輸出したことは，摩擦を生んだ。その後，1930年代以降には軍国主義が台頭して，政府が重化学工業化を進めたことや，原料調達が困難になったために，繊維工業は停滞する。さらに，第二次大戦では生産設備などが壊滅的な打撃を受けた。

第二次大戦後，繊維工業は基幹産業振興政策の対象となり，1950年の朝鮮戦争特需で復活した。綿織物は東南アジアを中心に需要が高まり，1951年には綿織物輸出で世界一になった。国内消費も高まったが，その後消費ブームが落ち着いたことや，綿花輸出国で綿織物の自給化が進んだこと，アメリカ向け輸出を自主規制したことなどで，綿織物生産は1961年をピークに減少する。一方，1958年にポリエステルの量産が始まるなど，石油を原料にした合成繊維の生産が拡大していった。

戦前同様，繊維工業は輸出依存度が高く，シャツなど安価な国産品が主にアメリカに大量に輸出された。貿易摩擦になり，日米繊維交渉の果てに1972年より繊維品の輸出規制が行われた。

1970年代の 2 度の石油危機で，合成繊維は大きな打撃を受けて，構造不況業種となった。さらに，1985年のプラザ合意による円高を契機に繊維製品の輸出が減少したほか，輸入が急増して，1987年以降は貿易赤字になった。国内メーカーも，生産コストが割安な中国などに製造拠点を設けて逆輸入するようになり，貿易赤字が拡大した。この結果，2003年には衣類の輸入浸透率が90％に達した一方，製造拠点の移転で中国などの技術力が向上していった。

日本のアパレルには，世界に通用するブランドが少なく，特に高級品市場での存在感が希薄である。海外製品との価格競争に陥り衣類の低価格化が進行し，2017年には衣類の国内購入単価が1991年の 6 割程度になった上に，輸入浸透率は97.6％に達している。

繊維工業は国内では衰退傾向にあるが，世界的には人口増加や新興国の発展などで成長を続ける産業分野である。日本メーカーは，吸湿発熱繊維など高機能繊維の開発で世界をリードしており，近年は導電性繊維による衣服からの生体データの収集など，新たな価値の創造を目指している。

年　表	
1867	鹿児島に国内初の紡績工場。
1872	官営富岡製糸場開業。
1876	臥雲辰致，ガラ紡機の製作を完成。
1882	大阪紡績会社設立（83年開業）。
1890	綿糸生産が輸入を上回る。
1894 （明27）	綿糸輸出海関税免除法公布。器械製糸生産が座繰製糸を上回る。
1896 （明29）	豊田佐吉，国産初の力織機を発明。輸入綿花・羊毛の海関税免除。
1897	綿糸輸出額が輸入額を上回る。
1909 （明42）	生糸輸出で清国を抜き世界一。綿布輸出額が輸入額を上回る。
1915 （大 4 ）	国内初のレーヨン工場設立。日本独自の方法による製造開始。
1929	世界大恐慌で生糸価格暴落。
1933	綿布輸出で英国を抜き世界一。
1937	人絹生産量で世界一に。
1939 （昭14）	ビニロンの発明（日本で発明された初の合成繊維，50年量産化）。
1950	朝鮮戦争特需，糸へんブーム。
1951 （昭26）	綿織物輸出世界一に。ナイロン繊維生産技術導入。
1956	繊維旧法（過剰設備廃棄）制定。
1957 （昭32）	日米綿製品協定（安価な日本製品の米国輸出を自主規制）。
1958	ポリエステル繊維生産開始。
1964	繊維新法（過剰設備廃棄）制定。
1967	特定繊維工業構造改善臨時措置法。
1972	日米繊維協定調印。
1974	生糸の輸入制限実施。
1978 （昭53）	特定不況産業安定臨時措置法（紡績・合成繊維が対象）。
1983 （昭58）	特定産業構造改善臨時措置法（合成繊維が対象）。
1987 （昭62）	繊維製品輸出が輸入を下回る（円ベース）。
2001	レーヨン長繊維国内生産終了。
2003 （平15）	国内アパレル市場の輸入浸透率90％突破（2017年は97.6％）。
2004	WTO繊維協定満了（年末まで）。
2006 （平18）	中国の化学繊維生産が世界全体の過半数に。
2009 （平21）	この年まで繊維工業生産が21年連続で前年割れ。2011年以降も少なくとも2018年まで前年割れが続く。

表6-49 繊維工業総括表（全事業所）

	事業所数1)	従業者数1)（千人）	製造品出荷額等2)（億円）					
			化学繊維製造3)	紡績	織物4)	外衣・5)シャツ	下着6)	計×
1950 7)	31 659	905	(457)	1 742	2 033	190	1	5 309
1955	88 256	1 200	(1 117)	3 685	4 061	402	117	11 817
1960	102 053	1 474	(2 262)	6 367	5 085	984	307	19 227
1965	125 151	1 638	(4 183)	7 973	7 210	2 519	668	30 432
1970	146 209	1 678	(7 802)	11 071	11 867	5 835	901	53 466
1975	157 305	1 526	(7 662)	12 093	17 127	14 117	1 511	86 375
1980	147 881	1 349	(11 457)	14 869	20 935	18 869	1 871	111 320
1981	149 531	1 365	(11 128)	14 556	20 910	20 500	1 997	116 922
1982	147 112	1 350	(10 708)	14 500	21 090	20 793	2 010	118 902
1983	152 063	1 339	(11 539)	13 891	20 969	21 222	2 182	119 044
1984	151 732	1 313	(10 953)	15 034	20 993	21 482	2 208	120 796
1985	142 083	1 303	(10 796)	12 768	20 466	34 893	2 152	122 608
1986	141 310	1 303	(9 300)	10 980	18 751	36 807	2 297	119 945
1987	135 159	1 280	(8 669)	10 783	17 522	37 478	2 465	118 839
1988	136 213	1 276	(8 983)	10 830	17 692	38 595	2 460	122 252
1989	130 604	1 257	(10 249)	9 595	18 229	40 404	2 505	125 273
1990	129 944	1 245	(10 442)	8 945	17 830	42 150	2 523	129 081
1991	126 927	1 237	(10 080)	8 744	17 675	44 776	2 586	133 958
1992	121 295	1 191	(10 593)	7 776	16 622	43 847	2 743	129 081
1993	117 220	1 123	(9 546)	6 062	14 312	39 580	2 563	115 073
1994	110 944	1 044	(8 813)	5 517	12 254	32 870	4 948	104 630
1995	104 388	971	(8 778)	4 767	11 524	30 581	4 766	98 228
1996	98 553	912	(8 692)	4 332	10 732	28 629	4 594	93 432
1997	95 086	862	(8 749)	4 285	10 637	27 354	4 203	90 843
1998	94 426	816	(7 629)	3 545	9 432	25 809	4 014	84 043
1999	85 562	737	(7 338)	3 098	8 131	22 059	3 812	75 034
2000	80 278	662	(7 304)	2 630	7 384	19 287	3 274	68 364
2001	72 362	598	(6 098)	2 296	6 826	16 048	2 789	60 248
2002	67 943	534	(5 741)	1 844	6 130	13 977	2 189	53 689
2003	61 763	503	(5 059)	1 926	5 817	12 967	2 119	50 829
2004	58 682	470	(4 648)	1 820	5 307	8) 11 820	1 933	47 855
2005	53 563	441	(4 537)	1 488	4 959	10 840	1 824	45 536
2006	54 281	425	(4 800)	1 277	4 850	10 129	1 683	43 710
2007	52 792	415	(4 229)	1 239	4 810	10 389	1 659	44 710
2008	46 054	399	4 287	1 072	5 046	9 854	1 558	48 780
2009	46 810	370	3 879	814	3 695	8 532	1 339	40 222
2010	44 447	353	4 014	870	3 545	7 774	1 229	39 296
2011	38 822	337	3 559	939	4 018	8 188	1 298	41 435
2012	42 390	339	4 147	1 008	3 703	7 837	1 164	40 767
2013	40 128	328	4 212	977	3 538	7 334	1 264	39 059
2014	38 068	316	3 286	1 013	3 608	7 268	1 236	39 588
2015	32 300	303	3 354	9) 1 025	3 580	7 585	1 050	40 686
2016	33 606	300	3 115	743	3 707	7 363	1 252	40 184
2017	31 754	291	3 219	667	3 596	6 990	1 275	39 610

資料，注記は表6-5に同じ。戦前の統計は表6-3に掲載。2008年以降，繊維工業に化学繊維製造業や炭素繊維製造業を含む。2011年以降は，東日本大震災とそれに伴う原発事故による調査困難地域を除外。1）各年末現在。2011年は2012年２月１日，2015年以降は翌年６月１日現在。2）2015年は個人経営事業所をすべて除く。従業者４人以上の個人経営事業所を含む表6-5と異なる。3）化学繊維紡績業などを含まず。2007年以前は化学工業に含み繊維工業に含まないためカッコ付けとし，計には合算していない。4）2008年以降は細幅織物業を含む。5）和式を除く。1966年以前は外衣のみでシャツを含まず。1984年以前はニット製品，スポーツ用衣類を含まず。6）寝着を含む。1966年以前はシャツを含む。1993年以前はニット製品を含まず。7）従業者４人以上の事業所のみ。8）新潟県内の１事業所を除く。9）綿，毛，化学繊維紡績業のみ。綿紡績業は従業者４人以上の事業所のみ。×その他とも。

表6-50 繊維の生産（糸ベース）（単位　千t）

	天然繊維糸				化学繊維糸		合計×
	綿糸	毛糸	絹糸	麻糸	再生・半合成繊維糸	合成繊維糸	
1926(昭1)	473.1	…	38.4	10.5	2.3	—	524.9
1930(〃5)	458.1	32.0	48.2	26.6	16.9	—	581.8
1935(〃10)	646.1	60.1	51.7	33.3	103.2	—	894.3
1940(〃15)	415.3	40.4	48.7	48.1	164.1	—	716.5
1945(〃20)	23.1	6.3	8.1	14.7	5.7	…	58.3
1950(〃25)	238.3	32.5	12.9	22.6	87.3	0.3	413.8
1955(〃30)	418.5	83.8	19.4	45.8	275.0	20.5	905.7
1960(〃35)	564.0	133.7	19.8	67.0	358.2	153.9	1 323.8
1965(〃40)	566.6	155.2	21.4	103.7	407.3	387.6	1 660.8
1970(〃45)	526.2	181.7	22.9	121.1	399.2	898.2	2 157.7
1975(〃50)	460.5	142.2	22.8	30.9	211.8	942.2	1 810.6
1980(〃55)	503.8	119.2	18.3	24.1	230.4	1 179.8	2 075.9
1982(〃57)	470.2	120.4	15.5	14.1	213.2	1 128.5	1 962.1
1983(〃58)	437.7	110.0	14.9	14.7	212.5	1 123.6	1 913.8
1984(〃59)	436.8	120.9	13.2	15.2	205.8	*1 208.3	2 000.4
1985(〃60)	437.0	123.4	12.2	12.9	211.5	1 195.6	1 993.0
1986(〃61)	444.7	112.1	10.9	14.5	202.8	1 077.9	1 863.2
1987(〃62)	464.5	123.3	10.5	14.4	186.6	1 069.2	1 868.8
1988(〃63)	463.9	119.8	9.5	10.3	189.4	1 068.9	1 862.6
1989(平1)	459.2	118.1	8.6	6.7	188.2	1 062.0	1 842.7
1990(〃2)	425.6	105.1	7.8	4.7	186.5	1 102.6	1 832.3
1991(〃3)	373.3	106.9	7.6	2.6	171.4	1 115.5	1 777.3
1992(〃4)	338.2	105.5	6.7	1.5	158.0	1 101.0	1 711.0
1993(〃5)	284.1	84.1	5.6	3.3	156.5	975.5	1 509.1
1994(〃6)	234.8	89.5	5.0	2.2	141.0	954.7	1 427.2
1995(〃7)	215.0	71.7	4.1	2.0	134.7	966.0	1 393.4
1996(〃8)	195.8	64.7	3.1	1.4	123.0	939.9	1 328.0
1997(〃9)	183.5	62.4	2.4	1.4	116.4	950.9	1 317.1
1998(〃10)	173.4	46.6	1.6	0.7	100.6	860.6	1 183.5
1999(〃11)	171.0	42.0	0.9	1.0	85.7	823.0	1 123.6
2000(〃12)	158.8	33.7	0.8	0.9	79.6	815.2	1 089.0
2001(〃13)	139.5	29.6	0.7	0.5	61.0	762.8	994.0
2002(〃14)	122.2	25.7	0.6	0.9	42.3	659.4	850.9
2003(〃15)	107.5	20.1	0.4	0.8	42.3	625.0	796.0
2004(〃16)	104.0	17.5	0.4	0.9	41.2	617.3	781.3
2005(〃17)	91.9	14.4	0.3	1.8	42.1	583.6	734.0
2006(〃18)	79.1	14.5	0.2	1.3	40.8	567.9	703.8
2007(〃19)	71.7	13.0	0.1	1.3	42.5	554.0	682.6
2008(〃20)	65.8	11.4	0.1	1.3	1) 39.3	523.2	641.1
2009(〃21)	47.0	8.2	0.1	0.9	1) 24.3	366.9	447.4
2010(〃22)	45.0	9.3	0.1	0.8	1) 30.7	475.0	560.9
2011(〃23)	43.0	10.3	0.0	1) 0.7	29.7	487.8	571.5
2012(〃24)	37.6	10.4	0.0	1) 0.7	28.7	465.7	543.2
2013(〃25)	36.9	10.3	0.0	1) 0.7	28.0	454.7	530.6
2014(〃26)	37.4	9.8	0.0	1) 0.6	26.7	451.6	526.0
2015(〃27)	36.6	10.1	0.0	1) 0.6	27.8	443.7	518.8
2016(〃28)	34.2	9.0	0.0	1) 0.4	26.6	437.7	507.9
2017(〃29)	33.2	8.0	0.0	0.2	27.0	433.6	502.0
2018(〃30)	31.9	7.5	0.0	0.2	28.8	414.5	482.9

経済産業省「生産動態統計」，農林水産省「農林水産統計月報」および大日本蚕糸会資料により作成。糸や織物を糸換算したもの。絹糸は生糸と絹紡糸の合計で，2007年以降は生糸のみ。化学繊維は短繊維の紡績糸と長繊維の合計。*は最大値を示す。綿糸は1937年の719.6千t，毛糸は1973年の198.4千t，絹糸は1934年の51.8千t，麻糸は1969年の123.7千t，再生・半合成繊維系は1968年の413.7千t，合計は1973年の2318.2千t。1）わずかに絹紡糸を含む。×その他とも。

表6-51 織物の生産（単位 百万m²）

	天然繊維織物				化学繊維織物		合計2) ×
	綿織物	毛織物	絹・絹紡織物	麻織物	再生・半合成繊維織物1)	合成繊維織物	
1926（昭1）	2 140.7	178.3	194.8	…	…	—	2 513.8
1930（〃5）	2 186.8	191.7	350.8	…	140.0	—	2 869.4
1935（〃10）	3 438.3	269.7	285.3	9.9	623.3	—	4 616.6
1940（〃15）	2 194.0	63.3	519.2	24.3	905.1	—	3 681.6
1945（〃20）	46.0	4.8	41.8	15.5	25.0	—	117.6
1950（〃25）	1 289.3	65.2	110.2	52.0	507.1	—	2 058.9
1955（〃30）	2 523.5	153.2	174.6	115.0	1 396.1	54.2	4 477.2
1960（〃35）	3 221.7	316.4	220.1	102.5	1 828.0	423.9	6 172.5
1965（〃40）	3 012.6	340.9	175.6	148.3	1 653.4	1 241.4	6 606.8
1970（〃45）	2 616.0	425.7	200.8	*177.7	1 545.2	2 746.1	*7 749.8
1975（〃50）	2 124.4	356.7	168.5	35.1	838.5	2 411.1	5 954.8
1979（〃54）	2 338.8	325.7	158.0	31.3	901.9	2 980.6	6 757.0
1980（〃55）	2 202.0	294.2	151.9	27.1	881.9	3 158.6	6 736.8
1981（〃56）	2 066.5	290.7	137.1	20.1	775.0	3 121.0	6 431.4
1982（〃57）	2 029.8	294.5	136.5	24.5	740.4	3 024.3	6 269.7
1983（〃58）	2 078.6	301.8	121.8	23.6	708.4	3 218.7	6 470.0
1984（〃59）	2 089.8	327.1	115.1	25.4	696.9	*3 296.8	6 565.0
1985（〃60）	2 060.9	325.6	114.5	25.8	719.3	3 067.6	6 325.9
1986（〃61）	1 974.2	313.0	108.2	34.6	700.3	2 859.4	6 000.5
1987（〃62）	1 837.0	331.4	99.9	37.0	629.5	2 677.6	5 622.7
1988（〃63）	1 884.8	353.1	103.0	24.2	668.2	2 671.8	5 718.1
1989（平1）	1 914.6	351.0	96.7	18.1	695.2	2 669.6	5 757.3
1990（〃2）	1 765.2	334.9	83.7	15.6	707.9	2 667.9	5 587.2
1991（〃3）	1 603.3	344.9	80.7	12.5	671.0	2 591.8	5 314.5
1992（〃4）	1 464.7	325.7	77.0	11.3	585.7	2 589.4	5 053.8
1993（〃5）	1 205.4	286.8	71.4	12.0	493.1	2 265.1	4 333.8
1994（〃6）	1 180.4	285.5	65.4	8.1	435.1	2 142.8	4 117.5
1995（〃7）	1 029.3	249.3	59.6	7.1	408.8	2 049.6	3 803.6
1996（〃8）	916.0	246.9	58.4	5.8	440.8	1 996.7	3 664.5
1997（〃9）	917.2	247.0	55.4	4.6	455.7	2 040.6	3 720.6
1998（〃10）	842.3	212.9	40.4	3.7	389.8	1 743.2	3 232.3
1999（〃11）	774.5	199.1	34.6	4.0	352.4	1 580.8	2 945.3
2000（〃12）	663.6	98.2	33.4	3.9	273.1	1 572.7	2 645.0
2001（〃13）	603.0	94.9	30.8	3.2	241.3	1 484.5	2 457.8
2002（〃14）	540.5	88.1	27.9	3.2	211.5	1 293.1	2 164.3
2003（〃15）	506.6	78.1	24.7	3.3	200.7	1 217.8	2 031.2
2004（〃16）	479.0	75.8	22.6	3.3	183.3	1 209.9	1 973.9
2005（〃17）	425.5	72.3	20.4	5.1	167.4	1 146.4	1 837.2
2006（〃18）	399.7	70.8	18.5	4.6	160.3	1 082.9	1 736.8
2007（〃19）	367.7	67.6	15.5	3.4	149.0	1 096.1	1 699.3
2008（〃20）	327.0	60.7	14.0	3.1	140.5	1 008.5	1 553.8
2009（〃21）	220.8	38.3	10.0	1.7	97.1	699.0	1 066.9
2010（〃22）	124.3	32.4	3.6	0.6	92.1	729.6	982.6
2011（〃23）	128.0	29.8	3.2	0.5	98.3	867.2	1 127.0
2012（〃24）	124.0	28.4	2.9	0.4	84.0	838.6	1 078.3
2013（〃25）	127.9	28.2	2.9	…	85.6	817.7	1 062.4
2014（〃26）	130.6	28.1	2.7	…	90.2	833.7	1 085.3
2015（〃27）	130.5	28.1	2.3	…	90.3	829.7	1 080.9
2016（〃28）	118.8	25.9	2.2	…	90.7	792.6	1 030.2
2017（〃29）	114.0	25.1	2.2	…	87.1	794.1	1 022.5
2018（〃30）	106.9	25.4	2.1	…	87.5	807.7	1 029.7

経済産業省「生産動態統計」により作成。*は最大値を示す。綿織物は1937年の4035.0百万m²，毛織物は1972年の478.6百万m²，絹・絹紡織物は1942年の532.7百万m²，再生・半合成繊維織物は1957年の1909.0百万m²。1）1950年以前は合成繊維織物を含む。2）2013年以降は麻織物を含まず。×その他とも。

表6-52　おもな繊維製品の生産

	タイヤコード（千t）	タオル（千t）	染色整理（百万m²）		敷物[4]（百万m²）	不織布[5]（千t）	漁網・陸上網（千t）	綱[7]（千t）
			織物	ニット生地				
1946	…	…	2) 270.1	…	2) 0.2	…	2.8	11.5
1950	…	…	1 461.8	…	0.4	…	7.9	23.5
1955	…	…	3 495.7	…	1.8	…	10.7	41.5
1960	20.5	1) 27.6	5 029.0	…	5.9	…	10.6	51.4
1965	46.5	38.9	5 646.3	3) 355.6	10.4	…	16.2	50.2
1970	78.7	51.1	6 311.8	562.7	26.4	6) 32.2	22.9	63.4
1975	86.6	55.9	6 053.8	885.8	66.4	39.4	21.4	44.9
1980	*104.7	*65.5	6 137.8	994.8	89.5	70.2	29.9	48.7
1985	94.8	62.5	6 459.5	1 056.3	89.9	83.2	25.9	40.1
1990	81.4	61.9	5 877.3	1 096.0	*103.6	124.5	25.7	39.7
1995	54.8	52.4	4 468.5	900.6	99.9	156.2	13.5	29.9
2000	53.6	36.9	3 402.7	752.0	92.6	296.7	11.9	23.7
2005	57.0	21.5	2 328.4	518.5	80.2	313.9	10.0	18.6
2010	62.5	11.7	1 572.2	413.2	57.5	317.3	7.7	14.2
2011	62.1	12.1	1 556.5	430.9	57.0	312.3	8.1	17.4
2012	57.5	11.5	1 481.6	419.3	59.0	321.9	8.7	16.9
2013	47.2	11.9	1 426.6	408.8	57.3	332.0	8.6	14.2
2014	39.5	12.1	1 423.5	411.7	56.2	337.6	9.1	14.5
2015	38.0	11.7	1 421.2	402.6	56.5	341.5	8.3	13.9
2016	37.3	12.2	1 415.6	401.4	54.1	339.7	8.6	14.2
2017	31.6	11.8	1 421.0	400.5	54.9	343.0	8.7	13.3
2018	24.6	11.6	1 402.5	410.8	52.5	340.8	8.5	13.2

	ニット生地（千t）	製綿（千t）	ニット・衣服縫製品[9]（百万点）					
			外衣	ニット製外衣	織物製外衣[10]	下着・補整着・寝着類[11]	ニット製靴下	乳児用
1946	2) 4.6	…	…	…	26.1	43.8	31.1	…
1950	9.6	8) 30.7	…	6.2	17.0	77.3	57.3	…
1955	32.9	115.8	…	15.7	55.5	275.3	138.3	…
1960	57.3	136.2	…	45.2	77.4	379.2	239.0	…
1965	130.7	118.7	…	201.6	117.0	635.7	509.4	…
1970	197.8	81.9	…	326.3	284.4	724.8	1 195.6	…
1975	190.2	73.1	…	239.7	344.4	573.2	911.7	…
1980	170.0	64.5	652.6	288.3	364.3	572.2	1 324.7	35.5
1985	173.3	44.6	682.7	305.8	376.9	538.2	1 444.5	27.1
1990	168.4	39.7	623.8	271.0	352.8	415.5	1 530.4	15.3
1995	150.2	36.0	504.0	223.6	280.5	392.3	1 147.5	11.2
2000	111.3	18.3	313.7	146.5	167.2	234.2	757.9	3.7
2005	84.9	13.1	150.2	73.5	76.6	115.2	428.8	3.0
2010	66.9	11.3	87.6	44.3	43.3	78.4	250.6	12) 1.2
2011	64.4	11.1	83.3	40.9	42.4	70.3	231.3	…
2012	62.4	9.9	81.4	38.5	42.9	68.8	230.1	…
2013	59.6	6.8	78.2	37.7	40.6	58.8	215.1	…
2014	56.3	6.0	69.9	31.4	38.5	50.6	204.0	…
2015	56.0	5.8	64.3	26.6	37.7	44.5	197.9	…
2016	54.9	5.8	60.3	24.7	35.6	45.3	194.3	…
2017	54.9	5.3	58.1	24.2	33.9	40.3	185.7	…
2018	55.1	4.9	55.3	22.7	32.6	40.4	170.3	…

資料は表6-51に同じ。*は最大値を示す。染色整理織物は1973年の6604.4百万m², 染色整理ニット生地は1991年の1103.7百万m², 漁網・陸上網は1973年の31.0千t，綱は1973年の70.2千t，ニット生地は1971年の214.8千t，製綿は1961年の141.6千t。1）1962年。2）1947年。3）1966年。4）2001年以降はタフテッドカーペットのみ。5）1996年以前はそれ以降と接続しない。6）1971年。7）2002年以降は合成繊維製のみ。8）1951年。9）1979年以降，統計区分が大きく変更。10）1968年以前は既製服。69年から78年は衣服縫製品の服類。11）1979年以前は衣服縫製品の中衣を含む。12）ニット製のみ。

〔その他の工業〕 日本では古来より和紙の製造が各地で盛んであったが，近代的な洋紙製造は明治初期に始まった。当初は木綿のぼろが主原料で，工場は都市部にあったが，1890年代に木材チップが主原料となると，工場は静岡県の天竜川流域など木材の豊富な地域へ移った。1900年代には北海道へ，さらに日露戦争後は南樺太へも進出している。大規模化するほど生産効率が高まる装置産業であり，新聞の普及など紙の需要が高まる中で企業合併が進み，1933年には巨大化した王子製紙が洋紙生産の約８割を独占した。

戦後，王子製紙は３分割されたほか，新興メーカーが現れて競争が激しくなった。戦災や外地工場を失ったことで紙の生産は激減したが，朝鮮戦争を機に生産量が拡大する。この結果，森林資源が不足して原木が高騰，パルプ生産は針葉樹から広葉樹へ拡大した。

高度経済成長期には，印刷向け需要の拡大とともに，物流が木箱から段ボール箱に代わるなど用途が拡大したことや，輸入依存度が高かったパルプを古紙利用の進展で減らしたことで急速に成長する。しかし，２度の石油危機によりエネルギー多消費型の紙パルプ産業は構造不況化し，過剰設備の廃棄やエネルギー効率の改善などが進んだ。バブル崩壊後の不況や，2000年代後半から電子化に伴い紙の需要が縮小して，再び合併による寡占化が進んでいる。一方，近年はネット通販の普及などで段ボールの生産が増えている。

セメント生産は明治政府の官営工場に始まり，その払い下げや民営工場によって拡大した。国内ではセメントの原料となる石灰石が豊富で，1890年代には自給体制を確立している。大きな被害をもたらした1891年の濃尾地震でコンクリート構造物の耐震性が注目され，日清，日露戦争を経て需要が拡大する。第二次大戦後は復興期から高度経済成長まで社会資本整備の進展とともに需要が拡大するが，1970年代の２度の石油危機やバブル景気とその崩壊で浮き沈みを繰り返し，不況カルテルや構造改革，大型合併による再編が続いた。セメント生産は1996年をピークに減少するが，公共投資の縮小に加えて建築工法の変化で需要が減っている。一方，セメント産業は廃棄物を積極的に受け入れて，原材料やエネルギーなどに再資源化しており，リサイクルの点で重要性が高まっている。

板ガラス工業は典型的な装置産業で，戦前，戦後を通じて少数のメーカーによる寡占状態にある。1965年にフロート法による板ガラス生産が始まると，板ガラスの大型化が進んだほか，自動車産業の発展とともに自動車用板ガラスの技術力を高めた。エネルギー多消費型の産業で，石油危機では深刻な影響を受けたが，海外への事業展開を進めるなど発展し，国内３社を含む少数メーカーで世界市場を寡占化した。しかし，近年は中国勢が台頭して厳しい価格競争を強いられている。

陶磁器製造業のうち焼き物は地域に

根ざした伝統的な作業で，現在も地場産業が生産の中心である。一方，明治維新以後に近代的な製陶技術が導入され，赤レンガ製造業などが発達した。関東大震災でレンガの需要が縮小した後は，タイルや衛生陶器，電気用陶磁器などに転換している。ファインセラミックスは，製品の組成などを精密に制御して製造した焼き物であり，電子部品などに応用されて日本の競争力の源泉の一つとなっている。

炭素繊維は軽くて強く，合成樹脂との複合材などに利用される。1960年代に日本が技術開発で優位に立ち，現在も日本メーカーのシェアが高い。最近は，カーボンナノチューブの実用化でも日本勢が先行している。

ゴム工業は戦前，ゴム靴底やタイヤなどの生産が活発で，日本は世界有数のゴム工業国であった。しかし，天然ゴムを輸入に頼るため，日中戦争以降は統制品となった。戦後は，自動車のタイヤ需要の拡大とともに成長する。石油化学工業の導入で合成ゴム生産が始まると生産量は急上昇したが，天然ゴムにも優れた特性があり，輸入量は拡大し続けた。タイヤ工業は装置産業であり寡占化しやすい。1980年代，耐久性などに優れたラジアルタイヤの導入が進んだが，タイヤ寿命の長期化による市場の縮小や，ラジアル化への取り組みの差などで企業間格差が広がり，国際的な業界再編が起きた。自動車産業の進展とともに技術を高めた国内メーカーは，海外企業の買収を行い世界的なメーカーに台頭した。近年は，中国など新興国の低価格タイヤが世界市場で存在感を高めており，中国市場を中心に価格競争が起きている。

年　表	
1857	国内初の赤レンガ製造。
1872	国内初の製紙会社創立。
1873 (明６)	官営セメント工場設立。洋式ガラス工場設立。
1886	国内初の加硫ゴム工場完成。
1889	国内初の木材パルプ(亜硫酸法)。
1903	セメント生産に回転窯を導入。
1908	国産乾式成形タイル完成。
1909 (明42)	板ガラスの国産化に成功。国内初の本格的タイヤ会社設立。
1916	鉄筋コンクリート造住宅登場。
1925	クラフトパルプの製造開始。
1933 (昭８)	王子製紙が合併により巨大化(国産洋紙の約８割を生産)。
1941	セメント統制会発足。
1949 (昭24)	王子製紙が３社に分割。国内初の生コンクリート工場登場。
1951	セメント生産が戦前ピークを上回る。
1952 (昭27)	三白景気（紙，セメント，砂糖。硫安や繊維も三白景気とされる）。
1953	紙生産が戦前のピークを上回る。
1959	合成ゴム工業生産開始。
1961	PAN系炭素繊維を発表。
1964	乗用車用ラジアルタイヤ開発。
1965	フロート板ガラス国内生産開始。
1973 (昭48)	石油危機に伴うトイレットペーパー騒動。
1983 (昭58)	特定産業構造改善臨時措置法（紙，セメントなどが対象）。
1987 (昭62)	産業構造転換円滑化臨時措置法（セメントの事業再編の契機）。
1991	カーボンナノチューブの発見。
1992	日米紙協議決着。
1994	日米包括協議で板ガラス決着。
1996	セメント国内生産がピークに。
2000 (平12)	容器包装リサイクル法完全施行（ガラス瓶，紙製容器包装等)。
2015 (平27)	単層カーボンナノチューブ量産化。2018年に応用ゴム製品が登場。

表 6-53 紙・パルプ工業総括表（全事業所）

	事業所数[1]	従業者数[1]（千人）	製造品出荷額等[2]（億円）					
			パルプ	紙	加工紙類[3]	紙製品[4]	紙製容器[5]	計×
1950[6]	4 655	122	77	597	37	132	58	913
1955	11 953	182	428	1 593	153	174	391	2 851
1960	14 001	269	684	2 916	454	379	1 205	6 006
1965	16 096	326	653	5 002	903	793	2 929	11 178
1970	17 529	336	1 109	9 501	2 228	1 333	6 310	22 696
1975	18 405	319	993	17 876	3 773	2 709	12 961	42 102
1977	17 710	304	973	21 770	5 121	2 996	15 444	50 514
1978	18 080	300	873	20 762	5 518	3 245	16 209	50 416
1979	17 750	297	1 156	22 956	6 867	3 207	17 761	56 155
1980	17 358	291	1 375	28 720	8 035	3 615	21 571	67 993
1981	17 345	296	1 190	27 629	8 063	3 882	22 888	68 767
1982	16 657	287	1 243	27 802	7 868	4 039	22 985	69 498
1983	17 891	291	1 259	28 298	8 073	4 306	23 496	71 185
1984	16 686	287	1 278	29 693	8 280	4 414	24 825	74 262
1985	17 039	287	1 030	29 227	8 168	4 714	24 715	74 439
1986	16 553	287	797	28 265	7 779	4 628	24 318	72 722
1987	15 796	288	809	29 411	7 442	4 809	24 131	74 417
1988	16 565	291	707	31 059	8 262	4 765	25 725	78 598
1989	15 572	292	783	33 803	8 787	5 717	26 587	85 161
1990	15 999	294	853	34 773	9 178	5 623	28 092	88 732
1991	15 494	293	747	34 599	9 446	6 113	29 981	90 262
1992	14 955	290	756	33 385	9 034	6 323	29 468	88 262
1993	15 660	292	644	31 729	8 921	6 537	28 493	85 586
1994	14 921	283	534	30 398	8 734	6 248	27 561	82 544
1995	15 062	279	564	32 848	9 098	6 273	27 586	85 570
1996	14 573	274	561	34 183	8 940	6 472	27 463	86 911
1997	14 165	269	467	34 335	8 804	6 645	27 364	87 002
1998	15 042	270	528	31 520	8 183	6 822	25 963	82 642
1999	14 076	260	500	30 238	7 709	6 413	24 609	79 173
2000	13 902	253	521	31 425	7 460	6 120	24 726	79 858
2001	13 160	245	585	29 750	7 069	5 871	23 928	76 274
2002	12 902	234	441	28 098	6 417	5 368	22 341	71 921
2003	12 278	228	356	28 245	6 617	5 313	21 801	71 351
2004	11 934	223	355	28 525	6 504	5 571	22 214	72 460
2005	11 428	218	378	28 380	6 310	5 384	21 967	71 296
2006	11 539	217	422	28 429	6 694	5 403	21 817	72 374
2007	11 561	219	529	29 925	7 081	5 565	23 436	76 981
2008	10 613	212	489	31 233	6 387	5 506	24 221	78 326
2009	10 765	203	454	27 270	5 744	4 909	23 069	71 030
2010	10 502	198	623	27 444	5 491	4 676	23 507	71 430
2011	9 795	195	26 930		5 211	4 552	22 681	68 977
2012	10 278	195	[6] 469	[6] 26 033	5 262	4 042	22 919	68 501
2013	9 915	190	[6] 483	[6] 26 187	5 108	3 722	22 524	67 741
2014	9 609	190	[6] 523	[6] 26 717	5 347	3 833	22 859	70 067
2015	8 912	191	580	27 583	5 249	4 023	24 041	73 193
2016	8 875	193	400	27 109	5 150	3 750	24 660	73 347
2017	8 629	193	433	27 070	5 132	3 951	25 067	74 432

資料，注記は表6-5に同じ。2008年以降は繊維板製造業を含まず。2011年以降は東日本大震災やそれに伴う原子力発電所事故による調査困難地域を除外。1）各年末現在。2011年は2012年2月1日，2015年以降は翌年6月1日現在。2）2015年は個人経営事業所をすべて除く。従業者4人以上の個人経営事業所を含む表6-5と異なる。3）塗工紙や段ボール原紙など。4）事務用紙など。5）段ボール箱など（段ボール原紙製造は含まない）。2001年以前はソリッドファイバー・バルカナイズドファイバー製品を含む。6）従業者4人以上の事業所。×その他とも。

表6-54　紙・パルプの生産（単位　千t）

	パルプ	紙・板紙	紙	印刷[1)]用紙	PPC用紙	板紙	段ボール原紙
1926（昭1）	508	717	600	…	…	116	…
1930（〃5）	636	881	711	…	…	169	…
1935（〃10）	770	1 107	873	335	…	234	…
1940（〃15）	1 155	1 545	1 146	418	…	398	…
1945（〃20）	243	272	233	63	…	39	−
1950（〃25）	749	871	687	216	…	184	−
1955（〃30）	1 908	2 204	1 613	525	…	590	181
1960（〃35）	3 532	4 513	2 868	884	…	1 645	826
1965（〃40）	5 164	7 299	4 219	1 129	…	3 079	1 795
1970（〃45）	8 801	12 973	7 135	2 302	…	5 838	3 762
1975（〃50）	8 630	13 601	7 711	2 670	…	5 890	4 037
1979（〃54）	9 993	17 861	9 981	3 664	90	7 880	5 350
1980（〃55）	9 788	18 088	10 536	4 031	101	7 552	5 063
1981（〃56）	8 612	16 980	9 943	3 720	101	7 037	4 487
1982（〃57）	8 627	17 453	10 353	3 921	109	7 099	4 415
1983（〃58）	8 860	18 442	10 932	4 227	103	7 510	4 787
1984（〃59）	9 127	19 345	11 429	4 459	118	7 915	5 110
1985（〃60）	9 279	20 469	11 790	4 654	137	8 679	5 829
1986（〃61）	9 240	21 062	12 272	4 863	154	8 790	5 966
1987（〃62）	9 733	22 537	12 807	5 056	173	9 730	6 729
1988（〃63）	10 415	24 624	14 343	6 440	264	10 281	7 103
1989（平1）	10 987	26 809	15 726	7 375	400	11 083	7 864
1990（〃2）	11 328	28 086	16 429	7 690	434	11 657	8 275
1991（〃3）	*11 729	29 068	17 048	8 139	462	12 020	8 568
1992（〃4）	11 200	28 310	16 592	8 049	474	11 718	8 426
1993（〃5）	10 593	27 766	16 207	7 907	501	11 559	8 394
1994（〃6）	10 579	28 518	16 603	8 185	532	11 916	8 748
1995（〃7）	11 120	29 659	17 466	8 807	630	12 193	9 019
1996（〃8）	11 190	30 012	17 767	9 012	717	12 245	9 048
1997（〃9）	11 491	31 014	18 268	9 251	776	12 747	9 425
1998（〃10）	10 919	29 886	17 855	9 127	792	12 031	8 961
1999（〃11）	10 990	30 631	18 394	9 568	817	12 238	9 180
2000（〃12）	11 399	*31 828	19 037	*10 004	816	*12 791	9 676
2001（〃13）	10 813	30 717	18 385	9 491	783	12 332	9 419
2002（〃14）	10 669	30 686	18 528	9 591	781	12 158	9 301
2003（〃15）	10 594	30 457	18 396	9 481	822	12 061	9 207
2004（〃16）	10 732	30 892	18 788	9 734	818	12 103	9 290
2005（〃17）	10 838	30 952	18 901	9 842	853	12 051	9 311
2006（〃18）	10 883	31 108	19 066	9 920	855	12 042	9 322
2007（〃19）	10 894	31 266	*19 192	9 971	935	12 074	9 423
2008（〃20）	10 751	30 627	18 828	9 791	*967	11 800	9 219
2009（〃21）	8 580	26 268	15 832	7 701	798	10 436	8 212
2010（〃22）	9 480	27 363	16 387	8 069	831	10 977	8 647
2011（〃23）	9 104	26 609	15 446	7 353	802	11 163	8 811
2012（〃24）	8 727	25 957	15 067	7 053	786	10 890	8 637
2013（〃25）	8 848	26 241	15 181	7 253	753	11 059	8 805
2014（〃26）	9 063	26 479	15 118	7 112	808	11 360	9 096
2015（〃27）	8 875	26 228	14 830	7 024	816	11 398	9 187
2016（〃28）	8 807	26 275	14 706	6 919	831	11 569	9 364
2017（〃29）	8 928	26 512	14 581	6 883	814	11 931	9 682
2018（〃30）	8 811	26 056	14 008	6 519	797	12 048	*9 765

経済産業省「生産動態統計」，日本製紙連合会「パルプ統計」，および同「紙・板紙統計年報」により作成。*は最大値を示す。PPC（plain paper copier）用紙は，コピー用の普通紙。1）分類変更により，1987年以前は接続しない。1949年以前は書記・図画用紙を含む。

表 6 - 55　窯業・土石製品製造業総括表（全事業所）

	事業所数1)2)	従業者数1)2)（千人）	製造品出荷額等3)（億円）					
			ガラス2)4)・同製品	板ガラス製造	セメント・同製品	生コンクリート	陶磁器・同製品	計2) ×
1950 5)	10 297	205	210	87	237	…	125	798
1955	24 840	291	422	186	951	…	348	2 312
1960	25 780	409	972	418	2 080	…	733	5 302
1965	26 636	495	2 030	724	4 345	…	1 299	10 327
1970	30 069	572	4 331	935	11 065	…	2 679	24 697
1975	33 530	557	6 980	1 753	23 037	9 523	4 948	48 015
1976	33 186	543	8 854	2 211	24 305	10 024	5 399	53 027
1977	32 795	530	9 498	2 399	27 198	11 630	6 025	57 873
1978	33 511	533	9 819	2 377	33 402	14 979	5 964	65 273
1979	33 323	530	10 559	2 443	37 366	17 176	6 418	72 564
1980	33 409	529	12 205	2 821	42 898	19 794	7 760	83 945
1981	33 445	531	13 202	3 206	44 542	20 959	7 822	87 279
1982	32 818	516	13 755	3 609	43 021	20 105	7 920	86 630
1983	33 811	508	14 894	3 800	41 749	19 484	8 454	87 313
1984	32 155	497	16 475	3 292	40 857	19 199	9 085	89 087
1985	32 418	490	17 315	3 458	39 607	18 727	9 108	88 831
1986	32 234	484	16 776	3 530	40 688	19 474	8 827	88 487
1987	31 413	477	17 224	3 780	41 900	20 159	8 904	89 916
1988	31 849	479	19 202	4 269	44 703	21 499	9 733	97 231
1989	31 207	479	20 509	2 694	46 464	22 206	10 331	102 457
1990	31 276	482	21 304	3 595	49 246	23 067	10 942	108 577
1991	31 325	482	21 075	3 409	51 455	23 578	11 135	112 202
1992	30 732	477	19 479	2 963	51 214	22 568	10 631	109 430
1993	30 326	466	17 856	2 613	49 122	21 313	10 316	103 987
1994	29 039	455	19 291	4 680	49 604	21 125	10 696	104 801
1995	29 160	450	18 399	3 445	48 265	21 003	11 257	102 869
1996	28 439	439	18 740	3 360	48 799	21 313	11 423	103 741
1997	27 711	428	19 239	3 596	47 584	20 612	11 747	103 411
1998	28 819	417	17 724	3 212	43 422	19 352	10 445	95 375
1999	27 269	393	17 107	2 627	41 178	18 339	9 566	89 388
2000	26 768	384	18 472	2 538	40 646	18 539	9 362	89 787
2001	25 347	367	17 186	2 689	37 869	17 290	9 289	85 015
2002	24 872	339	16 924	3 161	34 782	15 869	7 078	77 720
2003	23 505	328	17 060	5) 2 311	32 165	14 611	7 443	75 145
2004	22 881	316	19 145	5) 3 159	6) 30 241	6) 13 712	7 139	75 368
2005	21 819	309	18 342	2 949	30 241	13 600	7 434	75 745
2006	22 216	307	20 316	4 024	30 121	13 653	7 680	78 396
2007	22 187	313	22 516	4 561	31 110	14 126	9 070	85 749
2008	20 308	295	22 930	4 330	29 037	12 889	8 676	82 684
2009	20 536	273	17 262	3 377	26 329	11 336	6 753	68 485
2010	19 947	267	21 096	4 675	24 798	10 687	6 868	71 779
2011	18 100	259	20 250	4 813	26 223	11 111	6 940	73 595
2012	19 733	260	17 029	3 015	26 301	11 608	6 491	69 208
2013	19 211	258	16 589	2 992	28 851	12 351	6 937	71 438
2014	18 732	255	16 246	2 729	30 097	12 882	7 146	74 197
2015	17 200	256	16 165	2 592	30 279	13 213	6 914	75 590
2016	17 644	252	15 339	2 448	29 238	12 572	7 549	72 698
2017	17 253	255	15 448	2 478	30 419	12 890	9 375	76 655

資料，注記は表6-5に同じ。戦前の統計は表6-3に掲載。2004年以降は炭素繊維製造業を含まず。2011年以降は東日本大震災とそれに伴う原発事故による調査困難地域を除外。1）各年末現在。2011年は2012年2月1日，2015年以降は翌年6月1日現在。2）1993年以前は光ファイバーを含む。3）2015年は個人経営事業所をすべて除く。従業者4人以上の個人経営を含む表6-5と異なる。4）1984年以前は人工宝石製造業を一部含む。5）従業者4人以上の事業所のみ。6）新潟県内の5事業所を除く。×その他とも。

表 6-56　おもな窯業製品の生産（Ⅰ）

	板ガラス1)（千換算箱）	安全ガラス（千m^2）	ガラス繊維製品2)（千 t）	ガラス基礎製品3)（千 t）	無アルカリガラス基板4)（千m^2）	ガラス製容器類5)（千 t）	セメント（千 t）	遠心力鉄筋コンクリート製品6)（千 t）
1931	2 319	…	…	…	…	…	3 237	34
1935	3 448	…	…	…	…	298	5 538	63
1940	4 282	…	…	…	…	283	6 085	195
1945	408	…	…	…	…	18	1 176	92
1950	3 783	…	0	…	…	176	4 462	143
1955	6 650	109	2	…	…	305	10 563	499
1960	12 426	1 262	11	67	…	400	22 537	1 939
1965	15 160	3 978	23	95	…	975	32 486	4 702
1970	25 247	15 803	95	238	…	1 464	57 189	10 505
1975	24 493	20 232	120	173	…	1 666	65 517	9 155
1980	*40 450	39 767	286	377	…	2 157	87 957	11 779
1981	34 472	39 782	294	413	…	1 942	84 828	11 346
1982	33 693	39 563	326	413	…	2 073	80 686	9 925
1983	33 923	43 665	339	487	…	2 305	80 891	9 139
1984	33 974	45 331	389	556	…	2 413	78 860	9 566
1985	35 393	49 497	425	666	…	2 251	72 847	9 060
1986	33 414	49 590	413	601	…	2 149	71 264	9 180
1987	33 562	48 925	475	631	…	2 202	71 551	10 309
1988	35 440	51 403	533	727	…	2 310	77 554	11 254
1989	36 044	53 928	579	783	…	2 429	79 717	11 422
1990	37 417	*55 648	608	766	…	*2 610	84 445	11 730
1991	35 637	54 855	627	833	…	2 445	89 564	11 148
1992	34 449	51 328	597	750	…	2 370	88 253	10 160
1993	33 059	45 321	606	766	…	2 351	88 046	9 325
1994	31 830	41 719	603	882	…	2 440	91 624	8 830
1995	31 234	41 047	658	*934	…	2 233	90 474	8 661
1996	30 609	42 131	676	843	…	2 210	*94 492	8 841
1997	31 840	43 824	*702	803	…	2 160	91 938	8 295
1998	26 028	41 214	624	739	…	1 975	81 328	6 952
1999	27 336	43 069	636	775	…	1 905	80 120	6 342
2000	25 965	45 230	674	878	…	1 819	81 097	6 019
2001	26 479	44 446	646	704	…	1 738	76 550	5 509
2002	25 002	47 003	636	675	12 277	1 689	71 828	4 751
2003	28 316	49 605	692	601	13 397	1 561	68 766	4 151
2004	29 390	50 230	672	502	19 010	1 554	67 376	4 269
2005	28 390	52 964	648	319	21 471	1 501	69 629	4 862
2006	27 874	55 114	641	78	21 572	1 472	69 942	4 962
2007	26 824	53 621	558	64	31 027	1 433	67 685	5 043
2008	23 367	52 279	536	66	31 834	1 387	62 810	4 922
2009	19 258	37 500	360	51	22 338	1 330	54 800	3 455
2010	22 954	45 776	493	53	43 388	1 337	51 526	3 131
2011	22 362	41 270	477	43	34 977	1 342	51 291	3 292
2012	23 695	46 139	465	37	23 972	1 281	54 737	3 329
2013	25 756	46 215	462	31	7) …	1 287	57 962	3 516
2014	25 189	46 681	467	31	7) …	1 257	57 913	2 400
2015	25 664	43 467	438	29	7) …	1 246	54 827	2 179
2016	24 767	43 366	420	28	34 951	1 237	53 255	2 098
2017	25 465	45 115	441	27	36 136	1 195	55 195	2 064
2018	26 453	46 345	417	26	36 313	1 156	55 307	2 000

経済産業省「生産動態統計」により作成。*は最大値を示す。遠心力鉄筋コンクリート製品は1973年の13871千 t 。1）厚さ2mm，面積9.29m^2（100平方フィート）のガラス板（箱）を基準に換算。1977年以前はフロート・みがき板ガラスを含まず。1961年以前はみがき素板を含む。2)FRPやグラスウールなど。3）テレビ用ブラウン管など。4）液晶画面などに利用。5）1951年以前は飲食料容器，調味料容器，薬びんのみ。6）1951年以前は遠心力鉄筋コンクリート管のみ。7）秘匿のため数値は非公表。

おもな窯業製品の生産（Ⅱ）

	陶磁器8)（千ｔ）			炭素製品（千ｔ）	普通レンガ（百万個）	耐火レンガ（千ｔ）	ファインセラミックス（百万個）	
	タイル	衛生用品	台所・食卓用品				機能材10)	構造材
1931	396			…	122	144	…	…
1935	361			…	229	453	…	…
1940	470			…	267	1 324	…	…
1945	63			…	177	534	…	…
1950	31	11	160	35	147	568	…	…
1955	73	21	189	100	228	691	…	…
1960	230	39	265	218	250	1 522	…	…
1965	551	67	340	357	174	1 686	…	…
1970	927	116	443	723	…	*2 970	…	…
1975	741	107	417	804	…	1 999	…	…
1980	983	139	523	706	…	1 722	…	…
1981	908	121	480	543	…	1 538	…	…
1982	903	119	479	424	…	1 362	…	…
1983	953	120	481	349	…	1 187	…	…
1984	1 022	127	490	385	炭素繊維（千ｔ）9)	1 172	…	…
1985	1 063	133	469	371		1 149	…	…
1986	1 022	136	424	306		1 013	7 050	2 109
1987	1 087	155	406	275	3.1	897	8 981	2 192
1988	1 192	175	415	287	3.5	945	10 223	2 313
1989	1 290	181	412	275	3.8	956	10 781	2 128
1990	1 310	189	414	271	4.5	933	12 773	*2 383
1991	*1 316	*193	399	255	4.7	926	13 247	2 294
1992	1 097	178	376	237	4.9	795	10 238	2 340
	百万m²	千個						
1993	72.3	11 468	332	229	4.5	738	11 829	1 682
1994	74.7	11 353	318	218	4.8	691	13 267	1 643
1995	76.5	11 686	304	237	5.6	713	14 193	1 869
1996	72.8	11 445	296	239	6.5	666	11 615	1 758
1997	72.7	10 771	278	240	6.8	674	12 654	1 855
1998	60.1	8 843	245	223	8.5	575	14 189	1 431
1999	53.8	7 972	222	222	8.0	514	17 651	1 562
2000	54.0	7 877	198	239	7.6	546	19 924	2 097
2001	53.3	7 180	172	234	8.8	512	11 920	1 855
2002	50.9	7 748	150	250	8.9	445	14 952	1 794
2003	46.6	7 925	137	253	10.0	445	14 246	2 007
2004	44.8	7 545	130	257	10.3	438	16 260	2 083
2005	42.5	6 508	116	272	10.6	442	16 036	1 973
2006	40.6	6 522	107	278	10.9	445	18 577	1 940
2007	38.9	5 881	101	300	13.2	451	22 168	2 029
2008	31.3	5 295	91	295	14.7	446	22 722	1 924
2009	22.9	4 681	74	197	8.0	309	17 417	1 427
2010	21.1	4 739	71	264	13.4	379	24 420	1 479
2011	23.5	5 214	69	279	16.5	378	23 291	1 350
2012	23.8	4 845	65	263	13.6	348	25 842	1 344
2013	21.2	4 795	65	239	16.3	341	27 777	1 281
2014	21.7	4 842	56	239	17.2	351	31 143	1 342
2015	19.8	4 680	50	220	17.7	345	31 722	1 181
2016	19.1	4 540	50	189	*18.9	327	32 061	1 309
2017	19.0	4 577	49	211	18.5	341	32 260	1 496
2018	18.9	4 547	45	230	18.7	359	*34 161	1 487

資料は（Ⅰ）に同じ。*は最大値を示す。陶磁器の台所・食卓用品は1977年の535千ｔ，炭素製品は1974年の861千ｔ，普通レンガは1941年の286百万個。8）1945年以前は陶磁器すべての生産量で，その他のものを含む。9）炭素製品の内数。10）コンデンサ素子を除く。

表 6 - 57　ゴム製品製造業総括表（全事業所）

	事業所数1)	従業者数1)（千人）	製造品出荷額等2)（億円）タイヤ・チューブ	履物・附属品3)	ゴムベルト	ゴムホース	工業用ゴム製品	計×
1950 4)	977	74	220	232	59			558
1955	1 505	75	396	313	131			971
1960	2 036	136	788	698	506			2 343
1965	3 324	157	1 315	921	1 045			3 767
1970	5 505	173	2 638	1 931	462	141	1 808	7 669
1973	6 285	170	3 891	2 532	321	344	3 259	11 508
1974	6 386	169	5 109	3 066	447	266	4 317	14 453
1975	7 139	161	5 206	3 216	523	171	3 990	14 273
1976	7 147	160	5 725	3 616	576	248	4 703	16 374
1977	7 085	157	6 119	3 684	613	327	5 039	17 451
1978	7 515	157	6 676	4 044	499	414	5 623	19 002
1979	7 627	154	7 430	4 026	983	645	5 699	20 806
1980	7 671	158	9 550	4 280	1 024	769	7 060	24 881
1981	8 218	162	9 549	4 657	1 016	859	7 621	26 026
1982	8 329	161	8 763	4 633	1 162	844	7 951	25 742
1983	8 820	166	9 591	4 744	841	844	9 199	27 562
1984	8 385	165	9 842	4 753	930	882	4) 9 803	28 728
1985	8 552	172	9 989	4 603	949	1 196	10 921	30 407
1986	8 861	174	9 245	4 547	959	1 147	11 368	29 978
1987	8 584	174	8 868	4 384	986	1 248	11 905	30 259
1988	8 768	175	9 557	4 232	1 061	1 388	13 295	32 266
1989	8 616	175	10 006	4 167	1 161	1 356	13 925	33 479
1990	8 756	179	10 487	4 181	1 155	1 595	16 245	36 925
1991	8 868	180	10 664	4 297	1 308	1 535	17 224	38 415
1992	8 519	178	10 810	4 117	1 397	1 713	16 489	37 750
1993	8 456	172	9 242	3 642	1 403	1 607	15 897	34 801
1994	7 843	165	9 266	3 493	1 059	1 490	14 435	32 634
1995	7 456	157	9 697	2 867	1 317	1 500	14 743	33 071
1996	7 224	153	9 694	2 810	1 397	1 433	15 302	33 509
1997	6 963	149	10 062	2 795	1 953	1 552	15 070	34 244
1998	7 352	145	9 817	2 237	1 337	1 482	14 303	32 502
1999	6 869	140	9 572	1 998	1 282	1 351	14 651	31 480
2000	6 763	137	8 978	1 722	1 260	1 255	15 453	31 382
2001	6 414	132	8 799	1 627	1 192	1 299	13 711	29 231
2002	6 137	127	9 242	1 383	1 105	1 243	13 617	29 119
2003	5 763	126	9 195	1 208	1 034	1 322	13 945	29 259
2004	5 563	126	10 102	1 055	1 097	1 424	5) 13 881	5) 30 081
2005	5 324	129	10 478	998	1 105	1 427	14 650	31 213
2006	5 392	130	11 829	977	1 103	1 455	15 208	33 154
2007	5 430	137	12 835	1 090	1 225	1 604	15 928	35 546
2008	5 012	129	13 150	1 061	1 156	1 611	15 014	35 086
2009	4 994	121	9 697	912	1 076	1 075	11 619	26 675
2010	4 873	122	11 748	813	1 025	1 362	12 913	30 471
2011	4 425	120	12 511	772	1 031	1 357	12 679	30 893
2012	4 775	116	13 062	766	1 032	1 452	13 220	31 956
2013	4 614	116	13 022	768	969	1 098	13 208	31 308
2014	4 464	115	13 408	758	1 013	1 228	13 522	32 250
2015	4 010	118	4) 14 479	4) 608	1 078	1 572	14 897	35 126
2016	4 126	115	11 988	704	1 100	1 410	13 902	31 419
2017	4 000	119	12 246	659	1 196	1 615	13 809	31 961

資料，注記は表6-5に同じ。2011年以降は，東日本大震災とそれに伴う原発事故による調査困難地域を除外。1）各年末現在。2011年は2012年 2 月 1 日，2015年以降は翌年 6 月 1 日現在。2）2015年は個人経営事業所をすべて除く。従業者 4 人以上の個人経営事業所を含む表6-5と異なる。3）ゴム製のほかプラスチック製を含む。4）従業者 4 人以上の事業所。5）新潟県内の 5 事業所を除く。×その他とも。

〔建設業〕 明治時代，西欧の土木・建築技術が導入された日本では，近代化を進めるために，上下水道や鉄道などのインフラ整備が積極的に行われた。当初，これらの工事は政府が直轄して設計・管理を行っていたが，官需の増加により設計・施工を一括して受ける請負方式がとられるようになり，多くの建設業者が誕生した。この時期，その後の建設業発展の基礎が築かれた。

明治後半になると，鉄骨構造，鉄筋コンクリートが導入され，1923年の関東大震災以降，レンガ石造や木造に代わって建築様式の中心となっていく。大正から昭和初期にかけては，鉄道の整備に伴うトンネル工事や，重工業の発展による電力需要の増大に伴いダム建設が急ピッチで進むなど，建設工事の規模は格段に大きくなり，難工事が増えていった。そして，住居地域，商業地域などの都市開発も始まった。

第二次世界大戦後には，建設資材の不足などから，荒廃した国土の復興がスムーズに進まなかった。しかし，1950年の朝鮮戦争による特需景気が起きると，民間からの投資が増え，国内でもビル建設などが増加し，建設業は復興のきっかけをつかむ。1950年代，建設業はビル建設ブームとダム建設で事業を拡大していった。1956年には，黒部ダム建設の大規模工事が始動し，土木事業に機械の導入が本格化する。

1960年代前半になると，東京オリンピックの開催にむけて，東海道新幹線や名神高速道路などの大型プロジェクトが急ピッチで進められ，東京都心部では大型ビルの建設が相次いだ。1960年に池田内閣が発表した国民所得倍増計画により建設投資は増大し，1960年度に2兆5078億円だった建設投資は政府・民間ともに急増して，64年度には5兆4750億円と2倍以上になった。

1970年代に入ると，1972年に田中角栄が掲げた「日本列島改造論」により，列島改造ブームが起こった。列島改造とは，新幹線と高速道路のネットワークを広げて都市部の工場を地方に移し，都市の過密と地方の過疎を防ごうというもので，これにより政府・民間投資は再び増加し，1972，73年度と建設投資額は急増する。しかし，1973年に起きた第1次オイルショックによって官民ともに建設需要の伸びは鈍化する。1977，78年度には政府による景気刺激策として公共投資が増え，建設投資額は一時的に増大するが，79年の第2次オイルショックで再び低迷し，1982年度の建設投資額は，1960年度以降初めて前年度を下回った。

1985年以降，バブル景気と呼ばれる好景気を背景に，関西国際空港や東京湾アクアラインなどの巨大プロジェクトが着工され，千葉幕張新都心，東京臨海副都心などの都市開発が進められた。民間投資は1990年度に55兆6915億円と過去最高を記録するが，バブルが崩壊すると激減し，建設業は大打撃を受ける。これまで，景気の低迷などによる民需の不振は公共事業で補われてきたが，1993年に発覚したゼネコン汚職や近年の大型公共事業の見直しによって，政府投資も減少傾向を続けた。近年の建設投資増加の要因は，1995年の阪神淡路大震災や2011年の東日本大震災などからの災害復旧・復興需要，訪日外国人の増加，2020年オリンピック施設の建設などである。

住宅に目を転じると，わが国では，第二次大戦により建物の30％近くが失われ，戦後の住宅不足はピーク時に420万戸に達した。住宅の復興整備事業は政府主導で進められ，1951年に「公営住宅法」が制定された。そして，1950年に住宅購入の融資を行う住宅金融公庫が，1955年に集合住宅などを大量供給する日本住宅公団が設立された。

高度経済成長期には，都市に集中し始めた人口の受け皿となるべく郊外にニュータウンと呼ばれる複合住宅地の開発が始まるなど，住宅建設ブームが到来する。新設住宅戸数は，1968年には120万戸と初めて100万戸を超え，1973年には191万戸と過去最高の戸数となり，すべての都道府県で住宅ストックが総世帯数を上回って戦後から続いた住宅不足が解消された。

現在の住宅は，耐震性や省エネルギー性など質的な向上が求められている。1995年の阪神淡路大震災では，1981年５月末以前の旧耐震基準の建物に被害が集中したことから，古いビルや学校などの耐震化が急がれた。住宅・建築物の省エネルギー対策は，温室効果ガス排出量の削減目標の達成等に向けて強化が進められている。

年	表
1872	新橋－横浜間に鉄道開通。
1889	東海道線が全線開通。
(明22)	競争入札制度の導入。
1902	笹子トンネル（中央本線）完成。
1920	「市街地建築物法」施行。
1923	関東大震災。
1924 (大13)	同潤会設立。1926年，向島に初の公営鉄筋アパートを建築。
1927	上野－浅草間に地下鉄開通。
1942	関門トンネル開通。
1948	建設省設立。
1949	「建設業法」制定。
1950	「建築基準法」,「建築士法」制定。
(昭25)	「国土総合開発法」制定。
	住宅金融公庫設立。
1951	「公営住宅法」公布。
1954	第１次道路整備五箇年計画。
1955	日本住宅公団設立。
1958	東京タワー完成。
1962	全国総合開発計画（全総）策定。
1963	黒部川第四（黒四）ダム完成。
1964	東海道新幹線開通。
	東京オリンピック開催。
1966	第１期住宅建設五箇年計画。
1967	第１次空港整備五箇年計画。
1968	「都市計画法」施行。
	霞が関ビル完成。
1972	田中角栄通産相（当時）が「日本列島改造論」を発表。
1973	全都道府県で１世帯１住宅達成。
1974	「国土利用計画法」制定。
1978	成田空港開港。
	宮城県沖地震。
1981	新耐震基準施行（６月１日）。
	住宅・都市整備公団設立。
1988	青函トンネル開業。
	本州四国連絡橋(瀬戸大橋)開通。
1993	ゼネコン汚職事件発覚。
1995	阪神淡路大震災。
(平７)	「耐震改修促進法」施行。
1997	東京湾アクアライン開通。
2005	構造計算書偽装問題発覚。
2006	「建築基準法」等改正。
2011	東日本大震災。
2015	「建築物省エネ法」公布。

表 6-58 **建設投資額**（名目値）（会計年度）（単位　億円）

	建築投資		土木投資		建設投資計		
	政府	民間	政府	民間	政府	民間	総計
1960	2 044	13 366	6 663	3 005	8 707	16 371	25 078
1965	5 351	31 830	17 528	4 822	22 879	36 652	59 531
1970	12 757	84 422	36 680	12 482	49 437	96 904	146 341
1975	30 840	166 758	87 757	30 886	118 597	197 644	316 241
1980	48 049	244 140	148 143	54 421	196 192	298 561	494 753
1981	49 065	240 738	153 901	58 494	202 966	299 232	502 198
1982	45 724	240 214	157 008	57 743	202 732	297 957	500 689
1983	42 046	232 647	156 968	44 327	199 014	276 974	475 988
1984	39 858	247 246	154 828	43 540	194 686	290 786	485 472
1985	36 931	257 472	156 598	48 644	193 529	306 116	499 645
1986	38 132	278 681	169 638	49 180	207 770	327 861	535 631
1987	39 666	336 281	186 121	53 189	225 787	389 470	615 257
1988	40 353	377 764	193 281	55 157	233 634	432 921	666 555
1989	42 057	422 142	200 756	66 191	242 813	488 333	731 146
1990	46 010	476 309	211 470	80 606	257 480	*556 915	814 395
1991	56 390	450 767	230 175	86 704	286 565	537 471	824 036
1992	63 634	427 117	259 709	89 248	323 343	516 365	*839 708
1993	66 965	386 098	275 118	88 752	342 083	474 850	816 933
1994	64 737	374 560	267 810	80 416	332 547	454 976	787 523
1995	56 672	353 224	295 314	84 958	*351 986	438 182	790 169
1996	57 126	400 616	288 649	81 686	345 775	482 302	828 077
1997	54 228	344 638	275 414	77 625	329 642	422 263	751 906
1998	48 775	300 340	291 155	73 999	339 930	374 339	714 269
1999	45 442	301 093	273 937	64 567	319 379	365 660	685 039
2000	40 004	296 185	259 597	66 162	299 601	362 347	661 948
2001	36 145	271 916	245 786	59 028	281 931	330 944	612 875
2002	35 073	256 913	224 101	52 314	259 174	309 227	568 401
2003	31 508	255 184	203 001	47 187	234 509	302 371	536 880
2004	23 843	273 110	184 439	46 854	208 282	319 964	528 246
2005	20 527	276 615	169 211	49 323	189 738	325 938	515 676
2006	20 447	285 389	157 518	49 927	177 965	335 316	513 281
2007	19 507	257 687	149 956	49 811	169 463	307 498	476 961
2008	20 670	263 758	146 507	50 582	167 177	314 340	481 517
2009	22 116	204 786	157 232	45 515	179 348	250 301	429 649
2010	22 096	198 895	157 724	40 567	179 820	239 462	419 282
2011	23 384	214 369	139 939	43 447	163 323	257 816	421 139
2012	27 291	221 597	133 207	42 398	160 498	263 995	424 493
2013	33 224	254 019	150 460	45 294	183 684	299 313	482 997
2014	41 536	240 363	144 568	48 474	186 104	288 837	474 941
2015	56 087	314 829	145 961	49 591	202 048	364 420	566 468
2016	55 811	327 250	154 051	50 287	209 862	377 537	587 399
2017	56 600	345 600	156 000	48 600	212 600	394 200	606 800
2018	56 200	348 700	150 800	53 100	207 000	401 800	608 800
2019	58 400	354 300	157 900	58 800	216 300	413 100	629 400

国土交通省「建設投資見通し」により作成。**建設投資**は，わが国の全建設活動の実績を出来高ベースで把握したもの。2017，2018年度は見込み額。2019年度は見通し額。2017～19年度は四捨五入により100億円単位の値としているので，各項目の合計は必ずしも計と一致しない。2005年10月より民営化されて高速道路会社になった道路関係公団は，引き続き政府投資として計上されている。2015年以降は，それまで含んでいなかったリフォーム・リニューアルを含む。*ゴシックは最大値を示す。

図 6-2　政府・民間別の建設投資額と対GDP比（名目値）（会計年度）

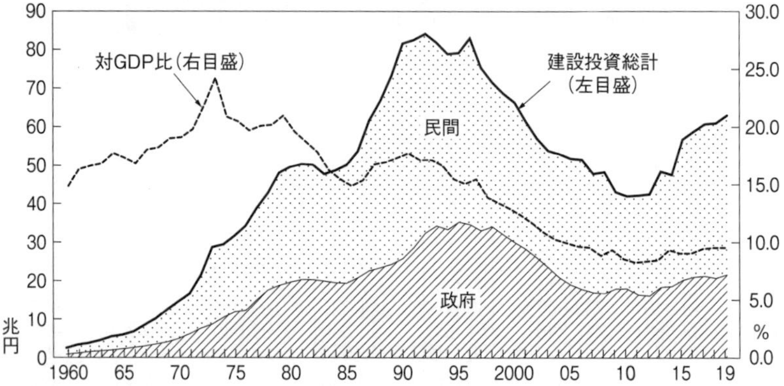

資料・注記は表 6-58に同じ。

図 6-3　建設投資の対前年度比の推移（名目値）（会計年度）

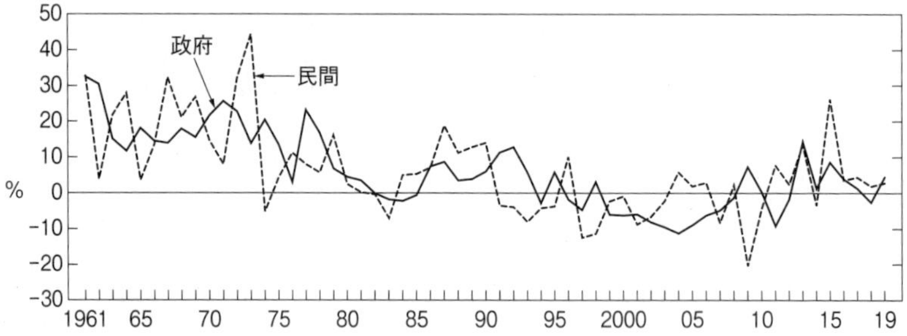

資料・注記は表 6-58に同じ。

図 6-4　着工建築物の床面積と工事費予定額

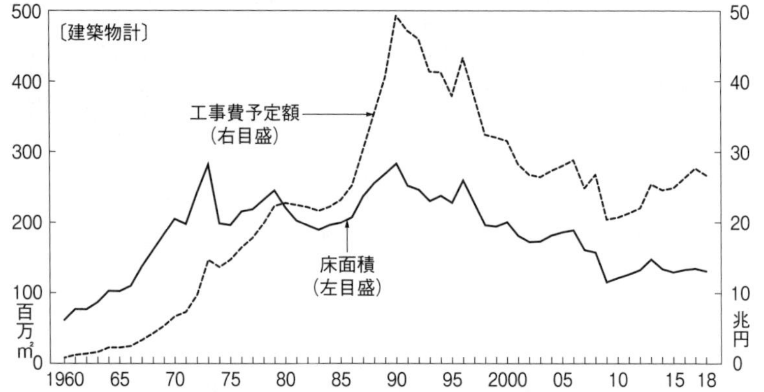

資料・注記は表 6-59に同じ。

表 6-59 着工建築物

	公共		民間		計	
	床面積（千m²）	工事費予定額（億円）	床面積（千m²）	工事費予定額（億円）	床面積（千m²）	工事費予定額（億円）
1955（昭30）	5 585	585	28 335	2 397	33 920	2 982
1960（〃35）	7 268	1 175	54 195	6 913	61 461	8 089
1965（〃40）	15 379	4 069	86 921	18 490	102 300	22 558
1970（〃45）	26 056	10 002	178 979	56 695	205 034	66 697
1975（〃50）	26 218	24 368	170 073	122 399	196 292	146 766
1978（〃53）	32 718	33 570	199 278	164 657	231 997	198 229
1979（〃54）	***33 827**	37 077	211 472	186 311	245 299	223 387
1980（〃55）	32 094	39 041	188 879	188 558	220 973	227 598
1981（〃56）	31 265	41 203	171 449	183 614	202 714	224 816
1982（〃57）	26 791	37 050	168 850	184 722	195 642	221 771
1983（〃58）	24 179	33 505	165 102	183 143	189 281	216 649
1984（〃59）	22 073	31 004	174 065	191 422	196 138	222 425
1985（〃60）	20 462	29 332	179 098	202 897	199 560	232 230
1986（〃61）	20 528	30 670	187 155	221 955	207 682	252 625
1987（〃62）	21 040	33 127	216 187	269 747	237 226	302 873
1988（〃63）	21 707	36 140	234 076	317 915	255 783	354 054
1989（平1）	21 194	37 667	248 017	368 074	269 210	405 740
1990（〃2）	23 011	45 304	***260 411**	***447 610**	***283 421**	***492 914**
1991（〃3）	23 028	53 811	229 232	417 985	252 260	471 796
1992（〃4）	25 171	***61 276**	221 431	399 178	246 601	460 453
1993（〃5）	23 587	59 568	207 068	354 346	230 654	413 915
1994（〃6）	24 008	58 503	214 058	354 594	238 066	413 097
1995（〃7）	21 304	50 725	206 840	328 194	228 145	378 919
1996（〃8）	23 124	54 269	236 670	379 130	259 793	433 398
1997（〃9）	21 008	49 732	206 959	329 517	227 966	379 249
1998（〃10）	18 029	42 533	177 967	281 813	195 997	324 345
1999（〃11）	16 948	39 059	177 330	281 433	194 278	320 491
2000（〃12）	15 721	35 203	184 538	280 408	200 259	315 611
2001（〃13）	14 522	30 077	166 571	252 635	181 093	282 713
2002（〃14）	13 162	28 963	159 183	238 849	172 344	267 813
2003（〃15）	12 437	25 705	160 659	238 844	173 096	264 547
2004（〃16）	9 766	19 397	171 738	254 007	181 505	273 405
2005（〃17）	9 261	17 752	176 798	262 517	186 058	280 269
2006（〃18）	8 236	16 369	180 639	272 057	188 875	288 426
2007（〃19）	7 358	14 640	153 633	234 303	160 991	248 943
2008（〃20）	7 585	16 213	149 826	251 869	157 411	268 082
2009（〃21）	8 033	17 230	107 453	186 836	115 486	204 066
2010（〃22）	8 272	17 822	113 183	189 091	121 455	206 913
2011（〃23）	8 470	17 890	118 039	195 140	126 509	213 030
2012（〃24）	8 602	18 033	124 006	202 227	132 609	220 260
2013（〃25）	9 587	21 977	138 266	232 930	147 853	254 907
2014（〃26）	9 717	24 046	124 305	222 013	134 021	246 060
2015（〃27）	7 346	19 273	122 098	229 859	129 444	249 132
2016（〃28）	7 400	21 665	125 562	241 485	132 962	263 150
2017（〃29）	7 038	22 367	127 641	254 615	134 679	276 981
2018（〃30）	6 253	19 163	124 896	248 013	131 149	267 177

国土交通省「建築統計年報」および「建築着工統計調査（建築着工統計）」による。各年末の数値。1973年以降，沖縄県を含む。公共は国，都道府県，市区町村の計。*ゴシックは最大値を示す。

表6-60　新設住宅着工戸数（単位　戸）

	持家	貸家	給与住宅	分譲住宅	うちマンション	計	床面積（千m²）
1955	168 578	58 363	17 918	12 529	—	257 388	14 977
1960	233 259	145 874	30 098	14 939	—	424 170	25 046
1965	377 297	367 972	55 995	41 332	—	842 596	49 668
1970	617 189	615 615	*87 978	163 774	—	1 484 556	101 069
1973	*764 996	702 928	70 487	366 701	—	*1 905 112	146 543
1974	680 763	358 800	43 365	233 172	—	1 316 100	107 238
1975	704 154	376 128	38 213	237 791	—	1 356 286	112 422
1976	712 762	474 875	34 458	301 749	—	1 523 844	125 281
1977	679 376	442 919	31 408	354 557	—	1 508 260	126 818
1978	732 742	440 877	28 685	347 058	—	1 549 362	136 249
1979	703 865	413 201	27 191	348 766	—	1 493 023	136 515
1980	601 896	319 404	23 924	323 402	—	1 268 626	119 102
1981	558 002	303 808	22 877	267 012	—	1 151 699	107 853
1982	584 182	315 448	22 878	223 641	—	1 146 149	107 638
1983	478 833	394 495	20 204	243 265	—	1 136 797	99 442
1984	469 879	464 308	22 094	231 001	—	1 187 282	100 228
1985	464 697	527 042	20 315	224 018	123 593	1 236 072	103 132
1986	477 050	645 886	21 518	220 155	119 745	1 364 609	111 004
1987	546 316	*858 726	22 397	246 861	133 776	1 674 300	132 526
1988	508 660	858 665	24 008	293 311	167 876	1 684 644	134 531
1989	504 228	817 186	29 193	312 005	177 834	1 662 612	135 029
1990	486 527	806 097	34 885	*379 600	238 600	1 707 109	137 490
1991	440 058	583 924	41 665	304 479	190 412	1 370 126	117 219
1992	477 611	671 989	35 863	217 127	113 873	1 402 590	120 318
1993	531 034	663 608	31 661	259 381	135 416	1 485 684	131 683
1994	573 173	595 812	27 631	373 636	222 501	1 570 252	145 581
1995	537 680	553 946	26 053	352 651	206 804	1 470 330	136 524
1996	643 546	622 719	26 997	350 004	196 470	1 643 266	*157 899
1997	478 741	531 220	23 617	353 436	209 385	1 387 014	129 181
1998	430 952	457 003	17 313	293 027	175 182	1 198 295	111 762
1999	475 002	424 250	12 632	302 717	184 668	1 214 601	117 934
2000	451 522	421 332	11 698	345 291	217 703	1 229 843	119 879
2001	386 814	438 312	9 767	338 965	215 301	1 173 858	109 836
2002	367 974	450 092	9 008	323 942	208 114	1 151 016	104 763
2003	372 652	451 629	9 163	326 639	200 221	1 160 083	104 038
2004	369 852	464 976	8 720	345 501	204 081	1 189 049	105 540
2005	353 267	504 294	9 547	369 067	229 352	1 236 175	106 593
2006	358 519	543 463	9 228	379 181	*238 614	1 290 391	108 815
2007	314 865	441 733	9 366	294 777	168 918	1 060 741	90 651
2008	318 511	464 851	10 136	300 021	182 555	1 093 519	90 768
2009	284 631	321 470	13 473	168 836	76 678	788 410	68 324
2010	305 221	298 014	8 003	201 888	90 597	813 126	72 910
2011	305 626	285 832	8 088	234 571	116 755	834 117	75 355
2012	311 589	318 521	5 877	246 810	123 203	882 797	78 413
2013	354 772	356 263	5 059	263 931	127 599	980 025	87 210
2014	285 270	362 191	7 372	237 428	110 475	892 261	75 681
2015	283 366	378 718	6 014	241 201	115 652	909 299	75 059
2016	292 287	418 543	5 875	250 532	114 570	967 237	78 183
2017	284 283	419 397	5 770	255 191	114 830	964 641	77 515
2018	283 235	396 404	7 468	255 263	110 510	942 370	75 309

国土交通省「建築着工統計調査（住宅着工統計）」により作成。各年末の数値。住宅の新設床面積は，新築，増・改築の延べ面積。1973年から沖縄県を含む。分譲マンションの統計は1985年から集計が始まった。*ゴシックは最大値を示す。

第７章　サービス産業・商業・企業

〔**サービス産業・商業**〕 サービス産業（第３次産業）は，社会構造の変化や人びとの需要に合わせて発展してきた分野で，特に1980年代から物質的に満足しはじめた人びとが，より付加価値の高いサービスを求めるようになって，多くの新しい業種が成長した。警備保障業や医療福祉業，情報関連サービス業などはその代表格といえる。狭義の「サービス業」の業種範囲は，日本標準産業分類の2002年改定によって大きな見直しが行われ，統計データでの時系列比較が難しくなっている。

一方，商業の歴史は古い。日本の商業は，江戸時代にも活発に行われていた。明治に入ると貿易量が増加し，また工業の発展によって物品の生産が増えるに伴い，商業は大きく成長していく。1904（明37）年に三越が近代的百貨店のさきがけとなって以来，小売業にはいくつもの新しい形態が誕生した。1910年から20年代にかけて都市に誕生した百貨店は，広い店舗に陳列された各種の商品を自分で見て回る新しい小売の形として人びとに受け入れられた。規格品の大量生産が可能になった1950年代には，食料品や日用雑貨を中心に低価格販売を行うスーパーが誕生し，セルフサービス方式が広まった。1970年代に石油危機などの影響で人びとの購買力に陰りが出ると，小売業では低価格の商品を扱うスーパーが売上を伸ばし，1972年には，ダイエーが売上高で三越を抜いて小売業のトップになるなど躍進を見せる。その後，特定の商品分野に特化した専門スーパーや，大型のディスカウントストアなども誕生し，広い駐車場を完備した郊外型の店舗も増えていった。また1980年代には，ブランド品などの在庫品を割引価格で売るアウトレットと呼ばれる形式の店舗が誕生している。

大型店舗が増える一方で，小売業の大多数を占める中小規模店舗の経営は苦しくなっていく。1973年には，中小小売業者の保護を目的に「大規模小売店舗法」が制定され，総合スーパーや量販店など大規模店の新規出店や売り場面積などに厳しい規制が課せられはじめる（2000年廃止）。そんななかで1974年に誕生したコンビニエンスストアは，経営が苦しい多くの酒屋や雑貨店などの小規模小売店舗を吸収しながら全国に広がっていった。売れ筋商品など消費者の購買傾向などを把握するPOS（販売時点情報管理）システムの構築に積極的に取り組んだコンビニは，必要な情報を迅速・的確に把握することで売上を伸ばしていった。

バブル経済が崩壊した1990年代から，百貨店や総合スーパーの販売額は減少を続け，特に既存の大型店舗には厳しい環境となった。この苦境を打開すべく，小売業者は商品の低価格化を図り，流通の簡略化に努めるために，従来の流通慣行に縛られずに商品をできるだけ安く調達する方法を取り入れ始めた。大手スーパーや大型ディスカウントストアなどは，生産者からの直接仕入や自社ブランド（PB）商品の開発・販売などによって，流通経路の短縮や調達コストの削減に努めている。顧客・商品・在庫管理を含めた物流システムの構築も進んでいる。

卸売業は，販売額で小売業を上回る規模を持ち，各地に点在する生産者と小売店舗を効率的に結ぶという役割を担っている。日本の流通機構は，その流通経路に多くの段階を含むことが特徴であった。しかし，消費者の所得の伸び悩みや安価な輸入品の増加などによって価格競争が激しくなると，商品の価格を押し上げている流通過程の複雑さを改善する動きが進み，商業における卸売業の比重は低下している。

このような試みによって回復を目指す商業界であるが，景気低迷のなか消費者の需要は伸びず，さらには2008年秋に起きたリーマンショックによって再び大きな打撃を受けた。右肩上がりを続けていたコンビニも，出店競争が激化して飽和状態となり，採算の悪い店舗を閉じて新たな立地に新店舗を開く「スクラップアンドビルド」が行われる一方で，大手コンビニ同士の合併など業界再編の動きもみられた。近年は人手不足が深刻であり，24時間営業の必要性を問う声が出ており，時短営業に踏み切る加盟店も出ている。

年　表	
1904 （明37）	株式会社三越呉服店設立（日本初のデパートメントストア）。
1937 （昭12）	「第1次百貨店法」公布（1947年にGHQの指導で廃止）。
1952	「商業統計」が開始。
1953	紀ノ国屋が日本初のセルフサービス店を開店。 「改正独占禁止法」施行（再販制度導入）。
1956	「第2次百貨店法」施行。
1969	飲食業資本が100％自由化。
1970	ファミリーレストランの第1号店がオープン。
1971	マクドナルド1号店が開店。
1972	ダイエーが三越の売上高を抜いて，小売業トップに。
1974	「大規模小売店舗法（大店法）」施行（第2次百貨店法廃止）。 セブン-イレブン1号店が開店。
1975	小売業の資本が完全自由化。
1984	ユニクロ第1号店が開店。
1989	消費税率3％導入。
1991 （平3）	米国の玩具専門店チェーンであるトイザラスが1号店を開く。
1997	消費税率5％に引き上げ。 ヤオハン・ジャパン倒産。
1999	会員制卸売り米コストコ進出。
2000	「大規模小売店舗立地法」施行（大規模小売店舗法廃止）。 そごう経営破綻。
2001	セブン-イレブン・ジャパンが小売業界売上トップに。
2002	日本標準産業分類改定（サービス産業分野の抜本的な改定）。
2004	ダイエーが産業再生機構に支援要請。
2005	イトーヨーカ堂とセブン-イレブン・ジャパンなどが持株会社設立。
2006	コンビニでのアルコール飲料販売が自由化。
2007	大丸と松坂屋が経営統合。 阪急と阪神百貨店が経営統合。
2011	三越と伊勢丹が合併。
2014	消費税率8％に引き上げ。
2019	消費税率10％に引き上げ。

図 **7-1** 第 3 次産業の全産業に占める割合

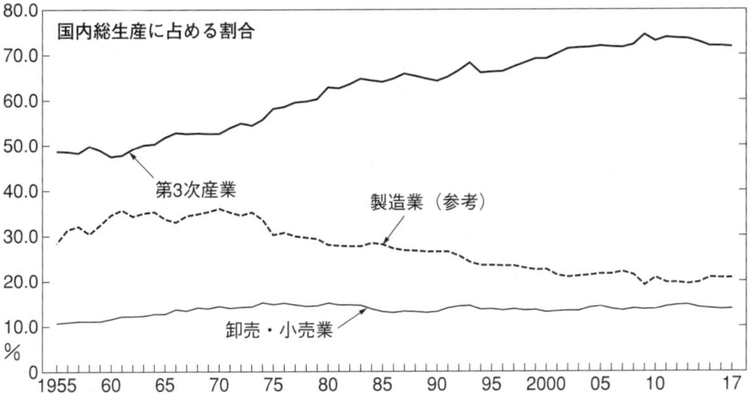

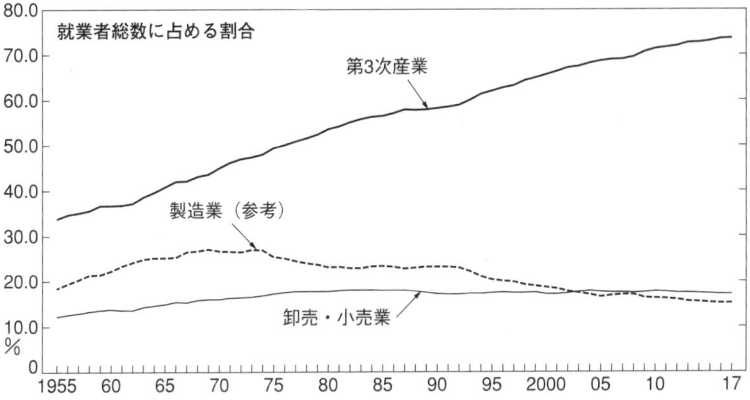

資料・注記は表7-1を参照。

サービス産業（第 3 次産業）に関連する産業分類の変遷　サービス経済化の進展とサービス産業の多様化に伴って，サービス分野における統計上の分類項目は大きな改定が行われてきた。1993年10月に告示された日本産業分類の改定（第10回）では，中分類および小分類において，規模の縮小した「映画業」や「塩業組合」などの分類が廃止され，「広告業」や「ビルメンテナンス業」などが新設された。2002年の改定（第11回）では，情報通信の高度化，経済活動のソフト化・サービス化等に伴う産業構造の変化に適合するよう全面的に見直しが行われた。大分類項目として「情報通信業」，「医療，福祉」，「教育，学習支援業」，「飲食店・宿泊業」などが新設され，併せて中小細分類も見直されている。大分類の「サービス業」は，分類名は同じでも第10回と第11回の産業分類で範囲が大きく異なっており，長期時系列比較が難しい状況となっている。2007年改定（第12回）分類では追加的な見直しが行われ，「学術研究，専門・技術サービス業」，「生活関連サービス業，娯楽業」が大分類として新設された。現行の2013年改定（第13回）では，新設された項目がいくつかあるものの，大きな変更は見られない。

表 7-1　第３次産業の国内総生産(GDP)と就業者数の推移（国民経済計算による）

	国内総生産（十億円）				割合（%）[1]		
	総生産	第３次産業	卸売・小売業	（参考）製造業	第３次産業	卸売・小売業	（参考）製造業
1955(昭30)	8 370	4 076	894	2 381	*48.7*	*10.7*	*28.4*
1960(〃35)	16 010	7 597	1 860	5 535	*47.5*	*11.6*	*34.6*
1965(〃40)	32 866	17 026	4 173	11 086	*51.8*	*12.7*	*33.7*
1970(〃45)	73 345	38 599	10 531	26 402	*52.6*	*14.4*	*36.0*
1975(〃50)	148 327	86 158	21 934	44 801	*58.1*	*14.8*	*30.2*
1976(〃51)	166 573	97 522	25 096	51 101	*58.5*	*15.1*	*30.7*
1977(〃52)	185 622	110 405	27 331	55 412	*59.5*	*14.7*	*29.9*
1978(〃53)	204 404	121 952	29 444	60 545	*59.7*	*14.4*	*29.6*
1979(〃54)	221 547	133 456	32 227	64 815	*60.2*	*14.5*	*29.3*
1980(〃55)	242 839	152 542	36 780	68 093	*62.8*	*15.1*	*28.0*
1981(〃56)	261 068	163 303	38 481	72 612	*62.6*	*14.7*	*27.8*
1982(〃57)	274 087	173 913	40 413	75 946	*63.5*	*14.7*	*27.7*
1983(〃58)	285 058	184 469	41 541	78 847	*64.7*	*14.6*	*27.7*
1984(〃59)	302 975	194 940	41 960	86 051	*64.3*	*13.8*	*28.4*
1985(〃60)	325 402	208 362	42 816	91 304	*64.0*	*13.2*	*28.1*
1986(〃61)	340 560	220 305	44 316	92 685	*64.7*	*13.0*	*27.2*
1987(〃62)	354 170	233 084	47 058	94 979	*65.8*	*13.3*	*26.8*
1988(〃63)	380 743	248 491	50 299	101 666	*65.3*	*13.2*	*26.7*
1989(平１)	410 122	265 224	53 436	108 723	*64.7*	*13.0*	*26.5*
1990(〃２)	442 781	284 451	58 324	117 316	*64.2*	*13.2*	*26.5*
1991(〃３)	469 422	305 439	65 904	124 508	*65.1*	*14.0*	*26.5*
1992(〃４)	480 783	319 936	69 350	123 193	*66.5*	*14.4*	*25.6*
1993(〃５)	483 712	329 897	70 189	117 008	*68.2*	*14.5*	*24.2*
1994(〃６)	501 538	331 061	68 481	117 792	*66.0*	*13.7*	*23.5*
1995(〃７)	512 542	339 349	70 718	120 296	*66.2*	*13.8*	*23.5*
1996(〃８)	525 807	348 520	71 038	123 251	*66.3*	*13.5*	*23.4*
1997(〃９)	534 143	359 672	73 566	125 107	*67.3*	*13.8*	*23.4*
1998(〃10)	527 877	359 920	71 109	120 886	*68.2*	*13.5*	*22.9*
1999(〃11)	519 652	358 925	70 515	116 773	*69.1*	*13.6*	*22.5*
2000(〃12)	526 706	363 795	68 830	118 815	*69.1*	*13.1*	*22.6*
2001(〃13)	523 005	367 106	69 562	111 158	*70.2*	*13.3*	*21.3*
2002(〃14)	515 986	368 060	69 192	107 757	*71.3*	*13.4*	*20.9*
2003(〃15)	515 401	368 541	69 255	108 803	*71.5*	*13.4*	*21.1*
2004(〃16)	520 965	372 960	73 494	111 135	*71.6*	*14.1*	*21.3*
2005(〃17)	524 133	376 704	75 313	113 448	*71.9*	*14.4*	*21.6*
2006(〃18)	526 880	377 827	72 829	113 879	*71.7*	*13.8*	*21.6*
2007(〃19)	531 688	380 880	71 555	117 376	*71.6*	*13.5*	*22.1*
2008(〃20)	520 716	375 970	72 436	111 580	*72.2*	*13.9*	*21.4*
2009(〃21)	489 501	364 210	67 003	93 721	*74.4*	*13.7*	*19.1*
2010(〃22)	500 354	365 095	69 088	104 239	*73.0*	*13.8*	*20.8*
2011(〃23)	491 409	362 628	70 580	96 639	*73.8*	*14.4*	*19.7*
2012(〃24)	494 957	364 281	72 789	97 663	*73.6*	*14.7*	*19.7*
2013(〃25)	503 176	369 657	74 271	97 799	*73.5*	*14.8*	*19.4*
2014(〃26)	513 876	374 307	73 188	101 394	*72.8*	*14.2*	*19.7*
2015(〃27)	531 320	382 107	74 270	110 585	*71.9*	*14.0*	*20.8*
2016(〃28)	535 986	385 536	74 012	110 817	*71.9*	*13.8*	*20.7*
2017(〃29)	545 122	391 015	75 919	112 988	*71.7*	*13.9*	*20.7*

内閣府「国民経済計算」（経済活動別国内総生産）により作成。暦年。名目。国内総生産（GDP）は国連の定める国際基準（SNA）に準拠しており，1955～1979年のデータは1990年基準（SNA68），1980～1993年は2000年基準（93SNA），1994年以降は2011年基準（2008SNA）に基づくため，厳密に接続していない。第３次産業は，第１次産業（農業，林業，漁業）と第２次産業（鉱業，建設業，製造業）↗

就業者数（万人）				割合（%）[1]			
総数	第3次産業	卸売・小売業	（参考）製造業	第3次産業	卸売・小売業	（参考）製造業	
4 067	1 377	498	747	*33.8*	*12.2*	*18.4*	1955（昭30）
4 538	1 665	625	1 014	*36.7*	*13.8*	*22.3*	1960（〃35）
4 960	2 024	740	1 252	*40.8*	*14.9*	*25.2*	1965（〃40）
5 443	2 449	873	1 453	*45.0*	*16.0*	*26.7*	1970（〃45）
5 597	2 768	965	1 423	*49.4*	*17.2*	*25.4*	1975（〃50）
5 643	2 825	985	1 416	*50.1*	*17.5*	*25.1*	1976（〃51）
5 711	2 909	1 011	1 401	*50.9*	*17.7*	*24.5*	1977（〃52）
5 767	2 976	1 019	1 382	*51.6*	*17.7*	*24.0*	1978（〃53）
5 826	3 052	1 030	1 379	*52.4*	*17.7*	*23.7*	1979（〃54）
5 866	3 143	1 040	1 356	*53.6*	*17.7*	*23.1*	1980（〃55）
5 911	3 206	1 058	1 371	*54.2*	*17.9*	*23.2*	1981（〃56）
5 959	3 282	1 075	1 364	*55.1*	*18.0*	*22.9*	1982（〃57）
6 049	3 378	1 091	1 387	*55.8*	*18.0*	*22.9*	1983（〃58）
6 070	3 416	1 095	1 417	*56.3*	*18.0*	*23.3*	1984（〃59）
6 103	3 449	1 096	1 431	*56.5*	*18.0*	*23.4*	1985（〃60）
6 134	3 506	1 103	1 424	*57.1*	*18.0*	*23.2*	1986（〃61）
6 158	3 566	1 107	1 405	*57.9*	*18.0*	*22.8*	1987（〃62）
6 230	3 598	1 109	1 435	*57.8*	*17.8*	*23.0*	1988（〃63）
6 322	3 658	1 104	1 466	*57.9*	*17.5*	*23.2*	1989（平 1）
6 427	3 744	1 104	1 488	*58.2*	*17.2*	*23.2*	1990（〃 2）
6 558	3 838	1 120	1 525	*58.5*	*17.1*	*23.2*	1991（〃 3）
6 632	3 908	1 133	1 527	*58.9*	*17.1*	*23.0*	1992（〃 4）
6 657	3 992	1 154	1 478	*60.0*	*17.3*	*22.2*	1993（〃 5）
6 698	4 104	1 162	1 411	*61.3*	*17.3*	*21.1*	1994（〃 6）
6 721	4 171	1 176	1 371	*62.0*	*17.5*	*20.4*	1995（〃 7）
6 728	4 219	1 185	1 352	*62.7*	*17.6*	*20.1*	1996（〃 8）
6 777	4 282	1 183	1 348	*63.2*	*17.5*	*19.9*	1997（〃 9）
6 699	4 311	1 174	1 292	*64.3*	*17.5*	*19.3*	1998（〃10）
6 609	4 291	1 161	1 255	*64.9*	*17.6*	*19.0*	1999（〃11）
6 561	4 302	1 130	1 227	*65.6*	*17.2*	*18.7*	2000（〃12）
6 537	4 333	1 124	1 200	*66.3*	*17.2*	*18.4*	2001（〃13）
6 461	4 332	1 127	1 148	*67.1*	*17.4*	*17.8*	2002（〃14）
6 464	4 359	1 143	1 130	*67.4*	*17.7*	*17.5*	2003（〃15）
6 501	4 427	1 163	1 113	*68.1*	*17.9*	*17.1*	2004（〃16）
6 553	4 498	1 162	1 090	*68.6*	*17.7*	*16.6*	2005（〃17）
6 599	4 544	1 159	1 118	*68.9*	*17.6*	*16.9*	2006（〃18）
6 651	4 592	1 168	1 139	*69.0*	*17.6*	*17.1*	2007（〃19）
6 641	4 617	1 165	1 133	*69.5*	*17.5*	*17.1*	2008（〃20）
6 563	4 632	1 157	1 079	*70.6*	*17.6*	*16.4*	2009（〃21）
6 549	4 667	1 165	1 070	*71.3*	*17.8*	*16.3*	2010（〃22）
6 546	4 687	1 158	1 061	*71.6*	*17.7*	*16.2*	2011（〃23）
6 518	4 686	1 141	1 044	*71.9*	*17.5*	*16.0*	2012（〃24）
6 555	4 758	1 147	1 022	*72.6*	*17.5*	*15.6*	2013（〃25）
6 593	4 793	1 150	1 022	*72.7*	*17.4*	*15.5*	2014（〃26）
6 622	4 836	1 144	1 015	*73.0*	*17.3*	*15.3*	2015（〃27）
6 685	4 911	1 147	1 016	*73.5*	*17.2*	*15.2*	2016（〃28）
6 750	4 968	1 162	1 023	*73.6*	*17.2*	*15.2*	2017（〃29）

↘以外の産業部門と，政府サービス生産者，対家計民間非営利サービス生産者部門を合わせたもの。就業者数は，いくつかの仕事を兼ねている者はそれぞれを1と数えているため，1人を一つの就業に限って数えている国勢調査とは異なっている。パートタイム労働者等はフルタイムと同様に数えている。1）総数に占める割合で，編者算出。

表 7-2　商業統計（I）

	卸売業・小売業計 事業所数	法人	割合（%）	個人1)	割合（%）	従業者数（千人）	年間商品販売額（億円）
1952(昭27)	1 221 185	141 524	*11.6*	1 079 661	*88.4*	3 159	…
1954(〃29)	1 355 770	199 265	*14.7*	1 156 505	*85.3*	3 807	…
1956(〃31)	1 381 129	210 816	*15.3*	1 170 313	*84.7*	4 299	…
1958(〃33)	1 437 282	220 237	*15.3*	1 217 045	*84.7*	4 824	175 352
1960(〃35)	1 514 285	240 713	*15.9*	1 273 572	*84.1*	5 418	227 837
1962(〃37)	1 495 384	254 582	*17.0*	1 240 802	*83.0*	5 678	336 225
1964(〃39)	1 533 784	283 116	*18.5*	1 250 668	*81.5*	6 335	471 797
1966(〃41)	1 662 602	329 927	*19.8*	1 332 675	*80.2*	7 235	627 659
1968(〃43)	1 671 943	350 700	*21.0*	1 321 243	*79.0*	7 343	793 240
1970(〃45)	1 727 271	391 574	*22.7*	1 335 697	*77.3*	7 787	1 101 043
1972(〃47)	1 754 673	427 429	*24.4*	1 327 244	*75.6*	8 149	1 350 728
1974(〃49)	1 840 339	482 328	*26.2*	1 358 011	*73.8*	8 593	2 134 130
1976(〃51)	1 954 316	557 061	*28.5*	1 397 255	*71.5*	9 093	2 783 445
1979(〃54)	2 042 275	631 352	*30.9*	1 410 923	*69.1*	9 633	3 481 095
1982(〃57)	2 150 323	733 217	*34.1*	1 417 106	*65.9*	10 460	4 925 074
1985(〃60)	2 041 660	743 508	*36.4*	1 298 152	*63.6*	10 327	5 294 697
1988(〃63)	2 056 173	821 604	*40.0*	1 234 569	*60.0*	11 183	5 613 239
1991(平3)	2 067 206	926 256	*44.8*	1 140 950	*55.2*	11 709	7 138 028
(1991)	2 067 206	926 256	*44.8*	1 140 950	*55.2*	11 709	7 138 028
1994(〃6)	1 929 250	918 380	*47.6*	1 010 870	*52.4*	11 966	6 576 419
1997(〃9)	1 811 270	899 763	*49.7*	911 507	*50.3*	11 515	6 275 564
1999(〃11)	1 832 734	947 378	*51.7*	885 356	*48.3*	12 525	6 392 851
2002(〃14)	1 679 606	891 158	*53.1*	788 448	*46.9*	11 975	5 484 641
2004(〃16)	1 613 318	883 052	*54.7*	730 266	*45.3*	11 566	5 387 758
2007(〃19)	1 472 658	839 639	*57.0*	633 019	*43.0*	11 106	5 482 371
2012(〃24)	1 405 021	903 970	*64.3*	501 051	*35.7*	11 225	4 803 328
2014(〃26)	1 407 235	943 144	*67.0*	464 091	*33.0*	11 618	4 788 284
2016(〃28)	1 355 060	922 545	*68.1*	432 515	*31.9*	11 596	5 816 263

	卸売業 事業所数	法人	割合（%）	個人1)	割合（%）	従業者数（千人）	年間商品販売額（億円）
1952(昭27)	141 457	62 535	*44.2*	78 922	*55.8*	849	…
1954(〃29)	166 725	80 668	*48.4*	86 057	*51.6*	1 090	…
1956(〃31)	179 856	87 616	*48.7*	92 240	*51.3*	1 294	…
1958(〃33)	192 653	96 895	*50.3*	95 758	*49.7*	1 551	139 866
1960(〃35)	225 993	109 858	*48.6*	116 135	*51.4*	1 928	184 683
1962(〃37)	223 409	115 049	*51.5*	108 360	*48.5*	2 129	274 736
1964(〃39)	229 248	126 683	*55.3*	102 565	*44.7*	2 524	388 301
1966(〃41)	287 208	155 300	*54.1*	131 908	*45.9*	3 042	520 823
1968(〃43)	239 507	138 771	*57.9*	100 736	*42.1*	2 697	628 168
1970(〃45)	255 974	154 111	*60.2*	101 863	*39.8*	2 861	883 309
1972(〃47)	259 163	161 743	*62.4*	97 420	*37.6*	3 008	1 067 801
1974(〃49)	292 155	188 405	*64.5*	103 750	*35.5*	3 290	1 731 131
1976(〃51)	340 249	224 823	*66.1*	115 426	*33.9*	3 513	2 223 154
1979(〃54)	368 608	250 379	*67.9*	118 229	*32.1*	3 673	2 745 451
1982(〃57)	428 858	297 395	*69.3*	131 463	*30.7*	4 091	3 985 362
1985(〃60)	413 016	294 199	*71.2*	118 817	*28.8*	3 998	4 277 509
1988(〃63)	436 421	317 876	*72.8*	118 545	*27.2*	4 332	4 464 840
1991(平3)	475 983	361 614	*76.0*	114 369	*24.0*	4 773	5 731 647

商業統計（Ⅱ）

	卸売業（つづき）						
	事業所数	法人	割合（%）	個人1)	割合（%）	従業者数（千人）	年間商品販売額（億円）
（1991）	461 623	355 074	*76.9*	106 549	*23.1*	4 709	5 715 117
1994（平6）	429 302	337 173	*78.5*	92 129	*21.5*	4 581	5 143 169
1997（〃9）	391 574	313 136	*80.0*	78 438	*20.0*	4 165	4 798 133
1999（〃11）	425 850	339 977	*79.8*	85 873	*20.2*	4 496	4 954 526
2002（〃14）	379 549	307 259	*81.0*	72 290	*19.0*	4 002	4 133 548
2004（〃16）	375 269	304 626	*81.2*	70 643	*18.8*	3 804	4 054 972
2007（〃19）	334 799	273 670	*81.7*	61 129	*18.3*	3 526	4 135 317
2012（〃24）	371 663	321 848	*86.6*	49 815	*13.4*	3 822	3 654 805
2014（〃26）	382 354	332 947	*87.1*	49 407	*12.9*	3 932	3 566 516
2016（〃28）	364 814	322 861	*88.5*	41 953	*11.5*	3 942	4 365 225

	小売業						
	事業所数	法人	割合（%）	個人1)	割合（%）	従業者数（千人）	年間商品販売額（億円）
1952（昭27）	1 079 728	78 989	*7.3*	1 000 739	*92.7*	2 310	…
1954（〃29）	1 189 045	118 597	*10.0*	1 070 448	*90.0*	2 717	…
1956（〃31）	1 201 273	123 200	*10.3*	1 078 073	*89.7*	3 005	…
1958（〃33）	1 244 629	123 342	*9.9*	1 121 287	*90.1*	3 273	35 486
1960（〃35）	1 288 292	130 855	*10.2*	1 157 437	*89.8*	3 489	43 154
1962（〃37）	1 271 975	139 533	*11.0*	1 132 442	*89.0*	3 550	61 490
1964（〃39）	1 304 536	156 433	*12.0*	1 148 103	*88.0*	3 811	83 496
1966（〃41）	1 375 394	174 627	*12.7*	1 200 767	*87.3*	4 193	106 836
1968（〃43）	1 432 436	211 929	*14.8*	1 220 507	*85.2*	4 646	165 073
1970（〃45）	1 471 297	237 463	*16.1*	1 233 834	*83.9*	4 926	217 734
1972（〃47）	1 495 510	265 686	*17.8*	1 229 824	*82.2*	5 141	282 927
1974（〃49）	1 548 184	293 923	*19.0*	1 254 261	*81.0*	5 303	402 999
1976（〃51）	1 614 067	332 238	*20.6*	1 281 829	*79.4*	5 580	560 291
1979（〃54）	1 673 667	380 973	*22.8*	1 292 694	*77.2*	5 960	735 644
1982（〃57）	1 721 465	435 822	*25.3*	1 285 643	*74.7*	6 369	939 712
1985（〃60）	1 628 644	449 309	*27.6*	1 179 335	*72.4*	6 329	1 017 188
1988（〃63）	1 619 752	503 728	*31.1*	1 116 024	*68.9*	6 851	1 148 399
1991（平3）	1 591 223	564 642	*35.5*	1 026 581	*64.5*	6 937	1 406 381
（1991）	1 605 583	571 182	*35.6*	1 034 401	*64.4*	7 000	1 422 911
1994（〃6）	1 499 948	581 207	*38.7*	918 741	*61.3*	7 384	1 433 251
1997（〃9）	1 419 696	586 627	*41.3*	833 069	*58.7*	7 351	1 477 431
1999（〃11）	1 406 884	607 401	*43.2*	799 483	*56.8*	8 029	1 438 326
2002（〃14）	1 300 057	583 899	*44.9*	716 158	*55.1*	7 973	1 351 093
2004（〃16）	1 238 049	578 426	*46.7*	659 623	*53.3*	7 762	1 332 786
2007（〃19）	1 137 859	565 969	*49.7*	571 890	*50.3*	7 579	1 347 054
2012（〃24）	1 033 358	582 122	*56.3*	451 236	*43.7*	7 404	1 148 523
2014（〃26）	1 024 881	610 197	*59.5*	414 684	*40.5*	7 686	1 221 767
2016（〃28）	990 246	599 684	*60.6*	390 562	*39.4*	7 654	1 451 038

総務省「日本長期統計総覧」，経済産業省「商業統計調査」および「経済センサス－活動調査（卸売業，小売業）」により作成。1972年以前は沖縄を含まない。1968年より自動車小売とガソリンスタンドが卸売業から小売業に移行した。1994年以降は，日本標準業分類（1993年10月改定）が使用されているため，それまでの数値と接続しない。ただし（1991）年は1994年調査と対応可能となるように再集計した数値。1999年調査で調査事業所の捕そくを行った。従業者は「個人業主」，「無給家族従業者」，「有給役員」および「常用雇用者」の計であり，「臨時雇用者」は含めていない。1）法人でない団体を含む。

表 7-3　従業者規模別の事業所数（Ⅰ）（卸売業）

	卸売業							
	2人以下	3人～4人	5人～9人	10人～19人	20人～29人	30人～49人	50人～99人	100人以上
1952	86 628		34 719	14 459	2 988	1 601	1 062	
1954	96 638		43 310	18 898	4 195	2 285	1 399	
1956	49 932	45 504	51 070	23 399	5 293	2 856	1 802	
1958	48 979	47 640	55 597	27 133	6 821	3 926	1 819	738
1960	62 207	52 053	62 108	31 937	8 576	5 393	2 661	1 058
1962	60 034	49 245	59 974	33 179	9 699	6 394	3 379	1 505
1964	56 739	49 157	62 427	35 836	10 823	7 521	4 424	2 321
1966	76 510	61 882	75 880	42 536	12 887	9 200	5 485	2 828
1968	54 728	52 078	65 724	38 323	12 306	8 733	5 161	2 454
1970	54 698	58 465	71 941	40 713	12 900	9 211	5 486	2 560
1972	52 660	59 403	73 758	41 542	13 421	9 835	5 795	2 749
1974	59 701	68 888	83 900	45 530	14 353	10 509	6 365	2 909
1976	72 658	83 599	97 301	50 662	15 860	11 077	6 457	2 635
1979	79 580	92 064	105 139	54 390	16 695	11 597	6 598	2 545
1982	99 857	108 129	119 599	60 507	18 343	12 558	7 043	2 822
1985	93 007	105 122	115 089	59 348	18 379	12 478	6 916	2 677
1988	95 315	110 085	121 612	64 686	20 079	13 896	7 789	2 959
1991	101 786	123 309	132 089	70 474	21 424	14 931	8 441	3 529
1994	90 382	103 004	120 148	67 776	21 296	14 714	8 394	3 588
1997	83 085	94 066	109 032	61 813	19 269	13 468	7 630	3 211
1999	95 489	98 229	118 085	67 221	20 842	14 517	8 122	3 345
2002	84 734	88 698	105 374	59 657	18 311	12 558	7 099	3 118
2004	86 429	89 706	102 908	57 343	17 587	12 003	6 459	2 834
2007	77 225	78 447	90 750	52 075	16 273	11 286	6 069	2 674
2012	72 616	61 568	67 798	38 149	12 003	8 260	4 341	2 273
2014	69 166	60 099	68 405	39 112	12 161	8 302	4 408	2 230
2016	71 394	61 374	71 715	42 463	13 684	9 431	5 248	2 704

総務省「日本長期統計総覧」，経済産業省「商業統計表」および「経済センサス」により作成。1968年より自動車小売とガソリンスタンドが卸売業から小売業に移行。1994年より，93年10月改定日本標準産業分類が使用されたため，それまでの数値と接続しない。1999年調査では，調査事業所の捕そくが行↗

図 7-2　事業所数の推移（Ⅰ）（卸売業）

（卸売業）

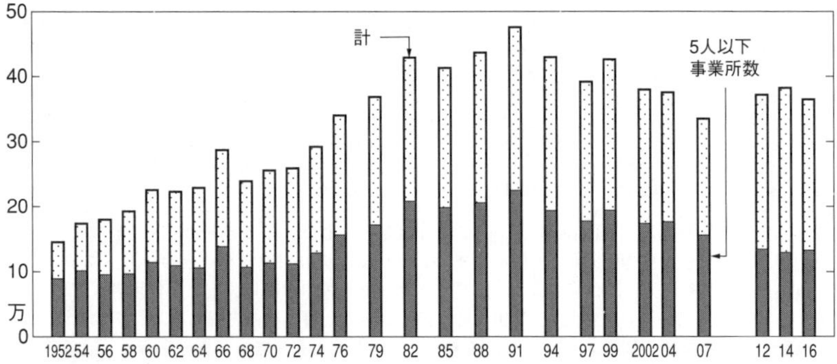

資料・注記は上表参照。事業所計は表7-2のデータを使用。

従業者規模別の事業所数（Ⅱ）（小売業）

	小売業							
	2人以下	3人～4人	5人～9人	10人～19人	20人～29人	30人～49人	50人～99人	100人以上
1952	1 029 213		41 077	7 247	1 222	559	410	
1954	1 113 873		59 873	11 599	2 092	992	616	
1956	862 620	244 545	77 027	13 267	2 173	1 002	639	
1958	871 764	266 347	85 013	15 949	3 081	1 531	640	304
1960	914 676	247 743	97 373	20 548	4 234	2 326	966	426
1962	907 005	240 154	91 970	23 039	5 043	2 941	1 269	554
1964	916 835	250 897	98 240	26 318	6 221	3 730	1 609	686
1966	939 987	280 395	110 827	29 867	7 316	4 316	1 893	793
1968	942 759	305 046	131 184	36 560	8 260	5 032	2 388	1 207
1970	940 808	330 612	141 672	39 105	9 223	5 707	2 826	1 344
1972	927 728	348 919	156 939	41 778	9 909	5 980	2 886	1 371
1974	967 185	360 761	158 218	41 311	10 115	6 088	2 962	1 544
1976	999 622	382 184	165 852	43 627	11 113	6 808	3 282	1 579
1979	1 022 103	401 188	175 951	47 591	12 943	8 188	4 021	1 682
1982	1 036 046	412 701	187 898	54 156	14 776	9 494	4 519	1 875
1985	940 023	408 178	190 434	57 911	15 340	10 035	4 764	1 959
1988	874 377	422 067	214 046	70 394	19 186	12 250	5 362	2 070
1991	847 185	416 940	214 007	71 905	20 202	12 850	5 851	2 283
1994	764 772	370 944	222 552	89 628	26 345	15 655	7 191	2 861
1997	708 999	350 306	212 446	93 463	27 514	15 802	7 919	3 247
1999	685 010	317 169	226 807	111 939	33 518	18 365	9 905	4 171
2002	603 426	297 583	218 667	114 755	32 720	17 992	10 451	4 463
2004	568 816	284 060	207 674	112 380	32 696	17 477	10 437	4 509
2007	503 844	252 687	201 818	114 397	32 352	17 229	10 827	4 705
2012	350 996	171 877	133 251	75 772	23 681	13 642	9 160	4 483
2014	316 650	168 619	145 984	87 987	27 333	14 998	9 525	4 100
2016	320 963	166 374	158 582	100 242	30 757	16 825	10 683	4 698

↘われたため，それまでの数値と接続しない。2012年からの数値は管理，補助的経済活動を行う事業所を除き，また，産業細分類が格付不能の事業所，卸売の商品販売額（仲立ち手数料を除く），小売の商品販売額および仲立手数料のいずれかの金額も無い事業所を除いたため，計は表7-2と一致しない。

事業所数の推移（Ⅱ）（小売業）

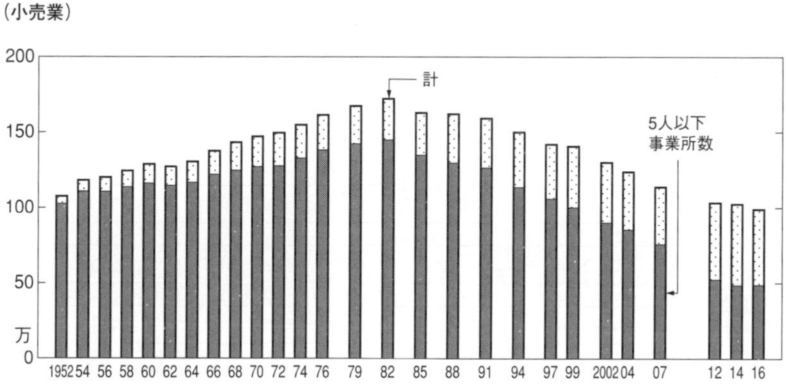

資料・注記は上表参照。事業所計は表7-2のデータを使用。

表 7-4　業種別の事業所数（Ⅰ）（卸売業）

	卸売業						
	各種商品	繊維・衣服等	飲食料品	建築材料,鉱物・金属材料等	機械器具	その他1)	合計1)
1952	—	20 219	35 308	30 912	13 809	41 209	141 457
1954	—	24 360	43 277	37 852	16 152	45 084	166 725
1956	—	25 175	47 637	41 144	21 409	44 491	179 856
1958	—	25 802	47 727	50 347	25 340	43 437	192 653
1960	—	27 236	55 101	61 760	32 153	49 743	225 993
1962	—	26 184	53 350	61 332	40 628	41 915	223 409
1964	—	27 438	55 033	67 697	36 244	42 836	229 248
1966	—	31 653	67 536	88 143	47 815	52 061	287 208
1968	63	30 366	62 841	63 146	36 757	46 334	239 507
1970	105	31 718	65 906	67 680	40 892	49 673	255 974
1972	51	31 931	67 395	67 350	41 353	51 083	259 163
1974	62	33 775	70 339	77 869	51 189	58 921	292 155
1976	59	37 454	79 732	91 160	61 977	69 867	340 249
1979	52	39 330	86 870	96 714	69 497	76 145	368 608
1982	50	43 169	94 031	114 667	86 788	90 152	428 858
1985	985	41 004	93 275	108 461	85 072	84 219	413 016
1988	824	42 235	96 067	112 862	94 775	89 658	436 421
1991	706	44 749	99 990	119 884	111 052	99 602	475 983
1994	1 159	40 970	96 224	99 516	97 691	93 742	429 302
1997	1 309	35 480	87 437	91 789	89 576	85 983	391 574
1999	1 641	36 593	94 376	94 941	100 260	98 039	425 850
2002	1 156	31 283	83 595	86 804	90 119	86 592	379 549
2004	1 245	30 317	84 539	84 049	89 897	85 222	375 269
2007	1 200	25 061	76 058	79 036	77 929	75 515	334 799
2012	1 619	24 525	73 006	84 467	94 024	85 404	371 663
2014	1 490	24 874	76 653	87 937	101 273	90 127	382 354
2016	1 410	22 883	70 613	85 388	98 974	85 163	364 814

経済産業省「我が国の商業」,「商業統計表」,「2016年経済センサス－活動調査」(卸売業・小売業), 総務省統計局「新版　日本長期統計総覧」により作成。1968年より自動車小売とガソリンスタンドが卸売業から小売業に移行。1994年より，93年10月改定日本標準産業分類が使用されたため，それまでの数値と接続しない。1999年調査では，調査事業所の捕そくが行われたため，それまでの数値と接続しな↗

図 7-3　事業所数の業種別割合（Ⅰ）（卸売業）

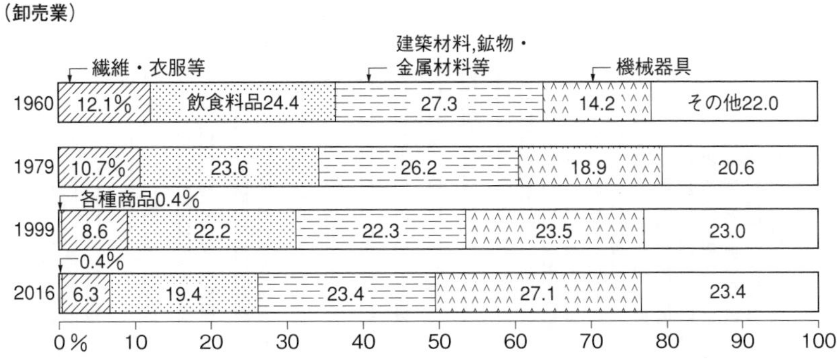

資料・注記は上表に同じ。

業種別の事業所数（II）（小売業）

	小売業						
	各種商品 2)	織物・衣服・身の回り品	飲食料品	自動車・自転車	家具・じゅう器・家庭用機械器具	その他3)	計3)
1952	5 924	148 530	548 753	29 232	114 049	233 240	1 079 728
1954	3 838	161 721	604 142	33 465	124 628	261 251	1 189 045
1956	…	172 754	640 083	37 988	112 766	237 505	1 201 273
1958	2 243	179 859	652 213	40 985	121 132	248 197	1 244 629
1960	2 222	184 315	673 456	42 678	132 886	252 735	1 288 292
1962	3 211	183 811	666 303	35 481	130 651	252 518	1 271 975
1964	2 999	188 199	674 703	43 589	137 263	257 783	1 304 536
1966	3 445	197 431	704 341	42 995	147 327	279 855	1 375 394
1968	2 500	198 786	708 856	54 300	149 657	318 337	1 432 436
1970	2 721	203 749	711 269	58 299	155 987	339 272	1 471 297
1972	2 746	205 979	711 367	59 410	156 912	359 096	1 495 510
1974	3 153	216 928	721 241	62 646	164 079	380 137	1 548 184
1976	3 558	227 352	732 818	66 987	175 345	408 007	1 614 067
1979	3 631	236 904	734 750	73 961	183 201	441 220	1 673 667
1982	4 219	242 864	725 585	84 988	189 404	474 405	1 721 465
1985	3 531	229 606	671 190	83 931	172 686	467 700	1 628 644
1988	4 015	236 581	653 637	89 374	166 042	470 103	1 619 752
1991	4 347	240 994	622 772	93 231	158 105	471 774	1 591 223
1994	4 839	225 714	569 403	89 345	144 368	466 279	1 499 948
1997	5 078	209 420	526 460	87 837	134 868	456 033	1 419 696
1999	6 687	201 762	488 304	92 031	133 890	484 210	1 406 884
2002	4 997	185 937	466 598	89 096	120 746	432 683	1 300 057
2004	5 556	177 851	444 596	86 993	115 132	407 921	1 238 049
2007	4 742	166 732	389 832	82 984	98 927	394 642	1 137 859
2012	3 014	147 703	317 983	89 408	87 961	387 289	1 033 358
2014	4 199	149 186	308 248	94 792	84 595	383 861	1 024 881
2016	3 275	140 465	299 120	95 094	81 635	370 657	990 246

↘い。2012年からの数値は管理，補助的経済活動を行う事業所，産業細分類が格付不能の事業所，卸売の商品販売額（仲立ち手数料を除く），小売の商品販売額および仲立手数料のいずれかの金額も無い事業所を含むため，合計と内訳の計は一致しない場合がある。1）代理商，仲立業を含む。2）百貨店を含む。3）2012年より，無店舗小売店が含まれる。

事業所数の業種別割合（II）（小売業）

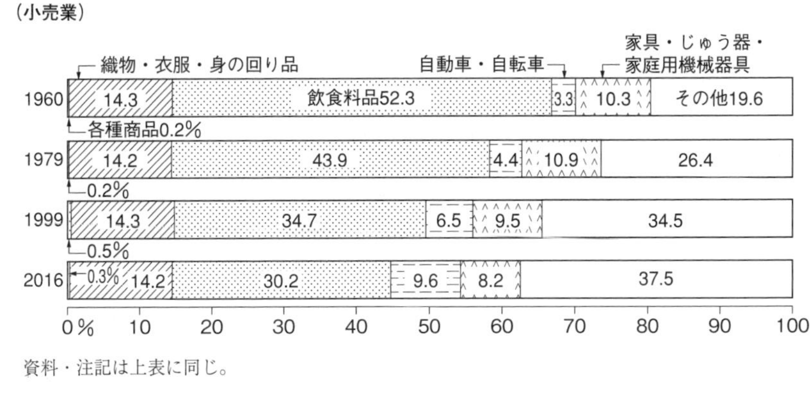

資料・注記は上表に同じ。

第7章 サービス産業・商業・企業

表 7-5　業種別の年間商品販売額（Ⅰ）（卸売業）（単位　十億円）

	卸売業						
	各種商品	繊維・衣服等	飲食料品	建築材料，鉱物・金属材料等	機械器具	その他	合計[1]
1958	—	3 910	2 871	3 765	1 692	1 745	13 987
1960	—	4 716	3 361	5 631	2 689	2 002	18 468
1962	—	6 748	4 680	8 654	4 370	3 022	27 474
1964	—	9 203	6 727	12 722	6 378	3 800	38 830
1966	—	8 821	9 427	18 099	10 030	5 705	52 082
1968	10 082	8 356	11 470	14 694	10 782	7 433	62 817
1970	14 725	10 945	15 007	20 883	17 268	9 502	88 331
1972	20 937	12 238	19 230	23 087	19 047	12 241	106 780
1974	35 201	19 166	28 347	40 918	31 063	18 418	173 113
1976	45 127	20 874	44 317	52 089	35 738	24 170	222 315
1979	43 349	23 432	60 103	67 624	49 171	30 865	274 545
1982	75 860	27 808	79 508	100 090	67 458	47 813	398 536
1985	84 078	30 792	88 029	99 910	76 586	48 356	427 751
1988	76 346	33 313	95 830	92 671	89 583	58 741	446 484
1991	98 713	38 517	108 119	123 515	130 514	73 788	573 165
1994	91 717	30 461	104 335	102 981	110 808	74 015	514 317
1997	71 761	25 955	97 848	97 908	117 627	68 715	479 813
1999	63 977	25 526	99 732	99 887	133 507	72 824	495 453
2002	48 129	20 913	84 274	91 107	102 774	66 158	413 355
2004	49 031	18 875	86 390	87 352	98 784	65 066	405 497
2007	49 042	16 641	75 649	107 683	99 894	64 622	413 532
2012	30 740	11 929	71 452	100 759	80 645	58 785	365 481
2014	25 890	10 404	71 553	113 036	78 222	57 546	356 652
2016	30 127	12 421	88 897	115 645	116 070	73 242	436 523

経済産業省「我が国の商業」，「商業統計表」，「2016年経済センサス－活動調査」（卸売業・小売業），総務省統計局「新版　日本長期統計総覧」により作成。1968年より自動車小売とガソリンスタンドが卸売業から小売業に移行。1994年より，93年10月改定日本標準産業分類が使用されたため，それまでの数値と接続しない。1999年調査では，調査事業所の捕そくが行われたため，それまでの数値と接続しな↗

図 7-4　年間商品販売額の業種別割合（Ⅰ）（卸売業）

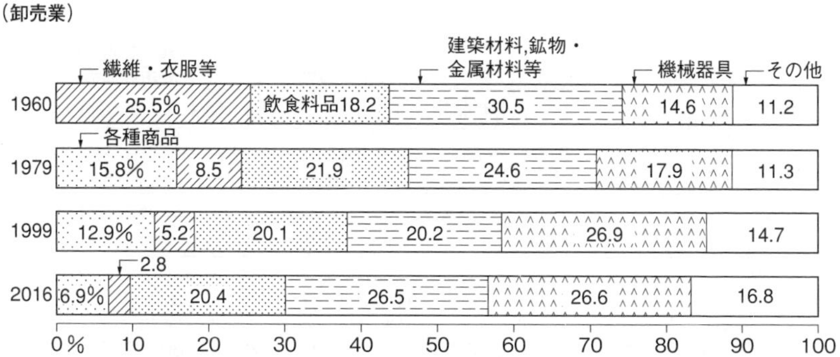

資料・注記は上表に同じ。

業種別の年間商品販売額（II）（小売業）（単位　十億円）

	小売業						
	各種商品 2)	織物・衣服・身の回り品	飲食料品	自動車・自転車	家具・じゅう器・家庭用機械器具	その他3)	合計3)
1958	339	638	1 588	47	301	635	3 549
1960	437	761	1 853	56	450	758	4 315
1962	684	1 104	2 486	52	747	1 077	6 149
1964	975	1 474	3 259	113	1 034	1 496	8 350
1966	1 219	1 835	4 209	124	1 292	2 005	10 684
1968	1 641	2 285	5 444	1 667	1 801	3 670	16 507
1970	2 249	2 933	6 742	2 541	2 556	4 753	21 773
1972	3 177	3 787	8 690	3 057	3 283	6 298	28 293
1974	5 622	5 305	11 634	4 171	4 548	9 020	40 300
1976	7 939	6 990	16 586	5 396	5 561	13 559	56 029
1979	10 685	8 621	21 926	7 910	6 989	17 434	73 564
1982	12 656	10 180	28 717	8 887	8 290	25 240	93 971
1985	13 855	10 720	31 818	10 271	8 767	26 289	101 719
1988	15 971	12 268	35 679	13 779	10 223	26 920	114 840
1991	19 898	14 885	41 456	18 934	11 977	33 489	140 638
1994	20 391	14 269	43 021	17 539	11 557	36 547	143 325
1997	21 022	13 356	42 825	19 598	12 583	38 359	147 743
1999	19 224	13 002	43 687	17 502	13 045	37 372	143 833
2002	17 322	10 977	41 226	16 219	11 886	37 480	135 109
2004	16 913	10 982	41 334	16 177	11 468	36 404	133 279
2007	15 653	10 694	40 813	15 701	11 485	40 360	134 705
2012	10 997	7 434	32 627	12 515	9 372	41 908	114 852
2014	11 517	8 373	32 207	14 696	9 486	45 898	122 177
2016	12 879	9 987	41 568	17 606	11 508	51 555	145 104

↘い。2012年からの数値は管理，補助的経済活動を行う事業所，産業細分類が格付不能の事業所，卸売の商品販売額（仲立ち手数料を除く），小売の商品販売額および仲立手数料のいずれかの金額も無い事業所を含むため，合計と内訳の計は一致しない場合がある。年間商品販売額は，1958年より発表された。1）代理商，仲立業を含む。2）百貨店を含む。3）2012年より，無店舗小売店が含まれる。

年間商品販売額の業種別割合（II）（小売業）

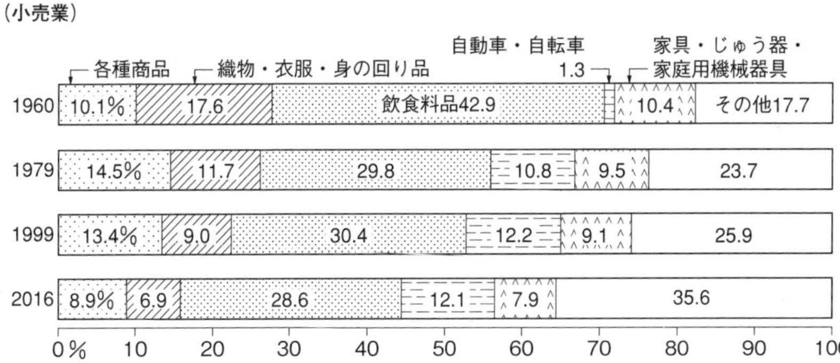

資料・注記は上表に同じ。

図7-5　百貨店，大型スーパー，コンビニエンスストアの販売額の推移

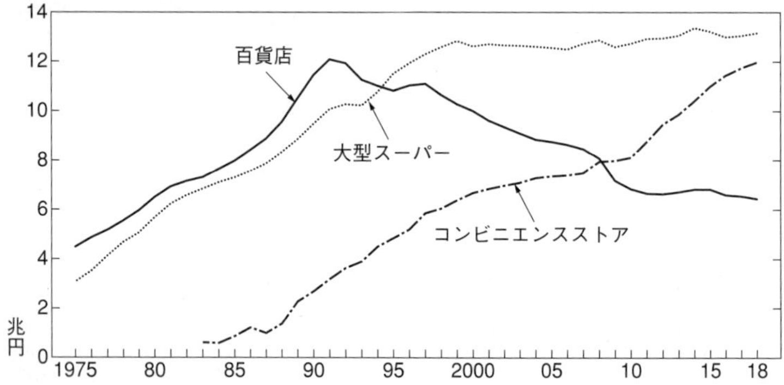

資料・注記は下表に同じ。

表7-6　百貨店，大型スーパー，コンビニエンスストアの事業所数と販売額

	百貨店		大型スーパー		コンビニエンスストア	
	事業所数	年間販売額（十億円）	事業所数	年間販売額（十億円）	事業所数	年間販売額（十億円）
1975(昭50)	325	4 488	1 138	3 078	…	…
1980(〃55)	325	6 501	1 613	5 684	…	…
1985(〃60)	360	7 982	1 931	7 299	7 419	864
1990(平2)	378	11 456	1 980	9 486	17 408	2 694
1995(〃7)	425	10 825	2 446	11 515	29 144	4 844
2000(〃12)	417	10 011	3 375	12 622	35 461	6 680
2001(〃13)	387	9 626	3 511	12 715	36 113	6 846
2002(〃14)	372	9 365	3 641	12 668	37 083	6 980
2003(〃15)	364	9 107	3 747	12 653	37 691	7 096
2004(〃16)	358	8 854	3 932	12 614	38 621	7 289
2005(〃17)	345	8 763	3 940	12 565	39 600	7 360
2006(〃18)	335	8 644	3 989	12 501	40 183	7 399
2007(〃19)	323	8 465	4 125	12 734	40 405	7 490
2008(〃20)	312	8 079	4 264	12 872	40 745	7 943
2009(〃21)	290	7 177	4 391	12 599	41 724	7 981
2010(〃22)	274	6 842	4 683	12 737	42 347	8 114
2011(〃23)	265	6 661	4 771	12 933	43 373	8 775
2012(〃24)	259	6 639	4 873	12 953	47 801	9 477
2013(〃25)	254	6 720	5 057	13 058	50 234	9 872
2014(〃26)	250	6 827	5 130	13 370	52 725	10 423
2015(〃27)	246	6 826	4 818	13 223	54 505	10 996
2016(〃28)	239	6 598	4 841	13 000	55 636	11 446
2017(〃29)	232	6 553	4 901	13 050	56 374	11 745
2018(〃30)	225	6 443	4 997	13 161	56 574	11 978

経済産業省「商業動態統計」，総務省統計局「新版　日本長期統計総覧」により作成。1997年までのコンビニエンスストアは日本フランチャイズチェーン協会資料による会計年度で，調査対象は，フランチャイズ店と直営店を合わせたすべての店舗。百貨店およびスーパーは大型小売店で，従業者50人以上の小売店のこと。百貨店は，売場面積が特別区および政令指定都市で3000平方メートル以上，その他の地域で1500平方メートル以上の商店。スーパーは，売場面積の50％以上についてセルフサービス方式を採用している商店で，かつ，売場面積が1500平方メートル以上の商店。事業所数は年末現在。

〔企業〕 日本の企業は，明治初期に巨額の公債資本を背景に政府が殖産興業政策を進めたことで発展した。官営工場の払い下げにより多くの会社が設立し，特権的地位を与えられた企業は独占的な地位を固めて多角経営を行う財閥に成長していく。1899年（明治32年）には「商法」が制定され，民間会社の設立が事実上自由化された。

戦後，財閥は解体され，1947年の「独占禁止法」によりカルテルの禁止や巨大独占企業分割などが法制化される。その後，日本経済は朝鮮戦争特需で立ち直りを見せ，企業は欧米から先端技術を導入し，設備投資を拡大，1960年代からは旧財閥が再編成されて大型合併による資本集中が顕著となった。1970年代の石油危機を経て安定成長期に入ると，電機や自動車企業が成長し，日本経済をけん引していった。

1985年のプラザ合意が引き金となって始まったバブル経済が90年代初頭に崩壊すると，景気は急速に後退する。銀行や証券会社の破綻が金融不安を引き起こし，大型倒産も起きるなか，企業は業務の合理化や合併・買収などに取りかかる。2006年には，多岐にわたる関連法制度を整合するため，「商法」に代わって「会社法」が施行された。その後も，2008年のリーマンショック，2011年の東日本大震災，円高などで企業の業績は厳しい状況が続く。近年は，企業の存在意義として，社会的責任(CSR)やコンプライアンス(法令遵守)が重要となっている。

年表	
1882	日本銀行設立。
1890	日本最初の経済恐慌。
1899 (明32)	「商法」制定（企業に関する法規は2006年「会社法」施行により分離される）。
1922 (大11)	日本経済連盟会設立（のち経団連に吸収される）。
1929	世界大恐慌始まる。
1945	GHQによる財閥解体始まる。
1946	経済団体連合会（経団連）発足。
1947 (昭22)	「独占禁止法」制定（77年改正）。 公正取引委員会発足。
1949	「外国為替及び外国貿易管理法」制定（98年，「管理」削除）。
1951	日本開発銀行設立。
1963	「商業登記法」制定。 「中小企業基本法」制定。
1973	資本自由化がほぼ完了。 変動為替相場制に移行。
1980	自動車生産台数が世界一。
1981	商法改正（株式制度の合理化と監督制度の強化）。
1985	プラザ合意。 電電公社，専売公社が民営化。
1986	円高による不況感強まる。
1995	阪神・淡路大震災。
1997 (平 9)	持株会社解禁。 商法改正（合併手続の簡素化）。 拓殖銀行，山一證券経営破綻。
1999	日本政策投資銀行設立。
2000	「民事再生法」施行。 そごう経営破綻。
2001	日銀が量的緩和政策を開始。
2002	日本経団連発足。
2003	「会社更生法」施行。
2005	マンション耐震強度偽装発覚。
2006	ライブドア粉飾決済事件。 「会社法」施行。
2007	三角合併解禁。
2008	大手投資銀行リーマンブラザーズが破綻(リーマンショック)。
2009	企業再生支援機構，業務開始。
2010	日本航空に会社更生法適用。
2011	東日本大震災発生。
2014	「産業競争力強化法」施行。

表7-7　国税庁発足以前の会社数

	会社数計	合名	合資	株式	株式合資	有限	資本金総額（百万円）
1905(明38)	10 620	1 627	4 546	4 426	21	—	1 346
1910(〃43)	14 926	3 202	6 411	5 277	36	—	2 125
1915(大4)	22 204	4 024	10 035	8 106	39	—	3 100
1920(〃9)	42 488	6 954	14 912	20 568	54	—	14 364
1925(〃14)	45 275	6 743	17 751	20 736	45	—	17 783
1930(昭5)	63 545	9 841	32 259	21 402	43	—	19 766
1935(〃10)	94 592	17 935	52 047	24 566	40	—	22 513
1936(〃11)	96 250	18 807	51 613	25 785	41	—	23 891
1937(〃12)	92 255	17 595	47 499	27 122	35	—	26 668
1938(〃13)	87 844	16 497	42 754	28 559	30	—	29 297
1939(〃14)	88 835	16 069	40 372	32 362	28	—	32 360
1940(〃15)	91 028	15 663	37 592	35 936	28	1 805	35 253
1941(〃16)	97 203	15 035	35 404	39 284	25	7 451	38 691
1942(〃17)	101 939	13 579	32 043	40 949	23	15 342	41 987
1943(〃18)	102 819	12 267	28 242	42 998	23	19 286	46 667
1944(〃19)	102 316	10 359	25 338	47 092	17	19 507	49 496
1945(〃20)	95 773	9 358	21 606	46 042	43	18 722	51 482
1946(〃21)	106 399	9 483	21 223	55 018	20	20 655	56 892
1947(〃22)	144 367	9 656	22 497	85 320	53	26 836	66 839
1948(〃23)	177 490	10 226	24 541	110 633	19	32 060	132 112

	業種別会社数						
	農業	水産業	鉱業	工業	商業	銀行・金融業	運輸・通信業
1905(明38)	153	…	…	2 566	6 392	…	802
1910(〃43)	190	…	…	3 786	8 807	…	1 068
1915(大4)	316	…	…	5 955	12 563	…	1 527
1920(〃9)	735	…	661	14 058	18 578	3 900	2 669
1925(〃14)	846	262	376	12 961	22 038	3 585	3 161
1930(昭5)	1 338	349	376	16 148	34 854	2 893	5 376
1935(〃10)	2 301	341	572	23 992	54 740	3 330	6 567
1936(〃11)	2 246	353	637	25 307	55 102	3 134	6 823
1937(〃12)	2 034	346	721	25 309	51 609	2 873	6 856
1938(〃13)	1 795	321	827	25 483	47 673	2 677	6 703
1939(〃14)	1 581	335	937	27 323	47 139	2 535	6 721
1940(〃15)	1 330	331	1 080	29 204	47 003	2 432	7 479
1941(〃16)	1 149	318	1 102	32 877	48 621	2 224	8 794
1942(〃17)	1 031	328	1 186	38 611	48 823	2 163	7 705
1943(〃18)	974	322	1 278	45 230	45 003	1 902	5 914
1944(〃19)	916	326	1 439	49 527	41 211	1 725	4 577
1945(〃20)	882	372	1 384	48 307	36 801	1 540	3 697
1946(〃21)	861	526	1 412	57 687	37 805	1 335	3 323
1947(〃22)	960	758	1 473	79 936	52 307	1 171	3 553
1948(〃23)	942	996	1 455	99 569	64 421	1 415	4 069

国税庁「国税庁統計年報書」（第100回記念号）により作成。本社のみを調査し，休業会社を含まない。ただし，1920年以前は休業会社を含む。調査時点は，1945年までは12月末現在，1946年以降は，年度末の3月末現在。1935年以降は，会社数計に相互会社を含む。業種別にはその他がある。

表 7-8　組織別法人数

	普通法人	人格のない社団	協同組合等	公益法人等	外国法人	連結法人	計
1948(昭23)	177 501	—	…	…	…	—	…
1950(〃25)	238 531	—	…	…	…	—	…
1955(〃30)	382 389	—	40 342	828	390	—	423 949
1960(〃35)	546 179	753	43 405	1 897	513	—	592 747
1965(〃40)	752 536	728	46 923	2 768	592	—	803 547
1970(〃45)	986 825	1 021	48 488	4 847	802	—	1 041 983
1975(〃50)	1 346 476	1 679	54 615	9 519	1 112	—	1 413 401
1980(〃55)	1 645 589	2 612	60 172	12 442	1 158	—	1 721 973
1981(〃56)	1 701 461	2 864	60 858	13 322	1 124	—	1 779 629
1982(〃57)	1 745 616	3 617	60 723	15 622	1 194	—	1 826 772
1983(〃58)	1 798 708	3 932	61 037	16 369	1 217	—	1 881 263
1984(〃59)	1 872 852	4 218	61 783	17 107	1 158	—	1 957 118
1985(〃60)	1 902 956	4 505	61 832	17 846	1 188	—	1 988 327
1986(〃61)	1 950 664	4 564	61 150	18 362	1 251	—	2 035 991
1987(〃62)	2 000 227	4 699	60 847	18 882	1 269	—	2 085 924
1988(〃63)	2 071 311	4 792	60 270	19 686	1 168	—	2 157 227
1989(平1)	2 175 725	4 945	59 592	20 517	1 208	—	2 261 987
1990(〃2)	2 281 721	5 055	59 081	20 968	1 238	—	2 368 063
1991(〃3)	2 418 567	5 105	58 156	21 325	1 411	—	2 504 564
1992(〃4)	2 502 858	5 322	58 039	21 796	1 399	—	2 589 414
1993(〃5)	2 561 830	5 477	57 842	22 367	1 471	—	2 648 987
1994(〃6)	2 608 444	5 680	57 626	22 912	1 680	—	2 696 342
1995(〃7)	2 650 201	5 875	57 452	23 470	1 596	—	2 738 594
1996(〃8)	2 694 812	6 283	57 124	24 075	1 735	—	2 784 029
1997(〃9)	2 667 689	6 610	56 721	24 689	1 877	—	2 757 586
1998(〃10)	2 699 881	6 913	56 052	25 374	2 529	—	2 790 749
1999(〃11)	2 730 482	7 257	55 393	25 980	3 114	—	2 822 226
2000(〃12)	2 766 457	7 981	55 067	26 459	3 769	—	2 859 733
2001(〃13)	2 791 841	9 498	54 313	27 957	4 057	—	2 887 666
2002(〃14)	2 806 347	11 261	53 613	30 397	4 532	—	2 906 150
2003(〃15)	2 790 489	11 728	52 529	32 631	5 094	208	2 892 679
2004(〃16)	2 809 691	12 404	51 724	35 511	5 633	296	2 915 259
2005(〃17)	2 830 691	13 029	51 019	38 511	5 909	424	2 939 583
2006(〃18)	2 853 438	13 242	50 277	40 992	5 997	552	2 964 498
2007(〃19)	2 647 369	13 045	48 373	42 214	4 941	694	2 756 636
2008(〃20)	2 623 245	12 891	47 027	42 854	4 979	772	2 731 768
2009(〃21)	2 621 710	12 912	46 575	44 012	4 768	833	2 730 810
2010(〃22)	2 600 836	12 678	45 193	44 828	4 657	897	2 709 089
2011(〃23)	2 598 077	12 801	45 009	46 462	4 863	1 090	2 708 302
2012(〃24)	2 600 606	12 931	44 490	47 269	4 734	1 260	2 711 290
2013(〃25)	2 609 368	13 405	43 979	48 267	4 811	1 404	2 721 234
2014(〃26)	2 628 476	14 308	43 527	49 319	4 916	1 506	2 742 052
2015(〃27)	2 653 287	16 984	43 351	50 730	5 275	1 603	2 771 230
2016(〃28)	2 683 570	18 843	43 413	52 206	5 346	1 663	2 805 041
2017(〃29)	2 716 818	20 016	43 252	53 690	5 353	1 741	2 840 870

国税庁「国税庁統計年報」(長期時系列データ）のより作成。全数調査。休業中等の理由による無申告法人を含む。2006年までは2月-1月決算ベース。2007年からは4月-3月決算ベース。外国法人以外の法人は内国法人（国内に本店または主たる事務所を有する法人）である。連結法人は，2003年から連結納税制度が導入された。企業グループ単位で申告が成されるため，法人数は1グループを1社として集計される。1972年以降は沖縄国税事務所分を含む。サンプル調査として公表される「会社標本調査（税務統計から見た法人企業の実態)」の結果とは異なる。

表 7-9　業種別法人数（普通法人）

	製造業	卸売業	小売業	建設業	運輸通信公益事業	情報通信業	医療保険業
1948(昭23)	91 223	64 421		8 346	4 069	—	—
1950(〃 25)	102 731	34 824	50 804	13 932	5 527	—	—
1955(〃 30)	139 506	65 244	105 180	23 089	11 368	—	—
1960(〃 35)	165 896	91 581	117 076	31 986	16 048	—	—
1965(〃 40)	235 547	130 429	149 104	63 046	26 203	—	—
1970(〃 45)	286 070	165 876	177 472	100 545	35 148	—	—
1975(〃 50)	342 422	215 842	217 471	173 479	48 592	—	—
1976(〃 51)	351 142	226 232	225 011	186 893	50 772	—	—
1977(〃 52)	361 772	240 716	236 418	202 423	53 092	—	—
1978(〃 53)	366 781	248 884	243 633	213 348	54 495	—	—
1979(〃 54)	374 557	258 739	251 452	226 349	56 237	—	—
1980(〃 55)	376 411	263 945	257 185	236 194	57 364	—	—
1981(〃 56)	382 849	272 469	262 620	248 813	59 130	—	—
1982(〃 57)	388 418	278 343	268 263	257 854	60 533	—	—
1983(〃 58)	394 527	285 080	276 619	266 826	61 738	—	—
1984(〃 59)	404 743	294 738	288 964	278 106	63 490	—	—
1985(〃 60)	406 108	294 740	296 687	280 618	64 252	—	—
1986(〃 61)	412 864	298 242	301 915	287 214	65 439	—	—
1987(〃 62)	417 774	301 204	305 700	294 576	66 733	—	—
1988(〃 63)	424 162	282 434	334 984	307 776	68 639	—	—
1989(平 1)	436 315	283 368	351 184	328 444	71 297	—	—
1990(〃 2)	447 202	286 260	361 457	353 304	74 025	—	—
1991(〃 3)	463 042	292 734	375 043	389 286	77 487	—	—
1992(〃 4)	471 959	297 288	383 826	411 381	79 932	—	—
1993(〃 5)	475 327	300 438	390 402	429 069	81 661	—	—
1994(〃 6)	475 742	303 546	395 557	443 485	82 849	—	—
1995(〃 7)	474 667	307 295	399 954	456 486	84 345	—	—
1996(〃 8)	473 159	311 338	404 017	469 725	85 821	—	—
1997(〃 9)	459 464	305 644	395 762	473 346	86 301	—	—
1998(〃 10)	457 800	306 348	398 911	481 371	87 689	—	—
1999(〃 11)	455 645	307 190	402 247	486 426	88 765	—	—
2000(〃 12)	453 478	308 377	406 163	490 922	89 938	—	—
2001(〃 13)	449 037	308 070	408 287	493 875	90 727	—	—
2002(〃 14)	442 948	306 679	407 317	493 758	91 099	—	—
2003(〃 15)	431 515	301 236	402 793	487 398	90 475	—	—
2004(〃 16)	425 970	299 713	401 816	485 931	90 762	—	—
2005(〃 17)	421 586	297 768	400 401	484 395	91 303	—	—
2006(〃 18)	417 454	295 304	399 117	484 162	91 615	—	—
2007(〃 19)	380 502	269 718	363 653	439 162	83 466	66 302	68 587
2008(〃 20)	371 656	263 584	355 333	433 212	82 794	67 069	69 870
2009(〃 21)	366 956	261 036	352 907	429 579	82 322	67 464	71 548
2010(〃 22)	357 975	256 561	347 895	421 678	81 069	67 679	73 633
2011(〃 23)	351 165	253 160	345 385	417 881	80 910	68 250	76 419
2012(〃 24)	345 350	250 009	342 397	415 897	80 753	68 918	79 279
2013(〃 25)	339 861	246 840	339 510	415 930	81 286	69 600	82 464
2014(〃 26)	335 190	244 373	336 956	419 052	82 897	70 479	85 351
2015(〃 27)	330 630	242 313	334 158	423 864	84 974	71 556	87 650
2016(〃 28)	327 150	241 197	331 371	429 802	86 130	72 453	89 979
2017(〃 29)	323 292	240 016	327 540	438 115	88 163	73 434	92 226

国税庁「国税庁統計年報」（長期時系列データ）により作成。普通法人のみ（ただし，1948〜1960年は，相互会社，医療法人および企業組合を含まず）。2006年までは２月－１月決算ベース。2007年からは↗

サービス業	料理飲食旅館業	農林水産業	鉱業	金融保険業	不動産業	合計×	
1) …	1) …	1 938	1 455	1 415	…	177 490	1948(昭23)
2) 13 781	3) 3 382	2 133	1 348	3 552	3 223	238 515	1950(〃25)
2) 33 097	3) 13 335	2 244	1 792	9 382	6 689	411 997	1955(〃30)
2) 40 728	3) 17 453	2 760	2 558	10 941	13 573	539 429	1960(〃35)
55 647	34 921	6 440	4 151	13 574	31 754	752 536	1965(〃40)
82 499	49 447	10 911	5 368	14 982	55 642	986 825	1970(〃45)
133 089	68 574	15 158	6 499	19 039	102 751	1 346 476	1975(〃50)
142 130	72 581	16 050	6 630	20 475	107 270	1 408 946	1976(〃51)
152 740	77 637	16 718	6 691	21 958	113 627	1 487 855	1977(〃52)
160 621	81 541	16 937	6 555	22 820	118 963	1 538 823	1978(〃53)
170 634	86 216	17 291	6 652	23 726	127 821	1 604 589	1979(〃54)
178 250	89 177	17 564	6 576	23 784	133 719	1 645 589	1980(〃55)
187 111	92 307	17 808	6 408	24 658	141 211	1 701 461	1981(〃56)
196 957	94 454	17 740	6 366	25 252	146 069	1 745 616	1982(〃57)
208 902	97 010	17 874	6 391	26 166	152 199	1 798 708	1983(〃58)
223 378	100 564	18 177	6 429	27 753	161 023	1 872 852	1984(〃59)
234 565	103 212	18 327	6 376	27 605	164 845	1 902 956	1985(〃60)
249 131	105 038	18 412	6 293	27 885	172 369	1 950 664	1986(〃61)
265 021	106 714	18 401	6 248	28 456	183 251	2 000 227	1987(〃62)
284 899	109 657	18 224	6 247	29 710	198 299	2 071 311	1988(〃63)
313 485	113 876	18 504	6 269	31 489	214 500	2 175 725	1989(平1)
345 202	118 193	19 011	6 205	33 537	230 225	2 281 721	1990(〃2)
384 406	123 597	19 460	6 201	35 683	244 698	2 418 567	1991(〃3)
409 573	126 900	19 774	6 197	36 676	252 478	2 502 858	1992(〃4)
427 931	129 222	20 117	6 163	37 169	257 363	2 561 830	1993(〃5)
444 210	130 984	20 316	6 158	37 441	261 203	2 608 444	1994(〃6)
459 001	132 600	20 653	6 162	37 713	264 500	2 650 201	1995(〃7)
476 893	134 051	20 845	6 123	38 095	267 981	2 694 812	1996(〃8)
481 509	131 914	20 592	5 835	36 844	263 928	2 667 689	1997(〃9)
497 941	133 080	20 801	5 803	37 353	266 380	2 699 881	1998(〃10)
515 240	134 554	21 009	5 705	37 980	269 403	2 730 482	1999(〃11)
536 251	136 630	21 311	5 650	39 000	272 451	2 766 457	2000(〃12)
556 038	137 916	21 535	5 537	39 805	274 883	2 791 841	2001(〃13)
574 306	138 774	21 752	5 358	40 659	277 706	2 806 347	2002(〃14)
586 265	138 162	22 004	5 173	41 638	277 897	2 790 489	2003(〃15)
607 687	138 949	22 469	5 035	43 636	281 612	2 809 691	2004(〃16)
629 362	140 025	23 072	4 898	45 748	285 661	2 830 691	2005(〃17)
651 360	140 645	23 858	4 737	48 075	290 289	2 853 438	2006(〃18)
496 491	124 239	23 559	4 306	46 735	277 564	2 647 369	2007(〃19)
501 891	122 670	23 877	4 128	46 879	277 096	2 623 245	2008(〃20)
508 961	123 212	24 721	4 064	46 569	278 988	2 621 710	2009(〃21)
512 295	123 155	25 215	3 926	46 100	279 940	2 600 836	2010(〃22)
519 608	123 477	26 034	3 838	45 813	281 854	2 598 077	2011(〃23)
528 465	123 747	26 664	3 748	45 724	284 615	2 600 606	2012(〃24)
539 015	123 658	27 422	3 701	45 622	288 597	2 609 368	2013(〃25)
551 581	124 157	28 352	3 642	45 894	293 643	2 628 476	2014(〃26)
564 973	125 087	29 230	3 573	46 325	300 920	2 653 287	2015(〃27)
579 927	126 486	30 323	3 552	46 744	309 159	2 683 570	2016(〃28)
594 548	127 544	31 647	3 497	47 105	318 960	2 716 818	2017(〃29)

↘4月－3月決算ベース。表7-8の注記参照。1977年以降は沖縄国税事務所分を含む。1）卸売業，小売業に含まれる。2）旅館業を含む。3）旅館業を含まず。×その他を含む。

表 7-10　母国籍別の外資系企業数（会計年度）

	有効回答企業数合計	北米系	アメリカ合衆国	中南米系	アジア系	中国	中東系	ヨーロッパ系
1980	1 224	634	621	29	142	1) 6	7	390
1985	665	328	319	12	66	1) …	1	248
1990	1 276	563	548	22	126	1) …	7	540
1995	1 421	611	596	18	191	1) 50	8	572
2000	1 639	687	665	23	219	82	13	681
2005	2 405	871	851	59	388	145	25	1 033
2010	3 142	954	924	114	659	233	23	1 344
2015	3 410	887	855	84	875	335	30	1 484
2016	3 217	797	769	85	827	316	29	1 426
2017	3 266	788	756	84	896	342	30	1 409

経済産業省「外資系企業動向調査」により作成。調査票回収企業（日本国内の外資系企業）のうち，操業中で有効回答があった企業が対象。調査対象企業数や回収率が調査年によって異なることに留意。対象は，1981年度以前は外資比率25％以上，1983～1990年度は50％以上，1991年度以降は３分の１超の会社であって，外資が経営参加を目的として株式を取得している企業。1）香港を含まず。

表 7-11　海外現地法人（会計年度）

	有効回答現地法人企業数			売上高（十億円）			設備投資額（十億円）
	全業種	製造業	卸売・小売業	全業種	製造業	卸売・小売業	
1980(昭55)	3 567	1 587	1 536	35 521	6 246	28 841	…
1985(〃 60)	5 343	2 242	1 984	50 953	9 949	38 151	…
1990(平 2)	7 986	3 408	2 469	99 806	26 195	69 149	2 695
1991(〃 3)	8 505	3 528	2 589	88 737	25 365	58 337	3 098
1992(〃 4)	7 108	3 035	2 101	79 007	25 114	48 785	2 283
1993(〃 5)	10 005	4 430	2 968	91 738	29 040	57 190	2 464
1994(〃 6)	11 443	5 737	2 646	93 438	34 493	52 756	2 029
1995(〃 7)	10 416	5 243	2 481	94 855	36 700	51 408	2 684
1996(〃 8)	12 657	6 410	2 998	123 790	47 422	65 218	4 706
1997(〃 9)	13 166	6 555	3 250	127 576	52 073	61 803	3 786
1998(〃 10)	13 017	6 405	3 184	126 609	50 664	62 397	4 195
1999(〃 11)	13 939	6 965	3 378	119 229	50 823	55 022	3 345
2000(〃 12)	14 991	7 464	3 645	129 015	56 219	59 879	3 287
2001(〃 13)	12 476	6 522	3 306	134 917	63 986	64 890	3 533
2002(〃 14)	13 322	6 918	3 484	137 973	64 563	66 095	3 959
2003(〃 15)	13 875	7 127	3 672	145 175	71 038	66 610	2 816
2004(〃 16)	14 996	7 786	3 972	162 794	79 308	75 462	3 538
2005(〃 17)	15 850	8 048	4 266	184 950	87 419	85 509	4 412
2006(〃 18)	16 370	8 287	4 491	214 196	99 679	99 825	4 981
2007(〃 19)	16 732	8 318	4 690	236 208	111 041	107 588	6 453
2008(〃 20)	17 658	8 147	5 287	201 679	91 181	91 332	5 100
2009(〃 21)	18 201	8 399	5 461	164 466	78 306	71 217	3 590
2010(〃 22)	18 599	8 412	5 628	183 195	89 328	75 123	4 102
2011(〃 23)	19 250	8 684	5 907	182 242	88 290	73 580	5 097
2012(〃 24)	23 351	10 425	7 086	199 034	98 385	78 794	6 270
2013(〃 25)	23 927	10 545	7 427	242 578	116 998	96 228	7 735
2014(〃 26)	24 011	10 592	7 301	272 156	129 713	110 387	8 635
2015(〃 27)	25 233	11 080	7 817	274 017	134 996	109 540	8 726
2016(〃 28)	24 959	10 919	7 685	257 647	123 636	103 264	7 840
2017(〃 29)	25 034	10 838	7 800	288 133	138 025	118 494	7 615

経済産業省「海外事業活動基本調査」により作成。調査票回収企業のうち，操業中で有効回答があった企業が対象。調査対象企業数や回収率が調査年によって異なることに留意。

第8章 貿易・国際収支

〔**日本の貿易**〕 わが国の近代貿易は1859（安政6）年，横浜（神奈川），長崎，箱（函）館の開港ではじまる。日清戦争（1894～95年）後には繊維産業を中心に資本主義が発達したことから，貿易規模が拡大した。産業革命の進展は，綿花などの原料品や鉄，機械類などの重工業製品の輸入を増大させた。一方，輸出品は中国・朝鮮向けに綿糸が伸びる。日露戦争（1904～05年）後は，生糸などの輸出が増えたが，綿花など輸入の伸びの方が大きく，大幅な輸入超過となった。第一次大戦（1914～18年）中は，綿織物，生糸の輸出が急増し，貿易は大幅な輸出超過であった。しかし，輸出品に国際競争力がなかったために，1919年からは輸入超過に転じるようになった。第一次大戦と第二次大戦の戦間期には世界貿易が停滞したが，わが国の貿易も増減を繰り返し，第二次大戦開戦後は貿易規模が大幅に縮小していった。

第二次大戦後の貿易はGHQ管理下での必要最小限度の貿易となる。1950年代前半までは，厳重な為替管理と輸入品に対する国内産業の保護が優先された。1950年代後半以降の輸出は，自由貿易体制により世界貿易が拡大したこと，わが国の輸出品の国際競争力が強化されたことにより大きく伸びた。高度経済成長期にわが国の産業構造が軽工業から重化学工業へと進展したことに伴って，輸出品はこれまでの繊維製品や陶磁器などの軽工業品から，鉄鋼，自動車，船舶，事務用機械などの重工業品へと移行していった。

1970年代は石油危機により原油価格が急騰し，1973～75年，1979・80年には輸入超過となった。石油危機以後，安い原材料を輸入しこれを加工して輸出する加工貿易から，わが国の高い技術力をいかしたより付加価値の高い製品を輸出する貿易が行われるようになり，コンピュータ，半導体，自動車などが代表的な輸出品となった。1985年のプラザ合意による急激な円高を受けて，1986年は輸出入とも大きく減少した。その後は，企業のコスト削減努力などにより輸出は緩やかに回復し，輸入は内需拡大を背景に増加した。

貿易規模が拡大し，貿易黒字が増大するようになると，欧米諸国との間で通商摩擦を引き起こすようになった。特に，アメリカとは深刻な問題へと発展する。摩擦の対象となったのは，1960年代には繊維，鉄鋼，70年代はカラーテレビ，工作機械，80年代は自動車，VTR，半導体などで，産業構造の変化に伴い，基礎素材型の製品から高付加価値型製品へと移行した。通商摩擦は，個別品目の輸出抑制から，わが国の市場開放を求めるものへと要求内容が変化し，1989年の日米構造協議では政府の基準，流通システムなど慣行・制度的な問題にまで及んだ。

1990年代以降，わが国の貿易構造に変化がみられるようになる。円高を背景として中国やタイなどアジア地域を中心に製造業の海外移転が進展した。わが国から現地生産に必要な部品，資本財を輸出し，現地で生産された製品を輸入する分業体制が構築された。対アジア貿易は年々拡大し，2007年には中国との貿易総額が，アメリカとの貿易総額を追い抜いた。対アジア貿易が進展するにつれ，対米，対欧州との貿易摩擦も影をひそめるようになった。

2000年代にはいり，EU，ASEANなどでは域内貿易を推進させてきた。こうした動きのなかで，わが国も関税の撤廃，投資，人の移動を活発にすることを目的としたEPA（経済連携協定）を結ぶ動きを強めている。2002年のシンガポールを皮切りに2019年２月のEUとのEPAまで19のEPAを発効させている。TPP(環太平洋経済連携協定)とは，アジア・太平洋地域の貿易，サービスを自由化する経済的枠組みの一つである。アメリカの離脱があったが2018年12月に残る 11か国でスタートした。今後，アメリカの復帰を含め，参加国が増える可能性も考えられる。

東日本大震災による輸出減と原発停止に伴う液化天然ガスの輸入増などで，2011年は31年ぶりに貿易赤字を記録した。わが国は新興国の台頭，企業の海外移転と輸出競争力の低下，エネルギー資源の輸入増などにより，貿易赤字が定着することが懸念されている。

年	表
1858（安政５）	日米修好通商条約締結（蘭・露・英・仏とも同様の条約締結）。
1859	横浜，長崎，箱館で貿易開始。
1914（大３）	第一次世界大戦（～18）。
1937（昭12）	日中戦争。 輸出入品等臨時措置法成立。
1939	米，日米通商航海条約廃棄通告。
1941	太平洋戦争（～45）。
1945	GHQ，輸出入許可制を指令。
1949	為替レート１ドル＝360円設定。
1955	GATT加盟。
1960	貿易の自由化方針決定。
1962	日中準政府間貿易（LT貿易）。
1963	GATT11条国移行。
1964	IMF８条国移行。OECD加盟。
1967	資本の自由化方針決定。
1971	ニクソンショック。 為替レート１ドル＝308円に。
1972	日米繊維協定調印。
1973	第１次オイルショック。 円の変動相場制移行。
1977	カラーテレビ対米輸出自主規制。
1980	日・EC通商協議（大幅な対日貿易赤字解消を協議）。
1981	自動車対米輸出自主規制。
1985	プラザ合意。
1989（平１）	日米構造協議開始。 牛肉・オレンジ輸入自由化開始。
1991	日米半導体協定改訂交渉決着。
1992	自動車対米輸出自主規制撤廃。
1994	日米包括協議優先分野のうち政府調達，保険，板ガラスで合意。
1995	WTO発足。日米包括協議で自動車・同部品で合意。
2002	わが国初のEPA，シンガポールとの間で発効。
2007	対中国貿易総額（香港除く）が対米貿易総額を上回る。
2011	東日本大震災発生。 通関貿易で31年ぶりの貿易赤字。
2013	TPP交渉参加。
2018	TPP11発効。
2019（令１）	EUとのEPA発効。 日米貿易協定署名。

（維新から現代までの輸出入）

右の図は1868（明治１）年から2018（平成30）年までのわが国の輸出入額を折れ線グラフで表したものである。四つの時代区分で示しているが，上から順に，①1868年から1911年までの明治期，②大正期の1912年から昭和にはいり第二次大戦終結の1945年まで，③戦後1946年から経済成長を遂げた1980年まで，④1980年からバブル経済崩壊を経て平成が終わる2018年までとなっている。明治から現代にいたる日本貿易の移り変わりを概観することができる。なお，各年の輸出入額および入出超額は表8-1で示してある。

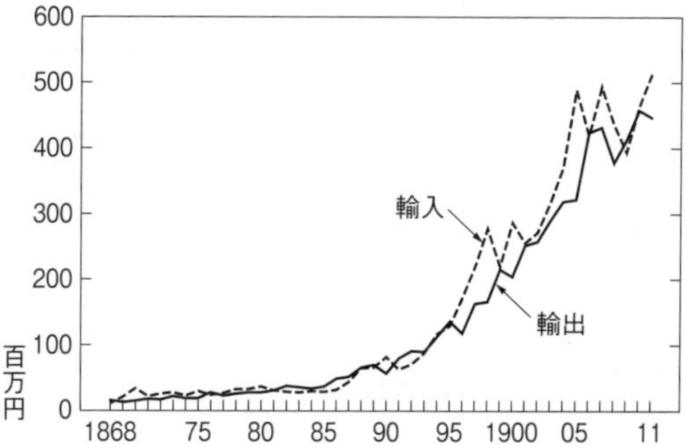

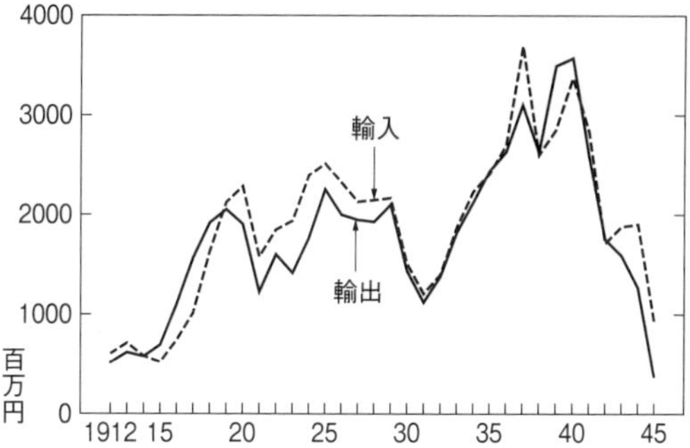

1868年から2018年までの151年にわたる歴史のなかで，わが国が輸出超過だったのは66年である。反対に，輸入超過だったのは85年で，黒字よりも赤字を記録した年の方が多い。明治期には産業革命の進展などで貿易が拡大したが，機械など重工業製品の輸入がかさみ，日清・日露戦争から1914年の第一次大戦開始までほとんどの年が輸入超過であった。第一次大戦中は欧米連合国向け軍需品などの輸出が増えて輸出超過に転じた。大戦景気も長くは続かず，欧州諸国の市場への復帰と度重なる恐慌により1919年から昭和初期の1934年まで輸入超過に陥った。その後は軍の統制経済，第二次大戦による貿易の停滞を経て，敗戦とGHQによる管理貿易下に入る。戦後，高度経済成長とともに貿易も急速に拡大した。輸出超過年の約半分が1981年から2010年までの30年間で，半導体，自動車など日本製品の海外市場での伸長が欧米との通商摩擦を引き起こした。

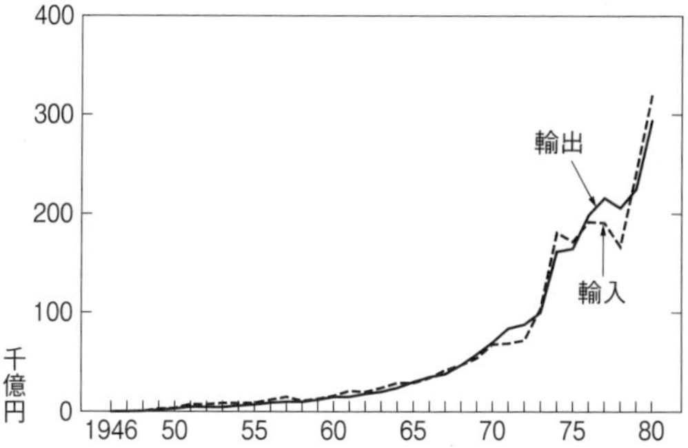

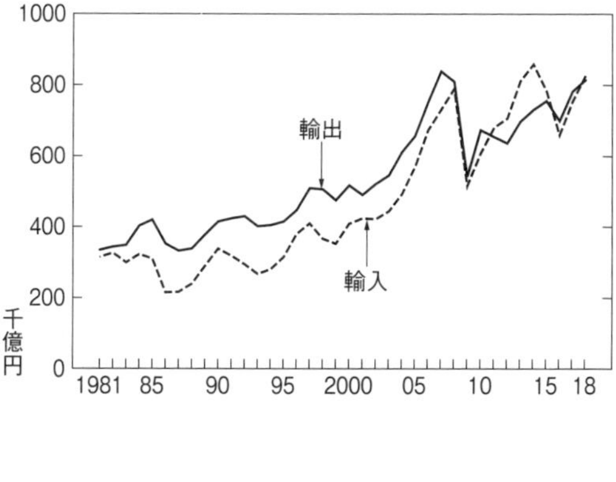

表8-1　貿易額の推移（Ⅰ）（1868～1915年）

	千円			千ドル		
	輸出	輸入	入出超	輸出	輸入	入出超
1868(明1)	15 553	10 693	4 860	…	…	…
1869(〃2)	12 909	20 784	-7 875	…	…	…
1870(〃3)	14 543	33 742	-19 199	…	…	…
1871(〃4)	17 969	21 917	-3 948	…	…	…
1872(〃5)	17 027	26 175	-9 148	…	…	…
1873(〃6)	21 635	28 107	-6 472	…	…	…
1874(〃7)	19 317	23 462	-4 145	19 623	23 833	-4 210
1875(〃8)	18 611	29 976	-11 365	18 371	29 588	-11 218
1876(〃9)	27 712	23 965	3 747	26 268	22 717	3 552
1877(〃10)	23 349	27 421	-4 072	22 444	26 358	-3 915
1878(〃11)	25 988	32 875	-6 887	23 855	30 176	-6 321
1879(〃12)	28 176	32 953	-4 777	24 994	29 232	-4 238
1880(〃13)	28 395	36 627	-8 231	25 723	33 180	-7 457
1881(〃14)	31 059	31 191	-132	27 895	28 013	-119
1882(〃15)	37 722	29 447	8 275	34 445	26 889	7 556
1883(〃16)	36 268	28 445	7 823	32 260	25 301	6 959
1884(〃17)	33 871	29 673	4 199	30 122	26 388	3 734
1885(〃18)	37 147	29 357	7 790	31 493	24 889	6 604
1886(〃19)	48 876	32 168	16 708	38 554	25 374	13 179
1887(〃20)	52 408	44 304	8 103	39 966	33 786	6 180
1888(〃21)	65 706	65 455	250	48 780	48 594	186
1889(〃22)	70 061	66 104	3 957	52 742	49 763	2 979
1890(〃23)	56 604	81 729	-25 125	46 483	67 116	-20 633
1891(〃24)	79 527	62 927	16 600	62 039	49 090	12 950
1892(〃25)	91 103	71 326	19 777	63 626	49 814	13 812
1893(〃26)	89 713	88 257	1 456	55 731	54 826	904
1894(〃27)	113 246	117 482	-4 236	57 519	59 670	-2 151
1895(〃28)	136 112	129 261	6 852	69 708	66 200	3 509
1896(〃29)	117 843	171 674	-53 832	62 162	90 558	-28 396
1897(〃30)	163 135	219 301	-56 166	80 434	108 126	-27 692
1898(〃31)	165 754	277 502	-111 748	81 407	136 290	-54 883
1899(〃32)	214 930	220 402	-5 472	107 035	109 760	-2 725
1900(〃33)	204 430	287 262	-82 832	100 892	141 772	-40 880
1901(〃34)	252 350	255 817	-3 467	124 752	126 466	-1 714
1902(〃35)	258 303	271 731	-13 428	128 756	135 450	-6 694
1903(〃36)	289 502	317 136	-27 633	144 207	157 972	-13 765
1904(〃37)	319 261	371 361	-52 100	156 949	182 561	-25 612
1905(〃38)	321 534	488 538	-167 004	158 867	241 382	-82 515
1906(〃39)	423 755	418 784	4 971	209 759	207 298	2 461
1907(〃40)	432 413	494 467	-62 054	214 213	244 954	-30 741
1908(〃41)	378 246	436 257	-58 012	187 235	215 952	-28 716
1909(〃42)	413 113	394 199	18 914	205 148	195 755	9 392
1910(〃43)	458 429	464 234	-5 805	227 106	229 981	-2 876
1911(〃44)	447 434	513 806	-66 372	221 448	254 298	-32 849
1912(大1)	526 982	618 992	-92 010	261 062	306 643	-45 581
1913(〃2)	632 460	729 432	-96 971	312 378	360 274	-47 895
1914(〃3)	591 101	595 736	-4 634	290 934	293 215	-2 281
1915(〃4)	708 307	532 450	175 857	346 093	260 166	85 927

内閣統計局「第45回　日本帝国統計年鑑」(1926年刊，円建ての1887年まで）および日本銀行統計局「明治以降　本邦主要経済統計」(1966年刊，円建ての1888年)，大蔵省「日本外国貿易年表」(1938年下編，円建ての1889～1915年）により作成。ドル建ての輸出入額は日本銀行「日本銀行百年史（資料編)」のニューヨーク外国為替平均相場を用いて円建て貿易額をドル建てに編者換算。1897年からは台湾，1910年からは朝鮮との貿易を含まず。

貿易額の推移（II）（1916～1960年）

	百万円			百万ドル		
	輸出	輸入	入出超	輸出	輸入	入出超
1916(大5)	1 127	756	371	564	378	186
1917(〃6)	1 603	1 036	567	810	524	287
1918(〃7)	1 962	1 668	294	1 007	856	151
1919(〃8)	2 099	2 173	-75	1 064	1 101	-38
1920(〃9)	1 948	2 336	-388	967	1 160	-193
1921(〃10)	1 253	1 614	-361	602	775	-174
1922(〃11)	1 637	1 890	-253	785	906	-121
1923(〃12)	1 448	1 982	-534	707	968	-261
1924(〃13)	1 807	2 453	-646	759	1 030	-271
1925(〃14)	2 306	2 573	-267	941	1 050	-109
1926(昭1)	2 045	2 377	-333	958	1 114	-156
1927(〃2)	1 992	2 179	-187	945	1 033	-89
1928(〃3)	1 972	2 196	-224	915	1 019	-104
1929(〃4)	2 149	2 216	-68	991	1 022	-31
1930(〃5)	1 470	1 546	-76	726	764	-38
1931(〃6)	1 147	1 236	-89	560	604	-43
1932(〃7)	1 410	1 431	-21	396	402	-6
1933(〃8)	1 861	1 917	-56	477	492	-14
1934(〃9)	2 172	2 283	-111	645	678	-33
1935(〃10)	2 499	2 472	27	717	710	8
1936(〃11)	2 693	2 764	-71	782	802	-21
1937(〃12)	3 175	3 783	-608	914	1 089	-175
1938(〃13)	2 690	2 663	26	765	758	7
1939(〃14)	3 576	2 918	659	929	758	171
1940(〃15)	3 656	3 453	203	857	809	48
1941(〃16)	2 651	2 899	-248	621	679	-58
1942(〃17)	1 793	1 752	41	420	411	10
1943(〃18)	1 627	1 924	-297	381	451	-70
1944(〃19)	1 298	1 947	-649	304	456	-152
1945(〃20)	388	957	-568	91	224	-133
1946(〃21)	2 260	4 069	-1 808	103	305	-202
1947(〃22)	10 148	20 265	-10 117	174	524	-350
1948(〃23)	52 022	60 287	-8 265	258	684	-426
1949(〃24)	169 843	284 455	-114 613	510	905	-395
1950(〃25)	298 021	348 196	-50 175	820	974	-154
1951(〃26)	488 777	737 241	-248 465	1 355	1 995	-641
1952(〃27)	458 243	730 352	-272 108	1 273	2 028	-755
1953(〃28)	458 943	867 469	-408 526	1 275	2 410	-1 135
1954(〃29)	586 525	863 785	-277 260	1 629	2 399	-770
1955(〃30)	723 816	889 715	-165 899	2 011	2 471	-461
1956(〃31)	900 229	1 162 704	-262 475	2 501	3 230	-729
1957(〃32)	1 028 887	1 542 091	-513 204	2 858	4 284	-1 426
1958(〃33)	1 035 562	1 091 925	-56 363	2 877	3 033	-157
1959(〃34)	1 244 337	1 295 817	-51 480	3 456	3 599	-143
1960(〃35)	1 459 633	1 616 807	-157 174	4 055	4 491	-437

大蔵省「日本外国貿易年表」(1938年下編，円建ての1938年まで)，総理府統計局「第2回　日本統計年鑑」(1950年刊，円建ての1939～43年，ドル建ての1928～47年，入出超は編者算出)，大蔵省「日本外国貿易年表」(1944～48年上編，円建ての1944～46年，入出超は編者算出)，同「日本外国貿易月表」(1955年12月号，円建ての1947～55年，ドル建ての1948～55年)，同「外国貿易概況」(1977年12月号，円建てておよびドル建ての1956～60年）により作成。なお，ドル建ての1916年から1927年までは日本銀行「日本銀行百年史（資料編)」のニューヨーク外国為替平均相場を用いて円建て貿易額をドル建てに編者換算。1946年5月までは朝鮮，台湾，南洋委任統治領との貿易を含まない。1946年5月から1953年12月までの奄美群島，1968年6月までの小笠原諸島，1972年5月までの沖縄との貿易を含む。

貿易額の推移（Ⅲ）（1961～2000年）

	億円			百万ドル		
	輸出	輸入	入出超	輸出	輸入	入出超
1961(昭36)	15 248	20 918	-5 669	4 236	5 810	-1 575
1962(〃37)	17 698	20 291	-2 593	4 916	5 637	-720
1963(〃38)	19 628	24 251	-4 623	5 452	6 736	-1 284
1964(〃39)	24 023	28 575	-4 552	6 673	7 938	-1 264
1965(〃40)	30 426	29 408	1 018	8 452	8 169	283
1966(〃41)	35 195	34 282	913	9 776	9 523	254
1967(〃42)	37 590	41 987	-4 397	10 442	11 663	-1 222
1968(〃43)	46 698	46 754	-56	12 972	12 987	-16
1969(〃44)	57 564	54 085	3 479	15 990	15 024	966
1970(〃45)	69 544	67 972	1 571	19 318	18 881	437
1971(〃46)	83 928	69 100	14 828	24 019	19 712	4 307
1972(〃47)	88 061	72 290	15 771	28 591	23 471	5 120
1973(〃48)	100 314	104 044	-3 729	36 930	38 314	-1 384
1974(〃49)	162 079	180 764	-18 685	55 536	62 110	-6 575
1975(〃50)	165 453	171 700	-6 247	55 753	57 863	-2 110
1976(〃51)	199 346	192 292	7 055	67 225	64 799	2 427
1977(〃52)	216 481	191 318	25 163	80 495	70 809	9 686
1978(〃53)	205 558	167 276	38 282	97 543	79 343	18 200
1979(〃54)	225 315	242 454	-17 138	103 032	110 672	-7 641
1980(〃55)	293 825	319 953	-26 129	129 807	140 528	-10 721
1981(〃56)	334 690	314 641	20 048	152 030	143 290	8 741
1982(〃57)	344 325	326 563	17 762	138 831	131 931	6 900
1983(〃58)	349 093	300 148	48 945	146 927	126 393	20 534
1984(〃59)	403 253	323 211	80 042	170 114	136 503	33 611
1985(〃60)	419 557	310 849	108 707	175 638	129 539	46 099
1986(〃61)	352 897	215 507	137 390	209 151	126 408	82 743
1987(〃62)	333 152	217 369	115 783	229 221	149 515	79 706
1988(〃63)	339 392	240 063	99 329	264 917	187 354	77 563
1989(平1)	378 225	289 786	88 440	275 175	210 847	64 328
1990(〃2)	414 569	338 552	76 017	286 948	234 799	52 149
1991(〃3)	423 599	319 002	104 597	314 525	236 737	77 789
1992(〃4)	430 123	295 274	134 849	339 650	233 021	106 628
1993(〃5)	402 024	268 264	133 761	360 911	240 670	120 241
1994(〃6)	404 976	281 043	123 932	395 600	274 742	120 858
1995(〃7)	415 309	315 488	99 821	442 937	336 094	106 843
1996(〃8)	447 313	379 934	67 379	410 872	349 124	61 748
1997(〃9)	509 380	409 562	99 818	420 896	338 705	82 191
1998(〃10)	506 450	366 536	139 914	387 958	280 505	107 454
1999(〃11)	475 476	352 680	122 795	419 358	311 246	108 112
2000(〃12)	516 542	409 384	107 158	479 284	379 718	99 565

大蔵省「外国貿易概況」（1977年12月号，円建ておよびドル建ての1961年），同（1995年12月号，円建ての1962～87年，ドル建ての1962～95年），財務省「貿易統計」（円建ての1988～2000年）および通産省「通商白書」（1998～2000年版，ドル建ての1996～2000年）により作成。なお，1946年 5 月から1968年 6 月までの小笠原諸島，1972年 5 月までの沖縄との貿易を含む。

最大の貿易黒字は1998年　明治以来，これまでわが国の貿易黒字が最大を記録したのは1998（平10）年で黒字額は14.0兆円であった。輸出は，前年のアジア通貨危機によりアジア向けが大幅減であったが，欧米向けが好調で前年比0.6％減の微減にとどまった。一方，輸入は，内需の低迷と原油など一次産品価格の低迷から同10.5％の二ケタ減となり，これが貿易黒字を拡大させた。日本は1997年の山一証券，北海道拓殖銀行の破たんに続き，1998年には日本長期信用銀行，日本債券信用銀行の一時国有化など，金融危機に直面していた。

貿易額の推移（Ⅳ）（2001～2018年）

	億円			百万ドル		
	輸出	輸入	入出超	輸出	輸入	入出超
2001(平13)	489 792	424 155	65 637	403 230	349 192	54 039
2002(〃14)	521 090	422 275	98 814	417 015	337 833	79 182
2003(〃15)	545 484	443 620	101 863	471 822	383 304	88 519
2004(〃16)	611 700	492 166	119 533	565 752	455 254	110 498
2005(〃17)	656 565	569 494	87 072	595 164	516 100	79 064
2006(〃18)	752 462	673 443	79 019	646 755	579 603	67 151
2007(〃19)	839 314	731 359	107 955	714 211	619 662	94 549
2008(〃20)	810 181	789 547	20 633	782 049	762 626	19 422
2009(〃21)	541 706	514 994	26 712	580 719	550 550	30 169
2010(〃22)	673 996	607 650	66 347	769 772	692 435	77 337
2011(〃23)	655 465	681 112	-25 647	822 564	854 098	-31 534
2012(〃24)	637 476	706 886	-69 411	798 621	885 610	-86 989
2013(〃25)	697 742	812 425	-114 684	714 613	832 424	-117 811
2014(〃26)	730 930	859 091	-128 161	690 202	812 198	-121 996
2015(〃27)	756 139	784 055	-27 916	624 787	647 981	-23 194
2016(〃28)	700 358	660 420	39 938	644 899	607 601	37 297
2017(〃29)	782 865	753 792	29 072	698 169	671 259	26 910
2018(〃30)	814 788	827 033	-12 246	738 173	748 291	-10 118

財務省「貿易統計」（円建ての2001～18年）および経済産業省「通商白書」（2001～05年版，ドル建ての2001～05年），国連「貿易年鑑」（2014年および2015年の各vol.Ⅱ，ドル建ての2006～13年），同 Monthly Bulletin of Statistics Online（2019年６月20日閲覧，ドル建ての2014～18年）により作成。

図 8-1 貿易数量指数と工業生産指数

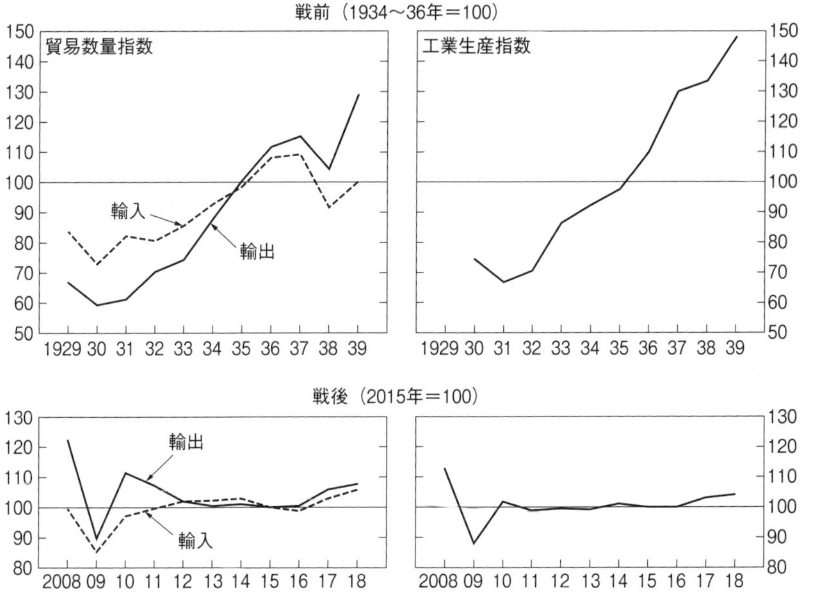

財務省「貿易統計」および経済産業省「鉱工業指数」により作成。貿易数量指数は金額指数を価格指数で割ったもの。工業生産指数は付加生産ウエイトで製造工業。

表 8-2　類別輸出額

	食料品(百万円)	原料品(百万円)	原料用製品(百万円)	完成品(百万円)	その他(百万円)	計(百万円)
1868(明 1)	4.3	4.1	6.9	0.2	0.1	16
1870(〃 3)	5.8	3.3	4.8	0.3	0.4	15
1875(〃 8)	8.6	2.4	6.0	0.6	1.1	19
1880(〃 13)	11	3.9	10	2.9	0.9	28
1885(〃 18)	12	3.8	17	3.3	1.7	37
1890(〃 23)	12	8.3	23	10	2.8	57
1895(〃 28)	22	12	59	38	5	136
1900(〃 33)	23	28	90	57	7	204
1905(〃 38)	43	27	136	103	12	322
1910(〃 43)	51	40	225	137	4	458
1915(大 4)	80	45	323	243	16	708
1920(〃 9)	142	140	679	963	25	1 948
1925(〃 14)	147	163	1 090	878	27	2 306
1930(昭 5)	129	65	546	691	38	1 470
1935(〃 10)	197	110	672	1 451	68	2 499
1940(〃 15)	391	141	948	2 071	105	3 656
1945(〃 20)	75	30	18	261	5	388
1950(〃 25)	18 667	8 726	76 425	191 904	670	1) 298 021
	食料品(億円)	原料品(億円)	鉱物性燃料(億円)	加工製品(億円)	その他(億円)	計1)(億円)
1955(昭30)	454	419	25	6 312	1.6	7 238
1960(〃 35)	921	553	59	13 010	0.0	14 596
	食料・直接消費材(億円)	工業用原料2)(億円)	資本財(億円)	非耐久消費財(億円)	耐久消費財(億円)	計3)(億円)
1965(昭40)	1 218	13 813	8 418	1 964	4 528	30 426
1970(〃 45)	2 327	26 603	21 604	3 065	14 828	69 544
1975(〃 50)	2 258	62 864	64 153	2 044	31 108	165 453
1980(〃 55)	3 642	83 962	117 695	3 122	80 459	293 825
1985(〃 60)	3 172	85 967	195 058	4 479	125 552	419 557
1990(平 2)	2 278	73 159	223 760	3 536	104 218	414 569
1995(〃 7)	1 668	76 483	255 917	3 269	68 434	415 309
2000(〃 12)	2 116	89 626	311 052	3 871	90 124	516 542
2005(〃 17)	2 937	137 466	361 394	4 259	119 356	656 565
2006(〃 18)	3 343	161 947	400 115	4 587	142 964	752 462
2007(〃 19)	3 912	187 719	433 347	5 059	162 352	839 314
2008(〃 20)	3 798	193 976	411 542	5 079	151 321	810 181
2009(〃 21)	3 427	138 525	280 660	4 205	77 952	541 706
2010(〃 22)	3 832	168 624	355 115	4 494	100 482	673 996
2011(〃 23)	3 366	168 113	349 291	4 323	90 232	655 465
2012(〃 24)	3 341	158 965	339 320	4 091	96 528	637 476
2013(〃 25)	4 176	183 328	354 533	4 293	109 549	697 742
2014(〃 26)	4 673	189 376	371 993	4 670	115 153	730 930
2015(〃 27)	5 816	182 501	381 669	5 619	126 441	756 139
2016(〃 28)	5 921	158 233	355 641	6 188	121 104	700 358
2017(〃 29)	6 380	181 522	397 732	7 553	127 887	782 865
2018(〃 30)	7 312	192 566	411 491	9 179	134 003	814 788

日本銀行「明治以降　本邦主要経済統計」，総務省統計局「日本統計年鑑」，大蔵省「外国貿易概況」，財務省「貿易統計」により作成。1950年以前は日本貿易統計分類，1955～75年は標準国際貿易分類(SITC)，1980・85年は関税協力理事会の品目表（CCCN)，1990年以降は国際統一商品分類（HS）による。1）類別から再輸出が除かれているため計と一致しない。2）燃料を含む。3）その他を含む。

表 8-3 類別輸入額

	食料品（百万円）	原料品（百万円）	原料用製品（百万円）	完成品（百万円）	その他（百万円）	計（百万円）
1868(明1)	1.8	0.5	1.7	6.5	0.2	11
1870(〃3)	19	0.9	6.1	6.8	0.5	34
1875(〃8)	4.3	1.0	6.1	18	1.0	30
1880(〃13)	5.1	1.6	11	18	1.0	37
1885(〃18)	6.4	1.6	7.0	14	0.5	29
1890(〃23)	24	6.8	19	31	1.2	82
1895(〃28)	22	30	26	46	5.0	129
1900(〃33)	52	81	58	92	4.3	287
1905(〃38)	97	160	93	131	8.0	489
1910(〃43)	45	231	83	103	2.5	464
1915(大4)	38	340	98	51	4.6	532
1920(〃9)	222	1 260	509	328	16	2 336
1925(〃14)	392	1 493	328	349	11	2 573
1930(昭5)	208	829	236	255	17	1 546
1935(〃10)	193	1 508	469	286	17	2 472
1940(〃15)	443	1 632	901	448	28	3 453
1945(〃20)	231	503	166	55	2	957
1950(〃25)	116 603	146 287	22 097	62 948	106	1) 348 196
	食料品（億円）	原料品（億円）	鉱物性燃料（億円）	加工製品（億円）	その他（億円）	計1)（億円）
1955(昭30)	2 250	4 545	1 040	1 055	0	8 897
1960(〃35)	1 971	7 950	2 670	3 548	5	16 168
	食料・直接消費材（億円）	工業用原料2)（億円）	資本財（億円）	非耐久消費財（億円）	耐久消費財（億円）	計3)（億円）
1965(昭40)	6 316	19 807	2 587	176	390	29 408
1970(〃45)	10 967	46 452	7 923	857	1 265	67 972
1975(〃50)	29 336	123 689	11 388	2 947	3 291	171 700
1980(〃55)	36 794	246 817	20 671	6 096	5 471	319 953
1985(〃60)	40 745	217 492	27 728	7 945	7 108	310 849
1990(平2)	46 697	183 868	47 504	20 462	29 369	338 552
1995(〃7)	47 472	137 105	64 820	27 876	29 434	315 488
2000(〃12)	48 775	171 102	113 539	33 304	33 396	409 384
2005(〃17)	54 859	267 100	146 696	40 760	46 230	569 494
2006(〃18)	55 981	336 740	170 346	45 085	49 954	673 443
2007(〃19)	60 163	374 494	180 033	46 371	52 903	731 359
2008(〃20)	63 346	448 599	167 450	43 949	47 979	789 547
2009(〃21)	49 344	255 183	120 077	39 194	37 049	514 994
2010(〃22)	51 665	318 180	143 163	39 184	39 982	607 650
2011(〃23)	56 854	380 746	142 866	43 710	42 211	681 112
2012(〃24)	57 238	390 428	152 874	45 422	45 885	706 886
2013(〃25)	64 543	440 143	184 372	53 406	53 146	812 425
2014(〃26)	67 498	455 456	206 960	54 293	57 545	859 091
2015(〃27)	70 258	361 794	216 791	56 629	59 209	784 055
2016(〃28)	62 748	277 575	196 416	51 337	55 085	660 420
2017(〃29)	69 507	330 564	215 171	57 102	62 869	753 792
2018(〃30)	71 126	382 857	228 377	60 608	64 587	827 033

資料前表に同じ。1950年以前は日本貿易統計分類，1955～75年は標準国際貿易分類（SITC），1980・85年は関税協力理事会の品目表（CCCN）に基づく分類，1990年以降は国際統一商品分類（HS）による。1）類別から再輸入が除かれているため計と一致しない。2）燃料を含む。3）その他を含む。

表 8-4　戦前の主要輸出品

	1900 (明33)	1910 (明43)	1920 (大９)	1930 (昭５)	1940 (昭15)	2018 (平30)
	千円	千円	千円	千円	千円	億円
小麦粉	73	43	362	14 480	54 978	74
魚介類 1)	2 784	6 837	18 745	34 657	80 389	2 499
砂糖	…	6 130	31 079	27 582	2) 17 838	3.2
茶	9 036	14 542	17 113	8 387	24 593	157
木材	969	6 059	18 181	7 256	75 310	216
生糸	44 657	130 182	382 222	416 647	446 061	0.005
石炭	20 032	16 301	45 200	21 783	8 284	4.4
紙類 3)	1 122	2 962	23 125	27 560	78 635	2 847
綿織糸	20 589	45 347	152 394	15 033	57 976	26
綿織物	5 724	20 463	335 266	272 117	399 138	472
絹織物	18 604	32 797	158 416	65 775	37 699	50
陶磁器	2 472	5 514	31 452	27 171	65 217	127
銅	12 922	21 176	12 721	21 281	11 183	8 241
金属製品	1 003	3 531	38 448	22 428	4) 102 877	13 031
衣類	1 935	12 952	77 035	60 507	5) 138 595	713

財務省「外国貿易月表」，同「日本貿易月表」，同「外国貿易概況」，同「貿易統計」により作成。1）海草類を含まず。2）精糖のみ。3）紙製品を含まず。4）絶縁電線と鉄製品。5）毛皮製品を含まず。

表 8-5　戦後の主要輸出品（単位　億円）

	1960 (昭35)	1970 (昭45)	1980 (昭55)	1990 (平２)	2000 (平12)	2010 (平22)	2018 (平30)
魚介類	629	1 141	1 835	959	847	1 692	2 499
綿織物	1 265	675	1 099	1 261	1 059	574	472
毛織物	196	272	113	179	426	219	210
合成繊維織物	116	2 252	5 078	2 643	1 992	1 249	1 510
有機化合物	45	1 436	5 207	8 154	11 927	18 728	20 513
プラスチック	115	1 536	4 262	6 342	10 575	23 360	25 574
セメント	89	106	890	292	167	294	361
陶磁器	243	497	1 242	765	180	73	127
鉄鋼	1 397	10 237	35 107	18 085	16 003	36 754	34 412
金属製品	532	2 569	8 937	6 689	6 940	9 818	13 031
繊維機械	174	707	1 968	4 246	2 234	2 234	2 656
事務用機械	40	1 186	5 150	29 800	30 942	18 110	14 827
金属加工機械	28	417	3 949	6 244	8 769	9 060	12 206
テレビ受像機 1)	10	1 382	3 739	2 980	3 586	960	1 018
ラジオ受信機 1)	521	2 502	6 786	3 578	1 217	137	151
テープレコーダー 2)	34	1 623	7 416	9 220	9 241	8 318	3 640
半導体等電子部品 3)	…	…	5 228	19 347	45 758	41 528	41 502
自動車 1)	281	4 815	52 659	73 587	69 301	91 741	123 072
自動車部品	…	…	4 559	15 668	18 642	30 833	39 909
二輪自動車 1)4)	29	1 381	6 358	3 257	5 625	2 743	3 372
船舶 5)	1 037	5 075	9 065	7 556	10 517	22 423	13 679
衣類	794	1 664	1 123	817	569	462	713
精密機械	346	2 261	14 139	20 013	27 726	21 051	24 176
うち時計	13	466	3 903	3 312	1 469	916	1 035

財務省「日本貿易月表」，同「外国貿易月表」，同「外国貿易概況」，同「貿易統計」および総務省統計局「日本統計年鑑」により作成。1）部品を除く。2）1990・2000年はVTR類，2010・2018年はデジタルカメラ，デジタルビデオカメラ，DVDプレーヤーを含む映像記録・再生機器で部品を含まず。3）トランジスタ，集積回路，ダイオードなど。1980年は熱電子管，半導体素子等。4）2000年からはノックダウン（組立完成型二輪自動車）を含む。5）娯楽用船舶，浮き構造物などを含まず。

表 8-6　戦前の主要輸入品

	1900 (明33)	1910 (明43)	1920 (大9)	1930 (昭5)	1940 (昭15)	2018 (平30)
	千円	千円	千円	千円	千円	億円
米	9 022	8 644	18 059	19 583	196 006	543
小麦	692	3 338	28 505	41 509	20 032	1 811
大豆	4 425	8 978	36 764	36 664	81 014	1 701
砂糖	26 607	13 140	60 366	25 973	57	472
綿花 1)	59 472	159 222	721 437	362 047	504 071	177
羊毛	3 919	13 520	121 629	73 610	105 251	145
鉄鉱石	113	1 165	14 897	18 956	98 731	10 296
生ゴム	104	3 042	13 422	17 931	67 047	1 712
木材	869	1 529	23 460	53 084	38 109	4 078
パルプ 2)	455	3 166	13 190	12 084	66 108	1 702
石炭	2 100	1 497	19 918	34 204	116 732	28 121
石油 3)	14 787	16 443	36 513	89 567	352 460	109 802
鉄鋼	21 559	32 348	259 504	76 298	…	10 188
鉄くず	184	131	4 822	17 310	…	…
機械類	9 010	15 795	108 003	85 529	4) 159 411	5) 237 783

財務省「外国貿易月表」，同「日本貿易月表」，同「外国貿易概況」，同「貿易統計」および総務省統計局「日本統計年鑑」により作成。1）実綿と繰綿。2）1940年以前は製紙用パルプ。3）原油と石油製品。4）1939年。5）ここでの機械類は一般機械と電気機械および輸送用機械。

表 8-7　戦後の主要輸入品（単位　億円）

	1960 (昭35)	1970 (昭45)	1980 (昭55)	1990 (平2)	2000 (平12)	2010 (平22)	2018 (平30)
肉類 1)	51	523	3 458	7 262	9 213	9 663	15 162
魚介類	15	942	6 843	15 184	16 501	12 602	16 629
小麦 2)	637	1 146	2 792	1 468	1 111	1 460	1 811
とうもろこし 2)	292	1 465	4 541	3 289	2 033	3 464	3 722
大豆	387	1 317	2 984	1 831	1 319	1 606	1 701
羊毛	955	1 254	1 574	1 488	190	86	145
綿花	1 512	1 661	3 110	1 764	403	156	177
パルプ	103	578	2 455	2 802	2 066	1 298	1 702
鉄鉱石	769	4 350	7 848	4 885	3 478	13 566	10 296
銅鉱	254	1 809	4 671	3 548	2 647	10 579	10 407
アルミニウム 3)	43	500	3 660	6 874	5 270	5 839	8 202
木材	613	5 659	15 862	10 883	6 445	3 268	4 078
石炭	508	3 636	10 092	8 969	5 833	21 107	28 121
原油	1 674	8 048	120 114	44 695	48 189	94 059	89 063
石油製品	487	1 980	11 655	13 839	9 532	15 929	20 740
液化石油ガス	} 0.00004	293	7 286	3 631	5 292	7 797	6 909
液化天然ガス		83	10 152	9 600	14 055	34 718	47 389
有機化合物	182	816	3 815	6 425	7 993	13 496	19 379
鉄鋼	315	994	2 038	6 623	3 943	7 618	10 188
事務用機械	190	1 161	2 336	7 539	29 042	21 996	26 250
金属加工機械	267	604	538	970	1 375	980	2 090
乗用自動車	34	195	1 047	8 938	7 491	5 633	13 451
航空機類	158	898	2 292	4 529	3 210	3 671	7 335
衣類	4	327	3 476	12 592	21 154	23 283	33 067

財務省「日本貿易月表」，同「外国貿易月表」，同「外国貿易概況」，同「貿易統計」および総務省統計局「日本統計年鑑」により作成。1）1990年まで鯨肉を含む。2）飼料用を含む。3）合金を含む。

表8-8　戦前の主要輸出品の輸出先（1930年）（%）

小麦粉	中国68　関東州18　オランダ領インド1
魚介類 1)	アメリカ33　中国16　香港14　イギリス12　関東州6
砂糖 2)	中国85　関東州9　ロシア領アジア1
茶	アメリカ77　カナダ10　関東州2
木材 3)	中国19　イギリス領インド17　イギリス14　オーストラリア12
生糸	アメリカ96　フランス2　カナダ1　イギリス1
石炭	中国57　香港18　海峡植民地12　フィリピン8
紙類	中国67　関東州12　香港6　アメリカ5
綿織糸	イギリス領インド44　香港17　中国17　エジプト4
綿織物	中国32　イギリス領インド22　オランダ領インド10
絹織物 人絹織物	イギリス領インド17　オーストラリア14　オランダ領インド9
陶磁器	アメリカ40　オランダ領インド8　イギリス領インド7　中国6
金属製品 4)	ロシア領アジア30　関東州18　中国14　イギリス領インド12
衣類 5)	イギリス20　イギリス領インド20　アメリカ10　中国7

財務省「外国貿易月報」により作成。金額による百分比。移出（朝鮮・台湾・南洋委任統治地域との貿易）を含まず。中国は当時の中華民国。関東州は当時日本の経済圏。オランダ領インドは現在のインドネシア。ロシア領アジアは旧ソ連地域のアジア部分。イギリス領インドは現在のインド，パキスタン，ミャンマー，バングラデシュ。海峡植民地はマラッカ，ペナン，シンガポールなどマライ半島のイギリス領植民地。魚介類・茶のアメリカにはハワイを含む。1）海藻類，肉類などを含む。2）精糖のみ。3）木製品を含む。4）鉄製品のみ。5）メリヤス製品，帽子，ボタンの計。

表8-9　戦後の主要輸出品の輸出先（Ⅰ）（1960年）（%）

魚介類	アメリカ33　イギリス28　フィリピン3　イタリア3
化学肥料	韓国48　台湾21　フィリピン5　南ベトナム4
絹織物	オーストラリア13　香港8　ナイジェリア7　アメリカ6
人絹織物	インドネシア9　シンガポール9　セイロン8　イラン6
スフ織物	ナイジェリア13　南ア共和国11　英領東アフリカ7　ガーナ5
陶磁器	アメリカ56　オーストラリア6　カナダ4　ベネズエラ2
鉄鋼	アメリカ18　インド13　オーストラリア9　フィリピン6
金属製品	アメリカ46　カナダ4　ビルマ3　ブラジル3
繊維機械 1)	香港18　台湾13　フィリピン12　インド10
ラジオ受信機 2)	アメリカ50　スイス5　カナダ5　香港4
自動車 2)	韓国21　タイ18　南ベトナム12　琉球4
船舶	リベリア26　フィリピン21　ギリシャ13　パナマ8
衣類	アメリカ53　カナダ10　ナイジェリア4　ガーナ3
はきもの	アメリカ67　カナダ10　ナイジェリア3　琉球2
光学機器	アメリカ41　旧西ドイツ7　カナダ7　オーストラリア5

経済産業省「通商白書」および財務省「日本外国貿易月表」により作成。金額による百分比。セイロンは現在のスリランカ。英領東アフリカは現在のケニア，ウガンダ，タンザニア。ビルマは現在のミャンマー。琉球は現在の沖縄県。1）ミシンを含む。2）部品を除く。

日中貿易が日米貿易を超える　2007（平19）年，わが国と中国との貿易総額（輸出入額の合計）が戦後初めて対米貿易を超えた。同年中の日中貿易は28兆円，一方，日米貿易は25兆円で，日中貿易が日米貿易を3兆円上回った。日本企業が安い労働力を求めて中国に進出したことがその背景にあるが，近年は市場としての期待も高まっている。なお，日中貿易は1988（昭63）年以来，わが国の貿易赤字が続く（図8-4，表8-40，-41参照）。

戦後の主要輸出品の輸出先（Ⅱ）（1970年）（%）

魚介類	アメリカ31　イギリス14　フィリピン5　旧西ドイツ5
医薬品	沖縄15　旧西ドイツ12　アメリカ10　台湾9
化学肥料	中国62　フィリピン6　タイ6　インドネシア5
プラスチック	香港10　アメリカ10　旧ソ連5　台湾5
タイヤ・チューブ	アメリカ19　オーストラリア6　イラン5　サウジアラビア5
紙類	香港20　インドネシア12　オーストラリア7　シンガポール7
合成繊維糸	韓国23　香港14　アメリカ10　台湾9
綿織物	アメリカ22　オーストラリア17　香港12　シンガポール3
毛織物	アメリカ57　香港13　カナダ9　韓国6
合成繊維織物	香港14　シンガポール14　アメリカ13　韓国6
陶磁器	アメリカ65　カナダ4　オーストラリア4　旧ソ連2
鉄鋼	アメリカ32　中国8　台湾3　フィリピン3
内燃機関	アメリカ22　タイ8　南ベトナム7　シンガポール6
ミシン	アメリカ43　旧西ドイツ7　香港5　イギリス4
事務用機械	アメリカ43　旧西ドイツ11　オランダ7　イギリス6
金属加工機械	中国15　アメリカ12　旧ソ連11　韓国8
テレビ受像機	アメリカ69　カナダ5　旧西ドイツ4　台湾3
ラジオ受信機	アメリカ57　旧西ドイツ4　カナダ3　スイス3
自動車 1)	アメリカ40　カナダ6　オーストラリア5　南ア共和国5
カメラ	アメリカ31　旧西ドイツ10　香港8　南ベトナム7
テープレコーダー	アメリカ57　旧西ドイツ6　カナダ5　スイス5
はきもの	アメリカ67　カナダ5　旧ソ連5　沖縄4

経済産業省「通商白書」により作成。金額による百分比。1）部品を除く。

戦後の主要輸出品の輸出先（Ⅲ）（1980年）（%）

魚介類	アメリカ21　ナイジェリア9　香港6　サウジアラビア3
合成繊維糸	イラン11　中国9　韓国8　パキスタン5
綿織物	香港31　アメリカ7　オーストラリア7　イラン6
合成繊維織物	サウジアラビア13　香港10　アメリカ7　アラブ首長国6
衣類	アメリカ42　サウジアラビア6　旧西ドイツ6　香港6
陶磁器	アメリカ51　イラン10　旧西ドイツ5　カナダ5
タイヤ・チューブ	アメリカ20　サウジアラビア9　オーストラリア5　クウェート5
紙類	中国15　香港14　旧西ドイツ7　オーストラリア6
有機化合物	韓国20　アメリカ13　台湾9　中国5
プラスチック	旧ソ連9　アメリカ9　台湾8　香港8
鉄鋼	アメリカ17　中国9　旧ソ連6　台湾6　韓国5
金属製品	アメリカ23　サウジアラビア9　中国6　イラク4
内燃機関	アメリカ23　韓国7　タイ4　フィリピン4
事務用機械	アメリカ34　旧西ドイツ10　イギリス5　オーストラリア4
金属加工機械	アメリカ32　韓国8　台湾6　旧西ドイツ6
建設・鉱山用機械	イラク10　マレーシア10　シンガポール9　アメリカ7
テレビ受像機	アメリカ12　サウジアラビア8　中国7　旧西ドイツ7
ラジオ受信機	アメリカ26　旧西ドイツ10　サウジアラビア6　香港5
VTR	アメリカ29　旧西ドイツ15　イギリス12　フランス5
自動車 1)	アメリカ43　サウジアラビア5　旧西ドイツ4　オーストラリア3　カナダ3　イギリス3
二輪自動車 1)	アメリカ46　イギリス10　フランス7　旧西ドイツ7
船舶	リベリア29　パナマ18　アメリカ7　中国6
カメラ	アメリカ34　旧西ドイツ17　オランダ7　香港6
時計	香港24　アメリカ15　旧西ドイツ6　パナマ6

経済産業省「通商白書」により作成。金額による百分比。1）部品を除く。

戦後の主要輸出品の輸出先（Ⅳ）（1990年）（%）

綿織物………	香港25　アメリカ13　中国10　シンガポール6
合成繊維織物…	香港14　サウジアラビア9　アメリカ8　アラブ首長国8
タイヤ・チューブ	アメリカ31　ドイツ7　オーストラリア6　サウジアラビア5
有機化合物……	韓国20　アメリカ15　台湾11　オランダ6
プラスチック…	アメリカ15　香港11　韓国11　台湾11
鉄鋼…………	アメリカ18　韓国11　台湾9　中国8　タイ8
金属製品………	アメリカ32　韓国6　台湾6　タイ5
内燃機関………	アメリカ37　タイ6　インドネシア6　イギリス5
事務用機械……	アメリカ50　ドイツ11　イギリス7　オランダ5
金属加工機械…	アメリカ27　韓国15　ドイツ9　台湾6　タイ5
軸受…………	アメリカ21　ドイツ13　韓国9　シンガポール7
電気回路用品…	アメリカ26　韓国10　台湾10　シンガポール7
テレビ受像機…	アメリカ13　香港12　中国12　ドイツ8
VTR ………	アメリカ31　シンガポール10　香港8　ドイツ6
テープレコーダー	アメリカ37　ドイツ14　ベルギー（ルクセンブルク含む）9　イギリス6
家庭用電気機器・	アメリカ27　台湾10　香港7　サウジアラビア6
自動車……1)	アメリカ45　ドイツ7　カナダ5　オーストラリア4　イギリス3　サウジアラビア2
自動車部品……	アメリカ49　台湾5　カナダ5　タイ5
二輪自動車…1)	アメリカ15　フランス13　ドイツ12　イギリス8
船舶…………	パナマ42　リベリア19　バハマ連邦7　シンガポール4
カメラ………	アメリカ31　ドイツ23　香港6　イギリス5
時計…………	香港43　アメリカ12　韓国4　ドイツ3

経済産業省「通商白書」により作成。金額による百分比。1）部品を除く。

戦後の主要輸出品の輸出先（Ⅴ）（2000年）（%）

有機化合物……	中国15.2　アメリカ14.8　台湾13.3　韓国12.8
プラスチック…	中国14.7　香港14.7　アメリカ13.7　台湾12.3
合成繊維織物…	中国44.3　香港9.2　アメリカ5.3　アラブ首長国5.0
鉄鋼…………	韓国16.9　中国14.4　アメリカ9.5　台湾9.3　タイ8.3
金属製品………	アメリカ28.6　中国7.4　台湾6.0　タイ5.7　韓国5.4
内燃機関………	アメリカ46.0　インドネシア3.9　カナダ3.2　中国3.1
事務用機械……	アメリカ35.6　オランダ12.3　台湾8.7　ドイツ7.1
うちコンピュータ 1)	アメリカ41.3　オランダ12.3　ドイツ8.3　シンガポール6.7　台湾6.0
金属加工機械…	アメリカ35.0　台湾11.1　韓国9.4　中国6.4　ドイツ5.1
ポンプ, 遠心分離機	アメリカ21.8　台湾7.7　オランダ7.3　韓国6.6　中国5.9
電気回路用品…	アメリカ19.5　中国10.0　香港9.6　台湾9.0
テレビ受像機・1)	アメリカ42.6　ドイツ9.3　香港8.7　オランダ8.5
VTR ………	アメリカ50.4　香港8.6　イギリス6.7　オランダ5.6　ドイツ3.9
通信機器………	アメリカ47.1　中国7.2　ドイツ5.1　イギリス4.8
半導体等電子部品	アメリカ17.6　香港11.8　シンガポール11.4　韓国10.1　マレーシア8.4
うち集積回路……	アメリカ18.4　シンガポール12.8　香港12.0　マレーシア9.3　韓国8.8
電気計測機器…	アメリカ30.7　台湾16.4　韓国11.2　シンガポール5.7
自動車……1)	アメリカ50.7　オーストラリア5.6　カナダ3.6　ドイツ3.1　イギリス2.6　サウジアラビア2.1　イタリア1.7
自動車部品……	アメリカ43.7　台湾4.7　イギリス4.2　タイ4.1　カナダ3.7
二輪自動車‥1)2)	アメリカ34.0　ドイツ10.9　イタリア10.1　フランス7.7
精密機械………	アメリカ31.7　台湾13.0　香港8.2　韓国7.7

経済産業省「通商白書」により作成。金額による百分比。1）部品を除く。2）ノックダウン（組立完成型二輪自動車）を含む。

戦後の主要輸出品の輸出先（VI）（2010年）（%）

石油製品	シンガポール29.1　中国16.3　オーストラリア10.0　香港8.6
有機化合物	中国30.0　韓国17.6　台湾12.5　アメリカ8.6
プラスチック	中国28.3　韓国19.6　台湾12.3　香港9.0　アメリカ6.1
合成繊維織物	中国51.1　アラブ首長国8.5　ベトナム8.2　香港5.9
鉄鋼	韓国20.8　中国18.8　タイ11.3　台湾7.0　アメリカ5.0
金属製品	中国22.7　アメリカ15.7　タイ10.2　韓国5.5　台湾4.2
内燃機関	アメリカ22.7　中国18.8　タイ9.8　イギリス4.5
事務用機械	アメリカ28.6　オランダ18.1　中国14.4　香港7.7
うちコンピュータ部品	アメリカ26.4　オランダ21.6　中国16.0　香港7.7
金属加工機械	中国34.9　アメリカ12.6　韓国9.5　タイ7.8　台湾5.1
建設・鉱山用機械	中国18.4　アメリカ11.7　香港9.1　インドネシア6.8
ポンプ，遠心分離機	中国20.4　アメリカ13.4　韓国7.7　ドイツ6.0　タイ5.4
電気回路用品	中国30.1　香港10.6　アメリカ9.6　韓国8.6　台湾7.0
映像記録・再生機器1)2)	アメリカ25.0　中国20.4　オランダ9.6　香港8.4
音響・映像機器部品	中国23.5　メキシコ15.3　香港14.6　タイ10.0　アメリカ6.9
半導体等電子部品	中国25.1　台湾15.7　香港12.7　シンガポール7.4　アメリカ6.5　マレーシア6.2　タイ5.9
電気計測機器	中国20.0　アメリカ19.0　韓国10.5　台湾8.0　ドイツ8.0
自動車1)	アメリカ31.1　オーストラリア7.5　中国6.7　ロシア4.7　カナダ3.5　サウジアラビア3.0　アラブ首長国3.0
自動車部品	中国22.4　アメリカ21.6　タイ8.4　メキシコ4.9
精密機械	中国27.2　アメリカ13.0　韓国9.7　香港9.6　台湾7.0

財務省「貿易統計」により作成。金額による百分比。1）部品を除く。2）VTR，DVDプレーヤーなど。

戦後の主要輸出品の輸出先（VII）（2018年）（%）

石油製品	オーストラリア21.9　韓国15.5　中国13.3　シンガポール11.5
有機化合物	中国38.1　韓国14.8　台湾9.8　アメリカ9.2　オランダ2.9
プラスチック	中国32.4　韓国12.1　台湾10.6　アメリカ7.9　香港5.1
鉄鋼	中国16.3　タイ14.7　韓国13.2　台湾6.8　アメリカ5.9
金属製品	中国21.3　アメリカ18.3　タイ9.2　韓国6.5
内燃機関	アメリカ35.2　中国17.7　タイ6.2　イギリス4.9
コンピュータ1)	アメリカ32.1　ドイツ16.9　オランダ11.8　中国9.4
コンピュータ部品	アメリカ23.3　中国17.6　オランダ17.4　ベトナム7.1
金属加工機械	中国28.3　アメリカ19.4　インド5.9　韓国5.8　タイ5.5
建設・鉱山用機械	アメリカ32.6　オランダ7.2　オーストラリア5.8　香港4.5
ポンプ，遠心分離機	中国22.0　アメリカ18.5　タイ7.6　韓国7.6　ドイツ5.3
半導体製造装置	韓国33.9　中国24.2　台湾15.8　アメリカ10.0
電気回路用品	中国29.3　香港11.1　アメリカ10.6　韓国7.6　タイ5.7
映像記録・再生機器1)2)	アメリカ27.6　中国25.8　オランダ10.4　シンガポール6.4
音響・映像機器部品	中国33.4　アメリカ15.7　香港10.1　タイ7.5　ベトナム5.2
集積回路	中国27.6　台湾21.2　香港16.3　韓国7.0　シンガポール5.6　ベトナム4.5　タイ4.4　アメリカ3.9
電気計測機器	中国20.9　アメリカ18.8　韓国10.8　ドイツ8.3　台湾6.9
自動車1)	アメリカ36.8　オーストラリア6.9　中国5.2　アラブ首長国4.4　カナダ3.2　ロシア2.9
自動車部品	アメリカ23.3　中国21.8　タイ7.6　インドネシア5.5　メキシコ5.2
船舶	パナマ43.8　シンガポール12.2　マーシャル諸島10.5
精密機械	中国35.1　アメリカ14.1　韓国10.4　香港7.1　台湾5.5

財務省「貿易統計」により作成。金額による百分比。1）部品を除く。2）VTR，DVDプレーヤーなど。

表 8-10　戦前の主要輸入品の輸入先 (1930年)(%)

米 ………… 1)	タイ88　アメリカ12
小麦 ……… 1)	アメリカ43　カナダ36　オーストラリア21
豆類 ……… 2)	関東州71　中国26　イギリス領インド3
砂糖 ……… 1)	オランダ領インド100
綿花 …………	アメリカ49　イギリス領インド41　中国6　エジプト3
羊毛 …………	オーストラリア98　アルゼンチン1
鉱石 ……… 3)	海峡植民地48　中国35　イギリス領インド2
生ゴム ………	海峡植民地65　イギリス領インド21　オランダ領インド15
木材 …………	アメリカ61　ロシア領アジア17　カナダ13　タイ2
パルプ …… 4)	カナダ45　ノルウェー30　スウェーデン8　アメリカ7
石炭 …………	関東州62　フランス領インドシナ17　中国16　ロシア領アジア4
石油製品 … 5)	アメリカ55　オランダ領インド34
鉄鋼 ……… 6)	アメリカ31　ドイツ20　イギリス14　関東州6　ベルギー4
機械類 ………	アメリカ30　イギリス28　ドイツ19　スイス5　フランス4

財務省「外国貿易月報」により作成。金額による百分比。移入（朝鮮・台湾・南洋委任統治地域との貿易）を含まず。関東州は当時日本の経済圏。中国は当時の中華民国。イギリス領インドは現在のインド，パキスタン，ミャンマー，バングラデシュ。オランダ領インドは現在のインドネシア。海峡植民地はマラッカ，ペナン，シンガポールなどマライ半島のイギリス領植民地。ロシア領アジアは旧ソ連地域のアジア部分。フランス領インドシナは現在のベトナム。ドイツは全ドイツ。1）計数を足すと100%になるが，その他の国からも少量の輸入がある。2）このうち大豆は74%。3）鉄鉱石は79%。4）製紙用。5）表8-6の石油から原油と重油を除いたもので，43%に相当する分。6）鉄くずを含む。

表 8-11　戦後の主要輸入品の輸入先（Ⅰ）(1960年)(%)

小麦 ……… 1)	カナダ51　アメリカ36　オーストラリア11　旧ソ連2
とうもろこし …	アルゼンチン32　タイ23　南ア共和国19　アメリカ14
大豆 …………	アメリカ96　ケニア2　ブラジル1
砂糖 …………	台湾34　キューバ15　ブラジル13　琉球11
羊毛 …………	オーストラリア86　アルゼンチン5　ニュージーランド4
綿花 …………	アメリカ51　メキシコ22　パキスタン4　エジプト3
鉄鉱石 ………	マラヤ34　インド19　ポルトガル領インド12
銅鉱 …………	オーストラリア28　フィリピン27　ローデシア10　チリ9
生ゴム ………	マラヤ55　タイ27　サラワク6　セイロン6
木材 …………	フィリピン54　英領ボルネオ16　アメリカ14　旧ソ連9
石炭 …………	アメリカ65　オーストラリア14　北ベトナム6　カナダ6
原油 …………	クウェート44　サウジアラビア18　イラク14　インドネシア11　英領ボルネオ5　イラン4
石油製品 … 2)	アメリカ49　サウジアラビア21　シンガポール8　バーレーン7
鉄鋼 …………	アメリカ23　スペイン16　旧ソ連15　南ア共和国14
鉄鋼くず ……	アメリカ68　インド7　香港6　オーストラリア3

経済産業省「通商白書」により作成。金額による百分比。琉球は現在の沖縄県。ポルトガル領インドは現在のインド西海岸ゴア地方。ローデシアは現在のジンバブエ。マラヤおよびサラワクは現在のマレーシアの一部。セイロンは現在のスリランカ。英領ボルネオは英領北ボルネオ，ブルネイおよびサラワク。1）その他の国からも少量の輸入がある。2）重油のみ。

戦後の主要輸入品の輸入先（Ⅱ）（1970年）（%）

肉類 1)	オーストラリア29　ニュージーランド22　アメリカ10　アルゼンチン9
魚介類	韓国10　台湾10　中国9　アメリカ9
小麦	アメリカ55　カナダ27　オーストラリア18
とうもろこし 2)	アメリカ72　タイ9　アルゼンチン7　南ア共和国7
砂糖	キューバ38　オーストラリア18　沖縄17　南ア共和国13
原皮類	アメリカ67　オーストラリア11　オランダ4　カナダ3
天然ゴム	タイ44　マレーシア39　インドネシア11
木材	アメリカ33　フィリピン17　旧ソ連13　マレーシア12
羊毛	オーストラリア79　ニュージーランド9　南ア共和国7
綿花	メキシコ17　アメリカ17　ブラジル9
鉄鉱石	オーストラリア35　インド16　チリ9　ペルー8
銅鉱	フィリピン35　カナダ31　ペルー7　アメリカ6
亜鉛鉱	ペルー32　カナダ23　オーストラリア16　北朝鮮7
石炭	アメリカ62　オーストラリア24　カナダ6　旧ソ連4
石油	イラン36　サウジアラビア15　インドネシア13　クウェート10
医薬品	旧西ドイツ32　アメリカ30　イギリス13　スイス8
ダイヤモンド	ベルギー（ルクセンブルク含む）36　アメリカ25　イスラエル25
鉄鋼	インド15　南ア共和国15　旧東ドイツ10　アメリカ10
アルミニウム	アメリカ32　カナダ29　オーストラリア17　旧ソ連10
事務用機械	アメリカ62　旧西ドイツ13　フランス8
金属加工機械	アメリカ41　旧西ドイツ33　スイス8　イギリス4
航空機	アメリカ98　イギリス1

経済産業省「通商白書」により作成。金額による百分比。1）鯨肉を含む。2）ほとんど飼料用。

戦後の主要輸入品の輸入先（Ⅲ）（1980年）（%）

肉類 1)	オーストラリア29　アメリカ28　カナダ9　デンマーク8
魚介類 2)	韓国15　アメリカ14　台湾12　インドネシア8
小麦 3)	アメリカ60　カナダ33　オーストラリア6
とうもろこし 4)	アメリカ97.5　タイ2.4
大豆	アメリカ95.2　中国2.8　ブラジル0.9　カナダ0.6
天然ゴム	タイ67.0　マレーシア21.8　インドネシア9.7　シンガポール0.9
木材	アメリカ31　インドネシア20　マレーシア18　旧ソ連10
羊毛	オーストラリア75　ニュージーランド13　南ア共和国4
綿花	アメリカ43　パキスタン8　メキシコ8　旧ソ連8
鉄鉱石	オーストラリア40　ブラジル23　インド12　チリ7
銅鉱	フィリピン29　カナダ21　パプアニューギニア14　アメリカ7
石炭	オーストラリア39　アメリカ35　カナダ15　南ア共和国4
原油	サウジアラビア33　インドネシア14　アラブ首長国14　イラク8　イラン7　クウェート4
石油製品	シンガポール20　インドネシア16　クウェート15　サウジアラビア11
液化石油ガス	サウジアラビア55　クウェート19　オーストラリア12　アラブ首長国6
液化天然ガス	インドネシア51　ブルネイ31　アラブ首長国12　アメリカ5
鉄鋼	韓国32　南ア共和国15　アメリカ7　ブラジル6
ダイヤモンド	イスラエル32　ベルギー24　アメリカ13　インド13
アルミニウム 5)	アメリカ36　ベネズエラ14　カナダ12　ニュージーランド8
事務用機械	アメリカ69　ブラジル8　イタリア4　旧西ドイツ3
乗用自動車 6)	旧西ドイツ62　アメリカ22　イギリス8　スウェーデン4
航空機	アメリカ89.8　フランス9.0　イギリス0.7
船舶	イギリス32　リベリア17　カナダ11　スウェーデン10

経済産業省「通商白書」により作成。金額による百分比。ベルギーにはルクセンブルクを含む。1）鯨肉を含む。2）カン詰めを含む。3）食用のみ。4）飼料用のみ。5）合金を含む。6）部品を含まず。

戦後の主要輸入品の輸入先（Ⅳ）（1990年）（%）

肉類・・・・・・・・・1)	アメリカ39　オーストラリア18　台湾14　デンマーク11
魚介類・・・・・・・2)	アメリカ20　韓国10　台湾9　タイ8
とうもろこし・・・	アメリカ87　南ア共和国7　中国5
果実・・・・・・・・・・・	アメリカ38　フィリピン18　中国8　ニュージーランド6
綿花・・・・・・・・・・・	アメリカ52　オーストラリア14　中国9　パキスタン4
鉄鉱石・・・・・・・・・	オーストラリア39　ブラジル26　インド16　フィリピン6
銅鉱・・・・・・・・・・・	カナダ27　フィリピン11　アメリカ11　インドネシア10
木材・・・・・・・・・・・	アメリカ39　マレーシア24　カナダ15　旧ソ連7
石炭・・・・・・・・・・・	オーストラリア49　カナダ22　アメリカ12　旧ソ連7
原油・・・・・・・・・・・	アラブ首長国22　サウジアラビア20　インドネシア13　イラン11　中国7　オマーン6
石油製品・・・・・・・	サウジアラビア27　シンガポール15　インドネシア11　アラブ首長国8
液化石油ガス・・・	サウジアラビア46　アラブ首長国24　インドネシア14　クウェート6
液化天然ガス・・・	インドネシア54　マレーシア16　ブルネイ13　オーストラリア8
有機化合物・・・・・	アメリカ25　ドイツ11　スイス7　イギリス6
鉄鋼・・・・・・・・・・・	韓国30　ブラジル12　中国7　台湾7
アルミニウム・3)	アメリカ23　オーストラリア18　ブラジル11　ベネズエラ9
美術品・こっとう品	フランス67　アメリカ15　スペイン5　イギリス3
事務用機械・・・・・	アメリカ68　シンガポール5　台湾4　韓国3
乗用自動車・・・4)	ドイツ66　アメリカ10　イギリス8　イタリア6
航空機・・・・・・・・・	アメリカ91　フランス6　ドイツ1　カナダ1
金(非貨幣用)・・・	スイス32　オーストラリア23　カナダ13　イギリス13

経済産業省「通商白書」により作成。金額による百分比。1）鯨肉を含む。2）カン詰めを含む。3）合金を含む。4）部品を含まず。

戦後の主要輸入品の輸入先（Ⅴ）（2000年）（%）

肉類・・・・・・・・・・・	アメリカ40.5　オーストラリア13.0　デンマーク12.6　中国9.0
魚介類・・・・・・・1)	中国15.6　アメリカ10.0　ロシア8.4　タイ7.3　韓国7.0
綿花・・・・・・・・・・・	オーストラリア43.3　アメリカ35.6　シリア4.1　インド3.9
鉄鉱石・・・・・・・・・	オーストラリア47.5　ブラジル23.6　インド11.9　フィリピン5.0
銅鉱・・・・・・・・・・・	チリ39.5　インドネシア23.4　カナダ11.9　オーストラリア8.8
木材・・・・・・・・・・・	カナダ27.3　アメリカ21.5　マレーシア10.0　ロシア9.6
石炭・・・・・・・・・・・	オーストラリア59.0　カナダ11.0　中国10.9　インドネシア8.4
原油・・・・・・・・・・・	アラブ首長国25.4　サウジアラビア24.9　イラン11.6　カタール9.2　クウェート8.1
石油製品・・・・・・・	韓国37.1　アラブ首長国11.3　クウェート10.3　サウジアラビア7.5
液化石油ガス・・・	サウジアラビア42.7　アラブ首長国24.8　クウェート9.0　インドネシア6.5　オーストラリア6.5
液化天然ガス・・・	インドネシア37.0　マレーシア19.3　オーストラリア13.0　カタール10.8
有機化合物・・・・・	アメリカ17.6　アイルランド14.1　ドイツ12.2　スイス6.2
医薬品・・・・・・・・・	アメリカ19.5　ドイツ17.8　イギリス12.3　デンマーク6.6
鉄鋼・・・・・・・・・・・	韓国34.4　中国17.8　台湾11.7　南ア共和国6.8
アルミニウム・2)	ロシア21.4　オーストラリア20.2　ブラジル8.3　ニュージーランド7.0
事務用機械・・・・・	台湾20.8　アメリカ18.8　中国10.0　韓国9.1　マレーシア8.6
半導体等電子部品	アメリカ28.3　台湾16.7　韓国14.5　マレーシア10.3
自動車・・・・・・・3)	ドイツ55.2　アメリカ13.8　イギリス4.7　ベルギー3.8　メキシコ3.8
精密機械・・・・・・・	アメリカ32.3　中国15.8　スイス12.0　韓国5.2
衣類・・・・・・・・・・・	中国74.7　イタリア4.9　韓国4.8　ベトナム3.0　アメリカ2.4

経済産業省「通商白書」により作成。金額による百分比。ベルギーにはルクセンブルクを含む。1）カン詰めを含む。2）合金を含む。3）部品を含まず。

戦後の主要輸入品の輸入先（Ⅵ）（2010年）（%）

肉類	アメリカ26.0　オーストラリア16.5　カナダ11.0　ブラジル9.4
魚介類 1)	中国18.2　タイ8.8　アメリカ8.6　ロシア8.2　チリ7.7
小麦 2)	アメリカ59.6　カナダ20.3　オーストラリア19.1
鉄鉱石	オーストラリア55.2　ブラジル33.3　南ア共和国5.0　インド3.3
銅鉱	チリ36.3　インドネシア24.4　ペルー10.7　オーストラリア10.0
木材	カナダ28.3　アメリカ15.8　ロシア11.3　中国7.2
石炭	オーストラリア65.0　インドネシア13.9　カナダ7.7　ロシア5.6
原油	サウジアラビア30.3　アラブ首長国20.8　カタール11.8　イラン9.7　クウェート7.4　ロシア6.7
石油製品	韓国19.6　インド11.1　カタール9.3　アラブ首長国7.8
液化石油ガス	カタール27.6　アラブ首長国22.7　サウジアラビア17.0　クウェート10.7　オーストラリア9.6　イラン7.0
液化天然ガス	マレーシア21.6　オーストラリア20.3　インドネシア15.7　カタール12.4　ブルネイ9.2　アラブ首長国7.9
有機化合物	中国14.1　アメリカ14.0　アイルランド10.1　ドイツ9.2
医薬品	アメリカ16.4　ドイツ14.4　スイス13.6　フランス8.7
鉄鋼	韓国32.5　中国19.9　台湾7.8　カザフスタン6.5
アルミニウム 3)	オーストラリア21.8　ロシア15.2　中国15.1　南ア共和国7.3
事務用機械	中国68.3　タイ5.2　台湾4.5　アメリカ4.2
半導体等電子部品	台湾31.2　アメリカ17.5　韓国13.4　中国12.8
自動車 4)	ドイツ54.8　イギリス6.9　南ア共和国6.1　タイ5.5　アメリカ5.1
衣類	中国82.2　ベトナム4.5　イタリア2.8　タイ1.3

財務省「貿易統計」により作成。金額による百分比。1) カン詰めを含む。2) 飼料用を含む。3) 合金を含む。4) 部品を含まず。

戦後の主要輸入品の輸入先（Ⅶ）（2018年）（%）

肉類	アメリカ27.8　オーストラリア14.8　タイ14.5　カナダ9.3
魚介類 1)	中国18.4　アメリカ9.2　チリ8.7　ロシア8.5　ベトナム6.8
小麦 2)	アメリカ48.3　カナダ33.2　オーストラリア16.7
鉄鉱石	オーストラリア49.6　ブラジル31.1　カナダ6.6　南ア共和国3.7
銅鉱	チリ39.1　インドネシア16.1　オーストラリア14.0　ペルー12.5
木材	カナダ27.8　アメリカ18.7　ロシア12.2　フィンランド8.0
石炭	オーストラリア61.6　インドネシア12.4　ロシア9.4　アメリカ7.0
原油	サウジアラビア38.7　アラブ首長国25.6　カタール7.9　クウェート7.5　ロシア4.9　イラン4.2
石油製品	韓国26.2　アラブ首長国14.4　カタール14.2　ロシア6.5　アメリカ6.2　インド4.5　クウェート4.5
液化石油ガス	アメリカ62.8　アラブ首長国9.2　サウジアラビア8.1
液化天然ガス	オーストラリア35.4　マレーシア12.9　カタール12.0　ロシア7.6　アラブ首長国6.3　インドネシア6.2
有機化合物	中国20.1　アメリカ16.6　韓国9.1　ドイツ7.1
医薬品	ドイツ16.0　アメリカ15.6　アイルランド11.1　スイス9.7
鉄鋼	韓国33.2　中国19.0　台湾9.3　カザフスタン6.9
アルミニウム 3)*	オーストラリア16.1　ロシア16.1　中国15.4　アラブ首長国10.2
コンピュータ 4)	中国73.9　タイ5.0　アメリカ4.8　シンガポール3.1
集積回路	台湾51.2　アメリカ12.6　中国9.3　韓国9.0　マレーシア3.6
自動車 4)	ドイツ48.8　イギリス11.1　アメリカ7.0　イタリア5.1　南ア共和国4.5　スウェーデン2.8　タイ2.6
衣類	中国58.8　ベトナム13.9　バングラデシュ3.8　インドネシア3.7

財務省「貿易統計」により作成。金額による百分比。1) カン詰めを含む。2) 飼料用を含む。3) 合金を含む。4) 部品を含まず。*オーストラリア16.11，ロシア16.07。

表 8-12　大陸別輸出貿易額

	1900（明33）	1920（大9）	1940（昭15）	1960（昭35）	1980（昭55）	2000（平12）	2018（平30）
	千円	百万円	百万円	億円	億円	億円	億円
アジア……1)	85 119	999	2 494	5 250	112 354	224 314	475 216
中国……2)	31 872	524	1 867	10	11 408	32 744	158 977
ヨーロッパ…	42 174	195	184	1 720	50 313	8) 91 414	8) 107 562
EU(EC)‥3)	—	—	—	628	37 664	84 319	92 092
北アメリカ‥4)	56 812	606	600	4 395	76 679	161 624	164 997
アメリカ合衆国	52 566	565	569	3 898	71 181	153 559	154 702
中南アメリカ5)	36	40	164	1 094	20 087	22 653	33 990
アフリカ…6)	278	40	129	1 266	18 040	5 441	9 001
オセアニア…	2 857	69	84	655	10 064	11 096	24 022
旧ソ連……	623	0.2	0	216	6 287	—	—
計……7)	204 430	1 948	3 656	14 596	293 825	516 542	814 788

財務省「日本貿易月報」，同「外国貿易概況」，同「貿易統計」および総務省統計局「日本統計年鑑」により作成。戦前は移出（朝鮮・台湾・南洋委任統治域との貿易）を含まず。1）トルコはアジアに含む。2）1900・20・40年は中華民国（当時，日本の経済圏であった関東州を含む）で，1960年以降は，中華人民共和国（台湾，香港，マカオを含まず）。3）EECの発足は1958年。1960年は当時のEEC 6 か国（オランダ・ベルギー・ルクセンブルク・フランス・イタリア・旧西ドイツ），80年はアイルランド・イギリス・デンマークを加えたEC 9 か国，2000年はEU15か国，2018年はEU28か国。なお，加盟国の推移については表8-42対EU貿易の推移の脚注を参照。4）ハワイを含む。5）1900・20年はメキシコと南アメリカの計。6）1900年はエジプトのみ。7）その他（地域別不明分）を含む。8）旧ソ連を含む。

図 8-2　輸出貿易の大陸別割合

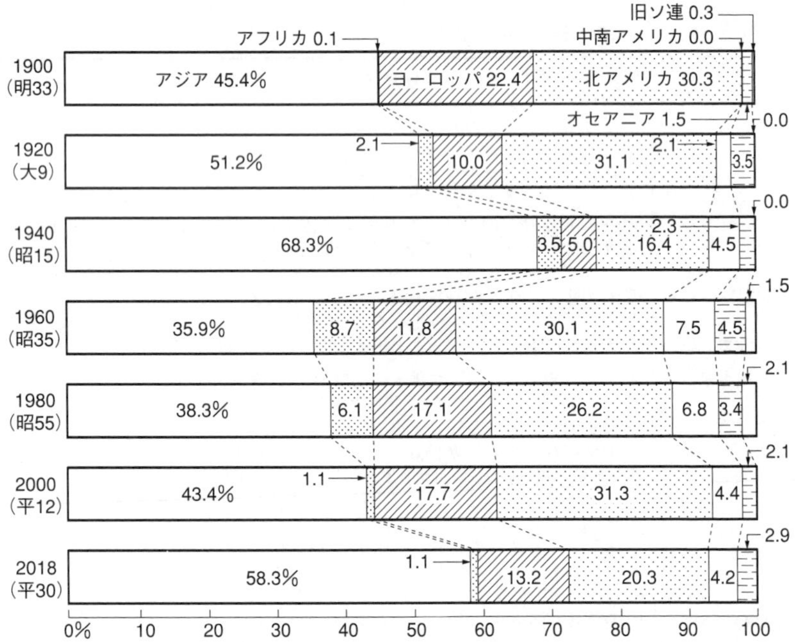

資料・脚注は上表に同じ。地域不明分を除いて算出。2000・18年のヨーロッパには旧ソ連を含む。

表 8-13 大陸別輸入貿易額

	1900（明33）	1920（大9）	1940（昭15）	1960（昭35）	1980（昭55）	2000（平12）	2018（平30）
	千円	百万円	百万円	億円	億円	億円	億円
アジア……1)	83 768	943	1 514	4 921	182 908	223 911	496 762
中国……2)	29 961	415	756	75	9 778	59 414	191 937
ヨーロッパ…	126 084	304	192	1 445	24 204	8) 61 725	8) 128 325
EU(EC)‥3)	—	—	—	753	17 799	50 429	97 185
北アメリカ‥4)	63 083	879	1 315	6 326	66 322	87 277	103 178
アメリカ合衆国	62 761	873	1 241	5 563	55 581	77 789	90 149
中南アメリカ5)	13	32	219	1 116	12 929	11 833	32 258
アフリカ…6)	1 468	88	91	590	10 143	5 349	9 913
オセアニア…	2 456	75	121	1 455	19 197	19 287	56 591
旧ソ連……	309	0.4	1.2	313	4 236	—	—
計……7)	287 262	2 336	3 453	16 168	319 953	409 384	827 033

財務省「日本貿易月報」，同「外国貿易概況」，同「貿易統計」および総務省統計局「日本統計年鑑」により作成。戦前は移入（朝鮮・台湾・南洋委任統治域との貿易）を含まず。1）トルコはアジアに含む。2）1900・20・40年は中華民国（当時，日本の経済圏であった関東州を含む）で，1960年以降は，中華人民共和国（台湾，香港，マカオを含まず）。3）EECの発足は1958年。1960年は当時のEEC 6 か国（オランダ・ベルギー・ルクセンブルク・フランス・イタリア・旧西ドイツ），80年はアイルランド・イギリス・デンマークを加えたEC 9 か国，2000年はEU15か国，2018年はEU28か国。なお，加盟国の推移については表8-42対EU貿易の推移の脚注を参照。4）ハワイを含む。5）1900・20年はメキシコと南アメリカの計。6）1900年はエジプトのみ。7）その他（地域別不明分）を含む。8）旧ソ連を含む。

図 8-3 輸入貿易の大陸別割合

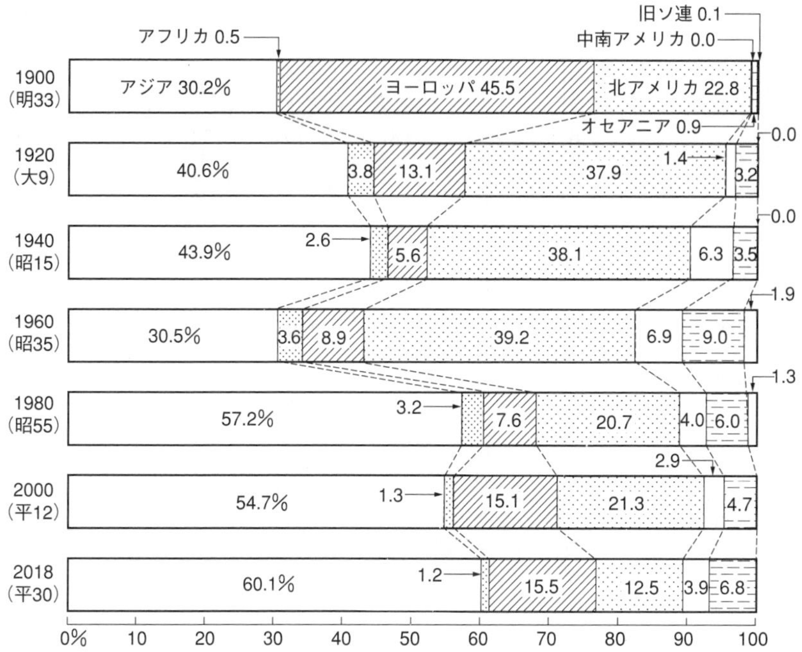

資料・脚注は上表に同じ。地域不明分を除いて算出。2000・18年のヨーロッパには旧ソ連を含む。

表 8 - 14　主な貿易相手国への輸出額の推移（単位　億円）

	1960 (昭35)	1970 (昭45)	1980 (昭55)	1990 (平 2)	2000 (平12)	2010 (平22)	2018 (平30)
アジア							
中国…………	10	2 048	11 408	8 835	32 744	130 856	158 977
韓国…………	360	2 945	12 251	25 180	33 088	54 602	57 926
(台湾)………	368	2 522	11 687	22 345	38 740	45 942	46 792
(香港)………	562	2 521	10 770	18 875	29 297	37 048	38 323
タイ…………	423	1 617	4 349	13 154	14 694	29 937	35 625
シンガポール…	313	1 523	8 850	15 466	22 439	22 091	25 841
ベトナム……	4) 243	4) 544	352	312	2 129	7 156	18 142
インドネシア…	397	1 137	7 804	7 239	8 177	13 945	17 431
マレーシア……	116	599	4 651	7 931	14 966	15 446	15 387
フィリピン……	556	1 633	3 823	3 630	11 057	9 688	12 432
インド………	401	371	2 071	2 472	2 679	7 917	12 153
アラブ首長国連邦	5) 17	5) 133	3 066	2 253	2 728	6 426	8 717
サウジアラビア	56	302	10 997	4 813	3 331	5 679	4 541
トルコ………	22	57	437	1 425	1 303	2 238	3 522
イスラエル……	9	72	245	721	1 377	1 551	2 387
パキスタン……	6) 212	498	1 398	1 454	652	1 153	2 316
オマーン……	1	9	687	606	800	2 738	2 240
クウェート……	81	340	2 878	601	630	1 245	1 954
バングラデシュ	…	…	733	550	509	896	1 730
南北アメリカ							
アメリカ合衆国	3 898	21 383	71 181	130 566	153 559	103 740	154 702
メキシコ……	66	338	2 754	3 274	5 616	8 383	12 829
カナダ………	429	2 028	5 498	9 757	8 059	8 166	10 294
パナマ………	144	475	3 169	4 158	6 954	13 593	6 534
ブラジル……	165	600	2 527	1 757	2 718	5 430	4 415
チリ…………	53	113	1 035	700	710	2 375	2 202
コロンビア……	47	205	1 121	641	610	1 089	1 225
ヨーロッパ							
ドイツ…… 1)	239	1 981	13 006	25 655	21 552	17 766	23 056
イギリス……	434	1 728	8 579	15 627	15 984	12 410	15 343
オランダ……	141	999	4 655	8 896	13 568	14 305	14 036
ロシア…… 2)	216	1 227	6 287	3 710	614	7 027	8 055
フランス……	56	458	4 568	8 865	8 038	5 845	7 788
ベルギー…… 3)	88	562	3 225	5 587	5 646	5 860	7 526
イタリア……	105	691	2 173	4 917	6 243	4 897	5 186
スイス………	137	604	2 610	4 230	2 256	6 814	4 166
スペイン……	11	373	928	3 029	3 436	2 791	3 725
ポーランド……	3	81	515	439	464	2 107	2 356
ハンガリー……	1	42	240	206	912	1 698	1 816
チェコ………	…	…	…	…	271	1 548	1 803
スウェーデン…	131	355	1 784	2 821	2 264	1 608	1 580
アフリカ・オセアニア							
オーストラリア	519	2 121	7 617	9 978	9 238	13 919	18 862
ニュージーランド	85	411	1 527	1 746	1 362	1 664	2 885
南アフリカ共和国	205	1 184	4 050	2 137	2 008	3 354	2 781
リベリア……	282	2 115	3 177	1 583	787	1 712	1 277
輸出計×……	**14 596**	**69 544**	**293 825**	**414 569**	**516 542**	**673 996**	**814 788**

総務省統計局「日本統計年鑑」(1962・70年)，財務省「日本外国貿易月表」(1960年)，同「日本貿易月表」(1970・80・90年の各12月号)，同「外国貿易概況」(1980・90・2000・10年の各12月号)，同「貿易統計」により作成。2018年中の日本との輸出入額合計の多い国を選び出し，それらの国への輸出額の多い順に大陸別で配列した。1) 1980年までは旧西ドイツ，1990年からはドイツへの輸出額。2) 1990年までは旧ソ連，2000年からはロシアへの輸出額。3) 1990年まではルクセンブルクへの輸出額を含む。4) 南北ベトナムへの輸出額の合計。5) アラブ首長国連邦（トルシアル・オマーン）とカタールへの輸出額の合計。6) 東西パキスタンへの輸出額の合計。×その他の国とも。

表 8-15 主な貿易相手国からの輸入額の推移（単位 億円）

	1960 (昭35)	1970 (昭45)	1980 (昭55)	1990 (平2)	2000 (平12)	2010 (平22)	2018 (平30)
アジア							
中国	75	914	9 778	17 299	59 414	134 130	191 937
サウジアラビア	380	1 566	44 279	14 800	15 313	31 494	37 329
韓国	67	824	6 812	16 896	22 047	25 040	35 505
アラブ首長国連邦	5) 4	5) 423	18 504	12 868	15 996	25 688	30 463
(台湾)	229	903	5 221	12 315	19 302	20 246	29 975
タイ	260	683	2 566	5 993	11 423	18 400	27 707
インドネシア	253	2 292	30 044	18 207	17 662	24 762	23 789
ベトナム	6) 54	6) 39	111	849	2 846	7 157	23 352
マレーシア	806	1 508	7 920	7 795	15 627	19 874	20 910
カタール	5) 4	5) 423	4 036	3 060	6 320	19 040	16 420
フィリピン	572	1 920	4 454	3 125	7 762	6 948	11 524
シンガポール	49	312	3 450	5 120	6 936	7 152	10 760
クウェート	739	1 110	7 883	2 580	5 383	9 010	8 007
インド	453	1 404	2 325	3 010	2 842	4 989	6 072
イラン	90	3 583	9 861	4 794	5 778	9 804	3 811
オマーン	…	234	3 948	2 756	2 195	3 968	3 227
ブルネイ	6	2	7 380	1 828	1 783	3 598	2 586
南北アメリカ							
アメリカ合衆国	5 563	20 014	55 581	75 859	77 789	59 114	90 149
カナダ	733	3 343	10 740	12 199	9 385	9 580	12 950
チリ	45	765	1 474	2 357	3 064	6 782	8 003
ブラジル	118	784	3 533	4 574	3 230	8 595	7 612
メキシコ	370	544	2 101	2 776	2 571	3 047	6 998
ペルー	137	758	1 088	836	380	1 911	2 632
(プエルトリコ) 1)	2	17	98	603	397	1 396	2 263
ヨーロッパ							
ドイツ 2)	443	2 221	5 701	16 616	13 719	16 890	28 693
ロシア 3)	313	1 732	4 236	4 829	4 938	14 120	17 227
イタリア	45	484	2 141	7 273	5 728	5 950	12 603
フランス	116	671	2 938	10 989	6 913	9 013	12 198
イギリス	357	1 423	4 400	7 567	7 092	5 593	9 095
スイス	113	637	2 429	5 876	3 543	5 958	8 573
アイルランド	0.4	40	177	923	3 991	3 767	7 607
スペイン	61	100	888	1 139	1 431	2 291	3 706
オランダ	102	373	862	1 689	2 162	3 476	3 526
ベルギー 4)	46	272	858	2 343	1 971	2 056	3 387
スウェーデン	38	319	1 054	1 865	2 941	1 812	2 997
デンマーク	18	108	722	1 638	2 315	1 982	2 404
フィンランド	3	40	272	641	929	1 374	2 150
オーストリア	26	56	386	1 019	940	1 316	2 061
アフリカ・オセアニア							
オーストラリア	1 237	5 428	15 852	17 866	15 959	39 482	50 528
南アフリカ共和国	205	1 130	3 960	2 679	3 236	6 361	5 682
ニュージーランド	114	568	1 884	2 499	2 363	2 374	2 929
パプアニューギニア	…	…	928	483	393	870	2 560
ナイジェリア	29	46	259	21	234	474	1 013
輸入計×	**16 168**	**67 972**	**319 953**	**338 552**	**409 384**	**607 650**	**827 033**

総務省統計局「日本統計年鑑」(1962・70年)，財務省「日本外国貿易月表」(1960年)，同「日本貿易月表」(1970・80・90年の各12月号)，同「外国貿易概況」(1980・90・2000・10年の各12月号)，同「貿易統計」により作成。2018年中の日本との輸出入額合計の多い国を選び出し，それらの国からの輸入額の多い順に大陸別で配列した。1) アメリカ合衆国領。2) 1980年までは旧西ドイツ，1990年からはドイツからの輸入額。3) 1990年までは旧ソ連，2000年からはロシアからの輸入額。4) 1990年まではルクセンブルクからの輸入額を含む。5) アラブ首長国連邦（トルシアル・オマーン）とカタールからの輸入額の合計。6) 南北ベトナムへの輸入額の合計。×その他の国とも。

表8-16〜-39は，2018年中の日本との輸出入額合計の多い主な国との貿易を大陸別に配列したものである。各国との貿易は経済産業省「通商白書1971年各論」および財務省「貿易統計」によるが，商品分類の改訂により1970年（アラブ首長国連邦との貿易は1972年）と2018年の分類は厳密に接続しない。通貨単位は円表示で，1970年は１ドル360円（1972年は１ドル301.10円，東京インターバンク相場直物終値）で編者換算。機械類は一般機械と電気機械の合計で，輸送用機械，精密機械を含まず。自動車，二輪自動車には部品を含まず（ただし二輪自動車の2018年は組立型二輪自動車を含む）。船舶には娯楽・スポーツ用船舶，浮き構造物などを含まず。×その他とも。

表 8-16　中国との貿易

1970（昭和45年）					
中国への輸出	百万円	%	中国からの輸入	百万円	%
鉄鋼	85 455	*41.7*	大豆	12 976	*14.2*
化学肥料	31 721	*15.5*	生糸	9 030	*9.9*
機械類	27 135	*13.2*	魚介類	8 351	*9.1*
うち金属加工機械	6 202	*3.0*	ロジン（松脂）	4 815	*5.3*
軸受	4 725	*2.3*	衣類	3 650	*4.0*
自動車	9 378	*4.6*	肉類	3 502	*3.8*
銅・同合金	8 556	*4.2*	くり	3 467	*3.8*
有機化合物	7 192	*3.5*	塩	3 198	*3.5*
プラスチック	7 145	*3.5*	絹織物	2 877	*3.1*
金属製品	4 243	*2.1*	ほたる石	1 824	*2.0*
鉄道車両	2 936	*1.4*	小豆	1 801	*2.0*
合成ゴム	2 251	*1.1*	石炭	1 598	*1.7*
人絹糸	1 989	*1.0*	繊獣毛	1 155	*1.3*
精密機械	1 754	*0.9*	ひまの種	988	*1.1*
合成繊維糸	1 589	*0.8*	そら豆	753	*0.8*
合成繊維織物	1 578	*0.8*	落花生	751	*0.8*
計×	**204 796**	*100.0*	計×	**91 374**	*100.0*

2018（平成30年）					
中国への輸出	百万円	%	中国からの輸入	百万円	%
機械類	7 284 726	*45.8*	機械類	8 882 758	*46.3*
うち集積回路	802 932	*5.1*	うち通信機	2 272 606	*11.8*
電気回路用品	608 420	*3.8*	コンピュータ	1 500 257	*7.8*
内燃機関	433 901	*2.7*	音響・映像機器	687 032	*3.6*
電気計測機器	362 878	*2.3*	家庭用電気機器	432 212	*2.3*
金属加工機械	345 081	*2.2*	コンピュータ部品	343 458	*1.8*
半導体製造装置	333 094	*2.1*	衣類	1 943 643	*10.1*
ポンプ, 遠心分離機	284 476	*1.8*	金属製品	669 590	*3.5*
個別半導体	241 084	*1.5*	家具	457 723	*2.4*
自動車部品	868 860	*5.5*	がん具	429 266	*2.2*
科学光学機器	832 894	*5.2*	有機化合物	388 606	*2.0*
プラスチック	829 358	*5.2*	プラスチック製品	383 822	*2.0*
有機化合物	782 126	*4.9*	自動車部品	352 587	*1.8*
自動車	637 691	*4.0*	科学光学機器	336 436	*1.8*
鉄鋼	561 559	*3.5*	無機化合物	316 174	*1.6*
金属製品	277 152	*1.7*	魚介類	306 352	*1.6*
銅・同合金	245 165	*1.5*	はきもの	305 939	*1.6*
計×	**15 897 740**	*100.0*	計×	**19 193 653**	*100.0*

表 8-17 韓国との貿易

1970（昭和45年）					
韓国への輸出	百万円	%	韓国からの輸入	百万円	%
機械類	77 142	*26.2*	生糸	12 640	*15.3*
米	39 631	*13.5*	絹織物	10 872	*13.2*
鉄鋼	25 758	*8.7*	魚介類	9 822	*11.9*
合成繊維糸	23 592	*8.0*	衣類	4 500	*5.5*
合成繊維織物	13 965	*4.7*	干しのり	3 099	*3.8*
有機化合物	13 649	*4.6*	タングステン鉱	2 859	*3.5*
自動車	11 414	*3.9*	鉄鉱石	2 032	*2.5*
計×	**294 543**	*100.0*	計×	**82 429**	*100.0*

2018（平成30年）					
韓国への輸出	百万円	%	韓国からの輸入	百万円	%
機械類	2 228 626	*38.5*	機械類	972 665	*27.4*
うち半導体製造装置	467 446	*8.1*	うち集積回路	198 635	*5.6*
集積回路	202 651	*3.5*	石油製品	544 011	*15.3*
鉄鋼	455 128	*7.9*	鉄鋼	338 280	*9.5*
プラスチック	308 996	*5.3*	有機化合物	175 901	*5.0*
有機化合物	304 403	*5.3*	プラスチック	159 377	*4.5*
科学光学機器	249 156	*4.3*	金属製品	113 416	*3.2*
石油製品	191 887	*3.3*	無機化合物	95 922	*2.7*
鉄鋼くず	168 763	*2.9*	銀	93 018	*2.6*
無機化合物	120 820	*2.1*	たばこ	92 399	*2.6*
計×	**5 792 562**	*100.0*	計×	**3 550 464**	*100.0*

表 8-18 （台湾）との貿易

1970（昭和45年）					
（台湾）への輸出	百万円	%	（台湾）からの輸入	百万円	%
機械類	92 015	*36.5*	バナナ	13 082	*14.5*
鉄鋼	33 940	*13.5*	木材	10 409	*11.5*
船舶	13 437	*5.3*	魚介類	9 049	*10.0*
合成繊維糸	9 503	*3.8*	衣類	6 108	*6.8*
合成繊維短繊維	8 387	*3.3*	砂糖	3 873	*4.3*
合成繊維織物	7 893	*3.1*	たけのこ	2 377	*2.6*
プラスチック	7 653	*3.0*	綿織物	2 088	*2.3*
計×	**252 150**	*100.0*	計×	**90 275**	*100.0*

2018（平成30年）					
（台湾）への輸出	百万円	%	（台湾）からの輸入	百万円	%
機械類	1 928 617	*41.2*	機械類	1 650 729	*55.1*
うち集積回路	616 471	*13.2*	うち集積回路	1 134 269	*37.8*
半導体製造装置	218 123	*4.7*	プラスチック	155 908	*5.2*
プラスチック	270 567	*5.8*	鉄鋼	94 563	*3.2*
自動車	259 357	*5.5*	金属製品	80 037	*2.7*
鉄鋼	233 827	*5.0*	科学光学機器	77 540	*2.6*
有機化合物	201 174	*4.3*	魚介類	59 461	*2.0*
銅・同合金	159 157	*3.4*	記録媒体	54 703	*1.8*
科学光学機器	132 114	*2.8*	有機化合物	49 817	*1.7*
写真・映画用材料	98 773	*2.1*	無機化合物	38 165	*1.3*
計×	**4 679 208**	*100.0*	計×	**2 997 514**	*100.0*

表 8-19　タイとの貿易

1970（昭和45年）					
タイへの輸出	百万円	%	タイからの輸入	百万円	%
機械類…………	51 228	*31.7*	天然ゴム ………	20 305	*29.7*
うち繊維機械 …..	9 903	*6.1*	とうもろこし ….	14 040	*20.6*
鉄鋼…………	23 997	*14.8*	魚介類 ………	5 485	*8.0*
自動車…………	15 753	*9.7*	ほたる石 ………	3 602	*5.3*
プラスチック ….	7 538	*4.7*	麻 …………	3 502	*5.1*
合成繊維織物 ….	6 213	*3.8*	豆類 …………	1 944	*2.8*
金属製品………	6 180	*3.8*	ひまの実 ………	1 665	*2.4*
二輪自動車 ……	3 145	*1.9*	糖みつ ………	1 554	*2.3*
計× …………	**161 710**	*100.0*	計× …………	**68 255**	*100.0*

2018（平成30年）					
タイへの輸出	百万円	%	タイからの輸入	百万円	%
機械類…………	1 468 193	*41.2*	機械類 ………	1 052 911	*38.0*
うち内燃機関 …..	152 144	*4.3*	うち通信機 ……	171 799	*6.2*
集積回路 …..	127 103	*3.6*	肉類 …………	220 012	*7.9*
鉄鋼…………	504 724	*14.2*	プラスチック ….	138 443	*5.0*
自動車部品 ……	303 393	*8.5*	魚介類 ………	110 370	*4.0*
プラスチック ….	126 899	*3.6*	自動車部品 ……	101 466	*3.7*
金属製品………	119 281	*3.3*	金属製品 ………	98 655	*3.6*
銅・同合金……	99 690	*2.8*	科学光学機器 ….	84 782	*3.1*
科学光学機器 ….	73 378	*2.1*	衣類 …………	65 456	*2.4*
計× …………	**3 562 499**	*100.0*	計× …………	**2 770 728**	*100.0*

表 8-20　サウジアラビアとの貿易

1970（昭和45年）					
サウジアラビアへの輸出	百万円	%	サウジアラビアからの輸入	百万円	%
合成繊維織物 ….	4 544	*15.1*	原油 …………	119 457	*76.3*
自動車…………	4 278	*14.2*	石油製品 ………	25 866	*16.5*
機械類…………	3 839	*12.7*	液化石油ガス ….	11 143	*7.1*
鉄鋼…………	3 160	*10.5*			
タイヤ・チューブ	2 912	*9.7*			
時計…………	1 068	*3.5*			
計× ………	**30 167**	*100.0*	計× ………	**156 633**	*100.0*

2018（平成30年）					
サウジアラビアへの輸出	百万円	%	サウジアラビアからの輸入	百万円	%
自動車…………	254 779	*56.1*	原油 …………	3 450 171	*92.4*
機械類…………	64 909	*14.3*	石油製品 ………	92 536	*2.5*
うちポンプ,遠心分離機	14 168	*3.1*	有機化合物 ……	58 574	*1.6*
鉄鋼…………	37 914	*8.3*	液化石油ガス ….	56 192	*1.5*
自動車部品 ……	17 191	*3.8*	アルミニウム ….	26 873	*0.7*
タイヤ・チューブ	16 249	*3.6*			
有機化合物 ……	9 420	*2.1*			
織物類…………	6 768	*1.5*			
プラスチック ….	5 896	*1.3*			
科学光学機器 ….	4 965	*1.1*			
計× …………	**454 138**	*100.0*	計× ………	**3 732 948**	*100.0*

表8-21 ベトナムとの貿易

1970（昭和45年）					
南ベトナムへの輸出	百万円	%	南ベトナムからの輸入	百万円	%
機械類	27 902	*53.1*	非鉄金属くず	414	*25.3*
うちラジオ受信機	7 277	*13.8*	天然ゴム	380	*23.2*
内燃機関	3 647	*6.9*	魚介類	29	*1.8*
精密機械	5 629	*10.7*	木材	19	*1.1*
うち時計	3 590	*6.8*			
合成繊維織物	2 692	*5.1*			
二輪自動車	1 452	*2.8*			
計×	**52 586**	*100.0*	計×	**1 639**	*100.0*

2018（平成30年）					
ベトナムへの輸出	百万円	%	ベトナムからの輸入	百万円	%
機械類	788 280	*43.5*	機械類	706 260	*30.2*
うち集積回路	131 728	*7.3*	うち絶縁電線・ケーブル	232 238	*9.9*
電気回路用品	118 508	*6.5*	通信機	172 097	*7.4*
鉄鋼	166 364	*9.2*	衣類	458 281	*19.6*
プラスチック	90 349	*5.0*	はきもの	121 234	*5.2*
織物類	73 015	*4.0*	魚介類	113 021	*4.8*
鉄鋼くず	58 391	*3.2*	家具	91 225	*3.9*
科学光学機器	51 671	*2.8*	プラスチック製品	73 605	*3.2*
銅・同合金	38 372	*2.1*	バッグ類	62 855	*2.7*
自動車部品	37 769	*2.1*	金属製品	59 101	*2.5*
計×	**1 814 163**	*100.0*	計×	**2 335 237**	*100.0*

表8-22 インドネシアとの貿易

1970（昭和45年）					
インドネシアへの輸出	百万円	%	インドネシアからの輸入	百万円	%
機械類	28 863	*25.4*	原油	114 513	*50.0*
鉄鋼	14 563	*12.8*	木材	63 508	*27.7*
米	7 899	*6.9*	石油製品	17 366	*7.6*
自動車	6 815	*6.0*	天然ゴム	4 732	*2.1*
金属製品	5 710	*5.0*	ニッケル鉱	4 353	*1.9*
プラスチック	5 628	*5.0*	魚介類	3 360	*1.5*
紙・板紙	5 476	*4.8*	ボーキサイト	3 330	*1.5*
合成繊維織物	4 413	*3.9*	コプラ	3 069	*1.3*
計×	**113 681**	*100.0*	計×	**229 159**	*100.0*

2018（平成30年）					
インドネシアへの輸出	百万円	%	インドネシアからの輸入	百万円	%
機械類	677 948	*38.9*	石炭	349 411	*14.7*
うち内燃機関	91 245	*5.2*	液化天然ガス	294 873	*12.4*
自動車部品	219 033	*12.6*	機械類	263 403	*11.1*
鉄鋼	200 641	*11.5*	銅鉱	167 795	*7.1*
自動車	116 306	*6.7*	衣類	121 573	*5.1*
金属製品	60 397	*3.5*	天然ゴム	78 209	*3.3*
プラスチック	56 955	*3.3*	合板	77 269	*3.2*
銅・同合金	36 008	*2.1*	魚介類	76 153	*3.2*
有機化合物	34 599	*2.0*	原油	68 140	*2.9*
計×	**1 743 075**	*100.0*	計×	**2 378 912**	*100.0*

表 8-23　（香港）との貿易

1970（昭和45年）					
（香港）への輸出	百万円	%	（香港）からの輸入	百万円	%
機械類	44 007	*17.5*	衣類	6 727	*20.4*
合成繊維織物	32 220	*12.8*	魚介類	3 801	*11.5*
精密機械	19 502	*7.7*	銅くず	2 366	*7.2*
プラスチック	16 095	*6.4*	貴石・半貴石	2 260	*6.8*
合成繊維糸	14 826	*5.9*	鉄鋼くず	1 851	*5.6*
鉄鋼	13 085	*5.2*	綿織物	1 596	*4.8*
計×	252 103	*100.0*	計×	33 049	*100.0*

2018（平成30年）					
（香港）への輸出	百万円	%	（香港）からの輸入	百万円	%
機械類	1 617 305	*42.2*	魚介類	21 068	*9.0*
うち集積回路	472 030	*12.3*	うちうなぎの稚魚	20 980	*8.9*
電気回路用品	230 168	*6.0*	機械類	10 780	*4.6*
化粧品	137 528	*3.6*	ダイヤモンド	9 633	*4.1*
金（非貨幣用）	129 720	*3.4*	時計・同部品	2 690	*1.1*
プラスチック	129 446	*3.4*	金（非貨幣用）	2 640	*1.1*
科学光学機器	106 363	*2.8*	記録媒体	2 586	*1.1*
自動車	92 595	*2.4*	貴石・半貴石	2 548	*1.1*
時計・同部品	64 908	*1.7*	科学光学機器	1 913	*0.8*
魚介類	56 069	*1.5*	すず・同合金	1 907	*0.8*
計×	3 832 339	*100.0*	計×	234 660	*100.0*

表 8-24　アラブ首長国連邦との貿易

1972（昭和47年）					
アラブ首長国連邦への輸出	百万円	%	アラブ首長国連邦からの輸入	百万円	%
合成繊維織物	8 437	*29.1*	原油	67 933	*99.9*
機械類	5 524	*19.1*			
鉄鋼	4 709	*16.2*			
自動車	2 699	*9.3*			
精密機械	1 722	*5.9*			
金属製品	1 147	*4.0*			
計×	28 990	*100.0*	計×	68 005	*100.0*

2018（平成30年）					
アラブ首長国連邦への輸出	百万円	%	アラブ首長国連邦からの輸入	百万円	%
自動車	544 002	*62.4*	原油	2 281 422	*74.9*
機械類	145 553	*16.7*	石油製品	298 816	*9.8*
うち内燃機関	34 558	*4.0*	液化天然ガス	298 172	*9.8*
ポンプ，遠心分離機	15 921	*1.8*	アルミニウム	83 815	*2.8*
コンピュータ部品	15 872	*1.8*	液化石油ガス	63 449	*2.1*
自動車部品	35 682	*4.1*			
鉄鋼	26 864	*3.1*			
タイヤ・チューブ	24 732	*2.8*			
織物類	12 371	*1.4*			
科学光学機器	7 273	*0.8*			
計×	871 734	*100.0*	計×	3 046 282	*100.0*

表 8-25 シンガポールとの貿易

1970（昭和45年）

シンガポールへの輸出	百万円	%	シンガポールからの輸入	百万円	%
機械類	37 842	*24.8*	石油製品	25 432	*81.6*
合成繊維織物	31 083	*20.4*	銅くず	1 195	*3.8*
鉄鋼	24 014	*15.8*	木材	680	*2.2*
金属製品	4 955	*3.3*	天然ゴム	657	*2.1*
自動車	3 997	*2.6*	魚介類	358	*1.1*
プラスチック	3 847	*2.5*	原皮	228	*0.7*
精密機械	3 589	*2.4*	時計	90	*0.3*
計×	152 292	*100.0*	計×	31 154	*100.0*

2018（平成30年）

シンガポールへの輸出	百万円	%	シンガポールからの輸入	百万円	%
機械類	873 602	*33.8*	機械類	419 696	*39.0*
うち集積回路	163 029	*6.3*	うち半導体製造装置	126 273	*11.7*
半導体製造装置	74 844	*2.9*	集積回路	73 941	*6.9*
金（非貨幣用）	189 772	*7.3*	コンピュータ	63 167	*5.9*
船舶	166 445	*6.4*	医薬品	129 557	*12.0*
石油製品	141 955	*5.5*	科学光学機器	88 291	*8.2*
自動車	101 678	*3.9*	有機化合物	82 347	*7.7*
鉄鋼	50 428	*2.0*	石油製品	56 530	*5.3*
科学光学機器	40 306	*1.6*	プラスチック	32 589	*3.0*
化粧品	40 108	*1.6*	金（非貨幣用）	8 824	*0.8*
計×	2 584 088	*100.0*	計×	1 075 967	*100.0*

表 8-26 マレーシアとの貿易

1970（昭和45年）

マレーシアへの輸出	百万円	%	マレーシアからの輸入	百万円	%
機械類	18 113	*30.2*	木材	67 979	*45.1*
鉄鋼	11 623	*19.4*	すず	33 194	*22.0*
自動車	4 939	*8.2*	鉄鉱石	16 614	*11.0*
金属製品	2 550	*4.3*	天然ゴム	14 323	*9.5*
プラスチック	2 252	*3.8*	木・コルク製品	3 370	*2.2*
紙・板紙	2 147	*3.6*	魚介類	2 682	*1.8*
合成繊維織物	2 095	*3.5*	ボーキサイト	2 439	*1.6*
計×	59 927	*100.0*	計×	150 802	*100.0*

2018（平成30年）

マレーシアへの輸出	百万円	%	マレーシアからの輸入	百万円	%
機械類	595 116	*38.7*	機械類	638 676	*30.5*
うち集積回路	72 042	*4.7*	うち音響・映像機器	96 784	*4.6*
個別半導体	53 530	*3.5*	集積回路	79 890	*3.8*
自動車	127 207	*8.3*	液化天然ガス	610 577	*29.2*
鉄鋼	121 839	*7.9*	合板	70 064	*3.4*
自動車部品	82 254	*5.3*	プラスチック	58 681	*2.8*
プラスチック	76 871	*5.0*	衣類	47 358	*2.3*
石油製品	54 072	*3.5*	科学光学機器	43 318	*2.1*
銅・同合金	47 170	*3.1*	石油製品	42 099	*2.0*
金（非貨幣用）	34 458	*2.2*	原油	39 823	*1.9*
計×	1 538 662	*100.0*	計×	2 091 021	*100.0*

表8-27　アメリカ合衆国との貿易

1970（昭和45年）					
アメリカ合衆国への輸出	百万円	%	アメリカ合衆国からの輸入	百万円	%
機械類	625 088	29.2	機械類	371 144	18.5
うちラジオ受信機	142 998	6.7	うち事務用機械	72 397	3.6
テレビ受像機	95 342	4.5	石炭	224 284	11.2
鉄鋼	323 653	15.1	木材	186 405	9.3
自動車	192 974	9.0	大豆	118 660	5.9
金属製品	116 580	5.5	鉄鉱くず	97 375	4.9
二輪自動車	100 827	4.7	航空機類	88 263	4.4
衣類	98 786	4.6	とうもろこし	78 384	3.9
精密機械	68 469	3.2	小麦	62 531	3.1
魚介類	35 096	1.6	こうりゃん	48 065	2.4
はきもの	33 489	1.6	石油製品	39 430	2.0
陶磁器	32 076	1.5	有機化合物	37 351	1.9
合成繊維織物	29 351	1.4	綿花	28 791	1.4
がん具	28 225	1.3	精密機械	28 269	1.4
有機化合物	25 330	1.2	原皮	23 487	1.2
合板	17 988	0.8	パルプ	23 111	1.2
計×	2 138 335	100.0	計×	2 001 448	100.0

2018（平成30年）					
アメリカ合衆国への輸出	百万円	%	アメリカ合衆国からの輸入	百万円	%
機械類	5 612 836	36.3	機械類	2 529 621	28.1
うち内燃機関	862 541	5.6	うち航空機用内燃機関	609 525	6.8
建設･鉱山用機械	401 496	2.6	集積回路	279 486	3.1
電気計測機器	326 978	2.1	半導体製造装置	248 175	2.8
コンピュータ部品	247 053	1.6	航空機類	475 650	5.3
ポンプ, 遠心分離機	240 203	1.6	医薬品	463 481	5.1
金属加工機械	237 068	1.5	科学光学機器	459 813	5.1
電池	226 451	1.5	液化石油ガス	433 915	4.8
自動車	4 524 134	29.2	肉類	422 069	4.7
自動車部品	929 455	6.0	とうもろこし	342 146	3.8
航空機部品	376 724	2.4	有機化合物	322 339	3.6
科学光学機器	338 265	2.2	石炭	195 751	2.2
金属製品	238 947	1.5	プラスチック	178 191	2.0
医薬品	204 221	1.3	無機化合物	160 238	1.8
鉄鋼	203 917	1.3	原油	158 386	1.8
プラスチック	202 198	1.3	魚介類	153 363	1.7
有機化合物	188 991	1.2	液化天然ガス	151 661	1.7
計×	15 470 237	100.0	計×	9 014 902	100.0

貿易統計のはじまり　わが国の貿易統計は，1868年（明治元年）に横浜，神戸，大阪，長崎，函館，新潟の各港に設けられた運上所からの輸出入数量･金額の報告を，外務省が「各開港場輸出入物品高」としてまとめたのがはじまりで，1871年（明治4年）に外務省から大蔵省（現財務省）へと移管された（総務省統計局「日本長期統計総覧　3」より）。

貿易統計の計上時点と相手国　貿易統計の計上時点は，輸出が，積載船舶または航空機の出港（航）の日により，一方，輸入は，輸入許可または輸入が承認された日による。また，わが国との相手国は，輸出は仕向国（地）により，輸入は原産国（地）によるが，原産国（地）が不明の場合は積出国（地）によって分類される。

表 8-28 カナダとの貿易

1970（昭和45年）					
カナダへの輸出	百万円	%	カナダからの輸入	百万円	%
機械類	53 727	*26.5*	銅鉱	53 485	*16.0*
自動車	30 699	*15.1*	木材	40 793	*12.2*
鉄鋼	22 497	*11.1*	小麦	31 397	*9.4*
金属製品	12 623	*6.2*	パルプ	29 964	*9.0*
衣類	9 535	*4.7*	石炭	20 412	*6.1*
精密機械	6 859	*3.4*	アルミニウム	14 715	*4.4*
合繊繊維織物	5 909	*2.9*	なたね	14 249	*4.3*
魚介類	3 519	*1.7*	鉄鉱石	11 062	*3.3*
計×	**202 776**	*100.0*	計×	**334 292**	*100.0*

2018（平成30年）					
カナダへの輸出	百万円	%	カナダからの輸入	百万円	%
自動車	396 620	*38.5*	石炭	179 117	*13.8*
機械類	246 189	*23.9*	肉類	141 327	*10.9*
うち建設・鉱山用機械	34 976	*3.4*	木材	113 534	*8.8*
自動車部品	129 531	*12.6*	なたね	113 422	*8.8*
金（非貨幣用）	46 267	*4.5*	医薬品	79 954	*6.2*
鉄鋼	21 990	*2.1*	銅鉱	79 180	*6.1*
タイヤ・チューブ	19 992	*1.9*	鉄鉱石	68 076	*5.3*
金属製品	16 758	*1.6*	機械類	68 042	*5.3*
二輪自動車	14 046	*1.4*	小麦	60 203	*4.6*
計×	**1 029 417**	*100.0*	計×	**1 294 987**	*100.0*

表 8-29 メキシコとの貿易

1970（昭和45年）					
メキシコへの輸出	百万円	%	メキシコからの輸入	百万円	%
機械類	14 614	*43.2*	綿花	27 959	*51.4*
鉄鋼	3 703	*10.9*	冷凍えび	7 186	*13.2*
自動車部品	2 976	*8.8*	塩	7 134	*13.1*
精密機械	2 127	*6.3*	水銀	2 463	*4.5*
金属製品	1 874	*5.5*	貴石・半貴石	1 851	*3.4*
プラスチック	954	*2.8*	銅・同合金	1 523	*2.8*
計×	**33 822**	*100.0*	計×	**54 435**	*100.0*

2018（平成30年）					
メキシコへの輸出	百万円	%	メキシコからの輸入	百万円	%
機械類	495 040	*38.6*	機械類	212 816	*30.4*
うち内燃機関	56 430	*4.4*	うち通信機	45 551	*6.5*
電気回路用品	44 550	*3.5*	原油	88 239	*12.6*
金属加工機械	39 376	*3.1*	肉類	58 514	*8.4*
自動車部品	207 197	*16.2*	自動車部品	55 535	*7.9*
自動車	179 052	*14.0*	果実	36 242	*5.2*
鉄鋼	175 328	*13.7*	科学光学機器	35 414	*5.1*
金属製品	49 965	*3.9*	自動車	21 767	*3.1*
石油製品	20 648	*1.6*	銀	19 180	*2.7*
プラスチック	20 164	*1.6*	家具	17 557	*2.5*
計×	**1 282 938**	*100.0*	計×	**699 842**	*100.0*

表 8-30　ブラジルとの貿易

1970（昭和45年）					
ブラジルへの輸出	百万円	%	ブラジルからの輸入	百万円	%
機械類	23 302	*38.8*	鉄鉱石	27 492	*35.1*
鉄鋼	14 880	*24.8*	綿花	16 145	*20.6*
船舶	6 803	*11.3*	コーヒー豆	7 651	*9.8*
プラスチック	2 524	*4.2*	砂糖	5 192	*6.6*
精密機械	2 398	*4.0*	鉄鋼	2 961	*3.8*
有機化合物	1 648	*2.7*	馬肉	2 743	*3.5*
計×	60 023	*100.0*	計×	78 427	*100.0*

2018（平成30年）					
ブラジルへの輸出	百万円	%	ブラジルからの輸入	百万円	%
機械類	171 558	*38.9*	鉄鉱石	320 145	*42.1*
うち内燃機関	20 378	*4.6*	肉類	87 305	*11.5*
自動車部品	87 022	*19.7*	コーヒー	44 903	*5.9*
有機化合物	28 414	*6.4*	有機化合物	38 509	*5.1*
自動車	26 975	*6.1*	鉄鋼	34 846	*4.6*
金属製品	16 680	*3.8*	大豆	26 915	*3.5*
鉄鋼	15 028	*3.4*	パルプ	23 778	*3.1*
タイヤ・チューブ	9 259	*2.1*	アルミニウム	22 144	*2.9*
航空機部品	8 604	*1.9*	果実	19 399	*2.5*
プラスチック	8 175	*1.9*	航空機類	17 195	*2.3*
計×	441 523	*100.0*	計×	761 201	*100.0*

表 8-31　ドイツとの貿易

1970（昭和45年）					
旧西ドイツへの輸出	百万円	%	旧西ドイツからの輸入	百万円	%
機械類	71 896	*36.3*	機械類	97 696	*44.0*
うちテープレコーダー	9 293	*4.7*	医薬品	24 826	*11.2*
精密機械	16 701	*8.4*	有機化合物	12 815	*5.8*
鉄鋼	11 662	*5.9*	乗用自動車	8 235	*3.7*
有機化合物	9 640	*4.9*	精密機械	7 457	*3.4*
プラスチック	6 549	*3.3*	染料	6 980	*3.1*
船舶	5 801	*2.9*	船舶	5 870	*2.6*
計×	198 054	*100.0*	計×	222 117	*100.0*

2018（平成30年）					
ドイツへの輸出	百万円	%	ドイツからの輸入	百万円	%
機械類	1 123 628	*48.7*	機械類	751 485	*26.2*
うち電気計測機器	144 849	*6.3*	うち電気計測機器	98 750	*3.4*
集積回路	69 974	*3.0*	自動車	696 744	*24.3*
ポンプ, 遠心分離機	68 279	*3.0*	医薬品	472 480	*16.5*
自動車	255 186	*11.1*	有機化合物	138 112	*4.8*
科学光学機器	104 470	*4.5*	科学光学機器	132 272	*4.6*
遊戯用具	78 154	*3.4*	自動車部品	81 081	*2.8*
有機化合物	53 639	*2.3*	金属製品	51 640	*1.8*
プラスチック	53 261	*2.3*	プラスチック	45 969	*1.6*
自動車部品	33 723	*1.5*	無機化合物	35 337	*1.2*
計×	2 305 587	*100.0*	計×	2 869 299	*100.0*

表 8-32 イギリスとの貿易

イギリスへの輸出	百万円	%	イギリスからの輸入	百万円	%
1970（昭和45年）					
船舶	59 088	*34.2*	機械類	38 059	*26.8*
機械類	30 203	*17.5*	毛織物	10 840	*7.6*
魚介類	15 809	*9.2*	医薬品	10 000	*7.0*
プラスチック	7 610	*4.4*	白金	8 148	*5.7*
鉄鋼	7 158	*4.1*	がん具	7 312	*5.1*
精密機械	6 178	*3.6*	有機化合物	5 167	*3.6*
有機化合物	4 193	*2.4*	書籍	3 235	*2.3*
金属製品	3 195	*1.8*	ウイスキー	3 059	*2.2*
計×	172 753	*100.0*	計×	142 262	*100.0*
2018（平成30年）					
機械類	509 116	*33.2*	機械類	281 584	*31.0*
うち内燃機関	119 917	*7.8*	うち航空機用内燃機関	110 139	*12.1*
電池	46 716	*3.0*	電気計測機器	31 340	*3.4*
自動車	253 366	*16.5*	自動車	158 987	*17.5*
鉄道用車両	83 629	*5.5*	医薬品	154 139	*16.9*
自動車部品	77 403	*5.0*	ウイスキー	32 103	*3.5*
金（非貨幣用）	56 702	*3.7*	科学光学機器	31 455	*3.5*
医薬品	49 234	*3.2*	有機化合物	14 426	*1.6*
写真・映画用材料	32 164	*2.1*	衣類	11 852	*1.3*
計×	1 534 253	*100.0*	計×	909 497	*100.0*

表 8-33 フランスとの貿易

フランスへの輸出	百万円	%	フランスからの輸入	百万円	%
1970（昭和45年）					
機械類	14 576	*31.8*	機械類	20 180	*30.1*
うち軸受	2 365	*5.2*	うち事務用機械	8 797	*13.1*
精密機械	3 657	*8.0*	繊維機械	4 227	*6.3*
プラスチック	2 636	*5.8*	美術・こっとう品	5 747	*8.6*
二輪自動車	1 944	*4.2*	有機化合物	4 534	*6.8*
有機化合物	1 813	*4.0*	医薬品	2 256	*3.4*
魚介類	1 612	*3.5*	衣類	2 247	*3.3*
計×	45 836	*100.0*	計×	67 098	*100.0*
2018（平成30年）					
機械類	300 389	*38.6*	機械類	188 243	*15.4*
うち内燃機関	59 606	*7.7*	医薬品	181 016	*14.8*
自動車	120 756	*15.5*	ぶどう酒	103 013	*8.4*
自動車部品	42 288	*5.4*	航空機類	73 677	*6.0*
二輪自動車	34 466	*4.4*	バッグ類	67 619	*5.5*
医薬品	20 351	*2.6*	有機化合物	51 463	*4.2*
写真・映画用材料	17 552	*2.3*	自動車	32 997	*2.7*
科学光学機器	16 155	*2.1*	美術・収集品等	24 210	*2.0*
有機化合物	13 162	*1.7*	放射性元素	22 004	*1.8*
プラスチック	10 279	*1.3*	プラスチック	18 300	*1.5*
計×	778 801	*100.0*	計×	1 219 821	*100.0*

表 8 - 34　イタリアとの貿易

1970（昭和45年）					
イタリアへの輸出	百万円	%	イタリアからの輸入	百万円	%
鉄鋼	26 718	*38.6*	機械類	19 462	*40.2*
機械類	11 064	*16.0*	うち事務用機械	5 392	*11.1*
魚介類	5 288	*7.6*	繊維機械	3 046	*6.3*
精密機械	3 554	*5.1*	有機化合物	3 540	*7.3*
有機化合物	2 293	*3.3*	衣類	2 584	*5.3*
金属製品	1 611	*2.3*	医薬品	1 845	*3.8*
がん具	1 607	*2.3*	生糸	1 731	*3.6*
合成ゴム	1 428	*2.1*	絹織物	1 386	*2.9*
計×	**69 139**	*100.0*	計×	**48 396**	*100.0*

2018（平成30年）					
イタリアへの輸出	百万円	%	イタリアからの輸入	百万円	%
機械類	180 494	*34.8*	たばこ	209 386	*16.6*
うち金属加工機械	25 181	*4.9*	機械類	196 935	*15.6*
自動車	109 702	*21.2*	バッグ類	123 643	*9.8*
二輪自動車	29 683	*5.7*	医薬品	111 078	*8.8*
有機化合物	25 234	*4.9*	衣類	105 172	*8.3*
科学光学機器	14 412	*2.8*	自動車	72 955	*5.8*
プラスチック	12 660	*2.4*	有機化合物	55 309	*4.4*
医薬品	11 682	*2.3*	はきもの	42 085	*3.3*
金属製品	9 854	*1.9*	ぶどう酒	21 811	*1.7*
計×	**518 558**	*100.0*	計×	**1 260 310**	*100.0*

表 8 - 35　オランダとの貿易

1970（昭和45年）					
オランダへの輸出	百万円	%	オランダからの輸入	百万円	%
機械類	25 469	*25.5*	機械類	6 070	*16.3*
うち事務用機械	8 677	*8.7*	医薬品	3 875	*10.4*
精密機械	10 117	*10.1*	乳糖	2 733	*7.3*
鉄鋼	8 913	*8.9*	有機化合物	2 256	*6.0*
有機化合物	5 824	*5.8*	カカオバター	1 760	*4.7*
船舶	5 109	*5.1*	金属製品	1 759	*4.7*
自動車	4 954	*5.0*	石油製品	1 596	*4.3*
プラスチック	3 969	*4.0*	チーズ	864	*2.3*
計×	**99 886**	*100.0*	計×	**37 297**	*100.0*

2018（平成30年）					
オランダへの輸出	百万円	%	オランダからの輸入	百万円	%
機械類	751 636	*53.6*	機械類	124 388	*35.3*
うちコンピュータ部品	185 084	*13.2*	うち半導体製造装置	45 061	*12.8*
建設·鉱山用機械	88 534	*6.3*	医薬品	24 778	*7.0*
自動車部品	126 522	*9.0*	肉類	18 760	*5.3*
自動車	62 864	*4.5*	石油製品	13 327	*3.8*
有機化合物	59 172	*4.2*	チーズ	12 175	*3.5*
科学光学機器	57 601	*4.1*	プラスチック	11 414	*3.2*
プラスチック	37 753	*2.7*	科学光学機器	10 523	*3.0*
計×	**1 403 603**	*100.0*	計×	**352 610**	*100.0*

表 8-36 スイスとの貿易

1970（昭和45年）					
スイスへの輸出	百万円	%	スイスからの輸入	百万円	%
機械類	24 656	*40.8*	機械類	20 256	*31.8*
うちテープレコーダー	7 371	*12.2*	精密機械	10 548	*16.6*
自動車	6 307	*10.4*	うち時計	8 681	*13.6*
鉄鋼	4 181	*6.9*	有機化合物	8 510	*13.4*
精密機械	4 026	*6.7*	医薬品	6 078	*9.5*
真珠	2 496	*4.1*	染料	4 451	*7.0*
計×	60 438	*100.0*	計×	63 691	*100.0*

2018（平成30年）					
スイスへの輸出	百万円	%	スイスからの輸入	百万円	%
金（非貨幣用）	88 836	*21.3*	医薬品	288 070	*33.6*
医薬品	42 676	*10.2*	時計・同部品	224 504	*26.2*
自動車	42 129	*10.1*	機械類	100 630	*11.7*
機械類	27 969	*6.7*	うち電気計測機器	11 345	*1.3*
有機化合物	14 193	*3.4*	科学光学機器	62 741	*7.3*
科学光学機器	5 374	*1.3*	たばこ	59 935	*7.0*
プラスチック	3 732	*0.9*	有機化合物	33 978	*4.0*
二輪自動車	2 893	*0.7*	プラスチック	6 553	*0.8*
金属製品	2 329	*0.6*	金属製品	6 281	*0.7*
化粧品	1 578	*0.4*	金（非貨幣用）	4 680	*0.5*
計×	416 564	*100.0*	計×	857 321	*100.0*

表 8-37 ロシアとの貿易

1970（昭和45年）					
旧ソ連への輸出	百万円	%	旧ソ連からの輸入	百万円	%
機械類	30 098	*24.5*	木材	71 176	*41.1*
鉄鋼	16 301	*13.3*	石炭	15 722	*9.1*
衣類	13 189	*10.7*	石油製品	8 985	*5.2*
毛糸	11 715	*9.5*	綿花	8 754	*5.1*
プラスチック	8 301	*6.8*	鉄鋼	8 311	*4.8*
メリヤス	7 546	*6.1*	パラジウム	7 240	*4.2*
自動車	3 389	*2.8*	ニッケル	7 214	*4.2*
計×	122 736	*100.0*	計×	173 174	*100.0*

2018（平成30年）					
ロシアへの輸出	百万円	%	ロシアからの輸入	百万円	%
自動車	361 314	*44.9*	原油	432 980	*25.1*
機械類	196 252	*24.4*	液化天然ガス	358 032	*20.8*
うち建設・鉱山用機械	39 990	*5.0*	石炭	263 377	*15.3*
内燃機関	24 467	*3.0*	魚介類	140 643	*8.2*
荷役機械	17 068	*2.1*	石油製品	135 474	*7.9*
自動車部品	94 015	*11.7*	アルミニウム	131 847	*7.7*
タイヤ・チューブ	37 945	*4.7*	パラジウム	112 598	*6.5*
金属製品	10 106	*1.3*	木材	49 650	*2.9*
鉄鋼	8 623	*1.1*	鉄鋼	34 470	*2.0*
石油製品	8 416	*1.0*	パルプ	6 913	*0.4*
計×	805 472	*100.0*	計×	1 722 684	*100.0*

表 8 - 38　オーストラリアとの貿易

1970（昭和45年）					
オーストラリアへの輸出	百万円	%	オーストラリアからの輸入	百万円	%
機械類	48 963	*23.1*	鉄鉱石	151 785	*28.0*
自動車	24 696	*11.6*	羊毛	99 446	*18.3*
鉄鋼	23 907	*11.3*	石炭	88 708	*16.3*
綿織物	11 567	*5.5*	小麦	20 682	*3.8*
合成繊維織物	6 872	*3.2*	砂糖	18 583	*3.4*
プラスチック	6 843	*3.2*	肉類	14 963	*2.8*
金属製品	6 465	*3.0*	銅鉱	10 890	*2.0*
船舶	6 053	*2.9*	飼料	10 127	*1.9*
計×	212 054	*100.0*	計×	542 771	*100.0*

2018（平成30年）					
オーストラリアへの輸出	百万円	%	オーストラリアからの輸入	百万円	%
自動車	850 528	*45.1*	石炭	1 732 195	*34.3*
石油製品	270 331	*14.3*	液化天然ガス	1 677 796	*33.2*
機械類	252 627	*13.4*	鉄鉱石	511 015	*10.1*
うち建設・鉱山用機械	71 998	*3.8*	肉類	224 085	*4.4*
タイヤ・チューブ	54 391	*2.9*	銅鉱	145 877	*2.9*
金（非貨幣用）	39 337	*2.1*	アルミニウム	132 122	*2.6*
自動車部品	31 096	*1.6*	ウッドチップ	57 791	*1.1*
鉄鋼	17 136	*0.9*	チーズ	39 183	*0.8*
無機化合物	16 843	*0.9*	粗糖	31 929	*0.6*
計×	1 886 230	*100.0*	計×	5 052 790	*100.0*

表 8 - 39　南アフリカ共和国との貿易

1970（昭和45年）					
南アフリカ共和国への輸出	百万円	%	南アフリカ共和国からの輸入	百万円	%
機械類	27 155	*22.9*	鉄鋼	14 959	*12.2*
自動車	23 558	*19.9*	砂糖	13 347	*10.9*
鉄鋼	14 090	*11.9*	鉄鉱石	11 505	*9.4*
合成繊維織物	10 436	*8.8*	銅	10 530	*8.6*
プラスチック	4 049	*3.4*	とうもろこし	9 462	*7.7*
精密機械	3 528	*3.0*	羊毛	8 740	*7.1*
金属製品	3 244	*2.7*	クロム鉱	8 144	*6.6*
計×	118 629	*100.0*	計×	122 642	*100.0*

2018（平成30年）					
南アフリカ共和国への輸出	百万円	%	南アフリカ共和国からの輸入	百万円	%
自動車	127 777	*45.9*	白金	115 597	*20.3*
機械類	64 191	*23.1*	パラジウム	89 520	*15.8*
うち建設・鉱山用機械	14 439	*5.2*	自動車	63 713	*11.2*
荷役機械	7 211	*2.6*	鉄鋼	46 631	*8.2*
内燃機関	6 932	*2.5*	ロジウム	43 784	*7.7*
自動車部品	28 652	*10.3*	鉄鉱石	37 997	*6.7*
タイヤ・チューブ	7 580	*2.7*	ウッドチップ	25 217	*4.4*
鉄鋼	6 473	*2.3*	マンガン鉱	24 341	*4.3*
計×	278 084	*100.0*	計×	568 150	*100.0*

1970年は南西アフリカ（現ナミビア）との貿易を含む。

表 **8 - 40**　日中貿易の推移（Ｉ）（単位　千円）

	中国への輸出	輸出総額に占める割合（%）	中国からの輸入	輸入総額に占める割合（%）	対中国入出超
1873（明 6）	4 786	*22.1*	9 882	*35.2*	-5 096
1874（〃 7）	3 655	*18.9*	8 666	*36.9*	-5 011
1875（〃 8）	4 187	*22.5*	8 200	*27.4*	-4 013
1876（〃 9）	4 764	*17.2*	7 472	*31.2*	-2 708
1877（〃 10）	5 016	*21.5*	5 675	*20.7*	-659
1878（〃 11）	6 552	*25.2*	4 784	*14.6*	1 768
1879（〃 12）	5 982	*21.2*	5 865	*17.8*	117
1880（〃 13）	6 321	*22.3*	5 846	*16.0*	475
1881（〃 14）	6 302	*20.3*	5 503	*17.6*	799
1882（〃 15）	5 712	*15.1*	6 553	*22.3*	-841
1883（〃 16）	5 929	*16.3*	5 768	*20.3*	161
1884（〃 17）	6 551	*19.3*	7 020	*23.7*	-469
1885（〃 18）	8 243	*22.2*	6 342	*21.6*	1 901
1886（〃 19）	9 595	*19.6*	7 124	*22.1*	2 471
1887（〃 20）	10 970	*20.9*	7 986	*18.0*	2 984
1888（〃 21）	11 427	*17.4*	10 360	*15.8*	1 067
1889（〃 22）	5 443	*7.8*	9 200	*13.9*	-3 757
1890（〃 23）	5 227	*9.2*	8 850	*10.8*	-3 623
1891（〃 24）	5 826	*7.3*	8 798	*14.0*	-2 972
1892（〃 25）	6 359	*7.0*	12 509	*17.5*	-6 150
1893（〃 26）	7 714	*8.6*	17 096	*19.4*	-9 382
1894（〃 27）	8 814	*7.8*	17 512	*14.9*	-8 698
1895（〃 28）	9 135	*6.7*	22 985	*17.8*	-13 850
1896（〃 29）	13 824	*11.7*	21 345	*12.4*	-7 521
1897（〃 30）	21 325	*13.1*	29 266	*13.3*	-7 941
1898（〃 31）	29 193	*17.6*	30 523	*11.0*	-1 330
1899（〃 32）	40 257	*18.7*	28 688	*13.0*	11 569
1900（〃 33）	31 872	*15.6*	29 961	*10.4*	1 911
1901（〃 34）	42 926	*17.0*	27 257	*10.7*	15 669
1902（〃 35）	46 839	*18.1*	40 591	*14.9*	6 248
1903（〃 36）	64 994	*22.5*	45 458	*14.3*	19 536
1904（〃 37）	67 986	*21.3*	54 810	*14.8*	13 176
1905（〃 38）	98 682	*30.7*	52 618	*10.8*	46 064
1906（〃 39）	117 780	*27.8*	57 397	*13.7*	60 383
1907（〃 40）	106 020	*24.5*	67 992	*13.8*	38 028
1908（〃 41）	77 746	*20.6*	63 784	*14.6*	13 962
1909（〃 42）	89 285	*21.6*	65 051	*16.5*	24 234
1910（〃 43）	109 186	*23.8*	78 310	*16.9*	30 876
1911（〃 44）	111 216	*24.9*	82 544	*16.1*	28 672
1912（大 1）	142 369	*27.0*	80 514	*13.0*	61 855
1913（〃 2）	184 497	*29.2*	92 101	*12.6*	92 396
1914（〃 3）	184 641	*31.2*	89 583	*15.0*	95 058
1915（〃 4）	163 323	*23.1*	113 667	*21.3*	49 656
1916（〃 5）	229 773	*20.4*	142 593	*18.9*	87 180
1917（〃 6）	384 105	*24.0*	186 451	*18.0*	197 654
1918（〃 7）	475 525	*24.2*	382 225	*22.9*	93 300
1919（〃 8）	597 176	*28.5*	484 495	*22.3*	112 681
1920（〃 9）	523 956	*26.9*	414 952	*17.8*	109 004
1921（〃 10）	364 797	*29.1*	303 610	*18.8*	61 187
1922（〃 11）	405 379	*24.8*	316 918	*16.8*	88 461
1923（〃 12）	340 062	*23.5*	353 485	*17.8*	-13 423
1924（〃 13）	421 000	*23.3*	413 288	*16.8*	7 712
1925（〃 14）	570 086	*24.7*	391 254	*15.2*	178 832

日中貿易の推移（Ⅱ）（単位　1945年まで千円，1946年から百万円）

	中国への輸出	輸出総額に占める割合（%）	中国からの輸入	輸入総額に占める割合（%）	対中国入出超
	千円		千円		千円
1926(昭1)	521 468	*25.5*	396 444	*16.7*	125 024
1927(〃2)	425 454	*21.4*	358 482	*16.5*	66 972
1928(〃3)	483 332	*24.5*	384 953	*17.5*	98 379
1929(〃4)	471 129	*21.9*	376 297	*17.0*	94 832
1930(〃5)	347 640	*23.7*	283 106	*18.3*	64 534
1931(〃6)	221 293	*19.3*	235 862	*19.1*	−14 569
1932(〃7)	276 009	*19.6*	205 465	*14.4*	70 544
1933(〃8)	411 393	*22.1*	281 417	*14.7*	129 976
1934(〃9)	520 082	*23.9*	311 065	*13.6*	209 017
1935(〃10)	575 103	*23.0*	350 338	*14.2*	224 765
1936(〃11)	657 715	*24.4*	394 253	*14.3*	263 462
1937(〃12)	791 258	*24.9*	437 906	*11.6*	353 352
1938(〃13)	1 165 540	*43.3*	564 204	*21.2*	601 336
1939(〃14)	1 747 095	*48.9*	682 956	*23.4*	1 064 139
1940(〃15)	1 867 286	*51.1*	755 848	*21.9*	1 111 438
1941(〃16)	1 659 013	*62.6*	855 406	*29.5*	803 607
1942(〃17)	1 512 931	*84.4*	1 222 445	*69.8*	290 486
1943(〃18)	1 299 169	*79.8*	1 321 707	*68.7*	−22 538
1944(〃19)	1 121 770	*86.4*	1 707 225	*87.7*	−585 455
1945(〃20)	372 405	*95.9*	854 873	*89.4*	−482 468
	百万円		百万円		百万円
1946(〃21)	221	*9.8*	273	*6.7*	−52
1947(〃22)	761	*7.5*	182	*0.9*	579
1948(〃23)	287	*0.6*	1 275	*2.1*	−988
1949(〃24)	928	*0.5*	5 587	*2.0*	−4 659
1950(〃25)	7 068	*2.4*	14 158	*4.1*	−7 090
1951(〃26)	2 098	*0.4*	7 778	*1.1*	−5 680
1952(〃27)	216	*0.0*	5 365	*0.7*	−5 149
1953(〃28)	1 634	*0.4*	10 692	*1.2*	−9 058
1954(〃29)	6 875	*1.2*	14 677	*1.7*	−7 802
1955(〃30)	10 277	*1.4*	29 080	*3.3*	−18 803
1956(〃31)	24 242	*2.7*	30 113	*2.6*	−5 871
1957(〃32)	21 774	*2.1*	28 974	*1.9*	−7 200
1958(〃33)	18 216	*1.8*	19 594	*1.8*	−1 378
1959(〃34)	1 313	*0.1*	6 810	*0.5*	−5 497
1960(〃35)	981	*0.1*	7 462	*0.5*	−6 481
1961(〃36)	5 990	*0.4*	11 122	*0.5*	−5 132
1962(〃37)	13 846	*0.8*	16 567	*0.8*	−2 721
1963(〃38)	22 470	*1.1*	26 856	*1.1*	−4 386
1964(〃39)	54 986	*2.3*	56 790	*2.0*	−1 804
1965(〃40)	88 213	*2.9*	80 894	*2.8*	7 319
1966(〃41)	113 454	*3.2*	110 245	*3.2*	3 209
1967(〃42)	103 786	*2.8*	96 998	*2.3*	6 788
1968(〃43)	117 158	*2.5*	80 707	*1.7*	36 451
1969(〃44)	140 689	*2.4*	84 434	*1.6*	56 255
1970(〃45)	204 796	*2.9*	91 375	*1.3*	113 421
1971(〃46)	201 875	*2.4*	112 683	*1.6*	89 192
1972(〃47)	187 548	*2.1*	151 264	*2.1*	36 284
1973(〃48)	282 895	*2.8*	263 758	*2.5*	19 137
1974(〃49)	580 522	*3.6*	380 573	*2.1*	199 949
1975(〃50)	669 806	*4.0*	454 912	*2.6*	214 894

日中貿易の推移（Ⅲ）（単位　百万円）

	中国への輸出	輸出総額に占める割合（%）	中国からの輸入	輸入総額に占める割合（%）	対中国入出超
1976（〃51）	496 599	*2.5*	406 549	*2.1*	90 050
1977（〃52）	521 068	*2.4*	415 710	*2.2*	105 358
1978（〃53）	633 035	*3.1*	425 240	*2.5*	207 795
1979（〃54）	803 877	*3.6*	647 743	*2.7*	156 133
1980（〃55）	1 140 787	*3.9*	977 794	*3.1*	162 993
1981（〃56）	1 114 601	*3.3*	1 170 117	*3.7*	−55 516
1982（〃57）	871 723	*2.5*	1 326 521	*4.1*	−454 798
1983（〃58）	1 167 551	*3.3*	1 209 149	*4.0*	−41 598
1984（〃59）	1 720 803	*4.3*	1 411 271	*4.4*	309 532
1985（〃60）	2 991 151	*7.1*	1 552 365	*5.0*	1 438 786
1986（〃61）	1 666 511	*4.7*	965 839	*4.5*	700 672
1987（〃62）	1 198 213	*3.6*	1 075 383	*4.9*	122 830
1988（〃63）	1 213 931	*3.6*	1 264 214	*5.3*	−50 283
1989（平1）	1 164 719	*3.1*	1 534 283	*5.3*	−369 563
1990（〃2）	883 510	*2.1*	1 729 858	*5.1*	−846 349
1991（〃3）	1 156 768	*2.7*	1 913 713	*6.0*	−756 945
1992（〃4）	1 510 321	*3.5*	2 144 777	*7.3*	−634 455
1993（〃5）	1 911 297	*4.8*	2 278 026	*8.5*	−366 728
1994（〃6）	1 913 705	*4.7*	2 811 395	*10.0*	−897 690
1995（〃7）	2 061 960	*5.0*	3 380 882	*10.7*	−1 318 922
1996（〃8）	2 382 363	*5.3*	4 399 676	*11.6*	−2 017 313
1997（〃9）	2 630 721	*5.2*	5 061 673	*12.4*	−2 430 953
1998（〃10）	2 620 905	*5.2*	4 844 135	*13.2*	−2 223 229
1999（〃11）	2 657 428	*5.6*	4 875 385	*13.8*	−2 217 956
2000（〃12）	3 274 448	*6.3*	5 941 358	*14.5*	−2 666 910
2001（〃13）	3 763 723	*7.7*	7 026 677	*16.6*	−3 262 953
2002（〃14）	4 979 796	*9.6*	7 727 793	*18.3*	−2 747 997
2003（〃15）	6 635 482	*12.2*	8 731 139	*19.7*	−2 095 657
2004（〃16）	7 994 233	*13.1*	10 198 963	*20.7*	−2 204 730
2005（〃17）	8 836 853	*13.5*	11 975 449	*21.0*	−3 138 596
2006（〃18）	10 793 696	*14.3*	13 784 370	*20.5*	−2 990 674
2007（〃19）	12 838 998	*15.3*	15 035 468	*20.6*	−2 196 471
2008（〃20）	12 949 889	*16.0*	14 830 406	*18.8*	−1 880 517
2009（〃21）	10 235 596	*18.9*	11 435 984	*22.2*	−1 200 389
2010（〃22）	13 085 565	*19.4*	13 412 960	*22.1*	−327 395
2011（〃23）	12 902 160	*19.7*	14 641 945	*21.5*	−1 739 786
2012（〃24）	11 509 144	*18.1*	15 038 787	*21.3*	−3 529 643
2013（〃25）	12 625 239	*18.1*	17 659 992	*21.7*	−5 034 753
2014（〃26）	13 381 487	*18.3*	19 176 450	*22.3*	−5 794 963
2015（〃27）	13 223 350	*17.5*	19 428 812	*24.8*	−6 205 461
2016（〃28）	12 361 422	*17.7*	17 018 988	*25.8*	−4 657 566
2017（〃29）	14 889 706	*19.0*	18 459 259	*24.5*	−3 569 553
2018（〃30）	15 897 740	*19.5*	19 193 653	*23.2*	−3 295 912

日本銀行「明治以降　本邦主要経済統計」（1925年までの数値），総務省統計局「日本長期統計総覧３」（1926～78年の数値），同「貿易統計」（1979年以降の数値，2019年10月16日閲覧）により作成。入出超および輸出入総額に占める割合は編者。1945年までの中国は関東州，満州および中華民国（ただし1888年までは香港を含む）で，1946年以降は香港，マカオおよび台湾を除く中国本土。

表8-41　日米貿易の推移（Ⅰ）（単位　千円）

	アメリカ合衆国への輸出	輸出総額に占める割合（%）	アメリカ合衆国からの輸入	輸入総額に占める割合（%）	対アメリカ合衆国入出超
1873(明6)	4 226	*19.5*	1 018	*3.6*	3 208
1874(〃7)	7 465	*38.6*	1 047	*4.5*	6 418
1875(〃8)	6 890	*37.0*	1 920	*6.4*	4 970
1876(〃9)	5 798	*20.9*	1 125	*4.7*	4 673
1877(〃10)	5 232	*22.4*	1 737	*6.3*	3 495
1878(〃11)	5 845	*22.5*	2 728	*8.3*	3 117
1879(〃12)	10 879	*38.6*	3 212	*9.7*	7 667
1880(〃13)	12 041	*42.4*	2 669	*7.3*	9 372
1881(〃14)	11 088	*35.7*	1 816	*5.8*	9 272
1882(〃15)	14 280	*37.9*	3 134	*10.6*	11 146
1883(〃16)	13 294	*36.7*	3 233	*11.4*	10 061
1884(〃17)	13 131	*38.8*	2 490	*8.4*	10 641
1885(〃18)	15 639	*42.1*	2 751	*9.4*	12 888
1886(〃19)	19 992	*40.9*	3 359	*10.4*	16 633
1887(〃20)	22 243	*42.4*	3 309	*7.5*	18 934
1888(〃21)	23 476	*35.7*	5 674	*8.7*	17 802
1889(〃22)	25 283	*36.1*	6 143	*9.3*	19 140
1890(〃23)	19 821	*35.0*	6 875	*8.4*	12 946
1891(〃24)	29 796	*37.5*	6 840	*10.9*	22 956
1892(〃25)	38 675	*42.5*	5 988	*8.4*	32 687
1893(〃26)	27 739	*30.9*	6 090	*6.9*	21 649
1894(〃27)	43 324	*38.3*	10 983	*9.3*	32 341
1895(〃28)	54 029	*39.7*	9 276	*7.2*	44 753
1896(〃29)	31 532	*26.8*	16 373	*9.5*	15 159
1897(〃30)	52 436	*32.1*	27 031	*12.3*	25 405
1898(〃31)	47 311	*28.5*	40 001	*14.4*	7 310
1899(〃32)	63 919	*29.7*	38 216	*17.3*	25 703
1900(〃33)	52 566	*25.7*	62 761	*21.8*	−10 195
1901(〃34)	72 309	*28.7*	42 769	*16.7*	29 540
1902(〃35)	80 233	*31.1*	48 653	*17.9*	31 580
1903(〃36)	82 724	*28.6*	46 274	*14.6*	36 450
1904(〃37)	101 251	*31.7*	58 116	*15.6*	43 135
1905(〃38)	94 009	*29.2*	104 287	*21.3*	−10 278
1906(〃39)	125 964	*29.7*	69 949	*16.7*	56 015
1907(〃40)	131 101	*30.3*	80 697	*16.3*	50 404
1908(〃41)	121 997	*32.3*	77 637	*17.8*	44 360
1909(〃42)	131 547	*31.8*	54 043	*13.7*	77 504
1910(〃43)	143 702	*31.3*	54 699	*11.8*	89 003
1911(〃44)	142 726	*31.9*	81 251	*15.8*	61 475
1912(大1)	168 709	*32.0*	127 016	*20.5*	41 693
1913(〃2)	184 473	*29.2*	122 408	*16.8*	62 065
1914(〃3)	196 539	*33.2*	96 771	*16.2*	99 768
1915(〃4)	204 142	*28.8*	102 534	*19.3*	101 608
1916(〃5)	340 245	*30.2*	204 079	*27.0*	136 166
1917(〃6)	478 537	*29.9*	359 708	*34.7*	118 829
1918(〃7)	530 129	*27.0*	626 025	*37.5*	−95 896
1919(〃8)	828 098	*39.5*	766 381	*35.3*	61 717
1920(〃9)	565 017	*29.0*	873 182	*37.4*	−308 165
1921(〃10)	496 279	*39.6*	574 401	*35.6*	−78 122
1922(〃11)	732 377	*44.7*	596 169	*31.5*	136 208
1923(〃12)	605 619	*41.8*	511 977	*25.8*	93 642
1924(〃13)	744 926	*41.2*	670 993	*27.3*	73 933
1925(〃14)	1 006 253	*43.6*	664 992	*25.8*	341 261

日米貿易の推移（Ⅱ）（単位　1945年まで千円，1946年から百万円）

	アメリカ合衆国への輸出	輸出総額に占める割合（%）	アメリカ合衆国からの輸入	輸入総額に占める割合（%）	対アメリカ合衆国入出超
	千円		千円		千円
1926(昭1)	860 881	*42.1*	680 186	*28.6*	180 695
1927(〃2)	833 804	*41.9*	673 686	*30.9*	160 118
1928(〃3)	826 141	*41.9*	625 536	*28.5*	200 605
1929(〃4)	914 084	*42.5*	654 060	*29.5*	260 024
1930(〃5)	506 220	*34.4*	442 883	*28.6*	63 337
1931(〃6)	425 330	*37.1*	342 290	*27.7*	83 040
1932(〃7)	445 147	*31.6*	509 874	*35.6*	-64 727
1933(〃8)	492 238	*26.4*	620 789	*32.4*	-128 551
1934(〃9)	398 928	*18.4*	769 359	*33.7*	-370 431
1935(〃10)	535 515	*21.4*	809 645	*32.7*	-274 130
1936(〃11)	594 251	*22.1*	847 453	*30.7*	-253 202
1937(〃12)	639 428	*20.1*	1 269 542	*33.6*	-630 114
1938(〃13)	425 123	*15.8*	915 300	*34.4*	-490 177
1939(〃14)	641 509	*17.9*	1 002 384	*34.4*	-360 875
1940(〃15)	569 065	*15.6*	1 240 565	*35.9*	-671 500
1941(〃16)	278 388	*10.5*	572 143	*19.7*	-293 755
1942(〃17)	0	*0.0*	14 018	*0.8*	-14 018
1943(〃18)	—	—	4 708	*0.2*	-4 708
1944(〃19)	—	—	1 242	*0.1*	-1 242
1945(〃20)	—	—	22 032	*2.3*	-22 032
	百万円		百万円		百万円
1946(〃21)	1 472	*65.1*	3 516	*86.4*	-2 044
1947(〃22)	1 791	*17.6*	17 631	*87.0*	-15 840
1948(〃23)	16 894	*32.5*	37 583	*62.3*	-20 689
1949(〃24)	30 737	*18.1*	176 807	*62.2*	-146 070
1950(〃25)	64 547	*21.7*	150 565	*43.2*	-86 018
1951(〃26)	66 578	*13.6*	250 110	*33.9*	-183 532
1952(〃27)	82 504	*18.0*	276 567	*37.9*	-194 063
1953(〃28)	81 663	*17.8*	272 810	*31.4*	-191 147
1954(〃29)	99 628	*17.0*	304 899	*35.3*	-205 271
1955(〃30)	161 722	*22.3*	278 021	*31.2*	-116 299
1956(〃31)	195 594	*21.7*	383 214	*33.0*	-187 620
1957(〃32)	214 770	*20.9*	587 455	*38.1*	-372 685
1958(〃33)	244 942	*23.7*	379 394	*34.7*	-134 452
1959(〃34)	371 032	*29.8*	400 649	*30.9*	-29 617
1960(〃35)	389 837	*26.7*	556 334	*34.4*	-166 497
1961(〃36)	378 347	*24.8*	748 574	*35.8*	-370 227
1962(〃37)	504 083	*28.5*	651 228	*32.1*	-147 145
1963(〃38)	542 488	*27.6*	747 839	*30.8*	-205 351
1964(〃39)	662 969	*27.6*	840 975	*29.4*	-178 006
1965(〃40)	892 524	*29.3*	851 812	*29.0*	40 712
1966(〃41)	1 069 017	*30.4*	956 754	*27.9*	112 263
1967(〃42)	1 084 324	*28.8*	1 156 348	*27.5*	-72 024
1968(〃43)	1 471 124	*31.5*	1 269 858	*27.2*	201 266
1969(〃44)	1 784 804	*31.0*	1 472 375	*27.2*	312 429
1970(〃45)	2 138 335	*30.7*	2 001 448	*29.4*	136 887
1971(〃46)	2 621 927	*31.2*	1 748 048	*25.3*	873 879
1972(〃47)	2 725 085	*30.9*	1 802 303	*24.9*	922 782
1973(〃48)	2 568 220	*25.6*	2 518 354	*24.2*	49 866
1974(〃49)	3 734 664	*23.0*	3 694 326	*20.4*	40 338
1975(〃50)	3 312 128	*20.0*	3 441 494	*20.0*	-129 366

日米貿易の推移（Ⅲ）（単位　百万円）

	アメリカ合衆国への輸出	輸出総額に占める割合（%）	アメリカ合衆国からの輸入	輸入総額に占める割合（%）	対アメリカ合衆国入出超
1976（〃51）	4 653 825	*23.3*	3 505 232	*18.2*	1 148 593
1977（〃52）	5 292 208	*24.4*	3 357 384	*17.5*	1 934 824
1978（〃53）	5 258 977	*25.6*	3 108 671	*18.6*	2 150 306
1979（〃54）	5 772 773	*25.6*	4 456 876	*18.4*	1 315 898
1980（〃55）	7 118 068	*24.2*	5 558 112	*17.4*	1 559 956
1981（〃56）	8 518 677	*25.5*	5 552 194	*17.6*	2 966 482
1982（〃57）	9 015 158	*26.2*	5 990 524	*18.3*	3 024 633
1983（〃58）	10 178 585	*29.2*	5 855 339	*19.5*	4 323 246
1984（〃59）	14 221 244	*35.3*	6 363 608	*19.7*	7 857 636
1985（〃60）	15 582 715	*37.1*	6 213 380	*20.0*	9 369 335
1986（〃61）	13 563 657	*38.4*	4 917 848	*22.8*	8 645 809
1987（〃62）	12 148 055	*36.5*	4 581 960	*21.1*	7 566 095
1988（〃63）	11 487 389	*33.8*	5 388 264	*22.4*	6 099 125
1989（平 1）	12 815 991	*33.9*	6 632 441	*22.9*	6 183 551
1990（〃 2）	13 056 598	*31.5*	7 585 904	*22.4*	5 470 693
1991（〃 3）	12 323 796	*29.1*	7 190 514	*22.5*	5 133 283
1992（〃 4）	12 120 950	*28.2*	6 622 048	*22.4*	5 498 901
1993（〃 5）	11 735 163	*29.2*	6 162 617	*23.0*	5 572 545
1994（〃 6）	12 035 826	*29.7*	6 424 430	*22.9*	5 611 397
1995（〃 7）	11 332 952	*27.3*	7 076 404	*22.4*	4 256 548
1996（〃 8）	12 177 119	*27.2*	8 630 976	*22.7*	3 546 143
1997（〃 9）	14 168 941	*27.8*	9 149 282	*22.3*	5 019 659
1998（〃10）	15 470 006	*30.5*	8 778 119	*23.9*	6 691 887
1999（〃11）	14 605 315	*30.7*	7 639 510	*21.7*	6 965 805
2000（〃12）	15 355 867	*29.7*	7 778 861	*19.0*	7 577 006
2001（〃13）	14 711 055	*30.0*	7 671 481	*18.1*	7 039 574
2002（〃14）	14 873 326	*28.5*	7 237 176	*17.1*	7 636 150
2003（〃15）	13 412 157	*24.6*	6 824 958	*15.4*	6 587 198
2004（〃16）	13 730 742	*22.4*	6 763 359	*13.7*	6 967 384
2005（〃17）	14 805 465	*22.5*	7 074 270	*12.4*	7 731 196
2006（〃18）	16 933 590	*22.5*	7 911 227	*11.7*	9 022 363
2007（〃19）	16 896 235	*20.1*	8 348 695	*11.4*	8 547 540
2008（〃20）	14 214 321	*17.5*	8 039 576	*10.2*	6 174 745
2009（〃21）	8 733 359	*16.1*	5 512 350	*10.7*	3 221 009
2010（〃22）	10 373 980	*15.4*	5 911 421	*9.7*	4 462 558
2011（〃23）	10 017 653	*15.3*	5 931 422	*8.7*	4 086 231
2012（〃24）	11 188 354	*17.6*	6 082 064	*8.6*	5 106 290
2013（〃25）	12 928 168	*18.5*	6 814 819	*8.4*	6 113 349
2014（〃26）	13 649 257	*18.7*	7 542 679	*8.8*	6 106 578
2015（〃27）	15 224 592	*20.1*	8 059 781	*10.3*	7 164 811
2016（〃28）	14 142 872	*20.2*	7 322 134	*11.1*	6 820 739
2017（〃29）	15 113 485	*19.3*	8 090 251	*10.7*	7 023 234
2018（〃30）	15 470 237	*19.0*	9 014 902	*10.9*	6 455 335

日本銀行「明治以降　本邦主要経済統計」（1925年までの数値），総務省統計局「日本長期統計総覧 3 」（1926～78年の数値），同「貿易統計」（1979年以降の数値，2019年10月16日閲覧）により作成。入出超および輸出入総額に占める割合は編者。

図8-4 日中・日米貿易総額の推移

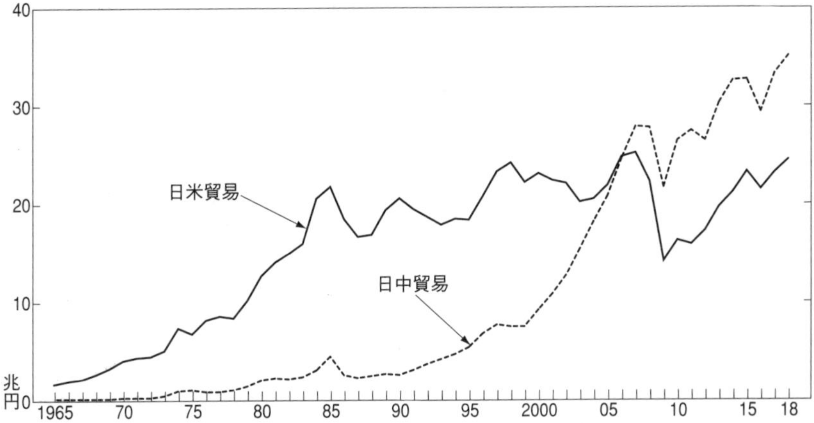

財務省「貿易統計」などにより作成。輸出入額の合計。

表8-42 対EU(EC)貿易の推移（単位 百万円）

	EU(EC)への輸出	輸出総額に占める割合（%）	EU(EC)からの輸入	輸入総額に占める割合（%）	対EU(EC)入出超
1960(昭35)	62 851	*4.3*	75 282	*4.7*	-12 431
1970(〃45)	469 119	*6.7*	402 070	*5.9*	67 049
1980(〃55)	3 766 352	*12.8*	1 779 859	*5.6*	1 986 493
1990(平2)	7 733 880	*18.7*	5 070 705	*15.0*	2 663 175
2000(〃12)	8 431 938	*16.3*	5 042 937	*12.3*	3 389 001
2010(〃22)	7 615 809	*11.3*	5 821 018	*9.6*	1 794 791
2011(〃23)	7 619 252	*11.6*	6 411 009	*9.4*	1 208 243
2012(〃24)	6 500 611	*10.2*	6 641 835	*9.4*	-141 225
2013(〃25)	7 000 193	*10.0*	7 648 920	*9.4*	-648 726
2014(〃26)	7 585 320	*10.4*	8 168 792	*9.5*	-583 472
2015(〃27)	7 985 122	*10.6*	8 624 960	*11.0*	-639 837
2016(〃28)	7 981 746	*11.4*	8 151 748	*12.3*	-170 002
2017(〃29)	8 656 945	*11.1*	8 756 592	*11.6*	-99 647
2018(〃30)	9 209 175	*11.3*	9 718 472	*11.8*	-509 297

財務省「外国貿易概況」および同「貿易統計」(2019年10月16日閲覧）により作成。ただし1960・70年は総務省統計局「日本統計年鑑」(1971年）により作成。EECの発足は1958年。1960・70年はオランダ，ベルギー，ルクセンブルク，フランス，イタリア，旧西ドイツ（1990年11月以降ドイツ）のEEC 6 か国，1980年はアイルランド，イギリス，デンマークを加えたEC 9 か国，1990年はギリシャ，スペイン，ポルトガルを加えたEC12か国，2000～12年はオーストリア，フィンランド，スウェーデン，ポーランド，ハンガリー，ブルガリア，ルーマニアなどを加えたEU27か国。2013年からはクロアチアを含むEU28か国。入出超および輸出入総額に占める割合は編者。

【加盟国の推移】1973年1月にアイルランド，イギリス，デンマーク，1981年1月にギリシャ，1986年1月にスペイン，ポルトガル，1995年1月にオーストリア，フィンランド，スウェーデンが加盟。2004年5月にポーランド，ハンガリー，チェコ，スロバキア，スロベニア，エストニア，ラトビア，リトアニア，マルタ，キプロスが加盟。2007年1月にブルガリア，ルーマニアが加盟。2013年7月にクロアチアが加盟し，加盟国は28か国となった。

表8-43　主要港別貿易額（単位　億円）

1960（昭和35）	輸出	輸入	計
神戸	5 351	3 129	8 480
横浜	3 220	3 196	6 416
大阪	1 383	1 389	2 772
名古屋	1 117	1 362	2 479
東京	972	1 269	2 241
四日市	82	914	996
若松	294	660	954
川崎	129	746	876
清水	295	246	541
門司	212	312	523
下津	45	384	429
徳山	61	360	422
羽田 1)	67	241	308
室蘭	73	179	253

1970（昭和45）	輸出	輸入	計
横浜	16 915	11 658	28 573
神戸	16 169	7 918	24 087
名古屋	6 671	4 230	10 901
東京	5 570	5 203	10 773
大阪	5 082	3 322	8 404
千葉	1 199	2 782	3 980
川崎	1 082	2 799	3 881
門司	1 837	1 901	3 737
羽田 1)	488	3 161	3 648
清水	2 076	875	2 951
四日市	509	2 254	2 763
堺	1 385	1 168	2 553
姫路	524	951	1 475
室蘭	441	821	1 262

1980（昭和55）	輸出	輸入	計
横浜	63 388	26 843	90 231
神戸	42 933	20 434	63 367
名古屋	35 252	18 103	53 354
東京	21 887	18 975	40 862
千葉	7 264	30 738	38 002
成田 2)	18 379	19 294	37 673
大阪	19 627	9 642	29 269
川崎	3 540	19 567	23 107
水島	4 235	12 728	16 963
喜入	0.3	16 936	16 936
四日市	2 839	12 380	15 218
堺	2 996	11 432	14 427
清水	9 560	3 542	13 102
広島	6 838	718	7 556

1990（平成2）	輸出	輸入	計
成田 2)	47 502	54 155	101 657
横浜	67 588	31 942	99 529
東京	51 615	38 593	90 208
神戸	53 538	26 161	79 699
名古屋	48 026	22 771	70 797
大阪	20 480	17 623	38 103
千葉	6 530	19 693	26 223
伊丹空港	8 514	10 422	18 936
川崎	6 732	10 981	17 712
清水	13 161	4 116	17 277
四日市	7 065	6 811	13 876
豊橋	12 260	1 216	13 475
広島	11 416	910	12 326
水島	3 551	6 584	10 135

2000（平成12）	輸出	輸入	計
成田 3)	98 325	94 122	192 447
横浜	61 087	28 535	89 622
東京	44 917	44 394	89 312
名古屋	64 319	24 873	89 192
神戸	41 088	20 235	61 323
関空 4)	34 236	19 440	53 677
大阪	16 004	24 279	40 283
千葉	8 171	18 858	27 029
三河 5)	18 770	3 760	22 530
清水	17 434	4 907	22 341
川崎	6 151	12 286	18 437
四日市	5 995	7 125	13 120
福岡空港	8 454	2 477	10 931
水島	4 174	5 559	9 732

2018（平成30）	輸出	輸入	計
成田 3)	114 588	137 040	251 628
名古屋	124 845	53 368	178 214
東京	60 398	116 565	176 962
横浜	77 187	47 538	124 725
神戸	58 198	34 385	92 584
大阪	42 427	49 713	92 140
関空 4)	52 660	39 478	92 138
千葉	8 961	39 644	48 605
博多	27 665	10 414	38 079
川崎	11 144	23 652	34 796
三河 5)	26 395	7 803	34 198
清水	18 829	10 550	29 379
水島	10 291	15 911	26 202
四日市	8 364	17 188	25 552

財務省「外国貿易月表」，同「外国貿易概況」，同「貿易統計」により作成。1）東京国際空港。2）新東京国際空港として1978年5月開港，羽田を含む。2004年4月民営化に伴い成田国際空港に名称変更。3）羽田を除く。4）関西国際空港（1994年9月開港）。5）1999年1月に豊橋と蒲郡が統合。

〔世界の貿易〕 1920年代，列強の置かれた貿易環境の違いが各国間の対立を深め，第二次世界大戦への道を開いていった。具体的には，1929年に世界恐慌が起こると，恐慌対策として広大な植民地を誇るイギリス・フランスは，本国と植民地を関税障壁による閉鎖的な経済圏を構築するブロック政策を推進し，アメリカは広大な国内市場を活かした，内需主導型のニューディール政策を推進した。一方，第一次世界大戦の敗戦国ドイツや新興工業国の日本は自身の影響下にある市場が狭いことから，両国とも新秩序を掲げ，武力の使用をいとわない対外膨張や経済圏の建設を目指したことが戦争の一因となった。

戦後の世界貿易は戦争前とは比較にならない速さで成長を遂げている。この違いは，支払い決済や貿易のための国際機構(協定)が発足したことで，自由貿易体制が確立したためである。核となる国際機構(協定)は「国際通貨基金(IMF)」と「関税および貿易に関する一般協定(GATT＝ガット)」である。世界恐慌後に国際金融の無秩序化や世界貿易の萎縮が戦争の要因となったという反省に基づき，IMFは1945年に発足した為替安定などを目的とした基金で，金融面から世界経済・貿易を拡大させることを目的に設立された。一方，ガットは自由・無差別の原則のもと，関税および輸出入規制などの貿易障壁を多角的貿易交渉(ラウンド)によって撤廃していくことを目的として1947年に調印された多国間条約である。締約国は1947年の第1回交渉以降，8回にわたり集中的な多角的貿易交渉が行われ，1960年開始の第5回交渉（ディロン・ラウンド）以降，ガットの多角的貿易交渉はラウンドと呼ばれるようになった。初期の交渉では，締約国の関税引き下げが主な議題であったが，次第に貿易ルールの必要性が論じられるようになり，ガット体制はラウンドを重ねるごとに強化されていった。

ガット体制による関税引き下げ交渉の結果，各国の関税は一部の例外を除き次第に低下していったが，それに代わりガットのルールでは規定されていない非関税障壁や補助金などが問題にされるようになった。さらに貿易の拡大に伴い，貿易紛争も増加し，紛争解決のためのルールも必要となってきた。このような状況のなか，ガットを発展的に解消する形で1995年に「世界貿易機関(WTO)」が誕生した。WTOは世界貿易を自由化するためのルールの構築，およびそれらのルールを加盟国が順守するように監視する役割を担う国際機関である。モノの貿易のみならず，ガットの対象外であるサービス貿易や知的所有権なども監視対象とし，国際協約にすぎなかったガットに比べて紛争処理機能も強化された。2001年にはWTO体制になって初のラウンド(ドーハ・ラウンド)が立ち上げられた。ここでは，モノやサービスの貿易自由化を促進するための共通ルールを決める交渉で，2004年に交渉の方向性を示した枠組み合意に至り，その後，農産品や工業製品の関税引き下げのほか，農業補助金の削減，サービス貿易の開放などについての合意を目標とした。しかし，具体的内容で先進国と途上国，農産物の輸出国と輸入国など，複雑な利害対立が続出し，交渉は中断と再開を繰り返した。ついに2011年のWTO閣僚会議で「近い将来に包括合意する見込みはない」とする議長声明が発表され，ドーハ・ラウンドは停止状態に追い込まれた。

一方，先進国や新興国の多くは，WTOの交渉が停滞するにつれて，特定の国や地域間だけで関税の引き下げなどを決める，自由貿易協定（FTA）に傾斜している。ジェトロの調べによると，世界で発効したFTAの数は2018年6月末時点で301件に上り，このうち224件が2000年以降のものとなっている。代表的なFTAとしては，欧州連合（EU），北米自由貿易協定（NAFTA），環太平洋経済連携協定（TPP11）などがあるが，近年，結ばれるFTAは地域横断的かつ加盟国数が10か国以上と大規模化している。

ドーハ・ラウンドの漂流でWTOの空洞化が加速している。米国はWTOの紛争処理機能が不公平であるとして，脱退をちらつかせながら機関の改革を強く要求をしている。すでに米国はWTOの紛争処理機能の最高決定機関にあたる「上級委員会（定員7・定足数3）」の委員選出を2017年から拒否しており，2019年9月時点で委員は3人となっている。同年末には委員が1人になることから，WTOの機能不全が確実視されている。自由貿易を守るべく，制度疲労が目立つWTOを改革していくことが自由貿易体制を守るための重要な課題になっている。

年　表	
1929	世界恐慌。
1939 （昭14）	第二次世界大戦が始まる（～45年）。
1945	国際復興開発銀行（世界銀行＝IBRD）設立。
	国際通貨基金（IMF）設立。
1947	関税・貿易に関する一般協定（GATT）調印。
1958	後のECとなる欧州経済共同体（EEC）発足。
1960	EECに対抗して，欧州自由貿易連合（EFTA）発足。
1964	GATTケネディ・ラウンド始まる（1964～67年）。
1967	欧州共同体（EC）発足。
	東南アジア諸国連合（ASEAN）設立。
1973	GATT東京・ラウンド始まる（1973～79年）。
1986	GATTウルグアイ・ラウンド始まる（1986～94年）。
1993 （平5）	欧州連合条約の発効により，欧州連合（EU）発足。
1994	北米自由貿易協定（NAFTA）発効。
1995	世界貿易機関（WTO）発足。
	南米南部共同市場（メルコスール）発足。
	EU，15か国に拡大。
1999	EU11か国で通貨統合（単一通貨ユーロを導入）。
2001	中国がWTOに加盟。
	WTO体制初の新多角的貿易交渉（ドーハ・ラウンド）開始。
2004	EU，初めて旧ソ連・東欧諸国を加えて25か国体制へ。
2007	EU，27か国に拡大。
2008	リーマン・ショック。
2011	ドーハ・ラウンド停止。
2012	ロシアがWTOに加盟。
2018	米中貿易戦争始まる。
	環太平洋経済連携協定（TPP11）発効。
2019 （令1）	日・EU経済連携協定発効。

表8-44 主要国の貿易額（I）（1900～1960年）（単位 百万ドル）

	日本[1]		インド[2]		イギリス[3]		イタリア	
	輸出	輸入	輸出	輸入	輸出	輸入	輸出	輸入
1900	102	144	340	301	1 477	2 302	258	328
1901	125	127	395	325	1 418	2 265	265	331
1902	128	136	411	316	1 428	2 298	284	342
1903	143	159	490	347	1 469	2 351	293	359
1904	158	192	502	385	1 526	2 395	308	369
1905	159	248	515	404	1 674	2 433	334	398
1906	210	213	563	445	1 914	2 627	372	495
1907	213	246	564	500	2 149	2 772	376	555
1908	187	217	487	462	1 898	2 547	334	562
1909	204	196	599	436	1 901	2 652	360	600
1910	228	231	667	471	2 153	2 863	401	626
1911	222	256	720	505	2 284	2 878	425	653
1912	265	308	783	600	2 457	3 160	463	714
1913	315	361	793	667	2 631	3 276	485	703
1921	603	781	617	771	2 752	3 801	356	743
1922	771	905	868	759	3 243	4 019	442	749
1923	689	960	1 094	801	3 563	4 513	510	791
1924	727	1 009	1 237	855	3 593	5 086	627	845
1925	912	1 054	1 375	925	3 793	5 683	727	1 043
1926	933	1 118	1 102	947	3 226	5 474	726	1 007
1927	914	1 031	1 168	1 005	3 481	5 358	807	1 051
1928	889	1 018	1 229	1 017	3 566	5 282	766	1 153
1929	970	1 018	1 150	957	3 593	5 445	783	1 120
1930	710	761	818	676	2 818	4 697	637	912
1931	550	601	501	423	1 803	3 618	531	607
1932	368	407	355	356	1 300	2 301	349	424
1933	473	494	481	369	1 584	2 697	400	495
1934	638	675	593	512	2 057	3 534	447	657
1935	775	710	625	526	2 368	3 649	434	645
1936	778	800	735	530	2 283	3 996	384	432
1937	902	1 086	682	676	2 627	4 812	549	734
1938	760	755	588	565	2 443	4 283	553	593
1948	[4] 258	684	1 273	1 692	6 362	8 125	1 077	1 539
1950	815	970	1 215	1 277	6 088	7 069	1 209	1 489
1951	1 352	2 047	1 474	1 870	7 229	10 577	1 647	2 167
1952	1 252	2 028	1 162	1 354	7 237	9 335	1 383	2 313
1953	1 264	2 408	1 089	1 153	7 230	9 066	1 488	2 395
1954	1 626	2 397	1 224	1 329	7 488	9 165	1 636	2 400
1955	2 004	2 470	1 228	1 364	8 135	10 534	1 857	2 705
1956	2 493	3 228	1 247	1 750	8 880	10 471	2 157	3 168
1957	2 849	4 280	1 339	2 154	9 308	11 025	2 540	3 625
1958	2 866	3 030	1 198	1 815	8 983	10 156	2 536	3 154
1959	3 446	3 595	1 293	1 864	9 312	10 807	2 895	3 325
1960	4 040	4 485	1 329	2 247	9 902	12 362	3 649	4 715

国連，"International Trade Statistics 1900－1960" により作成。輸出はF.O.B（本船積み込み）価格，輸入はC.I.F（運賃・保険料込み）価格。この資料は各国の貿易統計を標準国際貿易分類（SITC Origin）で分類し，米ドルに換算したものである。表8-45の1960年以降の輸出入額とは接続していない。なお，1914～1920年および1939～1947年の輸出入額は原資料上も不詳。1）1900年から1938年までの台湾および1910年から1938年までの朝鮮半島の貿易額を含まず，日本本土と両地域間の貿易も除外。2）1937年まではビルマ（現ミャンマー）を含み，1948年まではパキスタンを含む。3）1923年4月までアイルランドを含み，イギリス・アイルランド間の貿易は除外。4）一般貿易方式。

主要国の貿易額（II）（1900～1960年）（単位　百万ドル）

	ドイツ5)		フランス		アメリカ合衆国6)		ブラジル	
	輸出	輸入	輸出	輸入	輸出	輸入7)	輸出	輸入
1900	1 102	1 377	794	916	1 428	885	182	84
1901	1 061	1 295	776	850	1 525	860	195	96
1902	1 119	1 347	822	854	1 405	932	175	113
1903	1 198	1 436	823	937	1 437	1 050	177	116
1904	1 248	1 523	861	877	1 485	1 019	189	126
1905	1 372	1 708	942	931	1 528	1 142	215	145
1906	1 507	1 850	1 019	1 098	1 775	1 258	255	161
1907	1 636	2 091	1 082	1 216	1 898	1 471	261	197
1908	1 529	1 833	978	1 103	1 887	1 236	212	172
1909	1 576	2 044	1 108	1 217	1 693	1 353	307	180
1910	1 784	2 140	1 206	1 392	1 763	1 599	305	233
1911	1 937	2 334	1 174	1 567	2 073	1 570	322	257
1912	2 139	2 556	1 298	1 599	2 229	1 697	360	308
1913	2 411	2 577	1 330	1 636	2 495	1 851	312	322
1921	745	1 243	1 480	1 694	4 403	2 572	222	220
1922	947	1 478	1 669	1 972	3 791	3 184	303	215
1923	1 274	1 146	1 873	1 965	4 131	3 867	330	227
1924	1 225	1 632	2 216	2 061	4 589	3 684	425	307
1925	2 220	2 960	2 223	2 128	4 901	4 291	483	405
1926	2 487	2 393	1 925	1 940	4 786	4 501	447	379
1927	2 576	3 398	2 167	2 079	4 819	4 240	437	393
1928	2 929	3 342	2 048	2 103	5 094	4 160	476	443
1929	3 217	3 211	1 968	2 282	5 220	4 463	463	423
1930	2 871	2 480	1 686	2 060	3 825	3 104	315	259
1931	2 290	1 613	1 193	1 655	2 400	2 119	238	140
1932	1 371	1 121	773	1 170	1 586	1 342	176	108
1933	1 504	1 295	928	1 430	1 666	1 510	220	176
1934	1 647	1 763	1 172	1 518	2 117	1 739	288	208
1935	1 733	1 685	1 033	1 394	2 262	2 393	272	226
1936	1 927	1 706	933	1 530	2 431	2 607	322	248
1937	2 377	2 198	957	1 703	3 311	3 102	350	335
1938	2 111	2 188	879	1 330	3 064	2 180	296	295
1948	…	…	2 011	3 442	12 506	7 109	1 181	1 121
1950	1 976	2 701	3 037	3 031	10 149	8 845	1 355	1 085
1951	3 464	3 491	4 069	4 435	14 876	10 917	1 769	1 987
1952	4 002	3 814	3 827	4 328	15 031	10 812	1 418	1 986
1953	4 389	3 771	3 782	3 942	15 635	10 873	1 539	1 319
1954	5 248	4 571	4 181	4 221	14 953	10 312	1 562	1 634
1955	6 135	5 793	4 912	4 739	15 398	11 407	1 423	1 306
1956	7 358	6 617	4 544	5 559	18 845	12 619	1 482	1 240
1957	8 575	7 499	5 069	6 114	20 642	13 079	1 392	1 488
1958	8 807	7 361	5 121	5 609	17 698	12 867	1 243	1 353
1959	9 804	8 477	5 615	5 088	17 393	15 050	1 282	1 375
1960	11 415	10 103	6 864	6 281	20 326	14 709	1 269	1 462

資料は表8-44（I）に同じ。5）1938年はオーストリアの貿易額を含まず，ドイツ・オーストリア間の貿易も除外。1950年以降は西ドイツの貿易額で東西ドイツ間の貿易は除外。6）1901年まではハワイおよびプエルトリコを，1935年まではヴァージン諸島を除外。7）輸入はF.O.B価格。

表 **8-45** 主要国（地域）の貿易額の推移（I）（単位 百万ドル）

	日本 1)		中国		韓国	
	輸出	輸入	輸出	輸入	輸出	輸入
1960(昭35)	4 055	4 491	2 648	…	33	344
1965(〃40)	8 452	8 169	2 248	…	175	463
1969(〃44)	15 990	15 024	…	…	623	1 823
1970(〃45)	19 319	18 883	2 260	2 330	835	1 984
1971(〃46)	24 019	19 712	…	…	1 068	2 394
1972(〃47)	28 593	23 472	…	…	1 624	2 522
1973(〃48)	36 926	38 309	5 820	5 160	3 225	4 240
1974(〃49)	55 528	62 110	6 950	7 620	4 460	6 852
1975(〃50)	55 840	57 880	7 260	7 490	5 081	7 274
1976(〃51)	67 224	64 797	6 860	6 580	7 715	8 774
1977(〃52)	80 493	70 797	7 590	7 210	10 046	10 811
1978(〃53)	97 544	79 341	9 747	10 889	12 711	14 972
1979(〃54)	103 045	110 670	13 659	15 670	15 055	20 339
1980(〃55)	129 810	140 522	18 099	19 941	17 512	22 292
1981(〃56)	152 016	143 288	22 011	22 022	21 254	26 131
1982(〃57)	138 911	131 932	22 322	19 292	21 853	24 251
1983(〃58)	146 668	126 392	22 231	21 406	24 445	26 192
1984(〃59)	169 706	136 181	26 143	27 409	29 218	30 635
1985(〃60)	177 202	130 515	27 350	42 252	30 282	31 136
1986(〃61)	210 813	127 588	30 940	42 909	34 747	31 599
1987(〃62)	231 351	151 075	39 437	43 216	47 281	41 020
1988(〃63)	264 903	187 411	47 516	55 268	60 696	51 811
1989(平1)	273 983	209 755	52 538	59 140	62 377	61 465
1990(〃2)	287 648	235 424	62 091	53 345	65 016	69 844
1991(〃3)	315 163	237 289	71 910	63 791	71 870	81 525
1992(〃4)	339 911	233 265	84 940	80 585	76 632	81 775
1993(〃5)	362 286	241 652	90 970	103 088	82 236	83 800
1994(〃6)	397 048	275 264	121 047	115 681	96 013	102 348
1995(〃7)	443 259	335 990	148 780	132 084	125 058	135 119
1996(〃8)	410 926	349 174	151 048	138 833	129 715	150 339
1997(〃9)	421 050	338 830	182 792	142 370	136 164	144 616
1998(〃10)	388 135	280 632	183 712	140 237	132 313	93 282
1999(〃11)	417 659	310 039	194 931	165 699	143 685	119 752
2000(〃12)	479 274	379 490	249 203	225 024	172 272	160 479
2001(〃13)	403 616	349 189	266 098	243 553	150 439	141 098
2002(〃14)	416 730	337 209	325 596	295 170	162 471	152 126
2003(〃15)	471 998	383 085	438 228	412 760	193 817	178 827
2004(〃16)	565 741	454 593	593 326	561 229	253 847	224 454
2005(〃17)	594 940	514 987	761 953	660 206	284 422	267 559
2006(〃18)	646 755	579 603	969 380	791 797	325 468	309 350
2007(〃19)	714 211	619 662	1 217 790	956 233	371 492	356 852
2008(〃20)	782 049	762 626	1 428 660	1 131 620	422 007	435 275
2009(〃21)	580 719	550 550	1 201 790	1 004 170	363 534	323 085
2010(〃22)	769 772	692 435	1 578 270	1 396 200	466 384	425 212
2011(〃23)	822 564	854 098	1 899 180	1 742 850	555 214	524 413
2012(〃24)	798 621	885 610	2 048 940	1 818 170	547 870	519 584
2013(〃25)	714 613	832 424	2 210 250	1 949 300	559 632	515 585
2014(〃26)	690 202	812 198	2 343 186	1 963 105	572 657	525 452
2015(〃27)	624 787	647 981	2 282 443	1 680 786	526 758	436 515
2016(〃28)	644 899	607 602	2 136 708	1 589 463	495 429	406 186
2017(〃29)	698 169	671 259	2 280 358	1 842 334	574 062	478 491
2018(〃30)	738 211	748 283	…	…	604 860	535 202

2013年までは国連統計年鑑または国連貿易統計年鑑，2014年以降は国連統計月報（2019年10月号）により作成。輸出はF.O.B価格，輸入はC.I.F価格。1）1971年までは沖縄を除く。

主要国（地域）の貿易額の推移（Ⅱ）（単位　百万ドル）

	（香港）		（台湾）		シンガポール	
	輸出	輸入	輸出	輸入	輸出	輸入
1960(昭35)	689	1 026	…	…	1 136	1 332
1965(〃40)	1 143	1 569	…	…	981	1 244
1969(〃44)	2 178	2 457	…	…	1 549	2 040
1970(〃45)	2 514	2 905	…	…	1 554	2 461
1971(〃46)	2 875	3 391	…	…	1 755	2 830
1972(〃47)	3 448	3 870	…	…	2 191	3 398
1973(〃48)	5 071	5 654	…	…	3 666	5 174
1974(〃49)	5 959	6 768	…	…	5 809	8 380
1975(〃50)	6 019	6 757	5 309	5 952	5 376	8 134
1976(〃51)	8 526	8 882	8 166	7 599	6 585	9 070
1977(〃52)	9 626	10 457	9 361	8 511	8 241	10 471
1978(〃53)	11 499	13 451	12 687	11 027	10 134	13 049
1979(〃54)	15 155	17 137	13 103	14 774	14 233	17 644
1980(〃55)	19 752	22 447	19 811	19 733	19 375	24 007
1981(〃56)	21 842	24 741	22 611	21 200	20 967	28 988
1982(〃57)	20 979	23 533	22 204	18 888	20 788	29 576
1983(〃58)	22 095	24 122	25 123	20 287	21 833	29 566
1984(〃59)	28 323	28 568	30 456	21 959	24 072	28 669
1985(〃60)	30 187	29 703	30 726	20 102	22 815	26 288
1986(〃61)	35 439	35 367	39 862	24 181	22 495	25 511
1987(〃62)	48 476	48 465	53 679	34 983	28 692	32 566
1988(〃63)	63 163	63 896	60 667	49 673	39 305	43 862
1989(平 1)	73 140	72 155	66 304	52 265	44 661	49 657
1990(〃 2)	82 160	82 490	67 214	54 716	52 730	60 774
1991(〃 3)	98 577	100 240	76 178	62 861	58 964	66 093
1992(〃 4)	119 487	123 407	81 470	72 007	63 435	72 132
1993(〃 5)	135 244	138 650	85 092	77 061	74 008	85 229
1994(〃 6)	151 399	161 841	93 049	85 349	96 825	102 670
1995(〃 7)	173 750	192 751	111 659	103 550	118 263	124 502
1996(〃 8)	180 750	198 550	115 942	102 370	125 016	131 340
1997(〃 9)	188 059	208 614	122 081	114 425	124 990	132 443
1998(〃10)	174 002	184 518	110 582	104 665	109 905	104 728
1999(〃11)	173 885	179 520	121 638	110 698	114 682	111 062
2000(〃12)	201 860	212 805	148 376	140 013	137 806	134 546
2001(〃13)	189 894	201 076	126 314	107 971	121 755	116 004
2002(〃14)	200 092	207 644	135 317	113 245	125 177	116 448
2003(〃15)	223 762	231 896	150 600	128 010	144 183	127 935
2004(〃16)	259 260	271 074	182 370	168 758	198 633	163 851
2005(〃17)	289 337	299 533	198 432	182 614	229 652	200 050
2006(〃18)	316 816	334 681	224 017	202 698	271 809	238 711
2007(〃19)	344 509	367 647	248 792	223 115	299 270	263 155
2008(〃20)	362 675	388 505	258 051	244 467	338 176	319 781
2009(〃21)	318 510	347 311	205 663	177 598	269 832	245 785
2010(〃22)	390 143	433 111	278 008	256 274	351 867	310 791
2011(〃23)	428 732	483 633	312 923	288 062	409 503	365 770
2012(〃24)	442 799	504 405	306 409	277 324	408 393	379 723
2013(〃25)	458 959	523 558	311 428	278 010	410 250	373 016
2014(〃26)	473 995	544 931	320 092	281 850	409 293	366 247
2015(〃27)	465 514	522 598	285 344	237 219	346 638	296 744
2016(〃28)	462 516	516 929	280 321	230 568	338 082	291 909
2017(〃29)	497 688	559 580	317 249	259 266	373 238	327 691
2018(〃30)	531 163	602 876	335 909	286 333	412 504	370 520

資料は前表（Ⅰ）に同じ。ただし，台湾は，2000年までが台湾研究所「台湾総覧」，01年以降が内閣府「海外経済データ」による。輸出はF.O.B価格，輸入はC.I.F価格。

主要国（地域）の貿易額の推移（Ⅲ）（単位　百万ドル）

	タイ		マレーシア		インドネシア	
	輸出	輸入	輸出	輸入	輸出	輸入
1960(昭35)	408	456	1 187	910	841	578
1965(〃40)	622	778	1 236	1 096	708	695
1969(〃44)	707	1 286	1 710	1 240	854	781
1970(〃45)	710	1 299	1 686	1 412	1 108	1 002
1971(〃46)	831	1 288	1 727	1 530	1 234	1 103
1972(〃47)	1 081	1 484	1 722	1 611	1 778	1 562
1973(〃48)	1 563	2 049	3 051	2 451	3 211	2 729
1974(〃49)	2 466	3 143	4 237	4 114	7 426	3 842
1975(〃50)	2 377	3 280	3 835	3 551	7 103	4 770
1976(〃51)	2 980	3 572	5 293	3 828	8 547	5 673
1977(〃52)	3 482	4 639	6 081	4 538	10 853	6 230
1978(〃53)	4 075	5 381	7 404	5 910	11 643	6 690
1979(〃54)	5 288	7 190	11 079	7 844	15 590	7 202
1980(〃55)	6 505	9 215	12 945	10 779	21 909	10 834
1981(〃56)	7 038	9 951	11 766	11 546	25 164	13 272
1982(〃57)	6 945	8 548	12 027	12 423	22 328	16 859
1983(〃58)	6 368	10 287	14 107	13 265	21 146	16 352
1984(〃59)	7 413	10 398	16 483	14 051	21 902	13 882
1985(〃60)	7 121	9 242	15 316	12 253	18 587	10 259
1986(〃61)	8 879	9 181	13 688	10 806	16 075	10 718
1987(〃62)	11 714	12 987	17 958	12 681	17 135	12 891
1988(〃63)	15 956	20 286	21 082	16 507	19 218	13 249
1989(平 1)	20 090	25 785	25 048	22 481	22 160	16 360
1990(〃 2)	23 084	33 065	29 453	29 259	25 675	21 837
1991(〃 3)	28 439	37 579	34 350	36 649	29 142	25 869
1992(〃 4)	32 473	40 686	40 772	39 854	33 967	27 280
1993(〃 5)	36 970	46 077	47 131	45 650	36 823	28 328
1994(〃 6)	45 262	54 460	58 844	59 600	40 055	31 983
1995(〃 7)	56 440	70 787	73 779	77 545	45 417	40 630
1996(〃 8)	55 721	72 336	78 318	78 408	49 814	42 929
1997(〃 9)	57 371	62 880	78 742	79 030	56 298	51 304
1998(〃10)	54 479	42 972	73 255	58 278	50 370	35 280
1999(〃11)	58 473	50 350	84 617	65 385	51 243	33 321
2000(〃12)	68 963	61 923	98 229	81 963	65 404	43 075
2001(〃13)	64 919	61 961	88 005	73 866	57 362	38 432
2002(〃14)	68 108	64 645	93 265	79 869	58 774	30 540
2003(〃15)	80 324	75 824	99 369	81 948	64 109	41 568
2004(〃16)	96 248	94 410	125 745	105 298	70 767	55 009
2005(〃17)	110 178	118 158	140 870	114 410	86 995	75 725
2006(〃18)	130 563	130 606	160 571	131 085	103 528	80 650
2007(〃19)	153 858	141 294	175 966	146 171	118 014	93 101
2008(〃20)	175 897	179 168	199 414	156 348	139 606	127 538
2009(〃21)	151 910	134 734	157 244	123 757	119 646	93 786
2010(〃22)	193 366	185 121	198 612	164 622	158 074	135 323
2011(〃23)	220 221	229 137	228 086	187 473	200 587	176 881
2012(〃24)	227 752	250 587	227 538	196 393	188 516	190 992
2013(〃25)	224 863	249 652	228 331	205 898	182 659	186 351
2014(〃26)	225 129	227 997	233 928	208 851	176 341	178 179
2015(〃27)	210 968	201 890	199 158	176 011	150 478	142 695
2016(〃28)	213 986	195 195	189 660	168 430	144 291	135 514
2017(〃29)	235 502	223 825	217 715	194 743	168 729	156 893
2018(〃30)	250 930	249 490	247 365	217 471	179 984	188 561

2013年までは国連統計年鑑または国連貿易統計年鑑により，2014年以降は国連統計月報(2019年10月号)により作成。輸出はF.O.B（本船積み込み）価格，輸入はC.I.F（運賃・保険料込み）価格。

主要国（地域）の貿易額の推移（Ⅳ）（単位　百万ドル）

	インド		ドイツ[1]		フランス	
	輸出	輸入	輸出	輸入	輸出	輸入
1960(昭35)	1 331	2 327	11 415	10 104	6 862	6 276
1965(〃40)	1 686	2 900	17 892	17 472	10 051	10 338
1969(〃44)	1 835	2 217	29 610	25 324	14 876	17 219
1970(〃45)	2 026	2 124	34 228	29 947	17 935	19 114
1971(〃46)	2 034	2 421	39 040	34 341	20 595	21 322
1972(〃47)	2 401	2 217	46 241	39 949	26 075	26 913
1973(〃48)	2 935	3 116	67 497	54 837	36 041	37 474
1974(〃49)	3 926	5 036	89 363	69 699	45 852	52 992
1975(〃50)	4 355	6 385	90 176	74 936	52 227	53 992
1976(〃51)	5 548	5 665	102 166	88 426	55 699	64 383
1977(〃52)	6 355	6 601	118 070	101 452	63 437	70 466
1978(〃53)	6 650	7 854	142 454	121 751	76 502	81 762
1979(〃54)	7 850	10 142	171 799	159 618	97 572	107 587
1980(〃55)	8 586	14 864	193 071	188 139	116 035	134 896
1981(〃56)	8 373	15 654	176 043	163 934	101 371	120 872
1982(〃57)	8 807	14 365	176 428	155 856	92 629	115 645
1983(〃58)	8 713	13 434	169 425	152 899	91 220	105 340
1984(〃59)	9 469	15 248	169 784	151 246	97 570	104 377
1985(〃60)	9 144	15 935	184 003	158 548	101 709	108 379
1986(〃61)	9 391	15 413	243 303	190 852	124 863	129 435
1987(〃62)	11 299	16 678	293 894	228 281	148 402	158 499
1988(〃63)	13 235	19 103	323 898	250 839	167 813	177 288
1989(平1)	15 872	20 550	341 440	269 763	173 073	190 963
1990(〃2)	17 970	23 583	410 135	346 179	216 606	234 465
1991(〃3)	17 727	20 445	402 982	390 423	213 441	230 832
1992(〃4)	19 641	23 594	422 411	402 572	235 942	239 713
1993(〃5)	21 573	22 789	382 485	346 040	210 441	203 198
1994(〃6)	25 022	26 843	429 760	385 385	234 043	234 581
1995(〃7)	30 628	34 710	523 909	464 366	284 914	281 497
1996(〃8)	33 107	37 944	524 226	458 808	287 643	281 776
1997(〃9)	35 006	41 430	512 503	445 683	290 202	271 960
1998(〃10)	33 463	42 999	543 431	471 448	305 991	290 273
1999(〃11)	35 666	46 971	542 884	473 551	302 482	294 976
2000(〃12)	42 378	51 563	550 223	495 450	298 765	310 831
2001(〃13)	43 352	50 391	571 459	486 055	300 161	306 863
2002(〃14)	50 353	56 496	615 695	490 230	308 603	311 860
2003(〃15)	58 964	72 559	751 829	604 742	367 271	376 261
2004(〃16)	76 647	99 757	909 513	715 903	422 377	447 636
2005(〃17)	99 618	142 865	977 970	780 514	443 619	490 611
2006(〃18)	121 812	178 485	1 122 112	922 381	490 702	546 505
2007(〃19)	150 160	229 349	1 323 818	1 055 997	550 458	631 447
2008(〃20)	194 816	321 025	1 451 390	1 186 681	608 942	715 783
2009(〃21)	164 912	257 200	1 120 666	926 154	476 098	560 484
2010(〃22)	226 334	350 192	1 261 577	1 056 170	516 955	608 657
2011(〃23)	302 892	464 507	1 476 955	1 256 168	585 319	712 906
2012(〃24)	296 827	489 689	1 408 370	1 164 626	558 558	667 207
2013(〃25)	314 802	465 424	1 451 631	1 192 751	568 559	673 520
2014(〃26)	321 541	462 546	1 494 251	1 207 220	580 872	678 798
2015(〃27)	267 369	392 787	1 326 206	1 051 131	506 158	573 171
2016(〃28)	264 535	361 596	1 334 355	1 055 326	501 434	571 929
2017(〃29)	299 692	446 890	1 448 171	1 162 892	535 043	624 008
2018(〃30)	324 658	513 661	1 561 029	1 285 481	581 059	672 165

資料は表8-45（Ⅲ）に同じ。1）1990年までは旧西ドイツ。

主要国（地域）の貿易額の推移（V）（単位　百万ドル）

	イギリス		イタリア		オランダ	
	輸出	輸入	輸出	輸入	輸出	輸入
1960(昭35)	10 609	13 034	3 648	4 725	4 028	4 531
1965(〃40)	13 723	16 103	7 200	7 378	6 393	7 461
1969(〃44)	17 515	19 956	11 729	12 467	9 965	10 994
1970(〃45)	19 430	21 870	13 206	14 970	11 774	13 426
1971(〃46)	22 367	23 912	15 116	15 982	14 228	14 935
1972(〃47)	24 378	27 829	18 608	19 282	16 783	17 265
1973(〃48)	29 632	38 525	22 257	27 993	24 051	23 992
1974(〃49)	38 205	54 193	30 469	41 092	32 835	32 777
1975(〃50)	43 417	53 307	34 995	38 536	35 099	34 836
1976(〃51)	45 372	55 755	37 281	43 933	40 215	39 576
1977(〃52)	55 867	63 195	45 327	48 114	43 702	45 638
1978(〃53)	67 912	75 852	56 072	56 482	50 151	53 037
1979(〃54)	86 422	99 692	72 243	77 906	63 697	67 312
1980(〃55)	110 149	115 558	78 114	100 753	84 963	88 434
1981(〃56)	102 820	102 725	75 187	91 022	68 732	65 921
1982(〃57)	97 075	99 708	73 479	86 213	66 288	62 669
1983(〃58)	91 939	100 235	72 681	80 367	64 836	60 965
1984(〃59)	93 864	105 219	74 562	85 160	65 872	62 102
1985(〃60)	101 414	109 593	76 742	87 720	77 894	73 151
1986(〃61)	106 975	126 367	97 631	99 404	80 512	75 690
1987(〃62)	131 210	154 407	116 413	125 692	93 096	91 495
1988(〃63)	145 482	189 719	127 886	138 583	103 207	99 460
1989(平1)	153 299	199 220	140 623	153 010	107 869	104 276
1990(〃2)	185 326	224 551	170 499	181 983	131 787	126 485
1991(〃3)	185 306	209 864	169 536	182 750	133 672	127 251
1992(〃4)	190 542	221 638	178 160	188 523	140 356	134 670
1993(〃5)	181 558	206 321	169 192	148 308	139 127	124 742
1994(〃6)	204 009	226 172	191 441	169 189	155 554	141 317
1995(〃7)	241 999	265 237	234 020	206 059	196 276	176 874
1996(〃8)	262 130	287 472	252 045	208 097	197 420	180 642
1997(〃9)	281 083	306 592	240 438	210 297	194 909	178 133
1998(〃10)	271 851	314 036	245 716	218 459	201 382	187 754
1999(〃11)	268 203	317 963	235 180	220 327	200 250	187 468
2000(〃12)	283 206	333 579	239 902	238 021	213 425	198 926
2001(〃13)	267 383	320 984	244 253	236 128	216 180	195 569
2002(〃14)	276 340	335 490	254 219	246 613	219 857	194 130
2003(〃15)	307 652	386 846	299 468	297 405	264 849	234 014
2004(〃16)	348 329	460 150	353 545	355 272	318 066	284 020
2005(〃17)	382 887	508 644	372 962	384 837	349 844	310 600
2006(〃18)	446 312	588 118	417 219	442 599	399 635	358 510
2007(〃19)	440 556	621 869	500 239	511 870	472 660	421 092
2008(〃20)	467 157	642 529	544 962	563 436	545 897	495 056
2009(〃21)	356 758	486 279	406 685	414 725	431 695	382 278
2010(〃22)	417 686	568 393	446 852	486 968	492 742	440 024
2011(〃23)	494 082	646 291	523 283	558 813	569 513	507 759
2012(〃24)	478 114	654 031	501 534	489 096	554 707	500 643
2013(〃25)	474 197	663 131	517 628	477 292	567 658	513 108
2014(〃26)	477 240	663 683	529 766	474 332	575 719	508 207
2015(〃27)	438 320	618 665	456 989	410 920	464 698	412 673
2016(〃28)	404 179	583 286	462 907	408 837	470 175	412 295
2017(〃29)	436 493	613 008	510 553	456 794	527 841	464 853
2018(〃30)	468 105	652 288	534 935	490 224	585 622	521 383

資料は表8-45（Ⅲ）に同じ。

主要国（地域）の貿易額の推移（VI）（単位　百万ドル）

	ベルギー 1)		スペイン		ロシア 2)	
	輸出	輸入	輸出	輸入	輸出	輸入
1960(昭35)	3 791	3 969	726	722	5 563	5 629
1965(〃40)	6 394	6 501	967	3 004	8 174	8 059
1969(〃44)	10 089	10 021	1 900	4 202	11 655	10 327
1970(〃45)	11 600	11 413	2 388	4 716	12 800	11 732
1971(〃46)	12 730	12 899	2 938	4 938	13 806	12 480
1972(〃47)	16 151	15 489	3 809	6 802	15 361	16 054
1973(〃48)	22 452	22 075	5 202	9 669	21 463	21 108
1974(〃49)	28 329	29 876	7 080	15 422	27 404	24 890
1975(〃50)	28 804	30 789	7 669	16 234	33 307	36 980
1976(〃51)	32 888	35 511	8 727	17 463	37 169	38 111
1977(〃52)	37 542	40 418	10 229	17 845	45 159	40 812
1978(〃53)	44 961	48 613	13 115	18 707	52 219	50 546
1979(〃54)	56 705	60 917	18 203	25 432	64 761	57 771
1980(〃55)	64 653	71 863	20 719	34 084	76 449	68 522
1981(〃56)	55 705	62 464	20 351	32 218	79 003	72 960
1982(〃57)	52 364	58 239	20 283	31 550	86 912	77 752
1983(〃58)	51 939	55 314	19 794	29 201	91 343	80 412
1984(〃59)	51 778	55 303	23 564	28 835	91 652	84 714
1985(〃60)	53 762	56 211	24 249	29 965	87 281	83 140
1986(〃61)	68 960	68 729	27 231	35 086	97 247	88 871
1987(〃62)	83 308	83 550	34 199	49 119	107 966	96 061
1988(〃63)	92 149	92 453	40 340	60 533	110 559	107 229
1989(平1)	100 095	98 596	43 463	70 957	109 173	114 567
1990(〃2)	118 328	120 325	55 524	87 559	104 177	120 651
1991(〃3)	118 355	121 060	58 640	92 992	46 274	43 458
1992(〃4)	123 564	125 153	64 845	99 760	42 039	36 984
1993(〃5)	125 894	114 415	61 081	79 754	44 297	32 806
1994(〃6)	143 677	130 084	72 927	92 191	63 285	38 661
1995(〃7)	175 884	159 716	91 041	113 316	78 217	46 709
1996(〃8)	175 367	163 615	102 003	121 792	85 107	46 034
1997(〃9)	171 906	157 283	104 368	122 721	85 096	53 123
1998(〃10)	177 666	162 212	109 240	133 164	71 314	43 579
1999(〃11)	178 976	164 610	109 966	144 438	72 885	30 278
2000(〃12)	187 876	176 992	113 348	152 901	103 093	33 880
2001(〃13)	190 361	178 715	115 175	153 634	99 969	41 883
2002(〃14)	215 867	198 125	123 563	163 575	106 712	46 177
2003(〃15)	255 598	234 947	156 024	208 553	133 656	57 347
2004(〃16)	307 792	286 504	182 163	257 674	181 663	75 569
2005(〃17)	335 738	319 101	191 000	287 644	241 473	98 708
2006(〃18)	366 758	352 968	213 350	326 046	301 244	137 807
2007(〃19)	431 850	413 074	248 917	385 356	351 930	199 754
2008(〃20)	471 932	466 437	277 129	416 631	467 581	267 101
2009(〃21)	371 397	354 666	220 377	290 230	301 656	167 411
2010(〃22)	407 055	391 333	246 274	315 548	397 668	229 655
2011(〃23)	475 981	466 833	298 458	362 835	516 481	305 605
2012(〃24)	446 637	439 492	286 219	325 836	525 383	314 150
2013(〃25)	467 302	449 225	311 638	333 932	527 266	314 967
2014(〃26)	472 194	453 701	323 849	359 132	497 909	286 669
2015(〃27)	396 820	375 527	282 331	312 584	343 543	182 719
2016(〃28)	398 218	379 377	287 215	310 618	285 491	182 265
2017(〃29)	430 548	408 910	319 440	351 021	357 083	226 966
2018(〃30)	464 398	447 947	343 835	386 072	449 585	238 494

資料は表8-45（III）に同じ。1）1993年まではルクセンブルクを含む。2）1991年までは旧ソ連の数値。

主要国（地域）の貿易額の推移（Ⅶ）（単位　百万ドル）

	アメリカ合衆国		カナダ		メキシコ	
	輸出	輸入	輸出	輸入 1)	輸出	輸入 1)
1960(昭35)	20 609	15 020	5 555	5 655	740	1 186
1965(〃40)	27 521	21 284	8 109	7 986	1 089	1 560
1969(〃44)	37 462	35 863	13 773	13 071	1 430	2 078
1970(〃45)	43 246	42 833	16 119	13 360	1 311	2 320
1971(〃46)	43 492	45 516	17 648	15 468	1 505	2 250
1972(〃47)	49 758	55 583	20 352	18 855	1 694	2 718
1973(〃48)	71 454	74 572	25 419	23 323	2 257	3 813
1974(〃49)	98 642	110 875	33 182	32 413	2 962	6 057
1975(〃50)	108 113	105 880	32 682	34 105	2 992	6 570
1976(〃51)	115 413	129 896	38 957	37 991	3 475	5 886
1977(〃52)	121 293	157 560	41 876	39 808	4 286	5 596
1978(〃53)	143 766	186 044	46 567	43 868	5 899	8 054
1979(〃54)	182 025	222 228	56 053	53 685	8 818	12 590
1980(〃55)	225 566	256 984	67 732	62 542	15 570	19 460
1981(〃56)	238 686	273 352	70 018	66 303	19 420	25 054
1982(〃57)	216 442	254 884	68 496	55 034	21 230	15 057
1983(〃58)	205 639	269 878	73 514	61 271	22 312	9 006
1984(〃59)	223 976	346 364	90 269	77 786	24 196	11 788
1985(〃60)	218 815	352 463	90 953	80 642	26 757	18 359
1986(〃61)	227 158	382 295	90 325	85 494	16 031	11 918
1987(〃62)	254 122	424 442	98 171	92 596	20 887	12 731
1988(〃63)	322 427	459 542	117 112	112 718	20 765	19 591
1989(平1)	363 812	492 922	121 835	119 796	23 047	24 437
1990(〃2)	393 592	516 987	127 634	120 242	40 711	41 594
1991(〃3)	421 730	508 363	127 163	121 739	42 688	49 966
1992(〃4)	448 163	553 923	134 441	126 115	46 196	62 129
1993(〃5)	464 773	603 438	145 183	135 647	51 886	65 367
1994(〃6)	512 627	689 215	165 380	151 293	60 882	79 346
1995(〃7)	584 743	770 852	192 204	163 952	79 542	72 453
1996(〃8)	625 073	822 025	201 636	170 694	96 000	89 469
1997(〃9)	689 182	899 019	214 428	195 980	110 431	109 808
1998(〃10)	682 138	944 353	214 335	201 061	117 460	125 373
1999(〃11)	695 797	1 059 440	238 422	214 791	136 391	141 975
2000(〃12)	781 918	1 259 300	276 641	238 811	166 368	174 500
2001(〃13)	729 100	1 179 180	259 857	221 757	158 547	168 276
2002(〃14)	693 103	1 200 230	252 407	221 962	160 682	168 679
2003(〃15)	724 771	1 303 050	272 699	239 085	165 396	170 490
2004(〃16)	818 816	1 525 370	304 623	273 084	189 084	197 347
2005(〃17)	901 082	1 735 060	360 673	314 566	213 891	221 414
2006(〃18)	1 025 970	1 918 080	388 315	350 259	250 441	256 130
2007(〃19)	1 148 200	2 020 400	420 293	380 701	272 055	283 264
2008(〃20)	1 287 440	2 169 490	456 419	408 827	291 827	310 561
2009(〃21)	1 056 040	1 605 300	314 002	321 247	229 683	234 385
2010(〃22)	1 278 490	1 969 180	387 481	392 119	298 138	301 482
2011(〃23)	1 480 290	2 265 890	452 132	451 246	349 569	350 856
2012(〃24)	1 545 710	2 336 520	454 834	462 423	370 889	370 746
2013(〃25)	1 579 050	2 329 060	458 397	461 925	380 107	381 202
2014(〃26)	1 621 874	2 421 330	478 659	463 141	396 912	399 977
2015(〃27)	1 503 101	2 315 253	410 044	419 655	380 550	395 232
2016(〃28)	1 451 011	2 250 154	393 483	402 974	373 939	387 065
2017(〃29)	1 546 725	2 409 480	423 397	426 918	409 494	420 369
2018(〃30)	1 664 085	2 614 327	449 977	458 955	450 572	464 277

資料は表8-45（Ⅲ）に同じ。1）F.O.B（本船積み込み）価格。

主要国（地域）の貿易額の推移（Ⅷ）（単位　百万ドル）

	ブラジル		オーストラリア		世界計 1)	
	輸出	輸入	輸出	輸入 2)	輸出	輸入
1960(昭35)	1 269	1 462	1 964	2 071	129 691	137 210
1965(〃40)	1 595	1 096	2 916	3 695	188 906	199 762
1969(〃44)	2 311	2 263	4 044	4 003	273 600	286 500
1970(〃45)	2 739	2 849	4 770	4 543	313 706	331 893
1971(〃46)	2 904	3 701	5 070	4 632	350 600	365 900
1972(〃47)	3 990	4 783	6 454	4 616	413 863	428 657
1973(〃48)	6 199	6 999	9 338	7 619	578 705	599 780
1974(〃49)	7 951	14 168	11 051	12 516	841 753	860 492
1975(〃50)	8 670	13 592	11 945	9 995	875 039	904 955
1976(〃51)	10 128	13 726	13 158	12 395	991 585	1 015 733
1977(〃52)	12 120	13 257	13 351	13 515	1 128 085	1 163 591
1978(〃53)	12 659	15 054	14 415	15 567	1 300 818	1 351 772
1979(〃54)	15 244	19 804	18 667	18 190	1 643 975	1 691 933
1980(〃55)	20 132	24 961	21 945	22 399	2 000 746	2 045 050
1981(〃56)	23 293	22 085	21 767	23 768	1 957 686	2 011 932
1982(〃57)	20 175	19 396	22 038	24 187	1 836 688	1 907 338
1983(〃58)	21 899	15 428	20 687	19 393	1 795 823	1 866 323
1984(〃59)	27 005	15 210	23 114	25 922	1 935 165	1 912 570
1985(〃60)	25 639	14 332	22 613	25 900	1 939 728	2 001 097
1986(〃61)	22 349	15 557	22 573	26 109	2 126 153	2 191 945
1987(〃62)	26 224	16 581	26 624	29 321	2 491 988	2 559 399
1988(〃63)	33 494	16 055	33 238	36 101	2 826 427	2 912 697
1989(平1)	34 383	19 875	37 134	44 944	3 022 833	3 138 044
1990(〃2)	31 414	22 524	39 760	42 024	3 375 787	3 490 068
1991(〃3)	31 620	22 950	41 855	41 651	3 450 307	3 561 062
1992(〃4)	35 793	23 068	42 826	43 808	3 688 163	3 797 788
1993(〃5)	38 555	27 740	42 704	45 557	3 707 791	3 741 498
1994(〃6)	43 545	35 997	47 529	53 426	4 110 245	4 141 912
1995(〃7)	46 506	54 137	53 115	61 283	5 130 865	5 164 748
1996(〃8)	47 747	56 947	60 300	65 428	5 101 371	5 170 132
1997(〃9)	52 994	63 291	62 910	65 892	5 231 028	5 286 865
1998(〃10)	51 140	61 135	55 893	64 630	5 165 329	5 242 845
1999(〃11)	48 013	51 916	56 080	69 158	5 355 169	5 460 965
2000(〃12)	55 119	58 643	63 878	71 537	6 356 452	6 517 592
2001(〃13)	58 287	58 382	63 389	63 890	6 118 192	6 301 839
2002(〃14)	60 439	49 723	65 036	72 693	6 401 990	6 526 061
2003(〃15)	73 203	50 881	71 551	89 089	7 458 198	7 621 561
2004(〃16)	96 678	66 433	86 420	109 383	9 081 466	9 308 915
2005(〃17)	118 529	77 628	105 833	125 283	10 355 384	10 608 676
2006(〃18)	137 807	95 838	123 285	132 504	11 975 231	12 193 154
2007(〃19)	160 649	126 645	141 091	157 687	13 796 799	14 039 295
2008(〃20)	197 942	182 377	187 150	191 312	16 004 384	16 228 257
2009(〃21)	152 995	133 673	153 966	158 919	12 410 003	12 491 724
2010(〃22)	201 915	191 537	212 337	193 201	15 109 860	15 164 381
2011(〃23)	256 040	236 946	271 733	234 357	18 047 716	18 091 692
2012(〃24)	242 580	228 377	256 675	250 560	18 086 187	18 136 493
2013(〃25)	242 179	250 557	252 981	232 596	18 461 313	18 441 294
2014(〃26)	225 131	239 184	239 974	227 911	18 653 200	18 691 986
2015(〃27)	191 400	179 091	187 609	200 320	16 242 565	16 418 670
2016(〃28)	185 185	143 411	192 488	189 097	15 723 159	15 881 784
2017(〃29)	217 826	157 543	231 073	221 205	17 259 144	17 592 196
2018(〃30)	239 699	188 564	257 119	227 003	18 940 523	19 475 607

資料は表8-45（Ⅲ）に同じ。1）世界計は各国，地域別の数値を積み上げたもので，常に修正されるので，この値の利用はシェアなどの分析などにとどめられたい。2）2006年よりF.O.B価格。

〔主な国の商品別輸出貿易〕 表8-46～62はUnited Nations "Commodity Trade Statistics Database"（2018年12月17日閲覧）より作成。商品の分類は原則として2015年以降は標準国際貿易分類（SITC）Rev.4を採用した（1965年はRev.1，1980年はRev.2，2000年はRev.3）。輸出額はf.o.b.（本船渡し）価格。本表は商品別に数字を積み上げた統計であるので，表8-45の数値とは必ずしも一致しない。石炭にはコークス，れん炭を含む。繊維品には衣類を含まない。有機化合物とは，石油化学工業などでつくられる薬品類の総称（主な品目は表6-40参照）。機械類は一般機械と電気機械の合計で，自動車や航空機などの輸送用機械および精密機械を含まない。自動車は部品，二輪自動車およびその他の道路走行車両を含む。×その他とも。1）Rev.1。2）Rev.2。3）Rev.3。

表 8-46　アメリカ合衆国の商品別輸出貿易

1965		1980		2000		2017	
輸出品	百万ドル	輸出品	百万ドル	輸出品	百万ドル	輸出品	百万ドル
機械類	6 743	機械類	57 125	機械類	309 463	機械類	384 541
自動車	1 980	自動車	14 825	自動車	60 551	自動車	125 737
航空機	1 096	航空機	12 894	航空機	41 023	石油製品	83 403
小麦	1 064	とうもろこし	8 571	精密機械	37 790	精密機械	66 815
とうもろこし	833	精密機械	6 417	プラスチック	19 953	医薬品	49 564
有機化合物	670	小麦	6 376	有機化合物	18 889	プラスチック	47 896
大豆	650	大豆	5 883	金属製品	16 503	有機化合物	35 390
武器・銃砲弾	642	有機化合物	4 969	医薬品	13 131	金属製品	28 420
鉄鋼	631	石炭	4 774	繊維品	10 947	野菜・果実	25 134
金属製品	557	金属製品	4 080	石油製品	9 005	原油	22 594
計×	**27 346**	計×	**220 705**	計×	**781 831**	計×	**1 545 609**

表 8-47　カナダの商品別輸出貿易

1965		1980		2000		2017	
輸出品	百万ドル	輸出品	百万ドル	輸出品	百万ドル	輸出品	百万ドル
紙類	869	自動車	9 154	自動車	58 019	自動車	61 361
小麦	777	機械類	6 096	機械類	45 184	原油	54 038
機械類	698	天然ガス	4 004	天然ガス	13 745	機械類	45 817
木材	510	紙類	3 952	原油	13 012	金(非貨幣用)	13 606
パルプ・古紙	463	パルプ・古紙	3 331	紙類	9 950	石油製品	12 520
鉄鉱石	334	小麦	3 246	木材	8 896	航空機	9 928
アルミニウム	327	木材	2 966	パルプ・古紙	6 758	木材	9 236
自動車	311	原油	2 479	航空機	6 708	プラスチック	8 704
原油	259	金(非貨幣用)	1 830	家具	5 179	アルミニウム	7 998
鉄鋼	212	鉄鋼	1 779	プラスチック	4 933	天然ガス	7 951
計×	**8 107**	計×	**64 935**	計×	**277 420**	計×	**420 632**

表 8-48 メキシコの商品別輸出貿易

1965		1980[1]		2000		2017	
輸出品	百万ドル	輸出品	百万ドル	輸出品	百万ドル	輸出品	百万ドル
綿花	154	原油	9 449	機械類	69 651	機械類	147 672
とうもろこし	77	天然ガス	626	自動車	28 043	自動車	101 473
野菜・果実	69	野菜・果実	621	原油	14 887	原油	19 930
コーヒー豆	66	コーヒー豆	444	衣類	8 639	精密機械	15 960
砂糖	59	魚介類	435	精密機械	3 949	野菜・果実	14 911
魚介類	50	銀	378	金属製品	3 923	金属製品	8 600
小麦	42	有機化合物	342	家具	3 317	家具	8 014
鉛	34	自動車	330	野菜・果実	3 256	アルコール飲料	5 243
硫黄	34	綿花	317	繊維品	2 570	金(非貨幣用)	4 473
銀	31	機械類	317	鉄鋼	1 736	プラスチック	4 467
計×	**1 006**	計×	**15 442**	計×	**166 294**	計×	**409 451**

表 8-49 ブラジルの商品別輸出貿易

1965		1980[1]		2000		2017	
輸出品	百万ドル	輸出品	百万ドル	輸出品	百万ドル	輸出品	百万ドル
コーヒー豆	707	コーヒー豆	2 486	機械類	7 429	大豆	25 718
鉄鉱石	103	機械類	2 050	自動車	4 369	鉄鉱石	19 199
綿花	96	鉄鉱石	1 564	鉄鋼	3 633	機械類	17 609
木材	63	植物性油かす	1 501	航空機	3 575	原油	16 625
砂糖	57	砂糖	1 288	鉄鉱石	3 048	肉類	15 115
肉類	47	自動車	1 040	大豆	2 188	自動車	14 332
鉄鋼	44	鉄鋼	882	肉類	1 927	砂糖	11 412
野菜・果実	39	繊維品	654	植物性油かす	1 651	鉄鋼	11 283
マンガン鉱	29	野菜・果実	544	はきもの	1 618	パルプ・古紙	6 355
とうもろこし	28	肉類	541	パルプ・古紙	1 602	植物性油かす	4 976
計×	**1 595**	計×	**20 132**	計×	**55 119**	計×	**217 739**

表 8-50 チリの商品別輸出貿易

1965		1980[1]		2000		2017	
輸出品	百万ドル	輸出品	百万ドル	輸出品	百万ドル	輸出品	百万ドル
銅	464	銅	2 009	銅	5 064	銅鉱	17 507
鉄鉱石	78	モリブデン	262	銅鉱	2 394	銅	17 481
硝石	26	銅鉱	240	魚介類	1 546	野菜・果実	6 312
モリブデン鉱	19	動物性飼料	231	野菜・果実	1 536	魚介類	5 584
銅鉱	17	野菜・果実	227	パルプ・古紙	1 114	パルプ・古紙	2 614
野菜・果実	16	木材	208	ワイン	585	ワイン	2 023
動物性飼料	8	パルプ・古紙	198	木材	510	無機化合物	1 789
紙類	7	鉄鉱石	160	無機化合物	359	機械類	1 078
羊毛	5	銀	119	有機化合物	334	木材	1 067
化学肥料	4	魚介類	86	金(非貨幣用)	293	鉄鉱石	983
計×	**688**	計×	**4 584**	計×	**18 215**	計×	**69 229**

表 8-51 オーストラリアの商品別輸出貿易

1965		1980		2000		2017	
輸出品	百万ドル	輸出品	百万ドル	輸出品	百万ドル	輸出品	百万ドル
羊毛	846	小麦	2 208	石炭	5 406	鉄鉱石	48 521
小麦	377	石炭	1 908	機械類	4 583	石炭	43 296
肉類	300	肉類	1 874	原油	4 368	液化天然ガス	19 669
酪農品	112	羊毛	1 763	肉類	2 913	金(非貨幣用)	13 520
野菜・果実	111	鉄鉱石	1 306	金(非貨幣用)	2 864	肉類	9 085
砂糖	99	アルミナ	1 131	鉄鉱石	2 560	機械類	7 742
原皮類	86	砂糖	1 108	アルミニウム	2 523	アルミナ	5 618
機械類	79	機械類	776	アルミナ	2 386	小麦	4 650
鉛	74	鉄鋼	659	小麦	2 204	原油	4 017
石炭	69	鉛	534	自動車	1 894	野菜・果実	3 931
計×	2 971	計×	22 114	計×	63 766	計×	230 163

表 8-52 ドイツの商品別輸出貿易

1965		1980		2000		2017	
輸出品	百万ドル	輸出品	百万ドル	輸出品	百万ドル	輸出品	百万ドル
機械類	5 411	機械類	54 260	機械類	165 775	機械類	395 379
自動車	2 417	自動車	27 330	自動車	89 186	自動車	251 789
鉄鋼	1 417	鉄鋼	11 551	プラスチック	18 834	医薬品	85 820
有機化合物	909	金属製品	6 896	精密機械	17 660	精密機械	60 559
金属製品	702	繊維品	6 352	金属製品	15 294	金属製品	45 741
繊維品	666	有機化合物	6 196	航空機	14 776	プラスチック	44 280
石炭	524	プラスチック	6 195	鉄鋼	13 445	航空機	41 703
精密機械	478	精密機械	5 240	有機化合物	13 003	鉄鋼	28 839
医薬品	462	石油製品	2 997	医薬品	12 961	有機化合物	25 028
プラスチック	398	衣類	2 882	繊維品	11 037	衣類	22 034
計×	19 352	計×	192 218	計×	549 607	計×	1 450 215

1965年と80年は旧西ドイツ。

表 8-53 イギリスの商品別輸出貿易

1965		1980		2000		2017	
輸出品	百万ドル	輸出品	百万ドル	輸出品	百万ドル	輸出品	百万ドル
機械類	3 632	機械類	26 663	機械類	100 138	機械類	94 875
自動車	1 589	原油	9 847	自動車	24 035	自動車	51 995
繊維品	792	自動車	7 345	原油	15 897	医薬品	33 500
鉄鋼	657	ダイヤモンド	6 567	医薬品	10 870	航空機	20 515
ダイヤモンド	443	石油製品	4 417	精密機械	9 478	原油	19 145
金属製品	439	繊維品	3 170	有機化合物	8 227	金(非貨幣用)	17 563
アルコール飲料	355	金属製品	3 042	ダイヤモンド	6 573	精密機械	16 106
石油製品	297	有機化合物	3 018	石油製品	6 261	石油製品	11 887
航空機	234	精密機械	2 670	金属製品	5 494	有機化合物	9 533
プラスチック	230	鉄鋼	2 287	アルコール飲料	4 614	アルコール飲料	8 762
計×	13 710	計×	114 553	計×	294 899	計×	442 066

表 8 - 54　フランスの商品別輸出貿易

1965		1980		2000		2017	
輸出品	百万ドル	輸出品	百万ドル	輸出品	百万ドル	輸出品	百万ドル
機械類	1 599	機械類	21 004	機械類	77 018	機械類	103 756
鉄鋼	966	自動車	13 016	自動車	36 878	航空機	51 452
自動車	733	鉄鋼	7 290	航空機	16 226	自動車	49 527
繊維品	717	石油製品	4 008	医薬品	10 085	医薬品	32 170
アルコール飲料	286	繊維品	3 649	鉄鋼	8 850	精密機械	14 338
石油製品	278	金属製品	3 453	有機化合物	7 123	鉄鋼	14 330
小麦	271	有機化合物	3 087	アルコール飲料	7 080	プラスチック	13 934
金属製品	252	アルコール飲料	2 827	繊維品	6 607	衣類	11 793
衣類	244	プラスチック	2 564	プラスチック	6 475	金属製品	10 596
有機化合物	200	衣類	2 294	精密機械	6 287	ワイン	10 332
計×	10 048	計×	111 251	計×	295 345	計×	523 385

表 8 - 55　イタリアの商品別輸出貿易

1965		1980		2000		2017	
輸出品	百万ドル	輸出品	百万ドル	輸出品	百万ドル	輸出品	百万ドル
機械類	1 469	機械類	18 230	機械類	66 386	機械類	130 266
繊維品	638	自動車	6 241	自動車	19 398	自動車	41 916
野菜・果実	550	衣類	4 584	衣類	13 351	医薬品	27 131
自動車	498	石油製品	4 217	繊維品	12 011	衣類	23 436
衣類	425	繊維品	4 164	金属製品	9 067	金属製品	19 464
石油製品	385	鉄鋼	3 768	家具	8 454	鉄鋼	19 365
鉄鋼	367	はきもの	3 622	はきもの	7 136	石油製品	15 177
金属製品	228	金属製品	3 564	鉄鋼	6 833	プラスチック	14 355
はきもの	211	野菜・果実	2 416	医薬品	6 365	精密機械	12 319
プラスチック	151	家具	2 180	プラスチック	6 275	繊維品	12 075
計×	7 202	計×	77 667	計×	239 932	計×	503 054

表 8 - 56　ロシアの商品別輸出貿易

1996[3]		2000		2010[3]		2017	
輸出品	百万ドル	輸出品	百万ドル	輸出品	百万ドル	輸出品	百万ドル
原油	15 012	原油	23 647	原油	128 056	原油	93 306
天然ガス	13 992	天然ガス	16 118	石油製品	69 656	石油製品	60 107
鉄鋼	7 580	石油製品	10 877	天然ガス	48 092	天然ガス	38 693
石油製品	7 495	鉄鋼	6 146	鉄鋼	18 570	鉄鋼	19 752
アルミニウム	4 255	アルミニウム	4 777	石炭	9 625	石炭	14 525
機械類	3 400	機械類	4 001	機械類	7 776	機械類	12 775
化学肥料	1 937	木材	2 094	化学肥料	7 366	化学肥料	7 212
木材	1 576	金属製品	1 804	アルミニウム	6 617	アルミニウム	6 513
銅	1 293	ニッケル	1 728	ニッケル	5 405	小麦	5 791
ニッケル	1 258	化学肥料	1 580	銅	4 878	木材	5 536
計×	88 703	計×	103 093	計×	397 068	計×	359 152

表 8-57 中国の商品別輸出貿易

1985[2]		1990[2]		2000		2017	
輸出品	百万ドル	輸出品	百万ドル	輸出品	百万ドル	輸出品	百万ドル
原油	4 870	衣類	9 669	機械類	73 682	機械類	979 752
繊維品	2 337	繊維品	7 219	衣類	36 071	衣類	157 464
衣類	1 936	機械類	6 767	繊維品	16 135	繊維品	109 595
石油製品	1 398	自動車	3 814	はきもの	9 850	金属製品	85 832
とうもろこし	704	原油	3 402	金属製品	8 672	自動車	73 699
野菜・果実	433	はきもの	1 957	精密機械	6 793	精密機械	71 234
綿花	407	がん具	1 831	自動車	6 566	家具	58 336
肉類	377	野菜・果実	1 760	がん具	5 575	鉄鋼	55 756
大豆	330	金属製品	1 437	プラスチック製品	4 894	はきもの	48 186
石炭	328	魚介類	1 370	家具	4 582	有機化合物	42 518
計×	25 632	計×	62 091	計×	249 203	計×	2 263 371

表 8-58 韓国の商品別輸出貿易

1965		1980		2000		2017	
輸出品	百万ドル	輸出品	百万ドル	輸出品	百万ドル	輸出品	百万ドル
繊維品	26	衣類	2 949	機械類	75 893	機械類	233 323
衣類	21	機械類	2 401	自動車	15 436	自動車	61 383
合板	18	繊維品	2 210	繊維品	12 710	船舶	40 989
魚介類	18	鉄鋼	1 651	石油製品	9 173	石油製品	36 000
鉄鋼	13	船舶	1 235	船舶	8 229	プラスチック	27 823
生糸	7	はきもの	875	鉄鋼	6 682	精密機械	27 302
鉄鉱石	7	金属製品	774	プラスチック	6 421	鉄鋼	25 983
タングステン鉱	6	魚介類	676	衣類	5 027	有機化合物	22 410
野菜・果実	6	ゴム製品	499	有機化合物	4 835	金属製品	13 981
機械類	4	自動車	363	金属製品	3 123	繊維品	9 855
計×	175	計×	18 106	計×	172 267	計×	573 627

表 8-59 インドの商品別輸出貿易

1975[1]		1980		2000		2017	
輸出品	百万ドル	輸出品	百万ドル	輸出品	百万ドル	輸出品	百万ドル
繊維品	599	繊維品	1 145	ダイヤモンド	6 697	石油製品	35 498
砂糖	553	衣類	590	衣類	5 965	機械類	26 420
茶	292	ダイヤモンド	535	繊維品	5 593	ダイヤモンド	24 640
鉄鉱石	247	茶	452	機械類	2 165	衣類	18 313
機械類	214	鉄鉱石	411	石油製品	1 403	繊維品	17 078
衣類	195	機械類	379	有機化合物	1 378	自動車	15 302
銀	190	革類	342	魚介類	1 377	医薬品	14 332
革類	189	野菜・果実	259	鉄鋼	1 323	鉄鋼	13 905
野菜・果実	161	コーヒー豆	259	医薬品	1 147	貴金属製品	12 863
魚介類	132	魚介類	242	野菜・果実	915	有機化合物	12 488
計×	4 364	計×	7 529	計×	42 358	計×	294 364

表8-60　インドネシアの商品別輸出貿易

1967[1]		1980		2000		2017	
輸出品	百万ドル	輸出品	百万ドル	輸出品	百万ドル	輸出品	百万ドル
原油	192	原油	11 671	機械類	10 186	石炭	20 462
天然ゴム	169	天然ガス	2 881	液化天然ガス	6 236	パーム油	18 513
すず鉱	49	木材	1 807	原油	6 090	機械類	14 448
石油製品	47	石油製品	1 189	衣類	4 734	衣類	8 214
コーヒー豆	44	天然ゴム	1 174	繊維品	3 505	自動車	6 763
香辛料	28	コーヒー豆	656	合板類	2 326	有機化合物	6 220
パーム油	24	すず	423	紙類	1 706	液化天然ガス	6 185
葉たばこ	15	パーム油	255	はきもの	1 672	原油	5 238
コプラ	14	魚介類	211	石油製品	1 671	天然ゴム	5 105
機械類	10	銅鉱	126	銅鉱	1 622	はきもの	4 912
計×	**665**	計×	**21 909**	計×	**62 124**	計×	**168 810**

表8-61　タイの商品別輸出貿易

1965		1980		2000		2016	
輸出品	百万ドル	輸出品	百万ドル	輸出品	百万ドル	輸出品	百万ドル
米	208	米	953	機械類	27 385	機械類	66 925
天然ゴム	96	野菜・果実	921	魚介類	4 326	自動車	27 380
麻類	59	天然ゴム	603	衣類	3 759	プラスチック	8 987
とうもろこし	46	すず	555	自動車	2 502	金(非貨幣用)	7 317
野菜・果実	38	機械類	365	プラスチック	2 131	金属製品	5 945
すず鉱	37	とうもろこし	352	繊維品	1 958	精密機械	5 784
すず	19	繊維品	330	米	1 630	魚介類	5 602
木材	13	魚介類	302	石油製品	1 544	ゴム製品	5 572
魚介類	7	衣類	267	天然ゴム	1 509	石油製品	5 559
飼料	6	貴石・半貴石	156	金属製品	1 068	野菜・果実	5 168
計×	**621**	計×	**6 505**	計×	**68 819**	計×	**213 593**

表8-62　マレーシアの商品別輸出貿易

1965		1980		2000		2017	
輸出品	百万ドル	輸出品	百万ドル	輸出品	百万ドル	輸出品	百万ドル
天然ゴム	478	原油	3 083	機械類	60 634	機械類	88 661
すず	283	天然ゴム	2 122	原油	3 905	石油製品	16 003
木材	117	木材	1 821	液化天然ガス	3 006	パーム油	9 660
石油製品	54	機械類	1 386	パーム油	2 367	液化天然ガス	9 362
鉄鉱石	53	パーム油	1 156	衣類	2 257	精密機械	7 305
パーム油	35	すず	1 152	石油製品	1 927	原油	6 916
原油	28	合板類	182	木材	1 732	有機化合物	6 047
野菜・果実	24	繊維品	180	精密機械	1 717	プラスチック	5 576
香辛料	15	衣類	150	家具	1 596	衣類	5 045
魚介類	13	魚介類	125	合板類	1 499	鉄鋼	2 802
計×	**1 234**	計×	**12 945**	計×	**98 230**	計×	**216 428**

〔国際収支〕 戦後，わが国は1947（昭和22）年に貿易再開が認められ，1949年には1ドル＝360円の単一為替レートが設定された。このころから1950年代前半にかけての貿易収支は輸入超過で，赤字はアメリカからの経済援助などで埋め合わされていた。

1960年代前半までは，景気が拡大して国内需要が高まると輸出余力をなくし，その一方で，国内需要を満たすため原燃料や機械類などの輸入が急増して，貿易収支が赤字となる「国際収支の天井」にしばしば悩まされた。1960年代後半あたりから，重化学工業製品の国際競争力が強化されると，貿易収支の黒字幅が拡大するようになり，海外とのモノ・サービスの取引を示す経常収支は黒字基調となった。

単一為替制は，1971（昭和46）年のニクソンショックによる円の切り上げを経て，73年に変動相場制へと移行した。第一次石油危機により，経常収支は1973年から75年にかけて赤字に転じた。その後，貿易収支の黒字幅拡大に伴い，経常収支は黒字で推移したが，第二次石油危機で1979年と1980年には再び赤字に転落した。1980年代前半にはドル高円安と輸入原料価格の低迷で経常収支の黒字幅が急拡大し，欧米諸国との経済摩擦を引き起こすようになった。その後，1980年代後半には経常収支の黒字幅減少がみられたが，1990年には下げ止まり，90年代を通じて拡大縮小が繰り返された。2000年代に入ると，貿易収支の黒字に加え，海外資産からの配当などを示す所得収支（現在の第一次所得収支）の黒字幅拡大が顕著となっていった。2005年には所得収支の黒字が貿易黒字を上回り，2007年には経常黒字が過去最高を記録した。その後，急速な円高，リーマンショック，東日本大震災，新興国の発展，訪日外国人の急増などを背景に，日本経済のけん引力は自動車や家電といったモノの輸出から投資やサービスに変化した。2011～15年は貿易収支が赤字に転じ，一方で海外における直接投資は拡大しており，わが国は，貿易立国から投資立国に転換している。

年	表
1897 （明30）	金本位制度確立。
1945 （昭20）	ブレトン・ウッズ協定発効。 IMF，IBRD（世界銀行）設立。
1949	為替レート1ドル＝360円設定。
1952	IMF，IBRD加盟。
1955	GATT加盟。
1964	IMF 8条国移行。OECD加盟。
1971	ニクソンショック。円切り上げ 1ドル＝308円に。
1973	円，変動相場制へ移行。 第1次オイルショック。
1985	プラザ合意。
1989	ODA実績，DAC諸国で初の第1位。
1997	タイ・バーツ暴落をきっかけにアジアで通貨・経済危機発生。
2005 （平17）	第一次所得収支（旧所得収支）の黒字が貿易黒字を上回る。
2007	経常黒字が過去最高水準。
2008	リーマンショック。
2009	ドバイショック。円高急騰。
2011	貿易収支が赤字に転じる。
2015	旅行収支が黒字に転じる。
2017	経常黒字が2007年に次いで過去2番目の高水準。

表8-63　戦前の国際収支（単位　千円）

	貿易収支	貿易外収支			金	収支合計
			経常項目	臨時項目		
1902(明35)	-13 591	52 337	37 175	15 162	-29 732	9 013
1903(〃36)	-28 226	53 383	19 896	33 487	-8 657	16 500
1904(〃37)	-78 165	23 742	-78 114	101 856	100 422	45 999
1905(〃38)	-176 299	432 968	-159 138	592 106	-5 417	251 251
1906(〃39)	-3 272	104 444	-26 765	131 209	-13 977	87 194
1907(〃40)	-64 860	89 354	64 099	25 255	11 748	36 241
1908(〃41)	-69 006	66 001	-1 281	67 282	-13 238	-16 242
1909(〃42)	17 463	130 393	-2 391	132 784	-72 305	75 551
1910(〃43)	-13 199	87 354	-30 193	117 547	5 083	79 240
1911(〃44)	-85 891	-9 095	-20 743	11 648	16 860	-78 125
1912(大1)	-111 238	88 258	11 366	76 892	10 817	-12 163
1913(〃2)	-121 495	107 659	-10 867	118 526	19 725	5 889
1914(〃3)	-21 474	-11 235	-6 512	-4 723	18 916	-13 793
1915(〃4)	173 429	4 639	69 058	-64 419	16 387	194 455
1916(〃5)	384 924	-160 769	277 054	-437 823	-78 618	145 537
1917(〃6)	573 042	70 749	415 391	-344 642	-236 321	407 469
1918(〃7)	265 147	57 446	578 003	-520 557	54	322 646
1919(〃8)	-177 303	466 822	504 392	-37 570	-324 298	-34 779
1920(〃9)	-500 064	194 420	420 731	-226 311	-407 521	-713 164
1921(〃10)	-442 001	123 465	195 777	-72 312	-132 531	-451 067
1922(〃11)	-336 149	26 387	154 539	-128 152	-1 092	-310 853
1923(〃12)	-617 356	384 478	169 796	214 682	126	-232 751
1924(〃13)	-729 714	419 717	164 204	255 513	-21	-310 018
1925(〃14)	-356 754	218 533	154 918	63 615	21 988	-116 234
1926(昭1)	-442 403	176 945	140 014	36 931	31 807	-233 650
1927(〃2)	-288 915	61 455	147 850	-86 395	35 995	-191 465
1928(〃3)	-333 729	186 263	161 196	25 067	-443	-147 909
1929(〃4)	-167 790	94 829	187 250	-92 421	-547	-73 507
1930(〃5)	-160 136	-14 903	133 015	-147 918	286 750	111 711
1931(〃6)	-140 939	-149 044	83 620	-232 664	388 196	98 208
1932(〃7)	-58 495	2 000	102 136	-100 136	112 059	55 563
1933(〃8)	-78 031	88 825	109 801	-20 976	20 918	31 712
1934(〃9)	-130 875	-39 108	144 333	-183 441	600	-169 383
1935(〃10)	129 520	-193 326	178 213	-371 539	-139	-63 945
1936(〃11)	-99 575	-36 397	232 855	-269 252	-11	-135 983
1937(〃12)	-635 025	-585 059	-17 965	-567 094	866 878	-353 206
1938(〃13)	75 833	-838 014	-796 645	-41 369	660 639	-101 542
1939(〃14)	826 333	-2 124 602	-976 821	-1 147 781	663 794	-634 475
1940(〃15)	290 509	-2 090 047	-789 639	-1 300 408	320 141	-1 479 397
1941(〃16)	-22 931	-2 787 206	-1 342 264	-1 444 942	152 230	-2 657 907
1942(〃17)	-82 575	-2 577 224	-1 606 588	-970 636	102 644	-2 557 155
1943(〃18)	-452 869	-2 106 011	-917 725	-1 188 286	180 503	-2 378 377
1944(〃19)	-649 012	-160 508	844 739	-1 005 247	181 341	-628 179
1945(〃20)	-18 186	217 545	196 475	21 070	118 791	318 150

財務省(旧大蔵省)「財政金融統計月報」(第5号，1949年）により作成。貿易外収支は経常項目と臨時項目の計数を編者にて合算したもの。国際収支統計は外地を含む全域について調査されていたが，1937年以降，旧外地貿易外収支の調査が困難となり，貿易および金・銀輸出入統計も同期以降内地分のみに修正された。銀収支は貿易収支に含まれる。1941年以後は会計年度（ただし，1943年，44年は暦年)。会計年度への修正が不可能な前後年においては，データの欠除および重複があることに留意。1945年は貿易収支が4月より終戦時まで，貿易外収支が4～6月の実績となっている。

表 8-64 戦後の国際収支（1946～1994年）（単位　百万ドル）

	経常収支				長期資本収支	短期資本収支	総合収支
		貿易収支	貿易外収支	移転収支			
1946(昭21)	-78	-238	-35	195	22	—	-58
1947(〃 22)	46	-267	-91	405	6	—	66
1948(〃 23)	75	-284	-103	462	4	—	105
1949(〃 24)	207	-195	-112	514	-18	—	179
1950(〃 25)	476	34	12	429	-93	1	434
1951(〃 26)	329	-292	450	171	22	10	370
1952(〃 27)	225	-413	603	34	-61	22	186
1953(〃 28)	-205	-792	566	21	-141	-33	-379
1954(〃 29)	-51	-429	349	29	26	14	2
1955(〃 30)	227	-54	259	22	-24	102	285
1956(〃 31)	-34	-131	72	25	25	-2	1
1957(〃 32)	-620	-402	-188	-30	38	77	-503
1958(〃 33)	264	370	98	-204	96	-4	393
1959(〃 34)	361	361	32	-31	-214	-60	143
1960(〃 35)	143	268	-100	-25	-55	-16	105
1961(〃 36)	-982	-558	-383	-42	-10	21	-952
1962(〃 37)	-49	401	-421	-30	172	108	236
1963(〃 38)	-780	-166	-568	-46	467	107	-161
1964(〃 39)	-480	375	-784	-72	107	233	-130
1965(〃 40)	931	1 901	-884	-86	-414	-62	404
1966(〃 41)	1 251	2 273	-886	-135	-809	-64	335
1967(〃 42)	-190	1 160	-1 172	-178	-812	506	-571
1968(〃 43)	1 048	2 529	-1 306	-175	-239	209	1 102
1969(〃 44)	2 119	3 699	-1 399	-181	-155	178	2 283
1970(〃 45)	1 970	3 963	-1 785	-208	-1 591	724	1 374
1971(〃 46)	5 797	7 787	-1 738	-252	-1 082	2 435	7 677
1972(〃 47)	6 624	8 971	-1 883	-464	-4 487	1 966	4 741
1973(〃 48)	-136	3 688	-3 510	-314	-9 750	2 407	-10 074
1974(〃 49)	-4 693	1 436	-5 842	-287	-3 881	1 778	-6 839
1975(〃 50)	-682	5 028	-5 354	-356	-272	-1 138	-2 676
1976(〃 51)	3 680	9 887	-5 867	-340	-984	111	2 924
1977(〃 52)	10 918	17 311	-6 004	-389	-3 184	-648	7 743
1978(〃 53)	16 534	24 596	-7 387	-675	-12 389	1 538	5 950
1979(〃 54)	-8 754	1 845	-9 472	-1 127	-12 976	2 735	-16 662
1980(〃 55)	-10 746	2 125	-11 343	-1 528	2 324	3 141	-8 396
1981(〃 56)	4 770	19 967	-13 573	-1 624	-9 672	2 265	-2 144
1982(〃 57)	6 850	18 079	-9 848	-1 381	-14 969	-1 579	-4 971
1983(〃 58)	20 799	31 454	-9 106	-1 549	-17 700	23	5 177
1984(〃 59)	35 003	44 257	-7 747	-1 507	-49 651	-4 295	-15 200
1985(〃 60)	49 169	55 986	-5 165	-1 652	-64 542	-936	-12 318
1986(〃 61)	85 845	92 827	-4 932	-2 050	-131 461	-1 609	-44 767
1987(〃 62)	87 015	96 386	-5 702	-3 669	-136 532	23 865	-29 545
1988(〃 63)	79 631	95 012	-11 263	-4 118	-130 930	19 521	-28 982
1989(平 1)	57 157	76 917	-15 526	-4 234	-89 246	20 811	-33 286
1990(〃 2)	35 761	63 528	-22 292	-5 475	-43 586	21 468	-7 234
1991(〃 3)	72 901	103 044	-17 660	-12 483	37 057	-25 758	76 369
1992(〃 4)	117 551	132 348	-10 112	-4 685	-28 459	-7 039	71 602
1993(〃 5)	131 448	141 514	-3 949	-6 117	-78 336	-14 426	38 426
1994(〃 6)	129 140	145 944	-9 296	-7 508	-82 037	-8 897	20 428

総務省統計局「新版　日本長期統計総覧」により作成。ＩＭＦ方式。暦年。総合収支は誤差脱漏を含む。長期資本収支，短期資本収支のマイナスは資本の流出（資産の増加および負債の減少）を示す。

表8-65　第5版基準による国際収支（総括表）（単位　億円）

	経常収支	貿易・サービス収支	貿易収支	サービス収支	所得収支	経常移転収支
1986(昭61)	142 437	129 607	151 249	-21 640	15 675	-2 842
1987(〃62)	121 862	102 931	132 319	-29 389	23 483	-4 553
1988(〃63)	101 461	79 349	118 144	-38 800	26 436	-4 323
1989(平1)	87 113	59 695	110 412	-50 713	31 773	-4 354
1990(〃2)	64 736	38 628	100 529	-61 899	32 874	-6 768
1991(〃3)	91 757	72 919	129 231	-56 311	34 990	-16 150
1992(〃4)	142 349	102 054	157 764	-55 709	45 125	-4 833
1993(〃5)	146 690	107 013	154 816	-47 803	45 329	-5 651
1994(〃6)	133 425	98 345	147 322	-48 976	41 307	-6 225
1995(〃7)	103 862	69 545	123 445	-53 898	41 573	-7 253
1996(〃8)	71 532	23 174	88 486	-65 312	58 133	-9 775
1997(〃9)	117 339	57 680	120 979	-63 299	70 371	-10 713
1998(〃10)	155 278	95 299	157 526	-62 227	71 442	-11 463
1999(〃11)	130 522	78 650	137 783	-59 133	65 741	-13 869
2000(〃12)	128 755	74 298	123 719	-49 421	65 052	-10 596

	資本収支	投資収支	直接投資	証券投資	その他資本収支	外貨準備増減
1986(昭61)	-122 503	-121 644	-23 863	-171 729	-857	-24 834
1987(〃62)	-61 511	-60 379	-27 368	-154 645	-1 133	-55 492
1988(〃63)	-83 420	-82 122	-46 032	-98 164	-1 297	-21 255
1989(平1)	-74 651	-72 776	-65 271	-25 790	-1 873	18 487
1990(〃2)	-48 679	-47 149	-70 903	11 900	-1 532	13 703
1991(〃3)	-92 662	-91 045	-40 887	60 212	-1 614	11 391
1992(〃4)	-129 165	-127 525	-18 426	-33 401	-1 641	-753
1993(〃5)	-117 035	-115 387	-15 234	-77 620	-1 650	-29 973
1994(〃6)	-89 924	-88 004	-17 611	-23 657	-1 920	-25 854
1995(〃7)	-62 754	-60 609	-21 249	-30 772	-2 144	-54 235
1996(〃8)	-33 425	-29 888	-25 236	-37 082	-3 537	-39 424
1997(〃9)	-151 323	-146 445	-27 548	41 402	-4 879	-7 660
1998(〃10)	-170 821	-151 508	-27 437	-57 989	-19 313	9 986
1999(〃11)	-62 744	-43 655	-11 393	-30 022	-19 088	-87 963
2000(〃12)	-94 233	-84 287	-25 039	-38 470	-9 947	-52 609

財務省「国際収支状況」(時系列データ）により作成。IMF国際収支マニュアル第5版基準。暦年。1995年までは第4版準拠統計を第5版の基準に組み替えた遡及計数。資本収支と外貨準備増減のマイナス（－）は資本の流出（資産の増加および負債の減少）を示す。総括表には上記項目のほかに複式計上方式であることから生じる統計上のズレを調整するための誤差脱漏がある。第5版基準の項目の恒等式は「経常収支＋資本収支＋外貨準備増減＋誤差脱漏＝0」。

国際収支の見直し　2014年以降，日本の国際収支統計はIMF国際収支マニュアル第6版に準拠した統計に移行した。項目では,「投資収支」と「外貨準備増減」を統合して「金融収支」とし,「その他資本収支」を「資本移転等収支」として大項目に変更,「資本収支」は廃止,「所得収支」を「第一次所得収支」に,「経常移転収支」を「第二次所得収支」に名称を変更した。符号表示は，第5版の「投資収支」等では資金の流出入に着目し，流入をプラス（＋），流出をマイナス（－）としていたが，第6版の「金融収支」では資産・負債の増減に着目し，資産・負債の増加をプラス（＋），減少をマイナス（－）とした。

表8-66 第6版基準による国際収支（総括表）（単位 億円）

	経常収支	貿易・サービス収支	貿易収支	サービス収支	第一次所得収支	第二次所得収支	資本移転等収支
1996	74 943	23 174	90 346	-67 172	61 544	-9 775	-3 537
1997	115 700	57 680	123 709	-66 029	68 733	-10 713	-4 879
1998	149 981	95 299	160 782	-65 483	66 146	-11 463	-19 313
1999	129 734	78 650	141 370	-62 720	64 953	-13 869	-19 088
2000	140 616	74 298	126 983	-52 685	76 914	-10 596	-9 947
2001	104 524	32 120	88 469	-56 349	82 009	-9 604	-3 462
2002	136 837	64 690	121 211	-56 521	78 105	-5 958	-4 217
2003	161 254	83 553	124 631	-41 078	86 398	-8 697	-4 672
2004	196 941	101 961	144 235	-42 274	103 488	-8 509	-5 134
2005	187 277	76 930	117 712	-40 782	118 503	-8 157	-5 490
2006	203 307	73 460	110 701	-37 241	142 277	-12 429	-5 533
2007	249 490	98 253	141 873	-43 620	164 818	-13 581	-4 731
2008	148 786	18 899	58 031	-39 131	143 402	-13 515	-5 583
2009	135 925	21 249	53 876	-32 627	126 312	-11 635	-4 653
2010	193 828	68 571	95 160	-26 588	136 173	-10 917	-4 341
2011	104 013	-31 101	-3 302	-27 799	146 210	-11 096	282
2012	47 640	-80 829	-42 719	-38 110	139 914	-11 445	-804
2013	44 566	-122 521	-87 734	-34 786	176 978	-9 892	-7 436
2014	39 215	-134 988	-104 653	-30 335	194 148	-19 945	-2 089
2015	165 194	-28 169	-8 862	-19 307	213 032	-19 669	-2 714
2016	213 910	43 888	55 176	-11 288	191 478	-21 456	-7 433
2017	226 067	42 206	49 113	-6 907	205 131	-21 271	-2 800
2018	192 222	3 919	11 981	-8 062	208 533	-20 231	-2 125

	金融収支	直接投資	証券投資	金融派生商品	その他投資	外貨準備	誤差脱漏
1996	72 723	28 648	37 082	8 011	-40 442	39 424	1 317
1997	152 467	25 910	-41 402	7 166	153 133	7 660	41 645
1998	136 226	22 141	57 989	-1 035	67 118	-9 986	5 558
1999	130 830	10 604	30 022	3 305	-1 064	87 963	20 184
2000	148 757	36 900	38 470	5 090	15 688	52 609	18 088
2001	105 629	37 001	56 291	-1 853	-35 175	49 364	4 567
2002	133 968	24 331	131 486	-2 630	-77 189	57 969	1 348
2003	136 860	29 643	114 731	-6 074	-216 728	215 288	-19 722
2004	160 928	35 789	-23 403	-2 590	-21 542	172 675	-30 879
2005	163 444	51 703	10 700	8 023	68 456	24 562	-18 343
2006	160 494	70 191	-147 961	-2 835	203 903	37 196	-37 280
2007	263 775	60 203	-82 515	-3 249	246 362	42 974	19 016
2008	186 502	89 243	281 887	-24 562	-192 067	32 001	43 299
2009	156 292	57 294	199 485	-9 487	-116 266	25 265	25 019
2010	217 099	62 511	127 014	-10 262	-89	37 925	27 612
2011	126 294	93 101	-135 245	-13 470	44 010	137 897	21 998
2012	41 925	93 591	24 435	5 903	-51 490	-30 515	-4 911
2013	-4 087	142 459	-265 652	55 516	25 085	38 504	-41 217
2014	62 782	125 877	-48 330	37 644	-61 306	8 898	25 656
2015	218 764	161 319	160 294	21 439	-130 539	6 251	56 283
2016	286 059	148 587	296 496	-16 582	-136 662	-5 780	79 583
2017	186 401	172 406	-56 513	34 523	9 467	26 518	-36 866
2018	200 049	147 198	99 765	1 178	-74 720	26 628	9 953

財務省「国際収支状況」（時系列データ）により作成。ＩＭＦ国際収支マニュアル第６版基準。暦年。2013年までは第５版準拠統計を第６版の基準により組み替えた遡及計数。金融収支のプラス（+）は純資産の増加，マイナス（−）は純資産の減少を示す。第６版基準の項目の恒等式は「経常収支＋資本移転等収支−金融収支＋誤差脱漏＝0」。

図 8-5　経常収支の推移（第 6 版基準）

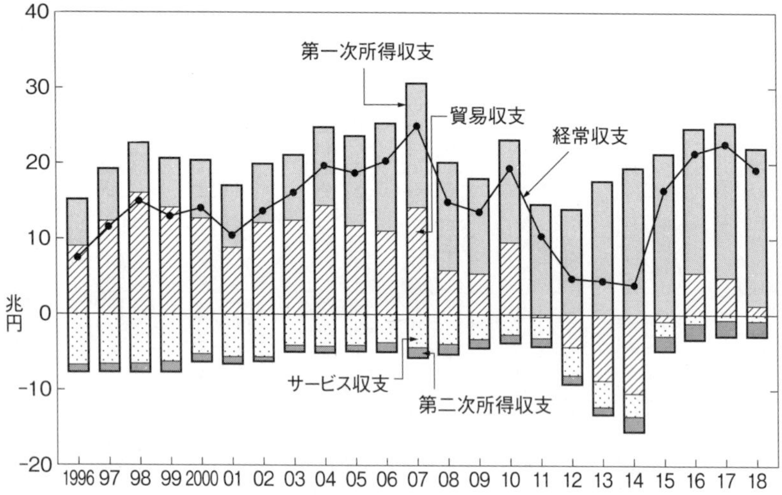

資料・注記は表 8-66 に同じ。

表 8-67　サービス収支（第 6 版基準）（単位　億円）

	輸送	旅行	その他サービス	うち金融サービス	知的財産権等使用料	計
1996(平 8)	-10 588	-35 880	-20 704	-155	-3 427	-67 172
1997(〃 9)	-9 078	-34 651	-22 300	-1 001	-2 794	-66 029
1998(〃 10)	-7 018	-32 739	-25 726	-689	-2 047	-65 483
1999(〃 11)	-6 354	-33 287	-23 080	-773	-1 903	-62 720
2000(〃 12)	-8 324	-30 730	-13 630	1 059	-838	-52 685
2001(〃 13)	-8 909	-28 168	-19 272	1 293	-800	-56 349
2002(〃 14)	-7 512	-28 879	-20 130	1 881	-733	-56 521
2003(〃 15)	-6 058	-23 190	-11 830	1 508	1 491	-41 078
2004(〃 16)	-7 483	-29 189	-5 603	1 898	2 231	-42 274
2005(〃 17)	-5 021	-27 659	-8 102	2 608	3 289	-40 782
2006(〃 18)	-6 032	-21 409	-9 799	3 678	5 358	-37 241
2007(〃 19)	-8 264	-20 199	-15 157	3 062	7 729	-43 620
2008(〃 20)	-7 316	-17 631	-14 184	1 523	7 644	-39 131
2009(〃 21)	-8 383	-13 886	-10 358	1 654	4 527	-32 627
2010(〃 22)	-3 698	-12 875	-10 015	401	6 943	-26 588
2011(〃 23)	-6 202	-12 963	-8 634	610	7 901	-27 799
2012(〃 24)	-9 907	-10 617	-17 586	1 133	9 569	-38 110
2013(〃 25)	-7 183	-6 545	-21 058	926	13 422	-34 786
2014(〃 26)	-6 653	-444	-23 239	2 182	17 502	-30 335
2015(〃 27)	-6 831	10 902	-23 378	5 208	23 508	-19 307
2016(〃 28)	-6 944	13 267	-17 610	6 125	20 700	-11 288
2017(〃 29)	-6 630	17 796	-18 073	3 149	22 836	-6 907
2018(〃 30)	-10 415	24 161	-21 808	3 670	26 220	-8 062

財務省「国際収支状況」(時系列データ) により作成。IMF国際収支マニュアル第 6 版基準。表8-66の「サービス収支」の内訳。

図 8-6 対外資産負債残高の推移（第6版基準）（年末）

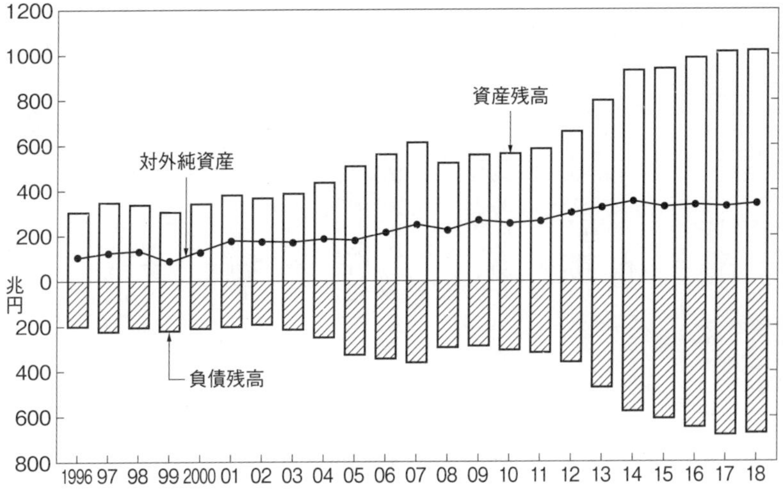

資料・注記は表8-69に同じ。

表 8-68 第一次所得収支（第6版基準）（単位 億円）

	雇用者報酬	投資収益	直接投資収益	証券投資収益	その他投資収益	計
1996(平8)	-3	61 547	15 364	43 589	2 594	61 544
1997(〃9)	13	68 720	13 004	53 477	2 239	68 733
1998(〃10)	24	66 122	7 682	52 762	5 678	66 146
1999(〃11)	44	64 908	3 554	49 364	11 991	64 953
2000(〃12)	-4	76 917	17 942	51 124	7 851	76 914
2001(〃13)	-49	82 058	13 434	62 269	6 355	82 009
2002(〃14)	-105	78 209	9 879	63 455	4 875	78 105
2003(〃15)	-138	86 536	13 017	68 209	5 310	86 398
2004(〃16)	-121	103 610	24 431	74 304	4 874	103 488
2005(〃17)	-141	118 644	27 367	86 480	4 798	118 503
2006(〃18)	-34	142 311	34 503	105 558	2 249	142 277
2007(〃19)	-71	164 890	35 805	122 515	6 569	164 818
2008(〃20)	-25	143 428	20 284	113 278	9 865	143 402
2009(〃21)	-35	126 347	33 171	87 922	5 253	126 312
2010(〃22)	-45	136 218	40 537	89 930	5 751	136 173
2011(〃23)	-59	146 269	44 044	95 386	6 839	146 210
2012(〃24)	-53	139 967	39 332	93 960	6 675	139 914
2013(〃25)	-47	177 025	66 091	105 179	5 756	176 978
2014(〃26)	-38	195 358	78 273	110 044	7 041	194 148
2015(〃27)	-115	214 041	87 728	121 062	5 251	213 032
2016(〃28)	-138	192 527	82 975	103 553	5 999	191 478
2017(〃29)	-145	205 845	95 779	102 470	7 596	205 131
2018(〃30)	-129	209 455	100 635	98 506	10 314	208 533

財務省「国際収支状況」(時系列データ)により作成。IMF国際収支マニュアル第6版基準。表6-66の「第一次所得収支」の内訳。2014年より，計に「その他第一次所得」（天然資源の賃貸料，生産物・生産に課される税など）を含む。

表 8 - 69　対外資産負債残高（第 6 版基準）（ストック）（年末）（単位　十億円）

	資産残高	直接投資	証券投資	金融派生商品	その他投資	外貨準備
1996（平 8）	302 809	30 571	111 165	461	135 372	25 242
1997（〃 9）	346 784	35 594	121 794	572	160 131	28 693
1998（〃 10）	337 082	31 521	127 720	589	152 390	24 862
1999（〃 11）	303 876	25 687	131 687	455	116 648	29 398
2000（〃 12）	341 520	32 307	150 115	381	117 239	41 478
2001（〃 13）	380 067	39 841	169 990	395	117 069	52 772
2002（〃 14）	366 472	37 010	167 203	404	105 792	56 063
2003（〃 15）	386 253	36 647	184 353	524	92 645	72 083
2004（〃 16）	434 400	39 116	209 247	599	97 718	87 720
2005（〃 17）	506 664	46 079	249 493	3 104	108 544	99 444
2006（〃 18）	558 733	54 103	278 757	2 739	116 698	106 435
2007（〃 19）	611 050	62 416	287 687	4 442	146 227	110 279
2008（〃 20）	520 131	62 692	215 682	7 022	141 752	92 983
2009（〃 21）	555 956	69 340	261 989	4 251	123 599	96 777
2010（〃 22）	561 448	68 925	269 207	4 287	129 700	89 330
2011（〃 23）	583 100	75 565	262 639	4 188	140 192	100 517
2012（〃 24）	658 927	91 232	308 099	4 623	145 509	109 464
2013（〃 25）	797 686	119 302	361 253	8 207	175 394	133 529
2014（〃 26）	930 496	142 017	398 055	56 288	183 057	151 080
2015（〃 27）	938 398	151 852	411 792	45 080	181 121	148 553
2016（〃 28）	986 289	158 885	441 421	43 451	199 971	142 560
2017（〃 29）	1 013 364	175 141	463 596	33 880	198 340	142 406
2018（〃 30）	1 018 038	181 704	450 844	32 166	213 048	140 276

	負債残高	直接投資	証券投資	金融派生商品	その他投資	対外純資産
1996（平 8）	199 451	4 045	66 077	315	129 013	103 359
1997（〃 9）	222 198	3 779	76 978	533	140 908	124 587
1998（〃 10）	203 809	3 318	76 334	525	123 632	133 273
1999（〃 11）	219 140	4 975	118 392	317	95 457	84 735
2000（〃 12）	208 473	6 096	101 609	366	100 402	133 047
2001（〃 13）	200 810	6 918	87 752	467	105 673	179 257
2002（〃 14）	191 163	9 902	73 189	445	107 628	175 308
2003（〃 15）	213 435	10 325	92 873	727	109 510	172 818
2004（〃 16）	248 602	10 634	120 091	1 121	116 756	185 797
2005（〃 17）	325 965	12 377	181 959	3 921	127 709	180 699
2006（〃 18）	343 651	13 430	209 696	3 587	116 938	215 081
2007（〃 19）	360 828	15 703	221 487	4 964	118 674	250 221
2008（〃 20）	294 223	19 408	139 907	7 761	127 146	225 908
2009（〃 21）	287 710	19 555	141 496	5 213	121 445	268 246
2010（〃 22）	305 542	18 735	152 051	5 267	129 488	255 906
2011（〃 23）	317 359	18 824	157 481	5 641	135 413	265 741
2012（〃 24）	359 625	19 227	180 504	5 326	154 568	299 302
2013（〃 25）	471 955	19 551	252 008	8 656	191 739	325 732
2014（〃 26）	579 382	23 748	285 492	59 555	210 586	351 114
2015（〃 27）	611 209	24 770	321 051	45 692	219 696	327 189
2016（〃 28）	649 982	28 232	325 214	45 471	251 066	336 306
2017（〃 29）	684 062	28 926	376 721	33 971	244 444	329 302
2018（〃 30）	676 482	30 711	351 269	30 723	263 778	341 556

財務省「本邦対外資産負債残高の推移」により作成。IMF国際収支マニュアル第 6 版基準。2013年末までは第 5 版基準統計を第 6 版基準により組み替えたもの。符号の表示は国際収支に同じ。

図 **8-7** 主要国の外貨準備高（年末）

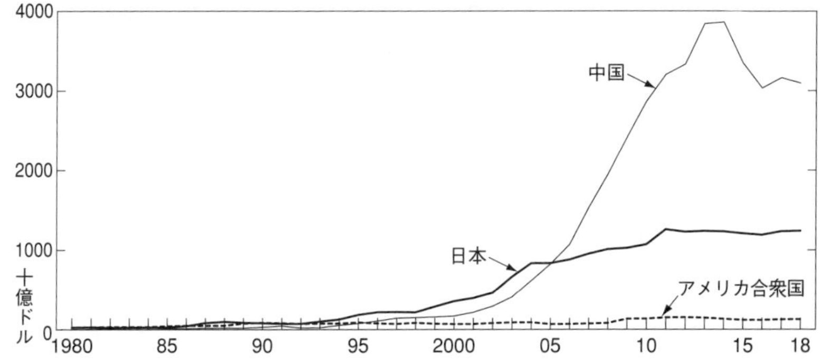

資料・注記は表 8-70 に同じ。

表 **8-70** 主な国の外貨準備高（年末）（単位　百万ドル）

	中国	日本	スイス	サウジアラビア	（台湾）	（香港）	韓国
1980	3 117	25 718	19 374	23 640	2 345	…	2 938
1985	13 216	27 650	21 218	25 181	22 749	…	2 881
1990	30 219	79 707	33 369	11 897	73 115	24 579	14 809
1995	76 037	184 510	40 746	8 861	91 016	55 401	32 695
2000	168 857	356 021	35 819	19 795	107 360	107 545	96 150
2005	822 479	835 506	38 372	155 259	253 971	124 247	210 340
2010	2 867 906	1 071 311	225 283	445 281	382 739	…	291 516
2011	3 204 610	1 259 494	281 187	541 234	386 277	285 300	304 349
2012	3 332 943	1 228 470	477 458	657 023	403 902	317 254	323 353
2013	3 841 374	1 238 544	497 760	725 851	417 545	311 133	341 831
2014	3 860 886	1 232 257	507 158	732 447	419 671	328 440	358 955
2015	3 347 942	1 208 212	568 581	616 489	426 692	358 705	363 312
2016	3 032 563	1 189 484	642 167	535 853	434 845	386 220	366 466
2017	3 161 830	1 233 470	769 346	496 508	452 179	431 358	384 620
2018	3 094 781	1 240 133	745 794	496 662	462 447	424 537	398 944

	ロシア	インド	ブラジル	イギリス	アメリカ合衆国	ドイツ	世界計×
1980	—	7 327	5 853	21 492	27 395	52 841	449 607
1985	—	6 782	10 724	13 591	42 193	48 039	479 912
1990	—	2 053	8 466	36 797	85 300	72 642	979 731
1995	14 873	18 587	50 311	42 975	88 397	89 957	1 519 298
2000	24 828	38 427	32 531	47 353	68 530	61 976	2 070 840
2005	176 514	132 500	53 299	54 509	67 168	50 653	4 438 687
2010	444 953	276 243	287 114	84 543	135 487	68 189	9 704 252
2011	455 474	272 249	350 414	94 998	150 964	72 796	10 712 643
2012	488 233	271 551	369 682	101 095	153 200	73 287	11 462 270
2013	471 397	277 460	356 331	107 273	147 628	73 235	12 203 792
2014	341 340	304 364	361 074	112 963	132 309	67 783	12 062 836
2015	322 041	335 181	354 280	138 019	119 222	63 779	11 345 752
2016	319 988	341 989	362 607	123 970	118 595	64 692	11 111 903
2017	359 031	390 245	371 258	138 421	125 286	64 763	11 852 668
2018	384 882	375 365	372 039	160 358	127 486	64 447	11 844 997

IMF DATA "International Financial Statistics (IFS)" により作成。Total International Reserves (gold at 35 SDRs per ounce) を使用。外貨準備は，外貨（証券，預金），IMFリザーブポジション，SDR，金，その他外貨準備から成る。ドイツは1989年まで旧西ドイツ。×その他を含む。

表8-71 経済協力実績（単位　百万ドル）

	政府開発援助（ODA）	二国間	贈与	政府貸付等	国際機関への出資・拠出等	その他政府資金
1970（昭45）	458	372	121	250	87	694
1980（〃55）	3 304	1 961	653	1 308	1 343	1 478
1990（平２）	9 222	6 940	3 019	3 920	2 282	3 470
2000（〃12）	13 419	9 640	5 813	3 827	3 779	-4 855
2001（〃13）	9 900	7 452	4 849	2 603	2 448	-2 698
2002（〃14）	9 359	6 726	4 473	2 253	2 633	-5 341
2003（〃15）	8 638	6 014	4 544	1 469	2 624	-3 425
2004（〃16）	9 019	5 954	7 235	-1 281	3 065	-2 993
2005（〃17）	13 283	10 485	9 275	1 210	2 799	-2 401
2006（〃18）	11 308	7 430	7 723	-293	3 878	3 129
2007（〃19）	7 747	5 840	6 046	-206	1 907	713
2008（〃20）	9 720	6 939	7 839	-900	2 781	-226
2009（〃21）	9 551	6 256	5 572	684	3 295	11 402
2010（〃22）	11 112	7 428	6 955	474	3 684	5 644
2011（〃23）	10 750	6 861	8 581	-1 720	3 888	4 531
2012（〃24）	10 554	6 352	6 775	-423	4 202	5 920
2013（〃25）	11 494	8 524	9 841	-1 317	2 970	2 133
2014（〃26）	9 440	6 085	5 201	884	3 355	-2 148
2015（〃27）	9 171	6 134	5 017	1 117	3 037	-277
2016（〃28）	10 380	7 012	5 590	1 422	3 368	4 148
2017（〃29）	11 418	8 036	5 505	2 531	3 382	-1 996

	民間資金	輸出信用（1年超）	直接投資	その他二国間証券投資等	国際機関への融資等	資金の流れ総計
1970（昭45）	672	387	1) 265	…	18	1 824
1980（〃55）	1 984	74	906	660	318	6 766
1990（平２）	6 365	-14	8 144	-2 581	711	19 057
2000（〃12）	6 490	-358	6 191	478	-52	15 053
2001（〃13）	8 466	593	12 127	-4 133	-355	15 669
2002（〃14）	4 965	-1 078	12 108	-3 413	-2 804	8 983
2003（〃15）	-4 206	4 753	8 765	-18 430	371	1 007
2004（〃16）	10 159	1 074	13 955	-2 275	-3 020	16 184
2005（〃17）	22 502	-3 329	23 200	2 295	81	33 385
2006（〃18）	25 399	7 375	20 639	-2 002	-928	39 835
2007（〃19）	38 029	7 035	29 978	2 466	-1 896	46 489
2008（〃20）	51 063	-5 644	54 164	3 156	-1 065	60 556
2009（〃21）	38 026	-7 510	39 000	4 016	1 987	58 979
2010（〃22）	23 366	-8 637	26 300	4 020	992	40 123
2011（〃23）	57 028	2 915	49 106	4 928	-419	72 309
2012（〃24）	39 579	-5 280	40 344	5 269	-1 241	56 052
2013（〃25）	57 214	538	50 607	7 323	-1 712	70 841
2014（〃26）	52 076	1 063	44 399	7 328	-1 180	59 368
2015（〃27）	50 291	2 250	44 505	2 845	193	59 186
2016（〃28）	39 515	2 640	35 774	1 220	-484	54 043
2017（〃29）	57 901	167	50 391	7 781	-913	67 323

経済産業省「経済協力の現状と問題点（経済協力白書）」（2000年版で廃刊）および外務省「開発協力白書・ODA白書」により作成。支出純額ベース。卒業国向け援助を含む。「資金の流れ」は開発途上国への資金の流れで，政府開発援助（ODA），その他政府資金，民間資金（本表では，民間非営利団体による贈与を含む）の計。1）その他二国間証券投資等を含む。

表8-72　外国為替相場

	ニューヨーク向平均相場（百円につきドル）	ロンドン向平均相場（1円につきシリング）
1925（大14）	40.750	1.6875
1930（昭 5）	49.367	2.0285
1935（〃10）	28.570	1.1667
1940（〃15）	23.437	1.2301
	ドル基準相場（1ドルにつき　円）	英ポンド裁定相場（1ポンドにつき　円）
1950（昭25）	360.00	1 008.00
1955（〃30）	360.00	1 009.13
1960（〃35）	360.00	1 008.00
1965（〃40）	360.00	1 008.00
1970（〃45）	360.00	864.00
1971（〃46）	308.00	802.56
1972（〃47）	308.00	723.03
	インターバンク相場	
1973（〃48）	280.00	650.37
1974（〃49）	300.94	706.18
1975（〃50）	305.15	617.62
1976（〃51）	293.00	498.20
1977（〃52）	240.00	460.56
1978（〃53）	195.10	397.37
1979（〃54）	239.90	530.70
1980（〃55）	203.60	485.17
1981（〃56）	220.25	421.11
1982（〃57）	235.30	380.00
1983（〃58）	232.00	337.50
1984（〃59）	251.58	290.84
1985（〃60）	200.60	290.42
1986（〃61）	160.10	237.59
1987（〃62）	122.00	232.04

	ドルインターバンク相場（1ドルにつき　円）	英ポンド裁定相場（1ポンドにつき　円）	ユーロ裁定相場（1ユーロにつき　円）
1988（〃63）	125.90	227.85	—
1989（平 1）	143.40	231.03	171.02
1990（〃 2）	135.40	259.86	183.69
1991（〃 3）	125.25	233.81	167.88
1992（〃 4）	124.65	188.43	151.06
1993（〃 5）	111.89	165.20	124.79
1994（〃 6）	99.83	156.24	122.68
1995（〃 7）	102.91	159.54	135.14
1996（〃 8）	115.98	198.71	145.35
1997（〃 9）	129.92	214.09	143.49
1998（〃10）	115.20	191.22	132.80
		対顧客為替相場	
1999（〃11）	102.08	165.69	102.91
2000（〃12）	114.90	171.10	106.55
2001（〃13）	131.47	191.53	116.51
2002（〃14）	119.37	192.44	125.08
2003（〃15）	106.97	190.07	133.74
2004（〃16）	103.78	199.81	141.61
2005（〃17）	117.48	203.74	139.83
2006（〃18）	118.92	233.66	156.50
2007（〃19）	113.12	227.90	166.66
2008（〃20）	90.28	131.83	127.96
2009（〃21）	92.13	146.53	132.00
2010（〃22）	81.51	126.48	107.90
2011（〃23）	77.57	119.81	100.71
2012（〃24）	86.32	139.52	114.71
2013（〃25）	105.37	173.76	145.05
2014（〃26）	119.80	187.03	146.54
2015（〃27）	120.42	178.78	131.77
2016（〃28）	117.11	143.00	122.70
2017（〃29）	112.65	151.95	134.94
2018（〃30）	110.40	140.46	127.00

日本銀行「明治以降　本邦主要経済統計」および同「経済統計年報」（1980年，1990年），同「金融経済統計月報」（2019年7月閲覧），同「時系列統計データ」による。1950年以降は年末現在。1973年末からのドル相場は東京インターバンク相場のスポットレートで，オファー（売り値）とビッド（買い値）の中間値（17時時点）。1999年からの英ポンドとユーロ（1998年以前はECU）は対顧客為替相場。

国際収支統計と貿易統計（通関ベース）の違い　国際収支統計は，税関を通過したかどうかに関わらず，居住者と非居住者の間で所有権が移転した時点で計上される。モノの取引とサービスの取引は区別して計上することを原則としているため，貿易収支には，輸出入ともに輸出国における船積み価格（FOB：Free On Board，本船渡し価格）を計上し，運賃・保険料等の諸経費についてはサービス収支に計上する。一方，貿易統計は，モノの輸出入を物理的に捉えて税関を通過した時点（関税境界）を計上する統計で，輸出がFOB建て，輸入は自国の通関地点における貨物価格（CIF：Cost, Insurance and Freight，貨物代金に加えて，仕向地までの運賃・保険料が含まれた価格）を集計したものである。

第9章　物価・財政・金融

〔**物価**〕 物価とは個々の商品（財やサービス）の価格変化を一定の方式により総合したもので，「物価の安定」はあらゆる経済活動や国民経済の基盤と考えられている。物価関連統計は基準となる時点からの変化を示すもので，企業物価指数（日本銀行，2003年より卸売物価指数から名称変更）は，企業間で取引される商品の物価の動きを表し，1946年から調査が開始された消費者物価指数（総務省）は，家計が購入する商品やサービスの小売段階での物価水準を示すものである。

戦後の消費者物価指数（全国）の動きをみていくと，オリンピック景気といざなぎ景気に沸いた1960年代は，家計収入の増加に伴い，対前年比でおおむね4～8％の高い上昇率で推移した。この流れは1970年代も続き，73年に第1次石油危機が起こると，全国的に物不足パニックが広がり物価は高騰し，74年には前年比23.2％上昇という空前の上げ幅となった。

1980年代になると，物価は一転して安定した動きとなるが，これは85年のプラザ合意以降の円高によるところが

年　表	
1946	消費者物価指数(CPI)作成開始。
1954 (昭29)	神武景気（31か月。1954年12月～57年6月）。
1958	岩戸景気（42か月。1958年7月～1961年12月）。
1962	オリンピック景気（24か月。1962年11月～64年10月）。
1965	いざなぎ景気（57か月。1965年11月～1970年7月）。
1972	列島改造景気（23か月。1972年1月～73年11月）。
1973	円，変動相場制に移行（2月）。 「買占め等防止法」制定（7月）。 第1次石油危機（10月～）。 「国民生活安定緊急措置法」制定（12月）。
1979	第2次石油危機。
1985	プラザ合意（G5がドル高修正のため為替市場へ協調介入）。
1986	バブル景気（51か月。1986年12月～1991年2月）。
1987	ブラックマンデー（世界的な株価の大暴落）。

年　表（つづき）	
1989 (平1)	消費税導入（税率3％）。 日経平均株価が史上最高値（12月29日に3万8915円）。
1997	消費税率5％に引き上げ。
2002	戦後最長の景気拡大期始まる。73か月。2002年2月～08年2月。いざなぎ景気を超える。
2004	消費税の総額表示方式開始。
2008	リーマンショック（国際的な金融危機と株価の暴落）。
2009	政府がデフレ認定（11月）。
2011	円，戦後最高値となる。10月に1ドル75円32銭。
2013	「物価安定の目標」を消費者物価の前年比上昇率2％に設定。 「量的・質的金融緩和」導入。
2014	消費税率8％に引き上げ。
2016	「マイナス金利付き量的・質的金融緩和」導入。
2019 (令1)	消費税率10％に引き上げ（軽減税率導入）。

大きい。円高は輸入品の価格を下げ，特に食料品やエネルギー価格の上昇を抑えた。その一方で円高は製造業の競争力低下を招くこととなり，政府は円高による不況を阻止するために，金融緩和や公共事業の拡大など内需主導型の景気対策を実施し，これがバブル景気につながっていった。1990年代に入ると，規制緩和による価格の下落，円高の進行，およびバブル崩壊後の景気低迷などにより，物価はさらに安定基調となった。1995年は37年ぶりに対前年比でマイナスとなり，これ以降，日本経済はデフレ色を強めていく。1997年は消費税率引き上げの影響により前年比1.8％の上昇となるが，99年から2003年までは５年連続の下落となった。その後も物価は，エネルギー価格高騰の影響を受けた2008年以外は，わずかな上昇と下落を繰り返し，ついに政府は2009年11月に，日本経済は物価が持続的に下落する「緩やかなデフレ状態にある」と認定した。

このようなデフレ状況から脱却するために，日本銀行は2012年2月の金融政策決定会合で金融緩和策の強化を打ち出した。2013年1月には，「物価安定の目標」を消費者物価（生鮮食品を除く総合，コアCPI）の前年比上昇率を2%とすることを設定し,4月に「量的·質的金融緩和」を導入した。その後，円安や株価上昇で国内景気は改善を見せ，物価の上昇は上向き傾向にあると判断されたが，2018年のコアCPIは0.9%にとどまり，デフレ脱却を宣言するまでに至っていない。

図9-1　企業物価指数と消費者物価指数の前年比の推移

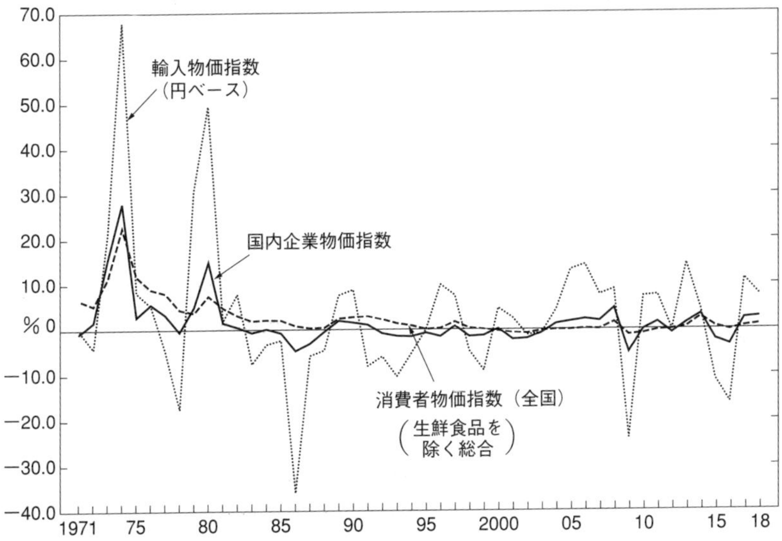

資料・注記は表9-1に同じ。指数は2015年基準。

表 9-1　企業物価指数と消費者物価指数の前年比（%）

	企業物価指数（総平均）			消費者物価指数（全国）			
	国内企業物価指数	輸出物価指数（円ベース）	輸入物価指数（円ベース）	総合	生鮮食品を除く総合	持家の帰属家賃を除く総合	生鮮食品・エネルギーを除く総合
1971(昭46)	-0.8	-1.4	-0.1	6.3	6.6	6.1	6.7
1972(〃47)	1.7	-3.2	-4.2	4.9	5.3	4.5	5.6
1973(〃48)	15.6	10.1	21.2	11.7	11.4	11.7	11.5
1974(〃49)	27.9	34.1	67.8	23.2	22.5	24.5	22.0
1975(〃50)	2.8	-3.8	8.2	11.7	11.9	11.8	11.9
1976(〃51)	5.6	-0.7	5.3	9.4	9.0	9.3	9.1
1977(〃52)	3.3	-4.7	-4.6	8.1	8.1	8.1	8.1
1978(〃53)	-0.5	-6.6	-17.5	4.2	4.4	3.8	4.9
1979(〃54)	5.0	11.1	30.7	3.7	3.7	3.6	3.5
1980(〃55)	15.0	9.1	49.4	7.7	7.5	8.0	5.9
1981(〃56)	1.5	1.3	1.8	4.9	4.8	4.9	4.7
1982(〃57)	0.5	4.0	7.9	2.8	3.1	2.7	3.0
1983(〃58)	-0.7	-5.9	-7.6	1.9	1.9	1.9	2.3
1984(〃59)	0.1	0.6	-3.3	2.3	2.1	2.2	2.4
1985(〃60)	-0.8	-1.4	-2.4	2.0	2.0	2.1	2.4
1986(〃61)	-4.7	-14.9	-36.0	0.6	0.8	0.4	1.6
1987(〃62)	-3.1	-5.0	-5.8	0.1	0.3	-0.2	0.9
1988(〃63)	-0.5	-2.3	-4.6	0.7	0.4	0.5	0.7
1989(平1)	1.9	4.4	7.6	2.3	2.4	2.3	2.6
1990(〃2)	1.5	2.3	8.8	3.1	2.7	3.1	2.5
1991(〃3)	1.0	-5.3	-8.1	3.3	2.9	3.3	2.9
1992(〃4)	-0.9	-3.6	-6.0	1.6	2.2	1.6	2.5
1993(〃5)	-1.5	-8.0	-10.4	1.3	1.3	1.1	1.3
1994(〃6)	-1.6	-2.8	-5.3	0.7	0.8	0.5	0.9
1995(〃7)	-0.8	-2.2	-0.1	-0.1	0.0	-0.3	0.2
1996(〃8)	-1.6	5.0	9.9	0.1	0.2	0.0	0.4
1997(〃9)	0.7	1.9	7.5	1.8	1.7	1.6	1.6
1998(〃10)	-1.6	1.5	-4.8	0.6	0.3	0.7	0.7
1999(〃11)	-1.4	-10.0	-9.1	-0.3	0.0	-0.4	0.0
2000(〃12)	0.1	-4.6	4.7	-0.7	-0.4	-0.9	-0.6
2001(〃13)	-2.3	3.0	2.5	-0.7	-0.8	-0.9	-0.9
2002(〃14)	-2.1	-1.1	-1.3	-0.9	-0.9	-1.1	-0.7
2003(〃15)	-0.8	-4.1	-0.8	-0.3	-0.3	-0.3	-0.4
2004(〃16)	1.2	-1.3	4.3	0.0	-0.1	0.0	-0.2
2005(〃17)	1.7	1.9	13.1	-0.3	-0.1	-0.4	-0.5
2006(〃18)	2.2	3.1	14.2	0.3	0.1	0.3	-0.4
2007(〃19)	1.8	2.3	7.6	0.0	0.0	0.1	-0.1
2008(〃20)	4.6	-6.1	8.8	1.4	1.5	1.6	0.8
2009(〃21)	-5.2	-10.2	-24.1	-1.4	-1.3	-1.5	-0.4
2010(〃22)	-0.1	-2.5	7.2	-0.7	-1.0	-0.8	-1.3
2011(〃23)	1.5	-2.2	7.5	-0.3	-0.3	-0.3	-0.8
2012(〃24)	-0.9	-2.0	-0.2	0.0	-0.1	0.0	-0.4
2013(〃25)	1.3	11.7	14.5	0.4	0.4	0.5	-0.2
2014(〃26)	3.2	3.2	4.3	2.7	2.6	3.3	2.2
2015(〃27)	-2.3	1.3	-11.2	0.8	0.5	1.0	1.4
2016(〃28)	-3.5	-9.3	-16.3	-0.1	-0.3	-0.1	0.6
2017(〃29)	2.3	5.4	11.1	0.5	0.5	0.6	0.1
2018(〃30)	2.6	1.4	7.6	1.0	0.9	1.2	0.4

日本銀行および総務省統計局の時系列データにより作成。指数は2015年基準。企業物価指数は表9-2の注記参照，消費者物価指数は表9-5の注記参照。

表 9-2 国内企業物価指数（Ⅰ）（2015年平均＝100）

	総平均[1)]	工業製品	飲食[2)]料品	繊維製品	木材・木製品	パルプ・紙・同製品	化学製品
1960(昭35)	48.1	52.1	29.9	51.7	23.5	34.3	59.2
1965(〃 40)	49.2	51.7	31.4	52.1	28.7	36.0	54.6
1970(〃 45)	54.9	56.7	35.7	60.1	39.0	40.5	51.3
1971(〃 46)	54.4	56.2	37.3	58.2	37.2	39.7	51.0
1972(〃 47)	55.3	57.0	37.6	60.1	42.3	40.1	50.9
1973(〃 48)	64.0	65.9	41.7	81.9	61.3	48.7	55.2
1974(〃 49)	81.6	84.2	53.1	81.3	61.9	73.9	77.2
1975(〃 50)	83.9	86.0	57.4	78.8	58.3	69.2	84.6
1976(〃 51)	88.6	90.5	62.6	87.7	64.1	68.5	89.0
1977(〃 52)	91.5	93.0	65.1	86.4	66.1	74.3	90.2
1978(〃 53)	91.0	92.3	64.7	89.0	63.2	68.8	85.3
1979(〃 54)	95.6	97.0	65.2	92.3	80.7	71.3	93.6
1980(〃 55)	109.9	111.4	71.8	97.0	90.2	93.1	114.4
1981(〃 56)	111.4	112.6	75.3	98.1	77.6	90.3	112.0
1982(〃 57)	111.9	113.2	75.3	99.8	78.7	88.7	110.5
1983(〃 58)	111.2	112.3	77.2	98.0	75.2	86.7	107.9
1984(〃 59)	111.3	112.3	79.7	100.3	73.9	89.4	105.8
1985(〃 60)	110.5	111.4	79.3	99.1	73.7	88.5	103.9
1986(〃 61)	105.3	106.2	78.3	91.7	71.3	86.4	97.2
1987(〃 62)	102.0	103.1	77.3	91.2	78.5	84.6	93.7
1988(〃 63)	101.5	102.7	77.3	91.6	77.3	85.1	93.5
1989(平 1)	103.3	104.9	78.6	94.4	82.3	87.3	95.0
1990(〃 2)	104.9	106.6	80.8	94.1	86.1	87.8	96.1
1991(〃 3)	106.0	107.8	83.7	96.3	85.3	90.4	99.0
1992(〃 4)	105.0	106.7	84.9	94.6	84.8	89.5	94.9
1993(〃 5)	103.4	105.0	84.7	90.4	93.1	88.7	92.1
1994(〃 6)	101.7	103.2	84.5	89.3	90.3	86.9	89.9
1995(〃 7)	100.8	102.5	83.9	88.2	87.0	89.4	91.1
1996(〃 8)	99.2	100.8	84.6	88.8	87.8	90.4	89.6
1997(〃 9)	99.8	101.3	86.0	91.1	89.6	90.3	91.4
1998(〃 10)	98.3	100.0	86.6	89.1	82.9	88.0	90.5
1999(〃 11)	96.9	98.5	86.9	87.0	83.3	85.9	89.4
2000(〃 12)	96.9	98.7	86.8	86.3	82.5	87.5	91.7
2001(〃 13)	94.7	96.3	86.2	84.9	81.5	86.9	91.1
2002(〃 14)	92.8	94.3	85.8	84.2	80.2	85.1	89.0
2003(〃 15)	91.9	93.5	85.8	84.2	80.6	87.0	90.1
2004(〃 16)	93.1	94.5	86.5	84.1	81.7	88.1	93.1
2005(〃 17)	94.6	96.5	86.2	84.6	80.9	87.2	98.5
2006(〃 18)	96.7	98.5	86.4	86.1	84.0	87.3	101.4
2007(〃 19)	98.4	100.2	87.9	89.0	90.3	90.3	105.0
2008(〃 20)	102.9	104.6	93.1	91.1	87.2	96.6	109.7
2009(〃 21)	97.5	99.2	93.2	89.7	84.5	98.9	99.7
2010(〃 22)	97.4	99.1	92.7	90.5	85.6	96.5	100.6
2011(〃 23)	98.8	100.4	95.1	92.8	88.5	96.0	103.0
2012(〃 24)	98.0	98.9	95.1	93.2	86.5	97.8	101.7
2013(〃 25)	99.2	99.4	95.9	95.0	94.1	96.2	104.9
2014(〃 26)	102.4	102.3	98.4	98.7	101.5	98.6	107.3
2015(〃 27)	100.0	100.0	100.0	100.0	100.0	100.0	100.0
2016(〃 28)	96.5	97.0	100.1	99.6	100.7	99.5	92.9
2017(〃 29)	98.7	98.9	99.9	99.6	102.8	99.6	94.8
2018(〃 30)	101.3	101.1	100.5	101.0	105.4	102.1	97.5

日本銀行（時系列統計データ）により作成。企業物価指数は企業間で取引される商品の価格動向を示↗

国内企業物価指数（Ⅱ）（2015年平均＝100）

	工業製品（つづき）						
	石油・石炭製品	プラスチック製品	窯業・土石製品	鉄鋼	非鉄金属	金属製品	はん用機器
1960(昭35)	12.9	51.6	30.0	43.3	40.1	36.1	48.4
1965(〃 40)	12.0	43.4	32.1	38.5	42.4	36.6	45.7
1970(〃 45)	11.8	44.4	36.8	42.4	52.5	41.2	48.3
1971(〃 46)	13.0	43.3	37.7	39.5	45.2	41.4	49.0
1972(〃 47)	13.0	43.6	38.1	40.9	43.3	41.3	48.9
1973(〃 48)	14.2	55.3	43.2	47.3	57.1	46.3	55.2
1974(〃 49)	25.2	83.0	60.2	58.9	79.6	64.6	75.6
1975(〃 50)	31.2	76.1	61.2	59.3	65.6	64.2	75.1
1976(〃 51)	34.2	79.9	63.9	66.3	69.1	66.0	74.3
1977(〃 52)	35.2	81.2	66.7	70.1	66.8	69.2	76.1
1978(〃 53)	32.3	79.1	71.2	73.0	62.0	71.0	76.3
1979(〃 54)	37.3	86.2	76.6	74.5	74.4	72.0	77.5
1980(〃 55)	61.5	102.6	88.8	80.6	92.3	78.5	81.6
1981(〃 56)	68.3	100.5	91.8	80.0	81.4	79.9	83.3
1982(〃 57)	73.6	99.6	92.2	80.1	78.4	78.7	82.8
1983(〃 58)	70.2	98.3	92.1	80.2	80.0	79.3	82.7
1984(〃 59)	66.0	99.7	92.6	80.4	78.4	81.6	83.1
1985(〃 60)	65.8	99.1	89.5	79.7	74.5	81.9	83.7
1986(〃 61)	51.7	95.4	89.8	75.3	62.0	81.1	83.6
1987(〃 62)	42.7	92.1	88.7	73.1	61.6	79.2	83.2
1988(〃 63)	40.5	92.4	88.3	75.0	67.8	80.9	83.7
1989(平 1)	42.6	94.4	89.8	77.9	73.5	84.1	86.2
1990(〃 2)	48.8	96.0	92.0	79.1	72.6	85.9	88.3
1991(〃 3)	49.9	102.2	95.2	80.2	67.0	87.7	90.1
1992(〃 4)	47.0	99.8	95.1	78.9	62.4	87.5	90.9
1993(〃 5)	44.8	96.6	93.9	75.3	56.7	86.2	90.9
1994(〃 6)	42.6	93.9	92.3	71.4	57.1	84.7	90.7
1995(〃 7)	42.7	93.7	91.8	70.7	60.0	84.6	90.6
1996(〃 8)	45.1	92.3	90.8	68.9	58.8	83.8	90.5
1997(〃 9)	48.5	93.5	91.9	70.4	62.5	84.8	91.9
1998(〃 10)	45.6	93.2	91.2	68.7	60.0	84.6	92.2
1999(〃 11)	46.3	92.2	90.1	66.0	55.9	83.4	91.6
2000(〃 12)	54.2	92.1	89.4	66.1	56.7	83.0	91.2
2001(〃 13)	57.1	90.8	88.7	64.4	56.8	82.1	89.9
2002(〃 14)	60.0	88.6	87.1	64.5	57.1	81.5	89.2
2003(〃 15)	63.2	87.9	86.6	68.0	57.3	81.9	88.4
2004(〃 16)	69.0	89.1	87.1	77.4	64.7	84.2	88.6
2005(〃 17)	83.4	93.3	88.3	86.0	72.2	86.5	89.1
2006(〃 18)	98.5	96.9	89.4	88.2	99.5	87.7	90.8
2007(〃 19)	104.4	98.7	90.4	94.6	108.5	90.0	93.0
2008(〃 20)	128.3	102.1	93.7	113.5	102.2	94.3	95.3
2009(〃 21)	84.9	100.5	97.4	103.4	79.3	93.2	96.2
2010(〃 22)	98.4	99.0	97.7	101.4	90.4	91.8	94.2
2011(〃 23)	112.1	98.4	96.4	108.9	95.6	93.2	92.8
2012(〃 24)	113.8	97.4	95.6	101.1	89.3	93.3	94.1
2013(〃 25)	123.9	97.0	95.9	98.8	95.4	94.0	94.4
2014(〃 26)	131.1	100.5	98.4	103.6	99.6	98.6	98.1
2015(〃 27)	100.0	100.0	100.0	100.0	100.0	100.0	100.0
2016(〃 28)	83.6	97.0	99.6	94.1	87.1	99.8	100.3
2017(〃 29)	98.9	96.0	99.7	102.9	98.1	101.4	100.0
2018(〃 30)	115.6	97.1	101.6	108.3	101.7	104.2	100.4

↘した物価指数で，国内企業物価指数は国内市場向け国内生産品の指数を表す。1）工業製品，農林↗

国内企業物価指数（Ⅲ）（2015年平均＝100）

	工業製品（つづき）						
	生産用機器	業務用機器	電子部品・デバイス	電気機器	情報通信機器	輸送用機器	その他工業製品
1960(昭35)	44.3	204.8	1 210.0	95.6	1 146.4	92.6	30.1
1965(〃 40)	45.4	194.9	862.5	88.0	1 052.2	89.5	32.1
1970(〃 45)	53.3	177.8	765.2	89.7	1 000.9	86.5	38.9
1971(〃 46)	54.3	173.4	702.7	88.7	948.2	86.4	40.6
1972(〃 47)	55.4	163.1	666.2	88.1	934.8	87.8	42.6
1973(〃 48)	62.2	164.8	649.4	93.1	924.3	90.4	51.4
1974(〃 49)	77.8	192.1	736.0	118.8	1 001.0	109.1	68.5
1975(〃 50)	80.5	192.4	731.6	124.2	1 017.3	113.9	69.9
1976(〃 51)	81.8	178.4	708.8	123.9	999.0	114.9	72.8
1977(〃 52)	84.4	175.2	692.8	127.0	988.6	116.1	76.4
1978(〃 53)	86.6	170.9	657.0	128.4	958.6	116.9	77.1
1979(〃 54)	88.8	164.8	627.6	130.6	943.5	115.9	81.4
1980(〃 55)	94.4	165.7	622.9	137.9	939.2	116.7	90.3
1981(〃 56)	97.0	163.8	612.3	141.6	924.1	118.3	92.1
1982(〃 57)	97.5	159.5	585.9	143.0	902.1	118.3	92.8
1983(〃 58)	97.1	155.1	561.4	142.9	876.7	118.4	93.2
1984(〃 59)	97.9	152.1	547.4	142.9	862.5	118.8	94.2
1985(〃 60)	98.5	151.0	499.7	143.6	847.5	118.3	94.8
1986(〃 61)	97.8	145.9	431.9	142.6	789.9	117.1	95.0
1987(〃 62)	95.7	139.5	388.3	141.0	726.7	115.6	94.0
1988(〃 63)	96.2	134.8	372.3	138.9	667.6	114.8	94.2
1989(平 1)	100.1	134.3	369.7	138.2	629.0	113.3	96.9
1990(〃 2)	102.8	135.2	347.5	137.6	610.0	112.7	98.7
1991(〃 3)	104.6	133.5	327.4	137.0	585.4	112.6	100.7
1992(〃 4)	104.6	132.3	312.3	137.3	570.8	113.4	102.4
1993(〃 5)	103.8	130.6	298.0	136.6	555.1	113.2	102.6
1994(〃 6)	102.6	127.6	286.3	134.8	535.8	111.8	102.3
1995(〃 7)	101.6	124.1	278.0	132.6	506.2	110.7	102.1
1996(〃 8)	100.6	122.0	247.8	130.2	450.6	109.1	101.6
1997(〃 9)	102.1	120.9	228.1	129.0	419.3	109.2	102.6
1998(〃 10)	102.0	118.9	219.8	126.0	397.6	108.9	102.6
1999(〃 11)	100.9	114.9	211.4	124.1	377.7	108.1	101.9
2000(〃 12)	99.8	113.5	206.1	122.5	354.9	106.9	101.6
2001(〃 13)	98.3	112.5	185.0	119.7	303.2	104.6	101.0
2002(〃 14)	96.5	111.0	169.6	115.9	267.4	102.7	100.1
2003(〃 15)	95.3	108.5	159.4	112.9	236.4	100.9	99.2
2004(〃 16)	94.9	106.8	153.0	110.8	217.5	99.7	98.4
2005(〃 17)	94.9	105.0	144.8	110.0	202.3	98.9	98.0
2006(〃 18)	95.1	103.0	137.3	110.0	186.2	98.8	97.9
2007(〃 19)	95.2	101.7	131.1	110.8	168.6	98.8	98.2
2008(〃 20)	96.0	101.5	126.2	111.4	156.0	100.2	99.1
2009(〃 21)	95.2	100.1	120.6	109.5	144.5	102.6	99.2
2010(〃 22)	95.1	98.1	114.4	105.9	133.9	100.8	97.9
2011(〃 23)	95.5	97.9	109.2	103.4	119.3	100.1	98.1
2012(〃 24)	97.2	98.0	105.1	100.6	106.8	98.5	97.5
2013(〃 25)	96.7	97.1	103.1	98.6	100.6	97.1	96.8
2014(〃 26)	99.2	99.4	101.4	100.1	100.3	98.9	99.2
2015(〃 27)	100.0	100.0	100.0	100.0	100.0	100.0	100.0
2016(〃 28)	100.4	101.6	96.8	97.5	99.4	99.2	100.0
2017(〃 29)	100.1	102.0	97.9	95.5	97.9	98.7	100.2
2018(〃 30)	100.8	101.8	97.9	95.4	96.7	98.5	100.5

↘水産物，鉱産物，電力・都市ガス・水道，スクラップ類の平均。2）たばこ・飼料を含む。

図9-2　需要段階別の企業物価指数（2015年平均＝100）

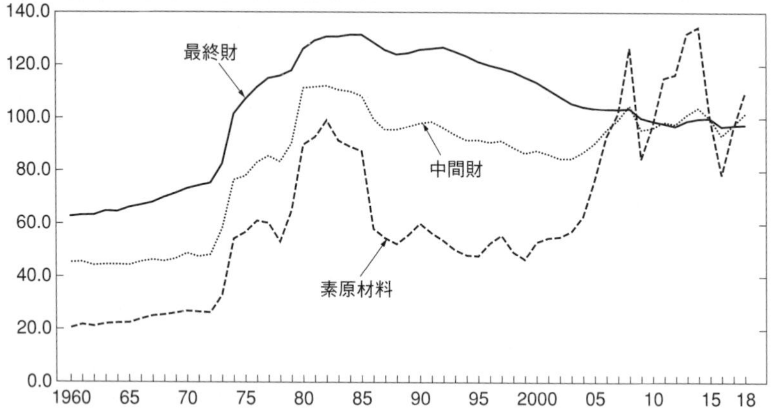

資料・注記は表9-2に同じ。国内需要財（国内品＋輸入品）。

表9-3　企業向けサービス価格指数（2015年平均＝100）

	総平均	金融・保険	不動産	運輸・郵便	情報通信	リース・レンタル	広告	諸サービス
1985	98.7	110.4	83.2	84.9	135.6	303.4	74.2	72.9
1990	109.6	104.3	105.2	90.8	139.4	279.6	92.8	89.0
1991	112.9	103.7	111.2	93.2	141.0	278.7	96.0	93.9
1992	115.0	104.5	117.4	94.3	140.4	268.7	98.4	98.2
1993	115.3	104.5	121.7	94.5	137.6	255.8	99.0	100.3
1994	114.4	104.7	121.3	95.1	131.2	242.1	99.8	100.6
1995	113.0	106.1	117.6	95.6	128.8	227.2	100.9	100.4
1996	111.3	105.1	114.5	96.1	125.3	203.2	103.2	99.7
1997	111.9	104.9	115.2	97.1	123.9	193.8	106.5	101.4
1998	111.3	102.4	115.2	97.1	121.9	189.7	106.4	101.7
1999	110.0	100.7	113.5	96.0	120.4	184.4	106.2	100.5
2000	109.2	99.9	111.6	96.3	118.6	178.3	108.0	99.9
2001	106.4	98.6	110.1	96.2	113.5	156.1	108.3	98.6
2002	104.0	97.5	108.6	95.5	110.2	144.0	105.3	97.3
2003	102.2	98.4	106.3	95.1	107.6	133.9	104.6	96.0
2004	101.2	97.7	103.1	95.6	106.5	127.6	105.3	95.1
2005	100.5	97.4	101.2	96.0	105.6	121.6	105.6	94.8
2006	100.2	97.8	101.3	96.0	104.7	118.7	105.2	94.9
2007	100.2	97.4	103.1	97.2	104.1	115.0	104.9	95.0
2008	100.4	97.6	105.8	98.7	103.7	111.2	102.6	95.9
2009	98.8	96.3	106.5	95.9	102.0	107.3	96.3	95.9
2010	97.3	95.1	103.8	95.5	100.4	102.5	94.7	94.9
2011	96.7	95.1	100.7	95.6	99.5	98.5	95.1	94.7
2012	96.4	95.0	98.5	95.8	98.9	95.8	96.0	94.8
2013	96.4	95.8	97.1	96.4	98.0	95.5	96.8	95.2
2014	98.9	98.9	99.2	99.2	99.7	98.6	99.4	98.1
2015	100.0	100.0	100.0	100.0	100.0	100.0	100.0	100.0
2016	100.3	100.7	101.0	98.8	100.1	99.5	101.0	100.8
2017	101.0	101.1	102.4	100.2	100.2	99.1	101.9	101.9
2018	102.2	101.2	103.6	102.7	100.9	99.2	102.9	103.0

日本銀行（時系列統計データ）により作成。

表 **9-4** 戦前基準の消費者物価指数（Ⅰ）（東京都区部）（1934～36年平均＝1）

	総合	持家の帰属家賃を除く	食料	住居1)	光熱	被服	雑費
1947(昭22)	—	109.1	160.5	41.1	48.2	219.0	42.3
1948(〃23)	—	189.0	254.4	69.0	96.3	386.8	104.8
1949(〃24)	—	236.9	301.2	85.9	127.7	513.8	153.6
1950(〃25)	—	219.9	266.5	87.9	144.6	411.9	163.1
1951(〃26)	—	255.5	309.4	106.3	163.5	467.4	195.8
1952(〃27)	—	266.1	315.5	113.9	195.8	400.6	228.4
1953(〃28)	—	286.2	338.3	124.1	218.7	395.3	253.4
1954(〃29)	—	301.8	362.6	131.7	222.1	395.7	264.9
1955(〃30)	—	297.4	349.6	137.2	225.5	381.9	270.8
1956(〃31)	—	300.2	349.1	148.0	226.3	383.3	275.3
1957(〃32)	—	308.9	361.4	153.8	239.3	386.2	280.7
1958(〃33)	—	312.1	363.5	161.4	234.4	381.9	287.3
1959(〃34)	—	316.2	364.7	173.6	231.1	378.6	295.0
1960(〃35)	—	328.0	377.6	182.1	245.0	386.0	307.6
1961(〃36)	—	345.0	399.6	191.6	251.5	398.2	324.5
1962(〃37)	—	368.2	427.7	198.9	257.3	421.0	351.5
1963(〃38)	—	397.3	469.3	206.9	257.0	449.0	380.0
1964(〃39)	—	413.3	483.0	216.2	257.2	459.9	405.8
1965(〃40)	—	443.2	529.7	224.2	257.6	474.1	434.7
1966(〃41)	—	464.4	544.0	237.6	258.1	494.5	470.3
1967(〃42)	—	483.5	571.1	247.9	257.6	508.2	489.0
1968(〃43)	—	510.5	614.0	254.0	259.1	532.4	513.8
1969(〃44)	—	538.9	654.2	260.0	259.1	565.6	543.3
1970(〃45)	577.9	577.9	707.2	273.5	261.2	625.8	576.8
1971(〃46)	613.7	614.3	753.9	285.3	265.4	683.4	613.1
1972(〃47)	647.8	643.8	782.2	311.0	275.8	722.2	649.5
1973(〃48)	724.1	719.5	887.5	343.8	296.2	864.2	698.5
1974(〃49)	877.8	882.4	1 117.4	400.4	352.3	1 053.2	825.9
1975(〃50)	985.3	988.8	1 258.1	442.0	404.0	1 111.4	956.3
1976(〃51)	1 079.9	1 083.7	1 377.6	479.6	429.0	1 204.8	1 065.3
1977(〃52)	1 170.5	1 173.7	1 470.7	516.3	480.4	1 262.6	1 190.6
1978(〃53)	1 227.7	1 224.1	1 526.1	555.2	470.7	1 312.6	1 261.4
1979(〃54)	1 274.0	1 266.7	1 548.7	587.0	479.5	1 364.8	1 324.5
1980(〃55)	1 364.6	1 363.6	1 635.5	610.0	668.2	1 472.6	1 417.2
1981(〃56)	1 428.7	1 430.4	1 717.3	632.0	723.7	1 530.0	1 488.1
1982(〃57)	1 472.4	1 474.1	1 754.9	655.8	729.7	1 580.1	1 544.7
1983(〃58)	1 503.8	1 504.1	1 789.2	668.6	727.0	1 618.4	1 581.6
1984(〃59)	1 542.0	1 545.0	1 841.6	682.6	723.7	1 661.1	1 625.5
1985(〃60)	1 578.8	1 580.4	1 874.3	700.9	719.0	1 714.1	1 675.1
1986(〃61)	1 593.0	1 591.5	1 876.2	710.7	673.0	1 755.2	1 706.9
1987(〃62)	1 599.3	1 593.0	1 870.6	724.0	608.3	1 746.7	1 737.1
1988(〃63)	1 615.1	1 608.8	1 893.0	731.0	593.2	1 767.2	1 758.9
1989(平1)	1 659.3	1 649.9	1 945.5	749.3	585.3	1 854.7	1 802.4
1990(〃2)	1 709.8	1 702.1	2 029.9	765.4	591.0	1 923.2	1 851.0
1991(〃3)	1 766.2	1 758.3	2 123.3	786.1	596.9	2 025.1	1 891.7
1992(〃4)	1 800.4	1 788.9	2 135.5	806.7	596.3	2 071.3	1 941.7
1993(〃5)	1 822.6	1 804.2	2 155.8	826.6	594.5	2 040.5	1 975.0
1994(〃6)	1 834.6	1 811.0	2 172.0	840.4	585.7	1 998.2	1 995.4
1995(〃7)	1 829.5	1 805.9	2 141.5	839.6	585.1	1 988.6	2 010.2
1996(〃8)	1 829.5	1 805.9	2 137.2	834.6	578.7	2 004.5	2 022.3
1997(〃9)	1 853.3	1 833.0	2 171.5	837.1	603.8	2 034.3	2 054.4
1998(〃10)	1 867.9	1 849.2	2 203.6	838.8	589.2	2 076.1	2 074.5

戦前基準の消費者物価指数（Ⅱ）（東京都区部）（1934～36年平均= 1 ）

	総合	持家の帰属家賃を除く	食料	住居	光熱	被服	雑費
1999(平11)	1 860.6	1 836.6	2 184.3	839.6	576.3	2 046.3	2 072.5
2000(〃 12)	1 842.3	1 818.5	2 139.4	831.2	583.9	2 036.3	2 066.5
2001(〃 13)	1 822.0	1 802.1	2 128.7	810.4	583.3	2 005.8	2 058.2
2002(〃 14)	1 803.6	1 783.9	2 115.9	798.0	566.4	1 971.1	2 050.0
2003(〃 15)	1 796.2	1 776.7	2 111.6	788.0	564.6	1 963.0	2 054.1
2004(〃 16)	1 794.4	1 776.7	2 128.7	783.8	558.8	1 958.9	2 050.0
2005(〃 17)	1 785.2	1 765.8	2 105.2	780.5	550.0	1 956.9	2 045.8
2006(〃 18)	1 787.0	1 769.3	2 113.6	775.8	567.1	1 972.6	2 049.9
2007(〃 19)	1 788.8	1 767.6	2 117.8	771.9	575.3	1 962.8	2 054.0
2008(〃 20)	1 806.6	1 787.0	2 162.0	769.6	606.7	1 970.6	2 070.3
2009(〃 21)	1 785.2	1 765.8	2 151.5	761.8	591.8	1 927.5	2 043.8
2010(〃 22)	1 767.3	1 748.1	2 143.1	752.4	573.7	1 894.3	2 027.4
2011(〃 23)	1 758.5	1 739.2	2 127.6	745.5	594.6	1 902.6	2 015.5
2012(〃 24)	1 749.8	1 731.1	2 112.2	737.3	643.6	1 898.2	1 995.3
2013(〃 25)	1 751.0	1 734.8	2 105.4	732.3	691.9	1 891.0	1 994.5
2014(〃 26)	1 791.2	1 786.1	2 174.7	733.4	736.9	1 924.2	2 051.3
2015(〃 27)	1 804.1	1 804.0	2 230.1	732.4	710.3	1 941.8	2 070.1
2016(〃 28)	1 801.2	1 801.4	2 263.8	730.4	616.3	1 956.1	2 078.6
2017(〃 29)	1 803.7	1 806.4	2 273.3	728.0	628.2	1 964.3	2 080.9
2018(〃 30)	1 820.7	1 826.7	2 305.1	728.0	662.9	1 974.9	2 099.6

総務省統計局「消費者物価指数年報」により作成。東京都区部の戦前基準 5 大費目指数。1934～36年までの平均を 1 とする指数。「持家の帰属家賃」を含む総合指数は1970年より開始。自己が所有する住宅に居住した場合，家賃の支払いはないものの，所有する住宅から受けるサービス（自分自身で生産・消費していると考える）の額を一般市場価格で評価して家計部門の支出に計上するのが「持家の帰属家賃」の概念。1）1969年まで持家の帰属家賃を除く。

図 9 - 3　戦前基準の企業物価指数と消費者物価指数の推移（1934～1936年平均＝ 1 ）

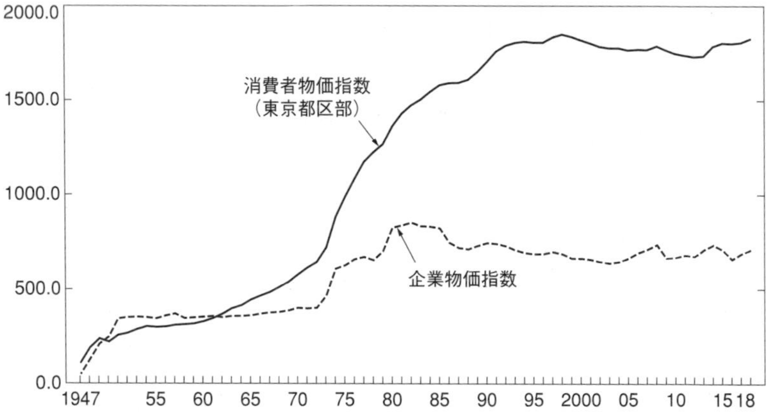

日本銀行（時系列統計データ），総務省統計局「消費者物価指数年報」により作成。戦前基準（1934～36年の平均）を 1 とした指数。企業物価指数は総平均，消費者物価指数は東京都区部で持家の帰属家賃を除く総合。

表 9-5 消費者物価指数（I）（全国）（2015年＝100）

	総合[1)]	生鮮食品を除く総合	持家の帰属家賃を除く総合	生鮮食品・エネルギーを除く総合	食料	住居[1)]	光熱・水道
ウエイト[2)]	10 000	9 586	8 501	8 802	2 623	2 087	745
1970(昭45)	31.5	31.7	32.0	31.6	30.4	26.5	30.1
1971(〃 46)	33.5	33.8	33.9	33.7	32.2	28.9	31.0
1972(〃 47)	35.2	35.6	35.4	35.6	33.4	31.6	31.7
1973(〃 48)	39.3	39.7	39.6	39.7	37.8	35.2	33.2
1974(〃 49)	48.4	48.6	49.2	48.4	48.3	40.2	41.7
1975(〃 50)	54.0	54.4	55.0	54.2	54.5	44.4	47.4
1976(〃 51)	59.1	59.3	60.2	59.2	59.5	48.8	52.2
1977(〃 52)	63.9	64.1	65.0	63.9	63.5	53.4	57.1
1978(〃 53)	66.7	66.9	67.5	67.1	65.7	57.6	56.7
1979(〃 54)	69.1	69.4	69.9	69.4	67.1	60.8	59.4
1980(〃 55)	74.5	74.6	75.5	73.5	71.1	64.6	79.3
1981(〃 56)	78.1	78.2	79.2	77.0	74.9	67.5	85.4
1982(〃 57)	80.3	80.6	81.3	79.3	76.3	69.9	88.4
1983(〃 58)	81.8	82.1	82.8	81.1	77.8	72.1	88.1
1984(〃 59)	83.6	83.8	84.7	83.1	80.0	73.7	88.0
1985(〃 60)	85.4	85.5	86.4	85.1	81.4	75.6	87.7
1986(〃 61)	85.9	86.2	86.7	86.4	81.5	77.4	83.3
1987(〃 62)	85.9	86.5	86.6	87.2	80.8	79.6	77.2
1988(〃 63)	86.5	86.8	87.0	87.8	81.4	81.3	75.3
1989(平 1)	88.5	88.9	89.0	90.1	83.2	83.7	75.1
1990(〃 2)	91.2	91.2	91.7	92.4	86.5	86.3	76.8
1991(〃 3)	94.3	93.9	94.8	95.1	90.7	89.0	78.6
1992(〃 4)	95.8	96.0	96.3	97.5	91.2	91.7	78.7
1993(〃 5)	97.1	97.3	97.4	98.8	92.1	94.1	79.2
1994(〃 6)	97.7	98.0	97.9	99.7	92.9	96.3	79.0
1995(〃 7)	97.6	98.0	97.6	99.9	91.8	98.2	79.1
1996(〃 8)	97.7	98.2	97.6	100.3	91.7	99.6	79.0
1997(〃 9)	99.5	99.9	99.2	101.9	93.3	101.1	82.7
1998(〃 10)	100.1	100.2	99.9	102.6	94.6	101.7	81.4
1999(〃 11)	99.8	100.2	99.5	102.6	94.2	101.6	80.1
2000(〃 12)	99.1	99.8	98.6	102.0	92.3	101.8	81.4
2001(〃 13)	98.4	99.0	97.7	101.1	91.8	102.0	81.9
2002(〃 14)	97.5	98.1	96.6	100.4	91.0	101.9	80.9
2003(〃 15)	97.2	97.8	96.3	99.9	90.9	101.8	80.5
2004(〃 16)	97.2	97.7	96.3	99.7	91.7	101.6	80.6
2005(〃 17)	96.9	97.6	95.9	99.2	90.9	101.5	81.3
2006(〃 18)	97.2	97.7	96.2	98.8	91.3	101.5	84.2
2007(〃 19)	97.2	97.7	96.3	98.7	91.6	101.3	84.8
2008(〃 20)	98.6	99.1	97.8	99.5	93.9	101.5	89.9
2009(〃 21)	97.2	97.9	96.4	99.1	94.1	101.3	86.2
2010(〃 22)	96.5	96.9	95.6	97.8	93.9	100.9	86.0
2011(〃 23)	96.3	96.6	95.4	97.1	93.5	100.7	88.9
2012(〃 24)	96.2	96.6	95.4	96.7	93.6	100.4	92.3
2013(〃 25)	96.6	96.9	95.8	96.5	93.4	99.9	96.6
2014(〃 26)	99.2	99.5	99.0	98.6	97.0	100.0	102.6
2015(〃 27)	100.0	100.0	100.0	100.0	100.0	100.0	100.0
2016(〃 28)	99.9	99.7	99.9	100.6	101.7	99.9	92.7
2017(〃 29)	100.4	100.2	100.5	100.7	102.4	99.7	95.2
2018(〃 30)	101.3	101.0	101.7	101.0	103.9	99.6	99.0

総務省統計局「消費者物価指数」(2015年基準）により作成。2015年を100とする指数。10大費目別。1)「総合」および「住居」物価指数には持家の帰属家賃を含む。持家の帰属家賃とは，持家は自分で自↗

消費者物価指数（Ⅱ）（全国）（2015年＝100）

	家具・家事用品	被服・履物	保健医療	交通・通信	教育	教養娯楽	諸雑費
ウエイト2)	348	412	430	1 476	316	989	574
1970(昭45)	74.2	28.6	39.2	39.1	14.0	39.8	27.8
1971(〃46)	77.6	31.4	39.9	40.6	15.2	42.5	29.2
1972(〃47)	78.8	33.2	43.6	42.1	16.3	44.6	30.3
1973(〃48)	87.1	40.8	43.1	44.9	18.1	48.8	32.5
1974(〃49)	119.0	50.1	46.6	53.2	21.3	59.9	38.3
1975(〃50)	123.5	53.1	52.6	59.8	26.8	68.1	42.8
1976(〃51)	125.2	57.4	57.0	65.7	31.6	72.5	51.8
1977(〃52)	130.0	60.9	59.8	77.7	36.1	76.9	54.9
1978(〃53)	132.5	63.1	65.6	78.7	40.6	80.5	56.5
1979(〃54)	134.8	66.2	67.1	83.5	44.2	83.1	58.1
1980(〃55)	144.5	69.8	68.2	88.8	48.3	89.1	65.1
1981(〃56)	151.0	72.6	70.1	91.9	52.0	93.6	68.1
1982(〃57)	152.2	74.7	72.1	96.5	55.2	95.5	69.3
1983(〃58)	153.2	76.4	73.1	95.7	57.9	97.8	72.0
1984(〃59)	154.4	78.3	75.7	96.6	60.4	99.7	73.6
1985(〃60)	155.5	81.0	80.1	98.7	63.1	101.8	74.6
1986(〃61)	155.5	82.8	81.6	98.0	65.4	103.3	76.1
1987(〃62)	154.6	83.7	83.2	98.7	67.6	103.8	77.0
1988(〃63)	153.8	84.7	83.5	98.2	69.9	104.4	77.3
1989(平1)	154.6	88.4	84.8	99.3	72.6	107.8	78.4
1990(〃2)	154.7	92.6	85.4	100.6	76.2	111.4	79.3
1991(〃3)	156.0	97.0	85.7	101.3	79.9	114.7	80.8
1992(〃4)	157.8	99.9	88.3	101.8	83.4	118.3	82.2
1993(〃5)	157.4	99.9	88.7	102.2	86.9	120.2	83.3
1994(〃6)	154.1	98.7	88.9	101.5	89.7	121.7	83.9
1995(〃7)	151.3	98.3	89.0	101.6	92.3	120.8	84.1
1996(〃8)	148.3	99.3	89.6	100.9	94.5	119.5	84.5
1997(〃9)	146.9	101.6	93.7	100.9	96.6	121.3	85.8
1998(〃10)	144.7	103.0	100.4	99.3	98.4	121.4	86.4
1999(〃11)	143.0	102.8	99.7	99.1	99.8	120.4	87.3
2000(〃12)	138.8	101.7	98.9	99.4	100.9	119.3	86.9
2001(〃13)	133.8	99.5	99.6	98.5	102.0	115.8	86.7
2002(〃14)	128.9	97.2	98.4	97.9	103.0	113.3	86.9
2003(〃15)	125.0	95.4	101.7	98.0	103.6	111.6	87.7
2004(〃16)	120.9	95.2	101.7	97.8	104.3	110.0	88.2
2005(〃17)	118.1	95.9	101.3	98.1	105.0	109.1	88.5
2006(〃18)	115.6	96.7	100.7	98.4	105.8	107.4	89.3
2007(〃19)	113.7	97.2	101.0	98.5	106.5	106.0	90.0
2008(〃20)	113.4	97.7	100.7	100.5	107.2	105.5	90.3
2009(〃21)	110.9	96.9	100.6	95.6	108.2	102.9	90.0
2010(〃22)	105.8	95.7	100.1	96.5	97.8	101.1	91.1
2011(〃23)	99.9	95.4	99.5	97.7	95.7	97.1	94.6
2012(〃24)	97.0	95.4	98.7	98.0	96.1	95.6	94.4
2013(〃25)	94.9	95.8	98.1	99.4	96.6	94.6	95.5
2014(〃26)	98.5	97.8	99.1	102.0	98.4	98.1	99.0
2015(〃27)	100.0	100.0	100.0	100.0	100.0	100.0	100.0
2016(〃28)	99.6	101.8	100.9	98.0	101.6	101.0	100.7
2017(〃29)	99.1	102.0	101.8	98.3	102.2	101.3	100.9
2018(〃30)	98.0	102.2	103.3	99.6	102.7	102.1	101.4

↘分に家を貸しているとみなして，それを市場価格で評価した帰属計算上の家賃のこと。表9-4の注記参照。2）家計の消費支出金額に占める品目の割合。指数はウエイトで加重平均して作成される。

表9-6 主要商品の小売価格（東京都区部）（Ⅰ）（単位 円）

	うるち米[1]（精米）（10kg）	食パン（1kg）	まぐろ[2]（100g）	牛肉[3]（ロース）（100g）	牛乳[4]（配達）（180mL）	鶏卵[5]（Lサイズ）（1kg）	バナナ（1kg）
1950（昭25）	990	76	33	51	12	248	…
1955（〃30）	1 090	62	27	66	14	227	…
1960（〃35）	987	78	30	87	14	229	…
1965（〃40）	1 360	95	75	147	20	219	264
1970（〃45）	1 860	116	127	237	25	227	193
1975（〃50）	3 270	238	295	454	48	367	179
1980（〃55）	4 427	316	411	574	56	382	220
1981（〃56）	4 578	332	395	575	57	415	232
1982（〃57）	4 776	348	435	571	57	359	228
1983（〃58）	4 921	362	401	580	57	325	278
1984（〃59）	5 078	375	403	594	57	339	258
1985（〃60）	5 220	374	426	623	58	350	286
1986（〃61）	5 238	374	405	636	58	361	245
1987（〃62）	5 235	372	414	638	58	252	223
1988（〃63）	5 167	364	418	643	59	246	232
1989（平1）	5 328	378	436	662	63	277	238
1990（〃2）	5 364	386	458	680	65	316	247
1991（〃3）	5 373	396	469	690	72	363	260
1992（〃4）	5 489	408	481	705	76	270	273
1993（〃5）	5 644	413	490	720	77	273	219
1994（〃6）	6 953	414	488	711	78	275	203
1995（〃7）	5 675	408	477	689	79	289	205
1996（〃8）	5 374	413	476	673	79	305	217
1997（〃9）	5 218	419	462	708	83	312	228
1998（〃10）	5 017	423	459	728	84	282	259
1999（〃11）	5 059	422	472	731	89	308	252
2000（〃12）	4 934	422	467	734	93	309	232
2001（〃13）	4 745	423	428	769	97	302	231
	（5kg）					（1パック）	
2002（〃14）	2 394	423	395	797	97	204	252
2003（〃15）	2 492	424	392	839	98	187	240
2004（〃16）	2 763	423	396	834	99	200	237
2005（〃17）	2 375	415	390	844	101	231	233
2006（〃18）	2 341	407	405	855	102	214	227
2007（〃19）	2 288	408	409	884	104	211	240
2008（〃20）	2 270	474	405	903	112	227	248
2009（〃21）	2 201	466	394	870	113	218	235
2010（〃22）	2 136	438	392	808	114	219	226
2011（〃23）	2 053	439	398	794	115	228	218
2012（〃24）	2 223	429	390	786	115	213	201
2013（〃25）	2 307	418	366	782	115	221	211
2014（〃26）	2 173	420	390	805	119	244	217
2015（〃27）	1 973	423	403	857	124	249	237
2016（〃28）	2 019	435	398	898	126	242	259
2017（〃29）	2 132	434	422	906	126	245	243
2018（〃30）	2 232	429	453	901	126	230	243

総務省統計局「小売物価統計調査」により作成。価格は年平均。調査品目の見直し等により，数値が接続しない場合は，数値間に点線を入れた。1）1970年までは内地白米。1975～1995年は国内産，上。1996年以降は国内産，単一品種（コシヒカリを除く）。2）めばち又はきはだ。刺身用。赤身。3）国産品。4）月ぎめ配達。瓶入り（瓶代を除く）。1975～2008年は200mL。5）2002年以降は10個入りパック詰め。

主要商品の小売価格（東京都区部）（Ⅱ）（単位　円）

	レタス (1kg)	じゃがいも (1kg)	食塩[1] (1kg)	砂糖[2] (1kg)	マヨネーズ[3] (1本)	緑茶[4] (100g)	ケーキ[5] (100g)
1950(昭25)	…	16	22	308	…	52	…
1955(〃 30)	…	22	20	150	…	59	…
1960(〃 35)	…	32	21	145	…	62	…
1965(〃 40)	265	47	20	130	44	112	…
1970(〃 45)	223	95	20	141	117	185	…
1975(〃 50)	278	136	20	293	209	331	154
1980(〃 55)	498	198	60	267	197	456	199
1981(〃 56)	509	247	75	281	198	470	192
1982(〃 57)	399	220	75	266	219	501	205
1983(〃 58)	443	209	75	255	221	524	284
1984(〃 59)	405	259	75	263	222	527	292
1985(〃 60)	464	199	75	261	224	527	304
1986(〃 61)	434	222	75	261	224	521	307
1987(〃 62)	405	238	75	259	211	524	311
1988(〃 63)	536	231	75	254	202	521	320
1989(平１)	452	230	77	243	209	533	323
1990(〃 2)	585	261	77	238	333	554	349
1991(〃 3)	687	312	77	238	358	570	370
1992(〃 4)	429	280	96	240	356	583	377
1993(〃 5)	602	287	110	239	353	594	367
1994(〃 6)	558	281	110	233	352	606	368
1995(〃 7)	470	287	110	224	332	612	367
1996(〃 8)	475	289	110	220	311	604	362
1997(〃 9)	454	273	112	223	312	626	363
1998(〃 10)	689	297	112	222	309	641	363
1999(〃 11)	445	306	112	218	308	643	366
2000(〃 12)	490	288	112	211	306	641	368
2001(〃 13)	505	282	112	202	300	641	376
2002(〃 14)	457	254	112	200	308	650	369
2003(〃 15)	484	285	112	192	295	651	374
2004(〃 16)	579	283	112	192	287	655	381
2005(〃 17)	425	302	112	188	292	645	386
2006(〃 18)	430	295	112	200	276	641	379
2007(〃 19)	451	284	112	200	284	640	374
2008(〃 20)	436	283	111	200	313	630	399
2009(〃 21)	414	311	111	202	315	616	415
2010(〃 22)	503	349	111	211	293	616	415
2011(〃 23)	440	354	110	213	276	614	409
2012(〃 24)	463	307	109	208	262	610	423
2013(〃 25)	501	300	109	204	268	589	410
2014(〃 26)	475	322	109	203	271	582	415
2015(〃 27)	539	364	112	200	269	576	418
2016(〃 28)	550	389	114	199	261	570	425
2017(〃 29)	497	388	114	199	257	558	423
2018(〃 30)	503	329	110	199	248	560	425

資料は（Ⅰ）に同じ。1）家庭用。袋入り。2）上白。袋入り。3）ポリ容器入り，１本。キューピーマヨネーズまたは味の素マヨネーズ。1965年は100g，1970～1989年は300g，1990年以降は500gと単位重量が異なるので注意。4）煎茶。2014年から抹茶入りを含む。5）いちごショートケーキ。ケーキ１個を2012年以前は60～100ｇ，2013年以降は70～120ｇとする。2015年以降は１個あたりの価格。

主要商品の小売価格（東京都区部）（Ⅲ）（単位　円）

	喫茶店のコーヒー（1杯）	家賃1)（3.3m²）	灯油2)（18L）	自動車3)ガソリン（1L）	郵便料4)（はがき）（1通）	理髪料5)（1回）	パーマ6)ネント代（1回）
1950（昭25）	…	42	…	…	2	59	…
1955（〃30）	…	181	…	…	5	154	395
1960（〃35）	…	351	550	…	5	163	559
1965（〃40）	72	730	405	…	5	352	993
1970（〃45）	95	1 880	369	55	7	555	1 480
1975（〃50）	194	3 420	679	112	10	1 430	3 710
1980（〃55）	247	4 640	1 543	155	20	2 227	5 238
1981（〃56）	258	4 747	1 631	157	40	2 351	5 352
1982（〃57）	264	4 886	1 791	172	40	2 423	5 460
1983（〃58）	274	5 051	1 718	158	40	2 482	5 526
1984（〃59）	276	5 265	1 613	150	40	2 551	5 612
1985（〃60）	280	5 397	1 494	146	40	2 603	5 713
1986（〃61）	289	5 549	1 246	128	40	2 666	5 744
1987（〃62）	302	5 747	918	126	40	2 708	5 766
1988（〃63）	308	6 848	842	122	40	2 766	5 781
1989（平1）	327	7 169	806	125	41	2 905	5 823
1990（〃2）	351	7 322	998	131	41	3 006	5 926
1991（〃3）	370	7 606	1 156	132	41	3 081	6 184
1992（〃4）	390	7 882	1 122	129	41	3 230	6 407
1993（〃5）	397	8 372	1 127	128	41	3 334	6 669
1994（〃6）	399	8 502	1 102	124	50	3 387	6 813
1995（〃7）	399	8 498	1 065	114	50	3 437	6 878
1996（〃8）	400	8 474	1 074	107	50	3 456	7 013
1997（〃9）	410	8 502	1 132	107	50	3 577	7 235
1998（〃10）	412	8 743	1 076	100	50	3 614	7 531
1999（〃11）	419	8 743	1 015	99	50	3 600	7 632
2000（〃12）	418	8 680	1 055	105	50	3 612	7 711
2001（〃13）	426	8 614	1 129	108	50	3 608	8 619
2002（〃14）	433	8 554	1 059	105	50	3 609	8 627
2003（〃15）	434	9 294	1 084	107	50	3 665	8 592
2004（〃16）	439	9 286	1 109	113	50	3 679	8 430
2005（〃17）	445	9 230	1 327	125	50	3 701	8 424
2006（〃18）	433	9 217	1 644	135	50	3 711	8 451
2007（〃19）	412	9 296	1 697	139	50	3 709	8 447
2008（〃20）	414	9 059	1 667	155	50	3 712	8 389
2009（〃21）	420	9 031	1 351	120	50	3 714	8 321
2010（〃22）	411	9 002	1 443	132	50	3 686	8 443
2011（〃23）	418	8 937	1 660	144	50	3 671	8 296
2012（〃24）	419	8 834	1 714	146	50	3 660	8 255
2013（〃25）	413	8 758	1 844	153	50	3 680	8 287
2014（〃26）	414	8 704	1 929	161	52	3 753	8 544
2015（〃27）	422	8 631	1 594	135	52	3 792	8 743
2016（〃28）	433	8 620	1 342	118	52	3 803	8 678
2017（〃29）	450	8 562	1 529	132	62	3 802	8 647
2018（〃30）	479	8 566	1 726	148	62	3 812	8 624

資料は（Ⅰ）に同じ。1）民営借家。1か月，3.3m²。1950，1955年は1畳，1960年は1坪。2）白灯油。詰め替え売り。1975年～2007年は配達。2008年以降は店頭売り。3）レギュラー，現金売り。セルフサービス式を除く。4）2010年以降, 小売物価統計の調査対象から削除されている。5）総合（大人）調髪。大人。カット，シャンプー，顔そり，セット込み。6）ショート。女性（高校生以下を除く）。シャンプー，カット，セット込み。

表 9-7　地価の変動率（I）（住宅地）（単位　%）

	住宅地						
	全国	三大都市圏				地方圏	
		計	東京圏	大阪圏	名古屋圏	計	地方四市
1976(昭51)	0.8	0.8	0.7	0.9	1.1	0.8	1.4
1977(〃52)	1.9	2.3	2.3	2.1	2.9	1.8	2.7
1978(〃53)	3.4	5.1	5.8	4.0	4.9	2.8	3.4
1979(〃54)	7.1	12.6	14.3	10.1	10.7	5.3	5.7
1980(〃55)	10.0	16.1	18.0	13.3	14.7	8.2	10.8
1981(〃56)	8.1	10.2	10.0	10.5	10.1	7.6	9.8
1982(〃57)	6.2	6.2	5.6	7.1	6.4	6.2	7.9
1983(〃58)	3.7	3.3	2.9	4.3	3.2	3.8	5.8
1984(〃59)	2.5	2.3	1.9	3.3	1.9	2.5	3.8
1985(〃60)	1.8	2.1	2.0	2.7	1.5	1.7	2.7
1986(〃61)	2.2	5.4	8.0	2.7	1.3	1.2	2.0
1987(〃62)	9.2	33.6	57.1	5.7	2.4	1.0	2.2
1988(〃63)	7.4	23.3	24.1	26.9	13.0	2.0	6.3
1989(平1)	6.8	13.7	2.7	37.3	14.8	4.6	13.5
1990(〃2)	13.2	22.3	11.0	48.2	23.7	10.1	29.1
1991(〃3)	2.7	-4.2	-1.0	-15.3	6.1	5.2	8.9
1992(〃4)	-3.8	-14.9	-12.7	-22.8	-7.8	0.3	-3.9
1993(〃5)	-3.6	-11.6	-12.3	-12.1	-7.6	-0.7	-4.2
1994(〃6)	-1.2	-4.5	-5.0	-3.5	-4.6	-0.1	-3.3
1995(〃7)	-0.9	-3.2	-3.3	-3.0	-3.4	-0.1	-2.4
1996(〃8)	-1.3	-4.4	-5.0	-3.9	-2.9	-0.4	-2.3
1997(〃9)	-0.7	-2.2	-2.9	-1.5	-1.0	-0.2	-1.9
1998(〃10)	-1.4	-3.4	-4.4	-2.7	-1.1	-0.8	-2.7
1999(〃11)	-2.7	-6.4	-7.3	-6.2	-3.4	-1.5	-5.0
2000(〃12)	-2.9	-6.0	-6.7	-6.5	-1.6	-1.8	-4.1
2001(〃13)	-3.3	-5.9	-5.8	-7.5	-2.4	-2.5	-4.6
2002(〃14)	-4.3	-6.8	-6.1	-8.9	-5.3	-3.4	-6.0
2003(〃15)	-4.8	-6.6	-5.6	-8.9	-5.6	-4.3	-6.6
2004(〃16)	-4.6	-5.0	-4.3	-6.8	-3.9	-4.4	-6.7
2005(〃17)	-3.8	-2.8	-2.4	-3.7	-2.5	-4.1	-4.1
2006(〃18)	-2.3	0.4	0.7	0.0	-0.1	-3.1	-1.3
2007(〃19)	-0.7	4.0	4.8	2.9	2.4	-2.3	1.3
2008(〃20)	-1.2	1.4	1.6	1.0	1.5	-2.1	0.3
2009(〃21)	-4.0	-5.6	-6.5	-4.5	-4.2	-3.4	-3.7
2010(〃22)	-3.4	-2.9	-3.0	-3.6	-1.3	-3.6	-3.6
2011(〃23)	-3.2	-1.7	-1.9	-1.8	-0.7	-3.7	-2.7
2012(〃24)	-2.5	-0.9	-1.0	-1.0	-0.2	-3.2	-1.0
2013(〃25)	-1.8	-0.1	-0.1	-0.4	0.7	-2.5	0.4
2014(〃26)	-1.2	0.5	0.6	0.1	0.9	-1.8	1.3
2015(〃27)	-1.0	0.4	0.5	0.0	0.7	-1.5	1.7
2016(〃28)	-0.8	0.4	0.5	0.0	0.5	-1.2	2.5
2017(〃29)	-0.6	0.4	0.6	0.0	0.6	-1.0	2.8
2018(〃30)	-0.3	0.7	1.0	0.1	0.8	-0.8	3.9
2019(令1)	-0.1	0.9	1.1	0.3	1.0	-0.5	4.9

国土交通省「都道府県地価調査」により作成。各年７月１日における設定地点（基準地）の調査。平均価格は地点ごとの１平方メートルあたりの価格の合計を総地点数で除して求めたもので，変動率とは価格の対前年変動率。前年から継続している地点（継続地点）のみ。価格の判定は，基準地について不動産鑑定士の鑑定評価を求め，これに基づいて都道府県知事が正常価格の判定を行ったもの。三大都市圏↗

地価の変動率（Ⅱ）（商業地）（単位　%）

	商業地						
	全国	三大都市圏				地方圏	
		計	東京圏	大阪圏	名古屋圏	計	地方四市
1976（昭51）	0.4	0.4	0.3	0.6	0.4	0.4	0.4
1977（〃52）	0.8	0.8	0.8	1.0	0.8	0.8	1.1
1978（〃53）	1.9	2.4	2.6	2.4	1.9	1.7	1.8
1979（〃54）	4.5	7.1	8.0	6.3	4.9	3.6	3.4
1980（〃55）	6.8	10.0	11.2	9.2	7.5	5.7	7.0
1981（〃56）	5.8	6.9	6.7	8.0	6.0	5.5	6.7
1982（〃57）	4.8	5.0	4.7	5.8	4.8	4.8	6.1
1983（〃58）	3.2	3.9	4.3	3.7	2.6	3.0	5.0
1984（〃59）	2.8	4.6	5.4	4.2	2.3	2.3	4.8
1985（〃60）	3.0	6.7	8.6	5.0	3.0	1.8	5.9
1986（〃61）	5.2	16.8	23.6	9.7	4.4	1.6	8.7
1987（〃62）	15.0	52.2	76.1	19.9	7.0	2.2	17.2
1988（〃63）	8.0	21.3	15.8	36.4	20.1	3.5	19.4
1989（平1）	7.5	11.9	1.9	36.1	16.8	6.0	19.8
1990（〃2）	13.4	16.6	5.6	39.7	26.7	12.1	26.4
1991（〃3）	3.4	-1.7	-0.3	-8.9	4.3	5.4	8.2
1992（〃4）	-4.9	-15.0	-12.5	-23.1	-12.0	-1.0	-6.2
1993（〃5）	-7.7	-19.5	-20.5	-21.4	-12.6	-3.0	-10.0
1994（〃6）	-6.7	-16.8	-18.0	-16.7	-12.2	-2.8	-10.7
1995（〃7）	-6.9	-16.0	-16.9	-16.4	-11.6	-3.3	-11.2
1996（〃8）	-6.9	-14.6	-16.3	-13.1	-10.6	-3.9	-12.8
1997（〃9）	-5.1	-9.4	-10.6	-7.8	-7.3	-3.4	-10.4
1998（〃10）	-5.2	-7.9	-8.4	-7.3	-6.9	-4.2	-10.0
1999（〃11）	-6.6	-10.6	-10.3	-10.6	-11.4	-5.2	-12.5
2000（〃12）	-6.3	-9.2	-9.0	-11.3	-6.5	-5.2	-9.0
2001（〃13）	-6.6	-8.2	-7.6	-11.0	-6.1	-5.9	-8.6
2002（〃14）	-7.2	-8.2	-6.9	-10.8	-8.8	-6.8	-9.1
2003（〃15）	-7.4	-7.3	-5.8	-10.3	-7.6	-7.4	-9.0
2004（〃16）	-6.5	-5.0	-3.9	-7.6	-5.2	-7.1	-7.3
2005（〃17）	-5.0	-2.1	-1.5	-3.3	-2.1	-6.1	-3.9
2006（〃18）	-2.1	3.6	3.9	3.6	2.4	-4.3	3.8
2007（〃19）	1.0	10.4	12.1	8.0	7.2	-2.6	11.4
2008（〃20）	-0.8	3.3	4.0	2.8	1.9	-2.5	4.5
2009（〃21）	-5.9	-8.2	-8.9	-7.1	-7.3	-4.9	-10.4
2010（〃22）	-4.6	-4.2	-4.1	-5.3	-2.9	-4.8	-6.0
2011（〃23）	-4.0	-2.2	-2.3	-2.6	-1.1	-4.8	-3.8
2012（〃24）	-3.1	-0.8	-0.9	-1.0	-0.5	-4.1	-1.2
2013（〃25）	-2.1	0.6	0.6	0.4	0.7	-3.1	1.5
2014（〃26）	-1.1	1.7	1.9	1.5	1.5	-2.2	2.6
2015（〃27）	-0.5	2.3	2.3	2.5	2.2	-1.6	3.8
2016（〃28）	0.0	2.9	2.7	3.7	2.5	-1.1	6.7
2017（〃29）	0.5	3.5	3.3	4.5	2.6	-0.6	7.9
2018（〃30）	1.1	4.2	4.0	5.4	3.3	-0.1	9.2
2019（令1）	1.7	5.2	4.9	6.8	3.8	0.3	10.3

↘は，東京圏，大阪圏，名古屋圏。東京圏は，首都圏整備法による既成市街地および近郊整備地帯を含む市区町村の区域。大阪圏は，近畿圏整備法による既成都市区および近郊整備区域を含む市町村の区域。名古屋圏は，中部圏開発整備法による都市整備区域を含む市町村の区域。地方圏は，三大都市圏を除く地域。地方圏の四市は，札幌市，仙台市，広島市，福岡市。

〔**財政**〕 徳川幕府から政権を奪取した維新政府にとって財政基盤の確立は急を要する課題であった。旧藩の債務の引継ぎや旧大名などへの秩禄が大きな財政負担となっていたのである。そのため，政府は1873（明治６）年に地租改正に着手し，1876年には金禄公債証書を発行して，旧大名に対する秩禄を廃止した。また，1881年には大蔵卿松方正義による緊縮財政政策が開始され，維新当初大量発行した太政官札などの不換紙幣の整理がなされた。翌年には日本銀行を設立し，1885年からは銀兌換の銀行券を発行して銀本位制度を確立した。しかし，明治政府が実施した経済政策は士族や農民の困窮を極め，重税に対する反発から各地で反乱や一揆を発生させることとなった。銀本位制度はその後1897年の貨幣法の制定によって金本位制へと移行する。これには日清戦争の勝利による巨額の賠償金が準備金にあてられた。1904年に始まった日露戦争では，戦費の大半を内外の国債に依存し，国民に増税を課すなど，大きな財政負担となった。戦争には勝利したが賠償金がまったくとれず，政府は糾弾された。

1914（大正３）年にぼっ発した第一次世界大戦は大戦景気をもたらした。しかし，この好況は長く続かず，1920年には戦後恐慌がおきた。1923年には関東大震災が発生して，わが国経済に大打撃を与えた。1927（昭和２）年，銀行に対する取り付け騒ぎに端を発した金融恐慌，1930年の金輸出解禁とそれに伴う昭和恐慌は，時の蔵相高橋是清によって処理された。金融恐慌の際にはモラトリアム（支払猶予令）と日銀による巨額の紙幣発行で困難を脱し，昭和恐慌の際には金輸出再禁止と円の兌換停止を断行した。軍部の勢力が強まり，第二次世界大戦が近づくとともに統制経済が強化され，財政面では軍事費の膨張が続いた。

戦後の財政政策はアメリカ主導による占領下で行われた。占領軍経済顧問ジョゼフ・ドッジによる経済自立のための政策に基づき，1949年度政府予算では一般会計に限らず，特別会計，政府関係機関を含んだ財政全体の超均衡予算が組まれることになった。歳入面では，シャウプ勧告により，直接税，所得税を中心とする税の大改革が行われ，わが国の税体系が構築された。

1956（昭和31）年から64年まで財政は拡大を続けたが，高度経済成長による自然増収のおかげで，一般会計における均衡予算主義は堅持されてきた。しかし，1965年，四十年不況により税収不足が明らかとなると，歳入補てんのために公債発行を盛り込んだ補正予算を組むことが決定され，翌66年度予算では当初予算から建設国債が発行された。景気回復のためとはいえ，これが均衡予算を続けていた日本財政の転換点となる。第一次石油危機により，1974年にマイナス成長を記録すると，75年度補正予算では特例公債（赤字国債）の発行も開始された。1981年には「増税なき財政再建」路線をスローガンとし，1983年度から87年度の一般歳出は前年度を下回るマイナスシーリングとなった。1980年代後半にはバブル景気で税収が増えたこともあって，公債依存度は低下を続け，1990（平成２）年度をもっていったんは特例公債発行から脱却した。しかし，円高不況，バブル経済崩壊対策として，一連の大型景気対策が打ち出されたことから公債発行が膨らみ，これに2008年のリーマンショック，世界同時不況も重なって財政は悪化の一途をたどった。長引く景気低迷で税収が思うように伸びず，歳出面では高齢化の進展により社会保障費が年々拡大を続けるなど，日本財政は深刻な状況に直面している。

わが国に消費税が初めて導入されたのは1989年４月，竹下内閣の時で税率は３％であった。その後，1997年４月，橋本内閣の時に５％へ，また，2014年４月，第２次安倍内閣の時に８％へと税率がアップした。社会保障費を賄うため2017年４月には10％に引き上げる予定だったが，景気への配慮から2019年10月に延期された。消費税は幅広く課税でき，有効な財政改善策の一つである。日本は諸外国と比べまだ税率の引き上げ余地があるとされる。だが，国民の反発を招きやすく，1979年の大平首相による一般消費税構想は総選挙中に導入を断念し，1987年の中曽根首相による売上税法案も国会で廃案を余儀なくされた。また，1994年の細川首相による国民福祉税移行案は発表直後に撤回に追い込まれた苦い経緯がある。

年　表	
1871（明４）	新貨条例（円・銭・厘）。
1872	第一国立銀行設立。
1873	地租改正条例。
1881	松方正義デフレ財政開始。
1882	日本銀行設立。
1887	所得税創設。
1897	貨幣法制定。金本位制の確立。
1914（大３）	第一次世界大戦（～18）。
1917	金輸出禁止。
1920	戦後恐慌。
1923	関東大震災。震災モラトリアム。
1927（昭２）	金融恐慌。
1929	井上準之助緊縮財政。 世界大恐慌。
1930	金輸出解禁。昭和恐慌。
1931	高橋是清積極財政。 金輸出再禁止。円の兌換停止，管理通貨制度へ。
1937	日中戦争。
1941	太平洋戦争（～45）。
1946	金融緊急措置令（新円発行）。
1949	シャウプ税制勧告。 ドッジ・ライン（超均衡予算）。 為替レート１ドル＝360円設定。
1950	朝鮮戦争による特需景気。
1964	IMF８条国移行。OECD加盟。
1965	戦後初の国債発行決定。
1967	資本の自由化方針決定。
1971	ニクソンショック。円切り上げ（１ドル＝308円）。
1973	第一次石油危機。円変動相場制。
1985	プラザ合意。
1989（平１）	消費税３％導入。
1997	消費税率５％に引き上げ。
2000	金融庁発足。
2005	ペイオフ全面解禁。
2007	郵政民営化。
2008	リーマンショック。
2009	ギリシャ，欧州債務危機表面化。
2014	消費税率８％に引き上げ。
2019	消費税率10％に引き上げ。

表 9-8　中央財政歳入・歳出（Ⅰ）（明治・大正）（会計年度）（単位　百万円）

	歳入			歳出		
	一般会計	特別会計	純計	一般会計	特別会計	純計
1876(明 9)	59	—	—	59	—	—
1877(〃10)	52	—	—	48	—	—
1878(〃11)	62	—	—	61	—	—
1879(〃12)	62	—	—	60	—	—
1880(〃13)	63	—	—	63	—	—
1881(〃14)	71	—	—	71	—	—
1882(〃15)	74	—	—	73	—	—
1883(〃16)	83	—	—	83	—	—
1884(〃17)	77	—	—	77	—	—
1885(〃18)	62	—	—	61	—	—
1886(〃19)	85	—	—	83	—	—
1887(〃20)	88	—	—	79	—	—
1888(〃21)	93	—	—	82	—	—
1889(〃22)	97	—	—	80	—	—
1890(〃23)	106	53	—	82	26	82
1891(〃24)	103	49	—	84	24	84
1892(〃25)	101	47	—	77	22	77
1893(〃26)	114	42	—	85	25	85
1894(〃27)	98	40	—	78	25	78
1895(〃28)	118	161	—	85	106	155
1896(〃29)	187	131	—	169	45	169
1897(〃30)	226	132	—	224	123	257
1898(〃31)	220	262	—	220	195	316
1899(〃32)	254	222	—	254	223	392
1900(〃33)	296	120	—	293	151	345
1901(〃34)	274	127	—	267	123	305
1902(〃35)	297	170	—	289	125	341
1903(〃36)	260	137	—	250	113	284
1904(〃37)	327	188	—	277	135	303
1905(〃38)	535	247	—	421	192	440
1906(〃39)	530	593	—	464	489	724
1907(〃40)	857	817	—	602	679	997
1908(〃41)	795	681	—	636	533	859
1909(〃42)	678	702	—	533	552	808
1910(〃43)	673	1 168	—	569	969	1 223
1911(〃44)	657	831	—	585	658	931
1912(大 1)	687	877	—	594	704	939
1913(〃 2)	722	953	—	574	791	1 054
1914(〃 3)	735	860	—	648	694	990
1915(〃 4)	709	900	—	583	659	885
1916(〃 5)	813	993	—	591	743	940
1917(〃 6)	1 085	1 420	—	735	897	1 172
1918(〃 7)	1 479	2 057	—	1 017	1 196	1 602
1919(〃 8)	1 809	2 689	—	1 172	1 909	2 459
1920(〃 9)	2 001	3 044	—	1 360	2 265	2 882
1921(〃10)	2 066	3 209	—	1 490	2 304	3 086
1922(〃11)	2 087	3 418	4 737	1 430	2 540	3 473
1923(〃12)	2 045	3 479	4 771	1 521	2 653	3 665
1924(〃13)	2 127	3 962	5 159	1 625	3 042	4 019
1925(〃14)	2 071	3 236	4 499	1 525	2 664	3 683

中央財政歳入・歳出（Ⅱ）（昭和）（会計年度）

	歳入			歳出		
	一般会計	特別会計	純計	一般会計	特別会計	純計
	百万円	百万円	百万円	百万円	百万円	百万円
1926(昭 1)	2 056	3 048	4 276	1 579	2 451	3 509
1927(〃 2)	2 063	3 448	4 542	1 766	2 833	3 949
1928(〃 3)	2 006	3 541	4 471	1 815	2 844	3 917
1929(〃 4)	1 826	3 724	4 557	1 736	3 063	4 117
1930(〃 5)	1 597	3 550	4 261	1 558	3 052	4 001
1931(〃 6)	1 531	3 192	3 801	1 477	2 691	3 509
1932(〃 7)	2 045	4 199	4 689	1 950	3 623	4 279
1933(〃 8)	2 332	5 014	5 482	2 255	4 375	5 080
1934(〃 9)	2 247	5 994	6 238	2 163	5 228	5 710
1935(〃 10)	2 259	6 039	6 250	2 206	5 235	5 817
1936(〃 11)	2 372	8 590	9 046	2 282	7 661	8 432
1937(〃 12)	2 914	10 350	10 865	2 709	8 402	9 195
1938(〃 13)	3 595	13 153	14 330	3 288	11 729	13 124
1939(〃 14)	4 970	15 925	12 642	4 494	14 390	12 273
1940(〃 15)	6 445	19 691	16 919	5 860	17 408	15 704
1941(〃 16)	8 602	30 112	22 026	8 134	27 717	22 891
1942(〃 17)	9 192	38 995	31 256	8 276	35 554	31 965
1943(〃 18)	14 010	55 898	49 487	12 552	50 621	47 458
1944(〃 19)	21 040	69 826	…	19 872	64 914	…
1945(〃 20)	23 487	82 916	…	21 496	78 355	…
	億円	億円	億円	億円	億円	億円
1946(〃 21)	1 189	1 908	1 624	1 152	1 782	1 535
1947(〃 22)	2 145	4 191	4 199	2 058	3 725	4 060
1948(〃 23)	5 080	11 443	11 168	4 620	10 096	10 386
1949(〃 24)	7 586	18 395	17 188	6 994	17 573	15 739
1950(〃 25)	7 168	20 921	21 029	6 333	19 000	18 129
1951(〃 26)	8 955	14 001	18 666	7 498	12 751	16 014
1952(〃 27)	10 788	13 500	20 009	8 739	12 136	16 670
1953(〃 28)	12 190	14 815	22 598	10 172	13 335	19 193
1954(〃 29)	11 851	16 601	22 903	10 408	15 220	20 086
1955(〃 30)	11 264	18 799	24 280	10 182	17 266	21 689
1956(〃 31)	12 325	22 315	26 569	10 692	20 075	22 839
1957(〃 32)	13 999	23 763	29 085	11 877	21 393	24 630
1958(〃 33)	14 537	30 585	30 123	13 316	28 028	26 361
1959(〃 34)	15 972	34 119	33 296	14 950	30 963	29 161
1960(〃 35)	19 610	39 392	38 660	17 431	35 551	32 687
1961(〃 36)	25 159	44 318	46 595	20 635	39 592	37 400
1962(〃 37)	29 476	47 984	52 783	25 566	42 836	43 744
1963(〃 38)	32 312	53 833	58 374	30 443	47 859	50 593
1964(〃 39)	34 468	61 481	65 244	33 110	55 576	57 998
1965(〃 40)	37 731	72 160	74 417	37 230	64 064	65 861
1966(〃 41)	45 521	86 583	86 979	44 592	76 699	76 209
1967(〃 42)	52 994	107 476	103 212	51 130	95 723	89 686
1968(〃 43)	60 599	134 089	120 356	59 371	119 027	104 146
1969(〃 44)	71 093	160 292	139 682	69 178	143 094	120 666
1970(〃 45)	84 592	181 648	161 447	81 877	160 076	137 270
1971(〃 46)	99 709	196 274	186 860	95 611	168 636	155 246
1972(〃 47)	127 939	225 673	227 829	119 322	193 697	187 476
1973(〃 48)	167 620	271 308	281 641	147 783	230 166	220 652
1974(〃 49)	203 791	335 930	347 494	190 998	284 855	283 991
1975(〃 50)	214 734	395 014	397 868	208 609	338 762	335 714

中央財政歳入・歳出（Ⅲ）（昭和・平成・令和）（会計年度）（単位　億円）

	歳入			歳出		
	一般会計	特別会計	純計	一般会計	特別会計	純計
1976(昭51)	250 760	492 891	480 113	244 676	427 006	408 536
1977(〃52)	294 336	605 621	571 264	290 598	522 684	486 045
1978(〃53)	349 073	719 583	673 883	340 960	625 527	572 126
1979(〃54)	397 792	837 082	770 688	387 899	721 959	645 800
1980(〃55)	440 407	968 896	864 942	434 050	839 465	729 315
1981(〃56)	474 433	1 059 596	943 089	469 212	923 210	802 124
1982(〃57)	480 013	1 117 374	979 394	472 451	978 797	835 543
1983(〃58)	516 529	1 191 905	1 042 245	506 353	1 062 766	907 981
1984(〃59)	521 834	1 287 883	1 072 872	514 806	1 155 689	936 296
1985(〃60)	539 926	1 266 775	1 053 563	530 045	1 117 752	908 340
1986(〃61)	564 892	1 482 121	1 160 232	536 404	1 297 886	958 867
1987(〃62)	613 888	1 676 679	1 293 473	577 311	1 452 048	1 028 666
1988(〃63)	646 074	1 725 015	1 337 271	614 711	1 474 922	1 056 231
1989(平 1)	672 478	1 753 310	1 374 586	658 589	1 528 016	1 133 915
1990(〃 2)	717 035	1 945 434	1 444 893	692 687	1 685 838	1 168 583
1991(〃 3)	729 906	2 077 665	1 520 754	705 472	1 778 793	1 206 220
1992(〃 4)	714 660	2 207 930	1 619 801	704 974	1 887 982	1 295 625
1993(〃 5)	777 312	2 362 067	1 736 124	751 025	2 022 411	1 379 117
1994(〃 6)	763 390	2 471 479	1 792 457	736 136	2 142 451	1 450 782
1995(〃 7)	805 572	2 678 136	1 938 576	759 385	2 324 659	1 553 252
1996(〃 8)	818 090	2 807 145	1 996 626	788 479	2 452 105	1 619 614
1997(〃 9)	801 705	2 834 993	2 080 157	784 703	2 470 360	1 699 386
1998(〃10)	897 827	3 064 169	2 253 440	843 918	2 725 790	1 865 499
1999(〃11)	943 763	3 101 756	2 337 890	890 374	2 793 689	1 987 631
2000(〃12)	933 610	3 411 464	2 346 698	893 211	3 057 759	1 994 664
2001(〃13)	869 030	3 962 235	2 757 270	848 111	3 633 368	2 483 434
2002(〃14)	872 890	3 997 456	2 670 766	836 743	3 738 977	2 453 764
2003(〃15)	856 228	3 857 548	2 517 017	824 160	3 576 914	2 308 538
2004(〃16)	888 975	4 193 004	2 791 701	848 968	3 760 329	2 333 209
2005(〃17)	890 003	4 521 410	2 832 020	855 196	4 011 836	2 301 828
2006(〃18)	844 127	5 015 363	3 031 810	814 455	4 505 795	2 509 225
2007(〃19)	845 535	3 959 203	2 472 301	818 426	3 532 832	2 035 149
2008(〃20)	892 082	3 877 395	2 359 708	846 974	3 591 982	2 047 806
2009(〃21)	1 071 142	3 778 931	2 462 799	1 009 734	3 480 600	2 127 101
2010(〃22)	1 005 346	3 869 849	2 457 043	953 123	3 450 740	2 012 284
2011(〃23)	1 099 795	4 099 237	2 636 162	1 007 154	3 764 632	2 236 150
2012(〃24)	1 077 620	4 125 335	2 660 255	970 872	3 770 118	2 218 528
2013(〃25)	1 060 447	4 228 505	2 717 103	1 001 889	3 827 170	2 276 845
2014(〃26)	1 046 791	4 067 364	2 474 643	988 135	3 902 019	2 267 564
2015(〃27)	1 021 753	4 028 842	2 479 168	982 303	3 862 143	2 287 493
2016(〃28)	1 027 740	4 101 617	2 594 135	975 418	3 953 608	2 410 606
2017(〃29)	1 039 697	3 993 813	2 506 282	1 034 260	3 914 450	2 446 731
2018(〃30)	977 128	3 910 790	2 397 486	977 128	3 884 960	2 389 204
2019(令 1)	1 014 571	3 925 936	…	1 014 571	3 894 569	…

財務省「財政統計」（1972・99・2006年度）および同「財政統計」（2019年 8 月26日閲覧），同「財政金融統計月報」（令和元年度予算特集　2019年 5 月）により作成。ただし，1945年度までの特別会計，純計は日本銀行統計局「明治以降　本邦主要経済統計」（1966年刊）により作成。決算。ただし，2017年度は決算見込み，2018・19年度は当初予算。純計は各会計間の重複を控除したもの。

表 9 - 9　一般会計歳入内訳（I）（会計年度）

	租税・印紙収入	専売[1] 納付金	その他[2] の収入	公債[3]	前年度剰余金受入	計
	千円	千円	千円	千円	千円	千円
1875(明 8)	59 194	206	10 082	—	—	69 482
1880(〃 13)	55 262	292	7 812	—	—	63 367
1885(〃 18)	52 581	905	5 603	3 066	—	62 156
1890(〃 23)	67 793	1 814	28 964	—	7 898	106 469
1895(〃 28)	81 272	2 740	14 379	—	20 041	118 432
1900(〃 33)	146 215	7 244	98 667	43 639	88	295 854
1905(〃 38)	281 542	33 602	95 774	73 925	50 411	535 256
1910(〃 43)	344 504	62 089	117 987	3 638	144 652	672 873
1915(大 4)	344 820	68 803	204 057	4 705	86 227	708 615
1920(〃 9)	779 636	124 124	384 954	75 631	636 304	2 000 652
1925(〃 14)	986 338	153 029	383 062	46 589	502 351	2 071 369
	百万円	百万円	百万円	百万円	百万円	百万円
1930(昭 5)	905	198	366	38	90	1 597
1935(〃 10)	1 005	198	295	678	84	2 259
1940(〃 15)	3 789	352	546	1 282	476	6 445
1941(〃 16)	4 403	415	793	2 406	585	8 602
1942(〃 17)	6 788	562	992	382	468	9 192
1943(〃 18)	8 659	1 072	1 478	1 886	915	14 010
1944(〃 19)	11 665	1 050	1 472	5 395	1 458	21 040
1945(〃 20)	10 499	1 042	1 749	9 029	1 168	23 487
	億円	億円	億円	億円	億円	億円
1946(〃 21)	301	73	350	445	20	1 189
1947(〃 22)	1 475	421	212	—	37	2 145
1948(〃 23)	3 458	1 019	517	—	86	5 080
1949(〃 24)	5 182	1 182	761	—	461	7 586
1950(〃 25)	4 564	1 145	868	—	592	7 168
1951(〃 26)	6 040	1 191	888	—	835	8 955
1952(〃 27)	7 085	1 346	901	—	1 456	10 788
1953(〃 28)	7 828	1 597	716	—	2 049	12 190
1954(〃 29)	7 984	1 257	591	—	2 019	11 851
1955(〃 30)	7 960	1 143	719	—	1 443	11 264
1956(〃 31)	9 502	1 148	725	—	950	12 325
1957(〃 32)	10 499	1 224	642	—	1 633	13 999
1958(〃 33)	10 318	1 264	834	—	2 122	14 537
1959(〃 34)	12 134	1 261	1 355	—	1 222	15 972
1960(〃 35)	16 183	1 470	936	—	1 022	19 610
1961(〃 36)	20 176	1 648	1 156	—	2 179	25 159
1962(〃 37)	21 959	1 640	1 352	—	4 525	29 476
1963(〃 38)	25 302	1 663	1 436	—	3 910	32 312
1964(〃 39)	29 497	1 652	1 460	—	1 859	34 468
1965(〃 40)	30 496	1 804	2 101	1 972	1 358	37 731
1966(〃 41)	34 058	1 981	2 326	6 656	501	45 521
1967(〃 42)	40 936	1 792	2 243	7 094	930	52 994
1968(〃 43)	49 239	2 519	2 361	4 621	1 860	60 599
1969(〃 44)	60 243	2 580	2 916	4 126	1 227	71 093
1970(〃 45)	72 958	2 744	3 511	3 472	1 906	84 592
1971(〃 46)	79 272	2 911	2 939	11 871	2 715	99 709
1972(〃 47)	97 701	3 396	3 245	19 500	4 097	127 939
1973(〃 48)	133 655	3 566	4 119	17 662	8 617	167 620
1974(〃 49)	150 359	3 425	8 571	21 600	19 837	203 791
1975(〃 50)	137 527	3 405	8 203	52 805	12 793	214 734

一般会計歳入内訳（Ⅱ）（会計年度）（単位　億円）

	租税・印紙収入	専売[1]納付金	その他[2]の収入	公債[3]	前年度剰余金受入	計
1976(昭51)	156 578	6 614	9 461	71 982	6 125	250 760
1977(〃52)	173 329	5 633	13 677	95 613	6 084	294 336
1978(〃53)	219 205	7 273	12 116	106 740	3 738	349 073
1979(〃54)	237 295	6 079	11 586	134 720	8 112	397 792
1980(〃55)	268 687	8 124	12 000	141 702	9 894	440 407
1981(〃56)	289 521	7 874	16 735	128 999	6 356	[4] 474 433
1982(〃57)	305 111	7 693	21 539	140 447	5 222	480 013
1983(〃58)	323 583	10 202	40 319	134 863	7 562	516 529
1984(〃59)	349 084	10 308	24 453	127 813	10 176	521 834
1985(〃60)	381 988	108	27 721	123 080	7 028	539 926
1986(〃61)	418 768	125	23 579	112 549	9 871	564 892
1987(〃62)	467 979	102	23 138	94 181	28 488	613 888
1988(〃63)	508 265	108	29 600	71 525	36 576	646 074
1989(平１)	549 218	95	25 416	66 385	31 363	672 478
1990(〃２)	601 059	111	28 856	73 120	13 889	717 035
1991(〃３)	598 204	120	39 934	67 300	24 348	729 906
1992(〃４)	544 453	132	34 833	95 360	24 434	[5] 714 660
1993(〃５)	541 262	143	58 818	161 740	9 686	[6] 777 312
1994(〃６)	510 300	167	61 736	164 900	26 287	763 390
1995(〃７)	519 308	163	46 377	212 470	27 254	805 572
1996(〃８)	520 601	169	33 650	217 483	46 187	818 090
1997(〃９)	539 415	178	31 746	184 580	29 612	[7] 801 705
1998(〃10)	494 319	199	46 308	340 000	17 002	897 827
1999(〃11)	472 345	252	42 122	375 136	53 909	943 763
2000(〃12)	507 125	205	42 851	330 040	53 389	933 610
2001(〃13)	479 481	—	49 144	300 000	40 400	[8] 869 030
2002(〃14)	438 332	—	63 959	349 680	20 919	872 890
2003(〃15)	432 824	—	33 807	353 450	36 147	856 228
2004(〃16)	455 890	—	46 117	354 900	32 068	888 975
2005(〃17)	490 654	—	46 651	312 690	40 007	890 003
2006(〃18)	490 691	—	43 930	274 700	34 807	844 127
2007(〃19)	510 182	—	51 860	253 820	29 672	845 535
2008(〃20)	442 673	—	83 438	331 680	27 109	[9] 892 082
2009(〃21)	387 331	—	119 153	519 550	45 108	1 071 142
2010(〃22)	414 868	—	106 040	423 030	61 408	1 005 346
2011(〃23)	428 326	—	78 767	427 980	52 222	[10] 1 099 795
2012(〃24)	439 314	—	45 173	474 650	92 641	[11] 1 077 620
2013(〃25)	469 529	—	49 623	408 510	106 749	[12] 1 060 447
2014(〃26)	539 707	—	63 795	384 929	58 360	1 046 791
2015(〃27)	562 854	—	51 060	349 183	58 657	1 021 753
2016(〃28)	554 686	—	53 258	380 346	39 450	1 027 740
2017(〃29)	577 120	—	54 130	355 546	4 299	991 095
2018(〃30)	599 280	—	50 218	353 954	10 129	1 013 581
2019(令１)	624 950	—	60 831	326 605	2 185	1 014 571

財務省「財政統計」(1972・95・99・2006年度) および同「財政統計」(2019年８月26日閲覧), 同「財政金融統計月報」(令和元年度予算特集　2019年５月) により作成。ただし, 1947年度までは日本銀行「明治以降　本邦主要経済統計」により作成。決算。2017・18年度は補正後予算, 2019年度は当初予算。1) 1895年度まではタバコ税納入額で, 専売納付金は1898年１月に創設された。日本専売公社納付金は1984年度で廃止されたため, 1985年度からはアルコール専売事業特別会計納付金のみ。2) 官業益金・官業収入, 政府資産整理収入, 雑収入の計。3) 1945年以前は借入金を含む。4) 決算調整資金受入れ２兆4948億円を含む。5) 同１兆5448億円を含む。6) 同5663億円を含む。7) 同１兆6174億円を含む。8) 同６億円を含む。9) 同7182億円を含む。10) 東日本大震災復興債11兆2500億円を含む。11) 年金特例公債２兆5842億円を含む。12) 年金特例公債２兆6035億円を含む。

表 9 - 10　一般会計歳出内訳（会計年度）

	行政費	国債費	軍事費	年金・恩給費	皇室費	計
	千円	千円	千円	千円	千円	千円
1875（明 8）	36 061	4 645	9 785	17 779	933	69 203
1880（〃 13）	27 154	22 420	12 013	511	1 042	63 140
1885（〃 18）	29 371	14 101	15 512	334	1 797	61 115
1890（〃 23）	32 347	20 318	25 692	768	3 000	82 125
1895（〃 28）	32 840	24 190	23 536	1 751	3 000	85 317
1900（〃 33）	117 460	34 841	133 113	4 336	3 000	292 750
1905（〃 38）	321 474	49 080	34 521	12 666	3 000	420 741
1910（〃 43）	196 901	154 270	185 164	28 319	4 500	569 154
1915（大 4）	242 308	120 000	182 168	34 293	4 500	583 269
	百万円	百万円	百万円	百万円	百万円	百万円
1916（〃 5）	224	116	211	35	4.5	591
1917（〃 6）	272	136	286	36	4.5	735
1918（〃 7）	470	137	368	38	4.5	1 017
1919（〃 8）	480	111	537	40	4.5	1 172
1920（〃 9）	555	95	650	55	4.5	1 360
1921（〃 10）	570	112	731	73	4.5	1 490
1922（〃 11）	631	115	605	74	4.5	1 430
1923（〃 12）	770	163	499	84	4.5	1 521
1924（〃 13）	852	188	455	125	4.5	1 625
1925（〃 14）	726	221	444	130	4.5	1 525
1926（昭 1）	774	233	434	133	4.5	1 579
1927（〃 2）	848	282	492	139	4.5	1 766
1928（〃 3）	865	286	517	142	4.5	1 815
1929（〃 4）	811	280	495	145	4.5	1 736
1930（〃 5）	689	273	443	149	4.5	1 558
1931（〃 6）	650	214	455	154	4.5	1 477
1932（〃 7）	858	241	686	160	4.5	1 950
1933（〃 8）	879	335	873	164	4.5	2 255
1934（〃 9）	685	361	942	170	4.5	2 163
1935（〃 10）	623	372	1 033	174	4.5	2 206
1936（〃 11）	656	363	1 078	180	4.5	2 282
1937（〃 12）	889	400	1 237	180	4.5	2 709
1938（〃 13）	1 422	502	1 167	192	4.5	3 288
1939（〃 14）	1 947	675	1 629	238	4.5	4 494
1940（〃 15）	2 462	903	2 226	265	4.5	5 860
1941（〃 16）	3 563	1 199	3 013	355	4.5	8 134
1942（〃 17）	6 180	1 597	79	416	4.5	8 276
1943（〃 18）	9 937	2 181	2	426	4.5	12 552
1944（〃 19）	16 287	3 107	2	471	4.5	19 872
1945（〃 20）	16 724	4 209	—	558	4.5	21 496
	億円	億円	億円	億円	億円	億円
1946（〃 21）	1 094	55	—	2.4	0.05	1 152
1947（〃 22）	1 982	74	—	1.6	0.9	2 058
1948（〃 23）	4 517	96	—	5.6	0.6	4 620
1949（〃 24）	6 838	127	—	28	0.9	6 994
1950（〃 25）	5 565	584	132	51	1.2	6 333
1951（〃 26）	7 009	201	214	73	2.1	7 498
1952（〃 27）	7 286	309	1 041	99	3.6	8 739
1953（〃 28）	7 986	449	1 573	161	2.1	10 172
1954（〃 29）	7 453	403	1 547	1 002	2.4	10 408
1955（〃 30）	7 489	442	1 360	888	2.7	10 182

日本銀行「明治以降　本邦主要経済統計」により作成。決算。ただし1944・45年は当初予算。

表 9-11　一般会計歳出の主要経費別分類（会計年度）（単位　億円）

	社会保障関係費	社会福祉費[1]	社会保険費[2]	文教及び科学振興費	国債費	恩給関係費	地方交付税交付金
1960(昭35)	1 927	112	410	2 203	265	1 236	3 282
1965(〃40)	5 457	433	2 315	4 957	[3] 130	1 681	7 162
1970(〃45)	11 515	1 165	5 895	9 652	2 870	2 979	17 716
1975(〃50)	41 356	6 348	24 036	27 075	11 024	7 590	33 082
1976(〃51)	48 776	7 958	28 932	30 529	18 430	9 940	38 097
1977(〃52)	56 879	9 359	34 145	34 727	23 153	11 573	45 261
1978(〃53)	67 346	11 210	40 890	38 814	32 318	13 318	53 008
1979(〃54)	74 883	12 237	46 288	42 936	43 756	14 928	59 274
1980(〃55)	81 703	13 538	51 531	46 059	54 916	16 530	69 521
1981(〃56)	88 237	14 851	55 441	48 221	66 542	17 896	80 396
1982(〃57)	91 855	15 945	56 778	48 300	69 069	18 630	75 352
1983(〃58)	93 171	19 282	53 990	48 292	81 675	18 625	73 151
1984(〃59)	97 773	20 396	56 907	49 209	92 327	18 488	90 361
1985(〃60)	99 016	20 599	59 096	48 830	101 805	18 683	96 901
1986(〃61)	101 269	19 544	62 551	48 523	106 644	18 867	97 347
1987(〃62)	102 399	20 119	63 280	50 414	118 514	19 077	110 862
1988(〃63)	117 479	21 724	77 591	49 814	120 307	18 806	130 312
1989(平 1)	123 533	23 005	82 138	50 628	120 898	18 465	149 647
1990(〃 2)	114 805	24 280	72 046	54 100	143 142	18 317	159 308
1991(〃 3)	121 500	26 098	76 417	55 934	155 366	18 155	158 002
1992(〃 4)	127 557	28 683	79 220	58 478	146 284	18 075	142 037
1993(〃 5)	133 463	30 571	81 960	63 921	137 142	17 891	139 498
1994(〃 6)	136 034	32 667	83 421	59 379	134 222	17 519	120 687
1995(〃 7)	145 429	36 922	86 400	66 666	128 204	17 073	123 021
1996(〃 8)	150 323	40 688	88 043	63 635	160 839	16 526	139 450
1997(〃 9)	153 855	42 690	88 192	63 103	159 258	15 966	154 810
1998(〃10)	156 582	46 549	87 040	71 246	176 985	15 479	143 046
1999(〃11)	190 224	58 539	104 372	67 991	202 719	14 845	124 445
2000(〃12)	176 364	40 129	111 334	68 717	214 461	14 179	149 149
2001(〃13)	192 914	19 064	143 297	66 769	158 289	13 500	158 038
2002(〃14)	196 326	17 620	144 822	67 313	156 003	12 817	155 755
2003(〃15)	197 201	18 831	149 765	64 720	155 440	12 070	163 926
2004(〃16)	202 860	17 229	156 441	61 490	175 149	11 360	165 573
2005(〃17)	206 031	16 630	160 741	57 009	187 360	10 651	159 226
2006(〃18)	205 550	15 626	162 673	53 306	180 369	9 917	158 850
2007(〃19)	211 410	15 120	170 803	54 577	192 904	9 407	146 196
2008(〃20)	225 617	18 685	179 001	54 870	191 665	8 558	151 401
2009(〃21)	287 162	41 706	197 209	61 575	184 448	7 806	161 113
2010(〃22)	282 489	43 161	203 390	60 514	195 439	7 093	184 072
2011(〃23)	297 777	46 719	210 298	60 359	196 277	6 386	190 867
2012(〃24)	291 976	43 647	212 459	59 607	210 107	5 705	167 572
2013(〃25)	292 320	38 585	218 296	61 614	212 935	5 043	174 280
2014(〃26)	301 709	43 111	225 051	58 660	221 857	4 436	169 771
2015(〃27)	313 977	48 680	230 777	55 740	224 635	3 871	166 819
2016(〃28)	322 082	64 104	253 837	55 983	220 856	3 349	152 160
2017(〃29)	325 363	61 845	259 839	56 584	227 078	2 945	154 343
2018(〃30)	329 882	62 111	263 884	53 512	233 020	2 504	153 606
2019(令 1)	340 593	65 245	271 133	56 025	235 082	2 097	155 510

財務省「財政統計」(1967・99・2006年度）および同「財政統計」(2019年 8 月26日閲覧)，同「財政金融統計月報」（令和元年度予算特集　2019年 5 月）により作成。決算額。2017年度は補正後予算，2018・19年度は当初予算。歳出額総計は表9-8参照のこと。表9-12（目的別分類）と同じ項目で数値が異なるのは分類上の違いによる。主要経費別分類が初めて行われたのは1947年度予算からで，以後，↗

防衛関係費	公共事業関係費			経済協力費[4]	中小企業対策費	エネルギー対策費	
		治山治水	道路整備				
1 602	3 036	628	874	44	24	—	1960(昭35)
3 056	7 261	1 194	3 069	124	178	—	1965(〃40)
5 906	14 406	2 353	5 833	920	500	—	1970(〃45)
13 861	34 870	5 572	11 152	1 675	1 246	—	1975(〃50)
15 183	39 084	6 161	11 553	1 834	1 436	—	1976(〃51)
16 983	49 514	7 965	14 659	2 039	1 911	—	1977(〃52)
18 630	57 969	9 823	17 614	2 599	2 265	2 166	1978(〃53)
20 594	64 060	10 695	18 842	3 344	2 271	2 566	1979(〃54)
22 496	68 955	11 185	19 742	3 684	2 398	4 240	1980(〃55)
24 409	70 853	11 274	19 115	3 929	2 416	4 962	1981(〃56)
25 718	72 473	11 223	18 960	4 729	2 402	5 586	1982(〃57)
27 622	72 285	11 077	18 991	4 780	2 335	5 491	1983(〃58)
29 509	70 543	11 028	19 059	5 286	2 264	6 063	1984(〃59)
31 789	68 906	10 817	18 495	5 715	2 101	6 007	1985(〃60)
33 123	70 031	11 066	18 129	5 742	2 207	5 542	1986(〃61)
34 553	73 866	12 143	19 682	6 529	2 601	4 686	1987(〃62)
36 695	66 761	10 580	17 515	7 285	2 540	4 523	1988(〃63)
39 219	74 055	10 732	17 664	7 622	2 369	5 461	1989(平1)
42 530	69 557	10 827	17 904	8 188	2 399	5 469	1990(〃2)
44 409	74 205	11 434	19 072	8 595	2 073	5 893	1991(〃3)
45 888	96 715	15 953	25 438	8 927	2 531	6 300	1992(〃4)
46 017	136 845	23 169	37 535	9 497	3 980	6 748	1993(〃5)
46 375	132 076	21 895	34 624	9 847	2 601	6 707	1994(〃6)
47 200	127 950	19 558	32 922	10 341	6 228	7 078	1995(〃7)
48 152	123 402	18 414	32 078	10 606	1 944	6 961	1996(〃8)
49 502	110 671	16 721	28 327	10 833	2 472	6 806	1997(〃9)
49 561	130 342	19 895	36 547	10 816	9 791	7 187	1998(〃10)
48 973	129 723	19 529	35 653	10 187	8 183	6 764	1999(〃11)
49 066	119 096	18 423	34 465	10 124	9 330	6 774	2000(〃12)
49 688	108 201	16 310	27 632	9 608	4 248	6 324	2001(〃13)
49 197	91 621	14 151	23 418	8 377	6 278	5 626	2002(〃14)
49 275	93 588	14 526	24 320	8 998	2 412	5 569	2003(〃15)
48 981	82 357	12 734	17 959	8 800	2 883	5 041	2004(〃16)
48 776	83 905	11 206	18 062	7 840	2 366	4 925	2005(〃17)
48 175	77 089	10 904	17 284	7 839	2 396	4 708	2006(〃18)
47 576	72 571	11 219	15 247	7 874	4 178	8 657	2007(〃19)
48 033	69 209	10 106	16 657	7 997	10 736	8 677	2008(〃20)
48 113	83 532	13 186	16 425	8 006	29 151	9 942	2009(〃21)
46 696	58 028	6 684	8 845	7 458	8 301	8 453	2010(〃22)
48 181	59 148	6 725	10 800	6 199	21 908	9 535	2011(〃23)
47 615	57 760	7 531	11 028	6 244	8 247	8 467	2012(〃24)
47 923	79 752	12 537	18 808	6 510	5 041	9 626	2013(〃25)
50 628	73 208	10 239	15 437	6 555	4 170	13 033	2014(〃26)
51 303	63 779	8 729	13 739	6 605	3 399	9 683	2015(〃27)
51 498	67 097	9 512	13 901	7 433	4 299	9 727	2016(〃28)
53 524	69 721	9 268	14 538	6 380	3 850	9 731	2017(〃29)
51 911	59 789	8 449	13 472	5 089	1 771	9 186	2018(〃30)
52 574	59 099	11 206	15 491	5 021	1 790	9 760	2019(令1)

↘毎年度予算の参考書類として国会に提出される「予算説明」に掲げられている。1) 2016年度からは少子化対策費と生活扶助等社会福祉費を編者合算。2) 2005年度からは年金医療介護保険給付費の名称に変更。2016年度からは年金給付費と医療給付費と介護給付費を編者合算。3) 目的別分類からの引用値。4) 1972年度までの経済協力費は貿易振興及び経済協力費の名称であった。

表 9-12　一般会計歳出の目的別分類（会計年度）（単位　億円）

	国家機関費	地方財政費	防衛関係費	国土保全・開発費	産業経済費	教育文化費	社会保障関係費
1955(昭30)	1 106	1 599	1 360	1 322	677	1 249	1 400
1960(〃35)	1 696	3 325	1 635	2 944	1 643	2 113	2 311
1965(〃40)	3 308	7 201	3 069	7 143	3 078	4 718	6 402
1970(〃45)	5 470	17 765	5 939	13 598	10 167	9 390	12 978
1975(〃50)	13 589	33 980	13 969	31 487	23 709	26 309	46 151
1976(〃51)	14 870	39 721	15 311	34 974	26 433	29 742	54 405
1977(〃52)	16 538	48 590	17 137	44 206	28 382	34 000	63 701
1978(〃53)	18 191	57 792	18 811	51 075	33 101	39 017	75 727
1979(〃54)	20 137	67 061	20 803	56 349	36 229	43 216	84 119
1980(〃55)	21 723	78 754	22 720	59 750	39 872	46 430	92 369
1981(〃56)	22 006	87 474	24 648	60 640	40 460	48 584	99 916
1982(〃57)	22 938	80 245	25 955	61 956	40 426	48 606	103 776
1983(〃58)	23 626	77 071	27 857	61 812	38 821	48 528	105 074
1984(〃59)	24 418	92 641	29 744	59 900	37 461	49 288	109 798
1985(〃60)	25 587	97 314	32 023	58 107	35 589	49 134	111 182
1986(〃61)	26 093	97 732	33 355	59 094	31 528	48 758	113 708
1987(〃62)	29 818	111 226	34 783	62 969	35 122	50 173	114 944
1988(〃63)	29 533	130 648	36 925	56 375	41 762	49 829	129 871
1989(平 1)	30 563	149 957	39 459	57 750	47 488	51 671	141 669
1990(〃 2)	46 917	159 589	42 769	58 990	40 896	54 119	127 256
1991(〃 3)	33 420	158 258	44 648	62 972	41 188	55 892	134 822
1992(〃 4)	34 954	142 304	46 127	82 579	31 803	58 271	143 832
1993(〃 5)	37 146	139 763	46 257	118 545	35 695	63 510	154 261
1994(〃 6)	37 175	120 943	46 618	113 509	32 920	58 972	158 048
1995(〃 7)	41 557	123 267	47 455	109 376	50 530	65 889	169 241
1996(〃 8)	42 235	139 691	48 407	103 889	33 129	63 114	172 789
1997(〃 9)	40 899	155 039	49 757	92 102	32 401	62 601	175 611
1998(〃10)	42 808	143 262	49 824	110 528	49 104	70 636	179 688
1999(〃11)	42 737	131 050	49 233	110 840	40 115	66 747	212 631
2000(〃12)	48 028	158 495	49 314	102 361	41 117	67 299	196 785
2001(〃13)	48 459	167 257	49 930	92 720	40 264	64 152	212 397
2002(〃14)	43 086	165 008	49 438	79 632	54 213	64 524	210 865
2003(〃15)	43 825	174 272	49 515	82 481	32 133	61 947	211 171
2004(〃16)	44 643	177 035	49 215	80 555	32 484	59 209	217 950
2005(〃17)	44 602	175 041	49 010	79 422	29 982	57 832	219 960
2006(〃18)	43 612	167 611	48 390	69 379	27 349	50 103	216 407
2007(〃19)	45 307	150 103	47 786	65 762	31 598	52 633	221 667
2008(〃20)	44 704	157 029	48 239	63 143	39 493	52 808	235 382
2009(〃21)	50 741	165 959	48 318	75 628	76 439	58 699	301 975
2010(〃22)	49 451	188 099	46 782	56 704	42 650	57 512	289 413
2011(〃23)	49 285	194 695	48 249	64 227	66 617	57 876	312 037
2012(〃24)	43 696	169 010	47 710	57 617	48 277	57 505	299 981
2013(〃25)	48 673	175 753	48 029	78 871	35 638	57 995	298 467
2014(〃26)	48 606	171 858	50 734	72 180	35 093	55 342	308 587
2015(〃27)	50 619	168 883	51 411	63 880	33 681	52 989	319 277
2016(〃28)	49 800	154 213	51 620	67 460	36 028	53 558	328 370
2017(〃29)	50 251	156 525	53 649	69 876	32 871	54 150	330 890
2018(〃30)	49 767	161 091	56 520	76 246	33 726	55 628	336 194
2019(令 1)	52 236	160 653	52 710	70 043	30 842	53 649	345 332

財務省「財政統計」（1962・67・72・81・90・99・2006年度）および同「財政統計」（2019年 8 月26日閲覧），同「財政金融統計月報」（令和元年度予算特集　2019年 5 月）により作成。決算。2017・18年度は補正後予算，2019年度は当初予算。国債費については表9-10および表9-11を，歳出額総計については表9-8を参照。表9-11（主要経費別分類）と同じ項目で数値が異なるのは分類上の違いによる。目的別分類は経費が国家のいかなる機能に配分されているかを示すもので，1947年度予算から行われている。分類項目としては上表で掲載した項目以外に恩給費，国債費，予備費などがある。

表 9-13　国民所得に対する租税負担率（会計年度）

	国民所得	租税負担額			負担率（%）	
		国税	地方税	計	国税	計
	百万円	百万円	百万円	百万円		
1934～36平均（昭9～11平均）	14 372	1 226	629	1 855	*8.5*	*12.9*
1941（昭16）	35 834	4 931	879	5 810	*13.8*	*16.2*
1944（〃19）	56 937	12 715	862	13 577	*22.3*	*23.8*
	億円	億円	億円	億円		
1950（昭25）	33 815	5 702	1 883	7 585	*16.9*	*22.4*
1955（〃30）	69 733	9 363	3 815	13 178	*13.4*	*18.9*
1960（〃35）	134 967	18 010	7 442	25 452	*13.3*	*18.9*
1965（〃40）	268 270	32 785	15 494	48 279	*12.2*	*18.0*
1970（〃45）	610 297	77 732	37 507	115 239	*12.7*	*18.9*
1975（〃50）	1 239 907	145 043	81 548	226 591	*11.7*	*18.3*
1980（〃55）	2 038 787	283 688	158 938	442 626	*13.9*	*21.7*
1985（〃60）	2 605 599	391 502	233 165	624 667	*15.0*	*24.0*
1990（平2）	3 468 929	627 798	334 504	962 302	*18.1*	*27.7*
1991（〃3）	3 689 316	632 110	350 727	982 837	*17.1*	*26.6*
1992（〃4）	3 660 072	573 964	345 683	919 647	*15.7*	*25.1*
1993（〃5）	3 653 760	571 142	335 913	907 055	*15.6*	*24.8*
1994（〃6）	3 683 506	540 007	325 391	865 398	*14.7*	*23.5*
1995（〃7）	3 784 796	549 630	336 750	886 380	*14.5*	*23.4*
1996（〃8）	3 913 605	552 261	350 937	903 198	*14.1*	*23.1*
1997（〃9）	3 884 837	556 007	361 555	917 562	*14.3*	*23.6*
1998（〃10）	3 782 396	511 977	359 222	871 199	*13.5*	*23.0*
1999（〃11）	3 770 032	492 139	350 261	842 400	*13.1*	*22.3*
2000（〃12）	3 859 685	527 209	355 464	882 673	*13.7*	*22.9*
2001（〃13）	3 743 078	499 684	355 488	855 172	*13.3*	*22.8*
2002（〃14）	3 726 487	458 442	333 785	792 227	*12.3*	*21.3*
2003（〃15）	3 778 505	453 694	326 657	780 351	*12.0*	*20.7*
2004（〃16）	3 826 715	481 029	335 388	816 417	*12.6*	*21.3*
2005（〃17）	3 873 699	522 905	348 044	870 949	*13.5*	*22.5*
2006（〃18）	3 923 519	541 169	365 062	906 231	*13.8*	*23.1*
2007（〃19）	3 922 831	526 558	402 668	929 226	*13.4*	*23.7*
2008（〃20）	3 640 510	458 309	395 585	853 894	*12.6*	*23.5*
2009（〃21）	3 534 135	402 433	351 830	754 262	*11.4*	*21.3*
2010（〃22）	3 618 953	437 074	343 163	780 237	*12.1*	*21.6*
2011（〃23）	3 584 147	451 754	341 714	793 468	*12.6*	*22.1*
2012（〃24）	3 597 799	470 492	344 608	815 100	*13.1*	*22.7*
2013（〃25）	3 742 271	512 274	353 743	866 017	*13.7*	*23.1*
2014（〃26）	3 794 509	578 492	367 855	946 346	*15.2*	*24.9*
2015（〃27）	3 900 253	599 694	390 986	990 679	*15.4*	*25.4*
2016（〃28）	3 911 856	589 563	393 924	983 486	*15.1*	*25.1*
2017（〃29）	4 041 977	623 803	399 044	1 022 847	*15.4*	*25.3*
2018（〃30）	4 133 000	638 003	406 626	1 044 629	*15.4*	*25.3*
2019（令1）	4 239 000	664 213	411 422	1 075 635	*15.7*	*25.4*

財務省「財政金融統計月報」（平成12年度予算特集　2000年5月）および同「財政金融統計月報」（租税特集　2004・05・06・07年各4月，2019年6月）により作成。決算。国税の2018年度は補正後予算，2019年度は当初予算，地方税の1944年度は予算，2018年度は実績見込額，2019年度は見込額。国税には特別会計分および日本専売公社納付金を含む。国民所得の1950年度までは国民経済計算（1953SNA），1955～75年度までは国民経済計算（1968SNA），1980～93年度は国民経済計算（1993SNA），1994～2017年度は国民経済計算（2008SNA），2018・19年度は2019年度政府経済見通しによる。なお，国民所得統計は後に改訂されることから，それに伴って租税負担率も訂正される。

表 9-14　直接税と間接税の比率（会計年度）

	税額			比率（%）		
	直接税	間接税等	計	直接税	間接税等	計
1934〜36平均（昭9〜11平均）	百万円 427	百万円 799	百万円 1 226	*34.8*	*65.2*	*100.0*
	億円	億円	億円			
1949(昭24)	3 444	2 917	6 361	*54.1*	*45.9*	*100.0*
1950(〃25)	3 136	2 566	5 702	*55.0*	*45.0*	*100.0*
1955(〃30)	4 811	4 552	9 363	*51.4*	*48.6*	*100.0*
1960(〃35)	9 784	8 226	18 010	*54.3*	*45.7*	*100.0*
1965(〃40)	19 416	13 369	32 785	*59.2*	*40.8*	*100.0*
1970(〃45)	51 344	26 388	77 732	*66.1*	*33.9*	*100.0*
1975(〃50)	100 583	44 460	145 043	*69.3*	*30.7*	*100.0*
1980(〃55)	201 628	82 060	283 688	*71.1*	*28.9*	*100.0*
1984(〃59)	262 813	104 935	367 748	*71.5*	*28.5*	*100.0*
1985(〃60)	285 170	106 332	391 502	*72.8*	*27.2*	*100.0*
1986(〃61)	313 144	115 366	428 510	*73.1*	*26.9*	*100.0*
1987(〃62)	350 270	127 798	478 068	*73.3*	*26.7*	*100.0*
1988(〃63)	382 228	139 710	521 938	*73.2*	*26.8*	*100.0*
1989(平1)	423 926	147 435	571 361	*74.2*	*25.8*	*100.0*
1990(〃2)	462 971	164 827	627 798	*73.7*	*26.3*	*100.0*
1991(〃3)	463 073	169 037	632 110	*73.3*	*26.7*	*100.0*
1992(〃4)	405 520	168 444	573 964	*70.7*	*29.3*	*100.0*
1993(〃5)	396 582	174 560	571 142	*69.4*	*30.6*	*100.0*
1994(〃6)	359 567	180 440	540 007	*66.6*	*33.4*	*100.0*
1995(〃7)	363 519	186 111	549 630	*66.1*	*33.9*	*100.0*
1996(〃8)	360 476	191 785	552 261	*65.3*	*34.7*	*100.0*
1997(〃9)	352 325	203 682	556 007	*63.4*	*36.6*	*100.0*
1998(〃10)	303 397	208 580	511 977	*59.3*	*40.7*	*100.0*
1999(〃11)	281 293	210 846	492 139	*57.2*	*42.8*	*100.0*
2000(〃12)	323 193	204 016	527 209	*61.3*	*38.7*	*100.0*
2001(〃13)	297 393	202 291	499 684	*59.5*	*40.5*	*100.0*
2002(〃14)	257 891	200 551	458 442	*56.3*	*43.7*	*100.0*
2003(〃15)	254 727	198 967	453 694	*56.1*	*43.9*	*100.0*
2004(〃16)	279 858	201 171	481 029	*58.2*	*41.8*	*100.0*
2005(〃17)	315 413	207 492	522 905	*60.3*	*39.7*	*100.0*
2006(〃18)	335 007	206 162	541 169	*61.9*	*38.1*	*100.0*
2007(〃19)	323 273	203 285	526 558	*61.4*	*38.6*	*100.0*
2008(〃20)	264 507	193 802	458 309	*57.7*	*42.3*	*100.0*
2009(〃21)	212 941	189 492	402 433	*52.9*	*47.1*	*100.0*
2010(〃22)	246 225	190 849	437 074	*56.3*	*43.7*	*100.0*
2011(〃23)	258 581	193 173	451 754	*57.2*	*42.8*	*100.0*
2012(〃24)	276 251	194 241	470 492	*58.7*	*41.3*	*100.0*
2013(〃25)	311 381	200 893	512 274	*60.8*	*39.2*	*100.0*
2014(〃26)	328 821	249 670	578 492	*56.8*	*43.2*	*100.0*
2015(〃27)	335 753	263 941	599 694	*56.0*	*44.0*	*100.0*
2016(〃28)	328 527	261 035	589 563	*55.7*	*44.3*	*100.0*
2017(〃29)	360 767	263 036	623 803	*57.8*	*42.2*	*100.0*
2018(〃30)	371 987	266 016	638 003	*58.3*	*41.7*	*100.0*
2019(令1)	382 672	281 541	664 213	*57.6*	*42.4*	*100.0*

財務省「財政金融統計月報」（平成12年度予算特集　2000年4月）および同「財政統計」（2006年度），同「財政金融統計月報」（租税特集　2008〜10年各4月，2011年8月，2014年5月，2015年7月，2016・19年各6月）により作成。決算額。2018年度は補正後予算，2019年度は当初予算。

表 9 - 15　租税収入（その1）（単位　千円）（会計年度）

	地租	所得税1)	法人税2)	営業収益税	相続税	酒税
1875(明 8)	50 345	—	—	—	—	2 555
1880(〃 13)	42 346	—	—	—	—	5 511
1885(〃 18)	43 033	—	—	—	—	1 053
1890(〃 23)	40 084	1 092	—	—	—	13 912
1895(〃 28)	38 692	1 497	—	—	—	17 748
1900(〃 33)	46 717	6 368	(2 244)	6 051	—	50 293
1905(〃 38)	80 473	23 278	(7 945)	18 784	629	59 099
1910(〃 43)	76 291	31 722	(7 527)	25 756	3 132	86 701
1911(〃 44)	74 936	34 755	(9 713)	24 598	4 061	86 032
1912(大 1)	75 365	38 933	(11 474)	26 021	3 629	93 861
1913(〃 2)	74 635	35 591	(13 068)	27 392	3 351	93 223
1914(〃 3)	74 925	37 157	(13 222)	28 594	3 317	95 781
1915(〃 4)	73 602	37 567	(14 721)	21 455	3 357	84 649
1916(〃 5)	73 274	51 284	(26 692)	22 833	4 077	89 837
1917(〃 6)	73 478	94 649	(59 391)	26 394	4 597	106 738
1918(〃 7)	73 527	122 817	(61 952)	34 375	4 618	120 635
1919(〃 8)	73 754	193 148	(110 297)	44 075	5 312	137 626
1920(〃 9)	73 944	190 344	(127 944)	62 092	7 032	163 896
1921(〃 10)	74 130	200 938	(95 895)	68 453	9 311	176 085
1922(〃 11)	74 325	229 132	(91 677)	77 132	11 788	222 585
1923(〃 12)	73 134	163 846	(50 508)	55 837	11 150	221 497
1924(〃 13)	71 969	209 992	(66 231)	61 943	14 183	221 577
1925(〃 14)	74 614	234 971	(88 551)	65 791	17 134	212 638

	砂糖消費税	関税	揮発油税3)	総額4)	印紙収入	専売局益金5)
1875(明 8)	—	1 718	—	59 194	—	206
1880(〃 13)	—	2 624	—	55 262	—	292
1885(〃 18)	—	2 085	—	52 581	—	905
1890(〃 23)	—	4 392	—	66 114	1 679	1 814
1895(〃 28)	—	6 785	—	74 697	6 575	2 740
1900(〃 33)	—	17 009	—	133 926	12 289	7 244
1905(〃 38)	11 348	36 757	—	251 275	30 267	33 602
1910(〃 43)	17 906	39 949	—	317 285	27 219	62 089
1911(〃 44)	17 255	48 518	—	329 071	29 073	63 336
1912(大 1)	13 517	68 496	—	360 969	28 934	66 015
1913(〃 2)	21 049	73 722	—	369 479	30 830	69 297
1914(〃 3)	23 384	44 228	—	343 708	28 775	54 587
1915(〃 4)	22 675	32 165	—	312 744	32 076	68 803
1916(〃 5)	27 442	35 918	—	348 672	38 698	67 127
1917(〃 6)	29 812	45 186	—	430 604	52 763	77 592
1918(〃 7)	36 353	68 937	—	600 882	65 312	89 515
1919(〃 8)	46 168	81 135	—	834 649	98 904	74 467
1920(〃 9)	40 394	69 371	—	730 553	83 379	124 124
1921(〃 10)	54 966	100 941	—	790 938	86 327	124 289
1922(〃 11)	72 905	108 044	—	897 320	86 854	129 670
1923(〃 12)	64 754	89 309	—	787 337	86 388	130 157
1924(〃 13)	80 200	119 638	—	887 364	92 720	148 231
1925(〃 14)	76 726	111 160	—	894 895	91 530	153 029

日本銀行「明治以降　本邦主要経済統計」により作成。決算。租税のうちの主項目のみを掲げたもので，各項目を合計しても租税総額には一致しない。1）1887年に創設。2）法人税創設は1940年で，それまで所得税に含まれていた法人所得（第1種所得税）を参考までに掲げた。3）1937年度に創設。4）1918～25年度は戦時利得税を含む。5）1875～95年度までは租税としてのタバコ税納入額。葉タバコの専売は1898年1月に創設され，それに伴い専売局益金（1930年度以降専売納付金と改称）が創設された。

租税収入（その2）（会計年度）

	直接税	うち所得税	法人税1)	相続税	間接税等2)	うち酒税
	百万円	百万円	百万円	百万円	百万円	百万円
1927(昭2)	373	215	(64)	21	780	242
1930(〃5)	377	201	(63)	33	727	219
1935(〃10)	419	227	(93)	30	784	209
1940(〃15)	2 616	1 489	183	57	1 525	285
1945(〃20)	7 334	3 820	1 181	177	4 207	1 131
1950(〃25)	313 620	220 134	83 790	2 694	257 230	105 376
	億円	億円	億円	億円	億円	億円
1955(〃30)	4 811	2 787	1 921	56	4 558	1 605
1960(〃35)	9 783	3 906	5 734	123	8 231	2 485
1965(〃40)	19 416	9 704	9 271	440	13 381	3 529
1970(〃45)	51 344	24 282	25 672	1 391	26 410	6 136
1975(〃50)	100 583	54 823	41 279	3 104	44 485	9 140
1980(〃55)	201 628	107 996	89 227	4 405	82 060	14 244
1985(〃60)	285 170	154 350	120 207	10 613	106 332	19 315
1986(〃61)	313 144	168 267	130 911	13 966	115 366	19 725
1987(〃62)	350 270	174 371	158 108	17 791	127 798	20 815
1988(〃63)	382 228	179 538	184 381	18 309	139 710	22 021
1989(平1)	423 926	213 815	189 933	20 177	147 435	17 861
1990(〃2)	462 971	259 955	183 836	19 180	164 827	19 350
1991(〃3)	463 073	267 493	165 951	25 830	169 037	19 742
1992(〃4)	405 520	232 314	137 136	27 462	168 444	19 610
1993(〃5)	396 582	236 865	121 379	29 377	174 560	19 524
1994(〃6)	359 567	204 175	123 631	26 699	180 440	21 127
1995(〃7)	363 519	195 151	137 354	26 903	186 111	20 610
1996(〃8)	360 476	189 649	144 833	24 199	191 785	20 707
1997(〃9)	352 326	191 827	134 754	24 129	203 682	19 619
1998(〃10)	303 397	169 961	114 232	19 156	208 580	18 983
1999(〃11)	281 293	154 468	107 951	18 853	210 846	18 717
2000(〃12)	323 193	187 889	117 472	17 822	204 016	18 164
2001(〃13)	297 393	178 065	102 578	16 745	202 291	17 654
2002(〃14)	257 891	148 122	95 234	14 529	200 551	16 804
2003(〃15)	254 727	139 146	101 152	14 425	198 967	16 842
2004(〃16)	279 858	146 705	114 437	14 465	201 171	16 599
2005(〃17)	315 413	155 859	132 736	15 657	207 492	15 853
2006(〃18)	335 007	140 541	149 179	15 186	206 162	15 473
2007(〃19)	323 273	160 800	147 444	15 026	203 285	15 242
2008(〃20)	264 507	149 851	100 106	14 549	193 802	14 614
2009(〃21)	212 941	129 139	63 564	13 498	189 492	14 168
2010(〃22)	246 225	129 844	89 677	12 504	190 849	13 893
2011(〃23)	258 581	134 762	93 514	14 744	193 173	13 693
2012(〃24)	276 251	139 925	97 583	15 039	194 241	13 496
2013(〃25)	311 381	155 308	104 937	15 743	200 893	13 709
2014(〃26)	328 821	167 902	110 316	18 829	249 670	13 276
2015(〃27)	335 753	178 071	108 274	19 684	263 941	13 380
2016(〃28)	328 527	176 111	103 289	21 314	261 035	13 195
2017(〃29)	360 767	188 816	119 953	22 920	263 036	13 041
2018(〃30)	371 987	194 750	122 960	22 400	266 016	13 110
2019(令1)	382 672	199 340	128 580	22 320	281 541	12 710

財務省「財政統計」(1962・67・72・81・90・99・2006年度)，同「財政金融統計月報」(租税特集　2008年から2019年の各号）により作成。ただし，1950年度までの印紙収入および専売納付金は日本銀行「明治以降　本邦主要経済統計」，その他の項目については総務省統計局「日本長期統計総覧3」により作成。決算。ただし，2018年度は補正後予算，2019年度は当初予算。直接税と間接税等のうち主な項目を掲↗

揮発油税[3]	物品税・消費税[4]	関税	印紙収入	専売納付金[5]	総額	
百万円	百万円	百万円	百万円	百万円	百万円	
—	—	141	81	173	1 153	1927(昭 2)
—	—	105	70	198	1 103	1930(〃 5)
—	—	151	79	198	1 202	1935(〃 10)
22	110	144	136	352	4 141	1940(〃 15)
—	533	8	162	1 042	11 541	1945(〃 20)
7 372	16 500	1 626	9 207	114 457	570 849	1950(〃 25)
億円	億円	億円	億円	億円	億円	
255	269	270	233	1 188	9 369	1955(〃 30)
1 030	822	1 098	506	1 470	18 015	1960(〃 35)
2 545	1 379	2 220	827	1 804	32 797	1965(〃 40)
4 987	3 395	3 815	2 187	2 744	77 754	1970(〃 45)
8 244	6 825	3 733	4 798	3 405	145 068	1975(〃 50)
15 474	10 379	6 469	8 409	8 081	283 688	1980(〃 55)
15 568	15 279	6 369	14 126	8 837	391 502	1985(〃 60)
16 025	16 105	5 546	15 758	9 965	428 510	1986(〃 61)
16 479	18 509	6 391	18 221	10 211	478 068	1987(〃 62)
13 945	20 431	7 382	19 323	10 092	521 938	1988(〃 63)
14 653	32 699	8 049	19 601	9 612	571 361	1989(平 1)
15 055	46 227	8 252	18 944	9 959	627 798	1990(〃 2)
15 375	49 763	9 234	17 488	10 157	632 110	1991(〃 3)
15 631	52 409	9 155	15 706	10 199	573 964	1992(〃 4)
16 268	55 865	8 809	15 991	10 298	571 142	1993(〃 5)
18 133	56 315	9 075	17 519	10 398	540 007	1994(〃 6)
18 651	57 901	9 500	19 413	10 420	549 630	1995(〃 7)
19 152	60 568	10 240	19 693	10 798	552 261	1996(〃 8)
19 261	93 047	9 529	16 811	10 176	556 007	1997(〃 9)
19 982	100 744	8 687	16 084	10 462	511 977	1998(〃 10)
20 707	104 471	8 102	15 615	9 050	492 139	1999(〃 11)
20 752	98 221	8 215	15 318	8 755	527 209	2000(〃 12)
20 981	97 671	8 518	14 288	8 614	499 684	2001(〃 13)
21 263	98 115	7 936	13 638	8 441	458 443	2002(〃 14)
21 821	97 128	8 029	11 651	9 032	453 694	2003(〃 15)
21 910	99 743	8 177	11 350	9 097	481 029	2004(〃 16)
21 676	105 834	8 857	11 688	8 867	522 905	2005(〃 17)
21 174	104 633	9 440	12 181	9 272	541 169	2006(〃 18)
21 105	102 719	9 410	12 018	9 253	526 558	2007(〃 19)
18 894	99 689	8 831	10 884	8 509	458 309	2008(〃 20)
27 152	98 075	7 319	10 676	8 224	402 433	2009(〃 21)
27 501	100 333	7 859	10 240	9 077	437 074	2010(〃 22)
26 484	101 946	8 742	10 469	10 315	451 754	2011(〃 23)
26 219	103 504	8 972	10 777	10 179	470 492	2012(〃 24)
25 743	108 293	10 344	11 261	10 375	512 274	2013(〃 25)
24 864	160 290	10 731	10 350	9 187	578 492	2014(〃 26)
24 646	174 263	10 487	10 495	9 536	599 694	2015(〃 27)
24 342	172 282	9 390	10 791	9 142	589 563	2016(〃 28)
23 962	175 139	10 241	10 515	8 642	623 803	2017(〃 29)
23 300	178 230	10 220	10 540	8 740	628 003	2018(〃 30)
23 030	193 920	10 340	10 490	8 890	664 213	2019(令 1)

↘載した。1) 法人税の創設は1940年。それ以前は所得税に含まれていた法人所得（第1種所得税）。2) 印紙収入および専売納付金を含む。3) 揮発油税は1937年に創設されたが1943年にいったん廃止され，1949年に復活した。その後もしばしば改正されている。4) 1989年度から消費税。5) 1980～84年度は日本専売公社納付金。1985年度からたばこ税。

表 9 - 16　国債発行額，国債残高および国債費の推移（会計年度）（単位　億円）

	国債発行額		国債依存度（%）	国債残高		国債残高/GDP（%）	国債費	国債費/一般会計（%）
		赤字国債			赤字国債			
1965	1 972	1 972	*5.3*	2 000	…	*0.6*	220	*0.6*
1970	3 472	—	*4.2*	28 112	1 689	*3.7*	2 909	*3.7*
1975	52 805	20 905	*25.3*	149 731	21 170	*9.8*	10 394	*4.9*
1980	141 702	72 152	*32.6*	705 098	282 571	*28.4*	53 104	*12.5*
1981	128 999	58 600	*27.5*	822 734	329 163	*31.1*	66 542	*14.2*
1982	140 447	70 087	*29.7*	964 822	403 301	*34.9*	78 299	*15.8*
1983	134 863	66 765	*26.6*	1 096 947	470 599	*38.0*	81 925	*16.3*
1984	127 813	63 714	*24.8*	1 216 936	530 746	*39.5*	91 551	*18.1*
1985	123 080	60 050	*23.2*	1 344 314	591 821	*40.7*	102 242	*19.5*
1986	112 549	50 060	*21.0*	1 451 267	637 205	*42.4*	113 195	*20.9*
1987	94 181	25 382	*16.3*	1 518 093	652 709	*41.9*	113 335	*20.9*
1988	71 525	9 565	*11.6*	1 567 803	654 272	*40.4*	115 120	*20.3*
1989	66 385	2 085	*10.1*	1 609 100	640 901	*38.7*	116 649	*19.3*
1990	63 432	—	*9.2*	1 663 379	645 197	*36.8*	142 886	*21.6*
1991	67 300	—	*9.5*	1 716 473	641 317	*36.2*	160 360	*22.8*
1992	95 360	—	*13.5*	1 783 681	626 020	*36.9*	164 473	*22.8*
1993	161 740	—	*21.5*	1 925 393	610 759	*39.9*	154 423	*21.3*
1994	131 563	8 106	*17.9*	2 066 046	642 272	*41.1*	143 602	*19.6*
1995	183 959	19 558	*24.2*	2 251 847	674 927	*43.6*	132 213	*18.6*
1996	198 687	91 617	*25.2*	2 446 581	768 770	*46.3*	163 752	*21.8*
1997	184 580	85 180	*23.5*	2 579 875	830 795	*48.4*	168 023	*21.7*
1998	340 000	169 500	*40.3*	2 952 491	1 078 427	*56.1*	172 628	*22.2*
1999	375 136	243 476	*42.1*	3 316 687	1 344 794	*63.5*	198 319	*24.2*
2000	330 040	218 660	*36.9*	3 675 547	1 584 401	*69.6*	219 653	*25.8*
2001	300 000	209 240	*35.4*	3 924 341	1 761 227	*75.6*	171 705	*20.8*
2002	349 680	258 200	*41.8*	4 210 991	1 990 749	*81.8*	166 712	*20.5*
2003	353 450	286 520	*42.9*	4 569 736	2 306 157	*88.3*	167 981	*20.5*
2004	354 900	267 860	*41.8*	4 990 137	2 576 019	*95.7*	175 686	*21.4*
2005	312 690	235 070	*36.6*	5 269 279	2 798 883	*100.2*	184 422	*22.4*
2006	274 700	210 550	*33.7*	5 317 015	2 884 744	*100.5*	187 616	*23.5*
2007	253 820	193 380	*31.0*	5 414 584	3 045 244	*102.0*	209 988	*25.3*
2008	331 680	261 930	*39.2*	5 459 356	3 210 234	*107.2*	201 632	*24.3*
2009	519 550	369 440	*51.5*	5 939 717	3 556 263	*120.7*	202 437	*22.9*
2010	423 030	347 000	*44.4*	6 363 117	3 900 053	*127.4*	206 491	*22.4*
2011	427 980	344 300	*42.5*	6 698 674	4 109 080	*135.6*	215 491	*23.3*
2012	474 650	360 360	*48.9*	7 050 072	4 447 802	*142.6*	219 442	*24.3*
2013	408 510	338 370	*40.8*	7 438 676	4 768 292	*146.6*	222 415	*24.0*
2014	384 929	319 159	*39.0*	7 740 831	5 056 874	*149.4*	232 702	*24.3*
2015	349 183	284 393	*35.5*	8 054 182	5 335 196	*151.1*	234 507	*24.3*
2016	380 346	291 332	*39.0*	8 305 733	5 554 934	*154.7*	236 121	*24.4*
2017	335 546	262 728	*34.2*	8 531 789	5 785 393	*155.9*	235 285	*24.1*
2018	353 954	272 982	*34.9*	8 801 988	6 009 687	*159.3*	233 020	*23.8*
2019	326 605	257 085	*32.2*	8 967 428	6 143 745	*158.4*	235 082	*23.2*

財務省「一般会計公債の推移」（2019年 9 月 4 日閲覧）および同「債務管理リポート2012」（2012年10月24日閲覧）により作成。国債発行額の2017年度までは実績，2018年度は補正後予算，2019年度は当初予算。国債残高は各年度の 3 月末現在で，2017年度までは実績，2018年度は補正後予算による見込み，2019年度は当初予算による見込み。国債費は当初予算。公債発行額については，1990年度は湾岸地域平和回復活動のための臨時特別公債9689億円，1994～96年度は消費税率引き上げに伴う減税特別公債1994年度 3 兆3337億円，1995年度 2 兆8511億円，1996年度 1 兆8796億円，2011年度は東日本大震災復興債11兆2500億円，2012・13年度は年金特例公債2012年度 2 兆5842億円，2013年度 2 兆6035億円を除く。

図 **9-4**　国債発行額と国債依存度の推移（会計年度）

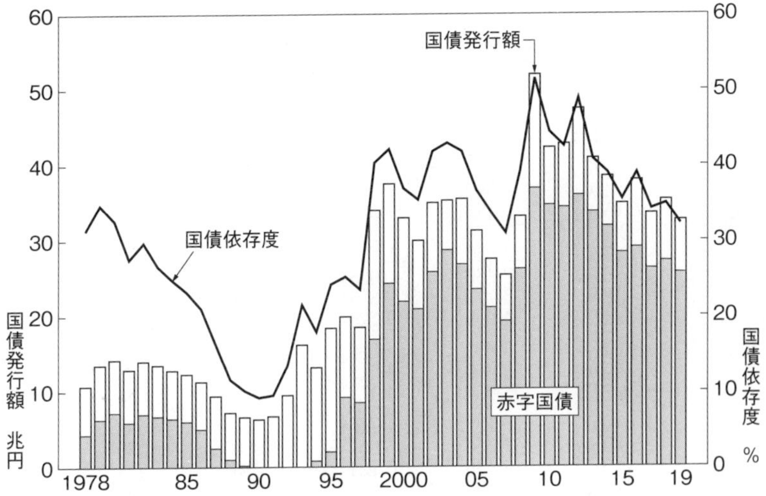

表 9-16により作成。同表の脚注参照。

図 **9-5**　国債残高とGDP比率の推移（会計年度末現在）

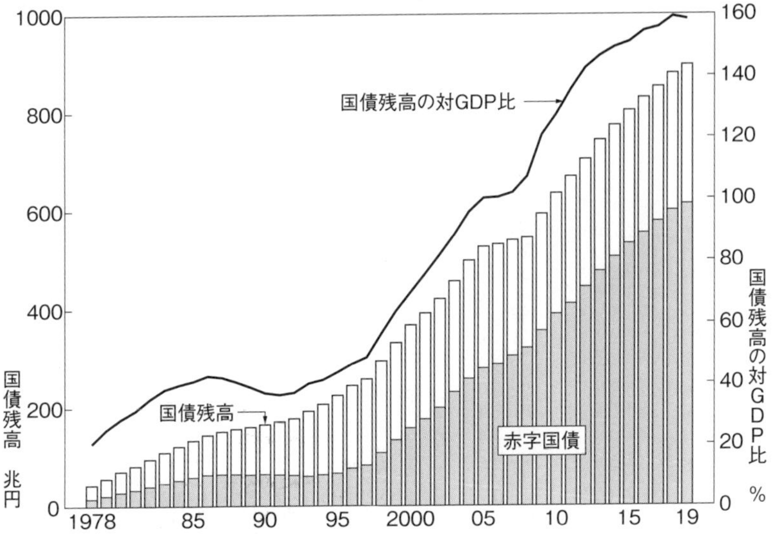

表 9-16により作成。同表の脚注参照。

表 9 - 17　政府債務現在額（Ⅰ）（会計年度末）（単位　百万円）

	総額	国債			借入金・一時借入金	短期証券
		計	内国債	外国債		
1870(明 3)	4.9	4.9	—	4.9	—	—
1875(〃 8)	56	56	41	15	—	—
1880(〃 13)	249	234	223	11	15	—
1885(〃 18)	247	231	223	8	15	—
1890(〃 23)	275	243	238	5	32	—
1895(〃 28)	410	342	341	1	68	—
1900(〃 33)	519	486	389	98	32	—
1905(〃 38)	2 114	1 870	900	970	144	99
1910(〃 43)	2 780	2 650	1 203	1 447	120	10
1915(大 4)	2 658	2 489	1 028	1 461	168	—
1920(〃 9)	4 066	3 777	2 353	1 424	246	44
1925(〃 14)	5 429	4 999	3 520	1 479	414	16
1928(昭 3)	6 448	5 831	4 380	1 451	602	15
1929(〃 4)	6 576	5 959	4 513	1 447	573	44
1930(〃 5)	6 843	5 956	4 477	1 479	688	199
1931(〃 6)	7 053	6 188	4 715	1 473	642	224
1932(〃 7)	7 911	7 054	5 664	1 390	536	320
1933(〃 8)	8 917	8 139	6 724	1 415	234	544
1934(〃 9)	9 780	9 090	7 688	1 403	167	522
1935(〃 10)	10 525	9 854	8 522	1 332	217	454
1936(〃 11)	11 302	10 575	9 258	1 317	284	444
1937(〃 12)	13 355	12 817	11 517	1 300	85	453
1938(〃 13)	17 921	17 345	16 065	1 280	84	492
1939(〃 14)	23 566	22 886	21 628	1 258	85	595
1940(〃 15)	31 003	29 848	28 611	1 237	108	1 047
1941(〃 16)	41 786	40 470	39 249	1 221	109	1 206
1942(〃 17)	57 152	55 444	54 222	1 221	154	1 554
1943(〃 18)	85 115	77 556	76 661	895	5 462	2 097
1944(〃 19)	151 952	107 633	106 745	889	42 417	1 902
1945(〃 20)	199 454	140 812	139 924	887	55 482	3 160
1946(〃 21)	265 342	173 125	172 237	887	61 277	30 940
1947(〃 22)	360 628	209 423	208 541	882	104 865	46 340
1948(〃 23)	524 409	280 433	279 553	881	123 245	120 730
1949(〃 24)	637 286	391 415	290 758	100 657	126 831	119 040
1950(〃 25)	554 008	341 423	240 767	100 657	94 444	118 140
1951(〃 26)	645 463	362 867	260 608	102 259	88 456	194 140
1952(〃 27)	826 679	437 454	335 190	102 265	110 084	279 140
1953(〃 28)	851 135	543 563	445 018	98 545	67 432	240 140
1954(〃 29)	932 738	535 518	440 894	94 624	63 080	334 140
1955(〃 30)	1 057 212	514 665	425 833	88 832	87 407	455 140
1956(〃 31)	1 000 249	493 752	409 304	84 448	96 607	409 890
1957(〃 32)	970 279	486 493	405 758	80 735	120 723	363 064
1958(〃 33)	1 075 466	487 015	400 125	86 889	121 116	467 336
1959(〃 34)	1 252 970	541 460	459 804	81 656	133 248	578 263
1960(〃 35)	1 340 283	520 896	446 820	74 076	139 781	679 606
1961(〃 36)	1 222 946	492 689	436 354	56 335	149 094	581 163
1962(〃 37)	1 280 665	461 830	413 647	48 182	151 675	667 160
1963(〃 38)	1 184 565	470 858	424 502	46 356	162 092	551 615
1964(〃 39)	1 349 212	494 014	433 218	60 797	199 652	655 545
1965(〃 40)	1 766 563	745 663	688 331	57 331	302 346	718 554
1966(〃 41)	2 662 274	1 476 051	1 421 839	54 212	362 774	823 449
1967(〃 42)	3 818 407	2 213 483	2 155 011	58 472	399 279	1 205 645
1968(〃 43)	4 785 834	2 732 760	2 674 809	57 951	468 488	1 584 586
1969(〃 44)	5 479 362	3 135 497	3 077 523	57 974	518 411	1 825 455
1970(〃 45)	6 226 347	3 651 618	3 597 457	54 160	633 295	1 941 434

政府債務現在額（Ⅱ）（会計年度末）（単位　十億円）

	総額	国債			借入金・一時借入金	短期証券
		計	内国債	外国債		
1971（昭46）	7 606	4 733	4 686	47	810	2 063
1972（〃47）	11 704	6 552	6 508	44	1 611	3 541
1973（〃48）	13 154	8 307	8 267	40	1 591	3 257
1974（〃49）	15 709	10 516	10 479	36	1 373	3 821
1975（〃50）	22 795	15 810	15 776	33	2 863	4 123
1976（〃51）	32 678	22 955	22 926	30	4 634	5 089
1977（〃52）	46 098	32 814	32 787	27	5 959	7 325
1978（〃53）	62 340	43 634	43 617	16	8 048	10 659
1979（〃54）	77 554	57 301	57 284	16	10 391	9 862
1980（〃55）	95 012	71 921	71 906	15	11 231	11 859
1981（〃56）	106 832	83 642	83 630	12	11 626	11 565
1982（〃57）	121 339	97 863	97 851	11	13 709	9 767
1983（〃58）	137 244	111 506	111 502	4	16 130	9 608
1984（〃59）	150 140	123 798	123 794	3	16 519	9 823
1985（〃60）	163 571	136 611	136 611	0.8	16 699	10 261
1986（〃61）	184 689	147 327	147 326	0.7	22 901	14 462
1987（〃62）	198 612	154 114	154 113	0.5	25 494	19 004
1988（〃63）	206 206	159 095	159 095	—	26 635	20 475
1989（平1）	208 033	163 098	163 098	—	28 319	16 616
1990（〃2）	216 674	168 547	168 547	—	31 771	16 356
1991（〃3）	224 591	173 657	173 657	—	35 132	15 802
1992（〃4）	239 351	180 905	180 905	—	42 853	15 593
1993（〃5）	267 879	195 135	195 135	—	50 522	22 221
1994（〃6）	291 721	209 364	209 364	—	59 369	22 988
1995（〃7）	326 353	227 975	227 975	—	69 015	29 362
1996（〃8）	355 169	247 462	247 462	—	77 067	30 639
1997（〃9）	388 146	273 907	273 907	—	83 564	30 675
1998（〃10）	437 555	310 740	310 740	—	97 035	29 779
1999（〃11）	489 370	343 134	343 134	—	105 643	40 593
2000（〃12）	535 587	380 655	380 655	—	110 093	44 840
2001（〃13）	607 312	448 162	448 162	—	109 546	49 603
2002（〃14）	668 761	504 254	504 254	—	107 021	57 486
2003（〃15）	703 148	556 416	556 416	—	60 606	86 126
2004（〃16）	781 552	626 363	626 363	—	59 112	96 076
2005（〃17）	827 481	670 579	670 579	—	59 274	97 627
2006（〃18）	834 379	674 122	674 122	—	59 282	100 974
2007（〃19）	849 240	684 328	684 328	—	57 159	107 753
2008（〃20）	846 497	680 448	680 448	—	57 566	108 483
2009（〃21）	882 924	720 489	720 489	—	56 406	106 028
2010（〃22）	924 360	758 569	758 569	—	55 006	110 785
2011（〃23）	959 950	789 342	789 342	—	53 741	116 867
2012（〃24）	991 601	821 474	821 474	—	54 859	115 268
2013（〃25）	1 024 957	853 764	853 764	—	55 505	115 688
2014（〃26）	1 053 357	881 485	881 485	—	54 984	116 888
2015（〃27）	1 049 366	910 810	910 810	—	54 808	83 749
2016（〃28）	1 071 559	934 900	934 900	—	54 420	82 239
2017（〃29）	1 087 813	959 141	959 141	—	54 023	74 649
2018（〃30）	1 103 354	976 804	976 804	—	53 202	73 349

財務省「財政統計」（1962・99・2006年度）および同「国債及び借入金並びに政府保証債務現在高」により作成。ただし，1925年度までは日本銀行「明治以降　本邦主要経済統計」により作成。1890年度までは借入金を除き年末。

第9章 物価・財政・金融

表 9-18　財政投融資の原資（会計年度末）（単位　億円）

	総額	産業投資特別会計	資金運用部資金	郵便貯金	簡保資金	政府保証債・政府保証借入金
1955(昭30)	2 978	1) 451	1 529	820	482	516
1960(〃35)	6 251	398	3 471	1 506	1 199	1 183
1965(〃40)	17 764	430	11 872	4 645	1 095	4 367
1970(〃45)	37 990	1 035	27 913	14 201	4 069	4 973
1975(〃50)	113 437	655	98 002	50 501	10 141	4 639
1980(〃55)	232 109	167	199 389	94 869	16 887	15 666
1981(〃56)	235 402	185	200 347	75 997	18 866	16 004
1982(〃57)	242 236	189	200 084	83 544	19 764	22 199
1983(〃58)	249 381	48	196 795	83 255	23 479	29 059
1984(〃59)	272 831	40	216 701	77 970	25 765	30 325
1985(〃60)	294 321	310	236 423	87 394	25 774	31 814
1986(〃61)	295 792	611	234 237	75 472	30 986	29 958
1987(〃62)	326 361	1 438	263 808	79 572	38 994	22 121
1988(〃63)	322 239	824	256 744	84 633	42 211	22 460
1989(平1)	352 050	843	277 345	60 444	55 815	18 047
1990(〃2)	378 139	638	298 175	45 947	60 333	18 993
1991(〃3)	495 274	626	412 778	187 067	62 872	18 998
1992(〃4)	480 862	716	401 920	140 116	60 236	17 990
1993(〃5)	554 037	990	459 818	128 253	69 767	23 462
1994(〃6)	503 237	832	391 721	137 596	84 569	26 115
1995(〃7)	529 392	773	424 051	163 925	72 276	32 292
1996(〃8)	508 770	575	397 057	115 220	81 332	29 806
1997(〃9)	572 001	550	472 715	155 970	70 155	28 581
1998(〃10)	656 202	4 472	558 205	122 220	67 532	25 993
1999(〃11)	458 037	2 020	364 726	41 400	64 107	27 185
2000(〃12)	386 527	1 015	287 067	—	59 144	39 301

	総額	財政融資	郵便貯金資金	簡易生命保険資金	産業投資	政府保証
2001(〃13)	242 112	212 126	9 496	15 627	1 249	28 738
2002(〃14)	196 467	172 642	9 500	15 449	912	22 915
2003(〃15)	189 896	156 278	8 980	14 791	413	33 205
2004(〃16)	185 167	144 682	6 437	11 115	720	39 765
2005(〃17)	147 160	105 216	3 973	6 508	945	40 999
2006(〃18)	125 663	85 349	1 270	2 524	321	39 994
2007(〃19)	119 520	76 572	—	—	81	42 868
2008(〃20)	138 782	99 508	—	—	1 441	37 833
2009(〃21)	171 559	135 188	—	—	3 190	33 181
2010(〃22)	139 465	107 594	—	—	1 002	30 869
2011(〃23)	137 241	101 368	—	—	2 988	32 886
2012(〃24)	148 737	105 824	—	—	5 120	37 793
2013(〃25)	149 377	101 855	—	—	1 450	46 072
2014(〃26)	127 623	91 014	—	—	1 417	35 192
2015(〃27)	118 073	87 826	—	—	1 185	29 063
2016(〃28)	153 115	120 987	—	—	2 846	29 282
2017(〃29)	140 813	104 298	—	—	2 213	34 301
2018(〃30)	144 631	108 538	—	—	3 645	32 448
2019(令1)	131 194	106 911	—	—	3 849	20 434

財務省「財政統計」および同「財政金融統計月報」(財政投融資特集　1988～96年各号, 2005～18年各号), 同「2019年度予算及び財政投融資計画の説明」により作成。実績。ただし, 2017年度は実績見込み, 2018・19年度は当初計画。1) 余剰農産物資金, 一般会計を含む。

表9-19 財政投融資の使途（会計年度）（単位 億円）

	1960（昭35）	1965（昭40）	1970（昭45）	1975（昭50）	1980（昭55）	1985（昭60）
住宅	779	2 259	6 896	19 966	47 619	52 893
生活環境整備	562	2 010	4 168	15 573	25 717	32 809
厚生福祉	107	585	1 017	3 133	6 280	5 957
文教	211	493	790	2 752	8 089	7 453
中小企業	774	2 045	5 523	14 505	34 004	37 644
農林漁業	430	1 169	1 785	3 795	8 859	8 906
小計	2 863	8 561	20 179	59 724	130 568	145 662
国土保全・災害復旧	396	506	560	1 100	3 120	4 728
道路	217	1 284	3 078	7 444	10 314	18 264
運輸通信	857	2 250	4 723	11 849	17 437	17 634
地域開発	430	1 124	1 431	3 059	4 694	5 112
小計	1 900	5 164	9 792	23 452	35 565	45 738
産業・技術	827	1 262	2 028	2 764	5 473	6 033
貿易・経済協力	479	1 219	3 800	7 160	10 193	11 147
合計	**6 069**	**16 206**	**35 799**	**93 100**	**181 799**	**208 580**

	1990（平2）	1995（平7）	2000（平12）	2005（平17）	2010（平22）	2013（平25）
住宅	83 659	141 927	127 619	12 781	6 044	9 291
生活環境整備	42 220	66 115	66 526	39 410	31 275	28 051
厚生福祉	8 519	16 113	15 642	7 871	5 060	7 026
文教	5 541	8 172	8 484	8 444	11 346	15 224
中小企業	43 378	61 619	62 719	37 972	56 732	41 967
農林漁業	8 760	11 819	8 807	5 220	4 044	4 068
小計	192 077	305 765	289 797	111 698	114 501	105 627
国土保全・災害復旧	3 285	5 104	7 001	4 625	2 434	3 476
道路	27 001	31 254	34 782	31 753	24 258	29 391
運輸通信	23 041	18 511	6 925	4 142	4 359	5 191
地域開発	6 825	10 508	10 933	5 717	4 409	3 716
小計	60 152	65 377	59 641	46 237	35 460	41 775
産業・技術	7 965	12 324	6 831	2 607	19 071	20 050
貿易・経済協力	16 030	18 935	18 391	10 976	14 538	16 444
資金運用	69 500	79 500	62 100	—	—	—
合計	**345 724**	**481 901**	**436 760**	**171 518**	**183 569**	**183 896**

（新分類）	2014（平26）	2015（平27）	2016（平28）	2017（平29）	2018（平30）	2019（令1）
中小零細企業	37 495	34 476	31 819	29 691	29 121	29 968
農林水産業	3 177	3 743	2 897	3 130	5 726	6 035
教育	11 336	10 357	10 593	9 386	9 429	9 302
福祉・医療	7 722	7 731	8 109	6 699	6 265	5 410
環境	503	609	619	616	607	330
産業・イノベーション	8 337	9 390	8 643	8 222	9 191	10 185
住宅	8 488	7 421	6 213	5 407	4 610	5 464
社会資本	44 671	39 066	31 145	51 150	47 606	37 450
海外投融資等	15 470	13 778	20 001	24 550	20 034	18 567
その他	24 601	19 643	14 772	12 432	12 042	8 485
合計	**161 800**	**146 215**	**134 811**	**151 282**	**144 631**	**131 194**

財務省「財政統計」（1991・98・99・2006年度），同「財政金融統計月報」により作成。各年度とも当初計画。使途別分類は1961年の資金運用部資金法改正により作成されるようになったもので，1960年度は1961年度以降の基準による試算。2015年度には新分類へ移行され，2014年度は新分類による組替値。

表 9-20　地方財政規模（普通会計）（会計年度）

	歳入			歳出		
	都道府県	市町村1)	純計2)	都道府県	市町村1)	純計2)
	千円	千円	千円	千円	千円	千円
1879（明12）	12 073	13 564	(25 637)	11 248	12 982	(24 230)
1880（〃13）	13 569	16 130	(29 699)	12 602	15 135	(27 737)
1885（〃18）	19 036	14 387	(33 423)	18 214	13 559	(31 773)
1890（〃23）	22 432	23 027	(45 459)	20 920	21 555	(42 474)
1895（〃28）	27 596	40 410	(68 006)	24 803	33 579	(58 381)
1900（〃33）	58 873	88 429	(150 433)	52 023	78 641	(133 282)
1905（〃38）	51 710	92 703	(150 840)	47 947	82 838	(136 807)
1910（〃43）	103 107	243 198	(362 527)	87 118	186 363	(287 609)
1915（大４）	116 425	231 110	(366 945)	101 614	199 373	(317 872)
	百万円	百万円	百万円	百万円	百万円	百万円
1920（〃９）	360	754	(1 169)	285	630	(963)
1925（〃14）	487	1 226	(1 737)	410	1 000	(1 429)
1930（昭５）	540	1 453	(2 019)	478	1 274	(1 775)
1935（〃10）	991	1 757	(2 748)	3) 857	3) 1 519	(2 165)
1940（〃15）	1 709	2 092	(3 801)	3) 1 461	3) 1 661	(2 849)
1945（〃20）	2 967	2 394	(5 362)	2 859	2 154	(5 013)
	億円	億円	億円	億円	億円	億円
1950（〃25）	2 969	2 480	(5 449)	2 843	2 383	(5 226)
1955（〃30）	6 878	4 754	11 239	6 845	4 917	11 369
1960（〃35）	12 773	8 164	20 258	12 089	7 839	19 249
1965（〃40）	27 660	18 834	44 780	27 089	18 276	43 651
1970（〃45）	60 539	45 352	101 039	59 150	43 849	98 148
1975（〃50）	144 761	128 903	260 444	143 858	125 907	256 544
1980（〃55）	249 089	243 668	468 030	245 689	236 845	457 807
1985（〃60）	307 802	295 373	574 725	304 308	287 076	562 934
1990（平２）	434 548	415 819	804 100	428 885	402 114	784 732
1995（〃７）	537 302	533 654	1 013 156	528 235	519 010	989 445
2000（〃12）	544 149	528 042	1 002 751	533 993	511 610	976 164
2001（〃13）	539 625	529 381	1 000 041	529 222	514 059	974 317
2002（〃14）	514 642	517 966	971 702	505 039	504 260	948 394
2003（〃15）	498 110	511 958	948 870	489 170	497 846	925 818
2004（〃16）	489 955	506 500	934 422	481 935	492 578	912 479
2005（〃17）	486 945	504 786	929 365	478 733	490 607	906 973
2006（〃18）	484 382	493 619	915 283	475 359	479 465	892 106
2007（〃19）	482 459	494 995	911 814	474 883	482 233	891 476
2008（〃20）	480 458	502 135	922 135	473 490	483 884	896 915
2009（〃21）	509 682	535 547	983 657	502 453	520 184	961 064
2010（〃22）	500 661	538 540	975 115	490 595	521 241	947 750
2011（〃23）	521 465	547 763	1 000 696	509 658	528 900	970 026
2012（〃24）	509 372	561 454	998 429	494 818	541 764	964 186
2013（〃25）	515 726	570 285	1 010 998	500 532	548 602	974 120
2014（〃26）	516 950	581 305	1 020 835	502 154	560 494	985 228
2015（〃27）	520 499	587 287	1 019 175	507 312	565 351	984 052
2016（〃28）	516 231	584 007	1 014 598	502 103	564 951	981 415
2017（〃29）	508 895	598 268	1 013 233	494 485	579 429	979 984

日本銀行「明治以降　本邦主要経済統計」（1960年度までの数値）および同「経済統計年報1996」（1965～85年度の数値），総務省「地方財政統計年報」（1998年版，1990・95年度の数値），同「地方財政統計年報」（2019年９月10日閲覧，2000年度以降の数値）による。決算。ただし，1945年度は予算。1）一部事務組合分を含む。2）各会計間の繰入，繰出金を調整したもの。カッコ内は未調整の単純合計で，1900～30年度はその他を含む。3）公営事業会計分を含む。

表 9-21 地方財政歳入（会計年度）

	地方税	地方譲与税	地方交付税	国庫支出金	地方債	計×
	千円	千円	千円	千円	千円	千円
1879（明12）	23 966	—	—	—	—	25 637
1880（〃13）	26 979	—	—	—	—	29 699
1885（〃18）	28 023	—	—	1 900	—	33 423
1890（〃23）	30 581	—	—	3 634	483	45 459
1895（〃28）	38 784	—	—	4 407	1 983	68 006
1900（〃33）	89 825	—	—	8 834	11 507	150 433
1905（〃38）	93 389	—	—	9 007	6 032	150 840
1910（〃43）	170 273	—	—	18 467	45 679	362 527
1915（大4）	187 582	—	—	24 583	24 272	366 945
	百万円	百万円	百万円	百万円	百万円	百万円
1920（〃9）	574	—	—	74	125	1 169
1925（〃14）	644	—	—	144	242	1 737
1930（昭5）	612	—	—	193	479	2 019
1935（〃10）	634	—	—	255	736	2 749
1940（〃15）	784	—	351	456	409	3 801
1945（〃20）	985	—	849	1 400	412	5 362
	億円	億円	億円	億円	億円	億円
1950（〃25）	1 883	—	1 085	1 139	328	5 449
1955（〃30）	3 819	221	1 600	2 954	969	11 632
1960（〃35）	7 442	362	3 110	4 761	963	20 937
1965（〃40）	15 494	501	7 432	10 884	3 209	46 495
1970（〃45）	37 507	1 087	17 982	20 842	6 837	105 891
1975（〃50）	81 548	2 482	44 711	58 209	32 599	273 665
1980（〃55）	158 938	4 401	81 140	105 052	48 383	492 758
1985（〃60）	233 165	4 615	94 499	104 181	46 079	603 177
1990（平2）	334 504	16 627	143 280	106 292	64 162	850 367
1994（〃6）	325 391	19 050	155 320	137 047	144 260	1 015 090
1995（〃7）	336 750	19 393	161 529	149 626	171 176	1 070 956
1996（〃8）	350 937	19 970	168 891	146 657	157 182	1 069 906
1997（〃9）	361 555	10 805	171 276	142 564	141 726	1 056 729
1998（〃10）	359 222	5 952	180 489	156 284	152 270	1 096 791
1999（〃11）	350 261	6 089	208 642	164 829	131 501	1 105 866
2000（〃12）	355 464	6 202	217 764	143 503	111 735	1 072 191
2001（〃13）	355 488	6 240	203 498	144 433	118 734	1 069 006
2002（〃14）	333 785	6 342	195 449	130 690	133 826	1 032 608
2003（〃15）	326 657	6 940	180 693	130 304	138 577	1 010 068
2004（〃16）	335 388	11 641	170 201	123 497	124 430	996 455
2005（〃17）	348 044	18 490	169 587	117 781	104 284	991 731
2006（〃18）	365 062	37 285	159 954	104 156	96 647	978 001
2007（〃19）	402 668	7 146	152 027	102 216	96 214	977 454
2008（〃20）	395 585	6 788	154 061	115 827	99 523	982 593
2009（〃21）	351 830	12 966	158 202	167 328	124 225	1 045 229
2010（〃22）	343 163	20 692	171 936	142 010	129 948	1 039 201
2011（〃23）	341 714	21 699	187 523	159 280	118 000	1 069 228
2012（〃24）	344 608	22 715	182 898	154 258	123 682	1 070 826
2013（〃25）	353 743	25 588	175 955	164 125	123 070	1 086 011
2014（〃26）	367 855	29 369	174 314	154 273	115 424	1 098 255
2015（〃27）	390 986	26 792	173 906	151 867	107 152	1 107 786
2016（〃28）	393 924	23 402	172 390	155 936	104 153	1 100 238
2017（〃29）	399 044	24 052	167 680	154 295	106 686	1 107 163

日本銀行「明治以降　本邦主要経済統計」および財務省「財政統計」（1972・83・91・99・2006年度），総務省「地方財政統計年報」（2019年9月10日閲覧）による。普通会計。決算。1945年度は予算。×その他を含む。単純合計額で表9-20とは一致しない。

表 9 - 22　地方財政歳出（目的別）（会計年度）

	議会費	総務費1)	民生費2)	労働費2)	衛生費3)	農林4) 水産業費	商工費4)
	千円	千円	千円	千円	千円	千円	千円
1879(明12)	486	4 319	75		986	298	
1880(〃13)	734	4 942	79		1 028	403	
1885(〃18)	421	4 293	104		965	333	
1890(〃23)	665	9 180	103		1 268	329	
1895(〃28)	711	9 614	147		3 338	655	
1900(〃33)	1 126	17 810	141		8 549	2 822	
1905(〃38)	1 360	20 770	331		6 724	5 104	
1910(〃43)	2 082	30 977	547		10 091	11 071	
1915(大4)	2 584	31 794	1 397		20 016	13 485	
	百万円	百万円	百万円	百万円	百万円	百万円	百万円
1920(〃9)	6.0	90	10		68	41	
1925(〃14)	6.3	110	23		104	58	
1930(昭5)	6.2	108	41		104	65	
1935(〃10)	6.9	137	45		62	192	
1940(〃15)	9.1	226	79		109	292	
1945(〃20)	12.6	583	137		191	529	
	億円	億円	億円	億円	億円	億円	億円
1950(〃25)	53	739	550		174	598	
1955(〃30)	119	1 552	1 293		341	1 245	
1960(〃35)	199	2 569	1 919		479	2 300	
1965(〃40)	433	4 787	3 214	922	2 892	4 196	1 674
1970(〃45)	794	10 029	7 968	1 639	5 870	9 639	4 159
1975(〃50)	1 992	25 245	30 409	2 938	17 881	22 677	10 110
1980(〃55)	3 340	44 139	53 771	4 315	28 916	46 230	17 180
1985(〃60)	4 049	54 402	65 984	4 548	35 110	47 451	22 936
1990(平2)	5 090	111 077	87 968	4 701	47 098	56 842	34 801
1994(〃6)	5 804	98 197	119 603	5 476	65 138	75 754	53 905
1995(〃7)	5 916	106 569	130 002	5 515	66 389	79 980	57 204
1996(〃8)	6 021	102 790	132 059	5 190	68 188	81 001	54 362
1997(〃9)	6 045	92 682	138 218	4 954	69 039	76 830	54 334
1998(〃10)	6 023	92 810	146 107	4 677	68 154	75 311	63 243
1999(〃11)	5 813	97 821	163 129	6 766	67 568	72 709	60 776
2000(〃12)	5 760	97 864	145 579	5 243	66 691	68 103	54 807
2001(〃13)	5 735	95 430	153 227	8 341	68 366	64 084	54 226
2002(〃14)	5 626	91 106	156 423	5 481	66 180	59 523	50 369
2003(〃15)	5 414	96 505	158 972	4 378	60 573	53 995	48 891
2004(〃16)	5 302	95 456	164 863	4 216	59 408	49 284	49 509
2005(〃17)	4 884	93 500	172 236	3 221	58 400	45 157	46 677
2006(〃18)	4 561	91 506	178 776	3 017	56 350	42 343	47 987
2007(〃19)	4 357	96 200	187 146	2 807	55 563	38 943	49 933
2008(〃20)	4 298	95 707	194 307	6 680	55 007	36 726	53 722
2009(〃21)	4 149	113 931	216 028	10 123	61 079	39 374	66 196
2010(〃22)	4 027	105 988	234 188	9 769	59 809	36 040	64 415
2011(〃23)	5 014	99 347	256 062	12 154	69 990	35 403	65 925
2012(〃24)	4 514	106 073	257 597	8 927	63 143	35 480	62 538
2013(〃25)	4 359	106 211	263 494	7 134	61 616	39 181	59 673
2014(〃26)	4 411	104 418	274 111	4 843	63 280	37 812	55 552
2015(〃27)	4 519	101 725	283 412	4 230	64 645	36 849	55 780
2016(〃28)	4 262	94 618	295 676	3 031	64 245	36 260	52 365
2017(〃29)	4 225	96 869	292 423	2 699	64 247	37 722	49 473

日本銀行「明治以降　本邦主要経済統計」および財務省「財政統計」（1972・77・83・91・99・2006年度），総務省「地方財政統計年報」（2019年９月10日閲覧）による。普通会計。決算。ただし，1945年度は予算。×その他を含む。単純合計額で表9-20とは一致しない。1）1960年度までは庁費（吏員費，役所費，↗

土木費	消防費5)	警察費5)	教育費	災害復旧費	公債費	計×	
千円	千円	千円	千円	千円	千円	千円	
6 029		1 693	4 758	—	—	24 230	1879(明12)
7 094		1 998	5 538	—	—	27 736	1880(〃13)
8 261		3 470	7 184	—	—	31 773	1885(〃18)
13 767		4 757	8 065	—	243	42 474	1890(〃23)
15 557		5 524	12 377	—	1 589	58 381	1895(〃28)
31 923		8 868	34 718	—	9 136	133 283	1900(〃33)
24 069		10 968	37 192	—	10 351	136 807	1905(〃38)
54 470		16 121	76 967	—	30 403	287 609	1910(〃43)
57 526		17 187	78 001	—	29 718	317 872	1915(大4)
百万円	百万円	百万円	百万円	百万円	百万円	百万円	
172		53	263	—	47	963	1920(〃9)
243		75	382	—	180	1 429	1925(〃14)
255		82	403	—	428	1 775	1930(昭5)
356		105	469	—	642	2 165	1935(〃10)
402		161	600	—	488	2 849	1940(〃15)
612		465	1 268	—	551	5 014	1945(〃20)
億円	億円	億円	億円	億円	億円	億円	
942		322	1 358	—	111	5 226	1950(〃25)
1 457		760	3 249	—	565	11 762	1955(〃30)
3 426		1 136	5 395	—	1 006	19 928	1960(〃35)
9 346	674	1 827	11 532	1 610	1 573	45 366	1965(〃40)
25 411	1 520	4 018	24 605	1 672	3 830	103 000	1970(〃45)
52 068	4 642	10 487	69 681	5 060	11 624	269 766	1975(〃50)
96 512	7 985	16 912	116 430	5 722	33 365	482 535	1980(〃55)
117 390	10 207	20 069	133 622	6 709	58 751	591 386	1985(〃60)
178 168	14 257	26 257	166 797	8 063	66 584	830 999	1990(平2)
221 250	17 785	31 865	186 703	7 432	82 022	993 323	1994(〃6)
235 031	18 915	32 817	188 487	10 413	87 795	1 047 245	1995(〃7)
229 394	19 231	33 840	189 530	8 269	95 998	1 046 662	1996(〃8)
217 686	19 514	34 239	188 951	5 360	104 228	1 034 589	1997(〃9)
224 368	19 774	34 568	187 066	6 207	110 355	1 070 078	1998(〃10)
213 745	19 470	34 181	182 718	7 877	119 178	1 082 092	1999(〃11)
199 125	19 488	34 289	181 678	5 664	125 074	1 045 603	2000(〃12)
189 137	19 372	33 938	180 964	4 368	129 673	1 043 282	2001(〃13)
179 883	19 357	34 075	177 416	3 748	131 677	1 009 300	2002(〃14)
167 274	18 938	33 622	172 790	3 339	132 896	987 016	2003(〃15)
155 012	19 080	33 380	169 813	5 415	132 098	974 512	2004(〃16)
146 642	18 940	33 178	166 444	8 099	140 547	969 340	2005(〃17)
140 885	18 846	33 540	165 443	5 584	133 701	954 824	2006(〃18)
136 113	18 951	33 746	165 006	4 020	131 082	957 116	2007(〃19)
130 847	18 714	33 246	162 134	2 090	132 383	957 374	2008(〃20)
134 955	18 952	33 123	164 897	1 494	129 555	1 022 637	2009(〃21)
121 444	18 510	32 165	165 029	1 786	130 497	1 011 836	2010(〃22)
114 600	19 158	32 172	162 462	10 755	130 224	1 038 558	2011(〃23)
114 414	19 908	31 883	162 273	10 755	130 682	1 036 583	2012(〃24)
123 296	20 746	30 965	161 753	9 569	131 784	1 049 133	2013(〃25)
122 368	22 146	31 971	167 472	7 867	134 115	1 062 648	2014(〃26)
118 954	21 841	32 312	168 939	7 607	129 719	1 072 663	2015(〃27)
122 104	20 673	32 609	168 552	8 445	126 082	1 067 054	2016(〃28)
121 101	20 870	32 634	169 981	8 759	127 100	1 073 913	2017(〃29)

↘庁舎建築修繕費)，1965年度以降は庁費，統計調査費，選挙費。2）1960年度までは社会および労働施設費。民生費とは，老人・児童福祉費，社会福祉費，生活保護費など。3）1960年度までは保健衛生費。4）1960年度までは産業経済費。5）1960年度までは警察費で消防費も含まれる。

〔金融〕明治政府は，富国強兵・殖産興業の国策のもと，金融制度についても近代社会への体制作りを急いだ。1871年に新貨条例を発して，金貨を本位として円を基準に十進法を採用し，円・銭・厘の新貨幣を鋳造した。1872年には，維新直後に大量発行された太政官札や民部省札などの不換紙幣と引き換えるため新紙幣を発行した。また，同年に明治初期に政府が新政策に要した費用や，西南戦争の莫大な軍費の補填に発行した不換紙幣整理を目的とした第一国立銀行を設立，兌換銀行券（銀行紙幣）を発行した。

さらに，政府は国立の中央銀行として日本銀行を設立（1882年），1884年公布の兌換銀行券条例によって銀本位制度を採用した。その後，日清戦争の償金を土台として1897年の貨幣法により金本位制を本格的に採用した。1904年に始まった日露戦争によって日本の産業（特に重工業部門）はさらに飛躍するが，これらの産業資本は会社制度と銀行の発達によるところが大きく，会社は株式会社の制度をとり，銀行から必要な資金を得るようになった。そのため，銀行資本が次第に国内の産業を支配し，特に系列に大銀行を持つ三井，三菱，安田，住友，古河などの大財閥がその基礎を固めていった。また，普通銀行のほか新たに農工業の金融機関として，1897年に日本勧業銀行，1902年に日本興業銀行が設立された。

日本は明治の末ごろから不況に陥っていたが，1914年にぼっ発した第一次世界大戦でこの不況を一気に解消した。しかし，この好況は長くは続かず，1920年には株式市況が暴落し，多くの銀行が閉鎖する恐慌が起きた。さらに，1923年の関東大震災による打撃も加わり，昭和になった翌年の1927年には，再び金融恐慌にみまわれた。これは，銀行の不健全な経営内容があばかれて取りつけ騒ぎが起こり，財界が混乱して恐慌となったもので，モラトリアム（支払猶予令）の発令によって静められた。この恐慌で多くの中小銀行が休業し，大銀行に預貯金が集中した。その後も，不景気はますます激しくなり，財政の立て直しのために1930年に金輸出を解禁したが失敗に終わり，やむなく，翌年に金輸出の再禁止と円の兌換停止を断行している。

1941年に太平洋戦争が勃発して日本が戦時統制下にあるなか，全国の金融機関も1942年に公布された金融統制団体令によって，実質的に全国金融統制会の傘下となった。終戦後（1945年）は，物資の不足とインフレーションの高まりにより，国民の生活は戦時に続く苦難となった。内閣は1946年に金融緊急措置令を公布して，預貯金の封鎖と新旧銀行券の交換を命じたが，物価の抑制効果はなかなか上がらなかった。しかし，1950年に朝鮮戦争が勃発し，アメリカ軍を中心とする連合軍からの特需によって日本は不況を脱した。1955年から1973年までは高度経済成長期とよばれ，経済成長率は年平均10％ほどという高い率であった。

その後，1973年の第一次石油危機による原油価格の上昇により，物価が上昇して再度の不況になり，1974年には戦後初めてのマイナス成長となった。

1985年は，プラザ合意により円高・ドル安が急激に進み，日本は一時，円高による不況になった。そのため，日本銀行と政府が低金利政策などの金融緩和策を行ったため，民間の資金が株式や土地の購入などに流入し，1980年代末には，株・土地の市場価格が急騰するバブルが起きた。しかし，1989年大蔵省の不動産向け融資の総量規制などの金融引き締めをきっかけに，1990年代に入るとバブル経済は崩壊した。株価や地価は50％近くも下落し，土地や株式を担保に融資していた銀行は，多額の不良債権を抱え込み，経営が悪化した。1997年ごろには，いくつかの大銀行や大手証券会社が破綻した。

その後，不況はいったん底をついたが，2008年のリーマンショックをきっかけに，世界的な金融危機となり，日本もまた不況になった。

2012年，安倍内閣はデフレからの脱却を目指し，アベノミクス（経済政策の通称）を打ち出し,「大胆な金融政策」を３本柱のひとつとした。日銀は2013年,「量的･質的金融緩和(異次元緩和)」を断行し，消費者物価の対前年比２％の上昇の実現を目標とした。2016年には日銀当座預金に対して史上初めてマイナス金利も適用した。日銀は２％の物価安定目標の実現を目指し，これら金融緩和策を続けていく構えである。

年	表
1871 (明４)	新貨条例（円・銭・厘)。
1872	第一国立銀行設立。
1875	貨幣条例制定。
1882	日本銀行設立。
1897	貨幣法制定。金本位制の確立。
1907	株式暴落による恐慌。
1914 (大３)	第一次世界大戦（～18)。
1917	金輸出禁止。
1920	戦後恐慌。
1923	関東大震災。震災モラトリアム。
1927 (昭２)	昭和金融恐慌。 銀行法交付。 支払猶予令交付即日実施。
1930	金輸出解禁。昭和恐慌。
1931	金輸出再禁止。円の兌換停止，管理通貨制度へ。
1941	太平洋戦争（～45)。
1946	金融緊急措置令施行（預金封鎖および新円切替)。
1948	経済安定９原則発表。
1949	為替レート１ドル＝360円設定。
1950	朝鮮戦争による特需景気発生。
1971	ニクソンショック。円切り上げ（１ドル＝308円)。
1973	第一次石油危機。円変動相場制。
1985	プラザ合意（円高・ドル安)。
1987	ブラックマンデー。
1989 (平１)	日経平均株価が大納会で史上最高値を記録（３万8915円)。
1990	不動産融資の総量規制。
1996	金融ビッグバン制定。
1997	日銀法改正。 大手金融機関の破綻相次ぐ。
1999	ゼロ金利政策開始。
2000	金融庁発足。
2006	ゆうちょ銀行設立。
2008	リーマンショック。
2011	東日本大震災発生。 １ドル＝75.32円史上最高値。
2012	アベノミクス始まる。
2013	量的・質的金融緩和導入。
2016	マイナス金利導入。 長期金利が史上初めてマイナス。

表 9-23 通貨流通高（その1）（各年末）（単位　千円）

	政府紙幣	銀行券			補助貨	計1)
		国立銀行券	日本銀行券	横浜正金銀行券		
1868(明 1)	24 037	—	—	—	—	24 037
1870(〃 3)	55 500	—	—	—	—	55 500
1875(〃 8)	99 071	1 420	—	—	12 333	112 824
1880(〃 13)	124 940	34 426	—	—	24 098	183 464
1885(〃 18)	88 345	30 155	3 653	—	30 799	152 952
1890(〃 23)	34 272	25 810	102 931	—	37 936	200 949
1895(〃 28)	11 129	20 796	180 336	—	47 951	260 212
1900(〃 33)	—	—	228 570	—	84 850	317 110
1905(〃 38)	—	—	312 790	—	101 939	422 543
1910(〃 43)	—	—	401 624	4 342	144 417	586 595
1912(大 1)	—	—	448 921	6 834	146 846	648 565
1913(〃 2)	—	—	426 388	8 132	149 264	628 262
1914(〃 3)	—	—	385 589	6 283	133 433	561 402
1915(〃 4)	—	—	430 138	7 198	132 328	622 661
1916(〃 5)	—	—	601 224	18 051	135 273	826 626
1917(〃 6)	19 825	—	831 371	20 023	144 193	1 116 558
1918(〃 7)	91 210	—	1 144 739	22 603	159 907	1 576 090
1919(〃 8)	145 300	—	1 555 100	15 154	152 879	2 081 686
1920(〃 9)	200 000	—	1 439 240	7 543	…	1 801 066
1921(〃 10)	216 500	—	1 546 545	8 278	…	1 948 546
1922(〃 11)	158 577	—	1 558 402	5 833	…	1 857 600
1923(〃 12)	68 000	—	1 703 596	3 263	270 370	2 195 164
1924(〃 13)	25 887	—	1 662 315	9 379	298 916	2 176 875
1925(〃 14)	17 500	—	1 631 783	6 658	307 427	2 137 094
1926(昭 1)	14 492	—	1 569 708	5 470	312 588	2 061 834
1927(〃 2)	13 188	—	1 682 390	8 752	316 201	2 198 660
1928(〃 3)	12 486	—	1 739 096	13 065	333 410	2 286 213
1929(〃 4)	12 085	—	1 641 851	5 938	351 039	2 178 855
1930(〃 5)	11 680	—	1 436 295	3 673	333 116	1 915 282
1931(〃 6)	11 480	—	1 330 575	11 330	329 667	1 828 375
1932(〃 7)	11 380	—	1 426 158	6 598	343 435	1 964 812
1933(〃 8)	11 260	—	1 544 797	4 265	372 112	2 129 603
1934(〃 9)	11 160	—	1 627 349	4 245	389 704	2 287 568
1935(〃 10)	11 040	—	1 766 555	3 840	407 118	2 479 520
1936(〃 11)	10 990	—	1 865 703	1 242	427 780	2 595 505
1937(〃 12)	10 965	—	2 305 070	882	471 643	3 180 093
1938(〃 13)	88 838	—	2 754 923	313	452 595	3 758 664
1939(〃 14)	248 766	—	3 679 030	256	396 598	4 939 805
1940(〃 15)	360 347	—	4 777 429	213	406 763	6 324 970
1941(〃 16)	464 974	—	5 978 816	204	442 570	7 781 015
1942(〃 17)	513 676	—	7 148 685	196	459 731	9 320 208
1943(〃 18)	623 139	—	10 266 161	…	378 827	13 150 457
1944(〃 19)	763 013	—	17 745 992	196	384 891	22 825 668
1945(〃 20)	895 297	—	55 440 720	196	322 293	56 658 310
	(百万円)		(百万円)		(百万円)	(百万円)
1946(〃 21)	1 100	—	93 397	—	357	94 854
1947(〃 22)	1 214	—	219 141	—	516	220 871
1948(〃 23)	591	—	355 280	—	925	356 796
1949(〃 24)	416	—	355 311	—	2 242	357 969
1950(〃 25)	292	—	422 063	—	3 090	425 445

日本銀行統計局編「明治以降本邦主要経済統計」の「通貨現在高」により作成。1)「台湾銀行券（1899～1945年)」,「朝鮮銀行券（1909～45年)」を含む。1920～22年は補助貨を含まず。

通貨流通高（その2）（各年末）（単位　億円）

	日本銀行券発行高			貨幣流通高			計
		一万円	千円		五百円	百円	
1951(昭26)	5 063	—	4 085	36	—	—	5 099
1955(〃30)	6 738	—	5 768	210	—	—	6 948
1960(〃35)	12 341	3 736	6 134	626	—	246	12 967
1962(〃37)	17 459	7 381	6 970	751	—	264	18 210
1963(〃38)	20 574	9 617	7 570	882	—	313	21 456
1964(〃39)	22 988	11 560	7 799	1 198	—	396	24 186
1965(〃40)	25 638	13 692	8 031	1 338	—	454	26 976
1966(〃41)	29 135	16 441	8 429	1 522	—	549	30 657
1967(〃42)	34 115	20 553	8 994	1 906	—	812	36 022
1968(〃43)	40 419	25 937	9 684	2 419	—	1 230	42 838
1969(〃44)	48 113	32 562	10 375	2 870	—	1 559	50 984
1970(〃45)	55 560	39 171	10 983	3 413	—	1 964	58 974
1971(〃46)	64 077	46 783	11 531	3 961	—	2 358	68 039
1972(〃47)	83 107	63 798	12 814	4 746	—	2 932	87 853
1973(〃48)	100 991	79 360	14 275	5 597	—	3 464	106 588
1974(〃49)	116 678	93 517	15 265	6 253	—	3 838	122 931
1975(〃50)	126 171	101 780	16 052	6 947	—	4 325	133 119
1976(〃51)	140 200	114 560	16 807	7 545	—	4 690	147 746
1977(〃52)	154 380	127 419	17 556	8 061	—	5 029	162 441
1978(〃53)	177 093	148 293	18 543	8 672	—	5 448	185 765
1979(〃54)	190 686	160 033	19 560	9 329	—	5 907	200 016
1980(〃55)	193 472	161 425	20 291	9 802	—	6 210	203 275
1981(〃56)	202 377	169 012	20 860	10 203	—	6 476	212 581
1982(〃57)	214 260	179 292	21 659	11 546	970	6 734	225 806
1983(〃58)	224 660	188 882	22 272	13 066	2 221	6 926	237 727
1984(〃59)	244 559	207 439	23 046	14 187	3 242	6 979	258 746
1985(〃60)	254 743	216 593	23 861	15 772	4 714	7 048	270 516
1986(〃61)	268 849	228 883	24 978	26 642	5 422	7 213	295 492
1987(〃62)	291 868	250 155	25 855	27 399	5 918	7 491	319 267
1988(〃63)	323 183	279 486	26 880	28 614	6 793	7 820	351 798
1989(平 1)	374 200	327 279	28 670	30 290	7 834	8 306	404 491
1990(〃 2)	397 978	348 949	29 671	32 193	8 710	8 694	430 172
1991(〃 3)	398 828	347 868	30 691	34 355	9 296	8 933	433 183
1992(〃 4)	390 263	339 709	30 213	34 846	9 938	9 026	425 110
1993(〃 5)	416 259	364 750	30 597	36 534	10 665	9 039	452 793
1994(〃 6)	428 803	376 627	30 926	37 451	11 595	9 210	466 255
1995(〃 7)	462 440	409 131	31 471	38 159	12 263	9 364	500 600
1996(〃 8)	506 710	450 366	33 127	39 176	13 057	9 618	545 887
1997(〃 9)	546 696	489 582	33 460	40 458	13 795	9 784	587 154
1998(〃10)	558 648	501 561	33 273	41 215	14 476	9 820	599 864
1999(〃11)	654 047	594 003	35 018	41 873	15 105	9 969	695 920
2000(〃12)	633 972	571 898	34 256	42 225	15 554	10 011	676 197
2001(〃13)	690 042	625 062	35 500	42 937	16 268	10 131	732 980
2002(〃14)	754 718	683 832	36 370	43 664	17 047	10 187	798 383
2003(〃15)	769 096	695 500	36 793	44 225	17 624	10 295	813 322
2004(〃16)	779 564	702 025	38 052	44 919	18 368	10 372	824 483
2005(〃17)	792 705	720 611	37 235	45 022	18 564	10 439	837 728
2006(〃18)	798 367	727 900	37 793	45 285	18 879	10 518	843 652
2007(〃19)	812 777	740 488	38 651	45 773	19 428	10 575	858 551

日本銀行「経済統計年報」(1970・92・97年) および同「日本銀行統計」(2012年) により作成。

通貨流通高（その3）（各年末）（単位　億円）

	日本銀行券発行高	一万円	千円	貨幣流通高	五百円	百円	計
2008(平20)	814 783	742 646	38 595	45 903	19 719	10 584	860 687
2009(〃21)	809 542	738 152	38 432	45 564	19 751	10 412	855 106
2010(〃22)	823 143	751 205	38 823	45 413	19 839	10 346	868 556
2011(〃23)	839 968	767 491	39 340	45 497	20 079	10 336	885 465
2012(〃24)	866 533	792 725	40 034	45 775	20 466	10 373	912 308
2013(〃25)	901 431	825 598	40 770	46 265	20 920	10 496	947 696
2014(〃26)	930 817	853 703	41 099	46 561	21 244	10 550	977 379
2015(〃27)	984 299	906 794	41 502	46 900	21 659	10 574	1 031 200
2016(〃28)	1 024 612	946 232	42 225	47 422	22 196	10 665	1 072 034
2017(〃29)	1 067 165	987 305	43 018	47 916	22 691	10 754	1 115 081
2018(〃30)	1 103 625	1 021 872	43 984	48 450	23 188	10 866	1 152 075

日本銀行ホームページにより作成。

マネーサプライ

マネーサプライ（通貨供給量）とは，基本的に通貨保有主体(非金融法人，個人，地方公共団体等）が保有する通貨量の残高である(金融機関や中央政府が保有する預金などは対象外)。なお，銀行・信用金庫のほか，信託(投信を含む)，保険会社，政府関係金融機関などは通貨保有主体から除かれる一方，証券会社，短資会社などは通貨保有主体に含まれる。表9-23の各項目の説明は以下の通りである。

対象金融機関(M_1およびM_2+CD)　日本銀行，国内銀行，外国銀行在日支店，信金中央金庫，信用金庫，農林中央金庫，商工組合中央金庫。

M_1　現金通貨＋預金通貨。

現金通貨　一般法人，個人，地方公共団体等(以上，通貨保有主体）が保有する銀行券および貨幣。

預金通貨　通貨保有主体が対象金融機関に預け入れた要求払預金(当座，普通，貯蓄預金など）から対象金融機関が保有する小切手・手形を差し引いたもの。

準通貨　通貨保有主体が対象金融機関に預け入れた定期性預金，外貨預金，非居住者円預金の合計。

CD（譲渡性預金）　通貨保有主体が保有する対象金融機関発行の譲渡性預金。なお，譲渡性預金とは銀行が発行する無記名の預金証書である。

M_2＋CD　通貨保有主体が保有する現金・預金の集計量。

広義流動性　通貨保有主体が保有する現金・預金および現金・預金と代替性の高い金融資産を幅広く推計･集計したもので，M_2+CDに郵便貯金，その他金融機関預貯金，金銭信託，投資信託，金融債，金融機関発行CP，債券現先・現金担保付債券貸借，国債，外債を加えたもの。対象となる金融機関は，上記の対象金融機関に加えて，郵便局，全国信用協同組合連合会，信用組合，労働金庫連合会，労働金庫，信用農業協同組合連合会，農業協同組合，信用漁業協同組合連合会，漁業協同組合，国内銀行信託勘定，中央政府，外債発行機関，保険会社である。

なお，マネーサプライ統計は，2008年5月よりマネーストック統計へ移行した。

表 9-24 マネーサプライ（平均残高）（単位 億円）

	M_2＋CD	M_1			準通貨	広義流動性
			現金通貨	預金通貨		
1963(昭38)	—	59 758	13 287	46 509	—	—
1964(〃 39)	—	70 126	15 410	54 749	—	—
1965(〃 40)	—	80 390	17 598	62 827	—	—
1966(〃 41)	—	92 716	20 000	72 738	—	—
1967(〃 42)	297 970	106 862	23 519	83 397	190 901	—
1968(〃 43)	344 456	124 900	27 468	97 495	219 345	—
1969(〃 44)	403 883	149 073	32 759	116 387	254 621	—
1970(〃 45)	477 718	179 918	39 163	140 823	297 654	—
1971(〃 46)	575 437	220 586	46 018	174 531	354 756	—
1972(〃 47)	728 126	269 839	54 307	215 364	457 974	—
1973(〃 48)	893 370	344 850	68 076	276 477	548 434	—
1974(〃 49)	999 819	390 943	81 527	309 342	608 876	—
1975(〃 50)	1 130 832	438 313	92 749	345 563	692 520	—
1976(〃 51)	1 301 739	497 452	102 880	394 572	804 287	—
1977(〃 52)	1 449 873	532 051	112 051	419 999	917 822	—
1978(〃 53)	1 620 195	585 736	123 109	462 628	1 034 459	—
1979(〃 54)	1 812 232	648 514	137 368	511 146	1 157 423	—
1980(〃 55)	1 978 716	665 279	146 459	518 820	1 294 726	3 480 687
1981(〃 56)	2 155 266	687 291	152 331	534 960	1 445 126	3 866 795
1982(〃 57)	2 353 360	727 128	163 140	563 988	1 592 320	4 278 655
1983(〃 58)	2 526 400	753 625	172 750	580 874	1 724 706	4 699 139
1984(〃 59)	2 723 601	774 912	179 649	595 263	1 875 030	5 143 117
1985(〃 60)	2 951 827	813 967	191 312	622 655	2 045 858	5 624 867
1986(〃 61)	3 207 324	870 208	207 555	662 654	2 249 047	6 158 397
1987(〃 62)	3 540 364	961 439	237 682	723 757	2 480 119	6 779 208
1988(〃 63)	3 936 668	1 042 471	262 218	780 253	2 791 729	7 445 981
1989(平 1)	4 326 710	1 085 478	288 443	797 035	3 128 234	8 148 507
1990(〃 2)	4 831 186	1 113 286	311 849	801 437	3 613 558	8 929 534
1991(〃 3)	5 006 817	1 170 905	319 443	851 462	3 743 205	9 402 774
1992(〃 4)	5 036 241	1 224 158	327 064	897 094	3 726 878	9 735 879
1993(〃 5)	5 089 787	1 260 278	339 762	920 517	3 734 620	10 014 024
1994(〃 6)	5 194 212	1 328 333	356 866	971 467	3 786 573	10 349 166
1995(〃 7)	5 351 367	1 437 026	375 371	1 061 655	3 820 040	10 745 331
1996(〃 8)	5 525 715	1 634 208	408 511	1 225 697	3 749 003	11 082 733
1997(〃 9)	5 694 907	1 777 255	440 014	1 337 241	3 733 643	11 481 802
1998(〃 10)	5 969 526	1 937 998	477 587	1 460 410	3 814 826	12 008 052
1999(〃 11)	6 162 653	2 132 278	502 498	1 629 780	3 852 856	12 369 720
2000(〃 12)	6 292 840	2 306 176	537 294	1 768 882	3 801 205	12 748 002
2001(〃 13)	6 468 026	2 501 370	573 541	1 927 830	3 702 125	13 062 449
2002(〃 14)	6 681 972	3 191 636	637 716	2 553 920	3 276 096	13 133 069
2003(〃 15)	6 794 841	3 454 102	671 556	2 782 547	3 158 775	13 203 909
2004(〃 16)	6 920 567	3 592 851	682 050	2 910 801	3 117 402	13 610 258
2005(〃 17)	7 047 427	3 761 411	699 490	3 061 921	3 069 172	14 000 407
2006(〃 18)	7 122 588	3 877 431	712 670	3 164 761	3 031 230	14 339 958
2007(〃 19)	7 235 714	3 872 660	723 487	3 149 173	3 144 342	14 869 059
2008(〃 20)	7 346 977	3 868 492	731 144	3 137 348	3 257 775	15 148 356

日本銀行ホームページにより作成。マネーサプライの各項目については422ページ下欄参照のこと。マネーサプライ統計は2008年４月で終了し，マネーストック統計へ移行した。

表 9-25　マネーストック（平均残高）（単位　億円）

	M_2	M_3	M_1			準通貨	広義流動性
				現金通貨	預金通貨		
2004	6 889 343	10 234 495	4 484 697	677 500	3 807 197	5 533 707	12 970 437
2005	7 013 739	10 285 080	4 693 434	694 724	3 998 710	5 368 237	13 295 483
2006	7 084 273	10 252 038	4 832 399	708 101	4 124 299	5 198 432	13 732 161
2007	7 195 822	10 269 971	4 828 503	718 399	4 110 105	5 214 716	14 160 582
2008	7 346 008	10 347 062	4 803 949	722 624	4 081 324	5 308 929	14 410 611
2009	7 544 922	10 532 883	4 828 775	727 741	4 101 034	5 459 068	14 518 472
2010	7 753 911	10 751 879	4 924 005	737 585	4 186 420	5 530 705	14 792 582
2011	7 966 101	10 988 575	5 157 810	755 564	4 402 246	5 523 482	14 969 387
2012	8 165 213	11 225 593	5 345 475	773 867	4 571 608	5 556 053	15 065 454
2013	8 458 837	11 552 763	5 602 305	797 607	4 804 698	5 614 187	15 458 006
2014	8 745 965	11 871 908	5 865 566	825 714	5 039 852	5 647 638	15 954 691
2015	9 064 060	12 225 345	6 164 839	866 708	5 298 131	5 688 305	16 514 853
2016	9 368 699	12 573 398	6 598 042	916 934	5 681 109	5 647 534	16 855 506
2017	9 739 925	12 996 285	7 118 852	958 563	6 160 290	5 562 682	17 366 355
2018	10 024 525	13 324 979	7 556 007	996 882	6 559 125	5 466 680	17 727 792

日本銀行ホームページ（2019年11月18日閲覧）により作成。各項目については下欄参照。

マネーストック

マネーストック（表9-25参照）とは，通貨保有主体が保有する通貨量の残高（金融機関や中央政府が保有する預金などは対象外）である。通貨保有主体の範囲は，居住者のうち，一般法人（預金取扱機関，保険会社，証券会社，短資会社などの金融機関を除く），個人，地方公共団体・地方公営企業が含まれる。

M_1　現金通貨＋預金通貨。M_1の対象金融機関は，M_2の対象金融機関（下記参照），ゆうちょ銀行，農業協同組合，漁業協同組合，信用組合など（すなわち全預金取扱機関）。

現金通貨　銀行券発行高＋貨幣流通高。

預金通貨　要求払預金（当座，普通，貯蓄預金など）から調査対象金融機関の保有小切手・手形を差し引いたもの。

M_2　現金通貨＋預金通貨＋準通貨＋（預金通貨，準通貨，CDの発行者は国内銀行等）。

準通貨　定期預金＋据置貯金＋定期積金＋外貨預金。

M_3　現金通貨＋預金通貨＋準通貨＋CD（預金通貨，準通貨，CDの発行者は全預金取扱機関）。

広義流動性　M_3＋金銭の信託＋投資信託＋金融債＋銀行発行普通社債＋金融機関発行CP＋国債+外債。

マネーストック統計とマネーサプライ統計の主な相違点

マネーストックは，マネーサプライに含まれる証券会社，短資会社，非居住者を通貨保有主体から除外。「M_1」はマネーサプライの「M_1」に含まれる「M_2＋CD」対象金融機関の預金通貨のほかに，ゆうちょ銀行，農業協同組合などを含むすべての預金取扱機関の預金通貨が対象となっている。「M_2」および「M_3」から非居住者預金が除かれている。

「広義流動性」は，マネーサプライに含まれる「債券現先・現金担保付債券貸借」を除外する一方，「投資信託」に私募投信を含めるほか，「銀行発行普通社債」を追加している。

表 9-26　マネタリーサーベイ（各年末現在）（単位　億円）

	資産					
	対外資産（純額）	国内信用	政府向け信用	その他金融機関向け信用	地方公共団体向け信用	その他部門向け信用
1970（昭45）	20 624	629 145	47 762	…	13 050	568 333
1975（〃50）	-4 214	1 488 028	139 736	…	47 884	1 300 408
1980（〃55）	-26 683	2 500 019	366 538	…	103 322	2 030 159
1985（〃60）	-96 957	3 789 387	499 315	…	105 060	3 185 012
1990（平 2）	-305 209	6 085 726	734 600	…	107 341	5 243 785
1995（〃 7）	460 137	6 582 801	693 006	…	197 806	5 691 989
2000（〃12）	277 275	7 569 775	1 470 019	…	333 212	5 766 544
2005（〃17）	694 226	11 573 674	2 848 536	3 153 809	421 280	5 150 049
2008（〃20）	750 144	11 167 439	3 028 349	2 409 862	478 639	5 250 589
2009（〃21）	680 055	11 484 430	3 477 810	2 273 799	522 531	5 210 290
2010（〃22）	732 204	11 634 827	3 763 591	2 113 384	576 382	5 181 470
2011（〃23）	801 063	11 735 844	4 029 025	1 975 348	610 112	5 121 359
2012（〃24）	868 119	12 135 152	4 199 483	2 071 337	638 550	5 225 782
2013（〃25）	1 034 196	12 676 875	4 579 963	2 005 787	655 142	5 435 983
2014（〃26）	824 143	13 201 983	4 908 261	2 104 605	674 094	5 515 023
2015（〃27）	733 859	13 724 998	5 110 139	2 326 282	681 752	5 606 825
2016（〃28）	722 083	14 557 007	5 552 736	2 541 611	709 518	5 753 142
2017（〃29）	754 108	15 147 035	5 628 513	2 811 680	730 025	5 976 817
2018（〃30）	731 109	15 418 613	5 677 946	2 934 007	751 612	6 055 048

	負債					資産または負債計
	通貨	現金通貨	預金通貨	準通貨＋ＣＤ	その他負債	
1970（昭45）	213 595	50 978	162 617	328 778	107 396	649 769
1975（〃50）	499 487	115 786	383 701	753 817	230 510	1 483 814
1980（〃55）	695 727	174 753	520 974	1 394 132	383 477	2 473 336
1985（〃60）	889 795	234 068	655 727	2 259 593	543 042	3 692 430
1990（平 2）	1 196 281	372 543	823 738	3 853 439	730 797	5 780 517
1995（〃 7）	1 715 441	462 310	1 253 131	3 872 602	1 454 895	7 042 938
2000（〃12）	2 478 593	619 477	1 859 116	4 020 038	1 348 419	7 847 050
2005（〃17）	4 951 440	748 070	4 203 370	5 464 664	1 851 796	12 267 900
2008（〃20）	4 939 245	765 870	4 173 375	5 592 285	1 386 053	11 917 583
2009（〃21）	4 985 742	767 274	4 218 468	5 756 878	1 421 865	12 164 485
2010（〃22）	5 153 085	784 042	4 369 043	5 797 159	1 416 787	12 367 031
2011（〃23）	5 414 034	799 726	4 614 308	5 821 036	1 301 837	12 536 907
2012（〃24）	5 602 192	830 702	4 771 490	5 883 354	1 517 725	13 003 271
2013（〃25）	5 918 722	852 707	5 066 015	5 955 780	1 836 569	13 711 071
2014（〃26）	6 177 806	881 610	5 296 196	6 024 012	1 824 308	14 026 126
2015（〃27）	6 449 094	935 586	5 513 508	6 060 992	1 948 771	14 458 857
2016（〃28）	7 012 352	973 009	6 039 343	5 894 914	2 371 824	15 279 090
2017（〃29）	7 470 931	1 018 633	6 452 298	5 814 848	2 615 364	15 901 143
2018（〃30）	7 873 558	1 055 457	6 818 101	5 699 723	2 576 441	16 149 722

日本銀行ホームページ（2019年11月19日閲覧）により作成。1993年３月まで外国銀行在日支店等を含まず。**マネタリーサーベイ**とはマネーストック統計のうち，M_3（現金通貨＋預金通貨＋準通貨＋CD）の変動を金融機関等の資産・負債の変化と関連付けて捉えることを目的に作成されている統計である。具体的には，現金通貨を発行する中央銀行と，預金通貨，準通貨，CDを発行する預金取扱機関の諸勘定を，統合・調整したバランスシート（月末残高）である。IMFが採用している国際基準に基づき，対外資産あるいは国内信用（政府向け，その他金融機関向け，地方公共団体向け，その他部門向けの内訳が存在）といった区分で資産が表示されている。

図 9-6　マネタリーベースの推移（各年末）

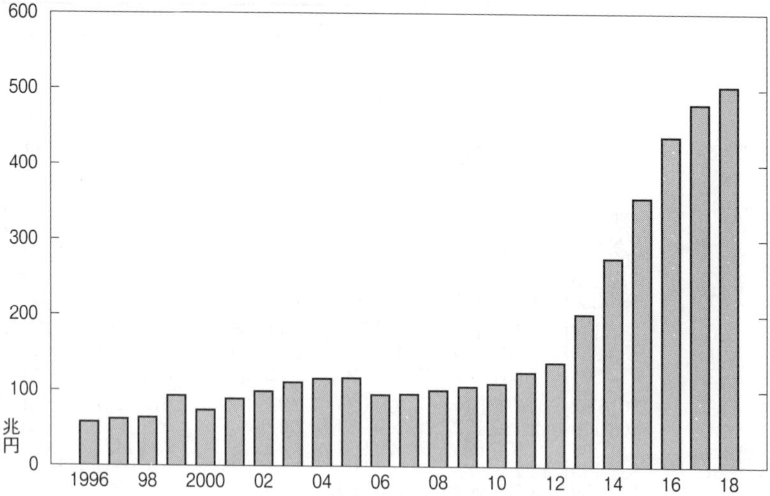

日本銀行ホームページ（2019年11月19日閲覧）により作成。**マネタリーベース**とは，「日本銀行が供給する通貨」のことで，具体的には，市中に出回っているお金である流通現金（「日本銀行券発行高」+「貨幣流通高」）と「日銀当座預金」の合計値。マネタリーベースの流通現金は，マネーストック統計の現金流通と異なり，金融機関の保有分が含まれる。これは，マネーストックが「(中央銀行を含む）金融部門全体からの経済に対して供給される通貨」であるのに対し，マネタリーベースは「中央銀行が供給する通貨」であることによる。

表 9-27　電子マネーの利用状況

	決済件数（百万件）	決済金額（億円）	1件当り決済金額（円）	発行枚数1)（万枚）	うち携帯電話	端末台数1)（万台）	残高2)（億円）
2008(平20)	1 053	7 581	720	9 885	1 137	45	831
2009(〃21)	1 349	11 223	805	12 426	1 397	59	995
2010(〃22)	1 915	16 363	854	14 647	1 672	84	1 196
2011(〃23)	2 237	19 643	878	16 975	1 997	105	1 372
2012(〃24)	2 720	24 671	907	19 469	2 283	119	1 540
2013(〃25)	3 294	31 355	952	22 181	2 494	135	1 770
2014(〃26)	4 040	40 140	994	25 534	2 722	153	2 034
2015(〃27)	4 678	46 443	993	29 453	2 887	177	2 311
2016(〃28)	5 192	51 436	991	32 862	3 091	199	2 541
2017(〃29)	5 423	51 994	959	35 833	3 328	230	2 747
2018(〃30)	5 853	54 790	936	39 077	3 624	273	2 975

日本銀行「決済動向」(2019年3月）により作成。2008年からの統計。「電子マネー」とは，一般に利用する前にチャージを行うプリペイド方式の電子的な決済手段を指す（いわゆるポストペイ<事後支払型>は定義に含めていない)。利用者は，電子的なデータのやり取りを通じて，現金（貨幣や紙幣）と同じように，モノを買ったりサービスをうけたりすることができる。本表はプリペイド方式のうちIC型電子マネーが対象で，SuicaやICOCAなど交通系（乗車や乗車券購入への利用分を除く)，小売流通企業発行のWAON，nanaco，専業の楽天Edyから提供されたデータを集計したもの。1）各年末時点。2）各年9月末時点。

表 9-28 国内銀行の預金者別預金（各年末）（単位 億円）

	一般法人・個人・公金	一般法人	個人	公金	金融機関預金	政府関係預り金	預金計
1998	4 484 920	1 504 148	2 793 496	187 274	134 933	30 370	4 650 225
2000	4 623 229	1 448 767	2 984 306	190 154	98 478	36 712	4 758 422
2005	5 104 842	1 561 910	3 417 754	125 176	102 217	35 428	5 242 489
2008	5 405 304	1 555 560	3 709 268	140 474	105 494	26 077	5 536 877
2009	5 543 383	1 592 839	3 808 958	141 584	113 624	14 972	5 671 981
2010	5 641 889	1 615 075	3 877 449	149 363	120 265	4 923	5 767 079
2011	5 832 326	1 683 483	3 996 092	152 749	120 614	16 492	5 969 433
2012	5 975 428	1 728 787	4 098 176	148 463	135 015	3 993	6 114 438
2013	6 241 205	1 840 201	4 242 585	158 417	141 772	4 922	6 387 901
2014	6 435 177	1 936 117	4 335 544	163 514	141 860	6 228	6 583 268
2015	6 607 110	2 020 536	4 409 247	177 325	149 392	1 241	6 757 745
2016	6 962 528	2 271 279	4 495 644	195 602	339 134	708	7 302 371
2017	7 202 178	2 373 644	4 635 669	192 863	397 568	744	7 600 492
2018	7 408 313	2 472 591	4 723 447	212 273	345 230	687	7 754 232

日本銀行ホームページによる（2019年11月19日閲覧）により作成。ゆうちょ銀行を除く。

表 9-29 国内銀行の種類別預金（各年末）（単位 億円）

	要求払預金1)	うち個人	定期性預金	うち個人	非居住者円預金	外貨預金
1998(平10)	1 430 775	780 844	2 994 684	2 001 992	5 143	54 310
2000(〃 12)	1 653 709	934 725	2 902 816	2 021 500	5 012	61 685
2005(〃 17)	2 838 936	1 645 177	2 180 466	1 735 544	9 305	76 128
2008(〃 20)	2 830 605	1 735 062	2 466 837	1 926 793	9 071	98 783
2009(〃 21)	2 887 334	1 770 491	2 550 198	1 988 317	7 785	98 059
2010(〃 22)	2 999 840	1 845 514	2 531 200	1 981 111	9 000	101 843
2011(〃 23)	3 189 592	1 964 326	2 528 077	1 979 141	8 339	106 312
2012(〃 24)	3 331 861	2 075 292	2 520 053	1 966 564	8 399	115 109
2013(〃 25)	3 584 210	2 231 820	2 517 753	1 954 085	8 455	130 781
2014(〃 26)	3 775 383	2 343 553	2 512 134	1 938 279	10 846	136 808
2015(〃 27)	3 937 294	2 446 637	2 509 532	1 911 537	11 636	148 642
2016(〃 28)	4 381 998	2 599 006	2 411 914	1 841 829	13 857	154 753
2017(〃 29)	4 670 398	2 779 835	2 364 657	1 797 245	19 753	147 365
2018(〃 30)	4 924 101	2 927 236	2 296 444	1 732 357	21 059	166 702

日本銀行ホームページによる（2019年11月19日閲覧）により作成。ゆうちょ銀行を除く。本表は表9-28の一般法人・個人・公金預金の種類別の内訳である。1）当座，普通，貯蓄，通知，別段，納税準備の各預金。

表 9-30 ゆうちょ銀行の預金残高（会計年度末）（単位 億円）

	1950	1970	1990	2000	2010	2018
流動性預金……1)	1 028	20 140	122 584	407 662	598 469	799 594
定期性預金……2)	323	54 390	1 232 369	2 085 800	1 145 045	1 009 272
その他の預金……	197	2 909	7 850	5 874	3 018	1 126
計……………	**1 547**	**77 439**	**1 362 803**	**2 499 336**	**1 746 532**	**1 809 991**

ゆうちょ銀行資料により作成（1990年度以前は旧郵政省）。1）振替貯金，通常貯金，貯蓄貯金，特別貯金（通常郵便貯金相当）。2）定期貯金，定額貯金，特別貯金（定期郵便貯金相当，定額郵便貯金相当，積立郵便貯金相当，住宅積立郵便貯金相当，教育積立郵便貯金相当）。

表 9-31　国内銀行の業種別貸出金残高（各年末）（単位　億円）

	製造業	非製造業×	建設業	卸売業	小売業	不動産業
1970(昭45)	219 208	…	24 900	…	…	22 794
1975(〃50)	415 155	…	69 513	…	…	80 109
1980(〃55)	524 172	…	97 769	300 745	106 064	114 450
1985(〃60)	673 524	…	161 632	397 152	157 253	235 480
1990(平 2)	614 651	…	208 621	430 609	200 930	484 833
1995(〃 7)	752 429	3 383 024	322 083	466 648	280 722	622 569
2000(〃12)	694 930	2 963 675	292 294	412 643	259 421	596 031
2002(〃14)	611 660	2 562 601	234 094	343 837	218 116	531 329
2003(〃15)	541 174	2 348 038	197 977	314 881	196 134	481 611
2004(〃16)	495 902	2 281 879	181 466	291 754	184 932	513 686
2005(〃17)	480 716	2 250 152	167 299	289 828	177 251	531 912
2006(〃18)	494 639	2 320 671	159 905	288 521	171 245	581 571
2007(〃19)	509 274	2 302 082	155 144	286 355	166 287	595 497
2008(〃20)	564 823	2 349 126	153 802	294 525	164 349	592 197
2009(〃21)	572 695	2 250 549	138 560	273 851	155 973	605 787
2010(〃22)	537 084	2 164 086	126 097	265 709	147 924	596 144
2011(〃23)	541 868	2 158 462	121 682	268 696	144 293	595 674
2012(〃24)	543 668	2 183 636	114 930	267 989	144 913	603 056
2013(〃25)	552 966	2 236 072	112 307	270 412	146 369	611 754
2014(〃26)	559 694	2 314 517	112 777	277 280	149 644	625 956
2015(〃27)	569 483	2 380 876	112 253	271 734	151 211	660 276
2016(〃28)	571 703	2 463 234	112 287	267 071	153 251	707 272
2017(〃29)	562 846	2 556 168	112 011	264 963	157 033	749 936
2018(〃30)	565 204	2 655 116	114 056	266 810	157 495	789 306

	金融・保険業	貸金業等1)	物品賃貸業	地方公共団体	個人	総貸出×
1970(昭45)	…	…	…	3 437	…	495 633
1975(〃50)	…	…	…	10 459	96 867	1 125 017
1980(〃55)	60 196	…	19 310	15 391	213 285	1 732 601
1985(〃60)	205 290	…	100 103	22 094	286 059	2 751 413
1990(平 2)	453 612	…	199 438	19 671	652 932	4 087 909
1995(〃 7)	548 995	455 066	186 642	70 062	854 225	5 127 471
2000(〃12)	416 511	270 293	131 494	85 901	960 476	4 752 649
2002(〃14)	376 397	228 965	109 979	99 738	1 009 680	4 323 264
2003(〃15)	349 849	203 161	100 455	107 510	1 066 807	4 098 746
2004(〃16)	352 868	203 358	99 495	116 259	1 059 562	3 985 306
2005(〃17)	347 789	218 245	103 761	125 843	1 098 690	3 989 315
2006(〃18)	370 746	227 610	111 498	136 814	1 080 157	4 069 765
2007(〃19)	364 639	215 787	116 760	144 705	1 101 224	4 106 863
2008(〃20)	407 311	236 365	128 946	170 152	1 135 648	4 271 603
2009(〃21)	363 701	201 943	112 184	196 512	1 132 927	4 214 940
2010(〃22)	345 038	186 081	99 698	215 254	1 150 913	4 132 021
2011(〃23)	333 890	176 920	94 830	225 280	1 167 603	4 161 807
2012(〃24)	343 666	174 215	97 356	240 513	1 201 841	4 239 440
2013(〃25)	371 128	183 933	100 451	252 503	1 238 229	4 359 278
2014(〃26)	395 206	194 585	111 855	263 359	1 272 446	4 500 921
2015(〃27)	408 770	196 288	120 828	273 274	1 304 436	4 650 058
2016(〃28)	409 302	198 631	133 288	278 843	1 346 210	4 776 143
2017(〃29)	427 471	214 157	137 166	280 522	1 385 180	4 901 852
2018(〃30)	444 481	210 912	143 138	281 080	1 413 976	5 043 968

日本銀行ホームページによる（2019年11月19日閲覧）により作成。国内銀行の銀行勘定，信託勘定の合計。1999年以降は海外店勘定（国内向け）も含む。ゆうちょ銀行を除く。1995年以降は各業種とも当座貸越を含む。1）貸金業，クレジットカード業等非預金信用機関。×その他とも。

表 **9-32** 手形交換（全国）

	手形交換高		不渡手形			取引停止処分	
	枚数（千枚）	金額（億円）	枚数（千枚）	金額（億円）	対交換高比率（%）	件数（件）	金額（億円）
1946(昭21)	31 903	2 531	…	…	…	…	…
1950(〃25)	54 500	98 998	…	…	…	…	…
1955(〃30)	128 592	330 084	1 613	1 235	*0.37*	…	…
1960(〃35)	203 728	669 674	2 172	1 853	*0.28*	101 028	90
1965(〃40)	302 975	1 510 970	4 077	5 575	*0.37*	197 743	286
1970(〃45)	394 166	3 189 806	3 407	7 796	*0.24*	97 278	321
1974(〃49)	413 253	6 639 386	1 504	8 533	*0.13*	62 711	522
1975(〃50)	407 201	7 530 834	1 477	8 809	*0.12*	64 307	550
1976(〃51)	419 298	8 178 157	1 681	10 848	*0.13*	67 716	661
1977(〃52)	425 266	9 128 319	1 904	13 244	*0.15*	73 100	768
1978(〃53)	423 555	10 193 416	1 630	11 765	*0.12*	63 263	664
1979(〃54)	434 864	11 697 196	1 535	11 605	*0.10*	58 883	730
1980(〃55)	432 685	14 251 469	1 660	13 384	*0.09*	62 766	826
1981(〃56)	427 170	15 695 778	1 520	12 635	*0.08*	59 024	747
1982(〃57)	423 851	17 950 091	1 381	11 688	*0.07*	50 621	730
1983(〃58)	418 373	19 139 584	1 367	12 702	*0.07*	48 429	792
1984(〃59)	415 385	22 446 253	1 373	14 356	*0.06*	48 283	949
1985(〃60)	413 305	26 930 337	1 176	13 216	*0.05*	39 949	883
1986(〃61)	403 992	28 824 918	1 041	14 142	*0.05*	32 451	1 097
1987(〃62)	396 263	41 725 946	698	9 943	*0.02*	22 040	591
1988(〃63)	394 511	39 917 165	534	11 157	*0.03*	16 888	698
1989(平 1)	382 060	44 689 713	365	8 205	*0.02*	11 600	512
1990(〃 2)	382 745	47 972 906	309	11 880	*0.02*	10 083	1 083
1991(〃 3)	367 124	40 374 646	445	22 630	*0.06*	15 334	1 577
1992(〃 4)	350 245	35 634 974	536	17 300	*0.05*	17 697	1 156
1993(〃 5)	327 885	32 623 820	517	13 404	*0.04*	16 502	1 022
1994(〃 6)	318 083	27 698 568	491	11 302	*0.04*	15 479	852
1995(〃 7)	305 827	18 451 065	532	11 272	*0.06*	15 776	758
1996(〃 8)	296 030	17 450 220	506	9 726	*0.06*	15 200	694
1997(〃 9)	283 373	15 849 914	571	11 422	*0.07*	16 392	791
1998(〃10)	260 067	12 961 511	648	12 353	*0.10*	18 325	911
1999(〃11)	239 320	11 385 527	477	9 620	*0.08*	14 153	714
2000(〃12)	225 874	10 523 389	527	8 292	*0.08*	16 268	601
2001(〃13)	208 900	8 772 979	501	7 937	*0.09*	15 078	547
2002(〃14)	187 085	7 052 743	441	7 300	*0.10*	13 566	626
2003(〃15)	171 986	6 329 709	312	4 972	*0.08*	10 325	377
2004(〃16)	159 175	6 034 449	209	3 208	*0.05*	7 922	297
2005(〃17)	146 466	5 291 227	173	2 570	*0.05*	6 712	207
2006(〃18)	134 235	4 779 275	155	3 207	*0.07*	6 393	224
2007(〃19)	123 570	4 632 612	157	3 831	*0.08*	6 295	209
2008(〃20)	112 001	4 329 745	174	4 729	*0.11*	6 529	294
2009(〃21)	96 210	3 735 305	151	3 460	*0.09*	5 241	317
2010(〃22)	87 993	3 758 952	85	2 955	*0.08*	3 603	215
2011(〃23)	82 585	3 796 314	72	1 913	*0.05*	2 975	139
2012(〃24)	77 453	3 692 033	58	1 920	*0.05*	2 629	191
2013(〃25)	73 051	3 664 449	42	1 532	*0.04*	2 035	81
2014(〃26)	68 864	3 326 553	32	1 667	*0.05*	1 634	56
2015(〃27)	64 100	2 990 322	25	2 978	*0.10*	1 364	162
2016(〃28)	59 421	4 242 244	22	2 961	*0.07*	1 200	39
2017(〃29)	55 485	3 741 580	17	1 300	*0.03*	1 005	46
2018(〃30)	51 365	2 612 755	15	1 055	*0.04*	856	30

1980年までは日本統計協会「新版　日本長期統計総覧」，81年以降は全国銀行協会「決済統計年報」により作成。取引停止処分は不渡届出に基づく取引停止処分数。

表9-33　主要金利の推移（年末）（単位　年%）

	貯蓄金利		貸出金利				国債
	普通預金1)	通常貯金	プライムレート		貸出約定平均利率2)	住宅ローン3)	長期国債（10年）4)
	銀行	ゆうちょ	短期	長期	国内銀行	都市銀行	流通利回
1946(昭21)	1.830	2.640	…	…	…	…	…
1950(〃25)	1.830	2.760	…	…	…	…	…
1955(〃30)	2.190	3.960	…	10.22	…	…	…
1960(〃35)	2.560	3.960	…	9.13	8.08	…	…
1965(〃40)	2.190	3.600	…	8.70	7.61	…	…
1970(〃45)	2.250	3.600	6.250	8.50	7.69	10.200	7.07
1975(〃50)	2.500	3.840	6.750	9.20	8.51	9.000	8.53
1980(〃55)	2.750	4.080	7.500	8.80	8.27	8.520	8.86
1981(〃56)	2.250	3.600	6.000	8.60	7.56	8.340	8.12
1982(〃57)	1.750	3.120	6.000	8.60	7.15	8.460	7.67
1983(〃58)	1.750	3.120	5.500	8.20	6.81	8.100	7.36
1984(〃59)	1.500	2.880	5.500	7.60	6.57	7.740	6.65
1985(〃60)	1.500	2.880	5.500	7.20	6.47	7.680	5.87
1986(〃61)	0.260	1.680	3.750	6.20	5.51	5.500	5.82
1987(〃62)	0.260	1.680	3.375	5.70	4.94	5.700	5.61
1988(〃63)	0.260	1.680	3.375	5.70	4.93	5.700	4.57
1989(平1)	0.500	1.920	5.750	6.50	5.78	6.000	5.75
1990(〃2)	2.080	3.480	8.250	8.10	7.70	8.500	6.41
1991(〃3)	1.500	2.880	6.625	6.90	6.99	6.900	5.51
1992(〃4)	0.380	1.800	4.500	5.50	5.55	5.700	4.77
1993(〃5)	0.220	1.320	3.000	3.50	4.41	3.800	3.32
1994(〃6)	0.250	1.350	3.000	4.90	4.04	4.000	4.57
1995(〃7)	0.100	0.250	1.625	2.60	2.78	2.625	3.19
1996(〃8)	0.100	0.250	1.625	2.50	2.53	2.625	2.76
1997(〃9)	0.100	0.250	1.625	2.30	2.36	2.625	1.91
1998(〃10)	0.100	0.150	1.500	2.20	2.25	2.500	1.97
1999(〃11)	0.050	0.080	1.375	2.20	2.10	2.375	1.64
2000(〃12)	0.100	0.120	1.500	2.10	2.11	2.500	1.64
2001(〃13)	0.020	0.020	1.375	1.85	1.88	2.375	1.36
2002(〃14)	0.003	0.005	1.375	1.65	1.83	2.375	0.90
2003(〃15)	0.001	0.005	1.375	1.70	1.79	2.375	1.36
2004(〃16)	0.001	0.005	1.375	1.55	1.73	2.375	1.43
2005(〃17)	0.001	0.050	1.375	1.85	1.62	2.375	1.47
2006(〃18)	0.099	0.110	1.625	2.35	1.76	2.625	1.67
2007(〃19)	0.198	0.210	1.875	2.30	1.94	2.875	1.50
2008(〃20)	0.057	0.050	1.675	2.40	1.86	2.675	1.16
2009(〃21)	0.039	0.050	1.475	1.65	1.65	2.475	1.28
2010(〃22)	0.020	0.030	1.475	1.60	1.55	2.475	1.11
2011(〃23)	0.020	0.030	1.475	1.40	1.45	2.475	0.98
2012(〃24)	0.020	0.030	1.475	1.20	1.36	2.475	0.79
2013(〃25)	0.020	0.030	1.475	1.20	1.25	2.475	0.73
2014(〃26)	0.020	0.030	1.475	1.10	1.18	2.475	0.33
2015(〃27)	0.020	0.030	1.475	1.10	1.11	2.475	0.27
2016(〃28)	0.001	0.001	1.475	0.95	0.99	2.475	0.04
2017(〃29)	0.001	0.001	1.475	1.00	0.94	2.475	0.04
2018(〃30)	0.001	0.001	1.475	1.00	0.90	2.475	-0.01

日本統計協会「新版　日本長期統計総覧」，内閣府「経済財政白書」，日本銀行「金融経済統計月報」及びゆうちょ銀行資料により作成。1）1970年3月以前は「臨時金利調整法」による最高限度，同年4月1日以降は日本銀行のガイドライン利率。1994年10月17日（普通預金などの金利自由化）以降は月末営業日を含む週間平均レート。2）ストック分の総合の末値。3）1985年以前は固定金利制分，1986年以降は変動金利。都市銀行各行の中央値を採用。1994年以降の年計数は最終月の月初の金利。4）1997年以前は東証上場国債10年物最長期利回り，1998年以降は新発10年国債流通利回りのそれぞれの末値。

表 9 - 34　東証株価指数と日経平均株価（東証第一部）

	東証株価指数（TOPIX）1)			単純株価平均2)（円）	日経平均株価（225種）（円）3)		
	最高	最低	年末		最高	最低	年末
1950	13.24	9.59	11.57	74.00	114.99	85.25	101.91
1955	39.06	30.00	39.06	108.17	425.69	345.89	425.69
1960	112.53	79.46	109.18	167.54	1 356.71	869.34	1 356.71
1965	105.68	81.29	105.68	99.56	1 417.83	1 020.49	1 417.83
1970	185.70	147.08	148.35	181.58	2 534.45	1 929.64	1 987.14
1975	333.11	268.24	323.43	268.95	4 564.52	3 627.04	4 358.60
1978	452.60	364.04	449.55	365.68	6 097.26	4 867.91	6 001.85
1979	465.24	435.13	459.61	383.93	6 590.69	5 925.87	6 569.47
1980	497.96	449.01	494.10	382.92	7 188.28	6 475.93	7 116.38
1981	603.92	495.79	570.31	406.35	8 019.14	6 956.52	7 681.84
1982	593.72	511.52	593.72	381.98	8 026.99	6 849.78	8 016.67
1983	731.82	574.51	731.82	463.29	9 893.82	7 803.18	9 893.82
1984	913.37	735.45	913.37	603.29	11 577.44	9 703.35	11 542.60
1985	1 058.35	916.93	1 049.40	682.47	13 128.94	11 545.16	13 113.32
1986	1 583.35	1 025.85	1 556.37	866.18	18 936.24	12 881.50	18 701.30
1987	2 258.56	1 557.46	1 725.83	1 103.85	26 646.43	18 544.05	21 564.00
1988	2 357.03	1 690.44	2 357.03	1 294.17	30 159.00	21 217.04	30 159.00
1989	*2 884.80	2 364.33	2 881.37	1 579.99	*38 915.87	30 183.79	38 915.87
1990	2 867.70	1 523.43	1 733.83	1 577.50	38 712.88	20 221.86	23 848.71
1991	2 028.85	1 638.06	1 714.68	1 268.41	27 146.91	21 456.76	22 983.77
1992	1 763.43	1 102.50	1 307.66	899.42	23 801.18	14 309.41	16 924.95
1993	1 698.67	1 250.06	1 439.31	963.30	21 148.11	16 078.71	17 417.24
1994	1 712.73	1 445.97	1 559.09	987.40	21 552.81	17 369.74	19 723.06
1995	1 585.87	1 193.16	1 577.70	789.70	20 011.76	14 485.41	19 868.15
1996	1 722.13	1 448.45	1 470.94	912.55	22 666.80	19 161.71	19 361.35
1997	1 560.28	1 130.00	1 175.03	726.65	20 681.07	14 775.22	15 258.74
1998	1 300.30	980.11	1 086.99	579.63	17 264.34	12 879.97	13 842.17
1999	1 722.20	1 048.33	1 722.20	639.27	18 934.34	13 232.74	18 934.34
2000	1 754.78	1 255.16	1 283.67	640.50	20 833.21	13 423.21	13 785.69
2001	1 440.97	988.98	1 032.14	495.64	14 529.41	9 504.41	10 542.62
2002	1 139.43	815.74	843.29	392.36	11 979.85	8 303.39	8 578.95
2003	1 105.59	770.62	1 043.69	362.69	11 161.71	7 607.88	10 676.64
2004	1 217.87	1 022.61	1 149.63	426.26	12 163.89	10 365.40	11 488.76
2005	1 663.75	1 109.19	1 649.76	459.93	16 344.20	10 825.39	16 111.43
2006	1 783.72	1 458.30	1 681.07	490.50	17 563.37	14 218.60	17 225.83
2007	1 816.97	1 437.38	1 475.68	441.72	18 261.98	14 837.66	15 307.78
2008	1 430.47	746.46	859.24	308.05	14 691.41	7 162.90	8 859.56
2009	975.59	700.93	907.59	245.11	10 639.71	7 054.98	10 546.44
2010	998.90	803.12	898.80	240.36	11 339.30	8 824.06	10 228.92
2011	974.63	706.08	728.61	210.18	10 857.53	8 160.01	8 455.35
2012	872.42	695.51	859.80	237.76	10 395.18	8 295.63	10 395.18
2013	1 302.29	871.88	1 302.29	324.56	16 291.31	10 486.99	16 291.31
2014	1 447.58	1 132.76	1 407.51	313.87	17 935.64	13 910.16	17 450.77
2015	1 691.29	1 357.98	1 547.30	3 066.29	20 868.03	16 795.96	19 033.71
2016	1 552.36	1 196.28	1 518.61	2 763.27	19 494.53	14 952.02	19 114.37
2017	1 831.93	1 459.07	1 817.56	2 946.13	22 939.18	18 335.63	22 764.94
2018	1 911.07	1 415.55	1 494.09	2 077.20	24 270.62	19 155.74	20 014.77

東証株価指数と単純株価平均は日本取引所グループホームページ，日経平均株価は日本経済新聞社の指数公式サイト「日経平均プロフィル」により作成（日経平均株価©日本経済新聞社）。1）株価に上場株式数をウエイトした指数で，1968年1月4日の時価総額を100としたもの。2）全銘柄の単純平均。2010年以前は平均，2011年以降は年末現在。2015年9月24日から株価平均算出上の株価等の取扱い調整基準を1000株から100株へ変更。3）東京証券取引所第一部に上場する225銘柄を選定し，その株価を使って産出する株価平均型の指数。東証株価指数，日経平均とも終値ベース。*ゴシックは過去最高値。

表 9-35　株式の所有者別持株比率の推移（会計年度末現在）（単位　%）

	会社数（社）	政府・地方公共団体	金融機関	都銀・地銀等[1]	信託銀行		
						投資信託	年金信託
1950（昭25）	713	3.1	12.6	—	—	—	—
1955（〃30）	786	0.4	23.6	—	—	4.1	—
1960（〃35）	785	0.2	30.6	—	—	7.5	—
1965（〃40）	1 578	0.2	29.0	—	—	5.6	—
1970（〃45）	1 584	0.2	32.3	15.4	—	1.4	—
1974（〃49）	1 706	0.2	35.5	17.9	—	1.6	—
1975（〃50）	1 710	0.2	36.0	18.0	—	1.6	—
1976（〃51）	1 719	0.2	36.5	18.2	—	1.4	—
1977（〃52）	1 723	0.2	37.8	18.9	—	2.0	—
1978（〃53）	1 707	0.2	38.8	19.5	—	2.2	—
1979（〃54）	1 723	0.2	38.8	19.5	—	1.9	0.5
1980（〃55）	1 734	0.2	38.8	19.2	—	1.5	0.4
1981（〃56）	1 749	0.2	38.6	19.0	—	1.3	0.4
1982（〃57）	1 771	0.2	38.9	19.2	—	1.2	0.4
1983（〃58）	1 790	0.2	39.0	19.4	—	1.0	0.4
1984（〃59）	1 806	0.2	39.6	19.9	—	1.1	0.5
1985（〃60）	1 833	0.8	42.2	21.6	—	1.3	0.7
1986（〃61）	1 881	0.9	43.5	16.1	7.1	1.8	0.9
1987（〃62）	1 924	0.8	44.6	15.9	8.4	2.4	1.0
1988（〃63）	1 975	0.7	45.6	16.3	9.9	3.1	1.0
1989（平1）	2 030	0.7	46.0	16.4	10.3	3.7	0.9
1990（〃2）	2 078	0.6	45.2	16.4	9.8	3.6	0.9
1991（〃3）	2 106	0.6	44.7	16.3	9.7	3.2	1.0
1992（〃4）	2 120	0.6	44.5	16.2	10.0	3.2	1.1
1993（〃5）	2 161	0.6	43.8	16.0	10.1	3.0	1.4
1994（〃6）	2 211	0.7	43.5	15.9	10.6	2.6	1.6
1995（〃7）	2 277	0.6	41.4	15.4	10.1	2.1	1.8
1996（〃8）	2 339	0.5	41.3	15.1	10.8	2.0	2.3
1997（〃9）	2 387	0.5	40.2	14.6	11.1	1.4	3.3
1998（〃10）	2 426	0.5	39.3	14.0	11.7	1.2	3.8
1999（〃11）	2 472	0.5	36.1	12.8	10.9	1.6	3.6
2000（〃12）	2 587	0.4	37.0	11.5	14.3	2.2	4.3
2001（〃13）	2 656	0.4	36.2	9.4	16.6	2.7	4.9
2002（〃14）	2 661	0.3	34.1	7.0	18.5	3.4	5.0
2003（〃15）	2 679	0.3	31.1	5.7	17.4	3.2	4.1
2004（〃16）	3 698	0.1	17.6	2.7	9.9	2.2	2.1
2005（〃17）	3 783	0.1	17.5	2.1	10.5	3.8	2.2
2006（〃18）	3 885	0.2	23.3	3.5	13.6	3.9	2.7
2007（〃19）	3 897	0.2	23.3	3.5	13.7	3.9	2.8
2008（〃20）	3 803	0.2	25.5	3.6	15.8	4.1	3.0
2009（〃21）	3 694	0.2	23.9	3.1	15.1	3.6	2.8
2010（〃22）	3 616	0.2	22.5	2.8	14.6	3.3	2.7
2011（〃23）	3 554	0.1	22.9	2.7	15.3	3.4	2.6
2012（〃24）	3 540	0.2	23.8	2.9	15.7	3.7	2.4
2013（〃25）	3 525	0.2	22.8	2.8	15.1	3.9	2.0
2014（〃26）	3 565	0.2	23.8	3.0	16.1	4.0	1.7
2015（〃27）	3 613	0.2	24.8	3.3	16.9	4.6	1.4
2016（〃28）	3 636	0.2	25.6	3.2	17.7	5.2	1.2
2017（〃29）	3 687	0.2	26.2	3.1	18.4	6.0	1.1
2018（〃30）	3 735	0.2	26.6	3.0	19.0	6.8	1.0

東京証券取引所「株式分布状況調査」により作成。全上場会社が対象（各取引所の新興市場も含む）。ただし，2003年度以前はジャスダック市場は含まない。1984年度までは株数ベース。1985年度から2000年度までは単位株ベース。2001年度以降は単元株ベース。なお，2003年度と04年度の数値（特に個人）↗

生命保険会社	損害保険会社	その他の金融機関	証券会社	事業法人等	外国法人等2)	個人・その他	
—	—	—	11.9	11.0	—	61.3	1950(昭25)
—	—	—	7.9	13.2	1.7	53.2	1955(〃30)
—	—	—	3.7	17.8	1.3	46.3	1960(〃35)
—	—	—	5.8	18.4	1.8	44.8	1965(〃40)
11.1	4.0	1.8	1.2	23.1	3.2	39.9	1970(〃45)
11.2	4.6	1.8	1.3	27.1	2.5	33.4	1974(〃49)
11.5	4.7	1.9	1.4	26.3	2.6	33.5	1975(〃50)
11.8	4.7	1.8	1.4	26.5	2.6	32.9	1976(〃51)
12.2	4.8	2.0	1.5	26.2	2.3	32.0	1977(〃52)
12.4	4.9	2.0	1.8	26.3	2.1	30.8	1978(〃53)
12.3	4.9	2.1	2.0	26.1	2.5	30.4	1979(〃54)
12.5	4.9	2.2	1.7	26.0	4.0	29.2	1980(〃55)
12.6	4.9	2.1	1.7	26.3	4.6	28.4	1981(〃56)
12.7	4.9	2.2	1.8	26.0	5.1	28.0	1982(〃57)
12.7	4.8	2.1	1.9	25.9	6.3	26.8	1983(〃58)
12.7	4.8	2.2	1.9	25.9	6.1	26.3	1984(〃59)
13.5	4.5	2.6	2.0	24.1	5.7	25.2	1985(〃60)
13.3	4.4	2.6	2.5	24.5	4.7	23.9	1986(〃61)
13.2	4.3	2.8	2.5	24.9	3.6	23.6	1987(〃62)
13.1	4.2	2.1	2.5	24.9	4.0	22.4	1988(〃63)
13.1	4.1	2.1	2.0	24.8	3.9	22.6	1989(平1)
13.2	4.1	1.8	1.7	25.2	4.2	23.1	1990(〃2)
13.2	4.0	1.6	1.5	24.5	5.4	23.2	1991(〃3)
13.0	4.0	1.3	1.2	24.4	5.5	23.9	1992(〃4)
12.7	3.8	1.2	1.3	23.9	6.7	23.7	1993(〃5)
12.2	3.7	1.1	1.1	23.8	7.4	23.5	1994(〃6)
11.2	3.6	1.2	1.4	23.6	9.4	23.6	1995(〃7)
10.9	3.4	1.0	1.1	23.8	9.8	23.6	1996(〃8)
10.2	3.3	1.0	0.8	24.1	9.8	24.6	1997(〃9)
9.4	3.2	1.0	0.7	24.1	10.0	25.4	1998(〃10)
8.3	2.9	1.2	0.9	23.7	12.4	26.4	1999(〃11)
7.6	2.8	0.8	0.8	22.3	13.2	26.3	2000(〃12)
6.7	2.7	0.7	0.8	23.2	13.7	25.9	2001(〃13)
5.6	2.4	0.7	0.9	24.8	16.5	23.4	2002(〃14)
4.9	2.3	0.8	1.1	25.1	19.7	22.7	2003(〃15)
2.6	1.2	1.2	0.8	18.4	15.0	48.1	2004(〃16)
2.0	0.9	1.9	1.9	20.4	20.5	39.6	2005(〃17)
3.6	1.6	1.0	1.8	23.8	24.6	26.4	2006(〃18)
3.7	1.6	0.8	1.5	24.8	24.7	25.5	2007(〃19)
3.8	1.5	0.8	1.0	25.2	21.5	26.6	2008(〃20)
3.5	1.4	0.8	1.5	24.5	22.5	27.3	2009(〃21)
3.1	1.3	0.7	1.8	24.3	22.2	29.1	2010(〃22)
3.0	1.2	0.7	2.1	22.5	22.8	29.5	2011(〃23)
3.1	1.2	0.9	2.3	23.3	24.3	26.2	2012(〃24)
2.9	1.1	0.8	2.4	23.3	26.9	24.3	2013(〃25)
2.9	1.1	0.7	2.5	23.1	28.0	22.4	2014(〃26)
2.8	1.0	0.7	2.3	24.3	26.7	21.7	2015(〃27)
3.0	1.0	0.7	2.4	24.2	26.5	21.1	2016(〃28)
3.0	1.0	0.7	2.3	23.7	26.6	21.0	2017(〃29)
3.0	0.9	0.7	2.7	23.8	24.9	21.7	2018(〃30)

↘が大きく異なるのは，株式会社ライブドアが，大幅な株式分割を繰り返した結果，同社の単元株が異常に増加したためである（同社は05年度まで調査対象）。1）1985年度までは信託銀行を含む。2）法人と個人の合計。

表 9-36 東京証券取引所（第一部，第二部，マザーズ等合計）の株式総括表

	上場会社数	上場株式数（百万株）	時価総額（億円）	売買高		売買代金	
				合計（百万株）	1日平均（千株）	合計（億円）	1日平均（億円）
1950	583	2 338	1 689	512	1 701	500	1.7
1955	596	10 400	10 577	2 505	8 351	2 839	9.5
1960	599	33 008	54 114	27 230	90 166	58 036	192
1965	1 255	80 190	85 109	34 838	115 742	40 046	133
1970	1 280	114 437	162 355	42 753	143 950	91 525	308
1974	1 390	152 407	360 421	51 001	178 950	123 903	435
1975	1 398	166 431	432 449	51 906	182 768	155 661	548
1976	1 401	175 242	529 939	69 941	244 550	236 622	827
1977	1 407	185 752	515 739	71 195	248 935	215 001	752
1978	1 389	192 320	663 415	98 555	345 807	325 343	1 142
1979	1 398	199 373	693 029	98 246	343 517	349 113	1 221
1980	1 402	208 158	770 748	102 245	358 755	364 896	1 280
1981	1 412	222 314	919 057	107 549	377 367	493 646	1 732
1982	1 427	231 327	980 902	78 474	275 346	365 715	1 283
1983	1 441	239 744	1 267 460	104 309	364 715	548 448	1 918
1984	1 444	248 859	1 618 119	103 737	361 454	679 740	2 368
1985	1 476	258 635	1 901 266	121 863	427 589	787 110	2 762
1986	1 499	267 680	2 854 715	197 699	708 599	1 598 362	5 729
1987	1 532	280 745	3 367 066	263 611	962 085	2 507 370	9 151
1988	1 571	295 406	4 768 498	282 637	1 035 300	2 855 213	10 459
1989	1 597	313 848	6 111 519	222 599	893 973	3 326 166	13 358
1990	1 627	327 139	3 792 311	123 099	500 400	1 866 668	7 588
1991	1 641	332 432	3 779 244	93 606	380 512	1 108 975	4 508
1992	1 651	334 818	2 894 835	66 408	268 857	601 104	2 434
1993	1 667	337 470	3 243 575	86 935	353 394	868 891	3 532
1994	1 689	342 264	3 583 925	84 514	342 163	873 556	3 537
1995	1 714	345 256	3 657 161	92 034	369 613	835 639	3 356
1996	1 766	348 568	3 475 784	100 171	405 549	1 018 926	4 125
1997	1 805	351 635	2 809 300	107 567	439 049	1 085 002	4 429
1998	1 838	347 706	2 751 811	123 199	498 780	973 916	3 943
1999	1 892	356 208	4 568 408	155 163	633 320	1 855 418	7 573
2000	2 055	351 235	3 605 547	174 160	702 258	2 486 630	10 027
2001	2 103	337 658	2 967 890	204 038	829 422	2 022 615	8 222
2002	2 119	321 822	2 478 606	213 174	866 561	1 933 545	7 860
2003	2 174	329 855	3 164 835	316 124	1 290 303	2 423 713	9 893
2004	2 276	337 255	3 645 549	378 756	1 539 658	3 431 212	13 948
2005	2 323	336 102	5 397 395	558 901	2 281 229	4 917 724	20 072
2006	2 391	348 571	5 497 894	502 463	2 026 062	6 737 625	27 168
2007	2 389	359 214	4 838 289	562 118	2 294 361	7 522 271	30 703
2008	2 373	355 345	2 834 602	555 106	2 265 739	5 763 192	23 523
2009	2 319	388 081	3 077 797	563 576	2 319 244	3 737 663	15 381
2010	2 280	392 389	3 104 516	520 052	2 122 662	3 591 703	14 660
2011	2 279	383 362	2 558 553	536 775	2 190 918	3 471 129	14 168
2012	2 293	380 652	3 007 972	529 928	2 136 808	3 108 866	12 536
2013	3 406	422 443	4 775 098	887 952	3 624 296	6 827 022	27 865
2014	3 456	430 407	5 248 996	709 105	2 906 168	6 431 056	26 357
2015	3 502	431 403	5 897 888	709 719	2 908 684	7 459 552	30 572
2016	3 533	407 229	5 795 966	665 769	2 717 426	6 911 026	28 208
2017	3 596	345 426	7 009 826	587 730	2 379 472	7 413 155	30 013
2018	3 650	330 235	5 826 704	481 634	1 965 854	7 938 236	32 401

日本取引所グループホームページにより作成。本表は東京証券取引所第一部，第二部（1965年より追加），マザーズ（1999年より追加），TOKYO PRO Market・JASDAQスタンダード・JASDAQグロース（それぞれ2013年より追加）の合計統計である。上場会社数，上場株式数，時価総額は年末現在。

表 9-37 東京証券取引所（第一部）の株式総括表

	上場会社数	上場株式数（百万株）	時価総額（億円）	売買高		売買代金	
				合計（百万株）	1日平均（千株）	合計（億円）	1日平均（億円）
1950	583	2 338	1 689	512	1 701	500	1.7
1955	596	10 400	10 577	2 505	8 351	2 839	9.5
1960	599	33 008	54 114	27 230	90 166	58 036	192
1965	666	74 756	79 013	33 952	112 798	39 069	130
1970	736	107 789	150 914	41 044	138 194	87 535	295
1974	881	144 743	344 196	49 792	174 709	120 800	424
1975	901	159 079	414 683	50 753	178 708	151 818	535
1976	914	167 701	507 511	67 287	235 269	226 697	793
1977	926	177 893	493 502	68 474	239 421	206 497	722
1978	936	184 227	627 039	93 222	327 094	303 090	1 063
1979	950	190 909	659 093	94 964	332 042	334 479	1 170
1980	960	199 751	732 207	100 220	351 648	354 025	1 242
1981	974	213 667	879 775	105 930	371 685	482 967	1 695
1982	982	222 122	936 047	76 379	267 997	351 735	1 234
1983	1 003	230 537	1 195 052	100 074	349 909	508 660	1 779
1984	1 032	240 084	1 548 424	99 235	345 768	635 406	2 214
1985	1 052	249 328	1 826 968	118 205	414 754	754 533	2 647
1986	1 075	258 175	2 770 564	193 602	693 914	1 559 028	5 588
1987	1 101	270 952	3 254 779	259 410	946 753	2 455 751	8 963
1988	1 130	285 305	4 628 964	278 608	1 020 541	2 797 355	10 247
1989	1 161	303 222	5 909 088	218 352	876 917	3 258 278	13 085
1990	1 191	316 536	3 651 549	119 034	483 878	1 763 106	7 167
1991	1 223	322 361	3 659 388	91 723	372 856	1 071 084	4 354
1992	1 229	324 463	2 810 056	65 438	264 932	588 813	2 384
1993	1 234	326 601	3 135 634	84 620	343 983	836 857	3 402
1994	1 235	330 504	3 421 409	81 132	328 471	825 172	3 341
1995	1 253	333 007	3 502 375	88 901	357 032	786 173	3 157
1996	1 293	336 476	3 363 851	96 170	389 353	970 973	3 931
1997	1 327	339 682	2 739 080	105 533	430 747	1 064 272	4 344
1998	1 340	335 504	2 677 835	121 596	492 291	960 013	3 887
1999	1 364	343 374	4 424 433	151 200	617 144	1 780 411	7 267
2000	1 447	337 749	3 527 847	169 599	683 865	2 426 323	9 784
2001	1 491	324 567	2 906 685	199 532	811 104	1 998 443	8 124
2002	1 495	308 650	2 429 391	207 282	842 609	1 908 700	7 759
2003	1 533	317 542	3 092 900	307 194	1 253 853	2 379 058	9 710
2004	1 595	323 103	3 535 583	357 034	1 451 359	3 239 182	13 167
2005	1 667	321 396	5 220 681	508 310	2 074 736	4 591 364	18 740
2006	1 715	334 445	5 386 295	477 894	1 926 993	6 443 088	25 980
2007	1 727	344 424	4 756 290	545 836	2 227 902	7 353 335	30 014
2008	1 715	340 764	2 789 888	541 576	2 210 515	5 685 390	23 206
2009	1 684	374 669	3 027 122	552 099	2 272 011	3 686 797	15 172
2010	1 670	379 527	3 056 930	511 696	2 088 554	3 545 988	14 473
2011	1 672	370 342	2 513 957	524 646	2 141 414	3 415 875	13 942
2012	1 695	368 612	2 964 429	519 754	2 095 784	3 067 023	12 367
2013	1 774	393 410	4 584 843	841 858	3 436 155	6 401 938	26 130
2014	1 858	398 618	5 058 973	612 851	2 511 685	5 765 251	23 628
2015	1 934	402 412	5 718 329	620 006	2 541 008	6 965 095	28 545
2016	2 002	375 289	5 602 470	593 610	2 422 900	6 432 058	26 253
2017	2 062	313 659	6 741 992	490 384	1 985 361	6 832 183	27 661
2018	2 128	306 674	5 621 213	406 070	1 657 428	7 407 460	30 235

日本取引所グループホームページにより作成。本表は東京証券取引所第一部の統計である。上場会社数，上場株式数，時価総額は年末現在。

表9-38 生命保険の保有契約高（会計年度末現在）

	個人保険		個人年金保険		団体保険	
	件数（千件）	金額（億円）	件数（千件）	金額（億円）	被保険者数（千人）	金額（億円）
1950(昭25)	19 244	5 100	—	—	1 160	416
1955(〃30)	21 239	19 300	—	—	5 481	3 130
1960(〃35)	32 741	60 025	1.2	1.3	9 571	9 946
1965(〃40)	49 233	211 046	176	189	16 708	33 127
1970(〃45)	64 520	606 741	255	325	41 920	175 560
1974(〃49)	72 636	1 390 853	198	295	74 838	659 500
1975(〃50)	75 000	1 730 474	188	312	87 787	923 627
1976(〃51)	76 280	2 122 252	181	327	98 489	1 221 674
1977(〃52)	76 974	2 537 416	193	390	107 969	1 468 591
1978(〃53)	79 393	2 996 431	223	505	113 483	1 639 150
1979(〃54)	81 662	3 447 349	333	1 017	121 609	1 766 637
1980(〃55)	82 856	3 843 319	456	1 608	126 962	1 879 964
1981(〃56)	83 374	4 277 101	887	39 416	142 195	2 111 997
1982(〃57)	84 529	4 704 671	1 144	52 923	181 153	2 304 171
1983(〃58)	85 147	5 095 743	1 499	66 972	222 592	2 424 010
1984(〃59)	86 273	5 444 434	1 861	82 735	239 958	2 549 536
1985(〃60)	88 678	6 011 921	2 194	96 361	257 759	2 701 393
1986(〃61)	92 516	6 626 223	2 597	116 276	276 731	2 931 429
1987(〃62)	97 238	7 436 765	3 195	150 690	286 460	3 206 156
1988(〃63)	102 210	8 444 509	4 577	234 244	310 846	3 642 591
1989(平1)	105 732	9 555 531	5 803	310 788	331 122	4 171 813
1990(〃2)	118 013	10 921 172	7 516	417 905	360 416	4 714 300
1991(〃3)	119 971	12 149 887	9 227	531 978	403 585	5 193 166
1992(〃4)	122 817	13 107 790	11 021	654 864	439 979	5 423 168
1993(〃5)	126 185	13 811 487	12 858	773 782	490 969	5 626 547
1994(〃6)	128 735	14 341 960	13 675	812 952	535 695	5 822 386
1995(〃7)	130 716	14 692 588	15 021	883 315	564 160	5 958 770
1996(〃8)	130 034	14 956 831	14 712	871 023	599 831	5 917 487
1997(〃9)	124 318	14 628 545	14 296	826 612	611 541	4 233 260
1998(〃10)	120 129	14 090 150	14 394	816 367	597 413	4 186 236
1999(〃11)	115 874	13 647 515	14 033	778 737	633 658	4 172 569
2000(〃12)	112 718	13 119 926	13 717	740 962	616 620	4 159 858
2001(〃13)	110 848	12 556 232	13 030	695 931	550 486	4 089 955
2002(〃14)	110 177	12 102 460	12 919	682 769	522 774	3 966 589
2003(〃15)	109 341	11 526 485	13 242	695 639	455 686	3 870 607
2004(〃16)	109 615	11 121 705	14 014	741 095	436 492	3 823 823
2005(〃17)	109 989	10 705 709	14 923	804 164	427 563	3 805 953
2006(〃18)	109 782	10 263 360	15 815	858 637	295 486	3 727 049
2007(〃19)	110 020	9 810 644	16 635	881 437	288 165	3 742 169
2008(〃20)	112 996	9 398 426	17 424	893 105	274 912	3 751 882
2009(〃21)	117 052	9 029 471	18 341	941 717	256 334	3 730 829
2010(〃22)	121 912	8 795 964	18 988	957 104	244 918	3 715 191
2011(〃23)	127 210	8 653 465	19 756	989 155	233 598	3 703 305
2012(〃24)	136 017	8 616 514	20 429	1 035 182	219 811	3 701 127
2013(〃25)	143 882	8 575 407	20 478	1 037 887	215 969	3 712 889
2014(〃26)	151 735	8 574 326	20 503	1 041 312	213 732	3 731 279
2015(〃27)	160 118	8 586 041	20 759	1 035 952	208 625	3 751 529
2016(〃28)	167 725	8 629 053	21 760	1 078 728	206 453	3 792 796
2017(〃29)	173 022	8 529 628	21 484	1 054 846	212 335	3 837 433
2018(〃30)	181 291	8 486 901	21 424	1 043 582	208 270	3 917 085

生命保険協会「生命保険事業概況」により作成。2007年度よりかんぽ生命を含む。保有契約高とは，保険会社が顧客に対して保障する金額の総合計額である。

表9-39 生命保険の新規契約高（会計年度）

	個人保険		個人年金保険		団体保険	
	件数（千件）	金額（億円）	件数（千件）	金額（億円）	被保険者数（千人）	金額（億円）
1950(昭25)	1 504	1 851	—	—	446	350
1955(〃30)	3 268	6 885	—	—	1 214	765
1960(〃35)	6 569	19 133	1.1	1.1	909	1 348
1965(〃40)	9 055	69 261	38	49	1 529	4 195
1970(〃45)	9 807	191 511	76	118	9 802	41 541
1974(〃49)	10 907	455 494	12	23	10 739	85 227
1975(〃50)	11 164	547 898	11	29	10 469	106 929
1976(〃51)	11 648	647 914	10	31	9 850	130 620
1977(〃52)	12 053	694 218	24	74	9 579	120 425
1978(〃53)	12 634	762 021	41	127	8 035	110 668
1979(〃54)	12 415	788 998	125	545	7 921	91 384
1980(〃55)	12 135	800 208	168	764	7 816	69 381
1981(〃56)	11 982	884 343	343	21 553	8 170	67 024
1982(〃57)	12 451	917 383	323	20 309	18 361	89 351
1983(〃58)	12 554	964 566	454	22 826	21 134	77 856
1984(〃59)	13 262	952 658	517	26 058	17 266	74 019
1985(〃60)	14 886	1 154 630	513	24 083	10 892	72 855
1986(〃61)	16 380	1 241 791	589	29 029	11 642	107 875
1987(〃62)	16 653	1 434 123	793	42 956	8 240	113 975
1988(〃63)	16 754	1 652 647	1 630	93 933	17 672	200 110
1989(平1)	15 888	1 809 533	1 542	91 405	13 250	188 955
1990(〃2)	16 687	2 075 357	2 167	130 770	12 543	231 759
1991(〃3)	16 819	2 158 080	2 382	152 609	26 827	226 879
1992(〃4)	17 126	2 072 567	2 693	178 283	26 507	151 430
1993(〃5)	17 484	1 947 341	2 857	182 502	73 853	156 061
1994(〃6)	16 848	1 843 441	1 886	105 806	35 987	123 080
1995(〃7)	16 648	1 772 051	2 526	140 166	22 845	114 782
1996(〃8)	14 572	1 779 771	1 333	64 671	21 687	108 998
1997(〃9)	13 317	1 543 571	1 231	57 922	80 854	1) 1 057 479
1998(〃10)	13 368	1 345 199	1 336	61 406	23 442	190 102
1999(〃11)	12 436	1 342 783	816	32 151	84 181	89 512
2000(〃12)	12 430	1 335 594	886	36 058	50 763	70 550
2001(〃13)	14 110	1 280 984	511	19 103	32 127	166 038
2002(〃14)	13 831	1 207 124	750	34 081	22 614	141 896
2003(〃15)	13 167	1 013 812	1 114	51 999	14 410	137 974
2004(〃16)	12 592	911 593	1 369	74 673	4 472	101 659
2005(〃17)	12 208	807 534	1 547	86 217	27 277	77 969
2006(〃18)	11 073	679 920	1 577	89 159	9 862	54 621
2007(〃19)	11 320	602 846	1 513	82 407	3 416	50 468
2008(〃20)	13 888	594 176	1 586	79 428	2 176	44 715
2009(〃21)	15 520	592 999	1 630	82 223	2 801	29 269
2010(〃22)	15 861	629 925	1 443	68 943	1 939	24 828
2011(〃23)	16 221	656 016	1 588	78 991	5 156	30 214
2012(〃24)	19 679	713 457	1 650	85 630	1 541	30 415
2013(〃25)	18 997	668 368	1 508	80 033	2 850	44 794
2014(〃26)	19 399	674 315	1 599	86 325	3 264	30 609
2015(〃27)	19 881	693 337	1 540	83 262	2 977	38 736
2016(〃28)	19 303	684 789	2 089	110 644	1 230	30 308
2017(〃29)	17 276	573 535	887	48 033	2 713	49 392
2018(〃30)	15 632	703 248	981	53 293	1 364	47 197

生命保険協会「生命保険事業概況」により作成。2007年度より，かんぽ生命を含む。新規契約高とは，保険会社が事業年度において新たに契約した保障金額の総合計額である。個人保険および個人年金保険には転換契約による純増加（減少）分を含む。1）特殊要因により著しく増加。

表 9-40　生命保険会社の資産推移（会計年度末現在）（単位　億円）

	総資産計×	現金・預貯金1)	コールローン	貸付金	有価証券	うち国債	有形固定資産2)
1950(昭25)	367	28	4	111	134	3	64
1955(〃30)	1 929	72	38	939	642	2	198
1960(〃35)	7 528	99	92	4 638	1 853	3	753
1965(〃40)	22 431	253	256	13 890	5 391	38	2 428
1970(〃45)	58 548	592	351	39 290	12 745	334	5 161
1974(〃49)	110 937	1 335	924	75 458	23 135	235	9 232
1975(〃50)	128 930	1 616	635	87 572	27 919	2 117	10 201
1976(〃51)	148 946	2 017	967	99 741	33 990	2 852	11 017
1977(〃52)	170 460	2 322	1 005	109 501	44 121	4 062	12 070
1978(〃53)	196 318	3 074	944	118 955	58 195	6 316	13 151
1979(〃54)	227 443	3 455	1 818	134 678	70 213	5 886	14 755
1980(〃55)	262 578	4 452	2 149	156 851	79 760	6 049	16 478
1981(〃56)	300 988	5 626	1 544	175 045	96 910	8 766	18 418
1982(〃57)	346 138	9 767	1 285	196 692	113 279	9 566	20 863
1983(〃58)	395 269	16 832	957	211 575	136 530	18 519	24 067
1984(〃59)	457 401	30 450	1 141	230 640	160 505	20 215	27 406
1985(〃60)	538 706	62 486	1 467	243 722	189 814	26 968	31 962
1986(〃61)	653 172	75 705	1 301	256 366	267 919	38 518	37 770
1987(〃62)	792 584	94 052	2 233	285 632	349 337	44 959	44 862
1988(〃63)	970 828	109 070	2 180	334 828	447 495	58 359	55 558
1989(平1)	1 161 597	66 759	3 850	410 671	547 783	45 813	65 520
1990(〃2)	1 316 188	73 334	8 283	498 943	588 873	49 614	71 864
1991(〃3)	1 432 341	73 014	18 335	562 871	628 273	59 517	77 684
1992(〃4)	1 560 111	74 734	24 102	611 479	689 435	111 520	83 989
1993(〃5)	1 691 221	127 329	32 782	641 671	707 111	122 431	89 930
1994(〃6)	1 779 655	106 482	34 704	669 845	794 014	195 582	94 750
1995(〃7)	1 874 925	94 466	41 240	673 349	896 410	265 484	97 651
1996(〃8)	1 886 590	66 076	34 772	652 954	956 655	270 504	97 270
1997(〃9)	1 901 110	81 276	56 105	635 168	951 366	255 790	98 595
1998(〃10)	1 917 684	78 732	49 742	591 259	1 001 395	270 194	97 188
1999(〃11)	1 900 329	72 082	44 632	547 613	1 049 934	297 672	91 503
2000(〃12)	1 917 306	45 485	57 089	499 973	1 104 148	317 793	81 589
2001(〃13)	1 843 709	28 828	34 204	470 561	1 110 206	328 324	79 749
2002(〃14)	1 798 311	25 286	28 594	444 683	1 104 941	348 091	75 939
2003(〃15)	1 843 300	21 280	27 981	417 202	1 204 577	355 244	75 989
2004(〃16)	1 915 230	21 211	22 140	383 574	1 318 348	419 317	73 327
2005(〃17)	2 098 791	32 793	22 053	367 284	1 508 159	447 835	68 341
2006(〃18)	2 202 170	29 898	26 668	350 772	1 621 972	487 337	65 972
2007(〃19)	3 264 239	47 473	28 817	541 010	2 408 692	1 186 877	65 942
2008(〃20)	3 117 200	50 268	27 807	511 181	2 302 089	1 238 910	66 038
2009(〃21)	3 183 802	49 951	21 393	468 915	2 441 501	1 279 888	67 205
2010(〃22)	3 206 912	56 560	20 096	438 772	2 479 810	1 323 987	66 909
2011(〃23)	3 269 529	35 155	25 093	421 739	2 575 604	1 412 757	65 139
2012(〃24)	3 449 981	35 749	27 669	402 446	2 782 448	1 487 692	63 748
2013(〃25)	3 505 826	44 168	26 697	380 992	2 850 318	1 498 157	62 372
2014(〃26)	3 672 552	56 080	36 730	368 103	2 994 295	1 487 617	63 295
2015(〃27)	3 671 724	74 584	12 809	349 869	3 005 235	1 485 685	62 505
2016(〃28)	3 755 105	75 350	12 010	340 715	3 097 145	1 485 538	61 244
2017(〃29)	3 812 751	80 296	15 941	329 731	3 137 467	1 473 650	60 929
2018(〃30)	3 877 946	89 949	16 549	318 786	3 203 096	1 482 231	61 561

生命保険協会「生命保険事業概況」により作成。2007年度より，かんぽ生命を含む。1）1985年度以前には金銭の信託を含む。2）土地，建物，リース資産，建設仮勘定など。×その他とも。

表 9-41 損害保険の種目別正味収入保険料（会計年度）（単位 億円）

	火災	自動車	傷害	新種1)	海上・運送	自賠責	計
1966(昭41)	1 191	731	152		494	417	2 985
1970(〃45)	2 698	2 300	591		1 017	1 462	8 067
1975(〃50)	4 898	5 559	852	1 229	2 291	2 413	17 242
1976(〃51)	5 557	6 888	1 068	1 578	2 627	2 382	20 100
1977(〃52)	6 081	7 842	1 271	1 939	2 717	2 676	22 526
1978(〃53)	6 477	9 173	1 478	2 114	2 539	2 994	24 775
1979(〃54)	7 175	10 421	1 836	2 398	3 066	3 351	28 247
1980(〃55)	7 545	11 050	2 196	2 518	3 292	3 324	29 924
1981(〃56)	7 224	11 516	2 520	2 671	3 449	3 589	30 970
1982(〃57)	7 810	12 201	2 935	2 891	3 458	3 630	32 925
1983(〃58)	7 957	13 705	3 480	2 865	3 336	3 864	35 207
1984(〃59)	8 151	14 934	4 057	3 008	3 296	4 007	37 454
1985(〃60)	8 370	15 800	4 769	3 277	3 044	4 643	39 903
1986(〃61)	8 225	16 916	5 726	3 239	2 495	5 178	41 780
1987(〃62)	8 377	18 321	5 591	3 440	2 491	5 432	43 652
1988(〃63)	8 806	20 136	6 332	3 717	2 525	5 711	47 227
1989(平 1)	9 480	22 453	6 610	4 794	2 703	5 963	52 004
1990(〃 2)	9 735	24 781	6 670	6 014	2 941	6 147	56 287
1991(〃 3)	9 826	27 797	6 936	6 254	2 903	6 201	59 917
1992(〃 4)	9 899	30 305	7 008	6 292	2 817	5 969	62 290
1993(〃 5)	10 170	33 146	7 567	6 160	2 654	5 820	65 515
1994(〃 6)	10 769	34 663	7 600	6 217	2 701	5 702	67 653
1995(〃 7)	11 060	35 553	7 827	6 513	2 735	5 905	69 593
1996(〃 8)	11 752	36 666	7 971	6 941	2 933	6 019	72 282
1997(〃 9)	11 861	36 974	7 658	7 025	2 876	5 760	72 154
1998(〃10)	11 172	35 759	7 187	6 881	2 612	5 539	69 151
1999(〃11)	11 052	36 051	7 058	6 762	2 321	5 649	68 893
2000(〃12)	10 537	36 501	6 766	6 923	2 315	5 698	68 741
2001(〃13)	10 319	36 745	6 456	7 254	2 318	5 722	68 816
2002(〃14)	10 305	36 125	6 367	7 610	2 334	10 117	72 859
2003(〃15)	10 449	35 582	6 310	7 662	2 413	11 956	74 372
2004(〃16)	10 302	35 079	6 498	7 794	2 527	11 919	74 120
2005(〃17)	10 807	35 075	6 664	8 038	2 703	11 567	74 854
2006(〃18)	10 854	35 251	6 694	8 326	2 887	11 360	75 372
2007(〃19)	10 554	35 026	6 593	8 283	2 994	11 250	74 700
2008(〃20)	10 652	34 565	6 472	8 341	2 756	8 832	71 618
2009(〃21)	10 541	34 266	6 396	8 264	2 248	7 995	69 711
2010(〃22)	10 073	34 564	6 477	8 189	2 324	8 083	69 710
2011(〃23)	10 325	35 015	6 618	8 264	2 319	8 620	71 161
2012(〃24)	10 719	36 147	6 780	8 547	2 337	9 186	73 718
2013(〃25)	11 469	37 648	6 872	9 218	2 539	9 967	77 713
2014(〃26)	12 397	38 768	7 014	9 790	2 657	10 203	80 831
2015(〃27)	13 375	39 987	6 893	10 330	2 645	10 367	83 597
2016(〃28)	11 378	40 691	6 729	11 044	2 388	10 208	82 439
2017(〃29)	11 504	41 102	6 889	11 723	2 483	10 104	83 806
2018(〃30)	11 849	40 548	6 875	12 491	2 535	9 629	83 928

日本損害保険協会「日本の損害保険」により作成。正味収入保険料とは，元受正味保険料（元受保険料－諸返戻金）に再保険にかかる収支を加味し，収入積立保険料を控除したもの。ただし，1975年度以前は積立保険料を控除していない。1）賠償責任保険，動産総合保険，航空保険，盗難保険，ペット保険など。

表９-42　損害保険会社の資産推移（その１）（会計年度末現在）（単位　億円）

	総資産計	運用資産計	預貯金1)	有価証券2)	貸付金3)	不動産
1950(昭25)	242	182	84	56	17	26
1955(〃30)	975	837	248	339	131	119
1960(〃35)	2 163	1 886	405	931	354	196
1965(〃40)	4 768	4 058	943	1 957	792	366
1970(〃45)	14 329	11 842	2 249	4 492	4 439	662
1975(〃50)	38 761	32 757	6 221	11 449	12 885	2 202
1980(〃55)	72 017	61 575	13 063	26 959	17 230	4 323
1984(〃59)	108 139	93 494	15 838	48 544	23 193	5 919
1985(〃60)	121 734	106 284	18 921	54 711	26 388	6 263
1986(〃61)	150 803	135 345	24 838	70 848	32 533	7 126
1987(〃62)	175 242	158 128	27 304	84 407	38 452	7 977
1988(〃63)	206 694	187 523	34 529	95 924	47 850	9 220
1989(平１)	237 666	217 289	35 606	105 713	64 886	11 083
1990(〃２)	261 808	239 815	35 856	110 965	80 438	12 556
1991(〃３)	265 662	242 249	33 892	113 523	80 797	14 037
1992(〃４)	274 445	251 394	31 102	125 373	79 233	15 687
1993(〃５)	276 387	253 194	30 730	130 447	75 705	16 312
1994(〃６)	284 598	262 259	27 960	142 101	73 978	18 220
1995(〃７)	294 529	272 548	27 971	150 846	75 554	18 177
1996(〃８)	303 581	280 793	28 086	158 547	75 692	18 468
1997(〃９)	311 174	285 363	23 254	165 946	77 905	18 257

大蔵財務協会「保険年鑑」(1997年度版で絶版）により作成。1）金銭の信託を含む。2）買入金銭債権を含む。3）コールローンを含む。

損害保険会社の資産推移（その２）（会計年度末現在）（単位　億円）

	総資産計1)	運用資産計×	預貯金	コールローン	有価証券	貸付金	不動産
1998(平10)	308 237	282 969	14 594	8 385	163 883	62 713	18 170
1999(〃11)	313 645	275 945	14 849	10 390	168 652	54 888	17 913
2000(〃12)	343 042	311 333	17 522	8 244	216 430	43 636	16 688
2001(〃13)	331 205	291 804	19 868	5 551	206 436	38 330	15 429
2002(〃14)	303 033	271 673	16 189	6 189	194 730	34 114	14 965
2003(〃15)	320 942	296 914	15 160	8 222	223 700	30 797	13 927
2004(〃16)	325 361	301 172	11 488	3 287	236 578	28 539	12 559
2005(〃17)	366 097	344 735	10 646	2 845	280 083	27 238	11 990
2006(〃18)	372 747	351 706	9 441	5 938	281 921	26 275	11 524
2007(〃19)	347 091	322 462	9 009	5 773	250 113	26 474	11 409
2008(〃20)	299 411	265 168	8 896	5 775	204 668	25 506	11 173
2009(〃21)	314 956	286 090	9 335	3 343	222 321	23 738	10 984
2010(〃22)	296 733	265 331	9 043	7 574	204 374	21 679	10 718
2011(〃23)	279 958	248 658	9 146	3 801	194 350	19 219	10 749
2012(〃24)	284 598	255 526	9 288	4 278	205 905	17 589	10 429
2013(〃25)	289 298	262 784	8 612	4 044	218 363	16 252	10 225
2014(〃26)	309 605	284 011	9 288	3 199	235 523	18 624	9 836
2015(〃27)	308 500	282 027	17 034	407	230 969	19 038	9 491
2016(〃28)	315 579	289 609	17 112	2 368	237 793	18 870	9 373
2017(〃29)	323 144	296 090	20 997	1 351	243 489	15 303	8 720
2018(〃30)	315 108	281 604	21 268	1	234 482	14 362	8 648

日本損害保険協会「日本の損害保険」により作成。総資産，運用資産，不動産は上表に接続する。1）運用資産とその他の資産の合計。×その他とも。

第10章　運輸・郵便

明治政府は鉄道事業を近代化の基幹事業とし，民間資本の協力のもとに開発を進めた。1872年には新橋━横浜間で鉄道が開通し，1901年には国鉄，私鉄を合わせて本土縦貫が達成される。国鉄の営業キロ数は飛躍的に伸び，1930年代には現在とほぼ同じ幹線鉄道網が完成，60年代前半にかけて，鉄道は旅客，貨物ともに輸送の中心的な役割を果たした。

1964年に開業した東海道新幹線は，「ひかり」が東京━新大阪間を所要時間4時間で結んだ。それ以降，新幹線は高速化とネットワークの拡大を続けている。2010年には東北新幹線が，11年には九州新幹線の鹿児島ルートが全線開通し，16年には北海道新幹線の新青森━新函館北斗間が開通して，新幹線は北海道から鹿児島までつながった。2027年には東京（品川）━名古屋間を約40分で結ぶリニア中央新幹線が開業する予定である。

道路の舗装率は，1946年にはわずか1.2％だったが，その後，急速に整備が進んでいく。1963年には初めて高速道路が開通し，65年には名神，69年には東名高速道路が全線開通した。道路網の整備とともに，自動車輸送量は増大していき，一部の道路では渋滞が慢性的に発生している。混雑の緩和，また，災害時の代替ルート確保のため，現在，既存の高速道路に並行するルートで新東名・新名神高速道路の建設が進められている。

自動車輸送が発展したのは1960年代からである。道路整備の進展とともに1960年代半ばからマイカーが普及し始めてモータリゼーションが進み，輸送手段の主役は鉄道から自動車へと移っていく。1976年には宅配便事業が本格的に始まった。一方で，自動車輸送の増加は，大気汚染などの環境問題を引き起こした。近年は，インターネット通販の拡大による宅配貨物やメール便の急増により，深刻なドライバー不足が生じている。

民間航空は1951年に営業を再開し，54年には国際線（サンフランシスコ線）が開設された。航空輸送は，国内旅客輸送を中心に発展していく。国内定期線の利用者は，1960年には100万人に達した。高度経済成長により人々の暮らしが豊かになるに従って，輸送需要は増大していく。1970年代になると，ジャンボジェット機が投入されて乗客数は大幅に増えた。

航空需要の増大に伴い，1978年に新東京国際空港（現・成田国際空港）が開港した。その後も，1994年に関西国際空港，2005年に中部国際空港と，国際空港が次々と開港した。しかし，大都市圏にある空港は混雑し，特に首都圏の空港は利用者が多く，各国からの増便や新規乗り入れなど，航空需要の増大に対応しきれていない。そのため，滑走路の新設や飛行ルートの見直しにより，飛行機の発着回数の拡大を図っている。羽田空港では2010年に4本目となる滑走路が完成し，32年ぶりに国際線の定期便が就航した。また，2015年には成田空港にLCC（格安航空会社）専用ターミナルが開業するなど，空港の国際競争力強化を進めている。

海運は第一次大戦時の欧米での船不足を機に飛躍的に発展したが，第二次大戦により船舶の大半を失った。戦後は，1950年代後半から外航（海外輸送）海運の整備が進められ，高度経済成長期になると石油，石炭，鉄鋼などの輸送量が増大していった。

1960年代後半になると，外航海運では日本人船員の人件費が上昇していった。また，1985年のプラザ合意以降の急激な円高により，日本籍船は国際競争力を失っていく。その結果，国内の海運会社は，船にかかる税金が安いパナマなどの便宜置籍国に船籍を移し，人件費の安い外国人船員を雇うようになって，日本籍船と日本人船員の数が減っていった。安定的な国際海上輸送確保のため，日本籍船と日本人船員を増やしていくことが課題となっている。

郵便は，1871年に郵便制度が確立された。1892年には小包郵便の取り扱いが始まり，郵便ネットワークは広がっていった。郵政事業は長らく政府によって行われていたが，郵政民営化の流れのなか，2003年には公社化され，07年には民営化された。

年　表	
1871	官営の郵便事業開始。
1872	新橋―横浜間に鉄道開通。
1913	東海道本線全線複線化完成。
1927 （昭2）	上野―浅草間に日本初の地下鉄開通。
1942	関門トンネル（世界初の海底トンネル）開通。
1949	運輸省，日本国有鉄道発足。
1951	国内民間航空営業再開。
1952	日米航空協定調印。
1954	民間航空国際線（サンフランシスコ線）開設。
1956	東海道本線の電化完成。
1963	名神高速道路尼崎―栗東間開通（日本初の高速道路）。
1964	海外渡航自由化。 東海道新幹線東京―新大阪間開業。
1965	名神高速道路全線開通。
1968	郵便番号制実施。
1969	東名高速道路全線開通。
1972	山陽新幹線新大阪―岡山間開業。
1975	山陽新幹線岡山―博多間開業。
1976	本格的な宅配便事業開始。
1978	新東京（成田）国際空港開港。
1982	東北新幹線大宮―盛岡間開業。 上越新幹線大宮―新潟間開業。 中央自動車道全線開通。
1983	中国自動車道全線開通。
1985	関越自動車道全線開通。
1987	国鉄分割民営化，JR7社設立。 東北自動車道全線開通。
1988	青函トンネル開業。 本州四国連絡橋瀬戸大橋開業。 北陸自動車道全線開通。
1994	関西国際空港開港。
1997	北陸新幹線高崎―長野間開業。
2005 （平17）	中部国際空港開港。 道路関係四公団民営化。
2007	郵政民営化。
2010	東北新幹線全線開通。 羽田空港再国際化。
2011	九州新幹線鹿児島ルート全線開通。
2016	北海道新幹線新青森―新函館北斗間開業。
2019	改正ドローン規制法成立。

表10-1　輸送機関別国内貨物輸送トン数（会計年度）（単位　百万トン）

	ＪＲ	民鉄	自動車	内航海運	国内航空	計
1890(明23)	0.7	0.9	…	…	—	…
1900(〃33)	3	12	…	…	—	…
1905(〃38)	4	17	…	…	—	…
1910(〃43)	26	3	…	…	—	…
1915(大4)	36	7	…	…	—	…
1920(〃9)	58	15	…	…	—	…
1925(〃14)	73	21	…	…	—	…
1930(昭5)	71	25	…	…	0.00	…
1935(〃10)	89	31	210	…	0.00	…
1940(〃15)	146	46	274	…	…	…
1945(〃20)	81	22	138	…	…	…
1950(〃25)	136	29	309	49	—	523
1955(〃30)	160	33	569	69	0.00	832
1960(〃35)	195	43	1 156	139	0.01	1 533
1965(〃40)	200	52	2 193	180	0.03	2 625
1970(〃45)	199	57	4 626	377	0.12	5 259
1975(〃50)	138	43	4 393	452	0.19	5 026
1980(〃55)	118	45	5 318	500	0.33	5 981
1985(〃60)	65	31	5 048	452	0.54	5 597
1986(〃61)	59	28	4 969	441	0.60	5 498
1987(〃62)	55	27	5 204	463	0.70	5 750
1988(〃63)	56	27	5 578	493	0.76	6 155
1989(平1)	56	27	5 888	538	0.83	6 510
1990(〃2)	58	28	6 114	575	0.87	6 776
1991(〃3)	57	28	6 261	572	0.87	6 919
1992(〃4)	56	27	6 102	540	0.85	6 725
1993(〃5)	53	26	5 822	529	0.86	6 430
1994(〃6)	53	26	1) 5 810	556	0.91	6 446
1995(〃7)	51	25	6 017	549	0.96	6 643
1996(〃8)	49	24	6 177	547	1.00	6 799
1997(〃9)	47	22	6 065	541	1.01	6 677
1998(〃10)	41	20	5 820	517	1.02	6 398
1999(〃11)	39	20	5 863	523	1.06	6 446
2000(〃12)	40	20	5 774	537	1.10	6 371
2001(〃13)	39	20	5 578	520	1.02	6 158
2002(〃14)	38	18	5 339	497	1.00	5 894
2003(〃15)	38	16	5 234	446	1.03	5 734
2004(〃16)	37	15	5 076	440	1.07	5 569
2005(〃17)	37	16	4 966	426	1.08	5 446
2006(〃18)	36	16	4 961	417	1.14	5 431
2007(〃19)	36	15	4 933	410	1.15	5 394
2008(〃20)	33	13	4 718	379	1.08	5 144
2009(〃21)	31	12	4 454	332	1.03	4 830
2010(〃22)	31	13	4 659	367	1.01	5 070
2011(〃23)	40		4 680	361	0.96	5 082
2012(〃24)	42		4 493	366	0.98	4 902
2013(〃25)	44		4 477	378	1.04	4 901
2014(〃26)	43		4 448	369	1.06	4 862
2015(〃27)	43		4 418	365	1.05	4 828
2016(〃28)	44		4 508	364	1.02	4 917
2017(〃29)	45		4 509	360	1.00	4 915

国土交通省「国土交通白書」などにより作成。国内航空は1970年度までは定期，それ以降は定期・不定期の合計で超過手荷物と郵便物を含む。ＪＲの1986年度までは国鉄の数値で無賃・有賃の合計，87年度以降は有賃のみ。自動車は1987年度以降，軽自動車による輸送を加え，また，2010年度以降は統計調査方法の変更により，それぞれそれ以前とデータが接続しない。1）1995年1～3月の兵庫県を含まない。

表10-2　輸送機関別国内貨物輸送トンキロ（会計年度）（単位　百万トンキロ）

	ＪＲ	民鉄	自動車	内航海運	国内航空	計
1890(明23)	42	66	…	…	—	…
1900(〃33)	360	832	…	…	—	…
1905(〃38)	650	1 560	…	…	—	…
1910(〃43)	3 477	51	…	…	—	…
1915(大4)	5 411	125	…	…	—	…
1920(〃9)	9 691	241	…	…	—	…
1925(〃14)	11 816	383	…	…	—	…
1930(昭5)	11 423	463	…	…	0	…
1935(〃10)	14 593	586	…	…	0	…
1940(〃15)	27 948	792	…	…	…	…
1945(〃20)	18 981	332	…	…	…	…
1950(〃25)	33 309	540	5 430	25 500	—	64 779
1955(〃30)	42 564	690	9 510	29 022	1	81 787
1960(〃35)	53 592	923	20 801	63 579	6	138 901
1965(〃40)	56 408	890	48 392	80 635	21	186 346
1970(〃45)	62 435	988	135 916	151 243	74	350 656
1975(〃50)	46 288	770	129 701	183 579	152	360 490
1980(〃55)	36 688	740	178 901	222 173	290	438 792
1985(〃60)	21 410	509	205 941	205 818	482	434 160
1986(〃61)	19 974	471	216 115	197 953	545	435 058
1987(〃62)	20 026	448	226 425	201 386	634	448 918
1988(〃63)	23 031	447	246 088	212 628	690	482 884
1989(平1)	24 675	461	262 857	220 063	753	508 809
1990(〃2)	26 728	468	274 244	244 546	799	546 785
1991(〃3)	26 698	460	283 776	248 203	812	559 947
1992(〃4)	26 241	427	281 599	248 002	804	557 073
1993(〃5)	25 027	406	275 885	233 526	818	535 662
1994(〃6)	24 077	416	1) 280 587	238 540	871	544 491
1995(〃7)	24 702	399	294 648	238 330	924	559 003
1996(〃8)	24 601	366	305 510	241 756	963	573 197
1997(〃9)	24 301	317	306 263	237 018	981	568 880
1998(〃10)	22 643	277	300 670	226 980	985	551 555
1999(〃11)	22 272	269	307 148	229 432	1 039	560 160
2000(〃12)	21 855	280	313 118	241 671	1 075	578 000
2001(〃13)	21 907	286	313 072	244 451	994	580 711
2002(〃14)	21 860	271	312 028	235 582	991	570 733
2003(〃15)	22 565	229	321 862	218 190	1 027	563 874
2004(〃16)	22 264	212	327 632	218 833	1 059	569 999
2005(〃17)	22 601	211	334 979	211 576	1 076	570 443
2006(〃18)	22 985	206	346 534	207 849	1 130	578 704
2007(〃19)	23 140	194	354 799	202 962	1 146	582 241
2008(〃20)	22 081	175	346 420	187 859	1 080	557 615
2009(〃21)	20 404	157	334 667	167 315	1 044	523 587
2010(〃22)	20 228	171	247 775	179 898	1 033	449 105
2011(〃23)	19 998		235 590	174 900	993	431 481
2012(〃24)	20 471		211 645	177 791	1 018	410 925
2013(〃25)	21 071		215 830	184 860	1 100	422 861
2014(〃26)	21 029		211 753	183 120	1 125	417 027
2015(〃27)	21 519		206 025	180 381	1 120	409 045
2016(〃28)	21 265		212 032	180 438	1 093	414 829
2017(〃29)	21 663		212 522	180 934	1 068	416 187

国土交通省「国土交通白書」などにより作成。国内航空は1970年度までは定期，それ以降は定期・不定期の合計で超過手荷物と郵便物を含む。ＪＲの1986年度までは国鉄の数値で無賃・有賃の合計，87年度以降は有賃のみ。自動車は1987年度以降，軽自動車による輸送を加え，また，2010年度以降は統計調査方法の変更により，それぞれそれ以前とデータが接続しない。1）1995年1～3月の兵庫県を含まない。

表 10 - 3　輸送機関別国内旅客輸送人員（会計年度）（単位　百万人）

	ＪＲ	民鉄	自動車	旅客船	国内航空	計
1890(明23)	11	12	…	…	—	…
1900(〃33)	32	82	…	…	—	…
1910(〃43)	139	393	…	…	—	…
1915(大4)	172	690	…	…	—	…
1920(〃9)	406	1 388	…	…	—	…
1925(〃14)	677	1 954	…	…	—	…
1930(昭5)	824	2 119	…	…	0	…
1935(〃10)	985	2 140	…	…	0	…
1940(〃15)	1 878	4 107	…	…	…	…
1945(〃20)	2 973	4 064	…	1) 78	…	…
1950(〃25)	3 095	5 297	1 515	97	—	10 004
1955(〃30)	3 849	5 932	4 261	74	0	14 116
1960(〃35)	5 124	7 166	7 901	99	1	20 291
1965(〃40)	6 722	9 076	14 863	126	5	30 793
1970(〃45)	6 534	9 850	24 032	174	15	40 606
1975(〃50)	7 048	10 540	28 411	170	25	46 195
1980(〃55)	6 825	11 180	33 515	160	40	51 720
1985(〃60)	6 941	12 048	34 679	154	44	53 866
1986(〃61)	7 104	12 310	34 943	154	46	54 558
1987(〃62)	7 356	12 616	49 165	165	50	69 352
1988(〃63)	7 761	12 981	52 218	157	53	73 170
1989(平1)	7 980	13 231	55 829	160	60	77 260
1990(〃2)	8 358	13 581	55 767	163	65	77 934
1991(〃3)	8 676	13 884	57 556	162	69	80 346
1992(〃4)	8 818	13 876	58 841	158	70	81 763
1993(〃5)	8 906	13 853	59 285	157	70	82 271
1994(〃6)	8 884	13 714	2) 59 935	151	75	82 758
1995(〃7)	8 982	13 648	61 272	149	78	84 129
1996(〃8)	8 997	13 596	61 543	148	82	84 366
1997(〃9)	8 859	13 386	62 200	145	86	84 675
1998(〃10)	8 764	13 249	61 839	128	88	84 068
1999(〃11)	8 718	13 033	62 047	120	92	84 008
2000(〃12)	8 671	12 976	62 841	110	93	84 691
2001(〃13)	8 650	13 070	64 590	111	95	86 516
2002(〃14)	8 585	12 976	65 481	109	97	87 247
2003(〃15)	8 642	13 116	65 933	107	96	87 894
2004(〃16)	8 618	13 068	65 991	101	94	87 872
2005(〃17)	8 683	13 280	65 947	103	95	88 108
2006(〃18)	8 778	13 465	65 943	99	97	88 382
2007(〃19)	8 988	13 853	66 909	101	95	89 946
2008(〃20)	8 984	13 992	66 774	99	91	89 940
2009(〃21)	8 841	13 884	66 600	92	84	89 500
2010(〃22)	8 818	13 851	65 722	85	82	88 558
2011(〃23)	8 837	13 795	65 078	84	79	87 873
2012(〃24)	8 963	14 079	67 008	87	86	90 223
2013(〃25)	9 147	14 459	67 245	88	93	91 032
2014(〃26)	9 088	14 512	66 700	86	95	90 481
2015(〃27)	9 308	14 982	67 062	88	96	91 536
2016(〃28)	9 392	15 206	68 270	88	98	93 055
2017(〃29)	9 488	15 485	69 402	88	102	94 566

国土交通省「国土交通白書」などにより作成。旅客船と国内航空は1970年度までは定期，それ以降は定期・不定期計。ＪＲの1986年度までは国鉄の数値。自動車は1987年度以降，軽自動車と自家用貨物車による輸送を加え，また，2010年度以降は統計調査方法の変更により，それぞれそれ以前とデータが接続しない。1）1947年度。2）1995年１～３月の兵庫県を含まない（ただし営業用バス等を除く）。

表10-4　輸送機関別国内旅客輸送人キロ（会計年度）（単位　百万人キロ）

	ＪＲ	民鉄	自動車	旅客船	国内航空	計
1890(明23)	458	298	…	…	—	…
1900(〃33)	1 151	1 911	…	…	—	…
1910(〃43)	4 890	308	…	…	—	…
1915(大4)	6 206	582	…	…	—	…
1920(〃9)	13 493	1 232	…	…	—	…
1925(〃14)	18 741	2 132	…	…	—	…
1930(昭5)	19 875	3 624	…	…	3	…
1935(〃10)	24 173	4 595	…	…	3	…
1940(〃15)	49 339	10 565	…	…	…	…
1945(〃20)	76 034	21 419	…	1) 2 112	…	…
1950(〃25)	69 004	36 464	9 030	2 628	—	117 126
1955(〃30)	91 239	44 873	27 500	1 996	225	165 833
1960(〃35)	123 983	60 357	55 531	2 670	737	243 278
1965(〃40)	174 014	81 370	120 756	3 402	2 952	382 494
1970(〃45)	189 726	99 090	284 229	4 814	9 319	587 178
1975(〃50)	215 289	108 511	360 868	6 895	19 148	710 711
1980(〃55)	193 143	121 399	431 669	6 132	29 688	782 031
1985(〃60)	197 463	132 620	489 260	5 752	33 118	858 214
1986(〃61)	198 299	136 149	499 844	5 684	35 323	875 299
1987(〃62)	204 677	140 052	718 478	6 242	38 534	1 107 983
1988(〃63)	217 589	144 206	782 033	5 711	41 102	1 190 642
1989(平1)	222 671	146 147	845 123	5 962	47 142	1 267 045
1990(〃2)	237 657	149 821	853 060	6 275	51 624	1 298 438
1991(〃3)	247 031	153 053	869 337	6 195	55 348	1 330 964
1992(〃4)	249 606	152 653	888 279	6 097	56 681	1 353 316
1993(〃5)	250 016	152 712	889 873	6 061	57 119	1 355 780
1994(〃6)	244 378	151 955	2) 896 751	5 946	61 290	1 360 319
1995(〃7)	248 998	151 059	917 419	5 637	65 012	1 388 124
1996(〃8)	251 724	150 432	931 721	5 634	69 053	1 408 565
1997(〃9)	247 652	147 586	944 972	5 351	73 243	1 418 805
1998(〃10)	242 810	146 129	954 808	4 620	75 992	1 424 358
1999(〃11)	240 795	144 306	955 563	4 479	79 348	1 424 491
2000(〃12)	240 659	143 783	951 251	4 304	79 700	1 419 697
2001(〃13)	241 133	144 288	954 293	4 006	81 463	1 425 183
2002(〃14)	239 243	142 993	955 412	3 893	83 982	1 425 524
2003(〃15)	241 160	143 799	954 186	4 024	83 382	1 426 550
2004(〃16)	241 977	143 186	947 563	3 869	81 816	1 418 412
2005(〃17)	245 996	145 232	933 005	4 025	83 242	1 411 501
2006(〃18)	249 029	146 879	917 938	3 783	85 752	1 403 381
2007(〃19)	255 210	150 334	919 062	3 834	84 343	1 412 783
2008(〃20)	253 556	151 030	905 907	3 510	80 950	1 394 953
2009(〃21)	244 247	149 519	898 720	3 073	75 235	1 370 794
2010(〃22)	244 593	148 874	876 951	3 004	73 779	1 347 201
2011(〃23)	246 937	148 130	867 573	3 047	71 226	1 336 913
2012(〃24)	253 788	150 606	892 157	3 092	77 931	1 377 574
2013(〃25)	260 013	154 374	889 795	3 265	84 169	1 391 616
2014(〃26)	260 097	153 873	876 322	2 986	86 807	1 380 084
2015(〃27)	269 394	158 092	879 935	3 138	88 279	1 398 838
2016(〃28)	271 996	159 802	891 479	3 275	90 689	1 417 242
2017(〃29)	275 124	162 239	904 967	3 191	94 549	1 440 069

国土交通省「国土交通白書」などにより作成。旅客船と国内航空は1970年度までは定期，それ以降は定期・不定期計。ＪＲの1986年度までは国鉄の数値。自動車は1987年度以降，軽自動車と自家用貨物車による輸送を加え，また，2010年度以降は統計調査方法の変更により，それぞれそれ以前とデータが接続しない。1）1947年度。2）1995年１～３月の兵庫県を含まない（ただし営業用バス等を除く）。

表10-5 鉄道の施設と新幹線輸送実績

	旅客営業キロ (km)		車両数 (両)		新幹線		
	ＪＲ	民鉄	ＪＲ	民鉄	輸送人員 (千人)	輸送人キロ (百万人キロ)	1日平均輸送人員 (人)
1940(昭15)	18 400	8 889	114 805	23 601	…	…	…
1950(〃25)	19 786	7 615	125 371	22 300	…	…	…
1960(〃35)	20 482	7 420	140 774	23 423	…	…	…
1965(〃40)	20 754	7 128	167 727	25 257	30 967	10 651	84 841
1970(〃45)	20 890	6 214	180 537	21 165	84 628	27 890	231 855
1975(〃50)	21 272	5 594	153 306	19 744	157 218	53 318	429 557
1980(〃55)	21 322	5 594	132 442	20 638	125 636	41 790	344 209
1985(〃60)	20 788	5 831	68 806	21 542	179 833	55 422	492 693
1990(平2)	20 252	7 156	47 959	23 780	260 053	72 173	712 474
1995(〃7)	20 013	7 305	41 775	25 951	275 896	70 826	755 879
2000(〃12)	20 051	7 387	37 010	28 061	280 612	71 154	768 800
2005(〃17)	19 999	7 637	41 546	27 474	301 405	77 908	825 767
2010(〃22)	20 124	7 527	38 141	28 311	292 094	77 431	800 257
2015(〃27)	20 132	7 367	35 984	28 228	365 705	97 398	1 001 932
2016(〃28)	20 117	7 707	36 193	28 221	372 663	99 637	1 020 995
2017(〃29)	…	…	…	…	378 449	101 393	1 036 847

総務省統計局「日本の長期統計系列」，国土交通省交通関係統計資料集により作成。各会計年度。ＪＲの1985年度までは旧国鉄の数値。

表10-6 わが国の国際輸送量

	旅客（千人）				貨物（千ｔ）	
	出国者総数	日本人	入国者総数1)	外国人	海上貿易量2)	わが国商船隊による輸送量
1965(昭40)	578	266	581	291	230 936	128 360
1970(〃45)	1 742	936	1 735	775	525 479	332 380
1975(〃50)	3 313	2 466	3 311	780	615 635	442 173
1980(〃55)	5 228	3 909	5 233	1 296	682 129	475 200
1985(〃60)	7 248	4 948	7 267	2 260	674 802	444 840
1990(平2)	14 411	10 997	14 531	3 504	769 727	502 582
1995(〃7)	19 083	15 298	19 079	3 732	854 218	568 064
2000(〃12)	23 085	17 819	23 046	5 272	889 737	573 835
2005(〃17)	24 896	17 404	24 908	7 450	949 993	575 008
2010(〃22)	26 225	16 637	26 201	9 444	915 449	510 656
2015(〃27)	35 842	16 214	36 101	19 688	946 713	605 504
2017(〃29)	45 242	17 889	45 480	27 429	933 017	579 524
2018(〃30)	48 993	18 954	49 203	30 102	919 843	614 888

法務省「出入国管理統計」，国土交通省「国土交通白書」，国土交通省海事局「海事レポート」などにより作成。出入国数について，1972年沖縄復帰までは沖縄本邦間の往来者数を含む。1）一時上陸客，通過観光客を含み，永住の目的で入国した者を除く。2）1970年までは会計年度の数値。

輸送トンキロ（ton-kilometer）とは，各輸送貨物の重量（輸送トン数）にそれを運んだ距離を乗じて全部を合計したもので，貨物の輸送総量を示す。

輸送人キロ（passenger-kilometer）とは，旅客の人数（輸送人員）に各旅客の乗車した距離を乗じて全部を合計したもので，旅客の輸送総量を示す。

表 10 - 7　道路延長（単位　km）

	高速自動車国道	一般国道	都道府県道	市町村道	計	うち舗装道	舗装率（%）
1894(明27)	—	7 367	24 878	240 468	272 714	…	…
1902(〃35)	—	8 702	33 386	393 270	435 358	…	…
1907(〃40)	—	8 438	35 477	371 929	415 844	…	…
1915(大 4)	—	8 539	37 448	443 681	489 668	…	…
1921(〃10)	—	8 209	51 963	823 881	884 053	…	…
1927(昭 2)	—	8 237	89 315	848 824	946 375	…	…
1930(〃 5)	—	8 342	98 400	837 222	943 965	…	…
1935(〃10)	—	8 463	107 358	855 622	971 442	…	…
1940(〃15)	—	8 730	112 132	803 659	924 521	11 404	*1.2*
1946(〃21)	—	9 446	115 016	774 450	898 911	11 143	*1.2*
1950(〃25)	—	9 296	124 396	…	…	…	…
1955(〃30)	—	24 092	120 536	…	…	…	…
1960(〃35)	—	24 918	122 124	814 872	961 914	26 694	*2.8*
1965(〃40)	181	27 858	120 513	836 382	984 934	61 521	*6.2*
1970(〃45)	638	32 818	121 180	859 953	1 014 589	151 706	*15.0*
1975(〃50)	1 519	38 540	125 714	901 775	1 067 547	338 252	*31.7*
1980(〃55)	2 579	40 212	130 836	939 760	1 113 387	510 904	*45.9*
1983(〃58)	3 232	46 302	126 758	946 991	1 123 283	598 765	*53.3*
1984(〃59)	3 435	46 417	127 039	948 326	1 125 217	626 195	*55.7*
1985(〃60)	3 555	46 435	127 436	950 078	1 127 505	652 490	*57.9*
1986(〃61)	3 721	46 544	127 575	949 566	1 127 405	678 614	*60.2*
1987(〃62)	3 910	46 523	127 682	920 817	1 098 931	718 326	*65.4*
1988(〃63)	4 280	46 661	128 202	925 138	1 104 282	736 809	*66.7*
1989(平 1)	4 407	46 805	128 539	930 230	1 109 981	754 283	*68.0*
1990(〃 2)	4 661	46 935	128 782	934 319	1 114 698	771 746	*69.2*
1991(〃 3)	4 869	47 000	129 040	939 552	1 120 461	786 504	*70.2*
1992(〃 4)	5 054	47 033	129 284	943 472	1 124 844	800 291	*71.1*
1993(〃 5)	5 410	53 304	123 536	948 642	1 130 892	815 136	*72.1*
1994(〃 6)	5 568	53 302	123 877	953 600	1 136 346	828 230	*72.9*
1995(〃 7)	5 677	53 327	125 512	957 792	1 142 308	840 777	*73.6*
1996(〃 8)	5 932	53 278	126 915	961 406	1 147 532	852 112	*74.3*
1997(〃 9)	6 114	53 356	127 663	965 074	1 152 206	863 531	*74.9*
1998(〃10)	6 402	53 628	127 911	968 430	1 156 371	873 853	*75.6*
1999(〃11)	6 455	53 685	127 916	973 838	1 161 894	884 512	*76.1*
2000(〃12)	6 617	53 777	128 183	977 764	1 166 340	892 928	*76.6*
2001(〃13)	6 851	53 866	128 409	982 521	1 171 647	903 252	*77.1*
2002(〃14)	6 915	53 866	128 554	987 943	1 177 278	914 371	*77.7*
2003(〃15)	7 196	54 004	128 719	992 674	1 182 593	925 022	*78.2*
2004(〃16)	7 296	54 084	128 962	997 296	1 187 638	933 673	*78.6*
2005(〃17)	7 383	54 265	129 139	1 002 185	1 192 972	942 407	*79.0*
2006(〃18)	7 392	54 347	129 294	1 005 975	1 197 008	949 069	*79.3*
2007(〃19)	7 431	54 530	129 329	1 009 599	1 200 890	955 613	*79.6*
2008(〃20)	7 560	54 736	129 393	1 012 088	1 203 777	961 366	*79.9*
2009(〃21)	7 642	54 790	129 377	1 016 058	1 207 867	967 653	*80.1*
2010(〃22)	7 803	54 981	129 366	1 018 101	1 210 251	973 234	*80.4*
2011(〃23)	7 920	55 114	129 343	1 020 286	1 212 664	978 093	*80.7*
2012(〃24)	8 050	55 222	129 397	1 022 248	1 214 917	983 014	*80.9*
2013(〃25)	8 358	55 432	129 375	1 023 962	1 217 128	988 536	*81.2*
2014(〃26)	8 428	55 626	129 301	1 025 416	1 218 772	992 835	*81.5*
2015(〃27)	8 647	55 645	129 446	1 026 980	1 220 718	997 745	*81.7*
2016(〃28)	8 776	55 565	129 603	1 028 375	1 222 319	1 002 489	*82.0*
2017(〃29)	8 795	55 637	129 667	1 029 787	1 223 887	1 005 711	*82.2*

国土交通省「道路統計年報」により作成。実延長。1940～65年は各年 3 月末現在，1970年以降は各年 4 月 1 日現在の数値。1894年は北海道および沖縄県を，1946～70年は沖縄県を除く。舗装道には簡易舗装を含む。

表 10 - 8　自動車保有台数（各年末）（単位　千台）

	乗用車	トラック	バス	四輪車合計	三輪車	二輪車
1938(昭13)	59	68	24	151	50	16
1940(〃 15)	52	78	22	152	50	13
1945(〃 20)	26	73	13	111	29	2
1950(〃 25)	43	151	18	212	112	53
1955(〃 30)	153	251	34	439	429	1 267
1960(〃 35)	457	776	56	1 289	822	4 068
1965(〃 40)	2 181	3 865	103	6 149	683	8 239
1970(〃 45)	8 779	8 282	188	17 249	244	8 755
1974(〃 49)	15 854	10 158	222	26 234	120	8 753
1975(〃 50)	17 236	10 044	226	27 506	48	8 932
1976(〃 51)	18 476	10 750	222	29 448	41	9 327
1977(〃 52)	19 826	11 295	225	31 345	36	10 046
1978(〃 53)	21 280	11 905	227	33 412	31	10 901
1979(〃 54)	22 667	12 577	229	35 473	24	11 966
1980(〃 55)	23 660	13 177	230	37 067	18	13 091
1981(〃 56)	24 612	13 956	231	38 799	11	14 558
1982(〃 57)	25 539	14 717	231	40 486	9	16 213
1983(〃 58)	26 385	15 437	231	42 053	8	17 354
1984(〃 59)	27 144	16 241	230	43 615	7	18 180
1985(〃 60)	27 845	17 140	231	45 216	6	18 669
1986(〃 61)	28 654	18 109	233	46 995	5	18 636
1987(〃 62)	29 478	19 162	234	48 875	5	18 450
1988(〃 63)	30 776	20 350	238	51 364	5	18 208
1989(平 1)	32 621	21 085	242	53 948	4	17 772
1990(〃 2)	34 924	21 321	246	56 491	4	17 295
1991(〃 3)	37 076	21 323	248	58 648	4	16 818
1992(〃 4)	38 964	21 132	249	60 344	4	16 346
1993(〃 5)	40 772	20 881	248	61 901	4	15 909
1994(〃 6)	42 678	20 667	245	63 591	4	15 587
1995(〃 7)	44 680	20 430	243	65 353	4	15 262
1996(〃 8)	46 868	20 089	242	67 200	4	14 886
1997(〃 9)	48 611	19 652	240	68 503	4	14 537
1998(〃 10)	49 896	19 081	238	69 214	4	14 258
1999(〃 11)	51 164	18 630	236	70 030	4	13 974
2000(〃 12)	52 437	18 226	235	70 898	4	13 720
2001(〃 13)	53 541	17 866	235	71 642	4	13 540
2002(〃 14)	54 540	17 480	233	72 254	4	13 369
2003(〃 15)	55 213	17 080	232	72 525	3	13 262
2004(〃 16)	55 994	16 781	231	73 006	3	13 175
2005(〃 17)	57 091	16 734	232	74 056	3	13 060
2006(〃 18)	57 521	16 499	232	74 252	3	12 935
2007(〃 19)	57 624	16 274	231	74 129	3	12 787
2008(〃 20)	57 865	15 897	231	73 992	3	12 675
2009(〃 21)	58 020	15 561	228	73 809	3	12 477
2010(〃 22)	58 347	15 285	227	73 859	3	12 206
2011(〃 23)	58 670	14 970	226	73 867	3	11 985
2012(〃 24)	59 421	14 835	226	74 482	3	11 823
2013(〃 25)	60 035	14 704	226	74 965	3	11 689
2014(〃 26)	60 668	14 625	227	75 519	3	11 482
2015(〃 27)	60 987	14 503	229	75 720	3	11 215
2016(〃 28)	61 404	14 412	232	76 048	3	10 956
2017(〃 29)	61 803	14 321	233	76 358	3	10 730
2018(〃 30)	62 026	14 296	233	76 555	3	…

日本自動車工業会「日本の自動車工業」により作成。特種（殊）用途車，被けん引車は除く。ただし，三輪車には特種（殊）用途車の三輪車を含む。二輪車は各年度末現在の数値で，原動機付自転車を含む。

表 10 - 9　主な国の自動車保有台数（単位　千台）

	アメリカ合衆国	中国	日本	ロシア	ドイツ1)	インド
1940(昭15)	32 453	…	152	…	…	…
1950(〃25)	49 162	…	212	…	957	…
1960(〃35)	73 769	…	1 289	…	5 633	…
1970(〃45)	108 436	…	17 249	…	15 605	…
1975(〃50)	132 950	…	27 506	…	19 499	…
1980(〃55)	155 890	1 783	37 067	…	24 853	…
1985(〃60)	171 691	3 211	45 216	…	27 822	…
1990(平 2)	188 655	5 514	56 491	…	32 684	…
1995(〃 7)	201 530	10 400	65 353	…	43 561	…
2000(〃12)	221 475	16 089	70 898	25 394	47 306	7 540
2005(〃17)	244 839	31 597	74 056	…	43 204	…
2008(〃20)	249 813	50 996	73 992	38 264	44 004	17 530
2009(〃21)	248 972	62 806	73 809	39 302	44 462	21 252
2010(〃22)	248 231	78 018	73 859	40 654	45 083	23 813
2011(〃23)	248 932	93 563	73 867	42 862	45 799	26 606
2012(〃24)	251 497	109 331	74 482	45 383	46 355	29 490
2013(〃25)	252 715	126 701	74 965	47 220	46 830	39 587
2014(〃26)	258 027	145 981	75 519	50 500	47 459	40 802
2015(〃27)	264 194	162 845	75 720	49 000	48 233	44 512
2016(〃28)	270 322	185 745	76 048	51 797	49 083	43 775
2017(〃29)	276 019	209 067	76 358	52 961	49 882	46 520

日本自動車工業会「世界自動車統計年報」(2019年）により作成。ただし，日本は前表の四輪車合計の数値。中国は国家統計局のデータによる。各年末の乗用車，トラック，バスの合計。ドイツの1990年までは旧西ドイツの数値で，2004年以降はトレーラーを除く。1）各年翌年 1 月 1 日現在。

表 10 - 10　少量物品の輸送量（単位　万個）

	宅配便	郵便小包	国鉄1)
1975(昭50)	…	15 649	7 935
1980(〃55)	3) 10 682	18 392	4 152
1985(〃60)	49 303	15 098	1 230
1990(平 2)	110 050	35 143	—
1993(〃 5)	124 460	40 054	—
1994(〃 6)	132 799	37 751	—
1995(〃 7)	143 403	40 018	—
1996(〃 8)	152 975	38 642	—
1997(〃 9)	161 672	32 597	—
1998(〃10)	183 281	31 644	—
1999(〃11)	235 745	31 947	—
2000(〃12)	257 379	31 048	—
2001(〃13)	265 439	41 102	—
2002(〃14)	275 136	44 231	—

	宅配便	郵便小包	メール便2)（万冊）
2003(平15)	283 446	69 801	134 478
2004(〃16)	287 404	142 975	173 679
2005(〃17)	292 784	207 498	206 823
2006(〃18)	293 919	231 741	231 011
2007(〃19)	323 246	(252 787)	483 426
2008(〃20)	321 166	(270 195)	500 906
2009(〃21)	313 694	(280 467)	513 278
2010(〃22)	321 983	(296 840)	524 264
2011(〃23)	340 096	(325 545)	533 892
2012(〃24)	352 600	(348 345)	547 135
2013(〃25)	363 668	(375 264)	563 772
2014(〃26)	361 379	(384 699)	546 425
2015(〃27)	374 493	(405 243)	526 394
2016(〃28)	401 861	(419 527)	528 960
2017(〃29)	425 133	(451 331)	527 599
2018(〃30)	430 701	(459 264)	502 112

国土交通省資料，日本郵政グループ資料により作成。各会計年度。宅配便は重量30kg以下の一口一個の貨物。宅配便にはトラック輸送のほかに鉄道，船舶，航空を利用した利用運送を含む。2007年10月の郵政民営化により，郵便小包は名称が「小包」から「荷物」に変わった。荷物は，ゆうパックとゆうメール（旧冊子小包）からなり，2007年度以降，ゆうパックは宅配便に含まれている。このため，2007年度以降は荷物の数値をカッコ内に記した。なお，2016年10月以降，ゆうパックにはゆうパケットを含む。1）1987年度以降のＪＲの手荷物・小荷物の扱いは廃止。2）メール便とは重量 1 kg（ゆうメールは 3 kg）以下の一口一冊の貨物で，1997年より始まる。2007年度より，ゆうメールを含む。3）1981年度。

表10-11　世界の主要貨物の海上荷動き量（単位　百万t）

	原油	石油製品	鉄鉱石	石炭	穀物	LNG[1]	世界総量×
1965(昭40)	552	175	152	59	70	…	1 640
1970(〃45)	996	245	247	101	89	…	2 482
1975(〃50)	1 263	233	292	127	137	…	3 047
1980(〃55)	1 320	276	314	188	198	…	3 606
1985(〃60)	984	401	321	276	213	41	3 618
1990(平2)	1 133	415	356	331	195	58	4 286
1995(〃7)	1 455	444	404	403	193	68	5 085
2000(〃12)	1 676	561	447	509	230	103	6 306
2005(〃17)	1 880	704	660	671	248	142	7 745
2006(〃18)	1 894	751	709	712	255	160	8 063
2007(〃19)	1 919	782	773	761	277	171	8 418
2008(〃20)	1 913	812	837	790	284	173	8 627
2009(〃21)	1 807	819	897	804	297	183	8 271
2010(〃22)	1 876	865	990	926	317	222	9 071
2011(〃23)	1 844	899	1 050	998	315	247	9 467
2012(〃24)	1 896	898	1 107	1 111	345	240	9 845
2013(〃25)	1 824	939	1 188	1 183	363	241	10 193
2014(〃26)	1 787	930	1 340	1 216	407	246	10 529
2015(〃27)	1 862	998	1 364	1 136	429	250	10 749
2016(〃28)	1 938	1 036	1 418	1 140	450	268	11 068
2017(〃29)	2 004	1 055	1 473	1 200	477	292	11 529

国土交通省「海事レポート」などにより作成。1）液化天然ガス。×その他とも。

表10-12　外航貨物輸送量（単位　千t）

	輸出		輸入		三国間	
		油送船		油送船		油送船
1935(昭10)	8 908	—	18 104	—	—	—
1946(〃21)	953	—	511	—	—	—
1950(〃25)	651	10	3 293	1 043	347	139
1955(〃30)	3 913	57	20 797	6 400	3 571	1 171
1960(〃35)	6 429	231	50 664	18 472	4 026	696
1965(〃40)	10 213	400	118 144	58 581	6 153	3 759
1970(〃45)	22 367	166	310 013	143 721	32 311	18 504
1975(〃50)	34 074	822	415 566	197 918	77 341	50 588
1980(〃55)	40 884	1 054	425 138	193 469	74 530	28 760
1985(〃60)	42 842	1 975	400 697	162 348	102 617	34 487
1990(平2)	33 277	3 226	479 365	198 186	96 585	21 648
1995(〃7)	38 386	6 064	532 793	216 678	133 431	31 676
2000(〃12)	34 960	4 146	538 875	190 324	165 542	52 785
2005(〃17)	45 303	7 364	529 705	173 747	204 100	53 558
2010(〃22)	44 758	6 862	465 898	147 957	308 419	44 150
2011(〃23)	51 863	8 558	535 977	181 089	378 857	67 015
2012(〃24)	50 414	5 394	530 855	175 759	419 861	57 703
2013(〃25)	52 001	7 717	540 872	162 093	434 111	48 831
2014(〃26)	58 431	8 282	535 245	155 558	441 563	37 939
2015(〃27)	60 802	5 881	544 702	155 850	450 639	33 516
2016(〃28)	65 911	9 425	513 114	142 451	439 416	38 934
2017(〃29)	68 756	7 082	510 768	169 451	417 544	33 685
2018(〃30)[1]	78 717	7 240	536 171	185 866	417 449	33 514

総務省統計局「日本の長期統計系列」，国土交通省海事局「海事レポート」により作成。1935～95年までは各会計年度，それ以降は各暦年の数値。日本籍船と外国用船の一般貨物船と油送船の合計。三国間とは日本以外の諸港間の輸送をいう。1）暫定値。

表 10-13　貿易貨物の積取量（単位　千t）

	輸出			輸入		
	総量	日本籍船	積取比率（%）	総量	日本籍船	積取比率（%）
1930(昭5)	7 620	4 505	*59.1*	22 020	11 681	*53.0*
1935(〃10)	13 704	8 908	*65.0*	32 916	18 104	*55.0*
1940(〃15)	14 640	10 535	*72.0*	33 216	21 605	*65.0*
1946(〃21)	1 104	1 033	*93.6*	1 476	298	*20.2*
1950(〃25)	3 130	543	*17.3*	10 503	2 813	*26.8*
1955(〃30)	7 712	3 357	*43.5*	36 713	19 116	*52.1*
1960(〃35)	11 054	5 793	*52.4*	87 617	41 581	*47.5*
1965(〃40)	23 376	8 795	*37.6*	199 383	86 783	*43.5*
1970(〃45)	40 041	15 441	*38.6*	467 832	208 502	*44.6*
1975(〃50)	61 074	14 222	*23.3*	554 561	252 790	*45.6*
1980(〃55)	76 494	15 685	*20.5*	605 635	226 636	*37.4*
1981(〃56)	77 345	16 593	*21.5*	567 350	207 471	*36.6*
1982(〃57)	75 905	17 084	*22.5*	559 063	225 999	*40.4*
1983(〃58)	83 173	17 300	*20.8*	547 358	239 582	*43.8*
1984(〃59)	83 965	16 431	*19.6*	599 113	247 657	*41.3*
1985(〃60)	81 803	14 973	*18.3*	590 732	242 943	*41.0*
1986(〃61)	75 746	11 906	*15.7*	584 130	250 373	*42.9*
1987(〃62)	71 191	9 856	*13.8*	603 943	232 347	*38.5*
1988(〃63)	70 711	7 407	*10.5*	660 656	234 130	*35.4*
1989(平1)	70 675	5 958	*8.4*	683 167	223 481	*32.7*
1990(〃2)	70 420	4 848	*6.9*	699 307	199 944	*28.6*
1991(〃3)	74 802	4 883	*6.5*	714 466	196 582	*27.5*
1992(〃4)	85 616	5 289	*6.2*	699 877	188 379	*26.9*
1993(〃5)	91 019	4 246	*4.7*	704 867	183 557	*26.0*
1994(〃6)	95 347	3 646	*3.8*	733 088	170 401	*23.2*
1995(〃7)	97 383	2 980	*3.1*	756 835	152 735	*20.2*
1996(〃8)	94 780	1 931	*2.0*	757 930	143 696	*19.0*
1997(〃9)	101 932	1 980	*1.9*	775 908	128 527	*16.6*
1998(〃10)	100 905	1 721	*1.7*	730 217	119 808	*16.4*
1999(〃11)	101 995	1 498	*1.5*	748 855	118 437	*15.8*
2000(〃12)	101 735	1 514	*1.5*	788 002	78 143	*12.5*
2001(〃13)	106 986	1 525	*1.4*	772 996	85 256	*11.0*
2002(〃14)	119 385	1 483	*1.2*	762 329	75 940	*10.0*
2003(〃15)	120 710	1 473	*1.2*	796 059	63 419	*8.1*
2004(〃16)	129 866	1 810	*1.4*	811 873	60 259	*7.4*
2005(〃17)	134 365	1 803	*1.3*	815 628	53 463	*6.6*
2006(〃18)	144 367	2 139	*1.5*	814 565	45 927	*5.6*
2007(〃19)	150 220	2 353	*1.6*	813 843	43 138	*5.3*
2008(〃20)	153 918	1 788	*1.2*	816 173	52 726	*6.5*
2009(〃21)	143 646	1 358	*0.9*	688 862	49 011	*7.1*
2010(〃22)	156 408	1 188	*0.8*	759 041	41 961	*5.5*
2011(〃23)	149 802	1 302	*0.9*	752 714	75 356	*10.0*
2012(〃24)	161 071	1 222	*0.8*	799 040	81 986	*10.3*
2013(〃25)	167 315	1 345	*0.8*	806 075	87 172	*10.8*
2014(〃26)	163 215	1 440	*0.9*	795 372	91 293	*11.5*
2015(〃27)	168 977	1 421	*0.8*	777 736	104 138	*13.4*
2016(〃28)	167 661	1 732	*1.0*	767 559	112 192	*14.6*
2017(〃29)	165 159	1 636	*1.0*	767 858	141 500	*18.4*
2018(〃30)1)	161 637	2 091	*1.3*	758 206	149 487	*19.7*

総務省統計局「日本長期統計総覧」，運輸省「運輸白書」，国土交通省「国土交通白書」，国土交通省「海事レポート」により作成。1946年以前は日本籍船に外国用船を含む。積取比率とは，わが国発着の全海上輸送量のうちの日本籍船による輸送量の割合。1946～71年は沖縄県を含まず。1）暫定値。

表 10 - 14　商船船腹量（100総トン以上の鋼船）（単位　千総トン）

	乾貨物船	タンカー	その他	計	隻数	全体に占める油送船の比率（%）
1930(昭5)	2 892	97	1 073	4 062	1 370	*2.4*
1935(〃10)	2 716	155	1 018	3 890	1 355	*4.0*
1939(〃14)	3 893	370	1 119	5 382	1 740	*6.9*
1941(〃16)	4 424	401	1 270	6 094	1 962	*6.6*
1945(〃20)	987	168	189	1 344	796	*12.5*
1950(〃25)	1 240	281	190	1 711	944	*16.4*
1955(〃30)	2 407	674	172	3 253	1 137	*20.7*
1960(〃35)	4 406	1 422	174	6 002	1 919	*23.7*
1965(〃40)	6 453	3 642	207	10 302	5 074	*35.4*
1970(〃45)	14 563	8 883	269	23 715	7 867	*37.5*
1975(〃50)	18 754	18 239	1 204	38 198	8 832	*47.7*
1980(〃55)	19 593	18 138	1 284	39 015	8 825	*46.5*
1985(〃60)	21 197	15 568	1 376	38 141	8 225	*40.8*
1990(平2)	14 121	9 502	1 563	25 186	7 668	*37.7*
1995(〃7)	9 147	8 104	1 779	19 030	6 950	*42.6*
2000(〃12)	5 924	7 332	1 618	14 874	5 880	*49.3*
2005(〃17)	4 633	5 736	1 467	11 836	4 848	*48.5*
2010(〃22)	6 493	6 166	1 205	13 864	4 255	*44.5*
2015(〃27)	12 450	6 549	1 166	20 166	4 006	*32.5*
2016(〃28)	13 555	6 733	1 191	21 479	3 999	*31.3*
2017(〃29)	14 194	7 995	1 204	23 393	4 014	*34.2*

日本船主協会「海運統計要覧」により作成。漁船・官庁船・その他特殊船を含まない。1950年までは各年末現在，1955～70年は各年３月末現在，75年以降は各年年央の数値。1939，41，45年は推計，1950年は引揚可能の沈船を含む。タンカーは油送船，化学薬品船，液化ガス船の合計。

表 10 - 15　主な国の商船船腹量（単位　千総トン）

	パナマ	リベリア	マーシャル諸島	(香港)	シンガポール	日本	世界計×
1935(昭10)	137	—	…	306	…	4 086	63 727
1950(〃25)	3 361	245	…	222	…	1 871	84 583
1955(〃30)	3 923	3 997	…	270	…	3 735	100 569
1960(〃35)	4 236	11 282	…	428	…	6 931	129 770
1965(〃40)	4 465	17 539	…	837	…	11 971	160 392
1970(〃45)	5 646	33 297	…	671	424	27 004	227 460
1975(〃50)	13 667	65 820	…	419	3 892	39 740	342 162
1980(〃55)	24 191	80 285	…	1 717	7 664	40 960	419 911
1985(〃60)	40 674	58 180	…	6 858	6 505	39 940	416 269
1990(平2)	39 298	54 700	1 551	6 565	7 928	27 078	423 627
1995(〃7)	71 922	59 801	3 099	8 795	13 611	19 913	490 662
2000(〃12)	114 382	51 451	9 745	10 242	21 491	15 257	558 054
2005(〃17)	141 822	59 600	29 242	29 809	30 990	12 751	675 116
2010(〃22)	201 264	106 708	62 011	55 543	44 870	16 858	957 982
2015(〃27)	216 806	131 044	120 883	102 038	80 982	22 617	1 211 223
2016(〃28)	220 827	138 736	132 878	107 076	82 435	24 579	1 248 583
2017(〃29)	215 886	143 674	145 919	113 418	84 567	26 507	1 291 047
2018(〃30)	214 864	155 108	151 150	124 445	85 228	28 099	1 333 643

IHS Global Limited “IHS Maritime&Trade，World Fleet Statistics” により作成。100総トン以上の鋼船で，漁船・雑船を含む。1935～90年は各年央，1995年以降は各年末の数値。パナマ，リベリア，マーシャル諸島などの国が商船の大保有国であるのは，法人税等の諸経費を割安にする便宜置籍政策をとるため。×その他とも。

表10-16　航空輸送状況（Ⅰ）（定期輸送）（国内線）

	運航距離（千km）	座席キロ（百万km）	旅客数（千人）	旅客人キロ（百万人km）	貨物重量1)（千t）	貨物1)トンキロ（百万t.km）
1951(昭26)	369	16	18	12	…	0.01
1955(〃30)	6 495	296	316	208	…	0.7
1960(〃35)	19 830	928	1 120	657	6	4
1965(〃40)	64 366	4 634	5 178	2 944	27	18
1970(〃45)	123 063	11 528	14 675	8 815	96	62
1975(〃50)	172 569	30 480	25 027	18 716	162	133
1979(〃54)	211 813	41 274	40 670	29 687	281	247
1980(〃55)	220 468	45 222	40 907	30 018	295	265
1981(〃56)	222 523	47 955	42 380	31 183	331	297
1982(〃57)	223 927	49 235	40 459	30 011	363	331
1983(〃58)	224 926	49 914	40 585	30 387	388	356
1984(〃59)	224 588	52 988	43 906	32 924	429	393
1985(〃60)	231 036	55 814	44 395	33 526	463	424
1986(〃61)	235 691	57 055	45 121	34 245	498	457
1987(〃62)	242 235	59 713	49 128	37 706	557	511
1988(〃63)	250 094	62 968	52 098	40 384	610	557
1989(平1)	263 827	66 266	58 408	45 671	653	598
1990(〃2)	267 189	69 509	64 466	50 909	685	630
1991(〃3)	288 741	75 963	67 728	54 359	694	644
1992(〃4)	307 418	83 548	69 791	56 615	669	628
1993(〃5)	326 886	91 749	69 105	56 617	687	654
1994(〃6)	343 777	97 169	71 715	59 246	721	692
1995(〃7)	380 930	106 251	78 811	65 033	789	758
1996(〃8)	397 119	110 196	81 151	68 058	821	789
1997(〃9)	420 868	114 680	85 237	72 626	857	826
1998(〃10)	449 715	121 211	86 790	74 843	849	824
1999(〃11)	459 942	123 728	90 588	78 573	884	865
2000(〃12)	480 696	125 709	92 928	79 799	928	906
2001(〃13)	489 782	126 787	94 209	80 986	858	838
2002(〃14)	498 481	128 190	95 655	83 010	832	819
2003(〃15)	519 276	132 540	96 685	84 307	851	842
2004(〃16)	517 052	129 282	93 767	81 767	882	872
2005(〃17)	527 104	129 061	94 420	83 063	887	876
2006(〃18)	555 393	132 219	96 336	85 161	929	916
2007(〃19)	559 617	132 138	95 539	84 767	952	946
2008(〃20)	554 536	128 313	92 888	82 870	1 002	1 009
2009(〃21)	544 495	122 746	83 948	75 206	947	960
2010(〃22)	548 444	117 355	84 367	75 759	963	995
2011(〃23)	554 156	111 407	77 589	69 692	898	931
2012(〃24)	607 934	121 095	84 939	76 765	913	947
2013(〃25)	656 587	129 241	90 942	82 713	941	980
2014(〃26)	678 832	131 044	94 505	86 149	959	989
2015(〃27)	681 945	130 310	95 870	87 913	948	992
2016(〃28)	682 890	129 192	97 203	89 589	935	981
2017(〃29)	689 723	130 171	101 755	94 019	948	1 018
2018(〃30)	690 566	130 592	102 999	95 346	874	935

総務省統計局「日本の長期統計系列」，国土交通省「航空輸送統計年報」により作成。各暦年の数値。幹線とローカル線の合計。国内の民間航空は1951年に営業が再開された。本土と沖縄県間は，1972年5月14日まで国際線，5月15日から国内線となる。1980年以前は路線不定期（航空路線は定まっているが運航時刻が不定期のもの）を含む。1）超過手荷物を含み，郵便物を含まない。

座席キロとは総座席数に輸送距離を掛け合わせたもので，輸送容量を示す。

航空輸送状況（Ⅱ）（定期輸送）（国際線）

	運航距離（千km）	座席キロ（百万km）	旅客数（千人）	旅客人キロ（百万人km）	貨物重量1)（千 t）	貨物1)トンキロ（百万t.km）
1954(昭29)	2 769	…	10	60	…	1
1955(〃30)	4 378	…	21	122	…	3
1960(〃35)	13 291	…	101	498	2	13
1965(〃40)	32 767	3 915	436	2 025	8	66
1970(〃45)	91 852	11 997	1 628	6 638	44	328
1975(〃50)	111 223	23 149	2 555	13 888	107	773
1979(〃54)	150 153	34 123	4 745	22 818	190	1 268
1980(〃55)	153 721	37 641	4 831	23 151	221	1 458
1981(〃56)	159 832	40 801	5 389	26 175	263	1 731
1982(〃57)	159 377	41 999	5 587	27 333	251	1 817
1983(〃58)	155 177	40 722	5 574	27 048	294	2 081
1984(〃59)	162 122	41 451	6 104	30 163	322	2 302
1985(〃60)	175 772	44 259	6 496	32 165	346	2 537
1986(〃61)	189 697	48 692	6 923	33 975	426	3 043
1987(〃62)	208 904	54 315	8 103	39 660	524	3 712
1988(〃63)	231 739	60 706	9 433	45 481	589	4 146
1989(平 1)	249 972	65 497	10 329	49 048	631	4 414
1990(〃 2)	254 792	66 166	10 884	50 695	625	4 314
1991(〃 3)	268 671	67 924	10 348	47 356	646	4 444
1992(〃 4)	288 427	75 540	11 244	52 889	654	4 451
1993(〃 5)	288 197	79 791	11 029	52 316	707	4 708
1994(〃 6)	308 648	87 376	12 564	61 920	783	5 186
1995(〃 7)	349 028	98 615	13 797	68 883	862	5 618
1996(〃 8)	374 000	106 848	15 344	77 054	879	5 807
1997(〃 9)	402 772	113 673	15 820	81 196	978	6 405
1998(〃10)	427 947	119 536	15 959	82 462	977	6 374
1999(〃11)	446 321	125 377	17 523	87 851	1 120	6 988
2000(〃12)	461 077	130 758	19 249	96 829	1 192	7 406
2001(〃13)	439 350	123 072	17 481	84 632	1 034	6 366
2002(〃14)	438 431	119 663	17 878	85 729	1 189	7 014
2003(〃15)	430 648	112 604	14 593	72 817	1 216	7 116
2004(〃16)	456 499	119 200	17 704	83 209	1 336	7 630
2005(〃17)	469 375	119 414	17 909	83 127	1 322	7 724
2006(〃18)	453 761	110 992	17 391	80 293	1 312	8 107
2007(〃19)	463 684	109 123	17 756	78 726	1 352	8 608
2008(〃20)	472 715	107 432	16 425	72 805	1 315	7 458
2009(〃21)	431 619	96 604	15 388	67 200	1 167	6 076
2010(〃22)	396 125	82 884	14 565	63 352	1 324	6 666
2011(〃23)	383 618	75 540	12 158	53 039	1 059	5 634
2012(〃24)	416 031	80 901	13 997	61 361	1 143	6 105
2013(〃25)	447 939	87 441	14 858	65 610	1 212	6 553
2014(〃26)	511 608	98 354	16 355	73 608	1 404	7 726
2015(〃27)	553 162	106 558	18 254	82 105	1 424	7 986
2016(〃28)	608 505	116 747	20 505	90 400	1 560	8 467
2017(〃29)	647 086	123 615	22 144	97 522	1 790	9 771
2018(〃30)	647 354	128 572	23 300	102 440	1 577	8 486

総務省統計局「日本の長期統計系列」，国土交通省「航空輸送統計年報」により作成。各暦年の数値。本土と沖縄県間は，1972年5月14日まで国際線，5月15日から国内線となる。2000年以降は，定期・不定期の区別はない。座席キロについては，前表の脚注を参照のこと。1）超過手荷物を含み，郵便物を含まない。

表 10 - 17　郵便施設数（会計年度末現在）（単位　局）

	普通[1] 郵便局	うち集配局	特定 郵便局	うち集配局	簡易[2] 郵便局	郵便局計	郵便 ポスト数 （本）	郵便物[3] 引受総数 （百万通）
1871	…	…	…	…	—	179	…	0.6
1875	79	…	3 612	…	124	3 815	703	30.2
1880	86	…	4 733	…	217	5 036	4 662	83.3
1885	[4] 78	…	[4] 3 972	…	659	4 795	24 823	115.4
1890	84	…	3 540	…	510	4 134	26 550	224.1
1895	91	…	3 626	…	523	4 240	34 305	448.1
1900	120	…	3 782	…	896	4 798	42 487	747.2
1905	163	…	6 052	…	2	6 217	51 888	1 248.5
1910	188	…	6 873	…	—	7 061	56 740	1 530.6
1915	190	…	7 144	…	—	7 334	61 474	1 908.7
1920	204	…	7 798	…	—	8 002	63 563	3 849.3
1925	266	…	8 439	…	—	8 705	68 958	4 322.0
1930	300	…	9 163	…	491	9 954	73 713	4 469.6
1935	318	…	10 225	…	710	11 253	78 818	4 803.6
1940	412	…	12 866	…	—	13 278	83 391	4 587.7
1945	533	…	12 748	…	—	13 281	[5] 71 339	[5] 2 615.2
1950	665	632	13 435	5 208	917	15 017	78 846	3 523.1
1955	683	645	13 646	5 226	1 237	15 566	92 934	4 854.6
1960	795	752	14 162	5 023	1 275	16 232	104 790	6 945.5
1965	890	848	15 182	4 871	2 664	18 736	115 719	9 554.4
1970	1 048	992	16 203	4 696	3 389	20 640	126 752	11 796.8
1975	1 121	1 062	17 020	4 690	3 898	22 039	135 622	14 121.2
1980	1 197	1 134	17 586	4 590	4 218	23 001	142 801	15 786.7
1985	1 260	1 198	17 981	4 295	4 388	23 629	148 586	17 188.3
1990	1 295	1 239	18 241	3 922	4 567	24 103	160 952	22 814.9
1992	1 311	1 255	18 391	3 769	4 597	24 299	163 067	24 395.4
1993	1 324	1 268	18 475	3 721	4 616	24 415	164 409	24 479.0
1994	1 323	1 267	18 575	3 697	4 619	24 517	165 547	24 036.0
1995	1 315	1 260	18 654	3 692	4 614	24 583	166 144	24 785.8
1996	1 317	1 262	18 711	3 682	4 606	24 634	167 977	25 485.5
1997	1 320	1 265	18 764	3 655	4 605	24 689	171 168	25 763.1
1998	1 311	1 257	18 832	3 656	4 589	24 732	173 206	25 915.6
1999	1 307	1 256	18 878	3 651	4 579	24 764	175 570	26 140.0
2000	1 308	1 257	18 916	3 641	4 550	*24 774	177 217	26 530.9
2001	1 308	1 257	18 934	3 627	4 531	24 773	178 160	*26 725.4
2002	1 310	1 260	18 941	3 563	4 501	24 752	185 966	26 180.3
2003	1 310	1 262	18 935	3 530	4 470	24 715	186 200	25 586.6
2004	1 308	1 261	18 923	3 465	4 447	24 678	188 458	25 004.3
2005	1 304	1 257	18 917	3 438	4 410	24 631	191 423	24 818.6
2006	1 294	1 243	18 924	2 418	4 356	24 574	*192 300	24 677.2
2007	20 243	…	…	…	4 297	24 540	192 157	24 522.5
2008	20 246	…	…	…	4 293	24 539	192 213	23 929.9
2009	20 236	…	…	…	4 295	24 531	188 326	23 387.4
2010	20 233	…	…	…	4 296	24 529	186 753	22 780.5
2011	20 217	…	…	…	4 297	24 514	185 409	22 363.4
2012	20 227	…	…	…	4 298	24 525	181 895	22 345.7
2013	20 209	…	…	…	4 302	24 511	182 839	22 324.4
2014	20 187	…	…	…	4 283	24 470	181 521	22 035.6
2015	20 165	…	…	…	4 287	24 452	181 692	22 082.3
2016	20 158	…	…	…	4 263	24 421	181 523	21 925.7
2017	20 154	…	…	…	4 241	24 395	181 221	21 735.4
2018	20 153	…	…	…	4 214	24 367	180 774	21 373.2

日本郵政グループ資料および総務省統計局「日本の長期統計系列」により作成。郵便局数には，昭和基地内局，船内郵便局およびその分室を含まず。*は最大値を示す。1）2007年度末以降は直営の郵便局すべての数値。2）大都市型簡易郵便局を含む。3）会計年度。国内での引受と国際郵便差立の計。4）1886年度末。5）1946年度末。

表 10 - 18 郵便取扱数の推移（会計年度）（単位 百万通，百万個）

	国内郵便1)		国際郵便差立3)			国際郵便到着		
	通常郵便	荷物2)	通常	小包	EMS4)	通常	小包	EMS4)
1871	1	—	…	…	—	…	…	—
1875	30	—	…	…	—	…	…	—
1880	83	—	…	…	—	…	…	—
1885	115	—	…	…	—	…	…	—
1890	224	5) 0	…	…	—	…	…	—
1895	446	2	…	…	—	…	…	—
1900	740	8	…	…	—	…	…	—
1905	1 235	14	…	…	—	…	…	—
1910	1 509	22	…	…	—	…	…	—
1915	1 883	26	…	…	—	…	…	—
1920	3 806	43	…	…	—	…	…	—
1925	4 266	56	6) 22.6	6) 0.44	—	6) 35.1	6) 0.27	—
1930	4 410	60	26.4	0.44	—	41.4	0.25	—
1935	4 735	68	49.5	0.92	—	48.7	0.19	—
1940	4 485	103	247.4	*5.71	—	181.4	1.61	—
1946	2 580	32	2.6	…	—	0.8	0.18	—
1950	3 475	36	11.4	0.14	—	10.1	0.68	—
1955	4 760	67	27.0	0.44	—	31.0	0.42	—
1960	6 796	100	48.8	1.15	—	59.7	0.76	—
1965	9 341	138	74.1	1.78	—	85.0	0.91	—
1970	11 486	196	113.0	2.50	—	122.4	1.34	—
1975	13 874	156	88.9	2.07	—	109.0	1.43	—
1980	15 491	184	109.3	2.34	—	116.0	1.58	—
1985	16 920	151	114.2	2.42	0.21	125.6	1.59	0.11
1990	22 338	351	120.1	2.77	2.54	179.6	2.28	1.18
1995	24 263	400	114.9	2.92	4.99	273.3	3.60	4.01
1996	24 971	386	119.5	2.87	5.43	294.2	3.39	4.34
1997	25 307	326	122.0	2.63	5.99	*302.6	2.66	4.11
1998	25 480	316	110.2	2.25	6.83	268.9	2.21	4.02
1999	25 708	319	103.4	2.00	7.66	284.8	2.34	4.76
2000	26 114	310	95.9	1.67	8.40	290.4	2.42	5.29
2001	*26 216	411	88.3	1.53	8.70	279.3	2.28	4.95
2002	25 647	442	80.0	1.54	9.12	262.3	2.15	4.83
2003	24 804	698	73.2	1.55	9.45	230.5	2.10	5.13
2004	23 493	1 430	70.2	1.49	9.36	207.9	2.10	5.51
2005	22 666	2 075	66.4	1.47	9.68	203.2	1.97	5.68
2006	22 284	2 317	64.1	1.48	10.07	194.8	1.84	5.69
2007	21 922	2 528	60.8	1.57	10.32		187	
2008	21 159	2 702	57.8	1.57	9.84		187	
2009	20 521	2 805	50.5	1.53	9.23		170	
2010	19 758	2 968	43.9	1.40	8.87		160	
2011	19 058	3 255	39.6	1.30	8.57		169	
2012	18 814	3 483	37.8	1.29	8.77		173	
2013	18 525	3 753	34.5	1.80	10.82		142	
2014	18 142	3 847	29.5	3.04	14.05		128	
2015	17 981	4 052	24.9	4.76	*19.19		107	
2016	17 684	4 195	26.9	4.12	15.40		105	
2017	17 175	4 513	29.0	4.07	14.15		105	
2018	16 739	*4 593	23.8	3.52	14.22		120	

日本郵政グループ資料および総務省統計局「日本の長期統計系列」により作成。*は最大値を示す。なお，国際郵便の通常郵便物差出の最大は1941年度の348.5百万通。1）1942年度以前は外国宛を含む。2）2007年度の郵政民営化以降，国内小包は「小包」から「荷物」に名称変更。ゆうパックのほか，メール便扱いのゆうメールを含む。また，ゆうパケットを含む。3）2003年度より物数算出方法を改正。4）国際スピード郵便（国際エキスプレスメール）。5）1892年度。6）1926年度。

第 11 章　情報通信・科学技術

〔情報通信〕 明治政府にとって情報通信網の整備は急務で，1869年に東京と横浜間で電信線が敷設されたのを皮切りに，通信網が全国に広がった。当時は大英帝国を中心に世界的にも電信網が広がっていたが，1871年に長崎と上海やウラジオストクとの間で海底電線が敷設され，世界の情報通信ネットワークに加わることになる。

国内の電話の開通は1890年で，電話が発明されて14年後のことである。戦前は加入者の多くが官公庁や事業所などで，一般家庭にはほとんど普及しなかった。戦前の電話事業は国が行っていたが，国内電話は1952年に日本電信電話公社（電電公社）に，国際電話は1953年に国際電信電話株式会社(KDD)にそれぞれ承継された。高度経済成長の中で電話は一般家庭にも広がり，住宅用加入電話は1953年に10万件，63年に100万件，72年に1000万件を超えた。1971年にはデータ通信利用が自由化され，銀行等で業務のオンライン化が進むなど，回線利用も大きく変わった。

電話事業は1985年に行政改革の一環として自由化された。電電公社が民営化して日本電信電話株式会社（NTT）となり，新規参入事業者と競争することで，長距離電話を中心に電話料金が下がっていった。1990年代半ばには，無線呼び出し（ページャー）が若い世代を中心に人気となり，社会現象にもなった。その後，携帯電話が急速に普及して，PHSを含む移動電話の契約数は2000年に固定電話を上回っている。

インターネットは，1993年に旧郵政省が商用利用を許可して，インターネット接続サービスなどの事業が始まった。当初はダイヤルアップとよばれる電話をかけて接続するものが主で，通常のアナログ電話回線のほか，デジタル回線のISDNによる通信が行われていた。より高速通信を目指し，光ファイバー回線を家庭につなげるFTTHの普及が求められたが，普及が遅れて，電話をかけずに常時接続の高速通信を行うADSLが登場した。事業者が街頭でモデムを無料で配るキャンペーンを行ったこともあり，ADSLは一気に広がりインターネットのブロードバンド化が進んだ。その後，光ファイバーによる接続が普及して，現在の固定インターネット回線の主流となっている。なお，ブロードバンド化で，IP電話とよばれるインターネット技術で用いた固定通話を利用する人が増えた。加入電話と同等の通話品質のものは，通常の電話番号と同じ東京03などの電話番号を持つことが可能で，加入電話からIP電話への移行が進んでいる。設備の維持限界を迎える加入電話網は，2025年までに基本的にIP電話網へ完全移行される予定である。

携帯電話では，技術の進歩に伴って

通信規格が高度化し，電子メール機能やインターネット接続機能などが付加された。スマートフォンが登場すると，アプリをインストールすることで多様な機能を簡単に追加できるようになった。電子メールに加えてメッセンジャーアプリが普及したことで，電話そのものの通話回数は減少が続いている。

インターネットは誰もが自由に情報を発信する場として発展し，1999年に誕生した匿名掲示板は人気を集めた。一方，検索サイトは検索結果の順位を決める権限を持ち，広告等に利用して収益をあげて，大企業に成長する。近年は巨大化した検索サイトや通販サイトなど，事業者と消費者をつなげる場を提供するプラットフォーマー企業に対して，独占的な地位の濫用やデータの囲い込みを懸念する声が高まっており，各国で規制の強化が進んでいる。

移動通信では，2019年より中国などで5Gとよばれる新たな通信規格によるサービスが始まった（日本でも2020年に開始される予定）。5Gでは，超高速通信による電話やインターネットへの利用だけでなく，通信遅延の少なさや同時に多数の通信を同時接続できる利点から，あらゆるモノがインターネットにつながり，モニタリングや遠隔操作を行う技術の中核を担うと見込まれている。一方，インターネットの通信量は，契約数の増加に加えて，データ量の多い動画閲覧の増加などによって増え続けており，今後の通信回線のひっ迫を懸念する声もある。

年	表
1869	電報取扱開始（東京―横浜）。
1871	海底国際電信線開通。
1874	全国電信の縦貫線完成。
1890	電話交換業務開始（東京―横浜）。
1899	長距離市外通話開始（東京―大阪）。
1900 （明33）	自動電話（公衆電話）が街頭に登場。
1906	日米海底電線開通。
1926	電話の自動交換方式導入。
1934	国際無線電話が開通（対マニラ）。
1952	日本電信電話公社発足。
1953	国際電信電話（KDD）設立。
1964	太平洋横断海底ケーブル開通。
1968	無線呼び出しサービス開始。
1971	通信回線利用のデータ通信自由化。
1979 （昭54）	全国の電話自動化完了。自動車電話サービス開始。
1982	テレホンカード実用化。
1985 （昭60）	電気通信事業自由化。NTT（日本電信電話株式会社）発足。
1987	携帯電話サービス開始。
1988	ISDNサービス開始。
1992	日本初のウェブサイト誕生。
1993	国内インターネット商用利用開始。
1995	PHSサービス開始。
1996 （平８）	商用インターネット検索サイトYahoo！JAPAN登場。
1998	検索サイトGoogle設立（米）。
1999 （平11）	NTT再編。商用ADSLサービス開始。携帯電話ネット接続開始。匿名掲示板２ちゃんねる開設。
2000 （平12）	移動電話契約数が固定電話を上回る。商用FTTH試験提供開始。
2001	データ通信MVNO事業を開始。
2002	IP電話に050電話番号割り当て。
2004	SNSのmixi，Facebook（米）誕生。
2006	SNSのTwitterサービス開始（米）。
2007	スマートフォンiPhone発売（米）。
2008	Android対応スマホ発売（米）。
2010	LTE商用サービス開始。
2011 （平23）	メッセンジャー・アプリLINEサービス開始。
2015	携帯電話のSIMロック解除義務化。
2017	仮想通貨バブル。
2020	5Gサービス開始（予定）。

表 11 - 1　固定電話契約数（会計年度末現在）（単位　万契約）

	固定電話	加入電話	ISDN	IP電話	0AB～J -IP電話	050-IP	公衆電話1)
1890(明23)	0.0	0.0	—	—	—	—	…
1895(〃 28)	0.3	0.3	—	—	—	—	…
1900(〃 33)	1.9	1.9	—	—	—	—	…
1905(〃 38)	3.7	3.7	—	—	—	—	…
1910(〃 43)	12.9	12.9	—	—	—	—	…
1915(大 4)	22.1	22.1	—	—	—	—	…
1920(〃 9)	32.2	32.2	—	—	—	—	…
1925(〃 14)	49.5	49.5	—	—	—	—	…
1930(昭 5)	71.5	71.5	—	—	—	—	…
1935(〃 10)	87.0	87.0	—	—	—	—	…
1940(〃 15)	105.4	105.4	—	—	—	—	1.5
1945(〃 20)	54	54	—	—	—	—	1
1950(〃 25)	122	122	—	—	—	—	2
1955(〃 30)	218	218	—	—	—	—	4
1960(〃 35)	363	363	—	—	—	—	12
1965(〃 40)	740	740	—	—	—	—	25
1970(〃 45)	1 640	1 640	—	—	—	—	45
1975(〃 50)	3 170	3 170	—	—	—	—	68
1980(〃 55)	3 905	3 905	—	—	—	—	88
1985(〃 60)	4 530	4 530	—	—	—	—	91
1989(平 1)	5 246	5 245	1	—	—	—	83
1990(〃 2)	5 456	5 453	3	—	—	—	83
1991(〃 3)	5 636	5 627	9	—	—	—	83
1992(〃 4)	5 781	5 765	16	—	—	—	83
1993(〃 5)	5 907	5 883	24	—	—	—	82
1994(〃 6)	6 028	5 994	34	—	—	—	80
1995(〃 7)	6 164	6 111	53	—	—	—	80
1996(〃 8)	6 263	*6 153	111	—	—	—	80
1997(〃 9)	*6 285	6 045	240	—	—	—	78
1998(〃 10)	6 263	5 856	407	—	—	—	75
1999(〃 11)	6 223	5 555	668	—	—	—	74
2000(〃 12)	6 196	5 226	970	—	—	—	71
2001(〃 13)	6 133	5 100	*1 033	…	—	…	68
2002(〃 14)	6 077	5 116	961	…	…	…	58
2003(〃 15)	6 022	5 159	863	528	…	…	50
2004(〃 16)	5 979	5 163	798	831	19	812	44
2005(〃 17)	5 948	5 056	749	1 146	142	1 003	39
2006(〃 18)	5 937	4 817	700	1 448	421	*1 027	36
2007(〃 19)	5 899	4 478	645	1 754	776	978	33
2008(〃 20)	5 848	4 139	593	2 022	1 116	906	31
2009(〃 21)	5 787	3 792	542	2 317	1 453	864	28
2010(〃 22)	5 747	3 454	503	2 580	1 790	790	25
2011(〃 23)	5 691	3 132	463	2 848	2 096	753	23
2012(〃 24)	5 681	2 847	427	3 127	2 407	721	21
2013(〃 25)	5 654	2 609	395	3 378	2 650	727	20
2014(〃 26)	5 621	2 408	365	3 565	2 848	717	18
2015(〃 27)	5 585	2 170	337	3 847	3 077	770	17
2016(〃 28)	5 544	1 987	312	4 099	3 245	853	16
2017(〃 29)	5 500	1 845	290	4 255	3 364	891	16
2018(〃 30)	5 442	1 724	272	*4 341	*3 446	895	16

総務省「電気通信サービスの契約数及びシェアに関する四半期データ」，同「情報通信統計データベース」および同「日本長期統計総覧」により作成。*は最大値を示す。公衆電話の最大値は1984年の94万台。固定電話には，加入電話やISDNのほか，IP電話のうち加入電話と同等の通話品質があり東京03などの電話番号（0AB～J-IP電話）を持つものを含めた。なお，IP電話契約数は利用番号数での集計。加入電話網は，2025年頃にIP電話網への移行を完了する予定。1）設置台数。2000年度末以降はNTTのみ。

表 11 - 2　移動電気通信契約数の推移（会計年度末現在）（単位　万件）

	携帯電話1)	LTE	PHS	BWA2)	無線呼び出し	MVNO3)	携帯電話・PHS	BWA2)
1983	3	—	…	…	…	…	…	…
1985	6	—	…	…	216	…	…	…
1990	87	—	…	…	508	…	…	…
1994	433	—	…	…	935	…	…	…
1995	1 020	—	151	…	*1 061	…	…	…
1996	2 088	—	603	…	1 007	…	…	…
1997	3 153	—	*673	…	712	…	…	…
1998	4 153	—	578	…	377	…	…	…
1999	5 114	—	571	…	207	…	…	…
2000	6 094	—	584	…	144	…	…	…
2001	6 912	—	570	…	114	…	…	…
2002	7 566	—	546	…	95	…	…	…
2003	8 152	—	514	…	80	…	…	…
2004	8 700	—	448	…	63	…	…	…
2005	9 179	—	469	…	50	…	…	…
2006	9 672	—	498	…	16	…	…	…
2007	10 272	—	462	…	16	…	…	…
2008	10 749	—	456	1	16	…	…	…
2009	11 218	—	411	15	15	…	…	…
2010	11 954	3	375	81	15	…	…	…
2011	12 820	230	456	230	15	…	…	…
2012	13 604	2 037	509	531	15	…	…	…
2013	4) 14 188	4 641	555	746	…	742	599	143
2014	4) 14 879	6 778	516	1 947	…	958	791	166
2015	15 654	8 747	400	3 514	…	1 269	1 102	167
2016	16 344	10 296	336	4 789	…	1 586	1 409	177
2017	17 009	12 073	260	5 823	…	1 840	1 652	188
2018	*17 773	*13 664	206	*6 624	…	*2 151	*1 962	*190

資料は表11-1に同じ。*は最大値を示す。1）自動車電話を含む。2013年度末以降，ショップの在庫を除いた数値。2）WiMAXなど。3）電波の専有免許を持つ携帯キャリア等から電波を借りて事業を行うもの。格安スマホなどを行う事業者。本データは携帯キャリア等がMVNOとして契約した分を除く。4）1端末でLTEと3Gを同一グループの別会社でそれぞれ契約した際に，2契約と計上していたものを1契約として調整したもの。当該企業が2015年に合併し，同年度末以降は調整が不要になった。

表 11 - 3　電報の発受信件数（会計年度）（単位　万通）

	国内電報1)	国際電報2)		国内電報1)	国際電報2)	国際テレックス		国内電報1)	国際電報2)	国際テレックス
1870	1	…	1930	5 126	215	—	1990	4 449	56	1 720
1875	47	3)4) 1	1935	5 615	238	—	1995	4 139	22	583
1880	182	3) 3	1940	8 042	175	—	2000	3 112	…	…
1885	238	3) 5	1945	4 363	5) 35	—	2005	2 026	…	…
1890	398	8	1950	8 611	266	—	2010	1 279	…	…
1895	863	18	1955	8 112	366	—	2012	1 036	…	…
1900	1 428	30	1960	8 963	410	40	2013	950	…	…
1905	1 927	94	1965	8 525	497	109	2014	874	…	…
1910	2 500	111	1970	6 648	570	433	2015	799	…	…
1915	2 942	89	1975	4 525	518	1 579	2016	717	…	…
1920	5 904	188	1980	4 104	331	3 762	2017	659	…	…
1925	6 023	222	1985	4 066	151	5 017	2018	595	…	…

総務省資料により作成。国際無線電報を除く。国内電報の最大は1963年度の9461万通，国際電報は1969年度の594万通，国際テレックスは1984年度の5187万通。1）発信件数。1999年度以降はNTT東日本，NTT西日本のみ。2）1985年以前は中継信を除く有料のみ。3）暦年。4）発信のみ。5）9月以降分のみ。

表 11 - 4　電話の通信回数と通信時間（会計年度）

	通信回数（億回）				通信時間（百万時間）			
	国内通信			国際電話2)	国内通信			国際電話2)
	固定系端末発1)	移動系端末発	計		固定系端末発1)	移動系端末発	計	
1990	3) 751.0	…	…	3.8	…	…	…	28
1995	4) 974.6	58.1	4) 1 032.7	6.8	4) 4 230	138	4) 4 368	49
2000	973.2	474.2	1 447.5	8.2	5 573	1 453	7 027	63
2005	671.9	539.3	1 211.2	12.2	2 479	1 883	4 362	99
2007	619.2	551.8	1 171.1	12.9	2 185	2 052	4 237	106
2008	567.5	569.8	1 137.4	11.1	1 982	2 226	4 208	93
2009	531.5	580.9	1 112.4	11.0	1 835	2 327	4 162	92
2010	497.8	608.7	1 106.5	10.9	1 705	2 418	4 123	88
2011	472.7	611.2	1 083.9	9.9	1 582	2 402	3 984	75
2012	448.1	590.8	1 038.9	8.8	1 470	2 315	3 785	63
2013	434.0	556.4	990.4	7.2	1 404	2 144	3 549	51
2014	405.6	526.4	932.0	6.1	1 278	2 122	3 400	40
2015	375.5	518.1	893.5	5.1	1 141	2 231	3 372	31
2016	352.9	503.9	856.8	4.7	1 049	2 231	3 281	28
2017	335.8	486.1	821.8	4.9	967	2 180	3 148	27

総務省「通信量からみた我が国の音声通信利用状況」により作成。1）IP電話を含む。2）発信と着信の合計。3）加入電話発信のみ。4）対象事業所などの変更により，数値がそれ以降と接続しない。

表 11 - 5　インターネット契約数（会計年度末現在）（単位　万件）

	固定インターネット接続1)2)	移動インターネット接続1)	FTTH（光ファイバー）	DSL（主にADSL）	CATV（ケーブルテレビ）	BWA（WiMAXなど）	公衆無線LAN3)	携帯電話・PHS接続4)
1999	1 193	…	—	0	22	—	…	750
2000	1 727	…	—	7	78	—	…	3 457
2001	2 023	…	3	238	146	—	…	5 193
2002	2 048	…	31	702	207	—	…	6 246
2003	1 897	…	114	1 120	258	—	…	6 973
2004	2 981	…	289	1 368	296	—	12	7 655
2005	3 125	…	545	*1 452	331	—	527	8 178
2006	3 107	…	880	1 401	361	—	610	8 713
2007	3 278	…	1 215	1 271	387	—	686	9 102
2008	3 401	…	1 502	1 118	411	1	743	9 368
2009	3 606	…	1 780	974	531	15	836	9 550
2010	3 768	…	2 022	820	567	81	948	10 013
2011	3 871	…	2 230	670	591	230	1 557	10 657
2012	3 921	13 929	2 386	542	601	531	3 007	14 026
2013	3 967	14 994	2 534	447	622	746	6 762	14 886
2014	4 022	15 775	2 668	375	643	1 947	8 139	15 728
2015	4 105	15 802	2 797	320	673	3 514	8 704	16 006
2016	4 205	16 575	2 946	251	685	4 789	9 757	16 568
2017	4 279	17 301	3 060	215	*688	5 823	10 623	17 245
2018	5) 4 122	5) 18 167	*3 166	173	686	*6 624	*11 338	*17 962

総務省「電気通信サービスの契約数及びシェアに関する四半期データ」，同「情報通信統計データベース」および同資料により作成。2003年度以前は調査対象等が大きく異なる。また，それ以降も集計方法の変更等で数値が接続しない場合がある。*は最大値。1）2004年度以降は契約数5万以上（固定通信と移動通信の合計）のプロバイダ。2）2003年度以前は電話回線等を利用したダイヤルアップ型のみで，大手プロバイダ15社の推計値。2004年度以降はFTTHやDSLなどを含む。3）2005年度より他アクセスのオプションで使えるものを含む。4）2011年度以前は数値が接続しない。5）主契約のみ。

表11-6 インターネット普及率と情報通信機器保有率（%）

	インターネット普及率		情報通信機器の世帯保有率				SNS利用率[4]
	人口[1]普及率	利用者数[2]（万人）	パソコン	モバイル端末[3]	スマートフォン	タブレット型端末	
1997（平9）	[5] *9.2*	1 155	*28.8*	*46.0*	…	…	…
2000（〃12）	[6] *37.1*	4 708	*50.5*	*78.5*	…	…	…
2002（〃14）	*57.8*	6 942	*71.7*	*87.6*	…	…	…
2003（〃15）	*64.3*	7 730	*78.2*	*94.4*	…	…	…
2004（〃16）	*66.0*	7 948	*77.5*	*92.2*	…	…	…
2005（〃17）	*70.8*	8 529	*80.5*	*90.0*	…	…	…
2006（〃18）	*72.6*	8 754	*80.8*	*91.3*	…	…	…
2007（〃19）	*73.0*	8 811	*85.0*	*95.0*	…	…	…
2008（〃20）	*75.3*	9 091	*85.9*	*95.6*	…	…	…
2009（〃21）	*78.0*	9 408	*87.2*	*96.3*	…	…	…
2010（〃22）	*78.2*	9 462	*83.4*	*93.2*	*9.7*	*7.2*	…
2011（〃23）	*79.1*	9 610	*77.4*	*94.5*	*29.3*	*8.5*	*10.8*
2012（〃24）	*79.5*	9 652	*75.8*	*94.5*	*49.5*	*15.3*	*15.0*
2013（〃25）	*82.8*	10 044	*81.7*	*94.8*	*62.6*	*21.9*	[7] *42.4*
2014（〃26）	*82.8*	10 018	*78.0*	*94.6*	*64.2*	*26.3*	[7] *47.4*
2015（〃27）	*83.0*	10 046	*76.8*	*95.8*	*72.0*	*33.3*	*48.9*
2016（〃28）	*83.5*	10 084	*73.0*	*94.7*	*71.8*	*34.4*	*51.0*
2017（〃29）	*80.9*	…	*72.5*	*94.8*	*75.1*	*36.4*	*54.7*
2018（〃30）	*79.8*	…	*74.0*	*95.7*	*79.2*	*40.1*	*60.0*

総務省「通信利用動向調査」により作成。各年末現在。2016年以降は各年9月末現在。1）6歳以上。2）2017年以降は数値が公表されていない。3）1997年は携帯電話のみ。2000年以降PHSを，2009～12年は携帯情報端末（PDA）を，2010年以降スマートフォンを含む。4）SNSはソーシャルネットワーキングサービス。インターネット利用者に占める割合。2012年以前は成人の利用率。5）15～69歳。6）15～79歳。7）質問項目が「ソーシャルメディアの利用」で，他の年と異なる。

表11-7 インターネットの通信量

	固定ブロードバンド[1]（各年11月平均）				移動通信[2]（各年12月平均）			
	総トラヒック（Gbps）		1契約者あたり（kbps）		総トラヒック（Gbps）		1契約者あたり（kbps）	
	ダウンロード	アップロード	ダウンロード	アップロード	ダウンロード	アップロード	ダウンロード	アップロード
2005	387	293	17.5	13.3	…	…	…	…
2010	1 352	709	39.9	20.9	74.5	7.7	0.6	0.1
2011	1 594	638	45.8	18.3	163.1	18.2	1.3	0.1
2012	1 897	664	53.8	18.8	313.4	35.6	2.3	0.3
2013	2 571	830	72.0	23.2	520.8	65.3	3.5	0.4
2014	3 560	932	97.6	25.5	757.5	114.3	4.6	0.7
2015	5 467	1 060	145.7	28.2	1 047.9	169.1	5.7	0.9
2016	8 232	1 460	212.9	37.8	1 411.6	225.0	6.9	1.1
2017	10 830	1 483	276.3	37.8	1 998.9	315.3	9.0	1.4
2018	13 376	1 817	337.6	45.9	2 535.4	375.8	10.6	1.6

総務省「我が国のインターネットにおけるトラヒックの集計・試算」および同「我が国の移動通信トラヒックの現状」により作成。1）FTTH，DSL，CATVおよびFWA。インターネットサービスプロバイダ5社（ブロードバンド契約数のシェアが2018年11月時点で38.8%）のトラヒック（通信量）と，契約者全体に占める割合から，国内の全トラヒック量を推計したもの。なお，2017年より上記5社を含む計9社（同66.3%）からの情報による推定値も公表しており，増加率は同様の傾向を示しているが，2018年11月時点での総ダウンロードが10976Gbpsで2割程度の開きがある。このように，本データの数値は厳密な分析には適さない。また，2010年以前は携帯電話網との間の移動通信トラヒックの一部が含まれている。2）音声（通話）トラヒックや，公衆無線LANを経由したトラヒックを含まない。

〔メディアとコンテンツ〕 日本には江戸時代より瓦版とよばれるニュースを伝える媒体があったが，新聞としては1870年の横浜毎日新聞が最初である。新聞の反政府的な言論を嫌う政府は，出版物とともに新聞の発行許可制や検閲を進めた。1893年の出版法や1909年の新聞紙法で検閲が強化され，報道の自由は大きく制限される。出版界では1926年に1冊1円の「円本」がブームになるなど，比較的安価な書籍が国民に親しまれ，出版物の大量生産化が進んで出版社が成長した。一方，1925年には東京や大阪，名古屋でラジオ放送が始まった。その後，日本放送協会が設立されて各地に放送局を開設したほか，ラジオ受信機が家庭に普及して，国民生活に浸透していった。

1938年の国家総動員法などで言論統制が進み，1940年の情報局発足を経て戦争継続に向けたプロパガンダや情報操作が横行した。新聞では地方紙の多くが統合，整理されて，基本的に一県一紙となる。第二次大戦中に大きな役割を果たしたのがラジオで，1941年の太平洋戦争開戦や，1945年の終戦の詔勅（玉音放送）を国民に伝えた。

戦後，GHQによる検閲はあったものの，新憲法が公布されて表現の自由が保障された。国民の知る権利も保障され，報道や取材が自由になった。新聞は，新聞販売店による戸別配達に支えられて，世帯の増加とともに発行部数が伸びた。1960年代には記事を電送して地方で印刷することが可能になり，全国紙の地方進出が進んだ。

放送では，1950年に特殊法人日本放送協会（NHK）が発足し，1951年には民間放送も始まった。テレビ放送は1953年にNHKと民放で開始されたが，1959年の皇太子さま（現在の上皇さま）ご成婚パレードを機にテレビ受像機が一般家庭に普及した。1960年にはカラー放送が始まり，1961年度にはNHKのテレビ受信契約数が1000万件を超えたほか，広告費でテレビは1975年に新聞を抜いて，メディアの主役になった。

民放テレビは各地で開局が相次ぎ，1957年の6社から1959年には39社まで増加した。1968年にUHF波による放送が始まると，1970年には81社まで拡大した。一部の独立局を除き，各地域のテレビ局はニュースや娯楽番組の相互流通を行う系列化を進めて，全国的な放送網を形成した。キー局となる東京の放送局と連携する新聞社との関係が強化されたが，地方の放送局の中には関係の深い新聞社と放送網が異なる場合があり，放送網の変更（ネットチェンジ）も行われた。テレビ放送は1989年には衛星放送の本放送が始まったほか，1992年にはCS放送が開始されて，多チャンネル化の時代を迎えた。

日本のレコード産業は，高度経済成長に伴って自宅でレコードを鑑賞する人が増えて売り上げが伸びた。しかし，1980年代から貸しレコード店が増加して，レコード会社と著作権をめぐる争いになった。その後，著作権法の改正などでレンタルが合法化されて，収益の分配など権利関係が整理された。一方，ビデオはソフトが高価であったため，当初からレンタルを中心に発展した。DVDが登場してソフトが安価になると，販売量も増加していった。

テレビゲームは，1978年に登場したインベーダーゲームが人気になり，喫茶店やゲームセンターなどで広く遊ばれるようになった。家庭用には，1983年に家庭用テレビに接続して遊ぶゲーム機が発売されて，爆発的な人気となる。これをプラットフォームに，多くのゲーム会社が参入して多様なゲームが生まれ，日本のコンテンツ産業の一角を占めるようになった。その後，液晶画面を搭載した，持ち運びできる小型ゲーム機が登場して，テレビを占拠せずに個人で楽しむようになる。さらに，携帯電話やスマートフォンの登場でゲームアプリが成長したが，これらは国内勢のほかアメリカや韓国，中国など海外勢が存在感を高めている。

インターネットの発展は，メディアやコンテンツに大きな影響を与えた。新聞を購読しない人が増えて，新聞社の売り上げが1997年をピークに減少しているほか，出版業も1995年をピークに売り上げが下がり，出版不況に歯止めがかからない状況にある。また，インターネット広告費が増大し，2019年に初めてテレビ広告を上回るとみられる。音楽業界や映像業界では，インターネットの動画投稿サイトや動画配信サービスが伸びる一方，ソフト販売やレンタルの収益が悪化している。

年　表	
1869	出版条例公布・施行。
1870（明3）	横浜毎日新聞発行。洋紙に活版印刷された初の邦字日刊新聞。
1873	新聞紙発行条目公布。
1875（明8）	讒謗律（ざんぼうりつ），新聞紙条例（刑罰規定強化）制定。
1893	出版法制定(書籍出版の官許等)。
1899	著作権法制定。
1903	浅草に初の常設映画館誕生。
1907	円盤レコード国産開始。
1909	新聞紙法制定(新聞紙の規制強化)。
1925	ラジオ放送開始。
1926	円本ブーム。
1938	国家総動員法による統制強化。
1940	情報局発足。
1945	終戦の詔勅を放送（玉音放送)。
1946	新憲法公布，表現の自由が保障。
1950	放送法公布。民間放送が可能に。
1951	民間ラジオ放送開始。
1953	NHKテレビ，民間テレビ放送開始。
1959	皇太子さまご成婚パレード中継。
1960	カラーテレビ本放送開始。
1963	日米間でのテレビ衛星中継。
1968	UHFテレビ本放送開始。
1975（昭50）	大阪の朝日放送と毎日放送がネットチェンジ。民放の系列化進む。
1978	インベーダーゲーム登場。
1980	貸しレコード店「黎紅堂」登場。
1981	本格的ビデオソフト専門店登場。
1982	CDソフト発売開始。
1983	ファミリーコンピュータ発売開始。
1989	衛星放送の本放送開始。
1992	CSテレビ本放送開始。
1996	DVDソフト発売。
2000（平12）	Amazon日本語サイト開設。BSデジタル放送開始。
2001	携帯デジタルオーディオプレーヤー登場。
2003	地上波テレビのデジタル放送開始。
2005	動画共有サイトYouTube登場。
2006	Twitter登場。Facebook一般開放。
2011（平23）	地上波テレビのデジタル放送完全移行（東北3県は2012年)。
2015（平27）	動画配信サービスNetflix国内サービス開始。音楽配信定額サービス本格化。

表 11-8　放送契約数（会計年度末現在）（単位　千件）

	NHK放送受信契約数				ケーブルテレビ3)	自主放送を行うもの3)	WOWOW4)	CS放送4)5)
	ラジオ契約1)	テレビ契約2)	カラー	衛星				
1924	6	—	—	—	—	—	—	—
1925	259	—	—	—	—	—	—	—
1930	779	—	—	—	—	—	—	—
1935	2 422	—	—	—	—	—	—	—
1940	5 668	—	—	—	—	—	—	—
1945	5 728	—	—	—	—	—	—	—
1950	9 193	6) 2	—	—	—	—	—	—
1955	13 254	166	—	—	…	—	—	—
1960	11 802	6 860	—	—	…	—	—	—
1965	2 361	18 224	—	—	…	…	—	—
1970	—	22 819	7 663	—	…	…	—	—
1975	—	26 545	22 262	—	1 327	…	—	—
1980	—	29 263	26 486	—	3 006	…	—	—
1985	—	31 509	29 454	—	4 586	296	—	—
1987	—	32 397	30 692	—	5 378	440	—	—
1988	—	32 839	31 289	—	5 775	614	—	—
1989	—	33 189	30 535	1 207	6 172	808	—	—
1990	—	33 543	29 826	2 358	6 768	1 019	200	—
1991	—	33 937	28 855	3 811	7 431	1 387	770	—
1992	—	34 344	28 206	5 012	8 344	1 871	1 220	28
1993	—	34 701	27 799	5 863	9 228	2 422	1 500	48
1994	—	35 027	27 476	6 581	10 255	3 143	1 750	87
1995	—	35 377	27 137	7 375	11 005	3 637	2 050	131
1996	—	35 816	26 845	8 172	12 629	5 001	2 270	328
1997	—	36 283	26 754	8 796	14 482	6 720	2 400	703
1998	—	36 597	26 466	9 464	15 817	7 936	2 530	1 373
1999	—	36 878	26 199	10 069	17 647	9 471	2 502	1 823
2000	—	37 274	26 111	10 621	18 705	10 476	2 565	2 220
2001	—	37 679	26 034	11 164	21 254	13 030	2 667	2 610
2002	—	37 953	25 932	11 577	23 332	15 166	2 499	2 990
2003	—	38 157	25 737	12 009	24 684	16 564	2 485	3 182
2004	—	37 921	25 176	12 359	26 046	17 909	2 461	3 310
2005	—	37 512	24 607	12 543	27 544	19 257	2 382	3 496
2006	—	37 547	24 293	12 922	28 918	20 806	2 434	3 587
2007	—	37 804	—	13 423	30 095	22 202	2 438	3 642
2008	—	38 202	—	13 999	31 764	23 493	2 476	3 666
2009	—	38 932	—	14 752	33 337	25 424	2 490	3 688
2010	—	39 751	—	15 672	34 865	26 933	2 512	3 725
2011	—	40 274	—	16 496	28 668	27 649	2 548	3 814
2012	—	40 829	—	17 374	28 649	28 044	2 631	3 829
2013	—	41 412	—	18 232	29 223	28 644	2 648	3 717
2014	—	42 001	—	19 113	29 966	29 179	2 756	3 462
2015	—	42 583	—	19 933	30 356	29 481	2 805	3 482
2016	—	43 154	—	20 667	30 702	29 795	2 823	3 320
2017	—	43 974	—	21 476	31 152	30 222	2 876	3 262
2018	—	44 714	—	22 215	31 511	30 545	2 901	3 248

日本放送協会「放送受信契約数統計要覧」，総務省「ケーブルテレビの現状」，衛星放送協会資料および各社資料により作成。1）ラジオ契約は1967年度で終了し，テレビ契約に移行。2）2006年度以前はカラー契約や衛星契約以外の普通契約（白黒テレビ）を含む。普通契約，カラー契約は2007年度より地上契約に統合。3）加入世帯数。ケーブルテレビは当初，地上波放送の難視聴地域を中心に事業が開始された。都市型ケーブルテレビは1987年に開局。2005年以降，IPマルチキャスト方式を含む。2011年度以降は引込端子数501以上のもので，小規模のケーブル局を含まない。4）同一世帯の複数契約分はそれぞれ計上。5）東経110度CS放送や，光ファイバー（FTTH）で提供されるものを含む。6）1952年度末現在。

表 11-9　NHKの1日あたり番組別放送時間数（会計年度）（単位　時間．分）

	NHKラジオ第1					NHK総合テレビ				
	報道	教育	教養	娯楽	計	報道	教育	教養	娯楽	計
1925	1.23	…	1.41	1.56	5.00	—	—	—	—	—
1930	3.18	…	2.52	2.07	8.16	—	—	—	—	—
1935	3.28	…	4.20	2.08	9.57	—	—	—	—	—
1940	4.21	…	4.39	2.49	11.49	—	—	—	—	—
1946	3.08	…	5.44	7.01	15.54	—	—	—	—	—
1950	3.34	2.19	5.16	6.20	17.28	—	—	—	—	—
1955	4.28	1.00	6.04	7.00	18.32	1.29	0.17	1.26	3.54	7.06
1960	5.35	1.18	6.48	5.25	19.07	3.09	1.11	3.56	5.16	13.33
1965	7.23	1.23	5.12	5.07	19.06	5.58	1.43	6.09	4.13	18.04
1970	8.23	0.33	5.25	4.45	19.06	6.37	1.43	6.25	3.22	18.07
1975	7.39	0.32	5.59	4.52	19.02	6.18	2.22	4.42	4.14	17.36
1980	7.59	0.29	5.27	5.08	19.03	6.33	2.52	4.08	4.09	17.41
1985	8.43	0.33	5.28	4.24	19.08	7.23	2.26	4.48	3.48	18.24
1990	10.41	0.38	5.22	4.47	21.27	9.24	2.07	4.31	4.00	20.02
1995	11.42	0.30	5.35	5.51	23.38	9.05	2.15	5.09	4.09	20.37
2000	12.04	0.37	5.34	5.45	24.00	10.32	2.42	7.05	3.40	24.00
2005	12.28	0.53	5.19	5.20	24.00	11.39	2.43	6.02	3.36	24.00
2006	12.26	0.43	5.24	5.27	24.00	11.29	2.37	5.55	3.54	23.56
2007	12.30	0.43	5.18	5.28	23.59	11.44	2.27	5.42	4.05	23.57
2008	12.37	0.57	5.19	5.07	23.59	11.32	2.42	5.42	4.02	23.58
2009	12.52	0.49	5.17	5.02	24.00	11.44	2.27	5.37	4.09	23.57
2010	12.56	0.48	5.15	5.02	24.00	12.14	2.35	5.18	3.50	23.56
2011	12.26	0.53	5.39	5.03	24.00	12.08	2.35	5.08	4.02	23.55
2012	13.01	1.13	4.57	4.49	24.00	12.28	2.33	4.58	3.54	23.53
2013	13.14	1.12	4.58	4.37	24.00	12.01	2.33	5.08	4.13	23.55
2014	13.19	0.59	5.04	4.38	24.00	11.58	2.24	4.54	4.39	23.55
2015	13.15	0.57	5.07	4.42	24.00	11.41	2.24	5.09	4.39	23.54
2016	13.15	1.05	5.01	4.40	24.00	11.35	2.43	5.02	4.33	23.53
2017	13.12	1.04	5.01	4.44	24.00	11.15	3.03	5.03	4.30	23.51
2018	12.48	1.04	5.01	5.07	24.00	10.53	2.57	4.58	5.03	23.51

日本放送協会「NHK年鑑」，同「ラジオ年鑑」および同「放送50年史　資料編」により作成。東京での放送時間。テレビは2006年度以降デジタル放送のもの。1961年度以前は調査年により項目が異なり，ラジオで教養は1946年度が社会，教養，1950年度が社会，農事，婦人，教養，1955年度が社会，産業，農事，婦人，教養を合計。娯楽は1940年度以前が文芸，1946～55年度が演芸，音楽，スポーツ，雑，1960年度が娯楽とスポーツを合計。テレビは1955年度の娯楽が芸能とスポーツの合計。本表は番組種類別総放送時間から算出。原資料が総放送時間と種類別割合の場合は同データより算出した。

表 11-10　国内動画市場規模（単位　億円）

	動画配信市場規模	動画広告市場規模
2005	306	…
2006	392	…
2007	480	…
2008	575	…
2009	665	…
2010	762	…
2011	826	…
2012	1 016	50
2013	1 230	158
2014	1 255	317
2015	1 410	535
2016	1 630	842
2017	1 850	1 374
2018	2 200	1 843
2019	…	2 592

デジタルコンテンツ協会「動画配信市場調査レポート」（2019年版）およびサイバーエージェント資料により作成。動画配信市場規模は，ユーザーが有料動画配信サービスに支払った総額。書店サイトやポータルサイトなどが，動画配信を会員向け各種サービスの一つとして提供しているものは，市場規模の算出から除外。ライブ配信者に視聴者が少額の課金アイテムを贈る「投げ銭」なども含まないほか，動画配信事業者が得る広告費も含まない。動画広告市場規模は，サイバーエージェントによる推計値。

表 11 - 11　映画産業の概況

	映画館数（スクリーン数）	公開本数（本）			入場者数（万人）	平均料金（円）	興行収入（億円）	邦画1)（%）
		邦画	洋画	合計				
1955	5 184	423	193	616	86 891	63	547	*65.8*
1960	*7 457	547	216	763	101 436	72	728	*78.3*
1965	4 649	487	264	751	37 268	203	755	*66.7*
1970	3 246	423	236	659	25 480	324	825	*59.4*
1975	2 443	333	225	558	17 402	751	1 308	*44.4*
1980	2 364	320	209	529	16 442	1 009	1 659	*55.0*
1985	2 137	319	264	583	15 513	1 118	1 734	*50.9*
1990	1 836	239	465	704	14 600	1 177	1 719	*41.4*
1995	1 776	289	321	610	12 704	1 243	1 579	*37.0*
2000	2 524	282	362	644	13 539	1 262	1 709	*31.8*
2005	2 926	356	375	731	16 045	1 235	1 982	*41.3*
2010	3 412	408	308	716	17 436	1 266	2 207	*53.6*
2011	3 339	441	358	799	14 473	1 252	1 812	*54.9*
2012	3 290	554	429	983	15 516	1 258	1 952	*65.7*
2013	3 318	591	526	1 117	15 589	1 246	1 942	*60.6*
2014	3 364	*615	569	1 184	16 112	1 285	2 070	*58.3*
2015	3 437	581	555	1 136	16 663	1 303	2 171	*55.4*
2016	3 472	610	539	1 149	18 019	1 307	*2 355	*63.1*
2017	3 525	594	*593	1 187	17 448	1 310	2 286	*54.9*
2018	3 561	613	579	*1 192	16 921	*1 315	2 225	*54.8*

日本映画製作者連盟資料により作成。*は最大値。入場者数の最大は1958年の11億2745万人。1）1999年以前は配給収入（興行収入から興行側（映画館）の取り分を引いた，配給会社の収入）での割合。

表 11 - 12　映像ソフトの売上高

	売上数量（千本，千枚）				売上額（億円）			
	ビデオカセット	DVD	BD1)	計×	ビデオカセット	DVD	BD1)	計×
1978	164	—	—	164	20	—	—	20
1980	193	—	—	193	30	—	—	30
1985	4 011	—	—	16 348	374	—	—	1 116
1990	27 119	—	—	53 519	1 513	—	—	2 870
1995	38 813	—	—	66 497	1 770	—	—	2 604
2000	33 221	29 934	—	72 657	1 566	1 047	—	2 744
2005	4 621	*110 051	—	*114 672	232	*3 477	—	3 709
2006	1 281	103 900	—	105 182	55	3 253	—	3 308
2007	337	96 820	—	97 157	8	3 172	—	3 180
2008	72	83 598	2 302	86 176	3	2 757	99	2 861
2009	31	82 128	5 362	87 839	1	2 493	241	2 740
2010	…	77 194	12 687	89 946	…	2 193	472	2 665
2011	…	68 195	14 225	82 420	…	2 005	606	2 611
2012	…	68 442	16 263	84 705	…	1 869	716	2 585
2013	…	62 720	19 311	82 031	…	1 630	888	2 518
2014	…	57 825	*21 070	78 895	…	1 378	921	2 299
2015	…	52 187	20 308	72 495	…	1 242	*939	2 181
2016	…	54 264	18 836	73 100	…	1 164	884	2 047
2017	…	44 423	18 747	63 171	…	995	882	1 877
2018	…	38 901	17 144	56 046	…	923	858	1 781

日本映像ソフト協会資料により作成。協会加盟メーカーによる売上実績。1990年より洋画系メジャー系の社を含む。*は最大値を示す。ビデオカセット売上数量は1998年の52329千本。ビデオカセット売上額は1998年の2121億円。売上額計は2004年の3754億円。1）ブルーレイディスク。2008年はHD DVDを含む。2016年以降はULTRA HDブルーレイを含む。×その他とも。

表 11 - 13 家庭用テレビゲームの国内メーカー出荷額（単位 億円）

	ハードウェア			ソフトウェア			出荷額合計	(別掲)ソフトウェア国内ダウンロード
	国内向け	海外向け	計	国内向け	海外向け	計		
1996	1 572	2 219	3 791	3 502	1 227	4 729	8 520	…
1997	1 417	3 687	5 103	3 899	1 478	5 377	10 481	…
1998	1 194	3 629	4 823	3 529	2 141	5 670	10 493	…
1999	942	3 604	4 546	3 285	2 343	5 628	10 174	…
2000	1 892	3 507	5 399	2 931	2 848	5 779	11 178	…
2001	2 211	7 189	9 401	2 642	2 532	5 174	14 575	…
2002	1 397	6 480	7 877	2 492	2 255	4 747	12 624	…
2003	1 184	5 861	7 045	2 306	1 993	4 299	11 344	…
2004	1 089	3 318	4 407	2 358	2 327	4 684	9 091	…
2005	1 642	7 086	8 727	2 343	2 528	4 871	13 598	…
2006	2 420	7 161	9 581	3 113	3 629	6 742	16 323	…
2007	3 033	17 845	20 878	2 886	5 600	8 487	29 364	…
2008	2 329	16 754	19 083	3 013	7 230	10 244	29 327	…
2009	2 016	12 892	14 908	2 525	5 061	7 586	22 493	…
2010	1 667	9 602	11 269	2 591	4 115	6 705	17 975	…
2011	1 649	7 616	9 265	2 379	2 930	5 310	14 575	…
2012	1 756	6 334	8 090	2 202	2 042	4 244	12 334	…
2013	1 510	10 937	12 446	1 965	12 341	14 306	26 753	103
2014	1 288	15 093	16 381	1 849	13 747	15 596	31 977	165
2015	1 398	14 285	15 683	1 551	14 298	15 849	31 532	131
2016	1 287	10 435	11 721	1 511	10 667	12 178	23 899	79
2017	1 934	13 604	15 537	1 634	10 293	11 927	27 464	168
2018	1 770	13 328	15 097	1 439	12 304	13 743	28 840	174

コンピュータエンターテインメント協会「CESAゲーム白書」により作成。メーカー出荷額ベース。ソフトウェアは別掲以外はパッケージ版。2013年より原資料でXboxを含めるなど集計方法を変更しており，数値が接続しない。

表 11 - 14 モバイルコンテンツ関連市場（単位 億円）

	モバイルコンテンツ市場1)	フィーチャーフォン2)	スマートフォン	モバイルコマース市場	物販系	サービス系3)	トランザクション系4)	計
2002	1 793	1 793	—	1 193	344	809	40	2 986
2003	2 133	2 133	—	1 709	541	930	238	3 842
2004	2 603	2 603	—	2 593	969	1 183	441	5 196
2005	3 150	3 150	—	4 074	1 542	1 646	886	7 224
2006	3 666	3 666	—	5 641	2 583	1 945	1 113	9 307
2007	4 272	4 272	—	7 329	3 292	2 806	1 231	11 601
2008	4 835	4 835	(12)	8 689	3 770	3 497	1 422	13 524
2009	5 525	5 525	(35)	9 681	4 248	3 891	1 542	15 206
2010	6 465	6 465	(123)	10 085	4 392	4 109	1 584	16 550
2011	7 345	6 539	806	11 716	5 839	4 249	1 628	19 061
2012	8 510	4 793	3 717	14 997	6 878	6 281	1 838	23 507
2013	10 783	2 447	8 336	19 359	9 555	7 490	2 314	30 142
2014	14 566	1 540	13 026	24 480	13 414	8 736	2 330	39 046
2015	15 632	1 009	14 623	28 596	14 632	10 970	2 994	44 228
2016	18 757	710	18 047	31 862	16 055	12 363	3 444	50 619
2017	21 109	519	20 590	36 182	18 297	13 767	4 118	57 291
2018	22 261	379	21 882	39 941	20 438	15 005	4 498	62 202

モバイル・コンテンツ・フォーラム資料および総務省資料により作成。2006年以降調査対象を一部拡大。2010年以前のスマートフォンは参考値で，集計に含まない。1）ソーシャルゲーム，電子書籍，音楽や動画など。2）従来型の携帯電話。3）興業チケットや旅行券など。4）証券や株式取引での手数料など。

表 11 - 15　音楽ソフトの生産

	生産量（千枚，千巻）			生産額（億円）			有料音楽配信売上（億円）
	レコード	CD	計×1)	レコード	CD	計×1)	
1930（昭 5）	14 400	—	…	…	—	…	…
1935（〃 10）	28 927	—	…	…	—	…	…
1940（〃 15）	20 928	—	…	…	—	…	…
1946（〃 21）	6 420	—	…	…	—	…	…
1950（〃 25）	11 828	—	…	…	—	…	…
1955（〃 30）	14 500	—	14 500	…	—	30	…
1960（〃 35）	24 004	—	24 004	90	—	90	…
1965（〃 40）	90 934	—	90 934	294	—	294	…
1970（〃 45）	133 555	—	155 875	657	—	657	…
1975（〃 50）	177 371	—	203 665	1 371	—	1 849	…
1980（〃 55）	194 943	—	274 908	*1 812	—	2 928	…
1985（〃 60）	124 516	20 638	219 673	1 302	479	2 813	…
1990（平 2）	2 332	230 949	290 494	19	3 233	3 878	…
1995（〃 7）	534	439 950	465 515	9	5 512	5 740	…
2000（〃 12）	1 914	414 052	433 140	21	5 239	5 398	…
2005（〃 17）	306	301 804	353 219	4	3 598	4 222	343
2010（〃 22）	105	206 539	256 354	2	2 220	2 836	860
2015（〃 27）	662	167 839	223 719	12	1 801	2 544	471
2016（〃 28）	799	159 223	212 983	15	1 749	2 457	529
2017（〃 29）	1 063	152 294	202 449	19	1 707	2 320	573
2018（〃 30）	1 116	137 268	194 631	21	1 542	2 403	645

日本レコード協会資料により作成。*は最大値を示す。生産量はレコードが1976年の199752千枚，CDが1998年の457173千枚。合計が1997年の480706千枚（巻）。生産額はCDが1998年の5879億円，合計は1998年の6075億円。有料音楽配信売上は，2009年の910億円。1）1970年は生産額のみテープを含まず。2002年以降，音楽ビデオ等を含む。×その他とも。

表 11 - 16　新聞の発行部数

	発行部数1)（千部）	1 世帯あたり（部）	広告面比率2)（%）
1942（昭17）	14 687	…	…
1945（〃 20）	14 180	…	…
1950（〃 25）	26 848	…	…
1955（〃 30）	22 688	3) 1.31	*26.6*
1960（〃 35）	24 438	1.18	*29.8*
1965（〃 40）	29 776	1.20	*34.8*
1970（〃 45）	36 304	1.24	*41.2*
1975（〃 50）	40 513	1.22	*43.0*
1980（〃 55）	46 391	1.29	*43.2*
1985（〃 60）	48 232	1.25	*42.0*
1990（平 2）	51 908	1.26	*44.0*
1995（〃 7）	52 855	1.19	*40.9*
1997（〃 9）	*53 765	1.18	*42.0*
1998（〃 10）	53 670	1.16	*40.9*
1999（〃 11）	53 757	1.15	*40.1*
2000（〃 12）	53 709	1.13	*40.1*
2001（〃 13）	53 681	1.12	*39.2*
2002（〃 14）	53 198	1.09	*37.7*
2003（〃 15）	52 875	1.07	*37.2*
2004（〃 16）	53 022	1.06	*37.0*
2005（〃 17）	52 568	1.04	*37.3*
2006（〃 18）	52 310	1.02	*36.8*
2007（〃 19）	52 029	1.01	*36.2*
2008（〃 20）	51 491	0.98	*35.0*
2009（〃 21）	50 353	0.95	*33.7*
2010（〃 22）	49 322	0.92	*33.5*
2011（〃 23）	48 345	0.90	*32.8*
2012（〃 24）	47 778	0.88	*33.4*
2013（〃 25）	46 999	0.86	*33.7*
2014（〃 26）	45 363	0.83	*33.3*
2015（〃 27）	44 247	0.80	*33.0*
2016（〃 28）	43 276	0.78	*32.4*
2017（〃 29）	42 128	0.75	*32.1*
2018（〃 30）	39 902	0.70	*31.4*

日本新聞協会「データブック　日本の新聞」，同「日本新聞年鑑」，同「日本新聞協会40年史」および電通「電通広告年鑑」により作成。*は最大値。1）朝夕刊セットを１部としたもの。朝夕刊発行社がセット売りを始めたのは1951年からで，それ以前は朝夕刊それぞれで発行部数を集計。1955年までは12月現在，1956年以降は10月現在。集計対象紙は1954年まで日本新聞協会非加盟紙を含むが，1955年からは日本新聞協会加盟紙のみ。2）新聞紙の総段数に占める広告段数の割合。3）1956年。

表 11 - 17　戦前の出版統計

	出版図書（納本数）（部）	出版物	雑誌1)	年末新聞雑誌数2)（種）
1875	…	…	…	53
1881	5 973	…	…	253
1885	8 597	…	…	321
1890	18 720	…	…	716
1895	26 792	…	…	753
1900	18 616	…	…	944
1905	28 279	…	…	1 775
1910	41 620	22 889	18 731	1 793
1915	49 181	24 448	24 733	2 851
1920	44 176	21 764	22 412	3 532
1925	56 508	30 872	25 636	6 899
1930	72 154	32 815	39 339	10 130
1935	112 716	39 049	73 667	12 100
1940	73 152	33 313	39 839	5 871
1944	18 060	11 543	6 517	1 606
1945	…	3) 878	…	…

日本書籍出版協会「日本出版百年史年表」により作成。内閣統計局による調査。戦前の出版点数を，検閲等に伴う内務省への納本受付数等でみている。雑誌の納本数は出版法のほか新聞紙法（雑誌の一部を含む）によるものがある。出版図書には訂正再版を含む。1）出版法による雑誌。2）1910年以降は新聞紙法による新聞雑誌。3）普通出版物のみで官庁出版物を含まない。

表 11 - 18　出版統計

	書籍			雑誌			実売額計（億円）
	新刊点数（点）	発行部数（万部）	実売額（億円）	出版点数（点）	発行部数（万部）	実売額（億円）	
1945（昭20）	658	…	…	1 831	…	…	…
1950（〃25）	13 009	…	…	1 537	…	…	…
1955（〃30）	13 042	14 000	250	1 371	36 000	297	547
1960（〃35）	13 122	19 300	409	2 221	107 900	732	1 141
1965（〃40）	14 238	34 596	1 098	2 172	124 496	1 216	2 314
1970（〃45）	18 754	51 380	2 201	2 319	187 325	2 460	4 661
1975（〃50）	22 727	73 320	4 912	2 750	234 672	4 882	9 794
1980（〃55）	27 891	105 850	6 874	3 325	301 760	7 668	14 542
1985（〃60）	31 221	129 948	7 123	3 683	381 240	10 295	17 418
1990（平 2）	40 576	139 381	8 474	3 889	449 319	13 022	21 496
1995（〃 7）	58 310	149 778	10 498	4 178	511 650	15 552	26 050
2000（〃12）	65 065	141 986	10 152	4 533	487 704	14 972	25 124
2001（〃13）	71 073	138 578	10 032	4 447	479 772	14 413	24 444
2002（〃14）	74 259	137 331	10 123	4 417	467 855	14 246	24 369
2003（〃15）	75 530	133 486	9 665	4 515	453 316	13 515	23 180
2004（〃16）	77 031	137 891	10 237	4 549	440 624	13 245	23 482
2005（〃17）	78 304	140 649	9 879	4 581	428 917	13 042	22 921
2006（〃18）	77 074	143 603	10 095	4 540	411 503	12 533	22 628
2007（〃19）	76 978	147 480	9 747	4 511	403 266	12 237	21 983
2008（〃20）	78 013	147 038	9 542	4 353	385 284	11 731	21 273
2009（〃21）	78 501	142 333	9 138	4 215	356 351	11 272	20 409
2010（〃22）	77 773	135 501	8 831	4 056	336 043	10 920	19 751
2011（〃23）	78 863	131 165	8 801	3 949	313 016	10 217	19 019
2012（〃24）	82 200	129 066	8 614	3 936	301 333	9 718	18 332
2013（〃25）	*82 589	126 227	8 430	3 800	288 933	9 281	17 711
2014（〃26）	80 954	120 547	8 089	3 761	274 807	8 803	16 892
2015（〃27）	80 048	116 328	7 936	3 674	252 327	8 075	16 011
2016（〃28）	78 113	113 769	7 870	3 589	230 413	7 587	15 457
2017（〃29）	75 412	108 422	7 626	3 480	211 294	6 781	14 407

出版ニュース社「出版年鑑」および同「出版データブック改訂版」（1945－2000）により作成。市販物に限り，新刊書籍出版点数には重版を含まない。雑誌の出版点数は1994年以降会計年度。出版年鑑は2018年（2017年データ分）で休刊。*は最大値を示す。書籍発行部数は1997年の15億7354万部。書籍実売額は1997年の1兆1062億円。雑誌出版点数は1947年の7249誌。雑誌発行部数は1997年の52億2375万部。雑誌実売額は1996年の1兆5984億円。書籍と雑誌の実売額計は1996年の2兆6980億円。

表 11 - 19　国内電子出版市場規模（会計年度）（単位　億円）

	電子書籍		電子書籍	電子雑誌	計		電子書籍	電子雑誌	計
2002	10	2008	464	…	…	2014	1 266	145	1 411
2003	18	2009	574	…	…	2015	1 584	242	1 826
2004	45	2010	650	6	656	2016	1 976	302	2 278
2005	94	2011	629	22	651	2017	2 241	315	2 556
2006	182	2012	729	39	768	2018	2 826	296	3 122
2007	355	2013	936	77	1 013				

インプレス総合研究所「電子書籍ビジネス調査報告書」により作成。

表 11 - 20　媒体別広告費（単位　億円）

	新聞	雑誌	ラジオ	テレビ	地上波テレビ	衛星メディア	インターネット	総広告費×
1947	11	2	—	—	—	—	—	15
1950	120	7	—	—	—	—	—	168
1955	337	35	98	9	9	—	—	609
1960	684	100	178	388	388	—	—	1 740
1965	1 233	192	161	1 110	1 110	—	—	3 440
1970	2 653	418	345	2 445	2 445	—	—	7 560
1975	4 092	670	602	4 208	4 208	—	—	12 375
1980	7 086	1 281	1 169	7 883	7 883	—	—	22 783
1985	8 887	2 230	1 612	10 663	10 633	30	—	35 049
1990	*13 592	3 741	2 335	16 165	16 046	119	—	55 648
1992	12 172	3 692	2 350	16 640	16 526	114	—	54 611
1993	11 087	3 417	2 113	16 010	15 891	119	—	51 273
1994	11 211	3 473	2 029	16 560	16 435	125	—	51 682
1995	11 657	3 743	2 082	17 711	17 553	158	—	54 263
1996	12 379	4 073	2 181	19 336	19 162	174	16	57 715
1997	12 636	4 395	2 247	20 275	20 079	196	60	59 961
1998	11 787	4 258	2 153	19 721	19 505	216	114	57 711
1999	11 535	4 183	2 043	19 346	19 121	225	241	56 996
2000	12 474	4 369	2 071	21 059	*20 793	266	590	61 102
2001	12 027	4 180	1 998	*21 152	20 681	471	735	60 580
2002	10 707	4 051	1 837	19 776	19 351	425	845	57 032
2003	10 500	4 035	1 807	19 899	19 480	419	1 183	56 841
2004	10 559	3 970	1 795	20 872	20 436	436	1 814	58 571
2005	10 377	4 842	1 778	20 898	20 411	487	3 777	68 235
2006	9 986	4 777	1 744	20 705	20 161	544	4 826	69 399
2007	9 462	4 585	1 671	20 584	19 981	603	6 003	70 191
2008	8 276	4 078	1 549	19 768	19 092	676	6 983	66 926
2009	6 739	3 034	1 370	17 848	17 139	709	7 069	59 222
2010	6 396	2 733	1 299	18 105	17 321	784	7 747	58 427
2011	5 990	2 542	1 247	18 128	17 237	891	8 062	57 096
2012	6 242	2 551	1 246	18 770	17 757	1 013	8 680	58 913
2013	6 170	2 499	1 243	19 023	17 913	1 110	9 381	59 762
2014	6 057	2 500	1 272	19 564	18 347	1 217	10 519	61 522
2015	5 679	2 443	1 254	19 323	18 088	1 235	11 594	61 710
2016	5 431	2 223	1 285	19 657	18 374	1 283	13 100	62 880
2017	5 147	2 023	1 290	19 478	18 178	*1 300	15 094	63 907
2018	4 784	1 841	1 278	19 123	17 848	1 275	*17 589	65 300

電通「日本の広告費」により作成。*は最大値を示す。ラジオは1991年の2406億円。本表データは，統計範囲の見直しで年次によっては接続しない。主な変更は，1985年より新聞，雑誌，ラジオ，テレビで広告制作費を含めたほか，合計にPOP広告等を含める一方，輸出広告を除いた。2005年より雑誌の範囲を専門誌や地方紙まで拡大，インターネットに広告制作費を含めたほか，合計にフリーペーパーやフリーマガジン，屋外ビジョン等や民間メール便配達料の追加など。×その他とも。

〔科学技術〕 明治政府は当初，欧米の優れた科学技術を取り入れるために多くのお雇い外国人を雇用した。このほか，工部大学校の卒業生や海外留学からの帰国者によって日本の科学技術は向上していく。1885年には特許制度が整備されるなど，知的財産権の整備も進んだ。戦前までには，軍艦など兵器を国内生産できるだけの自国技術を持つほか，渦巻きポンプや八木・宇田アンテナ，ポリビニルアルコールなど数は少ないが独創的な研究が行われていた。しかし，第二次大戦ではアメリカとの技術的な格差が大きく，特にレーダーなど新技術の開発や導入が遅れて敗戦の要因となった。

戦後，研究開発が制限されたが，1949年に湯川秀樹博士がノーベル物理学賞を受賞したことは，日本の科学技術への大きな希望となった。その後，欧米の技術を積極的に導入して，工業生産が活性化する。日本の技術は猿まねと揶揄されたが，1960年代には企業が自前で研究所を設立して，研究開発を盛んに行うようになる。特に東海道新幹線やLD転炉，大型タンカー，超高層ビルなどで，日本は独自技術を高めた。

1980年代，自動車や電子機器など優れた性能を持つ日本製品は，貿易摩擦を引き起こした。企業の応用研究が中心の日本は，基礎研究でただ乗りしているとの批判が欧米で高まる。一方，アメリカではこの頃から産学連携が盛んになり，応用研究が進展，ベンチャー企業群が成長してシリコンバレーを形成していった。

日本は製造業の海外生産が盛んになり，1993年に技術貿易で黒字になって以降，黒字幅が拡大している（総務省科学技術研究調査報告）。しかし，研究の重要さを示す被引用数の高い論文数の世界シェアが，2000年以降低下し続けており，日本の研究開発の弱体化が懸念されている。特に近年は中国の研究費の伸びが著しく，産学が一体となって研究開発を進めており，最先端技術での存在感を高めている。

年　表	
1871	専売略規則公布（初の特許法）。
1873	工部寮（後の工部大学校）開校。
1877	第1回内国勧業博覧会開催。
1885	専売特許条例公布。初の特許出願。
1888	特許条例，意匠条例公布。
1899（明32）	工業所有権保護に関するパリ条約加盟。
1918（大7）	科学奨励金（現在の科研費）制度創設。
1945（昭20）	GHQが原子力，航空，超短波研究を禁止，制限。翌年より順次緩和。
1949（昭24）	湯川秀樹博士日本人初のノーベル賞受賞。
1952	日本の独立回復。研究の制限撤廃。
1955	トランジスタラジオ開発。
1961	民間企業の中央研究所設立ブーム。
1970	日本初の人工衛星打ち上げ。
1971	電子計算機の自由化。
1976	超LSI技術開発費補助金予算計上。
1978	特許協力条約加盟（国際出願）。
1993	技術貿易額が黒字に。
1995	科学技術基本法制定。
1999（平11）	日本版バイ・ドール法（国の委託研究の特許等を，受託者に帰属）。
2003	知的財産戦略本部設立。
2005（平17）	青色LEDの職務発明をめぐる訴訟で和解（職務発明の対価が論議）。
2015	改正特許法，職務発明の権利調整。

表 11 - 21　科学技術研究費（会計年度）（単位　億円）

	企業1)	研究機関2)	大学等	総額
1952 3)	86	72	166	323
1955	156	105	254	516
1960	1 244	340	525	2 109
1965	2 524	726	1 836	5 086
1970	8 233	1 664	3 659	13 555
1975	16 848	4 499	8 398	29 746
1980	31 423	7 639	13 401	52 462
1985	59 399	11 606	17 898	88 903
1990	92 672	15 142	22 970	130 783
1993	90 536	18 968	27 587	137 091
1994	89 803	18 632	27 526	135 960
1995	93 959	20 302	29 822	144 082
1996	100 584	20 078	30 131	150 793
1997	106 584	20 239	30 592	157 415
1998	108 001	21 170	32 229	161 399
1999	106 302	21 713	32 091	160 106
2000	108 602	22 207	32 084	162 893
2001	114 510	18 436	32 334	165 280
2002	115 768	18 159	32 823	166 751
2003	117 589	17 821	32 631	168 042
2004	118 673	17 963	32 740	169 376
2005	127 458	16 920	34 074	178 452
2006	133 274	17 533	33 824	184 631
2007	138 304	16 897	34 237	189 438
2008	136 345	17 206	34 450	188 001
2009	119 838	17 127	35 498	172 463
2010	120 100	16 659	34 340	171 100
2011	122 718	15 668	35 405	173 791
2012	121 705	15 917	35 624	173 246
2013	126 920	17 420	36 997	181 336
2014	135 864	16 888	36 962	189 713
2015	136 857	16 095	36 439	189 391
2016	133 183	15 102	36 042	184 326
2017	137 989	16 097	36 418	190 504

総務省「科学技術研究調査報告」および同資料により作成。人文科学を含む。1996年度よりソフトウェア業を，2001年度より卸売業，金融・保険業の一部，サービス業の一部を含む。1）1958年度以前は営利法人。2）1958年度以前は公社・公団を含む（1959年度以降は企業に移行）。2001年度以降は，それまで企業に含まれていた特殊法人を一部含む。3）研究者 5 人以上を有する研究機関。

表 11 - 22　技術貿易額（会計年度）（単位　億円）

	技術輸出額（受取）	機械工業	輸送用機械	化学工業	技術輸入額（支払）	機械工業	化学工業	輸出－輸入
1971	272	80	21	69	1 345	810	265	-1 074
1975	666	183	63	215	1 691	997	269	-1 025
1980	1 596	553	218	319	2 395	1 351	393	-799
1985	2 342	1 053	324	382	2 932	1 734	374	-590
1990	3 394	2 077	920	582	3 719	2 541	540	-326
1995	5 621	4 095	1 640	721	3 917	2 652	662	1 704
2000	10 579	8 433	5 890	1 305	4 433	2 976	652	6 146
2001	12 468	9 793	6 755	1 563	5 484	3 050	899	6 984
2002	13 868	10 710	7 714	1 987	5 417	3 189	680	8 451
2003	15 122	12 044	8 932	1 905	5 638	3 318	644	9 484
2004	17 694	13 836	9 673	2 431	5 676	3 767	627	12 018
2005	20 283	16 002	11 400	2 588	7 037	4 704	906	13 246
2006	23 782	18 063	12 468	3 248	7 054	4 918	820	16 728
2007	24 823	18 467	12 502	3 561	7 105	4 499	717	17 718
2008	22 255	15 852	10 503	3 564	6 000	4 033	983	16 254
2009	20 153	14 472	9 721	3 193	5 349	3 816	757	14 804
2010	24 366	17 724	12 844	3 687	5 301	3 299	706	19 066
2011	23 852	17 263	12 111	3 520	4 148	2 581	498	19 704
2012	27 210	20 462	14 961	3 682	4 486	2 702	700	22 724
2013	33 952	25 365	17 912	5 073	5 777	3 098	941	28 174
2014	36 603	27 969	21 529	5 254	5 130	2 915	1 205	31 473
2015	39 498	30 434	23 277	5 545	6 026	2 772	1 939	33 472
2016	35 719	27 483	21 500	5 028	4 529	1 908	1 613	31 190
2017	38 844	28 339	21 647	7 182	6 298	2 331	2 281	32 546

総務省「科学技術研究調査報告」により作成。1971年度からの調査。1996年度以降は，ソフトウェア業を含み，2001年度からは卸売業，金融・保険業，専門サービス業，その他の特定サービス業，学術研究機関を含む。なお，本表の化学工業には石炭・石油製品製造業を含んでいない。

表 11 - 23 産業財産権の出願，登録件数（単位 件）

	国内特許1)				国際特許出願2)	実用新案登録3)	意匠登録	商標登録
	特許出願	うち外国人	特許登録	うち外国人				
1885	425	—	99	—	—	—	—	949
1890	1 180	—	240	—	—	—	82	583
1895	1 122	—	228	—	—	—	94	923
1900	2 006	239	586	130	—	…	130	1 767
1905	2 897	555	1 254	539	—	985	765	2 492
1910	5 964	855	1 769	529	—	3 302	609	5 086
1915	6 359	471	1 782	314	—	4 200	1 663	6 912
1920	11 017	2 564	2 161	709	—	3 942	1 307	13 143
1925	12 680	1 838	5 086	1 498	—	11 701	3 049	12 669
1930	15 430	2 862	4 976	1 610	—	12 236	6 014	11 007
1935	16 645	1 887	4 766	950	—	14 240	5 474	14 020
1940	19 827	1 902	6 716	1 453	—	15 703	2 567	16 687
1945	4 258	…	2 340	…	—	1 076	2	643
1950	16 896	2 360	4 272	137	—	8 021	3 676	16 465
1955	34 508	7 186	8 557	2 147	—	15 918	7 157	20 453
1960	43 484	11 587	11 252	3 576	—	22 102	15 883	20 516
1965	81 923	21 127	26 905	9 108	—	35 040	13 654	31 217
1970	130 831	30 309	30 879	9 488	—	27 718	21 785	49 098
1975	159 821	24 703	46 728	9 736	—	48 406	34 829	109 166
1980	191 020	25 290	46 106	8 074	334	50 001	31 289	65 739
1985	302 995	28 622	50 100	7 777	733	41 100	35 890	119 534
1990	367 590	34 360	59 401	9 031	1 742	43 300	33 773	117 219
1991	369 396	33 463	36 100	5 647	1 806	36 500	28 854	95 329
1992	371 894	33 875	92 100	13 107	1 739	65 200	38 004	156 040
1993	366 486	34 141	88 400	11 089	1 934	53 400	38 708	158 685
1994	353 301	33 363	82 400	9 643	2 305	53 885	34 948	147 191
1995	369 215	34 603	109 100	14 296	2 772	63 966	34 887	144 911
1996	376 615	36 514	215 100	27 419	3 896	95 481	35 495	178 251
1997	391 572	40 765	147 686	17 749	4 921	50 108	37 418	253 272
1998	401 932	42 551	141 448	15 744	6 022	35 513	36 264	132 066
1999	405 655	45 475	150 059	16 099	7 429	21 986	41 355	123 656
2000	436 865	49 501	125 880	13 611	9 447	12 613	40 037	94 493
2001	439 175	52 408	121 742	12 367	11 688	9 441	32 934	93 548
2002	421 044	51 586	120 018	11 503	13 879	7 793	31 503	105 114
2003	413 092	50 381	122 511	11 676	17 097	7 694	31 342	108 568
2004	423 081	54 665	124 192	11 665	19 850	7 363	32 681	95 866
2005	427 078	59 118	122 944	11 856	24 290	10 573	32 633	94 439
2006	408 674	61 614	141 399	14 595	26 422	10 593	29 689	103 435
2007	396 291	62 793	164 954	19 914	26 935	10 080	28 289	96 531
2008	391 002	60 892	176 950	25 185	28 027	8 917	29 382	100 243
2009	348 596	53 281	193 349	28 890	29 291	9 019	28 812	108 717
2010	344 598	54 517	222 693	35 456	31 524	8 572	27 438	97 780
2011	342 610	55 030	238 323	40 729	37 974	7 595	26 274	89 279
2012	342 796	55 783	274 791	49 874	42 787	8 054	28 349	96 359
2013	328 436	56 705	277 079	51 508	43 075	7 363	28 288	103 399
2014	325 989	60 030	227 142	49 392	41 292	7 017	27 306	99 896
2015	318 721	59 882	189 358	42 609	43 097	6 695	26 297	98 085
2016	318 381	58 137	203 087	42 444	44 495	6 297	25 344	105 207
2017	318 481	58 189	199 577	42 733	47 425	6 024	27 335	111 180
2018	313 567	59 937	194 525	42 085	48 630	5 303	27 618	116 547

特許庁「特許行政年次報告書」，旧科学技術庁「科学技術要覧」および総務省「新版　日本長期統計総覧」により作成。1）外国人特許は1896年まで認めていなかった。2）特許協力条約に基づく出願で，条約加盟国すべてに同時に出願したことと同じ効果があり，各国に実際に手続きするまで優先日（出願日）から原則30か月（2019年時点）の猶予期間を得られる。3）1994年以降は新・旧実用新案の合計。

第12章　国民の生活

〔家計と生活〕　鎖国が終わり，西洋の文化や生活様式が流入した明治・大正時代は，日本人の生活が大きく変化した時代でもある。江戸時代の封建的諸制度が撤廃され，民衆に職業選択や移動の自由が認められるようになり，制度上は，一人一人が自分の意思で生き方を選択できるようになった。

日清，日露両戦争後の工業化の進展とともに，都市を中心に新たな生活様式が生まれ，家庭への電灯の普及，ガスや水道の整備が始まり，衛生的な生活環境が形成されつつあった。また，食生活においても，肉食や洋食が物珍しくなくなっていった。一方で，都市に普及し始めていた近代的な生活様式は，多くの人口を擁する農村にはあまり広まらず，都市と農村の格差は大きく開いたままであった。

第2次世界大戦後の混乱期を抜け，民主化と経済成長が進んだ1950年代以降，働く場を求めて農村から都市への若者を中心とする人口の移動が続いた。都市部では都市勤労者の生活様式が形成されて，1960年代から，核家族などの小規模世帯が増えていくようになる。人々の所得増加とともに消費が拡大し，食料や衣服といった生活必需品のみならず，家電製品や乗用車などの耐久消費財も購入機会が増え，生活水準は上昇していった。情報通信や交通手段も急速に発達したことで，消費生活は都市だけでなく農村にも行きわたっていくようになり，国民の間には「中流意識」が広がり，大衆消費社会が日本全体で確立していった。

高度経済成長期には，国民の所得水準の急速な高まりにあわせて，生活の利便性を向上させる耐久消費財の消費が急増していく。全世帯における普及状況を見ると，1970年代前半には，大半の世帯で電気洗濯機，電気冷蔵庫，電気掃除機を保有するに至っている。娯楽面では，1960年にテレビのカラー放送が開始されると，カラーテレビの保有率が高まり，1975年には90％を超えている。テレビ放送は家庭での娯楽の中心であっただけでなく，映像が消費者の購買欲を刺激するなど，人々の消費意識を大きく変えていった。乗用車は高嶺の花であったが，所得の上昇や大衆車の発売により，人々の手に届くものになった。乗用車の普及は1970年代に本格化し，1978年の普及率は50％を超えている。

衣食住から高度経済成長期の生活の変化を見ると，衣料品は合成繊維の発達をうけ，安価で多様な既製服が中心となる。食生活では，肉類・卵・乳製品が常食され，食の欧米化が急速に進んだ。また，インスタントやレトルト食品などの加工食品が家庭に浸透し，食の簡便化も始まっている。住居では，都市人口が急増して住宅不足を解消するために，国が中心となって大規模な住宅団地の造成を進めていった。団地建築は寝食分離の間取りが特徴で，洋式水洗トイレやベランダなどが取り入れられ，若者たちのあこがれとなった。このように，高度経済成長期は国民の衣食住をはじめ，生活様式が大きく変化した時期でもあった。

1970年代は２度の石油危機を経て，日本経済は高度成長期から安定成長期へ移り，1980年代には物質面で非常に豊かになった。また，週休２日制の普及が始まり，労働時間の短縮が見られ始め，自由時間が増加した。多くの人々が余暇の充実を求めて外食や旅行を楽しむようになった。これに対応するかのように，サービス業が急速に多様化し，産業の中心を占めるようになった。

1990年代初頭のバブル崩壊以降，長引く不況により人々の消費意欲は低迷している。厳しい雇用環境下で，長期失業者や非正規雇用者が増加したこともあり，格差拡大の問題が出てきている。また，未婚者の増加や出生数の減少も続いており，少子化に歯止めがかかっていない。21世紀に入ると，新たに地球温暖化対策や地球環境保全への本格的な取り組みが求められている。身近なところでも，大衆消費社会を見直して，省エネや３R（リデュース・リユース・リサイクル）の推進に一刻の猶予もない状態になっている。また，長引く景気低迷の影響で，子供を中心とした貧困問題が深刻化していることも，社会問題として浮上している。

年	表
1925	ラジオ放送開始。
1941	太平洋戦争開戦（1945年終戦）。
1948（昭23）	「勤労者世帯収入調査」開始（1950年に「消費者価格調査」と一本化される）。
1953	テレビ放送開始（白黒）。 このころから，白黒テレビ，電気冷蔵庫，電気洗濯機の「三種の神器」が購買目標となる。
1955	電気炊飯器発売開始。
1959	「全国消費実態調査」開始。
1960（昭35）	カラーでのテレビ放送開始。 このころから，カラーテレビ，クーラー，カー（車）の「3C」が購買目標となる。
1962	現行の「家計調査」開始。
1964	東京オリンピック開催。
1968	「消費者保護基本法」制定（2004年改正，消費者基本法となる）。
1970	大阪万国博覧会開催。
1972	札幌オリンピック開催。
1973	第１次石油危機。
1983	ファミリーコンピュータ発売。
1987	携帯電話が発売される。
1989	消費税実施（３％）。
1991（平３）	「育児休業法」制定（1995年「育児・介護休業法」に改正）。
1992	学校の週休２日制始まる。
1995	阪神淡路大震災発生。 「単身世帯収支調査」開始。 Windows95日本語版発売。
1997	消費税５％となる。
1998	長野オリンピック開催。
2002	年平均完全失業率5.4％で過去最高。
2004	新潟県中越地震発生。
2005	クールビズ開始。
2008	後期高齢者医療制度開始。
2011（平23）	東日本大震災発生。 スマートフォンが急速に普及。
2012	SNS（ソーシャル・ネットワーキング・サービス）の利用者増加。
2014	消費税８％となる。
2018	サブスクリプション（定額制）サービスが普及。
2019	消費税10％となる。

表12-1　二人以上勤労者世帯の収入と支出（1世帯あたり年平均1か月間）（単位　円）

	実収入			実支出			
	計	世帯主収入	その他の実収入	計	消費支出	食料	非消費支出
1921(大10)	114.77	88.61	26.16	102.11	101.02	28.77	1.09
1926(昭1)	113.62	93.19	20.43	102.23	101.80	36.40	0.43
1931(〃6)	86.47	77.55	8.92	76.33	76.18	24.75	0.15
1935(〃10)	90.59	80.69	9.90	80.11	79.93	29.07	0.18
1939(〃14)	115.42	101.52	13.90	97.31	97.00	40.17	0.31
1950(〃25)	13 238	11 400	1 838	…	7) 11 980	7) 6 880	…
1955(〃30)	29 169	24 065	5 104	26 786	23 513	10 465	3 273
1960(〃35)	40 895	34 051	6 844	35 280	32 093	12 440	3 187
1965(〃40)	65 141	54 111	11 030	54 919	49 335	17 858	5 584
1970(〃45)	112 949	94 632	18 317	91 897	82 582	26 606	9 315
1975(〃50)	236 152	198 316	37 836	186 676	166 032	49 828	20 644
1980(〃55)	349 686	293 362	56 324	282 263	238 126	66 245	44 137
1984(〃59)	424 025	351 413	72 612	347 388	282 716	73 669	64 671
1985(〃60)	444 846	367 036	77 810	360 642	289 489	74 369	71 153
1986(〃61)	452 942	373 267	79 675	367 052	293 630	74 889	73 422
1987(〃62)	460 613	376 242	84 371	369 214	295 915	73 431	73 299
1988(〃63)	481 250	394 956	86 294	382 517	307 204	74 827	75 313
1989(平1)	495 849	410 117	85 732	390 904	316 489	76 794	74 415
1990(〃2)	521 757	430 670	91 087	412 813	331 595	79 993	81 218
1991(〃3)	548 769	448 226	100 543	430 380	345 473	83 051	84 907
1992(〃4)	563 855	462 253	101 602	442 937	352 820	83 445	90 117
1993(〃5)	570 545	468 324	102 221	447 666	355 276	82 477	92 390
1994(〃6)	567 174	468 000	99 174	439 112	353 116	81 513	85 996
1995(〃7)	570 817	467 799	103 018	438 307	349 663	78 947	88 644
1996(〃8)	579 461	474 550	104 911	442 679	351 755	78 131	90 924
1997(〃9)	595 214	487 356	107 858	455 815	357 636	79 879	98 179
1998(〃10)	588 916	480 122	108 794	446 581	353 552	80 169	93 029
1999(〃11)	574 676	468 310	106 366	436 943	346 177	78 059	90 766
2000(〃12)	562 754	460 289	102 465	430 239	341 896	75 174	88 343
2001(〃13)	552 734	448 490	104 244	422 941	336 209	73 558	86 732
2002(〃14)	539 924	438 702	101 222	417 408	331 199	73 434	86 208
2003(〃15)	524 810	430 491	94 319	410 709	326 566	71 394	84 143
2004(〃16)	531 690	436 349	95 341	417 038	331 636	71 935	85 402
2005(〃17)	524 585	425 706	98 879	412 928	329 499	70 947	83 429
2006(〃18)	525 719	431 284	94 435	404 502	320 231	69 403	84 271
2007(〃19)	528 762	433 306	95 456	409 716	323 459	70 352	86 257
2008(〃20)	534 235	434 066	100 169	416 415	324 929	71 051	91 486
2009(〃21)	518 226	419 269	98 957	409 374	319 060	70 134	90 314
2010(〃22)	520 692	417 281	103 411	409 039	318 315	69 597	90 725
2011(〃23)	510 149	409 709	100 440	398 448	308 838	68 420	89 611
2012(〃24)	518 506	410 634	107 872	407 375	313 874	69 469	93 501
2013(〃25)	523 589	415 595	107 994	416 626	319 170	70 586	97 457
2014(〃26)	519 761	414 688	105 073	414 975	318 755	71 189	96 221
2015(〃27)	525 669	412 884	112 785	413 778	315 379	74 341	98 398
2016(〃28)	526 973	413 533	113 440	407 867	309 591	74 770	98 276
2017(〃29)	533 820	419 435	114 385	412 462	313 057	74 584	99 405
2018(〃30)	558 718	426 035	132 683	418 907	315 314	76 090	103 593

総務省統計局「家計調査年報」,「家計調査総合報告書」（1947～1986年）および（1946～1962年），「日本長期統計総覧」，日本銀行「明治以降　本邦主要経済統計」により作成。調査地域は，1962年までは全国主要都市（調査都市数は年により異なる）で，1963年以降は全国。調査対象から除外される世帯は，農林漁家，単身者世帯，外国人世帯，世帯主が長期不在の世帯，料理飲食店・旅館など。ただし，↗

可処分所得[1]	黒字[2]	うち貯蓄純増[3]	平均消費性向[4]（%）	エンゲル係数[5]（%）	集計世帯数（世帯）	世帯人員（人）	
113.68	12.66	[6] 8.94	*88.9*	*28.5*	651	4.17	1921（大10）
113.19	11.39	[6] 5.95	*89.9*	*35.8*	4 785	4.20	1926（昭 1 ）
86.32	10.14	[6] 4.98	*88.3*	*32.5*	1 517	4.07	1931（〃 6 ）
90.41	10.48	[6] 4.99	*88.4*	*36.4*	1 673	4.12	1935（〃10）
115.11	18.11	[6] 8.87	*84.3*	*41.4*	1 592	4.11	1939（〃14）
…	…	…	…	[7] *57.4*	2 396	4.54	1950（〃25）
25 896	2 383	754	*90.8*	*44.5*	2 578	4.71	1955（〃30）
37 708	5 615	2 120	*85.1*	*38.8*	2 596	4.38	1960（〃35）
59 557	10 222	6 674	*82.8*	*36.2*	3 495	4.13	1965（〃40）
103 634	21 052	13 480	*79.7*	*32.2*	5 197	3.90	1970（〃45）
215 509	49 477	31 875	*77.0*	*30.0*	5 380	3.82	1975（〃50）
305 549	67 424	39 714	*77.9*	*27.8*	5 390	3.83	1980（〃55）
359 353	76 637	41 463	*78.7*	*26.1*	5 173	3.79	1984（〃59）
373 693	84 204	48 181	*77.5*	*25.7*	5 127	3.79	1985（〃60）
379 520	85 890	51 241	*77.4*	*25.5*	5 141	3.78	1986（〃61）
387 314	91 399	54 683	*76.4*	*24.8*	5 109	3.77	1987（〃62）
405 938	98 733	60 676	*75.7*	*24.4*	5 097	3.74	1988（〃63）
421 435	104 946	69 978	*75.1*	*24.3*	5 117	3.72	1989（平 1 ）
440 539	108 944	74 526	*75.3*	*24.1*	5 047	3.70	1990（〃 2 ）
463 862	118 389	83 104	*74.5*	*24.0*	5 039	3.71	1991（〃 3 ）
473 738	120 918	86 422	*74.5*	*23.7*	4 996	3.69	1992（〃 4 ）
478 155	122 879	81 123	*74.3*	*23.2*	4 997	3.65	1993（〃 5 ）
481 178	128 063	85 503	*73.4*	*23.1*	5 062	3.63	1994（〃 6 ）
482 174	132 510	86 935	*72.5*	*22.6*	5 009	3.58	1995（〃 7 ）
488 537	136 782	88 773	*72.0*	*22.2*	4 929	3.53	1996（〃 8 ）
497 036	139 400	98 092	*72.0*	*22.3*	4 912	3.53	1997（〃 9 ）
495 887	142 335	98 723	*71.3*	*22.7*	4 874	3.50	1998（〃10）
483 910	137 733	94 003	*71.5*	*22.5*	4 803	3.52	1999（〃11）
474 411	132 515	88 164	*72.1*	*22.0*	4 693	3.52	2000（〃12）
466 003	129 794	86 606	*72.1*	*21.9*	4 572	3.51	2001（〃13）
453 716	122 516	79 824	*73.0*	*22.2*	4 518	3.50	2002（〃14）
440 667	114 100	73 327	*74.1*	*21.9*	4 515	3.49	2003（〃15）
446 288	114 652	75 584	*74.3*	*21.7*	4 466	3.48	2004（〃16）
441 156	111 657	71 798	*74.7*	*21.5*	4 381	3.46	2005（〃17）
441 448	121 217	82 158	*72.5*	*21.7*	4 289	3.43	2006（〃18）
442 504	119 046	80 900	*73.1*	*21.7*	4 249	3.45	2007（〃19）
442 749	117 820	81 213	*73.4*	*21.9*	4 269	3.45	2008（〃20）
427 912	108 852	69 519	*74.6*	*22.0*	4 240	3.43	2009（〃21）
429 967	111 653	76 832	*74.0*	*21.9*	4 193	3.41	2010（〃22）
420 538	111 700	76 810	*73.4*	*22.2*	4 006	3.42	2011（〃23）
425 005	111 131	77 760	*73.9*	*22.1*	4 001	3.42	2012（〃24）
426 132	106 962	74 287	*74.9*	*22.1*	3 964	3.42	2013（〃25）
423 541	104 786	77 139	*75.3*	*22.3*	3 930	3.40	2014（〃26）
427 270	111 891	84 434	*73.8*	*23.6*	3 904	3.39	2015（〃27）
428 697	119 106	91 260	*72.2*	*24.2*	3 802	3.39	2016（〃28）
434 415	121 358	97 009	*72.1*	*23.8*	3 823	3.35	2017（〃29）
455 125	139 811	121 135	*69.3*	*24.1*	3 979	3.32	2018（〃30）

↘2000年からは農林漁家世帯を含む調査となった。1）実収入から非消費支出を差し引いた額で，いわゆる手取り収入のこと。2）実収入と実支出の差額。3）預貯金と保険掛金の合計から預貯金引出と保険取金の合計を差し引いたもの。4）可処分所得に対する消費支出の割合。5）消費支出に占める食料費の割合。6）貯金純増。7）全世帯（勤労者以外の世帯も含む）。

図 12-1　勤労者世帯の消費支出割合（1 世帯年平均 1 か月間）

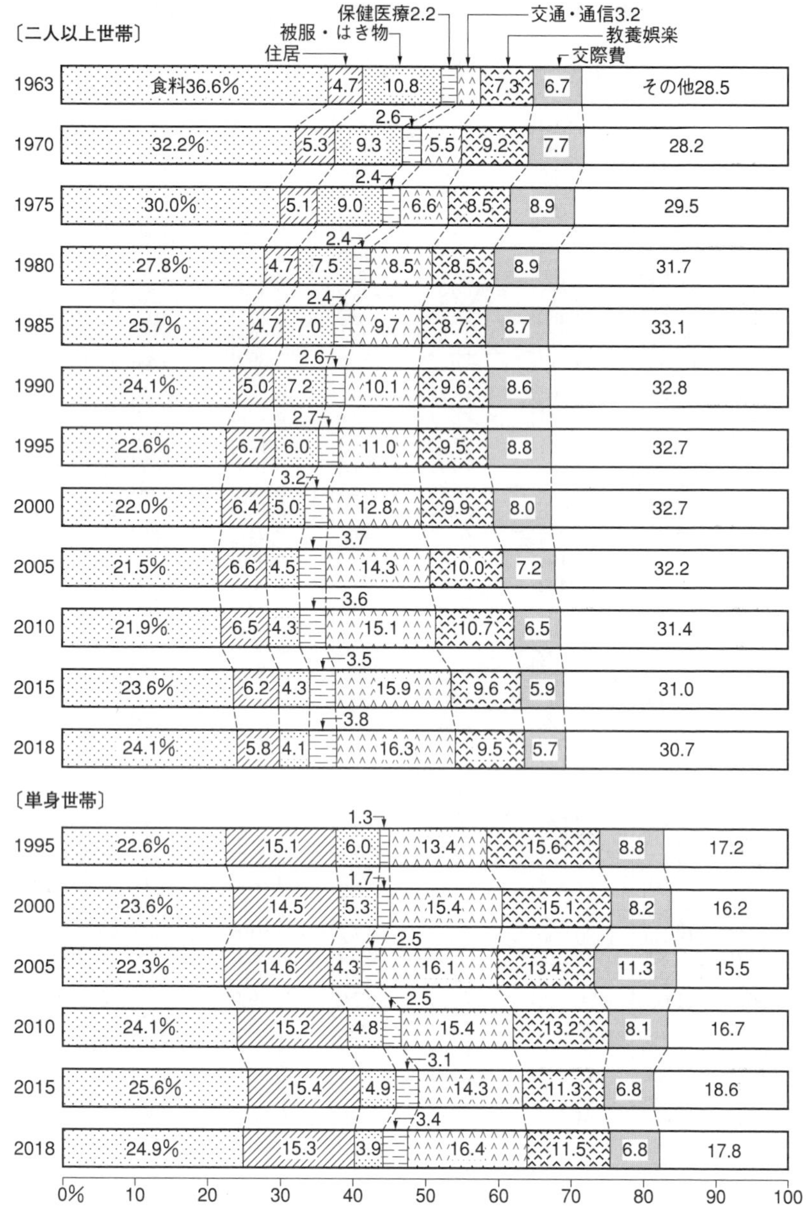
〔二人以上世帯〕
住居
被服・はき物
保健医療2.2
交通・通信3.2
教養娯楽
交際費
1963
食料36.6%
4.7
10.8
7.3
6.7
その他28.5
1970
32.2%
5.3
9.3
2.6
5.5
9.2
7.7
28.2
1975
30.0%
5.1
9.0
2.4
6.6
8.5
8.9
29.5
1980
27.8%
4.7
7.5
2.4
8.5
8.5
8.9
31.7
1985
25.7%
4.7
7.0
2.4
9.7
8.7
8.7
33.1
1990
24.1%
5.0
7.2
2.6
10.1
9.6
8.6
32.8
1995
22.6%
6.7
6.0
2.7
11.0
9.5
8.8
32.7
2000
22.0%
6.4
5.0
3.2
12.8
9.9
8.0
32.7
2005
21.5%
6.6
4.5
3.7
14.3
10.0
7.2
32.2
2010
21.9%
6.5
4.3
3.6
15.1
10.7
6.5
31.4
2015
23.6%
6.2
4.3
3.5
15.9
9.6
5.9
31.0
2018
24.1%
5.8
4.1
3.8
16.3
9.5
5.7
30.7
〔単身世帯〕
1995
22.6%
15.1
6.0
1.3
13.4
15.6
8.8
17.2
2000
23.6%
14.5
5.3
1.7
15.4
15.1
8.2
16.2
2005
22.3%
14.6
4.3
2.5
16.1
13.4
11.3
15.5
2010
24.1%
15.2
4.8
2.5
15.4
13.2
8.1
16.7
2015
25.6%
15.4
4.9
3.1
14.3
11.3
6.8
18.6
2018
24.9%
15.3
3.9
3.4
16.4
11.5
6.8
17.8
0%
10
20
30
40
50
60
70
80
90
100

資料・注記は表 12-2（Ⅱ），12-3 を参照。

表 12 - 2　勤労者世帯の消費支出（Ⅰ）（1962年以前）（1世帯年平均1か月間）（単位　円）

	食料費	外食費	住居費1)	光熱費	被服費	雑費2)	消費支出計
1921（大10）A	36.77	…	8.45	6.84	9.90	19.48	81.44
1921（〃10）B	28.77	…	13.50	3) 4.87	15.97	37.91	101.02
1926（昭1）	36.40	2.64	17.20	4.66	13.62	29.92	101.80
1931（〃6）	24.75	2.33	13.70	3.57	9.87	24.29	76.18
1932（〃7）	25.39	2.37	13.87	3.59	9.70	24.69	77.24
1933（〃8）	25.79	2.48	13.75	3.84	9.75	25.62	78.75
1934（〃9）	27.87	…	13.53	3.91	9.62	24.94	79.87
1935（〃10）	29.07	2.47	13.48	3.99	9.09	24.30	79.93
1936（〃11）	29.76	2.66	13.30	3.95	9.29	25.75	82.05
1937（〃12）	31.29	2.63	13.58	4.31	9.02	25.55	83.75
1938（〃13）	33.19	2.81	13.41	4.69	8.59	27.00	86.88
1939（〃14）	40.17	3.01	13.42	5.16	9.27	28.98	97.00
1940（〃15）	43.49	3.07	14.11	5.86	10.42	30.29	104.17
1941（〃16）4)	49.81	2.82	12.51	6.17	13.30	38.57	120.36
1946（〃21）5)	1 411	…	107	79	213	315	2 125
1947（〃22）	2 952	…	200	212	483	837	4 684
1948（〃23）	5 302	…	368	392	993	1 725	8 780
1949（〃24）	7 138	…	548	498	1 288	2 413	11 885
1950（〃25）	6 880	…	547	596	1 473	2 484	11 980
1951（〃26）	7 554	…	723	723	2 017	3 603	14 620
1952（〃27）	8 767	…	948	933	2 691	4 822	18 161
1953（〃28）	9 774	337	1 292	1 128	3 103	6 430	21 727
1954（〃29）	10 501	378	1 345	1 160	2 891	7 170	23 067
1955（〃30）	10 465	432	1 434	1 185	2 861	7 568	23 513
1956（〃31）	10 399	504	1 748	1 174	3 050	7 860	24 231
1957（〃32）	10 937	587	1 993	1 278	3 306	8 578	26 092
1958（〃33）	11 444	737	2 489	1 286	3 353	9 227	27 799
1959（〃34）	11 686	782	2 901	1 323	3 523	9 942	29 375
1960（〃35）	12 440	877	3 139	1 552	3 934	11 028	32 093
1961（〃36）	13 170	1 002	3 746	1 679	4 455	11 846	34 896
1962（〃37）	14 454	1 130	4 326	1 852	5 090	13 617	39 339

総務省統計局「日本長期統計総覧」および日本銀行「明治以降　本邦主要経済統計」などにより作成。原資料は，1921年のAは，内務省社会局「職工生計状態調査」による2月と3月の平均値（調査地域は全国7府県の主要都市），Bは財団法人協調会「棒給生活者・職工生計調査」による1921年9月から翌年5月までの12か月平均（全国12府県）。**戦前の「家計調査」**は，収入その他についていくつかの条件に当てはまる世帯から希望者を募り，その中から調査世帯を選定していた（戦後の家計調査は無作為抽出）。また，1921年と1926年を除き，借家・借間に居住する世帯に限っているため，消費支出に占める居住費の割合が高くなっている。他にも多くの点で異なっていることから，戦後の家計調査結果との比較には注意が必要となっている。**戦後（1946年以降1962年まで）の「家計調査」**は，全国主要都市28都市が対象。ただし，1946～1950年の調査名は「消費者物価調査」，1951～1952年は「消費者実態調査」で，1953年に「家計調査」と改められた。1946～1950年は勤労者以外も含む全世帯，1951年からは勤労者世帯が対象。1963年以降（次表）からは調査範囲が全国に拡大され，調査項目も異なることから，本表との厳密な時系列比較はできない。1）水道料，家具じゅう器を含む。2）保健医療費，交通通信費，教育費，教養娯楽費などを含む。3）水道料を含む。4）戦争が激しくなるに及んで中止され，一部のみが公表されている。現存するデータを加重平均して勤労者世帯の平均を求めたもの。5）1946年8月から12月の5か月間の平均。

勤労者世帯の消費支出（Ⅱ）（1963年以降）（1世帯年平均1か月間）（単位　円）

	食料		住居2)	光熱・水道	3) 家具・家事用品	4) 被服・はき物	保健医療
		外食1)					
1963(昭38)	15 036	1 070	1 946	2 010	2 324	4 456	922
1965(〃40)	17 858	1 288	2 420	2 375	2 502	4 949	1 221
1970(〃45)	26 606	2 493	4 364	3 407	4 193	7 653	2 141
1975(〃50)	49 828	5 356	8 419	6 859	8 243	14 933	3 957
1979(〃54)	62 064	8 128	10 648	9 850	10 176	17 587	5 616
1980(〃55)	66 245	8 749	11 297	12 693	10 092	17 914	5 771
1981(〃56)	69 032	9 360	11 956	14 757	10 618	18 417	5 909
1982(〃57)	71 046	10 152	12 601	15 229	11 061	18 915	6 250
1983(〃58)	72 099	10 593	12 929	15 774	11 216	18 910	6 436
1984(〃59)	73 669	11 001	13 551	17 044	11 666	19 236	6 878
1985(〃60)	74 369	11 251	13 748	17 125	12 182	20 176	6 814
1986(〃61)	74 889	11 790	14 215	16 912	11 888	20 554	6 985
1987(〃62)	73 431	11 797	15 170	15 655	12 632	20 834	7 255
1988(〃63)	74 827	12 485	15 722	15 701	12 235	21 715	7 753
1989(平1)	76 794	12 727	15 846	15 887	12 388	22 577	8 092
1990(〃2)	79 993	13 365	16 475	16 797	13 103	23 902	8 670
1991(〃3)	83 051	13 970	18 234	17 642	13 944	24 451	8 776
1992(〃4)	83 445	13 970	20 191	18 094	13 560	24 033	9 125
1993(〃5)	82 477	13 929	20 258	18 674	13 144	23 134	9 586
1994(〃6)	81 513	13 964	22 446	19 150	13 239	21 963	9 474
1995(〃7)	78 947	13 947	23 412	19 551	13 040	21 085	9 334
1996(〃8)	78 131	14 166	24 679	19 971	12 811	20 438	9 858
1997(〃9)	79 879	14 560	24 114	20 841	12 599	20 264	10 386
1998(〃10)	80 169	14 604	22 242	20 839	12 186	19 081	10 565
1999(〃11)	78 059	14 514	22 614	20 680	12 110	18 876	10 884
2000(〃12)	74 889	14 159	21 674	21 124	11 208	17 192	10 865
2000(〃12)	75 174	14 142	21 716	21 282	11 268	17 195	10 901
2001(〃13)	73 558	13 979	21 978	21 228	11 359	16 156	10 748
2002(〃14)	73 434	14 141	21 200	20 894	10 819	15 807	10 511
2003(〃15)	71 394	13 689	22 222	20 718	10 427	15 444	11 603
2004(〃16)	71 935	14 049	20 877	20 950	10 392	14 867	11 545
2005(〃17)	70 947	13 941	21 839	21 328	10 313	14 971	12 035
2006(〃18)	69 403	13 688	20 292	21 998	9 954	14 430	11 463
2007(〃19)	70 352	14 063	20 207	21 555	9 914	14 846	11 697
2008(〃20)	71 051	14 178	19 156	22 666	10 501	14 263	11 593
2009(〃21)	70 134	14 141	19 614	21 466	10 152	13 773	12 036
2010(〃22)	69 597	14 156	20 694	21 704	10 638	13 573	11 398
2011(〃23)	68 420	13 791	21 600	21 742	10 406	13 103	10 880
2012(〃24)	69 469	14 349	20 479	22 511	10 484	13 552	11 721
2013(〃25)	70 586	14 803	19 775	23 077	10 385	13 715	11 596
2014(〃26)	71 189	14 735	20 467	23 397	10 868	13 730	11 279
2015(〃27)	74 341	15 440	19 477	22 971	11 047	13 561	11 015
2016(〃28)	74 770	15 308	18 862	20 730	10 854	13 099	11 295
2017(〃29)	74 584	15 177	18 532	21 164	10 980	13 184	11 506
2018(〃30)	76 090	15 429	18 200	21 771	11 338	13 072	11 973

総務省統計局「家計調査年報」および「家計調査総合報告書」(1947－1986年）により作成。二人以上世帯。本表の消費支出の内訳は，前表（1962年以前）のものと異なるので比較には注意が必要。2000年（下段）からは農林漁家世帯を含む。1）学校給食を含む。2）家賃地代と設備修繕・維持費。3）家具などの家庭用耐久財，室内装備品などのほかに，家事サービス費も含む。4）クリーニングなどの被服関↗

交通・通信	教育[5]	教養娯楽[6]	その他の消費支出[7]	交際費	消費支出計	対前年実質増加率（%）	
1 317	1 347	3 015	8 732	2 737	41 105	…	1963（昭38）
1 739	1 947	3 483	10 842	3 397	49 335	*1.7*	1965（〃40）
4 550	2 212	7 619	19 837	6 323	82 582	*5.6*	1970（〃45）
10 915	4 447	14 080	44 351	14 807	166 032	*4.4*	1975（〃50）
18 297	7 750	18 741	61 709	20 101	222 438	*3.1*	1979（〃54）
20 236	8 637	20 135	65 105	21 190	238 126	*-0.9*	1980（〃55）
22 368	9 057	21 363	67 799	21 811	251 275	*0.6*	1981（〃56）
23 988	9 985	22 758	74 230	23 472	266 063	*3.1*	1982（〃57）
25 729	10 414	23 462	75 230	23 818	272 199	*0.4*	1983（〃58）
27 239	11 729	24 628	77 077	24 860	282 716	*1.6*	1984（〃59）
27 950	12 157	25 269	79 699	25 224	289 489	*0.3*	1985（〃60）
28 819	13 118	26 142	80 109	25 419	293 630	*1.0*	1986（〃61）
30 069	13 570	26 072	81 227	25 448	295 915	*1.0*	1987（〃62）
31 210	14 522	28 109	85 410	26 367	307 204	*3.3*	1988（〃63）
32 217	15 349	29 585	87 753	27 125	316 489	*0.7*	1989（平1）
33 499	16 827	31 761	90 569	28 630	331 595	*1.6*	1990（〃2）
34 659	17 129	32 861	94 726	30 706	345 473	*0.9*	1991（〃3）
35 304	18 625	34 279	96 164	30 690	352 820	*0.5*	1992（〃4）
38 561	18 269	34 799	96 373	30 957	355 276	*-0.4*	1993（〃5）
37 301	18 988	34 549	94 491	30 234	353 116	*-1.1*	1994（〃6）
38 524	18 467	33 221	94 082	30 819	349 663	*-0.7*	1995（〃7）
40 611	18 511	33 804	92 939	30 565	351 755	*0.6*	1996（〃8）
41 552	19 162	34 295	94 543	30 780	357 636	*0.1*	1997（〃9）
41 295	18 766	34 484	93 926	29 754	353 552	*-1.8*	1998（〃10）
40 610	17 813	35 284	89 246	28 303	346 177	*-1.7*	1999（〃11）
43 660	18 214	33 831	88 320	27 294	340 977	*-0.6*	2000（〃12）
43 632	18 261	33 796	88 670	27 482	341 896	—	2000（〃12）
44 054	17 569	33 537	86 023	27 509	336 209	*-0.8*	2001（〃13）
43 730	17 544	33 008	84 252	26 380	331 199	*-0.4*	2002（〃14）
44 730	17 857	32 181	79 991	24 944	326 566	*-1.1*	2003（〃15）
47 356	19 482	33 549	80 683	24 851	331 636	*1.6*	2004（〃16）
46 986	18 561	32 847	79 671	23 835	329 499	*-0.2*	2005（〃17）
45 769	18 713	31 421	76 786	22 489	320 231	*-3.1*	2006（〃18）
46 259	19 090	33 166	76 372	23 546	323 459	*0.9*	2007（〃19）
48 259	18 789	33 390	75 260	22 642	324 929	*-1.1*	2008（〃20）
47 093	19 493	33 243	72 055	21 937	319 060	*-0.3*	2009（〃21）
48 002	18 195	34 160	70 353	20 581	318 315	*0.6*	2010（〃22）
45 488	18 611	31 296	67 293	19 932	308 838	*-2.7*	2011（〃23）
50 233	17 992	30 506	66 926	19 883	313 874	*1.6*	2012（〃24）
52 595	19 027	30 861	67 554	19 442	319 170	*1.2*	2013（〃25）
53 405	18 094	30 435	65 890	18 709	318 755	*-3.3*	2014（〃26）
50 035	18 240	30 364	64 329	18 591	315 379	*-2.1*	2015（〃27）
48 798	19 612	30 133	61 439	17 174	309 591	*-1.7*	2016（〃28）
49 610	19 080	30 527	63 890	18 179	313 057	*0.5*	2017（〃29）
51 508	19 131	29 838	62 394	17 955	315 314	[8] *-1.5*	2018（〃30）

↘連サービス費を含む。5）教科書・学習参考教材費や補習教育費を含む。6）テレビやピアノ，学習机などの教養娯楽用耐久財，文房具や運動用具類などの教養娯楽用品，書籍その他の印刷物，パック旅行費，語学教室への月謝，映画入場料など。7）交際費のほかに，理美容サービス，タバコ代，こづかい（使途不明），仕送り金などがある。8）2018年の値は家計簿の改定により変動調整値。

表 12-3　単身世帯の消費支出（1世帯あたり年平均1か月間）（単位　円）

	全世帯					
	2000	2005	2010	2015	2018	〃 %
消費支出計	181 614	177 343	162 009	160 057	162 833	*100.0*
食料	42 031	39 131	37 364	40 202	40 026	*24.6*
外食	16 811	14 805	11 483	11 860	10 653	*6.5*
住居	25 543	23 606	20 976	20 349	22 645	*13.9*
光熱・水道	9 474	9 894	10 737	11 667	11 847	*7.3*
家事用品	4 717	4 399	4 366	4 413	4 692	*2.9*
被服・はき物	9 015	7 257	6 449	6 512	5 312	*3.3*
保健医療	4 675	5 980	6 238	7 107	7 175	*4.4*
交通・通信	22 894	24 300	20 299	18 717	21 537	*13.2*
教育	10	172	316	0	0	*0.0*
教養娯楽	25 097	22 185	20 956	17 771	18 865	*11.6*
その他	38 159	40 419	34 308	33 318	30 734	*18.9*
交際費	20 540	23 596	18 020	16 166	14 857	*9.1*
世帯主の年齢(歳)	50.8	54.1	56.8	58.9	59.3	—

	勤労者世帯					
	2000	2005	2010	2015	2018	〃 %
消費支出計	203 148	200 420	181 962	178 355	178 801	*100.0*
食料	47 998	44 659	43 905	45 598	44 606	*24.9*
外食	24 689	22 161	18 758	18 413	16 914	*9.5*
住居	29 407	29 253	27 694	27 531	27 325	*15.3*
光熱・水道	7 877	8 211	8 803	9 463	10 419	*5.8*
家事用品	3 861	3 694	3 154	3 528	4 539	*2.5*
被服・はき物	10 763	8 685	8 780	8 738	6 928	*3.9*
保健医療	3 542	4 972	4 593	5 539	6 098	*3.4*
交通・通信	31 308	32 314	28 090	25 474	29 237	*16.4*
教育	11	257	724	0	0	*0.0*
教養娯楽	30 694	26 836	24 060	20 214	20 592	*11.5*
その他	37 688	41 538	32 160	32 270	29 058	*16.3*
交際費	16 683	22 594	14 794	12 098	12 136	*6.8*
世帯主の年齢(歳)	37.5	39.8	40.3	42.1	43.5	—

	高齢無職世帯					
	2000	2005	2010	2015	2018	〃 %
消費支出計	145 634	146 757	145 963	143 826	149 603	*100.0*
食料	32 435	31 866	31 731	35 137	36 378	*24.3*
外食	4 935	5 316	5 039	5 838	4 999	*3.3*
住居	16 798	15 875	14 061	13 814	18 268	*12.2*
光熱・水道	11 179	11 532	12 289	13 359	13 109	*8.8*
家事用品	5 410	5 203	5 573	5 204	4 780	*3.2*
被服・はき物	6 568	5 606	4 249	4 509	3 766	*2.5*
保健医療	6 390	7 485	8 368	8 348	8 286	*5.5*
交通・通信	11 151	11 287	13 131	12 497	14 405	*9.6*
教育	6	0	0	0	0	*0.0*
教養娯楽	16 561	16 346	19 280	15 804	17 082	*11.4*
その他	39 136	41 557	37 281	35 154	33 528	*22.4*
交際費	25 308	27 315	22 558	20 234	18 281	*12.2*
世帯主の年齢(歳)	72.4	73.2	74.1	75.1	75.6	—

総務省統計局「家計調査年報（単身世帯）」により作成。1995年から開始された調査。農林漁家世帯および寮・寄宿舎世帯を含む。高齢無職世帯は，60歳以上の無職世帯。

表 12-4　総住宅数と世帯数

	総住宅数[1]		総世帯数		世帯人員		1世帯あたり住宅数（戸）
	総数（千戸）	増減率（%）	総数（千世帯）	増減率（%）	総数（千人）	増減率（%）	
1948(昭23)	[2] 13 907	…	…	…	…	…	…
1953(〃28)[3]	7 127	…	7 871	…	36 378	…	…
1958(〃33)	17 934	…	18 647	…	89 033	…	0.96
1963(〃38)	21 090	17.6	21 821	17.0	93 441	5.0	0.97
1968(〃43)	25 591	21.3	25 320	16.0	99 814	6.8	1.01
1973(〃48)	30 810	20.4	29 417	16.2	107 269	7.5	1.05
1973(〃48)	31 059	…	29 651	…	108 255	…	1.05
1978(〃53)	35 451	14.1	32 835	10.7	114 998	6.2	1.08
1983(〃58)	38 607	8.9	35 197	7.2	119 306	3.7	1.10
1988(〃63)	42 007	8.8	37 812	7.4	122 659	2.8	1.11
1993(平5)	45 879	9.2	41 159	8.9	124 607	1.6	1.11
1998(〃10)	50 246	9.5	44 360	7.8	126 331	1.4	1.13
2003(〃15)	53 891	7.3	47 255	6.5	127 458	0.9	1.14
2008(〃20)	57 586	6.9	49 973	5.8	127 519	0.0	1.15
2013(〃25)	60 629	5.3	52 453	5.0	127 129	−0.3	1.16
2018(〃30)	62 407	2.9	54 001	3.0	126 308	−0.6	1.16

総務省統計局「住宅・土地統計調査」および「日本の住宅」により作成。1948年より開始された調査で，5年ごとに実施される。1953年の調査は，市部のみを対象として実施されている。1973年の調査から沖縄を含む。ただし，上段の1973年は沖縄を含まない。1）総住宅数には居住世帯なしを含む。会社・官公庁の独身寮や学校の寄宿舎などのように，生計をともにしない単身者をまとめて居住させる建物は含まれない。また，仮設住宅などは調査の対象外となっている。2）建築中の住宅を含まない。3）市部のみ。

表 12-5　居住世帯の有無別・住宅の種類別住宅数（単位　千戸）

	居住世帯あり				居住世帯なし		
	総数	専用住宅	農林漁業併用住宅	その他の併用住宅	総数	空き家[1]	建築中[2]
1948(昭23)	13 848	…	…	…	[3] 59	…	…
1953(〃28)[4]	6 964	…	…	…	162	94	28
1958(〃33)	17 432	10 749	3 994	2 689	503	360	75
1963(〃38)	20 372	14 564	3 201	2 607	718	522	121
1968(〃43)	24 198	19 461	2 117	2 620	1 393	1 034	173
1973(〃48)	28 501	24 916	987	2 598	2 309	1 708	261
1973(〃48)	28 731	25 125	989	2 617	2 328	1 720	264
1978(〃53)	32 189	29 145	631	2 412	3 262	2 679	264
1983(〃58)	34 705	31 935	316	2 454	3 902	3 302	154
1988(〃63)	37 413	34 701	239	2 473	4 594	3 940	218
1993(平5)	40 773	38 457	168	2 149	5 106	4 476	201
1998(〃10)	43 922	41 744	124	2 054	6 324	5 764	166
2003(〃15)	46 863	45 258	[5] …	1 605	7 028	6 593	109
2008(〃20)	49 598	48 281	[5] …	1 317	7 988	7 568	93
2013(〃25)	52 102	50 982	[5] …	1 121	8 526	8 196	88
2018(〃30)	53 616	52 642	[5] …	974	8 791	8 489	86

資料・脚注は表12-4と同じ。専用住宅は居住部分のみの住宅で，店舗，作業場，事務所など業務に使用するために設備された部分がないもの。併用住宅とは，業務に使用される設備と居住部分が結合している住宅のこと。1973年（下段）以降は沖縄を含む。1）別荘（週末や休暇時に利用する住宅で，ふだんは人が住んでいないもの）を含む。2）建築中の住宅でも，ふだん人が居住している場合には，居住世帯ありと分類されている。3）建築中を含まない。4）市部のみ。5）その他の併用住宅に含まれる。

表 12-6　所有関係別住宅数と専用住宅 1 戸あたりの質的水準

	持ち家				借家		
	総数(千戸)	居住室数(室)	居住室の畳数(畳)	延べ面積(m^2)	総数(千戸)	居住室数(室)	居住室の畳数(畳)
1963(昭38)	13 093	4.40	24.79	77.99	7 279	2.44	12.34
1968(〃43)	14 594	4.65	27.01	85.36	9 604	2.41	12.45
1973(〃48)	17 007	5.19	30.80	95.58	11 724	2.59	13.38
1978(〃53)	19 428	5.63	34.69	101.29	12 689	2.78	14.68
1983(〃58)	21 650	5.85	36.39	107.25	12 951	2.86	15.47
1988(〃63)	22 948	6.02	39.07	112.08	14 015	2.93	16.38
1993(平5)	24 376	6.08	40.60	118.45	15 691	2.90	16.83
1998(〃10)	26 468	6.00	40.84	119.97	16 730	2.83	17.09
2003(〃15)	28 666	5.91	41.45	121.67	17 166	2.84	17.74
2008(〃20)	30 316	5.79	41.34	121.03	17 770	2.74	17.70
2013(〃25)	32 166	5.68	41.24	120.93	18 519	2.67	17.83
2018(〃30)	32 802	5.50	41.49	119.91	19 065	2.58	18.14

資料・脚注は表12-4と同じ。住宅の質的水準は専用住宅のみ。持ち家と借家の計が居住世帯あたりの住宅の総数（表12-5）と合わないのは，所有関係が不詳の住宅があるため。1973年以降は沖縄を含む。

図 12-2　住宅の建て方別・構造別内訳

〔建て方別〕

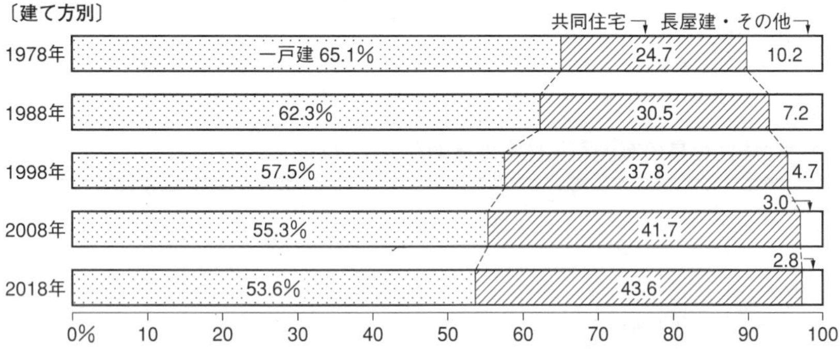

〔構造別〕

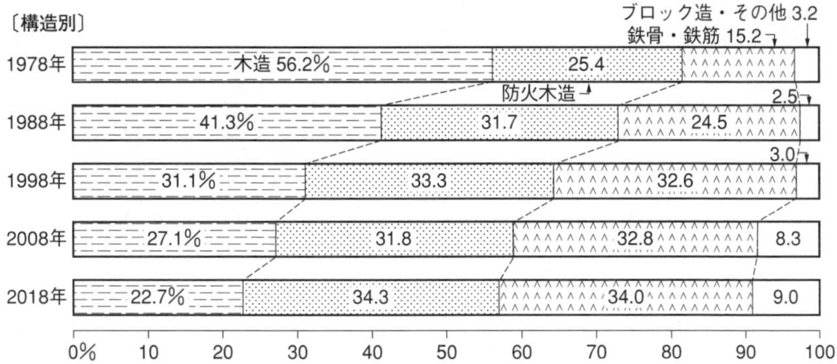

資料は表12-4と同じ。5 年ごとの調査。居住世帯がある住宅総数の割合。共同住宅は，一棟のなかに二つ以上の住宅があるマンションやアパートなど。長屋建は，二つ以上の住宅を一棟に立て連ねたもので，各住宅が壁を共通にし，それぞれ別々に外部への出入り口を有するもの。

図 12-3　耐久消費財の普及率と保有台数

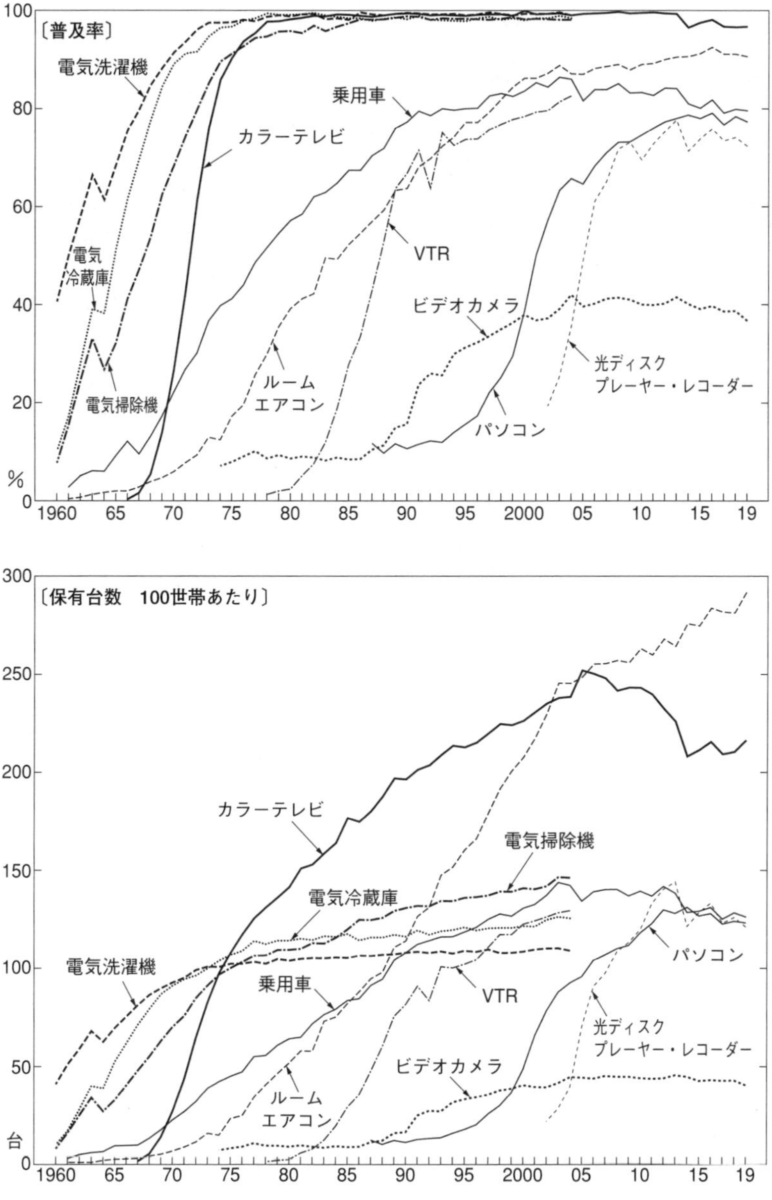

内閣府「消費動向調査年報」により作成。調査時期は，1977年以前は2月，1978年以降は3月。対象は全世帯。ただし，電気冷蔵庫，電気洗濯機，電気掃除機，乗用車は1963年まで，ルームエアコンは1965年まで非農家世帯のみ。1963年までは都市のみ。電気冷蔵庫，電気洗濯機，電気掃除機，VTRは2005年より調査対象外。カラーテレビは2014年からは薄型テレビのみ対象。

表 12-7　年間食料品購入数量（1世帯あたり）（二人以上，全世帯）

	米1) (kg)	パン (kg)	生鮮魚介 (kg)	牛肉 (kg)	豚肉 (kg)	鶏肉 (kg)	牛乳 (L)
1947(昭22)	256.00	15.00	77.63	4.12	0.33	…	2) 3.6
1950(〃25)	367.00	56.25	84.31	7.34	4.23	…	2) 12.06
1955(〃30)	364.90	54.02	84.40	7.93	3.14	1.14	2) 28.85
1960(〃35)	427.47	38.05	75.27	9.47	4.44	1.98	2) 48.57
1965(〃40)	339.44	…	66.53	8.36	8.80	4.69	…
1970(〃45)	250.61	…	60.16	6.78	14.00	8.65	…
1975(〃50)	198.59	…	60.44	7.78	18.22	11.12	…
1980(〃55)	171.92	42.19	55.94	9.15	20.87	14.51	95.01
1985(〃60)	154.51	39.55	52.56	9.82	18.42	14.50	100.74
1990(平2)	125.78	39.16	47.30	10.82	17.29	12.97	112.91
1995(〃7)	106.42	38.77	47.84	12.34	15.99	12.17	114.49
2000(〃12)	99.24	38.43	44.19	10.13	16.22	11.70	108.40
2005(〃17)	89.48	44.12	40.41	7.20	17.41	11.65	97.42
2009(〃21)	85.11	45.60	36.27	7.03	18.64	13.65	84.99
2010(〃22)	83.01	45.44	33.98	6.92	18.50	13.75	85.36
2011(〃23)	80.58	45.26	32.07	6.78	18.99	13.70	80.97
2012(〃24)	78.78	44.81	31.02	6.75	18.77	14.61	81.01
2013(〃25)	75.17	44.93	30.58	6.90	19.46	15.14	80.33
2014(〃26)	73.05	44.93	28.61	6.56	19.30	15.49	78.82
2015(〃27)	69.51	45.68	27.99	6.20	19.87	15.69	77.62
2016(〃28)	68.74	45.10	27.23	6.42	20.42	16.24	78.51
2017(〃29)	67.27	44.84	24.77	6.58	20.79	16.32	78.03
2018(〃30)	65.75	44.53	23.47	6.72	21.52	16.87	76.24

	生鮮野菜 (kg)	生鮮果実 (kg)	しょう油 (L)	みそ (kg)	砂糖 (kg)	緑茶 (g)	ビール (L)
1947(昭22)	3) 454.88	…	21.47	16.78	1.58	1 616	2) 5.19
1950(〃25)	3) 405.75	69.00	40.95	21.92	12.23	1 699	2) 1.77
1955(〃30)	3) 400.10	85.33	40.47	26.12	19.32	2 478	2) 3.68
1960(〃35)	3) 330.31	111.64	33.32	22.35	18.71	2 355	2) 9.27
1965(〃40)	267.59	129.37	29.51	17.80	19.27	2 133	21.02
1970(〃45)	257.74	159.88	22.87	15.76	18.45	2 097	29.57
1975(〃50)	257.52	193.24	19.47	13.99	16.44	1 918	41.50
1980(〃55)	242.83	159.05	17.26	12.56	13.10	1 683	46.76
1985(〃60)	231.19	135.08	14.40	11.15	11.72	1 406	42.45
1990(平2)	207.49	120.45	11.82	9.55	9.69	1 237	55.39
1995(〃7)	198.54	108.40	10.90	8.81	8.54	1 234	58.93
2000(〃12)	189.18	102.88	9.36	8.20	8.25	1 213	50.39
2005(〃17)	176.23	96.33	8.18	7.28	7.57	1 144	33.84
2009(〃21)	181.42	93.94	7.09	6.58	6.82	937	27.64
2010(〃22)	171.10	85.70	6.95	6.56	6.81	948	26.76
2011(〃23)	173.56	83.36	6.90	6.20	6.64	972	24.37
2012(〃24)	172.75	84.57	6.59	5.89	6.29	891	22.80
2013(〃25)	175.94	82.36	5.93	5.87	5.96	874	22.55
2014(〃26)	176.14	80.79	6.03	5.55	6.00	892	21.47
2015(〃27)	173.50	77.97	5.77	5.48	5.59	843	20.36
2016(〃28)	169.62	76.24	5.62	5.30	5.40	849	20.01
2017(〃29)	170.63	75.06	5.25	5.17	5.14	850	20.41
2018(〃30)	165.30	71.23	4.98	5.19	4.74	798	19.37

総務省統計局「家計調査年報」および「家計調査総合報告書」（1947～1986年）により作成。調査地域は，1962年まで全都市，1963年以降は全国。2000年から農林漁家世帯を含む。1963年以降では品目の分類方法が異なるため，以前との比較には注意が必要。1）1960年まで内地米。以降，1989年まではうるち米。2）原資料での単位ccをリットルに変換。3）葉茎菜，根菜，その他の野菜の計。

図 12-4 食品群別カロリー構成の推移（1人1日あたり）

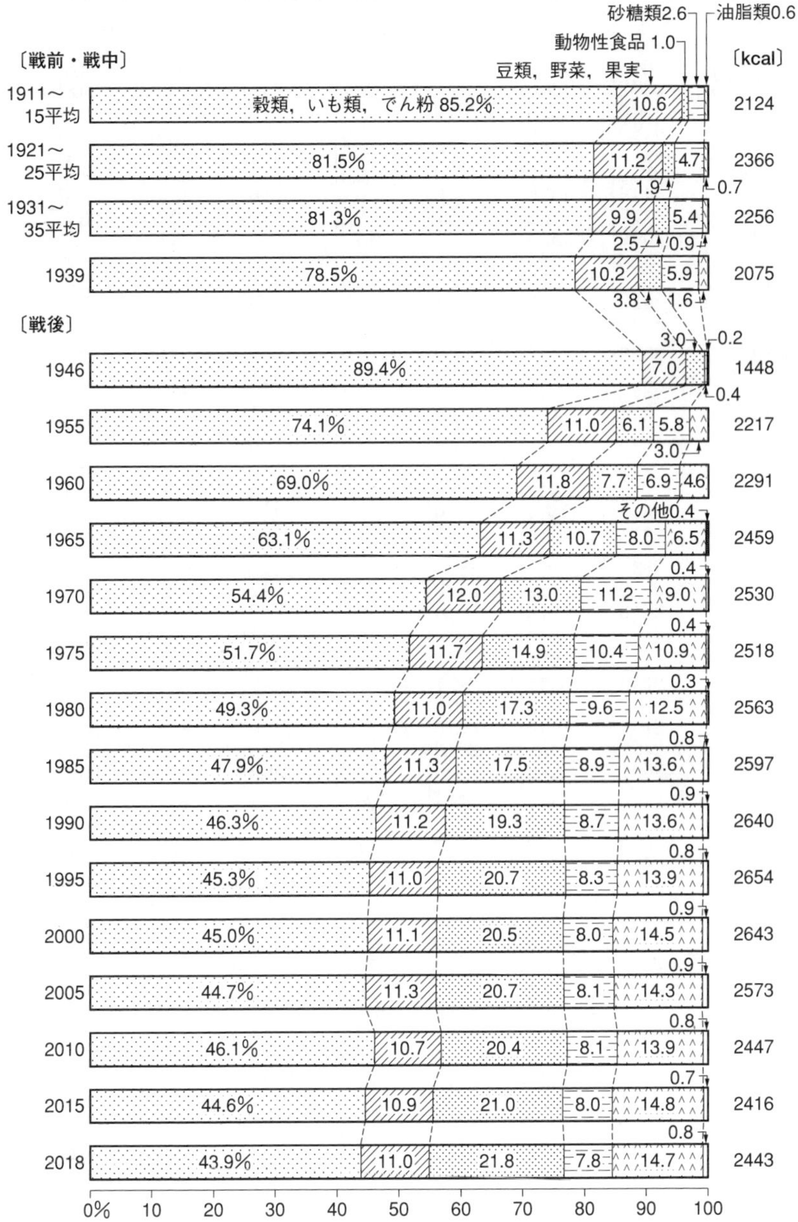

農林水産省「食糧需給表」により作成。年度平均。1人1日あたり熱量（kcal）の構成。1911〜15年度，1921〜25年度，1931〜31年度は5年間の平均。2018年は概数。動物性油脂は油脂類に含まれ，動物性食品には含まれない。その他の項目が無い1960年までは，各食品群の合計が100%にならない時には，穀類，いも類，でん粉で調整している。その他は，カカオ豆，はちみつ，きのこ類など。

表 12-8　供給純食料（1人1日あたり）（単位　g）

	穀類	いも類	野菜	肉類	牛乳・乳製品	魚介類	砂糖類	油脂類
1911～15	464.6	156.2	239.2	3.6	2.9	10.2	14.8	1.3
1921～25	500.2	146.3	216.1	5.7	5.8	22.2	29.8	2.0
1930	436.0	81.0	205.0	5.1	7.3	37.5	36.9	2.3
1935	418.0	77.0	205.0	5.5	8.7	37.9	36.4	2.3
1939	448.0	65.0	199.0	6.6	10.5	34.7	31.4	3.7
1946	322.0	166.0	151.0	2.6	4.3	25.5	1.6	0.3
1950	443.6	136.0	174.0	6.3	14.6	40.4	8.8	2.1
1955	421.7	119.2	225.7	8.3	33.0	72.0	33.7	7.5
1960	409.9	83.4	273.1	14.2	60.9	76.1	41.2	11.8
1965	397.2	58.5	296.1	25.2	102.8	77.0	51.4	17.2
1970	351.4	44.2	316.2	36.6	137.2	86.5	73.8	24.5
1975	331.9	43.6	302.5	48.8	146.5	95.4	68.5	29.7
1980	309.3	47.3	309.4	61.6	179.0	95.3	63.9	34.5
1982	301.2	49.6	312.9	63.9	183.2	91.5	62.5	36.5
1983	297.8	49.2	300.9	65.1	192.5	95.2	59.1	36.8
1984	297.5	48.4	310.5	66.5	195.5	97.3	58.3	37.9
1985	295.5	51.0	306.0	62.9	193.6	96.8	60.3	38.3
1986	292.2	53.9	310.3	65.5	195.3	98.9	61.1	39.1
1987	287.3	53.6	307.7	68.2	207.1	100.3	60.8	38.6
1988	285.6	53.7	304.5	70.3	222.9	101.9	61.0	38.7
1989	284.2	56.4	304.9	70.6	220.9	102.4	60.1	39.0
1990	283.5	56.4	297.0	71.2	228.0	102.8	59.7	38.9
1991	282.1	56.3	289.8	72.0	231.6	99.1	59.8	38.3
1992	281.9	55.9	295.0	73.6	228.7	100.5	58.9	39.0
1993	281.8	54.2	283.6	74.4	228.9	102.6	56.8	39.4
1994	275.8	56.8	284.5	76.4	246.1	107.1	58.5	39.5
1995	278.8	56.6	290.0	77.8	249.2	107.3	57.8	39.8
1996	278.8	57.1	287.7	77.1	255.7	106.7	58.2	40.5
1997	275.5	58.3	280.0	76.3	255.4	102.2	56.8	40.9
1998	270.4	55.6	275.0	77.0	253.0	97.2	54.8	40.1
1999	270.2	57.2	282.0	77.9	254.2	97.7	55.2	41.1
2000	269.9	57.8	280.6	78.8	258.2	101.8	55.4	41.5
2001	265.9	55.1	278.2	76.2	254.7	110.1	54.9	41.2
2002	262.9	54.4	266.8	77.9	254.6	103.1	54.8	41.1
2003	262.3	53.3	262.0	77.2	254.2	97.6	54.7	40.9
2004	260.9	54.4	257.0	76.1	257.2	94.9	54.5	39.3
2005	259.2	54.1	263.8	78.0	251.5	94.9	54.6	39.9
2006	257.9	53.3	259.6	77.0	252.5	89.7	53.4	39.8
2007	259.1	55.3	257.6	77.0	254.3	87.2	54.0	39.3
2008	249.9	53.3	255.7	78.0	235.7	86.0	52.5	37.8
2009	249.9	52.7	248.0	78.2	231.5	82.1	52.7	35.8
2010	255.9	50.8	241.5	79.6	236.7	80.6	51.9	36.9
2011	251.4	54.7	248.2	80.8	242.0	77.9	51.6	37.0
2012	248.0	56.0	256.0	82.2	245.0	79.0	51.5	37.2
2013	249.4	53.6	250.9	82.3	243.6	75.1	52.0	37.2
2014	246.1	51.8	252.4	82.5	245.1	72.7	50.7	38.7
2015	242.6	53.2	247.0	83.9	248.9	70.3	50.5	38.9
2016	243.5	53.3	242.7	86.6	250.1	68.0	51.0	38.9
2017	243.4	57.9	246.5	89.7	255.8	66.9	50.0	38.7
2018	240.7	56.1	246.3	91.8	262.3	65.5	49.9	38.9

資料は図12-4に同じ。当年4月1日から翌年3月末までの年度平均。1911～15年度および1921～25年度は5年間の平均。2018年は概数。純食料とは，粗食料（国内消費向けの食料のうち，飼料用，種子用，加工用，減耗量を除く）から通常の食習慣において廃棄される部分を除いたもので，人間の消費に直接利用可能な食料の形態の数量を表す。実際に摂取された食料の数量ではないことに注意。

表 12-9 男女別の生活時間（15歳以上）（全国，総平均，週全体）（単位 時間．分）

	男						
	1976	1986	1996	2001	2006	2011	2016
1次活動	10.41	10.20	10.26	10.28	10.29	10.31	10.32
睡眠	8.15	7.56	7.52	7.49	7.47	7.46	7.42
身の回りの用事	0.52	0.51	0.58	1.02	1.06	1.09	1.12
食事	1.34	1.34	1.36	1.36	1.37	1.36	1.38
2次活動	7.38	7.41	7.15	6.55	7.02	6.51	6.52
通勤・通学	0.43	0.47	0.44	0.41	0.41	0.40	0.43
仕事	6.03	5.58	5.36	5.14	5.17	5.03	4.56
学業	0.39	0.38	0.29	0.27	0.25	0.25	0.28
家事	0.08	0.09	0.11	0.14	0.17	0.19	0.20
介護・看護	…	…	0.01	0.01	0.02	0.02	0.02
育児	…	0.02	0.03	0.04	0.05	0.05	0.06
買い物	0.04	0.07	0.12	0.14	0.15	0.17	0.17
3次活動	5.41	5.59	6.19	6.37	6.28	6.38	6.36
移動（通勤通学を除く）	0.18	0.22	0.25	0.32	0.30	0.29	0.28
テレビ・ラジオ 1)	2.26	2.22	2.39	2.40	2.31	2.34	2.23
休養・くつろぎ	0.56	1.20	1.13	1.18	1.23	1.30	1.37
学習・研究（学業以外）	0.11	0.13	0.10	0.12	0.11	0.12	0.11
趣味・娯楽	0.35	0.34	0.42	0.49	0.51	0.53	0.57
スポーツ	0.12	0.14	0.14	0.13	0.16	0.15	0.16
ボランティア活動 2)	0.05	0.02	0.04	0.04	0.05	0.04	0.04
交際・付き合い	0.29	0.31	0.28	0.26	0.20	0.18	0.15
受診・療養	0.12	0.08	0.07	0.07	0.08	0.07	0.07
その他	0.17	0.12	0.18	0.15	0.15	0.16	0.18
	女						
	1976	1986	1996	2001	2006	2011	2016
1次活動	10.42	10.30	10.39	10.40	10.40	10.45	10.47
睡眠	7.56	7.39	7.36	7.35	7.32	7.33	7.32
身の回りの用事	1.07	1.10	1.19	1.23	1.25	1.30	1.32
食事	1.40	1.41	1.43	1.41	1.43	1.42	1.43
2次活動	8.04	7.54	7.21	7.04	7.06	6.59	7.04
通勤・通学	0.21	0.23	0.22	0.21	0.21	0.22	0.25
仕事	3.21	3.02	2.48	2.35	2.40	2.31	2.36
学業	0.31	0.30	0.24	0.22	0.20	0.22	0.26
家事	3.18	3.01	2.47	2.42	2.41	2.40	2.31
介護・看護	…	…	0.05	0.05	0.05	0.05	0.06
育児	…	0.27	0.20	0.23	0.23	0.24	0.26
買い物	0.34	0.32	0.34	0.35	0.35	0.36	0.35
3次活動	5.14	5.36	6.00	6.15	6.14	6.16	6.09
移動（通勤通学を除く）	0.14	0.21	0.24	0.34	0.32	0.31	0.30
テレビ・ラジオ 1)	2.22	2.14	2.30	2.28	2.23	2.27	2.14
休養・くつろぎ	0.58	1.23	1.16	1.20	1.26	1.30	1.36
学習・研究（学業以外）	0.08	0.10	0.10	0.11	0.10	0.10	0.10
趣味・娯楽	0.25	0.28	0.30	0.35	0.38	0.36	0.37
スポーツ	0.05	0.07	0.08	0.08	0.09	0.09	0.09
ボランティア活動 2)	0.04	0.02	0.04	0.05	0.05	0.04	0.04
交際・付き合い	0.27	0.26	0.27	0.27	0.24	0.21	0.19
受診・療養	0.13	0.10	0.09	0.10	0.11	0.10	0.09
その他	0.19	0.14	0.22	0.18	0.17	0.18	0.20

総務省統計局「社会生活基本調査（生活時間に関する調査）」により作成。調査開始は1976年。5年ごとの調査。時系列比較が可能な15歳以上。該当する種類の行動をしなかった人も含む全員についての平均。1）新聞，雑誌を含む。2）その他の社会参加活動を含む。

表 12 - 10　刑法犯罪種別認知件数と検挙人員（交通関係業過を除く一般刑法犯）

	認知件数（件）						検挙率1)（%）
	殺人	強盗	傷害	窃盗	詐欺	総数	
1945(昭20)	919	1 474	4 493	561 537	33 574	708 809	*66.3*
1950(〃25)	2 892	7 821	42 769	982 341	187 528	1 461 044	*67.8*
1955(〃30)	3 066	5 878	65 978	1 056 974	124 633	1 435 652	*67.5*
1960(〃35)	2 648	5 198	68 304	1 038 418	82 886	1 378 817	*61.0*
1965(〃40)	2 288	3 886	58 702	1 027 473	78 609	1 343 625	*60.5*
1970(〃45)	1 986	2 689	50 836	1 039 118	58 340	1 279 787	*55.5*
1975(〃50)	2 098	2 300	34 136	1 037 942	53 647	1 234 307	*57.8*
1980(〃55)	1 684	2 208	26 264	1 165 609	58 958	1 357 461	*59.8*
1985(〃60)	1 780	1 815	22 302	1 381 237	74 424	1 607 697	*64.2*
1990(平2)	1 238	1 653	19 436	1 444 067	50 919	1 636 628	*42.3*
1995(〃7)	1 281	2 277	17 482	1 570 492	45 923	1 782 944	*42.2*
2000(〃12)	1 391	5 173	30 184	2 131 164	44 384	2 443 470	*23.6*
2005(〃17)	1 392	5 988	34 484	1 725 072	85 596	2 269 293	*28.6*
2008(〃20)	1 301	4 298	28 386	1 379 752	64 558	1 826 500	*31.4*
2009(〃21)	1 095	4 535	26 545	1 308 378	45 318	1 713 832	*31.8*
2010(〃22)	1 068	4 051	26 634	1 229 059	37 659	1 604 019	*31.0*
2011(〃23)	1 052	3 695	25 922	1 152 492	34 720	1 502 951	*30.8*
2012(〃24)	1 032	3 691	28 053	1 059 131	34 762	1 403 167	*31.2*
2013(〃25)	938	3 324	27 864	981 233	38 302	1 314 140	*30.0*
2014(〃26)	1 054	3 056	26 653	897 259	41 523	1 212 163	*30.6*
2015(〃27)	933	2 426	25 183	807 560	39 432	1 098 969	*32.5*
2016(〃28)	895	2 332	24 365	723 148	40 990	996 120	*33.8*
2017(〃29)	920	1 852	23 286	655 498	42 571	915 042	*35.7*
2018(〃30)	915	1 787	22 523	582 141	38 513	817 338	*37.9*

	検挙人員（人）						うち少年2)（%）
	殺人	強盗	傷害	窃盗	詐欺	総数	
1945(昭20)	926	1 303	5 134	135 325	10 406	239 865	…
1950(〃25)	3 076	8 941	49 188	272 610	76 613	607 769	…
1955(〃30)	3 269	6 641	79 426	242 500	49 345	515 480	…
1960(〃35)	2 844	5 560	83 449	180 899	28 743	442 527	…
1965(〃40)	2 379	4 106	73 802	188 821	22 428	440 563	…
1970(〃45)	2 146	2 845	61 675	173 616	16 434	380 850	*29.7*
1975(〃50)	2 179	2 246	42 775	198 423	16 603	364 117	*32.1*
1980(〃55)	1 560	2 064	34 941	248 389	13 492	392 113	*42.4*
1985(〃60)	1 833	1 777	29 790	281 063	15 061	432 250	*44.9*
1990(平2)	1 238	1 582	24 174	175 559	7 756	293 264	*52.6*
1995(〃7)	1 295	2 169	20 972	159 453	8 846	293 252	*43.1*
2000(〃12)	1 416	3 797	29 359	162 610	8 492	309 649	*42.7*
2005(〃17)	1 338	3 844	27 130	194 119	11 648	386 955	*32.0*
2008(〃20)	1 211	2 813	23 164	174 738	12 036	339 752	*26.8*
2009(〃21)	1 036	3 069	22 253	175 823	12 542	332 888	*27.1*
2010(〃22)	999	2 568	22 030	175 214	11 306	322 620	*26.6*
2011(〃23)	971	2 431	21 572	168 514	10 569	305 631	*25.4*
2012(〃24)	899	2 430	23 752	153 864	10 997	287 021	*22.8*
2013(〃25)	906	2 255	23 527	138 947	10 827	262 486	*21.5*
2014(〃26)	967	2 096	22 985	131 490	10 489	251 115	*19.3*
2015(〃27)	913	1 972	22 095	123 847	10 502	239 355	*16.3*
2016(〃28)	816	1 984	21 966	115 462	10 360	226 376	*13.9*
2017(〃29)	874	1 704	20 979	109 238	9 928	215 003	*12.5*
2018(〃30)	836	1 732	20 774	102 369	9 959	206 094	*11.4*

法務省「犯罪白書」および警察庁資料により作成。総数にはその他を含む。1）認知件数に占める検挙件数の割合。2）検挙人員に占める14～19歳の少年の割合。

表 12 - 11 自然災害発生状況

	り災世帯数（世帯）	り災者数（人）	人的被害（人）		建物被害（棟）		
			死者・行方不明	負傷者	全壊	半壊	床上浸水
1965（〃40）	104 061	419 894	905	2 168	6 388	10 853	69 979
1970（〃45）	62 993	191 343	249	1 687	2 381	6 664	45 239
1972（〃47）	110 812	405 730	637	1 147	3 007	3 850	82 279
1973（〃48）	28 718	101 874	81	149	487	494	23 752
1974（〃49）	163 176	589 021	287	712	1 031	1 985	84 855
1975（〃50）	46 965	143 522	222	714	1 625	2 952	41 901
1976（〃51）	123 077	428 506	274	1 974	2 991	4 517	110 777
1977（〃52）	29 766	108 794	174	1 152	1 707	2 114	13 424
1978（〃53）	20 194	72 035	153	12 134	1 671	7 495	10 254
1979（〃54）	40 703	130 213	208	1 046	509	3 075	32 128
1980（〃55）	34 433	117 340	163	826	352	656	14 536
1981（〃56）	41 311	134 881	232	2 457	371	894	39 836
1982（〃57）	90 963	296 397	524	1 704	1 386	2 353	89 872
1983（〃58）	32 930	111 662	301	845	3 313	5 972	23 999
1984（〃59）	3 145	9 825	199	1 559	107	241	2 725
1985（〃60）	10 580	33 551	199	1 374	260	850	9 094
1986（〃61）	41 814	140 324	148	803	272	498	34 143
1987（〃62）	10 744	35 249	69	869	352	1 499	8 457
1988（〃63）	10 497	33 022	93	365	203	242	9 421
1989（平 1）	10 982	32 635	96	196	124	268	11 240
1990（〃 2）	29 691	93 175	123	723	651	1 597	24 271
1991（〃 3）	37 680	118 158	190	3 440	1 494	14 554	21 363
1992（〃 4）	1 897	5 423	19	252	63	189	1 718
1993（〃 5）	29 022	75 771	438	2 092	2 043	2 721	23 917
1994（〃 6）	9 984	29 194	39	1 576	194	1 046	8 131
1995（〃 7）	493 051	1 260 543	6 357	43 573	100 383	109 026	4 313
1996（〃 8）	3 963	10 681	84	503	39	246	3 482
1997（〃 9）	6 775	18 977	71	426	119	184	6 735
1998（〃10）	30 156	79 833	109	1 224	302	1 454	22 750
1999（〃11）	20 867	57 320	141	1 698	531	3 844	14 950
2000（〃12）	30 957	85 463	78	805	621	3 696	25 506
2001（〃13）	5 603	13 349	90	1 290	156	1 155	3 031
2002（〃14）	3 552	9 977	48	479	74	259	3 514
2003（〃15）	10 443	28 303	62	2 196	1 509	4 437	5 519
2004（〃16）	76 956	199 667	310	8 229	4 679	30 423	43 826
2005（〃17）	14 467	30 621	260	3 510	1 391	4 286	8 114
2006（〃18）	5 774	13 764	177	1 833	458	2 022	3 115
2007（〃19）	12 223	33 221	41	3 116	2 107	7 875	2 284
2008（〃20）	4 984	12 090	101	1 413	63	212	4 846
2009（〃21）	6 259	15 258	115	1 091	255	1 381	4 528
2010（〃22）	2 828	6 200	89	897	68	592	2 767
2011（〃23）*	243 898	142 417	19 993	8 701	129 227	256 994	30 983
2012（〃24）	17 048	27 210	192	2 904	553	3 165	7 883
2013（〃25）	8 392	17 691	173	1 981	264	2 328	7 000
2014（〃26）	8 442	13 874	280	3 421	367	1 145	7 512
2015（〃27）	10 422	23 857	65	1 146	123	7 264	2 930
2016（〃28）	85 190	60 880	297	3 840	9 286	36 709	2 375
2017（〃29）	7 338	14 892	129	1 509	366	2 294	5 632

消防庁「消防白書」，内閣府「防災白書」および総務省統計局「日本長期統計総覧」により作成。1985年までの原資料は，旧国土庁「防災に関してとった措置の概況」。1961年に公布された「災害対策基本法」に基づくもので，暴風，豪雨，豪雪，洪水，高潮，地震，津波，噴火，その他の異常な自然現象による災害が対象。*東日本大震災に係る被害等のうち，2012年度消防白書公表時点で確認中又は不明な数値については計上されていない。

表 12-12　明治以降の主な地震災害

災害名	年月日	地震の大きさ1)		死者・行方不明者数（人）
		M	Mw	
濃尾地震（岐阜県西部）	1891年（明24）10月28日	8.0	…	7 273
明治三陸地震津波	1896年（〃29） 6月15日	8.2	…	21 959
関東大震災	1923年（大12） 9月1日	7.9	…	105 000
北丹後地震（京都府北部）	1927年（昭2） 3月7日	7.3	…	2 925
昭和三陸地震津波	1933年（〃8） 3月3日	8.1	…	3 064
鳥取地震	1943年（〃18） 9月10日	7.2	…	1 083
東南海地震（紀伊半島沖）	1944年（〃19）12月7日	7.9	…	1 223
三河地震	1945年（〃20） 1月13日	6.8	…	2 306
南海地震（紀伊半島沖）	1946年（〃21）12月21日	8.0	…	1 330
福井地震（福井県嶺北地方）	1948年（〃23） 6月28日	7.1	…	3 769
十勝沖地震（釧路沖）	1952年（〃27） 3月4日	8.2	…	33
チリ地震津波（チリ沖）	1960年（〃35） 5月23日	…	9.5	142
新潟地震	1964年（〃39） 6月16日	7.5	…	26
十勝沖地震	1968年（〃43） 5月16日	7.9	…	52
伊豆半島沖地震	1974年（〃49） 5月9日	6.9	…	30
宮城県沖地震	1978年（〃53） 6月12日	7.4	7.6	28
日本海中部地震（秋田県沖）	1983年（〃58） 5月26日	7.7	7.7	104
北海道南西沖地震	1993年（平5） 7月12日	7.8	7.7	230
阪神・淡路大震災	1995年（〃7） 1月17日	7.3	6.9	6 437
新潟県中越地震	2004年（〃16）10月23日	6.8	6.6	68
岩手・宮城内陸地震	2008年（〃20） 6月14日	7.2	6.9	23
東日本大震災	2011年（〃23） 3月11日	9.0	9.1	22 252
熊本地震（熊本県熊本地方）	2016年（〃28） 4月16日	7.3	7.0	50
北海道胆振東部地震	2018年（〃30） 9月6日	6.7	6.7	43

国立天文台編「理科年表」などにより作成。1）一般的なM（マグニチュード）は巨大地震の大きさを表すことが難しく，近年Mw（モーメントマグニチュード）が使われる。2）地震の大きさは気象庁による。

表 12-13　昭和以降の主な気象災害

災害名	年	被害地域	主な被害			
			死者・不明（人）	負傷（人）	住家（棟）	浸水（棟）
室戸台風	1934	九州～東北（特に大阪）	3 036	14 994	92 740	401 157
枕崎台風	1945	西日本（特に広島）	3 756	2 452	89 839	273 888
カスリーン台風	1947	東海以北	1 930	1 547	9 298	384 743
ジェーン台風	1950	四国以北（特に大阪）	508	10 930	56 131	166 605
ルース台風	1951	全国（特に山口）	943	2 644	221 118	138 273
南紀豪雨	1953	全国	1 124	5 819	10 889	86 479
洞爺丸台風	1954	全国	1 761	1 601	207 542	103 533
諫早豪雨	1957	九州（特に長崎）	992	3 860	6 811	72 565
狩野川台風	1958	近畿以北（特に静岡）	1 269	1 138	16 743	521 715
伊勢湾台風	1959	全国（九州を除く）	5 098	38 921	833 965	363 611
第2室戸台風	1961	全国（特に近畿）	202	4 972	499 444	384 120
昭和38年1月豪雪	1963	全国	231	356	6 005	7 028
台風第24・26号	1966	全国（特に山梨）	318	976	73 166	53 601
昭和47年7月豪雨	1972	全国	442	534	4 339	194 691
台風17号・前線	1976	全国	169	435	11 193	442 317
台風20号	1979	全国	111	478	7 523	37 450
昭和57年7月豪雨	1982	関東以西	345	661	851	52 165
平成18年豪雪	2005～06	四国～北海道	152	2 136	4 713	113
平成30年7月豪雨	2018	全国（特に西日本）	245	466	22 214	28 510

気象庁資料，消防庁資料，国立天文台編「理科年表」などにより作成。被害が大きかった主な気象災害。住家・浸水は，住家の全・半壊（焼）・一部破損，および住家の床上・床下浸水。

表 12-14 火災発生状況

	火災件数（件）	焼失面積（千m²）		損害額（百万円）	り災世帯数（世帯）	死者（人）	負傷者（人）
		建物床面積	林野				
1925(大14)	16 165	…	…	115	31 699	756	4 060
1930(昭 5)	17 279	…	…	56	22 280	435	3 115
1935(〃10)	18 335	…	…	54	20 054	408	3 781
1940(〃15)	17 069	…	…	210	26 697	680	2 278
1945(〃20)	…	…	…	1) 2 006	1) 198 874	1) 8 533	1) 8 230
1950(〃25)	19 243	2 287	327 152	21 812	20 589	423	4 269
1955(〃30)	29 947	2 211	55 585	31 859	29 234	694	6 764
1960(〃35)	43 679	2 056	125 379	24 434	34 220	780	8 113
1965(〃40)	54 157	2 490	209 949	51 203	35 935	965	9 308
1970(〃45)	63 905	2 706	146 230	83 387	41 782	1 595	9 725
1975(〃50)	62 212	2 083	69 842	110 148	39 030	1 674	8 232
1980(〃55)	59 885	2 128	53 069	150 707	37 948	1 947	8 049
1981(〃56)	60 788	2 095	19 687	150 303	38 385	1 971	8 004
1982(〃57)	60 568	1 932	31 361	149 073	37 717	1 849	8 112
1983(〃58)	59 740	1 955	76 660	150 579	36 794	1 828	7 407
1984(〃59)	63 789	2 031	37 274	146 210	37 764	2 089	7 858
1985(〃60)	59 865	1 977	49 239	154 927	35 833	1 747	7 550
1986(〃61)	63 272	1 944	48 926	149 766	36 887	2 061	7 731
1987(〃62)	58 833	1 855	48 898	146 154	35 813	1 857	7 681
1988(〃63)	59 674	1 860	31 762	144 021	36 336	2 116	7 703
1989(平 1)	55 763	1 734	21 170	140 494	33 564	1 747	7 292
1990(〃 2)	56 505	1 674	13 333	148 458	32 853	1 828	7 097
1991(〃 3)	54 879	1 656	27 389	161 420	32 317	1 817	6 948
1992(〃 4)	54 762	1 691	23 232	156 874	32 171	1 882	6 896
1993(〃 5)	56 700	1 668	32 600	163 494	32 045	1 841	6 895
1994(〃 6)	63 015	1 795	27 758	172 692	32 560	1 898	7 007
1995(〃 7)	62 913	2 574	20 161	193 759	40 372	2 356	7 279
1996(〃 8)	64 066	1 710	24 199	171 300	32 300	1 978	8 044
1997(〃 9)	61 889	1 819	31 237	176 855	31 956	2 095	7 618
1998(〃10)	54 514	1 553	8 082	146 049	29 558	2 062	7 309
1999(〃11)	58 526	1 612	10 088	151 159	31 172	2 122	7 576
2000(〃12)	62 454	1 594	14 545	150 426	30 999	2 034	8 281
2001(〃13)	63 591	1 599	17 729	147 355	30 775	2 195	8 244
2002(〃14)	63 651	1 650	26 335	167 373	31 268	2 235	8 786
2003(〃15)	56 333	1 572	7 257	133 099	29 564	2 248	8 605
2004(〃16)	60 387	1 575	15 678	135 327	29 793	2 004	8 641
2005(〃17)	57 460	1 503	11 159	130 099	29 952	2 195	8 850
2006(〃18)	53 276	1 386	8 293	114 229	29 144	2 067	8 541
2007(〃19)	54 582	1 387	7 171	126 162	28 686	2 005	8 490
2008(〃20)	52 394	1 317	8 392	108 417	26 805	1 969	7 998
2009(〃21)	51 139	1 225	10 640	93 129	25 487	1 877	7 654
2010(〃22)	46 620	1 187	7 555	101 762	23 865	1 738	7 305
2011(〃23)	50 006	1 395	20 709	112 835	24 491	1 766	7 286
2012(〃24)	44 189	1 138	3 719	89 699	22 422	1 721	6 826
2013(〃25)	48 095	1 184	9 708	90 782	21 369	1 625	6 858
2014(〃26)	43 741	1 108	10 618	85 319	20 788	1 678	6 560
2015(〃27)	39 111	1 036	5 384	82 520	19 701	1 563	6 309
2016(〃28)	36 831	1 026	3 841	75 233	18 335	1 452	5 899
2017(〃29)	39 373	1 070	9 381	89 323	18 853	1 456	6 052
2018(〃30)	37 981	1 064	6 062	84 627	18 180	1 427	6 114

消防庁「消防白書」,「消防統計」および総務省統計局「日本長期統計総覧」により作成。原資料は,1925～1941年までが内務省「警察統計報告」,1942年以降は消防庁「火災年報」。1995年から火災の定義に爆発が加わる。1）空襲による災害を含む。このデータに関しては,旧総理府統計局「日本統計年鑑」(1950年版）を使用（原資料は国家消防庁管理局「消防年報」)。

表 12 - 15　交通事故発生状況

	発生件数（件）		死者数1)（人）		負傷者数（人）		
	事故件数	死亡事故	人数	人口10万人あたり	人数	重傷者数2)	人口10万人あたり
1930(昭5)	63 411	…	2 536	4.0	43 621	…	68.3
1935(〃10)	66 415	…	3 549	5.2	49 227	…	71.7
1940(〃15)	30 777	…	3 241	4.5	26 412	…	37.0
1945(〃20)	8 706	…	3 365	4.7	9 094	…	12.6
1950(〃25)	33 212	…	4 202	5.4	25 450	…	30.6
1955(〃30)	93 981	…	6 379	7.1	76 501	…	85.7
1960(〃35)	449 917	…	12 055	12.9	289 156	…	309.5
1965(〃40)	567 286	11 922	12 484	12.7	425 666	…	433.1
1970(〃45)	718 080	15 801	16 765	16.2	981 096	126 715	945.9
1975(〃50)	472 938	10 165	10 792	9.6	622 467	62 744	556.1
1980(〃55)	476 677	8 329	8 760	7.5	598 719	64 115	511.5
1982(〃57)	502 261	8 606	9 073	7.6	626 192	69 002	527.6
1983(〃58)	526 362	9 045	9 520	8.0	654 822	71 117	548.1
1984(〃59)	518 642	8 829	9 262	7.7	644 321	68 388	535.9
1985(〃60)	552 788	8 826	9 261	7.7	681 346	71 851	562.9
1986(〃61)	579 190	8 877	9 317	7.7	712 330	73 266	585.5
1987(〃62)	590 723	8 981	9 347	7.6	722 179	72 867	590.7
1988(〃63)	614 481	9 865	10 344	8.4	752 845	76 692	613.2
1989(平1)	661 363	10 570	11 086	9.0	814 832	80 948	661.1
1990(〃2)	643 097	10 651	11 227	9.1	790 295	79 126	639.3
1991(〃3)	662 392	10 551	11 109	9.0	810 245	77 977	653.2
1992(〃4)	695 346	10 892	11 452	9.2	844 003	79 535	678.2
1993(〃5)	724 678	10 398	10 945	8.8	878 633	80 109	704.2
1994(〃6)	729 461	10 158	10 653	8.5	881 723	77 674	705.2
1995(〃7)	761 794	10 232	10 684	8.5	922 677	78 952	734.8
1996(〃8)	771 085	9 518	9 943	7.9	942 204	77 053	748.6
1997(〃9)	780 401	9 222	9 642	7.6	958 925	76 281	760.1
1998(〃10)	803 882	8 800	9 214	7.3	990 676	74 247	783.2
1999(〃11)	850 371	8 687	9 012	7.1	1 050 399	75 894	829.1
2000(〃12)	931 950	8 713	9 073	7.2	1 155 707	80 105	910.5
2001(〃13)	947 253	8 424	8 757	6.9	1 181 039	79 677	927.8
2002(〃14)	936 950	8 062	8 396	6.6	1 168 029	78 297	916.6
2003(〃15)	948 281	7 522	7 768	6.1	1 181 681	75 112	925.9
2004(〃16)	952 720	7 159	7 436	5.8	1 183 617	72 817	927.0
2005(〃17)	934 346	6 691	6 937	5.4	1 157 113	68 975	905.6
2006(〃18)	887 267	6 208	6 415	5.0	1 098 564	64 145	859.8
2007(〃19)	832 704	5 639	5 796	4.5	1 034 652	61 034	809.8
2008(〃20)	766 394	5 079	5 209	4.1	945 703	56 818	740.6
2009(〃21)	737 637	4 837	4 979	3.9	911 215	53 708	714.6
2010(〃22)	725 924	4 808	4 948	3.9	896 297	51 536	699.9
2011(〃23)	692 084	4 560	4 691	3.7	854 613	48 663	668.7
2012(〃24)	665 157	4 307	4 438	3.5	825 392	46 663	647.3
2013(〃25)	629 033	4 293	4 388	3.5	781 492	44 546	613.9
2014(〃26)	573 842	4 013	4 113	3.2	711 374	41 658	559.8
2015(〃27)	536 899	4 028	4 117	3.2	666 023	38 959	524.0
2016(〃28)	499 201	3 790	3 904	3.1	618 853	37 356	487.5
2017(〃29)	472 165	3 630	3 694	2.9	580 850	36 895	458.4
2018(〃30)	430 601	3 449	3 532	2.8	525 846	34 558	415.9

警察庁資料および総務省統計局「日本長期統計総覧」により作成。1959年までは，軽微な被害（8日未満の負傷，2万円以下の物的損害）事故は含まれていない。1966年以降の件数には，物損事故を含まない。人口は，総務省統計局「各年10月1日現在推計人口」または「国勢調査」による。1）事故発生から24時間以内の死亡。2）30日以上の治療を要する負傷。

〔教育〕 近代教育制度の最初の法令である学制が1872（明治５）年に公布された。全国に小学校を配し，教育の機会均等を図るも，原則有償であったことから就学率は伸び悩み，1879年の教育令公布により制度が改められた。地方行政制度の整備に合わせて，1886年に学校令が公布され，学校制度の確立を見るようになった。1890年に教育勅語の発布により国家主義的教育の方針が固まった。1900年以降尋常小学校が無償化され，就学率は1902年に90％を超えた。

戦後は占領軍の民主化政策により，1947年に教育基本法と学校教育法が公布され，義務教育の延長（９年）と単線型教育制度（６・３・３・４制）を骨格とする戦後教育制度が確立した。高度成長を背景に高等教育への進学率が高まり，学歴社会へ変容するなかで受験競争が激化し，詰め込み教育や偏差値教育が広まった。

1970年代後半から，ゆとりのある教育への転換が進み，学習内容や授業時間の削減などが進められていった。しかし，学力低下などが問題にされるようになり，2005年以降は脱ゆとりが始まった。2020年度から実施される新学習指導要領では，授業時間が学校週５日制以前の授業時数に戻すことが決まっている。また，社会全体で働き方改革が叫ばれる中，教員の長時間労働は一大問題となっており，政府が対策を講じているが，根本的な解決にはつながらないとみられている。

年表	
1871（明４）	文部省設置。
1872	「学制」公布。
1877	東京大学創設。
1879	学制を廃し，教育令公布。
1886	帝国大学令公布（東京大学を帝国大学と改称）。 小学校令，中学校令，師範学校令公布（学校制度確立）。
1890	「教育ニ関スル勅語」発布。
1894	高等学校令公布。
1918（大７）	大学令公布（公私立大学認可）。
1926	幼稚園令公布。
1944（昭19）	学徒勤労令公布。
1946	日本国憲法公布。
1947	教育基本法，学校教育法公布。 小・中学校を６・３制とし，義務教育を新制中学校まで延長。
1948	新制高等学校発足。
1949	新制大学が全面的に発足。 教育職員免許法公布。
1950	短期大学制度実施。
1953	中央教育審議会発足。
1954	学校給食法公布。
1958	小・中学校の学習指導要領告示。
1961	高等専門学校制度公布。
1962	義務教育の教科書無償化。
1977	学習指導要領改訂ゆとり教育へ。
1983	放送大学設置。
1984	臨時教育審議会発足。
1987	臨教審，教育改革最終答申。
1988	単位制高等学校制度化。
1995	公立学校第２・４土曜日休業化。
1997	不登校児童・生徒10万人超に。
1999	国旗及び国家に関する法律公布。
2002	公立学校週五日制始まる。
2004	国際学力調査で学力低下判明。
2005	中央教育審議会ゆとり教育見直し。
2006	教育基本法改正。
2010	高校無償化始まる。
2015	選挙権年齢が満18歳以上に引き下げ。
2020（令２）	新学習指導要領が小学校（中学校では2021年度より）で始まる。

表 12 - 16　1947年以前の学校数

	小学校	中学校	高等女学校	師範学校	専門学校	高等学校	大学
1880(明13)	28 410	187	—	74	74	—	1
1890(〃23)	26 017	55	31	47	36	7	1
1900(〃33)	26 857	218	52	52	52	7	2
1910(〃43)	25 910	311	193	80	79	8	3
1920(大 9)	25 639	368	514	94	101	15	16
1930(昭 5)	25 673	557	975	105	162	32	46
1940(〃15)	25 860	600	1 066	103	193	32	47
1947(〃22)	24 997	794	1 401	55	368	39	49

文部省「日本の教育統計　明治～昭和」により作成。年度。ただし，1947年は 5 月31日。中学校，高等学校，大学は旧制。専門学校には実業専門学校を含む。高等女学校には実科高等女学校を含む。小学校は尋常・尋常高等・高等小学校。中学校には実業学校を含まない。

表 12 - 17　1948年以降の学校数（各年 5 月 1 日現在）

	小学校	中学校	中等教育学校1)	高等学校	高等専門学校	短期大学	大学	特別支援学校2)
1948	25 237	16 285	—	3 575	—	—	12	138
1950	25 878	14 165	—	4 292	—	149	201	161
1955	26 880	13 767	—	4 607	—	264	228	181
1960	26 858	12 986	—	4 598	3) 19	280	245	225
1965	25 977	12 079	—	4 849	54	369	317	335
1970	24 790	11 040	—	4 798	60	479	382	417
1975	24 650	10 751	—	4 946	65	513	420	577
1980	24 945	10 780	—	5 208	62	517	446	860
1985	25 040	11 131	—	5 453	62	543	460	912
1990	24 827	11 275	—	5 506	62	593	507	947
1995	24 548	11 274	—	5 501	62	596	565	967
1999	24 188	11 220	1	5 481	62	585	622	988
2000	24 106	11 209	4	5 478	62	572	649	992
2001	23 964	11 191	7	5 479	62	559	669	996
2002	23 808	11 159	9	5 472	62	541	686	993
2003	23 633	11 134	16	5 450	63	525	702	995
2004	23 420	11 102	18	5 429	63	508	709	999
2005	23 123	11 035	19	5 418	63	488	726	1 002
2006	22 878	10 992	27	5 385	64	468	744	1 006
2007	22 693	10 955	32	5 313	64	434	756	1 013
2008	22 476	10 915	37	5 243	64	417	765	1 026
2009	22 258	10 864	42	5 183	64	406	773	1 030
2010	22 000	10 815	48	5 116	58	395	778	1 039
2011	21 721	10 751	49	5 060	57	387	780	1 049
2012	21 460	10 699	49	5 022	57	372	783	1 059
2013	21 131	10 628	50	4 981	57	359	782	1 080
2014	20 852	10 557	51	4 963	57	352	781	1 096
2015	20 601	10 484	52	4 939	57	346	779	1 114
2016	20 313	10 404	52	4 925	57	341	777	1 125
2017	20 095	10 325	53	4 907	57	337	780	1 135
2018	19 892	10 270	53	4 897	57	331	782	1 141
2019	19 738	10 222	54	4 887	57	326	786	1 146

文部科学省「学校基本調査報告書」により作成。本校と分校の合計。通信教育のみを行う学校は含まない。大学は新制大学のみ。2016年より小中一貫教育を行う義務教育学校が新設され，2019年の校数は94校。1）中高一貫教育の学校。2）2006年までは盲・ろう・養護学校。3）1962年。

表 12-18　1947年以前の在学者数（単位　千人）

	小学校	中学校	高等女学校	師範学校	専門学校	高等学校	大学
1880（明13）	2 349	12.3	—	5.2	5.1	—	2.0
1890（〃23）	3 096	11.6	3.1	5.3	10.3	4.4	1.3
1900（〃33）	4 684	78.3	12.0	15.6	14.9	5.7	3.2
1910（〃43）	6 862	122.3	56.2	25.4	33.0	6.3	7.2
1920（大9）	8 633	177.2	151.3	26.6	49.0	8.8	21.9
1930（昭5）	10 112	345.7	369.0	43.9	90.0	20.6	69.6
1940（〃15）	12 335	432.3	555.6	41.4	141.5	20.3	82.0
1947（〃22）	10 539	271.0	358.1	61.2	231.4	30.6	129.7

資料・脚注は表12-16に同じ。

表 12-19　1948年以降の在学者数（各年5月1日現在）（単位　千人）

	小学校	中学校	中等教育学校[1)]	高等学校	高等専門学校	短期大学	大学	特別支援学校[2)]
1948	10 775	4 793	—	1 204	—	—	12	12
1950	11 191	5 333	—	1 935	—	15	225	17
1955	12 267	5 884	—	2 592	—	78	523	28
1960	12 591	5 900	—	3 239	[3)] 3	83	626	36
1965	9 776	5 957	—	5 074	22	148	938	44
1970	9 493	4 717	—	4 232	44	263	1 407	51
1975	10 365	4 762	—	4 333	48	354	1 734	64
1980	11 827	5 094	—	4 622	46	371	1 835	92
1985	11 095	5 990	—	5 178	48	371	1 849	95
1990	9 373	5 369	—	5 623	53	479	2 133	93
1995	8 370	4 570	—	4 725	56	499	2 547	87
1999	7 500	4 244	0.2	4 212	56	378	2 701	89
2000	7 366	4 104	1.7	4 165	57	328	2 740	90
2001	7 297	3 992	2.2	4 062	57	289	2 766	92
2002	7 239	3 863	3.0	3 929	57	267	2 786	94
2003	7 227	3 748	4.7	3 810	58	250	2 804	96
2004	7 201	3 664	6.1	3 719	59	234	2 809	99
2005	7 197	3 626	7.5	3 605	59	219	2 865	102
2006	7 187	3 602	12	3 495	59	202	2 859	105
2007	7 133	3 615	15	3 407	59	187	2 829	108
2008	7 122	3 592	18	3 367	59	173	2 836	112
2009	7 064	3 600	21	3 347	59	161	2 846	117
2010	6 993	3 558	24	3 369	60	155	2 887	122
2011	6 887	3 574	27	3 349	59	150	2 893	126
2012	6 765	3 553	29	3 356	59	142	2 876	130
2013	6 677	3 536	30	3 320	58	138	2 869	133
2014	6 600	3 504	31	3 334	58	137	2 856	136
2015	6 543	3 465	32	3 319	58	133	2 860	138
2016	6 484	3 406	32	3 309	58	128	2 874	140
2017	6 449	3 333	33	3 280	58	124	2 891	142
2018	6 428	3 252	32	3 236	57	119	2 909	143
2019	6 369	3 218	32	3 168	57	113	2 919	144

資料は表12-17に同じ。大学，短期大学，高等専門学校は学部，本科のほか，大学院，専攻科，別科，その他の学生（研究生など）の合計数。特別支援学校（盲・ろう・養護学校）は，幼稚部，小学部，中学部，高等部の合計数。通信教育の学生・生徒は含まない。義務教育学校の2019年在学者数は41千人。1）中高一貫教育。2）2006年までは盲・ろう・養護学校。3）1962年。

表 12 - 20　1947年以前の教員数（単位　人）

	小学校	中学校	高等女学校	師範学校	専門学校	高等学校	大学
1880(明13)	72 562	924	—	675	327	—	117
1890(〃23)	67 730	680	311	654	564	300	169
1900(〃33)	92 899	3 748	658	1 068	1 112	345	291
1910(〃43)	152 011	5 902	2 913	1 679	2 536	351	625
1920(大9)	185 349	7 665	6 566	2 062	3 758	561	1 882
1930(昭5)	234 799	13 843	15 223	2 971	7 087	1 418	5 941
1940(〃15)	287 368	15 798	19 066	2 904	10 102	1 438	7 021
1947(〃22)	1) 269 459	19 505	26 683	4 378	15 669	1 469	8 259

総務省統計局「日本長期統計総覧」などにより作成。年度。ただし，1947年は5月31日。中学校，高等学校，大学は旧制。専門学校には実業専門学校を含む。高等女学校には実科高等女学校を含む。小学校は尋常・尋常高等・高等小学校。中学校には実業学校を含まない。1）本務者と兼務者の合計。

表 12 - 21　1948年以降の教員数（各年5月1日現在）（単位　人）

	小学校	中学校	中等教育学校1)	高等学校	高等専門学校	短期大学	大学	特別支援学校2)
1948	282 236	169 283	—	68 707	—	—	4) 7 437	1 822
1950	305 520	182 008	—	82 932	—	2 124	11 534	2 974
1955	340 572	199 062	—	111 617	—	5 505	38 010	4 823
1960	360 660	205 988	—	131 719	3) 298	6 394	44 434	6 090
1965	345 118	237 750	—	193 524	1 691	9 321	57 445	8 537
1970	367 941	224 546	—	202 440	3 245	15 320	76 275	12 329
1975	415 071	234 844	—	222 915	3 691	15 557	89 648	20 099
1980	467 953	251 279	—	243 592	3 721	16 372	102 989	33 491
1985	461 256	285 123	—	266 809	3 770	17 760	112 249	39 228
1990	444 218	286 065	—	286 006	4 003	20 489	123 838	44 798
1995	430 958	271 020	—	281 117	4 306	20 702	137 464	51 913
1999	411 439	262 226	37	271 210	4 433	18 206	147 579	56 493
2000	407 598	257 605	124	269 027	4 459	16 752	150 563	57 547
2001	407 829	255 494	194	266 548	4 467	15 638	152 572	58 617
2002	410 505	253 954	257	262 371	4 465	14 491	155 050	59 866
2003	413 890	252 050	380	258 537	4 474	13 534	156 155	61 094
2004	414 908	249 794	470	255 605	4 473	12 740	158 770	62 256
2005	416 833	248 694	560	251 408	4 469	11 960	161 690	63 632
2006	417 858	248 280	818	247 804	4 471	11 278	164 473	65 057
2007	418 246	249 645	1 148	243 953	4 453	11 022	167 636	66 807
2008	419 309	249 509	1 369	241 226	4 432	10 521	169 914	68 677
2009	419 518	250 771	1 576	239 342	4 400	10 128	172 039	70 518
2010	419 776	250 899	1 893	238 929	4 373	9 657	174 403	72 803
2011	419 467	253 104	2 046	237 526	4 357	9 274	176 684	74 854
2012	418 707	253 753	2 192	237 224	4 337	8 916	177 570	76 387
2013	417 553	254 253	2 369	235 062	4 336	8 631	178 669	77 663
2014	416 475	253 832	2 432	235 306	4 344	8 438	180 879	79 280
2015	417 152	253 704	2 509	234 970	4 354	8 266	182 723	80 905
2016	416 973	251 978	2 556	234 611	4 284	8 140	184 248	82 372
2017	418 790	250 060	2 610	233 925	4 278	7 924	185 343	83 802
2018	420 659	247 229	2 629	232 802	4 224	7 660	187 163	84 600
2019	421 936	246 835	2 642	231 342	4 169	7 440	187 876	85 336

文部科学省「学校基本調査報告書」により作成。本務教員のみ。通信教育の教員は含まない。義務教育学校の2019年教員数は3519人。1）中高一貫教育。2）2006年までは盲・ろう・養護学校。3）1962年。4）1949年。

図 12-5 大学・短期大学への進学率の推移

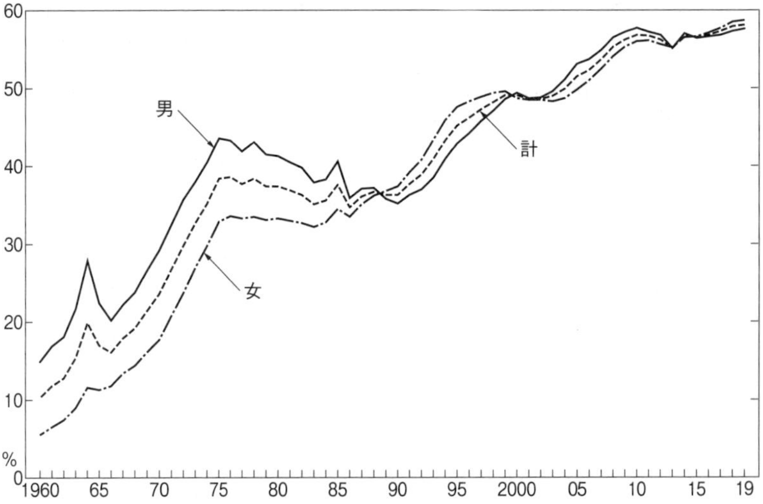

文部科学省「学校基本調査報告書」により作成。各年5月1日現在。大学学部および短期大学本科入学者数（浪人を含む）を3年前の中学校卒業者および中等教育学校前期課程修了者数で除した比率。

表 12-22 不登校児童・生徒数（単位 人）

	小学校			中学校			不登校児童生徒数合計
	全児童数(A)	不登校児童数(B)	B／A(%)	全生徒数(A)	不登校生徒数(B)	B／A(%)	
1970(昭45)	9 493 485	3 626	*0.04*	4 716 833	8 357	*0.18*	11 983
1975(〃50)	10 364 846	2 830	*0.03*	4 762 442	7 704	*0.16*	10 534
1980(〃55)	11 826 573	3 679	*0.03*	5 094 402	13 536	*0.27*	17 215
1985(〃60)	11 095 372	4 071	*0.04*	5 990 183	27 926	*0.47*	31 997
1990(〃2)	9 373 295	8 014	*0.09*	5 369 162	40 223	*0.75*	48 237
1995(〃7)	8 370 246	16 569	*0.20*	4 570 390	65 022	*1.42*	81 591
2000(〃12)	7 366 079	26 373	*0.36*	4 103 717	107 913	*2.63*	134 286
2005(〃17)	7 197 458	22 709	*0.32*	3 626 415	99 578	*2.75*	122 287
2007(〃19)	7 132 874	23 927	*0.34*	3 624 113	105 328	*2.91*	129 255
2008(〃20)	7 121 781	22 652	*0.32*	3 603 220	104 153	*2.89*	126 805
2009(〃21)	7 063 606	22 327	*0.32*	3 612 747	100 105	*2.77*	122 432
2010(〃22)	6 993 376	22 463	*0.32*	3 572 652	97 428	*2.73*	119 891
2011(〃23)	6 887 292	22 622	*0.33*	3 589 774	94 836	*2.64*	117 458
2012(〃24)	6 764 619	21 243	*0.31*	3 569 010	91 446	*2.56*	112 689
2013(〃25)	6 676 920	24 175	*0.36*	3 552 455	95 442	*2.69*	119 617
2014(〃26)	6 600 006	25 864	*0.39*	3 520 730	97 033	*2.76*	122 897
2015(〃27)	6 543 104	27 583	*0.42*	3 481 839	98 408	*2.83*	125 991
2016(〃28)	6 491 834	30 448	*0.47*	3 426 962	103 235	*3.01*	133 683
2017(〃29)	6 463 416	35 032	*0.54*	3 357 435	108 999	*3.25*	144 031
2018(〃30)	6 451 187	44 841	*0.70*	3 279 186	119 687	*3.65*	164 528

文部科学省資料により作成。学校年度。1990年度までは50日以上欠席者，それ以降は30日以上欠席者の人数。不登校とは，「何らかの心理的，情緒的，身体的，あるいは社会的要因・背景により，児童・生徒が登校しないあるいはしたくてもできない状況にあること（ただし，病気や経済的な理由によるものを除く）」をいう。調査対象は全国の国･公･私立の小中学校，義務教育学校および中等教育学校前期課程。

〔社会保障・福祉〕 日本で社会保障制度の整備が本格化したのは戦後のことである。1947年に施行された日本国憲法では，「すべて国民は，健康で文化的な最低限度の生活を営む権利を有する」と国民の生存権を保障し，また，「国は，すべての生活部面について，社会福祉，社会保障及び公衆衛生の向上及び増進に努めなければならない」と規定した。これを受け，内閣総理大臣の諮問機関として設置された社会保障制度審議会は，1950年に「社会保障制度に関する勧告」を行う。勧告に基づき，社会保障整備は社会保険，国家扶助，公衆衛生，医療・社会福祉の四つを柱にして進められていった。

1961年に国民皆保険・皆年金体制が導入され，全国民を対象とする総合的な社会保障制度の基盤ができた。これを中核として，雇用保険や社会福祉，生活保護などの諸制度が組み合わさり，社会保障制度が構築されていく。近年は急速に進む高齢化に対応するため，2000年度からは40歳以上のすべての人を加入者とする介護保険制度が始まった。また，2008年度からは75歳以上を後期高齢者と位置づけ，独立した制度に組み入れた後期高齢者医療制度が施行されている。

高齢化の進行により，年金，医療，介護などの給付は拡大している。高齢化は今後もさらに進行していき，社会保障関係費も増大していくとみられているが，持続可能な社会保障制度の確立のためには，安定した財源の確保が必要となっている。また，近年は非正規雇用の増加や家族形態の変容，格差の拡大など社会状況が大きく変化しているが，現行の社会保障制度では高齢者給付に手厚い一方，現役世代の生活リスクに十分に対応できていない。そのため，2008年ごろより社会保障・税一体改革が進められており，19年10月からは消費税率の引き上げに合わせて幼児教育・保育の無償化が始まるなど，現役世代に対応した社会保障の機能強化が進められている。

年	表
1947	児童福祉法，失業保険法制定。
1949	身体障害者福祉法制定。
1950	（新）生活保護法制定。
1951	児童憲章制定。
1958	（新）国民健康保険法制定。
1959	国民年金法制定。
1960	身体障害者雇用促進法制定。
1961	国民皆保険・皆年金体制確立。
1963	老人福祉法制定。
1971	児童手当法制定。
1972（昭47）	老人福祉法改正，翌年より老人医療費無料化。
1973	福祉元年（田中内閣）。 高額療養費制度の創設。
1974	雇用保険法制定。
1982	老人保健法制定。
1985	男女雇用機会均等法制定。
1991	育児休業法制定。
1993	障害者基本法制定。
2000	介護保険法施行。
2003	次世代育成支援対策推進法制定。
2005	障害者自立支援法制定。
2007	年金記録問題が明らかになる。
2008	後期高齢者医療制度開始。
2010	日本年金機構発足。
2013（平25）	障害者差別解消法制定。 生活困窮者自立支援法制定。
2018	省庁の障害者雇用水増しが相次ぎ判明。

表 12 - 23 社会保障給付費の部門別推移（会計年度）

	社会保障給付費（億円）					社会保障給付費の対国民所得比（%）
	計	医療1)	年金2)	福祉・その他3)	介護対策	
1950(昭25)	1 261	646	615		—	4) *3.54*
1955(〃30)	3 893	1 919	1 974		—	*5.58*
1960(〃35)	6 553	2 942	3 611		—	*4.86*
1965(〃40)	16 037	9 137	3 508	3 392	—	*5.98*
1970(〃45)	35 239	20 758	8 562	5 920	—	*5.77*
1975(〃50)	118 192	57 321	38 047	22 825	—	*9.53*
1978(〃53)	198 965	89 420	77 336	32 209	—	*11.58*
1979(〃54)	221 040	98 007	88 710	34 323	—	*12.13*
1980(〃55)	249 016	107 598	103 330	38 089	—	*12.21*
1981(〃56)	277 130	115 536	119 122	42 471	—	*13.10*
1982(〃57)	300 973	124 447	131 992	44 534	—	*13.67*
1983(〃58)	319 733	131 319	142 563	45 852	—	*13.82*
1984(〃59)	336 396	136 379	152 877	47 141	—	*13.84*
1985(〃60)	356 798	143 595	167 193	46 009	—	*13.69*
1986(〃61)	385 918	152 299	185 664	47 956	—	*14.40*
1987(〃62)	407 338	160 801	197 965	48 572	—	*14.49*
1988(〃63)	424 583	167 507	208 437	48 639	—	*14.03*
1989(平 1)	450 554	177 547	223 192	49 816	—	*14.04*
1990(〃 2)	474 153	186 254	237 772	50 128	—	*13.67*
1991(〃 3)	503 697	197 824	253 073	52 801	—	*13.65*
1992(〃 4)	540 712	212 539	270 717	57 456	—	*14.77*
1993(〃 5)	570 560	221 326	286 817	62 417	—	*15.62*
1994(〃 6)	607 240	233 126	306 268	67 846	—	*16.49*
1995(〃 7)	649 842	246 608	330 614	72 619	—	*17.17*
1996(〃 8)	678 253	257 816	344 994	75 443	—	*17.33*
1997(〃 9)	697 151	259 227	358 882	79 042	—	*17.95*
1998(〃10)	724 226	260 269	378 092	85 865	—	*19.15*
1999(〃11)	753 114	270 132	392 359	90 623	—	*19.98*
2000(〃12)	783 985	266 049	405 367	112 570	32 806	*20.31*
2001(〃13)	816 724	272 320	419 419	124 985	41 563	*21.82*
2002(〃14)	838 402	268 767	433 107	136 528	47 053	*22.50*
2003(〃15)	845 306	272 020	441 989	131 297	51 559	*22.37*
2004(〃16)	860 818	277 173	450 514	133 131	56 167	*22.49*
2005(〃17)	888 529	287 444	461 194	139 891	58 701	*22.94*
2006(〃18)	906 730	293 173	471 517	142 040	60 492	*23.11*
2007(〃19)	930 794	302 290	481 153	147 350	63 584	*23.73*
2008(〃20)	958 441	308 654	493 777	156 009	66 513	*26.33*
2009(〃21)	1 016 714	321 038	515 524	180 153	71 192	*28.77*
2010(〃22)	1 053 646	336 439	522 286	194 921	75 082	*29.11*
2011(〃23)	1 082 744	347 815	523 253	211 676	78 881	*30.21*
2012(〃24)	1 090 781	353 392	532 329	205 060	83 965	*30.32*
2013(〃25)	1 107 796	360 713	538 799	208 284	87 879	*29.60*
2014(〃26)	1 121 734	367 767	535 104	218 863	91 896	*29.56*
2015(〃27)	1 168 403	385 605	540 929	241 869	95 060	*29.96*
2016(〃28)	1 184 089	388 128	543 800	252 162	97 063	*30.27*
2017(〃29)	1 202 443	394 195	548 349	259 898	101 016	*29.75*

国立社会保障・人口問題研究所「2017年度　社会保障費用統計」により作成。社会保障給付費とは，医療，年金，社会福祉サービス等として，国民に直接給付された費用の総額である。1）医療保険，後期高齢者医療の医療給付，生活保護の医療扶助，労災保険の医療給付など。2）厚生年金，国民年金等の公的年金，恩給および労災保険の年金給付など。3）社会福祉サービスや介護対策に係る費用，生活保護の医療扶助以外の各種扶助，児童手当等の各種手当，労災保険の休業補償給付，雇用保険の失業給付など。4）1951年度。

表 12 - 24　社会保障財源の項目別推移（会計年度）（単位　億円）

	被保険者拠出	事業主拠出	公費負担	国庫負担	資産収入	計×
1951(昭26)	568	578	738	478	22	2 023
1954(〃29)	1 047	912	2 238	1 768	96	4 417
1960(〃35)	2 430	3 860	2 288	1 897	458	9 260
1965(〃40)	6 475	7 293	7 792	6 798	1 516	23 996
1970(〃45)	15 558	17 043	16 420	14 425	4 796	54 681
1971(〃46)	18 638	20 743	18 481	16 285	6 158	64 978
1972(〃47)	21 779	24 242	23 097	20 041	7 535	77 877
1973(〃48)	26 906	30 131	30 933	26 701	9 137	98 202
1974(〃49)	37 219	41 415	42 939	37 238	11 737	134 988
1975(〃50)	44 238	50 826	55 421	48 519	14 641	167 375
1976(〃51)	52 368	60 324	66 306	58 334	17 391	200 483
1977(〃52)	62 801	70 687	77 090	68 003	20 894	234 987
1978(〃53)	71 177	79 081	90 384	80 040	23 815	269 571
1979(〃54)	78 591	86 247	100 626	89 031	27 284	298 251
1980(〃55)	88 844	97 394	110 409	97 936	32 682	335 258
1981(〃56)	100 214	109 937	119 044	105 794	38 830	374 123
1982(〃57)	107 434	117 678	125 474	111 839	44 366	400 793
1983(〃58)	112 755	124 646	125 642	111 057	49 943	419 642
1984(〃59)	118 918	132 208	130 998	115 417	55 581	445 384
1985(〃60)	131 583	144 363	137 837	117 880	62 020	485 773
1986(〃61)	136 729	155 063	142 732	119 920	68 872	512 442
1987(〃62)	143 348	161 273	145 054	121 474	71 981	533 637
1988(〃63)	151 122	171 707	162 482	137 404	74 309	573 062
1989(平 1)	163 018	188 116	152 785	127 465	77 015	594 093
1990(〃 2)	184 966	210 188	161 600	134 663	83 580	652 777
1991(〃 3)	200 322	224 320	169 914	141 240	89 374	697 067
1992(〃 4)	208 449	234 765	180 278	147 488	90 810	727 924
1993(〃 5)	216 865	242 573	187 765	153 528	95 171	756 149
1994(〃 6)	225 441	249 427	194 161	157 064	93 630	782 298
1995(〃 7)	244 118	268 047	207 178	165 793	98 118	836 962
1996(〃 8)	252 483	274 621	212 363	168 340	96 542	856 017
1997(〃 9)	262 366	285 813	216 398	171 001	104 424	886 810
1998(〃10)	263 330	286 421	218 957	171 766	89 989	879 834
1999(〃11)	261 059	284 242	253 489	202 967	144 381	967 210
2000(〃12)	266 560	283 077	250 710	197 102	64 976	890 477
2001(〃13)	274 693	286 509	265 467	207 155	42 326	891 119
2002(〃14)	274 704	284 027	266 218	205 704	15 070	864 271
2003(〃15)	273 770	272 478	275 949	211 514	152 194	1 029 701
2004(〃16)	275 259	262 230	285 930	216 057	69 975	962 627
2005(〃17)	283 663	269 633	300 370	222 611	188 454	1 159 019
2006(〃18)	292 358	275 540	311 216	220 621	87 233	1 030 001
2007(〃19)	296 915	277 558	318 639	223 954	20 372	989 980
2008(〃20)	301 410	278 849	332 267	234 071	7 610	996 175
2009(〃21)	293 167	267 037	390 492	286 128	146 162	1 197 925
2010(〃22)	303 291	281 530	407 983	295 286	8 388	1 096 786
2011(〃23)	310 700	290 667	434 945	315 406	36 529	1 157 087
2012(〃24)	322 238	292 188	426 671	303 917	159 968	1 272 125
2013(〃25)	331 665	298 308	434 280	309 137	158 045	1 274 631
2014(〃26)	342 827	308 732	450 240	319 898	217 195	1 372 620
2015(〃27)	353 727	315 561	482 535	325 531	20 571	1 253 525
2016(〃28)	364 949	323 977	493 504	332 309	103 224	1 365 252
2017(〃29)	373 647	334 332	499 269	333 167	141 145	1 415 693

前表資料により作成。公費負担の国庫負担以外は地方公共団体の負担である。財源と前表の社会保障給付費との差は，管理費等と収支差となる。×その他とも。

図 **12 - 6** 社会保障給付費の部門別推移（会計年度）

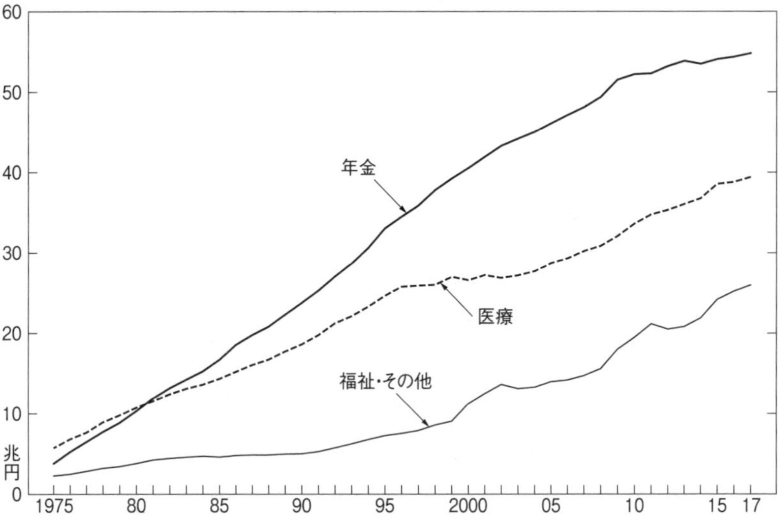

国立社会保障・人口問題研究所「2017年度　社会保障費用統計」により作成。

図 **12 - 7** 社会保障財源の構成（会計年度）

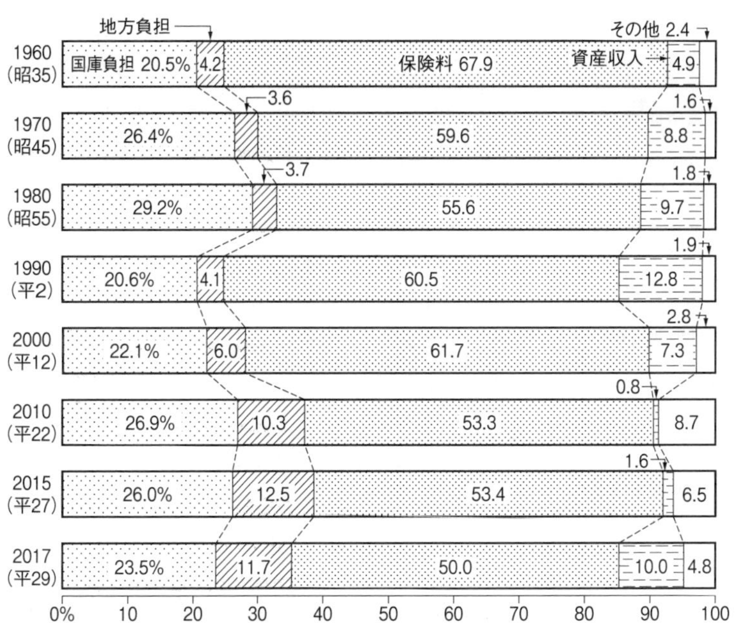

上図の資料により作成。保険料は被保険者拠出と事業主拠出の合計。

表12-25　公的年金適用者数の推移（各会計年度末現在）（単位　千人）

	1970	1980	1990	2000	2010	2015
厚生年金保険	22 260	25 239	30 997	32 192	34 411	36 864
国家公務員共済組合（各省各庁組合）	1 149	1 179	1 126	1 119	1 055	1 067
国家公務員等共済組合（適用法人組合）	789	788	496	—	—	—
地方公務員等共済組合	2 536	3 225	3 286	3 239	2 878	2 832
私立学校教職員共済	194	319	373	406	485	529
農林漁業団体職員共済組合 1)	407	481	498	467	—	—
国民年金	24 337	27 596	29 535	33 068	29 428	25 830
計	**51 934**	**59 032**	**66 311**	**70 491**	**68 258**	**67 122**

国立社会保障・人口問題研究所「社会保障統計年報」（2019年版）により作成。1970・80年度の計には船員保険を含む（1986年度より厚生年金保険に統合された）。国家公務員等共済組合の適用法人組合分（旧公共企業体—日本鉄道，日本電信電話，日本たばこ産業）の各共済組合は，1997年度より，厚生年金保険に統合された。1）2002年4月より長期給付事業が厚生年金保険に統合された。

表12-26　医療保険適用者数の推移（単位　千人）

	1970	1980	1990	2000	2010	2016
被用者保険×	60 282	72 501	81 191	78 725	73 801	76 226
被保険者×	28 146	31 753	37 926	39 246	39 753	43 208
被扶養者×	32 136	40 748	43 265	39 479	34 048	33 018
全国健康保険協会管掌健康保険 1)						
一般被保険者	26 020	31 289	36 666	36 758	34 845	38 071
被保険者	13 183	14 562	17 983	19 451	19 580	22 428
被扶養者	12 837	16 727	18 683	17 307	15 265	15 643
組合管掌健康保険	21 236	27 502	32 009	31 677	29 609	29 311
被保険者	9 697	11 431	14 668	15 182	15 574	16 184
被扶養者	11 539	16 071	17 341	16 495	14 035	13 127
国家公務員共済組合 2)	2 960	3 042	2 805	2 652	2 312	2 202
組合員	1 149	1 200	1 158	1 145	1 077	1 082
被扶養者	1 811	1 842	1 647	1 507	1 234	1 120
国家公務員等共済組合 3)	2 203	2 072	1 475	—	—	—
組合員	789	807	513	—	—	—
被扶養者	1 414	1 265	962	—	—	—
地方公務員等共済組合	5 583	6 803	6 902	6 539	6 027	5 586
組合員	2 237	2 902	2 963	2 905	2 944	2 872
被扶養者	3 346	3 901	3 939	3 634	3 083	2 714
国民健康保険	43 363	44 536	43 069	47 628	38 769	32 940
合計	**103 645**	**117 037**	**124 260**	**126 353**	**112 570**	**109 166**
後期高齢者医療被保険者	—	—	—	—	14 060	16 458

国立社会保障・人口問題研究所「社会保障統計年報」により作成。各会計年度末現在。ただし，後期高齢者医療被保険者数は各年度における各月末平均。2008年4月に独立した医療制度「後期高齢者医療制度」が創設されたことから，以降，対象者は被用者保険や国民健康保険の適用者数には含まれない。被用者保険には上記のほかに船員保険，私立学校教職員共済などがある。国家公務員等共済組合の適用法人組合については，1997年度よりそれぞれ健康保険組合が設立された。1）2008年9月以前は政府管掌健康保険。2）各省各庁組合。3）適用法人組合。×その他とも。

表 12-27 社会福祉施設

	施設数						
	総数×	保護施設	老人福祉施設	身体障害者更正援護施設	障害者支援施設等	児童福祉施設1)	保育所
1975(昭50)	33 096	349	2 155	394	—	8 308	18 238
1980(〃55)	41 931	347	3 354	574	—	9 944	22 036
1985(〃60)	47 943	353	4 610	848	—	10 410	22 899
1990(平2)	51 006	351	6 506	1 033	—	10 473	22 703
1995(〃7)	58 786	340	12 904	1 321	—	10 743	22 488
2000(〃12)	75 875	296	28 643	1 766	—	10 890	22 199
2005(〃17)	65 209	298	13 882	1 466	—	10 921	22 624
2006(〃18)	61 970	298	10 116	1 508	—	10 744	22 720
2007(〃19)	61 804	302	9 446	1 188	2 233	10 686	22 838
2008(〃20)	61 778	300	9 236	972	2 898	10 533	22 898
2009(〃21)	57 502	299	8 421	715	3 334	10 103	22 250
2010(〃22)	50 343	297	4 858	498	3 764	9 942	21 681
2011(〃23)	50 129	294	4 827	286	4 263	9 848	21 751
2012(〃24)	55 881	295	5 323	—	5 962	10 133	23 740
2013(〃25)	58 613	292	5 308	—	6 099	9 862	24 076
2014(〃26)	61 307	291	5 334	—	5 951	9 953	24 509
2015(〃27)	66 213	292	5 327	—	5 874	11 559	25 580
2016(〃28)	70 101	293	5 291	—	5 778	12 543	26 265
2017(〃29)	72 887	291	5 293	—	5 734	13 000	27 137

	在所者数(人)						
	総数×	保護施設	老人福祉施設	身体障害者更正援護施設	障害者支援施設等	児童福祉施設1)	保育所
1975(昭50)	1 907 352	20 001	117 822	13 999	—	81 889	1 631 025
1980(〃55)	2 338 078	20 729	157 425	21 716	—	81 501	1 996 082
1985(〃60)	2 301 801	21 669	201 044	29 895	—	80 768	1 843 550
1990(平2)	2 247 116	21 519	241 931	34 889	—	74 175	1 723 775
1995(〃7)	2 298 562	21 217	307 912	41 484	—	70 276	1 678 866
2000(〃12)	2 678 714	19 891	416 176	48 905	—	72 909	1 904 067
2005(〃17)	2 718 474	19 935	140 760	57 507	—	73 917	2 118 079
2006(〃18)	2 749 860	19 649	142 158	58 276	—	73 736	2 118 352
2007(〃19)	2 765 504	19 822	143 624	49 085	14 105	74 383	2 132 651
2008(〃20)	2 776 077	20 054	145 173	39 872	28 373	75 457	2 137 692
2009(〃21)	2 709 347	20 040	140 989	29 408	46 879	73 243	2 100 357
2010(〃22)	2 653 865	19 745	136 230	19 322	71 162	70 915	2 056 845
2011(〃23)	2 684 538	19 342	136 029	10 743	105 317	73 556	2 084 136
2012(〃24)	2 797 021	18 744	137 421	—	149 514	64 798	2 187 568
2013(〃25)	2 861 687	18 651	138 373	—	151 545	70 258	2 185 166
2014(〃26)	2 966 611	18 055	138 635	—	151 349	73 849	2 230 552
2015(〃27)	3 008 594	19 112	141 033	—	150 006	92 677	2 295 346
2016(〃28)	3 108 031	18 692	139 013	—	147 890	108 778	2 332 766
2017(〃29)	3 212 953	18 752	140 173	—	145 639	122 661	2 397 504

総務省統計局「日本長期統計総覧」および厚生労働省「社会福祉施設等調査結果」により作成。老人福祉施設の2000年までは，介護サービス施設・事業所調査で把握されていた施設が計上されているが，05年以降は計上されていない。2009～11年は調査票が回収された施設のうち活動中の施設について集計。2012年以降は施設数が都道府県・指定都市・中核市が把握する施設のうち活動中の施設について，在所者数は調査票が回収された施設のうち活動中の施設について集計している。1）保育所を除く。×その他とも。

表 12 - 28　生活保護の現状（会計年度）

	被保護世帯数（世帯）	高齢者世帯（世帯）	母子世帯（世帯）	被保護実人員（人）	保護率1)（人口千人あたり）	保護費総額2)（億円）
1960(昭35)	611 456	123 430	76 170	1 627 509	17.4	596
1965(〃 40)	643 905	138 650	83 100	1 598 821	16.3	1 350
1970(〃 45)	658 277	197 520	64 920	1 344 306	13.0	2 713
1973(〃 48)	696 540	…	…	1 345 549	12.4	4 420
1974(〃 49)	688 736	…	…	1 312 339	11.9	5 679
1975(〃 50)	707 514	221 241	70 211	1 349 230	12.1	6 764
1976(〃 51)	709 613	219 553	73 375	1 358 316	12.0	7 858
1977(〃 52)	723 587	220 270	79 593	1 393 128	12.2	8 894
1978(〃 53)	739 244	222 420	86 922	1 428 261	12.4	10 367
1979(〃 54)	744 841	224 782	91 492	1 430 488	12.3	11 114
1980(〃 55)	746 997	225 341	95 620	1 426 984	12.2	11 553
1981(〃 56)	756 726	228 055	100 116	1 439 226	12.2	12 363
1982(〃 57)	770 388	232 684	106 150	1 457 383	12.3	13 299
1983(〃 58)	782 265	237 067	111 177	1 468 245	12.3	14 009
1984(〃 59)	789 602	241 964	115 265	1 469 457	12.2	14 625
1985(〃 60)	780 507	243 259	113 979	1 431 117	11.8	15 027
1986(〃 61)	746 355	239 985	108 108	1 348 163	11.1	14 710
1987(〃 62)	713 825	236 685	101 069	1 266 126	10.4	14 325
1988(〃 63)	681 018	234 017	91 304	1 176 258	9.6	13 674
1989(平 1)	654 915	233 370	82 396	1 099 520	8.9	13 457
1990(〃 2)	623 755	231 609	72 899	1 014 842	8.2	12 928
1991(〃 3)	600 697	232 311	64 494	946 374	7.6	12 827
1992(〃 4)	585 972	235 119	57 847	898 499	7.2	13 010
1993(〃 5)	586 106	240 690	54 697	883 112	7.1	13 378
1994(〃 6)	595 407	248 419	53 597	884 912	7.1	13 839
1995(〃 7)	601 925	254 292	52 373	882 229	7.0	14 849
1996(〃 8)	613 106	264 626	51 671	887 450	7.1	15 137
1997(〃 9)	631 488	277 409	52 206	905 589	7.2	16 043
1998(〃 10)	663 060	294 680	54 503	946 994	7.5	16 961
1999(〃 11)	704 055	315 933	58 435	1 004 472	7.9	18 269
2000(〃 12)	751 303	341 196	63 126	1 072 241	8.4	19 393
2001(〃 13)	805 169	370 049	68 460	1 148 088	9.0	20 772
2002(〃 14)	870 931	402 835	75 097	1 242 723	9.8	22 181
2003(〃 15)	941 270	435 804	82 216	1 344 327	10.5	23 881
2004(〃 16)	998 887	465 680	87 478	1 423 388	11.1	25 090
2005(〃 17)	1 041 508	451 962	90 531	1 475 838	11.6	25 942
2006(〃 18)	1 075 820	473 838	92 609	1 513 892	11.8	26 333
2007(〃 19)	1 105 275	497 665	92 910	1 543 321	12.1	26 175
2008(〃 20)	1 148 766	523 840	93 408	1 592 620	12.5	27 006
2009(〃 21)	1 274 231	563 061	99 592	1 763 572	13.8	30 072
2010(〃 22)	1 410 049	603 540	108 794	1 952 063	15.2	33 296
2011(〃 23)	1 498 375	636 469	113 323	2 067 244	16.2	35 016
2012(〃 24)	1 558 510	677 577	114 122	2 135 708	16.7	36 028
2013(〃 25)	1 591 846	719 625	111 520	2 161 612	17.0	36 285
2014(〃 26)	1 612 340	761 179	108 333	2 165 895	17.0	36 810
2015(〃 27)	1 629 743	802 811	104 343	2 163 685	17.0	37 127
2016(〃 28)	1 637 045	837 029	98 884	2 145 438	16.9	37 153

国立社会保障・人口問題研究所HPにより作成（原資料は厚生労働省「福祉行政報告例」など）。被保護世帯数と被保護実人員は1か月平均。1）1か月平均の被保護実人員を総務省統計局の推計人口で割ったもの。人口千人比。2）施設事務費および委託事務費を含まない。

〔保健・衛生〕 日本の衛生行政制度の始まりは，1872年に文部省内に医務課が設置されたことによる。その後，1875年に衛生行政は文部省から内務省衛生局に移管され，1893年には地方の衛生行政が警察行政に組み入れられた。

第二次大戦前および戦争直後，日本の公衆衛生事業における最大の課題は，感染症対策であった。1897年に伝染病予防法が，1919年には結核予防法が制定される。1937年には旧保健所法により全国に49か所の保健所が置かれ，翌年には厚生省が設置されるなど，衛生行政の組織は次第に強化されていった。

出生，死亡，婚姻などを調査する人口動態調査の制度は1889年に確立した。人口動態の動きをみると，1900年からの50年間，死因の第１位は結核であった。結核による死亡者数は1943年には17万人を超え，その年の総死亡者の14％を占めた。その後，衛生環境や栄養状況の改善により結核の死亡率は下がっていった。

戦後の衛生環境の改善や医療技術の進歩により，死亡率や乳児死亡率は急速に低下していった。それとともに出生率も低下していき，人口構造は次第に少子・高齢化していく。死因も感染症から慢性疾患を中心とする疾病構造へと変化していき，日本人の平均寿命は急速にのびていった。

1951年に結核に代わって脳血管疾患が死因の第１位となり，それ以降，30年続いた。その後，1981年には脳血管疾患に代わってがんが１位となり，2018年現在まで続いている。1950年代より，がんや脳血管疾患，心疾患などの死亡者が増えていったが，近年は高齢化の進行により，それらの慢性疾患に加え，老衰や肺炎による死亡者が増えている。

がんは，1958年に初めて実態調査が行われた。1962年には国立がんセンターが設置され，がんの診療だけでなく，研究者の養成も行われるようになる。その後，1983年には「対がん10か年総合戦略」が策定され，翌年度から始まった。対がん戦略は1994年度からは「がん克服新10か年戦略」に引き継がれ，さらに，2004年度からは，がん研究の推進，がん予防の推進，がん医療の向上とそれを支える社会環境の整備を三つの柱とした「第三次対がん10か年総合戦略」が策定されるなど，がん対策は進められていった。2016年からは，がんの実態を把握してがん対策に役立てるため，病院によるがんの届け出が義務化され，すべてのがん患者のデータを一つにまとめる全国がん登録制度が始まっている。

がんや心疾患，脳血管疾患といった疾病は生活習慣との関係が深い。そのため，生活習慣病と呼ばれ，健康的な生活習慣を身につけることにより発病を防ぐことができる。生活習慣病の予防対策として，2005年に日本人の体形に合わせたメタボリックシンドロームの診断基準がつくられ，08年からはメタボリック検診が義務化されている。

厚生労働省は，2007年から，がん，

心疾患，脳血管疾患に国民病といわれる糖尿病を加えて四大疾病とし，重点的に対策に取り組んできた。2011年からは，さらに精神疾患を加えて五大疾病としている。近年，うつ病や統合失調症など精神疾患の患者が急速に増えており，新たな国民病となっている。

人口10万あたりの病床数は，1980年代までは急速に増えていったが，90年代に入ると減っていく。医療費の膨張を抑えるため，近年は在宅医療が推進されており，病床の減少が続いている。医師数については，総数としては増加し続けているものの，産科や小児科など一部の診療科では偏在により医師不足が発生している。また，産科では，分娩施設の不足も問題となっている。

1959年，市町村と特別区に国民健康保険の設立が義務づけられ，61年には国民皆保健が達成された。1955年度に2388億円だった国民医療費は急速に増えていき，2017年度には43兆円を超えた。膨れ上がる医療費は，国家財政を圧迫している。1961年の国民皆保険実現以降，国民健康保険の患者の自己負担は5割であった。その後，1968年には3割負担が完全に実施され，73年の老人福祉法の改正では老人医療が無料化されるなど，医療保険は患者負担を軽減する方向で制度改正が行われていた。しかし，1983年に老人保健法が制定され，老人医療に関する定額の一部負担が導入されてからは，将来の高齢化と医療費の膨張を見越して，患者負担を増やす改正が続いている。

年	表
1872	文部省内に医務課設置。
1874 (明7)	衛生行政組織，医事，薬事などについて定めた医制公布。
1875	内務省衛生局設置。
1889	日本初の結核療養所ができる。
1897	伝染病予防法制定（コレラ，赤痢など8疾病対象）。
1907	らい予防法制定。
1909	種痘法制定。
1919	結核予防法制定。
1937	旧保健所法制定。
1938	厚生省設置。
1948 (昭23)	予防接種法制定（結核，インフルエンザなど12疾病対象）。
	優生保護法制定。
1951	死因の第1位が結核から脳血管疾患にかわる。
1961	国民皆保険の実現。
1962	国立がんセンター発足。
1965	母子保健法制定。
1981	死因の第1位が脳血管疾患からがんにかわる。
1982	老人保健法制定，公衆衛生局に老人保健部が設置される。
1984	対がん10か年総合戦略開始。
1989	エイズ予防法施行。
(平1)	薬害エイズ問題が起きる。
1994	予防接種法が改正され，義務接種ではなくなる。
1996	らい予防法廃止。
	優生保護法を改正し，母体保護法成立。
	成人病から生活習慣病に改称。
1997	臓器移植法が施行される。
1999	結核緊急事態宣言。
	臓器移植法施行後初めての脳死移植が行われる。
2000	介護保険法施行。
2003	65歳以上の医療費が国民医療費全体の半分を超える。
2006	医療制度改革関連法成立。
2008	後期高齢者医療制度始まる。
	メタボリック検診の義務化。
2016	全国がん登録制度開始。
2019	強制不妊救済法成立。

図 12-8 主な死因別死亡率

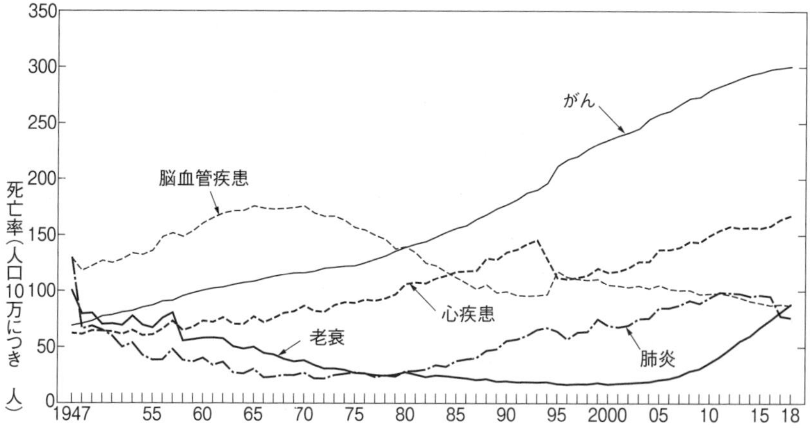

資料・脚注は表12-30に同じ。1994・95年の心疾患死亡率の低下は，新しい死亡診断書（1995年1月施行）における「死亡の原因欄には，疾患の終末期の状態としての心不全，呼吸不全等は書かないでください」という注意書きの施行前からの周知の影響によるものとみられ，95年の脳血管疾患死亡率の上昇と2017年の肺炎死亡率の低下は，死因分類の変更による原死因選択ルールの明確化によるものとみられる。

表 12-29 乳児死亡

	乳児死亡（人）	出生千対（人）	総死亡者中（%）		乳児死亡（人）	出生千対（人）	総死亡者中（%）
1900(明33)	220 211	155.0	*24.2*	1994(平6)	5 261	4.2	*0.6*
1905(〃38)	220 450	151.7	*21.9*	1995(〃7)	5 054	4.3	*0.5*
1910(〃43)	276 136	161.2	*25.9*	1996(〃8)	4 546	3.8	*0.5*
1915(大4)	288 634	160.4	*26.4*	1997(〃9)	4 403	3.7	*0.5*
1920(〃9)	335 613	165.7	*23.6*	1998(〃10)	4 380	3.6	*0.5*
1925(〃14)	297 008	142.4	*24.5*	1999(〃11)	4 010	3.4	*0.4*
1930(昭5)	258 703	124.1	*22.1*	2000(〃12)	3 830	3.2	*0.4*
1935(〃10)	233 706	106.7	*20.1*	2001(〃13)	3 599	3.1	*0.4*
1940(〃15)	190 509	90.0	*16.1*	2002(〃14)	3 497	3.0	*0.4*
1943(〃18)	195 219	86.6	*16.0*	2003(〃15)	3 364	3.0	*0.3*
1947(〃22)	205 360	76.7	*18.0*	2004(〃16)	3 122	2.8	*0.3*
1950(〃25)	140 515	60.1	*15.5*	2005(〃17)	2 958	2.8	*0.3*
1955(〃30)	68 801	39.8	*9.9*	2006(〃18)	2 864	2.6	*0.3*
1960(〃35)	49 293	30.7	*7.0*	2007(〃19)	2 828	2.6	*0.3*
1965(〃40)	33 742	18.5	*4.8*	2008(〃20)	2 798	2.6	*0.2*
1970(〃45)	25 412	13.1	*3.6*	2009(〃21)	2 556	2.4	*0.2*
1975(〃50)	19 103	10.0	*2.7*	2010(〃22)	2 450	2.3	*0.2*
1980(〃55)	11 841	7.5	*1.6*	2011(〃23)	2 463	2.3	*0.2*
1985(〃60)	7 899	5.5	*1.1*	2012(〃24)	2 299	2.2	*0.2*
1988(〃63)	6 265	4.8	*0.8*	2013(〃25)	2 185	2.1	*0.2*
1989(平1)	5 724	4.6	*0.7*	2014(〃26)	2 080	2.1	*0.2*
1990(〃2)	5 616	4.6	*0.7*	2015(〃27)	1 916	1.9	*0.1*
1991(〃3)	5 418	4.4	*0.7*	2016(〃28)	1 929	2.0	*0.1*
1992(〃4)	5 477	4.5	*0.6*	2017(〃29)	1 762	1.9	*0.1*
1993(〃5)	5 169	4.3	*0.6*	2018(〃30)	1 748	1.9	*0.1*

厚生労働省「人口動態統計」により作成。生後1年未満の死亡。1947～72年は沖縄県を除く。

表 12 - 30　主要死因別死亡数（単位　人）

	結核	悪性新生物	糖尿病	心疾患	脳血管疾患	肺炎
1900(明33)	71 771	20 334	…	21 107	69 799	44 853
1905(〃38)	96 030	26 668	…	25 888	76 169	59 877
1910(〃43)	113 203	32 998	1 089	31 976	64 888	69 888
1915(大 4)	115 913	37 789	1 609	33 586	67 921	86 014
1920(〃 9)	125 165	40 648	1 725	35 540	88 186	175 674
1925(〃14)	115 956	42 177	1 979	39 895	96 293	129 129
1930(昭 5)	119 635	45 488	2 247	41 138	104 942	101 046
1935(〃10)	132 151	50 080	2 527	39 902	114 554	105 078
1940(〃15)	153 154	51 879	2 762	45 542	127 847	111 077
1943(〃18)	171 473	53 580	2 477	45 428	120 985	116 494
1947(〃22)	146 241	53 886	1 827	48 575	101 095	101 601
1950(〃25)	121 769	64 428	2 034	53 377	105 728	54 169
1955(〃30)	46 735	77 721	2 191	54 351	121 504	34 309
1960(〃35)	31 959	93 773	3 195	68 400	150 109	37 534
1965(〃40)	22 366	106 536	5 115	75 672	172 773	29 868
1970(〃45)	15 899	119 977	7 642	89 411	181 315	27 929
1975(〃50)	10 567	136 383	9 032	99 226	174 367	30 441
1980(〃55)	6 439	161 764	8 504	123 505	162 317	33 051
1985(〃60)	4 692	187 714	9 244	141 097	134 994	45 075
1986(〃61)	4 170	191 654	9 144	142 581	129 289	47 256
1987(〃62)	4 022	199 563	9 134	143 909	123 626	49 013
1988(〃63)	3 872	205 470	9 647	157 920	128 695	57 055
1989(平 1)	3 527	212 625	9 211	156 831	120 652	58 963
1990(〃 2)	3 664	217 413	9 470	165 478	121 944	68 194
1991(〃 3)	3 325	223 727	9 634	168 878	118 448	70 057
1992(〃 4)	3 347	231 917	9 823	175 546	118 058	74 274
1993(〃 5)	3 249	235 707	10 239	180 297	118 794	81 138
1994(〃 6)	3 094	243 670	10 872	159 579	120 239	83 354
1995(〃 7)	3 178	263 022	14 225	139 206	146 552	79 629
1996(〃 8)	2 858	271 183	12 838	138 229	140 366	70 971
1997(〃 9)	2 742	275 413	12 370	140 174	138 697	78 904
1998(〃10)	2 795	283 921	12 537	143 120	137 819	79 952
1999(〃11)	2 935	290 556	12 814	151 079	138 989	93 994
2000(〃12)	2 656	295 484	12 303	146 741	132 529	86 938
2001(〃13)	2 491	300 658	12 147	148 292	131 856	85 305
2002(〃14)	2 317	304 568	12 635	152 518	130 257	87 421
2003(〃15)	2 337	309 543	12 879	159 545	132 067	94 942
2004(〃16)	2 330	320 358	12 637	159 625	129 055	95 534
2005(〃17)	2 296	325 941	13 621	173 125	132 847	107 241
2006(〃18)	2 269	329 314	13 650	173 025	128 268	107 242
2007(〃19)	2 194	336 468	13 999	175 539	127 041	110 159
2008(〃20)	2 220	342 963	14 462	181 928	127 023	115 317
2009(〃21)	2 159	344 105	13 987	180 745	122 350	112 004
2010(〃22)	2 129	353 499	14 422	189 361	123 461	118 888
2011(〃23)	2 166	357 306	14 664	194 926	123 867	124 749
2012(〃24)	2 110	360 963	14 486	198 836	121 602	123 925
2013(〃25)	2 087	364 873	13 812	196 723	118 347	122 969
2014(〃26)	2 100	368 106	13 669	196 931	114 209	119 652
2015(〃27)	1 956	370 362	13 328	196 127	111 974	120 959
2016(〃28)	1 893	373 088	13 483	198 070	109 353	119 346
2017(〃29)	2 306	373 365	13 971	204 868	109 896	96 859
2018(〃30)	2 204	373 584	14 181	208 221	108 186	94 661

厚生労働省「人口動態統計」により作成。死因名は「ICD-10（2013年版）」（平成29年適用）の死因年次推移分類による。死因分類の改正により，年次別比較には完全な内容の一致をみることはできない。↗

胃・十二指腸潰瘍	肝疾患	老衰	不慮の事故	自殺	計×	
…	…	57 442	19 874	5 863	910 744	1900(明33)
…	…	65 233	20 469	8 089	1 004 661	1905(〃 38)
5 079	8 481	59 117	22 009	9 372	1 064 234	1910(〃 43)
5 218	10 386	59 346	24 321	10 153	1 093 793	1915(大 4)
6 245	11 279	73 468	26 198	10 630	1 422 096	1920(〃 9)
7 769	9 667	70 065	24 982	12 249	1 210 706	1925(〃 14)
9 190	10 469	76 591	26 295	13 942	1 170 867	1930(昭 5)
11 276	8 074	78 972	29 023	14 172	1 161 936	1935(〃 10)
12 923	8 824	89 540	28 408	9 877	1 186 595	1940(〃 15)
17 106	8 981	99 162	33 519	8 784	1 219 073	1943(〃 18)
25 908	8 762	78 342	38 533	12 262	1 138 238	1947(〃 22)
19 323	8 630	58 412	32 850	16 311	904 876	1950(〃 25)
13 387	11 827	59 932	33 265	22 477	693 523	1955(〃 30)
11 057	13 389	54 139	38 964	20 143	706 599	1960(〃 35)
9 165	13 663	49 092	40 188	14 444	700 438	1965(〃 40)
7 997	17 097	39 277	43 802	15 728	712 962	1970(〃 45)
6 865	18 101	29 916	33 710	19 975	702 275	1975(〃 50)
5 530	18 978	32 154	29 217	20 542	722 801	1980(〃 55)
4 493	19 803	27 804	29 597	23 383	752 283	1985(〃 60)
4 227	19 532	26 810	28 610	25 667	750 620	1986(〃 61)
3 874	19 286	25 274	28 255	23 831	751 172	1987(〃 62)
3 688	19 781	26 400	30 212	22 795	793 014	1988(〃 63)
3 665	19 719	23 781	31 049	21 125	788 594	1989(平 1)
3 615	19 700	24 187	32 122	20 088	820 305	1990(〃 2)
3 687	19 817	23 200	33 155	19 875	829 797	1991(〃 3)
3 581	20 162	23 361	34 677	20 893	856 643	1992(〃 4)
3 680	19 923	23 115	34 717	20 516	878 532	1993(〃 5)
3 678	19 372	23 464	36 115	20 923	875 933	1994(〃 6)
4 314	17 018	21 493	45 323	21 420	922 139	1995(〃 7)
3 918	16 517	20 878	39 184	22 138	896 211	1996(〃 8)
3 876	16 599	21 434	38 886	23 494	913 402	1997(〃 9)
3 871	16 133	21 374	38 925	31 755	936 484	1998(〃 10)
4 053	16 585	22 829	40 079	31 413	982 031	1999(〃 11)
3 869	16 079	21 213	39 484	30 251	961 653	2000(〃 12)
3 886	15 848	22 145	39 496	29 375	970 331	2001(〃 13)
3 740	15 490	22 682	38 643	29 949	982 379	2002(〃 14)
3 719	15 737	23 449	38 714	32 109	1 014 951	2003(〃 15)
3 409	15 885	24 126	38 193	30 247	1 028 602	2004(〃 16)
3 490	16 430	26 360	39 863	30 553	1 083 796	2005(〃 17)
3 403	16 267	27 764	38 270	29 921	1 084 451	2006(〃 18)
3 274	16 195	30 734	37 966	30 827	1 108 334	2007(〃 19)
3 283	16 268	35 975	38 153	30 229	1 142 407	2008(〃 20)
3 166	15 969	38 670	37 756	30 707	1 141 865	2009(〃 21)
3 233	16 216	45 342	40 732	29 554	1 197 014	2010(〃 22)
3 110	16 390	52 242	59 416	28 896	1 253 068	2011(〃 23)
3 132	15 980	60 719	41 031	26 433	1 256 359	2012(〃 24)
2 828	15 930	69 721	39 574	26 063	1 268 438	2013(〃 25)
2 795	15 692	75 391	39 030	24 417	1 273 025	2014(〃 26)
2 666	15 659	84 819	38 310	23 152	1 290 510	2015(〃 27)
2 657	15 780	92 836	38 314	21 021	1 308 158	2016(〃 28)
2 513	17 019	101 411	40 332	20 468	1 340 567	2017(〃 29)
2 521	17 275	109 605	41 238	20 031	1 362 470	2018(〃 30)

↘1943年のみ樺太を含む。1947～72年は沖縄県を含まず。悪性新生物はがん。心疾患は高血圧性を除く。
×計にはその他を含む。図12-8の脚注を参照のこと。

表 12-31　主要死因別死亡率（人口10万人あたり　人）

	結核	悪性新生物	糖尿病	心疾患	脳血管疾患	肺炎
1900(明33)	163.7	46.4	…	48.1	159.2	102.3
1905(〃38)	206.0	57.2	…	55.5	163.4	128.4
1910(〃43)	230.2	67.1	2.2	65.0	131.9	142.1
1915(大4)	219.7	71.6	3.1	63.7	128.8	163.1
1920(〃9)	223.7	72.6	3.1	63.5	157.6	313.9
1925(〃14)	194.1	70.6	3.3	66.8	161.2	216.2
1930(昭5)	185.6	70.6	3.5	63.8	162.8	156.8
1935(〃10)	190.8	72.3	3.6	57.6	165.4	151.7
1940(〃15)	212.9	72.1	3.8	63.3	177.7	154.4
1943(〃18)	235.3	73.5	3.4	62.3	166.0	159.8
1947(〃22)	187.2	69.0	2.3	62.2	129.4	130.1
1950(〃25)	146.4	77.4	2.4	64.2	127.1	65.1
1955(〃30)	52.3	87.1	2.5	60.9	136.1	38.4
1960(〃35)	34.2	100.4	3.4	73.2	160.7	40.2
1965(〃40)	22.8	108.4	5.2	77.0	175.8	30.4
1970(〃45)	15.4	116.3	7.4	86.7	175.8	27.1
1975(〃50)	9.5	122.6	8.1	89.2	156.7	27.4
1980(〃55)	5.5	139.1	7.3	106.2	139.5	28.4
1985(〃60)	3.9	156.1	7.7	117.3	112.2	37.5
1986(〃61)	3.4	158.5	7.6	117.9	106.9	39.1
1987(〃62)	3.3	164.2	7.5	118.4	101.7	40.3
1988(〃63)	3.2	168.4	7.9	129.4	105.5	46.8
1989(平1)	2.9	173.6	7.5	128.1	98.5	48.1
1990(〃2)	3.0	177.2	7.7	134.8	99.4	55.6
1991(〃3)	2.7	181.7	7.8	137.2	96.2	56.9
1992(〃4)	2.7	187.8	8.0	142.2	95.6	60.2
1993(〃5)	2.6	190.4	8.3	145.6	96.0	65.5
1994(〃6)	2.5	196.4	8.8	128.6	96.9	67.2
1995(〃7)	2.6	211.6	11.4	112.0	117.9	64.1
1996(〃8)	2.3	217.5	10.3	110.8	112.6	56.9
1997(〃9)	2.2	220.4	9.9	112.2	111.0	63.1
1998(〃10)	2.2	226.7	10.0	114.3	110.0	63.8
1999(〃11)	2.3	231.6	10.2	120.4	110.8	74.9
2000(〃12)	2.1	235.2	9.8	116.8	105.5	69.2
2001(〃13)	2.0	238.8	9.6	117.8	104.7	67.8
2002(〃14)	1.8	241.7	10.0	121.0	103.4	69.4
2003(〃15)	1.9	245.4	10.2	126.5	104.7	75.3
2004(〃16)	1.8	253.9	10.0	126.5	102.3	75.7
2005(〃17)	1.8	258.3	10.8	137.2	105.3	85.0
2006(〃18)	1.8	261.0	10.8	137.2	101.7	85.0
2007(〃19)	1.7	266.9	11.1	139.2	100.8	87.4
2008(〃20)	1.8	272.3	11.5	144.4	100.9	91.6
2009(〃21)	1.7	273.5	11.1	143.7	97.2	89.0
2010(〃22)	1.7	279.7	11.4	149.8	97.7	94.1
2011(〃23)	1.7	283.2	11.6	154.5	98.2	98.9
2012(〃24)	1.7	286.6	11.5	157.9	96.5	98.4
2013(〃25)	1.7	290.3	11.0	156.5	94.1	97.8
2014(〃26)	1.7	293.5	10.9	157.0	91.1	95.4
2015(〃27)	1.6	295.5	10.6	156.5	89.4	96.5
2016(〃28)	1.5	298.4	10.8	158.4	87.5	95.5
2017(〃29)	1.9	299.5	11.2	164.4	88.2	77.7
2018(〃30)	1.8	300.7	11.4	167.6	87.1	76.2

表12-30の脚注に同じ。

胃・十二指腸潰瘍	肝疾患	老衰	不慮の事故	自殺	計×	
…	…	131.0	45.3	13.4	2 077.1	1900(明33)
…	…	139.9	43.9	17.4	2 155.0	1905(〃38)
10.3	17.2	120.2	44.7	19.1	2 163.8	1910(〃43)
9.9	19.7	112.5	46.1	19.2	2 073.5	1915(大4)
11.2	20.2	131.3	46.8	19.0	2 541.1	1920(〃9)
13.0	16.2	117.3	41.8	20.5	2 026.7	1925(〃14)
14.3	16.2	118.8	40.8	21.6	1 816.7	1930(昭5)
16.3	11.7	114.0	41.9	20.5	1 677.8	1935(〃10)
18.0	12.3	124.5	39.5	13.7	1 649.6	1940(〃15)
23.5	12.3	136.1	46.0	12.1	1 672.6	1943(〃18)
33.2	11.2	100.3	49.3	15.7	1 457.4	1947(〃22)
23.2	10.4	70.2	39.5	19.6	1 087.6	1950(〃25)
15.0	13.2	67.1	37.3	25.2	776.8	1955(〃30)
11.8	14.3	58.0	41.7	21.6	756.4	1960(〃35)
9.3	13.9	50.0	40.9	14.7	712.7	1965(〃40)
7.8	16.6	38.1	42.5	15.3	691.4	1970(〃45)
6.2	16.3	26.9	30.3	18.0	631.2	1975(〃50)
4.8	16.3	27.6	25.1	17.7	621.4	1980(〃55)
3.7	16.5	23.1	24.6	19.4	625.5	1985(〃60)
3.5	16.1	22.2	23.7	21.2	620.6	1986(〃61)
3.2	15.9	20.8	23.2	19.6	618.1	1987(〃62)
3.0	16.2	21.6	24.8	18.7	649.9	1988(〃63)
3.0	16.1	19.4	25.4	17.3	644.0	1989(平1)
2.9	16.1	19.7	26.2	16.4	668.4	1990(〃2)
3.0	16.1	18.8	26.9	16.1	674.1	1991(〃3)
2.9	16.3	18.9	28.1	16.9	693.8	1992(〃4)
3.0	16.1	18.7	28.0	16.6	709.7	1993(〃5)
3.0	15.6	18.9	29.1	16.9	706.0	1994(〃6)
3.5	13.7	17.3	36.5	17.2	741.9	1995(〃7)
3.1	13.2	16.7	31.4	17.8	718.6	1996(〃8)
3.1	13.3	17.2	31.1	18.8	730.9	1997(〃9)
3.1	12.9	17.1	31.1	25.4	747.7	1998(〃10)
3.2	13.2	18.2	32.0	25.0	782.9	1999(〃11)
3.1	12.8	16.9	31.4	24.1	765.6	2000(〃12)
3.1	12.6	17.6	31.4	23.3	770.7	2001(〃13)
3.0	12.3	18.0	30.7	23.8	779.6	2002(〃14)
2.9	12.5	18.6	30.7	25.5	804.6	2003(〃15)
2.7	12.6	19.1	30.3	24.0	815.2	2004(〃16)
2.8	13.0	20.9	31.6	24.2	858.8	2005(〃17)
2.7	12.9	22.0	30.3	23.7	859.6	2006(〃18)
2.6	12.8	24.4	30.1	24.4	879.0	2007(〃19)
2.6	12.9	28.6	30.3	24.0	907.1	2008(〃20)
2.5	12.7	30.7	30.0	24.4	907.5	2009(〃21)
2.6	12.8	35.9	32.2	23.4	947.1	2010(〃22)
2.5	13.0	41.4	47.1	22.9	993.1	2011(〃23)
2.5	12.7	48.2	32.6	21.0	997.5	2012(〃24)
2.2	12.7	55.5	31.5	20.7	1 009.1	2013(〃25)
2.2	12.5	60.1	31.1	19.5	1 014.9	2014(〃26)
2.1	12.5	67.7	30.6	18.5	1 029.8	2015(〃27)
2.1	12.6	74.3	30.6	16.8	1 046.4	2016(〃28)
2.0	13.7	81.4	32.4	16.4	1 075.5	2017(〃29)
2.0	13.9	88.2	33.2	16.1	1 096.8	2018(〃30)

表12-32　医療施設

	医療施設総数	病院	一般診療所	歯科診療所	人口10万あたり医療施設数	病床総数	病院	人口10万あたり病床数
1950	68 615	3 408	43 827	21 380	82.5	…	275 804	…
1955	81 241	5 119	51 349	24 773	91.0	626 716	512 688	702.0
1960	92 122	6 094	59 008	27 020	98.6	852 025	686 743	912.0
1965	100 173	7 047	64 524	28 602	101.9	1 077 971	873 652	1 096.9
1970	106 882	7 974	68 997	29 911	103.0	1 312 628	1 062 553	1 265.5
1975	113 973	8 294	73 114	32 565	101.8	1 428 482	1 164 098	1 276.1
1980	125 500	9 055	77 611	38 834	107.2	1 607 482	1 319 406	1 373.2
1985	134 075	9 608	78 927	45 540	110.8	1 778 979	1 495 328	1 469.6
1990	143 164	10 096	80 852	52 216	115.8	1 949 493	1 676 803	1 577.1
1995	155 082	9 606	87 069	58 407	123.5	1 929 397	1 669 951	1 536.5
2000	165 451	9 266	92 824	63 361	130.4	1 864 178	1 647 253	1 468.7
2002	169 079	9 187	94 819	65 073	132.7	1 839 376	1 642 593	1 443.4
2003	171 000	9 122	96 050	65 828	134.0	1 820 212	1 632 141	1 426.3
2004	172 685	9 077	97 051	66 557	135.2	1 812 722	1 631 553	1 419.7
2005	173 200	9 026	97 442	66 732	135.6	1 798 637	1 631 473	1 407.7
2006	174 944	8 943	98 609	67 392	136.9	1 786 649	1 626 589	1 398.3
2007	176 192	8 862	99 532	67 798	137.9	1 775 481	1 620 173	1 389.6
2008	175 656	8 794	99 083	67 779	137.6	1 756 115	1 609 403	1 375.3
2009	176 471	8 739	99 635	68 097	138.4	1 743 415	1 601 476	1 367.3
2010	176 878	8 670	99 824	68 384	138.1	1 730 339	1 593 354	1 351.2
2011	176 308	8 605	99 547	68 156	138.0	1 712 539	1 583 073	1 340.0
2012	177 191	8 565	100 152	68 474	139.0	1 703 950	1 578 254	1 336.3
2013	177 769	8 540	100 528	68 701	139.6	1 695 210	1 573 772	1 331.7
2014	177 546	8 493	100 461	68 592	139.7	1 680 712	1 568 261	1 322.5
2015	178 212	8 480	100 995	68 737	140.2	1 673 669	1 565 968	1 316.9
2016	178 911	8 442	101 529	68 940	140.9	1 664 525	1 561 005	1 311.3
2017	178 492	8 412	101 471	68 609	140.9	1 653 303	1 554 879	1 304.8
2018	179 090	8 372	102 105	68 613	141.6	1 641 468	1 546 554	1 298.2

厚生労働省「医療施設調査」により作成。1970年までは沖縄県を含まない。

表12-33　医療関係者（単位　人）

	医師	人口10万あたり(人)	歯科医師	薬剤師	看護師	人口10万あたり(人)	准看護師
1955(昭30)	94 563	106	31 109	52 418	120 739	135	9 121
1960(〃 35)	103 131	110	33 177	60 257	123 226	132	62 366
1965(〃 40)	109 369	111	35 558	68 674	133 985	136	111 226
1970(〃 45)	118 990	115	37 859	79 393	127 580	123	145 992
1975(〃 50)	132 479	118	43 586	94 362	175 841	157	185 763
1980(〃 55)	156 235	133	53 602	116 056	248 165	212	239 004
1986(〃 61)	191 346	157	66 797	135 990	339 258	279	300 678
1990(平2)	211 797	171	74 028	150 627	404 764	327	340 537
1996(〃 8)	240 908	191	85 518	194 300	544 929	433	383 967
2000(〃 12)	255 792	202	90 857	217 477	653 617	515	388 851
2006(〃 18)	277 927	218	97 198	252 533	811 972	635	382 149
2010(〃 22)	295 049	230	101 576	276 517	952 723	744	368 148
2012(〃 24)	303 268	238	102 551	280 052	1 015 744	797	357 777
2014(〃 26)	311 205	245	103 972	288 151	1 086 779	855	340 153
2016(〃 28)	319 480	252	104 533	301 323	1 149 397	906	323 111

厚生労働省「医師・歯科医師・薬剤師調査」(1982年以降は隔年の調査), 同「衛生行政報告例」(1982年以降隔年の調査) により作成。1970年までは沖縄県を含まない。

表 12 - 34　国民医療費（会計年度）

	国民医療費（億円）				国民1人あたり（千円）	国民所得に対する割合（%）
	計×	うち公費負担医療給付分	うち医療保険等給付分	うち患者等負担分		
1955(昭30)	2 388	279	1 185	923	2.7	*3.42*
1960(〃35)	4 095	451	2 415	1 229	4.4	*3.03*
1965(〃40)	11 224	1 471	7 442	2 312	11.4	*4.18*
1970(〃45)	24 962	2 822	17 320	4 820	24.1	*4.09*
1975(〃50)	64 779	8 471	47 933	8 375	57.9	*5.22*
1976(〃51)	76 684	9 781	57 303	9 600	67.8	*5.46*
1977(〃52)	85 686	11 357	64 311	10 018	75.1	*5.50*
1978(〃53)	100 042	13 094	75 256	11 692	86.9	*5.82*
1979(〃54)	109 510	13 931	83 049	12 530	94.3	*6.01*
1980(〃55)	119 805	14 752	91 839	13 215	102.3	*5.88*
1981(〃56)	128 709	15 712	99 069	13 928	109.2	*6.08*
1982(〃57)	138 659	15 854	103 348	14 560	116.8	*6.30*
1983(〃58)	145 438	11 480	85 283	15 776	121.7	*6.29*
1984(〃59)	150 932	11 724	85 828	17 492	125.5	*6.21*
1985(〃60)	160 159	12 090	88 506	19 185	132.3	*6.15*
1986(〃61)	170 690	11 845	94 405	20 611	140.3	*6.37*
1987(〃62)	180 759	11 544	99 625	22 506	147.8	*6.43*
1988(〃63)	187 554	11 101	103 279	23 173	152.8	*6.20*
1989(平1)	197 290	11 094	107 868	24 231	160.1	*6.15*
1990(〃2)	206 074	11 001	112 543	24 884	166.7	*5.94*
1991(〃3)	218 260	11 133	118 695	26 127	176.0	*5.92*
1992(〃4)	234 784	11 519	128 206	27 716	188.7	*6.41*
1993(〃5)	243 631	11 874	131 632	28 347	195.3	*6.67*
1994(〃6)	257 908	12 618	136 548	30 330	206.3	*7.00*
1995(〃7)	269 577	12 953	140 042	31 705	214.7	*7.12*
1996(〃8)	284 542	15 313	145 156	31 175	226.1	*7.27*
1997(〃9)	289 149	15 982	140 159	36 245	229.2	*7.44*
1998(〃10)	295 823	17 202	137 823	39 061	233.9	*7.82*
1999(〃11)	307 019	18 289	138 456	39 999	242.3	*8.14*
2000(〃12)	301 418	18 514	140 214	40 291	237.5	*7.81*
2001(〃13)	310 998	19 617	141 871	41 870	244.3	*8.31*
2002(〃14)	309 507	19 938	139 855	43 062	242.9	*8.31*
2003(〃15)	315 375	20 908	141 032	46 749	247.1	*8.35*
2004(〃16)	321 111	21 671	147 514	46 196	251.5	*8.39*
2005(〃17)	331 289	21 987	155 377	47 572	259.3	*8.55*
2006(〃18)	331 276	22 125	159 272	47 555	259.3	*8.44*
2007(〃19)	341 360	23 002	167 576	47 996	267.2	*8.70*
2008(〃20)	348 084	23 310	169 548	49 141	272.6	*9.56*
2009(〃21)	360 067	24 623	173 368	49 905	282.4	*10.19*
2010(〃22)	374 202	26 447	178 950	50 103	292.2	*10.34*
2011(〃23)	385 850	28 022	183 360	50 044	301.9	*10.77*
2012(〃24)	392 117	28 925	185 826	49 255	307.5	*10.90*
2013(〃25)	400 610	29 792	188 109	49 918	314.7	*10.70*
2014(〃26)	408 071	30 390	191 253	50 659	321.1	*10.75*
2015(〃27)	423 644	31 498	198 284	52 042	333.3	*10.86*
2016(〃28)	421 381	31 433	195 663	51 435	332.0	*10.77*
2017(〃29)	430 710	32 040	197 402	52 750	339.9	*10.66*

厚生労働省「国民医療費」により作成。買い薬・マッサージ等は含まず。国民所得に対する割合は2017年度「国民医療費」（国民所得は内閣府「国民経済計算」による）に掲載されている数値による。2000年4月からの介護保険制度施行に伴い，従来国民医療費の対象となっていた費用のうち介護保険の費用に移行したものがあるが，これらは2000年度以降，国民医療費に含まず。2005年度より一部の医療費の把握方法が変更され，1996年度まで遡って数値が変更されている。×1982年度以降，その他を含む。

表 12 - 35　平均寿命の推移（単位　年）

	調査年次	公表年次	男	女
第1回生命表	1891～1898	1902	42.8	44.3
第2回　〃	1899～1903	1911	43.97	44.85
第3回　〃	1909～1913	1918	44.25	44.73
第4回　〃	1921～1925	1931	42.06	43.20
第5回　〃	1926～1930	1936	44.82	46.54
第6回　〃	1935～1936	1941	46.92	49.63
第8回　〃	1947	1950	50.06	53.96
第9回　〃　（修正表）	1950～1952	1955	59.57	62.97
第10回　〃	1955	1960	63.60	67.75
第11回　〃	1960	1966	65.32	70.19
第12回　〃	1965	1969	67.74	72.92
第13回　〃	1970	1976	69.31	74.66
第14回　〃	1975	1979	71.73	76.89
第15回　〃	1980	1982	73.35	78.76
第16回　〃	1985	1987	74.78	80.48
第17回　〃	1990	1992	75.92	81.90
第18回　〃	1995	1997	76.38 (76.46)	82.85 (82.96)
第19回　〃	2000	2002	77.72	84.60
第20回　〃	2005	2007	78.56	85.52
第21回　〃	2010	2012	79.55	86.30
第22回　〃	2015	2017	80.75	86.99
簡易生命表	2018	2019	81.25	87.32

厚生労働省「完全生命表」，同「簡易生命表」により作成。第7回は資料焼失のため発表されなかった。第1回から22回は完全生命表。第18回の（　）内は阪神・淡路大震災の影響を除去した値。

表 12 - 36　平均寿命の国際比較（単位　年）

	男	女		男	女
日本（1970）	69.31	74.66	イギリス（1970～75）	69.04	75.29
（1990）	75.92	81.90	（1990～95）	73.48	78.90
（2018）	81.25	87.32	（2015～17）	79.18	82.86
インド（1970～75）	49.85	48.88	ドイツ（1970～75）	67.89	74.07
（1990～95）	58.64	59.64	（1990～95）	72.54	79.12
（2012～2016）	67.4	70.2	（2015～17）	78.36	83.18
中国（1970～75）	60.20	63.18	アメリカ合衆国（1970～75）	67.69	75.35
（1990～95）	67.48	71.49	（1990～95）	72.23	79.02
（2015）	73.64	79.43	（2016）	76.1	81.1
アイスランド（1970～75）	71.36	77.29	ブラジル（1970～75）	57.39	62.61
（1990～95）	76.25	80.84	（1990～95）	63.98	70.90
（2017）	80.6	83.9	（2017）	72.5	79.6

国連「World Population Prospects; The 2019 Revision」および厚生労働省「簡易生命表」（2018年）により作成。

平均余命　ある年の男女別にみた年齢別死亡率が将来もそのまま続くと仮定し，各年齢に達した人たちが，その後平均して何年生きのびるか示す年数。

平均寿命　同時に生まれた人たちが，生まれた瞬間から平均して何年生きのびるかという年数，すなわち出生時の平均余命のことを平均寿命という。一般的には，平均寿命のほうが広く用いられている。

〔環境問題〕 日本では明治維新後，産業の発展を最優先課題として急速に近代化を進めたため，1880年代から始まったとされる足尾銅山鉱毒事件など，局地的ではあるが企業を原点とする深刻な公害が発生していた。その後も，戦後の復興期から高度経済成長に伴い産業規模が拡大するなかで，公害対策の遅れによって各地で産業公害が発生し，様々な健康被害をもたらした。なかでも，イタイイタイ病，水俣病，四日市ぜんそく，新潟水俣病は４大公害といわれ，産業公害の典型とされる。

このように，工場からの排水やばい煙によって人々の健康が脅かされると，原因の特定と原因企業の責任を追及する動きが活発になった。国としても公害の本格的な規制に取り組み始め，1967年に「公害対策基本法」，1968年に「大気汚染防止法」，1969年には「公害に係る健康被害の救済に関する特別措置法」が制定された。1970年の第64回国会は，通称「公害国会」と呼ばれ，「公害対策基本法」の改正など公害関係14法案が提出され可決，成立した。

1970年代になり都市化が進むにつれて，急増した自動車の排気ガスによる大気汚染や生活排水による水質汚濁などが深刻化した。都市・生活型の公害はその発生源を限定して規制することが難しく，各家庭や個人にも環境への配慮が求められるようになった。

1980年代後半になると，地球温暖化や酸性雨，オゾン層の破壊など地球環境の悪化が問題となり，1992年にリオ

年	表
1891	足尾銅山鉱毒の国会提訴。
1949	東京都で工場公害防止条例制定。
1955 （昭30）	イタイイタイ病が社会問題化。 森永ヒ素ミルク事件発生。
1956	工業用水法制定。 水俣病発生を公式に発表。
1961	四日市ぜんそく患者発生。
1963	通商産業省産業公害課設立。
1967	公害対策基本法制定。
1968	大気汚染防止法制定（62年制定のばい煙排出規制法は廃止）。 騒音規制法制定。
1969	公害に係る健康被害の救済に関する特別措置法制定。
1970 （昭45）	政府に公害対策本部設置。 公害国会（第64回国会）で公害関係14法案が制定，改正され大気・水質などの規制強化。 廃棄物処理法制定。
1971	悪臭防止法制定。 環境庁（現環境省）設立。
1972	自然環境保全法制定。
1973	公害健康被害の補償等に関する法律制定（87年の改正で大気汚染指定地域が解除）。
1992 （平４）	リオデジャネイロで開催された地球サミットで，気候変動枠組条約採択（発効は94年）。
1993	環境基本法制定。
1995	容器包装リサイクル法制定。
1997	環境影響評価法制定。 京都議定書採択。
1998	家電リサイクル法制定。
2000	循環型社会形成推進基本法制定。
2006	石綿による健康被害の救済に関する法律制定。
2009	エコポイント制度開始。
2011	東日本大震災が発生。原子力発電所（福島県）の損壊により放射性物質が拡散。
2015	パリ協定採択（気候変動抑制に関する多国間の協定）。
2017	アメリカ合衆国パリ協定脱退。
2019 （令１）	大阪市Ｇ20で，海洋プラスチックごみ対策実施枠組に合意。

デジャネイロで地球サミットが開催され，地球環境保全が世界共通の課題として認識されるようになった。2005年には，温室効果ガスの排出量を規制するために京都議定書が発効，その後継として2015年にパリ協定が合意されたが，アメリカ合衆国が離脱するなど，各国の足並みがそろっていない。

地球サミット以降，日本でも地球環境保全の意識が高まり，官民挙げて循環型社会構築への取り組みが行われている。包装容器，家電，自動車などのリサイクル法が整備され，ごみの発生抑制，再使用，再生利用が進んでいる。

2011年東日本大震災の津波による福島第一原子力発電所事故で，外部放出された放射性物質による環境汚染は，人々の健康や食品の安全性などにおいて様々な影響を及ぼしている。

近年は，海洋プラスチック問題が注目されている。海には年間少なくとも800万トンのプラスチックごみが流れ込んでいて，既に1億5000万トンに達しており，2050年にはそれが海にいる魚と同じ量にまで増えると予想されている。この問題は2019年に大阪市で開催したG20サミットでも取り上げられ，新たな海洋プラスチック汚染を2050年までにゼロにする，「大阪ブルー・オーシャン・ビジョン」を打ち立てた。

表 12 - 37　公害病の認定患者数（会計年度末）（単位　人）

	合計	大気汚染系疾病		その他の疾病			
		計	四日市1)ぜんそく	計	水俣病	イタイイタイ病	慢性ヒ素中毒症
1976(昭51)	55 102	53 414	1 210	1 688	1 526	57	105
1977(〃52)	65 535	63 654	1 119	1 881	1 722	50	109
1978(〃53)	74 805	72 789	1 113	2 016	1 851	49	116
1979(〃54)	79 559	77 493	1 094	2 066	1 896	44	126
1980(〃55)	81 984	79 936	1 028	2 048	1 888	40	120
1981(〃56)	85 265	83 211	1 004	2 054	1 896	37	121
1982(〃57)	88 657	86 575	991	2 082	1 926	39	117
1983(〃58)	91 118	89 053	955	2 065	1 916	37	112
1984(〃59)	94 405	92 350	965	2 055	1 916	29	110
1985(〃60)	97 409	95 391	952	2 018	1 889	22	107
1986(〃61)	100 694	98 694	921	2 000	1 877	20	103
1987(〃62)	106 977	105 027	997	1 950	1 831	18	101
1988(〃63)	109 091	107 207	957	1 884	1 775	16	93
1989(平1)	103 088	101 258	916	1 830	1 728	12	90
1990(〃2)	97 251	95 462	885	1 789	1 691	13	85
1991(〃3)	92 328	90 591	866	1 737	1 640	13	84
1992(〃4)	87 742	86 052	827	1 690	1 590	15	85
1993(〃5)	83 077	81 451	795	1 626	1 532	15	79
1995(〃7)	75 740	74 195	741	1 545	1 450	12	83
2000(〃12)	60 664	59 415	606	1 249	1 171	5	73
2005(〃17)	49 953	48 945	513	1 008	946	2	60
2010(〃22)	42 172	41 372	450	800	739	5	56
2015(〃27)	35 596	34 973	377	623	566	5	52

環境省「環境統計集」による。会計年度末。「公害健康被害補償法」による被認定者数。大気汚染系疾病は1988年3月をもって指定が解除されたため，その後，新たな患者の認定は行われていない。1）旧楠町全域の被認定者を含む。

表 12 - 38　主な種類別の公害苦情受理件数（会計年度）

	典型7公害						典型7公害[2] 以外	
	計[1]	大気汚染	水質汚濁	土壌汚染	騒音・振動	悪臭	計[3]	廃棄物の不法投棄
1972	***79 727**	15 096	14 197	408	28 376	21 576	8 037	—
1975	67 315	11 873	13 453	593	23 812	17 516	9 216	—
1979	59 257	10 819	8 725	185	24 878	14 591	10 164	2 155
1980	54 809	9 282	8 269	230	24 094	12 900	9 881	2 619
1981	54 445	9 225	8 132	206	23 806	13 029	10 438	3 273
1982	53 215	9 015	7 683	170	23 654	12 659	10 344	3 073
1983	52 638	8 995	7 661	162	23 442	12 342	11 338	3 118
1984	54 687	9 403	7 999	206	24 042	12 998	13 067	3 417
1985	51 413	9 036	7 617	222	21 946	12 553	13 137	3 799
1986	50 129	8 851	7 324	165	21 512	12 249	15 338	3 914
1987	51 665	9 430	7 114	150	22 639	12 300	17 648	4 394
1988	51 223	8 978	7 551	175	22 746	11 732	21 342	5 000
1989	49 036	9 036	7 513	175	20 826	11 439	23 123	5 147
1990	49 359	9 496	7 739	233	20 431	11 423	24 935	5 029
1991	46 650	9 489	7 753	208	18 657	10 506	30 063	6 175
1992	44 976	9 108	8 099	204	17 123	10 409	31 210	6 741
1993	43 175	8 837	7 570	215	16 553	9 978	***36 142**	8 320
1994	45 642	10 319	7 279	183	16 792	11 035	20 914	5 175
1995	42 701	10 013	6 763	213	15 552	10 131	18 663	4 065
1996	45 378	10 961	7 168	229	16 158	10 839	16 937	4 095
1997	53 625	19 668	6 990	201	14 600	12 141	17 350	4 169
1998	64 928	30 499	7 019	312	13 885	13 181	17 210	5 049
1999	58 915	26 181	7 038	299	13 636	11 722	17 165	5 790
2000	63 782	26 013	8 272	308	15 145	14 013	20 099	7 158
2001	67 632	28 456	8 983	295	15 872	14 004	27 135	12 397
2002	66 727	27 429	8 863	271	16 556	13 589	29 886	13 649
2003	67 197	26 793	9 273	342	17 092	13 669	33 126	15 911
2004	65 535	24 741	8 909	268	17 605	13 984	28 786	14 113
2005	66 992	25 658	9 595	281	17 867	13 551	28 663	14 424
2006	67 415	24 825	9 825	271	18 773	13 697	30 298	15 064
2007	64 529	23 628	9 383	281	17 913	13 290	27 241	13 511
2008	59 703	20 749	9 023	253	16 910	12 740	26 533	13 480
2009	56 665	19 324	8 171	251	16 204	12 685	24 967	12 462
2010	54 845	17 612	7 574	222	17 353	12 061	25 250	12 306
2011	54 453	17 444	7 477	252	17 764	11 494	25 598	11 846
2012	54 377	16 907	7 129	229	18 572	11 519	25 623	11 385
2013	53 039	16 616	7 216	202	18 525	10 464	23 919	10 801
2014	51 912	15 879	6 839	174	19 032	9 962	22 873	10 367
2015	50 677	15 625	6 729	167	18 237	9 897	21 784	10 173
2016	48 840	14 710	6 442	167	17 882	9 620	21 207	9 216
2017	47 437	14 450	6 161	166	17 574	9 063	20 678	9 076

公害等調整委員会「公害苦情調査」による。全国の地方公共団体の公害苦情相談窓口で受け付けた公害苦情（ほかの機関から移送されたものを含む）を集計したもので，陳情は含んでいない。同一発生源の苦情は1つとして計上されている。1994年度より，調査方法が集計表回収方式から苦情1件につき1枚の調査票を作成し回収集計する個表集計方式に変更となったため，1993年度以前と1994年度以降のデータは直接比較できない。1）地盤沈下を含む。2）種類別の調査は1977年度から開始された。1993年度まで含まれていた路上駐車，放置自転車，車両の搬出入，飼い犬や野良犬，猫のふんなどに関する苦情は，1994年度より調査対象外となっている。3）ほかに，電波障害，日照，通風障害，動物の死骸放置，ふん・尿の害（農畜産業や野鳥など広範囲におよぶもの）などがある。*ゴシック体は最大値。

表 12 - 39　大気汚染の推移（会計年度）

	二酸化窒素 (ppm)		浮遊粒子状物質 (mg/m³)		二酸化硫黄 (ppm)	一酸化炭素 (ppm)	光化学オキシダント注意報等発令数（延べ日数）
	一般局	自排局	一般局	自排局	一般局	自排局	
1970（〃45）	0.035	0.042	…	…	…	…	7
1975（〃50）	0.021	0.044	0.050	0.084	0.015	3.4	266
1978（〃53）	0.017	0.033	0.047	0.056	0.011	2.6	169
1979（〃54）	0.016	0.033	0.044	0.054	0.010	2.3	84
1980（〃55）	0.016	0.033	0.042	2.053	0.009	2.2	86
1981（〃56）	0.015	0.032	0.039	0.062	0.008	1.9	59
1982（〃57）	0.015	0.032	0.038	0.059	0.007	1.9	73
1983（〃58）	0.015	0.031	0.034	0.053	0.007	1.7	131
1984（〃59）	0.015	0.031	0.037	0.051	0.007	1.6	135
1985（〃60）	0.014	0.030	0.035	0.048	0.006	1.6	171
1986（〃61）	0.015	0.031	0.037	0.050	0.006	1.6	85
1987（〃62）	0.016	0.032	0.037	0.050	0.006	1.6	168
1988（〃63）	0.016	0.032	0.036	0.048	0.006	1.5	86
1989（平 1）	0.016	0.032	0.036	0.049	0.006	1.5	63
1990（〃 2）	0.016	0.032	0.037	0.050	0.006	1.4	242
1991（〃 3）	0.017	0.033	0.037	0.050	0.006	1.4	121
1992（〃 4）	0.016	0.032	0.035	0.047	0.005	1.2	164
1993（〃 5）	0.017	0.032	0.034	0.045	0.005	1.2	71
1994（〃 6）	0.017	0.032	0.035	0.048	0.005	1.1	175
1995（〃 7）	0.017	0.032	0.034	0.047	0.005	1.1	139
1996（〃 8）	0.017	0.033	0.034	0.047	0.005	1.1	99
1997（〃 9）	0.017	0.032	0.033	0.046	0.005	1.0	95
1998（〃10）	0.017	0.031	0.032	0.043	0.004	0.9	135
1999（〃11）	0.016	0.030	0.028	0.037	0.004	0.9	100
2000（〃12）	0.017	0.030	0.031	0.040	0.005	0.8	259
2001（〃13）	0.016	0.030	0.030	0.038	0.005	0.8	193
2002（〃14）	0.016	0.029	0.027	0.035	0.004	0.7	184
2003（〃15）	0.016	0.029	0.026	0.033	0.004	0.7	108
2004（〃16）	0.015	0.028	0.025	0.031	0.004	0.6	189
2005（〃17）	0.015	0.027	0.027	0.031	0.004	0.6	185
2006（〃18）	0.015	0.027	0.026	0.030	0.003	0.6	177
2007（〃19）	0.013	0.025	0.024	0.027	0.003	0.5	220
2008（〃20）	0.013	0.024	0.022	0.026	0.003	0.5	144
2009（〃21）	0.012	0.023	0.021	0.024	0.003	0.5	123
2010（〃22）	0.011	0.022	0.021	0.023	0.003	0.5	182
2011（〃23）	0.011	0.021	0.020	0.022	0.002	0.4	81
2012（〃24）	0.011	0.020	0.019	0.021	0.002	0.4	53
2013（〃25）	0.010	0.020	0.020	0.022	0.002	0.4	106
2014（〃26）	0.010	0.019	0.020	0.021	0.002	0.4	83
2015（〃27）	0.010	0.019	0.019	0.020	0.002	0.4	101
2016（〃28）	0.009	0.017	0.017	0.018	0.002	0.3	46
2017（〃29）	0.009	0.017	0.017	0.017	0.002	0.3	87

環境省「大気汚染状況について」により作成。一般局は一般環境大気測定局のことで，住宅地域などで一般環境の大気を対象にした汚染状況を常時監視する。自排局は自動車排出ガス測定局のことで，自動車走行による排出物質に起因すると考えられる交差点，道路及び道路端付近の大気を対象にした汚染状況を常時監視する。数値は全有効測定局の年平均（以前は継続測定局の年平均であったが，1997年より遡求して全有効測定局となった）。光化学オキシダント注意報等発令数は，注意報と警報が発令された延べ日数。注意報は１時間値0.12ppm以上，警報は同0.24ppm以上の濃度で発令される。

表 12-40 一般廃棄物処理の推移（会計年度）

	ごみ1)					し尿	
	年間ごみ総排出量（千t）	1日1人あたり排出量（g）	ごみ処理		リサイクル率（%）	水洗化人口	
			直接焼却（%）	直接最終処分（%）		計（千人）	水洗化率2)（%）
1965（昭40）	16 251	693	…	…	…	12 316	*12.6*
1970（〃45）	28 104	909	…	…	…	21 347	*20.7*
1975（〃50）	42 165	1 033	*52.2*	*46.3*	…	36 364	*32.4*
1980（〃55）	43 935	1 032	*60.4*	*37.1*	…	53 191	*45.3*
1985（〃60）	43 449	986	*70.6*	*26.4*	…	67 865	*56.0*
1990（平2）	50 441	1 120	*73.8*	*20.0*	*5.3*	81 396	*65.9*
1995（〃7）	50 694	1 105	*76.3*	*11.5*	*9.8*	94 501	*75.4*
2000（〃12）	52 362	1 132	*77.4*	*5.9*	*14.3*	105 731	*83.4*
2001（〃13）	52 097	1 124	*78.2*	*5.3*	*15.0*	107 625	*84.7*
2002（〃14）	51 610	1 111	*78.4*	*4.3*	*15.9*	109 475	*86.0*
2003（〃15）	51 607	1 106	*78.1*	*3.6*	*16.8*	111 052	*87.1*
2004（〃16）	50 587	1 086	*77.5*	*3.5*	*17.6*	112 390	*88.1*
2005（〃17）	52 720	1 131	*77.4*	*2.9*	*19.0*	113 526	*88.9*
2006（〃18）	52 024	1 115	*77.7*	*2.5*	*19.6*	114 576	*89.7*
2007（〃19）	50 816	1 089	*77.6*	*2.5*	*20.3*	115 181	*90.3*
2008（〃20）	48 106	1 033	*79.2*	*1.8*	*20.3*	115 710	*90.7*
2009（〃21）	46 252	994	*79.1*	*1.6*	*20.5*	116 620	*91.5*
2010（〃22）	45 359	976	*79.0*	*1.5*	*20.8*	117 188	*92.1*
2011（〃23）	45 430	976	*79.3*	*1.4*	*20.6*	177 687	*92.6*
2012（〃24）	45 234	964	*79.8*	*1.3*	*20.5*	119 666	*93.0*
2013（〃25）	44 874	958	*79.6*	*1.4*	*20.6*	120 065	*93.5*
2014（〃26）	44 317	947	*80.0*	*1.3*	*20.6*	120 372	*93.9*
2015（〃27）	43 981	939	*80.2*	*1.1*	*20.4*	120 772	*94.3*
2016（〃28）	43 170	925	*80.3*	*1.0*	*20.3*	120 991	*94.6*
2017（〃29）	42 894	920	*80.3*	*1.0*	*20.2*	121 123	*94.8*

環境省「日本の廃棄物処理」により作成。1）2005年度より集団回収量を入れて自家処理量を除く。2011年度以降は災害廃棄物を除く。2）公共下水道と浄化槽を合わせた人口が総人口に占める割合。

第12章 国民の生活

図 12-9 産業廃棄物（会計年度）

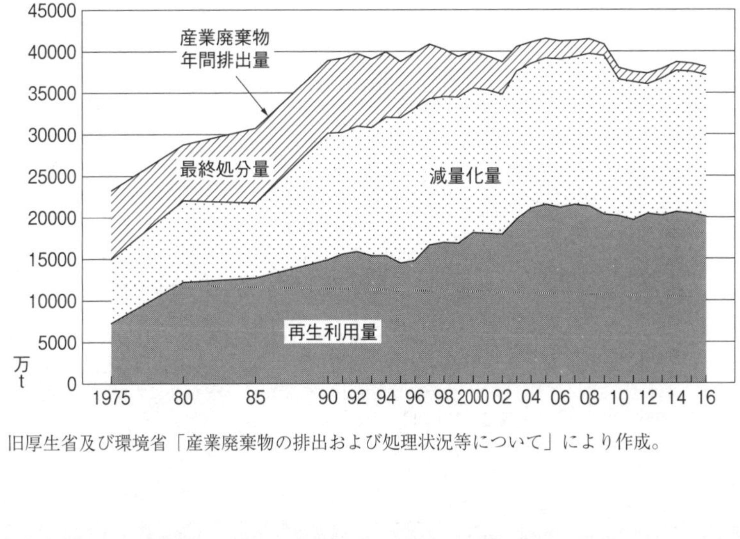

旧厚生省及び環境省「産業廃棄物の排出および処理状況等について」により作成。

図 12-10　世界の二酸化炭素（CO_2）排出量の推移（炭素換算）

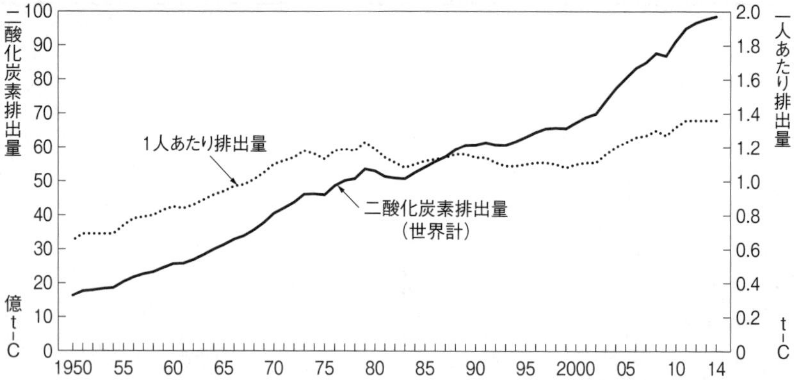

オークリッジ国立研究所（米国）の資料により作成。2015年以降は未発表。化石燃料の燃焼過程およびセメント製造過程からの排出量。炭素換算（CO_2排出量を表すときは国際的にこの数値が使われている）。炭素重量は，44（CO_2の分子量）÷12（Cの分子量）≒3.67をかけることによって，二酸化炭素重量に換算することができる。

表 12-41　わが国の温室効果ガス排出量（単位　百万トン－二酸化炭素（CO_2）換算）

	計	二酸化炭素（CO_2）	1人あたり排出量（t）	メタン（CH_4）	一酸化二窒素（N_2O）	代替フロン等4ガス1)	ハイドロフルオロカーボン類（HFCs）	パーフルオロカーボン類（PFCs）
GWP	—	1	—	25	298	—	2)	3)
1990	1 275	1 164	9.42	44.3	31.8	35.4	15.9	6.5
1995	1 379	1 245	9.91	41.9	33.2	59.5	25.2	17.6
2000	1 379	1 269	10.00	38.0	29.9	42.0	22.9	11.9
2001	1 353	1 254	9.85	37.1	26.3	35.7	19.5	9.9
2002	1 377	1 283	10.06	36.3	25.8	31.5	16.2	9.2
2003	1 383	1 291	10.11	34.9	25.6	30.9	16.2	8.9
2004	1 375	1 286	10.07	35.9	25.5	27.4	12.4	9.2
2005	1 382	1 293	10.12	35.7	25.0	27.9	12.8	8.6
2006	1 361	1 270	9.93	35.0	24.9	30.3	14.6	9.0
2007	1 396	1 306	10.20	35.3	24.3	31.0	16.7	7.9
2008	1 324	1 235	9.64	34.9	23.5	30.7	19.3	5.7
2009	1 251	1 165	9.10	34.0	22.9	28.8	20.9	4.0
2010	1 305	1 217	9.50	34.5	22.3	31.5	23.3	4.2
2011	1 356	1 267	9.91	33.5	21.9	33.9	26.1	3.8
2012	1 399	1 308	10.25	32.6	21.5	36.5	29.4	3.4
2013	1 410	1 317	10.34	32.3	21.6	39.1	32.1	3.3
2014	1 362	1 267	9.96	31.7	21.2	42.3	35.8	3.4
2015	1 324	1 227	9.65	30.8	20.8	45.3	39.3	3.3
2016	1 308	1 208	9.52	30.5	20.3	48.8	42.6	3.4
2017	1 292	1 190	9.39	30.1	20.5	51.0	44.9	3.5

環境省資料により作成。会計年度。二酸化炭素換算。GWPは地球温暖化係数で，温室効果ガスの温室効果をもたらす程度を，二酸化炭素の当該程度に対する比で示した係数。1人あたり排出量の単位はトン-CO_2。データは毎年，過去にさかのぼって見直しが行われるので注意。1）ほかに六ふっ化硫黄（SF_6）と三ふっ化窒素（NF_3）がある。2）HFC-134a：1430など。3）PFC-14：7390など。

第13章　国防と自衛隊

明治時代以降，日本の歴史は1945年に太平洋戦争で敗戦を迎えるまでの武力外交時代と，終戦後の1947年に施行された平和憲法に基づく交戦権放棄の時代とに大別できる。

1894年（明治27年）にぼっ発した日清戦争時，日本は近代国家への道を歩み始めたばかりで，明治政府の中央集権体制による富国強兵・殖産興業を進めていた。日清戦争に勝利した後，一度は手に入れた遼東半島の返還を迫られる「三国干渉」を経験して国民の国家意識が強まるなかで，挙国一致の動きが進み，軍備拡張路線を選択していく。そして，強力な中央集権体制の下，1904～05年（明治37～38年）の日露戦争，1914～22年（大正3～11年）の対独戦参戦とシベリア出兵，1931～37年（昭和6～12年）の満州事変などの対外戦争に突入し，アジア地域への勢力拡大を図っていった。1937年（昭和12年）に日中戦争が始まり太平洋戦争へと突入する頃には，多くの人的・物的資源が投入され，終戦直前の1944年度の軍事費は国民所得の97.7%にも及んだ。これらの戦争では一般会計を超える戦費が支出され，人的には多くの軍人が戦死傷し，相手国の多くの人命をうばった。国内では各地が空襲を受け，沖縄戦の開始，広島・長崎への原子爆弾投下など，一般民間人の被害は莫大であった。

1945年，日本は，無条件降伏を勧告するポツダム宣言を受諾して戦後を迎えた。1947年に施行された日本国憲法は，第9条において「国際紛争を解決する手段としては」武力の行使を永久に放棄するとうたう平和憲法で，以降，日本は専守防衛に徹し，文民統制と非核三原則を国防の基本としてきた。

専守防衛のための部隊とされる自衛隊の歴史は，朝鮮戦争がぼっ発した1950年に，連合国軍最高司令官総司令部（GHQ）の指令で警察予備隊が創設されたことに始まる。その後，1952年に保安隊に改組され，新たに海上警備隊が設置された。1954年に保安隊と海上警備隊が統合され，新しく航空部隊が設けられて自衛隊が発足，防衛庁が設置される。1957年の「国防の基本方針」では，防衛力は国力国情に応じた必要な限度を整備することが定められた。軍備に関しては，1953年に「武器等製造法」が公布され，自国での武器製造が可能となった。国民の間には，自衛隊保持や再軍備への反対が大きく，1954年には政府が自衛隊は合憲であると統一解釈と発表した。

戦後から現在に至るまで，日本の防衛政策はアメリカとの安全保障体制が基軸である。米軍の在日駐留を認める日米安全保障条約は1951年に締結され，翌年に発効，1960年に改正された。仮想敵国であったソ連が1991年に消滅して冷戦が終結した後も，両国は日本とアジア地域の安定のために，同盟関係の堅持を確認している。1990年代には北朝鮮の核開発疑惑が浮上し，1998年にテポドンの発射実験が行われると，日本政府は偵察目的の情報収集衛星の導入を決定した。1999年には「周辺有事」を想定した米軍との新ガイドライン関連法が成立，中国の軍事力増強の脅威も加わり，2003年にはアメリカ主導の弾道ミサイル防衛（BMD）システム導入を決定した。

自衛隊は国際社会での積極的な参加が求められ，初の海外活動として1991年にペルシャ湾へ掃海艇が派遣された。1992年には「国連PKO協力法」が成立し，カンボジアやゴラン高原などで後方支援を行った。派生的任務であった国際協力活動は，2007年に自衛隊の本来任務として位置づけられ，2015年に集団的自衛権の行使を認めた「平和安全法制」が成立している。

年　表	
1869（明2）	兵部省設置（72年に廃止され，陸，海軍省が設置される）。
1873	「徴兵令」公布。
1894	清国に宣戦布告（日清戦争）。
1904	ロシアに宣戦布告（日露戦争）。
1910	韓国併合。
1914（大3）	第一次世界大戦ぼっ発（ドイツに宣戦布告して参戦）。
1918	シベリア出兵。
1919	ベルサイユ条約調印。
1927	山東出兵。
1931	柳条湖事件（満州事変始まる）。
1937	盧溝橋事件（日中戦争始まる）。
1938	「国家総動員法」公布。
1941	真珠湾攻撃（太平洋戦争）。
1945	ポツダム宣言受諾，戦争終結。
（昭20）	GHQによる占領政策始まる。
1946	日本国憲法公布（47年施行）。
1950	朝鮮戦争ぼっ発。
（昭25）	警察予備隊創設。
1951	「サンフランシスコ講和条約」調印（翌52年に発効）。
	「日米安全保障条約」調印。
1954	防衛庁設置，自衛隊発足。
1957	国防の基本方針制定。
1960（昭35）	「日米相互協力および安全保障条約（新安保条約）」調印。
1965	ベトナム戦争（〜75年）。
1972	沖縄返還。

年　表（つづき）	
1976	「防衛計画の大綱」決定。
1987	「在日米軍駐留経費負担に係る特別協定」発効。
1991	ペルシャ湾へ掃海艇派遣。
1992（平4）	「国際平和協力法」施行。「国際緊急援助法」改正。
	カンボジアPKOに自衛隊派遣。
1993	北朝鮮，ミサイル発射実験。
1997	「日米防衛協力のための指針（ガイドライン）」，周辺事態へ協力拡大。1999年関連法成立。
1998	北朝鮮，日本上空を越えるミサイル（テポドン）発射。
2001	米国同時多発テロ。
	「テロ対策特措法」施行。
2003（平15）	「イラク人道復興支援特措法」成立。自衛隊派遣開始。
	弾道ミサイル防衛（BMD）システム導入決定。
2006	北朝鮮，核実験実施。
2007	防衛庁から防衛省へ移行。
2009（平21）	ソマリア沖・アデン湾における海賊対処に自衛隊派遣。
2011	東日本大震災に自衛隊派遣。
	シリア内戦ぼっ発。
2013	「国家安全保障戦略」決定。
2015	新「日米防衛協力のための指針」，自衛隊の任務拡大。
	「平和安全法制」成立。

表 13-1 旧陸海軍兵力と装備

	兵員1)（千人）			艦艇		航空機（機）	
	総数	陸軍	海軍	隻数（隻）	トン数（千トン）	陸軍2)	海軍
1901（明34）	184.2	150.0	34.2	127	240.5	—	—
1902（〃35）	186.7	150.0	36.7	139	252.6	—	—
1903（〃36）	187.4	150.0	37.4	148	252.7	—	—
1904（〃37）	940.8	900.0	40.8	147	236.6	—	—
1905（〃38）	1 035.0	990.0	45.0	171	341.6	—	—
1906（〃39）	246.7	200.0	46.7	195	409.9	—	—
1907（〃40）	271.6	220.0	51.6	202	426.0	—	—
1908（〃41）	277.8	225.0	52.8	194	432.9	—	—
1909（〃42）	277.7	225.0	52.7	198	446.7	—	—
1910（〃43）	279.7	225.0	54.7	189	469.2	—	—
1911（〃44）	281.9	225.0	56.9	188	481.4	—	—
1912（大1）	287.6	227.9	59.8	192	533.4	—	1
1913（〃2）	283.2	227.3	55.9	161	551.4	…	…
1914（〃3）	292.3	231.4	60.9	157	571.8	—	*12
1915（〃4）	305.1	242.2	62.9	167	662.6	…	…
1916（〃5）	316.1	248.2	68.0	162	627.7	…	…
1917（〃6）	321.0	251.6	69.4	170	680.7	…	…
1918（〃7）	329.2	255.9	73.3	176	695.0	…	…
1919（〃8）	338.4	260.8	77.6	177	701.9	72	*44
1920（〃9）	358.7	275.0	83.7	212	887.0	…	…
1921（〃10）	373.0	284.8	88.2	231	976.1	…	…
1922（〃11）	371.4	292.6	78.8	237	1 034.0	…	…
1923（〃12）	318.9	240.1	78.8	240	854.1	153	*171
1924（〃13）	316.9	237.9	79.0	245	921.2	…	…
1925（〃14）	317.1	234.8	82.2	255	931.0	…	…
1926（昭1）	296.2	212.7	83.5	267	959.7	267	*216
1927（〃2）	305.8	222.7	83.1	281	1 015.4	…	…
1928（〃3）	317.9	229.2	88.7	273	1 042.0	…	…
1929（〃4）	316.7	232.4	84.3	280	1 088.0	…	…
1930（〃5）	321.2	233.1	88.1	282	1 101.0	…	…
1931（〃6）	321.3	233.4	88.0	282	1 090.2	267	*363
1932（〃7）	328.3	*234.0	94.3	271	1 121.5	267	*385
1933（〃8）	335.6	236.0	99.6	271	1 121.4	…	…
1934（〃9）	344.0	239.4	104.6	294	1 144.7	…	…
1935（〃10）	347.2	238.0	109.2	291	1 150.3	…	…
1936（〃11）	…	240.0	…	289	1 144.0	…	…
1937（〃12）	1 076.9	950.0	126.9	290	1 187.8	549	1 010
1938（〃13）	…	1 130.0	…	333	1 258.9	…	…
1939（〃14）	…	1 240.0	…	312	1 276.3	…	…
1940（〃15）	1 541.5	1 350.0	191.5	307	1 294.3	1 062	2 173
1941（〃16）	2 420.0	2 100.0	320.0	385	1 480.0	1 512	3 260
1942（〃17）	2 850.0	2 400.0	450.0	403	1 394.0	1 620	4 841
1943（〃18）	3 584.0	2 900.0	684.0	524	1 400.0	2 034	7 138
1944（〃19）	5 396.0	4 100.0	1 296.0	538	899.0	2 889	10 819
1945（〃20）	8 263.0	6 400.0	1 863.0	459	708.0	2 472	8 466

内閣官房「内閣制度七十年史」（原資料は厚生省引揚援護局調），総務省統計局「日本長期統計総覧」（原資料は陸海軍統計年報と内閣制度七十年史）により作成。1）軍人・軍属（傭人を含む）の合計。戦時中の兵員数は動員数。総務省資料による1945年兵員総数は7335.4千人（陸軍5472.4千人）と内閣官房資料と隔たりがあるが，詳細は不明。2）第一線機のみで，補給機としてその3分の2に相当する機数が保有されていた。1945年終戦時には，このほか約5000機の特攻隊が編成されていた。＊推定数。

表 13-2　1945年度までの軍事費（会計年度）（単位　百万円）

	軍事費1) 総額	一般会計			臨時軍事費2) 特別会計	（参考）軍事費割合（%）	
		陸海軍省所管経費	徴兵費	臨時事件費2)		対国家財政3)	対国民所得4)
1901（明34）	107.0	102.4	0.3	4.3	—	*40.1*	*4.1*
1902（〃35）	86.5	85.8	0.3	0.5	—	*29.9*	*3.4*
1903（〃36）	151.3	83.0	0.3	1.7	66.4	*47.9*	*5.9*
1904（〃37）	673.0	32.7	0.3	31.5	608.6	*81.9*	*25.8*
1905（〃38）	730.6	34.5	0.3	109.6	586.2	*82.3*	*29.1*
1906（〃39）	378.7	129.7	0.3	16.2	232.5	*54.4*	*12.8*
1907（〃40）	215.1	198.3	0.5	1.5	14.8	*34.9*	*6.4*
1908（〃41）	213.8	213.4	0.4	0.0	—	*33.6*	*6.3*
1909（〃42）	177.6	177.2	0.4	—	—	*33.3*	*5.4*
1910（〃43）	185.6	185.2	0.4	0.0	—	*32.6*	*5.6*
1911（〃44）	206.2	205.5	0.4	0.4	—	*35.2*	*5.3*
1912（大1）	200.9	199.6	0.4	0.9	—	*33.8*	*4.5*
1913（〃2）	192.3	191.9	0.4	0.0	—	*33.5*	*4.2*
1914（〃3）	220.1	171.0	0.5	2.7	45.9	*35.6*	*5.2*
1915（〃4）	220.0	182.2	0.5	6.8	30.5	*37.0*	*5.2*
1916（〃5）	242.1	211.4	0.6	6.4	23.7	*40.4*	*4.7*
1917（〃6）	346.1	285.9	0.6	24.8	34.8	*47.4*	*5.2*
1918（〃7）	481.2	368.0	0.8	86.6	25.8	*51.9*	*5.2*
1919（〃8）	858.5	536.7	1.0	173.8	147.0	*65.1*	*6.7*
1920（〃9）	904.3	649.8	1.4	33.3	219.9	*58.4*	*6.9*
1921（〃10）	841.9	730.6	2.6	—	108.7	*52.7*	*7.0*
1922（〃11）	692.6	604.8	2.3	—	85.5	*45.7*	*5.7*
1923（〃12）	529.6	499.1	2.0	—	28.5	*34.2*	*4.4*
1924（〃13）	487.3	455.2	2.6	—	29.5	*29.6*	*3.6*
1925（〃14）	448.2	443.8	2.5	0.1	1.8	*29.4*	*3.1*
1926（昭1）	436.8	434.2	2.5	—	—	*27.7*	*3.3*
1927（〃2）	496.6	491.6	2.7	2.3	—	*28.1*	*3.8*
1928（〃3）	519.7	517.2	1.5	1.0	—	*28.6*	*3.9*
1929（〃4）	496.4	494.9	1.5	0.0	—	*28.6*	*3.6*
1930（〃5）	444.3	442.9	1.4	—	—	*28.5*	*4.0*
1931（〃6）	461.2	454.6	1.5	5.1	—	*31.2*	*4.3*
1932（〃7）	701.0	686.4	1.5	13.1	—	*35.9*	*6.0*
1933（〃8）	881.1	872.6	1.8	6.6	—	*39.1*	*6.8*
1934（〃9）	948.4	941.9	2.1	4.4	—	*43.8*	*6.9*
1935（〃10）	1 039.2	1 032.9	2.1	4.2	—	*47.1*	*7.0*
1936（〃11）	1 085.5	1 078.2	3.6	3.7	—	*47.6*	*6.5*
1937（〃12）	3 294.0	1 236.8	3.3	19.5	2 034.3	*69.5*	*17.1*
1938（〃13）	5 979.1	1 166.7	4.0	12.9	4 795.4	*77.0*	*26.5*
1939（〃14）	6 489.6	1 628.6	3.5	13.2	4 844.3	*73.7*	*22.2*
1940（〃15）	7 963.5	2 226.2	3.4	11.4	5 722.5	*72.5*	*24.9*
1941（〃16）	12 515.3	3 012.6	3.8	11.9	9 487.0	*75.7*	*35.3*
1942（〃17）	18 836.7	79.1	4.5	—	18 753.2	*77.2*	*46.0*
1943（〃18）	29 828.9	1.8	8.6	—	29 818.5	*78.5*	*53.4*
1944（〃19）	73 514.9	1.9	19.5	—	73 493.6	*85.3*	*97.7*
1945（〃20）	55 242.9	610.4	12.3	—	54 620.3	*72.6*	…

総務省統計局「日本長期統計総覧」により作成。1）一般会計と特別会計の軍事費の合計。2）臨時軍事費特別会計が設置されたのは，日清戦争，日露戦争，第1次大戦・シベリア出兵，日中戦争・太平洋戦争の4回で，ほかの戦争・事変に対しては，一般会計から臨時事件費が支出された。3）一般会計歳出総額と臨時軍事費特別会計の純計に占める軍事費総額の割合。4）戦前・戦中の国民所得には諸推計あるが，ここでは山田推計（生産国民所得）を使用。

表 13-3 自衛官員の推移（年度末現在）（単位 人）

	定員総数	現員総数	陸上	海上	航空	即応予備（現員）	予備（現員）
1955（昭30）	179 769	*178 234	*149 400	*18 964	*9 870	—	…
1960（〃35）	230 935	*205 894	*147 050	*27 114	*31 730	—	…
1965（〃40）	246 094	225 450	151 699	34 732	38 942	—	…
1970（〃45）	259 058	235 881	157 571	36 869	41 363	—	…
1975（〃50）	266 046	237 920	154 748	39 963	43 126	—	38 262
1980（〃55）	270 184	241 957	155 137	42 101	44 636	—	41 587
1985（〃60）	272 162	245 421	155 992	43 855	45 445	—	43 107
1990（平2）	274 652	234 177	148 413	42 245	43 359	—	47 900
1995（〃7）	273 801	242 693	152 515	44 135	45 883	—	47 900
2000（〃12）	262 073	239 807	148 676	44 227	45 377	4 256	43 151
2005（〃17）	251 582	240 812	148 302	44 528	45 913	6 201	35 543
2010（〃22）	247 746	227 950	140 278	41 755	42 748	5 772	32 606
2013（〃25）	247 172	225 712	137 850	41 907	42 751	5 085	32 301
2014（〃26）	247 160	226 742	138 168	42 209	43 099	4 875	32 396
2015（〃27）	247 154	227 339	138 610	42 052	43 027	4 513	32 554
2016（〃28）	247 154	224 422	135 713	42 136	42 939	4 402	33 142
2017（〃29）	247 154	226 789	138 126	42 289	42 785	4 330	33 850
2018（〃30）	247 154	226 547	137 634	42 550	42 750	…	…

防衛省「防衛白書」，朝雲新聞社「防衛ハンドブック」などにより作成。自衛隊発足は1954年7月1日。総計には統合幕僚人員を含む。即応予備自衛官（1997年創設）および予備自衛官（1954年創設）は，常備自衛官の定員外にあって，必要な時に増員するための人員。*充足率より逆算。

表 13-4 防衛関係予算（当初予算）（会計年度）

	防衛関係費（億円）			一般会計歳出(B)（億円）	(A)/(B)（%）	国内[1]総生産(C)（億円）	(A)/(C)（%）
	総額(A)	対前年度伸び率（%）	SACO関係経費等を除く総額				
1955（昭30）	1 349	*-3.4*	—	9 915	*13.61*	75 590	*1.78*
1960（〃35）	1 569	*0.6*	—	15 697	*9.99*	127 480	*1.23*
1965（〃40）	3 014	*9.6*	—	36 581	*8.24*	281 600	*1.07*
1970（〃45）	5 695	*17.7*	—	79 498	*7.16*	724 400	*0.79*
1975（〃50）	13 273	*21.4*	—	212 888	*6.23*	1 585 000	*0.84*
1980（〃55）	22 302	*6.5*	—	425 888	*5.24*	2 478 000	*0.90*
1985（〃60）	31 371	*6.9*	—	524 996	*5.98*	3 146 000	*0.997*
1990（平2）	41 593	*6.1*	—	662 368	*6.28*	4 172 000	*0.997*
1995（〃7）	47 236	*0.9*	—	709 871	*6.65*	4 928 000	*0.959*
2000（〃12）	49 358	*0.1*	49 218	849 871	*5.81*	4 989 000	*0.989*
2005（〃17）	48 564	*-1.0*	48 301	821 829	*5.91*	5 115 000	*0.949*
2010（〃22）	47 903	*0.3*	46 826	922 992	*5.19*	4 752 000	*1.008*
2012（〃24）	47 138	*-1.3*	46 453	903 339	*5.22*	4 796 000	*0.983*
2013（〃25）	47 538	*0.8*	46 804	926 115	*5.13*	4 877 000	*0.975*
2014（〃26）	48 848	*2.8*	47 838	958 823	*5.09*	5 004 000	*0.976*
2015（〃27）	49 801	*2.0*	48 221	963 420	*5.17*	5 049 000	*0.986*
2016（〃28）	50 541	*1.5*	48 607	967 218	*5.23*	5 188 000	*0.974*
2017（〃29）	51 251	*1.4*	48 996	974 547	*5.26*	5 535 000	*0.926*
2018（〃30）	51 911	*1.3*	49 388	977 128	*5.31*	5 643 000	*0.920*
2019（令1）	2) 52 574	*1.3*	50 070	2) 1 014 564	*5.18*	5 661 000	*0.929*

防衛省「防衛白書」，財務省資料，朝雲新聞社「防衛ハンドブック」により作成。防衛関係費，一般会計歳出は当初予算，国民総生産および国内総生産は当初見通しで，決算額ではない（他表とは異なる）。SACO関連経費は，沖縄における施設および区域に関する特別行動委員会関係経費のことで，1997年より開始。1）1993年度までは国民総生産。2）防災・減災のための臨時・特別の措置を含む。

図 13 - 1　防衛関係費の使途別構成（当初予算）

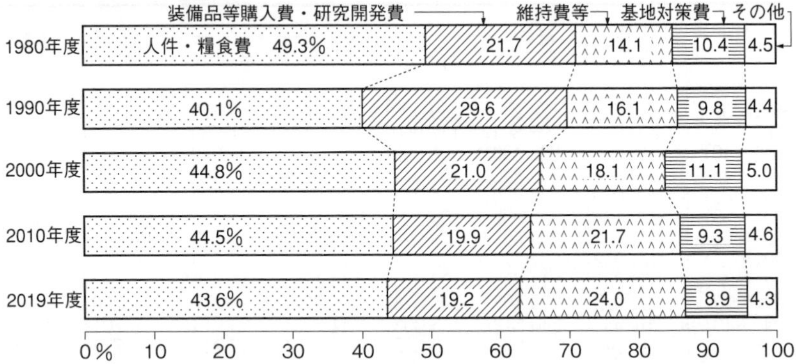

朝雲新聞社「防衛ハンドブック」および防衛省「防衛白書」により作成。本図の防衛関係費には，SACO 関係経費，米軍再編関係経費，政府専用機導入経費等を含まず。人件・糧食費は隊員の給与，食料の経費。装備品等購入費・研究開発費は武器車両等，航空機の購入費および艦船建造費，装備品等の研究開発費。維持費等は営舎費，被服費，訓練活動経費など。基地対策費は，基地周辺対策費，在日米軍駐留経費など。その他には，飛行場，隊舎等の施設整備費などを含む。

表 13 - 5　在日米軍兵力と米軍施設

	兵力（人）					施設2)	
	陸軍	海軍	海兵隊	空軍	計1)	件数	土地面積(km²)
1952(昭27)	…	…	…	…	260 000	2 824	1 353
1955(〃30)	53 104	42 358	13 918	52 695	162 075	658	1 296
1960(〃35)	5 528	7 873	5 461	27 433	46 295	241	335
1965(〃40)	4 899	8 247	3 917	16 962	34 025	148	307
1970(〃45)	5 917	8 521	5 069	18 005	37 512	124	214
1975(〃50)	5 022	13 631	23 067	14 019	55 739	136	362
1980(〃55)	2 423	7 248	21 953	14 380	46 004	113	335
1985(〃60)	2 422	7 433	20 897	16 171	46 923	105	331
1990(平2)	2 030	6 801	22 726	15 036	46 593	105	325
1995(〃7)	1 908	7 064	15 200	14 962	39 134	94	316
2000(〃12)	1 787	5 496	19 682	13 194	40 159	89	314
2005(〃17)	1 665	4 445	15 926	13 535	35 571	88	312
2010(〃22)	2 515	18 213	14 371	11 190	46 313	84	310
2011(〃23)	2 492	18 271	15 751	11 695	48 235	84	310
2012(〃24)	2 280	18 432	16 845	11 766	49 350	83	309
2013(〃25)	2 338	19 456	19 137	12 025	52 972	83	309
2014(〃26)	2 236	19 228	19 649	11 391	52 518	84	308
2015(〃27)	2 442	22 030	19 869	11 386	55 744	82	306
2016(〃28)	2 717	11 014	13 521	11 566	38 834	79	304
2017(〃29)	2 581	11 602	18 585	11 777	44 562	78	264
2018(〃30)	2 640	20 268	19 342	12 012	54 279	78	263

兵力は米国 DMDC（国防人員データ・センター）“Military and Civilian Personnel by Service/Agency by State/Country”，施設は防衛省「防衛白書」，朝雲新聞社「防衛ハンドブック」により作成。兵力・施設とも，1970 年まで沖縄の米軍兵力および施設を含まず。調査時点は，1952 年は日米安全保障条約発効時（4 月 28 日）。兵力は 9 月末現在，ただし 1955 年は 6 月末現在。施設は 3 月末現在。1970 年までは沖縄を含まず。1）沿岸警備隊を含む。2）一時使用施設は含まない。

表 13-6　自衛隊の国際平和協力業務（2019年9月末現在）

	派遣期間	延べ人数（人）	主な業務内容
国連カンボジア暫定機構（UNTAC）	1992.9～1993.9	1 216	停戦遵守状況の監視，道路・橋などの修理
国連モザンビーク活動（ONUMOZ）	1993.5～1995.1	154	ONUMOZの輸送業務に関する企画・調整，通関の補助
ルワンダ難民救援*	1994.9～1994.12	378	医療・防疫・給水活動，隊員・要員への補給物資の航空輸送
国連兵力引き離し監視隊（UNDOF）1)	1996.2～2013.1	1 501	食料品などの輸送，道路などの補修，消防，除雪
東ティモール避難民救援*	1999.11～2000.2	113	国連高等弁務官事務所（UNHCR）のための援助物資の航空輸送
アフガニスタン難民救援*	2001.10	138	国連高等弁務官事務所（UNHCR）のための援助物資の航空輸送
国連東ティモール暫定行政機構（UNTAET）2)	2002.2～2004.6	2 304	PKOの活動に必要な道路・橋などの補修，給水所の維持
イラク難民救援*	2003.3～2003.4	50	国連高等弁務官事務所（UNHCR）のための援助物資の航空輸送
イラク被災民救援*	2003.7～2003.8	98	物資等の航空輸送
国連ネパール政治ミッション（UNMIN）	2007.3～2011.1	24	マオイストとネパール国軍兵舎の武器・兵士の監視
国連スーダン・ミッション（UNMIS）	2008.10～2011.9	12	連絡調整
ハイチ国連安定化ミッション（MINUSTAH）	2010.2～2013.2	2 196	がれき除去，道路補修など
国連東ティモール統合ミッション（UNMIT）	2010.9～2012.9	8	治安情報の収集
国連南スーダン共和国ミッション（UNMISS）3)	2011.11～2017.5	3 949	道路整備や河川港の整備。駆け付け警護などの任務が追加

防衛省資料により作成。国際平和協力法に基づく派遣。*は人道派遣で，そのほかは国連PKO活動。人数は延べで概数。活動地域はわが国以外の領域（公海を含む）で，紛争当事者間の停戦合意および受入れ国の同意が必要。1）イスラエル，シリア，レバノン地域におけるゴラン高原での活動。2）2002年5月20日からは国連東ティモール支援団（UNMISET）。3）撤収後も司令部要員の派遣が継続中。2016年12月により，駆け付け警護（現地の国連司令部の要請などを受け，離れた場所で襲われた国連職員やNGO関係者を助けに向かう任務）や共同防護（武装勢力から宿営地を守る任務）が追加された。

国連平和維持活動（PKO）　国連の指揮下で活動するPKOは，アラブ・イスラエル戦争の停戦に伴い1948年にUNTSO（国連休戦監視機構）が初めて創設され，国家間の休戦・停戦の監視など，軍事的役割を果たす人員の派遣活動として開始した。それ以来，総計で70を超えるPKOが世界各地で行われ，2019年9月現在，14活動が展開している。PKOは紛争当事者が休戦・停戦合意に達した地域のみ創設が可能で，人員を派遣するには，①受け入れ国の同意が必要であること，②公平性を保つこと，③自衛・任務防衛を超える武力を行使しないこと，が三原則となっている。日本では1992年6月に「国際連合平和維持活動等に対する協力に関する法律」(通称PKO法)が成立し，国連カンボジア暫定機構(UNTAC)に初めて自衛隊員が派遣され，道路や橋の修理などの業務を行った。

表 13 - 7　防衛計画の大綱「別表」の推移

区分		51大綱 (1977年度～)	07大綱 (1996年度～)	16大綱 (2005年度～)	22大綱 (2011年度～)
陸上自衛隊	自衛官定数	180 000人	160 000人	155 000人	154 000人
	うち即応予備	—	15 000人	7 000人	7 000人
	基幹部隊				
	地域配備	12個師団 2 個混成団	8 個師団 6 個旅団	8 個師団 6 個旅団	8 個師団 6 個旅団
	機動運用	1 個機甲師団 1 個特科団 1 個空挺団 1 個教導団 1 個ヘリコプター団	1 個機甲師団 1 個空挺団 1 個ヘリコプター団	1 個機甲師団 中央即応集団	1 個機甲師団 中央即応集団
	地対艦誘導弾	—	—	—	—
	地対空誘導弾	8 個高射特科群	8 個高射特科群	8 個高射特科群	7 個高射特科群/連隊
	主要装備				
	戦車	(約1200両)	約900両	約600両	約400両
	火砲	(約1000門/両)	約900門/両	約600門/両	約400門/両
海上自衛隊	基幹部隊				
	護衛艦	4 個護衛隊群 (地方隊)10個隊	4 個護衛隊群 (地方隊) 7 個隊	4 個護衛隊群 5 個隊	4 個護衛隊群 4 個隊
	潜水艦	6 個隊	6 個隊	4 個隊	6 個隊
	掃海	2 個隊群	1 個隊群	1 個隊群	1 個隊群
	陸上対潜機	16個隊	—	—	—
	哨戒機	—	13個隊	9 個隊	9 個隊
	主要装備				
	護衛艦	約60隻	約50隻	47隻	48隻
	潜水艦	16隻	16隻	16隻	22隻
	作戦用航空機	約220機	約170機	約150機	約150機
航空自衛隊	基幹部隊				
	航空警戒管制	28個警戒群	8 個警戒群 20個警戒隊 1 個飛行隊	8 個警戒群 20個警戒隊 2 個飛行隊	4 個警戒群 24個警戒隊 2 個飛行隊
	戦闘機部隊			12個飛行隊	12個飛行隊
	要撃戦闘機	10個飛行隊	9 個飛行隊	—	—
	支援戦闘機	3 個飛行隊	3 個飛行隊	—	—
	航空偵察	1 個飛行隊	1 個飛行隊	1 個飛行隊	1 個飛行隊
	航空輸送	3 個飛行隊	3 個飛行隊	3 個飛行隊	3 個飛行隊
	警戒飛行	1 個飛行隊	—	—	—
	空中給油・輸送	—	—	1 個飛行隊	1 個飛行隊
	地対空誘導弾	6 個高射群	6 個高射群	6 個高射群	6 個高射群
	主要装備				
	作戦用航空機	約430機	約400機	約350機	約340機
	うち戦闘機	(約350機)	約300機	約260機	約260機
1) 内数	イージス・システム搭載護衛艦	—	—	4 隻	6 隻
	航空警戒管制部隊	—	—	7 個警戒群 4 個警戒隊	11個警戒群/隊
	地対空誘導弾部隊	—	—	3 個高射群	6 個高射群

防衛省資料により作成。日本の防衛力のあり方の基本指針である「防衛計画の大綱（大綱）」に付属する「別表」で，主要装備や基幹部隊などの数値目標を示す。大綱は閣議決定時の年度を前に置き，「○○大綱」と呼ばれる。基幹部隊や主要装備の区分の名称は，便宜上，最新の別表に合わせてある。陸↗

25大綱 （2014年度～）	区分		30大綱 （2019年度～）
159 000人	共同の	サイバー防衛	1個防衛隊
8 000人	部隊	海上輸送	1個輸送群
		編成定数	159 000人
5個師団		うち即応予備	8 000人
2個旅団			
3個機動師団		基幹部隊	
4個機動旅団		機動運用	3個機動師団
1個機甲師団			4個機動旅団
1個空挺団			1個機甲師団
1個水陸機動団			1個空挺団
1個ヘリコプター団			1個水陸機動団
5個地対艦ミサイル連隊	陸上		1個ヘリコプター団
7個高射特科群/連隊	自衛隊	地域配備	5個師団
			2個旅団
（約300両）		地対艦誘導弾	5個地対艦ミサイル連隊
（約300両/門）		島嶼防衛用高速滑空弾	2個高速滑空弾大隊
		地対空誘導弾	7個高射特科群/連隊
		弾道ミサイル防衛	2個弾道ミサイル防衛隊
4個護衛隊群		（主要装備）	
6個隊		（戦車）	（約300両）
6個隊		（火砲）	（約300両/門）
1個隊群			
—		基幹部隊	
9個隊		水上艦艇	
		うち護衛艦	4個群（8個隊）
54隻		護衛艦・掃海艦艇	2個群（13個隊）
22隻		潜水艦	6個潜水隊
約170機	海上 自衛隊	哨戒機	9個航空隊
		主要装備	
		護衛艦	54隻
28個警戒隊		（イージス・システム搭載）	2)（8隻）
		潜水艦	22隻
3個飛行隊		哨戒艦	12隻
13個飛行隊		作戦用航空機	約190機
—			
—		基幹部隊	
—		航空警戒管制	28個警戒隊
3個飛行隊			1個警戒航空団
—			（3個飛行隊）
2個飛行隊		戦闘機	13個飛行隊
6個高射群		空中給油・輸送	2個飛行隊
		航空輸送	3個飛行隊
約360機	航空 自衛隊	地対空誘導弾	4個高射群 （24個高射隊）
約280機		宇宙領域専門	1個隊
		無人機	1個飛行隊
8隻		主要装備	
—		作戦用航空機	約370機
		うち戦闘機	約290機
—			

↘上自衛隊の主要装備である戦車および火砲は51大綱，25大綱，30大綱には「別表」に記載されていない。30大綱の航空自衛隊の戦闘機部隊13個飛行隊は，STOVL（短距離離離陸垂直着陸）機で構成される戦闘機部隊を含む。1）内数で，弾道ミサイル防衛にも使用し得る主要装備・基幹部隊。2）内数。

表 13 - 8　自衛隊の民生協力活動の実績（会計年度）

	災害派遣					爆発物処理		
	件数（件）	人員（人）	車両（両）	飛行機（機）	艦艇（隻）	不発弾処理 件数（件）	不発弾処理 トン数（t）	機雷掃海（個）
1976（昭51）	793	116 253	15 472	1 289	229	4 601	129	4
1977（〃52）	738	63 874	11 824	1 057	35	3 437	164	12
1978（〃53）	796	46 169	5 999	955	74	3 622	147	10
1979（〃54）	837	28 688	3 136	937	21	4 272	121	6
1980（〃55）	698	75 018	10 742	954	32	3 230	117	7
1981（〃56）	736	28 594	3 214	717	35	3 702	193	7
1982（〃57）	689	41 801	5 629	1 034	20	2 864	104	8
1983（〃58）	647	48 075	5 380	1 117	110	2 911	93	2
1984（〃59）	579	19 638	2 252	840	14	3 084	124	12
1985（〃60）	620	66 292	9 432	1 576	17	2 221	93	5
1986（〃61）	624	25 485	1 798	1 201	64	2 510	88	5
1987（〃62）	636	16 496	1 659	879	3	2 595	100	5
1988（〃63）	669	10 495	1 058	810	26	2 521	98	7
1989（平 1）	733	19 663	1 356	927	74	2 150	108	5
1990（〃 2）	664	16 836	2 235	862	18	1 888	102	4
1991（〃 3）	747	99 964	27 012	3 238	31	1 970	113	3
1992（〃 4）	751	377 941	46 856	3 415	21	1 782	71	3
1993（〃 5）	795	106 086	18 748	2 560	228	2 298	93	5
1994（〃 6）	830	1 572 684	289 747	9 105	768	2 012	100	1
1995（〃 7）	775	494 612	92 216	3 246	21	1 732	84	10
1996（〃 8）	898	175 827	15 422	1 822	947	1 595	98	7
1997（〃 9）	857	34 388	2 424	1 897	210	1 698	70	4
1998（〃10）	863	24 226	3 314	1 074	9	2 374	94	3
1999（〃11）	815	26 367	2 154	1 033	20	2 359	79	8
2000（〃12）	878	177 435	45 122	2 945	421	2 233	66	9
2001（〃13）	845	44 045	2 881	1 117	270	2 121	61	2
2002（〃14）	868	14 018	1 547	949	10	2 580	69	3
2003（〃15）	811	23 954	3 892	1 010	19	3 052	60	3
2004（〃16）	884	161 790	44 379	1 885	18	2 560	146	2
2005（〃17）	892	34 026	5 660	1 271	5	2 228	69	2
2006（〃18）	812	24 275	4 130	1 009	86	2 403	63	7
2007（〃19）	679	105 380	36 980	1 972	117	1 310	36	3
2008（〃20）	606	41 191	9 585	1 410	26	1 416	42	2
2009（〃21）	559	33 700	3 909	885	126	1 668	66	0
2010（〃22）	529	39 646	6 637	649	2	1 589	50	3
2011（〃23）	586	43 494	12 177	968	2	1 578	38	1
2012（〃24）	520	12 410	2 068	684	1	1 430	46	1
2013（〃25）	555	89 049	7 949	1 255	51	1 560	57	1
2014（〃26）	521	66 267	9 621	1 232	0	1 379	57	1
2015（〃27）	541	30 035	5 170	888	2	1 392	43	0
2016（〃28）	515	33 123	5 824	725	110	1 379	42	1
2017（〃29）	501	23 838	3 340	792	39	1 611	50	12
2018（〃30）	430	22 665	3 090	644	11	…	…	…

防衛省「防衛白書」，朝雲新聞社「防衛ハンドブック」により作成。2010 ～ 11 年度は東日本大震災（人員約 1066 万人，航空機 50179 機，艦艇 4818 隻）を含まず。2016 年度は熊本地震（人員約 81 万 4200 人，航空機 2618 機，艦艇 300 隻）を含まず。2017 年度は九州北部豪雨（人員約 8 万 1950 人，車両約 7140 両，航空機 169 機）を含まず。2018 年度は平成 30 年 7 月豪雨（人員約 95 万 7000 人，車両約 4 万 9500 両，航空機 340 機，艦艇 150 隻），平成 30 年北海道胆振東部地震（人員約 21 万 1000 人，車両約 1 万 7800 両，航空機 230 機，艦艇 20 隻）を含まず。掃海は，このほか，1991 年度にペルシャ湾において機雷 34 個を処分している。自衛隊の災害派遣は，1951 年に警察予備隊が台風被害救援に出動したのが最初。

索　引

さ

し

す

せ

ⓒ矢野恒太記念会2020

Ⓡ本書の全部または一部を無断でコピーすることは，著作権法上での例外を除き，禁じられています。本書からの複写を希望される場合は，日本複製権センター（03-3401-2382）にご連絡ください。

1981年（昭和56年）11月30日　初版発行
1986年（昭和61年）12月10日　第2版発行
1991年（平成3年）9月1日　第3版発行
2000年（平成12年）12月11日　第4版発行
2006年（平成18年）12月7日　第5版発行
2013年（平成25年）3月17日　第6版発行
2020年（令和2年）2月1日　第7版発行

数字でみる　日本の100年　改訂第7版

編集・発行　　公益財団法人　矢野恒太記念会（やのつねたきねんかい）
理事長　森田　富治郎
編集長　米永　浩
〒100-0006　東京都千代田区有楽町 1-13-1
第一生命本館
電話　事務局　03-5221-7403, 7404
　　　編集室　03-5221-7405
URL　https://www.yanotsuneta-kinenkai.jp
印刷／大日本印刷株式会社

定価（本体2,900円＋税）
乱丁・落丁本はお取りかえいたします。

ISBN 978-4-87549-454-6

《数字でみる日本の100年の姉妹図書》

日本国勢図会 (毎年6月刊) (公財) 矢野恒太記念会編 A5判/※電子書籍も同時発行	1927年の初版発行以来，わが国の現況をあらゆる分野の統計データをもとに解明した統計年鑑。最新の統計と簡潔，平易な解説で定評がある。
世界国勢図会 (毎年9月刊) (公財) 矢野恒太記念会編 A5判/※電子書籍も同時発行	日本国勢図会の国際統計版。世界情勢を，人口，GDP，産業，貿易など経済・社会の各局面から最新のデータによって明らかにしている。
データでみる県勢 (毎年12月刊) (公財) 矢野恒太記念会編 A5判/※電子書籍も同時発行	日本国勢図会の地域統計版。都道府県については経済・社会の各分野から幅広く統計を集めて比較を行い，市町村については主要統計を掲載。
日本のすがた (毎年3月刊) —表とグラフでみる社会科資料集— (公財) 矢野恒太記念会編 A5判/※電子書籍も同時発行	日本国勢図会のジュニア版。多数のグラフとわかりやすい解説によって，わが国の現状が目でみてわかる社会科資料集。